U0888385

北京宣武年鉴

BEIJING XUANWU NIANJIAN

2004

北京市宣武区地方志编纂委员会

中 华 书 局

图书在版编目(CIP)数据

北京宣武年鉴.2004/北京市宣武区地方志编纂委员会编.

—北京:中华书局,2004

ISBN 7—101—04509—X

Ⅰ.北... Ⅱ.北... Ⅲ.区(城市)—北京市—2004

—年鉴 Ⅳ.Z521.3

中国版本图书馆 CIP 数据核字(2004)第 120305 号

责任编辑:华晓林

北京宣武年鉴(2004)

北京市宣武区地方志编纂委员会

*

中华书局出版

(北京市丰台区太平桥西里 38 号 100073)

http://www.zhbc.com.cn

E-mail:zhbc@zhbc.com.cn

北京市华审彩色印刷厂印刷

*

787 * 1092 1/16 32.75 印张 32 插页 1041 千字

2004 年 12 月第 1 版 2004 年 12 月第 1 次印刷

印数:1—2000 册 定价:105 元

ISBN 7—101—04509—X/K·1939

北京市宣武区地方志编纂委员会

顾　问

唐大生　王敏荣　韩恩慈　张文华

主　任

武高山

副主任

仲兆军　王永新(常务)

委　员

丁　力　赵印春　周开让　赵金花

王玉兰　王　佐　王　典　牛建华

史象逵　许立仁　邢丛罗　李德平

杨　川　杨文伯　张宗禹　周永欣

贺道容　高子忠　梁　诒　税　勇

《北京宣武年鉴》编辑部

主　　　审　唐大生

主　　　编　武高山

副　主　编　王永新

执行副主编　邢丛罗

编　　　辑　石福江　赵东锁　王瑞林

特 约 编 辑　（按文稿顺序排列）

林　黎　何嘉莹　侯丙振　郭小宁　沈建平　曹炜峰
张　松　姚春健　徐菁华　吴松令　杨淑卿　李春暖
周　纪　王　锦　刘　苹　白丽媛　卜希萃　孙适聪
张　岩　戴　彤　刘广富　李学锋　张春强　孙学慧
杨海燕　王丽娜　贾　楠　吴幼庆　张平斋　马妍薇
刘雪维　赵光复　任震宇　刘继红　邢淑丽　袁敬珍
赵顺壁　时瑛梅　胡艳莲　何湘晖　杨亦兵　李　健
彭艳艳　赵　越　马文涛　张立虹　黄亚如　王延军
王钰红　张奇然　姜桂荣　王　宾　李迎春　张继元
潘　明　刘海英　张博威　申　梅　韩　沫　王金波
王建国　张　涛　杨　光　高凤彩　刘丽华　肖东英
王祥起　顾惠潼　郭庆山　杨　红　付淑梅　祁德鑫
杨杰华　陈宇光　张　育　杨文兰　赵建辉　许恒宽
于凤云　王迎宾　王　捷　刘　平　董向京　施　伟
董熙平　刘莹娜　高孝良　乔　茜　白文丽　王治国
梁京海　冯明利　徐　参　沙克勤　杨惠娟　李　建
李秀朋　王建华　周　乾　刘　毅　刘建岭　杨允兴
李云鹏　林　霞　潘　军　杜　敏　邢　安　吉凤萍
王占友　周　莹　肖锦秀　章　奕　孙　红　宫新华
石　毅　王秀丽　杨　玉　赵　巍　沈华珍　申云龙
汪海洋　宋晓彤　肖淑珍　孙　颖　马鸣扬　陈　红

编 辑 说 明

一、《北京宣武年鉴》是一部综合性资料工具书，在中共北京市宣武区委和宣武区政府领导下，由宣武区地方志编纂委员会主持编纂。

二、本年鉴以马克思列宁主义、毛泽东思想、邓小平理论和“三个代表”重要思想为指导，遵循中国共产党十一届三中全会以来的路线、方针和政策，坚持以经济建设为中心，坚持改革开放，坚持四项基本原则，科学地反映客观情况。

三、本年鉴从2002年开始逐年编纂出版。当年出版的年鉴，全面记述上一年度宣武区在各条战线、各个方面所发生的重大事件和新的情况，为领导决策提供可资参考的依据；为各行各业提供有价值的资料；为各方面人士了解宣武、研究宣武提供最新信息。

四、本年鉴以记述宣武区属各系统、各单位情况为主，对区境内中央、市属单位进行适当记述。

五、本年鉴采用文章和条目两种体裁，以条目体为主，用规范的语文体、记述体，直陈其事，力求言简意赅。

六、本年鉴设有综述、特载、专文、文件选编、大事记、抗击非典型肺炎、党派、政权·政治协商、群众团体、政法·军事、综合经济管理、财政·税务·金融、工业·商业·对外经济贸易、城市建设、城市管理、科技·教育、文化·旅游·卫生·体育、社会生活、街道、人物、统计资料、附录共22个一级栏目。一级栏目下设二级栏目，二级栏目下设分目，分目下设条目。

七、本年鉴收有中共宣武区委、人大常委会、政府、政协、纪委、政法、民主党派、人民团体、街道、企事业单位、驻区部分单位负责人名录，均以2003年内任职情况为限。同时收有市党代会代表，全国、北京市、宣武区人大代表，北京市、宣武区政协委员名单；2003年度获国家、市（中央部、委）及区奖励与荣誉称号的单位和个人名单；获高级职称人员；曾担任区级领导，以及获全国劳动模范、“五一”劳动奖章的逝世人员。

八、本年鉴所选文章和条目，均由各部门、各单位确定专人撰写，并经主管负责人审核。统计资料由区统计局提供。

九、本年鉴反映2003年1月1日至12月31日期间所发生的情况，文内一般直书月、日，不再书写年份。

十、本年鉴由《北京宣武年鉴》编辑部负责编辑。在编辑出版工作中，得到了全区各单位、各部门的大力支持和热情帮助，在此一并表示感谢。由于水平所限，疏漏与不足在所难免，恳请广大读者批评指正。

● 贾庆林到牛街街道进行调研

● 刘淇等视察大栅栏商业街

● 陈至立参观育才网校

● 成思危到宣武区进行调研

●龙新民到回民医院视察

●刘淇、王岐山视察宣武区防汛工作

●孙安民参加“四进社区”推进会

●刘淇等参加牛街礼拜寺选区酝酿协商人大代表候选人会议

●范远谋等视察马连道“京城茶叶一条街”

●唐大生等看望社区志愿者

●鲁勇在区十二届人大六次会议上作政府工作报告

●武高山出席大栅栏普法广场揭牌仪式

●张恕贤在区十二届人大六次会议上讲话

●郑文奇接待政协委员来访

●区委召开八届十四次全体(扩大)会议

●区委召开庆祝建党82周年综合表彰大会

●区委举办处级领导干部学习贯彻“三个代表”重要思想轮训班

●区纪委召开第十一次全体(扩大)会议

●韩恩慈等慰问园林工人

●赵长山等向群众发放宣传材料

●市委、区委组织部门领导慰问社区党务干部

●区委宣传部、区文化委员会组织慰问抗击SARS一线人员签名活动

●区直属机关工委召开党代表会议选举第九次区党代会代表

●武高山、袁双梅为牛街清真超市开业剪彩

●市区领导出席大观园宣南艺术节开幕式

●金焱到牛街二期危改回迁楼进行调研

●蒋德忠等春节前慰问敬老院老人

●王永新参加计划生育宣传活动

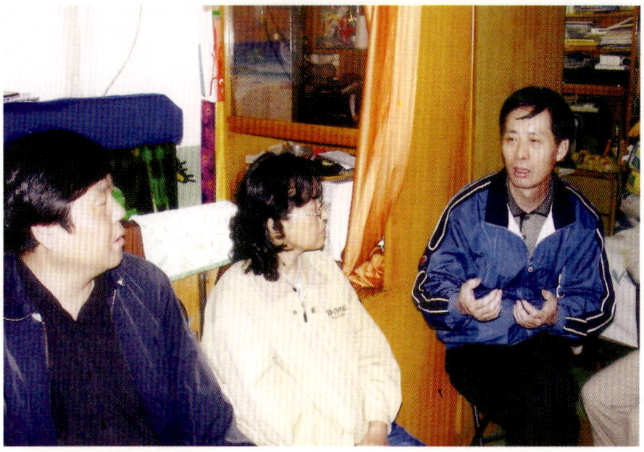

●哈金起到大栅栏慰问特困居民

●区信访办公室获北京市“人民满意的公务员集体”荣誉称号

●外国友人参观新建成的区档案馆

●区十二届人大六次会议召开

●区人大代表在区十二届人大七次会议上投票选举市人大代表

●区人大代表分组审议政府工作报告

●牛街礼拜寺选区投票选举第十三届区人大代表

●区人大代表视察露天餐厅卫生状况

●区政协十届五次会议召开

●区政协经济科技委员会视察区非公企业

●区政协社会法制委员会参观北京监狱

●区政协委员视察区法制培训中心

●区政协委员视察牛街东里小区物业管理工作

●区委统战部召开2003年党派团体工作联席会

●区委统战部组织慰问抗击SARS一线医务人员

●民革区工委向抗击SARS归来的民革党员赠送纪念品

●民进区工委组织会员参观牛街礼拜寺

● 农工党区工委慰问抗击 SARS 一线归来的党员

● 民盟区工委新一届主任向退下来的老同志献花

● 九三学社区工委召开工作会议

● 致公党区工委召开换届会议

●律师介入政府信访工作

●市、区公安局领导检查社区安全防范工作

●牛街派出所民警看望敬老院老人

●青少年教育实践基地授牌暨少年模拟法庭进校园活动启动仪式

● 交通支队民警抗击 SARS 时期上路执法

● 法制宣传车开通

● 交通支队考核组对民警进行抽查

● 武警战士参加牛街地区环境整治劳动

●武高山到白纸坊残疾人活动中心进行慰问

●区工商联开展“手拉手”捐资助学活动

●区工会举行捐资助学仪式

●区侨联召开抗击SARS总结座谈会

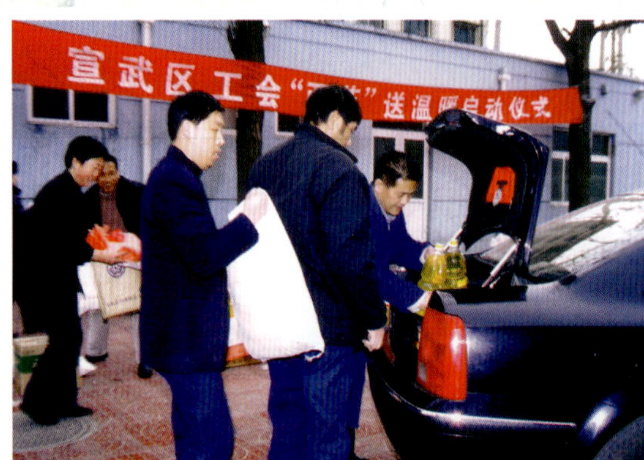

●区工会开展“两节”送温暖活动

●副区长哈金起慰问宗教人士

●区召开民族宗教工作培训会

●武警战士关爱牛街敬老院老人

●区举办“走进民族大家庭夏日文化广场”活动

●牛街礼拜寺阿訇为正兴德茶庄开业诵经

●区地税局召开纳税信誉企业颁证大会

●区地税局为牛街礼拜寺赠送电脑

●人保宣武支公司对出险机动车进行查勘定损

●区国税局举办社区就业咨询活动

●珠市口支行西河沿支行举行挂牌仪式

●区劳动保障监督员接待下岗失业人员政策咨询

●区烟草专卖局执法人员抗击SARS期间加强执法工作

●工商执法人员对涉嫌存放假冒商品的仓库进行检查

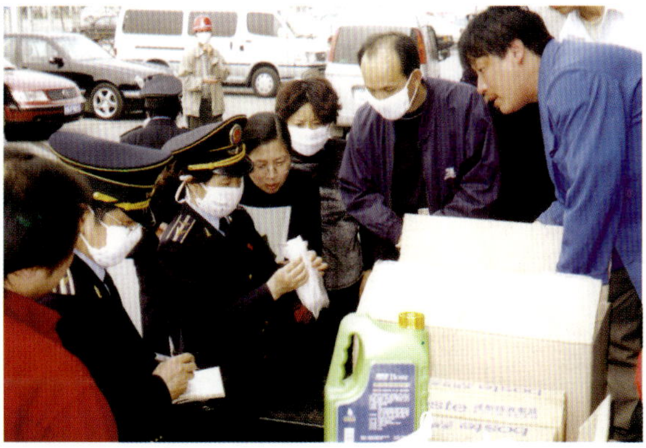

●区质量技术监督局执法人员检查防治SARS物资质量

●工商执法人员进行现场执法

●市民委向牛街清真超市发放扶持资金

●经贸系统、非公经济企业举行抗击SARS捐款仪式

●永安茶苑的茶艺小姐正在展示茶艺

●当代雷锋相聚牛街

●华强第八超市重张开业

● 非公经济人士向抗击 SARS 医务工作者捐款

● 张一元举办第五届欢乐绿茶节

● 牛街清真超市开业

● 现代购物场所—庄胜崇光百货

● 区领导视察牛街危改小区施工现场

● 西黄线绿地

● 置业家园举行奠基典礼

● 西黄线绿地

● 南中轴路施工现场

● 西黄线绿地

● 京韵风俗

● 改建后的宣东花园

● 南中轴路绿化新貌

● 南中轴路绿化新貌

● 南中轴路绿化新貌

● 南中轴路绿化新貌

●副区长金焱与单位签订《落实解决标准租私房责任书》

●区召开物业管理规范化服务活动动员大会

●区国土房管局开展无SARS社区活动

●街头轻体可移动公厕

●中小学生开展除陋习签名活动

●环保人员检查大气质量

●城管队员进行《北京市市容环境卫生条例》宣传

●城管队员现场执法

●宣武区居民向区房改办赠送锦旗

●牛街街道菜北灭蝇小队

●第五届北京“科普之夏”启动仪式

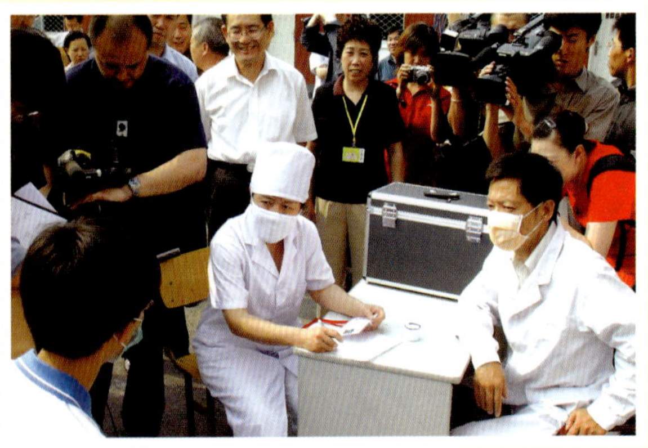

●六十三中进行高考演练

●宣武一职开通职成空中课堂在线答疑

●北京第十五中学举办首届科技文化节

● 香江国际女生教育奖学金捐赠仪式

● 北京实验一小海洋教室

● 回民幼儿园示范园展示

● 红领巾护绿队

● 宣武区第二届少代会召开

●刘淇到宣武医院了解SARS患者收治筹备工作进展情况

●唐大生参加运送SARS病人急救车启动仪式

●世界卫生组织到区疾病控制中心检查防治SARS进展情况

●尤兰田等到回民医院视察工作

● 抗击 SARS 一线医务人员到中商培训中心休养

● 民警抗 SARS 小分队准备出发

● 生命的赞歌

● 文艺工作者慰问抗击 SARS 一线医务人员

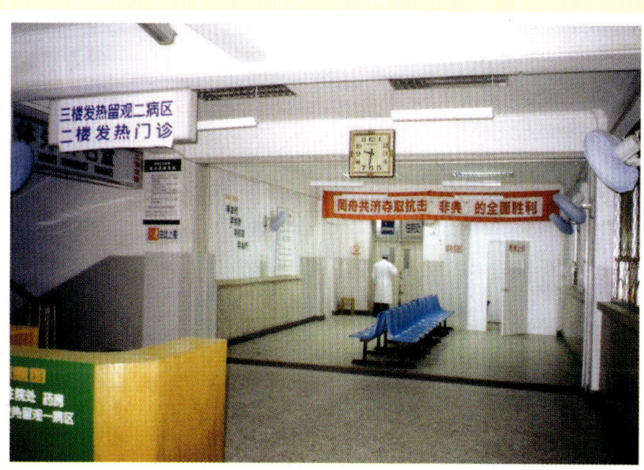

● 回民医院改建为收治 SARS 疑似病人定点医院

● 金中都纪念阙揭幕仪式

● 纪念北京建都850周年暨第二届北京宣南文化节文艺演出

● 红楼梦剧组大观园再聚首

● 社区京剧票友邀请赛

●“3．15”国际消费者权益日宣传咨询活动

●区消协举办健康生活医疗专家讲座

●区红十字会“两节”期间对特困学生进行救助

●区开办少男少女生殖健康关爱门诊

●区计生委获全国人口和计划生育系统防治非典型肺炎工作先进集体

● 椿树街道红线社区居委会召开选举大会

● 大栅栏街道召开普法工作座谈会

● 椿树街道开展“绿色奥运 节水先行”宣传活动

● 大栅栏街道普法广场举行群众普法活动

● 天桥街道永安路社区老党员董恒吉自办抗SARS知识宣传

● 陶然亭街道开展迎国庆城市清洁日活动

● 全市首批小额贷款发放现场会在广内街道召开

● 广内街道电视监控系统开通

● 天桥街道获全国社区志愿者先进单位

● 陶然亭街道组建红领巾灭蝇队

●中央文明办领导到广外街道进行调研

●白纸坊街道召开再就业工作会议

●牛街街道居民签订卫生协议

●广外街道红居街居委会举行“讲文明卫生五不做”签字活动

●白纸坊地区召开SARS预案群防群治研讨会

●新建成的牛街东里社区民族文化广场

目 录

综 述

特 载

专 文

文件选编

大 事 记

抗击非典型肺炎

抗击“非典”有关文件

专 文

大 事 记

社会捐赠

党 派

中国共产党北京市宣武区委员会

民主党派

· 民革宣武区工作委员会

· 民盟宣武区工作委员会

· 民建宣武区工作委员会

· 民进宣武区工作委员会

· 农工党宣武区工作委员会

· 致公党宣武区工作委员会

· 九三学社宣武区工作委员会

政权　政治协商

北京市宣武区人民代表大会常务委员会

北京市宣武区人民政府

· 概述

· 主要工作和重大活动

群众团体

宣武区工会

共青团宣武区委员会

宣武区妇女联合会

宣武区工商业联合会

宣武区科学技术协会

宣武区残疾人联合会

宣武区归国华侨联合会

宣武区私营个体经济协会

政法 军事

政法

·中共北京市宣武区委政法委员会

·公安工作

综合经济管理

工 业

·金工投资管理公司

商业 服务业

·金源投资管理公司

·金座投资管理公司

·金正资产投资经营公司

·翔达投资管理公司

·煤炭公司

对外经济贸易

城市建设

管理

房地产开发与建筑业

城市管理

文化　旅游　卫生　体育

居民生活状况

街 道

街道工作办公室

大栅栏街道

天桥街道

白纸坊街道

广安门外街道

人　物

领导干部名单

中共代表大会代表

人大代表

政协委员

部级先进集体和先进个人

市级（含系统）先进集体和先进个人

区级先进集体和先进个人

获高级职称人员

逝世人物

统计资料

附 录

中共北京市宣武区委主要文件目录

北京市宣武区人民政府主要文件目录

驻区主要单位名录

区域教育机构名录

区域医疗机构名录

区域文化设施名录

街道社区居委会

综　　述

区情概况

宣武区位于北京市中心的西南部，总面积19·04平方公里。东以前门大街、天桥南大街、永定门内大街为界与崇文区毗邻；西以马连道北路为界与丰台区相接；南以永定门西滨河路、右安门东城根、右安门西城根为界与丰台区相连；北以前门西大街、宣武门东大街、宣武门西大街、莲花池东路为界与西城区、海淀区接壤。全区划分为大栅栏、天桥、椿树、陶然亭、广安门内、牛街、白纸坊、广安门外8个街道办事处，辖181个社区居委会。区人民政府驻广安门南街68号。

2003年末，全区人口总数60.48万人，其中户籍人口54.40万人，比上年增长0.4%；暂住人口6.08万人。人口密度每平方公里28570人。人口出生率2.2‰，死亡率4.8‰，自然增长率为－2.6‰。计划生育率99.01%。

2003年国民经济和社会发展

经济建设

区政府坚持“城市建设带动、结构优化升级、科教文化兴区”三大发展战略，立足于区域经济的持续发展和整体经济实力的不断增强，积极稳步地推进功能街区建设。大栅栏地区保护、整治和发展规划设计方案得到市政府批准；前门月亮湾地区环境综合整治工程正式启动。琉璃厂文化园区一期工程整体规划设计方案基本确定，南新华街改造工程进展顺利。国际传媒大道规划建设、招商工作取得实质性进展；重点工程北京移动通信枢纽楼竣工交用；国际新闻中心、富卓广场即将开工建设；北京通信大厦已举行奠基仪式；新闻出版城正式签约。广安门办公商务区功能进一步完善，聚集了一批具有影响力的大企业、大机关。马连道采购中心区建设初具雏形，控制性规划调整方案基本完成；“京城茶叶第一街”成为华北地区最大的茶叶集散地，成功举办了第三届茶叶节；新华书店总店图书物流中心、医药物流中心已经建成；欧倍德项目正式动工。结合天桥地区危旧房改造和南中轴路综合整治，进一步完善先农坛周边经济发展功能，天桥世纪商城和市民文化广场地下商业设施等项目正在加紧建设。牛街民族特色街正式开街，为民族经济的发展注入了活力。

继续深化国有资产管理体制改革，完善国有资产管理体系。深化企业产权制度改革，确定了投资管理公司和联社的改革重点。翔达公司、金源公司、宣开公司、天桥联社、大栅栏联社、天建集团的改制方案获区政府批准，正在组织实施；金座公司、牛街联社、网点处等单位完成了资产清查；金工公司完成了资产评估，正在修改完善改革方案。以突出特色、做大做强为目标，充分挖掘和发挥企业品牌效应，积极引导扶持菜百、张一元、内联升、瑞蚨祥等品牌商业企业加快发展。市场准入制度进一步完善，企业信用体系逐步建立。加大市场监管力度，市场秩序进一步规范。

继续加大招商引资力度。组织召开了第四届宣武区经贸洽谈会，组团参加了第七届厦门投资贸易洽谈会。与国家开发银行签署了120亿元金融合作协议，为加快功能区建设、城市改造提供了资金保证。

区政府高度重视优化发展环境，切实解决行政管理过程中存在的职能错位、管理越位、责任主体缺位和工作落实不到位等问题。制定了《政府管理创新工作实施意见》，进一步规范了公务员的行政行为。建立“宣武区企业信用评价公告制度”，开展对重点外商投资企业的上门年检。完善领导干部联系重点单位制度，为驻区企业解决了一批难题。积极探索实施企业纳税网上申报，开发研制网上交互式审批系统。继续完善“一站式”办公和“区域发展环境投诉服务中心”的工作，大力整顿市场经济秩序，加强市场监管。全面清理规范性文件和政策性措施，废止与世贸规则不相适应的区政府通告16件、区政府文件47件。精简行政审批程序，全区现行有效的行政审批事项由原有的515项减少到229项。坚持重点工作调度会制度，推动重点工作、重点项目的落实。全面推行政务公开,凡与人民群众切身利益相关的事项,做到办事依据、步骤时限、投诉举报的全面公开。加强审计监督和税收征管,完善区街财政体制,加大对就业和社会保障等公益性领域的投入。认真落实促进主导产业发展奖励政策,全区累计减免“非典”影响较重企业税费3110万元。

非公有制经济发展迅速,多种经济成分共同发展的格局基本形成。区政府建立私营个体经济工作联席会议制度,及时掌握企业动态,解决企业困难。出台有关政策,在人才引进、税收征管、工商管理、科技服务、资金筹集等方面大力扶持非公经济,培育出新月出租汽车、更香茶叶、爱义行汽车装饰等一批特色品牌企业。

年内,实现全区生产总值(GDP)201.3亿元,比上年增长8.9%。人均生产总值4470美元,比上年增加343.3美元。实现工业增加值49.7亿元,比上年下降14.0%,占全区生产总值的比重达24.7%。第二产业实现增加值58.5亿元,比上年下降11.6%,占全区生产总值的比重达29.1%。第三产业实现增加值142.8亿元,比上年增长20.4%,占全区生产总值的比重达70.9%。建筑业完成总产值69.3亿元,比上年增长69.3%;实现增加值8.9亿元,比上年增长5.2%,建筑业占全区生产总值的比重为4.4%。财政收入19.5亿元,同口径比上年增长19%。企业所得税比上年增长28.8%,营业税比上年增长18.8%,增值税比上年增长12.2%。预算支出20.7亿元,同口径比上年增长24.0%。社会消费品零售额69.8亿元,扣除物价因素,实际增长1%。大中型企业商品购进总值344.7亿元,比上年增长28.8%。商品销售总值352.9亿元,比上年增长17.2%。新批三资企业11家,实际利用外资1140.6万美元,比上年增长68.9%。出口商品交货额9173.2万元,比上年增长32.7%。全区各项存款余额1466.5亿元,比年初增长24.6%,其中居民储蓄存款余额287.2亿元,比年初增长18.9%。各项贷款645.5亿元。

城市建设与管理

区政府全面实施《宣武区城市建设奥运带动计划》和《宣武区古都风貌保护规划要点》。全社会固定资产投资95.9亿元,比上年增长5.6%,其中房地产投资拉动投资总额增长0.1个百分点。基本建设规模不断扩大,全年开复工面积581.9万平方米,比上年增长21.8%。竣工面积165.4万平方米。

危旧房改造稳步推进。全年拆迁居民4221户,拆除危房7万平方米,超额完成市政府下达的拆迁计划。7个重点危改区的36栋回迁楼,已有29栋开工建设,其中新安中里的3栋已经竣工交用,383户居民开始回迁。积极推进西红门、小红庙、宣祥家园等4片居民定向安置用房建设,为风貌保护区加快实现规划创造条件。重点工程建设步伐加快,广内电话局结构封顶,政府综合服务楼正在装修,天桥市民广场建设进入收尾阶段,万明路变电站、北京小学分校开工建设,牛街民族敬老院工程正在抓紧运作。

基础设施建设进展顺利。完成宣武门外大街(西侧)、输入胡同、红居仓储路(局部)等道路工程,开工建设并积极推进了南新华街、广义街、枣林前街(东段)、北纬路、教子胡同、南横街、香炉营、樱桃园二条、煤市街、小马厂等路网加密及危改配套道路工程。

截至年末,全区拥有三级及三级以上建筑企业113个,比上年增长39.5%。全员劳动生产率12.5万元/人,比上年增长33.9%。房地产业投资比上年增长0.2%。房地产业商品房销售额56.2亿元,比上年增长15.9%。商品房销售面积98.2万平方米,比上年下降2.7%。商品房空置面积36.3万平方米,比上年增长71.7%;空置率10.9%,比上年增加2.6个百分点。

城市环境明显改善。全面完成南中轴路整治拆迁、过渡性绿化和法源寺周边整治工程的居民拆迁工作,广义街、手帕口南街、中环广场等环境整治工程进展顺利。全年拆除违法建设1.3万平方米,植树3.03万株,铺草8.59万平方米。继续推进垃圾分类收集,圆满完成居民住宅楼垃圾道的封闭工作,建设改造一类公厕20座,完成162台燃煤锅炉的改造。加大机动车尾气污染控制,大气污染治理成果得到巩固,空气质量二级及好于二级的天数增加。

科技 教育 文化 卫生 体育

科技管理体制不断完善,技术市场发展迅速,深入开展科普活动,居民科学素养普遍提高。全区取得北京市首发基金科研立项4个,11个项目获得宣武区科学技术奖,其中二等奖4项、三等奖7项。

教育改革全面推进,教学质量稳步提高,教育资源重组取得成效,优质教育资源进一步扩大。全年共调整学校16所。中考合格率94.7%,高考达到了93.98%的上线率。全区87.4%的小学应届毕业生升入优质初中,84.5%的初中应届毕业生升入优质高中。全区共有中小学校67所(含职业学校3所),专任教师4375人,在校学生49391人。

进一步加大公共卫生投入。全年医疗卫生支出

1.1亿元，增长18.6%，其中防治“非典”支出2800万元，保障了防控工作正常开展。继续完善卫生监督、疾病防治控制体制，甲乙类传染病发病率、孕产妇死亡率、婴儿死亡率分别为2.23‰、0、6.96‰，达到全年控制要求。全区有各类医疗机构236个，拥有医院病床4043张，卫生技术人员7141人。平均每千人拥有病床7.2张，每千人拥有卫生技术人员9.8人。

进一步弘扬宣南文化。成功举办了第三届厂甸庙会、第八届大观园庙会、北京建都纪念阙揭幕仪式、第二届北京宣南文化节等活动。加强文化和文物保护工作，修缮了长椿寺等处古迹。加快区、街文化设施建设，群众性文化活动丰富多彩，开展夏日文化广场和优秀电影进社区等活动，提升了社区文化工作水平。年末，全区有街道文化站8个、社区文化室112个、文化馆1个、图书馆1个，馆藏图书27.2万册，比上年增加1.1万册；文物保护单位国家级4处、市级23处、区级15处；档案馆1个，所有馆藏资料103210卷(册)，比上年增加21419卷(册)。

全民健身活动广泛开展。成功举办了宣武区第六届全民健身体育节；新建社区全民健身体育彩票工程40处；中小学生体育锻炼达标率达到95%以上；竞技体育稳步提高。

民政　人民生活

社会保障体系不断完善。社会保险覆盖面继续扩大，失业、养老、医疗、工伤等四项保险基金征缴率全面完成市下达计划。参加退休基金统筹、失业保险基金统筹、工伤保险基金统筹和医疗保险基金统筹人数分别为16.8万人、16.9万人、13.1万人和31.7万人。继续落实最低生活保障制度，为7253户家庭发放了最低生活保障金，累计发放金额达到3800万元；为431户低保家庭办理了医疗救助，实现了应保尽保。

再就业工作成效显著。组织举行“阳光就业行动”洽谈会暨政策咨询等活动，千方百计拓宽就业渠道，缓解就业压力，保持了就业形势的基本稳定。全年安置失业人员19172人，失业人员再就业率为68.9%，城镇登记失业率为1.78%，开发社区就业岗位11361个。

居民收入继续增长，生活水平稳步提高。全区在岗职工年人均工资22490元，居民人均可支配收入13170元，其中工资及补贴性收入增长占主体。人均消费性支出10352元，其中耐用消费品支出、通讯费支出增幅高达40%以上。食品支出比重下降，恩格尔系数为33.3%，比上年下降3.1个百分点。

精神文明和民主法制建设

制定实施《宣武区2000～2003年创建文明城区规划》，认真贯彻落实《公民道德建设实施纲要》，大力开展公民道德宣传教育、绿色社区创建、双拥共建和文明行业、文明单位、文明家庭创建活动，深入开展爱国主义、集体主义、社会主义思想教育。坚持为优抚对象和驻区部队排忧解难，广大市民的思想道德素质有了明显提高，区域的整体文明程度得到提升。

建立健全社区自治组织，不断增强社区自治能力。社区管理体制框架初步形成，管理和服务水平不断提高。区、街两级社区服务中心全部建成并投入使用，社区志愿者队伍不断壮大，“四进社区”活动蓬勃开展。社区创安体系逐步完善，“一区一警”得到落实。

认真贯彻党风廉政建设责任制，狠抓领导干部廉洁自律工作，坚决纠正部门和行业不正之风。加大行政监察力度，保证政令畅通。认真落实行政审批、财政管理、干部人事制度三项改革措施，从源头上治理腐败，严肃查处违纪、违法案件。在全市率先实行了部门预算和罚缴分离、收缴分离制度，实施建设工程项目、政府采购等招投标制度。

区政府认真执行区人大及其常委会的决议，政府组成人员向人大常委会述职，自觉接受法律监督和工作监督。加强与人民政协的联系，认真落实重大问题协商制度，充分听取区政协以及各民主党派、工商联和人民团体的意见。认真办理人大代表、政协委员议案、建议和提案，163件建议、221件提案全部按期办复。坚持依法治区，实行执法责任制和执法过错追究制。加大法律宣传教育工作力度，“四五”普法进展顺利。做好人民调解、安置帮教、法律援助等工作，法律服务体系日益健全。建立政府与工会定期联系制度，关心支持共青团、妇联、工商联、个体私营协会等工作。不断加强和巩固民族团结，区荣获“首都民族团结进步先进集体”称号。

维护稳定工作不断加强。坚持领导信访接待日制度，认真排查、妥善处理人民内部矛盾。广泛开展基层安全创建活动，扩大科技创安覆盖面。持续不断进行安全生产大检查，严格控制非正常死亡指标。深入开展“严打”整治斗争，落实社会治安综合治理各项措施。各种刑事案件发案率逐年下降，人民群众安全感进一步增强。

抗击非典型肺炎

突发“非典”疫情后，区委、区政府坚决贯彻落实党中央、国务院、北京市的各项决策和部署，夺取了抗击“非典”的阶段性重大胜利。(一)加强领导，建立、完善了畅通的领导指挥机制、高效的组织运行机制、严格的督促检查机制和灵活的应急反应机制，有力地保证了各项防控工作落到实处。(二)突出重点，集中力量抓好群防、群控和医疗救治工作，重点加强学校、社区、机关、企事业单位、地下空间和建筑工地等重点部门、重点地区、重点部位的防控工作。坚持做到早发现、早报告、早隔离、早治疗，尽一切可能提高收治率和治愈率，降低病死率和医护人员感染率。(三)协调各方，加强对区域卫生资源的整合和组织力度，加强与驻区中央、市属单位的联系沟通，统筹所有卫生资源，集中建立防控网络。(四)加强宣传，通过多种途径和方式，广泛宣传疫病预防知识，充分发挥街道和社区作用，组织动员群众和社会各界，积极投身到抗击“非典”斗争中来。(五)发展生产，努力做好群众日常生产、生活的各项工作，确保城市功能的正常运转和全区经济发展、社会稳定。疫情过后，区委、区政府认真吸取教训，总结经验，举一反三，研究制定了《宣武区防治传染性非典型肺炎应急预案》和《宣武区重大突发危机事件应急预案》，完善了区域应急处理体系，提高了应对重大突发事件的能力。自3月28日报告第一例“非典”病例以来，全区共报告“非典”病例251例。经核实诊断和流行病学调查，其中确诊病例122例、疑似病例40例、排除病例89例、死亡11例。在251例“非典”病例中，有本辖区病例143例，其中确诊74例、疑似20例、排除49例、死亡5例。

特　载

全面贯彻“三个代表”重要思想 加快宣武区经济和社会各项事业发展 为首都率先基本实现现代化而努力奋斗

——在中共宣武区委八届十四次全体(扩大)会议上的报告

中共北京市宣武区委书记　唐大生

(2003年1月10日)

同志们:

现在,我受区委常委会的委托,就区委2002年的工作情况和2003年工作的安排,向全会作报告。

这次全会是在全区人民深入学习、贯彻党的十六大精神,更加满怀信心地加快推进改革开放和现代化建设的新形势下,区委召开的一次重要会议。这次全会的主题是:以邓小平理论和“三个代表”重要思想为指导,认真贯彻落实党的十六大精神,与时俱进、抢抓机遇、开拓进取,加快宣武区经济和社会各项事业发展,为首都率先基本实现现代化而努力奋斗。

一、关于2002年工作的回顾

2002年是我区改革开放和现代化建设进入新阶段的重要一年。一年来,在市委的正确领导下,区委坚持以邓小平理论和“三个代表”重要思想为指导,以迎接十六大、宣传十六大、学习贯彻十六大为主线,认真贯彻落实市第九次党代会精神,紧紧围绕加快发展的主题,团结、带领全区广大党员干部和各族人民群众,开拓进取、扎实工作,圆满完成了区委八届十一次全会确定的各项任务,各项工作取得了新成绩。

1、区域经济稳步增长,人民生活水平进一步提高。各主要经济指标均完成年初预定计划。全年实现国内生产总值148.9亿元,同比增长9%;区级财政收入完成13.5亿元,同比增长15.1%;固定资产投资完成40亿元,同比增长42.9%;社会消费品零售额完成70.1亿元,实际增长8.3%。“两街六区”建设继续推进,国际传媒大道、琉璃厂文化产业园区等重点地区建设取得较大进展。特色经济发展势头良好,招商引资成效明显,全年实际利用资金10.53亿元,同比增长93.8%。为民办实事计划得到落实,就业和再就业工作进一步加强,困难群体的基本生活得到保障。全年人均可支配收入达到11093元,扣除物价因素实际增长14.8%,人民生活水平继续稳步提高。

2、改革调整继续深入,发展环境进一步优化。所有制结构更趋合理,产业结构更加优化,国有资产管理进一步规范。中小企业改制工作基本完成,联社改革继续推进。党政机关机构改革顺利完成。事业单位改革继续深入,区域资源的整合与开发力度进一步加大。区街财政体制改革进展顺利。加快推进了政府管理创新,加大了对主导产业发展的扶持力度,加强了对辖区企业的协调服务,进一步整顿和规范市场经济秩序。区机关电子政务信息网建成开通,全区信息化网络建设迈出新步伐。

3、城市建设稳步推进,管理力度进一步加大。基本建设规模进一步扩大。北京移动通讯枢纽楼、广内电话局等重点工程建设进展顺利。牛街等6条道路工程全部建成通车,全区“三横三纵”的主干道路交通体系初步形成。确定了小红庙等6片风貌保护区居民定向安置用房建设用地。天桥危改小区实现了居民按期陆续回迁。牛街二期、红居等危改工程正在加紧建设。新启动了庄胜二期等8片危改小区,全年实现拆迁居民10041户,其中货币安置占70%。全面推进了古都风貌保护工作,制定并开始实施《宣武区古都风貌保护规划要点》,修复了一批国家和市、区级文物古建。三项市级重点整治工程和两项区级重点整治工程全部完成,全年共拆除违法建设8.4万平方米,城市环境的常态管理进一步增强。建成了长椿苑、丰宣公园等5块万米绿地,新增绿地面积13.3万平方米,相当于前五年的总和。继续加大了大气污染治理力度,进一步推广垃圾分类,继续实施夜景照明工程,全区绿化、美化、净化、亮化水平进一步提高。城市管理体制改革继续深化,政府管理职能进一步转变,管理重心进一步下移。

4、精神文明建设成绩显著,各项社会事业进一步发展。经过全区人民多年的共同努力,精神文明创建活动取得丰硕成果,先后荣获了首都文明城区、全国精神文明创建工作先进区称号,全区广大市民的思想道德素质和社会的整体文明程度有了较大提高。社区建设扎实推进,荣获了全国社区建设示范区的称号。双拥共建工作取得新成绩,获得了北京市双拥模范区,为争创全国双拥模范区奠定了基础。教育资源调整重组、名师名校、素质教育三项工程稳步推进,教育教学质量和水平有了新提高。加强了科学知识的普及,加强了科技立项和高新技术企业引进工作,进一步完善了科技管理和服务体系。成功举办首届北京宣南文化节、第二届厂甸民俗文化庙会和第七届大观园庙会,成功承办了第六届北京市民族传统体育运动会,群众性文化体育活动更加丰富多彩。卫生事业进一步发展,医疗卫生服务体系进一步完善。荣获了全国残疾人康复工作先进区,民政优抚、计划生育、档案、老干部等各项工作都取得了新成绩。

5、民主法制建设扎实推进,安定团结局面进一步巩固。区委进一步加强对人大、政协工作的领导,召开了区委政协工作会议,制定了《中共北京市宣武区委关于贯彻〈中共北京市委关于加强人民政协工作的决定〉的意见》,积极为人大代表、政协委员履行职能创造了更加有利的条件。新时期爱国统一战线工作进一步加强,党的民族、宗教、侨务政策进一步落实,工会、共青团、妇联等工作更加活跃,在推进全区改革开放和现代化建设中发挥了各自优势。坚持了依法治区,巩固和扩大了基层民主。加强了法制宣传教育和法律服务工作。继续推进司法改革,扩大了司法公开的领域和范围,维护了司法公正。深入开展“严打”整治斗争,加强了社会治安综合治理,加大了对治安重点地区、重点行业和地下空间的治理整顿力度,圆满完成了十六大等重要会议期间、节假日、敏感期的安全保卫工作,全年刑事案件发案同比下降13%。深入开展“扫黄打非”斗争,加强了安全生产,杜绝了重大安全事故。加强了信访工作,有效缓解了群体访上升的势头。加大了对“法轮功”人员教育转化力度,有效防范了“法轮功”人员聚集滋事。

6、坚持了从严治党方针,党的建设进一步加强。广泛深入开展了“三个代表”重要思想和江泽民同志“七一”讲话、“5·31”讲话和党的十六大精神的学习教育活动,切实加强了党的思想政治建设,增强了广大党员干部的理想信念和宗旨意识。“增三力达标创优工程”取得阶段性成果,全区94%的基层党组织通过了达标验收,党的基层基础工作进一步加强。圆满完成了“一把手素质工程”集中教育阶段各项工作任务。认真贯彻执行《干部任用条例》,着力推进了领导班子和干部队伍建设,全年选拔、调整、交流了67名处级以上干部,领导班子的年龄结构、文化结构和专业结构进一步优化。进一步规范了干部考核任免工作程序,坚持和完善了干部选拔、任用、交流、培训、监督等工作制度,推进了干部工作的规范化和制度化。认真落实党风廉政建设责任制,领导干部廉洁自律、查处大案要案、纠正部门和行业不正之风等工作取得新进展。加大了源头治理腐败的力度,党的作风建设进一步加强。

同志们,全年工作成绩的取得来之不易,是市委、市政府正确领导和关心支持的结果;是区委正确贯彻党的路线方针政策,认真执行中央和市委各项重要决策部署的结果;是区四套班子齐心协力,团结带领全区广大党员干部和各族人民群众,克服各种困难和诸多不利因素的影响,同心同德、开拓进取、扎实工作的结果,在此,我代表区委向辛勤工作在全区各条战线上的广大同志们表示亲切地慰问和衷心地感谢!

一年来,区委在推进全区各项工作中坚持做到:

1、立足区情谋发展。面对日益激烈的市场竞争,坚持立足区情,走一条适合本区特点的发展路子,是区委工作的重中之重。今年以来,区委在“十五”发展计划的基础上,围绕加快发展的主题,进一步加强了对区域发展问题的研究和论证,结合区域经济、文化、历史、地理、民俗、民族、人文等方面的特点和优势,先后提出了琉璃厂—大栅栏地区保护更新延续的基本思路和初步方案、国际传媒大道整体策划方案、马连道地区功能定位、牛街民族经济特色街、天桥民俗经济特色街的发展规划和实施方案以及《宣武区古都风貌保护规划要点》等，使“两街六区”的建设发展思路更清晰，认识更统一，目标更明确，措施更具体，对统一全区思想、坚定信心，调动各方面的积极性，加快区域发展，起到了重要作用。

2、统筹兼顾抓重点。一年来，区委在领导各项工作的实践中，紧紧扭住经济建设中心不放松，围绕加快发展的主题不动摇，突出抓了以危旧房改造为重点的城市建设和环境整治；以功能区建设为重点的区域经济增长带培育；以古都风貌保护为重点的弘扬宣南文化；以资产重组、资源整合为重点的经济结构调整；以推进政府管理创新为重点的优化区域发展环境；以加强思想道德建设为重点的精神文明创建；以实施就业和再就业为重点的帮扶困难群众；以化解矛盾为重点的维护社会稳定等八个方面工作，统筹兼顾、突出重点，加强领导、狠抓落实，保证了全区经济和社会各项事业的协调发展。

3、坚持改革抓创新。一年来，区委在推进全区各项事业的发展中，始终坚持解放思想、实事求是的思想路线，始终保持与时俱进的精神状态，自觉地按照新形势新任务的要求，坚持以改革为突破口，不断推进观念创新、体制创新、机制创新和方法创新，努力使各级党组织的领导水平和工作方式不断适应形势发展的需要，使政府的管理体制、管理方法以及全区广大党员干部的思想观念、工作思路、工作措施，更加符合市场经济规律和世贸组织规则的要求。通过坚持改革创新，工作思路更加拓宽，工作措施更加有力，体制、机制更为完善，工作成效更为突出，区域发展活力不断增强。

4、围绕中心抓党建。围绕中心抓党建，抓好党建促发展，是区委抓党建工作始终坚持的重要指导思想。一年来，区委紧紧围绕加快全区经济和社会发展的目标，把加强和改进党的建设摆到突出位置，切实按照“三个代表”的要求，全面加强党的思想、组织、作风建设，突出了思想理论、领导水平、民主集中制、群众路线、廉政勤政五个方面和基层组织、领导班子、干部队伍三个重点，使党委的领导核心作用、基层党组织的战斗堡垒作用、党员的先锋模范作用得到了较好发挥，创造力、凝聚力、战斗力进一步增强，为圆满完成各项工作任务提供了坚实的组织保证和领导保证。

5、确保稳定促发展。一年来，面对改革、发展、稳定中不断出现的新情况、新问题，区委始终站在全局和政治的高度，坚持稳定压倒一切的思想，在推进经济发展、城市建设、改革调整、环境整治等各项工作中，始终把维护社会稳定、保持社会安定作为第一位的政治任务常抓不懈，实现了推进发展强调稳定、深化改革服从稳定的工作要求，为全区经济和社会各项事业发展创造了良好环境。

对以上工作特点和经验，今年的工作中我们要继续坚持和发扬。

在肯定成绩的同时，也要清醒地认识到，在我们工作中还存在着许多不足和薄弱环节，主要表现在：

各级干部思想解放的程度还不够大，适应市场经济的能力还不够强，处理复杂矛盾的办法还不够多。区域经济的发展特色还不够鲜明，具有强劲带动力的增长点还没有形成；城市建设中仍然面临着诸多困难和矛盾，危旧房改造的任务仍很艰巨；对内对外开放的水平还不够高，筹措资金的力度还要进一步加大；利用首都科技人才优势还不充分，区域吸引人才的能力还不够强；社会治安形势仍不容乐观，影响稳定的因素仍然存在；困难群众就业和生活的压力还比较大，人民生活中一些不便还未能根本解决；党的作风建设、基层组织建设还需进一步加强等。

对于上述存在的困难和问题，我们务必要高度重视，在新的一年里将继续采取有效措施，认真加以克服和解决。

二、认清形势、统一思想，进一步增强抢抓机遇、加快发展的责任感和紧迫感

2003年是全面贯彻落实党的十六大提出的各项任务和全面实施《北京奥运行动规划》的第一年，是贯彻市第九次党代会精神、顺利实施全区“十五”计划重要的一年，也是本届区委任期的最后一年。做好今年的各项工作，对于实现全区跨越式发展，加快推进全区改革开放和现代化建设，具有十分重要的意义。

要确保全年各项工作的圆满完成，继续保持全区有一个较高水平、较快速度的发展，年初之际，就要全面审视今年我区发展所面临的客观形势，准确把握各种发展机遇及有利条件，充分认识到可能遇到的各种不利因素的影响，提早做好应对各种困难和问题的思想准备、工作准备。

今年全区发展面临的机遇和有利条件：一是党的十六大提出了全面建设小康社会的宏伟目标，极大振奋了全区人民的精神，凝聚了全区广大党员干部和人民群众的力量，为加快推进全区改革开放和现代化建设，实现全区跨越式发展指明了方向，提供了动力。当前，全区各级党组织、广大党员干部和人民群众正在党的十六大精神的鼓舞下，按照“发展要有新思路、改革要有新突破、开放要有新局面、各项工作要有新举措”的要求，不断地解放思想、更新观念，以更加饱满的热情和创造性，团结一致，开拓进取，扎实工作。二是当前全国、全市经济运行良好,继续保持快速健康发展的势头,为我区加快发展提供了良好的外部环境。一年来,我们在深化改革、扩大开放、转变政府职能、加快管理创新、优化区域发展环境以及坚持依法治区、推进依法行政等方面做了大量工作,为更好地适应世贸组织规则和市场经济规律的要求奠定了较好基础。三是市九次党代会确定了北京率先基本实现现代化的目标和加快南城发展的战略部署、北京全面实施奥运行动规划等,为加快全区经济和社会的快速发展提供了难得机遇。自去年以来,市委、市政府从资金上、政策上、项目上对南城的发展给予了有力支持,对加快我区发展起到了重要作用,我们要继续加强与市有关部门的联系,更加自觉地做到借力发力。从今年起,北京进入奥运场馆的全面建设时期,为我们搞好城市经营,加快功能区建设,发展主导产业提供了机遇。历史风貌保护区规划建设,为开发区域文化资源,打造城市文化特色、弘扬宣南文化,提供了有利条件。四是经过多年来全区人民的共同努力,我区区域经济实力和综合竞争力明显增强,各项社会事业有了较快的发展。全区广大党员干部、人民群众在推进改革发展的实践中,积累了许多宝贵经验,始终保持了开拓创新、昂扬向上、锐意进取、真抓实干的精神状态和"人心齐、抓机遇、求发展"的良好态势,为加快全区发展提供了重要基础和优势条件。对于这些难得的机遇和有利条件,我们要倍加珍惜,要充分利用和发挥好这些优势,全力以赴,加快发展。

今年全区发展可能面临的一些不利因素:一是近年来全区经济虽然发展较快,但在全市相比特别是同发展较快的一些兄弟区相比,我区在发展规模、发展速度、发展后劲等方面都还存在着一定差距,不能盲目乐观,更不能自我满足。二是在全市确定的重点功能区建设、重点产业发展布局中,我区优势不明显。相反,由于受区域面积小、人口密度大、危旧房改造任务重、风貌保护要求高等一些因素的影响,许多工作推进难度较大。三是同实现现代化的各项指标要求相比,我区在基础设施建设、生态环境建设、科技发展水平等方面距现代化标准差距较大,全区城市现代化的总体实现程度还不是很高,全面建设小康社会的任务还很艰巨。四是当前地区竞争日趋激烈、加快发展的形势更加紧迫、抢抓机遇的态势更为明显,要想在这种形势下,抢占时机、抢先一拍、加快发展,压力和难度都很大。对此,我们务必要高度重视,深入研究,积极应对。

全区各级党组织和广大党员干部必须始终牢记党和人民对我们各项工作提出的新要求,必须清醒地认识和准确地把握当前全区发展所面临的各种客观形势,进一步增强加快发展的紧迫感和责任感。要善于从全市、全国发展的大局出发,更加自觉地站在更高的起点、更实的层面上,来审视和检验我们的各项工作,坚持用新思路、新举措,推进新发展,实现新突破;适应新形势、新任务,按照新要求,开创新局面,圆满完成本届区委的任期目标,努力把宣武区的各项事业提高到一个新水平。为此,2003 年全区工作的指导思想是:以邓小平理论和"三个代表"重要思想为指导,认真学习贯彻党的十六大精神,继续落实市第九次党代会确定的各项任务,以新北京、新奥运为主题,以实施宣武区"十五"发展计划为主线,以深化改革、推进创新为动力,以实现人民生活水平新提高为根本出发点,以加强和改进党的建设为保障,进一步解放思想、实事求是、与时俱进、扎实工作,加快推进全区经济和社会各项事业发展,为首都率先基本实现现代化而努力奋斗。

三、明确要求,突出重点,扎扎实实做好全年经济和社会发展工作

围绕加快推进全区现代化进程的要求,2003 年全区经济和社会发展的主要指标和任务是:

实现全年国内生产总值增长 9%,财政收入增长 10%,社会消费品零售额增长 7%,居民人均可支配收入实际增长 8%,全年固定资产投资完成 40 亿元,全年登记失业率控制在 2%左右,围绕上述发展目标,努力做到:

——加快实施城市建设带动战略。大力推进危旧房改造和市政基础设施建设,加快危改区和经济适用房建设,保护古都风貌,加强城市管理,提升城市形象和文化内涵,进一步增强城市的综合竞争力。

——加快实施结构优化升级战略。以加快推进功能区建设带动产业结构的调整,壮大区域经济发展后劲。加快企业改革、资源整合,着力培育主导产业,大力发展"总部"经济和特色经济,进一步提高区域经济的总量和质量。

——加快实施科教文化兴区战略。坚持教育优先发展地位,加快推进科技进步与创新,促进智力、科技与经济的紧密结合,加强宣南文化的研究、宣传和开发,为全区经济和社会各项事业的发展提供精神动力和智力支持。

2003 年全区经济和社会发展要重点抓好以下四个方面:

(一)加快区域经济发展,进一步壮大区域经济综合实力。

从区域优势出发,按照首都经济的发展要求,大力发展"总部"经济、特色商业经济、民族品牌经济、文化旅游经济和现代商贸经济。努力扩大规模、培育特色、壮大后劲,进一步增强区域经济发展活力和综合竞争力。

加快推进"两街六区"建设。继续按照整体推进、重点突破的工作思路,加快"两街六区"建设。以加快北京移动通讯枢纽楼、国际新闻中心等重点项目建设为龙头,再吸引一批具有传媒及传媒相关产业的项目,整体推进国际传媒大道的开发建设。研究制定广安大街的功能定位和整体规划,加快推进大街两侧的开发建设。以开工建设南新华街和煤市街道路改造工程为带动,全面启动琉璃厂一期工程,局部启动大栅栏地区更新改造。加快马连道地区的土地功能调整和整体规划设计,加快推进重点项目和市政基础设施建设。继续做好广安门商务办公区的协调服务,改善发展环境。积极推进先农坛地区的开发建设,加快牛街民族经济特色区、天桥民俗经济特色区的规划建设。

加快推进改革调整步伐。进一步优化所有制结构、产业结构和企业组织结构。进一步改革和完善国有资产管理体系,加强国有资产运营监管,实现国有资产保值增值。继续深化企业产权制度改革,加大资源重组力度,实现优势国有资产向主导产业和新兴行业的规模聚集。加大对特色企业、品牌优势企业的扶持力度,支持企业做大做强。加大对已改制企业的指导力度,按照现代企业制度的要求,进一步完善企业法人治理结构。积极稳妥地推进联社改制工作。加快所有制结构调整,鼓励、支持和引导非公有制经济的发展,努力营造各种所有制企业公平竞争、共同发展的区域环境。加快产业优化升级步伐,重点培育和发展商贸流通、文化旅游、房地产建筑等主导产业。加快发展金融保险、物流配送、旅游会展、现代传媒、信息咨询等现代服务经济。加快高新技术产业的发展,用高新技术和先进适用技术改造提升传统产业。

加大对外开放和招商引资的力度。适应加入世贸组织的要求,充分利用首都知识密集、智力密集、科技密集的优势,努力在更大范围、更广泛领域、更高层次上,加强对外交流与合作,提高对外开放水平,进一步拓宽发展空间。进一步加大招商引资的力度,积极组织、参与多种形式的招商活动。重点加强城市危旧房改造、基础设施建设、古都风貌保护、重大工程建设等领域的招商力度,扩大引资规模,做好签约项目的落实和服务工作,提高资金到位率和资金使用水平。进一步拓宽投融资渠道,加强与金融单位的合作,积极采取市里支持、银行贷款、合作开发、上市融资等多种途径和方式引进资金,保证经济和城市建设的发展需要。

加大优化区域发展环境的力度。高度重视优化区域发展环境对提高区域综合竞争力的重要作用,进一步加大优化区域发展环境的力度,努力营造高效廉洁的政务环境,优惠实效的政策环境,稳定安定的社会环境,舒适优美的生活环境,规范有序的市场竞争环境和公开、公平、公正的创业环境。加快实施政府管理创新办法,加快推进以行政审批制度为重点的行政管理体制改革,改进调控经济的方式,切实把政府职能转变到经济调节、市场监管、社会管理和公共服务上来,增强区域对人才、资本、技术、信息等资源的吸纳能力。坚持并完善领导干部联系重点单位的制度,进一步加强与重点企业的沟通联系,努力为企业、为基层解决实际困难和问题。要进一步加大整顿和规范市场经济秩序的力度,加快推进电子政务和信息化建设,改进"一站式"办公,完善网上审批,提高服务效率、服务质量和服务水平。

(二)加强城市建设和管理,进一步增强城市综合服务功能。

坚持"建管并举、重在管理"的方针,高标准规划城市,高质量建设城市,高效能管理城市,高水平经营城市。认真落实《宣武区城市建设奥运带动计划》,提升城市形象,实现城市的有机更新和可持续发展。

加强城市规划管理。充分发挥城市规划的龙头作用,提高规划的前瞻性、科学性和权威性。着眼于城市的长远发展,按照城市现代化的总体目标和科学合理、规模适度、功能完善、环境优美的要求,做好全区的整体规划和控制性详细规划。要进一步增强精品意识,高标准地做好重点功能区、四个历史风貌保护区、民族民俗特色街区、重点项目的整体规划工作,进一步提高城市规划水平,增强城市的人文特色和文化内涵。加强城市规划的程序性、公开性、社会参与性。加强对规划实施的监督管理。

加快城市建设步伐。正确处理好城市建设与人口、资源和环境的关系。加快推进由老城区向现代化首都中心城区的建设发展进程。抓好辖区内标志性工程项目的建设,提升城市形象。加快推进城市危旧房改造和风貌保护区的规划建设,努力完善地区功能、培育优势产业,降低人口密度,完善商务环境,改善人居环境,建设生态型城区。加快经济适用房建设,为危旧房改造、风貌保护区建设的顺利实施创造条件。加快推进全区市政基础设施建设,按照统筹安排、突出重点、加快推进的原则,集中力量推进一批重点基础设施建设项目,进一步完善城市的道路交通设施、市政公用设施和小区配套设施建设,增强城市快速发展的承载能力,提高城市服务功能。

提高城市管理水平。认真贯彻落实北京市城市管理工作会精神,继续深化城市管理体制改革,进一步理顺条块关系,明确区、街职责,推进城市管理的重心下移。继续加快推进社区建设,加强对社区建设工作的领导,理顺居民自治组织与物业管理的关系,加快推进老旧小区的物业管理,完善社区服务体系,深化科教、文体、法律、卫生进社区活动,加强城市管理基层基础工作。进一步加大城市环境综合整治力度,加强城市常态管理。加快推进城市绿化、净化、美化、亮化工程。完善城市管理综合执法,提高管理的科技含量,积极探索城市管理的长效机制。要把经营城市的理念引入到城市管理中,加快推进政府职能转变,充分发挥社会中介组织、群众自治组织的作用,走社会化服务、产业化发展、市场化运作、企业化经营的新路子,提高管理效率,降低管理成本,实现城市的社会化管理。

提高城市的经营水平。树立经营城市的新理念,强化资源观念,加大区域资产整合力度,充分利用市场机制的手段,有效开发、整合利用和优化配置区域内土地、资金、信息、技术、人才、品牌、服务以及教育、卫生、文化、体育等资源,最大限度地盘活存量资产,引进增量,实现城市可经营性资源的高效经营和优化配置。

高度重视并做好古都风貌保护工作。认真实施《宣武区古都风貌保护规划要点》,严格保护各级各类历史文化遗存,努力从单体的文物保护向旧城风貌整体保护的转变,实现点、线、面有机结合的保护格局。加强对重点文物的修缮,加大对重点文物周边地区环境的治理力度,加快历史文化街景标识建设,整体打造、加快推进特色文化街区建设。按照保护更新延续的原则,重点做好大栅栏、东琉璃厂、西琉璃厂、法源寺四片历史文化保护区的风貌保护,继承文化传统,打造城市文化特色,积极探索风貌保护区规划建设的新思路。

(三)加强先进文化建设,进一步繁荣和发展社会各项事业。

坚持以德治国,牢牢把握先进文化的前进方向。加强思想道德建设,深入扎实开展精神文明创建活动,大力推进教育、科技、文化、体育、卫生等各项事业发展,进一步提高人民生活质量和水平。

加强思想道德建设。深入进行党的基本理论、基本路线、基本纲领和“三个代表”重要思想的宣传教育,引导人们树立中国特色社会主义共同理想。以深入贯彻《公民道德建设实施纲要》为主线,深入推进以社会公德、职业道德、家庭美德为重点的道德教育和道德实践,进一步提高广大市民的思想道德素质。加强青少年的思想道德建设,培养有理想、有道德、有文化、有纪律的社会主义新人。深入开展爱国主义、集体主义和社会主义的教育,大力弘扬和培育民族精神,增强全区人民的凝聚力。

深入开展精神文明创建活动。以荣获全国精神文明创建工作先进区为动力,继续深入扎实地开展精神文明创建活动,努力在巩固成果、扩大覆盖面、提高创建水平、发挥带动作用上下功夫,推动精神文明建设再上新台阶。要继续坚持抓基层,依靠基层组织,广泛发动群众,使创建工作重心下移,把创建任务落到实处;坚持抓载体,继续推进文明机关、文明行业、文明社区的创建活动,搞好双拥共建,全力争创全国双拥模范区;坚持抓阵地,要加强宣传阵地建设,组织好多种形式的宣传教育,弘扬时代主旋律。要坚持从群众的需要出发,从群众最关心的问题入手,把教育群众同服务群众结合起来,把解决思想问题同解决群众工作和生活中的实际问题结合起来,激发他们参与精神文明建设、投身全区改革发展的积极性和创造性,努力使我区精神文明创建活动始终走在全市的前列。

弘扬宣南文化发展文化产业。抓住北京建都850周年契机,加强对宣南文化的研究和宣传,进一步挖掘宣南深厚的文化历史积淀。举办好以弘扬宣南文化为主题的各种活动,展现宣南文化的独特魅力,提升城市文化品位。加快文化旅游街区建设,加大文化资源整合力度,促进文化旅游经济的发展,增强我区文化产业的整体实力和竞争力。加强文化市场的培育、管理和规范。加快区文化馆等文化设施建设,大力实施群众文化精品工程,组织开展好标志性群众性文化活动,提高群众文化活动的整体水平。

加快推进教育、科技等事业的发展。全面贯彻党的教育方针,坚持教育优先发展地位,继续加大对教育的投入,加快教育创新步伐,加强基础教育,推进素质教育,提供优质教育。加快教育资源调整,促进全区教育的均衡发展。积极推进成人教育、党校教育、职业教育及社区教育,努力构建学习型社会。积极推动科技进步与创新,加强科学知识的普及宣传,弘扬科学精神。继续加大对科技的投入,深化科技体制改革,加快科研成果的转化,增强科技对区域经济增长的带动力。坚持计划生育基本国策,稳定低生育水平。加快发展卫生事业,优化卫生资源配置,加强社区卫生服务网络建设,完善社会医疗服务体系,启动“国家卫生城区”创建工程。积极开展全民健身活动,提高全民健康水平,加快体育产业发展。加强档案、民政、老干部、残疾人等工作。

高度重视并做好帮扶困难群体的各项工作。发展经济的根本目的是提高人民群众的生活质量和水平,要从代表最广大人民群众的根本利益出发,把安排好广大人民群众的生活作为第一位的任务。要认真做好就业和再就业工作,进一步完善就业服务体系,落实再就业扶持政策,努力拓宽就业渠道,千方百计开辟就业岗位。要积极推行灵活多样的就业形式,重点支持、扶助发展社区服务性就业,鼓励、支持自谋职业和自主创业。要加强劳动保障工作,落实两个确保,完善社会保障体系，做到应保尽保，积极开展送温暖活动，坚持开展社会救济工作，重点解决好特殊困难群众的生活问题。认真落实为民办实事计划，妥善解决好衣食住行医等事关群众生活的切身利益问题，进一步提高人民生活质量和水平。

（四）加强民主政治建设，进一步巩固安定团结的政治局面。

坚持依法治国方略，健全民主政治，推进依法治区，扩大基层民主，健全社会主义法制，维护稳定安定，进一步巩固和发展民主团结、生动活泼、安定和谐的政治局面。

建设民主政治。坚持和完善人民代表大会制度、中国共产党领导的多党合作和政治协商制度，进一步提高对做好新时期人大、政协工作重要性的认识。认真贯彻落实区委关于加强人大、政协工作的两个《意见》，支持和保证区人大及其常委会依法行使职权，努力为政协依法、依章履行职能创造条件。认真做好新一届人大代表直接选举工作和协商推荐政协委员的工作。充分发挥工会、共青团、妇联等群众组织的作用，认真落实党的民族宗教和侨务政策，加强对台工作，巩固和发展新时期爱国统一战线，最大限度地调动和发挥人大代表、政协委员、民主党派、各族各界人士以及广大人民群众参与全区改革、发展、建设的积极性和创造性。

扩大基层民主。进一步畅通人民群众发表意见、反映问题的渠道，保证他们对重大事项的知情权、参与权和监督权。领导干部要深入了解民情，充分反映民意，广泛集中民智，不断推进决策的科学化、程序化和民主化。进一步巩固和扩大基层民主，做好第五届居民委员会换届选举工作，健全和完善社区居民自治组织和企业民主管理机制，继续推进政务公开、居务公开、厂务公开。工会、共青团、妇联等要充分发挥各自优势，维护好广大群众利益，切实保障广大群众依法行使民主权利。

加强法制建设。加快推进依法治区进程，加强党委对依法治区工作的领导，为改革开放和现代化建设提供法治保障。继续深化司法改革，推进司法公开，体现司法公正，加大法律援助的力度，努力维护广大人民群众的合法权益。坚持依法行政，理顺行政执法体制，完善行政执法责任制。加强对执法活动和执法队伍的监督管理，提高执法人员素质，提高执法水平。认真实施“四五”普法规划，深入开展宪法等法律法规的宣传教育，努力实现由提高全民法律意识向全面提高法律素质的转变，由注重依靠行政手段管理向注重运用法律手段管理的转变。

确保社会稳定。坚持稳定压倒一切的方针，正确处理改革、发展、稳定的关系。严格落实各级党政领导保一方平安的政治责任，完善维护稳定的领导体系和工作机制。继续深入开展“严打”斗争和重点地区、重点行业的治理整治，加强基础工作，建立长效机制，降低发案率，进一步增强群众的安全感。高度重视和妥善处理人民内部矛盾，进一步加大矛盾纠纷排查调处工作的力度，继续坚持各项行之有效的工作机制和制度，深入做好群众的思想政治工作，积极帮助广大群众解决工作生活中的各种实际困难和问题，努力把矛盾解决在基层、化解在“萌芽”状态。进一步加大“扫黄打非”的力度，加强安全生产工作，落实安全检查和日常监督管理，强化安全责任，防止重大恶性事故的发生。认真落实与“法轮功”邪教组织斗争的各项任务，确保“0”指标。

四、按照“三个代表”的要求，加强和改进党的建设，进一步提高长期执政条件下党的领导水平

加快推进全区现代化建设，实现人民生活水平的新提高，关键是坚持和改善党的领导，按照“三个代表”的要求把全区各级党组织建设好，进一步提高党的领导水平，以更加崭新的面貌和更加坚强有力的领导，团结、带领全区广大党员干部、各族人民群众为实现现代化的宏伟目标而努力奋斗。

（一）进一步坚持和改善党的领导。

充分发挥党委的领导核心作用，切实加强和改进区委对人大、政府、政协以及工会、共青团、妇联等群众组织的领导。各级党组织、广大党员必须认真贯彻执行党的路线方针政策，自觉维护党的领导，保证区委决策部署的贯彻落实。进一步加强区委与民主党派、工商联和无党派人士的政治协商和合作共事，切实做到思想同心、目标同向、工作同步。

进一步坚持和完善党的民主集中制。按照集体领导、民主集中、个别酝酿、会议决定的原则，健全和完善各级党委内部的议事和决策机制，充分发挥党委集体领导的作用。要认真落实集体领导与个人分工负责相结合的制度，坚持重大问题集体讨论决定，班子成员按照分工抓落实，相互配合，形成合力，防止、反对独断专行和软弱涣散。进一步坚持和完善党内民主生活会、重要情况通报、重大问题政治协商等制度。

（二）全面加强党的建设。

按照党要管党的原则和从严治党的方针，以保持党的先进性为核心，突出抓好思想作风建设、基层组织建设、领导班子建设和干部队伍建设，努力实现全区党员干部素质进一步提高，作风建设进一步改进，党群关系进一步密切，党组织的创造力、凝聚力和战斗力进一步增强。

进一步加强党的思想建设。加强思想建设,是党的建设的首要任务。要在全区各级党组织、广大党员中继续深入开展党的十六大精神的学习教育活动,坚定不移地用马列主义、毛泽东思想、邓小平理论和“三个代表”重要思想武装全体党员,进一步增强广大党员干部贯彻执行党的基本理论、基本路线、基本纲领、基本经验的自觉性和坚定性。要进一步弘扬理论联系实际的学风,使学习教育活动与坚持党的思想路线相结合,促使广大党员干部不断地解放思想,在解放思想中统一思想;与联系全区改革发展的实际相结合,促使广大党员干部深入研究和解决全区改革发展稳定中的各种实际问题,推进工作不断创新;与加强领导班子和干部队伍建设相结合,不断提高各级领导班子、广大干部的政治素养、理论水平、综合知识和创造性开展工作的能力。坚持党的先进性教育,继续深入开展“立党为公、执政为民”的教育活动,进一步增强先进性的意识,坚定理想信念。坚持和完善各级理论学习中心组制度,办好各级各类培训,多形式、多渠道地组织广大党员干部学习马列主义基础理论和当代经济、科技、文化等方面的知识,不断提高研究新情况、总结新经验、解决新问题的能力。

进一步加强党的基层组织建设。党的基层组织是党的全部工作和战斗力的基础。继续实施“增三力达标创优工程”,进一步推进全区各级党组织争优创先活动。及时总结基层党组织在创建工作中积累的新经验,不断研究新情况,解决新问题,积极探索加强党组织建设的新途径和新方法,进一步增强党组织的创造力、凝聚力、战斗力,努力把基层党组织建设成为贯彻“三个代表”重要思想的组织者、推动者和实践者。进一步健全和完善社区党建工作机制,发挥好社区党组织在社区建设中的领导核心作用。加强在新经济组织、社会团体、中介组织中建立党组织的工作,不断扩大党的工作的覆盖面。进一步加强和改进改制企业的党建工作,保证党的路线方针政策在企业的贯彻执行。加强对党员的教育和管理,研究制定加强离职离岗退休党员的教育管理办法。坚持党员标准,积极稳妥地做好在新的社会阶层中发展党员的工作,不断增强党的阶级基础,扩大党的群众基础,增强党的社会影响力和凝聚力。

进一步加强领导班子和干部队伍建设。加快全区各项事业的发展,必须有一大批德才兼备的优秀干部和人才做保证。进一步加强各级领导班子建设,不断增强各级领导干部的政治意识、大局意识和责任意识,提高各级领导班子、领导干部适应市场经济的能力、科学民主决策的能力、创造性开展工作的能力。认真贯彻执行《干部任用条例》,按照干部队伍建设“四化”方针和德才兼备的原则,进一步完善民主推荐、民意测验、民主评议、公开选拔、竞争上岗、任前公示、任职试用、交流培训等制度,积极探索科学的干部选拔、任用、考察、评价、监督、激励机制。进一步加大干部交流、调整的力度,努力将一批德才兼备、实绩突出、群众公认的优秀年轻干部选拔到各级领导岗位。认真做好区级领导班子换届准备工作,各级领导干部要以高度的政治责任感,有条不紊地抓好各项工作的落实,保持工作的连续性和稳定性。大力实施人才战略。进一步加大人才的培养力度,认真研究全区所需人才的种类、数量和结构,制定优惠办法,加快引进一批政治素质好、文化水平高、知识结构新、业务能力强,富有创新能力的高素质、复合型党政领导人才、专业技术人才、经营管理人才,努力在全区形成尊重知识、尊重人才和有利于各类人才自身发展、发挥才能的良好氛围。

进一步加强和改进党的作风建设。党的作风建设的核心是保持党同人民群众的血肉联系。要认真贯彻落实中央、市、区委关于进一步加强和改进党的作风建设的各项规定,按照“八个坚持、八个反对”的要求,全面加强和改进党的作风建设。广大党员干部要始终坚持“立党为公、执政为民”,要努力转变思想作风,自觉地用“三个代表”的标准、与时俱进的观念来审视和检验各项工作,推进观念、理论和工作创新;要努力转变学风,适应新形势,学习新知识,研究新情况,积累新经验,不断增强工作的原则性、系统性和预见性;要努力转变领导作风,各级领导干部要从文山会海中解脱出来,拿出更多的时间和精力,深入实际、调查研查、解决问题,推动工作落实;要努力转变工作作风,改进服务态度,提高办事效率,增强服务的主动性,提高服务水平;要养成良好生活作风,树立“勤政、廉政、优政”的从政道德,坚持以作风建设的实效,推动全区经济和各项事业的发展。

进一步加强党风廉政建设,深入开展反腐败斗争。坚决反对和防止腐败,是全党一项重大的政治任务。各级党组织要充分认识反腐败斗争的紧迫性和长期性,旗帜鲜明,毫不动摇地把反腐败斗争深入进行下去。要认真落实党风廉政建设责任制,坚持和完善党委统一领导,党政齐抓共管,纪委组织协调,部门各负其责,依靠群众支持和参与的领导体制和工作机制。坚持标本兼治、综合治理的方针,进一步加大治本的力度。按照加强教育、发展民主、健全体制、强化监督、创新管理的要求,把反腐败寓于各部门、各单位的业务工作之中。要进一步抓好领导干部廉洁自律、查处大案要案、纠正部门和行业不正之风工作。继续坚持和落实领导干部廉洁自律的各项规定,进一步规范领导干部的从政行为。继续加大办案的工作力度,抓住重点对象、重点部门、重点领域和重点环节，集中力量严肃查处各类违法违纪案件。继续抓好纠风工作，加强行风建设，坚决纠正群众反映强烈的不良风气。加强对党员干部特别是各级领导干部的理想信念、廉洁从政教育和艰苦奋斗、勤俭节约的优良传统教育，增强各级领导干部拒腐防变的能力，牢固地树立起正确的权力观、地位观和利益观。积极宣传清正廉洁、克己奉公的模范事迹，开展示范教育。深刻剖析典型腐败案件，进行警示教育，加强管理、堵塞漏洞。进一步加强对党员领导干部的监督，努力拓宽民主监督的渠道，完善监督机制，把党内监督、法律监督、群众监督、舆论监督相结合。继续深化行政审批制度、财政管理制度和干部人事制度改革，努力从源头上预防和治理腐败。

同志们，全年各项工作任务已经明确，为确保各项工作任务的圆满完成，提出以下五点要求：

1、坚持解放思想，开拓创新。解放思想、实事求是是加快各项事业发展的重要前提，开拓创新是推进各项工作取得新成绩的强大动力。面对当前改革发展稳定的繁重任务、日益激烈的市场竞争和发展变化的客观形势，要赢得全区更快更好的发展，就必须不断地解放思想，在解放思想中统一思想、更新观念、理清思路、凝聚力量，加快发展。

2、坚持高标准，努力创一流。坚持以一流的标准来衡量各项工作，不断增强动力、鼓舞斗志，找出不足，明确方向，努力创造出一流的工作水平、工作业绩。要力争在一些重点领域、关键环节取得实质性突破，高标准、高质量地完成各项工作任务。

3、坚持突出中心，抓住重点。围绕全区加快发展的根本要求，要紧紧围绕经济建设这个中心，紧紧抓住具有全局性、根本性、基础性的问题，紧紧抓住影响改革、发展、稳定的重点、难点问题，以及事关群众切身利益和社会普遍关注的热点、焦点问题，集中力量，重点突破，带动全区各方面工作的快速发展。

4、加强调查研究，不断增强工作的预见性。要着力就工作推进中遇到的各种困难和问题进行调查研究，进一步加强对市场经济发展规律和世贸组织规则的研究，加强对未来经济发展形势和产业发展动向的分析和预测，要深入研究国内外两个市场，促使区域发展战略、产业发展规划、结构调整方向、改革调整步伐真正建立在对市场规律的充分认识上，建立在对全市发展大局的准确把握上，努力在激烈的地区竞争中抢得先机。

5、加强领导，抓好贯彻落实。各级党组织要紧紧围绕全区中心工作、重点工作，加强领导，加强督促检查，推进各项工作任务的落实。各部门、各单位要认真领会、深入贯彻这次区委全会精神，结合实际提出具体贯彻办法。要明确工作进度、工作标准和工作考核办法，切实做到思想认识到位、领导力度到位、工作措施到位、工作责任到位。要提倡干实事、求实效，实事求是地开展工作；要发扬求真务实、真抓实干的工作作风，扎扎实实地推进工作；善于将中央的大政方针、上级的指示要求同本部门、本单位的实际情况结合起来，创造性地开展工作。

充分发挥广大党员干部的先锋模范作用是做好工作、加快事业发展的重要保证。全区广大党员干部要当好走在时代前列的尖兵、爱岗敬业的榜样、促进改革发展稳定的中坚、实践党的宗旨的模范。特别是党员领导干部要带头讲大局、讲团结、讲稳定，要努力做学习的表率，做勤政的表率，做廉政的表率，做团结的表率，做创新的表率，坚持以饱满的热情、昂扬的斗志、强烈的事业心、高度的政治责任感去带动群众、影响群众，扎扎实实地做好全年各项工作。

同志们：党的十六大绘就了我国改革开放和现代化建设的宏伟蓝图，确定了加快各项事业发展的大政方针和目标任务。我们要以邓小平理论和“三个代表”重要思想为指导，全面贯彻落实党的十六大精神，紧密团结在以胡锦涛同志为总书记的党中央周围，团结带领全区广大党员干部、各族人民群众，与时俱进、开拓进取、扎实工作、艰苦奋斗，以优异的成绩圆满完成2003年各项工作任务，把全区的改革开放和现代化建设事业不断推向前进，为首都率先基本实现现代化而努力奋斗！

政府工作报告

——2003年1月22日在北京市宣武区第十二届人民代表大会第六次会议上

宣武区区长 鲁 勇

各位代表:

现在,我代表宣武区人民政府向大会报告工作,请审议,并请各位政协委员提出意见。

2002年工作回顾

区人大十二届四次会议以来,全区各族人民在区委的领导下,坚持以邓小平理论和"三个代表"重要思想为指导,认真贯彻落实北京市第九次党代会精神,解放思想抓机遇,脚踏实地求发展,圆满完成了会议确定的各项任务,为实现"十五"计划目标迈出了坚实的一步。

区域经济持续健康发展,人民生活水平稳步提高。国内生产总值同比增长9%,达到148.9亿元。固定资产投资同比增长42.9%,达到40亿元。社会消费品零售额实际增长8.3%,达到70.1亿元。财政收入按可比口径增长15.1%,达到13.5亿元。经济结构调整步伐加快,多种所有制经济共同发展。居民人均可支配收入扣除物价因素实际增长14.8%,达到11093元。社会保障体系不断完善,社会保险覆盖面进一步扩大。高度重视再就业工作,全年共开发社区就业岗位9937个,失业人员再就业率达到69.5%,城镇登记失业率为1.42%。有效实施了《进一步做好帮扶困难群体的工作意见》,困难群体的生活得到保障。年初确定的20件办实事计划全面落实,解决了一批直接关系群众生活的问题。

全力培育新的经济增长带,功能区建设步伐加快。琉璃厂文化区开发建设实现突破,一期工程规划方案获得市政府批准,拆迁工作已经启动。国际传媒大道建设重点推进,北京移动通讯枢纽楼结构封顶,国际新闻中心、北京通信大厦等重点项目已经启动,其他项目进入实质性运作之中。马连道新兴商业区确立了采购中心的功能定位,规划调整工作正在进行,新华书店总店物流中心、北京医药物流中心等重点项目加紧建设。大栅栏地区保护改造作为北京市历史文化保护街区的试点项目列入了《北京奥运行动规划》,规划方案完成国际招标和专家论证。广安门办公商务区综合环境得到进一步整治,中环广场、广安大厦等一批办公商务设施即将启用。出台倾斜措施扶持牛街民族特色经济和天桥民俗特色经济发展,两条特色经济街的开街筹备工作进入尾声。广安大街及其延长线两侧开发工作取得积极进展,过渡性商业用房全面投入使用。先农坛地区招商工作积极进行。

有效加强城市规划建设,区域环境得到明显改善。为有效发挥筹办奥运的综合带动作用,研究制定了《宣武区城市建设奥运带动计划》,进一步完善了区域规划及控制性详细规划。新启动庄胜二期等8片危改区,搬迁居民10041户。天桥危改居民已按期陆续回迁,牛街二期、新安中里、红居等危改区在加紧建设。有力加强了施工质量管理,宣新大厦荣获"鲁班"奖。全区开复工面积达到229万平方米,竣工面积为74.1万平方米,分别完成年计划的100.4%和114%。牛街、白纸坊西街等6条道路建成通车,输入胡同等7条道路正在建设,广内电话局和万明路变电站已经开工。完成了长椿街、菜户营、"西黄线"等重点整治工程和一批小区环境整治工作,全年共拆除违法建设8.4万平方米。建成了长椿苑、丰宣公园、广安门南街(南段)、手帕口桥北侧、牛街5块万米绿地,新增绿地面积13.3万平方米,相当于前五年的总和。完成了广安大街等8处美化、亮化工程,认真做好人防、防汛、供暖、节水、垃圾分类等工作。新建改建一类公厕20座,道路机扫率提高到75%。加大了大气污染治理力度,实现了阶段性控制目标。

稳步推进企业改革,招商引资工作成效明显。继续深化国有资产管理体制改革,积极探索完善国有资产监管运营体系的办法。在巩固改革成果的基础上,推出了《经贸系统企业整体改革的实施方案》。积极引导和扶持莱百、张一元、内联升、瑞蚨祥等品牌企业加快发展,区属中小企业基本完成了转制。稳步推进集体企业改革,广外联社整体改革方案开始实施。加快了事业单位人事、分配制度改革步伐。招商引资工作拓展了新领域,健全了借台招商、跟踪招商等平台,完善了招商网站,积极借助社会中介机构代理招商。通过北京第五届科博会、第六届京港贸易洽谈会,第三届宣武经贸洽谈会和第三届资源调剂项目洽谈会等活动,促进招商引资工作迈出新步伐。全区实际引进资金10.53亿元,比上年增长了近一倍。

全力促进古都风貌保护,进一步弘扬了宣南文化。出台了《宣武区古都风貌保护规划要点》,确定了点、线、面有机结合的保护格局并开始实施。确立了大栅栏、东琉璃厂、西琉璃厂和法源寺4片风貌保护区"保存、更新、延续"的改造原则,落实了小红庙等6片用于风貌保护区居民定向安置用房建设用地。完成了先农坛庆成宫及南坛墙、法源寺(局部)、天宁寺塔院等重点文物修缮工程及牛街礼拜寺、长椿寺等重点文物周边整治工作,先农坛神厨、纪晓岚故居等文物完成修缮并向社会开放。规划设计了30个反映北京历史文脉的街景标识,北京建都纪念标识、北京建城纪念标识等一批标识物已着手建设和修缮。成功举办了首届北京宣南文化节、第二届厂甸庙会和第七届大观园红楼庙会等活动,进一步提升了宣南文化的社会影响力。初步完成了《文化旅游资源开发利用的总体策划方案》,为实现宣南文化资源开发与文化旅游业发展的有机结合提供了重要依据。

精神文明创建喜结硕果,社区建设工作成效显著。以迎接党的十六大和创建全国文明城区为重点,深入开展了多种形式的学习宣传活动。认真落实《公民道德建设实施纲要》,市民文明素质和社会公德意识进一步提高。集中开展了整治市容市貌和纠正不文明行为活动,一批环境脏乱死角得到治理,乱贴乱画小广告等不文明行为得到纠正。认真落实各项优抚政策,广泛开展了双拥共建活动。合理调整社区组织结构,不断创新工作机制,有效加强社区工作者队伍建设,不断壮大社区志愿者服务队伍,加快社区"三室、一场、一校"建设,扎实推进了社区建设示范区、示范街道、示范社区创建工作。在全区人民的共同努力下,我区先后被评为"首都文明城区"、"首都双拥模范区"、"全国社区建设示范区"和"全国精神文明创建工作先进城区"。

加大社会资源整合力度,促进各项事业全面进步。适应城市建设新形势要求,加大了教育、卫生资源的整合力度。完成了10所中小学的调整合并,开工兴建北京小学广外分校,成立了区社区教育学院。完成了6个医疗单位的重组整合,组建了区老年保健暨疾病防治中心和区疾病预防控制中心,区域教育、卫生资源继续向优化配置方向迈进。继续改进科技管理与服务体制,加快了全区信息化网络建设。引进了一批科技企业,科技立项53项,组织开展了一系列科普活动。以课程改革实验为突破口继续深化教育改革,积极推进素质教育。通过召开名校长办学思路研讨会,促进了名师、名校、名校长工程的落实。师大附中、15中被评为全市首批示范校。初步构建了我区老年健康服务体系,加强了传染病预防控制和卫生监督工作,社区卫生服务稳步推进。文化市场管理不断规范,三级文化网络继续完善,基层文化建设水平进一步提高。区文化馆已完成规划手续开始动迁。档案工作取得新成绩。竞技体育水平稳步提高,全民健身活动深入开展,我区承办的第六届北京市民族传统体育运动会获得圆满成功。认真贯彻党的民族宗教政策,民族团结的局面进一步巩固,民族敬老院建设已经启动。认真贯彻《人口与计划生育法》,计划生育率达到99.4%。残疾人事业继续发展,我区被评为"全国残疾人康复工作先进区"。

政府管理创新有序推进,区域发展环境进一步优化。巩固机构改革成果,积极开展了建设高效率政府机关和高素质公务员队伍大讨论,组织了系列培训教育活动,努力提升政府创新活力。适应加入世贸组织需要,制定实施了《优化区域投资环境、培育主导产业、加快区域经济发展的试行办法》,增强了区域发展吸引力。实施了《关于街道财政管理体制改革的意见》,进一步理顺了区街财权关系,调动了街道发展区域经济的积极性。继续深化行政审批制度改革,严格规范了审批程序和责任追究办法,行政审批事项由293项减少到236项,又精简了19%。继续规范市场经济秩序,积极开展专项整治,完善了市场准入制度。在落实企业投诉和消费者投诉服务机制的基础上,成立了区域发展环境投诉服务中心,完善了"一站式"服务和联系重点企业制度。聘请6位专家学者担任政府顾问,提高了政府决策的科学性。建立了重点工作调度会制度,推动了重点工作、重点项目的落实。大力推进电子政务建设,区机关电子政务信息网已经开通。通过努力,区财政局、区审计局分别被评为全国财政系统和审计系统先进集体,区劳动和社会保障局荣立全国劳动保障系统集体一等功。

民主法制建设继续加强,社会安定局面不断巩固。认真贯彻区委关于加强人大工作的意见,全面落实区人大及其常委会的决议,政府组成人员向人大常委会述职,自觉接受法律监督和工作监督。认真落实区委关于加强政协工作的意见,坚持定期向政协委员、各界人士通报重要工作。在古都风貌保护、功能区开发建设、宣南文化资源开发、政府管理创新等重大问题上,多次听取各民主党派、人民团体、专家学者以及各界人士的意见建议。全年共收到市区人大代表议案2件、建议213件、政协委员提案243件,办复率达到100%。坚持领导干部学法制度,“四五”普法教育深入开展。大力推动依法行政,深化政务公开,我区的做法在全市依法行政工作会上得到推广。深入开展“严打”和与“法轮功”邪教组织的斗争,加强社会治安综合治理,认真排查、妥善处理人民内部矛盾,圆满完成了十六大等重大活动、重要时期的安全保卫任务,维护了全区的政治稳定和社会安定。全区刑事案件发案率同比下降13%,群众安全感进一步提高。持续不断进行了安全生产大检查,集中开展了网吧、地下空间和化学危险品等整顿工作。认真落实廉政建设责任制,努力纠正行业不正之风,进一步加强了从源头治理腐败工作。

一年来我区改革开放和现代化建设取得了新成绩,呈现出“人心齐,抓机遇,求发展”的良好势头。这是市委、市政府和区委正确领导、社会各界大力支持的结果,是全区各族人民团结奋斗、顽强拼搏的结果。在此,我代表区政府向全区各族人民,向人大代表、政协委员,向各民主党派、人民团体、社会各界人士,向驻区中央、市属单位和武警部队,向所有关心支持宣武发展的同志们、朋友们,表示崇高的敬意和衷心的感谢!

在肯定成绩的同时,我们也清醒地看到,全区经济和社会发展中仍存在着不少困难和问题。按照党的十六大精神和市第九次党代会要求,我们的思想解放程度还不够大,对外开放的水平还不够高,驾驭市场经济的能力还不够强。区域经济发展水平与首都率先基本实现现代化要求相比还有不小差距,主导产业的比较优势还不突出,具有持续带动力的经济增长带还没有形成。城市建设仍面临诸多困难和矛盾,危旧房改造、市政基础设施建设的任务还相当繁重,建设资金短缺、筹资渠道不宽的问题依旧比较突出。城市管理和社区建设中还有很多不完善的地方,居民工作生活中的诸多不便还没有得到根本解决。社会保障体系尚不完善,人民生活水平和质量有待进一步提高,困难群体就业与生活压力还比较大。社会治安形势不容乐观,影响稳定的因素依然存在。政府工作中还存在职能“错位”、管理“越位”、责任主体“缺位”和工作落实“不到位”等问题,工作效率和服务质量有待进一步提高。我们要高度重视这些问题,采取有力措施加以解决。欢迎各位代表、委员提出意见和建议。

2003年工作安排

党的十六大提出了全面建设小康社会的奋斗目标,市委、市政府结合实际作出了努力在全国率先基本实现现代化的战略部署,区委八届十四次全会立足区情发出了为首都率先基本实现现代化而努力奋斗的动员令。面对这样的形势和任务,我们要与时俱进,开拓进取,认真谋划推动我区经济和城建跨越式发展的创新举措;要善抓机遇,真抓实干,创造性地用好用足机遇来争取最佳的工作效果;要突出重点,形成合力,在实现工作的整体推进和重点突破中创造区域发展的比较优势;要统一思想,振奋精神,聚精会神搞建设,一心一意谋发展;要立足区情,艰苦奋斗,把立党为公、执政为民的要求落到实处。

按照区委确定的指导思想,2003年政府工作的总体要求是:以邓小平理论和“三个代表”重要思想为指导,认真贯彻党的十六大和市九次党代会精神,全面落实区委八届十四次全会提出的各项任务,以“新北京、新奥运”为主题,以加快发展为总的基调,以提高人民生活水平为根本出发点,大力实施城市建设带动、结构优化升级和科教文化兴区三大战略,全力优化区域发展环境,深化改革,推进创新,保持经济和社会事业的协调发展,为首都率先基本实现现代化而努力奋斗。

全区经济和社会发展的主要预期目标是:国内生产总值增长9%;固定资产投资完成40亿元;社会消费品零售额增长7%;财政收入增长10%,按照新的税收体制计算预计实现17.6亿元;居民人均可支配收入实际增长8%;城镇登记失业人员就业率达到60%以上,失业率控制在2%左右。

一、全力推动以功能区开发为重点的新经济增长带建设,努力拓展融资渠道、加大招商引资力度

全面推进重点功能区的开发建设。加快建设琉璃厂文化区一期工程,启动二期工程的规划设计工作。完善国际传媒大道的整体规划,全力推动国际新闻中心、北京通讯大厦、国际传媒中心等项目的建设,力争再启动一批重点项目。以启动煤市街改造工程为重点,努力实现大栅栏地区更新改造的新突破。完成马连道采购中心的整体规划调整工作,改造市政道路等基础设施,积极推动茶叶、医药、图书等行业和重点物流商务企业的加快发展。继续抓好广安门办公商务区环境改造,吸引更多的机关、企业总部到此落户。加快推进广安大街的整体规划,努力搞好成片开发工作。以牛街民族特色街和天桥民俗特色街开街为契机,进一步丰富区域的经济特色。积极推进先农坛地区的开发建设,重点发展医疗、体育产业。

不断加大对外开放和项目招商工作力度。借助加入世贸和筹办奥运的难得机遇,有效扩大对外开放,搭建引资开发、合作建设的发展平台。认真实施优化区域投资环境的政策措施,积极鼓励、吸引投资机构、社

会中介参与我区的开发建设。以功能区的招商引资工作为重点，落实好委托招商、跟踪招商、连动招商等措施。精心组织、积极参与第六届北京科博会和第七届京港贸易洽谈会，组织好第四届宣武经贸洽谈会等招商活动。落实专门力量，抓好签约项目跟踪服务，提高资金的到位率和项目的开工率。

积极探索多种形式的融资途径和形式。拓展市场融资、社会聚资、政府投资等渠道，利用合作开发、品牌聚资、上市融资、市场招标、经营权拍卖等多种形式筹措资金。积极探索银政合作、银企合作办法，推动土地一级开发和市政基础设施建设。抓住市委、市政府向南城倾斜的机遇，积极争取市拨专款和建设项目，不断扩大区域建设的资金投入。认真研究降低城市开发成本的相关措施，努力提高投入资金的使用效益。

二、加快产业结构调整，有效深化企业改革，大力培育主导产业和品牌企业

采取积极扶持措施培育主导产业。全力发展以商务交易服务为重点的总部商务业、以国际化都市发展需要为核心的现代服务业、以体现区域比较优势为龙头的特色商贸业、以宣南文化资源为基点的文化旅游业、以传媒产业和信息业为重点的高科技产业。同时，大力发展满足城市发展和居民需要的劳动密集型、服务密集型行业，完善城市服务体系，促进社会就业。借助区域特有资源，积极发展职业教育、体育健身、社区服务、生物医药等行业，最大限度地开发和利用区域内的优势资源。

深化区属企业改革培育品牌经济。认真落实《宣武区经贸系统企业整体改革的实施方案》，推动投资管理公司深化改革，引导菜百、张一元、内联升、瑞蚨祥等品牌企业利用市场机制做强做大。研究制定扶持“老字号”企业发展的具体措施，全力振兴“老字号”。按照政企分开、品牌带动的原则，推动区属企业中经营性资产与非经营性资产、优良资产与不良资产、企业冗员与人力资源的有效剥离，实现优势国有集体资产向主导产业和新兴行业的规模聚集。继续深化小企业改革，规范改制企业运作行为。制定实施社区商业发展规划，改造、整合一批社区便民商业设施。积极引进国内外知名商业企业，提升消费需求的供给力和拉动力。稳步推进联社整体改制工作，不断深化建筑企业改革。

完善服务措施促进非公有制经济发展。积极创造公开、平等的竞争环境，毫不动摇地鼓励、支持和引导非公经济加快发展。积极鼓励非公企业参与国企改革，搞活区属企业。充分发挥非公经济组织的特有优势，丰富和健全区域便民服务体系。加强企业自律和行业协会组织建设，完善市场准入制度，有效规范区域经济秩序。

三、以实施奥运带动计划促进城建带动战略的落实，全力加快危旧房改造和市政基础设施建设

牢固树立高标准规划城市的建设观念。科学合理规划区域的功能布局，增强城市的区域特色和文化内涵。充分利用有限的土地资源，努力实现古都风貌保护与区域可持续发展的有机统一。集中力量突破规划难点，全力推进危旧房改造和城市建设。有效加强城市规划的科学性、公开性和社会参与性，搞好对规划实施的监督管理。

认真落实“奥运带动计划”提出的任务。《宣武区城市建设奥运带动计划》提出了到2008年北京举办奥运会时，全区城市建设要达到的总体要求和目标。要围绕《计划》确定的居住区、功能区、风貌区、基础设施、城市环境、信息化六个方面的建设要求，统筹协调力量，抓好任务落实。2003年，全面落实《计划》提出的第一阶段工作任务，努力启动50%的建设项目。

大力推进危旧房改造和市政设施建设。计划开复工面积230万平方米，竣工65万平方米。加快新安中里、牛街二期、红居、南横街东口、小马厂、樱桃园、春风二期等危改区的建设进度，新启动大吉片、广安片等一批危改区，实现居民搬迁1万户。加快定向安置用房建设，为风貌区的保护更新创造条件。依法加强施工管理，确保工程质量。完成宣外大街(西侧)、输入胡同、枣林前街(东段)、红居仓储路道路工程，开工建设南新华街、北纬路、广义街、小马厂、香炉营、樱桃园二条、教子胡同、南横街、煤市街等9条道路。积极参与地铁四号线建设。翻修改造10条区管道路。加快建设广内电话局、万明路变电站，完成天桥电话局和大栅栏变电站的选址工作。

四、大力加强环境综合整治和社区建设，稳步提高城市的长效管理水平

突出抓好环境综合整治工作。完成先农坛东侧、法源寺周边等重点环境整治任务，继续搞好各个街道的环境整治工作。加强环卫设施配套建设工作，新建、改建一类公厕20座。道路机扫率提高到80%，扩大垃圾分类收集范围。改善大气环境质量，完成20蒸吨以下燃煤锅炉改造任务，严格控制扬尘、尾气、油烟等污染。继续做好防汛、供暖、人防、节水等项工作。突出绿化、美化、亮化工作中的精品建设，重点建设先农坛东侧、法源寺周边等集中绿地，新增绿化面积8万平方米，植树2万株，铺草8万平方米。完成南二环北侧、长椿街、法源寺等夜景照明工程，加强照明设施管理。

巩固提高社区建设的整体水平。巩固社区建设创建成果，继续提高社区建设的整体水平。稳步推进管理重心下移，进一步理顺区、街、社区的关系。深化科教、文体、法律、卫生“四进社区”活动，健全完善“一区一警”、“城管进社区”制度。以社区居委会换届选举为契机，大力加强社区专职工作者和志愿者队伍建设，发展壮大社会服务组织。积极探索社区自治权、协管权、监督权的具体实现方式，推动政务公开进社区。进一步加大投入，继续改善社区居委会的办公条件和综合服务设施。继续加快社区卫生服务示范中心和示范站建设，完善社区卫生服务体系。

努力完善城市的长效管理机制。深化城市管理体制改革，完善综合执法的管理组织和工作职责。逐步理顺居民自治组织和物业管理组织的关系，把居住小区作为城市管理的基础载体，把物业管理纳入社区建设的整体布局中。认真研究解决住房管理、物业管理、环境管理中存在的突出问题，提高依法管理的能力和水平。

五、有效加强国有资产的监督和管理，促进区域公共资源的优化配置

调整完善国有资产管理的体制和方式。按照党的十六大确定的国有资产管理体制改革方向和国家的法律法规，研究设立国有资产管理机构，改革投资管理公司经营机制。完善金正公司的法人治理结构，规范投资决策行为。按照政企分开和建立现代企业制度的要求，逐步实现国有资产的所有权和经营权相分离，促进国有资产的保值增殖。

有效整合区域资源促进优化配置。提高管理和经营城市资源的水平，成立土地储备中心，搞好土地资源的储备管理，完善土地开发的市场交易机制。推动教育资源的整合重组，加快实现教育的均衡发展和资源的合理配置。促进卫生资源的优化配置，稳步提升区域的卫生保健、医疗服务、疾病控制能力。加强文化资源的开发整合，进一步焕发宣南文化资源的产业开发活力。盘活政府部门的办公场地资源，减少资源闲置和不必要的行政开支。搞活市政管理的公共资源，探索使用权、经营权、冠名权等相关权益的市场运作方式。开发服务社区的社会资源，实现社区服务设施的资源互补和有效利用。

六、千方百计扩大就业，加强社会保障工作，不断改善和提高人民生活水平

突出抓好就业与再就业服务工作。认真贯彻中央和北京市再就业工作会议精神，全面落实相关优惠政策。建立失业预警机制，对困难群体实施就业援助。完善我区促进再就业的制度和办法，继续落实促进再就业的“十项承诺”。提高社区就业的供给能力，多形式开发就业岗位。积极开展特困就业群体“手拉手”扶助活动，加强再就业培训和指导。

进一步完善和健全社会保障体系。继续推进社会保险基金扩面征缴工作，努力扩大养老、失业、医疗等社会保障的覆盖面。落实企业补充医疗保险，认真执行特困人员医疗救助办法。力争自收自支事业单位全部参加养老保险。落实责任，确保特困户子女享受义务教育。建立临时救助资金，切实保障困难群体的基本生活。在实现“两个确保”的基础上，加强最低生活保障的动态管理，积极引导有条件的人员自我脱困。

继续坚持为民办实事的工作制度。坚持开展“送温暖”活动，努力办好今年的20件实事，认真解决直接关系群众生活的住房、就业、环境、治安等方面的问题，使广大群众包括困难群体都能在改革发展中得到越来越多的实惠，使全区居民生活得更方便、更幸福。

七、加快开发宣南文化资源，有效促进古都风貌保护和文化旅游产业发展

认真实施《宣武区古都风貌保护规划要点》。通过规划的落实，实现从单体的文物保护向整体的风貌保护转变。加快推进大栅栏、东琉璃厂、西琉璃厂和法源寺4个历史风貌保护区的整体保护，搞好文物的腾退修缮工作。落实先农坛等重点文物周边环境整治，建设宣南文化博物馆、天桥民俗展览馆。建成北京建都纪念标识等10余个反映宣南文化历史遗存的标识物。继续打造牛街民族特色、天桥民俗特色、滨河史迹特色和宣外传媒特色区域，修整与之不协调的建筑风格。做好牛街礼拜寺、长椿寺等一批重点文物的修缮工作。

分步落实《文化旅游资源开发利用的总体策划方案》。组建经营宣南文化资源的实体，把宣南文化资源开发、文化旅游、文化产品经营有效地开展起来。积极研究落实经营宣南文化资源的具体措施，探索引入市场机制开发宣南文化产品的方式。利用区域特有优势，开展特色旅游。利用北京建都850周年、曹雪芹逝世240周年等契机，进一步加强宣南文化的研究和宣传。认真办好宣南文化节和厂甸庙会、大观园庙会等特色文化活动，进一步扩大宣南文化的社会认知度。

八、巩固文明城区创建成果，提高创建水平，促进各项事业的全面进步

深入开展全民思想道德建设。认真抓好党的十六大精神和“三个代表”重要思想的宣传教育，牢固树立建设中国特色社会主义的信念。继续抓好《公民道德建设实施纲要》的贯彻落实，加强社会公德、职业道德和家庭美德教育，进一步加强青少年的思想道德建设。把弘扬以爱国主义为核心的民族精神纳入精神文明建设全过程，不断增强全区人民的凝聚力和自豪感。

稳步提高文明城市创建水平。以荣获全国精神文明创建工作先进区为动力，继续扎实开展精神文明创建活动，推动全区文明建设再上新台阶，继续走在文明城市创建工作的前列。积极推进文明街道、文明社区、文明行业、文明单位、文明家庭等各种形式的群众性精神文明创建活动，努力营造健康向上的生活环境和良好社会风尚，提高市民的文明素质和城市的文明程度。搞好专业和业余文化团体建设，丰富和繁荣全区的文化生活。继续开展双拥共建活动，巩固军政军民团结，全力争创“全国双拥模范区”。

积极发展各项社会事业。继续搞好科技服务体系建设，推动科技进步与创新，加强知识产权保护。努力吸引和新办一批高新技术企业，促进科研成果的生产转化。加强科学知识的普及宣传，提高全民的科学技术素质。坚持教育优先发展，加大对教育的投入，使今年80％的小学毕业生和70％的初中毕业生能够升入优质中学，基本满足群众对教育的需求。以培养示范校(园)和名师、名校、名校长为重点，带动教师队伍的师德和业务水平的提高。以课程改革为切入点，努力提高素质教育水平。重视和加强高等教育、职业教育、继续教育，推进学习化社区建设。加强中小学德育工作，建设宣武区教育展览馆。建成天桥市民广场，加快文化馆建设，筹建宣武区文化广场和少儿图书馆。进一步加强文化市场管理和“扫黄打非”工作。积极推进卫生管理改革，建立医疗信息公示制度，提高医疗服务质量。推进医疗机构后勤服务社会化工作，扩大药品集中招标采购覆盖面。继续做好保健服务和卫生防病工作，积极争创“国家卫生城区”。完善体育设施，提高竞技体育水平，搞好全民健身，发展体育产业。深化计划生育优质服务，扩大育龄群众受益面，继续稳定低生育水平。积极发展老龄和残疾人事业，不断完善敬老设施和无障碍设施。发展档案事业，提高档案管理水平。

九、有效推进政府管理创新，努力建设高效率的政府机关和高素质的公务员队伍

制定落实《推动政府管理创新的工作意见》。按照建立行为规范、运转协调、公正透明、廉洁高效行政管理体制的要求，逐步解决政府工作中存在的职能“错位”、管理“越位”、责任主体“缺位”和工作落实“不到位”等问题。规范政府、社会中介和社区的职责，逐步理顺政企、政事和政社的关系。以提高依法行政和高效服务能力为重点，优化政府管理环境，增强我区对人才、资本、技术、信息等资源的吸引力。积极探索政务公开的新举措，深化行政审批制度改革。研究具体考核办法，提高政府“一站式”办公服务大厅的服务效率。完善区域发展环境投诉服务中心的运转机制，把对公务员的投诉和投诉办理情况纳入政府部门和公务员考核体系之中。逐步建立企业信用管理体系，公开信用状况，规范区域市场竞争秩序。建立政府领导与重点企业直接联系的“绿色通道”制度。组织驻区企业评估政府主要管理和执法部门的工作效能和服务状 DS 况。继续推进电子政务和信息化网络建设，积极建设面向企业和公众的行政审批系统，扩大政务内网的覆盖范围。

不断提高公务员队伍素质，努力搞好廉政建设。以学习实践“三个代表”重要思想为重点，进一步提高思想道德素质，切实增强立党为公、执政为民的观念。进一步提高政策业务素质，切实增强驾驭市场经济和依法行政的能力。进一步提高科学文化素质，切实增强运用现代科技知识推动工作的本领。进一步提高领导管理水平，切实增强做群众工作、处理复杂矛盾的实际能力。进一步提高艰苦奋斗的意识，努力养成勤俭办事、清正廉洁的工作作风。进一步提高调查研究的意识，努力杜绝官僚主义、形式主义的不良习气。进一步加强行政监察工作，确保政令畅通。进一步落实廉政建设责任制，搞好向基层科、站、队、所的延伸。进一步加强行业作风建设，严厉惩处违法、违纪行为。

十、加强民主法制建设，巩固和发展民族团结的良好局面，确保社会稳定

全面提高民主法制建设水平。全面贯彻区委关于加强人大、政协工作的文件精神。积极落实区人大及其常委会的决议，认真执行向区人大及其常委会报告工作的制度，自觉接受区人大的法律监督、工作监督。积极支持政协发挥政治协商、民主监督和参政议政的作用，努力为人民政协履行职能创造条件。认真办好人大代表、政协委员的议案、建议和提案，不断提高办理质量。积极支持工会、共青团和妇联等群众团体依照各自章程独立自主开展工作。全面贯彻党的民族宗教政策，促进各民族的繁荣进步，依法加强对宗教团体和宗教事务管理，加快建设区民族敬老院。认真做好侨务和对台工作。继续深入开展“四五”普法宣传教育，努力实现由提高全民法律意识向提高全民法律素质，由注重依靠行政手段管理向注重运用法律手段管理的转变。积极开展法律援助，维护妇女、未成年人、老年人和残疾人的合法权益。

全力做好维护安定稳定的工作。巩固“严打”斗争成果，继续加强社会面的巡逻防控，加强治安重点地区、地下空间、出租房屋的整顿及日常管理。搞好刑释解教人员安置帮教、青少年法制教育和流动人口的管理服务工作。深化社会治安综合治理,提高社会整体防范能力和群众安全感,搞好基层安全创建活动,推进"科技创安"工程,提高科技创安小区和安全社区的比例。继续深化与"法轮功"邪教组织的斗争。加大安全生产监管、检查力度,落实安全生产责任制,有效防止重大事故发生。做好信访接待、排查调处和人民调解工作,妥善处理好新时期人民内部矛盾和纠纷,为全区现代化建设和人民安居乐业创造良好的环境和条件。

各位代表:

中国共产党第十六次全国代表大会,掀开了我国全面建设小康社会、开创中国特色社会主义事业新局面的新篇章。在党的十六大精神指引下,首都建设踏上了率先基本实现现代化的历史征程。让我们紧密团结在以胡锦涛同志为总书记的党中央周围,高举邓小平理论伟大旗帜,全面贯彻"三个代表"重要思想,在市委、市政府和区委的领导下,同心同德,再接再厉,与时俱进,开拓创新,圆满完成本届政府任期的各项任务,为首都率先基本实现现代化而努力奋斗!

北京市宣武区人民代表大会常务委员会工作报告

——2003年1月23日在宣武区第十二届人民代表大会第六次会议上

宣武区人大常委会主任　张恕贤

各位代表:

我代表宣武区人民代表大会常务委员会,向大会报告区十二届人大四次会议以来的工作和今年的主要任务,请予审议。

2002年是我国历史上具有重要意义的一年。在中共宣武区委的领导下,区人大常委会坚持以邓小平理论和"三个代表"重要思想为指导,以贯彻市、区委人大工作会议精神为契机,认真落实党的十六大和中央、市、区委一系列重要会议精神,按照本届人大四次会议决议的要求,认真履行宪法和法律赋予的职权,围绕中心,服务大局,解放思想,与时俱进,在加强人民代表大会制度建设,加大监督力度等方面取得了新的进步,为推进依法治区,保障全区改革开放和现代化建设的顺利进行作出了积极的贡献。

一年来,常委会共召开7次会议,听取和审议了"一府两院"14项工作报告和代表大会交付的2项议案办理情况,作出5项决议、决定,依法任免区国家机关工作人员69人次,较好地发挥了地方国家权力机关常设机关的作用。

一、强化法律监督,推进依法治区

保证宪法、法律、法规在本行政区的遵守与执行,是贯彻依法治国、建设社会主义法治国家基本方略的重要内容,也是地方人大及其常委会的重要职责。一年来,常委会围绕全区经济和社会发展中的重大问题以及人民群众关心的热点、难点问题确定法律监督的重点,相继对15项法律、法规的贯彻实施情况进行了监督检查,并在改进监督方式、加大监督力度、提高监督实效方面进行了积极探索,取得了较好的效果。

依法治区是建设社会主义法治国家的重要组成部分。为继续推进依法治区的进程,区人大常委会听取了"一府两院"贯彻落实十二届人大二次会议通过的《关于深入开展依法治区的决议》情况的报告。在充分肯定已取得成绩的同时,要求"一府两院"各级领导干部继续提高依法治国、建设社会主义法治国家基本方略重要性的认识,更加自觉、主动地把各项工作纳入法制轨道。"一府两院"针对常委会的要求认真研究,组织领导干部学习邓小平法制建设理论和江泽民同志关于依法治国的论述,努力在行政和司法实践中,正确处理权力与法律、经济建设与法制建设的关系,同时加强了对行政执法和司法人员的管理教育，完善了执法工作考核和错案追究制度，强化了内部监督制约机制，努力提高执法人员的政治业务素质和职业道德水平，进一步树立起执法队伍的良好社会形象。

对《预算法》和《预算监督条例》实施情况的监督，历来是人大常委会监督工作的重点。去年，按照市人大常委会重新修订通过的《北京市预算监督条例》的要求，在部分变更年度财政预算的报告提交常委会议审议前，即先期介入，搞好调研和初步审查。严格按照《北京市预算监督条例》办事，并对部分变更2002年财政支出预算的有关项目逐项进行了调研与核实，确保区财政超收收入支出的安排符合有关规定和宣武区的实际。

私营、个体经济已成为国民经济发展的重要组成部分。为了促进我区私营、个体经济的健康发展，区人大常委会及其工作机构深入部分私营、个体企业，就区政府贯彻《北京市促进私营个体经济发展条例》的情况进行调研，在此基础上召开常委会会议，听取和审议了区政府关于贯彻《北京市促进私营个体经济发展条例》及我区私营企业发展情况的报告，在对十一届三中全会以来我区私营、个体经济的发展给予充分肯定的同时，有针对性地提出审议意见，要求区政府继续深入学习、贯彻条例，要从转变政府职能入手，为私营、个体经济发展提供服务，最大限度地帮助他们解决生产经营中的难题，创造公开、公平、公正的竞争和发展环境。这些意见，对促进私营、个体经济发展条例在我区的贯彻执行起到了积极的推动作用。

为进一步推动卫生防病工作，维护全区人民的生命健康，人大常委会听取和审议了《中华人民共和国传染病防治法》贯彻实施情况的报告，在认真调研的基础上，针对我区传染病防治工作面临的形势和存在的问题，会议提出了五方面的意见。区政府及有关部门高度重视，认真研究，加强了对传染病防治法的宣传，加大了对外来人口的健康检查和疫情检测力度，更加关注对传染病的预防治疗，特别是对特困患者的治疗，区疾病预防控制中心的建设也得到提升，全区卫生防病工作的质量和水平有了进一步提高。

为了扩大法律监督的覆盖面，常委会及主任会议还听取了《文物保护法》、《人民防空法》及《生活饮用水卫生监督管理条例》、《人民陪审员工作管理办法》实施情况的汇报，对上述法律法规的进一步实施提出了要求。此外，常委会各工作委员会也采取各种形式，检查了《职业教育法》、《人口与计划生育法》、《促进科技成果转化法》及《道路交通管理条例》、《节约用水条例》等11项法律法规的执行情况，取得了明显的实效。

常委会还参与了全国人大常委会和北京市人大常委会立法征询意见工作。组织代表和相关人员就《中华人民共和国清洁生产促进法》、《北京市市容环境卫生条例》、《北京市预算监督条例》、《北京市技术市场条例》等9项法律法规草案进行座谈讨论，提出修改意见，发挥了人大代表在立法工作中的作用。

二、加强工作监督，提高监督实效

常委会通过听取和审议工作报告等形式，对全区改革开放和经济建设中的重大事项以及群众关心的热点、难点问题进行检查监督，促使“一府两院”进一步改进工作。

为加强对国民经济社会发展计划和财政预算执行情况的监督，常委会听取和审议了区政府《关于2001年财政预算执行和其他财政收支的审计报告》及《2001年财政决算的报告》，在此基础上批准了2001年财政决算。会议针对税制改革后税收增量空间减少、区域经济运行质量不高、较大型支柱行业尚来形成等问题，就进一步加大经济结构调整力度，全方位促进区域经济发展提出了建设性意见，引起区政府重视。根据常委会的意见，区政府及主管部门就发展区域经济、改进审计和财政工作进行了专门研究，采取狠抓重点项目和主要街区建设，建立财政收入的稳定增长机制；深化财政各项管理改革，增强财政综合调控能力；严格审计监督和预算监督等措施，促进了财政收入的稳定增长。经过全区人民的共同努力，十二届人大四次会议确定的计划和预算指标基本完成或超额完成。受常委会委托，财经工作委员会还对2003年计划和预算草案进行初审，提出了修改意见，为提交本次大会审议做好准备。

危旧房改造和居住小区物业管理关系广大群众的切身利益，也是大家普遍关注的热点。为进一步引起区政府重视，常委会主任会议分别听取了这两项工作的情况汇报，针对危旧房改造中面临的困难和问题，会议要求：区政府及有关部门要认真调研，进一步明确职能，严格依法管理，规划上严格把关，政策上宣传到位，确保此项工作的顺利进行。对居住小区物业管理工作中存在的问题，要求引起区政府高度重视，在目前相关法律尚不完善的情况下积极宣传引导群众逐步接受这一新的管理机制，同时应确保有一定资质的物业公司承担物业管理。会议还就如何尽快研究、理顺小区物业管理的领导体制和管理机制，制定相应措施，搞好综合治理等提出了明确要求。

围绕全区的工作重点，常委会主任会议还相继听取了区检察院查办贪污贿赂案件情况的汇报，听取了公安分局控制刑事案件发案、十六大安全保卫情况的汇报以及全区安全生产情况汇报，针对存在的问题提出了一系列的意见和建议，促进了"一府两院"相关工作的开展。

为更好地保障区人大常委会有效地行使重大事项决定权,促进政府重大决策的民主化、科学化和法制化,区人大常委会制定了关于区政府向人大常委会报告重大事项的规定。区政府依据规定,已相继将宣武区古都风貌保护规划要点及区域总面积变化情况等向常委会作了报告。

区人大常委会坚持把开展民主评议作为依法行使监督职权的有效形式,不断加大监督力度,增强监督实效。监督工作中坚持围绕中心,服务大局,依法规范,注重实效的指导思想,并遵循了党的领导、依法监督、集体行使职权和探索实践创新的原则。在总结以往经验的基础上,去年对述职评议工作进行了新的探索,取得了新的进展。主要特点是:提高述职评议监督的层次,首次对一名副区长进行了述职评议;准备工作更加充分、调查研究更加广泛深入;评议重点更加突出,针对性更强;评议与整改紧密结合,更加注重实效。常委会根据述职的副区长分管的工作,确定评议重点,制定周密的方案。常委会组成人员分别深入到5个调研组,与其他代表一起参加座谈、访谈、视察、考察等活动。分别听取了25个委、办、局及8个街道的意见,参加座谈的各类人员80余人。还发放征求意见表广泛听取意见,收集到的意见建议覆盖了这名副区长分管工作的方方面面。评议会上,委员和代表发言热烈,观点鲜明,触及实质,使被评议的副区长受到很大触动。评议会后,区政府立即召开会议,制定方案,加强整改。被评议的副区长及时向常委会呈报了整改报告,反馈了在城市建设、城市管理方面的整改情况。这次述职评议取得了良好的社会效果。去年还对区教委依法行政工作和教委主任的述职报告进行了评议。区教委认真落实常委会的评议意见,进一步增强了依法行政、依法治教的自觉性。通过建立主管部门责任制,深入学校推动素质教育的开展;通过课程改革,加强常规管理,减轻学生过重课业负担,提高教学质量;通过举办培训班、严格年检等方式,加强了对社会力量办学的管理和监督;通过完善相关制度,加强对学生的道德教育和教师的师德教育;通过加大教育资源调整,推进教育的均衡发展。通过评议后的整改,区教委各方面的工作取得了新进展。

一年来,常委会努力把工作监督放在与法律监督同等重要的位置,探索改进监督方式,不断增强监督实效。注意加强对会议决议和审议意见落实情况的跟踪检查,坚持实行常委会决议、决定和审议意见督办卡制度,明确主办单位、督办部门和办理时限,加大监督检查力度,促进了"一府两院"依法行政和公正司法,推动了一批关系群众切身利益问题的解决。

三、加强代表工作,发挥代表作用

代表工作是常委会工作的基础。常委会采取多种形式,加强代表工作,为代表履行职责服务。

广泛深入宣传代表法。围绕纪念《代表法》颁布实施十周年开展了一系列宣传活动,包括举行报告会、举办展览、开展问卷调查、组织座谈会等,进一步营造了尊重代表民主权利、支持和监督代表依法履行职责的良好氛围。认真总结交流了代表联系群众、发挥作用和提高自身素质的经验。由人大常委会主任牵头,就近年来区人大代表履职情况进行深入调研,形成了有情况、有问题、有分析、有意见的调研报告,为进一步落实代表法关于保障代表正确执行职务的各项规定,努力解决代表履职方面存在的困难和问题,更好地为代表知情知政服务奠定了基础。

丰富闭会期间的代表活动。一是围绕全区中心工作和常委会审议议题,组织多种形式的代表视察活动,全年参加常委会及其工作机构组织视察的代表850人次。代表深入基层,直接倾听群众呼声,并就一些重点工作和群众关心的热点问题与区政府负责同志座谈、交流,使一些关系群众切身利益的问题得到解决。二是坚持邀请代表列席常委会会议制度,为代表参与有关议题的审议创造条件。三是加强代表与选民的联系与沟通。坚持了代表接待选民日、代表公示制、代表咨询等好的做法,有116位代表向各自选区或选举单位的选民进行了述职,进一步增强了代表的履职意识,加强了选民对代表的监督。四是指导代表联组开展代表活动。通过召开联组工作例会、调整联组长、组织联组秘书培训等,指导各代表联组认真组织形式多样的活动,使闭会期间联组活动的整体水平有了新的提高。受市人大常委会的委托,组织宣武区选举产生的市人大代表开展了闭会期间的学习、视察等活动,进行了本届宣武团的总结工作。

加大对代表议案、建议办理工作的督办力度。常委会把代表大会交付的议案办理工作作为督办的重点。由于去年的两项议案内容涉及诸多方面,议案办理牵扯10多个政府部门,协调难度大。为办好议案,常委会4个工作机构共同组织,与委员及提议案代表共同参加调研、走访的方式,相继走访了政府相关委办局及医院,召开相关部门、群团组织、8个街遭参加的专题座谈会,视察了部分医疗机构,让大家直接听、看、问、查,直接提出意见建议。由于整个办理过程都有常委会组成人员和代表的参与,对议案办理工作起到了较好的督促作用。区政府对两项议案办理很重视,有关部门认真履行各项职责,分工合作,做了大量富有成效的工作。成立了老年健康服务领导小组,制定了老年健康服务体系建设规划和老年福利、服务设施建设三年规划,初步建立了老年健康和疾病防治三级网络,区老年病医院初具规模并已开始对老年病预防、治疗、康复等多项有益的探索和实践。老年人基本生活、医疗费用及老有所学、老有所乐等议案涉及的主要内容和要求基本上有了着落或已列入计划正在落实。两项议案办理情况提交常委会议审议时,委员和提议案的代表对办理工作表示满意。

十二届人大四次会议期间,代表共提出 154 件建议,全部交由区政府办理,并于去年上半年全部办复。代表对办理结果表示满意的 90 件,占 58.44%;表示同意的 62 件,占 40.26%;表示不满意的 2 件,占 1.3%。一年来,常委会从四个方面加强了代表建议的督办工作:一是开好代表建议交办会,对承办单位明确任务,落实责任,提出要求。二是作为重要议程,主任会议两次听取了建议办理情况汇报,及时了解办理情况和进度。建议全部办复后,常委会议又专门听取和审议了区人大常委会代表工作室和区政府办公室关于代表建议办理情况的报告。三是多次组织代表对建议办理情况进行视察、检查,对办理结果进行复查验收。四是邀请部分代表专门对建议办理全过程进行监督,保证建议办理的质量。办理工作结束后,又和区政府一起组织了建议办理工作经验交流会,及时进行了总结和交流。此外,常委会对闭会期间代表提出的 35 件建议也认真进行了督办,现已全部办复。

一年来的实践表明,广大代表在闭会期间克服本职工作繁忙等许多困难,认真履行职责,为宣武区的改革发展稳定积极建言献策,为群众排忧解难不辞辛苦,为推进人大制度建设锲而不舍,为宣传民主法制和依法治国方略尽心竭力,这种高度的奉献精神和主人翁责任感,是宣武区人大工作不断发展创新的动力和源泉。

四、加强自身建设,提高工作水平

新的形势和任务,对人大常委会及其机关的自身建设提出了更高的要求,常委会对此高度重视,从多方面加强了工作。

注重加强思想理论建设。常委会及其机关采取多种形式深入学习邓小平理论、“三个代表”重要思想和十六大精神,学习市、区委有关重要会议精神,学习有关法律法规。常委会党组成员和工作机构的负责人在十六大召开前普遍学习了《江泽民论建设有中国特色社会主义》一书,并以此为指导,结合实际认真思考:在推进现代化建设的进程中,在改革发展稳定的大局中,在建设社会主义民主政治、推进政治文明建设的实践中,人大常委会及其工作机构应有什么作为。通过学习,大家的思想和行动进一步统一到中央精神上来,为开创人大工作新局面提供了理论指导和思想保证。

积极改进工作作风。常委会除了法定的会议外,不搞不必要的会议和应酬活动,确保常委会组成人员有足够的时间深入基层,调查研究,掌握实情。在组织代表视察和执法检查等工作中,都有周密的安排和计划,确保视察和检查不搞形式,不走过场,注重实效。此外还进一步严格了常委会议请假制度,提高了会议出勤率。以规范化、高效率、作风正、团结好、重服务、讲实效为重点,加强了常委会机关的作风建设。坚持实行工作责任制,在机关进一步树立起恪尽职守、团结协作的作风,勤于学习、善于思考的作风,工作第一、大局为重的作风,艰苦朴素、廉洁清正的作风。一年来,常委会机关在机构改革,人员减少,新人多、工作不熟悉的情况下,全体同志精诚团结,积极进取,各项工作取得了新成绩。

努力提高工作水平。采取多种措施提高常委会审议质量:一是更多地安排常委会组成人员参加各类视察调研活动。年初即做出安排,每位委员一年参加 1—4 次此类活动,以便更多地了解和掌握常委会拟审议议题的相关情况,更充分地发挥常委会组成人员的审议主体作用,提高审议质量。二是常委会除安排依法审议的议题外,还围绕全区中心工作安排在常委会、主任会上听取政府部门的专项工作汇报,如危改拆迁、文明城区创建、医疗改革、社会保障情况等,使委员对涉及全局的重点工作更加了解,更有发言权。同时有利于更好地围绕中心、把握大局,做好人大工作。三是常委会的评议、审议意见由原来的会上形成改为会后委托主任会议形成,以便更好地吸纳委员的意见,反映常委会的全面情况,准确地向被评议、审议对象反馈。这些做法,有效地提高了常委会议的审议质量和效果。

为进一步提高常委会的工作水平,相继制定了《人大代表述职办法》、《"一府两院"聘请人大代表担任监督员的办法》、《人大代表旁听法院审理案件办法》等,使相关工作进一步规范化。

除上述工作外,去年还召开了区十二届人大五次会议,选举产生了 50 名宣武区出席北京市第十二届人民代表大会代表。常委会还受理人民群众来信来访 110 件次,常委会主要领导对重要信访亲自批示、督办,促成一些关系人民群众切身利益问题的解决。重视对内对外交流,除参加“四市八区”和“十二市区”人大工作交流会外,还分两批组织委员赴青海、福建等地学习交流人大工作。在中韩建交十周年之际,人大与政府共同组团,赴汉城龙山区进行友好访问,与当地议会进行了交流。

鉴于何永洁同志已到政府部门任职,常委会依法接受她辞去常委会委员职务的请求,特报本次大会备案。

各位代表,回顾一年的工作,我们深切体会到,坚持和依靠党的领导,是做好常委会工作的重要保证;坚持围绕中心,服务大局,推进民主法制建设,是常委会工作的根本任务;重视发挥代表参与管理国家事务的作用,是做好常委会工作的基础;不断加强自身建设,是做好常委会工作的前提。一年来常委会工作虽然取得一定成绩,但是同形势发展的需要、同市区委人大工作会议的要求和人民群众的期望相比,还有不少差距。对人大工作在新形势下面临的一些新问题研究还不够;监督工作如何更好地围绕中心,突出重点,讲究实效,还需要进行积极的探索;常委会的审议质量有待进一步提高;代表活动的组织和管理需要进一步改进;常委会及机关自身建设也需进一步加强。这些都要在今后工作中认真研究解决。

各位代表,2003 年是全面贯彻党的十六大精神的重要一年。十六大报告提出的继续积极稳妥地推进政治体制改革,发展社会主义民主政治,建设社会主义政治文明,建设社会主义法治国家的任务历史地落在我们身上。我国作为世贸组织成员国将在更大范围和更深程度上参与经济全球化,建设新北京、办好新奥运将迈出重要一步,宣武区"十五"计划的实施也将进入关键一年,这些都对人大工作提出了新的更高要求。今年也是本届人大及其常委会任期的最后一年,工作任务十分繁重。做好今年的工作,对于保持人大工作的连续性,开创人大工作新局面具有重要作用。今年常委会工作的总体思路是:坚持以邓小平理论和党的基本路线为指导,认真贯彻党的十六大和市委九届二次全会、区委八届十四次全会精神,按照"三个代表"的要求,围绕大局、锐意进取、努力创新、扎实工作,认真行使宪法法律赋予的各项职权,为坚持和完善人民代表大会制度,发展社会主义民主政治,建设社会主义政治文明,做出新的贡献。

一、继续全面贯彻党的十六大和市、区委人大工作会议精神

要按照十六大提出的发展社会主义民主,建设社会主义政治文明的目标要求,站在政治的、全局的、战略的高度,更加自觉地坚持和完善人民代表大会制度,进一步增强责任感、使命感和紧迫感。常委会要认真总结本届人大工作的经验,依法行使好重大事项决定权、监督权和人事任免权,为全区改革发展稳定创造良好的法制环境。

二、继续加强监督工作,增强监督实效

要抓住重点,继续深入开展有力度、有深度、有效果的执法检查,促进法律法规的贯彻实施。今年重点检查《预算法》、《审计法》、《行政复议法》、《人口与计划生育法》、《市容环境卫生条例》等法律法规的实施情况。在总结经验的基础上,不断增强检查的针对性和实效性。在工作监督方面,要围绕改革发展稳定大局和市委经济工作会议精神,加强对全区经济工作的监督。通过视察、调查和听取工作报告等形式,积极提出意见和建议,促进年度计划和预算的完成。通过听取和审议工作报告,加强对城市建设和管理、精神文明建设、廉政建设等方面的检查监督,促进各项事业的发展。进一步抓好常委会决议、决定及审议意见的贯彻落实,不断提高监督实效。此外,还将安排对"一府两院"有关人员进行述职评议,进一步改进评议方法,提高评议质量。

三、改进代表工作,进一步发挥代表作用

要继续深入学习宣传《代表法》,采取各种形式为代表学习法律知识、了解区情、熟悉人大工作、履行职责创造条件。要围绕全区中心工作和常委会工作重点,改进和创新代表活动的组织形式和活动方式,丰富闭会期间的代表活动。完善代表建议提出和办理的办法,加大督办力度。同时要对本届内代表提出的建议进行清理,能够解决的要努力争取在本届内解决。

四、加强政权建设,做好换届工作

2004 年初本届区人民代表大会将任期届满,今年下半年要抽调大批干部组织选民直接选举新一届区人大代表。鉴于目前因危改、拆迁等造成的人户分离情况比较普遍,必将加大选举工作的难度,因此,换届选举更要按照加强党的领导,充分发扬民主,严格依法办事的原则,精心组织,周密安排,确保依法选出区十三届人大代表,同时积极做好召开区十三届人大一次会议的筹备工作。

五、加强常委会及机关的自身建设

常委会要采取多种形式,更深入地学习邓小平理论和党的十六大精神,进一步增强贯彻党的基本理论、基本路线、基本纲领,实践"三个代表"的自觉性;要以密切同人民群众的联系为核心,认真落实常委会加强自身建设的各项措施,自觉接受人大代表和人民群众的监督;认真总结人大及常委会五年来的工作实践,总结经验,找出不足,进一步改进工作;认真搞好调查研究,建立深入了解民情、充分反映民意、广泛集中民智的有效机制,使常委会的工作更加符合人民的利益和愿望。

各位代表,本届以来,我们全体代表不负重托,不辱使命，同心同德，勤奋工作，为推进宣武区改革开放和现代化建设做出了积极贡献。在本届任期的最后一年，我们要进一步高举邓小平理论伟大旗帜，坚持贯彻"三个代表"重要思想和十六大精神，在中共宣武区委的领导下，以更加昂扬的斗志，更加扎实的工作，再接再厉，开拓创新，全面完成本次大会确定的各项任务，向全区人民交上一份满意的答卷。

关于宣武区2002年国民经济和社会发展计划执行情况与2003年计划草案的报告

——2003年1月22日在北京市宣武区第十二届人民代表大会第六次会议上

宣武区发展计划委员会

现将宣武区2002年国民经济和社会发展计划执行情况与2003年计划草案报告如下，请予审议。

一、2002年国民经济和社会发展计划执行情况

2002年，全区上下以"三个代表"重要思想为指导，认真贯彻落实中央和北京市的各项重大决策，抓住机遇、开拓创新，全面推进各项工作，较好地完成了区十二届人大四次会议审议通过的国民经济和社会发展计划。

（一）国民经济持续稳定发展，运行质量不断提高。

全区实现国内生产总值148.9亿元，增长9%，完成年度计划的101%。其中第二产业实现增加值41.8亿元，增长8.3%；第三产业实现增加值107.1亿元，增长9.3%。规模以上企业效益继续提高，全年实现销售(营业、结算)收入557.1亿元，增长10.2%，利润总额38.1亿元，增长42.9%。其中工业利润增长22.3%，综合经济效益指数达到165.9%，提高了19.1个百分点；服务业实现营业收入135亿元，利润总额18亿元，分别增长12.5%和34.3%。多种所有制经济共同发展，截止到去年底，全区私营企业已达4769户，比前年增加693户，增长16.9%；上缴税金1.6亿元，增长67.5%。财政收入稳定增长，全年完成13.5亿元，按可比口径增长15.1%，完成年度预算的104.5%。消费品市场供求稳定，全年实现社会消费品零售额70.1亿元，剔除价格因素，实际增长8.3%，完成年度计划的100.3%。

（二）功能区建设步伐加快，工作成效初步显现。

全力推进"两街六区"建设。在北京第五届科博会上，国际传媒大道整体区域概念第一次全方位推出，功能定位和招商引资工作取得初步成果。重点项目北京移动通讯枢纽楼结构封顶，北京通信大厦建设用地的拆迁工作已经完成，国际新闻中心建设项目正在拆迁，中信集团正式签署了大吉片开发协议，沿街其它重点开发项目的招商、规划调整工作全面铺开。广安大街及延长线两侧过渡性商业用房全部建成并投入使用，沿街开发项目的规划招商工作正在积极开展。大栅栏地区改造作为北京市历史文化保护街区试点项目，已经列入《北京奥运行动规划》，并完成了风貌保护规划设计的国际招标和专家论证，启动了部分定向安置用房建设项目。琉璃厂文化区一期工程规划设计方案已获市政府批准，拆迁工作开始启动。进一步确定了马连道新兴商业区的功能定位，调整了控制性详细规划，新华书店总店物流中心等重点项目建设进展顺利。加强广安门办公商务区宣传，整治了中环广场周边环境。开展了先农坛医学科学城重点项目招商。

积极推进特色经济街建设。结合牛街、天桥的传统商业和历史文化特点，对牛街、天桥的商业设施、文化底蕴、旅游资源、交通状况开展调查，研究确定了特色经济的发展框架和实施方案，制定了《宣武区扶持牛街民族特色经济和天桥民俗特色经济发展的试行办

法》,宣传、招商等开街前的准备工作正在加紧进行。

(三)城市建设有效推进,城市环境明显改善。

积极实施城市建设带动战略,强化规划的龙头作用,研究制定了《宣武区城市建设奥运带动计划》。加大固定资产投资力度,全年完成固定资产投资40亿元,增长42.9%,完成年度计划的142.9%。其中房地产投资29亿元,增长81.6%,成为拉动投资增长的主要力量。基本建设规模不断扩大,全年开复工面积229万平方米,竣工74.1万平方米,分别增长了4.3%和13.8%,完成年度计划的100.4%和114%。加强施工质量管理,天桥建筑集团有限公司承建的宣新大厦荣获鲁班奖。

危旧房改造稳步推进。天桥危改回迁楼全面竣工,居民按期陆续回迁。牛街二期、新安中里、红居等危改区中具备条件的回迁楼已经开工建设。新启动了庄胜二期、小马厂北、上斜街北等8片危改区,搬迁居民10041户。确定了西红门、小红庙、宜祥家园等6片定向安置用房建设用地,为风貌保护区改造创造了条件。

基础设施和重点项目建设加快。全年实施道路建设工程13项,其中牛街、白纸坊西街、枣林前街(西段)、右安门路口、广安胡同(南段)、南线里等6条道路竣工通车。宣外大街(西侧)、红居仓储路、输入胡同、枣林前街(东段)等7条道路已开工建设。广内电话局、万明路变电站、政府综合服务楼、牛街民族敬老院、天桥市民广场等重点工程全面启动,区文化馆完成规划手续,开始动迁。

城市环境综合整治力度加大,城市环境明显改善。完成了"西黄线"、长椿街、菜户营等重点整治项目,深入开展了小区环境整治工作,全年共拆除违法建设8.4万平方米,完成年度计划的104.3%。全年植树5.9万株、铺草19.6万平方米,分别完成年度计划的295%和244.9%。建成长椿苑、丰宣公园、牛街、广安门南街(南段)、手帕口桥北侧等5块万米绿地,人均公共绿地面积达到2.2平方米。建设了广安大街等3条精品大街和2座亮丽过街天桥。完成市政府下达控制大气污染的年度任务,扬尘和机动车尾气污染得到控制,空气质量二级和好于二级的天数达到55.6%。继续推广垃圾分类收集,新建、改建一类公厕20座。

(四)区域发展环境不断优化,改革开放取得新进展。

积极推进政府管理创新。深入开展建设高效率政府机关和高素质公务员队伍的"双高"大讨论。研究制定了《进一步优化区域投资环境、培育主导产业、促进区域经济发展的试行办法》等一系列促进区域经济发展的具体措施。建立了重点工作调度会制度,完善和落实"一站式"办公、领导干部联系重点企业制度,成立了"区域发展环境投诉服务中心"。加大整顿市场经济秩序力度,全区市场环境、政策环境、经营环境进一步优化。

经济体制改革稳步推进。制定和实施了新的街道财政管理体制改革意见,调动了街道发展经济的积极性。推进优质国有、集体资产向主导产业和新兴行业的规模聚集,支持北京菜市口百货股份有限公司、北京张一元茶叶有限责任公司等具有品牌优势的企业发展壮大。加强对区属企业改革的分类指导,研究制定进一步深化投资管理公司的改革方案,实施了广外联社整体改革方案,完成了区属15家小企业产权制度改革,全区小企业改制工作基本完成。

招商引资工作取得新进展。借助北京第五届科博会,成功举办了"国际现代传媒高新技术成果展览会"等系列活动,整体推出了国际传媒大道项目。组团参加第六届京港贸易洽谈会,举办第三届宣武区经贸洽谈会和第三届资源调剂项目洽谈会。建立和完善借台招商、委托招商、网上招商等招商模式。全年新增外商投资企业18家,签约项目18个;实际引进资金10.53亿元,同比增长93.8%。

(五)社会事业全面发展,人民生活水平稳步提高。

加大教育资源整合力度,完成88中、育才学校等10所学校的调整合并,成立宣武区社区教育学院;以课程改革实验为突破口,全面推进素质教育,教育教学质量不断提高,中小学德育工作进一步加强。完善科技管理体制,建立科技服务体系,为高新技术企业开辟绿色通道,拓宽孵育服务功能;组建科普志愿者队伍,开展科普进社区活动;大力推进电子政务建设,建立覆盖全区的政务专网。加强文化和文物保护工作,制定实施《宣武区古都风貌保护规划要点》,修缮了天宁寺塔院、纪晓岚故居、先农坛神厨等一批文物古迹;强化文化市场管理,集中力量开展了网吧整治工作;积极开展群众文化活动,成功举办了首届宣南文化节、第二届厂甸民俗文化庙会和第七届大观园庙会。积极推进卫生体制改革,开展药品集中招标采购,实施医务公开,全面加强医疗质量管理,依法开展卫生防病工作,传染病发病率、孕产妇死亡率、婴儿死亡率均低于市政府规定标准。计划生育率达到99.4%,人口自然增长率为-2.04‰。深入开展全民健身运动,中小学体育达标率达到95%,新建40处社区健身场所,成功承办了第六届北京市民族传统体育运动会。

人民生活水平继续提高。全年城镇居民人均可支配收入达到11093元,实际增长14.8%;人均消费性支出9394元,增长13.0%;服务性消费快速增长,人均交通通讯、娱乐教育文化和医疗保健支出增长25%以上;恩格尔系数为36.4%,下降了3.2个百分点。

再就业工作取得明显成效。以特困失业人员就业为重点，启动“手拉手”特困扶助工程，建立就业困难人员“协议就业”和“4050职业指导室”，推出再就业援助行动“十项承诺”和“成功求职策略培训”等措施。全年开发社区就业岗位9937个，安置失业人员9396人，失业人员就业率达到69.5%，城镇登记失业率1.42%，稳定在控制线以下。进一步完善城市社会救助体系。为78名残疾人解决了就业问题。

总体上看，2002年全区国民经济保持了稳定、健康的发展态势，全面实现了经济和社会发展的主要预期目标。但是经济运行中仍存在着一些矛盾和问题。由于中央、市属大型国有企业结构调整和区属企业改革力度加大，需要安置的社会失业人员呈增长趋势，再就业岗位缺口增加，就业压力加大。随着我区危改和功能区建设步伐加快，城市建设对资金的需求量越来越大，而目前的融资渠道尚不能满足需要，资金的瓶颈效应比较明显。面对首都率先基本实现现代化的新形势、新任务，我们的工作中还存在着许多差距和不足，调控方式、管理模式、工作机制、发展环境需要进一步创新和改进。对于这些问题，我们一定要高度重视并采取有效措施，切实加以解决。

二、2003年国民经济和社会发展预期目标及主要工作

2003年是全面贯彻党的十六大精神的第一年，也是实现“十五”计划的关键一年。我们要紧紧抓住加入世贸、筹办奥运等重大机遇，加快全区经济和社会发展。2003年我区经济和社会发展的指导思想是：以邓小平理论和“三个代表”重要思想为指导，认真贯彻党的十六大和市九次党代会精神，全面落实区委八届十四次全会提出的各项任务，以“新北京、新奥运”为主题，以加快发展为总的基调，以提高人民生活水平为根本出发点，大力实施三大发展战略，加快经济结构调整，全面推进功能区建设，切实做好就业和再就业工作，深化改革、推进创新，促进全区经济持续快速健康发展，社会事业全面进步。

2003年全区国民经济和社会发展的主要预期目标是：

——国内生产总值增长9%；

——财政收入17.6亿元，按可比口径增长10%；

——财政支出15亿元，按可比口径增长7.4%；

——社会消费品零售额增长7%；

——固定资产投资40亿元；

——开复工面积230万平方米，其中新开70万平方米；竣工65万平方米；

——居民人均可支配收入实际增长8%。

为实现上述预期目标，2003年我们将着重做好以下六项工作：

（一）以城市建设为龙头，加快推进城市现代化步伐。

按照北京市九次党代会提出的“高标准规划城市、高质量建设城市、高效能管理城市、高水平经营城市”的要求，积极实施城市建设带动战略，正确处理好经济发展与城市建设，危旧房改造与古都风貌保护的关系，全面提升城市现代化水平。

继续发挥城市规划的先导作用，提高规划的前瞻性、科学性和权威性。着眼于可持续发展需要，充分利用有限的土地资源，集中力量突破规划难点，完善区域规划及控制性详细规划。加强对规划实施的监督管理，为加快城市建设创造条件。

全面实施《宣武区城市建设奥运带动计划》和《宣武区古都风貌保护规划要点》。以确保居民按期回迁为重点，加快牛街二期、红居、新安中里、小马厂、南横街东口、樱桃园、春风二期等危改区回迁楼建设。加强工作力度，集中力量启动大吉片等一批新的危改小区，实现居民搬迁10000户。加快市政道路建设，完成宣外大街（西侧）、输入胡同、枣林前街（东段）、红居仓储路等道路改造工程，开工建设并积极推进南新华街、广义街、煤市街、北纬路、小马厂、香炉营、樱桃园二条、教子胡同、南横街等9条路网加密及危改配套道路工程。配合市有关部门做好地铁4号线的启动工作。积极推动广内电话局、万明路变电站、政府综合服务楼、牛街民族敬老院、区文化馆、天桥市民广场等重点项目建设。

加大城市管理力度，巩固城市环境综合整治成果，完成先农坛、法源寺周边等环境整治项目。全年植树2万株，铺草8万平方米。重点建设广安门南街（北段）、先农坛东坛墙外侧、手帕口桥南段等绿化工程。完成长椿街、法源寺等夜景照明工程。继续扩大垃圾分类收集范围，新建、改建一类公厕20座。治理大气环境，完成161台20吨以下燃煤锅炉改造任务，治理扬尘、餐饮业油烟污染源，提高城市环境质量。

积极探索经营城市的有效途径，努力开辟在市场经济条件下发展区域经济的新思路。加大对城市可经营资源的开发、整合和优化配置力度，盘活存量资产，研究制定教育、卫生资源整合的具体措施，实现公共资源的规模聚集，最大限度地发挥效用，提高国有资源的运营水平，推动城市资源的良性循环和可持续发展。深化投融资体制改革，搞好土地储备和公共资源的市场经营，吸引社会资金参与基础设施建设，力争实现城市管理和城市公共资源经营的新突破。

（二）以功能区建设为载体，努力培育新的经济增长带。

加快以琉璃厂、大栅栏、国际传媒大道、广安大街、马连道为重点的功能区建设,积极发挥产业带动效应,推动经济结构战略性调整,培育新的经济增长带。

集中力量做好功能区的规划招商和启动建设。全力抓好已开工项目,加强协调,积极推进北京移动通讯枢纽楼等项目建设,确保如期竣工,提早发挥效益。突出抓好一批关系全局、带动作用明显的项目,以落实国际新闻中心、北京通信大厦等重点项目为龙头,整体启动国际传媒大道的规划建设。重点抓好新开和后备项目,以实施南新华街、煤市街道路改造工程为突破口,启动琉璃厂、大栅栏地区改造工作;以新华书店总店物流中心为载体,实施项目带动策略,整体打造马连道的物流商务、专业采购特色;加快牛街一期商业设施开业和天桥商业街建设,做好牛街二期规划,积极培育区域经济的特色品牌。继续抓好功能区的环境建设,加大广安门办公商务区的宣传力度,做好中环广场周边环境整治,改善办公环境,提高服务质量;积极推进先农坛医学科学城的规划招商工作,认真研究广安大街的整体规划,加快推进大街两侧危改区的开发建设。积极抓好功能区运行机制的培育,通过合作开发、品牌聚资、上市融资、市场招标、银行贷款等多种形式融通建设资金,降低开发成本,提高竞争力和吸引力,力争在管理机制和运行方式上实现创新。

(三)以结构调整为主线,深化改革、扩大开放。

积极顺应当代经济科技发展新趋势,以功能区建设、总部企业的引进和非公经济的发展壮大为着力点,积极结合招商引资、企业改制和工业企业外迁,全面实施结构优化升级战略,逐步形成适应市场经济发展要求的结构调整新机制。

全面推进产业结构调整。按照首都经济发展要求,结合功能区建设和我区产业特色,落实各项优惠政策,重点培育总部商务、现代服务、特色商贸、文化旅游、高新技术等产业,大力发展总部经济、特色经济和品牌经济。积极扶植现代金融业、会展业与机构服务业和专业服务业,完善我区的综合服务功能。加快发展信息服务、文化传媒、教育培训、体育休闲、医疗保健等新兴产业,培育新的经济增长点。抓好以连锁经营为主的传统商业组织结构调整,培育以物流中心、配送中心为载体的物流配送体系,用电子商务技术改进企业的物流和采购系统,提高企业信息化水平。积极支持社区超市、便利店、菜市场发展,拓宽便民服务领域。

积极推进所有制结构调整。继续发挥非公经济在促进经济增长、扩大就业和活跃市场等方面的重要作用,努力营造公开、公平、公正的市场竞争环境,毫不动摇地鼓励、支持和引导非公经济发展。通过创业孵化体系和创新服务体系,在办公环境、人员培训、人才引进、贷款担保、信息咨询等方面为非公经济提供支持。通过股份合作、股份制改造、买断等形式,鼓励非公经济参与区属企业改革。通过协议转让、市场拍卖等方式,支持非公经济参与老字号企业的重组,全面振兴区域经济。

深入推进经济体制改革。以壮大规模提高素质为重点,加快实现优质资产的规模聚集,培育和扶持区域品牌企业。做大做强北京莱市口百货股份有限公司、北京张一元茶叶有限责任公司等一批拥有经营特色、主业突出、核心竞争力强的大企业,努力培育公司上市。通过宽领域、深层次的兼并重组,引入社会法人股,优化股权结构,完善各投资公司的法人治理结构,提升企业综合实力。规范已经改制企业的行为,稳步推进联社改革。深化国有资产管理体制改革,加快构建权利、义务和责任相统一,管资产和管人、管事相结合的国有资产管理体系,实现国有资产的保值增值。

积极拓展招商引资空间。以加入世贸和筹办奥运为契机,进一步挖掘我区的比较优势,扩大对外宣传,通过创造宽松和谐的发展环境,吸引跨国公司、国内大型企业总部到我区落户。通过借台招商、委托招商、专题招商等形式,扩大对外开放,调整利用外资结构,提高利用水平。继续抓好已经签约项目的入资和启动,提高招商引资项目的成功率。力争年内新增外商投资企业和实际引进资金比上年增长10%。

(四)以实现人的全面发展为目标,促进社会全面进步。

坚持以人为本,积极探索体制和机制创新,加快社会事业的产业化进程,进一步提高公共服务水平,不断满足市民日益增长的公共服务需要。

积极发展教育、科技和文化事业。深化教育改革,推进素质教育,提高教育质量;继续实施教育资源调整,逐步解决教育布局东重西轻的问题,实现教育均衡发展;多渠道筹措教育设施建设资金,落实重点项目建设。积极发展科技事业,加快信息化建设,完成公用信息平台建设;完善科技创业孵育体系,吸引和新办一批高新技术企业;加强知识产权保护和科学普及工作。加快文化设施建设,加强文物保护,巩固和完善三级文化网络,广泛开展形式多样的群众文化活动;继续办好宣南文化节、厂甸庙会、大观园庙会;加强文化市场管理,规范旅游市场秩序。

大力发展卫生、体育事业。合理整合卫生资源,形成两级医疗服务模式、三大服务体系;进一步深化卫生体制改革,加大药品招标采购覆盖面;坚持预防为主,将传染病发病率、孕产妇死亡率、婴儿死亡率等指标控制在市政府规定标准之内。坚持计划生育,控制人口增长数量,提高人口素质,搞好优质服务,计划生育率达到98%,人口自然增长率控制在-1‰以下。广泛开展全民健身活动,完善国民体质监测系统。

加强社区建设。以社区服务为载体,拓宽社区功能,引入市场机制,尝试社区绿化、物业管理、保安保洁的企业化运作模式,建立专业性服务公司,提高服务质量和效益。探索社区内公益设施共建、资源共享的社区设施建设新思路。

(五)以促进就业和再就业为重点,努力提高人民生活水平。

认真贯彻中央和北京市再就业工作会议精神,全面落实促进就业和再就业的各项政策措施,努力实现经济发展和扩大就业的良性互动,确保城镇居民可支配收入稳步增长,低收入群体得到基本生活保障。

加大就业工作力度。广开就业门路,多渠道、多层次、多形式地开发就业岗位,大力发展社区服务、商贸、餐饮业等劳动密集型产业,努力开辟新的就业领域。完善就业服务体系,积极开展特困就业群体"手拉手"扶助活动,落实弹性就业政策和再就业"十项承诺",扩大社区公益性就业组织,发挥劳务派遣企业吸纳下岗职工、失业人员的作用。改善创业环境,鼓励失业人员自谋职业和自主创业,确保优惠政策落到实处。加强再就业培训,以市场需求为导向,开展形式多样、内容丰富的技能培训,提高劳动者就业技能。确保失业人员再就业率达到60%以上,城镇登记失业率控制在2%以内。

继续完善社会保障体系。以非公经济从业人员为重点,以重点人群为基金征缴增长点,扩大养老、失业、医疗社会保障的覆盖面。落实城镇居民最低生活保障制度、特困人员医疗救助政策和廉租房政策,积极帮助解决城市特困家庭在住房、子女入学等方面遇到的问题,保障低收入群体的基本生活。

(六)以适应入世要求为契机,全力推进政府管理创新。

认真贯彻党的十六大精神,以促进经济增长、扩大就业为目标,以引导市场、规范市场、管理市场、服务企业为着眼点,进一步完善政府的经济调控、市场监管、社会管理和公共服务职能。全面落实政府制定的改善投资环境,促进经济发展的各项制度措施,优化政府管理环境,提升区域创新活力。深化行政审批改革,转变政府职能,提高办公效率,降低行政成本。加强对市场的信息引导和服务,发挥政府的信息平台作用,提高信息的公开性和透明度,及时披露政府的政策和重大决策,降低企业决策的市场风险。继续落实领导干部联系重点企业制度,加强与企业的沟通,切实为企业解决一批实际问题。实施电子政务工程,完善"一站式"办公,开展网上审批,发挥"区域发展环境投诉服务中心"的监督作用。加强整顿和规范市场经济秩序力度,加快启动企业信用管理体系建设,努力创造和维护诚实守信、依法经营的市场环境。

2003年是机遇与挑战并存的一年,做好全年经济工作,保持经济发展的良好势头,对于全面完成"十五"计划,具有十分重要的意义。我们要在区委的领导下,在区人大及其常委会的监督下,按照发展要有新思路,改革要有新突破,开放要有新局面,各项工作要有新举措的要求,以求真务实、真抓实干、奋发有为的精神状态,全面完成国民经济和社会发展的各项任务。

关于宣武区2002年财政预算执行情况和2003年财政预算草案的报告

——2003年1月22日在北京市宣武区第十二届人民代表大会第六次会议上

宣武区财政局

现将宣武区2002年财政预算执行情况和2003年财政预算草案报告如下,请予审议。

一、2002年财政预算执行情况

2002年,我区认真贯彻市委、市政府确定的各项改革措施和要求，切实执行区第十二届人民代表大会第四次会议的决议，坚持以发展区域经济为中心，大力采取措施优化投资环境，调整经济结构，全区经济建设和各项事业发展成效显著。财税部门认真落实区委、区政府的要求和部署，全面贯彻增收节支工作会议精神，严格依法治税，加大组织收入工作力度；严格预算执行，坚决压缩一般性支出，确保重点支出需要；积极推行部门预算、国库集中支付和政府采购制度改革，努力增收节支，圆满完成了各项收支任务，使我区经济继续保持平稳健康发展。

财政收入继续保持稳定增长，圆满实现收入奋斗目标。区第十二届人民代表大会第四次会议批准的2002年财政收入预算为129600万元，全年完成13.5亿元，按可比口径增长15.1%，完成全年预算的104.2%，圆满实现了区委区政府确定的奋斗目标。其中，财政经常性收入比上年增长10%。

财政收入主要项目完成情况是：增值税25950万元，为年度预算的100.0%，比上年增长7.5%；营业税60000万元，为年度预算的102.6%，比上年增长16.1%；城市维护建设税、城镇土地使用税及土地增值税10650万元，为年度预算的100.7%，比上年增长9.9%；教育费附加收入4770万元，为年度预算的100%，比上年增长12.1%；企业所得税12500万元，为年度预算的131.6%，比上年增长22.9%；房产税、印花税及车船使用和牌照税17400万元，为年度预算的101.2%，比上年增长7.1%；行政性收费、罚没收入等非税收入3530万元，为年度预算的121.7%，比上年下降22.9%。

财政支出保证重点，控制一般，支出结构进一步优化。区第十二届人民代表大会第四次会议批准的2002年财政支出预算为117000万元。在预算执行中，由于市拨专款增加，以及市政建设和环境整治资金投入加大，经报请区人民代表大会常务委员会批准，支出预算变更为155000万元，全年预计支出155000万元，按可比口径增长5.5%。

财政支出主要项目完成情况是：基本建设支出25000万元，为年度预算的668.4%，比上年下降30.2%；文体广播事业费支出2540万元，为年度预算的100%，比上年增长60.1%；教育事业费21500万元，为年度预算的100%，比上年增长12.3%；卫生经费7550万元，为年度预算的100%，比上年增长3.6%；抚恤和社会救济事业费8500万元，为年度预算的141.7%，比上年增长28.9%；行政管理费16500万元，为年度预算的107.1%，比上年增长40.1%；公检法司支出12340万元，为年度预算的104.2%，比上年增长13.5%；城市维护费12500万元，为年度预算的104.2%，比上年增长12.2%。

2002年财政收入135000万元，市拨专款37215万元，市转移支付3500万元，上年专项结转15685万元；财政支出155000万元，体制上解16400万元，结转下年项目资金20000万元，财政收支平衡，预算执行情况良好。

按照《北京市预算监督条例》要求，区政府已将预算超收收入使用方案报区人大常委会备案。预算超收收入安排使用情况是：2002年财政收入比预算超收增加区财力4000万元，主要用于行政事业离退休经费支出1500万元，基本建设支出(天桥派出所办公用房)1100万元，其他部门事业费支出(代扣代缴手续费)1200万元，其他支出(低收入家庭节日补助)200万元等。

一年来，在区委、区政府的领导下，在区人大及其常委会的监督、支持和帮助下，我区财政工作立足全区发展，紧密围绕大力组织收入和支持经济社会发展的要求和部署，充分发挥调控职能，解放思想，抢抓机遇，深化改革，求实创新，各项工作取得新的进展，财政综合管理水平有效提高。

(一)完善街道财政体制，区域经济实力不断扩大。

适应新时期加强城市管理和社区建设的客观要求，确定实施新一轮街道财政体制，扩大街道税源范围，增强街道与地区经济发展的关联度，有效挖掘了街道财政的增收潜力。街道全年累计完成财政收入7.1亿元，占全区财政收入的52.6%，为全区财政收入的稳定增长奠定了基础。财税部门严格执行《税收征收管理办法》，改进和强化征管措施，完善税源监控机制，加大税收征管力度；进一步贯彻落实“收支两条线”及收支脱钩管理的有关要求，对行政事业性收费、罚没收入等非税收入加强管理，综合运用经济、行政和法律的手段，确保财政收入应收尽收。

(二)规范财政支出管理，公共保障能力不断增强。

按照公共财政的要求，优化调整支出结构，财政支出主要用于“保政权、保稳定、促发展”。大力支持“科技强警”、“从优待警”，及时安排资金用于公检法等部门履行职责的资金需要。积极落实“科教兴区”的战略要求，加大对教育事业的支持力度，全年安排教育财政拨款21500万元，比上年增长12.3%，高于区财政经常性收入增长2.3个百分点，达到了《义务教育法》规定的“三个增长”的法定增长比例。加大社会保障投入，用于城市低保资金1470万元，享受城市低保的人员已达11839人；落实私房提租补贴政策，发放粮油帮困资金362万元，切实保证低收入者的基本生活。继续支持科技、文化、卫生等各项事业发展，并多方筹集资金用于基础设施建设、市政环境整治及危旧房改造等，进一步改善我区投资环境，提升城市形象。

（三）深化预算管理改革，财政理财机制不断创新。

继续推进部门预算改革，认真贯彻落实《北京市预算监督条例》，严格执行标准预算周期管理制度，改进预算编制方法，修订支出定额标准，预算编制逐步细化到个人，有效提高预算编制质量。规范项目支出预算管理，建立专项资金三年滚动支出项目库，进一步增强预算编制的科学性、计划性。

加快国库集中支付改革进程，工资统发试点工作开始试行。严格清理各部门银行账户，逐步将所有政府财政性资金集中到国库统一账户，实行行政事业单位银行账户规范化管理。规范收入上缴程序，加大国库直接支付力度，部门预算资金直接拨付二级预算单位覆盖率达100％。对区教委中小学学杂费和借读费实行收支两条线管理改革，保证各学校资金的及时拨付。扩大政府采购资金由国库直拨供应商的范围，强化对财政资金使用的管理和监督。

进一步深化政府采购制度改革，认真学习并贯彻《政府采购法》，制定《宣武区行政事业单位申请政府采购程序》等规范性制度，完善政府采购管理。扩大政府采购范围和规模，首次开展对金融类和工程类政府采购试点工作，对行政事业单位公务车辆保险、公安干警和城管人员意外保险实施政府采购，加大政府采购工作力度，有效提高财政资金使用效益。全年政府采购资金直拨供应商金额为9522万元，通过政府采购及资金直接拨付，节约财政资金505万元。

（四）强化财政调控职能，各项改革工作不断推进。

积极支持社会保障体制改革，加大社保基金扩面征缴工作力度，建立区街两级责任制，将社会保险基金的征缴目标进行分解落实，提高社保基金扩面征缴的工作效率。继续深化国有企业改革，制定《宣武区国有资产评估监督管理暂行办法》，做好企业改制方案的研究审批、资产评估、资产处置等审核处理工作；对区属国有及国有控股企业开展效绩评价，促使企业加快建立现代企业制度。深入研究我区行政事业单位资产整合及国有资产经营预算编制的运作思路，努力探索加强资产管理的新途径。认真贯彻落实中央及北京市关于深化金融改革、防范金融风险的具体要求，做好财政周转金整顿清理工作，并依据政策要求进行处理，强化财政管理职能。

（五）加强财政财务监督，依法行政水平不断提高。

适应入世要求，积极推进行政审批制度改革，清理财政规范性文件225件，并对其中的163件予以废止，规范政府行政审批行为。完善财政内部监督检查工作程序，建立财政法律、法规数据库，坚持依法行政，提高工作效率。加强专项资金监督管理，采取分期拨款、尾款审批拨付等措施，规范预算单位专项资金的使用行为。结合街道财政体制改革，制定《宣武区街道财政、财务管理暂行规定》，强化街道监督管理职能。

大力宣传贯彻新《会计法》，深入开展会计信息质量检查工作，切实维护财经秩序。继续深化会计委派制改革，实现区政府机关会计统一核算，区卫生局下属6个二级单位实行委派财务科长试点，进一步加大会计监督力度。通过构建多层次的财政财务监督体系，切实提高了我区依法行政、依法理财的水平。

2002年财政工作在各部门的通力配合下取得了较好成绩，预算执行情况良好，但同时也应看到在财政运行过程中仍存在诸多困难和问题：一方面，随着我区经济所有制结构的不断变化，适应多种经济成份发展的增收机制尚未形成，财政收入来源相对还比较单一，财政收入的增收空间十分有限，而所得税分享体制改革的实施更增加了财政收入的不稳定性因素，财政收入持续增长的困难不断加大；另一方面，城市建设速度加快，北京承办奥运以及全区教育、科学、文化等各项事业发展对财政资金的需求旺盛，同时公务员医疗补助改革等政策性增支因素也使财政支出压力进一步加大，财政收支矛盾依然十分突出。此外，部分单位公共财政意识薄弱、财会人员综合素质较低等问题依然存在，财政法制建设亦有待于进一步完善。

对上述问题，我们必须予以高度重视，在新的一年里采取切实有效的措施认真加以解决。

二、2003年财政预算草案

2003年是我区经济建设和发展进程中十分重要的一年，做好财政工作，圆满完成全年预算任务，对“十五”计划的顺利实施具有承上启下的重要意义。我区2003年财政收支预算安排的指导思想是：坚持以邓小平理论和党的十六大精神为指导，按照“三个代表”的要求，大力优化区域发展环境，加强收入征管，建立稳定的财政收入增长机制；进一步完善区街分税制财政体制，健全财政职能，增强政府宏观调控能力；稳步推进预算管理改革，加大财政支出结构调整力度，积极构建公共财政框架；优化财力资源配置，完善国有资产运营监管体系，规范财政监督管理，努力实现财政工作的整体推进，更好地促进区域经济建设和各项事业发展。

由于所得税收入实行中央与地方分享改革，带来区级财政收入变化，按新口径计算，2003年财政收入预算176000万元，同口径计算比上年增长10％。

财政支出预算150000万元，同口径计算比上年增长7.4％。

2003年我区财政收入176000万元，市转移支付

4000万元,上年结转项目资金20000万元,财政支出150000万元,体制上解50000万元,收支平衡。

面对新的机遇和挑战,财政工作将在以下几方面努力开拓,确保完成2003年财政预算收支任务。

(一)发挥财政资金的引导和聚合作用,促进区域经济实现可持续发展。

积极发挥我区优势区位和重点功能区的带动作用,加快推进城市建设步伐,促进我区经济结构和产业结构优化升级。借助北京承办奥运和加快南城发展的良好机遇,充分发挥财政资金的引导和聚合作用,运用灵活的财税政策,积极改善投资环境,大力组织财源建设,提高地区经济总量和质量。以加快功能区建设为契机,积极发挥产业带动效应,培育新的经济增长点。鼓励和引导非公经济健康发展,为非公经济发展做好政策引导、咨询服务等工作,发挥多种所有制在增加就业、活跃经济、满足社会多样化需求方面的作用,促进区域经济实现可持续发展。

(二)创新收入征管手段,推动财政收入持续稳定增长。

积极探索公共财政体制下财源建设的方式和途径,建立与经济发展相适应的财政收入增长机制。进一步强化征收目标责任制,加强税收征收管理,大力清缴欠税。适应所得税分享体制改革的要求,加强各项税收收入的跟踪分析,对重点税源户的加大监控力度。规范政府收入体系,理顺收入分配关系,充分发挥区街财政体制的激励效应,壮大区域经济规模,做到应收尽收。全面落实收支脱钩及法院诉讼费纳入预算管理等政策要求,进一步加强非税收入管理,深入挖掘非税收入的增收潜力,确保财政收入足额入库和全年财政收入任务的圆满完成。

(三)合理调整财政支出结构,确保满足社会公共需要。

大力压缩不属于政府职能范围的支出,强化公共财政职能,重点保证履行政治、经济和社会管理职能的政府机构的经费需要,提高行政政法单位的经费保障程度。通过减少财政资金供给范围,合理调整支出结构,增加教育、科技、文化、卫生等社会公益事业支出的比重。大力推进医疗保险改革、住房货币化改革等工作,积极支持事业单位改革,逐步将事业单位纳入社会保险统筹范围。加大对社会保障的支出力度,研究建立区街两级再就业专项资金,逐步扩大养老、失业、医疗等社会保障的覆盖范围,提高资金收缴率。集中更多的资金加大对公益性基础设施建设、环境保护的投入力度,增强城市功能,推动我区各项事业全面健康发展。

(四)强化预算管理职能,加快推进财政管理体制改革进程。

深入开展部门预算管理改革,完善部门预算基础资料和定额标准,进一步改进和规范预算编制;建立专项资金综合分析和考核评价体系,实行专项资金追踪问效制度,加强对专项资金支出项目的申报、审批、评选和监督管理工作;结合深化"收支两条线"管理改革,部门预算外收入要纳入预算管理或财政专户管理,实行收支脱钩,编制综合财政预算。在预算执行上,严格按照区人代会通过的预算执行,强化预算约束。加快建立以国库单一账户体系为基础、以国库集中收付为资金缴拨主要形式的财政国库管理制度,实行非税收入国库集中收缴,财政资金国库集中支付;扩大国库集中支付范围,研究建立"国库支付中心",对财政资金安排的工资全面实行统一发放。广泛开展《政府采购法》宣传工作,进一步细编政府采购预算,科学制定政府采购计划,扩大政府采购范围和数额,完善政府采购信息反馈监督管理工作,不断提高政府采购工作质量和效率。

在加快推进各项财政改革工作的同时,大力实施"金财工程",完善财政信息网络系统建设,充分运用计算机和网络技术,提高财政管理的科学性和透明度,促进财政管理方式的转变和管理水平的进一步提高。

(五)深化国有企业改革,促进国有资产的保值增值和经济效益的全面提高。

积极参与制定并认真落实各项改革措施,引导区属国有企业按照现代企业制度的要求实施改组、改制,规范企业法人治理结构。做好企业动态监测和效绩评价,试行企业效绩评价结果与经营者年薪制相结合的考核管理办法,促进国有资产保值增值。按照建立公共财政的要求,健全国有资产运营体系和中小企业信用担保机制。研究建立国有资产经营预算,将国有股转让、国有资产收益全部纳入国有资产经营预算,专项用于国有资产扩股、参股、增值和解决社会保障资金不足等问题,保证国有资产运营的安全性和效益性。

健全和完善财政内部监督约束制度,规范监督检查工作程序,强化财政执法责任制,进一步加强对预算收入质量、行政事业单位预算执行情况等工作全方位、全过程的监督管理。加大政务公开力度,通过建立公共网站等方式,增强财政工作透明度。积极稳妥地推进会计委派工作,完善会计核算中心的监督管理。加大《会计法》的宣传和执法检查工作力度,加强对社会中介机构执业质量的监督,积极开展会计职业道德和会计业务培训,提高会计人员综合素质,确保会计信息真实、准确,切实维护财经秩序。

2003年预算任务繁重而艰巨,面对新的经济发展形势和财政管理体制改革不断深化的要求,我区财政工作将在区人大及其常委会的监督下，按照我区“十五”计划的要求和部署，以促进区域经济发展为中心，以深化财政支出管理改革为主线，进一步开拓创新，与时俱进，全面完成2003年预算任务。

北京市宣武区人民法院工作报告

——2003年1月23日在北京市宣武区第十二届人民代表大会第六次会议上

宣武区人民法院院长　于建伟

各位代表：

现在，我就区人民法院一年来所做的主要工作和2003年工作安排向大会作报告，请予审议。

2002年，在中共宣武区委和市高级人民法院的领导下，在区人大及其常委会的监督下，在区政府的支持和有关部门的配合下，我院以邓小平理论和江泽民“三个代表”重要思想为指导，认真贯彻落实十五届六中全会和十六大精神，坚持司法公正和效率，努力搞好各项审判工作，深化法院改革，加强法官队伍职业化建设，在打击犯罪，保护国家利益和公民、法人合法权益，坚持依法治区，维护首都政治稳定和社会安定，保障、促进改革开放和经济建设等方面，发挥了积极作用。一年来，共受理各类案件9163件，已审结9239件(含旧存)，较好地完成了审判任务。

一、审判工作

(一)刑事审判。

依法打击各种刑事犯罪活动，维护社会稳定，是人民法院的首要任务。全年共受理各类刑事案件395件，审结393件；判处罪犯498人；其中，被判处5年以上有期徒刑的有83人。

在“严打整治”斗争中，我院严厉打击严重暴力犯罪和严重影响群众安全感的犯罪，依法从重从快判处了一批作恶多端的犯罪分子。如：被告人王志怀抢劫案。2002年3月15日9时许，王志怀(男，27岁，农民)携刀闯入本区恒昌花园5号楼被害人李洁家中，以暴力相威胁，抢劫诺基亚牌移动电话机1部(价值人民币804元)、人民币1700元及工商银行活期储蓄存折1个。王志怀用透明胶带将李洁捆绑后逃离现场。当日，王志怀持所抢存折在工商银行大红庙储蓄所取走人民币48000元。同年5月16日，王志怀被查获归案。我院依法以抢劫罪判处王志怀有期徒刑14年，剥夺政治权利3年，并处罚金人民币2万元。

我院还召开公判大会3次，对犯有抢劫罪、盗窃罪的8案11名犯罪分子进行了公开宣判，旁听群众近千人。

我院精心组织审判力量，把对经济犯罪案件的审判放在重要位置，依法判处了一批贪污、受贿、行贿、挪用公款等扰乱经济秩序的犯罪分子。全年共审结经济犯罪案件16件，判处罪犯22人。

在未成年人犯罪案件的审理工作中，我院注重做好“庭审教育、宣判教育和延伸教育”，尽一切可能把“教育、感化、挽救”的方针落到实处。全年共受理未成年人犯罪案件49件，全部审结；其中，被判处缓刑的有38人。

(二)民商事审判。

我院严格依照《合同法》的规定，认真审理合同纠纷案件，充分保护合同缔约人的合法权益，认真追究各种违法违约行为。共受理合同纠纷案件2697件，审结2750件(含旧存)。在以判决方式结案的案件中，有过错的当事人都承担了相应的经济责任。

我院正确适用《民法通则》和新《婚姻法》等法律法规，认真审理赡养、离婚、抚养纠纷案件，注重保护老人、妇女和儿童的合法权益。如：刘玉华诉其子赡养纠纷案。刘玉华是天津武清县一位年近70的农妇。5月底的一天晚上，她孤身一人坐在法院门前，打算露宿一夜，然后再和儿子打官司，要求赡养。我院值班法官了解情况后，当即安排旅馆让老人住下。第二天，立案庭法官又帮助她写起诉书，并当天立案，将案件移交到审判庭。民庭法官抓紧审理，在初次传唤、老人的儿子不到庭的情况下，法官又争取当地居委会的支持，动员其子出庭，通过反复认真调解，在12个工作日内，终于促使母子达成调解协议:儿子每月支付母亲100元赡养费。

我院还公正审理了国内首例北大方正股东会召集权纠纷案、霍利菲尔德—鲁伊兹拳王争霸赛门票纠纷案、医院丢失病历索赔案、香武仕音响索赔案、邮品拍卖纠纷案、《南方日报社》网络侵权案、制笔艺人李福寿姓名权纠纷案等一批新类型和有社会影响的案件,取得了较好的社会效果。

我院对涉及社会稳定的集团诉讼给予了充分的重视。如:32名业主诉凌云居项目开发商北京房开置业股份有限公司、建设单位北京韩建集团有限公司、监理单位北京天恒达建设工程监理有限责任公司商品房预售合同纠纷案。立案前,多家媒体报道了此事,一些业主还曾到区政府上访。立案后,我院安排5名法官集中承办这批案件。法官们克服案件类型新、法律关系复杂的困难,在法定期限内依法审结了全部案件。11月8日,我院还成功调解了53户居民和当地居委会状告北京市庄胜房地产开发有限公司相邻权纠纷案。

全年共受理各类民商事纠纷案件6225件,审结6300件(含旧存)。

(三)行政审判。

认真贯彻执行行政诉讼法,依法保护公民、法人和其他组织的合法权益不受侵犯,维护并监督行政机关依法行使职权,是行政审判的主要内容。全年共受理不服拆迁裁决、不服产权登记、不服规划行政确认、不服工伤鉴定结论、不服劳动教养决定等各类行政案件79件,审结76件。

我院在审理危旧房改造拆迁案件和审查非诉拆迁行政执行案件时,做到既大胆果断支持城市房屋建设,又及时纠正侵犯拆迁当事人利益的行政执法行为,对涉及社会稳定的案件,力求在依法的前提下,稳妥处理。如:审查市劳动局申请执行其对出租汽车公司的行政处罚案时,我院注重听取相关出租汽车司机的意见,全面考虑国家、企业和个人三方面的利益,正确处理法律法规与政策的关系,避免矛盾激化,尽力防止出租汽车司机因保险待遇等问题而群体上访。

我院还通过讲课、座谈、研讨等形式,为市劳教委、市卫生局、区国土资源和房屋管理局、区质量监督局和区行政学院中青班等部门提供法律服务,做到监督与服务并重。

(四)执行工作。

确保生效的裁判文书得以执行,是保障社会信用关系和商品交易安全,维护社会稳定、体现法律尊严的重要条件。

在执行工作中,我院规范执行程序,加大执行力度,提高执行效率,努力解决"执行难"问题。

在严格遵守法律和各项执行工作规章制度的基础上,我院注意文明执法,力求做到执行程序公正。如:全年区国土资源和房屋管理局共向我院递交82件强制拆迁户腾房的执行申请。我院接到申请后,首先向被申请人宣传法律,做耐心细致的思想工作,促使多数拆迁户主动履行了行政裁决。执行庭到现场强制执行的案件有17件。

在多次工作无效,必须对无理抗法的被申请人采取强制执行措施时,我院均事先与当地办事处和公安部门取得联系,争取支持。在执行现场,执行法官将被申请人的物品全部清点装车,不使损坏遗失。清场后,执行法官还要负责将已装车物品安全送至周转房。每次强制执行的全过程,均进行实时录音录像,以备日后检查。

为使裁判文书规定的当事人的合法权益得以实现,我院充分采用多种强制措施,加大执行力度。如:谢志英等23名职工申请执行区劳动仲裁委员会生效调解书一案。根据仲裁委调解书,北京博瑞琪电子技术有限公司应给付申请人工资及其他费用共计47.43万元。执行人员收案后,及时向博瑞琪公司送达了执行通知书,责令其自动履行义务。博瑞琪公司以经营不景气为由,拖延执行。执行人员随即扣押了该公司奔驰320轿车一辆,同时做好拍卖该车的准备。博瑞琪公司迫于压力,几天后即交来全部案款。

一年来,我院依法对270件案件采取了冻结、划拨、查封、扣押、拍卖、变卖被执行人财物的强制措施,对拒不履行生效判决的42人采取了拘留的人身强制措施。

全年共受理各类执行案件2402件,已执结2404件(含旧存);执行标的额达9.79亿元。

(五)立案和审判监督。

为减少当事人往返法院次数,降低诉讼成本,提高审判效率,我院在立案大厅设立了便民服务窗口,对立案时双方当事人都到场的简易纠纷,做到当天立案,当天审理,当天结案。全年共审结此类案件247件。

为使经济困难的当事人打得起官司,我院积极提供司法救助,先后为30名符合条件的当事人办理了缓、减、免交诉讼费的手续。

为使守法有理的当事人打得赢官司,我院在狠抓案件质量的同时,加强对案件审理后的监督,严格执行《错案责任追究制度》,对工作中出现差错的法官给予处罚和警示。共追究了4名法官的差错责任,并向5名法官发出了监督意见书。

全年共审查立案9163件,处理公民来信272件,接待群众来访21645人次;受理申请再审、申诉案件62件,审结66件(含旧存,改判6件)。

（六）公开审判和人民陪审。

公开审判和人民陪审是人民群众监督、参与审判活动的重要诉讼制度，是司法民主的具体体现。

为使公开审判制度真正得到落实，我院公开审判工作领导小组坚持对本院公开审判的情况（包括公告、安检、开庭等）进行不定期的检查，每月不少于四次。从检查的情况看，我院对依法应公开审理的各类案件都进行了公开审理，5000余名公民参加了旁听，100余名记者进行了采访。我院还接待了前来进行法律交流的4个外国访问团，共110人，他们也旁听了不同类型案件的公开审理。

我院十分重视人民陪审工作。为人民陪审员准备了专门的办公室，配备了专职管理人员，举办了法律业务培训班，代订了《人民法院报》，并向他们赠送了相关的法律学习资料；适时召开座谈会，注意听取人民陪审员对法院工作的意见；为方便人民陪审员到法院履行职务，同时不耽误他们的本职工作，我院实行了相对集中的"轮流值班制"，即把人民陪审员每5人分为一组，每周值班5个上午，下午一般自行安排。这样做，人民陪审员反映较好。全年有70名人民陪审员陪审了各类案件216件，出庭陪审386次。

（七）参与社会治安综合治理。

我院把参与社会治安综合治理作为一项重要职责，抓紧落实：

为预防和减少青少年犯罪，我院与团区委、白纸坊街道团工委签订了"共建青少年法制社区"协议。根据协议，我院指派专门从事未成年人审判工作的法官担任青少年法制社区的特邀法律咨询员，定期为居（家）委会主任、青少年举办法律知识讲座，与社区合作在辖区内的中小学开展"青少年模拟法庭进学校活动"。

一年来，我院未成年人案件审判庭的法官深入社区、学校讲法制课10余场，听众达7000余人；他们还先后在北京140中学、北京63中学、北京前门西街中学和宣武区第三职业学校组织了4次模拟法庭，收到了很好的社会效果。

我院还与北京电大宣武分校达成了建立"法学专业实践基地"的协议，并组织该校152名法学专业学生旁听了本市首例邮品拍卖纠纷案。闭庭后，该校学生就此案的开庭程序及实体处理展开讨论，专业指导教师从法学理论和审判实践两方面作了点评。

在"加强社会治安防范宣传日"、" 法律援助"、"6.26国际禁毒日" 、"九九重阳敬老日"等法制宣传活动中，我院干警除向群众发放宣传品6000余份外，还耐心地解答了群众咨询的各种法律问题。

我院利用新闻媒体的宣传优势，在《生活时报》上开设了法制宣传专栏——《法苑见闻》，每周一期。

一年来，我院干警在各类报刊、网络上发表普法文章1000余篇，其中，《"不行"的银行败诉》等稿件先后参加"首都综治好新闻"和市高级法院"天平杯" 好新闻评比并荣获一等奖。

二、法院改革

（一）探索新的审判组织模式。

根据最高法院《人民法院五年改革纲要》和《关于加强法官队伍职业化建设的若干意见》的要求，我院结合民商事审判的特点，积极探索新的审判组织模式，以适应受理案件逐年增多、审理难度逐年加大的新变化。

新的审判组织模式的基本思路是：精简法官员额，增设法官助理，书记员专职从事法庭记录。我院民事审判第三庭目前试行的"一二一"审判组织模式就遵循了这条思路。具体做法是：由一名法官、两名法官助理（分别为实体助理和程序助理）、一名书记员组成办案组。法官负责案件的实体审理、裁决并撰写裁判文书；法官实体助理负责对争议不大、案情简单的案件进行调解，并对争议较大、案情复杂的案件主持证据交换、联系鉴定、勘验现场等，为法官开庭审理做庭前准备工作；程序助理在实体助理的指导下负责传唤通知、文书送达和卷宗整理等工作；书记员负责法庭记录。

新的审判组织模式的试行，更加有效地避免了法官与当事人之间的庭外接触，加强了办案组成员间的分工制约，做到了不同职位工作量的合理分配，突出了民商事审判的调解功能，有利于司法公正的实现和审判效率的提高。民事审判第三庭按新模式组成的办案组曾在一天内调解了6件商事纠纷案件。

（二）加强审判流程管理。

对案件进行审判流程管理，是市高级法院为避免审理案件超出法定期限而制定的以审限跟踪为核心内容的改革新举措。

我院认真贯彻落实市高级法院《关于案件审判流程管理的意见》，制定了相关制度：安排专人负责审限跟踪工作，利用网络对我院的刑事、民商事、行政、执行案件进行审限跟踪管理；根据案件的不同审理阶段，对审限方面出现问题的案件，适时发出催办通知、审限警示和超审限通报；每月在我院网页上公布各审判庭结案效率情况，同时对结案效率高的法官予以表扬；每季度编写一篇审判流程管理统计分析上报市高级法院。

我院将审判流程管理工作纳入审判庭及审判人员岗位目标管理考核责任制，对各审判庭提出了硬性指标，不允许一起案件超审限，鼓励在保证案件质量的前提下，大幅度缩短案件审理期限；同时，制定了相应的奖惩措施。新的规定调动了审判人员的工作积极性，各审判庭形成了多结案、快结案的良好氛围。自下半年起至今,我院每月结案率均超过90%,而且这90%的案件全部是在法定审限的三分之二时间内审结的,它标志着我院审判工作已经步入了良性循环的轨道。

(三)推行审判全程电脑化。

我院首先在民事审判第三庭进行试点。具体做法是:

书记员在法庭上不再进行手工记录,而是使用速录机直接进行电脑记录。电脑记录提高了记录内容的正确率和记录速度,记录效果也更加整齐美观,便于当事人阅读。

法官也改变过去先在公文纸上拟稿,然后交书记员打印的习惯,自己直接在电脑网络系统上撰写各种法律文书。这样做,既缩短了法律文书的制作周期,也减少了书记员的工作量。

同时,各种诉讼手续的表格样式均事先输入电脑网络系统,在发给当事人时直接从电脑中调取,在电脑上填写相应内容,并即时打印,避免了随意性,还节约了诉讼成本。

为使审判全程电脑化得以全面落实,我院对全体中层以上领导干部和各审判庭法官的电脑录入水平进行了摸底考核,对水平较低的人提出了限期提高的要求。

(四)改进复查申诉和申请再审听证会制度。

为提高法院审判的公信力和做到有错必究,我院在复查申诉、申请再审案件中,除规定可以举行听证会和听证会必须有人民陪审员参加两项制度外,还特别规定听证会是否举行由申请人自主选择,而且让哪位人民陪审员参加听证会也由双方当事人按照一定的程序自主选择。

在听证会上,由选定的两名人民陪审员与一名法官共同组成听证委员会,对案件进行听证,并在评议之后作出结论,向院审判委员会汇报以决定是驳回申诉请求还是对案件提起再审。此外,在向当事人通知复查结果时,我院又增加了全体听证委员会成员均到场的规定。这样,既可以对听证复查制度的全过程加强外部监督,做到公开、公正、公平,也可以通过人民陪审员做好当事人的服判息诉工作。

三、法官队伍职业化建设

党的十六大报告提出,要"建设一支政治坚定、业务精通、作风优良、执法公正的司法队伍。"一年来,我院始终抓紧法官队伍职业化建设,努力提高干警的政治素质和业务素质,积极开展勤政廉政活动,确保司法公正和效率的实现。

(一)深入开展"三个代表"重要思想教育活动。

我院要求全体干警深入学习"三个代表"重要思想,要特别注重理论联系实际,强化三个意识,即坚持党的领导、公正司法和确保稳定的意识;培养四种精神,即热情服务、主持正义、高度负责和廉洁奉公的精神。

通过"三个代表"重要思想的学习,全体干警进一步明确了"三个代表"重要思想既是党的事业的指导思想,同时也是法院审判工作的指导思想。大家在讨论时表示,我们不仅要正确理解"三个代表"的要求,更要全面贯彻"三个代表"的要求,要从解决人民群众反映强烈的突出问题入手,进一步解放思想,实事求是,与时俱进,深入改革,不断开创法院工作的新局面。

十六大召开后,我院及时作出《关于贯彻落实十六大精神的决定》,并组织全体干警认真学习了十六大文件。

(二)切实加强党风廉政建设。

我院主要开展了以下几项活动:以《党员干部必须树立正确的利益观》为题,对全体干警进行党课教育;以廉洁自律为题,分别召开院级领导班子和中层干部、副处级审判员民主生活会;在我院网站上开展党风廉政建设大讨论;举办"特邀廉政监督员"座谈会,广泛听取意见。

为检验"法官职业道德教育"活动效果,9月中旬至10月初,我院邀请区人大、政协委员及"特邀廉政监督员",对法院的审判工作和审判作风进行了暗访。暗访活动结束后,我院针对暗访中提出的问题,制订了如下改进措施:

建立《个人廉政档案》,使院、庭领导对全体干警的廉政情况做到心中有数;

坚持每月对各审判庭开庭情况进行检查,对发现的问题,及时通报相关部门;

院、庭长通过监控设备收看庭审情况,并对审判人员在审判程序、审判作风等方面存在的问题,在网页上进行点评;

坚持每月廉政工作通报制度,将审判工作中的好人好事、当事人信访所反映的问题,通过全院大会和网站向全体干警进行通报。

全年共发放《文明廉政监督卡》13781张,从回收的当事人意见统计,满意率达99.7%。

(三)自觉接受人大监督。

我院严格执行区人大及其常委会关于区法院工作的各项决议,自觉接受区人大常委会和人大代表的监督;认真听取区人大常委会和人大代表对法院工作的评议和建议,针对评议意见积极制定改进方案和措施,并向人大常委会报告改进工作情况。

7月下旬,我院向区人大常委会报告了关于执行《人民陪审员工作管理办法》的情况。之后,又认真对照区人大政法工作室“关于宣武区人民法院人民陪审员状况的调查报告”中提出的几点建议，确定了我院今后进行人民陪审制度改革的基本思路。

9月下旬，我院向区人大常委会报告了贯彻落实《关于深入开展依法治区的决议》的情况。我院依法治区工作领导小组认真讨论了区人大常委会对我院报告的意见并制订计划，在今后的工作中进一步落实依法治区的决议。

我院共邀请120名市区两级人大代表和政协委员来我院旁听了4起案件的公开审理，休庭后，代表和委员们认真填写了意见表，提出了很中肯的意见。我院办公室把这些意见向相关审判庭反馈，并督促他们认真改进。

我院共接到市区两级人大转来的人大代表建议3件，人民来信22件，全部在规定的时间内办复。

（四）加强各类岗位培训。

我院中层干部大多是竞争上岗的年轻同志，工作热情高，接受新事物的能力强，但是缺乏工作经验。针对这种状况，院党组决定下大力量进行管理方法、领导艺术方面的培训。我院利用每个星期一上午的时间，组织全体中层以上领导干部连续收看了23期《现代领导教程》电视讲座，并召开两次座谈会，畅谈学习体会。大家表示，通过这一阶段的学习，明显地增强了领导意识，同时学到了许多实用的工作方法，希望今后多组织一些针对性强、能及时解决现实问题的培训。

8月下旬，我院对全院干警进行了集中的审判业务培训。邀请最高法院和市高级法院的法官分别讲解了《法官职业道德》、《民事证据规则》和《裁判文书写作》等课程。

为加快提高干警的文化素质，我院倡导并鼓励干警在业余时间接受学历教育和资格考试培训，并明确提出了不同岗位的不同学历和资格要求，凡不能取得大学本科学历和通过国家司法考试的，不能担任法官助理职务；以前被任命的法官，在2004年前如不能取得大学本科学历，将被取消法官资格。目前，我院已经取得和正在攻读学士和硕士学位的人员共131人。

一年来，我院的工作取得一定的成绩，共收到表扬信462封，锦旗28面；院党组被评为2001年宣武区委优秀党委理论学习中心组；在区委组织的“四个一”评比中我院获得多项奖励：电脑网页上的《理论学习网络讨论区》被评为最佳宣传阵地，我院还被评为宣武区学习、宣传、树立典型工作先进单位；继未成年人案件审判庭获得国家级少年维权岗光荣称号后，我院法警大队又被评为全国法院系统“人民满意的法警大队”并荣立集体二等功；在北京市法院系统，我院荣立了首都法院集体三等功。

一年来，我院在区委和市高级法院的领导下，较好地完成了各项审判任务，但也存在一些问题，主要表现是：法院改革的力度还不能适应形势变化的需要，领导创新意识有待增强；审判工作各个环节的衔接不够顺畅和紧密，应当尽快制定相应的制度来调整；法官在审判纪律、审判作风、审判能力等方面，还存在许多不尽如人意之处，要继续加强教育、整顿和培训，着重提高法官的综合素质。

各位代表：

十六大报告提出：“社会主义司法制度必须保障在全社会实现公平和正义。”在新世纪新阶段，人民法院必须适应社会主义市场经济发展、社会全面进步和加入世贸组织的新形势。因此，2003年，我院要继续以邓小平理论和江泽民“三个代表”重要思想为指导，认真贯彻落实十六大精神，与时俱进，以实现司法公正、高效为目标，完善审判机制，推进法院改革，加强法官队伍职业化建设，努力使宣武区法院成为一个服务型的法院——千方百计为人民群众提供诉讼便利，公正公平维护当事人的合法权益；成为一个学习型的法院——为法官创造一个良好的学习环境，让法官的综合素质在不断的学习中得到提高。

一、切实加强审判工作

（一）在刑事审判工作中，继续积极开展“严打”整治斗争，贯彻执行依法从重从快的方针，严厉打击各种严重暴力犯罪，严厉打击影响人民群众安全感的犯罪；依法严惩“法轮功”等利用邪教组织破坏法律实施的犯罪；配合反腐败斗争，以反贪污、贿赂为重点，严惩严重的经济犯罪分子，尤其是抓好对大要案的审判，切实抓出成效，增强群众对反腐倡廉的信心；坚定不移地贯彻执行惩办与宽大相结合的刑事政策，注意区别对待；继续做好未成年人案件审判庭工作，全面落实“教育、感化、挽救”的方针。

（二）在民商事审判、行政审判、执行、立案和审判监督工作中，继续认真执行各种实体法和程序法，及时研究新情况，解决新问题，提高办案效率，保证办案质量，重视办案的社会效果；探索如何充分发挥民商事审判的调解功能，化解民间矛盾，防止矛盾激化；要积极参与社会治安综合治理，加大法制宣传力度，针对审判工作中发现的有关单位存在的问题，及时提出司法建议；要继续搞好司法救助工作，让经济困难的当事人打得起官司。

（三）要抓住庭审中法袍和法槌正式启用的契机，采取多种形式，锻炼法官的庭审能力；要在执行工作中实行重大疑难案件听证制，请人民陪审员参与听证；要继续完善院长接待日制度，按反映问题的性质实行分类接待,相关业务庭庭长到场协助院长接待;要改进和提高裁判文书的质量,做到繁简有序、叙述准确、说理充分、详略得当;要继续严格进行审限管理,全年不得出现一件超审限案件;认真落实《错案责任追究制度》,确保案件质量;要继续积极探索审判组织形式和审判方式的改革;要在全院推行审判全程电脑化。

二、切实加强法官队伍职业化建设

(一)进一步加强院级领导班子理论中心组的学习,尤其要以江泽民"三个代表"重要思想和十六大精神为主要内容,提高院领导的马克思主义理论水平;院级领导和中层干部要带头学习和实践"三个代表"重要思想,成为勤奋学习、善于思考的模范和勇于实践、锐意创新的模范。

(二)继续加强和改进对中层干部的管理,使中层干部真正成为政治思想工作、审判业务工作和法学理论研究的带头人;认真搞好"立党为公,执政为民"教育,教育干警牢固树立正确的世界观、人生观和价值观;要以全心全意为人民服务为宗旨,加强廉政建设,进一步抓好法官廉洁自律、改进审判作风的工作;法官要正确行使手中的权力,始终做到清正廉洁,自觉地与各种腐败现象作坚决斗争;自觉接受区人大及社会各界的监督。

(三)以建立健全选拔任用和管理监督机制为重点,以科学化、民主化和制度化为手段,改革和完善干警人事制度,要严把进人关,吸收政治素质和专业知识水平高的优秀人才;要加大对在职干警的培训力度,由学历教育向素质教育转变;既要培养专家型法官,也要发挥各个领域骨干的作用;努力造就一支政治坚定、业务精通、纪律严明、作风优良、品格高尚的职业法官队伍,把宣武区法院建成一个服务型和学习型的法院,建成一个在人民群众心目中公信力不断提高的人民法院。

北京市宣武区人民检察院工作报告

——2003年1月22日在北京市宣武区第十二届人民代表大会第六次会议上

宣武区人民检察院检察长　金兆铭

各位代表:

现在我就区检察院2002年的工作和今年的工作思路,向大会报告,请予审议。

一、关于2002年的工作

区第十二届人民代表大会第四次会议以来,我院在区委和市检察院的领导下,在区人大及其常委会的监督下,在区政府及各职能部门的大力支持配合下,以"三个代表"重要思想为指导,认真贯彻党的十五届五中、六中全会精神和第十六次代表大会精神,切实履行《检察官法》赋予的各项职责,振奋精神,与时俱进,以"强化监督、公正执法"为主题,深入推进"严打"整治斗争,全力维护社会政治稳定。以深化检察改革为动力,狠抓队伍建设,加强基层、基础和基本建设,全面推行检察工作的科学化管理,我们主要做了以下几个方面的工作:

(一)突出重点、加大力度,深入推进"严打"整治斗争。

2002年是实现中央提出"严打"整治为期两年的最后一年。我们坚决按照市委、区委和上级检察院的部署和要求,认真履行检察职能,全力做好维护首都安全稳定的各项任务。

1、积极拓展侦查监督工作的新思路,不断提高批捕质量。

2002年,侦查监督处全年共受理公安机关和本院自侦部门提请审查逮捕各类刑事、职务犯罪案件410件548人。经审查,批准逮捕383件495人。在批准逮捕的犯罪嫌疑人中,重特大案件67件79人;其中属严打重点案件123件185人,破坏社会主义市场经济秩序案件23件30人,打击双抢等多发性犯罪案件45件78人。

2002年我区批捕案件有三个特点。一是恶性案件时有发生、故意杀人、故意伤害致人死亡等案件明显上升;犯罪嫌疑人作案手段残忍、恶劣。例如犯罪嫌疑人赵政以雇小时工为名,将女服务员骗至家中杀害并将尸体肢解。公安部门经过3个月的侦查,将其抓获归案后,我院迅速做出批准逮捕的决定。二是破坏社会主义市场经济秩序的案件明显增加。全年共批捕虚开增值税专用发票案件8件12人,比2001年增加了一倍。例如,犯罪嫌疑人白爱新、王胜利、张金霞成立了多家公司专门从事虚开增值税专用发票的犯罪活动。仅在两个多月时间里,他们就开出增值税发票15张,价税合计80余万元,严重扰乱了国家税收秩序。三是未成年人结伙进行抢劫、故意杀人,故意伤害致人重伤等案件上升幅度较大。全年我院共批准逮捕未成年人犯罪嫌疑人20人,作案年龄呈低龄化趋势。我院批准逮捕的犯罪嫌疑人,年仅15岁的保姆王彩凤,其因生活琐事将78岁的女雇主用掐、勒的手段杀死后携款潜逃就是一个典型案件。综上,侦查监督部门在批捕工作中加强同公安部门的联系,对"严打"整治案件,做到快批快捕,决不在检察环节贻误战机。

全年不批准逮捕的案件2件3人,公安机关撤回处理27件55人。

2002年侦查监督努力开拓工作新思路,为加强侦查监督力度,切实发挥检察机关的监督职能,作了一些有益的尝试。一是侦查监督处与公安机关制定了《继续侦查意见书》,全年共发出23份,较好地引导了侦查取证。例如,在审查批捕犯罪嫌疑人乔某、张某等六人抢劫一案中,乔、张二人还供述未抓获人员的抢劫行为,为此,我院要求公安机关进一步查明事实,是否涉嫌犯罪,需要追究刑事责任。现公安机关正在侦查中。这个做法体现了检察机关侦查监督工作的延续性、权威性,也为案件批捕后顺利进入公诉程序提供了保障。二是设计并制定了另案处理登记表、在逃人员备案登记表,对追捕案犯实行全程监督,防止漏捕现象的发生,并定期与公安机关联系,督促追逃工作,严防出现有罪不纠、有案不立的现象。通过提请逮捕审查,登记备案在逃犯罪嫌疑人31人,现2人已被逮捕。另外,继续加强与公安机关承办人、部门负责人、主管领导的三级联系制度。在开展打击"抢劫、抢夺"犯罪的专项斗争中,凡报捕案件证据存在个别问题的,主动与公安部门联系补充证据后,迅速做出批捕决定,以形成有效的打击合力。

2、深入开展"严打"整治斗争,严打各类刑事犯罪。

审判监督处今年共受理各类刑事案件410件537人,经济犯罪案件69件89人;提起公诉案件400件500人;不起诉案件6件9人;改变定性案件15件20人,追捕追诉4件4人;纠正违法2件。

在工作中突出打击三类重点犯罪(即带黑社会性质的有组织犯罪、团伙犯罪及流氓恶势力犯罪;爆炸、杀人、抢劫、绑架等严重暴力犯罪;盗窃机动车、入室盗窃等多发性侵犯财产犯罪、影响群众安全感的街头犯罪和外来流动人口犯罪),加大打击法轮功邪教组织的力度;继续保持"严打"整治斗争的高压态势。如高检院督办的被告人熊希党、贾言华、李金庭涉嫌抢劫罪、故意伤害罪、寻衅滋事罪、非法持有枪支弹药罪和赌博罪一案。三名被告人强索民财,策划殴斗,聚众赌博,其行为危害极大,严重扰乱市场经济秩序。我院提起公诉后,经人民法院审理,主犯熊希党数罪并罚被判处有期徒刑17年。此外还有张义耐、张金强、宋国银绑架、强奸罪案。这三名被告人事前预谋,以请歌舞厅服务员李某、余某吃饭为名,将二人绑架至河北农村,并在多次轮奸后索要人民币12万元,其行为已构成绑架罪、强奸罪,我院依法提起公诉后,法院判决被告人张义耐、张金强有期徒刑20年,宋国银有期徒刑6年。2002年审判监督处以"严打"整治斗争为核心,深入推进公诉制度改革,努力提高公诉水平,切实履行审判监督职能。为进一步提高了诉讼效率,降低诉讼成本,实现司法资源的合理配置,我院与宣武区法院共同制定了普通程序简易审的规定。该规定对被告人认罪的,事实清楚的,被告人及其辩护人同意适用简易方式审理的公诉案件适用普通程序简易方式进行审理,并对程序事项作了详尽的规定。

2002年我院继续坚持开展跟庭综合考察活动,大家评议,取长补短,共同提高。我们要求每个主诉检察官要开一个观摩庭,每一个承办人要有一个案件参加评比,全年共开展综合考察26次,为进一步提高出庭公诉水平打下坚实基础。

为了增加不起诉案件的透明度,我院在全市比较早地推出了"不起诉公开审查(听证)制度"。《北京青年报》等有关报刊对此进行了报道。我院的这项公诉制度改革也得到了专家学者的认可和赞同。法学教授对此进行了积极的论证和评价,指出不起诉公开审查弥补了我国现行刑事法律的一个漏洞。上级检察院专门派人来我院进行调研。为进一步完善此项改革尝试,我院专门制定了《不起诉公开审查程序规定》,具体规定了不起诉公开审查的适用范围和程序。这种做法使不起诉决定的做出更加公正透明,使诉讼参与人地合法权益得到有力的保障。

2002年我院办理未成年人犯罪案件43件94人。针对未成年人犯罪案件发案率呈上升趋势这一问题,我们主动与有关学校联系,建立共建校,让法律走进课堂,帮助青少年树立法律意识、维权意识。为了拓宽教育范围,我们还在学校建立了家长课堂,把家长请进教室与孩子们共同接受法律知识的教育,真正使"教育、感化、挽救为主,惩罚为辅"的方针落实到实处。例如我们在办理于某、张某未成年人抢夺一案中,二人犯罪情节较轻,且有悔罪表现,均系北京市某职业高中学生,公安部门移送我院审查起诉后,学校让他们回家等候处理,有可能被开除学籍。为此,我院及时到学校了解两名学生在校表现,向校方反馈我院要给孩子一个改过自新的机会的处理意见。经过工作,校长和老师被我们的真情所打动,当我院不起诉决定书发出后,校方给我们送来了锦旗"情系教育,真情育人"。看到孩子重返学校,我们感到欣慰。2002 年我院被授予市级"优秀青少年维权岗"的称号。

2002 年,我院继续加大打击"法轮功"邪教组织犯罪的打击力度。保持"严打"高压势态,认真贯彻高检院、最高法院《关于办理组织和利用邪教组织犯罪具体应用法律若干问题的解答》,办理了贾红军、唐基常利用邪教组织破坏法律实施罪案。法院判处二被告人各有期徒刑 8 年。

(二)深挖犯罪,同步预防,推进反腐败斗争工作的持续发展。

2002 年,我院根据市检院和区委的部署,进一步统一执法思想,树立现代执法理念,在人员少、任务重的情况下,集中力量突破有影响的大案要案,积极查办在转轨转制过程中发生的职务犯罪案件,反贪工作又取得新成绩。反贪污贿赂局全年共受理初查线索 53 件,立案侦查 28 件 28 人,其中处级以上领导干部涉嫌犯罪 3 件 3 人,为国家挽回经济损失 500 余万元。根据近年来贪污贿赂犯罪往往以窝案、串案的方式出现,且涉案人员有一定的反侦查意识,并编织了一定的社会关系网,犯罪手段隐蔽,调查取证较困难的特点,我们强调办案数量与质量并重,在办理案件中,我们强化深挖犯罪意识和证据意识。

在实践中,我们还注意突出办案重点。今年查办的市区直属单位和三机关一部门犯罪案件 10 件,占立案侦查数的 56%。为防止国有资产流失,我们密切关注在转轨转制过程中的举报线索,办理了某出租汽车公司经理、会计、出纳利用职务之便,以虚假购车的方法,侵吞公款 20 余万元的贪污案。为了迎接党的十六大胜利召开,反贪部门大干 40 天,检察长亲自部署,定期听取汇报,仅用 20 余天的时间立案 14 件。

2002 年宣武区委批准了在我区建立预防职务犯罪网络的实施意见,从源头抓起,治标更要治本。我们要在预防职务犯罪工作上取得新成效。在内部,我们开展了"两清两查"工作,即清理积压线索,清理久侦不结案件,开展对重大案件、撤案和不起诉案件大检查。在外部,我们开展了"一案一建议,一建议一整改,一整改一反馈"的个案预防的同时,主动与我区城建系统建立预防犯罪网络。实现了"三个转变",即:从分散状态向集中管理转变,从初级形式的预防向系统化预防转变,从检察机关部门预防向社会预防相结合的转变。特别是结合我院办理某劳动服务公司科长与区房管系统经营部经理等人,相互勾结,在危改拆迁过程中经济犯罪案,我们针对该案具有典型行业性的特点,主动向区委汇报,成立了由区纪委、监察局和我院共同组成的联合调查组,深入区房管系统内部,认真开展教育、整顿工作,并结合"党风廉政宣传教育月"活动,讲法制课,召开座谈会,还向街道办事处和区房管部门发出检察建议,整改存在问题,制定监管办法,确保了我区危改拆迁工作规范、有序稳定的进行。

2002 年我们继续做好追逃抓捕和协查工作,使负案在逃一年多的涉嫌贪污罪的犯罪嫌疑人李某投案自首;并协助配合外省市检察院侦查案件 16 件。

渎职侵权检察处共收到举报线索 6 件 8 人,立案侦查 1 件 1 人。为了扩大举报线索来源,加强内外联系,我们走访了区监察局、区信访办和公安分局等有关部门,建立了联系制度,拓展了渎职侵权检察的工作范围。

(三)依法履行法律监督职能,开展各项检察业务。

民事行政检察处全年受理案件 36 件,审结 44 件(包括去年未结案件 17 件)。其中,立案 29 件,建议提请抗诉 3 件,息诉 1 件,不予立案、不建议提请抗诉 40 件。根据"急案急办、特案特办"的原则,确定了以"侵害国家、社会公共利益,裁判显失公平,确有必要再审,下岗职工生活、工作及再就业"等六类案件作为重点。在办理申诉人于某房屋腾退案中,经审查我们发现申诉人于某已在 2001 年就有证据证明被申诉人李某另有私人住房。依照法律,公民房屋所有权应当得到切实的保护,因而我们认为法院判决中产权不明晰,属认定事实不清、适用法律不当,依法提起抗诉。这一决定得到市检院支持。法院依法改判。我们在办理沈某等九人因医疗事故赔偿纠纷案中,沈某等人因对卫生部门做出的关于其父死亡的医疗事故鉴定结论不服,诉至法院重新鉴定后,二审法院驳回申诉,维持原判决。当事人不服要求抗诉,我院经审查后认为该案不具备抗诉条件,依法做出不予提请抗诉的决定,并说服当事人息诉服判,化解了这一矛盾。

监所检察处 2002 年以强化监所检察监督为主线,转变执法观念,树立惩罚犯罪与维护其合法权益并重的思想,促进监管机关依法文明管理,维护监管场所的安全与稳定。在监所检察工作中,认真开展了"四个专项检查工作"。一是对保外就医的专项检查,重点检查了保外就医是否符合法定条件,审批手续是否完备;期限已满病愈的或法定条件消失的是否及时收监等;二是对留所服刑的罪犯的专项检查,特别对判处有期徒刑一年以上的13名罪犯进行了重点检查;三是对通风报信、传递信件的专项检查,采取了"三见面"的方法,即与看守所干警见面,与预审员见面,与在押人员见面谈话,告诫有关人员,起到了警戒的作用;四是对清理超期羁押和执行新的换押制度的专项检查,对在押人员的法律手续和羁押时限进行了认真的清理。目前,我区没有超期羁押案件发生。根据"两高一部"关于羁押犯罪嫌疑人、被告人实施换押制度的通知,督促看守所依法办理换押手续。依据已出台的《宣武区人民检察院监外监督工作细则》,我们对各派出所监外罪犯管理情况和监改小组进行了检查,加大了对"五类"监外罪犯检查力度,进一步做到了底数清,情况明。在党的十六大期间,为确保区看守所安全,我院党组成员会同看守所、驻所武警中队领导,对看守所进行了全面检查,确保万无一失。

2002年控告申诉检察处受理群众举报申诉来访咨询246件,举报各类犯罪线索122件,初查33件。认真坚持检察长接待日,批办结案12件。对受理的线索按规定及时分流,保障了及时查处。根据高检院清理举报线索的部署,我们对1998－2001年的举报线索进行了全面复查,共清理羁押线索45件。以"预防职务犯罪需要您的参与"为主题,积极开展举报宣传周活动,接待咨询群众,取得了一定的社会效果。此外,我们还与区纪委等有关部门就如何开展预防职务犯罪进行研讨和座谈。为维护社会稳定、确保十六大安全发挥窗口作用,对"两访一户"的工作坚持首办责任制度,抓好落实,进一步明确责任。在十六大召开前夕,为加强信息沟通,好稳定工作,还与区信访办及八个街道办事处联合召开了专门会议,形成了上下联动,左右协调的工作格局。

在转变作风、调查研究方面,我们做了一定工作。撰写了《宣武区检察院三年检察改革报告》,修改和完善了目标量化考核岗位责任制和中层领导干部考核办法。同时,加强法学理论和疑难案件的调研,撰写了《加入WTO后民事行政检察工作的探讨》和《不起诉公开审查利弊谈》等一批结合实际的调研文章。

(四)努力改善办公条件,推进科技强检。

多年来,我院在区委和市检院的领导下,在区人大及其常委会的关怀下,在区政府、区政协的支持下,队伍、业务建设,办公环境,科技强检等方面都取得了一定的成绩,特别是去年,唐大生书记及政法委书记、纪委书记等区委领导多次来我院调研,听取有关落实工作的汇报。2002年6月,我院搬进新办公楼后,工作环境有了较大的改善并实行了物业管理。区财政还拨款配备了新的办公桌椅等设备,全院环境焕然一新。在科技强检方面,区财政为我院配备了32台联想4600计算机,开通了检察系统局域网。去年10月,又开通了与区委区政府相连的政务网,为实现网上办公办案打下了良好的基础。2002年我院还解决了中层领导、主诉检察官岗位补贴以及1997年以来干警学费报销的问题。

(五)从严治检,加强队伍建设。

2002年,我院始终把队伍建设作为关系检察工作全局的大事来抓,以贯彻三个代表重要思想,学习方工为主线,全面加强队伍建设,我院继2001年被授予"五好检察院"之后,2002年又被授予"人民满意的检察院"光荣称号。

1、大力加强思想政治建设。深入学习"三个代表"重要思想。在党的第十六次代表大会召开后,院党组理论中心组、中层领导干部、全院干警集中组织学习讨论十六大报告,深刻领会精神实质。在学习中,结合十六大提出的宏伟目标,就如何做好新世纪的检察工作进行了深入的学习研究。

为进一步加强党风廉政建设,保障诉讼参与人的合法权益,确保公正执法,我院制定了《宣武区人民检察院内部执法监督实施细则》、《宣武区人民检察院全面保障诉讼参与人合法权益暂行规定》,对执法过程中的重要环节和重点案件均作了明确规定,并将执行情况纳人了目标量化考核责任制中。

2、深入学习公正执法的楷模方工。方工同志是新时期检察战线的优秀代表。我们采取了多种形式向方工同志学习,组织、收听了方工同志先进事迹报告会,举办了征文比赛,制作展板进行宣传,努力提高检察干警的政治、业务素质。另外,我们还与区纪委共同筹划,编辑了《方工同志先进事迹材料汇编》1800余册,向区政府和有关部门和单位发放,把向方工同志学习落到实处。

3、在队伍建设中,我院继1999年成功进行竞争上岗、双向选择的人事制度改革后,2002年又进行了第二次中层干部竞争上岗,通过民主测评、考核、演讲答辩综合评定,按法定程序,经党组认真研究任命了19名同志为中层领导干部,落选了3名,17名同志调整了工作岗位,进一步形成了"有为才有位"的竞争激励机制。在引入竞争机制的同时,注重人才的培养,加大培训力度,鼓励干警参加本科和研究生学历的进修学习,去年新引进硕士研究生2名,本科毕业生2名。今年我院有17名干警被任命为检察员。在参加北京市检察机关检察工作技能竞赛中,有9人分别获得"优秀公诉人"、反贪业务技能竞赛二等奖等六项奖励和表彰,全院干警受到鼓舞。

4、改进作风,主动接受监督。去年,我们向人大汇报了参加依法治区和1999年以来查办贪污贿赂案件情况。2000年以来我们先后接待了区人大、区政协有关部门部分委员监督检查。召开检风监督员专题工作会议,严格按照区人大常委会关于“一府两院”及有关部门聘请区人大代表担任监督员办法的规定,配发监督员证件,印发《宣武区检察院内部执法监督实施细则》及有关规章制度,使检风监督员充分发挥检察监督作用。我们还组织了16名检风监督员跟庭考察公诉人开庭,实地了解办案情况和执法水平,在具体工作中主动接受监督。

各位代表:过去的一年,我院的各项工作虽有一定的进步,但我们也清醒地看到还存在一些问题和不足。主要有:一是在领导班子建设上,领导班子的整体水平还有待进一步提高和加强;二是面对新时期的检察任务,在知识和人才储备上明显不足,和其他区县比较,存在较大差距;三是个别干警的办案能力不强,还需要进一步加强培训和考核。党的十六大提出,改革要有新突破,各项工作要有新举措,我们要在今后的工作中切实改进和解决以上问题,不断完善和提高我们的执法水平。

二、关于2003年的工作设想

2003年是实施党的十六大各项工作目标的第一年,我们要深刻领会十六大会议精神,继往开来,与时俱进,以十六大精神统领各项检察工作,充分发挥检察机关的法律监督作用,扎扎实实做好以下工作:

(一)以“三个代表”重要思想为指导,积极推进司法体制的改革。

社会主义司法制度必须保障在全社会实现公平和正义。我们要进一步完善诉讼程序,坚决惩治司法领域中的腐败行为。建设一支政治坚定、业务精通、作风优良,执法公正的司法队伍。

(二)进一步强化诉讼监督,确保司法公正,全面保障诉讼参与人合法权益。

要探索加强法律监督力度,提高法律监督质量的新途径,新办法,在严格执法的同时,充分运用好立案监督、侦查监督、审判监督和执行监督等检察职能,切实维护诉讼参与人的合法权益,努力维护和促进司法公正。

(三)进一步加大查办和预防职务犯罪工作的力度。

要进一步认清形式,把握大局,选准重点,加强调研,提高侦查水平,确保办案质量,加大查办重点行业,重点领域职务犯罪的力度,按照市检院的部署,增加科技含量,运用现代科技侦破案件,建立符合标准的询问监控系统,制定侦查人员科技培训计划;在预防职务犯罪工作中,切实把预防工作贯彻到查办案件的每一个环节,进一步建立和完善预防职务犯罪机制,在增强实效上下功夫。

(四)勇于探索,深化改革,推动检察工作创新发展。

进一步推动审查批捕方式改革,重点完善“适时介入侦查、引导侦查取证、强化侦查监督”。推进以主诉、主办检察官办案责任制为重点的试点工作。继续探索不起诉公开审查的新途径,完善办案机制。进一步完善监所检察工作机制,在监内监外管理上狠下功夫。做好控申接待工作,充分发挥检察机关的窗口作用。继续改革和健全检委会工作制度,增强集体决策能力和发挥检委会的智能作用。

(五)进一步加强后勤保障和科技强检工作。

为适应新世纪检察工作的需要,我们要抓住发展机遇,努力争取区委和区政府有关部门的支持,进一步加强和改善后勤保障和办案办公条件,配齐配全电脑设备和办公用车,进一步提高全院干警运用现代化信息技术、运用网络办公办案能力,提高工作效率。

(六)全面加强队伍建设,依法从严治检。

在区委和市检院的领导下,要进一步加强勤政廉政建设、加强检察业务的培训和考核,深入开展学习方工活动,不断深化人事制度改革,进行中层空岗竞争,抓紧培养优秀年轻干部,使干部结构更趋合理。努力培养一支能反映首都检察官风貌的有理想、有道德、有文化、有纪律的高素质检察官队伍。

各位代表,2003年,我们要在区委、市检院的领导下,在区人大及其常委会的监督和区政府的支持下,真抓实干,以“三个代表”重要思想作为新时期检察工作的根本指导思想,统揽各项检察工作,解放思想,与时俱进,创造性地推进检察改革,更好地为改革开放和社会主义现代化建设服务,为我区全面建设小康社会提供坚实的法律保障!

中国人民政治协商会议
北京市宣武区第十届委员会常务委员会工作报告

——2003年1月21日在政协宣武区第十届委员会第五次会议上

宣武区政协副主席　喻建平

各位委员：

我受政协北京市宣武区第十届委员会常务委员会的委托，向大会作工作报告。请予审议。

2002年工作回顾

过去的一年，区政协在中共宣武区委的领导和市政协的指导下，高举邓小平理论伟大旗帜，全面贯彻"三个代表"重要思想，坚持团结、民主两大主题，认真学习贯彻党的十六大和市、区委政协工作会议精神，按照十届四次会议决议提出的各项任务，团结、依靠各民主党派、人民团体和政协委员，围绕宣武区"十五"计划的全面实施，解放思想、与时俱进，发挥优势、履行职能，不断探索适合政协工作的新方法、新途径，各项工作取得了新的进展。

一、围绕中心，服务大局，认真履行政治协商职能

一年来，区政协开展了多层次、多形式的政治协商活动，并不断完善全体会议集中协商、常委会议和主席会议专题协商的制度，政治协商水平不断提高。

在去年初的十届四次会议上，委员们听取和讨论了区政府工作报告及其他有关报告，并通过大会发言、专题座谈和分组讨论就我区经济发展、改革开放、城市建设和精神文明创建工作等重要问题提出了许多建设性意见。区领导认为政协委员们的意见思路开阔、观点鲜明、观念新颖、符合实际，可操作性强，对我区的工作是有益的启示。

为进一步加强党对人民政协工作的领导，充分发挥区政协在促进全区改革开放和现代化建设中的作用，去年5月15日，中共宣武区委首次召开了政协工作会议。提出了《中共北京市宣武区委关于贯彻〈中共北京市委关于加强人民政协工作的决定〉的意见》(以下简称《意见》)。会前，区委就《意见》的内容与区政协进行了认真的协商。会上，区委领导充分肯定了区政协近年来履行职能所取得的工作成绩和经验，并就如何正确认识、加强和支持政协工作提出了明确的要求。区政府领导提出了我区加快发展亟待解决的七个课题，请政协调查研究、参政议政。全体政协委员在这次会议的鼓舞、激励下，努力学习，深入调查研究，积极履行职能，主动建言献策，发挥了很好的作用。

区政协常委会始终把围绕全区中心工作开展专题调研，作为履行职能、建言献策的切入点。在调研中加强与各民主党派的合作，注重发挥界别和委员的作用，使调研报告的质量进一步提高。

为促进我区科技事业加快发展，推进"科教文化兴区"战略的实施，政协经济科技委员会联合民建、九三学社区工委对我区科技工作现状进行了深入的调查研究。提出《关于开创我区科技工作新局面的建议》调研报告。肯定了近年来我区科技工作的新发展、新经验，也指出了存在的主要问题，提出了"以人为本，建立人才激励机制，培育科技大环境"等有可行性措施的建议。区委研究室在《宣武调研》上转发了报告。

为推动区政府提出的"优化区域发展环境，努力提高城市常态管理水平"工作目标的实现，政协城市建设和管理委员会与广外、陶然亭两个街道的政协委员联络组，就如何发挥街道办事处在城市市容环境长效管理中的作用开展了调研，提出了转变观念，提高认识，明确职责，加强协调，依靠社区，大胆创新等若干条建议，形成《关于发挥街道办事处在城市市容环境长效管理中作用的几点建议》调研报告。第31次常委会议对以上两份调研报告深入讨论,形成常委会建议案,提请区委、区政府研究参考。区政府主管领导出席会议,直接听取了委员们的意见。

在我区争创全国文明城区工作中,区政协组织教育、妇联、街道等界别的委员,对我区社区居民道德建设工作进行调研,针对我区在贯彻落实《公民道德建设实施纲要》中存在的有关问题,提出了《关于加强我区社区居民道德建设的几点建议》调研报告,在第33次常委会议上,区领导与常委进行了协商,并作为常委会建议案,提请区委、区政府研究参考。

区委和区政府主要领导对政协建议案的办理十分重视,逐一作出批示,要求有关部门认真研究采纳。区科委、经贸委、计委、财政局、人事局、地税局、政府办、街道办、文明办等部门认真研究了区政协建议案,牵头部门分别提出了落实有关建议案的办法和措施,并向区政协提交了办理报告。

二、拓宽民主监督渠道,发挥民主监督作用

去年,区政协民主监督工作的领域有所拓宽,内容有所发展,形式有所创新,力度有所增强。

提案是政协履行民主监督职能的重要方式。在全体委员的积极参与和各承办单位的大力支持下,区政协提案工作有了新的发展。各界委员围绕我区中心工作和群众关心的热点、难点问题,深入调查研究,积极建言献策。许多提案在委员们的认真督促和监督下,经有关部门的认真办理,使问题得到了解决,不仅推动了工作,而且密切了党和政府与群众的关系。政协驻会主席对《关于宣武区鸭子桥北里小区亟待整治的建议》等4件提案采取了集体督办的形式,通过督促承办单位,深入实地听取群众意见,检查办理情况,组织视察办理结果等措施,圆满解决了问题。广大群众对区政协和区政府有关部门同心协力为民办实事的工作作风表示了热烈的欢迎和真诚的感谢。

通过民主评议加强民主监督。为贯彻落实市区城管工作会议精神,配合区委、区政府开展的"双高"大讨论活动,促进有关执法部门进一步改进工作,区政协组织部分委员对城管监察大队进行了民主评议。通过听取汇报、问卷调查、与单位和居民座谈等形式,征求社会各界对城管大队工作的意见,提出加强和改进工作的建议。此次活动既促进了城管大队有针对性地改进工作,也增强了社会各界对城管大队工作的理解与支持。为了巩固政协对执法部门民主评议的成果,应工商宣武分局的邀请,区政协对该局民主评议后的整改情况进行了跟踪调查。围绕依法治区、公正执法区政协还组织委员对我区法院、检察院进行了视察,政协委员对两院工作分别提出了加强和改进意见。

进一步发挥人民陪审员和特邀监督员的民主监督作用。组织了政协委员陪审员的培训、交流和研讨,安排了陪审实践,共陪审案件58件,较好地履行了人民陪审员职责。同时,还调整、扩大了特邀监督员队伍,组织监督员进行市场物价检查,对北京监狱进行视察,对我区有关公安派出所进行暗访等,这些活动加强了对政府部门执法情况的监督。我们还对落实《政协北京市宣武区委员会特邀监督员工作简则》的情况进行了检查,使特邀监督员工作不断完善。

努力发挥政协委员联系面广的优势,及时反映社情民意是民主监督的重要渠道。区政协坚持广泛了解与重点征集相结合,经常征集与集中征集并举的做法,利用《信息》、《参政议政》等刊物及时向区委、区政府及有关部门反映社情民意。在政协十届四次全会上,公安宣武分局和交通大队从委员上报的社情民意反映表中收集了对我区治安、交通方面有关问题的反映,立即着手改进,使有些问题在会议期间就得到及时解决。另外,区政协每月一次的主席接待委员日活动,也成为了解和反映社情民意的"快车道"。各党派、团体、政协委员看到反映社情民意产生的实际效果,受到很大鼓舞,增强了参与意识。一年来,政协委员、各民主党派成员和机关各处室共反映社情民意300多条,市区有关领导对其中近30条做了批示,有效地促进了一些老大难问题的解决,起到了传达民情、民意、民智的"宽带网"作用。去年被评为北京市政协系统信息工作先进单位。

三、运用多种形式,积极参政议政

常委会注重发挥政协优势和委员专长,运用多种形式,不断拓展参政议政领域,取得了很好的成效。

通过专题研讨会积极建言献策。区政协多次组织各界委员、民主党派成员和专家学者围绕区委、区政府关注的重点工程、重大事项和全区人民关心的重点问题进行专题研讨,主要讨论了关于振兴牛街民族经济和如何发挥大栅栏商业街老字号企业作用的问题;关于妥善处理我区危旧房改造与文物保护关系问题;关于如何更好地发挥我区传统文化优势,使厂甸庙会更具有民族特色的问题;关于重新认识宣南文化价值,深入探讨开发利用宣南文化问题;关于坚持基础教育适度超前发展,促进我区教育资源规模整合问题。这期间区政协曾邀请了全国和市区政协委员中的几十名专家、学者对我区进行了多次视察活动,研讨会上专家、学者们发表了许多真知灼见,为解决难题共谋良策,开阔了我们的思路,得到区委、区政府领导的充分肯定。

充分发挥专门委员会的基础作用。政协各专门委员会根据自身特点,发挥委员优势,开展了多项既有针对性，又富有成效的参政议政活动。经济科技委员会通过组织委员参观昌平高科技园区、北京国际科技博览会，开阔了眼界，对发展我区的科技事业提出了更切合实际的意见；城市建设和管理委员会通过对天桥危改工程的视察，就推广天开公司危改拆迁工作的新经验提出了建议。通过对长椿街三角地和西黄线拆迁整治的视察，提出了加快我区拆建工作力度，树立宣武新形象的建议。教育文化卫生体育委员会组织委员对天津二中、广内街道社区文化服务中心和广外老年病院进行了视察，提出了加强和改进社区文化、医疗工作的措施。民族宗教委员会组织参观视察了大厂回族自治县、中国神哲学院等地区和单位，增强了正确执行党的民族宗教政策、加强我区民族团结的意识。社会法制委员会组织视察了区检察院和法院，积极呼吁有关方面关注和支持我区政法建设工作。文史资料委员会编辑出版了宣武文史第九辑—《宝地宣南》并举行了发行仪式。组织委员视察了我区金中都鱼藻池遗址、天宁寺等地，使委员们对我区文物保护和利用工作有了更深层次的认识与思考。以上这些活动对委员开阔视野，了解情况，增进共识起到了积极作用，也激发了委员们参政议政的热情。

区政协委员街道联络组健康发展。我区8个政协委员街道联络组，在各街道的大力支持下，积极参与街道和社区的民主管理和建设，主动建言献策，不同程度地促进了街道和社区的治安、环境、服务、文化、体育等各项事业的发展。去年9月25日，区政协召开了政协委员街道联络组经验交流会。实践证明，政协委员街道联络组，加强了委员与社区的联系，密切了委员与群众的关系，调动了委员参政议政积极性，取得了一定的工作成绩。

四、加强对政协工作的宣传，不断扩大政协影响

2002年，区政协把加强宣传工作作为开创政协工作新局面的新举措。首先是加强了政协宣传工作的组织领导和队伍建设。第36次主席会议研究通过了《政协北京市宣武区委员会关于进一步加强宣传报道工作的意见》，明确了政协宣传工作的组织领导体系和工作原则，确定了主要宣传任务和要求，制订了宣传报道工作考核激励机制。随后，又和统战部一起，聘请了25位同志作为宣传报道通讯员，并对他们进行了突出政协统战工作特点的宣传报道培训。

其次是加强了与新闻单位的联系。一年来，陆续有50余篇反映区政协履行职能的报道见诸报端。其中政协常委会扶贫助教的活动，关于提高社区居民道德素质的建议和我区政协委员街道联络组的经验等分别刊登在《人民日报》和《人民政协报》上。去年区政协还参与了《人民政协报》主编的《使命》专刊的组稿工作，全面系统地介绍了宣武区经济、政治、文化发展情况和十届政协开展工作情况。为配合区政协工作会议召开，举办了《政协宣武区第十届委员会工作汇报展》，先后在区机关和8个街道进行了巡回展出，使社会各界加深了对政协性质、地位和作用的了解。

第三是区机关因特网设施完善后，区政协领导认识到这是用现代化手段宣传政协工作的一个重要舆论阵地。为规范政协网站工作，制订了《关于区政协因特网网站的管理规定》。调整了区政协网站原有页面，设置了九个固定专栏，并做到随时登载区政协活动信息。政协委员和社会各界人士通过上网，就可对政协工作进行浏览评说，沟通了社会各界与区政协的联系，为群众参与参政议政活动创造了新的条件。

五、广泛联谊交友，使政协工作更富有活力

区政协结合不同时期的工作重点，开展了形式多样、丰富多彩的活动。如：在北京申办奥运会成功一周年的时候，和统战部联合举办“委员健身日活动”；“八一”建军节前夕，举行了“双拥”共建座谈会；响应党中央关于支持西部开发建设的号召，赴陕北延川县开展“扶贫支教”活动；对酷暑中坚持在交通指挥一线的干警进行了慰问；召开“教师节”慰问座谈会；组织委员参加“宣武一日游”活动；组织书画界委员开展书画交流捐赠活动。通过这些活动增进了各界人士之间的联系，扩大了政协工作的影响。

区政协还积极开展对外交往活动。先后接待了上海、安徽等外省市及西城、丰台等本市各区政协领导到我区考察、交流。并根据需要组织部分委员学习有关市区政协工作经验。这些活动开阔了眼界，更新了观念，增进与兄弟市区的了解和友谊，扩大了宣武区对外影响。

为发挥各民主党派、人民团体在政协活动中的作用，区政协努力为民主党派、人民团体参政议政创造条件。坚持了区政协领导与各党派、团体负责人联席会议制度，及时向他们通报区政协的工作并征求意见和建议。鼓励党派委员围绕政协工作，畅所欲言，并认真采纳他们的意见、建议，大家同心同德共同谋划宣武发展大计。

六、贯彻“一国两制”方针，为实现祖国完全统一积极工作

促进祖国和平统一是政协的一项重要工作。在江泽民主席《为促进祖国统一大业完成而继续奋斗》重要讲话发表七周年时，组织委员召开了座谈会；在元宵节、中秋节来临之际，举办了港澳台侨界人士茶话会；

为了让委员及时了解台湾形势的发展，请市政协有关领导向委员通报台湾局势，并组织大家观看了台湾问题大型图片展；组织委员及台属对陈水扁上台后发表的一系列“台独”分裂言论，进行了严正的批驳；十六大召开后，又组织港澳台侨界委员学习座谈十六大报告中关于祖国统一的论述。去年10月，区政协和统战部一起热情接待了台湾上层人士及其亲属，向他们宣传了党的对台政策。他们动情地表示，返回台湾后，将向台湾民众大力宣传祖国的伟大成就，为国家的早日统一尽力。

在加强对外交往中，区政协不忘为我区招商引资牵线搭桥。去年，区政协主要领导到出席市政协会议的港澳委员驻地拜访，并邀请他们来我区参观访问；还有许多政协领导和委员主动向亲朋好友介绍我区招商引资政策和项目，有的已取得明显成果。

七、以“三个代表”重要思想为指导，加强自身建设

区政协常委会十分重视领导班子和委员的政治理论学习，制定了中心组和委员学习计划，开展了多层次、多形式的学习活动。要求全体政协委员要深入学习邓小平理论和江泽民同志“三个代表”重要思想，学习朱镕基总理的《政府工作报告》和李瑞环主席有关政协工作的论述。为了迎接党的十六大召开，深入学习领会“三个代表”重要思想，常委暑期学习班组织到延安学习考察，目睹了老一辈共产党人的革命风范和优良传统，聆听了老一辈共产党人和抗日民主人士同心同德、肝胆相照，共同抗日的感人事迹，常委们心灵受到一次深刻的震撼，对新时期继承和发扬延安时期的光荣传统和革命精神，做好统一战线工作，团结一切可以团结的力量，同心协力建设中国特色的社会主义，振兴中华，有了更深刻的认识。党的十六大胜利召开之际，区政协及时组织常务委员、各民主党派、人民团体负责人和各界委员代表收看、收听大会开幕式和江泽民总书记的报告，并召开学习座谈会；制定了《关于学习贯彻中国共产党第十六次全国代表大会精神的安排意见》；多次组织理论中心组、机关干部学习十六大报告；还请中央党校教授为全体委员做了学习十六大报告的辅导。通过学习，进一步统一思想，增进共识，促进团结，增强履行职责的自觉性和责任感，提高参政议政的能力和水平。

2002年，区政协常委会重视自身建设，加强工作的协调与配合，发挥了常委会一班人的整体作用。区政协机关的建设有了新的发展。机关党支部通过开展学习“三个代表”重要思想、创建文明机关、争创先进党支部、民主评议党员和鼓励干部参加业务、文化学习等活动，增强了机关干部高标准、严要求的意识，为委员服务的意识和水平也有了新的提高。

委员的主体作用得到进一步发挥，履行职能的积极性、创造性和自觉性不断提高。从我区改革、发展和稳定的大局出发，抓住热点、难点问题，开展调查研究，积极向党和政府建言献策。委员们在履行职能中表现出的无私奉献和求真务实的精神，是政协工作得到新发展、开创新局面最重要的保证和最宝贵的财富。此外，去年市政协陈广文、程世峨等7位领导和5个专门委员会的几十名委员、专家、学者分别来我区指导工作，给区政协工作很大的帮助，促进了我们工作水平的提高。在这里我们要特别指出的是，一年来，区政协工作在中共宣武区委正确领导下，得到了区人大、区政府及全区各有关单位的大力支持和帮助，为区政协履行职能创造了良好的条件和环境。在此，我代表宣武区政协常务委员会向市区各级领导和全体委员及热情支持政协工作的同志们表示衷心的感谢！

在看到工作成绩的同时，也要看到我们还存在着一些差距和不足，主要是：在研究新情况、解决新问题方面还需要进一步加强；在积极创造条件，吸引更多的委员参加政协活动方面还需要进一步努力；在业务学习和政协理论研究上还需要继续加强。这些都需要我们在今后的工作中加以研究、改进。

2003年工作思路

2003年是全面贯彻党的十六大精神，加快全面建设小康社会、开创中国特色社会主义事业新局面的第一年；是北京进入以筹办奥运为重点、加速发展之年；是宣武区实施“十五”计划的关键一年，也是我区实施奥运带动计划的第一年。新形势不仅对政协工作提出了新的要求，同时也提供了更加广阔的舞台。我们要在中共宣武区委的领导和北京市政协的指导下，高举邓小平理论伟大旗帜，以“三个代表”重要思想为指导，学习贯彻党的十六大、北京市第九次党代会和区委八届十四次全会精神，进一步解放思想，发挥优势，坚持与时俱进、开拓创新，突出团结、民主两大主题，紧紧围绕宣武区发展目标，积极履行政协职能，努力做出新的贡献。同时，要认真做好区政协十届委员会五年任期的工作总结和换届准备工作，努力探索履行职能的新形式、新渠道、新经验，为今后政协工作留下有益的借鉴。

一、以“三个代表”重要思想为指导，深入学习贯彻党的十六大精神，进一步提高履行职能的水平

中国共产党第十六次全国代表大会，是党在新世纪召开的第一次代表大会，也是我们党在开始实施社会主义现代化建设第三步战略部署的新形势下召开的一次十分重要的会议。我们要把学习、贯彻十六大精神作为当前和今后一个时期的首要政治任务来抓。学习贯彻十六大精神，要大力倡导和发扬理论联系实际的优良学风，提高学习的针对性和实效性，以学习促进履行职能水平的不断提高，以履行职能的实践推动学习的深入开展。通过学习，把各民主党派、人民团体和广大政协委员的思想统一到十六大精神上来，把思想认识上的提高转化为全体委员的自觉行动，以团结一致的思想共识和奋发有为的精神状态履行职能，把智慧和力量凝聚到实现十六大提出的各项任务上来，把区政协的工作推向一个新的更高水平。

二、围绕中心，服务大局，认真履行政治协商、民主监督、参政议政职能

北京市第九次党代会提出，北京要在全国率先基本实现现代化，面对这光荣而又艰巨的任务，我们要紧紧围绕党和政府的中心工作，坚持把发展作为第一要务，按照发展要有新思路，改革要有新突破，开放要有新局面，各项工作要有新举措的要求，发挥人民政协的特点和优势，选准角度，运用各种民主形式，调动社会各界人士的积极性，集中各方面的人才与智慧，积极建言献策，为区委、区政府决策的科学化、民主化服务，为我区物质文明、政治文明、精神文明建设服务。

1、在坚持年初全体会议集中协商的同时，注意进一步完善常委会及主席会议的专题协商，专委会的对口协商，使政治协商水平不断提高。今年区政协政治协商的内容要围绕我区三大发展战略、奥运带动计划以及两街六区建设等开展。政治协商要在规范程序内操作，在提高协商质量上下功夫。协商前，要主动征求区委、区政府及有关部门的意见，充分酝酿，精心选题；要组织政协委员全面了解实际情况，深入进行分析研究，提出有情况、有分析、有根据、有对策的建议；协商后，加强对办理结果的跟踪、反馈，以进一步提高协商质量。

2、要在认真总结过去评议经验的基础上，做好对区地税局履行职能情况的民主评议，同时对区财政局、国土资源和房屋管理局进行工作视察，努力把这项工作提高到一个新水平。要进一步贯彻《特邀监督员工作简则》，更加充分地发挥特邀监督员、人民陪审员的作用，按照民主监督工作的重点和群众的需要，积极组织各项有益的群众监督活动，将区政协民主监督工作推向深入。

要充分发挥政协委员通过反映社情民意进行民主监督的作用。在反映社情民意工作中，要突出党和人民群众关心的热点、难点问题，重视对社情民意的反馈，使群众的呼声得到回应，增进党和政府与人民群众的血肉联系。

3、今年的参政议政工作，要紧紧围绕我区各项重点工作开展，主要是：区域经济的发展和功能区的开发建设；市政基础设施建设和危旧房改造；宣南文化资源的开发利用和古都风貌区的保护；企业深化改革和资源的重组与整合；城市的常效管理和优化区域发展环境；再就业工作和社会保障体系的发展；政府管理创新的继续推进；精神文明建设、民主法治建设和社区建设等。政协各专门委员会、各民主党派、人民团体和政协委员街道联络组要围绕以上内容，发挥人才智力优势，通过调查、视察、考察、座谈、研讨等多种形式进行广泛深入的研究，积极参政议政。为了加强政治文明建设，充分展示党领导下政协参政议政的成果，今年要组织编辑出版反映区政协各方面工作成果的书刊或画册，并继续做好文史编辑工作。

4、进一步加大对提案工作领导的力度。要以全面提高提案质量、办案质量、服务质量为目标，在制度建设和工作方式上有所创新、有所突破。要注意研究提案工作的新情况，坚持主席会议和常委会议每半年听取一次提案工作情况汇报制度；坚持主席督办提案工作的制度；坚持区政协工作会议提出的政府有关部门定期向政协常委会通报提案办理情况的制度。进一步贯彻落实《政协北京市宣武区委员会提案工作条例》，在提案办理的规范化、制度化建设上取得新进展。

三、发挥优势，团结一切可以团结的力量，为祖国的统一、为宣武区的发展多做贡献

区政协要牢牢把握统一战线大联合、大团结的主题，充分发挥联系面广的优势，加强同各党派、团体，各族各界人士的联系与合作；加强与委员的沟通，增加理解，增进友谊，广泛团结一切可以团结的力量，调动一切积极因素，共同致力于我区改革开放和现代化建设事业。在招商引资方面，区政协要充分发挥自身优势，积极做好穿针引线工作。鼓励政协委员利用自己的海内外关系，动员广大港澳台同胞、海内外侨胞侨属积极到我区投资建业，在宣武区的现代化建设中，共谋发展、共创财富。

按照“和平统一，一国两制”的方针，加强与台湾各界人士、港澳同胞和海外侨胞的联系，增进交流和友谊，开展多种形式的对台工作，将人文交流、招商引资与宣传“和平统一，一国两制”的方针政策有机地结合起来，为宣武区各项事业的发展、为完成祖国统一大业做出我们应有的贡献。

四、与时俱进，开拓创新，进一步推进区政协工作

的全面发展

新形势、新任务对人民政协工作提出了更新更高的要求。我们要进一步解放思想,开拓创新,推进区政协工作的全面发展。新的一年里,我们在履行政协职能的各项工作中,要在“知”、“研”、“帮”、“智”四个字上下功夫。“知”就是知情明政,一是要知道宣武区在改革、发展中已取得的显著成果和未来发展规划,理解区委、区政府的战略决策和工作思路;二是要知道我区与兄弟城区的差距,增强开拓进取,争创一流的精神;三是要知道我区工作中,还有哪些困难和问题,明确我们参政议政的主要任务和重点目标。“研”就是要紧紧围绕我区发展中的重点、热点、难点问题,加强调查研究,提高参政议政水平。“帮”就是要发挥政协联系面广的优势,多做宣传、协调、理解、支持、配合的工作,帮助政府排忧解难。“智”就是要充分发挥政协人才济济的优势,为宣武区各项事业的发展积极建言献策,提供智力支持。

新的一年里,我们要进一步加强政协制度化、规范化建设。认真总结本届政协的各项工作经验,从中找出规律,形成制度,贯彻落实各项工作程序,促进政协整体工作水平的提高。新的一年里,政协委员要进一步发挥主体作用。在新形势下要加强学习,在履行职责中求精、求深、求新、求实,积极参政议政,向党和政府建好言,献好策。

新的一年里,我们还要切实加强政协的宣传工作,扩大人民政协在社会上的影响,继续加强政协因特网站的建设,开通委员电子信箱,利用各种报刊媒体宣传我区政协工作。认真落实区政协工作会议提出的,在区委党校举办的党员领导干部培训班增设人民政协、统战理论课的要求。进一步加强政协机关领导班子建设、思想作风建设、工作制度建设和干部队伍建设。发挥政协机关党支部、工会的作用,不断提高工作效率,提高为委员服务的意识,使政协机关全体同志不断焕发积极向上的精神风貌和工作热情,推动政协工作的深入开展。

各位委员:

新的一年充满着新的机遇和挑战,我们全体政协委员和参加政协的各党派、团体要有充足的信心,以更饱满的热情,更高涨的干劲,更加努力地工作,为宣武区的改革、开放、经济建设和各项事业的发展做出新的贡献。今年也是本届政协工作的最后一年,我们的工作力度不能减、水平不能降、质量不能差。按照区委八届十四次全会确定的指导思想和人大十二届六次会议确定的工作部署,牢牢把握大团结、大联合的主题,发扬民主,精诚团结,认真履行人民政协的职责,与时俱进,开拓创新,全力做好2003年的工作,进一步推进区政协工作的全面发展。

深入学习贯彻党的十六大精神
努力开创党风廉政建设和反腐败工作新局面

——在北京市宣武区党风廉政建设工作会议上的报告

区委副书记、区纪委书记　韩恩慈

(2003年3月26日)

同志们:

这次会议是在全区深入学习贯彻党的十六大精神,全面落实区委八届十四次全会提出的各项任务的形势下召开的。会议的主要任务是:以邓小平理论和“三个代表”重要思想为指导,按照胡锦涛同志在中央纪委第二次全会上的讲话要求,总结2002年全区反腐倡廉工作,部署2003年党风廉政建设和反腐败工作。进一步动员全区各级党组织、干部、党员和群众,统一思想,提高认识,强化措施,扎实工作,全面落实中央纪委第二次全会和市纪委第三次全会暨全市党风廉政建设工作会议的精神,努力开创我区党风廉政建设和反腐败工作的新局面。现在我代表区委、区政府作全区党风廉政建设和反腐败工作的报告。

一、2002年全区党风廉政建设各项工作取得了新的明显进展

2002年，按照中央纪委第七次全会、市党风廉政建设工作会议的部署，全区各级党政组织、纪检监察组织积极围绕我区经济建设和各项事业的发展，继续以贯彻落实党风廉政建设责任制为重点，加大反腐败三项工作力度，加强从源头上预防和治理腐败的各项措施，结合实际，狠抓落实，全区党风廉政建设和反腐败工作取得了新的成效。

（一）廉洁自律工作稳步推进。

围绕中央纪委第七次全会提出的廉洁自律新规定，全区重点抓了四项工作：

一是区纪委印发了《关于春节期间加强廉洁自律、反对奢侈浪费的通知》，重申了中央纪委提出的“四严禁、一不准”的要求，严禁领导干部收受礼品和到基层报销应由个人支付的费用，坚决反对奢侈浪费。经过对全区88个单位的检查未发现违规问题。

二是认真召开了专题民主生活会，全区395名局处两级领导班子成员和企事业单位领导人员对照《廉政准则》在民主生活会上进行了明示。有21名区级领导干部参加了44个主管部门和基层单位的民主生活会。区委、区政府领导班子研究提出了五个方面的整改意见，并落实了部门责任。有69个单位针对领导班子存在的突出问题制定了1101条整改措施。

三是进一步重申了国有企业领导干部廉洁自律的“四条八不准”、“五项规定”以及市委、市政府颁发的国有困难企业领导人员“五条五不准”的要求。国有企业领导班子成员结合企业“三讲”教育开展了“回查”活动，普遍进行了对照检查。

四是继续开展了清理用公款为个人购买商业保险的工作。

（二）案件检查工作不断深入。

2002年，全区纪检监察系统共受理群众来信来访580件次，办结572件次，初查案件线索31件，立案14件，结案12件，其中大要案5件。给予党纪、政纪处分12人。办理申诉案件1件。

区委、区政府领导高度重视查办案件工作，按照从严治党的要求，进一步加强对查办案件工作的领导。区纪委不断加大查处大案要案工作的力度，与司法机关、审计机关密切配合，立案检查了区经贸委原副主任侯培铎违反社会主义道德、涉嫌经济犯罪的案件，现已移交检察机关立案侦查。区纪委重视从典型案例中查找发案的原因和机制、制度及管理上的漏洞，将办案工作与加强管理和预防犯罪工作相结合，运用《中华人民共和国行政监察法》赋予监察机关的行政监察职权，对发生问题的单位加大整改力度。针对在房改拆迁中发现的直管公房管理上的漏洞，与检察机关密切配合，在宣房投公司开展了预防职务犯罪的教育，查找了薄弱环节、完善了制度；针对发生在行政审批部门的干部以权谋私问题，对该部门提出了加强教育管理、严格监督和健全机制、制度等方面的监察建议。区纪委会同区检察院在我区建立了预防职务犯罪网络。

（三）纠正部门和行业不正之风工作进一步落实。

继续纠正医药购销中的不正之风。区卫生局进一步扩大了集中采购药品的品种和规模，去年药品集中采购金额达到3000余万元，占药品采购金额的36%，向患者让利380余万元。在全区医药卫生系统全面实行了医药分开核算、分别管理和收支两条线。加强了药品市场的监管，取缔非法生产经营户1个，捣毁制售假药窝点1个，销毁假劣和过期药品及医疗器材案值10.5万元。

中小学收费行为进一步规范。区委教育工委和区教委制定下发了《关于进一步推行校务公开的工作意见》，在所属中小学全面实行了收费公示、备案制度。检查纠正了代收保险费，收取课桌套、机房鞋套费等违规问题，清退违规收费1.6万余元。

治理乱收费、减轻企业负担工作深入落实。在上半年全面清理涉企行政事业性收费项目的基础上，区减负办对36个行政事业单位涉企收费情况进行了重点检查，区物价局对13个存在问题的单位进行了行政处罚，罚没金额28.7万余元。

以建设廉洁高效政府机关、高素质公务员队伍为目标的机关作风建设全面推进。我区成立了宣武区区域发展环境投诉服务中心，区监察局组织特约监察员、人大代表、政协委员对区计划委、工商宣武分局、区建委等13个与企业发展密切相关的部门进行了行风评议。

进一步发挥监察职能，紧紧围绕政府中心工作开展行政监察。区监察局对行政审批制度改革工作进行了全面监察；对开展“双高”大讨论、促进勤廉政效能建设的情况，对落实安全生产责任制和环境综合治理工作进行了检查督促；对庄胜二期、小马厂等地区危改拆迁工作加强了执法检查；对全区88个单位落实严禁发放和使用代币购物券规定情况进行了检查，批评教育了违规单位。在区建委和区编办的积极努力下，我区建筑市场已经建立。

（四）源头治理各项工作继续深化。

积极推进三项制度改革。继续对行政审批项目进行清理和规范，我区共保留审批事项236项，比原有515项减少了54.2%。全区有行政审批权限的26个职能部门先后制定了《规范行政审批程序性规定》和《违反审批规定责任追究办法》。全区各行政机关行政审批项目全部实现网上公开。

区级财政全部实行了部门预算。针对预算编制工作中存在的问题,区纪委、区财政局、区监察局印发了《进一步加强部门预算编制工作的意见》,进一步明确了有关规定和纪律。在全区实行"收支两条线"的基础上,按照中央纪委关于各级执收执罚部门行政收费与罚没收入必须与支出彻底脱钩,实行"收支两条线"管理的要求,区法制办、区财政局、区监察局印发了《关于深化"收支两条线"改革,进一步推进依法行政工作的意见》,"收支两条线"工作正在向纵深发展。会计委派工作稳步实施。区财政局积极推进会计集中核算,区卫生局在所属7个医疗机构试行了财务科长委派制;工商宣武分局向基层工商所全面实行了会计委派;区直机关办公楼统一实行了会计集中核算。政府采购程序不断规范,采购领域和规模逐步扩大。2002年政府采购金额10487万元,比2001年增加了3倍,节约资金505万元。政府采购金额中由国库直接拨付的有9522万元。我区行政事业单位公务车辆保险首次实行政府采购,节省经费1/3。

区委和各级党委认真落实《党政领导干部选拔任用工作条例》,去年全区提拔任命的处级干部全部在规定范围内实行了民主推荐、民主测评、差额考察、任前公示和试用期制度。区纪委对58名新提拔任职的处级领导干部进行了廉政谈话。全区认真落实区委《关于进一步加强对领导干部特别是"一把手"监督的若干意见》。区纪委、区委组织部坚持干部工作联席会议制度,及时通报接待信访、初查案件、干部考察测评、任期经济责任审计中发现和掌握的情况。区委组织部下发了《关于处级干部诫勉制度的实施意见(试行)》和《关于实行函询回复制度的暂行办法》,加强和规范对党政领导特别是"一把手"的监督管理。区纪委建立了73个处级领导班子党风廉政建设工作档案,建立了398份处级以上党政领导干部个人廉政档案。

各项公开工作继续深化。区厂务公开领导小组下发了关于进一步加强厂务公开工作的意见,总结推广了菜市口百货有限公司、三四0一厂等单位推行厂务公开工作的先进经验。全区厂务、校务、医务、居务、司法警务等公开工作深入开展,各街道政务公开工作正在向社区延伸。

(五)党风廉政建设宣传教育工作深入开展。

集中开展了以"树立正确的利益观"为主题,以发生在我区有重大影响的赵宏案例为反面教材的党风廉政建设宣传教育月活动,加大了宣传教育的力度。教育月期间,重点开展了领导干部讲党课、正反典型教育和以"树立正确的利益观"为主题的征文活动。全区讲党课70余场,受教育近6000人次;近千名科级以上党政干部听了方工事迹报告;13个区属单位积极开展了推荐和树立本系统本单位先进典型活动;区"'三个代表'在基层演讲团"在全区进行了巡回演讲;《是与非》杂志、《宣武报》分别刊载了冯兰英、赵志良勤廉兼优的先进事迹;区纪委剖析赵宏犯罪案例系列材料下发全区进行了警示教育。配合宣传教育月活动,共编发各种学习资料1.4万余册。

(六)党风廉政建设责任制深入落实并向基层延伸。

党风廉政建设领导体制和工作机制进一步巩固。区委、区政府高度重视党风廉政建设责任制的贯彻落实,主要领导带头履行第一责任人的职责,分管领导认真抓好分管部门的党风廉政建设,党风廉政建设与各项业务工作一同部署、一同总结、一同考核。全区各单位普遍做到了"一把手"亲自主持研究和部署本系统、本单位、本部门党风廉政建设工作;各牵头部门进一步发挥了积极的作用;各级纪检组织、监察部门的组织协调和督促检查进一步加强,反腐倡廉的领导体制和工作机制进一步巩固。去年底,市委检查组对我区落实党风廉政责任制情况进行了检查,给予了充分肯定。

巡视检查工作顺利展开。2002年,巡视组对白纸坊街道、广外街道、区卫生局等6个单位落实党风廉政建设责任制情况进行了为期六个月的巡视检查。对被巡视单位深入落实党风廉政建设责任制,并向基层单位延伸情况作了全面了解。

处级领导干部履行党风廉政建设责任制情况报告制度进一步落实。全区处级干部在年终述职述廉的基础上认真填写了履职情况报告表。对6人次不履行或不正确履行党风廉政建设责任制,在职责范围内发生违纪违规问题的领导干部进行了严肃的责任追究。

党风廉政建设责任制向基层延伸工作扎实推进。基层各单位普遍结合实际,把落实责任制与开展业务工作、履行岗位职责结合在一起,建立健全党风廉政建设责任制和相关配套制度,并做到同部署、同落实、同检查、同考核。区国税局形成了一级抓一级、层层负责的党风廉政建设责任网络。公安宣武分局建立了对民警八小时以外"必知"、"必问"、"必访"、"必谈"制度和社会、家庭、单位"三位一体"的共同监督机制,党风廉政建设责任制在基层得到落实。

(七)纪检监察干部队伍建设进一步加强。

区委、区政府高度重视纪检监察干部队伍建设,在机构改革中坚决按照中央纪委、市纪委的要求,积极完善纪检监察派出(派驻)体制,加强纪检监察工作。目前,全区纪检监察派出(派驻)体制已经基本形成。区纪委派出(派驻)10个工委、13个纪检组;区监察局向区政府17个部门派出了监察科。

为适应形势和任务的要求，根据市纪委的部署，全区纪检监察系统开展了与时俱进学习研讨活动。区纪委常委会和全区纪检监察干部经过认真讨论，结合思想工作实际，找差距、定措施，研究提出了我区纪检监察工作与时俱进的工作意见。区纪委结合实际工作需要，在全区纪检监察干部中认真开展纪检监察基本理论、专业知识和相关知识的系统培训。

2002 年，全区在党风廉政建设工作中努力创新思路，积极探索新的工作方式，取得了可喜的成效。在充分肯定工作成绩的同时，我们也要看到存在的问题和不足。

1.仍有一些党政领导干部对党风廉政建设和反腐败斗争的重要性、必要性、紧迫性缺乏足够的认识，在工作中“一手硬、一手软”的现象仍然存在，落实党风廉政建设责任制还缺乏应有的力度。

2.有些领导干部廉洁自律的意识还相当薄弱，违反自律规定的现象时有发生。在作风建设上贯彻落实“八个坚持、八个反对”方面，尤其是在保持艰苦奋斗作风上，与群众的要求还有较大差距，形式主义、官僚主义、铺张浪费现象还在一定程度上存在。

3.部分党政机关工作人员中工作效率不高，冷硬顶推的现象仍然存在，少数人吃拿卡要、为政不廉的问题时有发生，特别是有些行政执法部门工作人员“不作为”、“乱作为”、不依法行政的问题反映突出，严重危害了发展环境，侵害了群众利益，损害了政府形象，群众很不满意。

4.乱收费、乱摊派、乱罚款、乱办班的现象仍然存在，特别是涉企乱收费问题突出。有些单位预算外收入还没有做到严格实行“收支两条线”的规定，“小金库”问题屡禁不止，形成了管理上的漏洞，不断引发不正之风。

5.落实党风廉政建设领导体制和工作机制，特别是有效发挥行政职能部门作用方面还有待于进一步加强；源头治理工作还存在薄弱环节，从体制机制上解决问题的办法不多，有些工作还存在形式主义、表面化的现象，实际效果还不明显；企业党风廉政建设相对薄弱，对改制企业加强党风廉政建设还缺乏必要的调查研究，措施还不够得力。

这些问题，我们要在今后的工作中认真加以解决。

二、围绕加快发展这一主题，整体推进、突出重点、扎实有效，深入地开展 2003 年党风廉政建设和反腐败工作

2003 年，是全面贯彻落实党的十六大精神的第一年，做好今年的反腐倡廉工作，对全面实现新一届中央纪委提出的“党员干部廉洁从政的自觉性明显提高，部门和行业风气普遍好转，对领导干部行使权力的监督切实加强，防范腐败的机制基本形成，反腐倡廉法制化程度有新的提高，腐败现象蔓延的势头进一步得到遏制”五年工作目标至关重要。根据中央纪委和市纪委的部署，今年全区党风廉政建设和反腐败工作的总体要求是：继续以“三个代表”重要思想为指导，紧紧围绕发展这个执政兴国的第一要务，坚持反腐败三项工作格局，坚持标本兼治、综合治理的方针，逐步加大治本的力度，深入抓好源头治理工作，坚持党要管党、从严治党，切实解决群众反映强烈的不正之风。抓巩固、抓深入、抓落实、抓提高，努力为区域经济持续、健康发展提供坚强的政治保证。

（一）优化发展环境，促进区域经济健康发展。

优化发展环境是反腐倡廉工作与经济工作的重要结合点，也是党风廉政建设服务于经济建设的重要途径。全区各级党委、各级纪检监察组织特别是各级领导干部都要树立“党风政风也是环境”的观念，大力推进党风廉政建设，为优化区域发展环境做出积极的努力。

1.努力推进“一个中心，四个市场”的建设。巩固和完善我区各级、各类行政审批服务中心，以及巩固和发展建设工程招投标、经营性土地使用权出让、产权交易和政府采购四个市场，是转变政府职能，充分发挥市场配置资源基础作用的重要途径。按照市纪委的部署，今年要切实把推进“一个中心，四个市场”建设，作为优化发展环境、为经济建设服务的重要载体，扎扎实实地抓出成效。进一步清理、精减和规范行政审批事项，要积极推进网上互联审批，减少办事环节，规范行政审批行为，继续健全和完善行政审批投诉制度。对乱设审批项目、违反审批程序的要严格按照《北京市国家公务员违法行政行为行政处分若干试行规定》进行严肃处理。要提高行政审批中心“即办件”的比例。建筑市场要强化中介服务功能，切实做到与行政主管部门机构分立，职能分离，人员分开，财务分账；经营性土地使用权要实行招标拍卖和挂牌出让制度，严禁以其他方式出让，规范和限制协议出让行为；国有资产交易要全部进入产权交易市场；政府采购管理机关与执行机构必须分设，加强监督管理，严格规范采购行为。各级纪检监察组织要充分发挥组织协调职能，加大监督检查的力度，抓好工作的落实。

2.围绕政府管理创新工程，充分发挥行政监察职能。各级监察组织要充分履行行政监察职能，在“政府管理创新工程”中积极发挥作用。各级行政领导要重视行政监察工作，在行政管理工作中充分运用行政监察手段，推动本单位管理工作的加强，工作质量和效率的提高以及工作人员作风的转变。各行政机关要建立健全行政审批、行政检查和行政处罚的公示制度，将审批结果、检查结果、处罚结果公之于众，自觉接受社会的监督。监察部门要加强监督检查，使各项制度落到实处。要深入开展行政效能监察，积极配合行政管理体制改革，促进行政机关改进管理方式，提高工作效率。对工作中不负责任、推诿扯皮、造成危害后果的，监察部门必须严肃处理。要认真开展执法监察，针对城市建设中土地和建筑市场中存在的违法经营问题，制售假劣药品、食品等损害群众利益，危害人民生命财产安全问题，督促行政主管部门严格执法。对国有资产管理体制改革、行政管理体制改革以及赈灾款物、社保基金、国债资金的管理使用和增收节支等情况要进一步加强监督检查。要围绕区政府中心工作和重点工程，积极开展专项监察。对因官僚主义、失职渎职造成重大经济损失和重大安全事故的，必须严肃查处，并注意发现和查处事故背后的腐败问题。区监察局在信访举报电话的基础上开设公务员违法行政行为和效能监察举报电话，受理并查处公务员违法违规行政行为。

3.抓住热点问题，切实解决部门和行业不正之风。今年要继续加强对医药购销不正之风、中小学乱收费的专项治理。要巩固药品集中采购工作成果，继续整顿和规范药品市场，认真解决医疗服务中收受红包的问题，严肃查处在药品和医疗器械购销中的商业贿赂行为。党政机关、国有企业和事业单位所办的非营利性医疗机构都要实行药品集中采购。要进一步规范中小学收费行为，继续认真落实关于校务公开工作的有关制度，加强监督检查，落实高中招收择校生"限分数、限人数、限钱数"的政策，严肃查处巧立名目收取赞助费、捐资助学费等违规行为。要继续抓好企业减负工作，认真清理涉企行政事业性收费项目，重点解决向企业乱收费、乱摊派、乱罚款、乱检查、乱办班收费行为，采取有效措施，使收费监督卡切实发挥作用，加强检查，坚决纠正不合法收费。对违规收费要按照国务院第281号令的规定，进行严肃处理。

4.以科站队所为重点，加强党风廉政建设。要紧密围绕优化服务环境和执法环境，加强科站队所的党风廉政建设。重点解决行政执法中的滥用职权、刁难企业等违纪违法行为，解决行政执法中的随意性、执法扰民和利用检查权、执法权谋私等不正之风。各部门、各单位要结合各自实际，在基层科队站所开展行风评议。对群众反映强烈、损害政府形象、破坏发展环境的突出问题，要严肃执纪，加大惩处力度。对一些典型案例，要公开曝光，坚决纠正有令不行、有禁不止、执法不严、政纪松弛的现象。

各单位要将党风廉政建设责任制向科站队所延伸作为工作重点，在行政执法部门和公共服务部门要将党风廉政建设责任制延伸到工作岗位，与廉政、勤政、优政一起抓。要突出本行业、本单位的特点，与加强管理，转变作风，提高工作效率，提高服务质量紧密结合，与完善公务员考核相结合，建立健全具体制度，强化责任，抓好落实。今年上半年要召开全区科站队所党风廉政建设工作经验交流会，推广先进经验，推动此项工作深入发展。

(二)抓好领导干部廉洁自律工作，切实规范从政行为。

领导干部廉洁自律，对优化发展环境具有决定性作用。各级党政领导干部要严以律己，以身作则，带动本地区、本部门、本单位进一步树立良好的党风、政风、行风。今年，要集中精力抓好中央纪委提出的五项重点工作。

一是领导干部不准利用职权违反规定干预和插手建设工程招标投标、经营性土地使用权出让、房地产开发与经营等市场经济活动，为个人和亲友谋取私利。

二是领导干部不准收受与其行使职权有关系的单位、个人的现金、有价证券和支付凭证。严肃查处借节假日和婚丧喜庆等事宜敛财的违纪行为。违反规定的，发现一起，处理一起，绝不姑息。

三是继续落实领导干部配偶、子女从业的有关规定。加强对执行规定情况的监督检查。各级领导干部要加强对自己的配偶、子女及身边的工作人员的教育和管理，不准默许和授意他们打着领导干部的旗号以权谋私，对放任、纵容他们违纪违法的要追究领导干部责任。

四是坚决防止和克服形式主义、官僚主义。不准弄虚作假、虚报浮夸；不准搞脱离实际、沽名钓誉的各种"形象工程"、"政绩工程"；严格控制各种庆典和达标评比活动。对以虚报等手段获取荣誉及其他利益的，要按照有关规定严肃处理。对搞形式主义、官僚主义引发群体事件、造成重大经济损失甚至人身伤亡或不良政治影响的，要严肃追究有关领导干部的责任。

五是坚决反对和制止各种奢侈浪费行为。大力精简会议，严格控制出国(境)团组，压缩会议费、招待费和出国考察费。禁止以开会、考察、培训等名义变相公费旅游和超编制、超标准配备使用小汽车。禁止以各种名义用公款互相宴请、大吃大喝和安排私人旅游、高消费娱乐。继续严格控制党政机关新建办公楼和培训中心。要加强审计和监督检查，对违反规定的要追究直接责任人和主要领导的责任。

认真抓好中央纪委提出的五项工作要结合我区实际，现针对当前存在的突出问题，对全区党政群机关和事业单位领导干部重申和提出以下要求：

1.重申区委、区政府提出的3条禁令。不准在机关和会议培训期间打麻将，严禁赌博；在会议、培训期间中午不喝白酒，严禁酗酒；领导干部不准个人驾驶公车。

2.全区党政群机关各类工作会议要充分利用机关内会议设施举行，原则上不得出区开会。特殊需要在宾馆、饭店召开的会议，要报区委办公室或区政府办公室，由主管区领导审批。

3.进一步规范公款出国(境)。严格按规定程序办理出国(境)手续，严禁公务持因私护照、走旅游渠道出国(境)。

4.严格执行重要事项请示报告制度和领导干部请销假制度。

5.区属行政机关、事业单位和区属国有及国有控股企业未纳入公开招投标的中小工程都必须按照“三重一大”的要求，经过集体讨论决定。未经集体讨论决定，任何人不得擅自决定或指定施工队。各单位党政一把手一律不准在本单位各类工程中推荐、介绍、指定工程队。区级领导未经集体讨论，任何人不得向区属各机关、企事业单位介绍、推荐、指定施工队。

6.加强车辆管理，严格执行公务车使用管理规定。严禁领导干部未经批准用公务车出北京市界。

7.党政机关领导干部不准兼任有经营性收入的学会、协会等社团组织的领导职务。各类学会、协会等社团组织在经济上必须与行政机关脱钩。

上述要求中，第3、4、5条全区国有及国有控股企业、集体企业党政领导干部要参照执行。

以上规定，有些是新提出的，有些已经三令五申，关键在于狠抓落实。今年上半年，市委部署在全市各级党政领导机关中开展“回查”活动。各级党政领导班子要认真检查近年来中央、市委部署的反腐倡廉工作哪些没有落实，原因是什么；认真检查本单位党风廉政建设中，存在哪些薄弱环节，症结是什么；各级领导干部要认真检查本人履行党风廉政建设责任制规定职责怎么样，差距是什么；认真检查廉洁自律规定执行的好不好，问题是什么。各部门、各单位要主动结合实际，有针对性地提出解决办法，认真抓好“回查”工作。

要围绕国有企业的改革和发展，进一步加强国有企业领导人员廉洁自律工作。中央关于国有企业领导班子和领导人员廉洁自律的各项规定要继续认真执行。今年要重点落实中央纪委提出的五条新要求：

(1)不准利用职权在企业物资购销、项目开发等经营活动中谋取私利。

(2)不准个人及其亲属投资入股与其所在国有企业有关联交易、有依托关系的私营、民营企业和外资企业。

(3)不准将国有资产私自委托、租赁、承包给自己的配偶、子女及其亲属经营。

(4)不准违反国有资产监管程序和企业规章制度，擅自决定对外投资、借贷融资、担保等重大事项。

(5)不准利用企业的商业秘密、业务渠道从事个人谋私活动，或将其提供泄露给他人或其他企业。

搞好国有企业党风廉政建设，必须与加快现代企业制度建设，完善法人治理结构相结合，健全和完善监督制约机制。在企业改革改制过程中，要加强监督和管理，及时发现和处理挥霍浪费、营私舞弊、侵吞国有资产等行为。要认真落实对国有企业领导人员任期经济责任审计的规定，加强对企业经济活动的审计和监督。企业的党委、纪检组织和行政、业务部门要互相配合，共同负起责任，抓好企业党风廉政建设。

(三)加大查办案件工作力度，严厉惩治腐败。

今年的办案工作，要按照惩治腐败，优化环境、维护稳定、促进发展的总体要求，突出抓好三类案件：一是集中力量查办一批有影响的大案要案；二是坚决查办基层干部严重以权谋私，侵害群众利益的案件；三是严厉查处破坏和影响我区发展环境的案件。

查办案件要树立办案为大局服务的意识，坚持“查清问题，惩治腐败，减少损失，维护稳定，促进发展”的工作思路。在实际工作中要注意把握好五个环节：一是继续落实区纪委、区委政法委等九部门的联席会议纪要精神，健全协作机制，发挥在查办大要案中的合力作用。二是努力拓宽案源渠道。注意从经济工作的重点、改革的难点、社会关注的焦点和群众反映的热点中，从经济责任审计、各种专项检查、专题调查、专项治理、巡视检查、党风廉政考核等工作中，发现案件线索，拓宽案件来源。三是注意把握政策，采用多种方式处理信访举报和案件线索，加大对党员干部的监督力度。有的可以通过摘要或发函形式让本人说明情况；有的可与本人直接谈话，批评教育；有的可进行组织处理；有的还可以使用纪律检查建议书，督促其改正错误；对于严重违纪的，要严肃处理。对受到错告诬告和打击报复的党员干部要及时予以澄清，旗帜鲜明地加以保护。四是提高办案的综合效应。查办案件工作既要重视打击惩治，又要重视从个案、类案和典型案例中查找发案的原因和机制、制度及管理上的漏洞，探索加强防范的途径和办法。要加大对违纪违法人员经济处罚和追缴违纪违法款物的力度，发挥经济手段在遏制腐败中的作用。五是认真落实办案工作责任制，确保案件质量。各级党政领导要加强对办案工作的领导，各级纪检监察组织要严肃认真地处理好信访举报、案件检查、案件审理等各个环节的工作，严格依法依纪办事，使每一个案件都经得起历史的检验。要重视案件申诉工作，切实维护申诉人的合法权利。

(四)深化改革,不断拓宽从源头上预防和解决腐败问题的领域。

今年要集中精力抓好以下三个方面的工作:

1.继续深化三项制度改革。行政审批制度改革要与相对集中行政处罚权、开展综合执法工作相结合,对取消的审批事项加强后续监管,进一步完善和落实行政审批责任追究制度。财政制度改革要按照公共财政制度的要求,继续推进财政管理体制改革,进一步落实"收支两条线"规定,所有行政事业性收费都要纳入财政预算。扩大国库集中支付,建立国库集中支付中心。积极推进会计核算中心的建立。严禁设立"小金库"。财务管理中严禁弄虚作假、虚开票据或白条入账。选拔任用干部要认真执行《党政领导干部选拔任用工作条例》。必须严格执行干部交流制度,特别是重点部门、重点岗位的干部一定要定期交流。要积极探索建立干部选拔任用的监督制度。健全和完善纪委、组织、监察、审计等部门参加的干部监督工作联席会制度,加强对领导干部任期经济责任审计,使对干部的考察、评价更加全面。要加强对各类常设临时性、专项性、任务性管理机构和重点工程的专项监察和专项审计,加强对这些机构中干部、财务的管理,健全制度,堵塞漏洞。区纪委会同有关部门要加强调研论证,积极探索50万元以下基建修缮工程项目等政府采购的新形式。

2.切实加强党风廉政宣传教育工作,筑牢思想道德防线。今年的宣传教育内容要突出"优化发展环境,做人民满意公仆"的主题,在党员干部中广泛开展党员先进性和党的优良传统教育,尤其要进行"务必继续地保持谦虚、谨慎、不骄、不躁的作风,务必继续地保持艰苦奋斗的作风"的教育。要继续开展党风廉政宣传教育月活动。按照市纪委的要求,宣传教育月要认真开展好四项活动:一是讲党课,各级领导干部要结合实际讲一次党课;二是树正气,宣传本单位、本系统勤廉兼优的先进典型;三是敲警钟,利用身边发生的典型案例,开展一次警示教育;四是谈情况,由区委区政府领导分别同分管部门、单位的党政"一把手"进行一次恳谈。

党性党风党纪的宣传教育是一项基础性工作,要继续纳入全区宣传教育工作的总体部署,落实到各级党委中心组学习计划、党校教学计划和全区党员教育总体规划之中,贯穿于对领导干部培养、选拔、管理、奖惩等各个环节。全区各单位各部门也要结合各自的业务特点,区别不同层次、采取不同方式、充分利用各种现代化宣传教育手段,开展理想信念和党纪政纪条规教育。

3.进一步推进民主制度建设,完善监督约束机制。要继续认真落实区委《关于进一步加强对领导干部特别是"一把手"监督的若干意见》,以落实"三重一大"制度为重点,建立健全并严格执行党的民主集中制的各项具体制度。进一步完善民主生活会、党内情况报告和重大决策征求意见制度。要坚持定期向人大代表、政协委员、离退休老干部通报党风廉政建设情况,认真听取意见和建议。继续推行和完善政务、厂务、校务、医务和司法警务公开工作,其他与群众利益相关的公共事业单位都要实行办事公开,努力拓宽党员、群众的监督渠道。重视发挥舆论监督的作用,形成监督网络,发挥各方面监督的合力作用。

要充分发挥纪检监察组织的监督职能,加强对党员领导干部的监督。继续坚持和健全巡视制度,加强党风廉政建设巡视工作。认真执行处级领导干部个人重大事项报告、任前廉政谈话、述职述廉制度。实行纪委负责人同下级党政主要负责人谈话的制度。各级领导干部要坚持对群众意见较大,确有思想、作风问题的党政干部进行诫勉、谈话教育的制度,从政治思想上关心爱护干部。

三、采取有效措施,全面落实2003年工作任务

党的十六大报告为全面推进党的建设伟大工程,深入开展党风廉政建设和反腐败斗争指明了方向。"三个代表"重要思想是指导我们做好新时期党风廉政建设工作的强大思想武器。全区各级党政领导干部和纪检监察干部要认真学习党的十六大精神,与时俱进、锐意进取、求真务实,不断取得党风廉政建设和反腐败斗争的阶段性成果。

党风廉政建设和反腐败是一项长期、艰巨、复杂的工作,做好这项工作既要树立长期的奋斗目标,做到持之以恒,常抓不懈,又要有强烈的紧迫感和责任意识,要下大力量,采取得力措施,抓好今年工作任务的落实。

(一)认真落实党风廉政建设责任制,进一步健全和完善领导体制和工作机制。

党风廉政建设和反腐败斗争必须坚持党委统一领导,党政齐抓共管,纪委组织协调,部门各负其责,依靠群众的支持和参与的领导体制和工作机制,认真落实党风廉政建设责任制。全区各级党组织要总揽反腐倡廉工作全局,定期分析研究本地区、本单位、本部门党风廉政建设形势,结合实际,及时作出决策和部署。各级行政领导要把党风廉政建设工作寓于政治、经济和社会发展各项重要政策措施和管理工作之中,认真抓好各项任务的落实。各级领导要切实履行"一岗双责",在抓好经济工作和其他业务工作的同时,对职责范围内的党风廉政建设要切实担负起责任。各部门在党风廉政建设中负有重要职责,要切实从全局着眼,履行好部门的责任。坚决纠正在落实责任制工作中搞花架子、作表面文章的形式主义做法。

要进一步完善责任制的检查考核制度，规范工作程序，改进考核方法。坚持将党风廉政建设考核与党建、业务工作的考核相结合，并作为对领导班子和领导干部实绩评定、奖励惩处、选拔任用的重要依据。要认真抓好责任追究，健全完善责任追究的实施细则及配套措施，增强责任制的可操作性和有效性。今年党风廉政建设责任制检查的重点是牵头部门和全年党风廉政建设、反腐败工作主要任务的落实情况，对工作不得力以至造成不良后果的必须追究责任，按规定进行组织处理或给予纪律处分。

(二)各级纪委要全面履行党章赋予的各项职责，充分发挥组织协调作用。

一要当好党委的参谋。根据市、区纪委的部署，结合实际研究提出党风廉政建设的工作思路和阶段性目标。加强调查研究，善于发现影响改革发展稳定的重点、难点问题和群众反映的突出问题，有针对性地提出新的对策和办法。二要发挥好协调指导作用。积极协助党委抓好反腐败主要任务的分解和落实，通过建立健全有效的责任机制和工作机制，充分调动职能部门的积极性，整合力量，真正形成党风廉政建设工作的合力。三要切实抓好监督检查工作。协助党委对所属职能部门和下级单位的党风廉政建设情况进行监督检查，重点抓好责任制的延伸，确保党风廉政建设各项任务落实到基层。

(三)坚持与时俱进，建设高素质纪检监察干部队伍。

党风廉政建设和反腐败斗争的新形势、新任务对纪检监察干部队伍建设提出了更高的要求。要按照江泽民同志提出的“政治坚强、公正清廉、纪律严明、业务精通、作风优良”的要求，进一步加强思想政治建设，纪检监察干部要用马列主义、毛泽东思想、邓小平理论武装头脑，不断增强贯彻党的基本路线的自觉性，增强反腐倡廉的政治意识和责任意识。要强化业务知识培训，不断改善知识结构，提高工作水平。要突出抓好作风建设，深入实际，调查研究，广泛接触社会，增强工作的主动性。努力建设一支高素质的纪检监察干部队伍。

同志们，完成 2003 年党风廉政建设和反腐败各项任务，对维护我区经济建设和各项事业持续稳定健康发展十分重要，我们一定要增强忧患意识，清醒的认识到腐败现象的极端危害性和反腐败斗争的长期性、艰巨性、复杂性，进一步增强政治责任感和工作紧迫感。我们一定要按照市委的要求、市纪委的部署，振奋精神，扎实工作，与时俱进，开拓创新，努力取得反腐倡廉的新成效，开创工作的新局面。

专　　文

用“统筹”的发展观 规划未来区域经济发展

——对优化宣武区产业结构的调研

中共宣武区委书记　唐大生

十六届三中全会通过的《中共中央关于完善社会主义市场经济体制若干问题的决定》(简称《决定》),是1992年社会主义市场经济确立经济体制改革目标10年后,作出的关于社会主义市场经济体制的新决定,是从“建立”到“完善”、迈出的历史性的一大步。《决定》充满了协调与统筹的思路,充满着辨证法。《决定》提出的五个统筹是全面建设小康社会强有力的体制保障,是一种新的辨证统一的发展观。宣武区作为首都中心城区,如何按照“统筹”的观点规划未来的发展,是我们必须认真研究的一项重大课题。

一、统筹区域经济发展,必须坚持“结构优化升级”战略

坚持“结构优化升级”战略,走出一条以知识经济为方向,以现代服务业为核心,以第三产业为主导,优化和提升经济结构的宣武发展经济的新路子,即体现了统筹的观点,也是宣武经济实现可持续发展的有效途径。

(一)发展目标与支撑条件。

十六大报告提出全面建设小康的战略目标,是2020年GDP比2000年翻两番。北京率先基本实现现代化,意味着2010年左右,按2000年2460亿元不变价计算的GDP总量将跨上一个新台阶,即超过5000亿元,2020年将突破1万亿元。对宣武区来说,翻两番目标的主要要求是:第一,从经济总量看,2003年GDP为201.5亿元,2010年左右即超过300亿元,2020年突破600亿元;第二,从发展水平看,人均GDP将在2008年达到7000美元以上,到2020年超过1.6万美元,相当于发达国家的水平,不仅全面建成小康社会,而且将进入富裕阶段。第三,从经济增长看,翻两翻意味着今后宣武区经济的年增长率至少在7.2%以上。

从我区发展的支撑条件看,有三大因素将支撑宣武区未来的经济增长。一是城市功能的完善,将为未来经济增长提供空间。以大栅栏和琉璃厂、国际传媒大道、马连道采购中心区为代表的城市功能区建设,将极大地增强城市服务功能,特别是拓展后的面向国际国内的服务功能,将促进我区的优势资源转化为现实的生产力;二是随着企业结构优化升级任务的完成、区域环境的改善,驻区企业将为区域经济增长提供新的动力;三是宣武区仍处在大规模建设期,随着危旧房改造的实施,古都风貌保护的推进,一批重点工程的建设,城市功能日趋完善,城市水平不断提高,都将促进投资保持快速增长。

(二)功能区建设与产业结构调整。

宣武区的经济功能定位要结合北京城市功能的整合来确定。我区是中心城区,土地价值高,区位优势明显,应重点发展附加值较高的各类知识密集型服务业和金融保险、商品流通、文化旅游等产业。未来五到十年,要重点抓好大栅栏琉璃厂文化旅游街区、国际传媒大道和马连道采购中心区的开发建设,最大限度地挖掘、整合我区的潜在资源,促进经济后发优势的形成。打造大栅栏琉璃厂、国际传媒大道和马连道采购中心等一批具有鲜明地域特色的块状经济和条状产业集群,使之成为未来支撑区域经济快速崛起的增长高地,应是我区经济实现可持续发展的最佳选择。

1、将大栅栏打造成京师商业文化的活化石。对该地区的开发可分几个功能区分步实施,核心部分是十七公顷的国粹商业区,再辅之以四合院保护区、市井民俗区和旅游休憩区,依托或倚重天安门地区、前门地区的旅游聚集效应,使之成为"文商旅"结合、有别于其它高品位的北京古都文化商业旅游区和休憩区。

2、将琉璃厂建设成为集传统商业、手工业、旅游娱乐于一体的多功能文化产业新区。历史上,琉璃厂以汇集京城图书、古玩字画及传统工艺品而闻名。借助和挖掘这一无形资产,在此地建设北京面积最大、品位最高的古玩和艺术品集散地,使之成为中国传统手工艺品生产基地和工艺品交割市场,让其作为北京重要的古都风貌景观区,与大栅栏商业街区互动发展。

3、规划建设国际传媒大道。在距离天安门以西两公里的宣武门到南二环路共计 3.2 公里的地段内规划建设国际传媒大道。传媒业具有附加值高、科技含量大、产业关联度强、占用资源少的特点,符合当前经济发展的潮流,也符合北京市经济结构调整的方向。在大北京的产业链条中,传媒业作为上下游产品丰富的一个节点,会与北京其它产业关联互动,形成产业发展的良性循环。建设传媒大道,发展传媒产业将使宣武区在大北京功能分工的位势得到提高,是我区打造区域经济的亮点。

4、建设马连道采购中心区。马连道地区东有广安门货运火车站,北有西客站,历史上就是仓储用地和物流集散地,是物资采购的理想用地。把这里建设成为北京著名的物流枢纽地区之一,具有得天独厚的优势。我区可通过合理配置现有的物流设施和资源,广泛吸引社会投资,积极争取国内著名流通企业在该地区建立采购和分销中心,将采购业务并入本市乃至全国的物资采购系统,同时发展批发代理业务,培育一批专业化的总经销商和总代理商,引进国际专门为企事业单位和中小商户服务的现付自运制批发业态,提高生产资料批发的市场组织、经营和管理水平。到 2008 年,建成结构合理、设施配套、技术先进、运转高效的物流体系,使马连道承担起北京主要物流枢纽的功能。

(三)重点产业的培育与产业结构升级。

1、大型企业的总部型经济。由于大北京经济发展格局已经初步形成,工业企业在发展过程中成长壮大,出于资源组合和效益最大化考虑,其产业链条必然会相应分离,即生产环节外移。而处于产业链高端的工业企业总部则会在优势区域聚集,进而产生积极的经济拉动效应。总部集中的区域,能够大量吸引人才、资本、信息等创新要素,有利于提升区域的产业水平,扩大经济总量。因此,发展总部经济应是我区经济业态的首选。

我区广安门办公商务区的建设,为总部经济的发展提供了良好的载体和平台,为我区经济带来了显著的效应。

一是税收贡献效应。总部作为独立的经济实体,如果是总公司——分公司的组织形式,整个企业的增值税、所得税、营业税、以及城建税、教育附加等都要在企业注册地、即总部所在地上缴,从而为我区财政做出贡献。

二是产业乘数效应。总部所在的区域,知识型服务业比较发达,形成为总部服务的知识型服务业产业链条。如,一个大规模的公司总部的迁入,会带动几个、甚至十几个金融、法律等知识型服务公司随之迁入。总部经济的这种"乘数效应",可以扩大一个区域的经济总量,提升第三产业结构水平,提高我区经济竞争力。2002 年,我区工业增加值总计为 37.23 亿元,其中大部来自总部经济的结算型集团公司。

2、文化旅游产业。宣武区作为北京的中心城区,其丰富的文物古迹和原本完整的历史文化风貌区,是构成宣武区城市性质的重要要素之一,也是宣武区城市性质的一个主要特点。保护、继承、发展、利用好传统文化,实现传统文化与现代文化的结合、文化产业与现代经济的结合,是宣武区作为首都中心城区必须体现的要义,也是宣武建首善文明之区,实现现代化目标的内在要求。文化旅游业是一项综合性极强的经济事业,与国民经济众多门类有着紧密依存关系,如得到健康发展,会产生很强的经济带动力。

经过培育与发展的宣武区文化旅游产业,将是未来五到十年宣武经济新的增长点和社会发展的重要支柱。宣武文化旅游业以宣南传统文化特色著称,应注意与东城、西城、崇文三区做出区别,不能仅仅浮泛地推出"宣南文化"的概念,还要突出它的个性,找到它切实可行的卖点。如通过本区旅游资源的优化组合,挖掘调整、引入推出、扩展开发,力争用两到三年的时间,使宣武区的文化旅游具有一定的产业规模。所谓引入,即将宣武区现有旅游资源串联组合,编织成若干"宣南旅游文化拼盘",通过对外宣传输出,积极主动地将有效消费客流引入宣武;所谓推出,即由区旅游局统筹协调,组织本区各阶层群众开展"知宣南,爱宣武"休闲娱乐类旅游活动;所谓扩展,即从“大旅游、大产业”的视角考虑,除在城市规划方面考虑大栅栏、琉璃厂、法源寺等风貌保护区的旅游功能外,还要广泛征集、精心策划大栅栏、琉璃厂、法源寺等旅游街区建成后的旅游项目和旅游品牌,组织生产具有宣南文化特色的旅游商品,把文化经济的特点充分挖掘出来。

3、以知识密集型产业为特征的现代服务业。现代服务业中,现代商务服务业和现代物流业正在成为我区新的经济增长点。其中,高度知识密集型产业,如传媒产业、金融服务业、咨询业、商务中介行业应成为我区重点扶植的新兴产业。如规划建设中的国际传媒大道,将是我区传媒产业未来发展的重要经济功能区。

国际传媒大道总开发用地220公顷,规划宽度70米,两侧纵深开发500米到1000米,总建筑规模560万平方米。传媒大道集商务办公、企业经营、休闲居住、配套服务于一体,其产业构成以国际传媒产业、现代商业服务业、金融服务业为主。主要功能为服务中外各类传媒组织,推动现代传媒产业开发经营,集散现代化传媒产业发展信息。建成后的国际传媒体大道,将成为传媒产业基地和开展各项经营活动的产业中心,形成传媒经济聚集区。

目前传媒大道的开发建设正在有序进行。枫桦豪景已建成入驻,北京移动通讯枢纽楼即将竣工,庄胜广场、丽晶酒店初具雏形,中国国际新闻中心已开始建设,经济日报社扩建在即,国家新闻出版城已选址落户传媒大道。正在建设中的国际传媒体大道已引起了国际、国内传媒企业的广泛关注,成为北京投资经营的新热点,也是未来我区经济持续增长的制高点。

4、商贸流通业。我区商贸流通业的发展,关系到更好地发挥区域城市功能和区域经济的健康发展,关系到人民生活水平的提高和社会的稳定及市场的繁荣,应作为地区主导产业予以扶持发展。要按照首都城市性质和中心城区商业功能的基本要求,通过调整、提高,大力推进流通产业的现代化、信息化建设,加快培育和发展一批大型商贸集团(公司),支持区内一批老字号企业弘扬传统、创新发展,扶持和开发社区便民商业,促进马连道、大栅栏、琉璃厂等特色商业街区的建设,扩大面向本市客流的零售商业和物流配送,拓展面向华北地区和其它国内市场的批发物流业。使宣武商业体现首都特色,具有宣武特点,逐步实现我区商业的现代化和文明程度较高的多元化、多样化目标。

5、房地产开发和建筑业。房地产开发和建筑业为宣武区经济和社会发展,以及人民物质文化生活水平的提高做出了重大贡献。按照北京对全市危旧房改造任务的要求,我区要在未来5年内完成约5万户的危改任务,同时对原有的城市基础设施进行改造、扩建和完善。随着城市功能的提升,基础设施新建的工作量仍然很大。按照目前的规模,今后五年,地方固定资产投资年平均递增10%,五年累计可达到450亿元。如果这种投资能力能够实现,开发建筑业对区域经济的贡献仍不可小觑。要充分利用我区危旧房改造、市政基础设施建设、功能区建设的契机,积极引进有实力的开发商和建筑企业,鼓励他们在宣武区投资注册,在完成区域建设任务的同时,面向本市和外埠开拓新的市场,扩大经济总量。

二、统筹区域经济发展,必须注重培育良好的经济发展环境

发展环境包括安全稳定的社会环境、清洁优美的城市环境、高效便捷的服务环境、和谐包容的人文环境,以及开放活跃的舆论环境等,但更重要的是体制环境、信用环境、人居环境。这些都与政府部门的工作有直接的关系。要真正抓住发展机遇,实现经济潜能释放,必须进一步解放思想,增强机遇意识和紧迫感,形成加快发展的思想氛围和体制条件,努力创造一个富有活力和效率的经济发展环境。

(一)建立科学透明的政策引导机制,优化政策环境。

在加强对经济布局、产业结构调研的基础上,要结合3个重点经济功能区和2条特色街道的规划,有重点、有步骤地引导推进宣武区产业结构的调整,促进产业结构、产业组织、产业技术和产业布局的合理化,塑造适合优势产业发展的产业聚集环境,努力打造“成长之区”、“活力之区”的区域形象,为企业和经济主体提供比其他区更多的发展机会。

降低企业投资创业的门槛,提供用地优惠。实施国有土地储备,统一组织土地一级开发,采取公开投标方式,控制和降低开发成本和地价。实行土地出让方式多样化,凡符合我区主导产业条件的项目用地,可采取土地出让、租赁、划拨、作价等多种形式,获得土地使用权。在危旧房改造中控制回迁率,控制住宅比例,通过功能区建设,扩大经济用地,形成经济带,提高中心城区的土地资源使用效益,解决好发展性规划让位于建设性规划的问题。

(二)建立优质高效的工作服务机制,优化服务环境。

继续深化行政审批制度改革,努力提高工作效率。要制定合理化的工作流程,简化有关手续,讲求实效,对企业提供更加快捷、便利的服务。尝试“一站式”办公向“一网式”服务转变,全面推行服务“代理”制。认真清理经济类审批项目,凡是企业可以自主决定的、社会中介机构可以提供服务的、通过市场能够解决的行政审批事项一律取消。严格执行《行政许可法》,促进行政行为的法制化、规范化。

加强政府与企业的沟通联系,建立真实、即时的反馈机制。在坚持区级领导联系重点企业制度的同时,定期或不定期地召开企业座谈会,区领导和企业家对话沟通,征询意见,了解需求;通过政府网站和政府简报等多种形式,及时向企业传送政府的政策信息和行业信息,介绍我区的投资机会和商情,并及时回收企业的反馈信息。

通过"人民建议征集人"和举行"营造经济发展环境论坛"的途径,邀请社会各界为营造良好的企业发展环境出谋划策。加强对经济环境的调研,深入研究企业和企业家需要什么样的发展环境,最需要政府解决哪些难题,找出我区和兄弟城区在营造环境方面的差距和问题,研究制定改进措施,使经济环境不断得到优化和完善。

(三)建立行之有效的监督机制,优化行政环境。

加强对经济管理、执法部门工作的监督力度。坚决制止乱检查、乱收费、乱罚款、乱摊派、乱培训的行为。建立企业和市民对政府部门的评议制度,由专门部门负责,确定参加评议的部门、评议内容和调查范围,将评议结果作为考核政府各部门工作成绩的重要依据。邀请人大代表、政协委员、民主党派、企业家作为环境监察员,加强对政府部门的社会监督。

三、统筹区域经济发展,必须与人和各项社会事业的发展和谐统一

经济的发展倚重于城市的综合功能。现代化是一项综合指标,区域经济的发展要兼顾城市的整体功能,经济现代化、城市现代化、社会现代化要并步齐行。这是城市综合竞争力的直接反映,也是区域投资环境的重要内容。因此,在推进区域经济发展的过程中,要体现人的全面发展和推进区域各项事业的发展,以此为经济发展提供有力的支撑。

(一)发挥城市规划的先导作用,合理调整区域用地结构和功能布局。

根据我区土地现状和未来发展的需要,适当调整土地功用。要从宣武区区情出发,按照"着眼长远、统筹兼顾、合理布局、节约用地、改善环境、突出特色、功能协调、保护历史文化"的原则,科学确定区域城市性质和功能定位。按照"统一规划、分布实施、开发一片、配套一片、不求最快、但求最优、力求最美、突出特色"的原则,规划和建设城市,强化城市国有土地管理,运用市场经济法则经营城市。通过功能区建设,扩大经济用地,合理安排市政道路和绿化用地,开发教育、科技、文化、体育用地,满足城市的使用功能,适应人的全面发展的需要,提高首都中心城区土地资源的使用效益。

(二)引导人口合理流动,适应区域资源的承载能力。

坚持以人为本和可持续发展,正确处理人口资源环境与经济社会可持续发展的关系,促进人和城市、人和自然的协调与和谐,努力探索一条经济繁荣、生活富庶、环境优美的城市文明发展之路。加强区域人口管理,控制人口的机械增长与自然增长,逐步降低城区居住人口;促进人口合理流动,通过引导,把部分居住功能有效疏解到有承接力的城市外围,以较好地改善群众居住条件,提升与完善城区的核心功能,使区域经济有可持续发展的空间。同时以人的全面发展为中心,创造更多的就业和创业发展机会,激发和调动社会各方面的积极性和创造力,实现社会的和谐发展和全面进步。

(三)为产业集群创造有利条件,加快功能区从形态开发到功能开发的转换。

国际传媒大道、马连道采购中心、大栅栏琉璃厂文化商业旅游区,是我区主导产业和潜导产业发展的重要载体,必须加大开发建设的速度,尽早实现其经济和社会功能。国际传媒大道要突出21世纪现代传媒业时尚、领先的高品质主题,风格上与国际传媒业接轨。马连道采购中心要突出特色,培育品牌,建设精品街区,大栅栏琉璃厂要依托人文资源,恢复传统风貌,突出特色经营,营造休闲气氛,发展文化旅游。努力打造"宣武成长"之区的形象,鼓励符合宣武区产业发展导向的企业投资入驻。

(四)发挥政府的投资主导作用,加大招商引资力度。

发挥外来投入在项目建设中的主渠道作用,努力形成多元化投资渠道。要调动一切积极因素,不断延伸招商的耳目和触角,编织全社会招商引资、举荐项目的网络。要结合企业的改组改造,找准吸引投资者的卖点,加大已确定项目的包装和推介力度,提高项目合作的成功率。在土地供应方面,要借鉴先进地区的做法,积极探索土地流转的新途径,支持有条件的地方探索实行土地置换的办法,加快土地向项目集中,大力度吸引投资。发挥企业在招商引资中的主体作用,降低招商引资的综合成本。

(五)构建完备的城市基础设施和公共服务设施体系。

要加快宣武区现代化中心城区基本框架的形成。城市现代化,主要通过规划、建设、管理和经营四个支柱的构建来完成。在城市工作中,规划是先导,建设是重点,管理是关键,经营是创新。要以推进城市现代化为中心,搞好城市服务功能完善和空间布局优化,构建比较完备的城市基础设施和公共服务设施体系,使宣武区的城市承载能力和可持续发展的能力大大提高,从而为区域经济的发展创造良好的外部环境,使宣武区经济与社会均衡发展,协调一致。

关于促进宣武区产业调整和发展的调研报告

为进一步促进我区产业结构优化调整,实现经济跨越式发展,在区长武高山主持下,区研究室、统计局、计划委组成联合调研组,从我区产业实际和比较优势出发,通过综合分析和前瞻性研究,提出一些思路与对策的建议。

一、宣武区产业发展概况及分析

"十五"计划实施以来,我区经济在二、三产业的推动下,发展较快。国内生产总值(GDP)年均增长8.6%,2002年达到184.9亿元;财政收入年均增长16%,2002年达到13.54亿元;人均GDP超过3000美元。

从产业结构看,以第三产业为主,第三产业的增速快于第二产业。2002年,我区第二产业的增加值为66.2亿元,占全区GDP的35.8%;第三产业增加值为118.6亿元,占GDP的64.2%。如不含在区外实现的工业增加值,二、三产业的比例为20:80。近三年,第二产业年均增长7.9%;第三产业年均增长8.8%。2002年,第三产业比上年增长9.8%。

从所有制结构看,以国有经济为主,非公经济增长较快。据社会基本单位普查,2001年全区实收资本合计为1267.9亿元,其中国有经济实收资本共989.5亿元,占78%;从业人员共9万人,占总数的39%。私营经济、股份制经济等非公经济2001年实收资本共269.2亿元,比1996年增长1.7倍;从业人员共11.4万人,比1996年增长3.1倍。2002年,非公经济增加值在全区GDP的比重提高到32%,对区经济增长的贡献率达50%,成为区域经济的重要组成部分。(附下表)

类　型	单位数(个)			从业人员(人)			实收资本(万元)		
	2001年	1996年	±%	2001年	1996年	±%	2001年	1996年	±%
合计	4717	3441	37.08	230093	222908	3.22	12679491	2706528	368.48
国有经济	939	1020	−7.94	90022	136377	−33.99	9894650	1606345	515.97
集体经济	784	1699	−53.86	26437	59022	−55.21	92114	0111936	−17.71
私营经济	1627	405	301.73	20567	4399	367.54	231508	13634	1598.02
联营经济	31	24	29.17	2973	1501	98.07	41192	11140	269.77
股份制经济	551	123	347.97	19417	9584	102.60	177270	738343	−75.99
其他经济	785	170	361.76	70677	12025	487.75	2242758	225130	896.21

从企业规模结构看,以中小企业为主,重点企业的增加值和税收占一半左右。2001年,我区营业额300万元以下的中小企业共有3726户,占当年企业总数的79%。2002年,纳入统计的36户重点企业的增加值为88.3亿元,占全区GDP的47.8%;50户重点企业的税收收入为44.6亿元,占全区税收总额的60.2%。(附下表)

行 业	税收收入(万元)					增加值(万元)				
	单位数(个)		2002 年	2001 年	±%	单位数(个)		2002 年	2001 年	±%
	2002 年	2001 年				2002 年	2001 年			
工业	7	7	222602	220947	0.75	7	7	449161	349751	28.42
建筑业	6	6	10194	6251	63.08	4	4	33008	28352	16.42
商业	13	13	34374	36057	-4.67	12	12	143319	116483	23.04
服务业	18	18	145452	110773	31.31	8	8	245948	117399	109.50
房地产开发业	4	4	2725	8637	-68.45	4	4	5709	4675	22.10
行政事业	2	2	30488	25770	18.31	1	1	5566	5075	9.68
合计	50	50	445835	408435	9.16	36	36	882710	621735	41.98
占全区比重(%)			60.23	65.74				47.75	38.20	

二、本市和部分城区产业调整规划及启示

(一)本市"十五"期间和入世过渡阶段产业结构调整的重点。

《北京市国民经济和社会发展"十五"计划纲要》提出,未来5至10年,本市产业结构优化升级的方向是:以大幅度提升产业综合竞争力为目标,突出发挥科技进步和信息化对产业升级的推动作用,加快发展现代服务业,大力发展高新技术产业,积极推进农业现代化,实现第三产业全面升级,形成符合首都要求、市场适应性和竞争力强的产业结构;产业布局是:中心城区为第三产业密集区,城市四环路以内,除保留少数部分清洁高新技术企业、方便人民生活的都市型工业企业和大企业集团的总部及研发、销售中心外,主要发展各类知识密集型服务业和金融保险、商品流通、邮政通信、文化体育等服务业。

《我国加入世界贸易组织过渡期北京行动计划纲要》提出,在入世后3至5年的过渡期内,要根据本市产业基础与经济发展水平,合理运用有效政策手段,促进产业结构优化升级,提升产业素质,增强国际竞争力。其重点是:加大对科技创新的扶持力度;振兴现代制造业;积极发展现代服务业;加快发展都市型农业。

(二)本市东城、西城、崇文及上海黄浦、天津南开五城区产业结构调整的重点。

据调查了解,本市东城、西城、崇文及上海黄浦、天津南开5个直辖市中心城区的政府,对本地区产业结构的优化升级都十分重视,均有明确的目标、任务和措施。其中共同的措施主要有:制定产业规划;加强行业管理;实行优惠政策;增加专项投入;改善服务环境;加快功能区建设等。

西城区提出:要继续繁荣商业,积极促进金融业,巩固提升房地产业,深度开发文化旅游业,重点培育科技信息咨询业,使第三产业增加值占国内生产总值的比重保持在85%左右。采取的措施除全面建设西单现代商业中心区、北京金融街地区、西外旅游商务区、德胜科技园、阜景文化旅游街、什刹海文化旅游风景区外,还专门设立了"旅游开发资金"和"科技型中小企业创业资金",区财政每年向这两个资金各安排2000万元。

黄浦区提出:要做强商业,做大旅游业,做优房地产业,大力发展现代服务业,进一步培育文化娱乐业。为此,黄浦区政府分别制定了五大产业的发展规划;大力开发外滩、南京路等重点区域;明确具体部门负责相关产业的管理与服务,新组建了区现代服务业管理处;对进驻区境的科技企业给予政策优惠等。(附下表)

十五"期间或到2010年五城区确定的重点发展产业

城 区	重 点 发 展 的 产 业
东城区	现代服务业、高科技产业
西城区	商业、金融业、房地产业、文化旅游业、科技信息咨询业
崇文区	医药产业、房地产业、文化旅游业、体育产业
黄浦区	商业、文化娱乐业、旅游业、房地产业、现代服务业
南开区	商贸业、新技术产业、文化旅游业

(三)对我区的几点启示。

北京市和五城区在经济建设中把产业结构调整摆上重要位置的思路与作法，对我区有着启发和借鉴意义。一是只有靠积极的优化结构和技术进步，才能不断提升产业素质和竞争力，在保持经济较快增长的同时提高质量和效益，实现粗放型增长向集约型增长的转变。二是作为首都和其它直辖市的中心城区，其功能定位和产业结构既有共性的，也有个性的，应从本市要求和本区实际出发，尽可能突出个性、体现共性。三是作为地方政府，在促进产业结构调整和发展的过程中，除了优化环境、搞好服务外，还应给予必要的政策支持和资金投入，发挥政府引导和市场主体的共同作用。

三、我区产业结构优化升级的重点及依据

(一)优化升级的重点——五大产业

1、继续发展都市型工业。经过"八五"、"九五"两个五年计划的努力，我区污染扰民工业企业的"迁、停、并、转"已基本完成。目前居主导地位的电力业、印刷业、食品制造业，2002年增加值为47.23亿元，占全区工业增加值总数的81.7%，其中以中央、市属企业和纳税大户为主；电力和食品生产企业主要为结算型的集团公司。这样的行业和企业与都市型经济相适应，仍有较大的发展空间，应当继续支持。除了支持现有的重点企业外，还应积极引进新的工业总部，同时也需关心和支持那些规模虽小但属于劳动密集型的行业与企业。

2、扩大提升商贸流通业。2002年，我区商贸流通业(即商业)增加值为28.87亿元，占全区GDP的15.6%；销售收入总额为305.7亿元，其中批发贸易业的销售收入247.8亿元，零售贸易业的销售收入53.2亿元，餐饮业的销售收入4.7亿元，分别占商业销售收入总额的81.1%、17.4%、1.5%。我区商业有悠久的历史，近年来规模和业态发展较快，但有影响的企业和兴旺的街区不多，流通信息化水平和服务水平不高，占全区经济总量的比重下降。今后调整和发展的重点应是：大力推进流通产业的现代化、信息化建设；加快培育和发展一批大型商贸集团；支持老字号企业弘扬传统、创新发展；促进马连道、大栅栏等特色商业街区的建设；进一步扩大面向本市客流的零售贸易业和餐饮业，同时下力量拓展面向华北地区和其它国内市场的批发物流业。

3、大力发展现代服务业。2002年，我区现代服务业的增加值为33.33亿元，占全区GDP的18%。其中金融保险业增加值为22.76亿元，邮电通信业增加值为5.03亿元，科学研究和综合技术服务业增加值为3.72亿元，信息咨询服务业和计算机应用服务业增加值为1.82亿元，分别占现代服务业增加值总数的68.3%、15.1%、11.2%、5.4%。现代服务业是知识密集型产业，市场覆盖面广，非常适合在首都中心城区发展，并能成为我区新的经济增长点。今后的重点应是：依托辖区金融机构、科研单位和通信、科技、中介等服务企业，推进国际传媒大道、广安门、先农坛等功能区的建设，吸引首都和海外高层次人才，大力发展金融保险、邮电通信、科技信息咨询等现代服务业。

4、做大做强房地产建筑业。2002年，我区房地产建筑业的增加值为11.45亿元，占全区GDP的6.2%。其中房地产开发业增加值为3.02亿元，建筑业增加值为8.43亿元，分别占房地产建筑业增加值总数的26.4%、73.6%。房地产建筑业是我区财政税收的重要支柱，2002年营业税收缴5.62亿元，比2001年增长22.4%，占全区营业税总额的44.7%。今后的重点应是：充分利用未来几年我区危旧房改造、市政基础设施和功能区建设的机遇，积极引进有实力的开发商和建筑企业，鼓励他们在宣武投资建设并扎下根来；同时支持区内注册的开发、建筑企业，面向本市和外地开拓新的市场，不断扩大规模，提高效益。

5、积极培育文化旅游业。2002年，我区文化旅游业的增加值为5.82亿元，比2001年增长25.1%，占全区GDP的3.1%；文化旅游业的销售收入总额为20.67亿元，比2001年增长19%。其中广告、文化艺术和娱乐服务等文化产业的销售收入为10.47亿元，园林绿化、旅馆等旅游业的销售收入为10.2亿元，分别占文化旅游业销售收入总额的50.7%、49.3%。目前文化旅游业的规模虽然较小，但增长速度较快，发展潜力较大。今后的重点应是：进一步开发利用积淀深厚、特色鲜明的宣南文化资源，坚持文商旅相结合、相促进，通过琉璃厂、大栅栏地区的保护改造及国际传媒大道的建设，大力培育和发展传统文化旅游业与现代文化产业。(附下表)

2001、2002 年度宣武区五大产业发展情况

行业		增加值(万元)			从业人员(人)		
		2002 年	2001 年	±%	2002 年	2001 年	±%
总计		1372754	1125948	21.9	201452	154807	30.1
工业	合计	578017	473788	22.0	39494	41617	—5.1
	电力生产供应业	383635	286819	33.8	10675	8526	25.2
	制造业	194382	186969	4.0	28819	33091	—12.9
	#印刷业和记录媒介的复制	75377	68723	9.7	5806	5430	6.9
	食品制造业	13269	14103	—5.9	3886	3730	4.2
商业	合计	288732	268295	7.6	34165	29605	15.4
	批发零售贸易业	265820	251137	5.8	29265	25376	15.3
	餐饮业	22912	17158	33.5	4900	4229	15.9
开发建筑业	合计	114474	94104	21.6	93516	47684	96.1
	建筑业	84311	73476	14.7	90565	45565	98.8
	房地产开发业	30163	20628	46.2	2951	2119	39.3
现代服务业	合计	333344	243252	37.0	23484	25055	—6.3
	信息咨询服务业	18029	15069	19.6	4670	3821	22.2
	计算机应用服务业	228	626	—63.6	961	527	82.4
	金融保险业	227568	150094	51.6	3966		
	邮电通信业	50294	41884	20.1			
	科学研究和综合技术服务业	37225	35579	4.6	13887	20707	—32.9
文化旅游业	合计	58187	46509	25.1	10793	10846	—0.5
	文化艺术业	32799	30319	8.2	5220	4827	8.1
	广播电影电视业	10	0		371	546	—32.1
	娱乐服务业	—1482	—840	76.4	527	539	—2.2
	广告业	4734	3773	25.5	734	549	33.7
	园林绿化业	43	0		1039	1053	—1.3
	旅馆业	21672	13154	64.8	9502	9636	—1.4
	旅游业	411	103	299.0	252	157	60.5

(二)优化升级四个方面的依据

一是有产业基础。我区五大产业的现有基础和发展态势较好。据统计,2002 年其增加值合计为 137.3 亿元,占全区 GDP 的 74.3%,比上年增长 5.2 个百分点,对于我区 GDP 增长的贡献率达到 113%;从业人员(除邮电通信业外)共有 19.7 万人,占全区从业人员总数的 70.5%,比上年增长 27.6%,对于我区扩大就业具有举足轻重的作用。

二是有资源优势。我区除了拥有四个中心城区共同的地处市中心、交通便捷、信息集中、三产发达等区位优势外,还具有作为北京建城、建都肇始之地的历史文化优势,独特而深厚的宣南文化有待深入研究、妥善保护和发掘利用,这些都为五大产业的发展提供了必要的条件。

三是符合首都经济发展要求。我区重点发展的五大产业均属于无污染、知识型、成长快、辐射半径大、附加值高的产业,符合北京市"十五"计划纲要和《我国加入世界贸易组织过渡期北京行动计划纲要》关于城区产业结构与布局调整的要求,并得到市委、市政府领导和有关职能部门的肯定与支持。

四是符合市场经济发展趋势。随着我国全面建设小康社会和北京率先基本实现现代化的进程,以及我国对外开放的扩大和经济全球化的加快,国内消费结构升级和国际产业结构调整,都将促进我区五大产业特别是现代服务业和文化产业的发展。建筑业、旅游业的产业关联度较高,通过它们的发展,能够带动我区零售贸易、餐饮、交通运输等相关产业的发展。

四、进一步促进我区产业调整和发展的思路与对策

"十五"计划实施以来,区委、区政府在实施产业结构优化升级战略的过程中,采取了不少措施,取得了明显效果。其中包括:制定了《宣武区进一步优化投资环境,培育主导产业,促进区域经济发展的试行办法》、《宣武区城市建设奥运带动计划》;完成了《宣武区文化旅游资源开发利用总体策划》、《大栅栏国粹商业区发展战略与实施策略》研究;推进了功能区建设和区属企业改制重组;支持了重点企业的发展等。然而,由于受区县竞争加剧、有关政策变化等外部条件影响,以及我区原有基础较差、一些工作力度不够等内部因素制约,全区产业调整和发展的步伐还不够快,知识密集型产业和文化旅游业的规模较小;非公经济所占比重较低;新的经济增长点特别是新增税源大户较少。

为了切实抓住中国入世与北京筹办奥运会的难得机遇,主动迎接来自各方面的严峻挑战,进一步促进我区产业优化升级和持续增长,有必要在现有工作基础上采取一些新的思路与对策。

(一)建立重点产业统计分析制度,为相关决策与实施提供依据。

国家统计局新修订的国家标准《国民经济行业分类》已于2002年10月开始实施。该标准既与我国现阶段经济活动状况相适应,又与国际通行的分类相衔接,能够反映随着对外开放的扩大和产业结构的调整而出现的许多新兴行业。我区应以此为契机,按照该标准对重点发展的五大产业进行专项统计,其指标体系可包括:增加值、企业数、实收资本、从业人员、销售收入、利润总额、税金总额等。这样能够比较全面客观地反映五大产业的内部结构和发展状况,为区委、区政府和有关部门抓产业调整与发展工作提供必要信息和决策依据。

(二)加强重点行业管理和服务,发挥龙头企业的带动作用。

区政府行业管理部门和综合经济部门在职能转变、工作创新的过程中,应当将重心更多地转向整个行业而不是单个企业。对于重点发展的五大产业,一是应组织力量研究制定未来五年(2004～2008年)的产业规划,以便与我区城市建设奥运带动计划相衔接,实现区域经济跨越式发展的奋斗目标;二是应按照政府引导、企业自愿的原则,建立健全行业协会组织,将政府的行业管理及服务与行业内部的自我服务及自律结合起来,引导行业健康发展;三是应继续支持并积极引进有实力、有影响的大中型企业和企业集团,充分发挥它们对本行业发展的龙头带动作用。

(三)加快功能街区的规划建设,创造良好的产业发展环境。

我区功能街区的规划建设应成为实现产业结构优化升级和经济可持续发展的重要载体和保证,在聚集同类企业、形成产业链条、扩大市场辐射、增强服务功能等方面发挥应有作用。为此,不仅要处理好危旧房改造与古都风貌保护的关系,还应处理好城市建设与经济发展、资源配置与环境保护、速度与效益、眼前与长远、产业与产业、产业与企业之间的关系,以便搞好功能街区的规划建设,塑造功能街区的整体形象,提升功能街区的产业集聚度,使该街区产业存量和增量结构均得到优化升级,成为众多投资者创业和发展的理想之地。

(四)增加必要的财政投入,支持重点产业和中小企业发展。

一个地区产业与企业的发展,主要靠市场的力量,这是毫无疑问的。然而无论从发达国家或兄弟城区的有关经验看,还是从我区经济建设的实际需要出发,政府建立专项资金给予必要的扶持和引导也是不可缺少的。为了促进我区知识型服务业的发展、文化旅游业的培育以及中小企业的成长,区政府应该在每年的财政预算中,增加科技专项资金的投入,对科技人员创业和科技企业发展加大支持力度;建立文化旅游业专项资金,对我区文化旅游资源加大开发和宣传力度;建立和增加中小企业专项资金,对有品牌、有潜力、有市场、就业容量大的中小企业加大扶持力度。

(五)提高改革开放工作水平,吸引国内外的资金、技术与人才。

以党的十六大召开和中国加入WTO为标志,我

国改革开放进入了一个新的阶段。这就要求我们必须进一步解放思想，开拓创新，提高深化改革、扩大开放的工作水平，更加广泛地吸引社会资金、技术与人才，促使我区的产业结构得到优化升级。一方面，应以全方位的开放促改革、促调整。在推进区属国有企业改制重组，完善国有资产管理经营体制，大力发展服务贸易的过程中，应当面向国内、国外两个市场，主动与业内知名企业、特别是外资企业和民营企业"联姻"，积极吸收社会法人股，高起点地成立股份有限公司或有限责任公司，使区属企业经营机制的转换与区域产业结构的调整有机结合，相互促进。另一方面，应以高水平的服务引人才、引技术、引企业。近期在推进政府转变职能和作风，实施管理工作创新的过程中，应当把重点放在考核评价体系和激励约束机制的改革完善上，促进政府职能部门和公务员队伍尽快由管理型转向服务型，不断提高服务意识、服务技能、服务效率和服务质量，通过诚心诚意和高水平的服务，帮助企业引进所需人才、资金和技术，吸引留学人员到宣武区创业，吸引更多企业到宣武区落户，大力支持各种所有制经济共同发展特别是非公经济快速发展。

课题主持人：宣武区区长 武高山

参加部门：区研究室 区统计局 区计划委

关于宣武区引进和使用科技人才的调研报告

2003 年，中央批准印发了《2002～2005 年全国人才队伍建设规划纲要》。这是党中央全面分析了我国面临的新的国际国内形势，根据江泽民同志关于人才资源是第一资源的科学论断做出的重大决策。我区正在全面总结本届政府工作，提出下一步发展构想。当此之际，有必要对我区近年来科技人才的引进和使用情况进行调研，总结经验，发现问题，从我区下一步经济建设和社会进步的总体需求出发，及时调整、修订科技人才引进和使用的重点和政策，为我区各项事业的发展提供坚实的科技人才保障。

一、我区近年来科技人才的引进和使用情况

通过调查获得的资料表明，到 2002 年底，在宣武区从事与科技活动有关的各类科技人才总量为 1.31 万人。从受教育程度上看，全区科技干部队伍大学本科及以上学历的人员约 3100 人，占科技干部队伍总量的 23.6%；大专学历人员约 4000 人，占科技干部队伍总量的 30.6%；中专学历及以下的人员约 6000 人，占科技干部队伍总量的 45.8%；受教育程度的比例是：本科及以上、大专和中专及以下文化程度之比为 1:1.29:1.93(1998 年为 1:1.43:2.75)。(附表 1、图 1)

我区从业人员中科技人员状况

表 1　　单位：人

年　度	2000 年	2001 年	2002 年
从业人员总数	288976 人	270302 人	262027 人
专业技术人员总数	12631 人	13589 人	13151 人

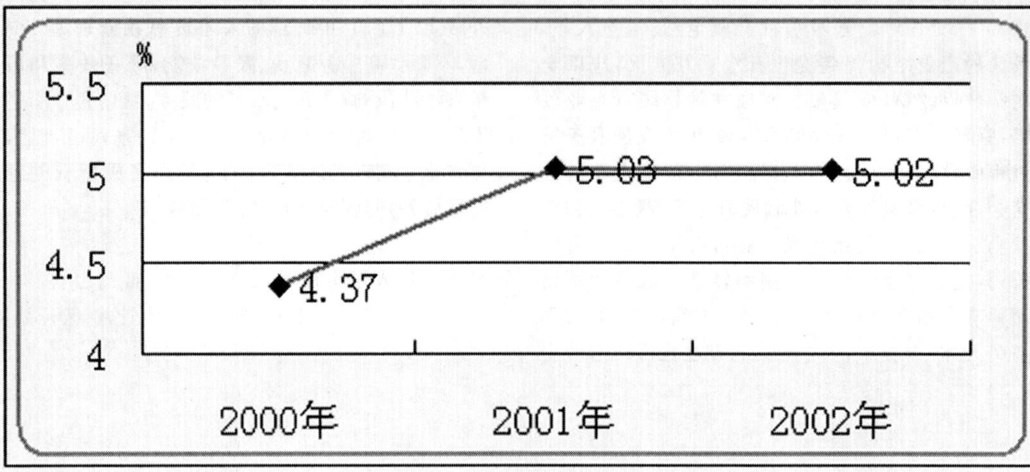

图一1　专业技术人员在从业人员中所占比例

受大学及以上教育程度的人员占全区从业人员的比例，由1998年的19.3%提高到2003年的23.6%；大专学历人员由1998年的27.6%提高到2003年的30.6%；中专及以下文化程度人员由1998年的53.1%下降到2003年的45.8%。(附表2、图2)

宣武区各领域专业技术人员发展与结构状况

表2　　　　单位：人

年度		2000年	2001年	2002年
专业技术人员总数		12631	13589	13151
各领域	教育系列	6386	6209	5981
	工程系列	1121	1363	1691
	经济系列	1132	1302	1071
	会计系列	1354	1403	1238
	卫生系列	2245	2543	2518

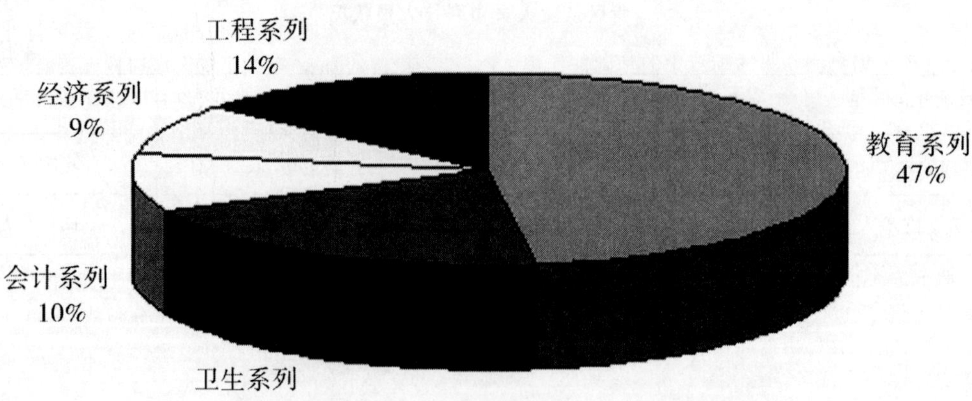

图一2　2003年各领域科技人才的结构

2003 年，全区科技干部队伍的专业系列状况为：教育系列 5981 人，比 1998 年下降 6.3%；经济系列 1071 人，比 1998 年下降 5.4%；会计系列 1238 人，比 1998 年下降 8.6%；卫生系列 2518 人，比 1998 年增长 12.2%；工程系列 1691 人，比 1998 年增长 50.8%。近 3 年来，教育系列、经济系列、会计系列的科技人才呈略微下降走势，卫生系列和工程系列的科技人才呈上升趋势，工程系列领域的人才引进最有力度。

人才队伍的年龄结构有了明显改观。从年龄段的分布情况看，35 岁以下、36 岁至 45 岁、46 岁至 54 岁、55 岁以上四个年龄段的人才资源数分别为 5200 人、5000 人、5100 人和 760 人；45 岁以下的中青年骨干占区人才队伍的 63.5%。

从引进的数量看，自 1998 年以来，宣武区引进了 1966 名大、中专院校毕业生，其中完成博士教育学业的有 2 人，完成硕士教育学业的有 54 人。(附表 3)

2000～2002 年宣武区引进高级科技人才及流向

表 3　　　　单位：人

年 度		2000 年	2001 年	2002 年
2+52		4+79	18+245	
分布	教育	1	3	10
	卫生			1
	区属企业			2
	民营企业	1	1	5

综合以上数字，可以归结出我区近年科技人才引进和使用的几个特点：

(一)人才资源质量提高，专业配置渐趋合理。

2002 年，全区科技人才队伍中，拥有高级职称人员 1169 人、中级职称人员 4338 人、初级职称人员 6848 人，高、中、初级职称的比例是 1:4.3:5.9(1998 年为 1:3.4:5.98)

2002 年，全区科技人才队伍的专业分布状况：教育系列 5981 人，卫生系列 1691 人，会计系列 1238 人，经济系列 1071 人，工程系列 2518 人，首次打破传统的教育领域独霸天下的格局。这与我区实施的区域三大发展战略有极大关系。

(二)各个部门形成合力，多种渠道引进人才。

人才引进方面，区人事局完善了人才市场的服务功能，充分发挥市场机制在人才配置中的基础性作用，面向区域范围，提供人才服务。2002 年，我区引进优秀毕业生 245 人(其中硕士 12 人、双学士 2 人、本科 124 人)，通过公开招考面向社会吸纳人才 121 人，引进高级人才 8 人。区科委和工商宣武分局合作，为科技人员兴办、创办高新技术企业开辟“绿色通道”，使科技人员注册成立企业的时间大大缩短；区教委为引进的科技人员提供子女入学等便利条件，促进了我区人才引进工作；区金正光彩担保公司与商业银行合作，为科技人员来我区创业提供了强有力的资金支持。与此同时，全区上下“不求所有，但求所用”、“借智引智”的意识也在明显增强。如区政府 2002 年成立了专家顾问组；区规划局、区经贸委、大栅栏开发办委托专家学者对大栅栏、琉璃厂、马连道开发建设等问题进行科学论证；公安宣武分局与清华同方科技人才合作，建立了远程图像监控系统；广内街道与首信集团科技人员合作，开发了街道电子政务系统；区星光电子产品中间试验厂与北京理工大学研究人员合作，研制开发了新型模块化发电机性能综合测试系统。

随着我区非公经济的发展，2002 年，我区非公经济组织共吸纳科技人才 842 人，其中研究生 35 人、本科生 267 人、大专生 174 人。从职称角度看，具有高级职称的 15 人、中级职称 124 人、初级职称 86 人。

(三)科技人才为我区经济建设和社会发展做出突出贡献。

科技人才的引进和使用，促进了我区科学技术和社会经济的发展，节约了我区培训教育投资，推动了科技成果在我区的迅速转化，提升了我区整体民众素质，优化了我区发展环境，促进了我区经济建设和社会发展。

如北京第一低压电器有限公司前年引进的科技人才吴卫平，现任公司总工。在他的带领下，公司员工研制开发了 BYM1 塑料外壳式智能断路器。该产品利用动静触头及触杆设计，提高了分断能力，填补了低压电器行业的一项空白。吴卫平还牵头成立了宣武区 CAD/CAM 工作站，利用 CAXA 软件为全区各系统培训了多名计算机辅助设计人员。

北京光明中医研究所去年通过我区人事局引进的

一名高级人才,辅助徐荣祥教授完成了人类组织器官原位再生复制图谱的研究课题,以及干细胞原位培植人体胃肠粘膜实现器官再生修复的研究,并将体内原位培植再生干细胞实现组织生理性修复和器官再生技术应用于临床治疗并取得成功,引起了国内外的广泛关注。

北京佳隆泰科技发展有限公司是我区一家小规模企业,2000年,企业引进一名科技人才,主要研制单阻份光敏液态阻焊剂,企业于2002年实现地税23万元。

二、我区科技人才引进和使用工作存在的问题

从宣武区人才资源的组织结构看人才队伍的发展。2003年,宣武区各系统人员总量约16000人,与"八五"末期的1995年下降了8.3%。其中国家公务员队伍1800人、事业单位10800人、企业单位3400人,各系统人数比1995年分别下降了2.28%、9.58%和2.76%。同期,在我区中央所属的机关、企事业单位中的专业技术人员有12600人,同比下降了4.07%。我区人才资源形成了规模上优化、素质上提升的发展趋势,但是在人才资源的结构上,虽然经济系列和工程系列的人员增加,对经济发展的服务功能提升有积极的作用,但在工程系列的人才资源总量上,不仅规模小,增长也很有限。

(一)人才资源总量不足,行业分布不尽合理。

我区近三年的从业人员总数分别为288976人、270302人、262027人,其中科技人才的总数分别为12631人、13589人、13151人。万名从业人员中,科技人才的数量分别为437人、502人、501人,明显少于全市万名从业人员中科技人员为1086人的平均数。

从科技人才的行业分布来看,教育系列拥有大量的人才资源,但有的专业则人才太少,如高级经济师、高级会计师、高级工程师,这将对我区的经济继续发展造成"人才瓶颈"。现有人才的分布和流向不够合理,主要集中在区属事业单位,而事业单位的改革将会严重影响我区科技人才队伍的总量。

(二)人才质量相对较低,复合人才明显不足。

去年我区共引进245名应届毕业生,其中硕士12人、双学士2人、本科124人,分别占引进人才总数的4.89%、0.8%、50.6%。大专及大专以下的则占到了43.71%。

目前,北京对学士和硕士学位人才需求已成为重点,分别占到需求总量的54.5%和28.8%。需求的岗位相对集中,主要集中在研发岗位,占到总数的57%。但在我区直接从事研发工作的科技人才相对较少,素质偏低,大专及以下学历人数较多;事业单位内科技人才明显富余,而经济、会计等社会服务体系所需人才有较大缺口;创新型、复合型、经营型人才明显不足。

(三)在外部政策难以突破的情况下,内部政策亟待完善。

北京的进京户口目前仍是紧缺资源。我区每年仅有30个进京指标,远远满足不了各部门、各企业对人才的需求。一些企业的高级科研人员,手中仍拿着外来人口管理办公室发放的《工作暂住证》,一些企业因解决不了主要科技人员的户口进京问题而迁往他区,更有大量的优秀科技人才被户口问题阻挡于我区之外。相比之下,中关村园区则拥有着得天独厚的条件,园区企业可直接办理所需人才进京户口问题。迄今为止,中关村科技园区已引进国外留学归国人员4800人,这种不甚公平的政策,直接影响了各区县科技人才的储备,进而严重制约了区县的经济建设和社会发展。

此外,各地为了吸引科技人才,近年纷纷制定出台了一些优惠政策。如深圳市抛出了多项吸引人才的"红绣球":给博士后每年5万元补贴;张网在全国引进院士;从2000年起,给全市所有在站博士后每年5万元补贴。贵州对引进的社会经济发展急需的高层次、高学历科技人才,由省有关部门按相应标准提供一套住房;国家级重点学科带头人、省部级学科带头人由同级政府分别提供10万至30万元、5万至10万元的科研启动经费。上海对外省市来沪创业的科技人才,经推荐批准,可以将本人及配偶、未成年子女的户口迁入本市;为科技人才来沪创办的高新技术企业提供工商登记咨询等一条龙服务,帮助全面落实科技人才创业和高新技术项目孵化所获得的市、区各项财税优惠政策。北京市其它区县为吸引科技人才,也相继制定了一些优惠政策。大兴区为留学人员归国创业提供启动资金;石景山区为科技人才创业减免房租;密云县制定了科技人才创业的财政奖励政策。我区曾于1991年出台了《关于进一步加强企业科技人才工作的意见》(宣政发[1991]16号),但由于与WTO规则相冲突,且大多条款均已过时,所以在2001年清理行政法规时废止。目前仍然有效的是《宣武区对有突出贡献人才实施奖励的办法》和《宣武区引进优秀人才办法》,但这两个文件的执行效果都不尽如人意。

(四)人才市场尚未健全,服务功能有待完善。

人才市场的主体有两个:即个人和用人单位。目前我区人才市场代理用人单位仅有143家,还未真正成为人才资源优化配置的主要方式,而科技人才通过人才市场来我区就业则更为少见。市场机制虽然初显作用,但还不能有效调节供求关系。因此,一方面是我区经济建设的主战场急需大量科技人才,另一方面则是大量的科技人才在事业单位里闲置浪费。

（五）中央在区科技人才优势不应忽视。

在北京地区从事科技活动的26.1万人中，各区县除海淀区有10.7万人，占全市的41%，其它过1万人的区有：朝阳区、43467人、西城区、19301人、东城区、15001人；超过5000人的区县有：丰台区、6943人、石景山区、5944人，宣武区、5352人。区县范围内，属中央在京科技力量所占比例超过50%的有：海淀区、68.40%，西城区、59.21%，宣武区、56.09%，东城区、51.61%，朝阳区、51.33%。宣武区有中央在京科技人才的比较优势。（附表4）

2000年北京R&D资源清查

表4　　　　单位：人

区县名称	从事科技活动人员	隶属于中央	隶属于地方
合计	261113	167271	93842
东城区	15001	7742	7269
西城区	19301	11428	7873
崇文区	2771	1137	1634
宣武区	5352	3002	2350
朝阳区	43467	22312	21156
丰台区	6943	3218	3625
石景山区	5944	1925	4019
海淀区	106929	73142	33787
门头沟区	327	172	155
房山区	2897	2115	782
通州区	2122	313	1809
顺义区	1693	9	1684
昌平区	3556	689	2867
大兴区	3841	281	3560
平谷区	439	57	382
怀柔区	312	—	312
密云县	385	—	385
延庆县	435	232	203

三、对我区科技人才引进使用的几点建议

北京地区的各区县，由于历史的原因，形成的基础不同、发展特色也不同。在北京地区，区域创新系统效率尚低，系统建设有待完善；创新机构间的合作、联系不够，知识流动不足。特别是配套的融资机制、人才激励机制、利益分配机制、产权制度改革等适应市场运作的综合配套措施亟待完善。在区域创新服务体系能力的强化过程中，现有的创新服务机构，包括评估、法律、财务、咨询、金融、培训、技术中介等，服务质量和服务水平还不能满足发展需要。因此，应进一步完善引进和使用人才的措施。

（一）修订优惠政策，吸引科技人才。

研究国内外同类地区人才队伍建设发展的成功经验，依据国家和北京市新的科技发展政策，应结合我区情况，及时制定、修订有关吸引人才的相关政策，从人才创业、工商注册、房屋租赁、子女入学、信息交流、资金扶持等方面入手，使政策的扶持力度不低于国家和北京市的水平。以政策扶持人才，以服务留住人才。从优化我区发展环境抓起，因地制宜，注重效果，开展科技人才队伍建设。

(二)树立人才意识,拓展引进方式。

牢固树立"人才资源是第一资源"的意识,视人才为可持续发展资源,结合我区人才现状,明确人才引进重点,做好人才和智力的引进工作。既要面向高校引才,还要面向社会和市场引才。进一步拓宽引智工作的视野,丰富引智工作的内涵,探索人才租赁、项目引智等人才"柔性流动"方式。依托首都人才优势,以优势互补、共同发展为目的,与大专院校、科研机构建立多种形式的合作关系,为我区建设提供人才、技术、信息等方面的帮助,组建区科技专家咨询顾问组,发挥专家顾问在规划制定、项目咨询与开发、宏观决策、微观指导等方面的作用。

(三)开展继续教育,合理培养人才。

贯彻落实《北京市专业技术人员继续教育规定》,促进专业技术人员更新知识,提高创新能力。开展以"学习型社会、学习型组织和终身教育"为主要内容的公共科目培训,加强在新形势下专业技术人员必备知识的培训。根据我区事业发展需要,发挥区委党校、红旗业大等教育培训基地的功能,打破所有制界限,面向区域各类组织,提供及时有效的培训。着眼于调动科技人才的积极性,健全科技人才的激励机制,搞活内部分配,优化用人环境,大胆提拔使用优秀青年人才。打破专业技术职务终身制,对考核不合格者,应低聘或解聘专业技术职务;对考核优秀者,可破格晋升专业技术职务。

(四)强化市场作用,完善人才市场。

根据我区人才需求分析,科技人才队伍建设的领域应是在信息咨询、企业管理、网络技术、科技服务、城市建设和与经济发展密切相关的专业技术领域。我区应进一步拓宽人才市场服务领域,为区域单位科技人才的引进和使用提供全方位的服务;合理配置人才资源,采取各种有效方式,积极为社会各用人单位和各类人才提供信息;加强人才评价机制,推进人才评价科学化、社会化的进程;加强网上人才市场建设,探索猎头方式的人才配置和人才租赁等"柔性流动"的实现途径。

(五)鼓励民营经济发展、加大加速人才的流动与更新。

目前,以中小型企业为主体的民营企业整体技术创新能力不足,缺乏自主开发和消化吸收外来技术的能力。高新技术产业领域中拥有自主知识产权的民营产品和民营企业比例较低,产业核心竞争力有待提高。宣武区应通过产业链发展来建设民营企业人才链,促进民营经济发展,使人才形成正向的合理流动,加速人才的流动与更新。

课题主持人:区委副书记　王敏荣

参加部门:区科委

关于纪检监察工作如何为优化发展环境服务的调查报告

区委副书记、区纪检委书记　韩恩慈

为更好地围绕发展这个执政兴国的第一要务开展反腐倡廉工作,区纪检委对我区纪检工作在优化发展环境方面所做的工作进行了认真调查和总结。

一、充分履行纪检监察职能,努力营造良好发展环境

近几年来,我区纪检监察机关坚持把党风廉政建设和反腐败工作放在全区工作的大局中去考虑和把握,坚持服从服务于经济建设这个中心,积极履行纪检监察职能,把优化发展环境作为纪检监察机关为经济建设服务的着力点和切入点。

一是认真查处经济案件。几年来,全区纪检监察机关在重点查办"三机关、一部门"和领导干部违纪违法案件的同时,十分注重查处贪污贿赂、侵吞国有资产等经济案件和依仗部门特权乱收费、乱摊派、乱罚款、乱检查、乱办班等阻碍区域经济发展的案件。通过办案,为国家和集体挽回经济损失500余万元。如:1999年,纪检委查处了规划局王某利用职权,要挟辖区内的单位为自己的朋友要房子、为妻子要工资等谋取私利的案件。通过查处这一案件,不仅及时清除了执法队

伍中的腐败分子，而且也对其他执法人员起到了警示作用。再如：2000年，查处了赵宏个人并伙同他人贪污、侵占公款、挪用公款、挪用资金等案件，为企业清除了蛀虫，为企业健康发展创造了条件，为国家挽回了经济损失。

二是纠正和治理部门和行业不正之风。5年来，纪检委从群众反映强烈的热点问题入手，对妨碍经济发展的不良风气进行了专项治理。经过治理，共向89个企业退还不合理收费5万余元，使企业乱收费的现象得到有效遏制，企业发展的外部环境明显好转。在行政执法部门和公共事业单位开展了民主评议行风活动，特别是2001年开展的百家企业评政府活动，进一步促进了行政执法部门、综合经济部门和公共事业单位加强服务规范和职业道德建设，行业风气有了明显转变。区政府还成立了区域发展环境投诉服务中心，区监察局成立了效能监察投诉中心，使行政审批、服务承诺、举报投诉、调查处理、落实反馈等环环相扣，形成了有机的整体，最大限度地提高了行政效能，维护了企业和群众的利益。此外，纪检委还会同有关部门开展执法检查，确保区委、区政府关于优化发展环境的决定得以顺利实施；适时制定了《在企业改制中确保国有资产不流失的通知》等规定，并加强对贯彻执行情况的监督检查；协助有关部门，在全区进行了行政审批制度改革，共取消审批项目286项，被保留的229个审批项目全部实现网上公开。为规范审批行为，区政府建立了行政审批服务大厅，18个部门进入大厅，实行阳光操作和一条龙服务。同时，对行政审批方式进行了大胆改革，由原来的串联式审批改为并联式审批，使审批环节和审批时限大大缩短。

三是全力推进阳光工程。为切实加强对整顿规范市场经济秩序的执法监察力度，积极促成有关部门成立了建设工程招投标、政府采购、产权交易等三大市场，建立市场化运作机制，不断完善各项规章制度，做到公开、公平、公正，实现资源共享，合理配置。全力推行政务公开，使行政权力在阳光下运作。过去由于政务不公开，一些公务活动实行"暗箱操作"，办事不公、吃拿卡要，没有好处不办事、有了好处乱办事的现象时有发生，群众反映十分强烈。针对这种情况，从1998年开始，全面推行了政务公开，各部门、各单位通过新闻媒体、政府网站、公示牌等多种形式再次向社会公开政务，尤其是与软环境建设和人民群众生活密切相关的9个部门和单位，向社会做出庄重承诺。为保证公开承诺兑现，纪委多次组织有关人员进行监督检查，及时纠正和处理公开不到位、承诺不兑现等问题，使政务公开落到实处。

二、我区发展环境存在的一些亟待解决的问题

我区发展环境存在的一些亟待解决的问题主要有以下方面：

（一）违规执法现象时有发生。

个别工作人员法制观念不强，在执法过程中还存在不依法行政、不依法办事的现象，以权代法、以言代法、执法不公的问题亦时有发生。特别是少数执法人员办人情案、办关系案、办金钱案，没有好处不办事、有了好处乱办事的现象，群众反映比较强烈。

（二）部分党政机关工作人员中工作效率不高、冷硬顶推的现象仍然存在。

少数人吃拿卡要、为政不廉，特别是有些行政执法部门工作人员"不作为"、"乱作为"、不依法行政，严重危害了发展环境，侵害了群众利益，损害了政府形象。

（三）乱收费、乱摊派、乱罚款、乱办班的现象未完全杜绝，特别是涉企乱收费问题突出。

有些单位预算外收入还没有做到严格实行"收支两条线"的规定，"小金库"问题屡禁不止，形成了管理上的漏洞，不断引发不正之风。如有的行政事业单位强迫企业参加一些没有实质内容的培训，在培训中收取各种名义的培训费。企业对此十分反感，影响了一些企业来我区投资发展。

面对调查反映出的我区部分党政机关工作人员、执法人员的问题，反思我们的工作，可以找出纪检监察工作为优化发展环境服务中存在的一些问题。一是重视查处经济上违法犯罪的腐败案件，轻视或忽视危害发展环境和不依法行政或不作为的案件；即使查处这类案件，在量纪、执纪中也存在强调挽救、爱护干部，再给一次机会的多，而坚持严惩一个、教育一片的少，有时存在失之于宽、失之于软的现象。二是一些纪检监察干部在思想认识上存在误区，认为开展这项工作会给优化发展环境添乱，因此，在开展工作时畏首畏尾。

三、对策及建议

（一）切实转变思想观念，不断增强为优化发展环境服务的意识。

纪检监察干部要克服把纪检监察工作与发展经济对立起来的错误认识，牢固树立发展是党执政兴国第一要务的思想，把以经济建设为中心，为发展服务贯穿于纪检监察工作的全过程；克服把纪检监察工作与发展经济截然分开的认识，牢固树立纪检监察工作与发展经济相互联系和相互促进的思想，自觉地把反腐败放到改革、发展、稳定的大局中去认识和把握。坚持反腐败任务的提出、政策的制定、工作的部署，都服从服务于经济建设，使反腐败与深化改革、加快发展相互协

调,同步推进;克服纪检监察工作在发展经济过程中无所作为的认识,牢固树立纪检监察工作也是生产力的思想,努力为发展经济营造良好的社会和政治环境。

(二)切实纠正部门和行业不正之风,营造良好的服务环境。

要继续组织协调有关部门,认真抓好群众反映强烈的突出问题的专项治理,定期组织分析研究,加强具体指导和督促检查,对发现的问题及时纠正和查处。要进一步清理和规范行政事业性收费,坚决制止乱收费、乱摊派、乱罚款、乱检查、乱培训和乱签责任书等“六乱”行为。认真组织协调有关部门,对“六乱”问题进行集中清理和专项检查,对检查出来的问题及时研究解决,问题严重的按有关规定严肃处理。要围绕优化发展环境这一主题,从区级领导机关和部门抓起,以经济管理部门、行政执法部门和公共服务部门为重点,深入开展多种形式的行风评议活动。充分发挥人大代表、政协委员和特邀监察员的作用,督促检查各单位制定优化发展环境的具体措施的落实情况,及时反馈企业和群众的意见。

(三)继续查处违纪违法案件,营造良好的廉洁公正环境。

当前,要把阻碍和破坏经济发展环境的案件作为重点,认真受理群众反映强烈的办事效率低下、推诿扯皮、不负责任的现象,行政审批中滥用职权、刁难企业、执法扰民和利用检查权、执法权谋私等违纪违法行为。坚决查处党员干部严重以权谋私、损害群众的案件;坚决查处违法审批、违法检查、违法处罚、违法收费和行政不作为等损害政府形象的案件。同时要正确处理改革和发展社会主义市场经济的关系,紧密联系区委、区政府中心任务,把执行纪律放在改革发展稳定的大局中去把握,综合考虑政治、经济和社会效果,真正做到保护改革者、扶持创业者、帮助失误者、惩处违纪者。

(四)充分发挥行政监察职能,营造良好的法制环境。

要营造良好的法制环境,在新形势下,纪检监察机关必须有效地发挥自身职能,选好切入点。一要围绕上级和区委、区政府的重大决策、决议和工作部署落实情况开展监督检查。着力查处有令不行、有禁不止、顶着不办的行为,维护政府的权威,为发展环境创造良好的政治环境。二要围绕规范党政机关工作行为开展监督检查。着力解决思想懒散、作风疲沓、效率低下、纪律涣散以及作风飘浮、形式主义等问题,为发展创造良好的环境。三要加大对行政执法执纪部门的监督检查力度。进一步规范执收执罚行为,严肃查处影响和破坏发展环境的违纪违法案件。四要以行风评议为龙头,对执法机关和窗口服务单位的从业行为进行整饬,切实解决影响发展的不良风气。五要紧密围绕优化发展环境和执法环境,抓住政府工作的重点、难点和群众关心的热点开展效能监察。严肃查处损害国家、集体、群众利益的违纪违法行为。六要制定和完善有利于优化发展环境的纪律规定和规章制度。特别是针对影响经济发展环境的薄弱环节,组织有关部门制定有效措施,确保令行禁止,政令畅通。

(五)深化源头治理,营造良好的体制环境。

一是深化行政审批制度改革,除了该取消的坚决取消外,能用市场机制代替的一律要推向市场,彻底解决一些部门搂着权力不放,为小集团和个人捞取好处的问题。二是推进资金使用由随意性向制度化转变。继续实行财务管理分工负责制,重大财务事项实行集体决策、民主理财制。抓好会计集中核算,继续认真落实“收支两条线”,加快推进部门预算、国库集中收付等制度的建设,切实管好财政资金。三是努力健全完善“一个中心,四个市场”。继续督促协调有关部门健全和完善二级行政服务体系,加快建立区级行政审批服务大厅,研究规范行政审批服务大厅的运行办法和监督机制,不断提高“即办件”的比例。逐步建立街道政务服务大厅,为基层群众办事提供便捷、优质的服务。制定有效措施督促各部门充分利用专网开展网上审批服务,健全完善电子政务的监督、检查和投诉机制。

宣武区公开选拔
副处级领导干部的实践与思考

自 1996 年起,宣武区开始了面向社会公开选拔年轻副处级领导干部的实践。这一届区委更是把培养、使用年轻干部列入区委重要工作内容,出台了一系列关于人才培养、使用的政策,制定并实施了宣武区委党建工作规划、宣武区人才发展计划等指导性文件。到 2002 年底,我区经过六次公开选拔,走上处级领导岗位的年轻干部共有52人。他们中的绝大多数政绩明显,得到了群众认可。总体看,通过公选,全区处级班子人才结构和整体素质得到明显优化和提高。我区公选工作基本达到了预期目的,并积累了相关经验。

一、公开选拔年轻副处级领导干部的决策背景

区委作出面向全市公开选拔副处级领导干部的决定,主要立足于宣武的实际和区域的长远发展,是一项可持续发展的人才战略措施。其主要的决策依据是:

第一,加快宣武发展,必须建设一支高素质的干部队伍,努力形成朝气蓬勃、奋发有为的领导层。区委为了落实北京关于率先基本实现现代化的要求,按照市第九次党代会精神,作出了加快宣武区发展进程的重大决策。落实这一决策,区委领导班子在培养使用年轻干部问题上形成共识:事业发展,关键在人。宣武区要全面提高区域的综合竞争实力,既要发挥好区位优势,加快经济发展和现代化步伐,更要发挥好人才优势,大力实施人才战略,为事业发展提供坚强的组织保证和人才支持。

第二,落实中央和市委提出的干部队伍年轻化目标要求,任务艰巨。中央和市委对培养选拔年轻干部、女干部、非中共党员干部提出了明确目标。区委党建五年规划也提出:到2003年,全区街道和其它规模较大的处级党政领导班子要形成年龄上的梯次配备,街道党政领导班子中35岁左右的要达到20%。新提拔的区委、区政府部、委、办、局的领导干部,要以40岁左右的干部为重点。规模较大的处级党政领导干部也要基本形成50多岁、45岁左右和35岁左右的梯次结构。在学历和知识结构方面提出:处级领导干部大学学历的要占到50%以上。但从1999年宣武区处级党政领导班子情况看,中青年干部的实际比例还相当小。如街道系统应配备35岁以下干部16人,实际只有4人。其中党政正职仅有1人。区直35个班子中35岁左右以下的副职只有6人。不少单位找不到30岁以下的领导干部。要改变这种状况,全面落实干部队伍年轻化目标,就必须抓紧时间集中选配一批优秀的年轻处级干部。

些积极的探索和有益的尝试。但总体看来,改革的步伐还不够大,重点还不够突出,措施还不够配套,一些现有制度还够不完善。深化干部制度改革,要抓住扩大民主这个基本方向,突出干部选拔任用这个重点。公开选拔作为这方面改革的一项重要措施,经过几年来的实践,已经走向成熟。区委必须抓住机构改革后需要调整充实年轻干部这一大好机遇,加大公开选拔的工作力度,促进干部制度改革深入进行,从而进一步形成用好的制度和好的作风选人的良性机制和用人环境。

二、公开选拔年轻副处级领导干部的政策实施

继承与创新相结合、领导与群众相结合、定性与定量相结合,充分体现公开、公平、公正原则,是我区公开选拔年轻副处级领导干部的主要特点。在贯彻"公开、公平、公正"原则的前提下,区委在深入调查研究、认真制定方案、严格规定程序的基础上,针对公选工作中容易出现的操作不规范、范围不统一、考察不准确以及成本过高、时间过长等问题,不断进行改革和探索,努力做到学习与创新相结合、领导与专家相结合、定性与定量相结合,使公选工作逐步走向规范和完善。

(一)注重选拔的针对性,立足领导班子建设和人才资源实际,合理确定选拔的职位、数量、条件资格和范围。

从理论与实践方面看,公开选拔领导干部,作为干部选拔任用方法的一种重要补充,比较适合于选拔专业性较强、实行委任制一时难以配上适当人选的副职领导干部,尤其适用于选配优秀年轻干部。我区认真分析了领导班子和干部建设实际,根据宣武区人才需求的状况,明确提出在选拔对象上,要突出选年轻干部,选领导班子建设急需的专门人才,如经济、教育、司法、环境保护、计算机等方面的专业干部。在具体职位和数量上,根据"三定"方案和市委提出的年轻化目标,按照比例要求,确定了党内外48个职位,其中正处级职位1个,副处级职位47个。在资格条件上,坚持宽严适度,对急需人才,报考的身份界限适当放宽。对政治标准严格掌握,宁缺勿滥,不降格以求。在选拔范围上,不刻意追求轰动效应,而是立足宣武实际,首先用好本地人才,同时有针对性地引进宣武急需的高层次人才。经过6次公选,共有35个副处级职位来自全市的公开选拔。

(二)规范操作方式,区街两级联动,努力减少成本、提高效率。

我区本着于法周延、于事简便的方针,在坚持按规定程序办事的基础上,改进和规范操作方式,全区通盘考虑,统筹安排公选工作。区委、区政府有关委办局和8个街道上下联动,共同实施,做到"八统一",即:"统一制定工作方案,统一确定分配选拔职位和数量,统一时间、统一试题、统一考试与评卷,统一组织考察,统一选用原则,统一任前培训"。这样做,既保证了工作的规范化、科学化,又节约了时间,集中了人力、物力和财力。

(三)全过程公开,全方位监督,落实群众的知情权、参与权、选择权、监督权。

公开是民主监督的前提。落实群众"四权",就是

让群众了解干部工作,让干部工作走近群众。具体操作中,区委始终要求做到"六公开、一监督":即选拔工作的目的、意义公开;选拔工作的原则、政策公开;选拔的职位、数量、资格公开;选拔对象的成绩、结果公开;监督电话公开。除个别需要保密的事项之外,对每个阶段的工作情况和群众关心的问题,都通过公开渠道向社会和广大群众通报情况、作出说明,使干部群众能够及时了解工作的意图和进程,让群众能够及时参与进来。同时,从纪检、监察等有关部门抽调高素质干部,参与每一个重要环节的工作,对公选工作进行全方位监督,使整个工作置于党组织和全社会的关注、监督之下。

(四)严格保密措施,改进评分方法,确保公平竞争、公正选人。

公平是平等竞争的重要基础,公正是择优选用的客观要求。为保证我区公选工作的公平、公正,让所有参选人员机会均等、标准一致,按照共同的程序、方法进行选拔,用同一把尺子进行检验、衡量和挑选,我区一方面强化了保密措施。考试试题从市委组织部直属"北京双高人才发展服务中心"提供的几万道试题中抽取;考场设置、考号安排按同职位编号设定,笔试请专人监考;考生、考官分组以及面试先后顺序、体检时医院的选择,全部实行随机抽签的办法;进入面试和考察人选的确定,严格按照拟定比例和分数从高到低排序。另一方面,针对面试环节中容易受到感情因素、人为因素干扰的问题,增加面试考官人数,每个考官组设定为7人到9人。同时改善考官队伍结构,邀请人大、纪检的干部担任考官,增加专家考官的比例,改进评分办法。这些措施的实施,减少了主观随意性,避免了跑风漏气现象,保证考生在同一起跑线上起跑,在同等条件下竞争。

(五)试行量化考察、定性定量结合,避免重才轻德,高分低能现象。

考察是公选工作的重要环节。干部的品德、实绩、作风、廉洁守纪情况,不是考试能考出来的。特别是面对来自全市的考生,考察对象分布广,即便是本区干部,绝大部分也不在平时视野之内。因此,只有通过考察,才能全面掌握这些干部的德才素质和现实表现。为了解决公开选拔考察中普遍存在的不负责任的"溢美之言"、使考察失真问题,防止出现以考试代考察、重才轻德、高分低能现象,我们借鉴外地的成功经验,结合实际,试行了考察组量化打分的办法。具体方法是:考察组按照正常干部考察程序进行深入考察。考察结束后,考察组对同一职位的几名人选进行分析比较、反复研究、充分酝酿,按照思想政治素质、组织领导能力、工作作风、工作实绩和廉洁自律五个方面对考察对象进行定性评价、确定考察对象在五个方面是属于优、良、一般、差的哪一个档次,然后在定性的基础上进行定量打分。同时做到三看:看考察的总体情况,看干部的一贯表现,看笔试面试成绩。在确定人选时,坚持考试成绩和考察结果相结合、好中选优的原则。凡是考试成绩和考察结果一致的,坚决录取排名在前的;对于考试成绩与考察结果不一致,名次变动较大的,要求考察组进行慎重考虑、反复比较,说清楚变动的原因和理由。同时广泛征求输送单位领导、用人单位领导、区委、区政府主管领导和有关部门领导方方面面的意见。整个人选确定的过程,既体现了党管干部与走群众路线相结合,又体现了对区委负责和对社会公众舆论负责相统一的原则。

(六)注意处理好公开选拔与其它改革措施的关系,做到配套衔接,综合运用,形成合力。

任何一项改革措施都有其自身的局限性,有长处,也有不足,公开选拔制度也不例外。为了扬长避短,最大限度地发挥公开选拔的优势,我们在操作中吸纳了其它改革成果。把公开选拔与公示制度、试用期制度、考察责任制、任前培训制度结合起来,使各项制度措施优势互补并发挥综合效应,从而进一步完善和深化了公开选拔这项改革措施。

三、公开选拔年轻副处级领导干部的实际效果

实践证明,公选工作是一条行之有效的干部选拔工作的重要途径。选拔了少数人,发现了一批人,带动了一茬人,树立了正确导向,产生了良好的社会效果

(一)选拔了一批优秀干部。

我区6次公选的结果是:应选用48人,实际选出52人,平均年龄34岁,全部为大学以上学历,其中博士1人,硕士3人,紧缺的专业技术干部8人,党外干部3人。公开选拔为年轻有为、政绩突出、群众拥护的干部提供了崭露头脚、施展才华的机遇和舞台。通过收集群众意见,我区通过公开选拔走到领导岗位上的52名干部,绝大多数的工作表现和工作能力得到了领导和群众的首肯,一部分同志因表现出色,所在单位和个人还获得了市区两级给予的多项荣誉称号。公选使组织部门识人的视野更开阔了,选人的渠道更畅通了,择优用人的余地更大了,做到了优中选优。这批干部充实到各级领导班子后,我区各级领导班子结构进一步优化,活力进一步增强。

(二)储备了一批优秀人才。

在对公选入围干部进行考察的过程中,考察结果绝大部分都是优秀的。但由于职位数量的限制,不可能都用起来。对其中一部分同志,引入我区后安排了适当的工作岗位,并进入后备人才库,以为今后加强班

子建设提供更为充足的人才资源。

(三)强化了一种竞争意识。

通过公开选拔,进一步克服了论资排辈、平衡照顾、求全责备、部门人才所有等陈旧观念,促进了广大干部思想观念、价值观念的转变,增强了改革和竞争意识。1999年以来,我区报名参加考试的500多名干部,来自市、区各个行业、各条战线,其参与本身就是竞争意识的体现。许多干部表示,自己报名应试,重要的是要参与竞争,体验竞争,感受竞争,考上了是收获,考不上同样是收获。

(四)树立了一种正确导向。

许多同志讲,用公开选拔这种方式选人,"熬官"的梦破了,"跑官"的路断了,"卖官"的门封了。用人单位的领导脱了身,避了嫌,群众也认可。经过公开选拔的实践,广大干部普遍感到,关系再多不如考试分数多,条子再硬不如工作实绩硬,个别人说好不如群众公论好。只要好好干,素质高,能力强,就有机会脱颖而出,不用熬年头,不用考虑平衡,不怕因讲正气而得罪人。这样做,切实有利于从机制上引导大家出以公心干好工作,凭真才实学获得提职。

四、健全、完善公开选拔领导干部工作的若干建议

公开选拔领导干部作为新时期干部选拔任用的一种重要方式,经过探索与实践已经取得了一些明显成效。但在公选实践中仍有一些问题值得探讨,其中最突出的就是如何把人选准、选优和如何提高公选过程的工作效率。从我区情况看,公选产生的个别领导干部,也有个别工作能力一般、业绩平平和适应期较长等问题。这个问题如果解决不好,不仅会影响广大干部群众对公选的看法,而且有可能阻碍公选工作的进一步深化,削弱公选工作的生命力。因此,在公选实践中,必须坚持以选准、选优人才为目标,着眼于对公选操作层面工作的进一步完善。

关于解决这一突出问题的对策,建议推行定期分类资格考试基础上的有限公选办法,即把选拔一次组织一次考试,变为定期、分类的区级统考,让符合条件的报名者参加统一的区分不同职级要求的综合知识考试,然后由组织部门根据干部人才资源的需求情况,确定入围分数线;入围者经组织考试统一掌握,分类管理;需要公选时,由各级组织部门根据目标职位的特点和具体要求,从具备参加公选资格、且具有相关专业知识或从事相关职业的后备干部人才库中,择优确定面试人选;统一面试后按既定比例,确定考察入围人选,最后经组织考察,再讨论决定是否任用。

(一)建立定期分类资格考试制度。

一是由区委主管部门组织统一考试。让符合条件的报名者参加综合知识笔试(不含专业知识内容),如两年一考、三年资格有效。

二是确定入围人选。笔试后,由区委组织部根据本区干部人才资源的实际和后备干部队伍"库容"情况确定入围分数线,入围者经组织考察后即取得参加公选领导干部的资格。

三是建立后备干部人才库。将入围者的情况,按职务、年龄、专业、学历、统考成绩等要素依次输入最新信息,形成准确、灵便、具有现代管理水平的人才储备信息系统。在具体操作过程中,可把通过资格考试储备的后备干部与已有的后备干部结合起来,进行综合分析、分类管理。这样,通过几次分类资格考试的滚动,已有的后备干部将逐步被取得资格的入围者代替,直到全部更新。

推行定期分类资格考试与现行公选办法的最大区别,就是实行考任分离办法,即把笔试试卷的命制、考试的组织及阅卷工作与入围分数线的划定、面试的组织、考察任用等工作剥离开来。笔试考试工作由独立于组织部门的专门机构或委托具有相应资格的单位具体承办,组织部门只对笔试工作的全过程进行监督、把关,同时负责入围分数线的划定、面试的组织、考察任用等。

(二)严把面试质量关。

一要统一人选比例,比值一般设定在1:10比较适宜。二要明确面试人选标准。根据不同目标 职位的岗位特点和具体要求,对符合条件的人选按事先确定的比例,从高分到低分确定面试人选。对前一次参加公选未被录用的干部,只要其资格在有效期内且符合本次公选职位所需要的条件,仍有资格参加面试。其他如对面试的计分方法、面试方式、面试试题质量等,应在公选办法的基础上进一步加以规范和完善,以求得新的提高。

(三)严把考察任用关。

要在以下方面求得突破:一要量化考察标准。根据目标职位的特点和干部任职资格的要求,建立起导向正确、依据科学、内容周密、重点突出的考核体系。二要改进考察方式。在完善考察预告制的同时,尝试通过一定的途径,将干部考察情况在适当范围内向考察对象所在单位的干部群众反馈,以进一步听取意见、充实完善考察材料。这样做有利于考察对象扬长避短,改进工作。三要丰富考察手段。可设计出考察指标体系,比较考察结果;还可以借助现代信息处理技术,对干部考察中的相关数据进行客观、公正、快捷的处理,最大限度地避免人为因素对考察结果的影响。四要拓宽考察范围。在考察时间和范围上适当拓宽,在考察方法和手段上改进完善。要做到考察前查阅其

个人档案,测评评议请群众代表参加,个人述职、考察材料须包括“八小时以外”的情况。同时可积极创造条件,对在要害部门、关键岗位上掌握一定实权的考察对象实施任前审计,以防止和减少用人上的失察、失误现象。

推行定期分类资格考试基础上的有限公选办法,是公选工作中高效、简便、实用的理想选择,与我区过去实行的公选办法,最大的区别是考任分离。推行这一办法可以在三个方面发挥更好的作用:

一是有利于提高选人的准确度。因为这一办法把选拔的对象框定在通过资格考试进入后备干部人才库的范围内,而且根据目标职位的不同特点和要求确定面试入围人选,选拔的指向性强、应试者的质量较高,更接近或符合目标职位的要求,可以避免职级、专业的大幅度跨越,缩短干部的适应期,降低干部培养的成本。而且考任分离后,由于综合考试由专门机构负责,必将在考试的内容、难易程度,评分标准等问题上形成一套完整的体系,有利于统一选人标准,提高准确度。

二是有利于提高效率。这一办法的最大优点是一次考试结果,可以多次运用,特别适用于公选对象少的时候。从干部工作的发展趋势看,今后在干部选拔任用中,公选必将成为一项常规性的工作。如果按照现行的公选办法(选拔一次组织一次考试),虽然也能实现公选工作的目标,但公选的工作成本较高和工作效率较低的问题得不到较好解决,可能也不利于公选工作的经常化、制度化。推行新办法后,就如同高考,定期举行一次综合知识考试(资格考),笔试由专门机构统一组织,这样就可以节省开支,减少人力,缩短周期,提高效率。

三是有利于解决后备干部备用脱节问题。过去不少已进入组织部门后备干部人才库的干部,由于工作忙等原因,在公选考试中入围的比例不是很高,也影响了“推优”工作的开展。推行新办法后,因为一次考试资格几年有效,不仅使进入人才库的干部能够更多地把精力用在自身能力素质的提高上,也增加了他们被选拔的机会。

总之,公开选拔副处级领导干部是干部选拔工作的重要途径,符合干部任用要扩大民主的基本方向和建立新的用人机制的改革目标。宣武区是首都中心城区,基础设施完善,古都风貌浓郁,城市交通发达,社会服务便捷,快速发展的经济形势也对人才形成了较强的吸引力,目前已初步形成了有利于吸引各类人才的社会环境。如果我区能进一步提高公选工作的质量,吸引更多的优秀人才来我区施展才华,我区经济建设和社会发展一定会得益于知识型领导人才的杰出贡献。

课题主持人:区委常委、组织部长 杨素荣
参加部门:区研究室 区委组织部

进一步推进大栅栏地区改造 实现地区经济增长与区域经济带动的双重目标

根据宣武区“十五”计划和基本现代化建设的总体战略部署,今后几年将是宣武区经济和社会发展的重要时期,也是进行经济结构战略性调整的重要时期。在入世、筹奥和政策向南城倾斜的大背景下,区域发展环境有了重大变化。机遇和挑战并存,积极应对,大胆创新,推动区域经济持续快速发展,成为近阶段区域发展的头等大事。新阶段的发展需要有新的支撑,大栅栏开发理念的适时推出,符合形势的要求,合乎区情,顺应民心,而且必将对区域经济、社会的发展产生重要影响。

一、开发和改造大栅栏,是宣武着力打造精品效益区,实现地区经济增长与区域经济带动双重目标的战略举措

(一)大栅栏文化韵味深厚,具有极高的经济潜力。

历史悠久,遗存丰富 大栅栏地区是京城商业的发祥地,迄今有580多年的历史,是北京城区历史延续最长、遗物保存最多的传统市井商业区,声名远及国内外。该地区有宗教祠庙、会馆旧址、梨园故居、银行钱市、文化教育、商家店铺、餐饮服务、胡同小巷、木楼茶庄、历史标志等众多的历史遗存,在北京保留有如此丰富历史遗存和如此规模的地区仅此一处。这些历史文化遗迹不仅知名度较高,而且大都保存较好,位置相对也比较集中。

人文荟萃,故事广传 大栅栏盛于清,得名于光绪年间,一个显著的特点就是人文景观与购物环境互相交融,老字号的各种传说与掌故形成了大栅栏独具特色的传统商业文化,形成了一店一故事、一步一景观、一物一掌故的人文景观。可以说,大栅栏不仅是宣武的、是北京的,也是中国和世界的。

业态丰富,功能完备 一是行当品种齐备,吃、喝、玩、乐场所一应俱全,有百货、副食、餐饮、服务、钟表、眼镜、医药、服装鞋帽等行业,还有电影院、书店等一批文化娱乐设施。二是老字号多,这是任何商业街区都不能比拟的,如"同仁堂"、"瑞蚨祥"、"内联升"、"马聚源"、"步瀛斋"、"张一元"等。

(二)大栅栏开发的综合条件已经成熟。

1、发展环境的变化推动了大栅栏开发建设共识的形成。随着经济、社会的不断发展,发达地区经济已经进入转型阶段。在经济上,物质消费拉动已经退居其次,非物质消费拉动形态正在显现,其中文化、教育、科技的产业生成及产业应用,将成为今后地区经济增长的原动力。在这种形势下,尤其是消费市场信号已经非常明显的情况下,积极调整地区供给结构,满足未来市场需求,增强区域竞争力,具有非常重要的战略意义。宣武区有着大量的具有文化内涵的资源及区块,而且大多欠缺充分开发,这为经济转型、实施新的建设理念留下了充分的想象空间。加之宣武地处城市中心,腾挪空间有限,充分利用现有资源,挖掘内涵,打造精品,搞出特色,实现地区的整体价值再造和经济增长转型,就显得尤为重要。大栅栏恰恰具有这样的潜质,深入挖掘它的内涵,将其做成精品,与西单、王府井等相辉映,成为宣武新的经济和社会亮点是可能的,虽然这一过程可能比较长。同时,宣武区经过近几年的发展,在经济实力、体制及人才上都能支撑对大栅栏的整体改造。因而,抓住这一有利时机,开发和利用好这一世界著名地区,是宣武区必然的选择。同时,大栅栏的开发顺应时代的要求,必然向着文化延续、文化渲染、文化增值的方向迈进,这也符合依据北京的首都功能定位和历史地位决定的经济结构调整方向。

2、文化产业的大发展,给大栅栏提供了一展身手的舞台。随着世界范围的经济结构调整,文化产业在许多国家经济体系中的比重快速提高,正在成为国民经济的主要产业。据报道,近几年英国文化产业年产值接近600亿英镑,其平均发展速度大约是国民经济增长率的两倍,从业人员约占全国总就业人数的5%。日本娱乐业中电子游戏机的年产值1993年就超过汽车工业的年产值。美国是文化产业最发达的国家,其影视、音像产品占有40%以上的国际市场份额,文化产业出口额仅次于航空航天等少数行业。这些发达国家的发展历程,无一不昭示着文化产业大发展时代的到来。作为一个文化积淀深厚的地区,充分利用已有的独特资源,精心打造、推出特有文化产品,占领新的产业制高点,不仅可能,而且必须。这是大栅栏的机会,也是宣武的机会。

3、落实"三个代表"思想与发展地区经济在这里有了契合点。

大栅栏地区人口稠密,居民长期蛰居在低矮的旧房中,加之地区长期缺乏发展,相对经济机会少,直接影响到居民的收入和生活安排。这在接近天安门地区显得十分引人注目。在决策开发大栅栏时,也应充分考虑到这一点,这也符合"三个代表"思想的要求。在规划中,既注重地区经济成长的需要,也要认真考虑安排和解决居民的住房改善问题,为地区的长期稳定发展,为改善人民基本生活,做些扎扎实实的工作,充分体现执政为民的思想。

(三)启动大栅栏改造工程,打造精品效益区,实现地区经济增长与区域经济带动的双重目标。

作为中心城区的宣武,近年来经济发展并不理想,增长率大多年份都低于全市平均水平。这有历史的原因,也有现实中中心城区限制性条件多的影响。但区域没有一个有持续能力的经济增长和带动中心,不能不说是一个重要原因。统观全区,结合产业变动取向,启动大栅栏改造工程,是必然的,也是最可能实现区域目标的战略选择。历史上大栅栏地区就是南城商圈的核心,在南城经济中发挥过举足轻重的作用。由于近年的衰落,其经济辐射功能减弱。所以,通过改造,将大栅栏重新打造成精品效益区,实现地区的经济增长,并发挥出区域龙头带动作用,是我们的一项重大战略决策,具有全局性意义。

我们的目标是:借助筹办2008年北京奥运会的契机,充分利用大栅栏的综合资源优势、地理区位优势和"大栅栏"的品牌优势,以完善市政基础设施、区内文物保护和更新为基本原则,结合老城区的房改与危改,大力提升区内传统国粹商业聚集地的历史文化价值,深度发掘悠久历史文化沉淀中的巨大商业潜力。在政府政策引导下,充分利用市场化机制和企业化运作模式,开放式、全方位、多元化、多渠道地吸引海内外投资者,将该地区建成体现京城民俗风貌,宣传和弘扬京城传统历史文化,展示和推广传统国粹商业精品,环境幽雅独特,大量吸引境内外游客的"大型历史风貌游览区",把"大栅栏"的品牌优势及其地域时空资源优势,变成宣武区的可持续发展的经济优势,最大限度地创造社会效益和经济效益,使投资者获得合理预期的回报。

大栅栏的改造完成在形态上应呈现这样的局面:一是形成了突出的、文化韵味深厚的特色区块;二是优化了相关区域的经济和社会环境;三是较好地控制了区域的人口规模,使区域的可持续发展成为可能。

二、客观估计大栅栏地区发展面临的问题和有利条件

(一)影响大栅栏改造的一些客观问题。

1、基础设施差,历史负担重。大栅栏自清以后,基本没有进行过大的改造,基础设施非常落后。而解放后大量居民的迁入,使得大栅栏地区约1.1平方公里的面积上,在册户籍人口达到54150人,成为北京城人口密度最高的地区之一。这又为改造增添了许多困难,一拖再拖,使得大栅栏综合环境条件日趋恶化。历史积累的问题集中地反映在这样几个方面:人口密度大,设施条件差;内部交通缺乏有效的拓展和组织;商业环境不佳,低水平经营。到目前为止,这些问题依然是影响大栅栏更好发展的主要问题。

2、行业低水平供求关系与非对称结构性矛盾。自改革以来,尤其是20世纪90年代以来,我市文化商品市场已有“长足的发展”。一方面,经济社会各方面条件迅速改善,人民群众的文化需求正在被迅速释放;另一方面,各种新型文化专业门类不断产生,产业结构性变化频繁,呈现需求个性化、怡情化,供给多样化、专业化的景象,供求关系在更高的平台上达到平衡。但在这一进程中,纵观大栅栏的文化商业市场,我们不难发现,依然是建立在低水平供求关系上。由于市场供给的原因,文化高端消费自然转移,供求关系呈现结构上的不对称现象。这种现象的解释有两个:一是地区综合经济环境不良的影响;二是经营实体在体制上、集约化水平上存在的不足所导致。

3、保护性限制条件,压缩了规划空间,提升了地区的开发成本。

大栅栏紧邻天安门,地处城市中心,而且是北京市风貌保护区之一。规划条件非常严格,集中表现在建筑高度和业态选择上。高度的限制,导致建筑体量和容量上不去,土地开发成本增加;业态的选择上也由于受靠近天安门的影响,而有所收窄。

(二)充分估计大栅栏地区开发的有利条件。

大栅栏地区的开发及发展有着特殊的优势和巨大的潜力,突出体现在资源、特色和地缘三个方面。

1、大栅栏声名遍于四海。大栅栏是国内外公认的老北京传统商业文化的典型代表,是儒商文化的象征,有580多年的历史,是北京城区历史延续最长、遗物保存最多的传统市井商业区,声名遍于四海。承续历史,在该地区集中了一批经营门类齐全、经营方式灵活、文化积淀深厚、在同行业中名声响亮的百年老店,如“同仁堂”、“瑞蚨祥”、“内联升”、“马聚源”等,人们都耳熟能详。同时,社会各界(商业、旅游业、新闻媒介、影视界)对大栅栏也非常关注,媒体报道屡见不鲜。演艺界在前期已推出京剧《风雨同仁堂》、电视剧《东方商人》,近期又上演了电视剧《大宅门》,这些都是对大栅栏中部分老字号的描写。而最近推出的电视剧《大栅栏》,是对大栅栏的历史人文进行全景式描写的一部巨作。它的播映定会进一步提高大栅栏在全国甚至世界的知名度,为大栅栏商业旅游观光区的发展起到推动作用。

2、大栅栏文化韵味醇厚,遗迹保存较为完整。大栅栏地区分布有众多的具有保护价值的历史遗存,保留有北京历史延续最长(金、元、明、清、民国至当代)的城市肌理;保存有较多的清初至上世纪40年代以前的街区风貌;保存有较完整集中的城南胡同四合院群落;保存有较多的老字号店铺;保存有比较完整的旧时市井生活遗迹和相关的轶闻故事;建筑风格反映了上世纪中西文化碰撞时的民族心理和审美趣味。人文景观极具价值。

3、地理位置优越。大栅栏地处北京市的中心地区,处于天安门黄金旅游圈内。北有环线地铁、前门东西大街,东有前门大街直通三环,南有广安大街横贯东西。从经济地理来讲,大栅栏处于北京几大商圈的包围之中,是人流、物流和信息流的交汇地带。随着该地区交通状况的逐步改善,以及大栅栏商业旅游观光区整体的调整和开发,将是海内外游客到天安门旅游的一个重要内容,同时也是中外游人白天看故宫、登长城后,晚上休闲旅游购物的好去处。

三、建设大栅栏的战略构想

(一)大栅栏开发建设的原则、指导思想。

大栅栏是北京市历史风貌保护区之一,有其自身的限定要求。对此,在安排该地区开发建设时要充分考虑到这一点。根据风貌区的历史现状和我们的战略设想,将这一地区的建设原则确定为:保护、延续、更新、提升。为了使这一地区重现历史辉煌的一幕,在建设的指导思想上特别强调“站得高”,即:站在城市的角度,结合城市功能布局和经济结构调整方向,来考虑和安排地区的功能定位、产业定位、市场定位;站在国际的角度,结合市场前瞻和竞争现实,来考虑地区的建设目标、风格特点。具体说,就是高起点、高标准制定和落实大栅栏建设规划,高质量、超前性制定和实施国际竞争导向的区域产业发展战略。

(二)建设思路的成型与完善。

通过一年多的研究论证,大栅栏地区的开发建设思路已臻于成型,即:总体规划,市场运作,协同配合,滚动实施。

总体规划 确定地面建筑规划。2002年初,我区邀请了七家中外著名设计单位,在区域功能的总体要求下,对该地区的道路、基础设施、功能区块、街巷肌理、

建筑式样等进行了系统的规划设计。经过多次大范围的研讨和数次修订,2003年初规划方案最终确定,并得到了专家的首肯和社会的好评。目前该方案已经获得市里的通过,2003年底前改造工程启动实施。在确定地面建筑规划的同时,进行全方位的区域商业策划。我区邀请了六家有雄厚实力和丰富经验的策划单位,对大栅栏地区的商业模式进行全方位的策划。经过初评,最后由两家设计单位共同进行修订完善。根据功能和先期启动的要求,对十七公顷的国粹商业区进行了重点的规划安排。目前该策划方案业已确定,与大栅栏建设规划同步实施。规划的核心内容包括以下几个部分:

①功能分区:国粹精品商业区;民俗体验观光旅游区;四合院保护区;旅游休闲区;商馆区;市井民俗区。

②区域业态:商业、餐饮业、旅游观光业、娱乐演出业、旅馆业、博物馆业等。

③建设定位:在保护历史文化的前提下,依托或倚重天安门地区、前门地区的旅游聚合效应,深度开发该地区深厚的历史文化资源,将之建设成一个集传统文化商贸、传统手工艺制造、都市文化景观旅游、文化娱乐为一体的,具有多元化功能和多方位效益的文化旅游产业新区。

市场运作 大栅栏地区的文物保护、市政开发需要大量资金,走政府包办的老路是行不通的,也不符合建设思路的初始设定。只有通过市场化运作,才是解决建设资金投入、市场主体效能运作的唯一方式。按照这一思路,我们依据现代企业制度要求,成立了北京市大栅栏投资控股有限责任公司,在政府政策引导下进行市场化运作、企业化经营,充分利用国家和北京市、宣武区政府给予的各项优惠政策,进行大栅栏地区文化、旅游、商业、房地产综合开发及相关运作;通过政府授权,经营"大栅栏"字号、商标等无形资产系列品牌;利用资产收益,逐步启动相关区块的开发建设,做好投资示范和投资带动工作;用市场的方式,全面落实地区开发建设任务。

配套保障 为了配合大栅栏的开发建设,针对地区人口密度比较大的情况,专门成立机构,负责外迁经济适用房建设,用异地安置的办法疏解地区人口,平衡区域发展的人口载荷。利用相关土地政策,有效降低外迁房建设成本,还利于民。这样,既有利于地区居民的住房条件改善,又有利于建设拆迁和人文环境水平的提升。

滚动实施 大栅栏地区总占地110公顷,规划建设用地约80公顷,规模较大,且各片情况不完全相同。从开发改造的角度看,想要整体同时进行难度不小。大栅栏又是一个特殊地区,它的每一次变迁都会引起社会各界的广泛关注。所以,慎重决策,分步推进,依然是大栅栏地区改造的首选原则。暂时搞不好或不好搞的,继续酝酿以待时机;条件成熟的,则要加大各方面的投入力度,争取有所突破,以带动整个地区的改造和复兴。同时,由于大栅栏地区开发所需资金超过130亿元,建设周期较长(6年以上),因而采取分阶段、多渠道的吸纳社会资金,进行分地块、分项目的滚动开发,是必然的建设举措。

总体上,这种开发思路是经过充分论证的,具有现实的可操作性。从探索的角度讲,有两点需要进一步说明和补充。

1、大栅栏市场定位理念的再清晰。在新的市场环境中,大栅栏地区在北京市的商业地位已发生了根本的变化,历史商业中心的地位已不复存在,但大栅栏独有的商业历史文化遗产,能为我们在探索大栅栏振兴之路时提供更多的规划、运作思路基于此,将大栅栏的发展奠基在"文、商、旅"的结合上,是一种必然的考虑。但是,对大栅栏的"文、商、旅"结合定位,与以前在所指上要有所区别。以前的结合中心点在"商",即用文化充实商业内涵,用旅游带动商业繁荣。根据市区经济的现状、竞争形势、市场需求状况及产业的时代变迁特点、产业政策思路等进行的分析表明:就区域产业配置而言,无论从比较优势、附加值、产业关联度及市场前景上看,旅游都有超越商业而成为结构中心的条件和需要。北京统一的国际国内旅游消费市场形态已基本发育成型,首都能与传统民族消费心理定势融合并实现无障碍连通的领域,目前唯有旅游业。首都经济的发展应尊重这一现实,并充分利用旅游业在现阶段消费源头的特质,以及对首都国民经济相关产业的关联带动功能,培育并逐步形成现阶段首都特有的旅游文化导入型产业群落。

2、大栅栏市场空间项目的再补充。许多国家和地区的实践证明,哪里文化方面的文章做得好、做得足,取得的成绩就最显著,吸引力就最长久。当然,文化范围很广,但拥有地域和传统色彩文化品质的地区少之又少,大栅栏就拥有这样的先天优势。对大栅栏来说,不存在打什么牌的问题,存在的是如何打好牌的问题,关键在于特色文化的深度挖掘和合理利用。

我们认为,以文化来开展旅游的方式多种多样,从大栅栏的角度看,有这样几个领域值得琢磨打造:

博物馆 几乎所有的首都城市都是博物馆集中的城市,其博物馆的数量及其藏品的数量和价值都会在这个国家中名列前茅,北京也正是这样。据统计,以1991年为例,伦敦接待人数最多的15个景点中,博物馆、艺术馆类就占10个,博物馆在旅游业中占着举足轻重的地位。大栅栏地区历史文化悠久,内涵深邃,名人掌故比比皆是。建立一个相应的博物馆,对引导和吸引旅游者更进一步地走近大栅栏能起到关键性的作用。同时,还应该注意博物馆与旅游项目的结合问题,博物馆在展示的内容和方式上,应充分考虑国内外旅游者的兴趣和要求,而旅游部门则应充分宣传促销,使之共同繁荣。

历史性和纪念性建筑物 对于一个有着数百年历史的特色商业地区来说,历史性和纪念性建筑物比比皆是,修复及旅游理念下的开发,非常重要。这些象征物会成为国内外旅游者观瞻拜谒的重要场所。

名人效应的利用 首都城市是名人荟萃的地方,利用名人效应做好旅游文章,是世界各国首都城市的惯用手法。大栅栏地区历史名人足迹遍布,只要以这些人物的活动为主线,结合地点、历史背景广为宣传,那么,就会对游人产生吸引力。

街巷效应 大栅栏在京师历史上地位显赫,历史上一些重要人物曾在此居住、活动,足迹遍布各街巷。只需将这些街巷加以整治、串接,再配之以服务(结合大栅栏的特点,在统一管理的机制下,开发人力车代步,老前门胡同游,代客邮寄,以及休闲消费的服务项目)、设施的跟进、故事的编排和旅游引导,这些街巷就能成为吸引人们探访的好去处。

节庆活动与表演艺术 体现文化传统和艺术的另外一个载体就是节庆活动,这包括历史上形成的具有独特民族和宗教特色的传统节庆活动,也包括为了促进经济、发展旅游而创造的现代节庆活动。同时,各种表演艺术作为当地文化的一部分也经常被当作吸引物来利用。不同的国家和地区都有自己独特的表演艺术,而且这些表演艺术在其首都展示的最为充分。这些艺术和艺术表演场所也成为强大的吸引力,甚至成为旅游者访问的重要动机之一。大栅栏也应积极地借鉴这一做法,充分利用好现有的独特资源,组织一些节庆表演活动。最好将时间固定起来,内容和形式根据不同主题加以确定,为大栅栏逐步充实进一些新的有时代特点的文化展现形式,以进一步提高大栅栏的人气指数和魅力指数。

(三)施行相应的配套措施。

政策实施方向应明确指向资本流入推动;具有广阔前景的业态生成;企业联合与购并,产业组织集约化经营;要素间市场关系的理顺等方面。

1、加强社会宣传。形成一个对大栅栏纵深开发的良好社会心理预期,有意识的制造热点,引起关注,激发社会的参与意识,引导投资。职能部门在运作时,应敏锐的捕捉宣传的每波高峰时机,超前展开。

2、加大市场化运作力度。发挥大栅栏投资控股有限责任公司的龙头作用,同时考虑成立大栅栏地区的行业协会,通过中介推动行业自律与发展。在企业与政府、本区与外地、经营者与消费者之间建立桥梁和纽带,加强信息沟通与宣传推介,开展合资合作及行业自律,促进共同发展。加强招商引资工作,多种方式吸引民间资本和民营企业。大栅栏有不少存量资源亟待盘活,这些地段适合中小企业加盟。应当扩大招商引资范围,采取土地批租、转让出售、产权置换等多种方式,吸引国内外客商、文化旅游企业、老字号企业前来投资、办分店。

3、区域企业的改制、改组和改造。大栅栏现有企业的效益都不是太理想,根据市场的需要,应积极推动规划区企业的改制、改组和改造。解决产权制度导致的低效问题,建立起相应的现代产权制度,实现顺畅的资产流转,推动企业购并,对大栅栏地区企业来说最为迫切。它是解决区域低水平经营,实现集约化运作的基础条件。

4、对开发商实施异地项目奖励。鉴于大栅栏地区风貌保护条件严格,开发建设成本高的现实,我们可对开发商进行异地项目奖励,即视投资大栅栏地区的规模、地段及预期收益评估,适当在区域的其它可开发的地段予以项目补偿。同时,综合利用经济杠杆,在土地政策等方面给予合理优惠。

课题主持人:副区长 王永新

参加部门:区研究室 区风貌办

关于马连道采购中心区发展战略的研究报告

马连道采购中心区北起北马连道路,南至宣武区与丰台区的区域边界,东起马连道东街,西至羊坊店路,总占地面积约1平方公里。由于历史的原因,该地区是目前北京内城可供规模开发的重要地区之一。区委、区政府站在经营城市的战略高度，在充分领会北京市整体定位和顺应北京市整体发展需要的基础上，确立了马连道采购中心区的发展战略目标："统一规划、一级开发、引入国际、提升本土、构创 CPD"。即以土地开发作为依托，合理调整产业布局，以交易方式创新提升本土产业，以举办中心采购展会启动跨国采购，构筑采购商和供应商云集的跨国采购中心区。

一、关于马连道采购中心区的产业定位

马连道采购中心区的产业定位是以高附加值的具有国际标准的采购为主导，主要涵盖跨国采购、采购展会、茶叶茶饮、商业零售以及医药保健和图书市场，并以金融、信息、咨询、配送、餐饮、酒店等相关服务业为补充。这一定位凸显了交易功能、不可复制的优势以及聚焦核心产业的现代经济功能区显著特征。

马连道采购中心区将划分为五个区域：(1)跨国采购和中心展会区；(2)茶产业采购区；(3)品牌商业区；(4)医药保健区；(5)图书教育区。采购中心区将以举办中心采购展会为载体，启动采购中心区的发展；建立国际茶叶交易中心，整合、提升中国茶产业；挖掘传统优势，打造品牌商业，提升现代形象；抓住机遇，完善医药配送体系，服务采购中心区；坚定市场化运作方向，稳固图书发行主渠道地位。把马连道采购中心区建成以都市需求为目标、专业采购为支柱、批量交易为主导、知名企业为主体、现代商务为依托，具备专业化、批量化、国际化的现代商务区，成为国内外著名工商企业中国采购总部的汇聚之地，全面展示专业采购、价格发现、信息交流、商品配送等经济功能，为宣武区的可持续发展提供强有力的经济支撑。

二、马连道采购中心区的 SWOT 分析

马连道采购中心区战略定位的依据，源自于对该地区面临的来自于外部环境机遇和挑战的详尽分析，对马连道采购中心区的 SWOT 分析，有利于把握其发展前景，挖掘其所具备的独特优势和可持续发展的资源。

(一)地区优势。

马连道地区拥有优越的地理位置、便利的交通条件。该地区靠近北京市中心，处于二、三环路之间，与北京西站、广安门货运场相临，并与京石、京开等高速公路相连，属于与北京铁路枢纽和公路主干线相邻的交通类别区域。马连道地区拥有足够的可供开发的土地资源，且开发成本相对较低。该地区有 82 公顷的土地可供开发，预计可以建成 250 万平方米的商业、商务及商住等设施。这为建立采购中心区提供了规模上的保障。

马连道周边的消费群体提升了地区的商业价值。马连道地区的消费群体以中高收入者居多，他们的消费特点使得马连道地区的商业价值不断突显，消费结构逐渐升级预示商品结构向多元化、高档化发展，这一预期使得跨国零售企业争相在该地区聚集设点。目前家乐福的成功入驻、欧倍德的动工兴建，这些跨国零售商的进驻将使马连道采购中心的建立成为必然。

马连道地区拥有丰富的可采购物品，且积累了相关的市场运作和管理经验。从整体上看，马连道地区是宣武区商业发展最快的地区。截至 2002 年底，该地区的茶叶经销网点近千个，年销售额超过 10 亿元，已成为华北地区最大的茶叶特色商业街，主导着华北地区茶叶供应和价格波动。茶叶市场的繁荣是宣武区发展市场经济的一个成功典范。茶叶市场培育、运作、管理等方面的经验，将对采购中心区的经营管理起到一定的示范作用。此外，市医药总公司在马连道地区设立了占地 2 公顷的北京医药马连道分销中心，担负了北京市各大医院和药店的药品配送任务，对全市药品的供应和价格起到举足轻重的作用。新华书店总店的图书销售中心也将建成营业。它的建筑面积将达 3.7 万平方米，预计年营业收入将达 20 亿元。茶叶市场的繁荣以及医药和图书配送中心的建立，将为大规模采购提供便利条件，而马连道采购中心区的建立又促使市场得到了进一步的繁荣和发展。

(二)制约因素。

一是缺乏灵活有效的现代企业制度。在马连道地区除新近引进的家乐福、欧倍德等大型跨国企业外，目前本地原有的大部分仓储企业，并没有随着市场经济体系的建立而完全建立起一套符合自身特点的现代企业制度，这在很大程度上制约了马连道地区的经济发展。二是缺乏具有持续支持力的跨国企业的采购总部。因目前马连道地区现有的基础设施还不够完善、政府的服务水平有待提高，所以还没有形成吸引跨国企业采购总部入驻的独特优势。三是缺乏具有行业龙头地位的总部经济。由于受北京市整体规划以及马连道所处的地理位置、整体的开发面积等众多因素的制约，目前具有行业龙头地位的总部经济还难以被吸引到马连道安家落户。四是区域内的道路市政设施落后。马连道地区的交通设施建设不够完善，现有的基础设施落后，道路、给水、排水、电力、燃气、热力系统无法满足经济社会的进一步发展。另外，在北京市总体规划的控制下，能否争取到最佳开发模式的总体控制方案，以及区里较大的微调空间，都是本区域实施深度开发不可预知的因素。五是土地产权关系复杂，开发的协调成本较高。马连道地区的土地产权归属于十几个单位，既有市属单位，也有国家级企业，还有中央直

属机关,产权关系极为复杂。业主利益难以平衡成为了开发的难点,因此在开发时协调成本相对较高。

(三)战略机遇。

首先,随着经济全球化,世界性的社会化大生产网络已经形成,跨国公司在世界经济活动中的作用日益凸显。经济的全球趋势和中国加入世界贸易组织的利好因素,将使跨国企业加速在中国的扩张,采购规模随之进一步扩大。其次,中国日益成为全球商品制造业的中心。在经济全球化的大背景下,由于中国庞大的市场、健全的工业体系和丰富廉价的资源,中国制造业技术的大幅改善和服装、日用品、家电等商品价格上的优势,将促成外国零售商将采购重点放在中国。第三,政府大力支持跨国企业在中国采购。中国加入世界贸易组织所带来的关税、配额等方面的变化,将为跨国企业在中国直接采购带来很大机遇。北京拥有得天独厚的政治优势、经济优势、产业基础、商务环境和进出口贸易环境,这些都会使流通业成长为北京的支柱产业之一。另外,各大跨国零售企业入驻北京,也将给北京的流通业带来全新的经营管理理念。第四,北京对南城发展政策倾斜的实施。北京的"十五"规划把加快南部地区的发展与建设步伐,逐步实现与其他区域协调发展确定为重要内容。因此,结合规划精神,顺应南城发展的客观规律,把握历史机遇,构创马连道采购中心区,机会难得。采购中心区的建设将有利于促进宣武区和整个南城经济的振兴和持续发展。

(四)市场挑战。

目前,本市及周边地区均相继建立了采购中心。虽然这些采购中心的定位各有不同,但也是马连道采购中心区强有力的竞争对手。如北京朝阳区豆各庄即将兴建的北京国际商品采购中心,其定位是国际商品贸易基地;天津保税区将成为中国北方与国际接轨功能齐全、服务一流的进出口商品集散中心;未来5年,青岛也将建成中国北方最大的跨国采购中心。

三、加快建设马连道采购中心区面临的几个问题

通过调查研究和对马连道采购中心区的SWOT分析,我们认为,加快发展马连道采购中心区面临着如下几个问题:

(一)市场主体建设需要加强。

马连道地区现有的市场主体主要有:(1)国际知名品牌企业,如:家乐福、欧倍德等;(2)国有大型企业的仓库,如:二轻仓库、北京市商业储运公司仓库等;(3)以向个体商户出租摊位为主的商城。目前的情况是:除2家国际知名品牌企业外,其余大部分市场主体缺乏灵活有效的现代企业制度;地区本身缺乏具有支持力的核心商家;缺乏具有行业龙头地位的总部经济。这些都限制了马连道地区经济的进一步发展。因此,建立适应市场经济要求,产权清晰、权责分明、政企分开、管理科学的现代企业制度,吸引核心商家入驻马连道采购中心区,就成了加快马连道采购中心区建设中的一个重要的问题。

(二)市场秩序需要提升。

茶产业是马连道地区的主导产业,其聚集效应和规模效应日益凸显。但马连道茶叶市场给众多消费者的印象仍然是一个以批发、零售为主的市场。马连道茶叶市场的经营方式单一,交易方式落后,茶叶的交易方式仍然以批发、零售等一般农产品的初级交易为主,没有形成一套完善的交易规则。因此,整顿和规范茶叶市场的经济秩序,促使马连道茶产业整体升级就显得非常重要。

(三)市政设施需要完善。

目前,区域内的主要道路是南北走向的马连道路,规格是双向4车道,宽度为18米,北面与广安大街相连,南面在马连道南口被截断,该条道路的堵塞问题比较严重。区域内的其它道路大多又窄又短,且路面破损严重,道路状况很差。

此外,马连道地区现有的基础设施落后,道路、给水、排水、电力、燃气、热力系统均存在一定程度的供应紧张状况,成为制约经济社会发展的不利因素;马连道地区仓库用地占较大的比例,且年久失修、效益滑坡,利用效益低;几个住宅项目也不同程度地存在着配套设施不完善问题。

以上这些问题,都限制了马连道地区的进一步发展。因此,尽快制定和完善各种规划、加快市政设施的改造迫在眉睫。

(四)品牌价值需要提升。

品牌是一个很宽泛的概念,不同层面的品牌有着不同的含义。一是地区品牌。即:站在战略的高度,将马连道采购中心区整体作为一个品牌,以显示它的整体价值。现阶段,马连道在消费者心目中仍然是一个茶叶的批发市场,且市场的经营秩序需要进一步规范。虽然我们曾经在不同的媒体上多次宣传马连道采购中心区"一区五园"的规划方案,但仍然不够深入人心。马连道采购中心区作为一个地区品牌,应该得到进一步挖掘提升。二是行业品牌。行业品牌是指马连道采购中心区的某一园区、某一行业的品牌。现阶段,在消费者中一提起马连道,人们会马上联想到茶叶。可见,马连道采购中心区的茶产业品牌是比较知名的品牌,但其"批发市场、农贸市场"的形象,也同样根深蒂固地印在人们心中。因此,提升茶产业的品牌内涵和品牌价值,仍是值得马连道采购中心区经营者需要认真思考的问题。三是企业品牌。企业品牌指具体某一企业的知名度。在马连道地区，企业品牌主要是近些年引进的家乐福、欧倍德等国外知名跨国企业。在目前，该地区还缺少大牌企业著名品牌。因此，培育具有中国特色、北京特色、马连道特色的企业品牌，应是马连道地区建设的又一重要问题。

（五）交易方式需要升级换代。

目前，马连道茶叶市场是一个以小茶农为主体的自由市场。所以小规模现货交易是该市场的主要交易方式。因此，交易中经营者对产品的品牌、后续服务及质量保障没有任何承诺。茶商一般都没有公司，也没有成本核算。他们按市场要求统一办理个体执照，市场提供发票，统一上缴工商费及卫生管理费，税收采取固定税制。这些现状都与现代化交易方式存在着巨大差异。故商品交易方式亟待升级换代。

四、加快马连道采购中心区发展的基本思路

（一）引入、培育规模品牌企业。

为了加快马连道采购中心区的发展，必须引入和培育规模品牌企业。一般来讲，企业选择采购地点主要受以下因素影响：(1)本企业在该地区分布的网点数量较多；(2)可供采购的商品的数量多、种类全、质量优；(3)交易成本相对较低；(4)交通、通讯等基础设施齐全便利；(5)政府的服务水平较高。鉴于此，必须努力创造条件，建设市场发展的大环境。

一是通过品牌企业的入驻培育企业主体。现在，马连道地区所拥有的品牌企业主要有家乐福、欧倍德等。下一步，我们可以借助地利优势，与这些跨国企业沟通，吸引他们将本企业的北京地区、华北地区乃至全国的采购订货会安排在马连道召开。这些商业巨头对于众多供应商具有很强的号召力，如能带动更多供应商的入驻，将非常有利于提升马连道采购中心区的知名度。

二是通过发展本地核心产业培育相关企业主体。马连道地区现有的主导产业是茶叶、医药和图书业。这些产业在北京乃至华北地区内都有一定的比较规模、示范效应和行业带动效应。因此，通过这些骨干企业的号召力，带动相关产业入驻，对培育茶叶、医药、图书出版业、包装业、原材料产业有积极的影响和正面作用。

三是引入采购商培育行业主体。一般供应链上的核心企业都是零售企业，他们对于上游供应商具有很强的牵制作用。但是随着社会分工的逐步细化，行业组织在本行业中的作用越来越大，他们与供应链上核心企业的谈判能力逐渐增强。比如上海炒货业，因不满家乐福高额的“入场费”而集体退出该企业卖场，就是很好的证明。因此，我们应考虑吸引一批在某一行业具有号召力的供应商，让他们吸引采购商入驻马连道，以达到双向互动的效果。

（二）规范、提升经营秩序。

以茶叶为例。随着茶产业在马连道地区的聚集效应和规模效应日益凸显，规范、提升市场的经营秩序，既是茶产业市场持续发展的内在要求，又是促使马连道茶产业整体升级的重要措施。作为华北地区最大的马连道茶叶市场，规范、提升马连道地区的经营秩序是非常重要的，如此也可为全国其他茶叶市场做出表率。目前，深圳、上海等地纷纷策划建立国际茶业市场，并颁布茶叶标准、建立交易平台。如规划中的深圳东方国际茶都一期开发面积达4万平方米，总面积超过17万平方米。国际茶都将引进具有一定影响力的企业，建设茶业物流基地，搭建交易平台。如果深圳、上海的国际茶业市场顺利建立，势必形成马连道茶产业的进一步发展和该地区茶产业优化升级的市场竞争态势，可能招致马连道在全国茶业市场龙头地位的丧失，从而对采购中心区整体发展带来负面影响。因此，面对全国市场的激烈竞争和马连道市场自身发展的迫切需求，马连道茶业市场的经营秩序急需进行进一步规范。

一是为茶产业制定详细规则。目前，对茶叶可以起到规范作用的法律法规主要有：《中华人民共和国食品卫生法》、《茶叶卫生标准(卫生部)》等。这些法律的可操作性较差，针对性不强。因此，应为规范茶产业专门制定详细规则。(1)建立茶产品检验检疫制度。中国加入WTO以后，我国出口产品面临的非关税壁垒(技术壁垒)越来越多。我国出口的茶叶在卫生质量上，特别是农药残留、重金属和有害菌三个方面的技术壁垒难以攻克。全国质检系统在2003年整顿和规范市场经济秩序时，要求对19大类产品实行三“C”认证、对5类食品实施食品质量安全市场准入制度。参照欧洲、美国等发达国家的技术要求，当前建立我国茶叶的强制性认证标准和质量安全准入制度将十分必要。马连道作为华北地区的茶叶集散地，在茶叶行业有着重要的地位。因此，在没有国家标准的当口，我们必须运用自身的力量来规范市场。(2)建议建立茶叶质量国家标准。在我国，茶叶的质量没有一个明确的标准，只是有特级品、一级品、二极品等非常粗略的等级划分，而且标准没有量化，没有参照系。因此，建立中国茶业质量相关的国家标准(GB)，并用这一标准规范每一种茶叶的样品和质量，很有必要。

二是规范行业协会，健全协会职能。根据规划，马连道地区将建立中国茶叶大厦(中国茶叶交易中心)。它的建立，要以一套标准化程度高、可操作性强的制度作为基础。对于马连道茶叶市场来说，通过规范行业协会来协调各方关系、解决各种问题，是一个比较好的办法。目前全国范围的茶业中介组织有中国茶叶流通协会。马连道地区与茶有关的行业协会有:马连道茶业同业会、私个协马连道茶商分会等。但目前这些协会分属不同的部门,在制度上、体制上、管理方式上也不尽相同,缺乏权威的导向作用。因此,马连道地区现有的茶业协会需要重新规范。规范行业协会的关键是健全协会的职能,如以为会员提供服务为宗旨,重点是制定行业规章,为政府提供政策建议,制定行业发展战略与规划,协调商贸活动,规范茶叶市场,统一茶叶交易制度。同时,发挥行业协会作用推动茶叶产品结构调整、产业机构升级和企业技术进步。茶业协会通过与政府各部门的联系,沟通茶叶销售商与茶产地企业的关系,打通供需各方与流通环节各企业的关系,使他们能够引导茶叶市场向有序、规范、公平、公正的方向发展。

三是规范市场的交易秩序。以茶业协会名义,对市场上那些掺杂使假、鱼目混珠的个别商户进行整顿和清理。同时要做到:(1)建立信息公开制度。对茶叶市场的有关信息定期公开。对于在马连道地区经营的产品要求商家统一、规范的标注产品产地、质量、价格等,并实行"场地挂钩"协议准入制度,接受社会监督。(2)建立市场准入制度。由茶业协会制定本地区的市场准入标准,以保证进入市场的经营者有较高的素质。市场要引入规模大的企业,积极扶持其发展,并为他们的经营创造良好的条件;要引导小企业健康发展,推动小企业之间联合发展,或者以股份的形式加入大企业,促进市场的进一步扩大。

四是纠正茶叶流通环节作业中不规范的行为。茶业协会可以发挥其在茶业销售市场的优势,与茶叶生产、运输、储存、流通加工等各个环节的相关管理部门(当地政府或行业协会)沟通,纠正流通环节作业中不规范的行为,建立流通各环节的标准化运作模式,并加以推广。

五是引入核心企业,培育核心品牌。目前入驻马连道茶叶市场的很多企业规模小,茶叶品种单一,缺乏知名品牌。因此,培育市场、培育品牌是规范马连道茶产业的又一项重要工作。可以做的工作是:(1)引入核心企业。根据《中国茶叶大厦》的论证报告,浙江、福建、云南、湖北、湖南、四川、安徽等省是我国茶叶的主要产地,产量占全国总产量的80%以上。根据茶叶交易中心的设计规划,可以从上述产茶大省的主要产茶地引进一批在当地具有影响力的厂家来马连道经营,并为他们提供良好的经营环境。(2)培育核心品牌。核心品牌的培育可以引进现有知名品牌和培育新的知名品牌。在引进知名品牌时,可以引进一批经营茶的老字号品牌,可以从茶产地引进一批有影响力的生产企业,将他们的品牌引入马连道,并为其经营、宣传提供支持和帮助。同时,对已经成为名牌的"更香茶叶",要注意维护其健康发展。另外,马连道绿茶节作为宣传、发展马连道茶产业的重要组成部分,要使之形成马连道茶产业的一块重要招牌。

(三)加快改造市政设施,加快推进一级开发。

1、加快改造市政设施。一要尽快制定土地规划,提早获得有关部门批准。根据北京市整体规划和2008年奥运会召开的需要,截至2006年底,北京市四环以内将停止审批新开工的建筑项目;到2007年底,在建项目要全部建成。现阶段,马连道采购中心区的整体规划仍处在概念性、战略性的层面。因此,一方面应建议市政府将马连道采购中心区作为重要的商业区,列入北京市级经济功能区,纳入北京市商业发展的总体规划,享受有关政策扶持和管理服务。另一方面,迫于时间紧迫,要根据"采购中心区"的整体要求,尽快对每一块没有确定具体用途的土地进行详细具体的规划,制定出总体的控制性详细规划、确定用途、完善相关配套设施,提早报请有关部门批准、备案,一经批准,加紧建设。鉴于马连道地区土地的所有者大都是市属、中央直属的大型企业,因此,在制定土地规划时,要充分、综合地考虑各方利益,协调各方关系。与业主谈判时,要本着友好协商、互惠互利的原则,争取达到双赢的结局。二要根据规划,制定基础设施的建设方案。根据土地用途和正在制定的《马连道地区交通评估报告》,制定交通、市政等基础设施的建设方案。方案的制定,要综合考虑各种因素和地区经济可持续发展的要求。在修建道路时,应尽量节约成本,配套基础设施尽可能一次完成,避免"拉锁工程"。在确定市政基础设施的建设进度时,要考虑地上建筑的建设速度,使得市政基础设施的建设速度与地上建筑的建设速度相匹配,避免过快会浪费有限的开发资金、加大开发成本,过慢则会影响商业设施使用和经营的情况。三要积极申请市政府的政策支持。为了加快"马连道采购中心区"的建设,出台的总体规划要及时报请有关部门立项,及时申请雨水、污水、道路、照明、绿化等五项建设资金支持,同时申请路网加密建设费用的适当补偿。四要加紧建设现有项目。目前已经主管部门立项并且得到政策支持的北马连道路要尽快开工建设。马连道2号路的建设方案也应尽快实施,拆迁工作要加紧进行,施工工作应尽快筹备。另外,南马连道路西段的立项、申请政策支持和整条路的施工工作也应加紧进行。三条道路的建设,将为欧倍德等企业的顺利开业和正常经营创造良好的环境;同时,道路的建设也将为宣武区改善投资环境起到一定作用,对今后的招商工作创造有利条件。

2、加快推进土地一级开发。建议由政府的专门机构——土地整理储备中心进行土地一级开发。如此，可发挥其产业调控、行政资源、建设成本、税收政策等方面的优势。通过土地一级市场，实现低风险、高收益。以土地调节产业，做到灵活运用希缺资源规划产业格局，调节产业定位、聚合规模产业、发展比较优势。具体做法是：(1)加快土地储备中心运作。土地储备中心要尽可能把地区未开发利用的土地都收购到土地中心。通过土地储备中心，充分发挥政府在核心资源方面的统筹能力，通过土地一级市场获取级差收益。同时，保证二级市场的有序发展，引导核心产业功能聚合。土地储备中心要充分发挥其在一级市场交易、土地整理、税收等方面的政策职能，并赋予其统一规划、融资、出让、产业规划协调等方面的职能，确保一级市场的有效运转、二级市场的繁荣活跃和中间过渡阶段的顺利实现。(2)协调各个产权单位的关系。实施一级开发，区政府要与产权单位间按照市场的原则对土地使用权进行合理收购。在收购过程中可以实行一些优惠政策，采用多种形式开发土地。并且，建立与土地所有者的协调和协商机制，协调政府、所有者、开发商的关系，以保证各方利益。在具体运作上，可以分两步走：一是如果土地使用者的开发计划符合马连道采购中心区整体的发展，土地所有者可以根据统一规划自己进行开发；二是如果土地使用者的开发计划不符合马连道采购中心区整体的发展要求，从采购中心区的长远利益出发，应按照市场的原则将土地收回，实施一级开发。

(四)加快实施交易方式升级。

要将单一的茶叶交易升级为采购商品的大宗交易，这是采购中心区商流的核心所在。采取的方式：一是电子商务与传统交易方式相结合。随着 Internet 技术的广泛运用，电子商务作为一种新的交易方式正在被越来越多的企业所接受。而且，像沃尔玛这样的零售企业选择供应商的最基本要求，就是企业具有上网条件。因此，在建立交易模式时，要充分考虑未来信息技术的发展和企业对于信息技术的需要。二是实行制度创新，建立标准化交易模式。跨国采购巨头一般都拥有一套适合本企业运作的采购流程，应参考他们的运作方式，建立起行之有效的标准化的采购模式，并在交易的过程中逐步推广这种模式，以期达到降低采购成本，提高交易效率的目的。

课题主持人：副区长　袁双梅

课题组负责人：王　佐

课题组成员：曾承东　马松莉　金　为

关于区人大代表换届选举面临的问题及其对策

按照《中华人民共和国地方各级人民代表大会和地方各级人民政府组织法》、《中华人民共和国选举法》的规定，我市各区县第十二届人民代表大会任期即将届满，下半年，将进行新一届区人大代表的选举工作。为此，区人大常委会组成调查组，用两个月时间，到8个街道办事处和区政府有关部门，针对有关情况和问题进行了深入细致的调查研究。

一、基本情况

截至2002年底，全区共有社区居委会112个，其中大栅栏11个、椿树7个、广内19个、广外29个、白纸坊18个、牛街10个、陶然亭9个、天桥9个。按户籍统计，全区总户数为201584户，总人口数为539269人，暂住人口为78379人。全区共有社会单位6173个，其中中央单位593、市属单位815个、区属单位757个、街属单位102个、外资企业94个、无上级主管单位3812个；在我区注册、外区经营的112个；在外区注册、我区经营的650个。

二、换届选举面临的新问题

(一)人户分离的现状，使按户籍进行选民登记变得更加困难。

1、新的拆迁安置政策无法掌握拆迁户的去向。目前我区有24片居民区正在拆迁或建设中，涉及48375户居民动迁；年内还将计划动工24片(处)，涉及约30000户居民，两项合计约7.8万户居民、20余万人口。由此，造成的人户分离大致占到全区总人口的五分之二，比1998年换届时的4万户、10万人分别增加了一倍。而现行的拆迁政策与1998年相比已有很大不同,主要实行货币安置,拆迁户一般都是用补偿款异地买房,虽然人已迁出,户口却仍留在原地。

2、户籍对人口管理的约束力趋弱。据了解,迁入新居未上户口、外出打工、空挂户等造成的长期人户分离情况十分突出。仅广外街道就有12200户(占该街道总户数的20%);广内街道有4460户(占该街道总户数的14%);陶然亭街道有5100户(占该街道总户数的20%)。

(二)经济组织形式多元化,给选民登记和酝酿协商代表候选人带来新的难题。

市场经济条件下多种所有制形式的出现,使企业呈现如下一些特点:1、就业方式多样性使人员流动性加大,单位和街道均难于掌握这种变化;2、企业改制使许多大企业变成若干小企业,而小企业又处于经常的变动之中,不易把握其变化;3、无上级主管、亦无党组织的民营私企大量涌现;4、一些企业注册地与经营地相分离,甚至在一处注册,多处经营。这些新情况的出现,使单位在进行选民登记、组织选民参选以及酝酿协商代表候选人的过程中,都会遇到一定困难。

(三)危改拆迁造成选区划分难。

由于原来居民区的格局被城市改造所打乱,特别是正在拆建或即将拆建的地区,给重新划分选区和产生代表带来困难。

(四)部分选民对参加换届选举缺乏积极性。

应当看到,随着人大代表作用在我国政治和社会生活中所产生的积极影响,以及广大人民群众民主法制意识的增强,越来越多的人民群众对选举的重要意义有了清醒的认识,希望通过行使属于自己的权利,选出最能代表人民意愿、参政议政能力强、积极反映民意、与人民群众打成一片的代表,有些企事业单位及民营企业中甚至出现争当人大代表的现象。但是也应当看到,仍有部分选民出于各种原因,对选举区人大代表不够关心,抱着"爱选谁选谁,谁爱当谁当"的无所谓态度。

(五)有经验的选举干部较少。

由于机构改革及居委会人员的调整和换届,原来从事选举工作的大部分骨干力量已离开了工作岗位,新人新手多,为本次选举增加了一定难度。

(六)代表结构有待进一步调整。

第十二届人大代表在选举之初,虽然从年龄、学历、党派、民族、性别、行业等诸方面注意了代表构成的合理性,但是随着时代的发展和要求,现有代表队伍的结构出现了一些问题。如年轻代表,研究生以上学历的代表,高科技、金融、法律等专业以及民营企业家等方面的代表偏少;由于认识上的局限,认为区代表应主要在区属以下单位和居民中产生,而忽视了属地和区域原则,致使中央、市属单位产生的区代表较少;代表中在企事业单位担任领导职务的较多,尽管他们有较强的参政议政能力,但由于本职工作过于繁忙等原因,不能保证闭会期间参加代表活动,使履行代表职务受到影响,等等。

三、解决问题的对策、建议

(一)普选宣传的力度要加强,调查摸底要细。

一要充分利用媒体,采取多种形式广泛宣传人民代表大会制度的性质、地位和作用,动员广大人民群众认真行使当家作主的权利,积极参加民主选举区人大代表的活动,投好庄严神圣的一票;二要紧紧依靠街道、派出所和社区居委会主任,配合选举工作人员,在摸清住户底数的基础上,挨门挨户发通知,将选举的重要意义、法律依据、各阶段的详细时间安排等告知选民,做到家喻户晓,人人皆知;三要把社区单位和社区居委会中的党组织作为组织选举的基本力量,帮助选举工作组针对选民思想状况进行宣传思想工作,发动选民积极参加选举活动。

(二)选民登记的方式要进行适当调整。

1、全市应统一政策,在坚持按户籍地进行选民登记的基础上,对人户分离户改按居住地进行选民登记,并坚持选民登记与登记选民相结合的原则。为避免重、漏,一要在选民登记开始前,首先摸清选民底数;二要在核实阶段,将户口不在本选区而进行了选民登记的选民,逐一向户籍所在地的选区书面发出已进行选民登记的通知,以避免重登;户口在人不在的选民,要尽量找到本人核实其在哪里登记,防止漏登;对于无本市户口的外地人员,可仍沿用过去的办法,由户籍地开出选民身份及是否参加过当地选举的证明,并持有本市暂住证的,可参加现居住地的选举。

2、企事业单位的职工,全市可统一采取如下办法进行选民登记:(1)原则上按注册的法人单位进行选民登记,参加所在选区的投票选举;(2)内退职工可在居住地进行选民登记;(3)失业人员在居住地登记;(4)本市户口的临时工可参加居住地登记,也可以从户籍所在地开出选民资格证明,在服务的单位登记;(5)退离休人员原则上在居住地登记,愿意回原单位参加选举的,可由户籍所在地开出未登记证明,在原单位进行登记。

(三)选区划分要本着方便、科学、合理的原则进行。

树立区域观念,适应社区建设的需要,划分选区时可遵循以下原则:1、以社区居委会为基础划分选区,尽量把同一社区的单位和居民划分在一个选区内,增加混合选区的数量,减少联合或独立选区。2、一般选区的选民人数以产生2名至3名代表为宜。3、对成片拆迁的选区重新进行组合,解决因拆迁造成无选民、无代表的问题。

(四)抽调得力的选举干部,加大对普选干部的培训力度。

鉴于抽调选举干部困难,且新人多、缺乏经验的情况,建议以街道工委、办事处、社区党组织、社区居委会为选举分会和各选区的主要领导机构,选举干部可以由社区党员、居委会主任、街道办事处在职的和已经退休的干部、中央市属及企事业单位抽调人员组成。区选举委员会应制定详细的培训指导计划,每一个环节、每一个步骤、每一个阶段都要进行周密细致的指导和培训,使普选干部尽快准确地掌握工作的内容、程序和要求。

(五)加强领导。

选举区人大代表是一项法律性、政治性、政策性很强的工作,必须把坚持党的领导、充分发扬民主、严格依法办事有机统一起来,保证选举工作顺利进行。1、区人大常委会应在区委领导下提前做好充分的准备工作,针对可能出现的情况做出预案,做到胸中有数。2、把好抽调选举干部的关口,确保政治素质好、有一定文化水平和群众工作能力的人员做选举工作,加强对选举工作人员的培训。3、坚持依法、按程序办事,严密细致地组织选举各个阶段的工作。4、提前做好代表资源摸底工作,使新一届区人大代表在结构上更趋于合理。5、适当增加选举经费,做好后勤保障工作。

课题主持人:区人大常委会副主任 栗 琦

参加部门:区人大常委会办公室 代表工作室

文件选编

关于开展政府管理创新工作的实施意见

宣发[2003]4 号

为适应社会主义市场经济体制和我国加入世界贸易组织新形势要求，进一步优化区域发展环境——特别是政府行政管理环境，加快建立行为规范、运转协调、公正透明、廉洁高效的行政管理体制和工作机制，区委、区政府决定，全区党政机关在 2002 年开展建设高效率政府机关和高素质公务员队伍大讨论基础上，推进政府管理创新工作。

一、指导思想

以邓小平理论和“三个代表”重要思想为指导，按照社会主义市场经济体制要求，进一步转变政府职能，理顺行政关系，创新工作机制，切实解决行政管理过程中存在的职能错位、管理越位、责任主体缺位和工作落实不到位等问题，逐步形成行为规范、运转协调、公正透明、廉洁高效的行政管理体制，为不断提升区域创新发展活力和可持续发展能力提供良好的政府管理环境。

二、主要措施

1. 进一步创新管理理念，积极推动公共行政服务。

(1)创新管理理念。积极倡导和推行适应社会主义市场经济体制的公共行政管理观念，全面实践立党为公、执政为民、依法行政、高效服务的思想，努力建设法治政府、高效政府和责任政府。

(2)建设高素质公务员队伍。努力实现从人事管理向人力资源管理的转变，建立健全“进得来、留得住、用得上、成长快”的人才开发激励机制。

(3)严格规范公务员行为。实行“首问负责，跟踪服务；一次告之，限期办复；警示在先，处罚公示；效能监察，一票否决”管理机制。不准以任何理由“生冷”对待管理对象，不准出现任何形式的吃拿卡要行为。凡被投诉并经调查属实的单位和个人，实行“一票否决”制度，取消年终先进评选资格。

2. 进一步转变政府职能，大力优化行政管理环境。

(1)强化政府公共服务职能。加强和完善政府对区域发展的经济调节、市场监管、社会管理和公共服务职能，重点做好政策引导、秩序规范、环境优化、公共服务和依法监督管理等项工作。在进一步转变职能的基础上，大力推进行政执法与社会服务的“政务承诺制”。

(2)严格规范行政审批行为。按照国家和北京市要求，进一步清理行政审批事项，最大限度地减少行政审批环节。凡是法律、法规和规章没有规定的行政审批事项，一律予以取消。全区具有行政审批权的行政机关必须规范本部门行政审批程序，并制定违反程序的责任追究办法，在宣武网站和相关媒体上公布。

(3)最大限度地简化“年检”和报表等事项，逐步实行“一门、一表、一次”的年检方式。对确需保留的年检、报表事项进行归并整理，研究制定统一的年检表格，努力使企业每年只在规定的时间内，到一个部门、上报一份材料、缴纳一次费用即可办理完毕。对具备条件的企业可以实行网上年检。严禁搭车收费、搭车征订报刊等行为。

(4)强化“一站式”办公服务。实行行政审批主办部门负责制，完善互联审批、并联审批方式，逐步实现统一受理、并联审核、一站答复、统一发证。建立“一次性”告知制度，对办理经营相关业务手续的企业，实行有关要求一次性告知，确需补充告知的，必须尽快与当事人联系。充分发挥宣武区经济服务中心的效能，最大限度地方便申办人。

(5)建立行政管理环境投诉机制。充分发挥宣武区区域发展环境投诉服务中心的作用,完善有关职能和工作流程,健全投诉举报制度,确保渠道畅通,处理规范,反馈及时。完善行政责任追究制度,对于违反有关规定的单位和个人,根据责任性质、情节轻重追究责任。

3.进一步规范行政行为,努力优化行政执法环境。

(1)规范收费行为。全面清理对企业的行政性收费项目,非法律、法规和规章规定的收费项目一律取消。完善收费程序,实行收支两条线,建立收费公示制度,增强收费透明度。对未列入收费目录的收费项目,企业有权拒绝缴纳,并可向监察机关、物价部门等有关部门举报。

(2)改进行政执法检查管理方式。建立行政执法检查预先告知制度,例行检查项目必须提前通知企业,突击检查须经区政府或者区政府授权的部门批准。行政执法人员不得随意到企业检查工作,更不准借检查之名谋取个人或部门利益。建立执法检查结果报告反馈制度,对企业进行检查后,必须向企业反馈检查的相关结果。

(3)严禁向企业乱摊派、乱收费、乱罚款、乱集资、乱检查、乱培训。任何部门不得对企业强制或变相强制培训,凡是行政机关要求的培训,不得向企业收取任何费用。驻区企业有权向区行政部门提出上门服务和综合执法检查等要求,行政部门接到请求后,应当尽快研究答复,切实提供依法、高效、便捷的服务。

(4)深化综合行政执法体制改革。探索建立适合我区经济发展、城市管理、文化管理、社会服务领域的综合执法体制。积极稳妥地推进城市管理领域相对集中行政处罚权工作。完善城市管理综合执法办法,探索按街道辖区综合执法的有效途径。

(5)建立免费发布行政管理信息的工作制度。公务人员应当向公民、法人和其他组织进行日常的法规、政策宣传,通过发放法规政策文本、通报信息等方式,逐步提高公民、法人和其他组织,特别是企业生产者、经营者知法、懂法,守法、用法的水平。

(6)探索设立行政处罚警示程序。对于违法情节轻微、危害程度较轻的首次违法行为,行政机关可以不做罚款以上的行政处罚,但应当向当事人宣传有关法律、法规的内容,告知其违法后果,责令其予以改正并不得继续进行违法行为,通过教育引导其自觉守法。

4.进一步推进政务公开,大力优化社会服务环境。

(1)深入推进政务公开。区政府各工作部门和各街道办事处在进一步规范政务公开工作的基础上,建立并完善政务承诺制度、投诉举报制度和责任追究制度。必须将办事依据、办事程序、办事条件、办结时限和收费标准等内容,通过多种形式向社会公开,尤其是直接为企业和经济服务以及与群众切身利益密切相关的事项,要科学压缩每一个工作环节的办结时限,优化工作流程。各部门应以书面形式一次性向服务对象承诺有关事项,告知当事人享有的法律权利和救济途径,以及行政机关违反承诺所应承担的责任。

(2)规范政府招商服务行为。建立政府重大投资和经营信息发布制度,定期在政府网站和《宣武报》公布宣武区重点建设项目、重点地区、主导产业、重点行业投资指引等有关信息,有效引导国内外投资。建立土地储备中心,实行土地开发的市场公开交易。项目建设实行对外公开招标办法。规范、指导区域经济、文化、卫生、教育和体育等资源的开发,进一步加强城市基础设施建设。

(3)完善政府招标采购制度。研究制定区域开发、项目建设等委托招商办法,试行政府委托招商制度。认真落实《宣武区进一步优化区域投资环境,扶持主导产业,加快区域经济发展的试行办法》及有关服务政策。加大对企业扶持力度,完善政府与重点企业的"绿色通道"联系制度。

5.进一步优化行政流程,努力提高政府工作效率。

(1)逐步完善行政决策机制。完善了解民情、反映民意、集中民智、珍惜民力的决策机制,推进决策的科学化和民主化。完善重大事项的决策规则和程序,实行重大决策的论证制。建立社情民意反映制度,建立与群众利益密切相关的重大事项社会公示制度和社会听证制度。完善政府顾问管理办法,规范专家咨询制度。

(2)健全行政管理协调机制。建立和完善区、街和各部门之间的信息通报制度。区各行政机关实施行政管理,需要街道办事处配合的,应当及时向街道办事处通报。对重点地区、行业的发展规划和开发、经营、管理方案,区有关部门应当事先征求相关街道办事处意见。建立依法行政联席会议制度,区各行政执法部门、各街道办事处、各垂直管理部门及其他相关部门,应当加强行政管理的信息沟通、执法协调和工作联系。

(3)逐步完善发展环境综合考评机制。对行政执法部门和公共服务部门试行综合考核,考核情况纳入该部门的业绩考核体系。成立优化发展环境综合考评协调机构,研究制定综合考评指标,组织开展综合考评工作。坚持开展包括外商企业、民营企业、国有集体企业在内的各类企业和特邀监督员、人大代表、政协委员、民主党派、工商联、无党派人士对上述部门工作的测评和监督。坚持和完善由独立的专业机构进行的宣武发展环境调查,深入研究发展环境建设中存在的问题。

6.进一步推动政企分开,努力发挥市场机制作用。

(1)进一步理顺政府与区属企业关系。分离政府国有资产出资人职能与社会经济管理职能,建立国有资产管理机构,代表政府履行出资人职责,专司国有资产管理职能。加快区属国有企业改制步伐,推动国有资本从分散的中小企业向重点优势企业聚集,增强国有资本运营的活力,提高投资回报率。逐步推进国有企业产权主体多元化改革,组建股权多元化的股份制企业。

(2)理顺政府与市场中介组织关系。进一步规范行政管理行为,把政府不该管也管不好的事交由市场中介组织承担。加强对中介组织运作情况的监督和规范,防止中介组织的行政化倾向,促进中介组织与政府管理部门脱钩。培育和发展行业协会,根据区域行业管理体系建设的需要,组建我区商业、建筑业等联合会,充分发挥其行业服务、行业自律和行业管理的职能。行业协会管理人员应当由企业自愿选举产生,由企业管理人员担任。

(3)建立信用体系与信用公示制度。完善企业信息征集制度,落实有关管理办法。积极创造条件,利用首都之窗和宣武网站公布企业信用状况。

7.进一步理顺政社关系,推进城市管理重心下移。

(1)进一步明确街道事权。街道办事处工作以居民工作为基础,以城市管理和社区服务为重点。有关职能部门不得直接向街道办事处布置任务,确需街道办事处协助完成的任务,须经区政府批准由区街道办统一协调。全面落实《关于街道财政管理体制改革的意见》,按照区与街道间的事权划分,建立起激励制约机制和区对街道的转移支付制度。加强各行政执法机关在街道派出机构的执法工作,保障其专司日常管理、行政检查和部分行政审批、行政处罚职权。

(2)强化街道监督考核权。街道办事处具有对区级各行政机关在街道辖区内派出机构进行统一协调和监督的职能。街道办事处对区政府各部门派出机构的监督考核,纳入区政府综合考核内容。区各行政执法机关在街道的派出机构人员应当接受街道办事处的指挥调度和监督考核。街道办事处可以根据考核结果向各行政执法机关行使人事建议权,对监督考核不合格的可以建议不宜继续留在该派出机构工作。

(3)理顺街道与社区的关系。在推动科教、文体、法律、卫生"四进社区"的同时,要在城管、公安、工商、社保等执法和服务工作进社区方面,取得明显进展。落实"一区一员"制度,建立社区城管执法联系人、社区城管检查报告及社区对城管执法考评等制度。推进"一区一警"、"一区多警"制度的落实,加强社区警务站和流动人口管理站建设,把流动人口管理工作纳入基层行政执法范围。

(4)加强社区自治组织建设。落实社区自治组织的自治权、依法协管权、对政府工作部门的监督权,提高社区自我管理能力。政府部门不得随意在社区建组织、挂牌子、派任务,切实减轻社区自治组织的行政负担。民政、司法、计生、劳动、公安等与群众生活密切相关的公共管理与服务项目,可以纳入街道政务服务大厅办公,直接面向群众,提供服务。

8.进一步发展电子政务,努力提高信息化管理水平。

(1)构建互联、共享的服务型电子政务系统。按照信息化总体规划要求,以建设服务型政府为目标,建立科学、实用、完善的信息化指标体系,促使电子政务建设有序推进。完善政务信息资源传递与处理系统,最大限度地减少政务信息资源的迟滞、耗损,提高政务信息的时效性、有效性和社会共享性,降低行政成本,提高政府管理和服务社会事务的能力。

(2)积极推动行政机关对企业信用信息互联和共享,为社会提供信用信息查询服务。推进企业年检(审)和各种检查活动的改革,逐步实现网上年检(审),试行合并年检和联合年检。对无违法记录或者有多项良好记录的企业,可以通过减少检查、免审、免检等予以鼓励,对纳入预警或者警示记录的企业加强监督管理。

三、组织实施

(1)在区委、区政府的统一领导下成立领导小组,具体负责政府管理创新推动工作,办公室设在法制办。

(2)各部门、各街道要按照本意见精神,制定本部门、本地区的具体落实方案,积极认真地推进政府管理创新工作。

(3)本意见执行过程中,如有与国家和北京市新出台的相关政策和规定相矛盾的地方,按照新的政策规定办理。

中共北京市宣武区委

北京市宣武区人民政府

2003年3月26日

关于贯彻中共北京市委、北京市人民政府《关于进一步做好下岗失业人员再就业工作的通知》的意见

宣发[2003]9号

1998年中共中央、国务院召开《国有企业下岗职工基本生活保障和再就业工作会议》以来，我区根据市委、市政府的部署和要求，逐步建立了再就业工作组织体系、再就业服务体系和目标管理体系。建立了下岗职工基本生活保障制度、失业保险制度、城市居民最低生活保障制度，确保了下岗职工、失业人员基本生活费和企业离、退休人员基本养老金的按时足额发放，促进了下岗职工、失业人员再就业，维护了社会稳定。几年来，宣武辖区下岗职工再就业率始终保持在60%以上，城镇登记失业人员就业率保持在60%以上，城镇登记失业率控制在1.5%左右。目前宣武辖区的下岗职工已全部出再就业服务中心，下岗职工基本生活保障制度向失业保险制度并轨工作基本实现。

但是，就我区情况看，失业人员呈逐年增多的趋势，每年平均增长速度达20%以上，预计2003年将达到40%。就业形势仍不容乐观，劳动者充分就业的需求与劳动力总量过大、素质不相适应之间的矛盾将长期存在。为了全面贯彻全国和本市再就业工作会议精神，做好新形势下就业和再就业工作，根据市委、市政府《关于贯彻落实中共中央国务院关于进一步做好下岗失业人员再就业工作文件的通知》精神，现就有关问题提出以下意见：

一、加强领导，明确目标，突出重点，狠抓落实

（一）做好再就业工作关系到广大人民群众的切身利益，关系到改革、发展、稳定的大局，具有极大的重要性和紧迫性。因此，各级党委、政府、各部门、各单位要把再就业工作作为一件大事，一项长期的战略任务和重大的政治任务来抓，必须将认识统一到全国再就业工作会议上来。

（二）各单位、各相关部门作为再就业工作的责任主体，对本地区、本部门再就业工作负总责。建立一把手负责制，做到集中研究和统一安排。要对全区就业形势和重点问题进行深入细致的调查、分析，提出对策、建议，并做好组织协调和督促检查。落实优惠政策、组织开发岗位，进一步加强各部门、地区之间的联系与配合。形成各部门的联动机制。

（三）要建立健全再就业目标考核体系，要树立就业优先意识，把提高就业与再就业率、控制城镇登记失业率和增加就业岗位作为宏观调控的重要指标，把净增就业岗位、解决就业困难群体就业、落实再就业政策和加大再就业资金投入作为具体工作目标，层层分解，督促落实，并作为对各级党委、政府、各部门、各单位政绩考核的重要内容，定期进行检查。对落实好的予以表扬；对落实不好的予以批评。对因工作不力造成严重后果的要追究领导责任。

（四）区、街劳动保障、计委、经贸委、民政、教委、财政、建委、税务、工商、公安、物价等部门要切实履行职能，加强协调配合，做好有关指导服务工作。要充分发挥各民主党派、工商联和工会、共青团、妇联等人民团体以及有关行业协会、管理协会等社团组织的作用，群策群力，共同做好本区的就业和再就业工作。

（五）要充分发挥基层党组织和思想政治工作在促进就业和再就业工作中的作用。在实施企业改制重组、关闭破产、下岗分流和再就业工作过程中，必须把保障群众生活、促进就业和维护社会稳定作为各级党组织的主要任务。

二、挖掘潜力，广开渠道，千方百计扩大再就业门路

（一）加快发展第三产业，发展现代服务业。既要注重拓展传统的商贸、餐饮服务业领域的就业渠道，又要开发新兴的金融保险业、邮电通信业、房地产业、信息咨询业、文化旅游业的就业岗位。

（二）放手发展非公有制经济。要鼓励发展就业容量大的个体、私营、外商投资、股份合作等多种所有制经济，继续发展劳动就业服务企业，更多吸纳下岗失业

人员。

(三)积极扶持发展中小企业。发展中小企业,尤其是发展有市场需求的劳动密集型中小企业。要加大包括产业政策、信息发布、人才培训、公共管理等方面的扶持力度。

(四)鼓励有条件的国有企业在进行结构调整、重组改制和主辅分离中,利用非主业资产和闲置资产,通过多种方式分流和安置企业富余人员,对破产企业要利用其有效资产安置职工。

(五)积极开发社区就业岗位。要重点开发面向社区居民生活、驻社区机关、企、事业单位后勤和社区公共管理服务的就业岗位,如:家政服务、物业管理、物流配送、再生资源回收、早餐早点、卫生保洁、健身娱乐以及社区环境清扫、保绿、保安、公共设施养护等公益性岗位。

(六)鼓励下岗失业人员自谋职业、自主创业或通过非全日制、临时性、季节性、弹性工作等灵活多样形式实现就业。

三、加大再就业资金的投入

(一)实施再就业扶持政策的对象范围主要是有劳动能力和有就业愿望的下列人员:

1.国有企业的下岗职工;

2.国有企业的失业人员;

3.国有企业关闭破产需要安置的人员;

4.享受最低生活保障并且失业一年以上的其他城镇失业人员;

5.国有企业搬迁需安置的人员。

(二)要进一步调整支出结构,加大再就业资金投入,建立区、街两级再就业资金,将再就业资金列入财政预算。在《政府预算收支科目》中增设"再就业补助"款级科目,以反映财政用于社会保险补贴、岗位补贴、小额贷款担保和贴息、再就业培训补贴、职业介绍补贴、社区劳动和社会保障工作补贴、公益性就业组织、劳务派遣企业、再就业基地建设等项支出。财政还要安排资金,加强劳动力市场信息网络的建设。

目前,我区下岗职工虽然已经全部出再就业服务中心,财政原来安排用于国有企业下岗职工基本生活保障的资金已经完成历史使命,但根据工作需要,应安排一部分用于促进国有企业的失业人员就业与再就业。失业保险基金在确保失业人员基本生活的前提下,每年安排一定额度用于促进失业人员再就业。

1.适当扩大社区公益性就业组织环境清扫、社区保安、保绿队伍,主要用于安置享受城镇最低生活保障的就业特困人员,使就业特困人员通过托底机制实现再就业,今后三年每年吸纳300人左右。

2.对社区开发的项目,再就业资金给予5—10万元的先期投入。主要解决用于添置设备、工具及开办费用,每年至少开发5个项目,安置失业人员1000人。

3.鼓励街道社区、单位和失业人员组织起来开办劳务派遣企业和兴办社区就业组织,促进失业人员就业与再就业。新建劳务派遣企业和社区就业组织招用失业人员达到30人以上,并建立3年以上劳动关系的,可享受再就业资金3—10万元的一次性补助。

4.根据不同情况,研究制定享受城镇最低生活保障的失业人员就业政策,对正在享受城镇低保政策的特困失业人员实现稳定就业,再就业资金可在其就业一年后给予1000元就业奖励。

5.对享受本市社区弹性就业政策"4050"的人员,社会保险补助到期后,再就业资金可再给予3年社会保险补助。

再就业政策涉及政府资金问题,由区街财政从预算安排,在再就业资金中共同负担。

四、认真落实北京市出台的再就业政策

1.落实鼓励下岗失业人员自谋职业、自主创业的政策。对下岗失业人员从事个体经营、创办小企业(国家限制的行业除外),3年内免征营业税、城市维护建设税、教育费附加和所得税,并免收属于管理类、登记类和证照类的所有各项收费。应明确免收的项目,并向社会公布。对下岗失业人员从事个体经营涉及的各种经营服务性收费,要按照最低标准收取,严禁强制收费,严禁各种形式的集资、摊派和乱收费。

对于从事个体经营的女年满40周岁以上,男年满50周岁以上就业困难的下岗失业人员(以下简称"4050"大龄就业困难对象),由再就业资金给予最长不超过5年的社会保险补贴,补贴标准按单位应缴的各项社会保险费之和计算,个人应缴部分仍由本人负担。有关部门在城市规划建设和整顿市容时,要统筹解决好下岗失业人员自谋职业和自主创业的经营场地问题。

2.落实建立下岗职工、失业人员贷款担保基金政策。所需资金从再就业资金中安排,为下岗失业人员自谋职业和自主创业提供的小额贷款,按照自愿申请、社区推荐、劳动保障部门审查、贷款担保机构承诺担保、商业银行核贷的程序进行。贷款额度一般掌握在2万元左右,贷款期限最长不超过2年,到期确需延长的,可申请展期1次。贷款利息按照中国人民银行公布的贷款利率确定。对从事微利项目的,经劳动保障、财政部门认定,由再就业资金据实贴息,展期不贴息。担保最高限额为担保资金的5倍,期限与贷款期限相同。对下岗失业人员合伙经营、组织起来就业和创办小企业的,根据人数和经营项目可提供不超过10万元的贷款额度。

3. 落实鼓励服务型企业吸纳下岗失业人员政策。

(1)对现有的服务型企业(国家限制的行业除外)新增加的岗位,当年新招用下岗失业人员达到职工总数30%以上,并与其签订3年以上期限劳动合同的,经劳动保障部门认定,税务机关审核,3年内根据招用人数按一定比例减征企业所得税。

(2)对新办的服务型企业(国家限制的行业除外),当年新招用下岗失业人员达到职工总数30%以上,并与其签订3年以上期限劳动合同的,经劳动保障部门认定,税务机关审核,3年内免征企业应缴纳的营业税、城市维护建设税、教育费附加和企业所得税。当年新招用下岗失业人员不足30%的,根据招用人数,按一定比例减征企业所得税。

(3)对各类服务型企业(包括商贸、餐饮、服务业企业,国家限制的行业除外)新增岗位新招用国有企业下岗职工、失业人员,并与其签订3年以上期限劳动合同的,经劳动保障部门审核后,由再就业资金按其招用人数给予为期3年的社会保险补贴,补贴标准按规定执行。

4. 落实大力发展社区就业,吸纳大龄就业困难对象政策。

(1)鼓励驻社区单位开发就业岗位,安置"4050"大龄就业困难对象。对其安置"4050"大龄就业困难对象,签订3年以上期限劳动合同的,由再就业资金给予最长不超过5年的社会保险补贴。

(2)各街道社区公益性就业组织,要安排本地区"4050"大龄就业困难对象就业。区政府每年从财政预算中安排一定资金,用于公益性就业组织的建设和公益性岗位的开发。

(3)下岗失业人员通过灵活多样形式实现就业。对其中"4050"大龄就业困难对象由再就业资金给予最长不超过5年的社会保险补贴。

5. 落实鼓励发展劳务派遣企业政策。对劳务派遣企业招用"4050"大龄就业困难对象,签订3年以上期限劳动合同的,由再就业资金给予5000元一次性岗位补贴。劳务派遣企业安置"4050"大龄就业困难对象,签订3年以上期限劳动合同的,除给予一次性岗位补贴以外,在合同期内给予最长不超过5年的社会保险补贴,补贴标准按规定执行。

6. 落实鼓励有条件的街道、社区建立具有创业孵化功能、技能培训功能、再就业安置功能的再就业基地,为具有创业愿望的下岗失业人员提供创业能力培训、项目选择、贷款担保、政策扶持等帮助,促进下岗失业人员成功创业。再就业资金给予适当补助政策。

7. 对国有企业通过主辅分离和辅业转制分流安置本企业富余人员兴办的经济实体(国家限制的行业除外),凡符合下列条件的,经劳动保障部门认定,税务机关审核,3年内免征企业所得税。

(1)利用原国有企业的非主业资产、闲置资产或破产关闭企业的有效资产;

(2)独立核算、产权明晰并实现了产权主体多元化;

(3)吸纳本企业富余人员达到30%以上;

(4)与安置的职工变更或签订新的劳动合同。

(四)建立再就业优惠证制度,严格掌握扶持政策的对象范围,明确优惠项目,确保符合条件的下岗失业人员和用人单位都能享受到相关优惠政策。

五、进一步完善再就业服务保障机制

(一)加强劳动力市场科学化、规范化、现代化建设。

逐步建立起以促进就业为目标,以下岗失业人员的就业服务为核心,以职业指导为重点,以劳动力市场信息系统为依托的公共职业介绍服务体系,为下岗失业人员提供免费的职业介绍。加强劳动力市场信息网络建设,形成集职业介绍、职业培训、职业指导、技能鉴定、就业岗位开发为一体的劳动力信息网络,实现"一点登记,多点查询"的信息共享体制。健全劳动力市场信息采集、整理、分析及发布工作体系。加强职业指导工作,使每一名下岗职工、失业人员在求职登记前都能免费享受一次职业指导培训,全面提高职业介绍成功率。

(二)加大职业技能培训力度,有效促进就业和再就业。

从2003年到2005年,广泛动员社会各类培训资源,加大对下岗失业人员、在职职工、城镇新成长劳动力和农村富余劳动力的技能培训力度。加强下岗失业人员的"定岗培训",将就业岗位开发与职业技能培训结合起来,实行"一条龙"服务。对有就业意愿和培训要求的下岗失业人员免费进行一次技能培训,培训后的再就业率达到60%以上。对在职职工开展"技能振兴行动"的技能提升培训,重点加强高级工、技师、高级技师的培养。继续推行劳动预备制培训。重点实施"青年培训计划",实施对象主要是城镇新成长劳动力和进城务工的农村劳动力,培训内容主要是进行现代新兴职业技能的培训和初中级职业基础能力的培养。

(三)加强劳动力市场供需预测分析,建立用工需求动态信息采集和就业岗位空缺登记服务管理制度,明确区、街、社区的职责,每年二季度对下半年、四季度对下年度的用工需求信息进行采集,分析预测未来一定时期经济发展对劳动力结构的需求,引导劳动力的合理流动,优化劳动力资源配置。完善城镇失业登记制度与城镇劳动力抽样调查制度相结合的失业统计制度。

(四)建立失业预测预警体系,依据失业率、长期失业者比例,不充分就业率及相关的社会经济指标,确定本区失业警戒线,建立预警预报制度。当全区或局部地区失业情况接近或达到警戒线时,及时发出预警,采取有效措施,调整政策,防止大规模失业,确保就业局势稳定。

(五)进一步巩固“两个确保”,不断完善“三条保障线”,切实做到应保尽保。继续做好社会保险的扩面征缴工作,特别是要加强对非公有制企业、外来务工人员的社会保险征缴工作。加强城市居民最低生活保障工作,将所有符合条件的城市贫困居民都纳入保障范围,解决好他们的社会保障以及在医疗、住房、取暖、子女入学、水电煤气等方面遇到的问题。

(六)加大宣传力度,为下岗失业人员再就业营造良好的社会氛围。广泛开展宣传工作,提高社会各界对就业工作重要性的认识。通过各类新闻媒体,宣传本区的就业形势及就业和再就业工作方针政策,引导广大劳动者转变就业观念,动员社会各方面力量共同关心和支持本区就业和再就业工作。

中共北京市宣武区委
北京市宣武区人民政府
2003年5月23日

关于在全区兴起学习贯彻“三个代表”重要思想新高潮的实施意见

宣发[2003]11号

党的十六大把“三个代表”重要思想同马克思列宁主义、毛泽东思想和邓小平理论一道,确立为我们党必须长期坚持的指导思想,实现了我们党指导思想的又一次与时俱进,这是一个历史性决策,也是一个历史性贡献。“三个代表”重要思想同马克思列宁主义、毛泽东思想和邓小平理论是一脉相承的科学体系,是马克思主义基本原理同中国具体实际相结合的产物,科学回答了我们党和国家事业发展所遇到的一系列理论和实际问题,开辟了马克思主义的新境界,是马克思主义中国化的最新成果。最近,中共中央向全党发出了兴起学习贯彻“三个代表”重要思想新高潮的伟大号召,中共北京市委也提出了具体的贯彻意见。全区各级党组织和广大党员、干部一定要坚决贯彻中央、市委的要求,从落实党的十六大战略任务的高度,从党的事业继往开来、与时俱进的高度,从全面建设小康社会、开创中国特色社会主义事业新局面的高度,充分认识在全党兴起学习贯彻“三个代表”重要思想新高潮的重大意义,突出重点,转变学风,深刻领会基本精神,着力解决实际问题,在全区迅速兴起学习贯彻“三个代表”重要思想的新高潮。努力使广大党员干部,特别是领导干部在学习领会“三个代表”重要思想上达到新高度,在实践“三个代表”重要思想推动实际工作上再上新水平,为加快我区改革开放和各项事业的发展,为首都率先基本实现现代化而努力奋斗提供坚强有力的思想保证。

一、统一思想,提高认识,深刻领会“三个代表”重要思想的基本精神

兴起学习贯彻“三个代表”重要思想新高潮,要全面深钻细研,深刻领会“三个代表”重要思想的科学体系和基本精神。“三个代表”重要思想内涵丰富、博大精深,涵盖了经济、政治、文化和党的建设各个领域,体现在改革发展稳定、内政外交国防、治党治国治军各个方面,是一个系统的科学理论。学习贯彻“三个代表”重要思想,一是要牢牢把握“三个代表”重要思想的历史地位和指导意义;二是要始终坚持解放思想、实事求是、与时俱进;三是要毫不动摇地坚持党的基本理论、基本路线、基本纲领和基本经验;四是要为实现全面建设小康社会目标而奋斗;五是要坚定不移地抓好发展这个党执政兴国的第一要务;六是要促进社会主义物质文明、政治文明和精神文明协调发展;七是要最广泛最充分地调动一切积极因素,不断为中华民族的伟大复兴增添新力量;八是要始终做到立党为公、执政为民;九是要大力加强和改进党的建设。通过学习,要在对“三个代表”重要思想的时代背景、实践基础、科学内涵、精神实质和历史地位的认识上达到新的高度;在对建设中国特色社会主义的思想路线、中国特色社会主义的发展道路、发展阶段、发展战略、主要任务、根本保证、根本目的等内容的把握上提高到新水平;在深入学习“三个代表”重要思想、认真贯彻“三个代表”重要思想、身体力行“三个代表”重要思想上取得新成效;在贯彻党中央关于坚持“两手抓”、夺取“双胜利”的要求上取得新进展。进一步把思想统一到“三个代表”重要思想和十六大精神上来,把智慧和力量凝聚到实现十六大确定的各项任务上来。

二、突出重点,区分层次,多种形式组织好“三个代表”重要思想的学习

要以处级以上领导干部为重点,推动学习贯彻的不断深入。兴起学习贯彻“三个代表”重要思想新高潮,领导机关和领导干部是关键。领导机关、领导干部要学在前面、用在前面,做持久学、深入学的表率,成为学以致用、用有所成的模范。在第三、四季度,各级党委中心组要把学习“三个代表”作为中心内容,认真研读十六大报告和党章,认真研读江泽民同志《论“三个代表”》、《论党的建设》和《江泽民论有中国特色社会主义(专题摘编)》等一系列重要著作,把《“三个代表”重要思想学习纲要》作为重要辅助材料。要把学习“三个代表”重要思想同学习马列主义、毛泽东思想、邓小平理论结合起来,同学习胡锦涛总书记在纪念建党82周年大会上的重要讲话结合起来,从整体上掌握“三个代表”重要思想科学体系。要把自学和专题研讨结合起来,按照中央《通知》提出的九个方面的重要内容,逐个进行专题研讨,加深对这些重要问题的理解,把握精神实质。区委组织部、区委宣传部和区委党校共同举办处级领导干部学习贯彻“三个代表”重要思想研讨班,把全区处级以上领导干部轮训一遍。《宣武报》开辟“学习‘三个代表’笔谈”专栏,及时交流处级领导干部学习贯彻“三个代表”重要思想体会,同时通过举办专题研讨会、交流会等形式,推动学习贯彻“三个代表”重要思想的开展。每位处级领导干部年底前要结合实际,写出一篇学习体会文章。

要抓好基层党员干部的学习贯彻,使“三个代表”重要思想落实到基层。各级党组织要通过党日、机关干部学习日活动以及基层党校、市民学校等多种途径,组织好基层党员干部的学习。特别要注意抓好新经济组织、离退休人员、下岗失业人员、流动人口中的党员的学习,做到全面覆盖,不留死角。全区各基层党支部都要组织党员认真学习十六大报告和党章,学习《“三个代表”重要思想学习纲要》。对文化水平低的基层党员干部,要进行通俗易懂的讲解。有条件的基层党委要采取轮训等相对集中的方式,组织好党员干部的学习。区委宣传部与市委讲师团合作,编辑制作“‘三个代表’重要思想学习问答”系列教育光盘和辅导材料,为基层党员干部学习提供服务。

要用“三个代表”重要思想教育广大群众,使“三个代表”重要思想深入人心。充分发挥报刊、广播电视、互联网等大众传媒的作用,采取宣讲、知识竞赛、主题教育活动等形式,积极利用基层文化阵地,广泛宣传“三个代表”重要思想,使“三个代表”重要思想家喻户晓、人人皆知。要有针对性地回答群众在学习中提出的问题,帮助群众加深理解、提高认识。要找准学习贯彻“三个代表”重要思想与群众生产生活的结合点,把学习贯彻“三个代表”重要思想融入到群众获取各种信息和知识过程之中,融入到群众喜闻乐见的各种活动之中,融入到广大群众团结一心抗“非典”、聚精会神搞建设的实践之中。

三、联系实际,务求实效,把学习贯彻“三个代表”重要思想落到实处

学习贯彻“三个代表”重要思想,重在理论联系实际,学以致用,推动工作。要按照关键在坚持与时俱进、核心在坚持党的先进性、本质在坚持执政为民这个根本要求,不断增强全区各级党组织和广大党员干部实践“三个代表”重要思想的自觉性和坚定性。

一要把思想进一步统一到“三个代表”重要思想和十六大精神上来,把智慧和力量进一步凝聚到实现十六大确定的各项任务上来。要围绕全面建设小康社会、率先基本实现现代化的奋斗目标和重大部署,围绕我区跨越式发展的工作思路,紧密联系本系统、本单位的实际,提出具体奋斗目标,形成发展思路,制定发展措施,有效激发和调动全区人民加快发展的决心和干劲,凝聚起全区人民的智慧和力量,推动各项工作取得新进展,开创新局面。

二要进一步树立与时俱进、开拓创新的良好精神状态。要坚持和深化改革,特别是要深化经济体制改革、行政管理体制改革和城市管理体制改革。坚决破除一切妨碍发展的思想观念、做法、规定和体制弊端。各级领导干部要查找思想观念和精神状态上存在的差距,振奋精神,开阔视野,着眼新的实际,总结新的经验,探索新的路子,使各项工作体现时代性、把握规律性、富于创造性,不断推动各方面的创新,努力做到发展要有新思路、改革要有新突破、开放要有新局面、各项工作要有新举措。要坚持实事求是、一切从实际出发的科学态度,讲科学、鼓实劲、求实效。要继续坚持高标准,努力创一流,高质量地完成各项工作任务。

三要认真解决本单位本部门影响发展的突出矛盾和问题,促进改革发展,维护社会稳定。要坚持“三个文明”一起抓，坚持科教兴国和可持续发展战略，坚持以人为本，坚持经济社会协调发展，进一步落实市委市政府年初确定的关于优化首都发展、加快北京发展步伐的一系列工作要求。通过加快发展，把“非典”造成的损失减少到最低程度。要围绕全区加快发展的根本要求，紧紧抓住影响改革、发展、稳定的重点难点问题，集中力量，重点突破，带动全区各方面工作的健康发展。

四要切实解决群众生产生活中的困难和问题。要把群众的身体健康和生命安全放在第一位，始终关注群众的安危冷暖，努力实现好、维护好、发展好人民群众的根本利益。当前，要按照中央和市委统一部署，坚持“两手抓”，一手抓防治“非典”这件大事不放松，一手抓经济建设这个中心不动摇。要团结一致、坚定信心、依靠科学、扎实工作，夺取防治“非典”斗争的最终胜利。要把抗击“非典”这场斗争作为学习贯彻“三个代表”重要思想、保持先进性的特殊实践，经受锻炼，接受考验，提高战斗力，增强凝聚力，激发创造力，推进党的建设和领导班子建设，进一步提高执政能力、改进政府工作。要进一步提高总揽全局管理社会公共事务的能力，进一步提高处理灾害性突发事件的能力。要按照中央方针和市委市政府要求，高度重视、认真解决离退休人员、下岗失业人员和困难群众生产生活问题，做好就业和再就业工作。要关注外来务工人员等特殊人群的工作和生活，帮助他们解决困难。

五要落实“两个务必”，按照“八个坚持、八个反对”的要求，认真解决本系统本单位党的建设和干部作风中存在的问题。把防治“非典”工作中形成的讲大局、讲责任、讲配合、讲效率的风气保持和发扬下去，把在抗击“非典”斗争中表现出的团结群众、依靠群众、无私奉献、不怕困难、敢于斗争、敢于胜利的作风保持和发扬下去。认真总结抗击“非典”斗争中充分发挥党组织的战斗堡垒作用和党员的先锋模范作用的经验，用“三个代表”统领“两手抓”，用党的建设确保“双胜利”，使党组织真正成为贯彻“三个代表”重要思想的组织者、推动者和实践者，使广大党员真正成为实践“三个代表”重要思想的模范。要查找和解决党群、干群关系的突出问题，特别是官僚主义、形式主义和腐败等群众反映强烈的问题，加强党性锻炼，改造主观世界，使群众切实感到党风和干部作风有明显改进。

四、加强领导，周密安排，切实把兴起学习贯彻“三个代表”重要思想新高潮的工作抓紧抓好

全区各级党组织要充分认识兴起学习贯彻“三个代表”重要思想新高潮，推动十六大精神进一步贯彻落实，是党的事业继往开来、与时俱进的战略举措，把这项工作作为首要政治任务，切实负起责任，加强组织领导。组织、宣传部门和其他有关部门，要在党委统一领导下，各司其职，密切配合，做好各项工作。组织部门要把学习贯彻“三个代表”重要思想与正在开展的“学习实践‘三个代表’，保持先进性”的主题教育活动结合起来，与干部培训工作结合起来，与加强领导班子建设和基层党组织建设结合起来，加强组织协调工作。宣传部门要把学习贯彻“三个代表”重要思想作为当前和今后一个时期宣传思想工作的重中之重，要充分发挥新闻媒体的宣传主导作用，牢牢把握正确导向，在全区营造学习贯彻“三个代表”重要思想的浓厚氛围。区委理论宣讲团将继续发挥作用，分赴各单位开展宣讲活动。基层单位也可以在十六大精神进社区、进企业、进学校等基础上，继续组织宣讲活动。工会、共青团和妇联等人民团体要充分发挥广泛联系各界群众的优势，开展各具特色的学习贯彻活动。企业、机关、学校和社区基层党组织，要把学习贯彻“三个代表”重要思想同加强自身建设紧密结合起来，同开展保持共产党员先进性教育活动结合起来，真正使干部受到教育，群众得到实惠。

要及时总结推广经验和宣传先进典型，特别是在抗击“非典”斗争中实践“三个代表”的先进经验和先进典型。要宣传通过学习贯彻“三个代表”重要思想，联系实际、解决实际问题的新成效新进展；宣传努力实践“三个代表”重要思想，在抗击“非典”和经济建设中涌现出的先进人物和先进事迹。当前，特别要结合总结表彰抗击“非典”斗争中做出突出贡献的先进党组织和优秀共产党员，通过新闻宣传、报告会、展览等多种形式，大力弘扬民族精神，大力宣传党和政府所做的工作，大力宣传先进经验和先进典型。要贴近实际、贴近生活、贴近群众，多联系群众身边的事例，多采取群众喜闻乐见的形式，努力增强“三个代表”重要思想学习宣传的吸引力和感染力。

各街道、各系统、各单位要按照中央、市委统一部署和区委的实施意见，结合各自实际，制定具体方案，区分层次，周密安排，精心组织，加强指导。要及时将学习贯彻“三个代表”重要思想的情况报告区委。区委将于 11 月底组成督查组，对学习贯彻情况进行检查。

中共北京市宣武区委

2003 年 6 月 30 日

关于学习贯彻党的十六届三中全会精神的意见

宣发[2003]15号

党的十六届三中全会是在我国政治稳定、经济发展、全国人民满怀信心全面建设小康社会新的历史进程中召开的一次十分重要的会议。认真学习、全面贯彻全会精神，意义十分重大。根据中央、市委的要求，全区各级党组织，要把学习贯彻三中全会精神作为当前和今后一个时期的中心任务，加强领导，精心组织，结合实际，务求实效。现根据市委的部署，结合我区实际，提出如下意见。

一、充分认识、深刻领会十六届三中全会的重大意义，增强学习贯彻全会精神的自觉性和紧迫感

党的十六届三中全会听取了胡锦涛总书记受中央政治局委托所作的工作报告，审议通过了《中共中央关于完善社会主义市场经济体制若干问题的决定》，审议通过了《中共中央关于修改宪法部分内容的建议》。胡锦涛总书记的工作报告，以"三个代表"重要思想为指导，依据党的基本理论、基本路线、基本纲领和基本经验，运用辩证唯物主义和历史唯物主义的立场、观点、方法全面总结和回顾了党的十六大以来的工作，深刻分析了党和国家面临的形势，明确提出了今后一个时期的主要任务，具有很强的思想性、理论性和指导性。全会审议通过的《中共中央关于完善社会主义市场经济体制若干问题的决定》，深刻分析了新世纪、新阶段我国经济体制改革面临的形势和任务，明确提出了完善社会主义市场经济体制的目标、任务、指导思想和原则，对深化经济体制改革进行了全面部署，是完善社会主义市场经济体制、促进经济和社会全面发展的纲领性文件，对做好当前和今后的各项工作，都具有重要指导作用。全区各级党组织、广大党员干部，特别是各级领导干部，要充分认识十六届三中全会的历史意义和现实意义，认真学习领会、深入贯彻落实好这次全会精神，进一步动员全区人民以"新北京、新奥运"为主题，为开创我区经济建设和各项事业新局面而努力奋斗。

二、全面领会、深钻细研，把思想认识统一到全会精神上来

学习贯彻三中全会精神，重点是学习胡锦涛总书记的报告和《中共中央关于完善社会主义市场经济体制若干问题的决定》等文件。要把学习三中全会精神与学习贯彻"三个代表"重要思想和十六大精神紧密结合起来，原原本本地研读，吃透精神，融会贯通，不断深化对三中全会精神的理解。要在全面领会全会精神的基础上，着重做到"六个深刻领会、六个明确"，即：要深刻领会《决定》提出的"五个统筹"、"五个坚持"的重要论述，明确完善社会主义市场经济体制和深化经济体制改革的目标、任务、指导思想和原则；要深刻领会《决定》提出的巩固和发展公有制经济，鼓励、支持和引导非公有制经济发展，以及完善国有资产管理体制，深化国有企业改革等方面的重要论述，明确进一步完善社会主义基本经济制度，特别是深化国有和集体企业改革的新要求；要深刻领会《决定》提出的完善市场体系和财税体制、改善宏观调控的重要论述，明确转变政府经济管理职能、创造良好发展环境的新要求；要深刻领会《决定》提出的推进就业和分配体制改革、完善社会保障体系的重要论述，明确维护社会稳定的新要求；要深刻领会《决定》提出的深化科技、教育、文化、卫生体制改革的重要论述，明确促进社会全面发展的新要求；要深刻领会《决定》提出的加强和改善党的领导的重要论述，明确在新形势下加强和改善党的领导的新要求。学习中，还要特别注意把握《决定》中关于完善我国社会主义市场经济体制问题上的重大突破点和创新点，联系实际，深钻细研，吃准吃透，以达到更加准确全面深入领会三中全会精神的目的。

三、结合实际，推动工作，把学习贯彻全会精神落到实处

学习贯彻三中全会精神，要紧密结合实际，坚持"创新体制、优化环境、全面发展"的主题，与完成全年各项任务、做好当前工作、规划好明年工作有机结合起来，进一步推动全区各项工作和各项事业的发展。要紧密结合关系全区改革和发展的重大问题，特别是围绕如何进一步深化我区国有、集体企业改革；如何进一步解放思想，以更大力度鼓励、支持和引导非公经济发展；如何进一步转变政府职能，创造更加良好的发展环境;如何进一步推进再就业和社会保障工作;如何深化科技教育文化卫生等方面的体制改革,实现我区经济和社会的全面协调发展等,展开深入调研和研讨,提出明年和今后一个时期的工作思路。各单位、各部门都要从自身的实际出发,在学习中对照自己的工作,查找问题和不足,坚持用三中全会精神破解矛盾和问题,提出改进措施,加大改革力度,加快推进我区的改革和建设。要以学习贯彻三中全会精神为契机,努力完成全年经济和社会发展的各项任务;要增强政治意识、忧患意识、责任意识,认真做好维护首都稳定的各项工作;要切实关心群众的生产和生活,继续抓好再就业和社会保障等工作,确保今年确定的为群众办实事任务的完成;要认真抓好防治非典的各项工作,坚决防止疫情反弹;要认真做好普选工作,充分调动广大选民依法行使民主权力的积极性和主动性;要进一步加强党的建设,特别是加强各级领导班子的思想政治建设,大力倡导抓落实的工作作风,以实际行动把十六届三中全会精神学习好、贯彻好。

四、要切实加强对学习的组织领导

全区各级党组织都要把学习贯彻好三中全会精神作为当前和今后一个时期的一项重大任务,切实加强对学习的组织领导。各级领导干部一定要率先垂范,带头抓好学习,努力把全会精神学深、学透,并自觉落实到实际工作中。各单位可采取集中学习、理论中心组学习、办培训班等多种形式,把集中学习与自学,理论中心组学习与专题研讨结合起来。区委将邀请部分基层党委中心组参加区委中心组学习交流,达到深刻领会、深入研讨、共同提高的目的。要充分发挥区委理论讲师团的作用,深入基层搞好宣讲。要通过多种形式加大宣传力度。各单位要按照市、区委统一部署,制定学习贯彻的具体方案,区分层次、周密安排,精心组织、加强指导,努力提高学习贯彻的实效。

中共北京市宣武区委
2003年11月4日

宣武区城市建设奥运带动计划

宣政发[2003]4号

未来几年,是我们按照党的十六大精神,全面建设小康社会的战略机遇期,也是承办2008年奥运会的重要筹备期,更是北京实现"率先基本实现现代化"奋斗目标的关键时期。为有效抓住北京筹办奥运的历史机遇,全力推动宣武区的城市建设,特制定《宣武区城市建设奥运带动计划》(以下简称《计划》)。

一、指导思想

以邓小平理论和"三个代表"重要思想为指导,按照党的十六大提出的全面建设小康社会和市九次党代会提出的努力在全国率先基本实现现代化的目标要求,以"新北京、新奥运"为主题,突出"绿色奥运、科技奥运、人文奥运"理念,充分发挥筹办奥运的综合带动力,加快实施城市建设带动战略,全力推动宣武区城市建设的跨越式发展。

二、基本目标

到2008年,基本完成全区的危旧房改造任务,初步实现城市基础设施和发展环境的根本改善,通过加快城市现代化建设带动区域经济和社会的现代化发展,努力把宣武区建成基础设施基本完备、古都风貌比较浓郁,特色经济相对发达、社会服务更加便捷的现代化中心城区,为可持续发展打下坚实的基础。2008年,全区人均GDP由目前的3072美元提高到6000美元以上,城市人均道路面积由目前的5.5平方米提高到8平方米以上,城市人均住房使用面积由目前的11.8平方米提高到20平方米以上,人均公共绿地面积由目前的2.2平方米提高到4平方米以上,空气中总悬浮颗粒物年平均浓度由目前的353微克/立方米下降到90微克/立方米,实际居住人口45万左右。

三、主要任务

根据首都率先基本实现现代化的目标要求,结合《宣武区"十五"期间国民经济和社会发展计划纲要》,本计划主要明确到2008年全区城市建设的基本目标,重点规划居住区、功能区、风貌区、基础设施、环境保护和信息化建设等六个方面的工作任务。

(一)居住区建设。

重点做好危改小区和危改地区遗留部分的改造建设,2008年前基本完成全区危旧房改造任务。

1.危改小区建设。

我区共有62片立项的危旧房改造项目。目前,已建成危改小区22片,总占地面积为113公顷,建成住宅168万平方米,公建70万平方米;此外通过商业开发等方式建成了万博苑、清芷园等总面积达594万平方米的一批商品住宅小区。1991—2001年间,全区共有5.3万多户居民实现了居住条件的根本改善,目前人均住房使用面积达到11.8平方米。到2002年底,全区在拆、在建危改小区共24片,总占地面积202公顷,规划住宅面积418万平方米,公建面积310多万平方米。2005年前,这些危改小区将基本建成投入使用。

全区正在启动和尚未启动的危改小区还有16片,包括春风二期、报国寺、大吉、广安、宣西、腊竹、菜市口西、留学路、法源寺二期、先农坛医学科学城、康乐里二期、大栅栏、枣林南里、光源里、珠朝街、三统碑等地,总占地面积335公顷,规划住宅面积203万平方米,公建面积212万平方米,共涉及居民5.1万户。大栅栏作为风貌保护区的重点项目,要在试点的基础上加快更新改造,其他危改区要在2008年前基本建成。

2.危改开发遗留地区改造。

由于开发建设甩项、市政设施建设薄弱、征而未建等原因,全区还有一些房屋破旧、同都市风貌不相协调的危改遗留地块,包括先农坛东街、法源寺周边、金中都遗址周边、天宁寺塔周围等58块。总占地面积31.6公顷,建筑面积35.3万平方米,涉及单位约140个,居民约5700多户。这些地区的用地性质多为绿地、道路、文物及教育用地。2008年前,要按规划通过市政改造、环境整治、文物腾退等方式基本完成改造任务。

(二)功能区建设。

围绕广安大街和菜市口大街两条大街的深度开发,加快推进大栅栏、琉璃厂、菜市口、广安门、马连道、牛街、天桥和先农坛等有经济发展带动力区域的规划建设,通过功能区开发实现区域的更新改造,进而带动我区经济可持续发展。

1.广安大街(含广安门办公商务区)。

广安大街东起珠市口,西至湾子,全长6.1公里,道路宽度70米。已建成的主要商业商务设施包括惠中大厦、丰泽园饭店、晋阳饭庄、东方饭店、菜百新世纪商场、新时代大酒店、信息大厦、高新大厦、深圳大厦、华联商场、苏源锦江大厦、机械大厦、中烟大厦、物资大厦等,目前正在运作东方饭店改扩建、虎坊桥综合楼、区文化馆等建设项目。力争到2008年,大街两侧基本建设完成,使之成为业态形式多样、具有现代化商务办公和商业服务功能的特色街区。

广安门办公商务区以广安门桥为中心,沿街两侧纵深宽度为100—300米,总占地面积约1平方公里。要通过加强基础设施建设、环境整治以及政策扶持引导,将其建成市政基础设施齐备、现代服务业繁荣发达、国内外企业总部云集、城市服务功能完善的集办公、商务、配套服务等功能于一体的综合办公商务区。

2.国际传媒大道(含菜市口商业中心区)。

国际传媒大道北起宣武门,南至南滨河路,全长3.2公里,东西宽500至1000米,总占地面积约220公顷,总建筑面积560万平方米。要通过整体规划和单体推进等方式,全力发展传媒商务业、商业服务业、金融服务业和其他配套服务业,加快建设北京移动通信枢纽楼、北京通讯大厦、国际新闻中心、国际传媒中心、庄胜丽晶酒店、沃尔玛购物中心等项目,力争到2008年,将国际传媒大道建成以传媒产业为主导,集新闻传媒、电讯传媒、娱乐传媒、教育传媒于一体,具有商务办公、现代服务、休闲居住服务功能的综合传媒文化区。

3.大栅栏地区(含大栅栏文化旅游商业区)。

大栅栏文化旅游商业区东起前门大街,西至延寿寺街,南起骡马市大街,北至前门西大街,总占地面积70公顷,其中大栅栏历史文化保护区范围占地33.7公顷。该地区已列入《北京奥运行动规划》和北京市历史文化保护区改造试点项目。要按照"保存、更新、延续"原则,整体规划、改造大栅栏地区,在完成市政交通和局部地区修建性详细规划论证的基础上,采取国际招标的方式确定保护规划。要加紧建设与之配套的定向安置居民住房,实现古都风貌保护、居民居住条件改善和特色经济发展的有机统一。力争到2008年,将大栅栏地区建成集古都风貌、传统文化和特色商业于一体的文化旅游商业区。

4.琉璃厂地区(含琉璃厂文化产业园区)。

琉璃厂地区东起延寿寺街和胭脂胡同,西至东椿树胡同,南起骡马市大街,北至前门西大街,总占地面积80.76公顷,其中琉璃厂历史文化保护区14.4公顷。要按照风貌保护、危旧房改造和功能区建设三结合的原则进行分期开发。到2008年,将该地区建成较大的文化艺术品集散地和古都风貌游览区,成为首都乃至全国的文化产业中心之一。

5.马连道地区(含马连道新兴商业区)。

马连道地区总占地面积107.4公顷,已完成开发的土地38.1公顷,已完成方案审定或正在修改方案的土地25.3公顷,可规划利用的土地44.1公顷。该地区聚集了国家烟草专卖公司、市医药总公司等多家企业总部,并且初步形成了有一定规模和影响的茶叶市场。目前正在抓紧筹建北京医药马连道物流中心、新华书店总店图书物流中心、广安门铁路客运站出版物物流中心、欧贝德家居广场等建设项目。要通过对该地区发展规划和土地使用性质的调整,采取规划引导开发、土地一级开发、社会融资开发等方式,力争到2008年将马连道地区建成集物流商务、专业采购、商品展销、商住服务于一体,茶叶、医药、图书等特色商品交易比较发达的物流商务与都市采购相结合的采购中心区。

6.牛街民族特色街区。

牛街地区整体改造分为一期和二期工程进行,目前一期工程和牛街道路已改造完成,二期将于2004年完成。牛街民族特色经济主要集中在北起广安门大街南侧、南至南横西街北侧的牛街沿街两侧地区,规划商业用房约8万平方米。要通过落实区政府制定的扶持牛街民族特色经济发展优惠政策,促进牛街民族经济的加快发展。2008年前,这一地区将建成各民族团结进步、特色经济繁荣发展、民族文化氛围浓郁的特色街区。

7.天桥民俗特色街区。

天桥危改区总占地面积18.1公顷,可规划用地11公顷,目前已施工面积20万平方米。发展天桥民俗特色经济主要集中在斜街和民俗广场两个区域。2008年前,要通过落实区政府制定的扶持天桥民俗特色经济发展的优惠政策,将这一地区建成体现宣南民俗文化特色,融文化经济、商业经济、服务经济于一体的民俗特色经济街区。

8.先农坛地区(含先农坛医学科学城)。

先农坛地区以环境整治和危旧房改造为重点,结合中轴路整体规划,完成坛墙东侧长920米、宽120米地域的整治,为先农坛保护开发创造条件。该区域经济发展主要包括生物医药和体育经济两个主要部分;其中生物医药业以规划中的先农坛医学科学城建设为龙头,体育经济主要围绕先农坛体育中心展开,发展运动健身、体育培训及相关的体育产业。到2008年,努力使这一区域成为生物医药业、体育产业和文化旅游比较发达的特色区域。

(三)风貌区建设。

我区有大栅栏、东琉璃厂、西琉璃厂和法源寺四个历史文化保护区,国家级、市级、区级和区级暂保四级重点文物保护单位计68项,全区注册文物104项(主要分布于琉璃厂和大栅栏地区)。近年来,先后启动了湖广会馆、报国寺、先农坛、安徽会馆、天宁寺塔院等18处区级以上文物保护单位的修缮工作。2008年前,要重点实施代号为“41136”的《宣武区古都风貌保护规划要点》,实现从单体文物保护向古都风貌的整体保护转变,形成点、线、面有机结合的宣南文化风貌保护格局。

“四”:就是整体推进被列入历史文化保护区的大栅栏、东琉璃厂、西琉璃厂、法源寺4片地区的保护更新工作。“一”:就是全面整治牛街礼拜寺、天宁寺、先农坛、法源寺、报国寺、湖南会馆、浏阳会馆等一批重点文物地区的周边环境。“一”:就是整体规划、分期建设长椿寺、康有为故居、安徽会馆、中山会馆等一批宣南文化特色鲜明的博物馆、展览馆和纪念馆。“三”:就是整体规划、加快建设建都纪念标识、金宫殿故址、金鱼藻池故址等30个左右展示北京历史文脉和宣南文化地上遗存及故址的街景标识。“六”:就是整体打造牛街民族文化特色、天桥民俗文化特色、宣外传媒文化特色、滨河城史文化特色、大观园红楼文化特色、先农坛皇家文化特色等6个特色文化区域。通过规划的实施,使我区古都风貌保护的面积达到近2.6平方公里,约占我区旧城区(二环以内)总面积的20%,全区所有的区级以上文物保护单位都将在2008年前得到维护或修复。

(四)基础设施建设。

重点解决制约我区城市现代化的市政基础设施、公共交通设施、教育医疗卫生设施、文化体育设施、环卫设施和社区服务设施,力争到2008年基本完成布局规划任务。

1.市政基础设施。

(1)变电站:我区现有变电站4处,其中110千伏变电站3处,分别是樱桃园变电站、广安门变电站和宣武门变电站;220千伏变电站1处,即右安门变电站。规划于2008年前再建3座变电站,其中220千伏变电站1处,即大栅栏变电站;110千伏变电站2处,即万明路变电站和北钢变电站。

(2)电话局:我区现有11万门电话局4处,分别是樱桃园局、广安门外局、广内局和厂甸局。装机总量为41万门;其中居民户占60%,其他用户占40%。2008年前,在天桥地区新建一座10万门电话局,我区装机量将达到55万门;其中居民户占50%,其他用户占50%。

(3)邮政局(所):我区现有邮电局(所)14个。其中邮电局6个,即马连道邮电局、广安门邮电局、和平门邮电局、骡马市邮电局、永安路邮电局、里仁街邮电局。邮电所8个,即西便门邮电所、天宁寺邮电所、宣外大街邮电所、椿树园邮电所、琉璃厂邮电所、鸭子桥邮电所、槐柏树邮电所和陶然亭邮电所。2008年前,将建成24个邮电局(所);其中,邮电局9个,邮电所15个。

(4)消防站:我区现有消防站3个,分别是广安门消防站、东经路消防站和白纸坊消防站。大栅栏地区有临时消防站一处。2008年前，随着红居危改小区的建成，将重建广安门消防站，并在校场口一带结合宣外大街西侧危改新建一处消防站。

(5)供热设施：全区现有20吨/时以上的大型燃煤锅炉7台，总蒸吨数为160蒸吨，集中供暖面积约300万平方米；第二热电厂供热面积约150万平方米。2008年前，随着草桥等供热厂的建成，我区集中供热面积还将逐步增加，不再建大的供热厂，有计划减少供热锅炉数量，实现无燃煤锅炉目标。同时，在风貌区改造中积极推广电力供暖。

(6)市政管网：全区目前共有热力管线(沟)达26公里，天然气管线达60公里，供电线路60公里，电信线路125公里，雨、污水管线各76公里，自来水130公里，光缆15公里。到2008年，全区热力管线(沟)要达到100公里，燃气管线达到150公里，供电线路要达到130公里，电信线路要达到180公里，雨、污水管线各达到130公里，自来水管线要达到150公里，光缆达到100公里。全区成套住宅居民天然气使用率要争取达到100%。

2.公共交通设施。

(1)市政道路：目前，全区人均道路面积为5.5平方米。按规划建成“三横三竖”的主干道路交通体系，即东西方向前三门大街、广安大街和南二环路，南北方向西南二环路、长椿街至牛街、宣外大街至菜市口大街。建设完成城市次干线及路网加密道路，即东西方向南滨河路、白纸坊西街、白广路东二条、永安路、南纬路、枣林前街、南横街等；南北方向西滨河路、南线阁路、北线阁路、右安门路和广安胡同等。2008年前，全区人均道路面积要达到8平方米的基本现代化标准。完成南横街、南新华街、白纸坊东街、陶然亭路、马连道南街，加上南中轴路的扩建和菜市口大街的南延，形成以“五横五竖”主干线为主的道路交通体系。继续实施路网加密工程，完善全区路网体系。

(2)公交设施：我区现有大观园、甘石桥、槐柏树、虎坊桥、前门、四新路、菜园街、天桥等公共汽车总站8处，共有38条始发线。环线地铁途经前三门地区。2008年前，建设完成地铁4号线，同时进一步完善方便居民出行和商务活动的公共交通服务网络。

(3)停车设施：认真执行停车场建设和管理的有关规定，加强停车设施的建设和管理。新建、改建、扩建公共建筑和商业街区必须配建和增建停车场，停车场要与主体工程同时设计、同时施工、同时使用；规划和建设居民住宅应根据需要配建相应的停车场；机关、团体、企业、事业单位应根据需要配建满足本单位车辆使用的停车场；充分利用新建大型公共绿地、文化广场地下空间统筹规划地下停车设施。

3.教育医疗卫生设施。

(1)教育设施：全区现有托幼园所34所，中学31所，小学41所，职高3所，校外教育单位5个，成人高校7所，社会力量办学单位110多个。2008年前，重点解决学校布局和优质教育资源“东重西轻”、办学条件及办学水平差距较大、部分学校规模场地和建筑面积不达标的问题。加大广外地区优质教育资源调整工作力度，基本解决基础教育发展“东重西轻”问题，发展规模办学，凡不到18个教学班、年招生不足80人、面积不足5000米的学校，均应予以撤并，把全区小学数量调整到30所左右，面积达到万米以上的小学达到6—7所；独立设置的初中校调整到10所左右，初中校规模都要达到24个教学班；普通高中调整到12所左右，职业高中与成人学校走联合办学之路；有3－5所高中校达到市级示范高中标准。

(2)医疗卫生设施：我区现有二、三级以上医院11家，一级医院9家，专业卫生执法及防治保健机构4家，社区卫生服务站34个。2008年前，要加大资源整和力度，调整医疗资源布局，优化资源配置，充分发挥友谊、宣武两大医疗集团的优势，形成区域医疗中心和社区卫生服务中心两级医疗服务模式。有重点地加强医疗防病设施建设，突出特色，保证全区居民都能享受到基本医疗卫生服务，并逐步满足多层次、多样化的卫生服务需求。每千人口拥有医生数保持在6.2人以上。

4.文化体育设施。

(1)文化设施：我区现有1个区级图书馆，8个文化站，181个街道社区文化室，2处文化广场，3所电影院，3个专业艺术团体。到2008年，要建设完成区文化馆，新建2处大型标志性文化广场，更新、改造虎坊路和红莲文化广场。区图书馆的建筑面积达到5000平方米以上，阅览坐席达到500个以上；建成区少儿图书馆。

(2)体育设施：我区现有先农坛体育场、广安体育馆、宣武体育场及社会单位体育设施等面积共28.6万平方米，人均公共体育设施面积0.54平方米。2008年前，全区公共体育设施要达到人均0.7—1平方米的标准，建成一处全民健身重点工程，完成宣武体育中心、广外体育中心(首钢特钢厂区)项目。

5.环卫设施。

我区现有密闭式清洁站40座，公厕758座。由于拆迁等原因，2008年前能继续使用的密闭式清洁站只有20座，绝大部分公厕也将拆除；我区要新建40座密闭式清洁站，通过小区配套建设公厕300座，在新建小区和大厦配建生物垃圾处理点60处，实现居住小区、大厦生活垃圾分类收集处理。

6.社区服务设施。

我区现有社区服务中心9个(包括1个区级中心,8个街道级中心,总建筑面积1.72万平方米),面积100平方米以上的社区服务站87个,养老服务机构7个,总床位268张。2008年前,建成区民族敬老院,再建2—3所规模150张床位的敬老院,并对现有敬老院进行升级改造,使我区的养老床位总数达到1000张以上。对位于地下或半地下的4个街道级中心(牛街、椿树、白纸坊、天桥)进行根本改造,同时每个社区建成一个100平方米以上的社区服务站。全区的公共建筑、住宅小区、城市道路及公共设施均应达到无障碍设计规范要求,建成区残疾人活动中心。重点治安场所技术防范达到100%,主要道路科技网络化监控达到100%,科技创安小区达到50%。

(五)环境建设。

按照现代化国际大都市环境保护和"绿色奥运"要求,重点加强绿化、美化、亮化工作,提高环境保护质量。

1.绿化工作。

到2002年底,我区共有绿地面积328.5公顷,人均公共绿地面积为2.2平方米。全区绿化覆盖面积为426.5公顷,绿化覆盖率为23.1%。到2008年,力争全区绿化覆盖率达到40%,人均公共绿地面积达到4平方米以上。建成金中都遗址公园、先农坛坛墙公园等3处公园。在先农坛东侧、天宁寺周边、法源寺周边、广安门南街北段、陶然亭公园西南角、前门月亮湾地区新建万米以上集中绿地6处。完成全区主要大街和道路的绿化改造任务。同时,配套搞好与宣南文化风貌相协调的美化、亮化工程。

2.环境保护。

2008年环保工作的总体目标是大气环境、地表水环境、声学环境等均达到国家环境质量标准,生态环境基本实现良性循环,各种污染物排放总量有明显下降。大气环境方面,空气污染指数(API)二级和好于二级的天数将达到75%,总悬浮颗粒物年平均浓度要达到90微克/立方米以下的基本现代化标准;地表水环境方面,陶然亭、莲花河、南护城河的环境质量达到国家Ⅳ类标准;声学环境方面,区域环境噪声平均值、交通干线噪声平均值基本达到各功能区的相应国家标准。积极促进莲花河污水治理工作,2005年前实现河道彻底还清。

(六)信息化建设。

目前我区信息化建设初步建成了以区机关办公楼为中心的网络枢纽,实现了楼内的网络互联,部分单位建成了内部局域网,实现了网上办公。2008年前,要完成社区信息化平台、劳动和社会保障信息平台、电子商务和企业信息化平台、教育信息化网络平台、电子政务外网平台、医疗信息化平台、有线电视平台、固定电话移动电话平台和电子政务网络平台等公用信息平台建设,落实信息应用工程包括电子政务工程、教育信息化工程、社会保障信息化工程、社区信息化工程、电子商务工程、医疗信息化工程、城市智能管理信息化工程等七大信息应用软件工程,初步实现以信息化提升城市现代化的目标。

1.电子政务工程。

2003年前,工商、税务、规划等部门要实现网上办公。2004年前,全区各行政机关面向企业和社会的行政审批、行政监管和公众服务等政务工作全部在网上进行;同时建成内部局域网,实现机关内部公文、信息、值班、会议、督查等主要办公业务的数字化和网络化,实现公文、信息无纸化传输。规划和开发宣武区人口基础数据库、法人单位基础信息库、宏观经济数据库等。

2.教育信息化工程。

建立宣武教育信息网络系统中心站点,以此为核心,到2005年,建立覆盖全区的教育城域网。在各中小学建立校园网的基础上,实现各中小学校的教学资源共享,实现宣武区教育系统管理的信息化和全区教育信息共享。

3.社会保障信息化工程。

建立完备、高效、统一的社会保障信息应用系统,并与全市联网。到2008年,基本实现社会保障信息一体化管理。

4.电子商务工程。

引导区区域内企业建立客户关系管理和供应链管理等系统,实现企业经营信息化、决策智能化和商务交易的数字化和网络化,提供在线购物网上支付、物流配送等服务。

5.社区信息化工程。

结合危房改造、社区建设和传媒产业的发展,实施社区综合布线和宽带接入工程,建立集网络化、智能化、信息化一体的社区。到2008年,全区每户家庭拥有至少一台有线电视和一部有线电话,全区90%以上的家庭(约18万户)可以实现社区宽带接入,享受网络服务。

6.医疗信息化工程。

积极推进医疗行业的信息化建设,到2008年,建立覆盖全区的医疗信息网络,为全区人民提供方便快捷的远程医疗服务,实现医疗信息化。

7.城市管理信息化工程。

在我区人防指挥中心、规划地理信息系统、数字公安金盾工程和交通监管系统的基础上,建立城市规划、建设和管理为一体的城市智能管理信息系统，实现公安、人防、交通、工商、规划、建设、房管、市政管理、环卫、卫生等部门信息一体化的城市智能化管理。

四、保障措施

1.分解任务，落实责任。计划分三个阶段实施：2003年到2004年为第一阶段，启动50%的项目；2005年到2006年为第二阶段，95%的项目启动，70%的项目实现目标；从2007年到2008年为第三阶段，计划目标到2008年基本实现。为保证计划的落实，在本计划出台之后，还要按照居住区建设、功能区建设、风貌区建设、基础设施建设、环境建设和信息化建设六个方面具体任务，分别编制六个分规划。区政府将成立专门的领导机构，把计划任务逐项分解到各部门、各单位，落实责任，明确任务，做到认识到位、领导到位、组织到位、措施到位，努力完成计划确定的各项任务。

2.坚持城建带动战略，高水平规划建设城市。高度重视规划的主导作用，科学定位城市区域功能，充分利用有限土地资源，实现危旧房改造、风貌保护、经济发展和人民生活水平提高的有机统一，实现高标准规划城市，高水平建设城市，高效能管理城市，高水平经营城市。认真实施城建带动战略，以重点危改、重点市政、重点整治、重点项目的启动实施，带动城市建设的发展、城市面貌的改变和区域经济的加快发展。

3.加大招商引资力度，开拓对内对外开放新局面。要加大招商引资力度，积极尝试有效的手段和项目融资办法，充分利用国际、国内资本市场，筹集建设和发展资金。认真落实《宣武区进一步优化区域投资环境培育主导产业促进区域经济发展的试行办法》，将区域内具有比较优势的教育资源、卫生资源、住房资源和经济奖励政策等资源整合起来，吸引企业到宣武落户，促进企业发展。积极探索经营城市公共资源的有效途径，不断强化经营城市的理念，运用市场手段，广泛吸引国内外资金。探索对城市土地、公共设施等有形资源和冠名权、特许经营权等无形资源的市场经营方式，借助市场的力量筹集公共设施建设资金，发挥市场的作用推动区域各类资源增值。充分发挥财政资金的杠杆作用，提高财政资金的使用效率，引导社会资金投入。积极争取中央、北京市的资金投入，区财政要在力所能及的前提下，适当增加用于建设的投资比重。

4.优化区域发展环境，推动政府管理创新。要把“优化区域发展环境，提升区域创新活力”作为政府一项长期的重要工作来抓。不断巩固机构改革成果，转变政府职能，改进工作作风，提高工作效率。不断完善区域发展环境投诉服务中心的运作机制，畅通驻区企事业单位投诉政府公务员的联系渠道。要陆续出台适应入世要求、优化政府区域行政管理环境的具体措施，着力解决政府管理工作中存在的“越位”、“缺位”、“错位”和“不到位”的问题。大力推动依法行政工作，积极探索政务公开的新措施、新途径。通过上述措施，为计划的实施创造良好的政务环境和投资环境。

北京市宣武区人民政府
2003年2月18日

关于建立健全民主化科学化决策机制的意见

宣政发[2003]11号

为贯彻落实党的十六大精神，实践“三个代表”重要思想，进一步转变工作作风，密切政府与群众的联系，调动广大人民群众参与现代化建设的积极性，提高政府的决策、施政水平，促进我区经济和社会的健康发展，现就建立健全民主化、科学化决策机制提出如下意见：

一、建立健全决策信息收集机制，确保言路畅通

在新形势下，政府的一切工作，都必须以广大人民群众的根本利益作为出发点和落脚点。只有直接倾听群众的呼声和意见，才能使政府的各项决策和工作更加符合群众的利益，才能真正实践全心全意为人民服务的根本宗旨。因此，要进一步拓宽建言献策渠道。

（一）继续办好便民电话和北京宣武网站、区长信箱，快速、便捷地集中社情民意，广开言路。

（二）做好区长专邮的办理工作。

凡是向区政府提出合理化建议和建设性意见，由区政府办负责处理，对建设性的意见必须及时呈报区长、主管副区长阅批，并将处理结果答复来信者。每年开展一次“建言献策”评选活动，公布建言献策获奖者名单、所提的意见、建议和采纳的情况。

(三)开辟政务论坛。

凡是涉及全区经济社会发展规划、重要工作部署,以及关系人民群众切身利益的重大事项,提出初步方案后,在《宣武报》和北京宣武网站开辟政务论坛,充分听取人民群众的意见建议,提高重大决策的透明度。由区政府领导根据每次论坛的主题,指定有关职能部门负责收集、整理,形成书面材料上报区政府。

(四)在全区8个街道和工、青、妇系统特约人民建议征集人,建立征集人民建议网络系统。

(五)健全和完善区长信访接待日制度。

每周半天为区长信访接待日,由区长、主管副区长亲自接待群众,以此作为知民情、排民忧、解民难的重要渠道。有关部门负责人届时一同参加接待群众,以确保问题的有效解决和落到实处。

(六)建立调查研究制度。

区领导采取重点调研、典型调研、专项调研、综合调研等方式,广泛接触企业和基层群众,直接倾听企业和群众呼声,充分了解新情况,及时发现新问题,为科学决策掌握第一手材料。对一些重大决策调研活动,要组织有关部门负责人随行,区研究室或区政府办负责对调研情况进行整理和综合,并拟制意见和方案,供区政府领导决策参考。

二、建立健全政府决策咨询机制,确保正确决策

为提高决策水平和质量,保证决策的正确性,减少决策失误,必须进一步发挥咨询系统在决策中的重要作用。

(一)建立区政府政务咨询专家库,重大决策听取专家意见。

广泛吸纳社会各界的专家学者,以及国内外热心我区政务咨询工作的专家学者,进入专家库,根据需要,由区政府聘任其中人员为政府顾问。对全区经济发展战略、重要发展规划、重大建设项目等涉及全局性的,需要作出科学预测或评估择优的重大决策,邀请相关的专家顾问组成课题组进行研究论证,并拨给课题经费。区政府对专家顾问提出的方案,应进行评估论证,选择最佳的决策方案。对咨询顾问提出意见建议转化为区政府决策,产生良好的经济效益和社会效益的,应给予表彰奖励。

(二)重大决策广泛听取有关方面的意见,提高政府决策的质量。

凡需提交区政府领导班子决策的事项,涉及到多个部门和单位的,决策前必须做好政策协调,征求有关部门、下级党委、行政部门和人大代表、政协委员的意见,必要时还要征求离退休干部和社会各界代表的意见。征求意见后应收集整理并报主管副区长审核,再报区长确认后提交区长办公会议讨论。对涉及全区经济和社会发展全局的重大问题,在区政府领导班子初步确定方案后,应召开民主协商会,由区长或副区长主持,征求区内各民主党派和无党派人士的意见。未能吸纳的意见,应及时向有关人士通报情况或作出解释。

(三)建立听证会制度。

听政会主要针对涉及群众具体利益,需要群众发表意见和集思广议才能正确决策的事项。听证会由区政府主持,邀请有关单位、专家学者和利害人参与,对听政的问题进行论证、辩明,会后认真研究分析,采纳正确意见;对未能吸纳的意见,及时向有关人士通报情况或作出解释。

(四)建立重大决策法律审查制度。

重大决策出台前,必须由区政府法制部门牵头进行审查,判断是否符合国家和北京市法律、法规,为依法行政打下良好基础。

(五)重大调研课题实行公开招投标。

对涉及面广、难度大、质量要求较高的重大决策调研课题,在新闻媒体和北京宣武网站公布,在全市范围内进行招标,承接单位或个人按期完成,经专家评估后,由区财政核拨经费。决策咨询研究报告被区政府采纳应用,经过实践证明对本区经济、社会发展有重大促进作用的,应给予表彰奖励。

(六)决策过程要体现民主集中制。

征求意见要强调民主,确定议题要强调集中;调查论证要强调民主,拟制方案要强调集中;讨论问题要强调民主,决定问题要强调集中;决策前要强调民主,决策后要强调集中,做到民主与集中的有机统一。

三、建立健全严谨的决策操作机制,确保决策程序规范

为提高区政府行政管理效能,降低管理成本,追求效益最大化,区政府决策必须做到规范、有序、科学、高效。

(一)明确决策层次,凡属部门或区政府主管领导可以决定的,不列入集体决策范围。

(二)需要由区政府集体决策的事项,必须事先在一定范围研究论证。提请决策的事项已形成多个方案的,在广泛征求意见的基础上,由主管副区长拿出主导意见。

(三)在讨论决策时,提出议题者要讲明议题的背景、依据、各方面的意见。

(四)充分发扬民主,鼓励发表不同意见。讨论中要站在全局的角度思考深层次问题,把上级精神与宣武区实际结合起来,充分考虑决策后所产生的正负效应。

（五）决策中对分歧较大的议题可不作定论，再在更大范围内征求意见。

（六）对决策后的事项，包括内容、实施主体、责任人、实施步骤和要求向全区公布。

（七）在决策执行过程中，由于客观环境或上级政策的变化，导致决策难以实施的，须及时反馈，并作适度调整和完善；对因主观原因导致决策执行不力而影响和损害决策权威的，须严肃查处。

四、建立健全执行、监督机制，确保决策落实到位

决策的执行是决策付诸实施、变成现实的关键环节，也是验证、修正决策的过程。加强监督有利于令行禁止，保证政令畅通，在群众中树立良好形象，增强党和政府的威信。为确保政府决策落到实处，必须进一步加大决策的执行、监督力度。

（一）建立决策执行责任制。

对重大决策的执行落实，明确执行的责任单位和组织实施的责任人。每年年初编印区政府重要工作安排，明确各项工作的主管领导，主办、协办单位，工作目标和进度要求。有关单位、部门对所负责的重要工作，实行行政首长负责制和项目责任人制，按照目标进度限时完成。对区政府重要会议决定的事项，也要明确主办、协办单位及办理时间要求。

（二）健全跟踪督办制度。

政府部门的第一把手是督办工作的第一责任人，凡区政府的重大决策、重要决定，区政府主管领导和有关职能部门的领导必须抓好落实，跟踪督办。对涉及多个部门的工作，主办单位要主动牵头协调督办，协办单位要积极配合、通力协作，不得以任何借口扯皮、推诿或拖着不办。要强化区政府综合部门的督办职能。对重大决策，政府综合部门要进行全过程跟踪，检查督促，必要时，可成立重大事项督办组，由主管副区长牵头，有关部门配合，进行督办。

（三）要建立重大决策执行情况报告制度。

对年度重要工作和重点项目，主办单位要定期向区政府汇报工作进展情况，反映存在问题和解决办法。对区政府常务会议、区长办公会议、区政府工作会议决定事项，要按规定时间将落实情况书面报送区政府办公室，到规定时限未办结的，要说明原因并提出加速办理措施。办理时间超过 1 个月的事项，应书面报告办理进度，并在有关会议上报告落实情况。

要加大综合协调、督查调研力度，及时将决策执行过程中出现的问题进行综合分析，为领导修正决策和再决策提供参考；对因客观形势的变化而导致决策无法实施的，政府职能部门要及时了解和反映情况，为区政府领导完善决策或作出新决策提供依据。

（四）建立决策的监督制度。

进一步完善行政监督体系，继续完善党内监督、国家权力机关监督、国家司法机关监督、行政机关内部监督、群众监督和舆论监督。区政府在区委统一领导下开展工作，必须建立重大事项向区委请示、报告制度。区政府要依法接受区人大及其常委会的工作监督和法律监督，坚持向区人大及其常委会报告工作，自觉接受检查监督；支持人民政协、各民主党派、人民团体在政治协商和民主监督中发挥积极作用。认真办理人大代表议案、政协委员提案、建议。

发挥行政监察机关的职能作用。行政监察要贴近区委、区政府中心工作，党委、政府的政令和决策涉及哪个领域，行政监察的触角就要延伸到哪个领域。要重点监察领导干部在行使职权、实施政务过程中，是否有效履行职责，认真贯彻落实区委、区政府的重大决策是否依法行政，政令是否畅通。要建立决策执行责任考核、评议、奖罚制度。每年年终，结合年度考核，由行政监察部门对各行政部门执行区政府年度工作安排和重要决策情况组织考核，并组织群众和企业对政府部门进行评议。区政府对决策执行情况进行通报，对积极贯彻区委、区政府重大决策，取得明显成效的单位和个人进行表彰；对执行不力，推诿扯皮甚至弄虚作假的要给予批评，情节严重的，交由监察部门查办；对典型的案件进行曝光，扶正祛邪，防止敷衍塞责现象。

（五）建立政务公开制度。

对经济发展、城市管理和关系人民群众切身利益等重大决策以及区政府出台的规范性文件，要在《宣武报》和北京宣武网站公布，保障公众的知情权。充分发挥群众的监督作用。要及时反馈群众对决策执行的意见、建议，并进行综合分析，确属决策不完善的，要及时修正、完善。要加大舆论监督力度。对新闻报道批评和揭露的不正之风和违法违纪行为，被曝光单位要及时进行整改，并把处理结果向新闻单位通报。对敷衍塞责，或顶着不办，甚至打击报复的，要追究有关领导的责任。要把舆论监督和行政监察结合起来，充分发挥舆论监督在确保政令畅通、提高行政效能中的促进作用。

北京市宣武区人民政府

2003 年 9 月 5 日

关于贯彻实施《北京市国家公务员违法行政行为行政处分若干试行规定》的意见

宣政发[2003]13号

《北京市国家公务员违法行政行为行政处分若干试行规定》(以下简称《行政处分若干试行规定》)已于2003年1月1日起正式施行。为进一步规范行政机关及其工作人员的行政行为,减少乃至杜绝违法或者不当行政行为,严肃行政纪律,维护公民、法人和其他组织的合法权益,保证我区国家公务员依法履行行政职权、勤政廉政,营造良好的法治环境、优化区域发展环境,促进我区各项事业全面发展,现就贯彻实施《行政处分若干试行规定》提出以下意见。

一、要严格把握《行政处分若干试行规定》的适用范围。凡本区各级国家行政机关(含实行垂直管理领导体制的行政机关)及其公务员,法律、法规授权的行使行政职权的组织或者机构及其工作人员,依法受行政机关委托行使行政职权的组织或机构及其工作人员(以上统称行政机关及其工作人员)违法或者不当行使行政职权,须追究行政责任的,均适用或者参照适用《行政处分若干试行规定》。

二、行政机关及其工作人员行使行政许可、行政征收、行政确认、行政处罚、行政收费、行政复议、行政裁决、行政执法检查等行政职权以及不履行法定职责(不作为),违反《行政处分若干试行规定》的,要坚决执行《行政处分若干试行规定》,视情节轻重给予有关工作人员相应处分。尚不构成处分的,依据有关告诫以及《北京市宣武区人民政府办公室转发宣武区推行政务公开制度指导小组关于深化政务公开建设诚信政府的实施意见的通知》(宣政办发[2003]40号)有关规定处理。

有关行政机关应当追究工作人员责任未予追究的,给予该机关主要负责人通报批评或者相应的行政纪律处分。

三、行政机关工作人员履行职责实施行政行为(含作为和不作为),经下列途径确认属违法或者不当行政行为,且工作人员(及负责人)有过错的,应按管理权限追究行政、经济责任:

1.上级行政机关在行政执法监督检查中发现的;

2.本行政机关在行政执法监督检查中发现的;

3.上报备案的重大行政处罚决定经审查发现的;

4.公民、法人或者其他组织申诉、举报的;

5.区人大常委会及人大代表、政协及政协委员提议审查的;

6.其他经确认给当事人造成损害或不良影响的其他违法行政行为。

各级行政机关认定违法或者不当行政行为的,应当有法制工作机构负责人或者专(兼)职法制工作人员参加,在本机关负责人领导下进行,并报区法制办备案。

四、经行政复议,决定予以撤销、变更或者确认违法以及人民法院生效判决、裁定判定撤销、变更或者确认违法的违法或者不当行政行为,案件承办人员、审批人员有过错的,应按管理权限追究行政、经济责任。

五、行政机关工作人员对违法行政行为的确认不服的,可以向区法制办申诉;对纪律处分、告诫不服的可以向区监察局、区人事局申诉。

六、各行政机关要按照《行政处分若干试行规定》和本实施意见,制定具体实施办法,报区监察局、区人事局、区法制办备案。

北京市宣武区人民政府

2003年11月26日

关于贯彻实施《中华人民共和国行政许可法》工作方案

宣政发[2003]14号

《中华人民共和国行政许可法》(以下简称行政许可法)已于2003年8月27日经十届全国人大常委会第四次会议通过,将于2004年7月1日起实施。行政许可法是一部继国家赔偿法、行政处罚法、行政复议法后又一部规范政府行为的重要法律,它的颁布与实施是我国贯彻依法治国基本方略,进行社会主义政治文明建设的一件大事,对于保护公民、法人和其他组织的合法权益,深化行政审批制度改革,推进行政管理体制创新,从源头上预防和治理腐败,保障和监督行政机关有效实施行政管理,都具有十分重要的意义。为全面做好贯彻实施行政许可法的各项准备工作,根据《国务院关于贯彻实施〈中华人民共和国行政许可法〉的通知》(国发[2003]23号)和市政府的部署及要求,结合我区实际,制定本工作方案。

一、组织领导

成立宣武区贯彻实施行政许可法领导小组,负责组织全区行政许可法实施前的法律宣传培训、文件清理等准备工作。副区长哈金起任组长,成员由区委组织部、区委宣传部、区政府办、区监察局、区人事局、区司法局、区法制办等部门负责同志组成。领导小组办公室设在区法制办,负责日常工作。

各行政机关要成立领导小组,责成单位负责人主抓此项工作,本单位法制工作机构或其他机构专兼职法制工作人员具体负责组织培训和清理工作。

二、宣传培训

行政许可法规定了行政许可的基本原则和设定、实施、监督等各项制度,对现行行政许可制度做出了重大改革与创新。全面贯彻、正确实施行政许可法,并以此促进各级政府和政府各部门严格依法行政,是当前各级行政机关的一项重要职责。行政许可法的政策性和专业性比较强,要保证行政许可法得到全面、正确的贯彻实施,抓好学习、宣传和培训工作是首要的前提和基础。

(一)重点内容。

行政许可法颁布实施的意义;行政许可法的主要原则和主要内容,特别是行政许可法所确立的行政许可的设定制度,包括设定范围、设定权限等;行政许可实施程序制度,包括实施主体、程序、期限、条件、不得收费的规定等;行政许可的监督与责任制度,包括监督检查制度、法律责任制度等。

(二)具体安排。

召开全区贯彻实施行政许可法动员大会,全面部署学习、宣传和清理工作;

1.2004年2月上旬,组织区理论中心组学习行政许可法;区委组织部、区人事局开办处级干部培训班,区委党校学习班中要增加依法行政的内容,明年上半年重点学习行政许可法;

2.2003年12月下旬,组织区政府及所属委办局主管法制工作的领导和法制机构负责人或法制工作人员的培训、学习;

3.2003年12月下旬至2004年6月底,各行政机关组织对所属领导干部、工作人员的培训。区法制办组织考核;

4.适时组织对直接办理行政许可工作人员的考核;

5.2003年12月下旬至2004年6月底,区委宣传部、区法制办、区司法局将行政许可法的宣传纳入"四五"普法内容,通过报刊、广播、网络等多种渠道,采取多种形式,组织对全区公民、法人或者其他组织的宣传、培训。并组织参加全市行政许可法知识竞赛。

(三)工作目标。

通过培训和学习,使全区领导干部和一般执法人员能够基本掌握行政许可法的精神、原则和有关规定;使从事行政许可工作的执法人员能够全面掌握、熟练运用行政许可法,确保依法行政。

通过普法宣传,扩大行政许可法的普及程度,使社会公众熟悉行政许可法的规定,了解自己在行政许可方面享有的权利和义务,积极维护自己的合法权益,提高遵守法律的自觉性,增强维护自身合法权益的意识和能力。

三、行政许可事项清理工作

(一)清理工作遵循的原则。

1.统一组织和分工负责相结合的原则。按照区政府统一部署,清理工作由区法制办统一组织,区政府各委办局、各街道办事处法制工作机构或专(兼)职法制工作人员负责组织本单位的清理工作。

2.全面清理的原则。凡属各单位正在进行且无市级以上机关文件作依据的行政许可事项,都要进行逐项清理。对本单位制定的与行政许可有关的,涉及许可事项条件、程序、期限和收费以及实施主体的规范性文件,要一并予以清理。

3.依法审定的原则。清理工作要严格依照行政许可法规定的权限、范围和标准进行。对不符合行政许可法规定的,要依法予以废止。

4.清理工作与健全制度相结合的原则。在进行清理工作同时,各单位要结合行政许可法的规定完善相关制度,全面贯彻实施行政许可法,依法行政。

(二)行政许可事项的认定。

1.行政许可是指行政机关根据公民、法人或者其他组织的申请,经依法审查,准予其从事特定活动的行为。认定行政许可事项可从以下四方面把握:

(1)属于管理性外部行政行为,需要依据当事人申请而为。对管理对象而言,凡未经许可,从事依法应当经过许可的活动的,构成违法;

(2)具有准予从事特定活动的性质,是对特定活动事前控制,具有控制危险、配置资源、证明或者提供某种信誉和信息等方面的作用;

(3)名称包括审批、审核、核准、同意、审查、批准等;

(4)该行政许可活动是行政管理中正在或者准备实施的。

2.不属于行政许可的情形:

(1)有关行政机关对其他机关或者对其直接管理的事业单位的人事、财务、外事等事项的审批;

(2)上级行政机关对下级行政机关有关事项的审批,如对下级行政机关请示等公文的审批;

(3)非事前控制性的告知性备案;

(4)确认民事财产权利和民事关系的登记。

(三)清理工作的内容。

按照市政府部署,市政府及其所属行政机关文件以上位阶规范性文件设定行政许可的,由市级机关负责清理。区政府及其所属行政机关、街道办事处清理的内容为:本单位设定行政许可事项的规范性文件、行政许可行为;以本单位名义制发的,涉及行政许可事项程序、条件、期限、收费的规范性文件。

1.对自行设定行政许可事项的,应列明许可事项名称、种类、设定事项所依据的规范性文件。

2.以本单位名义制发的,涉及行政许可事项程序、条件、期限、收费的规范性文件的清理,原则上立即废止并上报文件名称(附文件原件)。

3.实施主体的清理。主要是登记有法律、法规、规章依据实施行政许可单位的基本情况,包括单位名称、单位性质、许可事项名称、种类、是否收费、依据的规范性文件以及是否属于委托或授权、实施主体的权力来源、是否与上级机关共同实施、是否为联合办理、集中办理等。

(四)清理工作步骤。

清理工作分为三个阶段:

1.第一阶段为动员阶段。区政府组织召开动员大会,全面部署宣传培训、清理工作。

2.第二阶段自2003年12月22日至2004年2月底,为全面清理阶段。各单位对本部门制定的涉及行政许可事项的规范性文件、实施行政许可行为的主体、不合法的行政许可行为进行清理,并将清理结果报区法制办。

3.第三阶段自2004年3月1日至2004年3月20日前,为汇总上报阶段。区法制办就清理情况进行汇总,并将清理结果上报市法制办。

四、工作要求

1.高度重视。各级行政机关及其工作人员,特别是领导干部,必须切实提高对贯彻实施行政许可法重要性的认识,严格按照国务院、市、区政府的部署和要求,从实践“三个代表”重要思想高度出发,组织好行政许可法的宣传、培训和有关清理工作。

2.坚持高标准。通过组织理论中心组的学习和开办培训班、专题讲座等多种形式的学习,要使各级行政机关及其工作人员、特别是领导干部和直接办理行政许可事项的工作人员,转变不适应行政许可法精神的思想观念,全面、准确地理解行政许可法的原则和制度,掌握具体的操作程序和要求,明确违法实施行政许可应当承担的法律责任,确保依法行政;要通过报刊、广播、网络等媒体,以及发放宣传品、巡回宣讲等多种形式,向公民、法人或者其他组织大力宣传行政许可法的内容,使他们了解行政许可法的有关规定以及自己在涉及行政许可方面享有的权利和义务,增强维护自身合法权益的能力。

3.全面清理。各级行政机关要认真领会市、区政府对清理工作的要求,抓紧制定本单位清理工作方案,要在认真学习行政许可法各项规定基础上,深入理解清理工作方案提出的各项要求,熟练掌握清理工作的各项标准、尺度,有步骤地开展清理工作;以高度的责任心、严谨的工作态度认真对待清理工作,在全面清理的同时,确保清理的深度和准确度,按照市、区统一部署和规定,完成本单位的清理工作。

4. 健全制度。为保障行政许可法的顺利实施,区政府及其所属工作部门要研究制定配合行政许可法贯彻落实的相关制度,并以此为契机,推进依法行政和政府管理创新工作。

(1)建立和完善行政许可实施的程序制度。

各行政机关必须对行政许可程序依法进行修订和调整;对行政许可法规定的新制度,特别是受理制度,审查的告知制度、公开制度、听证制度,集中办理和统一办理、联合办理的制度,期限和送达的制度等,要结合本部门实际,抓紧研究具体的操作规范,保证许可法规定各项制度的落实。

(2)完善行政许可行为监督制度。

实施行政许可的行政机关要完善实施行政许可的监督制度,积极探索实施行政许可监督的新做法,创新实施行政许可的监督机制。区政府将制定实施行政许可的监督考核办法,并将各部门贯彻实施行政许可法的情况纳入行政执法责任制的考核内容。

北京市宣武区人民政府

2003 年 12 月 15 日

关于深化政务公开建设诚信政府的实施意见

深化政务公开工作,是适应加入世界贸易组织和优化行政环境的需要,是从源头上治理腐败的有效途径,也是实施阳光政务、建设诚信政府的重要措施。我区政务公开工作从 1998 年开始试行,1999 年正式推行以来,历时五年,成效显著,工作效率、服务水平、管理能力、依法行政、政府诚信、群众满意度等都有大幅度提高,但也不同程度地存在着工作流程不够优化,办结时限不够科学,服务标准不够清晰,服务行为不够规范,投诉渠道不够通畅,责任追究制度不够健全等问题。为有效地解决上述问题,切实实现阳光政务、诚信政府的目标,现就深化政务公开工作,提出以下意见。

一、建立政务承诺制度

建设诚信政府的关键是政府自身必须具有取信于民的诚实品质,这就要求我们必须公开一切可以公开的信息,将管理与服务主动置于人民群众的监督之下,实施阳光政务。

(一)承诺内容。

1. 各单位要在前一阶段政务公开工作的基础上,对政务公开内容进行梳理和调整,尤其是那些直接为企业服务以及与人民群众切身利益密切相关的事项,要将工作流程优化后再对外公开,并科学压缩每一个工作环节的办结时限,明确服务标准,严格按公开的内容履行职责,同时,通过书面方式一次性向服务对象承诺办结时限、收费标准、服务标准等相关事项,明示承办部门、责任人和投诉渠道等。

2. 对违反承诺以及有不良行为、违法行政行为的,各单位要公开责任追究办法及处理结果。

(二)承诺方式。

各单位可根据实际情况,本着方便群众、有利监督的原则,采取一次性告知、制版上墙、声讯电话、触摸屏、网上公布、新闻宣传等多种方式进行承诺。

二、建立健全投诉举报制度

为充分发挥公众对政府诚信的监督作用,维护相对人的合法权益,各单位要进一步拓宽和畅通投诉举报渠道,建立健全投诉举报制度,为行政行为提供诚信救济途径。

(一)建立畅通的投诉渠道。

1. 各单位要采用多种形式对外公布本单位的督查部门、责任人和联系电话,并赋予督查部门和督查责任人相应的监督权力;要对外公布本单位主管领导或一把手的办公电话。

2. 对外公布区推行政务公开制度指导小组各成员单位的监督电话、地址、网址。

3. 对外公布宣武区区域经济发展环境投诉服务中心的投诉举报电话。

(二)规范投诉处理行为。

1. 各单位对接到的投诉事项应及时予以登记、核实、办理、答复,做到件件有着落,事事有结果,不得以任何理由拒绝、延压或放弃办理。

2.各单位在接到自身有权办理的投诉事项后,应及时与投诉人进行沟通,并在7个工作日内办结并予以答复;对于比较复杂的投诉事项,经单位主管领导批准可以适当延长答复时间,但必须在接到投诉事项后5个工作日内向投诉人说明情况。每个投诉事项办结后要即时将具体办理情况分报区政府办公室和区人事局备案。对于隐瞒不报的单位,一经查实,追究单位领导的责任。

3.对于需转办的投诉事项,各单位在接到投诉后须即时将该投诉事项报区政府办公室,由区政府办公室转相关单位进行办理。

对于需要多个单位共同处理的投诉事项,由区政府办公室明确牵头单位,由牵头单位予以答复。

4.各部门的投诉事项由区政府办公室负责汇总、督办;投诉问题的解决、落实情况,由区监察局、区人事局负责督查;对事实不够清楚、处理结果不妥的,可责成有关部门进一步调查取证并重新作出处理。

三、建立和完善责任追究制度

为了严肃行政纪律,有效预防和减少违法行政行为、不良行为及违反公务员规范行为的发生,切实保证政务承诺制度的落实,有效维护政府诚信,各单位要进一步完善政务公开责任追究制度,建立失信约束惩罚机制,实行责任追究。

(一)对于违反法律、法规、规章规定的,依照有关规定进行处理;造成经济损失的,依法追究其经济责任。

(二)对于适用于《北京市国家公务员违法行政行为行政处分若干试行规定》(京政办发[2002]61号)的违法行政行为按照文件规定予以处理。

(三)对于下列尚不够行政处分的不良行为,根据不同性质以及情节轻重进行责任追究。责任追究方式主要包括:责令赔礼道歉、通报批评、行政告诫和辞退等。

1.在工作中有下列行为之一,经本单位或相关职能部门核实无误的,应责令责任人向相对人赔礼道歉,并对责任人进行通报批评,扣发当季季度奖金,年终不得评为优秀等次;一个考核年度内,工作人员被责令赔礼道歉两次(含两次)以上的,给予行政告诫。

(1)无正当理由脱岗、离岗、不坚守岗位的;

(2)对相对人态度冷淡、生硬、服务语言不规范的;

(3)解答问题不耐心,简单应付的;

(4)工作态度尚可,但不解决实际问题,不执行"首问责任制"的;

(5)未到下班时间离岗停止办理公务,不接待相对人的;

(6)在工作时间内做与本职工作无关事项的;

(7)作风散漫,无故迟到、早退每月超过两次(含两次)的;

(8)对来信、来访或上级领导、上级机关交办和督办的事项在规定期限内未办理完毕,且无正当理由的。

2.在工作中有下列行为之一,经本单位或相关职能部门核实无误的,应对责任人给予行政告诫,扣发半年奖金,年终确定为基本称职等次;一个考核年度内,工作人员被行政告诫两次(含)以上的,年终确定为不称职等次。对确定为不称职等次人员,予以降职;无职可降的可以降低一个级别;无级可降的,可以降低一个工资档次。连续两年被确定为不称职等次的人员,予以辞退。

(1)服务语言不文明,与相对人发生冲突的;

(2)在工作过程中丢失或损毁当事人呈报材料的;

(3)有"吃、拿、卡、要"行为的;

(4)向服务单位索要财物或强行摊派的;

(5)以各种名义无偿占用或变相占用服务单位财产的;

(6)违反规定对服务单位进行检查的;

(7)其他侵犯相对人合法权益的行为。

3.对于违反承诺需采取责任追究的行为,根据具体过错过失行为的不同性质以及情节轻重进行相应的责任追究。

4.实行责任追究时,除对直接责任人进行责任追究外,还要追究主管人员的责任。

(四)一个考核年度内,单位被投诉或举报3—4人次,经查证属实的,该单位当年年度考核的优秀人员比例降为10%;被投诉或举报5人次(含)以上,经查证属实的,取消单位当年年度考核优秀人员指标,并对该单位进行通报批评。

(五)区推行政务公开制度指导小组将及时进行指导、检查和监督,定期进行汇总、分析和总结,并将结果予以公布。

四、工作安排

各单位要以直接面向社会和公众的科、站、队、所作为深化政务公开的重点。2003年9月底以前要完成本单位科学压缩工作时限、优化工作流程、明确服务标准、畅通投诉渠道等项工作,12月1日起正式对外做出承诺。承诺一经做出,必须严格遵守,不得随意终止、失信于民。区推行政务公开制度指导小组将适时对各单位准备情况进行抽查,对落实不到位的单位进行通报批评。

区推行政务公开制度指导小组

2003年8月12日

附件 1：

宣武区推行政务公开制度指导小组成员单位、宣武区区域发展环境投诉服务中心联系方式

一、宣武区人民政府办公室

1. 地址：宣武区广安门南街68号（邮编100054）
2. 联系电话：63512345
3. 电子邮箱：webmaster@bjxw.gov.cn

二、宣武区人事局

1. 地址：宣武区广安门南街68号（邮编100054）
2. 联系电话：83976088
3. 电子邮箱：renshiju@bjxw.gov.cn

三、宣武区监察局

1. 地址：宣武区广安门南街68号（邮编100054）
2. 联系电话：83976010
3. 电子邮箱：jianchaju@bjxw.gov.cn

四、宣武区人民政府法制办公室

1. 地址：宣武区广安门南街68号（邮编100054）
2. 联系电话：83976079
3. 电子邮箱：fazhiban@bjxw.gov.cn

五、宣武区区域发展环境投诉服务中心

1. 地址：宣武区南莱园街5号（邮编100054）
2. 联系电话：63577766　　63575566
3. 网址：www.hd315.gov.cn→宣武分局→联系我们→宣武区区域发展环境投诉服务中心

附件 2：

宣武网站"公共监督"系统及区长信箱系统网址

一、宣武网站"公共监督"系统网址

http://www.bjxw.gov.cn/315/gz/.asp

二、"区长信箱"系统网址

http://www.bjxw.gov.cn/qzxx/qz/.asp

附件 3：

宣武区受理投诉举报公务员事项工作规则

根据本《通知》的要求，就投诉举报公务员事项的登记、调查、处理、备案等工作，制定如下工作规则：

一、各单位人事（监察）部门，按照管理权限负责对本单位国家公务员投诉举报事项的调查处理，以及符合受理范围内的投诉举报事项的登记、调查、处理及结果的备案工作。

二、受理投诉举报公务员事项，必须注意保护投诉和举报人的合法权益，严禁向无关人员泄漏投诉或举报人的情况。

三、接待投诉举报人或、急躁、激化矛盾。

四、接待投诉举报人或接听电话，必须对投诉举报人的姓名、联系方式和所反映的问题认真规范地做好记录，并完整保存。

五、接到投诉举报后，要按照有关规定认真审核。符合受理范围的，要认真填写《宣武区国家公务员投诉情况登记表》（附后），经主管领导同意核签后正式办

理,并明确具体承办人。

六、负责调查处理的部门和承办人必须秉公办事,在5个工作日内,对反映的问题进行核实并提出调查结果、处理意见及对责任人的责任追究意见。情况较为复杂的,经主管领导批准后,可以适当延长时间。

七、调查处理工作完成后,要认真做好备案工作。

八、对于投诉举报公务员内容不属于受理范围或投诉举报人对处理结果不满意的,应做好解释说明工作,并告之其他救济渠道。

关于优化行政环境的实施意见

根据区委、区政府“优化发展环境,推进政府管理创新”的工作部署,为巩固“双高”大讨论活动成果,推动政府管理创新,进一步提高政府工作效率和服务水平,提出以下意见。

一、从理念创新入手,优化我区人文环境

(一)树立公共行政新理念。加强和完善政府对区域发展的依法调节、市场监管、社会管理和公共服务职能,重点做好政策引导、秩序规范、队伍优化、公共服务和依法监管等项工作,努力建设法治政府、高效政府、责任政府和诚信政府。

(二)树立“环境也是生产力”的理念。广大公务员要牢固树立“每一个公务员都代表政府形象,每一项政务工作都关系发展环境”的观念,逐步将观念从管理转到服务上来,寓管理于服务之中;树立主动服务和主动接受监督的意识,促进工作作风的进一步转变。

(三)树立公务员的职业理念。加强对公务员的职业道德和行为规范教育,使每一位公务员明确自己的职业特点、职业道德和行为准则,提高公务员的职业意识、责任意识、效率意识和自律意识,做到工作规范化、服务标准化。各单位要认真落实“首问负责,跟踪服务;一次告之,限期办复;警示在先,处罚公示;效能监察,一票否决”的工作要求,坚决杜绝态度生硬冷淡、办事推诿扯皮,以及吃拿卡要现象的发生。

二、从机制创新入手,优化政府服务环境

(一)理顺工作关系。为有效避免因部门、职位间职能交叉或关系不顺出现责任不清、推诿扯皮的现象,各单位要结合机构改革后的职能调整,对重新确定的职能进行梳理和分析,理顺单位内部各科室、各职位间的职能关系,将关系密切的职能进行归并、集中,实行归口办理,实现“精简、统一、效能”。

(二)规范工作程序。为有效减少工作中的主观随意性,对所有与企业有关的服务项目都要做出程序性规定。要在进一步完善《行政审批程序性规定》的同时,对行政审批事项按审批要素进行规范,进一步明确每个审批事项的审批条件、审批程序、审批职责、审批权限、审批时限以及违反行政审批程序性规定的责任追究办法,并在宣武网站和相关媒体上公布。

(三)优化工作环节。为进一步提高工作效率,避免出现相对人在部门之间、窗口之间来回奔走的现象,在不违反制度规定的基础上对工作环节进行优化,该取消的取消,能合并的合并,加强部门内部工作环节的衔接。要进一步改进审批方式,实行行政审批主办部门负责制,完善互联审批、并联审批方式,逐步实现统一受理、并联审核、一站答复、统一发证。对于法律、法规有特殊规定的,确需两个或两个以上部门联合审批的项目,申请人只需向首次接办部门提交一套材料,其他部门不得再次索取,而以首办部门的审查结果为依据,办理相关审批事项。对确需保留的年检、报表等事项进行归并、整理,研究制定统一的表格,最大限度地简化手续,逐步实行“一门、一表、一次”的年检方式,使企业每年只在规定的时间内,到一个部门、报一套材料、缴一次费用即可办理完毕。

(四)改革工作方式。积极改革传统的政务方式,按照市、区统一要求,构建互联、共享的服务型电子政务系统,逐步建立和完善面向社会公众的网上行政审批系统,具备条件的可实行网上年检。

三、从制度创新入手,优化政府行政环境

(一)完善责任追究制度,规范行政行为。国家公务员在从事行政事务管理过程中,必须遵守有关规定。对违反规定的,应追究责任;对构成行政处分的违法行政行为,要按照《北京市国家公务员违法行政行为行政处分若干试行规定》(京政办发[2002]61号),根据其情节轻重,分别给予警告、记过、记大过、降级、撤职直至开除处分;对尚不够行政处分的不良行为,要按照《北京市宣武区人民政府办公室转发区推行政务公开制度指导小组关于深化政务公开建设诚信政府实施意见的通知》(宣政办发[2003]40号),视情节轻重,分别给予责令赔礼道歉、通报批评、行政告诫直至辞退等处理。要通过责任追究制度的不断完善和落实,使公务员行为得到进一步规范,责任意识、自律意识得到进一步提高。

(二)完善公务员考核制度,推行量化考核,探索绩效考核,注重考核结果的使用。各单位要结合实际情况制定以目标考核为主的考核办法。目标责任书内容能量化的要予以量化,不能量化的要最大限度地予以分解、细化,从德、能、勤、绩、廉五个方面,对工作人员进行考核。为加强考核的针对性和可操作性,各单位应建立分级分类的考核制度,根据不同的工作岗位和工作内容,制定不同的考核要素,以保证考核结果的公正性和客观性。在此基础上,各单位要强化从定性到定量的日常考核,有条件的可根据《职位说明书》和目标任务试行绩效累计考核,督促机关工作人员及时改进绩效。要将考核结果与奖励、评优以及任职结合起来,使考核的激励作用得到充分体现。

(三)完善激励约束机制,激发队伍建设活力。各单位要根据实际情况,在实行科级领导干部任职试用期制度、任期责任制度、责任追究制度、引咎辞职制度的基础上,加大竞争上岗力度,最大限度地调动广大工作人员的积极性和主观能动性,做到能者上、平者让、庸者下,鼓励高素质的优秀人才脱颖而出,把提高公务员的整体素质变为每个人的自觉行动。

(四)完善监督制度,强化公务员责任意识。为确保公务员的权力不被滥用和错用,各单位要努力建立起工作过程中各工作环节的监督机制,机关内部要建立各级间的层级监督,人事部门对业务部门的考核监督,以及监察部门的效能监督等。同时,要建立广泛的社会监督机制,通过聘请人大代表、政协委员做监督员,主动深入单位征求意见,在服务窗口发放监督卡,向相对人随机发放调查问卷等多种形式,对单位履职情况、行风情况等进行全方位、全过程的监督,并根据反馈的意见,及时进行整改,不断提高相对人的满意度。

四、深化政务公开,建设诚信政府

在进一步规范政务公开的基础上,今年各单位重点要建立并逐步完善政务承诺制度、投诉举报制度和责任追究制度,努力实现阳光政务,建设诚信政府。具体实施参照《北京市宣武区人民政府办公室转发区推行政务公开制度指导小组关于深化政务公开建设诚信政府实施意见的通知》(宣政办发[2003]40号)执行。

五、加强领导,狠抓落实,务求实效

优化行政环境是一项非常紧迫而现实的工作任务,各单位要切实加强领导,力戒形式主义,务求实效。

(一)加强组织领导。要按照区委、区政府的要求,结合本单位的实际情况,研究具体工作内容,制定工作方案。各单位要切实把这项工作摆上日程,一把手亲自抓,分解任务,责任到人,把基层科、站、队、所作为工作重点,切实抓住人民群众和市场主体反映强烈的突出问题,改进工作,推动发展环境不断优化。

(二)注重协调配合。优化发展环境,推进管理创新,是一个复杂的系统工程,有些工作内容不是一个单位或一个部门能独立完成的,需要协同和互相支持。各单位要密切配合,形成合力,避免推诿扯皮。对落实过程中出现的问题,要及时了解情况,深入研究对策;难以协调解决的矛盾和问题,要及时向上级主管部门和主管领导报告,力争做到问题不积累,矛盾不积压,工作进度和质量不受影响。

(三)加强指导检查。为确保工作取得实效,避免流于形式,区推行政务公开制度指导小组将通过检查、座谈等形式及时发现问题,研究解决问题,总结推广好的经验、做法,有针对性地加强指导和监督检查。要每年组织开展优化发展环境综合考评,并将考评情况纳入各部门业绩考核体系。

(四)做好宣传工作。各单位要在积极落实此意见的基础上,借助新闻媒体,加大宣传力度,努力为工作开展营造良好的舆论氛围。

宣武区人事局

2003年8月12日

关于推进宣武区解决标准租私房工作方案

为妥善解决标准租私房问题,根据《北京市人民政府批转市国土房管局关于解决本市按照标准租金出租私有房屋问题的若干意见的通知》(京政发[2001]37号)、《北京市人民政府办公厅关于推进本市标准租私房工作的通知》(京政办函[2003]10号)、《市国土房管局关于印发〈关于推进本市标准租私房工作中有关搬出安置意见〉的通知》(京国土房管市二[2003]338号)(以下简称338号文件)、《市国土房管局关于〈关于推进本市标准租私房工作中有关搬出安置问题的意见〉补充意见的通知》(京国土房管市二[2003]765号)和《市国土房管局、市财政局、市住房公积金管理中心关于标准租私房承租人搬出安置工作程序及购房委托贷款补贴发放办法的通知》(京国土房管市二[2003]838号)及有关文件精神,落实市政府与区政府签订的《落实解决标准租私房责任书》内容,结合我区实际情况,特制定如下工作方案。

一、基本原则

(一)凡是目前已经启动的危改建设项目、环境综合整治项目或其它建设项目,项目开发建设单位要严格按照市国土房管局《关于拆迁标准租私房有关问题的通知》(京国土房管拆[2002]319号)规定及相应政策执行,标准租私房户搬出安置工作由开发建设单位负责,其中:危改项目应按照本危改片总户数3%的比例提供安置房源,用于解决本危改片以外的区属单位职工承租标准租私房的住房安置问题;安置标准按本危改片政策执行,区国土房管局负责提供所安置标准租私房户的情况。

(二)标准租私房承租人按照隶属关系,由承租人所在单位负责做好搬出安置工作。根据338号文件精神,采取按自购房源搬出的,由单位按338号文件中的计算公式发放住房补贴款,住房补贴款的计算公式:补贴款=4000元×原住房建筑面积+(4000元-房改成本价)×(15平方米×同一户籍人口数-原住房建筑面积)。

(三)标准租私房承租人按照隶属关系,由承租人所在单位负责做好搬出安置工作。具体按照《北京市城市房屋拆迁管理办法》(市政府第87号令)基本精神(以下简称市政府第87号令)发放拆迁补偿款。

(四)符合廉租条件的可优先享受廉租住房配租政策。

(五)本区属单位职工承租外区标准租私房的,按照房屋所在地区解决标准租私房的有关政策解决。

二、搬出安置方式

(一)文保区内标准租私房承租人的搬出安置:

1. 本区属单位职工承租标准租私房的,可选择以下方式搬出:即按自购房源搬出的,由单位按照338号文件中的计算公式发放住房补贴款,或按照市政府第87号令基本精神发放拆迁补偿款。

由单位垫付的住房补贴款或拆迁补偿款,待今后开发建设时由开发建设单位偿还。

2. 对无工作单位的标准租私房承租人,按照自购房源搬出的,由区国土房管局代区政府按照338号文件中的计算公式发放住房补贴款,或按照市政府第87号令基本精神发放拆迁补偿款。

3. 非本区属单位职工承租标准租私房的,对承租人按照自购房源搬出的,按照338号文件中的计算公式发放住房补贴款,或按照市政府第87号令基本精神发放拆迁补偿款。

(二)其他地区标准租私房承租户的搬出安置:

1. 本区属单位职工承租标准租私房的,可选择以下方式之一搬出:按自购房源搬出的,由单位按照338号文件中的计算公式发放住房补贴款,或按照市政府第87号令基本精神发放拆迁补偿款。

在拟开发建设范围内的,由单位发放的住房补贴款或拆迁补偿款,待今后开发建设时由开发建设单位偿还。

2. 无工作单位的标准租私房承租人,可适用以下方式:

(1)居住在拟进行开发建设范围内的,由项目开发建设单位按照自购房源搬出,按照338号文件中的计算公式发放住房补贴款,或按照市政府第87号令基本精神发放拆迁补偿款对承租人进行补偿;项目开发建设单位确有困难的,可由区国土房管局代区政府先行垫付,待今后项目启动时,由项目开发建设单位偿还区政府先行垫付的费用。

(2)居住在其他地区的,由区国土房管局代区政府按照市政府第87号令基本精神垫付拆迁补偿款或按照自购房源搬出,由区国土房管局代区政府按338号文件中的计算公式发放住房补贴款，待今后由开发建设项目单位偿还区政府先行垫付的费用。

3. 非本区属单位职工承租标准租私房的，按338号文件的有关规定由其所在单位负责承租人的搬出安置工作。

三、工作程序

（一）标准租私房承租人按照市政府第87号令搬出安置的，全部委托北京宣房房地产评估有限公司进行评估和计算拆迁补偿款。

（二）文保区内（除本区属单位）发放拆迁补偿款或发放住房补贴款前，应在承租人房屋所在地或单位进行公示。无异议后，经区推进解决标准租私房工作督查小组办公室（以下简称区督查办）审核批准，由区国土房管局地区管理所、私房承租人、产权人共同签订《标准租私房搬出安置协议》（以下简称《协议》），可到宣武区公证处进行公证。区国土房管局地区管理所将《协议》报区国土房管局备案。

（三）居住在其他地区的标准租私房承租人搬出安置工作，区分不同情况，分别按下列方法办理：

1. 标准租私房承租人所在单位系本区属单位的，由地区工作小组负责核实承租人的（含符合条件的共居人）住房、人口等情况，并按照338号文件规定计算单位住房补贴款，开具《标准租私房承租人搬出安置住房补贴发放通知单（以下简称通知单），由区督查办转递承租人所在单位，供单位落实搬出责任选择使用。

标准租私房承租人所在单位接到《通知单》后要进一步核实情况，按照有关政策提供安置住房或发放住房补贴款，或按市政府第87号令基本精神发放拆迁补偿款，认真落实承租人搬出的责任，及时将《承租人单位反馈意见书》（以下简称《意见书》）上报区督查办。

（1）单位采取安置方式按自购房源搬出的，由单位发放住房补贴款，能够落实承租人搬出安置责任的，应在《意见书》中注明搬出安置意见和完成时限；单位确有困难不能提供安置住房，且不能一次性或按规定发放住房补贴的，应在《意见书》中签属意见并报上级单位核准。按照区国土房管局、区财政局、区民政局《关于标准租私房提租后区属困难单位职工和承租人无单位的申请租金补贴等有关问题的通知》（宣国土房管字[2002]76号）规定，区属困难企业需经区经贸委审核同意，区属行政、事业单位需经区财政局审核同意。

《通知单》、《意见书》经区督查办审核，并在《通知单》上签署意见后，单位应持《通知单》到住房公积金管理中心宣武一部申请按《关于北京市标准租私房承租人申请标准租私房补贴个人住房担保委托贷款等有关问题的通知》办理相关手续。单位或财政部门按照《通知单》确定的金额、期限和还款方式，按期还款。

（2）单位采取安置方式按照市政府第87号令基本精神发放拆迁补偿款的，单位应落实对承租人的搬出安置责任。单位确有困难的，可参照上述（1）规定办理《通知单》中应发放的住房补贴款。

单位安置住房或发放补贴前，应在本单位内对承租人的住房、人口等情况进行公示，无异议后，承租人所在单位与私房承租人、产权人共同签订《协议》，承租人所在单位将《协议》复印件报区督查办审核，由区督查办转区国土房管局备案。承租人所在单位与私房承租人、产权人也可到宣武区公证处对《协议》进行公证，以便对遗留问题通过司法程序解决。

2. 无工作单位的标准租私房承租人搬出安置工作，按以下方法之一办理：

（1）居住在拟进行开发建设范围内的，由项目开发建设单位按照自购房源搬出的，按照338号文件中的计算公式发放住房补贴款，或按照市政府第87号令对承租人进行货币补偿；项目开发建设单位与私房承租人、产权人共同签订《协议》，项目开发建设单位将《协议》复印件报送区督查办审核，由区督查办转区国土房管局备案。项目开发建设单位与私房承租人、产权人也可到宣武区公证处对《协议》进行公证，以便对遗留问题通过司法程序解决。

（2）居住在其他地区的并按自购房源搬出的，由区国土房管局代区政府按照338号文件中的计算公式发放住房补贴款，或按照市政府第87号令基本精神垫付拆迁补偿款；区国土房管局发放住房补贴款或拆迁补偿款前，应在承租人房屋所在地进行公示。无异议后，经区督查办审核批准，由区国土房管局地区管理所、私房承租人、产权人共同签订《协议》，可到宣武区公证处对《协议》进行公证。区国土房管局地区管理所将《协议》报区国土房管局备案。

3. 标准租私房承租人所在单位系非本区属单位的，由地区工作小组负责核实承租人（含符合条件的共居人）住房、人口等情况并按照338号文件中的计算公式计算单位住房补贴款，开具《通知单》，由区督查办上报市督查办，经市督查办转递承租人所在单位，供单位落实搬出责任选择使用。

承租人所在单位按照338号文件确定对承租人的安置方案及落实搬出安置责任后，承租人所在单位与承租人、产权人共同签订《协议》，承租人所在单位将《协议》复印件报送市督查办审核，由市督查办转区国土房管局备案。

（四）在拟进行开发建设范围内（含文保区）的标准租私房，如开发建设单位未按《方案》要求提前安置无工作单位和区属单位的标准租私房承租人，均由单位或区国土房管局代区政府先行垫付安置补偿费,待今后开发建设拆迁时,由开发建设单位连本带息偿还所垫付资金全款。凡未偿还区政府垫款的(含评估费用),不予办理拆迁许可证手续。

(五)在拟进行开发建设范围内的标准租私房,需进行评估的,由开发建设单位与北京宣房房地产评估有限公司签订《委托评估合同》,先进行评估,待今后由开发建设单位按照双方认可的评估费用归还。

其他地区按照市政府第87号令基本精神进行货币补偿方式安置承租人的,均需进行房屋评估,由区国土房管局代区政府委托北京宣房房地产评估有限公司评估并签订《委托评估合同》,待今后项目启动时,由开发建设项目单位按照双方认可的评估费用,先归还评估费用后,再行开发。

(六)承租人所在单位负责职工搬出私房工作,搬出私房后,从次月起停发租金补贴。

(七)承租人持区国土房管局开具的《标准租私房承租人购房证明》享受优先购房等待遇。

四、工作要求

(一)各单位凡有商品住宅项目和未分配的住房必须首先用于解决本单位内租住标准租私房职工的安置。

(二)实行住房分配货币化的单位(包括机关、事业、企业),要把租住标准租私房的职工先行列入住房货币化分配范围,职工按政策领取住房补贴,购买专用安置住房或自行购买其它住房。

(三)允许标准租私房承租人单位在本单位内部调剂住房安置承租人,并享受相应的优惠政策。

(四)单位的房改售房款必须首先用于向本单位租住标准租私房的职工发放住房补贴款,在搬出安置问题未落实前不得安排其他支出。

(五)标准租私房承租人单位有条件的,可自行确定搬出安置办法。

(六)各责任单位要认真落实解决标准租私房相关文件精神,成立工作组织,制定工作方案,落实责任内容。

(七)各责任单位要优先解决市、区督查办确定的所属范围内的困难户、危房户、租赁矛盾尖锐和上访激烈户的搬出安置工作。

(八)做好标准租私房租赁双方的工作,并按照相关政策做好责任范围内租住标准租私房承租人、私房产权人的信访接待工作,确保社会稳定。

(九)继续做好租金补贴工作。根据解决标准租私房工作的实际情况,对于年底放开租金后继续租住标准租私房的承租人,单位应继续发放租金补贴。具体标准根据市相关规定,按届时租金补贴标准执行。

五、其它

本方案未涉及到的其他情况一律按照市相关文件规定精神及市政府和市有关部门新下发的相关文件执行。

六、本方案由区国土房管局负责解释。

宣武区国土房管局

2003年11月5日

大　事　记

2003年宣武区大事记

1月

2～20日　区卫生局与区纠风办、公安宣武分局、药品监督管理局宣武分局、区卫生监督所联合对宣武区医疗服务市场开展执法大检查。

3日　区委党校“十六大精神进社区”宣讲活动启动仪式在白纸坊街道举行，区委副书记武高山，区委常委、宣传部长阎满成出席，并向宣讲团成员颁发聘书。

6日　区召开2003年度春节文化活动新闻发布会。

7日　区召开贯彻“十六大”精神支持非公经济发展座谈会，唐大生、鲁勇、张恕贤、郑文奇等区四套班子领导出席。

10日　区委召开八届十四次全体(扩大)会议。

13日　区召开2002年度文明乘车活动总结表彰大会，首都文明办副主任滕毅、宣教处副处长邢秀增，宣武区副区长哈金起和100多名文明乘车监督员、管理人员参加。

14日　区领导武高山、谢全林、哈金起慰问武警十二支队和清河农场干警，为20名立功战士颁发了军功奖，为20名特困战士送去了慰问金。

15日　区召开第二届思想政治工作优秀单位及优秀思想政治工作者表彰大会，64个单位和99名工作者受到表彰。

16日　区召开“军亲”联谊会，区委常委、组织部长杨素荣总结了开展“领导干部结军亲”活动的情况，区领导武高山、哈金起等参加了联谊活动。

17日　区委政法委员会召开工作会议。

20日　区举行牛街民俗特色街开街仪式，市民委李宝群、李顺利、马中璞，区领导唐大生、鲁勇、张恕贤、赵长山、武高山、谢全林、丁力、赵印春等出席。

☆　区召开驻区重点单位迎新春联谊会，区领导唐大生、鲁勇、张恕贤、郑文奇、赵长山、蒋德忠、丁力、赵印春及相关部门领导出席。

21～24日　政协宣武区第十届五次会议召开。21日上午，大会举行开幕式，市政协副主席满运来，区领导唐大生、鲁勇、张恕贤、赵长山、武高山，韩恩慈等出席。

21日　区举行纪念双拥运动60周年军政座谈会。副区长哈金起主持会议，区委常委、区委办公室主任赵印春宣读了区委、区政府《关于做好新时期拥军优属工作，努力创建全国双拥模范区的决定》；唐大生作总结讲话。区领导鲁勇、张恕贤、郑文奇、赵长山、武高山、韩恩慈、蒋德忠、阎满成、谢全林、杨素荣等参加座谈会。

22～25日　区人大十二届六次会议举行。22日上午，大会举行开幕仪式，区领导唐大生、鲁勇、郑文奇、王敏荣、赵长山、武高山、韩恩慈等参加了开幕式；201名区人大代表出席会议；中共宣武区委、区人民政府、区人民法院和区人民检察院的领导及有关部门的负责人，出席区政协十届五次会议的委员，宣武区选出的市人大代表列席了会议。

27日　市委副书记、市人大常委会主任于均波，在市委常委、组织部长赵家骐和市人大常委会副主任赵久合的陪同下，到牛街街道慰问了困难党员卢自兰，区领导唐大生、张恕贤、王敏荣、杨素荣、赵印春陪同。

☆　区委召开党政领导干部会议，传达学习胡锦涛总书记在考察北京工作时的重要讲话和刘淇在市委常委(扩大)会上的讲话。

☆　区召开禁放工作会议。

☆　区召开迎新春名师招待会。

☆　区领导鲁勇、武高山、哈金起、袁双梅检查“春节”和“两会”安全工作。

☆　市规划委与区政府联合举行新闻发布会,向国内外征集“国际传媒大道”城市规划设计方案。市规划委副主任魏成林,区领导鲁勇、蒋德忠、丁力等出席会议。

28日　区举行“蓟城纪念柱重立落成揭幕仪式”,副市长张茅为“蓟城纪念柱”揭幕,区领导唐大生、郑文奇、赵长山、赵印春、张文华出席。

29日　中共中央政治局常委贾庆林到牛街地区视察工作,国务院有关部门和市领导刘淇、李德洙、孟学农、叶小文、龙新民、尤兰田、孙政才、孙安民,中国伊斯兰教协会会长陈广元及区领导唐大生、鲁勇、王敏荣、赵印春、王玉兰等陪同考察。

☆　区政府召开党组(扩大)会议,专题研究落实党风廉政责任制等工作。

31日　区领导鲁勇、哈金起、金焱慰问坚守在第一线的公安、交通干警和环卫、锅炉工人。

2月

1～6日　区举办第三届厂甸庙会和第八届大观园庙会。市委常委、宣传部长蔡赴朝,副市长张茅,市政协副主席张和平与市有关部门领导以及唐大生、鲁勇、张恕贤、郑文奇等区领导参加了开幕式。

8日　建设部部长汪光焘到牛街街道视察工作,听取了街道负责人关于礼拜寺修扩建、牛街危改、牛街清真超市建设等情况的汇报。

9日　区政府召开计划生育责任书签订大会。区长鲁勇与各街道、局、公司及综合治理等25个单位的一把手,签订了2003年计划生育目标管理责任书和综合治理责任书。

10日　妇联主席李巧云,党组书记、副主席荣华等来区调研,与城八区的妇联主席进行了座谈,并到万博苑社区妇代会和广外街道社区服务中心,听取了社区妇代会和服务中心的情况汇报,参观了社区的各项服务设施。

12日　区政府召开2003年第一次全体会议,常务副区长蒋德忠主持会议,区长鲁勇作了工作部署和安排。

☆　全区2100余名穆斯林群众欢度古尔邦节。副区长哈金起到牛街礼拜寺看望宗教界人士,向穆斯林群众祝贺节日。

13日　市委组织部副部长孟秀勤到区指导社区党建工作,听取了王敏荣、杨素荣关于社区党建工作的汇报。

☆　区直属机关工委召开2003年工作会议。

14日　区委政法委员会召开工作会议,部署全国“两会”期间安全保卫工作。

☆　区政协、区委统战部联合召开港澳台侨界人士元宵节茶话会。市政协副秘书长蒋春风和区委书记唐大生向各界人士致以节日问候,区领导鲁勇、张恕贤、郑文奇、王敏荣、陈慧来出席了茶话会。

18日　区政府召开财政工作会议。

☆　区政府召开城管工作会议。

19日　区委召开党建工作会议。

21日　回民医院举行首都医科大学教学医院成立暨揭牌仪式。

24日　区召开“贯彻十六大精神,维护全国‘两会’期间社会稳定”动员大会。

☆　区精神文明委员会召开全体会议

25日　区召开城市管理暨环境整治动员大会。

26日　区召开2002年度综合表彰暨2003年目标责任书签订大会,区长鲁勇主持会议。区四套班子领导出席了会议。

27日　区召开城建工作会。

☆　区召开再就业工作领导小组会议。

28日　区召开劳动保障工作会议。

3月

1日　区开展“首都百万军民学雷锋大型公益活动”。活动主会场设在北京市技术交流馆前广场,区四套班子领导分别在各活动区参加了公益活动。

3日　区规划局正式更名为北京市规划委员会宣武分局并举行挂牌仪式。

4日　区召开纪念学雷锋“综合包户”活动20周年暨青年志愿行动表彰推进大会。团市委副书记刘剑、区委副书记王敏荣对继续开展学雷锋“综合包户”活动和青年志愿行动提出要求。

☆　区召开同“法轮功”邪教组织斗争工作会议,总结了2002年工作,部署了2003年工作任务,表彰了2002年度同“法轮功”邪教组织斗争工作的先进集体和先进个人。

5日　区召开2003年残疾人工作会。

6日　区十二届人大常委会举行第34次会议,决定接受张恕贤辞去宣武区第十二届人民代表大会常务委员会主任职务的请求,并报区人民代表大会备案。

7日　区政府召开人事人才工作暨人事工作表彰大会,表彰3年来在人事工作中做出突出成绩的8家集体和10名个人。

11日　区委保密委员会召开全体会议。

☆　区政府召开2003年民政工作会议,传达全国民政厅局长会议和北京市民政工作会议的精神,对先进单位和个人进行表彰。

☆ 市委常委、市教工委书记朱善璐到区调研,市教委副主任李观政,区领导鲁勇、赵印春、王永新陪同调研。

13日 市政协副主席黄以云率队考察宣武商业街区,区领导鲁勇、郑文奇、袁双梅等陪同。

14日 区邀请市统战系统人士共商发展区域经济。区长鲁勇就区情和三大战略实施、功能区建设以及优化区域发展环境的措施等作了介绍。

☆ 区召开绿化养护工作会议。

18日 区政府召开统计工作会议。

☆ 区召开爱国卫生运动委员会、卫生防病工作委员会工作会议。

20日 区召开创建国家卫生区领导小组第一次会议,区领导鲁勇、王永新出席会议。

21日 中国/联合国人口基金会第五周期生殖健康/计划生育项目启动,宣武区代表北京市承接此项目,区卫生局与区计生委联合开展为期3年的项目活动。

24日 区完成扶贫济困送温暖社会捐助活动,共接受社会捐款53.3万元、衣被近20万件。活动所募集的衣被已发往受灾地区。

25日 区召开绿化美化总结表彰动员大会,区领导唐大生、郑文奇、赵洪光、金焱出席会议。

28日 区召开优化区域发展环境、推进政府管理创新动员大会。

☆ 中央文明办专职副主任翟卫华,中央文明办协调组组长李伟,中央文明办调研组副组长左中一,中央文明办协调组副处长赵树杰和首都文明办主任张慧光,首都文明办创建处处长张长江、副处长张大烨等来到宣武区,对开展文明社区创建工作情况进行调研。

31日 宣武区残疾人联合会第四次代表大会召开。

4月

1日 区召开2003年社区建设领导小组扩大会议。

☆ 区召开保密工作会议。

☆ 区召开依法治区工作会议。

2日 区召开精神文明建设暨创建国家卫生城区动员大会。首都文明办主任张慧光、市爱国卫生运动委员会专职副主任孙贤礼出席会议,副区长哈金起主持会议。

☆ 区与北京师范大学正式签署共建师大附中协议,教育部基教司副司长郑增仪、北京师范大学校长钟秉林和区领导唐大生、蒋德忠、王永新等出席签约仪式。

3日 市委常委、宣传部长蔡赴朝到区调研,参观了修缮后的纪晓岚故居,察看了车站西街15号院社区,听取了有关部门的工作汇报。

☆ 区召开2003年妇女儿童工作会暨实施"十五"妇女儿童规划示范单位现场会,部署了2003年妇女儿童工作委员会工作安排及"十五"妇女儿童规划中期评估意见。

8日 区召开部署非典型肺炎防治工作会议,传达了中办、国办通知和市委、市政府紧急会议精神,通报了全市非典型肺炎有关情况。

14日 区再次研究部署非典型肺炎防治工作。

☆ 区召开牛街二期回迁楼建设工作会,副区长金焱对牛街二期回迁楼工程提出具体要求。

18日 区政府召开一季度全体会议。区委常委、常务副区长蒋德忠总结了一季度全区各项工作,对二季度工作进行部署;副区长王永新传达了中央有关防治"非典"工作会议精神,就做好防治工作进行部署。

21日 市民委主任张恕贤、副主任马中璞到回民医院慰问医务工作者,并向该院捐赠5万元慰问金。回民医院院长汇报了近期防治"非典"工作以及病房的设置情况。哈金起代表区委、区政府、区卫生局对慰问活动表示感谢。

22日 区十二届人大常委会第三十五次会议决定接受鲁勇辞去北京市宣武区区长职务的请求;决定任命武高山为宣武区副区长,代理宣武区区长职务。

☆ 区委、区政府就做好"非典"防治工作进行再部署。

25日 副市长孙安民到牛街礼拜寺慰问宗教教职人员,市宗教局局长张恕贤、副局长季文渊、马中璞陪同慰问。

☆ 区召开紧急会议,研究在全区范围内迅速开展群众性抗击"非典"奉献爱心社会捐助活动。

27日 区委、区政府召开专题会议,落实宣武医院改建为专门收治"非典"病人医院的各项保障工作。区委书记唐大生传达了市委、市政府关于把宣武医院改建为专门收治"非典"病人医院的指示;代区长武高山布置了后勤物资保障、基建改造、医务人员轮休安排、交通组织、隔离组织等任务,明确了责任领导和责任部门。

29日 晚,中华家园工地出现疫情,5名民工被确诊为"非典"病人,副区长金焱立即到现场组织指挥。到5月2日晚,该工地共有22名民工被感染,其中17名民工被确诊。

☆ 武高山、哈金起等区领导参加宣武各界抗击"非典"爱心捐赠活动,向全区奋战在一线的医护人员捐款10万元。

5月

6日 市委书记刘淇检查宣武医院改造情况，仔细询问了医院和宣武区接收“非典”病人的筹备情况，并慰问了医务人员及街道干部。

7日 市委常委、统战部长尤兰田到牛街礼拜寺检查防“非典”工作。

8日 国务委员陈至立到育才学校视察北京市中小学开设“空中课堂”工作，国家发展改革委员会副主任姜伟新、国务院副秘书长陈进玉、教育部部长周济、市委副书记龙新民、副市长范伯元及区领导武高山、王永新等陪同考察。

☆ 晚，宣武区按期完成宣武医院病房抢修工程，副市长刘敬民致信表示感谢。

11日 区领导唐大生、武高山到回民医院检查发热门诊、留观病区、隔离病房的清洁区、半污染区、污染区的工作。

☆ 区召开施工现场防控“非典”再动员大会。

12日 区领导武高山、赵长山、赵进兴、陈慧来等到友谊医院、健宫医院、回民医院和广外医院慰问抗击“非典”一线医务人员。

13日 代区长武高山参加“残疾人日”活动并慰问了残疾人家庭

15日 区领导唐大生、武高山、郑文奇、赵长山、阎满成、赵印春、王玉兰、哈金起、王永新、袁双梅出席区经贸系统、非公经济企业向抗击“非典”一线医务人员捐赠仪式。

☆ 区领导唐大生、武高山、郑文奇、赵长山、蒋德忠、赵印春、哈金起、王永新出席中国北方工业公司支持区抗击“非典”捐赠仪式。

19日 中华家园工地正式解除隔离恢复生产，区领导唐大生、武高山等出席仪式。

21日 牛街二期危改回迁楼建设指挥部成立。

22日 区委书记唐大生到14中检查高三学生复课情况。

☆ 区召开研究落实市政府《关于防治非典型肺炎疫情期间保持社会稳定促进经济发展若干政策措施》工作会议，区领导蒋德忠、袁双梅出席会议。

23日 代市长王岐山到十四中视察，代表市委、市政府向坚守在工作岗位上的教职员工表示感谢和慰问，市委常委、市教育工委书记朱善璐、副市长范伯元、市政府秘书长刘晓晨及唐大生、武高山、王永新等区领导陪同视察。

☆ 区城建系统支持抗击“非典”捐赠仪式在广安会议中心举行，唐大生、武高山、郑文奇、赵长山、韩恩慈、蒋德忠、阎满成、赵印春、哈金起等区领导出席捐赠仪式。区建筑行业协会的负责人代表全区32个开发、建设单位捐赠108万元，唐大生代表区委、区政府接受了捐赠。

27日 唐大生、武高山等区领导听取全区防治“非典”工作情况汇报，王敏荣、张文华、金焱、哈金起、王永新、袁双梅就落实《中共北京市委办公厅、北京市人民政府办公厅关于应对新形势进一步加强和完善“非典”防控工作的意见》，分别汇报了前一阶段“非典”防控工作情况。

28日 市政协副主席王长连一行视察牛街民族经济发展情况，区领导郑文奇、袁双梅陪同视察。

29日 唐大生、武高山、蒋德忠、谢全林、哈金起等区领导到北京卫戍区、总政群工局、驻区及共建部队慰问部队官兵，并送去慰问金20万元。

30日 副市长范伯元到六十三中检查高考准备工作，王永新陪同检查。

31日 市委书记刘淇、代市长王岐山到陶然亭街道检查防汛工作，在米市胡同43号(康有为故居)低洼院，听取了代区长武高山关于防汛工作的情况汇报，实地查看了该院防汛的措施。区领导唐大生、赵印春、金焱陪同视察。

☆ 唐大生、武高山、王敏荣、赵长山、韩恩慈、蒋德忠、阎满成、谢全林、丁力、赵印春、王玉兰、张文华、金焱、哈金起、王永新、袁双梅等区领导分别带队检查8个街道防控“非典”和防汛工作 。

6月

3日 宜家家居(IKEA)中国区总裁杜福延(Ian Duffty)一行对区商业零售业和马连道采购中心区状况进行商务考察，并洽谈有关合作开发项目。区领导唐大生、武高山、袁双梅参加会见。

☆ 区召开“革除陋习讲文明，从我做起树新风”全民清洁卫生活动动员会。区文明办对活动进行了动员部署；区市政管委、区建委、区城管大队对搞好活动提出了具体要求。

6日 中国残联、民政部有关领导到区调研社区残疾人工作。

☆ 区委、区政府会同市委组织部、首都文明办、市民政局，在广外街道红莲广场举行了“抗“非典”、献爱心、讲文明、树新风”慰问防控“非典”社区一线人员活动，首都文明办主任张慧光，区领导唐大生、武高山，各街道的200多名社区干部参加了慰问活动 。

7日 市委常委、市教工委书记朱善璐察看北京师大附中考点。

☆ 卫生部法监司副司长苏志、国家卫生监督中心主任杜志琴等卫生部领导、专家组成的检查组，会同市人大常委会文卫体委员会到区检查传染病防治执法工作情况。

8日 区在枫桦豪景工地生活区召开建筑工地防控“非典”达标创优活动表彰大会，市城建工委书记张凤朝、市建委副主任王立臣，区领导唐大生、郑文奇、王敏荣、赵长山等出席会议。

9日 市民委在昌平中商培训中心为休整的一线医护人员举办了慰问演出。市民委主任张恕贤、区领导赵长山分别讲话；市委副秘书长陈启刚、市委宣传部副部长王学勤、昌平区委副书记王振华、副区长任学良及宣武区领导郑文奇、袁双梅等和医护人员一起观看了文艺演出。

☆ 北京各民族代表向回民医院捐赠书画仪式在广安会议中心举行。此次活动的发起人、中国民族文物保护协会副会长刘隆在捐赠仪式上介绍了此次捐赠书画征集情况；副区长哈金起在讲话中充分肯定了回民医院医务人员在抗击“非典”战役中沉着冷静、果断应对、勇敢无畏的精神。北京市民委主任张恕贤、副主任马中璞和区领导唐大生、郑文奇、王永新出席捐赠仪式。

☆ 区在广安会议中心举办2003年重点项目招商引资签约仪式。欧倍德马连道大型建材装饰家居连锁超市、宝莲花园等6个重点项目参加了本次签约仪式，市外经委主任李昭，市投资促进局书记孙长泰，区领导唐大生、武高山等出席了签约仪式。

10日 区举行《生命的誓言》一书首发式，市委宣传部副部长宋贵伦、市委理论讲师团常务副团长陈之昌、首都文明办副主任滕义及区领导唐大生、武高山等出席。

13日 区完成南中轴路危改整治工程拆迁工作，共拆迁居民1998户，拆除建筑面积55481.9平方米；拆迁社会单位113个，拆除建筑面积36019.9平方米。

18日 区召开优化区域发展环境汇报会，区领导武高山、蒋德忠、丁力出席。

19日 区领导唐大生、武高山等检查牛街二期危改工地。

20日 区召开国际传媒大道城市设计方案专家评审会，何玉如、朱子瑜等8位来自规划、建筑、交通等方面的专家，市规划委副总规划师王文红和区领导武高山、丁力、金焱参加会议。

24日 区召开整顿和规范市场经济秩序工作会议。

26日 区教育系统召开庆祝建党82周年表彰大会，对在“增三力达标创优工程”和防治非典型肺炎工作中取得优异成绩的先进基层党组织和优秀共产党员进行表彰。

☆ 区卫生局召开“增三力”暨抗“非典”总结表彰大会。

27日 区委召开庆祝中国共产党成立八十二周年暨增“三力”达标创优和防治非典型肺炎工作表彰大会，表彰“增三力达标创优工程”先进基层党组织、优秀个人和防治非典型肺炎工作先进基层党支部、优秀共产党员。区四套班子领导参加了大会。

30日 区经贸系统召开增“三力”暨防治“非典”表彰大会。

7月

4日 区举办学习贯彻“三个代表”重要思想理论报告会。中共中央文献研究室常务副主任、全国人大常委会委员冷溶为区四套领导班子成员及全区处以上领导干部作了《深入学习贯彻“三个代表”重要思想》专场报告。

7日 区召开维护稳定及排查调处工作会议，区委书记唐大生主持会议，并对全区的排查调处工作提出要求。

8日 区召开“人员密集场所消防安全疏散通道、安全出口专项治理”工作会议。

☆ 市委常委、市教工委书记朱善璐到六十三中、六十六中检查高考考点准备情况。

10日 市委常委、统战部部长尤兰田到回民医院调研。

☆ 区召开宣武区医护人员休整保障服务工作慰问会，市政府办公厅副主任王芳、市旅游局副局长于德斌，区领导唐大生、武高山等出席。

11日 区在红莲广场举办第14个“世界人口日”活动，国家计生委主任张维庆、区领导唐大生、武高山、王永新参加。

☆ 副市长范伯元到区调研治理教育乱收费工作，市教委主任耿学超、区领导唐大生、武高山等陪同调研。

13日 区在陶然亭公园举办纪念“7.13”申奥成功两周年暨“乐陶然”全民健身活动。

15日 区委召开民主协商会，就拟向区人大推荐的区人大常委会主任、区长候选人向各民主党派和人民团体通报情况，听取意见。

16日 中国民主建国会中央委员会常务副主席张榕明，到区就农民工权益维护和保障等问题进行调研。

18日 牛街街道召开第七届民族团结进步总结表彰大会，国家民委政法司司长毛公宁、宣教司司长金星华，市有关部门领导张恕贤、周伯琦、马中璞，区领导武高山、韩恩慈、谢全林、王玉兰、哈金起等出席。

☆ 区召开《宣武区“十五”时期妇儿规划》中期评估暨中国/联合国人口基金会第五周期生殖健康/计划生育项目工作会。会议对“十五”时期妇女、儿童发展规划作了简要介绍,对妇女、儿童两个《规划》中期评估和中国/联合国第五周期项目工作进行了部署。

21日 区领导赵长山、谢全林、赵印春、哈金起,代表区四套班子及全区人民群众,慰问武警十二支队和清河监管分局干警。

22日 北京市加快推进“四进社区”促进失业人员再就业现场交流会在牛街街道举行,劳动和社会保障部副部长张小建、副市长孙安民、市劳动和社会保障局局长张欣庆及城八区领导出席会议。

23日 区在天桥街道禄长街社区召开“革除陋习讲文明,从我做起树新风”全民清洁卫生活动现场会,首都文明办副主任滕毅、区领导赵长山等参加活动。

24日 区第十二届人民代表大会第七次会议召开,选举唐大生为宣武区人大常委会主任、武高山为宣武区区长。

25日 首都文明办、市共建文明乘车秩序办公室以及市公交总公司、东城、西城、崇文、朝阳、海淀、丰台、石景山区文明办和共建文明乘车秩序办公室的负责人,到区检查文明乘车工作开展情况

26日 区领导唐大生、武高山参加广外街道、武警十五支队跨区共建十周年纪念表彰大会,全国双拥办、总政群工局、市双拥办、市民政局的有关领导等出席。

29日 区委召开八届十五次全体(扩大)会议。区委书记唐大生作工作报告,区长武高山主持会议。

30日 区举行调整街道区划协议书签字仪式。

31日 区召开上半年经贸工作会议。

8月

1日 市计委主任丁向阳到区调研,听取了大栅栏风貌保护区改造需要有关政策支持的专题汇报。

5日 区召开调查研究工作会议。

☆ 以李始锺市长为团长的韩国忠州市友好代表团一行10人来区参观访问。

6日 中共中央政治局委员、北京市委书记刘淇到区调研大栅栏历史风貌保护工作,市领导孙政才、刘敬民,区领导唐大生、武高山、赵长山、赵印春陪同调研。

☆ 区召开承接中国/联合国人口基金会第五周期生殖健康/计划生育项目启动大会,市计生委主任邓行舟、副区长王永新出席。

8日 区境第一批35处四合院保护院落挂牌。

11日 海外优秀学者为国服务志愿团赴区进行交流考察,中国侨联、市侨联有关领导及区领导武高山、袁双梅出席会议。

12日 区抗击“非典“斗争先进事迹报告团举行首场报告会。

13日 区召开优化发展环境深化政务公开建设诚信政府工作会议。

15日 市委副书记龙新民到回民医院调研。

18日 区召开纳税信誉A级企业颁证大会。

20日 区举行《北京百科全书·宣武卷》暨《北京宣武百科全书》首发式,《北京百科全书》总编辑委员会常务副主任段柄仁、市委副秘书长陈启刚、市委党史研究室副主任陈煦、《中国大百科全书》副总编金常政以及《北京百科全书》总编王樵裕和区领导唐大生、武高山等出席。

26日 区举办处级领导干部“三个代表”重要思想轮训班。

28日 区召开社会保险统筹扩面征缴工作会议。

30日 区在椿树园小区举行“建设绿色社区,实施垃圾分类暨绿袋子行动”启动仪式。区委副书记赵长山、副区长金焱、首都文明办副主任赵津芳、北京市环保局宣教中心主任王晓明、北京地球村环境文化中心廖晓义女士、埃克森美浮(中国)投资有限公司副总裁唐苓女士以及社区群众代表和大学生志愿者200多人参加了启动仪式。

9月

1日 中、小学校举行开学典礼。教育部部长助理李连宁、市人大常委会副主任范远谋、林文漪、副市长孙安民及区领导武高山、郑文奇、赵长山、韩恩慈、阎满成、谢全林、赵进兴等分别出席了十五中分校、北京小学、回民学校、陶然亭小学等20余所学校的开学典礼。

5日 区召开教师节表彰大会。

7日 区举办《法律援助条例》宣传月活动 。

☆ 卫生部对宣武区SARS防治工作进行检查。现场抽查了友谊医院、广安门中医院、回民医院、陶然亭医院。

9日 “首座社区普法广场、首个社区法律宣传服务站、首家社区民调庭、首个社区法律图书馆”普法亮点活动在大栅栏街道举办,唐大生、武高山等区领导及司法部法宣司、市司法局的有关领导参加活动。

10日 “北京第三届茶叶节”在京城茶叶第一街开幕,副市长孙安民及区领导唐大生、武高山等出席。

12日 北京第六届国际科技产业博览会在国际展览中心开幕,宣武区推出的国际传媒大道展览再次

亮相博览会。

14日 全国“相约健康社区行”健康教育首席专家第二次巡讲活动在区举行启动仪式，中央文明办专职副主任翟卫华，卫生部副部长王隆德，中国科协书记处书记宋南平，副市长牛有成，市有关部门领导和区领导及中央文明办、卫生部聘请的全国“相约健康社区行”巡讲活动的健康教育首席专家出席。

18日 联合国人口基金驻华代表处、玛丽斯特普国际组织考察区承接中国/联合国第五周期项目工作。

☆ 韩国汉城红十字会一行6人，到区红十字会进行考察交流活动，参观了广内街道社区服务中心的红十字会活动室。

19日 区委召开八届十六次全体会议，传达市委关于召开区县党代会的部署与要求，讨论通过了《关于召开中国共产党北京市宣武区第九次代表大会的决议》。

20日 纪念建都850周年—北京建都纪念阙揭幕仪式在滨河公园金中都大安殿遗址举行，市领导刘淇、王岐山、程世峨、强卫、蔡赴朝、尤兰田、吉林、孙政才、王维诚、张茅、韩汝琦、朱相远及区四套班子领导出席。

22日 区召开SARS应急预案落实动员会议，副区长王永新、区“非典”办指挥部成员及相关部门负责人、驻区一级以上医疗卫生机构负责人参加会议。

23日 南新华街拆迁工作正式启动。此次拆迁涉及南新华街从两广路向北622米，面积15583平方米，居民343户。

24日 市委常委、市教工委书记朱善璐到区调研。

25日 区召开全区领导干部会，部署国庆节期间安全保卫工作。

☆ 区举行宣南文化节新闻发布会，就宣南文化节、纪念曹雪芹逝世240周年、经贸洽谈会等大型活动的具体内容和安排作了详细说明。

28日 区政府同国家开发银行开发性金融合作协议签字仪式举行，区长武高山和国家开发银行营业部总经理朱裕峰代表合作双方签字。

☆ 新安中里小区举行回迁典礼，区领导唐大生、武高山出席。

29日 区委、区人大常委会、区政府、区政协四套班子领导检查区内主要道路和社区的环境卫生。同日，8个街道分别组织社会单位、社区居民开展清洁活动，参加义务劳动的人数达到2万余人

10月

1日 第二届北京宣南文化节开幕，市委常委、宣传部长蔡赴朝，副市长刘敬民、张茅，市政协副主席张和平以及区领导唐大生、武高山、郑文奇等出席。

4日 副市长孙安民在区长武高山的陪同下，看望了居住在椿树地区的百岁老人贺逸三，送去了慰问金和慰问品。

7日 区长武高山与瑞典宜家集团亚太地区主席包龙图先生(Tomas Blomqvlst)一行举行会谈，双方就瑞典宜家集团拟在马连道采购中心区投资建店的相关事宜进行了交流。

8日 大栅栏医院委托中屿集团经营天桥医院合同签字仪式举行，区领导武高山、赵长山、王永新等出席。

10日 区举办“今日宣武”记者参观活动，区领导武高山、张文华参加活动。

14日 纪念“曹雪芹逝世240周年”大会召开，市委常委、宣传部长蔡赴朝出席会议并讲话，区领导唐大生、阎满成、张文华出席。

☆ 市委常委、常务副市长翟鸿祥到区调研，察看了南中轴路环境整治工作、大栅栏历史风貌保护区和国际传媒大道的规划建设进展情况，听取了武高山关于区前三季度的工作汇报。市计委主任丁向阳，市财政局副局长苏辉和区领导唐大生、赵长山、蒋德忠、丁力、金焱陪同调研。

16～17日 “历史文化名城城区保护与发展论坛”举办，建设部原副部长、两院院士、中国城市科学研究会理事长周干峙，中国市长协会秘书长陶斯亮，区领导唐大生、武高山等出席。

17日 区召开解决标准租私房工作会议。

18日 第二十一届中小学生爱科学月活动举行开幕式。

☆ 区开展换届选举宣传日活动。市区县换届选举工作领导小组组长杜德印，市人大常委会副主任范远谋、赵久合，区领导唐大生、武高山参加活动。

21日 全国人大常委会副委员长、民建中央主席成思危到民建宣武区工委考察工作，市政协副主席、民建北京市委主委朱相远和区领导唐大生、王敏荣、王玉兰等陪同考察。

24日 区召开2003年冬季征兵工作动员大会。

25日 中共中央政治局委员、北京市委书记刘淇就基层社区管理工作到广外街道调研，市委常委、市委秘书长孙政才，市委常委、常务副市长翟鸿祥和区领导武高山、王敏荣、赵印春、哈金起陪同调研。

28日 区举办第四届宣武经贸洽谈会项目签约仪式，市发展和改革委员会、市商务局、市建设委员会有关领导和区领导武高山、郑文奇、赵长山、阎满成、丁力、赵印春、兰玉昆、张文华、哈金起、袁双梅等出席。

11月

1日　韩国汉城特别市龙山区代表团到区进行友好访问。

3日　区举行质量和打假工作联席会议。

4～7日　区开展防治传染性非典型肺炎督查工作。

5日　全国政协名人故居考察团一行20人参观考察了纪晓岚故居。

6日　部分全国、市人大代表到广内街道视察再就业工作。

8日　区防火安全委员会召开冬季消防工作会议。

11～13日　市政府防“非典”督查组对区医疗卫生机构、建筑工地、中小学校、托幼园所预防非典型肺炎工作进行第一轮督查。

13日　区举行学习贯彻十六届三中全会精神报告会。

14日　市人大常委会副主任范远谋，率全国人大北京代表团，到区视察旧城改造和古都风貌保护工作，副市长刘敬民及区领导唐大生、武高山等陪同视察。

18日　区委召开新一届区委委员、区纪委委员民主推荐会。

19日　区召开“7574爱心助残工程”先进集体、先进个人表彰大会。

25日　市委书记刘淇参加牛街礼拜寺7号楼选民联组酝酿协商区人大代表正式候选人会议。

26日　穆斯林群众欢度开斋节。龙新民、尤兰田、赵久合、孙安民、王长连、张恕贤、马中璞、唐大生、武高山、郑文奇、王敏荣等领导到牛街礼拜寺祝贺开斋节。

27日　区委召开第三十次常委(扩大)会议，市委组织部领导宣布了关于仲兆军、王忠华、阎满成、金兆铭职务变动的决定。

28日　副市长陆昊到区调研，听取了区域经济发展情况的汇报，参观了马连道、大栅栏、国际传媒大道等地区。市商务局局长李昭、市投资促进局局长邱水平和区领导唐大生、武高山等陪同调研。

☆　区开展第十一个城市清洁日活动，主题是：消灭鼠害、保护健康。

12月

1日　首都预防爱滋病科普宣传进社区活动在区举行启动仪式，国家人口计生委科技司、市人口计生委、中国疾病预防控制中心、性病爱滋病预防控制中心有关领导及区领导王永新等出席。

4日　2003年宪法宣传月活动启动仪式在大栅栏街道普法广场举行。

8日　前门月亮湾及周边环境整治工程启动。

9日　区委召开党外人士协商会，就将提交中共北京市宣武区第九次代表大会的《区委工作报告》(征求意见稿)和宣武区第十三届人民代表大会第一次会议的《政府工作报告》(征求意见稿)，听取宣武区各民主党派、工商联主要负责人的意见。

10日　区政府与工会联席会议召开。

12日　区召开会议，就贯彻北京市“两节“期间做好防火、禁放、春运、交通安全和犬类管理工作电视电话会议提出要求。

☆　区召开清理拖欠农民工工资工作会议。

☆　区召开会议，对进一步做好粮食市场供应工作进行部署。

15日　三统碑小区危改正式启动。

19日　区委召开八届十七次全体会议，区委书记唐大生主持会议，并就做好换届以及年底、年初各项工作提出要求。

22日新闻出版总署落户国际传媒大道新闻出版城签字仪式举行，新闻出版总署、国务院机关事务管理局有关领导和区领导唐大生、武高山等出席。

25日　区召开驻区重点单位迎新年联谊会，区领导唐大生、武高山、郑文奇、仲兆军、蒋德忠、丁力、栗琦、哈金起、袁双梅及政府有关部门领导和各街道办事处负责人出席。

26日　中直机关马连道经济适用房住宅小区举行开工仪式，中共中央办公厅副主任樊士晋、市政府副秘书长阎仲秋及区领导仲兆军、王永新出席。

☆　区双拥工作领导小组召开会议，部署春节期间双拥工作。

28日　中国网通北京通信公司业务大楼举行工程奠基仪式，区领导唐大生、武高山、赵印春、王永新等出席。

29日　教育部党组成员、中纪委驻教育部纪检组长田淑兰、监察部驻教育部监察局局长刘金平等领导到区进行治理教育乱收费调研，市教育纪工委、市监察局纠风办领导及区领导韩恩慈等陪同。

30日　区人民内部矛盾纠纷排查调处领导小组召开扩大会议，部署“两节”、“两会”维护社会稳定工作。

31日　区四套班子领导慰问坚守在工作岗位上辛勤工作的财税、公安、卫生、街道系统干部、职工。

抗击非典型肺炎

抗击“非典”有关文件

致全区各级党组织和共产党员的一封信

宣发[2003]6号

全区各级党组织、共产党员同志们：

非典型肺炎是一场突如其来的重大灾害，与非典型肺炎的斗争是当前一项重大的政治任务。这场斗争能否取得胜利，直接关系到广大人民群众的身体健康和生命安全，关系到改革发展稳定的大局，关系到国家利益和我国的国际形象。非典型肺炎疫情出现后，党中央、国务院十分关心，高度重视，采取了一系列重大措施，在各级党委、政府以及广大医务人员的努力下，与非典型肺炎斗争取得了很大的成绩。但由于这种疫病传染性很强，仍存在进一步扩散的危险，特别是近期我市“非典”病例增加较快，形势依然严峻，任务非常艰巨。各级党组织必须充分认识非典型肺炎防治工作的复杂性、艰巨性，进一步动员起来，认真贯彻落实中央、市委的各项决策部署，加强领导，落实责任，坚决打好与非典型肺炎斗争这场硬仗。

为进一步做好全区非典型肺炎防治工作，区委要求：

各级党组织和广大共产党员要进一步认识做好“非典”防治工作的极端重要性，从贯彻“三个代表”重要思想的高度，从保护人民群众身体健康和生命安全的高度，从维护改革发展稳定大局的高度，把“非典”防治工作作为当前各级党组织的一项重大政治任务，作为各项工作的重中之重切实抓紧抓好。

各级党组织要充分发挥政治优势和组织优势，从思想上、政治上、行动上与党中央保持高度一致，严格执行中央、市委的各项重大决策和措施，牢固树立全局观念，落实工作责任制，一级抓一级，层层抓落实。要积极主动广泛地开展耐心细致的思想政治工作，正确引导群众充分相信党和政府，努力克服困难，团结带领广大干部群众，全力以赴地做好“非典”防治工作，确保全区政治稳定和社会安定。

共产党员要站在防治非典型肺炎这场斗争的前列，牢记全心全意为人民服务的宗旨，切实履行光荣职责，发挥好先锋模范作用，经受住各种困难的考验，用实际行动展现新时期共产党员的政治本色和精神风貌；要发扬越是困难越向前的革命精神，坚守岗位，尽心尽责，挺身而出，勇挑重担，切实把广大人民群众的身体健康和生命安全放在第一位；要认真学习中央、市委关于防治“非典”工作的指示要求，带头执行国家法律和政策，不信谣、不传谣，积极配合宣传防治非典型肺炎的科学知识，消除群众恐惧心理，稳定人心。要服从党组织的要求，听从指挥，严守纪律。党员领导干部，要深入一线，靠前指挥，切实研究和解决防治工作中的各种困难和问题，积极主动地承担起领导责任。

做好非典型肺炎的防治工作，是对各级党组织和广大共产党员的一次严峻考验。只要我们坚定信心，沉着应对，措施得当，落实有力，就一定能够战胜疫情。

区委号召：全区各级党组织、广大共产党员，紧密团结在以胡锦涛同志为总书记的党中央周围，在市委的正确领导下,以高度的政治责任感和工作紧迫感,团结一心,扎实工作,齐心协力打好非典型肺炎防治工作的攻坚战,夺取防治非典型肺炎工作的最后胜利!

中共北京市宣武区委

2003年4月24日

关于中华家园工地“非典”疫情集中传播问题的情况通报

宣发[2003]7号

4月29日晚,中华家园工地出现疫情,继5名民工被确诊为“非典”病人后,到5月2日晚,该工地共有22名民工被感染,其中17名民工被确诊。这一疫情引起了市委、市政府高度重视。5月2日下午5点,市“非典”防控领导小组召开全市电视电话会议,宣布了对我区中华家园工地疫情集中传播事件的处理决定,区政府受到全市通报批评。

一、中华家园工地疫情集中传播问题的基本情况

中华家园工地位于大观园西侧,由北京大宅房地产开发公司开发建设,北京建工集团恺建公司负责施工,共有民工576人。4月29日晚10点,中华家园工地有5名民工因发烧到回民医院就诊,30日上午10点被确诊为“非典”。据调查,4月26日,工地民工施某因发烧到广安门中医研究院就诊,经查:体温39度,血像(WBC7000)及胸片均正常,医院给予退热剂治疗;4月28日,该人因发热又到宣武医院就诊,经查:血像(WBC11000)不正常,胸片正常,医院给予抗炎治疗,该人次日体温恢复正常。

另据流行病学调查,该工地另一人董某于4月22日感觉不舒服,但一直未就医,直至30日5人(含上述2人)因发热至回民医院就诊,被确诊为“非典”。到5月2日晚,先后有22人住院,其中有17人确诊为“非典”病人。现已确定113人为密切接触者。

疫情上报后,市委、市政府领导高度重视。市委书记刘淇等市领导亲自打电话给区委、区政府主要领导,关心询问疫情发生的情况。5月1日上午,市委副书记杜德印、市委常委、政法委书记吉林分别到宣武区检查指导疫情控制情况,对进一步做好全区防控工作、特别是建筑工地的防控工作提出了明确要求,并由市纪委和监察局对中华家园工地疫情集中传播问题进行了调查。5月2日下午5点,市“非典”防控领导小组召开全市电视电话会议,市委副书记杜德印在会上主要就民工工地防治“非典”问题做了重要讲话。会议宣布了对我区中华家园工地疫情集中传播事件的处理决定,区政府因检查、监督工作不到位而受到全市通报批评。

二、区委、区政府对这次工地疫情集中传播的应对措施和原因分析

区委、区政府29日晚接到报告后,高度重视,责成主管区长与相关部门负责同志立即赶到工地现场,连夜指挥开展隔离、救治、消毒、调查工作。30日上午9:00,区委、区政府主要领导召开紧急会议,专门研究该工地疫情处理和控制问题;随后,区防治“非典”工作指挥部按照主要领导的要求,召集各有关部门及工地负责人紧急研究制定工作预案,部署全面加强工地疫情控制。主要措施:

1. 立即查找4月29日晚5名民工到回民医院就诊时乘坐的两辆出租车和司机(已于次日找到并采取了相应措施)。

2. 对113名密切接触者采取严密的就地隔离防范措施;宣布该工地为隔离区,成立隔离指挥部,落实严密措施,被确定为非密切接触者的民工则按照工作预案转到广外地区北钢5号工地专用隔离区实施隔离。

3. 中华家园工地暂停施工,进行全方位消毒,并严格执行隔离消毒制度。工地民工人手一支体温表,随时测量体温。要求白纸坊医院负责密切关注隔离人员的身体状况。

4. 密切关注民工情绪及不稳定动态,做好民工的宣传教育工作,公安分局安排50名警力确保工地稳定。

5. 紧急抽调机关干部130人,配合民警和专门人员加强工地隔离区警戒线的监控和治安防范。

上述措施对遏制该工地疫情的大规模蔓延和扩散

起到了积极作用。

30日上午10点5人确诊后，区委、区政府主要领导再次召开紧急会议研究了该工地疫情控制问题，鉴于工地疫情的严重性，决定立即向市委、市政府和市防治"非典"工作指挥部报告。同时，紧急抽调力量，从30日晚开始对全区工地落实防治"非典"措施情况开展全面检查。

5月2日下午市电视电话会宣布了中华家园工地疫情集中传播问题的处理决定后，区委随后立即召开了书记办公会，区政府当晚9点召开了区政府党组会，认真分析了这次工地疫情集中传播事件发生的原因。区委、区政府认为，这次疫情的发生主要原因有以下几点：

1. 一些工地在落实防护措施和有关制度方面存在问题。尽管区委、区政府按照全市的统一部署，对全区施工工地"非典"疫情防控做了大量的工作，出台了严格的规定，采取了一系列隔离、防护措施，但是这些措施和要求在一些工地，特别是部分市属企业负责的建筑、施工工地，由于民工人数较多、资金不到位等种种原因，没有坚决有效地予以落实；有的工地正在采取隔离措施，但由于民工人数较多，临时房屋没有全面完工。中华家园工地没有严格执行改善民工居住条件、降低民工居住密度、采取有效隔离措施的要求，隔离设施正在施工当中，还有100多人住在一起，居住工作场所未能按要求隔离开，由此引发大面积感染。且该工地也未按有关要求，及时将有民工发烧这一重要情况向政府报告。

2. 从民工发病的源头分析，民工在广安门中医研究院发烧门诊看病时曾接触到"非典"病人，因此，不排除民工在医院被感染的可能。

3. 区委、区政府虽然采取了一系列措施防控工地疫情，但一些工地疫情报告制度和隔离防护措施没有完全落实，在这方面督促检查落实的力度不够，负有重要责任。

有鉴于此，区委书记唐大生同志在区委书记办公会上主动承担责任并诚恳地做了自我批评，区委副书记、代区长武高山、主管城建工作的副区长金焱也在书记会和当晚召开的区政府党组会上主动承担了责任并诚恳地做了自我批评。区委、区政府认为，区建委作为职能部门，在防控施工工地"非典"疫情方面虽然克服了不少困难，做了大量工作，但在有关决定和措施的落实方面态度仍不够坚决，指导、监督、协调力度不够，工作存在一定疏漏，对中华家园疫情集中传播问题的发生负有监督管理不力的责任，决定对区建委在全区进行通报批评。

三、区委、区政府对市委处理决定的基本态度和进一步加强工地疫情防控的主要措施

区委、区政府认为，中华家园工地疫情集中传播问题对全市的防控"非典"工作产生了消极的影响，给全市抗"非典"斗争的顺利开展增加了新的难度，教训是惨痛的。这一事件的发生，虽然有一定的偶然性和客观原因，但的确反映了区委、区政府及区有关部门在防控工地"非典"过程中工作力度不够大，督促检查不到位，贯彻落实不坚决。市委对这次工地疫情负有责任的单位做出处理，充分表明了市委、市政府抗击"非典"的坚强决心，表明了市委、市政府对民工这一边缘群体生命健康权利的尊重和维护，表明了市委、市政府对工地疫情爆发的高度关注。大家一致认为，市纪委、监察局做出的对宣武区政府进行通报批评的处理决定是经过认真调查、慎重考虑的，也是实事求是的。市委对这一事件的处理，是从全市抗击"非典"斗争的大局出发的，是十分及时和必要的，也是对我们的关心、爱护和帮助，这必将有力推动工地疫情防治工作的深入开展，对全市整个抗击"非典"的斗争也将起到十分重要的作用，对宣武区的抗击"非典"工作也是一个有力的鞭策和警醒。

为从这次疫情中吸取教训，确保工地不再发生疫情集中传播问题，按照5月2日市电视电话会议精神，落实市委办公厅、市政府办公厅关于加强工地疫情防控的紧急通知精神，区委、区政府决定采取以下措施，进一步加大工地疫情防控工作力度：

1. 区政府成立专门工作组，督促、检查全区83个工地贯彻落实市、区有关防治"非典"工作要求，认真做好工地的防控工作。

2. 从区检察院、法院机关中抽调20名工作人员、从公安分局抽调部分干警，配合区建委检查全区各工地的落实情况，42人组成20个小组，每组负责4－5个工地，分兵把口，常驻督促。严格落实市建委有关规定，降低民工居住密度，一间房不超过15人，人均床铺面积2平米以上。

3. 在全区所有工地设立隔离区，对有发烧等症状、但目前还不能确认是"非典"疑似病人的，实行隔离。继续选址建立集中隔离场所，用于应对突发事件。

4. 加强对工地的消毒，重点是居住区、食堂、卫生间等部位。对每个工地集中配发体温计，对民工定时测量体温，发现问题及时果断处置。

5. 坚持对建筑工地的封闭式管理，严格人员进出制度，所有民工严禁外出。

6. 将有关会议精神和有关规定以书面形式下发各工地，加强宣传教育工作，增强防范意识。

7. 严格执法，严肃纪律，强化责任，对工作不配合、落实不到位的建筑工地责任人坚决采取果断措施。

区委、区政府要求全区各部门、各单位,认真总结前一阶段“非典”防治工作的经验教训,认真落实市委、市政府防治“非典”工作的一系列工作部署,以对人民生命健康高度负责的精神,从这次工地疫情集中传播问题中吸取教训,认真查找我们工作中的漏洞,以更加严谨细致的态度,把工作抓实、抓实、再抓实,继续发扬吃苦耐劳、艰苦奋斗的作风,以更加旺盛的斗志,更加高昂的士气,更加饱满的热情,更加坚定的决心,万众一心,众志成城,全力以赴做好“非典”防治工作,坚决遏制非典疫情在宣武区的蔓延,打好这次“非典”攻坚战。

中共北京市宣武区委
北京市宣武区人民政府
2003年5月3日

关于进一步加强社区预防控制非典型肺炎工作的实施意见

社区作为防控非典型肺炎的前沿阵地,担负着动员、组织社区单位和广大居民广泛参与和大力支持配合预防、控制非典型肺炎的重要任务。为了贯彻落实市委市政府《关于加强社区预防、控制非典型肺炎工作的意见》,切实发挥社区党组织的领导核心作用和社区居委会联系群众、服务群众的优势,调动社区一切力量,整合社区各类资源,动员、组织社区全体居民,构筑社区防控非典型肺炎的安全健康屏障,保障人民群众的身体安全和生命安全,现就宣武区加强社区预防控制非典型肺炎工作提出如下实施意见。

一、社区防控非典型肺炎的工作目标和基本要求

社区防控非典型肺炎的工作目标是:社区内居民不发生非典型肺炎疫情,或疫情发生后迅速控制在最低限度。第一,有效预防非典型肺炎的传播,让健康人群免受传染。第二、及时切断非典型肺炎传播途径,有效控制疫情扩散,及时发现和报告疫情,使非典型肺炎病人和疑似病人得到有效诊断、治疗和尽早康复;采取果断措施,对同非典型肺炎病人及疑似病人密切接触的人员、受非典型肺炎污染的地点和物品尽快实施有效隔离。第三,维护社区正常的生产和生活秩序,维护社会稳定。

社区防控非典型肺炎工作的基本要求是:认真贯彻中央提出的早发现、早报告、早隔离、早治疗的方针,按照属地管理的原则,对于健康人群,做到早预防、勤检测、少流动;对于非典型肺炎病人和疑似病人,做到早发现、早报告、早诊断、早治疗;对于与非典型肺炎病人、疑似病人密切接触人员以及受非典型肺炎污染的地点和物品,做到早调查、快隔离、常监测、有保障。

二、社区“非典”防控工作的组织体系及工作职责

各街道工委、办事处对本辖区的“非典”防控工作负总责。要按照市委市政府《关于加强社区预防、控制非典工作的意见》的要求,建立健全由街道工委负总责,班子成员包片,机关干部包居委会的社区防控“非典”组织体系。在领导防控“非典”工作中做到责任明确、政令畅通;依法监督、落实到位;协调各方、指挥有力;管理有序、严防漏洞。

各社区党委、总支、支部,社区居委会对本社区的“非典”防控工作负总责。要在街道工委、办事处的领导下,建立以社区党组织为龙头、社区居委会为主体、志愿者队伍和楼门院长为骨干的社区“非典”防控组织体系。

社区防控非典型肺炎的工作任务和基本职责:

(一)防控监控的任务职责

1. 协助街道和社区卫生服务中心做好分散隔离人员的监控,依法阻止隔离人员外出。建立隔离人员情况记录本和日报制度、监控交接签字制度。监控工作要做到“四定时”。即与被隔离人员定时通电话,询问身体情况、生活需求;定时对被隔离人员的家庭及所住楼门院的周边环境进行灭菌消杀;定时清运被隔离者的生活垃圾并进行消毒处理;定时定人为被隔离者提供日常生活服务。

2. 社区积极分子包楼门院。每天定时了解住户家庭成员的体温及活动范围并作记录,发现患一般疾病的病人动员其到社区卫生站就医。发现发烧病人及时通知街道社区卫生服务中心和社区居委会,协助社区卫生服务中心做好发烧病人的筛选工作。

3. 非典型肺炎病人病愈出院回到社区后,及时报告街道社区卫生服务中心,并指派专人协助街道社区卫生服务中心做好追踪随访。

4. 对社区内的重点街巷、楼、门院，垃圾站要坚持每天进行消毒，对社区文化体育活动场所及健身器材坚持定时消毒。

5. 结合全区开展的“创建卫生城区”工作，大力开展环境整治和爱国卫生运动，清理楼道堆物堆料和社区的卫生死角。监督辖区单位做好消杀工作。

6. 做好健康人群的安全防护，动员居民搞好家庭卫生和预防，督促居民坚持自测体温，劝阻居民尽量减少外出，减少健康人群与病毒接触的机率。

(二)宣传教育的任务职责

1. 及时向居民传达党中央、国务院和市委市政府以及区委区政府关于“非典”防控工作的布署和要求；利用社区内的宣传橱窗、黑板报、阅报栏等多种形式在社区广泛宣传“非典”防控知识，宣传防控“非典”工作中涌现出来的先进人物和感人事迹；及时向社区单位、居民、流动人口发放防控非典的各种宣传材料。

2. 发挥社区党组织的政治优势，做好居民的思想工作，指导居民了解科学防治的方法和防控的办法，及时反映居民提出的问题，并协助做好社区群众的心理咨询工作，消除恐惧感，引导居民树立战胜“非典”的信心。

3. 以“不让非典进社区，不让非典进我家”为主题，开展“无非典社区”竞赛活动。通过定立公约的形式，进一步宣传和发动群众，规范居民在预防“非典”工作中的责任和义务，建立居民自我教育、自我管理、自我服务、自我监督的防控民主自治机制，培育“守望相助，疾病相扶”的社区理念，引导居民相互关爱、同舟同济、共渡难关。

(三)治安防范的任务职责

1. 做好社区的社会稳定工作，协助民警利用各种渠道，做好调查摸底工作，对社区内的社情和民情、预防控制的重点人物、重点问题，要做到心中有数。对法轮功人员和严重不满分子要有严密控制，防止其利用疫情造谣惑众。

2. 有条件的小区、楼房、院落实行封闭式管理，严格门卫制度，在进出小区的各个路口，要有专人职守，发现有患病的可疑人员要坚决阻止其进出，并及时报告。有条件的社区，建立小区出入证制度。凡小区居民及车辆凭证出入，非本小区人员及车辆进入要进行控制，其他闲杂人员及车辆一律不准随便进入，防止病毒侵入、集中传播和爆发流行。

3. 积极配合公安、城管等执法部门加强社区的治安管理，及时掌握社情，预防和及时化解人民内部矛盾，有效控制上访事件的发生。

(四)信息报送的任务职责

1. 社区要建立畅通的沟通渠道，社区党组织和居委会成员要明确责任区和联系对象，确定联络方式，公示社区值班电话，确保信息畅通。

2. 社区居委会成员要分片负责，定时了解健康人群家庭信息、分散隔离人员家庭的信息、社区内单位的情况信息。建立日报制度，及时将重要信息上报街道非典办。由街道非典办上报区非典办。

3. 做好社区内流动人员的管理。对从重点疫情感染区域返回居住地的人员要及时登记，跟踪观察；对居住在社区的外来人口，要定期询问，掌握情况，发现问题，及时上报。

三、保障措施

1. 加强领导，建立健全社区防控体系。社区防控体系要与区、街“非典”防控组织体系相互衔接、整体联动、协调一致、分工明确、逐级落实，确保区委区政府各项防控“非典”工作措施落实到位、落实到人、落实到户。

2. 充分发挥社区党组织和社区党员在防控“非典”工作中的作用。社区党组织要在社区防控“非典”工作中发挥领导核心作用，利用党员责任区、党员联系户、党员志愿者等有效形式，组织和带领广大居民积极参与和支持防控工作。社区共产党员必须发挥先锋模范作用，带头维护大局、带头帮助他人、带头服从指挥。

3. 建立社区居民广泛参与非典防范工作的机制。通过有效形式，积极发动群众参与社区的防控工作，鼓励居民对疫情信息和其他不利于防控工作的情况进行举报。动员居住在社区内的医护人员建立咨询热线，为群众解疑释惑。组建社区志愿者队伍，参与社区的防控工作。

4. 建立社区防控“非典”的督促检查机制。全区从有关部门抽调八名机关干部组成社区防控工作督察工作组，深入街道及时了解街道和社区的疫情和防控工作情况，有针对性地提出建议。

5. 建立社区信息报告制度。社区的防控工作情况要每日向街道报告。区防控指挥部办公室每天对全区八个街道和社区的防控工作总体情况进行统计汇总，将每日的工作动态，及时上报区“非典”办。

6. 建立对社区防控工作的财力支持机制。街道要为社区防控工作提供必要的设备支持、物资保证和经费的保障。

宣武区防控“非典”工作指挥部

2003年5月5日

社区非典型肺炎防控防治工作密切配合整体联动的实施意见

为落实党中央、国务院疫情预防"四早"要求，根据市委办公厅、市政府办公厅《关于加强社区预防控制非典型肺炎工作的意见》和市非典型肺炎防控工作有关会议精神，现就社区"非典"防控、防治工作密切配合、整体联动提出如下实施意见。

一、原则与工作目标：

1. 原则：社区"非典"的防控工作，保护健康人群工作遵循属地管理的基本原则，以街道为单位，各居委会与辖区社区卫生服务中心密切配合。

2. 工作目标：①切断"非典"传染源与传染链，建立家庭、社区、医院安全防护屏障。②加强发热病人流行病学前期调查，增强实效性，提高准确率。③合理配置医院发热门诊，切断医院传染途径。

二、工作任务及职责分工：

1. 社区卫生服务中心及其下设社区卫生服务站负责所辖社区，包括地下空间及建设工地发热病人排查，密切接触者隔离，"非典"病人出院后追踪随访，制作防控"非典"宣传材料，针对易感人群进行个体宣教(不组织人群聚集的集中宣教)，提高社区人群知晓率。

2. 社区居委会负责建立社区安全屏障，对本社区进行安全防护封闭管理，组织做好社区公共卫生，配合卫生部门发放防控"非典"宣传材料，确保家家拥有，人人掌握，配合做好社区发热病人排查、密切接触者隔离监控、"非典"病人出院后追踪随访。

3. 宣武区卫生局与宣武区各街道办事处负责社区"非典"突发事件、特殊情况的总体协调。

三、具体措施及工作流程

1. 建立社区"非典"防控24小时直接联络绿色通道：宣武区卫生局、各街道办事处提供24小时联络电话，各社区卫生服务中心提供24小时热线电话，确保各社区卫生服务中心与街道办事处直接联络畅通，人员随时到位(以上联络人及联系电话于5月6日前报区"非典"办，传真电话：63391044)。

2. 建立发热病人社区筛选机制：在全区范围广泛张贴"致社区居民公开信"，公布社区医院热线电话，宣传在发热病人中只有少数为"非典"病人。社区积极分子包楼门院，每天定时了解住户家庭成员的体温及活动范围，并做记录。发现患一般疾病的病人动员其到社区卫生站就医，发现发烧病人拨打所在社区医院(站)电话，由社区医院上门调查鉴别，把大多数感冒发热病人剥离出来，使之远离传染链，防止所有发烧人员到医院发热门诊就诊，造成与"非典"病人交叉感染(以上公开信5月6日前由区卫生局统一制定，交街道办事处由各社区居委会负责张贴、宣传)。

3. 建立社区发热病人排查程序：宣武区各社区卫生服务中心配备流动医疗车(随车配备白细胞计数仪、移动X光机、洗片机；以上设备5月10日左右到位)，配备治疗发热病人的常用药物，安排医生、护士、司机各一名24小时待命，接到相关情况报告后医护人员做好防护立即出发至病家，进入家庭诊治，对可疑发热病人要求其到流动医疗车内进行检查(待检查设备到位后执行)，按程序排查并分流，工作流程见附件。如遇病人或家属不配合，立即通知所在街道办事处(包括建设工地负责人、地下空间负责人)到位协助。

4. 建立社区"非典"病人出院随访程序：对治愈返家患者，所在居委会要及时通知社区卫生服务中心，由社区卫生服务中心(站)以电话追踪方式进行一周随访及康复指导。

5. 社区密切接触者监控程序("宣武区监控传染性非典型肺炎密切接触者流程图"，已制定并下发至各医院及各街道办事处)结合工作实际进行修订并下发，见附件。

四、工作要求

1. 领导有力。各街道工委、办事处在这项工作中负责总牵头，总协调。党政主要领导要亲自抓，明确一名副职专人落实，确保在实施中密切配合、协调一致、责任到任，落实到位。

2. 严防漏洞。在实施中要注意及时总结和发现问题，针对薄弱环节采取措施，加快予以解决。各个工作环节要互相衔接，防止工作出现漏洞。

3. 严格管理，严格监督、严肃纪律。街道要对社区居委会工作的落实情况，提出明确的要求，加强督促检查。卫生局要对社区卫生服务中心和社区卫生站的工作落实情况提出明确的要求。因工作落实不到位而造成严重影响的要严肃处理。

宣武区防控“非典”工作指挥部
2003年5月5日

关于加强防治非典型肺炎社会捐赠款物管理使用工作的通知

宣政办发[2003]27号

根据《北京市人民政府办公厅关于加强防治非典型肺炎社会捐赠款物管理工作的通知》(京政办发[2003]17号)精神,为规范和加强我区防治非典型肺炎期间社会捐赠款物的管理使用,结合我区实际情况,特作如下规定。

1. 全区接受社会捐赠工作在区政府领导下,由区民政局统一管理,区民政局、区卫生局具体负责接受社会捐赠款物事宜,其他部门和社会组织一律不得接受社会捐赠,已接受捐赠款物的单位,应尽快移交区民政局或区卫生局。如有社会单位或个人直接向区民政局、区卫生局以外的单位捐赠,接收单位应通知区民政局或区卫生局,由区民政局或区卫生局办理合法手续,按本通知第三条规定处理。全区各单位严禁用财政性资金进行各种形式的捐赠。

2. 接收和使用单位要切实加强捐赠款物的使用管理,制定严格的接收捐赠工作程序,明确纪律要求,建立责任制,务必做到手续完备、专帐管理、专人负责、帐款相符、帐目清楚。接受的每一笔捐赠款物都要当面点清,并向捐赠人或捐赠单位出具合法、有效的收据。捐赠款物必须登记造册,妥善保管,坚持“专款专物专用、集中使用”的原则,切实保证捐赠款物全部用于非典型肺炎的防治和救助,不得挪作他用。

3. 定向捐赠的资金和物资,捐赠者与接收部门要签订定向捐赠协议书,接收部门必须按照捐赠者的意愿,及时直接拨付给捐赠者指定的单位,款物要纳入接受单位的财务管理。非定向捐赠的资金要按照《国务院办公厅关于深化收支两条线改革,进一步加强财政管理意见的通知》(国办发[2001]93号)精神,由区民政局、区卫生局在3天之内全额上缴区财政专户。非定向捐赠资金和物资的使用要严格执行京政办发[2003]17号的规定。非定向捐赠资金要用于非典型肺炎患者的救助、诊断、治疗和防护设备购置、卫生医务工作者和其他与防治工作有关人员的补助、困难家庭的非典型肺炎患者及疑似病人生活救助、贫困人群非典型肺炎卫生防疫,以及其他需要资助的事项。非定向捐赠的物资只能用于医疗卫生机构防治非典型肺炎工作。

4. 区防治“非典”工作领导小组负责统筹安排非定向捐赠款物的使用。区防治“非典”工作领导小组宣传动员接受捐赠指挥部要会同区民政局、区卫生局和区财政局,根据防治非典型肺炎工作需要,提出非定向捐赠款物的使用意见,大额资金由防治“非典”工作领导小组集体讨论决定。如遇特殊情况急需使用捐赠款物时,要由区长、常务副区长和主管民政的副区长共同签署意见后方可使用。

5. 全区捐赠款物的接收、分配、使用情况由区民政局统计汇总,区民政局负责向区政府和区防治“非典”工作领导小组报告,并适时向社会公布,自觉接受社会监督、舆论监督和群众监督,增加社会捐赠工作的透明度。

6. 区民政局要加强捐赠活动的管理和指导,对于各种形式的非法募捐活动要坚决取缔;区监察局要加强对捐赠工作的监督检查,对违反规定的情况要严肃处理;区审计局要加强对捐赠工作的审计,发现问题及时纠正和处理。

北京市宣武区人民政府办公室
二OO三年五月十五日

关于在抗击非典型肺炎斗争中开展“学习实践‘三个代表’保持先进性”主题教育活动的实施意见

宣办发[2003]24 号

为认真贯彻落实《中共北京市委组织部关于在抗击非典型肺炎斗争中开展“学习实践‘三个代表’保持先进性”主题教育活动的意见》,现就在全区基层党组织和党员中开展“学习实践‘三个代表’保持先进性”主题教育活动提出以下实施意见:

一、组织领导

主题教育活动在区委领导下,由区委组织部组织实施。区委组织部成立主题教育活动办公室,负责研究、指导全区的主题教育活动,及时总结基层党组织开展主题教育活动的好经验、好做法,发现典型,积极宣传;抓住抗击非典型肺炎的重要时机,加强对领导干部的考察;督促基层党组织富有实效地开展主题教育活动。区委直属党委(工委)负责组织所属党组织实施主题教育活动。

二、主要内容

主题教育活动的指导思想是:紧密结合党的十六大提出的在全党开展以实践“三个代表”重要思想为主要内容的保持共产党员先进性教育活动的要求,紧密结合中央提出的在全党兴起学习贯彻“三个代表”重要思想新高潮的要求,紧密结合中央组织部关于今年“七一”前夕表彰一批在防治非典型肺炎斗争中涌现出来的先进基层党组织和优秀共产党员的通知精神,把抗击非典型肺炎的战斗作为学习实践贯彻“三个代表”重要思想的舞台;紧密结合抗击非典型肺炎的斗争形势,充分发挥基层党组织的战斗堡垒作用和共产党员的先锋模范作用,以推动抗击非典型肺炎斗争取得全面胜利为目标,打好五月攻坚战,以实际行动纪念建党 82 周年。

主题教育活动的主要内容包括:

1. 全区各级党组织要进一步认识以“三个代表”为根本方向,切实加强自己,提高自己,增强生机与活力的极端重要性。要把抗击非典型肺炎的斗争,作为当好学习贯彻“三个代表”重要思想的组织者、推动者、实践者的重要实践,经受锻炼,接受考验,提高战斗力、增强凝聚力,激发创造力。

医疗卫生战线的基层党组织,要以“两个提高、两个降低”为工作目标,把主题教育活动作为进一步搞好医疗救治工作的政治动员和政治保证,充分认识医疗救护工作的艰巨性、复杂性和极端重要性,以邓练贤、叶欣、梁世奎、李晓红等英雄为榜样,继续坚持人民的利益高于一切,视疫情如命令,视病房如战场,视病人如亲人的高尚情操;继续发扬把人民群众的身体健康和生命安全时刻放在心上,舍小家顾大家的无私奉献精神;继续恪守无私无畏、救死扶伤的职业道德;继续弘扬挺身而出、不怕疲劳、连续作战的优良作风;继续保持冲锋在前、敢于胜利的高昂斗志,尊重科学,依靠科学,为打赢医疗救治这场硬仗作出新的贡献。

街道社区党组织,要以构建社区安全屏障、切断传染途径为工作目标,在主题教育活动中把提高基层党组织的凝聚力、战斗力与进一步动员和组织群众开展社区为战、人自为战,构建群防群控的防控网络紧密结合起来,想群众所想,急群众所急,办群众所需,以社区防控体系是否安全有效,社区居民对防控工作是否满意,党群关系是否得到有效改善,作为检验基层党组织战斗力、凝聚力和创造力的具体标准,乘胜出击,乘势而上,为彻底切断传染源,打赢抗击非典型肺炎的人民战争作出新贡献。

企业、机关和其他领域党的基层组织,要以开展主题教育活动为契机,立足本职岗位,尽职尽责,一手抓抗击非典型肺炎,一手抓经济建设和各项工作,自觉维护改革发展稳定的大局,为完成全区经济和社会发展的预期目标、保持全区各项事业的持续快速健康发展作出新贡献。

2. 全区共产党员要进一步认识按照时代的要求,肩负起历史的使命,永葆先进性的重要意义。要把抗击非典型肺炎的斗争作为增强党性,保持先进性的实践舞台,在各条战线、各项工作中不畏困难,勇挑重担,努力成为顾全大局、无私奉献的模范；坚守岗位、勤奋敬业的模范；宣传群众、维护稳定的模范；服从指挥、团结协作的模范。

党员领导干部要以郑培民同志为榜样，努力提高执政能力和领导水平，在抗击非典型肺炎斗争中冷静应对、尊重科学、指挥有度、身先士卒。要始终把人民群众的生命安全和身体健康时刻放在心上，把人民群众的呼声作为防控工作的第一信号，坚持立党为公、执政为民，以实际行动，密切党群干群关系。

战斗在抗击非典型肺炎斗争第一线的共产党员要继续保持不畏困难、连续作战的革命斗志，倍加珍惜在这场严峻斗争中树立起的崇高形象，倍加珍惜广大人民群众给予的高度赞誉和充分信任，倍加珍惜抗击非典型肺炎斗争取得的重要成果，毫不松懈，加倍努力，在重大关键时刻经受考验，充分展示新时期共产党员的先进性。

其他生产工作一线的党员，要以战斗在抗击非典型肺炎前线的党员为榜样，立足本职工作，发扬奉献精神，倍加努力工作，倍加维护大局，为夺回自然灾害造成的损失和影响贡献力量。

其他党员，在抗击非典型肺炎斗争中也要有岗有责，发挥作用。

三、方法步骤

主题教育活动要本着突出实践，生动具体，注重实效，弘扬先进的原则，由区委各直属党委（工委）组织实施。大致分为以下四个步骤：

1. 学习提高。组织广大党员学习新党章，重温入党誓词，同时要认真学习抗击非典型肺炎斗争以来，党中央、国务院关于开展非典型肺炎防治工作的一系列指示精神，特别要认真学习胡锦涛总书记等中央领导同志对北京防治非典型肺炎工作作出的一系列重要指示；学习市委、市政府和区委、区政府关于防治工作的一系列重要政策、意见和各项具体规定；学习有关法律和科学知识；学习在抗击非典型肺炎斗争中涌现出的模范人物及其先进事迹，进一步提高广大党员的认识，统一思想，增强信心，鼓舞士气，防止松懈和麻痹思想的出现，为打好五月攻坚战并最终取得抗击非典型肺炎斗争的全面胜利打好思想基础。学习要采取灵活多样的方式，贯穿主题教育的全过程。

2. 回顾检查。全区基层党组织和全体共产党员都要从学习实践“三个代表”的高度，认真回顾检查在抗击非典型肺炎斗争中的各项工作和各自表现。要通过多种方式征求群众的意见和建议，组织群众对党组织的工作和党员的表现进行评议，并根据群众的意见和建议制定、完善和改进防治非典型肺炎工作的措施。

“七一”前后，全区各基层党组织要以抗击非典型肺炎斗争中战斗堡垒作用和共产党员先锋模范作用为主题召开一次公开民主生活会。

3. 总结经验。要从各自工作实际出发，认真总结在医疗救治、群防群控、后勤保障等各方面的经验。特别要总结本单位、本系统基层党组织和广大党员在这场严峻的斗争中冲锋在前、勇挑重担、化解矛盾、团结群众的好经验，总结宣传一批经受考验、受到群众公认的先进 4. 评比表彰。区委将在创优工作评选表彰的基础上，专项表彰一批在抗击非典型肺炎斗争中作出突出贡献的先进基层党组织和优秀共产党员。区委各直属党委（工委）要认真组织好本单位、本系统的评比表彰活动，充分利用各种媒体和宣传手段，大力表彰优秀，弘扬先进。

四、工作要求

1. 突出针对性，创造性地组织开展主题教育活动。区委直属党委（工委）要加强领导，抓住当前加强党的建设的难得机遇，结合工作实际，认真分析研究本单位、本系统党组织、党员在抗击非典型肺炎斗争中发挥作用的状况、特点，创新主题教育活动的形式和载体，增强每一个共产党员的党性，把党组织锻炼得更加坚强。

2. 注重实效性，把主题教育活动引向深入。全区基层党组织和广大党员要把学习“三个代表”重要思想的成果转化为履行职责、发挥作用、做好工作的实际行动。要从学习实践“三个代表”的高度，切实开好公开民主生活会，认真回顾检查在抗击非典型肺炎斗争中的各项工作和各自表现，提出加强和改进工作的措施，增强信心、鼓舞干劲、打好五月攻坚战，促进我区各项事业的发展。

3. 大力表彰，弘扬先进。各党委（工委）要把宣传、表彰工作作为主题教育活动的一项重要内容，总结、评选出一批本单位、本系统群众公认的先进典型，大力进行宣传，要在全区迅速形成学先进、作贡献的良好风气，号召和激励基层党组织、广大党员以坚强的党性和更加饱满的热情投身于抗击“非典”和全区的各项工作中去。区委为了及时宣传先进典型，已在《宣武报》开辟专栏，并着手编辑《生命的誓言》一书。

区委各直属党委（工委）于 6 月 10 日前，将本单位在抗击非典型肺炎斗争中作出突出贡献的先进基层党组织和优秀共产党员的推荐名单及事迹材料上报区委组织部（916 房间）。

中共北京市宣武区委组织部

2003 年 5 月 19 日

专 文

抗击“非典”斗争的回顾与思考

中共宣武区委书记 唐大生

6月24日,世界卫生组织宣布了对北京的“双解除”,北京市抗击“非典”的斗争取得了阶段性重大胜利。面对突如其来的严重灾难,区委、区政府按照市委、市政府的统一部署,努力践行“三个代表”重要思想,以对人民群众身体健康和生命安全高度负责的精神,围绕“四早、两高、两低、不暴发”的总体目标,团结带领全区人民,万众一心,众志成城,团结互助,和衷共济,迎难而上,敢于胜利,筑起了一道坚不可摧的钢铁长城。

一、全区抗击“非典”斗争的简要回顾

自2003年3月28日我区报告第一例“非典”病例以来,全区共报告“非典”病例251例。经核实诊断和流行病学调查,其中确诊病例122例、疑似病例40例、排除病例89例、死亡11例。其中本辖区累计报告病例143例,确诊74例、疑似20例、排除49例、死亡5例。至5月29日,全区未报告有新发病例。宣武区的“非典”疫情已由发展期、高峰期进入低发平台期,“非典”疫情得到有效控制。

(一)建立完善组织体制和工作机制,确保全区防治“非典”工作高效有序开展。

北京发生“非典”疫情以后,宣武区作为医疗资源丰富的中心城区,不仅承担着本区50多万人口的“非典”防治任务,而且还要为前来治疗的部分其它地区的“非典”患者提供服务保障。高密度的人口、较强的流动性,对我区的防治工作提出了严峻挑战。在市委、市政府的领导下,我区迅速成立了由区委书记、代区长任组长、副组长,有14位区级领导参加的区防治“非典”工作领导小组。整合全区资源,统一指挥全区医疗机构的防病治病,统一建立全区的防控网络,统一掌握疫情信息,统一调配人力、物力和财力。领导小组建立了每日疫情分析等各项工作制度和12个区级领导防控责任区,随时就疫情的发展和其它重大事项进行研究,及时采取应对措施。

根据工作需要,在领导小组下设立了“一室六部”,即:领导小组办公室、防控指挥部、隔离监督指挥部、医疗流调指挥部、宣传动员接收捐赠指挥部、物资后勤保障指挥部和医务人员休息场所保障指挥部。各指挥部都分别由区级领导牵头负责,相关部门参与,分兵把口、昼夜运转、职责明确。各街道、各部门和各单位也相应建立了防治“非典”的组织机构。全区形成了党委统一领导、党政齐抓共管、责任分工明确、组织协调有力的“非典”防治组织领导体制。

在此基础上,我们还建立完善了工作运行机制,包括畅通的领导指挥机制、高效的组织运行机制、及时准确的信息反馈机制、明确的责任制、严格的督促检查机制和灵敏的应急反应机制等。以防控指挥部为例,在全区的防控工作中建立了“一个体系、四个网络”。“一个体系”即全区防控的组织领导体系,分为领导指挥、组织运行、监督检查、应急反应四个工作系统,保证了全区防控工作指挥畅通、上下衔接、运转协调、工作高效;“四个网络”即以社区党组织为龙头、社区居委会为主体、社区志愿者队伍和楼门院长为骨干的社区防控网络;以街道为主体,产权单位、出租人为责任人,各有关行政执法部门参与的地下空间和外来人口“非典”防控网络;以建委为主体,以各工地总承包单位的项目经理为第一责任人的工地“非典”防控网络;以教委为主体,以各中小学校校长为第一责任人的学校“非典”防控网络。形成了全区高效率、全覆盖的“横到边、竖到底”的群防群控局面。全区上下有令必行、有禁必止,地区之间、部门之间、单位之间、邻里之间互相配合、互相支持,社会资源被充分调动和整合,迅速筑起了一道抗击“非典”的铜墙铁壁。

(二)以“两高、两低”为目标,积极落实医疗救治工

作。

医疗救治工作是整个"非典"防治工作的十分关键的环节。我们以"提高收治率和治愈率、降低病死率和医务人员感染率"为目标,采取了一系列有力措施,收到了明显效果。

1、规范发热门诊。为避免形成交叉感染,不断加强对发热门诊的管理。明确了发热门诊应具备的条件和诊疗要求,及时进行整改;实行了"首诊负责制";根据疫情发展需要和数量适当、布局合理、条件合格的原则,及时规范调整了医院的发热门诊,指定有条件的医院对发热病人进行排查、分类、分流和分治。全区发热门诊数量由刚开始时的7个调整减少到3个,有效地避免了由于发热门诊条件不具备而造成的疫情扩散。在此基础上,我区在全市率先实行诊疗关口前移,配备6辆医疗流动车,组织6支发热病人排查小分队,设立24小时值守热线电话,保证发热病人在第一时间得到排查和初步诊治,有效避免了交叉感染,确保了群众的就医安全。

2、严格诊疗程序。区卫生行政部门出台了《医疗机构"非典"疾病诊疗流程》等20项规定、制度和工作流程,使"非典"病人的筛查、诊疗、收治、转运和专家会诊等每个环节均有明确的操作规范,使全区的医疗救治工作紧张有序,忙而不乱。同时,采取"上台阶"的诊断方法,对不能明确诊断的患者先进行留观,再严格进入疑似,最后诊断确诊,防止发生误诊,有效提高了确诊率。

3、将回民医院改建为疑似病人定点收治医院。为进一步减少医源性感染,提高收治率,区委、区政府决定将我区医疗条件相对较好、且已积累了一定救治经验的回民医院改造成专门收治"非典"疑似病人的医院。截至目前,回民医院共收治住院病人86人,发热门诊共接诊600余人次,有效缓解了疫情高峰期病人收治难的问题。为有效提高治愈率、降低病死率,我们还和辖区的市级医疗单位进行技术合作,请来一批专家,组成3个专家组,为急重症病人的诊疗提供技术保障。

4、严格医护人员防护措施。白衣战士是这次抗击"非典"斗争中最可爱的人。我们高度重视医务人员的防护工作,把保障医务人员的身体健康和生命安全作为考核评估救治工作的重要标准。加大对医护人员防护的投入,进一步规范消毒隔离防护工作程序,加强对医务人员防护工作的技术指导、培训和监督。在每个病区均设立了专职的安全监督员,负责检查监督消毒隔离制度的落实。区属医院包括一线医护人员在内,保持了院内的"零"感染。

(三)按照"四早"要求,建立"横到边、竖到底"的群防群控网络。

按照"早发现、早报告、早隔离、早治疗"的原则和市委、市政府的总体部署,实行了全社会的群防群控。

1、切实加强流调工作。流调工作是防控"非典"的基础性工作,对控制传染源、切断传播途径起着决定性作用。我区于4月11日成立了一支由200余人组成的流调队伍,紧紧抓住每日新发病例,切实弄清传染源和传播途径,迅速采取严格的隔离措施。采取一系列办法,努力提高流调工作的质量,并将流调关口前移进入发烧门诊,缩短病例发现和报告的时间,及时彻底切断传播途径。

2、建立完善社区群防群控网络。社区防控是全区"非典"防控工作的重中之重。我们认真贯彻落实市委办公厅、市政府办公厅《关于加强社区防治非典型肺炎工作的意见》,建立并完善了社区"非典"防控组织体系,强化了防控工作的居民参与机制、防控工作和防治工作的联动机制、督促检查机制和财力保障机制。开展了一系列宣传教育活动,使中央和市、区"非典"防治的政策措施及卫生防病知识深入人心。有针对性地做好居民的思想工作,消除群众的恐惧心理。以"不让'非典'进社区,不让'非典'进我家"为主题,组织居民行动起来,发扬守望相助、疾病相扶的互助精神,开展了"无'非典'社区"竞赛活动。开辟了社区"非典"防控24小时直接联络绿色通道,加强了对进出社区的人员、车辆的管理。全区112个社区有一半以上实现了"零"感染,筑起了社区的安全屏障。

3、加强对建筑工地、地下空间、外来人口等重点部位和重点人群的防控工作。

建筑工地防控。我们认真吸取中华家园工地疫情集中传播的教训,切实加大工地防控力度,健全了工地防控组织体系,完善了工作预案,建立了3处民工集中应急隔离场地。严格落实管理措施,对建筑工地的值班带班、疫情报告制度以及民工的住宿条件、消毒方式、体温监测和发热民工的就地隔离措施都作出了明确的严格的规定。组建了20个工地防控监督组,每天进行督查。建立了街道医院对工地的出诊和巡诊机制,实行送医、送药上门。全区工地未发生新的疫情。

地下空间防控。制定了地下空间防控"非典"工作方案,对全区1200余处地下空间场所进行了普查,区分情况,进行严格管理,暂时封闭了一批不达标的地下空间,及时整改了一批不安全隐患。制定了地下空间居住密度标准,建立了人员监控、消毒、体温监测、隔离和疫情报告制度。为使各项防控措施落到实处,建立了由产权单位和使用管理单位共同组成的检查队伍,坚持每日对地下空间进行巡回检查。同时抽调区委、区政府有关部门和街道机关干部,对地下空间情况进行明查暗访。全区地下空间未发生“非典”疫情。

流动人口防控。我们出台了《关于加强流动人口“非典”疫情防控管理工作暂行办法》。流动人口的疫情防控实行属地管理，由各街道办事处牵头，成立专门工作小组负责，建立了群众举报制度，做到早发现、早登记、早报告、早排查。与使用人签订《防控“非典”安全管理责任书》。按照“谁用工谁负责、谁出租谁负责”的原则，由使用人对流动人口实行管理登记和疫情防控。使用返京、来京和新聘外来人员的，以及出租房屋给流动人员的，及时组织其进行健康体检。区卫生部门确定了10家医疗卫生机构承担流动人口的健康检查，公安、工商、房管、劳动等相关部门也制定了具体办法，强化了对流动人口的防控措施。

此外，我们还强化了对全区机关、企事业单位、中小学校、“五小”场所和集贸市场等的防控工作，切实做到消灭死角，消除隐患。

4、认真做好医学隔离工作。在分散隔离中，针对我区平房区比较多的特点，实行了"第三地集中医学观察"的办法，建立集中隔离地点，成立应急工作小分队，保证隔离措施的实施，全区分散隔离人员和服务保障人员在隔离期间未发生一起交叉感染。与此同时，我区重点对宣武、回民两所定点医院，东方、新北纬、越秀等用于医务人员倒休的饭店，出现疫情的中华家园工地等，依法采取了集中隔离控制措施。周密细致地制定了工作方案。在第一时间，有效地组织起了隔离控制，防止了疫情的扩散，为医疗救治、医务人员倒休和疫情防控创造了有利条件。

(四)全社会广泛发动，构建防治“非典”强有力的服务保障体系。

通过精心组织、周密部署，广泛发动社会力量，积极营造团结一心、共抗“非典”的浓厚氛围；加大财政投入，全力筹措民用物资和医用物资供给，构建起了防治“非典”的强有力的保障体系。

1、高标准地完成了宣武医院的服务保障工作。宣武医院作为我市专门收治“非典”病人的大医院之一，在全市“非典”防治工作中承担着十分关键的作用。按照市委、市政府的要求，宣武区承担起了对宣武医院的的服务保障任务。按照市委、市政府确定的时限和要求，我们克服了时间急、任务重、要求高等各种困难，发扬不怕牺牲、敢打敢拼的作风，高标准完成了医院病房楼改建装修和电梯间抢修工程，受到市领导的充分肯定和表扬，为全市的“非典”防治工作作出了贡献。

2、妥善安排医护人员倒休。在市旅游局、首旅集团及有关饭店大力支持下，我区征用了新北纬、东方、前门、越秀等饭店作为医护人员集中休息场所，昌平中商培训中心作为医护人员的轮休地。在区委、区政府的协调下，各饭店克服诸多困难，采取有力措施，高标准地做好医护人员休整的服务保障工作，受到一线医护人员的好评。在确保医护人员安全舒适的同时，饭店员工在店内实现了“零感染”。

3、为一线医务人员及其家属奉献爱心。一线医护人员忘我的牺牲精神感动着全区人民。区委、区政府出台专门措施，把对医护人员的关心落到实处。发动社会力量，在全区广泛开展"防治‘非典’，奉献爱心"捐赠活动，共收到捐款、捐物金额达920多万元；为一线医务人员子女入学、入托提供优质教育资源，妥善安排好一线医务人员子女的学习和生活；以区委、区政府的名义，向抗"非典"一线医务人员及其家属发出慰问信，广泛开展走访慰问活动和包户服务，帮助解决日常生活中的实际困难；认真落实市财政、税务部门关于给予一线医务人员每人每天补助200元的规定。

4、全力保证“非典”防治工作经费和各类物资供应。为确保“非典”防治工作有效开展，区财政分阶段提前拨付防治专项资金3000多万元，确保了全区防治工作的顺利进行。认真维护市场秩序，加大执法检查力度，严厉查处以“非典”名义从事的违法经营活动，全力维护市场秩序。千方百计组织货源，建立人民生活必需品的监控体系、运输体系和储备制度，保证了全区商品充足、供应及时、市场稳定。多渠道筹措医疗设备物资，严格规范供货渠道，加强质量监督检查，确保了商品质量，保证了“非典”防治工作的需要。

在全力做好“非典”防治工作的同时，我们着力加强非常时期城市管理工作和保稳定的工作，确保城市功能的正常运转和社会经济生活的有序开展。

回顾我区抗击“非典”斗争的全过程，主要有以下几个显著特点：

一是决策果断，行动迅速。疫情就是命令，在突如其来的灾难面前，一丝一毫的犹豫不决和行动迟缓都有可能造成不可挽回的严重后果，一个“快”字贯穿了我区防治“非典”工作的全过程。4月29日，我区中华家园工地出现民工疫情集中传播，先后有20人被确诊为“非典”，隔离医学观察人员555人，情况十分危急。接到疫情报告后，区委、区政府紧急进行研究，启动了应对预案。流调队员在第一时间进入现场，进行流行病学调查，初步判定传染源，确认密切接触者范围，进行终末消毒。就在同一时间，有关部门迅速调集人员、物资，组织起了有效的隔离、救治和服务保障，避免了疫情的进一步扩散。此后，和平门东街5号居民楼、北方大厦、潇湘大厦出现不明原因的多发疫情，都在接到疫情报告后的最短时间内得到了妥善处理。处理疫情如此，在宣武医院和回民医院的改建工作中同样如此。接到市委、市政府要求限时完成宣武医院的改建任务后，区委、区政府迅速进行动员，组建了施工队伍。天建集团的职工从4月28日接受任务起，连续四天四夜不间断施工，高标准完成了病房改造任务。为全市在防治“非典”的关键时刻，提高收治率、降低病死率、增强市民的信心，起到十分重要的作用。我们还在第一时间向市委、市政府报告了市场出现市民集中批量购买的问题，并协调有关部门迅速组织货源，保证供应，在最短的时间内稳定了市场，稳定了人心。

二是做好预案，着力创新。区委、区政府和区防治“非典”工作领导小组，针对辖区内防治工作中可能出现的各种问题，从医疗救治、物资保障、人员轮休、集中隔离、社会稳定和群防群控等防治工作的各个方面、各个环节，有针对性地做好工作预案，并在实践中不断完善，做到人员、物资和资金提前到位，确保联络渠道畅通无阻。一旦遇到紧急情况，心里不慌，工作不乱，抢得解决问题的先机。与此同时，面对从未遇到过的严峻疫情形势，我们创造性地开展工作。为了确保居民的就医安全，避免交叉感染，在全市率先推出“流动医疗车”，上门为发热病人进行初步诊疗；针对平房区多的特点，提出了“第三地”集中医学观察的原则；针对工地民工集中的情况，率先推出“接触者分类迁移隔离”的做法；对于不明原因的疫情，在未探明病因、传染源和传播途径前，创造性地提出实行“短期健康隔离医学观察”。此外，我们还率先在全市建立了发热排查机制、排除病例医学观察机制等，实施了“截汇成块”的工作模式。所谓“截汇成块”，就是市委、市政府的各项工作要求在区一级平台上重新进行整合，捆绑后由街道统一安排落实，区委、区政府加强督促检查。这种模式利用现有的组织优势，借鉴了一些城市先进的危机管理经验，是“条块结合，以块为主”的属地化管理在抗击“非典”实践中的具体运用，确保防控工作的高效率和高质量。

三是依靠科学，实事求是。科学防治是抗击“非典”斗争的成功经验。在防治工作的所有过程和所有环节中，我们充分依靠科学，充分听取专家的意见，反复进行科学论证。在专家的指导下，科学地落实了疫情的报告、诊断、治疗、流行病学调查、消毒隔离、密切接触者的医学观察和疫情数字的核查等各项工作，合理地调整了医院的发热门诊数量和布局。在流调工作中，我们既坚持严格的程序和标准，又坚持尊重科学，一切从实际出发。针对和平门东街5号居民楼、潇湘大厦、北方大厦的不明原因多发疫情，在传染源与传播途径未探明之前，为防止疫情蔓延，我们对上述3家单位实行暂时性封闭隔离，以便采取进一步的流行病学调查、医学观察和病源性监测等手段，核实诊断，明确传染源与传播途径。通过两天的健康隔离观察，潇湘大厦、北方大厦的疫情被排除，确定5号居民楼内也不存在不明传染源，均解除隔离。该措施既严格按照程序，有效控制了疫情，又从实际出发，将对居民和企业的影响降到最低，得到专家的肯定和市民、企业的拥护。

四是转危机为契机，建立长效管理机制。我们借助“非典”防控中城市管理力度明显加大的有利时机，把“非典”防控与创建国家卫生城区、提高城市管理水平、推动政府管理创新、优化发展环境结合起来，变应急性的措施为长期性的制度，建立和完善了城市管理的长效机制。在防治工作中，我们及时总结经验教训，建立起一整套的城市管理长效机制。在社区原有卫生防病体制基础上，探索建立公共卫生常态机制，建立并实施了社区疾病预防控制四级管理体制；依托社区综合信息管理电子化网络，建立社区疾病监测和预警系统；结合封闭楼房垃圾道，进一步规范和完善了全区垃圾处理办法。地下空间隐蔽性强，安全隐患多，管理难度大。在“非典”防控工作中，在摸清底数的情况下，落实各方责任，有针对性地采取了一系列措施。在流动人口的管理中，进一步明确了有关管理部门以及使用人、房屋出租人的职责，建立了相应的工作机制，为地下空间和流动人口逐步实现长效管理奠定了坚实的基础。

五是坚持一手抓防治“非典”，一手抓经济发展和其它各项工作。我们在全力抓好“非典”防治工作的同时，积极推进经济发展和其它各项工作，取得了较好成效。启动了“非典”时期经济运行监测、预警和分析系统，主要经济指标仍然保持较快增长。1～5月份，全区实现GDP同比增长7.5%，财政收入完成10.3亿元，同比增长22.7%。我们还加大了招商引资的力度，在“非典”疫情初步缓解的6月初，就签下了马连道欧贝德等6大项目，引进资金达19亿元人民币。同时，城市危旧房改造、重点工程建设和环境整治以及就业、社会保障、精神文明建设、为民办实事工程等各项工作都正常推进，为夺回“非典”造成的损失，确保全年任务的完成打下了基础。

二、几点思考

我们已经取得了抗击“非典”斗争的阶段性重大胜利，但“非典”疫情的发生也给我们敲响了警钟，需引起深刻反思。

思考之一，必须坚持经济和社会的协调发展。发展是党执政兴国的第一要务。这里讲的发展，是指全面的发展。不仅仅指经济的增长，同时还包括政治、文化、科技、教育等行业的全面发展，特别是还包括人的全面发展。党的十六大报告指出：“我们党在中国这样一个经济文化落后的发展中大国领导人民进行现代化建设,能不能解决好发展问题,直接关系人心向背、事业兴衰。党要承担起推动中国社会进步的历史责任,必须始终紧紧抓住发展这个执政兴国的第一要务,把坚持党的先进性和发挥社会主义制度的优越性,落实到发展先进生产力、发展先进文化、实现最广大人民的根本利益上来,推动社会全面进步,促进人的全面发展。"这一深刻的论述,揭示了经济发展与社会进步、人的全面发展之间的关系,为我们今后的工作指明了方向。经济发展、社会进步和人的全面发展是一个高度关联的整体,经济发展是基础和保障,它不是目的,而是手段。最终要实现的目标是要促进社会的全面进步和人的全面发展。那种过度关注经济增长而忽视社会进步、人的全面发展的做法,都会潜藏巨大的社会危机,最终经济增长的成果也会大打折扣。因此,我们在抓经济建设的同时,必须高度重视社会发展和人的素质的提高,让经济增长、社会进步和人的素质的提高的步伐协调起来。那种指望经济增长就会自动带来其它目标的实现的观点,事实证明是行不通的,是十分有害的。在今后的工作实践中,必须坚决予以纠正。只有促进社会和经济的协调发展,才能最终促成全面建设小康社会目标的实现。

思考之二,必须尽快建立健全公共卫生体系。改革开放以来,宣武区在医疗卫生事业建设方面,在公共卫生体系方面投入了大量资金,做了大量工作,成效是显著的。但是我们也要清醒地看到,特别是通过这次抗击"非典"斗争,暴露出我们原有公共卫生体系的不健全和公共卫生应急机制的脆弱。主要的问题是:把"公共卫生"狭义地理解为"医疗卫生",重治疗、轻预防,公共卫生网络不健全;条块分割,资源难以整合,各部门之间联动能力差,卫生资源配置和结构不合理;预防保健工作薄弱,在突发的公共卫生事件面前,监测预警系统不健全,疫情信息不畅,导致反应不灵、行动迟缓。针对这些问题,我们必须按照国际通行的标准来构建公共卫生体系,强化紧急应对突发公共卫生事件的能力。要改革我们现行的医疗卫生体制,使之更适应发展的要求。坚持属地管理的原则,进一步整合辖区的医疗卫生资源;着手建立和完善公共卫生协调体制和机制,重大疾病预防、控制与监测机制,突发公共卫生事件应急机制,以及公共卫生救助、技术支持、物资保障、公共卫生责任追究等机制;加大人力资源开发管理的力度,提高专业人员的素质,构建属于全民享有的、为全民服务的公共卫生体系和公共卫生应急机制。

思考之三,必须强化城市的应急管理体制和机制。危机管理是我们社会管理中的薄弱环节。在社会的发展中,危机不可避免,发生危机也并不可怕,可怕的是整个社会缺乏防范危机的意识和灵敏的应对危机的机制,导致危机升级扩大,造成严重后果。从当前来看,首先要利用抗击"非典"斗争的经历,通过教育培训和反思,大力增强各级领导干部的危机意识和应对危机的心理素质。在此基础上,通过进一步整合资源,建立起一个高度集中的、协调配合的、高效运转的现代化的城市应急管理机制,将危机管理日常化。要将公安、城管、城建、医疗卫生、行政执法等相关部门都纳入到这一体系中来,合理配置信息、技术、资金和物资等资源。建立各种预警机制,针对各种可能发生的地震、洪灾、疫情、市政、恐怖袭击等灾害做好预案,并预测、预防可能发生的各种灾害。危机一旦发生,就能够在第一时间组织起各种有效的应对措施,将危机的规模控制在最小范围,灾害的损失降到最低程度。

思考之四,必须强化政府的公共管理职能,提高政府管理的有效性。一是建立公共财政投入体系,加大对教育、科技、卫生、体育等社会公共领域的投入,改变过去过分重视生产性投入的状况,推动社会各项事业的加快发展。二是要建立规范的信息披露制度,保障人民群众的知情权。这样一方面可以改变由于信息的不对称、不透明、不平衡导致的各种谣言满天飞的状况;同时可以进一步增强政府行政行为的透明度,便于人民群众监督,促进决策民主化、科学化。三是要坚持依法行政。抗击"非典"斗争的过程,也是政府依法行政的过程,效果是好的,但在某种程度上也暴露出政府法治建设中一些缺失和不足。要进一步加大法制宣传的力度,加快立法进程,提高依法行政的意识和能力,改变过分依赖行政命令管理社会的状况。四是强化属地管理的原则。从这次抗击"非典"斗争的实践来看,实行属地管理,坚持"以块为主,条块结合",是非常有效的办法。应当将一些好的做法制度化、规范化。过分强调"条"而忽视"块",将严重削弱政府的公共管理职能,给社会管理埋下隐患。五是要改革传统的政府动员方式。由于社会处于转型期,在应对危机过程中,传统的政府动员方式受到挑战,存在较大的局限性,动员成本增加。如一些地方在防治"非典"工作中出现了矫枉过正的现象。企业成分发生变化,企业与政府不再有直接的行政隶属关系以后,原有的联系渠道和手段有所削弱,而新的渠道还不健全,导致信息不畅,沟通不够。在物资采购过程中就碰到这个问题,有时物资不能满足需求,有时又出现积压现象。政府必须有效地将传统动员方式和市场机制结合起来,通过体制和机制的创新,才能协调各种社会力量,应对未来可能发生的各种危机。

大 事 记

抗击非典型肺炎期间大事记

2 月

25 日 为应对突发疫情，区制定了《宣武区非典型肺炎防治应对预案》。

3 月

25 日 区卫生防病委员会就非典型肺炎的防治成立相应级别的领导小组，按照《宣武区非典型肺炎防治应对预案》部署下一步工作。区卫生系统非典型肺炎防治工作正式启动。

28 日 宣武医院报告区接诊首例“非典”病人。

4 月

2 日 区红十字会启动基金 20 万元，慰问战斗在“非典”防治一线的医护人员和公安干警。

5 日 区召开辖区医院、疾控中心、监督所负责人参加的会议，传达市卫生局紧急会议精神，明确“非典”可疑病人的转诊程序。

7 日 区召开驻区医院院长紧急会议，部署对辖区医疗卫生机构贯彻执行“非典”防治预案的督查。

8 日 区召开会议，部署非典型肺炎防治工作。会议传达了中办、国办通知和市委、市政府紧急会议精神，通报了全市非典型肺炎有关情况。

☆ 区开通“非典”治疗绿色通道，友谊医院建呼吸系统疾病隔离区，回民医院急救车 24 小时待命。

11 日 区成立由 200 余人组成的防治非典型肺炎队伍。

12 日 区卫生局成立 SARS 防治领导小组、医疗救护组、疫情控制组、信息报送组和 SARS 诊疗专家组。

13 日 区制定《宣武区防治非典型肺炎医疗应对措施方案》，成立了非典型肺炎防治工作组织机构、诊疗专家队、SARS 病人就诊疗程图、非典型肺炎电传网、SARS 病人专用救护车等。

14 日 区召开会议，再次研究部署非典型肺炎防治工作。

17 日 回民医院行政楼改建为宣武区收治非典型肺炎隔离病区。

☆ 区委书记唐大生到回民医院、区疾控中心，慰问战斗在防治“非典”一线的医务人员，并送去了慰问品。

18 日 区成立了由区委书记唐大生任组长、代区长武高山任副组长，有 14 位区级领导参加的防治“非典”工作领导小组。

☆ 在区政府召开的一季度全体会议上，副区长王永新传达了中央有关防治“非典”工作会议精神，就做好防治工作进行部署。

19 日 在区卫生局召开的由各街道办事处和有关局、处、公司负责人参加的防治“非典”工作会议上，主管区长王永新要求“非典”疫情报告要做到表格统一、时间统一、出口统一、名单统一、报告统一。

☆ 区出台《宣武区防控非典型肺炎消毒指南》、《宣武区非典型肺炎病例密切接触者隔离防护和服务保障工作规范》、《宣武区市民预防非典型肺炎指南》。

21 日 市委副书记强卫等来区督查“非典”防治工作，检查了回民医院、中医研究院广安门医院的防范措施和工作预案，视察了医院的隔离区和专门通道。

☆ 区召开防治“非典”督查工作会，传达了市、区委的有关决定，通报了全市“非典”疫情，布置了“非典”防治督查任务。

☆ 市民委主任张恕贤、副主任马中璞到回民医院慰问医务工作者，并捐赠 5 万元慰问金。回民医院院长汇报了近期防治“非典”工作以及病房的设置情况；副区长哈金起代表区委、区政府、区卫生局对慰问活动表示感谢。

22 日 区委、区政府就做好“非典”防治工作进行再部署。副区长王永新传达了市紧急会议精神；区委副书记王敏荣通报了全市及区“非典”防治工作开展情况,就做好防治工作提出要求。

☆ 区经贸委系统召开做好“非典”预防和安全生产工作会议。

☆ 区成立医疗流调指挥部SARS值班室,24小时专人值班,指挥协调全区疫情防控、医疗救治工作。

☆ 下午始,区境各大商场、超市出现群众抢购生活必需品现象。

23日 区委书记唐大生到白纸坊街道,听取街道工委关于防治“非典”工作的情况汇报。

☆ 代区长武高山到广外医院,看望战斗在抗“非典”一线的医护人员并现场办公。

☆ 副区长王永新到回民医院现场办公。

☆ 区政协领导慰问战斗在防治“非典“一线的医护人员。

24日 区委发出《致全区各级党组织和共产党员一封信》,就抗击“非典”疫情对各级党组织和党员提出要求。

☆ 常务副区长蒋德忠就SARS防治统计工作到区卫生局现场办公。

☆ 区防控“非典”指挥部办公室成立(设在区文明办),区委副书记王敏荣任总指挥。

☆ 区委宣传部召开紧急会议,就加强防治“非典”宣传教育工作提出要求。

☆ 副区长张文华主持召开区外经、外事、文化、旅游系统防治“非典”工作会。

☆ 副区长哈金起率队检查预防“非典”与安全生产工作。

☆ 区人大常委会领导慰问区疾病预防控制中心和回民医院的全体医护人员,并送去慰问金各3000元。

☆ 区成立“非典”院内感染监控委员会。

☆ 友谊医院、宣武医院、广安门中医研究院、健宫医院、宣武区中医医院、回民医院、广外医院设立发烧门诊及隔离观察区。

☆ 即日起,全区81家文化娱乐场所全部暂停营业。

25日 区召开紧急会议,研究在全区范围内迅速开展群众性抗击“非典”奉献爱心社会捐助活动。

☆ 副市长孙安民到牛街礼拜寺慰问宗教教职人员。

☆ 区成立急救车调度分指挥部,抽调回民医院、宣武区中医医院、广外医院、妇幼保健医院4辆急救车作为“非典”专用车。

26日 区委、区政府开展群众性抗击“非典”奉献爱心社会捐助活动,向街道及有关部门进行部署。

☆ 区开展“让健康人免受‘非典’感染,让‘非典’感染者早日康复”大型宣传活动。

☆ 区成立防治“非典”物资保障组,对防治“非典”物资实行统一调配。

☆ 区成立救护车指挥分中心,建立救护车转运登记制度。

☆ 即日起,全区中小学开始停课。

27日 区委、区政府召开专题会议,落实宣武医院改建为专门收治“非典”病人医院的各项保障工作。区委书记唐大生传达了市委、市政府关于把宣武医院改建为专门收治“非典”病人医院的指示;代区长武高山布置了后勤物资保障、基建改造、医务人员轮休安排、交通组织、隔离组织等任务,明确了责任领导和责任部门。

28日 区委召开常委扩大会议,区委副书记、代区长武高山通报了北京市防治“非典”工作电视电话会议精神;区委书记唐大生就贯彻落实会议精神进行部署,并提出要求。

☆ 区委书记唐大生到广内、广外街道检查“非典”防控工作,并提出要求。

☆ 区领导赵长山、哈金起带队到市政府大楼招待所、天源小商品市场等地下空间重点场所,进行预防“非典”安全检查。

☆ 回民医院A级病房改建为收治SARS者隔离病区。

29日 宣武医院全院停诊,改建为市SARS危重病人指定收治医院。

☆ 防治“非典”为医护人员提供休息场所保障指挥部开始集中办公。指挥部由副区长张文华负责,市旅游局饭店管理处、区旅游局、首旅集团酒店管理公司以及宣武医院相关负责人任副指挥。

☆ 区委书记唐大生到大栅栏、椿树街道检查“非典”防控工作,并提出要求。

30日 “中华家园”工地发生非典疫情,诊断20人,医学观察548人。副区长金焱立即到现场组织指挥。

☆ 区领导武高山、哈金起参加宣武区各界抗击“非典”爱心捐赠活动,向全区奋战在一线的医护人员捐款10万元。

☆ 宣武区防控“非典”指挥部对各社区监控“非典”密切接触者提出“四定时”的要求,即:每天早晚定时与被隔离人通电话询问健康情况、定时购买生活必需品、定时进行环境消毒、定时清运垃圾,并建立监控笔记本,由专人记录并签字交接。

☆ 雍和宫管理处向回民医院赠送20万元善款,用于购置治疗“非典”的医疗设备。

☆ 广安门中医研究院、宣武区中医医院发热门诊停诊,决定回民医院整体改建成SARS疑似病人指定收治医院。

☆ 区依法对中华家园工地、首特钢5号工地采取隔离控制措施。

☆ 区"非典"病人数达到最高峰,累计诊断疑似病人31人;全区医学观察密接者人数亦达到最高峰。

5月

1日 区防控指挥部发出紧急通知,对落实市委办公厅和市政府办公厅《关于加强社区预防控制非典型肺炎工作的意见》提出要求;区防控督查组深入各街道进行督查。

☆ 区建立建设工地发热患者24小时上门排查封闭管理机制。

☆ 回民医院收治的第一例"非典"病人治愈出院。

2日 区委副书记王敏荣召集各街道工委书记,详细通报了中华家园2号楼工地多名民工感染非典型肺炎的情况,要求各街道务必查找工作中的漏洞,切断"非典"的传播途径,控制疫情扩散。

☆ 区制定回民医院主楼SARS病人转出方案。

3日 回民医院第一批10名"非典"病人转往小汤山医院进一步治疗。

4日 区政府提出和制定了工地防控"非典"工作的目标、基本要求和工作保障机制。

☆ 副区长哈金起召集会议,进一步部署地下空间防治"非典"工作。

6日 市委书记刘淇检查宣武医院改造情况,询问了医院和宣武区接收"非典"病人的情况,并慰问了医务人员及街道干部。

☆ 世界卫生组织的专家视察宣武区SARS疫情和防控SARS工作情况,并对密切接触者的界定提出了建设性的意见。

☆ 区委副书记王敏荣主持召开防控"非典"工作会议,传达5月5日温家宝总理视察北京工作时的讲话和5月5日刘淇召开的北京市防治"非典"工作电视电话会议精神。下发了《关于进一步加强社区预防控制非典型肺炎工作的实施意见》和《宣武区社区防控与防治工作密切配合整体联动的实施意见》。

☆ 区领导金焱、喻建平带队夜查工地防控"非典"工作。

☆ 即日起,区慰问一线医务人员家属活动全面展开。

7日 市委常委、统战部长尤兰田到牛街礼拜寺检查防"非典"工作。

☆ 区委书记唐大生、副书记王敏荣到区卫生局出席社区医疗流动车启用仪式。7辆社区流动车开始对发热病人进行24小时上门排查。

☆ 区领导唐大生等出席社区医疗流动车启动仪式。

☆ 代区长武高山到城管大队和陶然亭街道检查防治"非典"工作。

☆ 北京中远房地产开发有限责任公司、北京科林房地产开发有限责任公司分别捐赠10万元,用于区防治"非典"工作。区领导赵长山、阎满成、哈金起参加捐赠仪式。

8日 国务委员陈至立到育才学校视察北京市中小学开设"空中课堂"工作,国家发展改革委员会副主任姜伟新、国务院副秘书长陈进玉、教育部部长周济、市委副书记龙新民、副市长范伯元及区领导武高山、王永新等陪同考察。

☆ 区委副书记王敏荣到大栅栏、椿树、广外街道进行调研,就加强"非典"防控提出3条要求。

☆ 宣武区按期完成宣武医院病房抢修工程,副市长刘敬民致信表示感谢。

☆ 区建立社区居民24小时发热排查机制。

☆ 宣开、裕昌、裕泰达三公司分别捐赠人民币30万元、10万元、10万元,支持区抗击"非典"工作。区领导唐大生、武高山接受捐赠。

9日 区首批55名一线医护人员入住昌平中商培训中心,开始休整。

10日 张一元茶叶有限责任公司向区抗击"非典"一线医务人员捐赠2000份绿茶,公司职工个人捐款16490元。区领导武高山、阎满成、哈金起、袁双梅参加捐赠仪式。

11日 市委常委、政法委书记吉林到宣武医院检查隔离控制工作。

☆ 区委书记唐大生、代区武高山等领导,对回民医院改建为全区收治SARS疑似病人定点医院进行检查验收。当晚,回民医院开始收治SARS疑似病人。

☆ 区召开施工现场防控"非典"再动员大会。

12日 区领导武高山、赵长山、赵进兴、陈慧来等到友谊医院、健宫医院、回民医院和广外医院,慰问抗击"非典"一线医务人员。

☆ 区领导武高山、袁双梅慰问"非典"期间坚持工作的区商业企业职工。

☆ 区新闻发言人、区委常委、宣传部长阎满成,在市委宣传部组织的市属新闻媒体发布会上,通报了区防治"非典"的整体工作情况。

☆ 区依法对和平门外东街5号楼3、4、5单元采取隔离控制措施。

13日 区就打好五月份防治"非典"攻坚战做出

部署,要求全区防控"非典"工作要切实做到"五个不放松":即坚持控制"非典"传播途径不放松;坚持街道社区群防、群控不放松;坚持建筑工地严密防控不放松;坚持地下空间严格监控不放松;坚持党政机关、教育系统、企事业单位等人员聚集场所的防控不放松。

☆ 区防控指挥部召开八个街道工委书记会议,区疾病控制中心主任王莉通报和分析了区"非典"疫情的发病情况,以及加强防控工作的建议;各街道工委书记分别汇报了本街道防控工作的形势、防控工作面临的问题和今后工作的重点。

☆ 区委书记唐大生到宣房投和金源公司进行调研,听取关于抗击"非典"工作和生产情况汇报。同日,唐大生还看望了城管大队全体队员。

15日 区经贸系统、非公经济企业向区抗击"非典"一线医务人员捐赠仪式在马连道茶城广场举行。区经贸系统共捐赠人民币61万元及价值19.1万元的物品;非公经济企业共捐赠人民币28万元。区领导唐大生、武高山、郑文奇、赵长山、阎满成、赵印春、王玉兰、哈金起、王永新、袁双梅出席捐赠仪式。

☆ 中国北方工业公司向区捐赠人民币150万元及价值50万元的药品,公司工会捐款10万元,支持区抗击"非典"。区领导唐大生、武高山、郑文奇、赵长山、蒋德忠、赵印春、哈金起、王永新出席捐赠仪式,并向公司颁发捐赠荣誉证书。

17日 北京现代汽车投资有限公司向公安宣武分局捐献3辆索娜塔轿车,支援战斗在抗击"非典"一线的公安干警。区领导唐大生、武高山、郑文奇、赵长山、阎满成、赵印春、哈金起、王永新出席捐赠仪式。

18日 根据市防治非典型肺炎联合工作小组的部署,对全区收治的SARS确诊病人、疑似病人进行普查,共完成150余名病例基本情况的录入和初审工作。

19日 中华家园工地正式解除隔离恢复生产,区领导唐大生、武高山等出席解除隔离仪式。

☆ 区建立SARS热线电话网。

☆ 第二批90名抗"非典"一线人员入住昌平中商培训中心,开始休整,休期为7天。

20日 区委召开常委(扩大)会议,强调一手抓防治"非典",一手抓发展经济。

☆ 经报请北京市和宣武区防控"非典"指挥部同意,辖区内的发热门诊减为回民医院、友谊医院、健宫医院3家。

21日 区领导赵长山、韩恩慈、哈金起到民政局进行调研,听取民政局关于抗击"非典"奉献爱心社会捐赠活动的情况汇报。

☆ 区领导赵长山、王永新到十五中、师大附中、回民学校、六十三中,检查高考前准备工作情况。

☆ 随着SARS疫情得到逐步控制,经卫生局检查验收,确定广安门中医研究院、宣武区中医医院、广外医院、妇幼保健院、大天医院、椿树医院、陶然亭医院、广内医院、白云路医院、五四一医院10家医院为放心医院,并在宣武报进行公示。

22日 区委副书记王敏荣主持召开防控"非典"工作联席会议,听取各街道和区综治办、区教委、区经贸委、区建委、区文化委、区卫生局等单位主要领导关于防控"非典"工作情况和下一步工作打算的汇报。

☆ 区召开工作会议,研究落实市政府《关于防治非典型肺炎疫情期间保持社会稳定促进经济发展若干政策措施》,副区长蒋德忠、袁双梅出席会议。

☆ 全区3200名高三考生复课。

☆ 区委书记唐大生到十四中检查高三学生复课情况。

23日 代市长王岐山到十四中视察,代表市委、市政府向"非典"时期坚守工作岗位上的教职员工表示感谢和慰问,市委常委、市教育工委书记朱善璐、副市长范伯元、市政府秘书长刘晓晨及唐大生、武高山、王永新等区领导陪同视察。

☆ 城建系统支持抗击"非典"捐赠仪式在广安会议中心举行。唐大生、武高山、郑文奇、赵长山、韩恩慈、蒋德忠、阎满成、赵印春、哈金起等区领导出席了捐赠仪式。区建筑行业协会的负责人代表全区32个开发、建设单位捐赠108万元;唐大生代表区委、区政府接受了捐赠。

26日 区召开防控"非典"工作联席会议,各街道和有关部门主要领导参加会议。会上,印发了《关于实施宣武区加强流动人口"非典"防控管理工作暂行办法的补充通知》、《宣武区关于开展外地来京务工经商人员登记和出租(借)房屋清理整顿工作方案》和《宣武区关于开展地下空间非典型肺炎防控专项整顿工作实施方案》等文件。

27日 唐大生、武高山等区领导听取全区防治"非典"工作情况汇报。王敏荣、张文华、金焱、哈金起、王永新、袁双梅就落实《中共北京市委办公厅、北京市人民政府办公厅关于应对新形势进一步加强和完善"非典"防控工作的意见》,分别汇报了前一阶段"非典"防控工作和下一阶段继续加强群防群控工作及外来人口管理工作的措施;进一步提高流调和隔离工作质量,力争早日彻底切断"非典"传播途径;控制建筑业民工流动,进一步加强民工和建筑工地防控工作;适应经济社会生活逐步恢复正常的情况,加强商业及文化娱乐场所的防控工作;关于开展地下空间"非典"防控专项清理整顿工作的意见落实等方面情况。

☆ 满堂香、更香、西湖龙井等13家知名茶叶公司，赠送给抗击“非典”一线工作人员30多万元的精选春茶。区领导武高山、赵长山、阎满成、哈金起、袁双梅出席捐赠仪式。

29日 北京市通讯公司向区政府赠送了100部小灵通手机，支持抗击“非典”工作。区领导武高山、赵长山、阎满成、王永新出席捐赠仪式。

☆ 郑文奇、王敏荣、蒋德忠、丁力、王玉兰等区领导慰问基层抗击“非典”干部职工。

30日 区领导赵长山、哈金起听取各街道防控“非典”工作汇报。

31日 唐大生、武高山、王敏荣、赵长山、韩恩慈、蒋德忠、阎满成、谢全林、丁力、赵印春、王玉兰、张文华、金焱、哈金起、王永新、袁双梅等区领导，分别带队检查8个街道防控“非典”和防汛工作。

6月

2日 回民医院最后一例诊断“非典”病人治愈出院。

4日 区领导赵长山、哈金起检查社区“非典”防控工作。

☆ 第三批100名抗“非典”一线人员开始休整。

5日 区委副书记王敏荣、副区长哈金起召开防控“非典”工作汇报会，听取8个街道工委书记和公安宣武分局、区综治办负责人关于加强流动人口、地下空间和出租房屋管理，落实防控措施的工作汇报。

6日 区委、区政府会同市委组织部、首都文明办、市民政局，在广外街道红莲广场举行了“抗‘非典’、献爱心、讲文明、树新风”慰问防控“非典”社区一线人员活动，首都文明办主任张慧光，区领导唐大生、武高山和各街道的200多名社区干部参加了活动。

8日 区在枫桦豪景工地生活区召开了建筑工地防控“非典”达标创优活动表彰大会。市委城建工委书记张凤朝，市建委副主任王立臣，市文明办副主任腾毅，区领导唐大生、武高山、郑文奇、王敏荣、赵长山、赵印春、金焱、喻建平和江苏南通三建集团公司总经理徐竹林参加了表彰大会，全区80个建筑工地的项目经理和有关单位主管领导也到会参加。枫桦豪景、红居小区5号楼等11个建筑工地获得宣武区首批防“非典”达标创优建筑工地。

9日 市民委在昌平中商培训中心，为在此休整的一线医护人员举办慰问演出。市民委主任张恕贤、区领导赵长山分别讲话；市委副秘书长陈启刚、市委宣传部副部长王学勤、昌平区委副书记王振华、副区长任学良及区领导郑文奇、袁双梅等和医护人员一起观看了文艺演出。

☆ 北京各民族代表向回民医院捐赠书画仪式在广安会议中心举行。市民委主任张恕贤、副主任马中璞和区领导唐大生、郑文奇、王永新出席捐赠仪式。

10日 区举行《生命的誓言》一书首发式。《生命的誓言》一书，收录抗击“非典”先进人物事迹46篇，讴歌了“万众一心、众志成城、团结互助、和衷共济、迎难而上、敢于胜利”的主旋律；记载、反映了全区人民在市委、市政府领导下抗击“非典”取得的业绩。市委宣传部副部长宋贵伦、市委理论讲师团常务副团长陈之昌、首都文明办副主任滕义及区领导唐大生、武高山等出席了首发式。

☆ 健宫医院停止发热门诊。

11日 第四批11名抗“非典”一线医务人员休整。

16日 区委副书记王敏荣召集区委办、区文明办、区综治办、区研究室、区街道办和广内、广外街道负责人，研究制定建立加强地下空间、流动人口和应对突发疫情联席会议制度等事宜。

19日 第五批50名抗“非典”一线医务人员开始休整。

20日 防控指挥部召开各街道党政“一把手”座谈会，总结抗击“非典”工作的经验和教训，对今后进一步改进工作提出建议。区委书记唐大生、区委副书记王敏荣和8个街道、区委办、区文明办、区街道办、区研究室负责人参加会议。

☆ 回民医院最后1例“非典”疑似病人治愈出院。回民医院共接诊“非典”病人158例，其中诊断39例，转出36例，死亡2例，医学留观71例。

26日 区教育系统、卫生系统分别召开庆祝建党82周年暨表彰大会，对在“增三力达标创优工程”和防治非典型肺炎工作中取得优异成绩的先进基层党组织和优秀共产党员进行表彰。

27日 区委召开庆祝中国共产党成立82周年暨“增三力达标创优”和防治非典型肺炎工作表彰大会，表彰“增三力达标创优工程”先进基层党组织、优秀个人和防治非典型肺炎工作先进基层党支部、优秀共产党员。区四套班子领导参加了大会。

30日 区经贸系统召开表彰大会，总结、表彰了经贸委系统基层党组织“增三力达标创优”和抗击“非典”工作。

☆ 全区中小学全部复课。

下旬 全区文化娱乐场所陆续恢复营业。

7月

4日 区对回民医院、健宫医院、友谊医院关于防SARS反复工作进行抽查。

5日 市卫生局副局长梁万年及部分市人大代

表、市政协委员，检查回民医院、友谊医院、健宫医院今冬明春防SARS反复工作。

10日 区召开医护人员休整保障服务工作慰问会，市政府办公厅副主任王芳、市旅游局副局长于德斌，区领导唐大生、武高山等出席。

15日 区制发《宣武区防治传染性非典型肺炎应急预案(讨论稿)》和《关于做好下一步防控传染性非典型肺炎工作的意见》。

31日 区委、区政府慰问一线医务人员家属117人，发放慰问款71700元；区工会发放慰问款16000元。

☆ 自3月28日区报告第一例"非典"病例以来，全区共报告"非典"病例251例。经核实诊断和流行病学调查，其中确诊病例122例、疑似病例40例、排除病例89例、死亡11例。在251例"非典"病例中，有本辖区病例143例，其中确诊74例、疑似20例、排除49例、死亡5例。

社 会 捐 赠

宣武区抗击"非典"接收捐赠款物及使用情况公示

自2003年4月下旬以来，宣武区广泛开展"抗击'非典'奉献爱心"社会捐助活动，全区各界人士及广大人民群众踊跃捐款捐物。截至5月18日，全区共接收捐款666.521万元，接收捐赠物资总价值254.04万元，两项总计920.561万元。

根据上级部署和全区抗"非典"实际需要，区委、区政府及时将捐赠款物投入使用。截至5月18日，已使用资金146.019万元，使用物资价值198.34万元，两项共计344.359万元。现将5月18日前定向捐赠款物及使用情况公示如下。

一、区卫生局接到捐赠款物

北京中融物产有限责任公司　10万元；
区捐赠站接转　10万元；
张玉珍　1000元；
区计划生育药具管理站　2万元；
区卫生局机关　1740元；
京新医药公司　4620元；
新华社《国际先驱导报》200份价值　1350元；
北京健峰生物公司真空采血产品价值　30万元；
华京医院口罩100个价值　400元；
更香茶叶公司茶叶1000桶价值　10万元；
《参考消息报》社听课卡150个价值　5250元；
翔达公司饮料价值　1万元；
莱百公司饮料价值　7000元；
宣武城服管理中心、存车管理处饮料价值　9000元；
国华商场饮料价值　1万元；
内联升鞋业公司护士鞋180双价值　5000元；
市作家协会书法作品4幅价值　2万元；
区体委体育用品价值　2万元；
京都清科技公司内衣价值　2800元；
区妇联电扇30台价值　5000元；
区食品炊事机械公司低温冷柜1台价值　5000元；
大连珍奥生物公司珍奥核酸60盒价值　4万元。
(注：区卫生局接收的款物已全部下发医院等医疗机构用于抗"非典"工作)

二、区疾控中心接到捐赠款物

区政府办　3000元；
昌平科技开发协作中心　4000元；
区工会　5000元；
区教委　1万元；
区妇联　2000元；
区红十字会　3万元；
区建筑开发公司　20万元。

三、回民医院接到捐赠款物

市民族事业委员会 5万元；

雍和宫管理处 20万元；

牛街街道办事处 3万元；

区政协 3000元；

牛街街道办事处职工 6200元；

区政府办 3000元；

区工会 5000元；

千禧园球迷餐厅 1万元；

天宇技术开发公司 1万元；

区红十字会 5万元；

区妇联 2000元；

回民小学 8000元；

性病防治所 1万元；

区城建开发总公司 30万元；

六十三中 1万元；

金源公司 1万元。

四、一线医护人员休整基地接到捐赠款物

张一元茶叶公司茶叶价值 10万元；

长城公司饮料价值 1万元；

大栅栏生产服务合作社饮料价值 1万元；

天桥工商联合公司饮料价值 1万元；

金源公司饮料价值 1万元；

金座公司饮料价值 1万元。

五、宣武医院接到捐赠款物

达惠行汽车公司轻型汽车2辆价值 17.6万元；

喜满你文化公司净水机5台价值 5万元；

市计生委 6.683万元；

市残联 2万元；

区棕树小学 1800元；

中华预防医学会、骏丰公司骏丰频谱仪23台价值18.4万元；

马连道茶城茶商茶叶价值 5万元。

六、友谊医院接到捐赠款物

马连道茶城茶商茶叶价值 5万元。

七、宣武区中医医院接到捐赠款

爱义行汽车公司 1万元；

天桥街道办事处 1万元。

八、解放军小汤山医院接到捐赠物品

泉增泉工艺美术公司英雄台座工艺品1200个价值 12万元。

九、广内医院接到捐赠款

广内街道办事处 5万元。

十、广外医院接到捐赠款物

深圳大厦洗手液价值 1600元；

广外街道办事处 5万元；

京新医药公司 1万元。

十一、椿树医院接到捐赠款

椿树街道办事处 1万元。

十二、陶然亭医院接到捐赠款

陶然亭街道办事处 1万元。

十三、大栅栏天桥医院接到捐赠款

大栅栏街道办事处 1万元；

天桥街道办事处 1万元。

十四、白纸坊医院接到捐赠款

中国歌舞团 5000元。

十五、区卫生监督所接到捐赠款

京都国华酒楼 3000元；

青岛市政府驻京办 5000元。

十六、公安宣武分局接到捐赠物品

北京汽车投资公司索纳塔轿车3辆价值 66.1万元。

北京市宣武区民政局

2003年5月19日

党　　派

中国共产党北京市宣武区委员会

概述

中国共产党北京市宣武区委员会(简称中共宣武区委)是中国共产党宣武区代表大会选举产生的区级地方党的委员会,是区级党的领导机关。主要职责是:对宣武区经济建设、社会发展、党的自身建设及其它涉及全局性的重大问题做出决策;制定贯彻执行上级党组织和同级党代表大会决议、决定的措施;向地方国家机关推荐重要干部;组织、协调本地区立法、司法、行政机关,经济、文化组织和人民团体积极主动、独立负责地开展工作;动员、组织所属党组织和广大党员,团结带领群众实现党的任务等。区委设办公室、组织部、宣传部、统一战线工作部、政法委员会、研究室、机构编制委员会办公室、直属机关工作委员会8个工作机构;另设老干部局、保密委员会办公室两个部门管理机构。年内,在市委的领导下,中共宣武区委团结带领全区各族人民,认真实践"三个代表"重要思想,全面贯彻党的十六大和十六届三中全会精神,以"新北京、新奥运"为主题,抢抓机遇、开拓创新、同心同德、艰苦奋斗,夺取了抗击"非典"斗争的胜利,全区物质文明、政治文明和精神文明建设都取得新成绩。

地址:宣武区广安门南街68号

电话:83976133

邮编:100054

(林　黎)

主要工作和重大活动

【区委八届十四次全体(扩大)会议】 1月10日召开。大会的主要内容是:听取和审议《区委2003年工作报告》;通过关于《全面贯彻"三个代表"重要思想,加快宣武区经济和社会各项事业发展,为首都率先基本实现现代化而努力奋斗》的决议。区委书记唐大生在报告中总结了区委2002年的工作,部署了2003年的任务,提出2003年全区工作的指导思想是:以邓小平理论和"三个代表"重要思想为指导,认真学习贯彻党的十六大精神,继续落实市第九次党代会确定的各项任务,以新北京、新奥运为主题,以实施宣武区"十五"发展计划为主线,以深化改革、推进创新为动力,以实现人民生活水平新提高为根本出发点,以加强和改进党的建设为保障,进一步解放思想、实事求是、与时俱进、扎实工作,加快推进全区经济和社会各项事业的协调发展,为首都率先基本实现现代化而努力奋斗。

(林　黎)

【蓟城纪念柱揭幕】 1月28日上午,区举行"蓟城纪念柱"揭幕仪式,副市长张茅为"蓟城纪念柱"揭幕,区领导唐大生、郑文奇等出席。

(杜洪悦)

【贾庆林到区视察】 1月29日,中共中央政治局常委、全国政协主席贾庆林到牛街地区视察工作。贾庆林一行察看了正兴德茶庄和清真超市,慰问了两户回族家庭,在牛街街道办事处机关与居民代表进行了座谈,听取了北京市民族宗教工作和牛街街道工作情况的汇报。贾庆林看到牛街居民群众的居住环境得到了改善,感到十分欣慰和高兴。他代表党中央向各族群众拜年,称赞北京市的民族宗教工作做得扎实。贾庆林强调,宣武区是北京市民族工作的重点区,牛街街道各族群众和睦相处,是首都民族团结进步的一面旗帜。牛街的民族团结进步创建活动开展得非常深入,创造了许多很好的经验,涌现出一批民族团结先进集体和先进个人。牛街既是北京市民族团结的先进典型,也是全国的先进典型。要继续坚定不移地高举民族团结的旗帜,把牛街的民族团结创建活动深入持久地开展下去,让牛街这朵民族团结之花开放得更加鲜艳,为首都北京和全国的民族团结进步事业做出新的贡献。贾庆林同时提出，北京市的民族工作要按照党的十六大要求，抓住机遇，加快少数民族地区的发展，使少数民族地区与全市人民共同早日进入小康社会。国务院有关部门和市领导刘淇、李德洙、孟学农、叶小文、龙新民、尤兰田，孙政才、孙安民，中国伊斯兰教协会会长陈广元及区领导唐大生、鲁勇等陪同视察。

（杜洪悦）

【厂甸、大观园庙会举办】 2月1日至6日，区举办第三届厂甸庙会和第八届大观园庙会。市委常委、宣传部长蔡赴朝，副市长张茅，市政协副主席张和平以及唐大生、鲁勇、张恕贤、郑文奇等区领导参加了开幕式。

（杜洪悦）

【汪光焘到区视察】 2月8日下午，建设部部长汪光焘到牛街街道视察工作，听取了街道负责人关于礼拜寺修扩建、牛街危改、牛街清真超市建设等情况的汇报。

（杜洪悦）

【党建工作会议】 2月19日上午召开。会议分别部署了2003年全区的宣传思想工作、组织工作和统战工作。区委书记唐大生在讲话中指出，2003年全区党建工作总的要求是：坚持以邓小平理论和“三个代表”重要思想武装广大党员干部、指导党建工作。把学习宣传贯彻十六大精神的热潮引向深入，营造良好氛围，弘扬时代精神和主旋律；坚持不懈地抓好党的思想建设、组织建设、作风建设和制度建设，着力建设高标准的基层党组织、高素质的干部队伍、高质量的党员队伍、高水平的人才队伍；坚持和完善党领导的多党合作和政治协商制度，巩固和发展新时期统一战线。进一步解放思想、与时俱进、开拓创新、扎实工作，努力把全区党建工作提高到一个新水平，为加快推进全区改革开放和现代化建设，提供坚强有力的思想保证、组织保证、舆论保证和群众基础保证。

（林 黎）

【宣武医院改造专题会议】 4月27日下午，区委、区政府召开专题会议，落实宣武医院改建为专门收治“非典”病人医院的各项保障工作。区委书记唐大生传达了市委、市政府关于把宣武医院改建为专门收治“非典”病人医院的指示并提出工作要求。代理区长武高山布置了后勤物资保障、基建改造、医务人员轮休、交通组织、隔离组织等任务，明确了责任领导和责任部门。

（杜洪悦）

【刘淇检查宣武医院改造情况】 5月6日上午，市委书记刘淇到宣武医院检查改造情况，并慰问了医务人员及街道干部。刘淇要求宣武医院要认真做好“非典”病人的收治工作，同时要求区委、区政府积极做好服务保障工作，加强周边环境的消毒防护，重点做好周边居民的思想工作，多向群众宣传科学知识，确保社会稳定。市委常委、秘书长孙政才，区领导唐大生、武高山等陪同检查。

（杜洪悦）

【抗击“非典”捐赠仪式】 5月23日下午，区城建系统支持抗击“非典”捐赠仪式在广安会议中心举行。唐大生、武高山、郑文奇等区领导出席了捐赠仪式。捐赠仪式由副区长金焱主持。区建筑行业协会的负责同志代表全区32个开发、建设单位捐赠108万元，区委书记唐大生代表区委、区政府接受了捐赠。

（杜洪悦）

【防治“非典”工作情况汇报会】 5月27日上午，唐大生、武高山等区领导听取全区防治“非典”工作情况汇报。王敏荣、张文华、金焱、哈金起、王永新、袁双梅等领导就落实《中共北京市委办公厅、北京市人民政府办公厅关于应对新形势进一步加强和完善“非典”防控工作的意见》，分别汇报了前一阶段“非典”防控工作，提出了下一阶段继续加强群防群控及外来人口管理工作的措施：进一步提高流调和隔离工作质量，力争早日彻底切断“非典”传播途径；控制建筑业民工流动，进一步加强民工和建筑工地防控工作；适应经济社会生活逐步恢复正常的情况，加强商业及文化娱乐场所的防控工作；开展地下空间“非典”防控专项清理整顿等。

（杜洪悦）

【区领导慰问部队官兵】 5月29日下午，唐大生、武高山等区领导来到北京卫戍区、总政群工局、驻区及共建部队，慰问部队官兵，并送去慰问金20万元。

（杜洪悦）

【刘淇、王岐山检查区防汛工作】 5月31日上午，市委书记刘淇、代市长王岐山到陶然亭街道检查防汛工作，在米市胡同43号（康有为故居）低洼院听取了区防汛工作的情况汇报并进行了实地查看。区领导唐大生等陪同视察。

（杜洪悦）

【市区领导慰问防控“非典”社区一线人员】 6月6日上午，区委、区政府会同市委组织部、首都文明办、市民政局，在广外街道红莲广场举行了由200多名防控“非典”社区干部参加的“抗‘非典’、献爱心、讲文明、树新风”慰问活动，首都文明办主任张慧光，区领导唐大生、武高山等参加了慰问活动 。

（杜洪悦）

【庆祝建党82周年综合表彰大会】　6月27日，区委召开庆祝中国共产党成立82周年暨“增三力达标创优工程”和防治非典型肺炎工作表彰大会，区级领导班子成员出席大会。区委副书记王敏荣宣读了《区委关于表彰“增三力达标创优工程”先进基层党组织、优秀个人和防治非典型肺炎工作先进基层党组织、优秀共产党员的决定》，命名并表彰了7个先进党委(工委)、10个红旗党支部、11名模范党务工作者和15名模范共产党员；94个先进党支部、74名优秀党支部书记、40名优秀党务工作者和148名优秀共产党员；表彰了在防治非典型肺炎工作中涌现出来的51个先进基层党组织、235名优秀共产党员。区领导为先进集体和先进个人颁发了铭牌和证书。区委书记唐大生作了题为《以“三个代表”重要思想为指导，努力开创全区改革开放和现代化建设新局面》的讲话。他首先对宣武区开展“增三力达标创优工程”进行了总结回顾，指出在抗击“非典”斗争中，各条战线上的共产党员不畏艰险，冲锋在前，忠诚履行共产党员的光荣职责，这正是多年来全区党建工作取得重要成果的最直接、最实际、最生动的体现。他代表区委对在全区兴起学习贯彻“三个代表”重要思想新高潮提出四点要求：一是认真领会，在对“三个代表”重要思想深远意义的认识上达到新高度；二是准确把握，在对“三个代表”重要思想科学体系的认识上达到新高度；三是领导带头，在营造全区学习“三个代表”重要思想良好氛围上达到新高潮；四是联系实际，在贯彻“三个代表”重要思想的根本要求、促进发展上取得新成效。区委副书记、代理区长武高山主持了会议。

（林　黎　何嘉莹）

【医护人员休整保障服务工作慰问会】　7月10日下午，区委、区政府召开宣武区医护人员休整保障服务工作慰问会，市政府办公厅副主任王芳，市旅游局副局长于德斌，区领导唐大生、武高山等出席。

（杜洪悦）

【民主协商会】　7月15日上午，区委召开民主协商会。就拟向区人大推荐的区人大常委会主任、区长候选人向各民主党派和人民团体通报情况，听取意见。协商会由区委副书记王敏荣主持，区委常委、组织部长杨素荣介绍了候选人的情况。民革、民盟、民建、民进、农工党、致公党、九三学社区工委和区工会、共青团、妇联、工商联、侨联、科协、私个协负责人分别发了言，对区委提出的候选人表示完全赞同。区领导唐大生、武高山、郑文奇等出席了会议。

（杜洪悦）

【军地共建表彰大会】　7月26日上午，区委召开广外街道、武警十五支队跨区共建十周年纪念表彰大会，全国双拥办、总政群工局、市双拥办、市民政局的有关领导及区领导唐大生、武高山等出席大会。

（杜洪悦）

【区委八届十五次全体(扩大)会议】　7月29日召开。会议听取和审议了区委书记唐大生所作的《区委2003年上半年工作报告》，通过了关于《以“三个代表”重要思想为指导，全面完成全年的各项工作任务，加快宣武区经济和社会各项事业全面发展的决议》。报告认真总结了全区上半年的工作及防治“非典”工作，部署了下半年的各项任务，提出下半年要认真学习胡锦涛总书记的重要讲话精神，兴起学习贯彻“三个代表”重要思想的新高潮，以发展为第一要务，以实施宣武区“十五”计划为主线，以深化改革、推进创新为动力，以提高人民生活质量和水平为根本出发点，以加强和改进党的建设为保障，认真总结抗击“非典”斗争的经验教训，进一步解放思想、实事求是、与时俱进、扎实工作，圆满完成全年各项任务和本届区委的任期目标，为首都率先基本实现现代化而努力奋斗。

（林　黎）

【刘淇调研大栅栏历史风貌保护工作】　8月6日上午，中共中央政治局委员、北京市委书记刘淇到区调研大栅栏历史风貌保护工作，市领导孙政才、刘敬民，区领导唐大生、武高山等陪同调研。

（杜洪悦）

【抗击“非典”斗争先进事迹报告会】　8月12日上午，区抗击“非典”斗争先进事迹报告团举行首场报告会，区领导武高山等出席。

（杜洪悦）

【国际传媒大道展览再次亮相科博会】　9月12日上午，北京第六届国际科技产业博览会在国际展览中心开幕。区推出的国际传媒大道展览再次亮相科博会，成为各界人士关注的焦点。区领导唐大生、武高山等参观了展览。

（杜洪悦）

【区委八届十六次全体会议】　9月19日上午召开。区委副书记王敏荣传达了市委关于召开区县党代表大会的部署和要求，并对关于召开中国共产党北京市宣武区第九次代表大会的决议草案作了说明，会议通过了《关于召开中国共产党北京市宣武区第九次代表大会的决议》，决定区第九次党代会于2004年1月召开。

（林　黎）

【北京建都纪念阙揭幕仪式】　9月20日上午，纪念北京建都850周年—北京建都纪念阙揭幕仪式在滨河公园金中都大安殿遗址举行，市领导刘淇、王岐山、程世峨、强卫、蔡赴朝、尤兰田、吉林、孙政才、王维诚、张茅、韩汝琦、朱相远及区四套班子领导出席。

(杜洪悦)

【领导干部会议】 9月25日上午召开。副区长王永新就防控SARS应急预案落实工作进行部署;区委副书记赵长山就当前维护稳定工作进行部署并提出要求;区委书记唐大生传达了市委关于以上两项工作的重要会议精神,并对国庆节期间的各项重要工作提出要求。

(林 黎)

【第二届北京宣南文化节开幕】 10月1日上午,第二届北京宣南文化节开幕,市委常委、宣传部长蔡赴朝,副市长刘敬民、张茅,市政协副主席张和平以及区领导唐大生、武高山、郑文奇等出席了开幕式。

(杜洪悦)

【历史文化名城城区保护与发展论坛】 10月16日至17日,区举办"历史文化名城城区保护与发展论坛",建设部原副部长、两院院士、中国城市科学研究会理事长周干峙,中国市长协会秘书长陶斯亮,区领导唐大生、武高山等出席。

(杜洪悦)

【刘淇到区调研】 10月25日上午,中共中央政治局委员、北京市委书记刘淇就基层社区管理工作到广外街道进行调研,市委常委、市委秘书长孙政才,市委常委、常务副市长翟鸿祥和区领导武高山等陪同。

(杜洪悦)

【刘淇参加区人大代表选举活动】 11月25日下午,中共中央政治局委员、市委书记刘淇,参加牛街礼拜寺7号楼选民联组酝酿协商区人大代表正式候选人会议,区委书记唐大生等陪同。

(杜洪悦)

【欢度开斋节】 11月26日上午,区穆斯林群众欢度开斋节,市领导龙新民、尤兰田、赵久合、孙安民、王长连,区领导唐大生、武高山、郑文奇等到牛街礼拜寺向穆斯林群众祝贺开斋节。

(杜洪悦)

【党外人士协商会】 12月9日上午,区委召开党外人士协商会,就将提交中共北京市宣武区第九次代表大会的《区委工作报告》和宣武区第十三届人民代表大会第一次会议的《政府工作报告》,听取各民主党派、工商联主要负责人的意见,区领导唐大生、武高山等出席会议。

(杜洪悦)

【区委八届十七次全体会议】 12月19日上午召开。会议进行了四项议程:一是讨论通过提交中共北京市宣武区第九次代表大会审议的工作报告;二是听取八届区委关于第九届区委委员、候补委员和纪委委员候选人预备人选的说明;三是听取八届区委关于第九次党代会代表选举情况的通报;四是讨论通过第九次党代会主席团成员、主席团常务委员会成员、秘书长、副秘书长、代表资格审查委员会成员建议名单和列席人员名单。区纪委委员列席了会议。

(林 黎)

【新闻出版总署落户国际传媒大道】 12月22日下午,区举行新闻出版总署落户国际传媒大道新闻出版城签字仪式,新闻出版总署、国务院机关事务管理局有关领导和区领导唐大生、武高山等出席。

(杜洪悦)

【区委常委会议】 年内,共召开35次区委常委会议。1月9日,第1次常委会议,会议议题是:处级干部考核问题;干部问题;市党风廉政建设责任制检查组对区检查的情况通报;调整区国有资产管理委员会组成人员的意见。2月4日,第2次常委会议,会议议题是:2003年统战工作、宣传思想工作、组织工作要点的汇报;干部问题;全国"两会"期间安全保卫工作。2月28日,第3次常委会议,会议议题是:做好"两会"期间全区维护稳定工作的情况汇报;全年城市建设工作要点的汇报;全年环境整治重点工程情况的汇报;首都劳动奖章(奖状)推荐情况汇报;干部问题;届末考察。3月21日,第4次常委会议,会议议题是:传达中纪委二次全会和市纪委三次全会精神,2003年全区党风廉政建设和反腐败工作情况汇报;马连道地区开发建设总体工作思路的汇报;天桥、牛街地区开发建设总体工作思路的汇报;开展政府管理创新工作意见的汇报;加快广安门商务办公区建设思路的汇报;《宣武区人民防空袭方案》编制情况的汇报。4月4日,第5次常委会议,会议议题是:2002年度财政决算情况的汇报;绿化工作汇报;国际传媒大道建设总体工作思路的汇报;一季度社会舆情分析的汇报。4月11日,第6次常委会议,会议议题是:干部问题。4月18日,第7次常委会议,会议议题是:近期开展防治"非典"工作情况的汇报;一季度经济形势分析。4月21日,第8次常委会议,会议议题是:宣布市委关于唐大生、武高山、王玉兰三人职务的任命;传达中共中央办公厅关于防治"非典"工作文件精神;听取区防治"非典"工作情况汇报。4月23日,第9次常委(扩大)会议,会议议题是:传达市委关于抗"非典"紧急会议精神;干部问题。4月25日,第10次常委会议,会议议题是:琉璃厂——大栅栏地区开发建设总体工作思路的汇报;干部问题;局级副职后备干部推荐人选问题;区文化馆追加资金和政府1号楼拨付资金的问题;防治"非典"工作。5月6日,第11次常委会议,会议议题是:传达温家宝总理来北京视察时的讲话精神;传达5月5日晚刘淇书记在电视电话会议上的讲话精神;抗击"非典"工作各指挥部领导汇报近期工作情况。5月10日,第12次常委会议,会议议题是:收看市委常委(扩大)电视电话会议,学习胡锦涛总书记对北京防治"非典"工作的重要指示和刘淇书记的讲话;研究部署近期防治"非典"和发展经济工作。5月20日,第13次常委(扩大)会议,会议议题是:总结防治"非典"工作,对下一阶段防治"非典"工作进行部署;总结1月至4月经济工作,对下一阶段经济工作进行部署;研究"学习实践'三个代表'保持先进性"主题教育活动;干部问题。5月23日,第14次常委会议,会议议题是:学习刘淇书记在区县书记会议上的讲话;信息化建设工作情况的汇报;民族宗教工作情况的汇报;学习贯彻十六大精神有关情况的汇报;投资、担保及资本结构调整的有关事宜;局级领导慰问防治"非典"一线人员的有关事宜。6月6日,第15次常委会议,会议议题是:传达学习刘淇、强卫、杜德印在全市防治"非典"工作会议上的讲话;天桥联社改革方案的汇报;大栅栏联社改革方案的汇报;"七一"表彰的有关事宜;干部问题。6月30日,第16次常委会议,会议议题是:关于召开区级班子民主生活会的有关事宜;干部问题。7月11日,第17次常委会议,会议议题是:2003年事业单位人事制度改革有关情况的汇报;第二季度社会舆情情况的汇报;干部问题。7月18日,第18次常委会议,会议议题是:上半年经济运行情况的汇报;防治"非典"工作先进集体、先进个人评选工作的汇报;关于召开区委八届十五次全会的有关事宜。7月28日,第19次常委会议,会议议题是:听取并讨论区委八届十五次全会报告。8月8日,第20次常委会议,会议议题是:宣开公司进一步深化改革,实现公司整体转制有关问题的汇报;回民医院改造问题的汇报。8月22日,第21次常委会议,会议议题是:研究金正公司向国家开发银行借款的有关事宜;换届工作有关事宜。9月12日,第22次常委会议,会议议题是:区级班子换届事宜;干部问题。9月26日,第23次常委会议,会议议题是:讨论区委五年述职报告;讨论区政府五年述职报告;防治"非典"应急预案的汇报;关于重大突发危机事件应急预案的汇报。10月10日,第24次常委会议,会议议题是:市委考察组就换届考察工作进行部署。10月17日,第25次常委会议,会议议题是:传达中央、市委610工作会议精神;翔达公司改制工作的汇报;关于1季度至3季度经济形势分析;干部问题。10月22日,第26次常委会议,会议议题是:关于区级班子后备人选;干部问题。10月27日,第27次常委会议,会议议题是:首都精神文明建设奖问题;干部问题。11月12日,第28次常委会议,会议议题是:2003年落实机关事业单位职工住房补贴工作计划的汇报;2003年1月至9月财政预算执行情况和部分变更2003年财政预算的汇报;换届筹备工作的汇报;干部问题。11月21日,第29次常委会议,会议议题是:讨论区委五年工作报告;区人大常委会五年工作情况汇报;区政协五年工作情况汇报;区纪委五年工作报告;干部问题。11月27日,第30次常委会议,会议议题是:宣布市委关于仲兆军、阎满成职务变动的通知;宣布市委组织部关于王忠华、金兆铭职务变动的通知。11月28日,第31次常委会议,会议议题是:讨论区政府五年工作报告;区级班子换届人事安排;干部问题。12月5日,第32次常委会议,会议议题是:宣武区街道财政转移支付办法的汇报;2003年财政预算执行情况和2004年财政预算草案的汇报;换届有关事宜。12月12日,第33次常委会议,会议议题是:2003年国民经济和社会发展计划执行情况和2004年计划草案的汇报;区第十三届人大第一次会议主席团、秘书长建议名单的汇报;区政协第十一届委员会人选建议名单、常务主席、秘书长人选建议名单、主席团成员建议名单的汇报;区委八届十七次全会、第九次党代会筹备情况的汇报;干部问题。12月19日,第34次常委会议,会议议题是:区人大常委会、区政协党组书记人选问题;局级评优问题。12月29日,第35次常委会议,会议议题是:金源投资管理公司改制方案的汇报;划转北京调压器厂房产情况的汇报;干部问题;领导干部廉洁自律的有关补充规定。

(杜洪悦)

【机要工作】 年内,共办理电报766份;收发中央、市委文件7851份、机要刊物21002本。整理区委办公室2002年度归档文件材料792件;接待利用档案127人次、741卷(件)次。办理全区性重大会务活动39次。

(林 黎)

【综合信息工作】 年内,区委办公室、政府办公室合编《宣武情况》普刊205期、增刊36期、业务通讯4期、《防治"非典"工作专刊》15期;向市委报送信息稿件670条,被《北京信息》采用134条,其中9条被评为市优秀信息和优秀信息提名。

(林 黎)

【督查文书工作】 年内,以区委名义下发文件15件,以区委办公室名义下发文件42件;区委向市委及有关单位报送请示、报告、批复、函件47件；编写《常委会纪要》12期、《宣办通报》8期；向市委办公厅报送督查专报16篇，被《北京督查》采用6篇；督办市委领导批示件9件，办结9件；督办区委领导批示件60件，办结60件；配合市委办公厅开展督查调研4件。

（林 黎）

【建议提案办理工作】 年内，办理人大代表建议和政协建议案、委员提案21件，其中人大代表建议1件，政协建议案2件，委员提案18件，办结率100%。

（林 黎）

组织工作

【概况】 中共北京市宣武区委组织部（简称区委组织部）是中共北京市宣武区委主管组织和干部的工作部门，主要负责全区的处级领导班子建设、干部队伍建设、基层党组织建设和党员队伍建设，负责管理中共北京市宣武区委老干部局，行政编制25人。年内，组织工作坚持全面贯彻“三个代表”重要思想，认真落实党的十六大和十六届三中全会精神，各项工作取得了新的进展。加大了对干部教育培训工作的宏观管理；组织动员各级党组织和共产党员在抗击“非典”斗争中充分发挥领导核心作用和先锋模范作用；开展了“学习实践‘三个代表’保持先进性”主题教育活动；完成了“增‘三力’达标创优工程”的总结表彰工作和社区党组织的换届选举工作；完成了区级领导班子换届的准备工作和处级领导干部任期届末考察工作；参与筹备了中共北京市宣武区第九次代表大会和宣武区第十三届人民代表大会；在组织系统开展了以公道正派为主要内容的“树组工干部形象”集中学习教育活动。

地址：宣武区广安门南街68号
电话：83976172
邮编：100054

（何嘉莹）

【开展“送温暖”活动】 1月初，区委组织部就基层党组织的慰问活动作出具体安排，并由区管党费中下拨慰问款。春节前，基层党组织共慰问建国前入党、无工作且生活困难的老党员56人，企业中生活困难的下岗职工党员24人，送去慰问金7万余元。其间，市委副书记、市人大常委会主任于均波慰问了牛街、广内街道部分老党员和下岗职工党员；区领导王敏荣、韩恩慈、杨素荣等分别慰问了街道、区属企业中的部分建国前入党的老党员和下岗职工党员。

（黄立新）

【组织工作座谈会】 2月19日召开。区委常委、组织部部长杨素荣对2002年全区组织工作进行了总结，强调了2003年组织工作的主要任务，要求全区组工干部要增强政治意识、改革意识、效率意识和服务意识，不断树立组织部门的新形象，开创组织工作的新局面。区委副书记王敏荣作了总结讲话。她通报了2003年宣武区的10项重点工作，要求组工干部要解放思想，把握基调、抓住关键、突出重点、夯实基础，增强做好工作的责任感和紧迫感。要把握5个原则，狠抓工作落实：一是坚持实事求是，防止和反对形式主义、官僚主义；二是坚持一抓到底，防止和反对浮躁盲动、华而不实；三是坚持学以致用，防止和反对浅尝辄止，学用脱节；四是坚持以人为本，具有海纳百川的胸怀，防止嫉贤妒能，反对用人上的不正之风；五是坚持改革创新，防止和反对因循守旧、墨守陈规。

（何嘉莹）

【“生命的新航程”征文活动】 2月至8月，区委组织部按照市委组织部要求，在全区党员中开展了“生命的新航程”征文活动。截至8月底，共向市委组织部推荐征文473篇。其中1篇获一等奖，2篇获二等奖，3篇获三等奖，5篇获优秀奖。区委组织部获征文活动优秀组织奖。

（何嘉莹）

【社区党组织换届选举工作】 3月初，区委组织部采取“先试点、后推广”的办法，指导大栅栏、椿树街道的18个社区率先完成了换届选举工作。6月底，全区社区党组织和社区居委会换届选举工作全部完成。换届后，8个街道共建有110个社区党组织，其中党委68个、党总支36个、党支部6个。围绕换届选举工作，区委组织部会同区街道办、区民政局制发了《宣武区社区专职工作者管理办法（试行）》，对社区专职党务工作者的选拔任用、工资待遇、考核管理等进行了规范；区委组织部制发了《关于进一步发挥社区党组织领导核心作用的意见》，明确了社区党组织的地位和作用。

（王雯燕）

【处级领导班子届末考察】 3月至8月，区委组织部成立考察组，分两批对全区72个单位（部门）（党政机关和事业单位65个，企业7个）的85个党政领导班子（机关事业单位72个、企业13个），320名领导干部（党政机关和事业单位处级领导干部280人，企业领导人员40人）进行了考察。其中区委工作机构和群团组织15个，区政府工作部门34个，街道8个，事业单位4个，企业7个。同时对区人大常委会、区政协、区纪委和区法院4个单位的处级领导干部也进行了考察。320名处级领导干部中，正职90人，副职230人。在考察中，区委组织部严格遵照《党政领导干部考核工作暂行规定》的要求,经过考察准备、培训动员、听取和汇总情况、综合分析提出评定意见等阶段,采取民主测评、个别谈话等方式,广泛听取了干部群众的意见。此次民主测评应参加3013人,实际参加2763人,参加测评率为91.7%;谈话1421人。通过考察,区委组织部对被考察单位(部门)1999年以来领导班子在思想政治建设、作风建设、工作实绩和领导干部在思想、学习、工作、廉政等方面所取得的成绩有了比较全面的了解,对各领导班子的整体状况、领导干部尤其是年轻干部的综合素质,以及存在的问题与不足有了进一步的认识,为今后进一步加强处级领导班子和领导干部队伍建设收集了情况,积累了经验,为2004年区级领导班子换届做好了准备工作。

(吴君楚)

【基层组工干部业务培训】 4月9日至11日,区委组织部就党政领导干部选拔任用、干部档案管理、干部审查、政工职评、基层党组织设置、换届选举、发展党员和处置不合格党员、接转党员组织关系、党费管理等工作,对全区19个直属党组织以及部分基层单位的组工干部80余人进行了培训。培训通过授课与交流相结合的互动方式,讲理论、举实例、谈经验,规范各项工作的流程,强调需要把握的原则,明确应该注意的事项,使培训更加贴近工作实际。为更好地服务基层,区委组织部还把辅导讲义汇编成册,供组工干部参考。

(耿洪涛)

【"非典"期间的组织工作】 "非典"期间,区委组织部把干部考核、"增'三力'达标创优工程"与抗击"非典"斗争紧密结合在一起,为防治"非典"提供坚强的组织保证。一是配备强有力的领导干部,组建防治"非典"一线指挥员预备队,抽调30名优秀处级领导干部,随时补充一线领导力量;选派10名处级后备干部到重点岗位挂职锻炼。二是下派组工干部,从各级组织部门抽调组工干部到街道、社区和职能部门帮助工作,直接了解基层情况,实施动态考察,并及时向上级党组织反馈。三是修订考核内容,把处级领导干部在防治"非典"工作中的表现纳入届末考察、目标责任制和评选在两个文明建设做出突出贡献的领导干部的考核。考核内容主要包括:1、是否坚决贯彻执行中央及市、区的重大决策和工作部署,工作是否到位,是否把人民群众的生命和身体健康放在首位。2、是否具有政治敏感性和全局意识,是否具有较强的驾驭复杂局面和应对突发事件的能力。3、是否在关键时刻临危不惧,迎难而上,深入一线,靠前指挥,切实发挥表率作用。4、在防治"非典"工作中有哪些突出表现和成绩。"增'三力'达标创优工程"中实行一票否决,即在抗击"非典"斗争中工作不力的党组织不得评为先进党组织;对在防治"非典"工作中表现突出、作出重大贡献的先进党组织和优秀共产党员、领导干部进行表彰。

(何嘉莹)

【"学习实践三个代表、保持先进性"主题教育活动】 4月中旬至7月底,按照市委组织部的要求,在全区基层党组织中开展了"学习实践三个代表、保持先进性"主题教育活动。区委组织部成立了主题教育活动办公室,制定了实施意见,编印了学习资料。区委组织部全体干部分为10个小组,分别联系19个基层党组织,指导主题教育活动的开展。结合开展主题教育活动,打好"五月攻坚战"。区委组织部在《宣武报》上开辟了"实践'三个代表'全力抗击'非典'"专栏,宣传抗击"非典"中涌现出的先进党组织和优秀共产党员的事迹。区委组织部收集整理了大量鲜活的第一手材料,与区委宣传部共同编印了《生命的誓言》一书,作为开展主题教育的教材。在主题教育活动中,区委组织部对开好民主生活会进行了再动员,要求全区各级党组织和全体共产党员都要从学习实践"三个代表"的高度,认真回顾检查在抗击"非典"斗争中的各项工作和各自表现,通过多种形式征求群众的意见和建议,开好专题民主生活会,振奋精神,鼓足干劲,为夺取抗击"非典"的最终胜利作出贡献。

(何嘉莹)

【市委组织部领导慰问抗击"非典"一线党员干部】 4月30日,市委组织部副部长史绍洁来宣武区慰问战斗在抗击"非典"第一线的党员干部。区委书记唐大生介绍了宣武区预防和控制非典型肺炎工作的总体形势;区委副书记、代理区长武高山介绍了宣武区在抗击"非典"斗争中采取的8项措施。史绍洁对宣武区在预防和控制"非典"疫情方面所做的工作给予充分肯定。他代表市委组织部,向战斗在抗击"非典"第一线的共产党员和领导干部表示衷心感谢和慰问,并向区委书记唐大生转交了30万元慰问金和慰问信。随后,史绍洁又深入牛街街道春风社区,慰问了社区党员干部。

(何嘉莹)

【调配年轻干部参与地下空间防控"非典"】 5月9日,区委组织部紧急调配24名科级干部,充实到8个街道,协助完成对地下空间防控"非典"疫情的拉网式检查。这是区委组织部在特殊时期考察和锻炼年轻干部的重要举措之一。

(康春涛)

【区领导慰问参与抗击"非典"党员干部】 5月初,为了鼓舞士气,振奋精神,打好抗击"非典"的"五月攻坚战”，区委、区人大常委会、区政府、区政协的20位区级领导干部，分10个组赴19个区委直属党组织进行慰问，共送去慰问款75万余元。

（何嘉莹）

【“增‘三力’达标创优工程”创优阶段工作】 上半年，区委组织部继续大力推进“增‘三力’达标创优工程”创优工作。在《宣武报》开辟专栏，介绍了一批基层党组织的先进经验和创新做法；部分直属党组织召开了创优工作中期指导经验交流会；及时帮助直属党委（工委）总结经验，分类指导，采取科学有效的方法推进创优工作。在创优评选中，把先进党委（工委）评选对象的事迹材料印发给区委直属党组织；在《宣武报》宣传红旗党支部、模范党务工作者和模范共产党员评选对象的先进事迹。创优后期，区委直属党组织按照先进党委（工委）标准进行自查，申报先进党委（工委），进行投票评选；区委“增‘三力’达标创优工程”评审委员会考核小组对评选出来的先进党委（工委）表彰对象进行全面考核。红旗党支部、模范共产党员、模范党务工作者则先由直属党组织推荐，再在全区范围内以党支部为单位，通过投票方式评选产生。在评选中，区委组织部对各类荣誉称号的表彰对象进行全面审核，征求区纪委、区计生委、区委政法委等部门的意见，进行公示。在推荐、评选和考核的基础上，区委命名了10个红旗党支部、11名模范党务工作者和15名模范共产党员，表彰了7个先进党委（工委）、94个先进党支部、74名优秀党支部书记、148名优秀共产党员和40名优秀党务工作者。

（袁世良）

【拍摄党员电教片】 上半年，区委组织部完成了两部党员电教片的拍摄任务。一部是反映非公经济组织党组织丽晶皇城老妈饮食有限公司党支部先进事迹的《我在北京有个家》，另一部是反映莱市口百货股份有限公司党总支先进事迹的《脊梁》。两部电教片从不同视角展示了宣武区在开展增“三力”达标创优工程中，企业党组织团结职工群众，带领党员群众创优质品牌、走特色经营之路的艰辛历程。在北京市党员电教片的评比活动中，上述两部电教片分别获得一等奖、三等奖，区委组织部荣获优秀组织奖。

（黄立新）

【学习赵宝民先进事迹座谈会】 7月24日，区委组织部在回民医院举行了“学习赵宝民先进事迹座谈会”。会上，区委副书记王敏荣为获得中组部授予的“全国防治非典型肺炎工作优秀共产党员”称号的回民医院呼吸消化内科主任、内科党支部书记赵宝民颁发了证书和铭牌。王敏荣要求卫生系统全体职工要向赵宝民学习，学习他顾全大局、对工作严谨认真、对技术精益求精、对患者无私奉献的精神，践行“三个代表”，做好本职工作。

（黄立新）

【“危机管理”讲座】 8月1日，区委组织部在深刻总结抗击“非典”经验教训的基础上，举办了“危机管理”专题讲座。中国人民大学教授周孝正从维护社会良性运行和协调发展的角度，对社会变革、社会分层、社会群体垂直流动等现象进行了分析，介绍了导致社会危机的根源，提出了如何处理危机带来的“次生灾害”的建议，并且讲解了正确的价值导向系统和民间信仰系统对于处理危机所具有的重要作用。区委理论学习中心组全体成员、全区处级党政“一把手”听取了讲座。

（何嘉莹）

【“树组工干部形象”学习教育活动动员会】 8月11日召开，区委直属党组织主管书记、组织部部长、组工干部80余人参加了会议。“树组工干部形象”集中教育活动为期3个月，以公道正派为主要内容，旨在提高组工干部的思想政治素质和职业道德修养，解决思想上、作风上、工作上存在的突出问题，加强组织部门的自身建设，推动组织工作的改革创新。会上，区委副书记王敏荣对组工干部提出三点要求：一是加强理论学习，在学习“三个代表”重要思想的活动中当好表率；二是加强党性修养，做到对己清正，对人公正，对内严格，对外平等；三是提高业务水平，精通《党政领导干部选拔任用工作条例》和基层党组织建设的有关规定，同时还要触类旁通，吃透上情，熟悉下情、了解干部，广交朋友，用精益求精的工作维护组织部门公道正派的良好形象。

（何嘉莹）

【抗击“非典”斗争先进事迹报告会】 8月12日举行。宣武医院党委副书记王建平、区环卫服务中心副主任李书彬、友谊医院呼吸科主任贺正一、回民医院团总支书记戴蕊从不同侧面讲述了英雄模范集体和先进个人的感人事迹。区委副书记、代理区长武高山在会上强调，各级党组织和广大党员干部要认真学习抗击“非典”英雄的模范事迹，大力弘扬“万众一心、众志成城、团结协作、和衷共济、迎难而上、敢于胜利”的伟大民族精神，扎扎实实地做好各项工作。全区党政军机关、群众团体、医疗卫生战线代表600多人参加了报告会。此后，抗击“非典”斗争先进事迹报告团的11名成员分成3组，到基层单位作巡回报告。

（何嘉莹）

【处级领导干部“三个代表”重要思想轮训班】 8月26日，由区委组织部、区委宣传部、区委党校共同举办的处级领导干部"三个代表"重要思想轮训班开班。区委书记唐大生作了动员讲话,结合区情,就如何准确把握"三个代表"重要思想的本质特征,坚持"立党为公、执政为民",加强党的建设,提高领导干部综合素质和执政能力,优化区域发展环境等进行了深入浅出的讲解。轮训班共分为两期,采取讲座、集中自学、研讨交流等方式进行。参加轮训的包括全区处级干部以及基层组织部部长、宣传部部长、监察科科长共计400余人。

(何嘉莹)

【社区专职党务工作者培训】 9月2日至12日,区委组织部以"如何当好社区党组织书记"为题,举办了社区专职党务工作者培训班。全区110个社区的121名社区党组织书记、专职副书记分两批参加了集中培训。此次培训的重点是社区党建基本理论和社区党务工作基础知识。培训期间,安排了专家讲座、研讨交流,还组织社区专职党务工作者参观了燕京啤酒集团和北京现代汽车城。

(王雯燕)

【参观革命圣地】 9月5日,区委组织部组织全区近50名组工干部赴西柏坡学习参观。组工干部观看了《新中国从这里走来》图片展览,参观了中共中央旧址。在七届二中全会会址,重温了毛泽东主席"两个务必"的教诲,缅怀了老一辈无产阶级革命家的丰功伟绩。

(何嘉莹)

【建立组工干部联系基层党组织制度】 在"树组工干部形象"集中学习教育活动中,区委组织部着力改进工作作风,建立了组工干部联系基层党组织的制度。一是部内干部每人联系1至2个社区党组织,承担上下协调、检查指导、收集信息、总结经验、调查研究等五项职责。二是实行处级领导干部走访区委直属党组织的制度,通过访谈和参加各基层单位领导班子的民主生活会,了解领导班子和干部队伍建设的情况。三是建立调研信息反馈制度。对基层提出的问题,及时解决或给予解释说明。结合联系基层过程中发现的问题,部内干部每人每年至少撰写一篇带有建议性和研究性的调研报告或情况反映。

(何嘉莹)

【组工干部形象征文和知识竞赛活动】 年内,按照市委组织部的要求,在全区组工干部中开展了"公道正派杯"树组工干部形象征文和知识竞赛活动。全区80余名组工干部参加了知识竞赛的答题活动。活动中,共收到征文53篇,上报市委组织部28篇,其中1篇获二等奖,1篇获三等奖,区委组织部获优秀组织奖。11月28日,市委组织部召开"树组工干部形象"集中学习教育活动交流会,对获奖单位和个人进行了表彰。会上,区委常委、组织部部长杨素荣作了《广纳群言、从严治部,突出活动的针对性和实效性》的经验介绍。

(何嘉莹)

【处级女领导干部培训班】 为提高处级女领导干部的综合素质和能力,区委组织部和区妇联举办了女领导干部培训班。9月26日,市妇联主席荣华和中央党校教授刘玉瑛分别就女领导干部应具备的素质和如何提升女领导干部的领导魅力进行了专题讲座。

(何嘉莹)

【组工干部学习教育活动研讨会】 11月7日召开。会上,区委组织部全体干部分别谈了自己的体会;从事组织工作多年的老同志给大家讲了组织部门的优良传统;机关党支部对开展"树组工干部形象"集中学习教育活动以来的情况进行了总结。区委常委、组织部部长杨素荣提出,要在全区组织系统长期开展以公道正派为主要内容的学习教育活动,继续深入查找问题,真心落实整改,加强制度建设,从根本上解决问题,为宣武区的经济和社会发展提供强有力的组织保证和人才保证。

(何嘉莹)

【优秀知识分子读书班】 11月10日至12日,由区委组织部、区人事局联合举办,全区享受国务院特殊津贴的专家、市级优秀青年知识分子、区级拔尖人才及中青年专业技术骨干等38人参加。区委副书记、区长武高山作了区情报告;中国人民大学专家作了"宏观经济形势与当前热点问题"的专题讲座;读书班学员参观了昌平高科技农业园区;区委组织部、区人事局主要领导与读书班学员进行了座谈。

(赵　丽)

【企业经营管理者培训班】 11月13日至14日,由区委组织部、区人事局、区经贸委和区建委联合举办,区属企业党委书记、副书记、董事长、总经理和人事经理等52人参加。国家人事部中国高级公务员培训中心魏志勇,就企业人力资源战略体系和管理者素质、品格、能力提升与拓展等进行了培训辅导。

(陈星宇)

【金工公司党委试行党代表大会常任制】 年内,为贯彻落实党的十六大精神,进一步坚持和完善民主集中制,不断加强企业党组织建设,区委决定在金工投资管理公司党委试行党代表大会常任制。区委成立了以区委副书记王敏荣为组长,区委常委、组织部部长杨素荣为副组长,相关部门人员参加的试点工作指导小组，区委组织部会同区经贸委党委对试点单位的筹备工作进行了具体指导。11月18日至19日，金工公司党委召开了由125名党代表参加的第一次党代表大会，通过了《中共北京市金工投资管理公司代表大会常任制试行办法》（简称《试行办法》），选举产生了新一届领导班子。金工公司党代表会议实行年会制，代表任期与党委任期相同。《试行办法》中对党代表大会的主要任务，代表的产生、条件、比例、构成、责任、权利、义务，代表资格的终止，代表的增补、培训，代表职务的罢免，代表团的职责，代表提案，代表联络机构等作出了相应规定。

（黄立新）

【第三届拔尖人才工作总结会】 12月29日召开。区领导王敏荣、杨素荣出席会议，并同拔尖人才座谈。区委组织部有关领导作了第三届拔尖人才工作情况的总结报告。与会拔尖人才汇报了五年来的收获和感受，提出了诚恳的建议。王敏荣指出，第三届拔尖人才已经届满，但使命并未结束，大家要继续加强学习，提高自己，在各自的专业领域内继续发挥拔尖带动作用；区委、区政府将认真贯彻全国人才工作会议精神，制定切实有效的措施，为拔尖人才发挥作用搭建舞台。杨素荣介绍了选拔第四届拔尖人才的筹备工作情况。

（赵　丽）

【干部培训】 年内，区委组织部共举办各类培训班13期，791人次参加培训，其中22人赴境外培训；选送10批、37人次参加市委组织部、市人事局组织的各类培训，其中7人赴境外培训。

（何嘉莹）

【基层党组织设置】 年末，全区共有基层党委104个，其中：街道系统68个、教卫体系统2个、机关系统7个、企业系统23个、其它区委直属单位4个；党总支96个，其中：机关系统10个、街道系统40个、教卫体系统18个、企业系统28个；党支部1253个，其中：机关系统230个、街道系统549个、教卫体系统171个、企业系统276个、其它区委直属单位27个；区委直属党组织19个，其中：党委9个、工委10个（街道工委8个、教育工委、机关工委）。

（王雯燕）

【全区党员构成】 年末，全区党员总数34295人，其中：正式党员33870人，占党员总数的98.8%；女党员15088人，占党员总数的44.0%；少数民族党员2135人，占党员总数的6.2%；机关系统5723人，占党员总数的16.7%；街道系统20608人，占党员总数的60.1%；教卫体系统3230人，占党员总数的9.4%；企业系统4142人，占党员总数的12.1%；其它区委直属单位592人，占党员总数的1.7%。35岁及以下党员2637人，占党员总数的7.7%；36岁至45岁4960人，占党员总数的14.5%；46岁至54岁8863人，占党员总数的25.8%；55岁至59岁3252人，占党员总数的9.5%；60岁及以上14583人，占党员总数的42.5%。建国前入党923人，占党员总数的2.7%；1949年10月至1966年4月入党6844人，占党员总数的20.0%；1966年5月至1976年10月入党6371人，占党员总数的18.6%；1976年11月至1992年9月入党12330人，占党员总数的36.0%；1992年10月及以后入党7827人，占党员总数的22.7%。研究生204人，占党员总数的0.6%；大学本科4617人，占党员总数的13.5%；大学专科7069人，占党员总数的20.6%（大专、大本学历共11686人，占党员总数34.1%）；中专4475人，占党员总数的13.0%；高中4494人，占党员总数的13.1%；初中及以下13436人，占党员总数的39.2%。党员在岗职工9808人，占党员总数的28.6%。9808名党员在岗职工中：公有经济单位8303人，占党员在岗职工总数的84.7%；非公经济单位1505人，占党员在岗职工总数的15.3%；工人（营业员、服务员）1607人，占党员在岗职工总数的16.4%；管理人员、专业技术人员5178人，占党员在岗职工总数的52.8%；机关系统干部3023人，占党员在岗职工总数的30.8%。此外，武警21人，占党员总数的0.1%；离休干部、退休（退职）人员21404人，占党员总数的62.4%；流动党员和居民等其它类型3058人，占党员总数的8.9%。

（王雯燕）

【发展党员工作】 年内，全区共发展党员346人，其中：女党员207人，占发展总数的59.8%；少数民族19人，占发展总数的5.5%；25岁及以下18人，占发展总数的5.2%；26岁至35岁130人，占发展总数的37.6%；36岁至59岁198人，占发展总数57.2%；研究生1人，占发展总数的0.3%；大学本科114人，占发展总数的32.9%；大学专科120人，占发展总数的34.7%；中专48人，占发展总数的13.9%；高中40人，占发展总数的11.6%；初中及以下23人，占发展总数的6.6%；在岗职工335人，占发展总数的96.8%（其中工人51人，管理人员、专业技术人员177人，机关系统干部人107人）；学生7人，占发展总数的2.0%；其他4人，占发展总数的1.1%；先进模范人物31人，占发展总数的9.0%；共青团"推优"70人，占发展总数的20.2%。全区共有5022人申请入党，有积极分子2720人。从2003年起，发展对象的培训工作由区委党校统一进行。全年共举办培训班7期，对428人进行了培训。抗击"非典"斗争中,区委组织部要求基层党组织做好一线党员的发展工作。截至5月31日,基层单位共有252人申请加入党组织,4名一线发展对象被批准入党。

(王雯燕　黄立新)

【表彰及处分党员情况】 年内,全区各级党委共表彰党员2205人次,其中:授予优秀党员称号1945人次,授予优秀党务工作者称号260人;由中组部表彰的先进基层党组织1个、优秀共产党员1人;由市委表彰的先进党组织5个、优秀共产党员17人次。2人分别因诈骗、受贿受到开除党籍处分。

(王雯燕)

【干部监督工作】 年内,坚持区纪委、区委组织部联席会制度和干部拟任人选任前征求意见的做法,继续实行党政机关处级领导干部岗位目标责任制,加大对领导干部的考核力度,不断增强处级干部的责任意识。坚持处级领导干部和企业经营管理人员收入申报、个人重大事项报告和请销假等制度。坚持任期经济责任审计制度,共对11名处级主要领导干部、区属企业主要经营管理人员进行了离任审计和经济责任审计。

(吴君楚)

【检查清理处级领导干部学历、学位工作】 年内,区委组织部对全区党政机关、企事业单位的422名处级领导干部(含非领导职务)的学历、学位情况进行了清理检查。此次检查采取被审核人填写《干部学历、学位情况登记表》,上交学历、学位证书复印件,进行自我审核;被审核人所在单位进行初步审核认定;区委组织部把区委审核结果与各系统的初步审核结果进行对照,做出最后认定的方式进行。检查中发现19人的学历、学位存在问题,其中需要补齐学历材料的有8人,需要进一步认定学历的有8人,将非学历认定为学历的有3人。检查中未发现学历、学位弄虚作假的问题。

(耿洪涛)

宣传工作

【概况】 中共北京市宣武区委宣传部是负责全区宣传思想工作的区委工作部门。区新闻中心、宣武报社设在宣传部。宣传部的主要职责是:负责全区党的思想理论建设和干部、党员的教育工作;全区性的思想政治工作和干部群众思想教育工作;全区精神文明建设和文化建设的指导工作;区委、区政府各项中心任务的宣传工作;全区新闻宣传报道和对外宣传工作;主办《宣武报》。年内,全区宣传思想战线高举邓小平理论和"三个代表"重要思想伟大旗帜,围绕全区经济建设,服务于改革、发展、稳定的大局,按照"三贴近"的要求,唱响主旋律,打好主动仗,为全区改革开放和现代化建设提供了精神动力、舆论支持和思想保障。

地址:宣武区广安门南街68号
电话:83976209
邮编:100054

(侯丙振)

【"四个一"评比】 年初,区委宣传部进行了2002年度宣传思想工作"四个一"评比活动,共评出12讲优秀党课报告、14篇优秀理论文章、18个最佳宣传阵地、15项特色创新活动。

(侯丙振)

【《华彩宣武》 专题电视栏目正式开播] 1月份始,区委宣传部与北京电视台合作,在北京电视台公共频道正式推出每周一期的《华彩宣武》电视专栏节目,每期20分钟。栏目开设《热点聚焦》、《时代节拍》、《百姓家园》三个版块,全面宣传报道宣武区改革发展和现代化建设的成就,开辟了宣武区对外电视新闻宣传的新载体。

(马　晨)

【第二届思想政治工作"双优"表彰】 1月15日,区委宣传部在少年宫礼堂召开区第二届思想政治工作优秀单位及优秀思想政治工作者表彰大会,对陶然亭街道工委等64个思想政治工作优秀单位及方惠珠等99名优秀思想政治工作者进行了表彰。区教育工委、金工投资管理公司、区直属机关工委、陶然亭街道工委分别介绍了本单位做好思想政治工作的经验。会议要求,要提高认识、加强领导,按照"三个代表"重要思想要求,进一步做好新时期的思想政治工作;围绕主题、把握灵魂,把学习宣传十六大精神作为当前思想政治工作的主要任务;围绕中心、服务大局,把思想政治工作进一步做深、做细、做实;立足基层、面向群众,不断增强针对性、实效性,使思想政治工作更具吸引力、感染力;奋力开拓、与时俱进,大力推进思想政治工作的创新。

(许荫英)

【学习宣传十六大精神骨干培训班】 1月16日至17日,区委宣传部在广安会议中心举办了由各单位主管书记、宣传部长110余人参加的培训班,邀请了王向明、郭海燕等专家学者做了专题辅导报告。

(邹晶秋)

【组建十六大精神宣讲团】 1月份,为推进学习宣传十六大精神的不断深入,区委先后组建了4支十六大精神宣讲团,即由专家学者及区主要领导组成的区委宣讲团、由6所高校千名大学生和博士生组成的大学生宣讲团、由全区八个街道主管书记组成的街道领导干部宣讲团、由区委党校教师组成的党校教师宣讲团。2月7日，在牛街举行十六大精神进社区启动仪式，区委和人民大学的领导为参加宣讲的博士颁发聘书，并进行了博士生宣讲团的首场报告。4支宣讲团深入社区、机关、企业、学校、工地，宣讲百余场，直接听众达万余人次。

（邹晶秋）

【春节群众文化活动】 1月28日开始，区在北京市工人俱乐部举办了2003年新春音乐会和三场慰问演出，全区各条战线的干部群众5000余人参加了活动。春节期间，举办了第三届厂甸庙会和第八届红楼庙会，共接待游客近300万人次。

（许荫英）

【宣传部长会议】 2月19召开。会上，传达了中央、北京市宣传部长会议精神，对2002年宣传思想工作进行了总结，部署了2003年宣传思想工作。

（侯丙振）

【精神文明建设先进典型宣传】 3月，区委宣传部以纪念毛泽东等老一辈无产阶级革命家为雷锋同志题词40周年为契机，总结了天桥街道、团区委学雷锋活动的典型经验以及广外街道社区精神文明建设的经验，在主要媒体上进行了宣传报道。3月1日，召了天桥街道学雷锋总结表彰大会，并组织开展了“首都百万军民学雷锋大型公益活动日”；3月3日，与市委宣传部、首都文明办、团市委联合召开了“弘扬雷峰精神、纪念宣武区综合包户20周年暨天桥街道志愿服务座谈会”；3月4日，与区文明办、团区委等部门共同召开了“宣武区学雷锋综合包户活动20周年暨青年志愿者行动推进大会”。

（许荫英）

【编辑学习十六大精神教育光盘】 3月，在深入调研、准确掌握干部群众学习十六大精神热点、难点问题的基础上，区委宣传部与市委宣传部、市委理论讲师团共同制作发行了《深入学习十六大精神热点、难点辅导问答》系列教育光盘，对35个理论重点、难点问题进行了深入浅出的回答。主讲人包括中央党校、人民大学、首都师范大学、市委党校等专家学者。3月11日，举行了光盘首发式。

（邹晶秋）

【举办国际形势报告会】 3月14日、3月25日，区委宣传部举办国际形势报告会，邀请前驻伊拉克大使郑达庸，就伊拉克形势为区委理论学习中心组和全区干部群众作专题报告。

（邹晶秋）

【部署抗击“非典”宣传工作】 4月24日上午，区委宣传部召开部长办公会，传达区委防治“非典”工作精神，部署“非典”防治宣传工作。成立了宣传教育组、新闻宣传组、舆情信息组，明确职责，建立并启动应急机制。下午，召开街道、教委、经贸委、建委等重点行业、单位宣传部长会议，全面部署防治“非典”宣传工作。

（侯丙振）

【抗击“非典”社会宣传动员工作】 4月至5月，面对“非典”疫情，全区宣传思想战线全力以赴做好抗击“非典”的社会宣传动员工作。区委宣传部起草了《致全区各级党组织和共产党员的一封信》，号召广大共产党员站在防治“非典”斗争的前列，发挥先锋模范作用。4月25日，区委宣传部下发了《共同抗击“非典”、负起社会责任——致与“非典”密切接触者的一封信》，宣传隔离防治工作的重要意义。印发了市委宣传部《关于转发中宣部＜关于加强非典型肺炎防治工作的宣传提纲＞的通知》，要求各单位认真做好防治“非典”宣传工作。转发了市委宣传部、首都文明会办、市市政管委联合下发的《关于开展讲文明、讲卫生、防非典、保健康活动的通知》，要求各单位进一步深入抓好市民的卫生防病宣传教育；进一步动员群众整治社区卫生环境，搞好重点地区的清洁消杀；进一步加大依法检查和惩处的力度。4月26日，区委宣传部组织开展了“让健康人免受‘非典’感染、让“非典”感染者早日康复”大型宣传活动。8个街道在各辖区内设立宣传车、宣传站，悬挂横幅，发放预防“非典”宣传手册和《致居民的公开信》，在广大居民中宣传预防“非典”的基础知识。4月下旬以来，区委宣传部向全区印发防治“非典”宣传张贴画10万套，下发《非典型肺炎预防手册》、《依法防治非典型肺炎基本知识》、《远离“非典”，健康呼吸》等宣传读本、手册近20万册。5月12日，区新闻发言人、区委常委、宣传部长阎满成在市委宣传部组织的市属新闻媒体新闻发布会上，从区防治“非典”工作体系以及收治SARS病人、降低病人感染率以及社区防控工作情况、突出抓好工地防控工作等方面，向媒体通报了全区防治“非典”整体工作情况。5月23日，区委宣传部下发了《关于认真做好抗击“非典”典型宣传工作的通知》，要求各单位大力总结、宣传抗击“非典”斗争中涌现出的先进事迹，引导广大干部群众众志成城，夺取抗击“非典”的胜利。

（许荫英　侯丙振）

【抗击“非典”新闻宣传工作】 4月至6月，区新闻中心和宣武报社围绕抗击“非典”不同时期的重点工作，全面宣传报道区抗击“非典”斗争的情况。新华社、人民日报、中央电视台、光明日报、北京电视台、北京日报、北京晚报、工人日报等数十家新闻媒体先后报道了“宣武医院改成‘非典’定点医院改造完毕”、“宣武区各界捐赠情况”、“宣武区群防群控工作”、“中华家园解禁”、“宣武区建筑工地防控‘非典’规范管理达标创优活动”、“翔达公司公开向社会承诺安全消费”等重点新闻。据不完全统计,中央、市属主要新闻媒体先后刊登、播出宣武区防控“非典”有关报道约200篇次。《宣武报》打破周刊常规,加大出刊密度,共出抗击“非典”专刊20期。宣传中央、市委、区委的重大决策,报道抗击“非典”英雄模范事迹和好人好事,宣传全区一手抓“非典”防治、一手抓经济建设的重大举措和成效,为抗击“非典”斗争提供了有力的舆论支持。

(侯丙振)

【抗击“非典”信息工作】 4月,“非典”疫情爆发后,区委宣传部注重加强信息工作,印发《“非典”信息参阅》23期,根据防治“非典”的不同时期和阶段,分析干部群众思想动态和反映,为有针对性的做好宣传工作提供依据。印发《社会宣传动态》14期,总结各街道和各单位开展“非典”防治宣传工作的经验,引导全区抗击“非典”宣传工作有效开展。

(侯丙振 邹晶秋)

【慰问抗击“非典”一线医护人员家属】 5月6日始,全区慰问一线医务人员家属活动全面展开。区成立了慰问援助服务活动协调领导小组,组织56个党政机关部门对全区260名医护人员家属进行走访慰问;为一线医护人员解决实际困难,解除他们的后顾之忧。区委、区政府制定的6条关心慰问一线医护人员的措施都得到了落实。

(许荫英 侯丙振)

【抗击“非典”一线医护人员集中休整】 5月9日至6月26日,全区共安排了来自宣武医院、友谊医院、健宫医院、回民医院、广外医院,以及区疾病控制中心等单位共9批、800余名一线医护人员的集中休整。区四套班子领导、区委宣传部、区文化委、区卫生局、团区委、陶然亭街道等单位以及中央歌剧舞剧院、区书法家协会等纷纷到休整基地慰问一线医护人员,做到了每期休整有慰问、有演出,鼓舞了一线医护人员的士气。

(许荫英 侯丙振)

【抗击“非典”社会捐助工作】 5月至6月,区开展了“抗击‘非典’奉献爱心”社会捐助活动,全区80%以上的单位,驻区国家机关、企事业单位、群团社团组织以及广大人民群众踊跃捐助,涌现出大量感人事迹。全区共接收社会捐助753.264万元,接收捐赠物资价值449.693万元,接受款物合计1202.957万元,超过了区历次社会捐助活动所募集款物的价值数量。有关社会捐助物资的使用情况在《宣武报》上进行了公示。

(侯丙振)

【革除陋习讲文明主题活动】 5月29日,全区各街道社区普遍开展“革除陋习讲文明,从我做起树新风”主题活动,广大社区居民用形式多样的活动向陋习宣战。6月3日,区召开了深入开展“革除陋习讲文明,从我做起树新风”全民清洁卫生活动动员大会。6月5日,区五好文明家庭“讲文明、除陋习、学科学、树新风”活动启动仪式在陶然亭街道红土店社区举行。

(许荫英 侯丙振)

【抗击“非典”七个一宣传教育活动】 自5月份开始,区委宣传部联合有关部门,在全区开展了抗击“非典”“七个一”系列宣传教育活动,即:编辑一册抗击“非典”先进人物事迹集,举办一个大型图片展览,开展一次征文活动,组建一支报告团,编辑一本画册,拍摄一部专题片,组织创作并举办一场专题汇演。6月10日,《生命的誓言》一书首发式举行,此书收录抗击“非典”斗争先进人物事迹46篇,从不同的侧面记载、反映了宣武人民在区委、区政府领导下抗击“非典”的英雄业绩。从7月18日始,在北京第十五中学举办了全区抗击“非典”斗争大型图片展览,通过照片、文字、实物、专题片等形式,以全景式的风格,真实再现了区抗击“非典”斗争的全过程,全区近万名干部群众参观了展览,市委宣传部、首都文明办的领导及社会各界对《生命誓言》一书及大型展览给予高度评价。8月12日,区举办了抗击“非典”先进事迹报告团首场报告会。此后,报告团成员先后在全区作巡回报告11场。

(许荫英 邹晶秋)

【夏日文化广场活动】 7月,区以庆祝抗击“非典”斗争胜利,弘扬伟大民族精神为主题,以抗击“非典”中征集、组织创作的优秀文艺作品为主要内容,组织开展了系列广场文化活动。牛街街道、大栅栏街道、椿树街道分别举办了“颂歌献给党、抗击‘非典’民族情”、“颂歌献给党、夺取双胜利”和“激情颂英雄、欢歌庆七一”等文艺专场演出,丰富了群众的文化生活。

(许荫英)

【举办申奥成功两周年纪念活动】 7月13日,区在陶然亭公园举办申奥成功大型纪念庆祝活动,组织了文艺演出、健康咨询、家庭趣味运动会等丰富多彩的活动。

(许荫英)

**【民族团结进步宣传月专场文艺演

出】 8月9日，为迎接第五届首都民族团结进步表彰大会的召开，区委宣传部与区文化委等部门在牛街街道枫桦豪景文化广场举办了文艺专场演出，拉开了民族团结进步宣传月的序幕。

（许萌英）

【第二届宣南文化节】 10月1日，第二届宣南文化节拉开序幕。10月1日至6日，在大观园举办了传统花会表演、老天桥书茶社等系列特色文化活动。10月18日至25日，在陶然亭公园举办了以“金秋醉宣南”为主题的系列旅游文化活动，“椿树杯”北京首届社区京剧票友邀请赛在文化节期间同时举办。10月14日，在大观园酒店与中国艺术研究院、市对外文化交流协会、市政府新闻办公室、中国红楼梦学会，共同举办了纪念伟大文学家曹雪芹逝世240周年大会，并组织了国际学术研讨会和红楼艺术展等纪念活动。

（侯丙振）

【党报党刊征订发行工作会议】 10月28日在广安会议中心召开。会议对全区2004年党报党刊征订发行工作进行了动员和部署，对2003年度党报党刊征订工作进行了总结，并表彰了征订发行工作先进单位。

（侯丙振）

【区委理论学习中心组学习扩大会】 11月13日、12月11日，为深入学习领会十六届三中全会和中央经济工作会议精神，区委宣传部邀请中国社科院经济研究所研究员张卓元、所长刘树成，为区委理论学习中心组分别作了题为“以完善为主题推进市场经济体制”和“中国经济走势分析”的辅导报告。

（邹晶秋）

【兴起学习贯彻“三个代表”重要思想新高潮】 年内，区委宣传部起草并以区委的名义下发了《关于在全区兴起学习贯彻“三个代表”重要思想新高潮的实施意见》；与市委宣传部、市委理论讲师团共同编辑制作了《“三个代表”重要思想学习问答》光盘。7月4日，举办了学习贯彻“三个代表”重要思想报告会，中央文献研究室副主任冷溶作了辅导报告，区委、区政府领导及各单位主管书记、组织部长、宣传部长等200余人参加。7月15日，在北京宣武网站开设了《兴起学习贯彻“三个代表”重要思想新高潮》专栏，设置了工作动态、重要文件、新论集锦、评论汇编、学习心得专题，并与人民网、新华网、千龙网、新浪网、搜狐网、南方网等网站作了专题链接。8月26日至9月4日，与组织部等部门共同举办了“三个代表”重要思想培训班，全区处级干部参加了轮训，区委书记唐大生、区长武高山分别在开班和结业式上讲了话，国防大学夏兴有、郭凤海，中国社科院李德顺，中央党校吕书正等专家教授为培训班作了辅导报告。

（邹晶秋）

【北京建都850周年纪念活动】 年内，区委宣传部利用北京纪念建都850周年的契机，配合市委、市政府组织了北京建都850周年纪念活动。9月20日，北京建都纪念阙在滨河公园金中都大安殿遗址正式落成揭幕。与北京电视台合作举办了“我们的城市——城南旧事之新说”知识竞赛，与有关部门共同编辑出版了《宣南文化》画册。

（侯丙振）

【社会舆情调研工作】 年内，区委宣传部定期召开社会舆情分析会，深入到基层社区、机关、企业、学校进行调研，及时了解干部群众的思想动态，掌握社会舆情。坚持每季度向市委宣传部作出社会舆情分析报告，定期向区委常委会汇报干部群众的思想状况。

（邹晶秋）

【出版发行《宣武报》】 年内，区委宣传部坚持为党和政府中心工作服务和为广大人民群众服务的办报方向，坚持团结、稳定、鼓劲、正面宣传引导，坚持贴近实际、贴近生活、贴近群众，为宣武区的经济建设和各项社会事业发展营造良好的舆论氛围。全年共采编、发行《宣武报》72期。自11月开始，《宣武报》由四开四版改为对开四版，版面扩大了一倍，增加了报纸的新闻报道容量；改为邮局发行后，提高了发行速度，使读者能够及时地阅读到报纸；在新闻宣传的策划、新闻宣传的内涵和力度以及版面设计水平等方面取得了质的提高，办报水平迈上新台阶；围绕全区经济建设、精神文明建设、党的建设以及抗击“非典”斗争等重点工作和重大活动，加大宣传力度，开设了“争创双拥模范区”、“创新优化环境、实现跨越发展”、“学习贯彻十六大精神、推进增‘三力’创优工作”、“大力发展民营经济”、“实践三个代表、全力抗击‘非典’”、“实践三个代表、实事为您办”等专栏，全面宣传报道宣武区改革发展的成就，宣传树立宣武区文明发展进步的新形象。

（李茂福）

【新闻发稿和摄制专题片】 年内，新闻中心在北京电视台各新闻栏目播出新闻100余条；播出《华彩宣武》46期，播出各类新闻近300条、专题90余条；在北京日报、北京晚报、北京青年报、北京电台等主要新闻媒体发稿500余篇。新闻报道紧紧围绕区委、区政府的中心工作，突出报道了区党代会、人代会、政协会议的情况；组织了蓟城纪念柱落成、牛街民族特色街开街、天桥街道学雷锋先进经验、广外街道社区精神文明建设、优化区域发展环境、中华家园工地解除隔离仪式、建筑工地防控“非典”达标创优、讲文明树新风主题活动、纪念北京建都850周年、第二届宣南文化节等一系列新闻采访活动，首都30余家媒体进行了宣传报道。

(马　晨)

【“灵山杯”优秀党课报告评比获奖】 年内，在全市开展的“灵山杯”优秀党课报告评比中，宣武区获组织奖；区委书记唐大生的党课《党员干部必须树立正确的利益观》获一等奖；区长武高山的报告《学习贯彻党的十六大精神，为全面建设小康社会和北京率先在全国基本实现现代化而努力》获二等奖。

(侯丙振　邹晶秋)

精神文明创建活动

【概况】 北京市宣武区精神文明建设委员会办公室(简称区精神文明办)，是宣武区精神文明建设委员会的办事机构，挂靠区委宣传部，行政编制5人。主要职责是：宣传贯彻上级关于精神文明建设的方针、政策；制定、实施本区精神文明建设、文明城区建设规划、意见、方案；组织开展精神文明创建活动；协调驻区单位参与地方精神文明建设活动；监督检查基层精神文明建设任务完成情况等。年内，区精神文明办以党的十六大精神和“三个代表”重要思想为指导，按照《公民道德建设实施纲要》的要求，加强思想道德建设，动员广大群众积极参与精神文明创建活动。广外、陶然亭、天桥、牛街街道被评为首都文明街道；11个社区转为首都文明社区，24个社区转为宣武区文明社区；新创建首都文明社区8个、区级文明社区10个；11个社区被评为首都绿色社区；8个单位被评为首都文明单位标兵，51个单位被评为首都文明单位，90个单位被评为宣武区文明单位；17对共建对子被评为宣武区军警民共建先进单位；北京市第十四中学和康乐里小学被评为首都先进少年军校。

地址：宣武区广安门南街68号

电话：83976219

邮编：100054

(郭小宁)

【十六大精神进社区活动】 1月7日，宣武区“十六大精神进社区”博士宣讲团启动仪式在牛街国家民委招待所举行。牛街街道机关干部、武警七支队九中队战士、地区居民等近300人参加了启动仪式。武高山、阎满成等领导出席仪式，并为12名来自中国人民大学的博士生颁发了宣讲员聘书。中国人民大学马克思主义学院副教授、博士王向明作了题为《“三个代表”重要思想产生的历史必然性和现实意义》的演讲。全区共组织了四支宣讲团，一是由区委理论讲师团和区委主要领导组成的区委宣讲团；二是由各单位处级干部组成的宣讲团；三是由区委党校讲师组成的宣讲团；四是由中国人民大学马列所博士生组成的博士生宣讲团和中央民族大学等5所大学的近千名大学生组成大学生宣讲团。宣讲团共作报告150多场，受教育群众达到2万多人。宣讲团还针对群众在学习中迫切需要回答的35个重点、难点、热点问题，分别邀请理论界专家、学者，进行了深入浅出的解答，并将有关内容制做成《深入学习十六大精神热点、难点辅导问答》系列教育光盘，为基层干部群众提供学习辅导。年内，全区八个街道广泛开展了贯彻十六大精神、建设文明社区“十个一”系列宣传教育活动。在活动中，共向117个社区发放“贯彻十六大精神，建设文明社区”教育活动普及读本《这些大事我知道》5000册；有近两万人参加了市委宣传部、首都文明办联合主办的“帝普杯”读书知识竞赛；开展了“我为全面建设小康社会做什么”征文演讲活动，500多篇征文为建设小康社会建言献策。

(郭小宁)

【文明乘车活动总结表彰会】 1月13日，宣武区召开2002年度文明乘车活动总结表彰大会。首都文明办副主任滕毅、宣教处副处长邢秀增，宣武区副区长哈金起和100多名文明乘车监督员、管理人员参加了大会。区文明办作了2002年度文明乘车工作总结，提出了2003年度工作目标。

(郭小宁)

【服务承诺工作会议】 2月12日，区文明办召开服务承诺工作会议，专题部署创建文明行业服务承诺工作，区卫生局、区劳动局、区环卫服务中心、区工商局、区宣房投资公司等9家单位的主管领导参加了会议。会议同时部署2003年创建文明行业落实服务承诺工作。区委常委、宣传部长阎满成到会并讲了话。

(郭小宁)

【精神文明建设委员会全体会议】 2月24日召开。会议听取了宣武区2002年精神文明建设工作总结报告，讨论通过了2003年精神文明建设工作要点和拟表彰的2002年度精神文明建设先进集体和先进个人名单。区委书记唐大生、区长鲁勇先后讲话，对精神文明建设工作提出要求。

(郭小宁)

【“综合包户”20周年暨天桥街道志愿服务座谈会】 3月3日，宣武区召开弘扬雷锋精神，纪念宣武区综合包户20周年暨天桥街道志愿服务座谈会。市委副书记强卫，市委办公厅副秘书长韩秀峰，市委宣传部副部长宋贵伦，首都文明办主任张慧光,团市委书记关成华,宣武区区长鲁勇,部分专家、学者,学雷锋先进个人100多人参加了会议。

(郭小宁)

【贯彻十六大精神知识竞赛】 3月14日,区委宣传部、区文明办等7家单位联合在鑫融俱乐部举办了"贯彻十六大精神,建设文明新家园"知识竞赛决赛。经过比赛,白纸坊街道代表队获得一等奖,陶然亭街道两个代表队获得二等奖,天桥街道、大栅栏街道等四个代表队获得三等奖。首都文明办副主任滕毅、市委宣传部宣传处处长陈建文、首都文明办宣教处副处长邢秀增和区委常委、宣传部长阎满成等向获奖选手颁发了证书和奖品。

(郭小宁)

【军警民共建活动】 3月20日,首都军(警)民共建指导小组许长福、解家宝、黄永红等到首都军(警)民共建工作示范点——广外街道办事处检查共建工作,并对社区开展军民共建工作给予指导。指导小组观看了湾子社区与消防特警支队共同组织的防火安全教育和使用干粉灭火器灭火的现场演练。

(郭小宁)

【文明社区创建工作调研】 3月28日,中央文明办专职副主任翟卫华,中央文明办协调组组长李伟,中央文明办调研组副组长左中一,中央文明办协调组副处长赵树杰和首都文明办主任张慧光,首都文明办创建处处长张长江、副处长张大烨等来到宣武区,对开展文明社区创建工作情况进行调研。调研组先后听取了广外、椿树、陶然亭街道的工作汇报;视察了红莲中里、广安门车站西街15号院、广外街道社区服务中心、椿树园、红土店社区;听取了区委书记唐大生关于精神文明建设情况的汇报。

(郭小宁)

【精神文明建设暨创建国家卫生城区动员会】 4月2日召开。首都精神文明办公室主任张慧光、市爱国卫生运动委员会专职副主任孙贤礼,区委、区人大常委会、区政府、区政协主要领导出席了会议。区委常委、宣传部长、区精神文明建设委员会副主任阎满成宣读了关于表彰2002年度宣武区精神文明建设先进集体、先进个人的决定,全区有269个先进集体和150名先进个人受到表彰。区委副书记、区精神文明建设委员会常务副主任武高山在精神文明建设工作报告中总结了全区2002年精神文明建设工作情况。区民政局局长张炳田、区卫生局局长郑添工分别就创建全国双拥模范区和全国卫生区进行发言。区委书记、区精神文明建设委员会主任唐大生对做好全年工作提出了要求。

(郭小宁)

【区"非典"防控指挥部组建】 4月中旬北京发生"非典"疫情后,区委、区政府紧急抽调力量,于4月24日组成了宣武区"非典"防控指挥部,并将办公室设在区文明办。防控指挥部迅速建立起全区群防群抗的网络体系,即一个体系,五个网络。一个体系是:全区防控的组织领导体系,包括各级各层的领导指挥组织系统,高效灵活的组织运行系统,全方位、广覆盖的监督检查系统,处理突发事件的应急反应工作系统。五个防控工作网络是:党政一把手负总责,以公务员队伍为主体的党政机关防控网络;以社区党组织为龙头,社区居委会为主体、社区志愿者队伍和楼门院长为骨干的社区防控网络;以街道为主体,以产权单位、出租人为责任人,公安、工商、房管、劳动和社会保障等行政执法部门参与的地下空间和外来人口防控网络;以建委为主体,以各工地总承包单位的项目经理为责任人的工地防控网络;以教委为主体,以学校校长和班主任为责任人的校园防控组织网络。防控指挥部紧急抽调人员,组建了社区、工地和地下空间、流动人口3支防控督察队伍。

(郭小宁)

【施工现场"非典"防控】 5月11日,区政府召开宣武区施工现场"非典"防控再动员大会,与所有工地的项目经理签订了工地防控"非典"责任书。6月8日,区政府召开建筑工地防控"非典"达标创优活动表彰大会。枫桦豪景、红居小区5号楼等11个建筑工地获得宣武区首批防"非典"达标创优建筑工地称号。

(郭小宁)

【区领导检查防控、防汛工作】 5月30日,区委书记唐大生、代区长武高山等区领导分为8个组,分别到全区8个街道检查外来人员登记、社区防控、地下空间防控、防汛工作准备情况。6月2日,唐大生、武高山等区领导听取了8个检查组工作人员的汇报,充分肯定了各街道在防控和防汛工作中做出的努力,要求在下一步工作中要继续狠抓落实,对检查中发现的问题要抓紧整改,堵塞漏洞。

(郭小宁)

【讲文明树新风活动动员会】 6月3日,区委召开"革除陋习讲文明,从我做起树新风"动员会。会上部署了6项工作:1、广泛开展"讲文明、讲卫生、防非典、保健康"宣传教育活动;2、大力整治环境卫生;3、结合创建国家卫生城区工作,大力开展社区除"四害"活动;4、加强垃圾收运和工地环境卫生保洁;5、巩固"非典"防控工作成果;6、积极开展文明社区创建活动。会议下发了《关于开展"'抗非典'、保健康、争创文明社区"达标创优活动的实施意见》;

《宣武区城管大队关于开展"严格管理标准、严处违法行为"竞赛活动的实施方案》;《宣武区垃圾管理达标创优工作实施方案》;《宣武区建委党委、宣武区建委关于开展建筑工地防控"非典"和规范管理达标创优活动的实施意见》;《关于在区直机关开展"万众一心抗非典、优化环境促发展"为主题的五好文明机关竞赛评比活动的实施意见》。

(郭小宁)

【慰问防控"非典"社区一线人员】 6月6日,区委、区政府会同北京市委组织部、首都精神文明建设委员会办公室、北京市民政局,在广外街道红莲广场举行了"抗'非典'、献爱心、讲文明、树新风"慰问防控"非典"社区一线人员活动,八个街道的200多名社区干部参加了此次活动。区委书记唐大生,区委副书记、代区长武高山等领导参加了慰问活动。

(郭小宁)

【防控"非典"达标创优活动表彰大会】 6月8日,宣武区在枫桦豪景工地生活区召开了建筑工地防控"非典"达标创优活动表彰大会。市委城建工委书记张凤朝,市建委副主任王立臣,市文明办副主任腾毅,区领导唐大生、武高山、郑文奇等领导参加了表彰大会,全区80个建筑工地的项目经理和有关单位主管领导也到会参加。枫桦豪景、红居小区5号楼等11个建筑工地首批获得宣武区防"非典"达标创优建筑工地。

(郭小宁)

【全民清洁卫生活动现场会】 7月23日,宣武区在天桥街道禄长街社区召开"革除陋习讲文明,从我做起树新风"全民清洁卫生活动现场会,8个街道和近70个社区的负责人现场观摩了禄长街头条19号院居民群众组织起来清理自己楼门的堆物堆料,争创文明楼、文明社区的工作情况。天桥办事处领导以及禄长街社区党委书记、楼门长和居民代表介绍了做法和经验。区委副书记赵长山、首都文明办副主任腾毅等参加了现场会。

(郭小宁)

【文明乘车工作检查】 7月25日,首都文明办主任张慧光、副主任滕毅、宣教处处长孙平,市共建文明乘车秩序办公室主任高爽以及市公交总公司、东城、西城、崇文、朝阳、海淀、丰台、石景山区文明办和共建文明乘车秩序办公室的负责人,到宣武区检查文明乘车工作开展情况。检查组先后查看了"三优"服务站台——达官营东行站台;真情服务站台——广安门东行站台;温馨服务站台——虎坊桥东行站台。在实地查看后,进行了交流座谈,区委常委、宣传部长阎满成主持座谈会。

(郭小宁)

【检查观摩讲文明树新风活动】 8月20日,首都文明办副主任滕毅、城八区文明办主任,到天桥街道、陶然亭街道检查观摩"革除陋习讲文明,从我做起树新风"活动开展情况。区文明办汇报了活动的开展情况;天桥街道、陶然亭街道介绍开展活动的工作经验。首都文明办一行还参观了天桥街道禄头条19号院2、3号楼清理堆物堆料的情况和姚家井小区的环境整治情况。

(郭小宁)

【"垃圾分类暨绿袋子行动"启动仪式】 8月30日,宣武区在椿树园小区举行"建设绿色社区,实施垃圾分类暨绿袋子行动"启动仪式。区委副书记赵长山、副区长金焱、首都文明办副主任赵津芳、北京市环保局宣教中心主任王晓明、北京地球村环境文化中心廖晓义女士、埃克森美浮(中国)投资有限公司副总裁唐苓女士以及社区群众代表和大学生志愿者200多人参加了启动仪式。"绿袋子行动"将先期在椿树园、万博苑、长椿园、天宁寺南里、法源寺西里等11个社区进行试点。

(郭小宁)

【"相约健康社区行"巡讲活动启动仪式】 9月14日,由中央文明办、卫生部主办,首都文明办、北京市卫生局、宣武区委、宣武区政府、中国健康教育与健康促进协会承办的全国"相约健康社区行"第二次巡讲活动启动仪式在宣武区社区服务中心举行。中央文明办专职副主任翟卫华,卫生部副部长王陇德,中国科协书记处书记宋南平,北京市副市长牛有成,市有关部门领导和区委书记唐大生、区长武高山等领导及中央文明办、卫生部选派的健康教育首席专家殷大奎、向红丁等出席启动仪式。广外街道、白纸坊街道的社区群众代表共400人参加。仪式结束后,11位全国"相约健康社区行"巡讲活动首席健康教育专家,在红莲广场与社区群众共同开展了健康咨询交流和签名售书活动。

(郭小宁)

【区领导检查环境卫生】 9月29日,区委、区人大常委会、区政府、区政协四套班子领导检查了区内主要道路和社区的环境卫生。领导一行对牛街东里小区、虎坊路小区、樱桃园小区的改造、保洁、美化、废弃物的清理,汽车、自行车的码放情况及长椿街、宣外大街、广安大街的环境卫生情况进行了认真的检查。同日,8个街道分别组织社会单位、社区居民开展了清洁活动,参加义务劳动的人数达到2万余人

(郭小宁)

【深化公民道德建设座谈会】 10月15日,区委宣传部、区文明办联合召开进一步深化公民道德建设座谈

会。全区各单位主管书记、宣传部长、文明办主任参加了会议。会议由区委副书记赵长山主持，区委书记唐大生到会并讲话。会上，天桥街道、陶然亭街道、区教委、区卫生局、区妇联、宣房投资公司赵桂云水电急修队等单位介绍了本系统、本单位两年来贯彻落实《公民道德实施纲要》的情况。

（郭小宁）

【清洁卫生活动总结表彰会】 11月13日，区文明办召开“革除陋习讲文明，从我做起树新风”全民清洁卫生活动总结表彰会。全区各有关单位主管领导、8个街道主管领导和社区主任参加了会议。会议由区委常委、宣传部长阎满成主持，区委副书记赵长山到会并讲话。会上，区文明办作了“革除陋习讲文明，从我做起树新风”全民清洁卫生活动工作总结；区领导向25个先进社区颁发了奖牌；广外街道天宁寺北里社区和陶然亭街道新兴里社区，代表受到表彰的先进社区介绍了经验。

（郭小宁）

【文明乘车知识竞赛】 11月19日，区乘车办公室在鑫融剧场举行了文明乘车知识竞赛，首都精神文明办副主任滕毅和文明乘车监督员、社区志愿者300余人参加了活动。经过激烈角逐，评出一等奖1名、二等奖2名、三等奖3名。

（郭小宁）

【创建文明行业工作汇报会】 12月9日，宣武区召开创建文明行业工作汇报会，区卫生局、区环卫服务中心、区园林局、区宣房投资公司、区工商局、区国税局、区地税局、公安宣武分局、区劳动和社会保障局等9家单位汇报了创建文明行业、开展服务承诺活动的情况，区委常委、宣传部部长丁力听取了汇报。区文明办介绍了明年结合诚信教育和文明礼仪教育，开展文明行业创建活动的思路。

（郭小宁）

【文明礼仪教育实践活动工作会议】 12月16日，区委宣传部、区文明办联合召开文明礼仪教育实践活动工作会议。全区各单位的宣传部长，各街道的宣传部长、文明办主任等参加了会议。会议由区委常委、宣传部长丁力主持，区委副书记仲兆军到会并讲话。会上，部署了《宣武区文明礼仪教育实践活动工作方案》及《关于在街道社区开展“文明礼仪进社区”系列宣传教育实践活动的工作安排》，区工会、区妇联、团区委等分别就各系统开展文明礼仪教育实践活动进行了具体安排。

（郭小宁）

【精神文明建设工作务虚会】 12月24日，宣武区召开精神文明建设工作务虚会，区市政管委、区文化委、区卫生局、区体育局、区环卫服务中心、区工会、团区委、区妇联和八个街道主管领导参加了会议。会议由区委常委、宣传部部长丁力主持，区委副书记仲兆军到会并讲话。会上，各单位重点汇报了本单位2004年精神文明建设工作思路，同时对全区2004年精神文明建设工作提出建议。

（郭小宁）

统一战线工作

【概况】 中共北京市宣武区委统一战线工作部（简称区委统战部），是中共宣武区委主管统一战线工作的工作部门，与区台办合署办公，行政编制11人。主要职能是了解情况，掌握政策，协调关系，安排人事，争取人心，凝聚力量，为实现党和国家的宏伟目标而团结奋斗。年内，区委统战部以邓小平理论、“三个代表”重要思想和十六大精神为指导，深入宣传贯彻党的统一战线工作方针政策，通过举办学习班、报告会、座谈会，组织参观、考察等活动，加强基层党政领导干部、统战干部和党外代表人士三支队伍建设；坚持和完善共产党领导的多党合作和政治协商制度，引导各民主党派、工商联等（以下简称“党派团体”）努力发挥各自的职能作用，围绕区委、区政府的中心工作开展调研，建言献策；组织各党派团体积极投身抗非典斗争，深入开展“三增强”“四热爱”教育活动；认真贯彻市委组织部、统战部关于区县政协换届工作的安排意见，圆满完成区政协换届工作；通过开展参观、交流、评比等活动，探索各基层单位和街道、社区统战工作新方法；认真贯彻党的民族、宗教政策，深入做好全区尤其是牛街地区的民族、宗教工作；推动非公有制经济、对台、侨务和海外等各个领域统战工作深入开展，坚持“大团结、大联合”的主题，调动一切积极因素为宣武区三个文明建设贡献力量；加强部门自身建设，坚持政治和业务学习，提高干部整体素质。全区统一战线保持了团结、稳定、振奋、活跃的局面。

地址：宣武区广安门南街68号
电话：83976200　83976181
邮编：100054

（沈建平）

【走访各党派机关】 1月2日，区委统战部领导来到宣武区各民主党派、侨联办公机关，逐一走访了党派、团体同志，向大家表示新年的问候，并进行了座谈。统战部长王玉兰希望各党派团体要继续组织好十六大精神的学习，加强自身建设，搞好政治交接、新老交替；要紧密围绕区委、区政府的中心工作开展调查研究，反映社情民意，积极建言献策；要继续开展党派团体与各街道结对子活动，争取有新的进展。参加座谈的党派、团体同志就如何做好2003年的统战工作提出了意见建议,表示要抓住机遇,利用有效载体,发挥人才荟萃、智力密集的优势,取得共识,形成合力,发挥各自优势开展服务社会、服务群众、服务基层的活动,在更大范围内宣传共产党领导的多党合作的基本政治制度,树立党派团体在社会上的良好形象。

(沈建平)

【召开支持非公经济发展座谈会】 1月7日,区委统战部协助区委、区政府在广安会议中心召开了支持非公经济发展座谈会,市委统战部、市工商联、市个协领导和区四套班子领导与50多名非公经济人士共同座谈并听取意见。市委统战部副部长周茂非对宣武区委、区政府在支持非公经济发展方面所做的工作给予了充分肯定;区长鲁勇表示区政府将继续创造良好的环境支持非公经济发展;区委书记唐大生充分肯定了非公经济在宣武区两个文明建设中所起的作用,同时对进一步促进非公经济健康发展提出了要求。

(沈建平)

【慰问党外代表人士】 春节前,统战部全体同志分头走访慰问区人大常委会、区政协党外副主任、副主席,全区各民主党派、工商联、侨联、伊协主要负责人和台胞、台属等近百人。

(沈建平)

【元宵节茶话会】 2月14日,区委统战部与区政协联合召开港澳台侨界人士元宵节茶话会,区港澳台侨界人士及各民主党派、工商联负责人近百人参加。区政协副主席喻建平致祝词;区委书记唐大生、市政协副秘书长蒋春风分别代表区委、区政府和市政协向各界人士致以节日的问候,希望大家继续履行职能,发挥作用,为建设、发展宣武做出新贡献。

(沈建平)

【党派团体季度工作联席会】 年内,区委统战部共召开全区各民主党派工委、工商联、侨联等负责人参加的季度工作联席会4次。2月21日,区长鲁勇通报区情,统战部对各党派团体2002年信息工作进行表彰。6月25日,统战部就深入开展"三增强"、"四热爱"教育活动等工作进行部署。7月29日至30日,举办民主党派暑期学习班,中共中央党校科社教研室主任秦刚教授作了关于学习"三个代表"重要思想的报告;中共市委统战部党派处处长李卫东作了关于坚持共产党领导的多党合作制度的报告;以"三增强"、"四热爱"为题进行了座谈讨论。12月10日,常务副区长蒋德忠通报区情;统战部总结2003年党派团体工作并对做好2004年工作提出建议和希望;对2003年度各党派团体优秀调研报告进行了表彰。

(沈建平)

【表彰基层统战先进单位】 2月24至26日,区委统战部领导深入到获奖的基层单位,把荣誉证书和奖金送到单位领导和先进个人手中。此次共评出2001年至2002年度统战工作先进集体8个,分别是区教工委、区卫生局党委、牛街街道工委、天桥街道工委、广外街道工委、陶然亭街道工委、区城建综合开发总公司党委、金工投资管理公司党委;评出先进个人7人,分别是马宝安、徐汉良、其丽美格、任萍、荆凤霞、王慧、高洁。

(沈建平)

【开展学雷锋义务服务活动】 3月1日,区委统战部与区委宣传部、文明办等部门共同组织各民主党派、工商联、侨联选派的40余名医务、法律、教育工作者在虎坊路参加了义务服务活动,共接待群众咨询、为群众义诊等800余人次,发放各类宣传材料400多份。市委统战部副部长周伯琦、区领导唐大生、鲁勇、郑文奇以及统战部领导等到现场看望慰问了参加活动的全体人员。

(沈建平)

【为发展宣武经济献策】 3月14日,区委统战部邀请市委统战部、市台办、市侨办、市工商联、市侨联等部门主管经济工作的领导来区座谈,为发展宣武经济献策。区长鲁勇向与会领导介绍了宣武区区情及发展规划,区外经委负责人介绍了招商引资的重点和优惠政策。在座谈中,与会领导表示要发挥各部门联系广泛的优势,为加快宣武区发展多做引资、引智、引项目、引人才的工作,同时对宣武区今后的发展提出了意见、建议。市委统战部副部长周茂非参加座谈并讲话。会后,在市委统战部的帮助下,香江兴利房地产开发有限公司为宣武区华夏女子中学捐赠人民币21万元资助特困学生。

(沈建平)

【为优化区域发展环境献策】 4月8日至5月30日,区委统战部发动各党派团体开展了"为优化宣武发展环境陈锦言献良策"活动。在抗"非典"斗争的特殊时期,共收到159名党派团体成员撰写的锦言良策248件,经过整理,归纳出8个方面的意、建议共81条,印成《宣武区各党派团体为优化宣武发展环境陈锦言献良策汇编》,送交区领导。区委、区政府主要领导对此非常重视,相继作出批示。区委、区政府办公室确定了40余个责任单位,专门召开了意见、建议交办会。各承办单位认真办理,区政府办公室及时将办理结果以《政务督办》的形式下发到各单位。统战部将办理结果传达到每一位提出意见建议的党派团体成员。各党派团体普遍反映，统战部开展的这次活动为各党派团体发挥作用参政议政提供了很好的舞台，表示要不辜负区委、区政府的期望，继续努力发挥好职能作用。

（沈建平）

【抗“非典”斗争】 在抗“非典”斗争中，区委统战部发动统一战线各界人士，与全区人民一起，团结奋战，共度难关，为夺取抗击非典斗争的胜利发挥了应有的作用。区委统战部及时向各党派团体负责人通报中央和市、区委的决定及有关精神；为各党派团体办公室购买消毒和防护用品；会同区民族宗教办公室做好牛街地区的“非典”防控工作；“五一”前夕，向民主党派中的113名在职医务工作者寄发慰问信，对各民主党派中参加抗“非典”一线工作的71名医务人员及家属逐一进行了慰问；组织各党派团体负责人到小汤山中商培训中心慰问抗“非典”一线医务工作者；组织非公经济人士献爱心，为抗击“非典”斗争捐款捐物210多万元。据统计，在抗非典斗争中，各党派团体和统一战线成员受到全国政协、各党派中央表彰的先进集体1个、先进个人15人；受到市政府、市统战系统和各党派市委表彰的先进集体6个、先进个人95人；受到区政府和区卫生系统表彰的先进集体3个、先进个人18人。

（沈建平）

【组织街道统战干部学习座谈】 7月2日，区委统战部组织全区各街道统战干部赴西城区学习社区统战工作经验，并参观了全国先进社区月坛街道三里河社区。7月11日，区委统战部召开各街道统战干部座谈会，大家结合参观学习的体会和各街道实际，就如何以创新的精神做好社区统战工作进行了交流。

（沈建平）

【党派团体暑期学习班】 7月28日至30日，区委统战部举办了2003年度党派团体暑期学习班，各民主党派区工委新一届领导班子成员，区工商联、侨联主要领导，党外处级领导干部等90余人参加了学习。学习班上，中共中央党校科社教研室主任秦刚教授作了关于学习“三个代表”重要思想的报告；中共市委统战部党派处处长李卫东作了关于坚持共产党领导的多党合作制度的报告；召开了“三增强”、“四热爱”座谈会，7名同志畅谈了参加抗“非典”斗争的亲身感受和体会，并且分组进行了讨论；区委常委、统战部部长王玉兰作了总结讲话，对各党派团体工作提出了希望和要求。

（沈建平）

【组织休养活动】 8月25日至29日，区委统战部组织不再继任民主党派区工委主任的老同志，到北京市教工疗养院进行休养。此前，统战部还召开了所有不继任的民主党派区工委正、副主任欢送会，统战部部长王玉兰在讲话中充分肯定了大家多年来所做的贡献，表示统战部决不会忘记老朋友，同时希望大家继续发挥作用，为统一战线工作建言出力。

（沈建平）

【中秋联谊会】 9月10日，区委统战部在大观园与区政协共同举行政协委员、统一战线各界人士中秋联谊会，600余人参加，郑文奇、王敏荣等区领导到会表示祝贺。王玉兰致贺词，对大家为宣武区经济建设和社会发展所做的工作表示感谢，希望大家继续做出新贡献。各界人士共同观看了精彩的文艺节目和水幕电影。

（沈建平）

【区政协换届工作】 9月16日，根据市委关于做好区县政协换届工作的精神，区委统战部与区委组织部共同制定了《关于做好2004年宣武区政协换届工作的意见》，决定第十一届区政协委员人选的推荐，在广泛征求意见和充分协商的基础上，中共党员委员人选由区委组织部提名，非中共党员委员人选由区委统战部提名，委员建议名单由统战部汇总并征求区政协党组的意见后，报区委审议，最后由区政协第十届常委会讨论通过。在换届工作中，统战部先后召开了中央市属单位、区属各委办局及各党派区工委等3个不同范围的动员会，多次与各民主党派市委、区工委及有关单位负责人进行协商，并逐一征求了非中共委员人选所在单位中共党组织的意见，从推荐的800多名委员人选中，按照委员条件和各种比例要求，提出260名人选名单，按照规定的程序，于12月22日正式通过。第十一届区政协委员平均年龄45.6岁，其中中共党员101人，占38.85%；非中共党员159人，占61.15%；妇女100人，占38.46%；少数民族33人，占12.69%；新委员183人，占70.38%；大学本科以上文化程度197人，占75.77%；副高级以上职称105人，占40.38%；中央、市属单位88人，占33.85%。

（沈建平）

【“议政日”活动】 9月16日，区委统战部与区政协共同组织政协委员、党派团体负责人为创建国家卫生城区建言献策，40余人参加。区卫生局、区市政管委、区城管大队领导分别介绍了食品卫生、垃圾分类和市容、市政管理等方面的工作情况；与会人员视察了天桥街道居民小区、南中轴路整治现场和建功北里垃圾分类站等场所，并就有关工作提出意见、建议。武高山、郑文奇等区领导参加了活动。

（沈建平）

【医疗义诊活动】 10月4日,区委统战部组织各民主党派中的20名医务工作者,在陶然亭公园为参加九九重阳敬老日游园活动的老年人义诊,市、区老龄委和老龄协会负责人,区委常委、统战部长王玉兰,副区长哈金起及区民政局领导等看望慰问了参加义诊的民主党派同志。义诊活动共接待群众就诊咨询1000余人次,发放卫生保健知识宣传材料600份。

(沈建平)

【成思危到区视察】 10月21日,全国人大常委会副委员长、民建中央主席成思危到民建宣武区工委视察工作并进行座谈,唐大生、王敏荣、王玉兰等区领导参加了座谈会。区委书记唐大生介绍了宣武区区情及发展思路;民建区工委主任和3名民建会员介绍了区工委工作情况及工作体会。成思危希望民建区工委和会员"内强素质、外塑形象",把民建建设成为适应新世纪要求的参政党,发挥好职能作用,为宣武区的发展建设做出新贡献。

(沈建平)

【举办民族宗教知识培训班】 10月23日至25日,区委统战部与区民族宗教侨务办公室共同举办培训班,民族宗教工作重点单位和各街道统战、民族、宗教工作干部近30人参加了培训。区委常委、统战部部长王玉兰作了动员讲话;市民委副主任马中璞、副区长哈金起分别作了民族、宗教形势和民族、宗教政策的报告;市民委宗教局处长华谦、副处长王海峰作了宗教知识讲座。

(沈建平)

【颁发基层统战创新奖】 11月28日,区委统战部召开基层单位统战工作创新表彰会,向区教工委、白纸坊街道工委等13个单位颁发了统战工作创新奖。区教工委、大栅栏街道工委、天桥街道工委、牛街街道工委分别作了题为"围绕中心,转变工作方式,积极开展统战工作"、"以社区统战人士之家为载体,做好社区统战工作"、"发挥统战人才资源优势,建设学习型社区"、"与时俱进,做好新时期民族团结工作"的发言;统战部部长王玉兰作了总结发言并对2004年统战工作进行部署。

(沈建平)

【新一届区政协委员见面会】 12月30日,区委统战部召开各党派团体中的新一届区政协委员见面会,区委常委、统战部部长王玉兰就区政协换届的指导思想、原则、界别、组成规模以及区政协委员的条件、构成和产生的过程向大家作了介绍,就如何当好政协委员提出四点希望:一是要加强对十六大、十六届三中全会精神和人民政协理论的学习,树立大局意识;二是要认真履行政协委员的职责,搞好调查研究,参加政协的各种会议和活动,提高参政议政水平;三是要密切联系群众,反映群众的意见和要求;四是要做好本职工作,在自己的工作岗位上创造新业绩,为全区改革开放和现代化建设做出新贡献。

(沈建平)

【党派团体负责人协商会】 年内,区委统战部共召开10次党派团体负责人协商会。4月9日,通报党风廉政建设和反腐败工作情况并听取意见。4月17日,通报"非典"防治工作并听取意见。4月21日,通报中央关于"非典"防治工作文件精神及有关领导职务变动情况并听取意见。4月28日,传达市委、市政府关于"非典"防治工作的决定并就如何贯彻执行听取意见。7月15日,协商推荐区人大常委会主任、区长候选人。10月11日,推荐新一届区领导候选人并听取意见。11月14日,推荐第十三届区人大代表候选人。12月9日,征求对区委、区政府工作报告稿的意见。12月19日,协商第十一届区政协委员建议名单等。12月23日,就新一届区人大常委会、区政府、区政协和区法院、区检察院领导人员候选人进行协商。

(沈建平)

【开展"三增强"、"四热爱"教育活动】 年内,区委统战部根据中央和市委统战部关于在广大统一战线成员中开展增强对中国共产党"三个代表"重要思想的认识、增强对社会主义制度优越性的认识、增强中华民族凝聚力,热爱中国共产党、热爱祖国、热爱社会主义、热爱人民的"三增强"、"四热爱"教育活动的通知和要求,结合宣武区的实际情况,制定了《关于在宣武区统一战线成员中开展"三增强"、"四热爱"教育活动的通知》;与区政协和全区各民主党派、工商联、侨联等共同开展了多种形式的教育活动。先后召开了两次大型座谈会,110余人次参加,12名抗"非典"先进个人作了典型发言;积极参加市委统战部和宣武区开展的抗"非典"斗争事迹征文活动,13篇文章分别入选《五月的凯歌》、《生命的誓言》和《守望生命》;组织各党派团体成员参观宣武区举办的抗"非典"斗争事迹展览等。在开展活动的基础上,各党派团体撰写了开展"三增强"、"四热爱"教育活动的小结,由统战部汇编成册,发至各党派团体进行交流学习。

(沈建平)

【民主党派区工委换届工作】 年内,区委统战部经过与各民主党派市委、有关方面共同推荐、考察和协商,由各民主党派市委陆续任命了新一届区工委领导班子。新一届区工委成员大多数是各单位的领导干部和骨干,在各民主党派成员中享有较高威信,平均年龄46.9岁,比上届下降2.8岁;大学以上学历占

83.1%，比上届增加21个百分点；中高级职称占84.7%，比上届增加6.9个百分点。区委领导高度重视换届工作，主管书记王敏荣多次听取汇报，要求精心做好有关工作。区委书记唐大生在新一届区工委负责人会议上充分肯定了各民主党派多年来在宣武区发展建设中所发挥的重要作用，同时希望大家继承和发扬老一辈民主党派领导人与共产党风雨同舟、亲密合作的优良传统，为宣武区的繁荣发展做出新贡献。

（沈建平）

【调研信息宣传工作】 年内，区委统战部完成《宣武区少数民族干部队伍现状及思考》、《宣武区政协换届人士安排问题的调查与思考》2篇调研报告，其中《宣武区少数民族干部队伍现状及思考》获北京市统战系统2003年度调研工作三等奖。统战部撰写的《积极支持各党派团体开展调研，为发展建设宣武区建言献策》的经验介绍成为全区调查研究工作会议的材料之一。各党派团体围绕区委、区政府的中心工作开展调研，共完成调研报告14篇。全年共上报信息353条，其中被市委统战部、区委、区政府采用180余条；编印《宣武统战工作》39期，在市委统战部《诤友》杂志刊载文章6篇、简讯13条，在《宣武报》刊载报道消息等8条；受理来信、来访102人(件)次。统战部获北京市统战系统2003年度信息工作优秀单位特等奖。

（沈建平）

对台工作

【概况】 中共北京市宣武区委台湾工作办公室、北京市宣武区人民政府台湾事务办公室(一个机构、两块牌子，简称区台办)是区委、区政府主管本区对台工作的工作部门，与区委统战部合署办公。年内，区台办深入贯彻十六大精神和“三个代表”重要思想，按照中央和市、区委对台工作的指导思想和总体要求，紧紧围绕经济建设和维护两岸关系稳定的大局，扎扎实实做好各项对台工作。

地址：宣武区广安门南街68号

电话：83976193

邮编：100054

（曹炜峰）

【纪念对台重要讲话发表8周年】 1月8日，区委统战部、区台办召开统一战线各界人士纪念江泽民主席对台重要讲话发表8周年大会。会议以“认真学习十六大精神，促进祖国早日统一”为题，用学习交流与文艺表演相结合的形式表达了各界人士期盼祖国早日统一的愿望。民革区工委主任曹云健、侨联副主席刘春英、政协委员冯仪分别谈了学习江泽民主席《为促进祖国统一大业的完成而继续奋斗》及十六大报告中关于对台工作论述的体会。会上，各单位演出了在开展“弘扬爱国情，高唱统一歌”活动中排练的节目。区委统战部部长王玉兰对全区各界人士在促进祖国统一工作中所作出的贡献给予充分肯定，希望大家深入学习、全面贯彻十六大报告中对台工作的指导思想和总体要求，以及江泽民主席提出的对台工作8项主张，扩大两岸交流，为促进祖国早日实现完全统一做贡献。

（曹炜峰）

【组团赴台考察交流】 4月，“京味文化之旅——老字号商业文化”赴台交流团赴台。在台湾期间，举办了5场展览，5000余人参观；发放宣传材料4000余份，名片1500余张；宏宝堂经理程茂全无偿赠送字画40余件；同仁堂医馆大夫关庆维为200余人把脉。9月，宣武区教育学会赴台考察团一行19人，对台湾3个城市的7所大、中、小学校及有关单位进行了参观考察和交流活动。考察团成员在与台湾各界人士的接触中，介绍宣传了宣武区教育工作的情况和首都改革开放以来取得的成就及有关方针政策，增进了台湾同胞对“和平统一、一国两制”方针和祖国大陆的了解。

（曹炜峰）

【做好“非典”期间对台工作】 4月中下旬，在北京出现“非典”疫情期间，区台办努力争取有关部门的配合，做好台资企业、台胞、台属的疫情防治工作。

（曹炜峰）

【开展涉台宣传教育】 年内，区台办根据市台办对台宣传指导思想制定了宣传计划；与区委宣传部共同制定下发了《关于在全区集中开展一次群众性涉台宣传教育活动的通知》；组织各单位认真学习传达市台办的《涉台宣传提纲》，并进行督促检查，使全区广大干部群众对台湾形势和党的对台工作方针政策有了进一步的了解。

（曹炜峰）

【信息调研信访工作】 年内，区台办向市台办报送《宣武涉台信息》34期；完成《做好涉台采访管理的体会与探讨》和《宣武区重点单位台胞台属状况的调查》调研报告2篇。12月，在北京市涉台工作论坛上，区台办作了题为《建设涉台窗口单位，促进两岸交流交往》的发言。受理来信来访20余件，比往年有所下降，主要原因是老信访户的难点问题基本得到了解决。

（曹炜峰）

【海峡两岸交流活动】 年内，受SARS疫情影响，两岸交流活动较上一年有所减少。区台办接待台湾新闻记者采访3批、6人次，协助台湾东森电视台,完成了对荣宝斋、晋阳饭庄、纪晓岚故居和宏宝堂等老字号的采访;协助台湾 TVBS 电视台,完成了对安徽会馆、正乙祠、湖广会馆的采访;协助台湾电视台,拍摄娱乐节目 1 次。接待重点人士 3 次;组织因公赴台团队成行 5 批、45 人次,主要进行文化、教育、经济等方面的交流活动。

(曹炜峰)

决策研究工作

【概况】 中共北京市宣武区委、北京市宣武区人民政府研究室(简称区研究室)是区委、区政府负责综合性调查研究工作的部门,行政编制 6 人。承担的主要任务是:对带有全局性、战略性、政策性的重点问题进行调查研究,为区领导科学决策提供依据和建议;组织、协调、指导全区各单位、各部门的调查研究工作,交流优秀调查研究成果;参与区委、区政府部分重要文稿的起草工作等。年内,区研究室紧紧围绕区委、区政府的中心工作和重点任务,深入开展调查研究,突出抓好重点课题的调研,加强全区调研工作的组织、协调、督促和检查。全年共完成调研课题 271 个,其中处级党政正职完成或主持完成的调研课题 53 个;完成了《宣武调研》的编辑和报刊资料的收集工作;坚持和完善调研工作制度,组织召开了全区调查研究工作会议。

地址:宣武区广安门南街 68 号
电话:83976151
邮编:100054

(张 松)

【为区级领导调研服务】 年初,区研究室协助区委、区政府领导确定重点调研课题 18 个,涉及经济建设、改革与发展、城市建设与管理、组织人事工作、民主法制建设、党的建设等方面的内容。至年末,共完成 17 个调研课题,其中区研究室牵头完成了 3 个上报市委的重点课题和 1 个区重点课题的调研、撰稿任务,并将部分区领导主持完成的调研成果及时向市刊推荐,全年被市刊采纳 6 篇。

(张 松)

【处级领导干部调研】 年初,按照"调研工作三同时制度"的要求,区研究室围绕全区工作重点,提出调研参考题目,并将"2002 年全区各单位、各部门调研课题完成情况"、"2003 年全区各单位、各部门调研课题计划"汇总成表,下发全区各单位、各部门交流、参考。年中,下发"关于搞好 2003 年调研工作年中检查的通知",对全区各处级单位党政"一把手"课题的完成情况进行了督促检查。年底,对全区调研课题完成情况进行检查、统计、汇总,对处级领导干部课题完成情况进行检查总结并通报全区。全区各单位、各部门共确定调研课题 233 个,其中党政机关处级"一把手"确立的调研课题 79 个。全年共完成调研课题 271 个,其中处级"一把手"主持或独立完成的 53 个。

(张 松)

【调查研究工作会议】 8 月 5 日,区委、区政府召开全区调查研究工作会议。区委副书记赵长山在工作报告中总结了全区 3 年来的调研工作;区政协、椿树街道工委、公安宣武分局等 3 个单位进行了大会发言;区委统战部、区财政局、区国税局、区劳动学会等 4 个单位作了书面经验介绍。会议由区委副书记、区长武高山主持,区委书记唐大生参加会议并讲了话。

(张 松)

【全区重点课题调研】 年内,区研究室牵头完成重点调研课题 4 个,其中 3 个为上报市委的重点课题。《用'统筹'的发展观规划未来区域经济发展——对优化宣武区产业结构》的调研课题由区委书记唐大生主持,区研究室牵头,区计划委、区统计局、区规划局、区经贸委等 10 个部门组成联合调研组共同完成。调研报告提出了本区未来 10 年国内生产总值年均递增 9%至 10%,到 2010 年人均 GDP 预计超过 7000 美元经济社会发展指标;明确了现代服务业、文化旅游业、都市物流业、高科技产业、建筑开发业作为区今后的主导产业;得出了人口密度过高,经济结构不合理,危旧房改造任务重、难度大,实施古都文化整体保护和现代化城市建设矛盾突出,劳动力就业压力大等为制约区发展主要因素的结论。此调研成果得到了迅速的转化应用,部分内容直接应用于本届区委、区政府的工作报告中,并已收入《中国国情报告》(2003 年版)。《关于促进宣武区产业调整和发展》的调研课题由区长武高山主持,区研究室牵头,区计划委、区统计局组成联合调研组共同完成。调研组对本区的产业结构进行了全面调查、科学分析;对区产业结构和发展情况与本市其它三个城区进行了比较;分析了实现区产业优化升级的四个方面的优势;明确了全区产业优化升级的五大重点产业;提出产业调整和发展的思路及对策;研究了产业结构和发展方向。在多方征求有关方面意见的基础上形成了调研报告。此调研成果部分内容被本届区委、区政府的换届报告吸收采纳;为区政府相关部门制定产业目录、确定主导产业范围、制定产业发展政策以及招商引资政策中提供了思路;为确定区重点功能区的产业发展提供了依据。该调研报告被《北京调研》2003 年第 12 期采用。《关于宣武区公开选拔副处级领导干部的实践与思考》的调研课题由区委常委、组织部长杨素荣主持,区研究室、区委组织部共同承担。调研组在深入调查、认真分析的基础上，提出了完善公开选拔领导干部的7条措施；针对公选成本较高和考察不准等问题，向市委提出了“考任分开”的政策性建议。此调研成果为实施人才战略，改革现有人才选拔、任用体制，建立新的用人机制提供了决策依据。《进一步推进大栅栏地区的改造，实现地区经济增长与区域经济带动的双重目标》的调研课题由副区长王永新主持，区研究室、区风貌办公室组成联合调研组共同完成。调研组充分分析了大栅栏的历史、文化资源、现状以及加入世贸组织、筹办奥运会等为大栅栏改造带来的机遇与挑战，得出了大栅栏开发的综合条件已经成熟的结论；找出了影响大栅栏改造的客观问题，充分估计了大栅栏地区开发改造的有利条件和不利因素，提出了建设大栅栏的战略构想。此调研报告提出的大栅栏改造的原则、指导思想、开发改造的总体思路及相关政策措施，对大栅栏的长期开发具有一定的指导意义。

（张　松）

【优秀调研成果评选】 年内，区研究室重新修订了《宣武区优秀调查研究成果评选办法》，并依据此办法对2003年度调研成果进行了评选。全区共评选出优秀调研成果60篇，其中一等奖10篇、二等奖20篇、三等奖30篇，并从中筛选出30篇，编发了北京市宣武区2003年度《优秀调研成果选编》。

（张　松）

【信息工作】 年内，区研究室共编发《宣武调研》41期，其中普刊32期，增刊9期，共5500余份；征订市委内部刊物《北京工作》、《决策参考》、《社会经济问题研究》、《学习研究参考》111份，覆盖全区26个单位。

（张　松）

【决策研究】 年内，在调查研究的基础上，区研究室提出了信息收集、政府决策咨询、规范决策程序、监督决策落实的24条措施，形成了《宣武区政府民主化、科学化决策的意见》，以区委文件下发。

（张　松）

【区政府常年顾问工作】 年内，区研究室制定了“顾问服务工作制度”，进一步明确服务对象、服务内容，规范服务标准。全年组织召开区政府顾问座谈、咨询会6次，走访、慰问区政府顾问3次。区政府顾问就区改革与发展、处理古都风貌保护和危旧房改造关系、文化旅游资源开发利用等方面提出建议27条。

（张　松）

【区政府聘请建议征集人】 年内，宣武区政府按照建立健全民主科学化决策机制的意见，经街道系统、工青妇系统的推荐，区政府聘请时文生、武剑、谢军、曹秀东、孙凤霞、申云龙、张淑青、贾国明、王瑞武、刘石、马希桂、张吉敏、范群志、成秉亮、暴雪鹰等15位同志为宣武区特约人民建议征集人。10月21日，区长武高山为15位人民建议征集人颁发了聘书。全年共收到建议征集人意见、建议39件，其中30件转职能部门处理，2件做了回复解释。

（张　松）

老干部工作

【概况】 中共北京市宣武区委老干部局是负责管理离休干部、处级退休干部和区委、区政府机关离退休人员的区委工作机构。现有干部、工人28人。年内，老干部局紧紧围绕“学习、实践三个代表重要思想主题教育”开展一系列活动，注重抓调查研究，认真落实离休干部的生活待遇。截止到12月31日，全区有老干部1547人，其中离休干部1000人，易地安置离休干部61人，副处级以上退休干部486人。离休干部平均年龄78岁。

地址：宣武区双槐里小区23号

电话：83525651

邮编：100054

（徐菁华）

【第十六次老干部座谈会】 1月26日，召开第十六次老干部座谈会。区委副书记王敏荣代表区委老干部工作领导小组做工作报告，总结了2002年老干部工作，布置了2003年老干部工作；区长鲁勇向老同志通报了2002年的工作情况，并就老干部工作提出四点要求：1、认真组织广大离退休老干部学习贯彻党的十六大精神；2、高度重视老干部工作，切实加强对老干部工作的领导；3、认真研究解决好老干部的生活待遇问题；4、进一步加强老干部工作部门的自身建设。全区主管老干部工作的领导、局职离退休老干部和部分老干部代表110人参加了会议。市老干部局副局长高力参加了会议并讲话。

（徐菁华）

【培训老干部工作人员】 3月份，举办了老干部工作人员培训班。学习贯彻《宣武区离休干部理疗统筹管理暂行办法》和《进一步加强企业离休干部管理工作的意见》，并请劳动和社会保障局的有关同志对《宣武区离休干部医疗统筹管理暂行办法》文件的精神进行了讲解。

（徐菁华）

【离休干部医疗统筹工作】 从4月1日起，正式执行《宣武区离休干部医疗统筹管理暂行办法》，解决了拖欠离休干部医药费问题，保证了离休干部医药费实报实销。

（徐菁华）

【"非典"时期老干部工作】 "非典"时期,老干部局为掌握老同志情况,随时与老干部电话联系,并走访慰问了30余名老干部;及时将市老干部局拨付的3200元补助送到易地安置老同志家中;走访慰问了有亲属战斗在抗击"非典"一线的老干部。

(徐菁华)

【离休干部高龄养老问题调查】 7月,老干部局领导带队分2组到广外街道开展调查研究,共走访居住在广外地区的离休干部50人,社区居委会5家,为全区做好依托社区搞好离休干部高龄养老工作提供了依据。

(徐菁华)

【市领导到区检查工作】 9月份,市委组织部副部长李维良、市老干部局局长薛菡到宣武区检查《老干部工作领导责任制》落实情况。

(徐菁华)

【关爱离休干部青年志愿者服务行动】 10月份,老干部局与共青团宣武区委联合推出了"青春映晚霞"关爱离休干部青年志愿者服务行动,4位离休干部与广外街道等四家单位的共青团组织签定了《协议书》,从而切实解决了老干部生活上的不便,更好地为老干部提供优质的服务。

(徐菁华)

【第八届老干部金秋运动会】 10月17日,举办了宣武区第八届老干部金秋运动会,全区50个单位近千名老干部参加了运动会。

(徐菁华)

【主题教育活动】 年内,在全区老干部中开展了以学习、实践三个代表重要思想为主要内容的"珍惜荣誉、维护形象、与时俱进、共奔小康"主题教育活动,主要有:一是利用《晚霞》报宣传这一活动的安排和意义,刊登老同志就主题教育活动的反响。二是举办报告会、读书班和培训班,全区各单位举办各类学习班35期,培训理论骨干600余人次;各类报告会、理论讲座10多场,有近4000人次参加。三是办好老干部党校,区委拨款15万元外出办了5期,共有500人参加了学习。

(徐菁华)

【为老干部办实事】 年内,区委、区政府决定为老干部办5件实事全部落实:1、建立和完善宣武区离休干部离休费、医药费保障机制和财政支持机制;2、在上年给每位离休干部订一份《北京日报》的基础上,年内又赠阅《宣武报》一份;3、为80岁以上离休干部发放慰问金800元;80岁以下抗日战争时期离休干部500元;解放战争时期离休干部300元;4、拨款15万元,用于老干部党校建设;5、增拨经费10万元,用于加强退休干部管理。

(徐菁华)

保密工作

【概况】 中共北京市宣武区委保密委员会办公室(简称区委保密办),挂北京市宣武区国家保密局牌子(简称区保密局),是中共北京市宣武区委保密委员会的办事机构,又是区政府负责本行政区域内保守国家秘密的工作机构,由区委办公室管理,行政编制5人。主要职责是:负责贯彻执行党和国家有关保密工作的方针、政策及北京市有关规定,制定和组织实施宣武区保密工作计划;依法履行行政管理职能,组织和监督保密法律、法规和规章在本区的实施。年内,区保密工作围绕区中心工作,提高"优化区域发展环境,推进政府管理创新"的工作理念,以"开拓创新,依法治密,突出重点,确保安全"为目标,完善保密组织机构,抓好保密干部队伍建设。以纪念保密法颁布15周年为契机,加大保密宣传教育力度,强化保密意识,坚持依法管理,规范计算机信息系统保密管理,提高保密技术含量和防范能力。

地址:宣武区广安门南街68号
电话:83976191
邮编:100054

(吴松令)

【印刷、复印行业管理】 3月,区保密局对在宣武区国家保密局注册备案的230个从事印刷、复印的行业进行年检,其中参加年检的215个,因为拆迁、停业15个。3月、9月,区保密局与公安宣武分局、工商宣武分局、文化委员会组成联合执法组,对辖区内5个国家秘密载体复制定点单位和北京中鸿防伪印务公司进行了执法检查。

(吴松令)

【保密委员会会议】 3月11日召开。会议传达了市委保密委员会2003年主要工作精神;通报了北京市2002年泄密事件的情况;总结了2002年全区保密工作;审议通过了《区委保密委员会2003年工作要点》和《宣武区计算机信息系统保密管理办法》。

(吴松令)

【保密工作会议】 4月2日召开。会议传达了市委保密委员会会议精神;通报了2002年在北京市发生的泄密案件情况;总结了2002年保密工作;部署了2003年工作任务。各单位主管领导和保密干部110人参加会议。

(吴松令)

【专项检查】 6月23日至7月21日,按照市委保密委的要求,区委保密委员会下发《关于对涉密计算机上互联网问题开展全面检查的通知》,对全区党政机关、涉密单位的计算机使用情况进行全面检查,重点检查涉及国家秘密和内部信息的计算机是否上互联网。全区共有局域网 38 个,上互联网计算机 2232 台,存放涉密信息的计算机 57 台,内部信息计算机 1819 台。

(吴松令)

【业务检查】 6 月,全区 100 个单位开展了保密工作自查。11 月,区保密局开展了年终保密工作检查。在各单位自查的基础上,7 个保密协作组召开会议,交流年终保密检查自查情况。区保密局重点检查了 18 个单位,听取了各单位主管领导一年来的保密工作情况汇报,查看了领导班子研究保密工作和学习保密法律法规的会议记录、收发文登记本,检查了文件传阅签字手续、保密制度的落实情况,实地检查了计算机信息中心的管理状况。

(吴松令)

【纪念保密法颁布 15 周年活动】 年内,区保密局在全区开展了保密法制宣传教育展板制作、评选、巡回展览活动。28 个单位参加,共报送宣传展板 61 块,展板内容涉及保密法规知识、领导干部保密责任制、贯彻执行保密法律法规、开展保密宣传教育和检查、加强计算机信息系统保密防范能力等方面的做法和经验。巡回展览结束后进行了评选活动,共评出一等奖 2 名,二等奖 4 名,三等奖 6 名,优秀奖 16 名。展览自 8 月 12 日起历时 4 个月,先后在 50 多个单位展出,有 5000 多人参观了展览。

(吴松令)

【干部保密教育】 年内,在党校举办的 5 期干部培训班(处级领导干部班 2 期、中青年后备干部 1 期、科级干部培训班 1 期、公务员初任班 1 期),进行了以保密形势、保密法规知识和保密工作特点及任务为主要内容的保密教育讲座,170 名学员参加。

(吴松令)

【保密技术】 年内,区保密局为 5 个单位配备了视频保护机。购买了汉邦网络安全检查系统,检测了 7 家单位的计算机网络安全保密情况。对检查中发现的问题提出了整改建议报告,要求加强管理,采取措施,提高计算机网络安全保密性能。

(吴松令)

直属机关工委工作

【概况】 中共北京市宣武区委区直属机关工作委员会(简称区直属机关工委)是负责区直属机关系统党的建设的工作部门,是区委的派出机构,在区委领导和区政府党组的指导下,履行协助、监督职能,行政编制 8 人。年内,区直属机关工委组织所属党组织认真学习邓小平理论和“三个代表”重要思想、深入贯彻党的十六大和十六届三中全会精神,围绕中心,服务大局,在基层党组织中广泛开展了“共产党员佩带党徽上岗”教育活动和“优化发展环境,当好人民公仆”党风廉政建设宣传教育月活动;对“增三力达标创优”工程进行了检查验收和评比表彰;带领系统内各级党组织和广大党员干部,经受住了突发性“非典”疫情的考验,完成了年初确定的各项工作任务。

地址:宣武区广安门南街 68 号

电话:83976187　83976184

邮编:100054

(姚春健)

【共产党员佩带党徽上岗】 年初,区直属机关工委在全系统各级党组织中开展了共产党员佩带党徽上岗活动。佩带党徽上岗活动启动仪式在地税局举行。之后,佩带党徽上岗活动得到了区法院、区检察院、区劳动局、区委党校、区人大常委会机关、区妇联等党组织的响应与配合,分别以召开民主生活会,群众座谈会,参观爱国主义教育基地,重温入党誓词,讲解党徽、党旗、国歌知识等各种形式,将佩带党徽上岗活动推向深入。

(姚春健)

【抗击“非典”工作】 4 月至 6 月,在抗击“非典”期间,区直属机关工委利用《宣武机关党建》网站和《机关党建》刊物,迅速转发区委发出的《致全区各级党组织和共产党员的一封信》,号召系统内各级党组织和广大党员干部积极投身到抗击“非典”斗争中;组织机关干部开展奉献爱心社会捐助活动,全系统共捐款 194556 元;组织机关干部执行中华家园和广外荣丰 2008 工地隔离区警戒任务,防止了疫情扩大。此外,由区直属机关工委牵头,区工会、团区委、区妇联密切配合,所属各单位积极参与,对区奋战在“非典”防治一线的 254 户医护人员家属进行了慰问。机关工委在抗击“非典”过程中,服从大局、听从指挥、行动迅速,完成了区委交给的各项任务,为赢得抗击“非典”斗争的最终胜利做出了一定的贡献。系统内共有 9 个党组织、51 名干部受到了市、区委的表彰,机关工委也被市、区委分别授予“首都防治非典型肺炎工作先进集体”、“宣武区防治非典型肺炎工作先进基层党组织”荣誉称号。

(姚春健)

【增“三力”达标创优工程】 6 月,在系统内进行了增“三力”达标创优评比表彰工作,分别授予 13 个基层党组织、12 名党员干部、80 名共产党员先进党支部、优秀党务工作者、优秀共产党员荣誉称号。在全区增

"三力"达标创优工程评比表彰中,机关工委被宣武区委授予"先进工委"荣誉称号;系统内有15个基层党组织、11名党支部书记、9名党员干部、19名共产党员被区委分别授予宣武区先进党支部、宣武区优秀党支部书记、宣武区优秀党务工作者、宣武区优秀共产党员荣誉称号。

(姚春健)

【五好文明机关竞赛评比活动】 6月至9月,区直属机关工委开展了以"万众一心抗非典,优化环境促发展"为主题的五好文明机关竞赛评比活动。要求文明机关要达到机关卫生洁净抗"非典"措施落实好,部门文明规范制定与执行好,优化发展环境工作开展好,工作效率提高好,工作机制创新好的"五好"标准。活动期间,开展了"歌颂祖国辉煌成就计算机图片设计大赛"活动,共收到形式多样、各具特色的设计作品73幅。区直属机关工委专门聘请了高校美术老师,对作品进行了评比,对优秀作者进行了奖励。

(姚春健)

【召开区直属机关党代表会议】 12月7日,根据区委《关于中国共产党北京市宣武区第九次党代会代表选举工作的通知》精神,区直属机关工委组织召开了区直属机关党代表会议,选举区直机关出席区第九次党代表大会代表65人。基层党组织通过召开党代表会议选举产生区党代会代表,在宣武区历史上是第一次。区直属机关工委按照区委对代表选举工作的要求,精心组织,认真细致地抓好每个环节,圆满完成了会议的选举任务。

(姚春健)

【学习十六大知识竞赛】 年内,区直属机关工委举办了学习十六大精神知识竞赛活动。全系统58个直属党组织的2708名党员、团员、干部职工参加学习与答题活动。在此基础上,区直属机关工委开展了十六大精神知识擂台赛,共有36支代表队、180名队员参加角逐。

(姚春健)

【党风廉政建设教育活动】 年内,区直属机关工委在系统内组织开展了"优化发展环境,当好人民公仆"党风廉政建设宣传教育月活动。机关纪工委所辖31个部门的党组织、380多名党员参加了教育活动。各单位结合实际,采取上党课、看歌颂先进典型的话剧、组织机关干部参观北京市监狱、收看反面典型的警示光盘等多种形式,对党员进行正反两个方面的教育。区直属机关工委还加强了对各单位教育情况的检查,对教育活动进行了指导。

(姚春健)

【查处违纪案件和办理来信来访工作】 年内,机关纪工委共受理来信来访5件,办理恢复党员党籍手续1件,查处违纪案件3件,处分党员3人,其中给予党内严重警告处分2人,开除党籍1人。按照事实清楚、证据确凿、定性准确、处理恰当、手续完备的原则,机关纪工委对群众反映的每个问题进行了认真负责、实事求是的调查处理。

(姚春健)

【精神文明建设】 年内,区直属机关工委继续贯彻落实《公民道德建设实施纲要》,广泛开展群众性文化体育活动等。在精神文明创建活动中,机关工委系统有3个单位被评为首都文明单位标兵,9个单位被评为首都文明单位;13个单位被评为区文明标兵,2个单位被评为区文明单位,15个单位被评为区文明机关;有7项活动被评为区精神文明建设最佳活动。

(姚春健)

【工会工作】 年内,区直属机关工会加强了组织建设,督促指导基层工会换届改选;加强对工会干部业务技能的培训,坚持每年举办两次工会干部培训班;精心组织了一系列丰富多彩的文体活动,推广普及大众健身操;组织参加区工会举办的职工英语大赛、"安利杯"宣武区职工足球赛等。机关工会还组织慰问困难职工,为广大干部职工办理安康互助保险及出险理赔,为女工办理"四病"保险等。机关工会在抗击"非典"斗争中,被市总工会授予"抗击'非典'支前行动"先进集体;在2002年至2003年度建家升级活动中,被区工会授予先进职工之家;在工会目标管理考核工作中,被区工会授予优秀单位;在北京市第四届全民健身体育节中,被北京市体育节组委会授予北京市第四届全民健身体育节先进单位和全民健身优秀组织奖。

(姚春健)

【共青团工作】 年内,机关工委在全系统开展了"学习十六大知识竞赛"活动;与团区委联合召开了宣武区青年公务员优化发展环境座谈会;适时举办团干部培训班,提高机关团员青年的整体素质。机关团工委还组织系统内广大团员青年开展佩带团徽上岗、向团旗宣誓等活动;推进团员青年的推优入党工作,有16名团员青年经过机关团工委推荐,加入了中国共产党。

(姚春健)

【机关工委组织状况】 年内,区直属机关工委下属的57个处级单位中设有6个党委、7个党总支、44个直属党支部;有党员4163人,其中在职党员1603人,离退休党员744人,流动党员1816人;全年共发展新党员64人,批准预备党员转正51人,其中机关工委审批吸收预备党员29人,审批预备党员转正23人;

有23家基层党组织按规定完成了换届改选工作。

（姚春健）

党校工作

【概况】 中国共产党北京市宣武区委员会党校（简称党校）、宣武区行政学院，是中共宣武区委直接领导下的培养领导干部的学校，大专体制，两块牌子，一套人马，主要承担对全区党员领导干部进行系统的马克思主义基本理论教育培训。年内，党校作为市委党校成人教育学院宣武分院，在原开设经济管理、行政管理、工商、法律、计算机等大学本科及专科班的基础上，又增设了物业管理大专班和会计学本科班，同中央党校函授学院联合举办了社会学专业研究生班，各类班次学员已达到3900余人。党校有职工54人，专职教师13人，副教授7人（含两名兼职），讲师7人，助教1人；设办公室、政治教研室、管理教研室、计算机教研室、教务科研处、培训处、图书资料室、总务处共8个科室；有各类教室14个，学习室15个，计算机教室2个，有计算机82台及两套完整的闭路电视教学系统；图书馆藏书4万余册、各类报刊杂志30余种。年内，党校以改革为动力，与时俱进，开拓创新，各项工作取得了新进展。全年共办处级领导干部进修班2期、中青年干部培训班1期、组织干部培训班1期、公务员初任培训班1期、公务员任职培训班1期、入党积极分子班6期，共培训学员616人；完成教学任务967讲、3868课时。

地址：宣武区南菜园49号

电话：63531324

邮编：100054

（杨淑卿）

【组织教师参加十六大精神宣讲团】 2003年1月，为深入学习和贯彻党的十六大精神，发挥党校自身优势，校委提出了“先学一步、多学一点儿、学深一些、深入基层”的要求，组织学校10名教师参加了区委组织的宣武十六大精神进社区宣讲团。宣讲团深入街道、社区、市民学校、建筑工地等，以通俗易懂的语言和贴近实际、贴近群众、贴近生活的方式进行了12场次的宣讲、辅导，北京电视台、《北京日报》等多家媒体对此活动进行了报道。

（杨淑卿）

【区党建研究会年会】 3月18日，宣武区党建研究会在区工会礼堂召开2003年度工作会议，参加会议的有70余名会员，区委副书记、区党建研究会会长王敏荣及党建研究会的领导出席了会议。这次会议还特别邀请北京市社科院副院长马仲良和市党建研究会秘书长刘道福参加。会议的主要内容是：进行2002年党建研究会工作总结并部署2003年工作计划；调整理事会和监事会部分领导成员；通报2002年度双优评比活动中荣获优秀分会和优秀论文的单位及名单。

（杨淑卿）

【“我心中的党徽佩带仪式”举行】 3月20日，为增强共产党员的先进性和党员意识，党校机关党总支举行了“我心中的党徽佩带仪式”。活动的重点是宣读机关工委关于佩带党徽的通知精神；向全体党员宣讲党旗、党徽知识及党员的权利和义务等。区残联理事长、优秀共产党员冯兰英作了先进事迹报告。

（杨淑卿）

【中央党校研究生班宣武班开班】 3月21日，2003级中央党校在职研究生社会学专业宣武班举行开学典礼。这是中央党校在各城区党校举办的第一个研究生班，标志着宣武党校在党政干部综合素质教育和学历教育方面迈上了新台阶。

（杨淑卿）

【中青年班赴北京高炮四团军训】 3月31日至4月4日，中青年干部培训班在北京高炮四团进行了为期一周的军训。这次军训的目的是：加强对中青年干部组织纪律性的教育，培养勇于吃苦、乐于奉献的精神和坚强的毅力，增强责任感和团队意识，提高中青年干部的基本素质。

（杨淑卿）

【民工党校安“新家”】 在抗“非典”的日子里，外地进京务工人员的身体健康和生命安全受到了党和政府的高度重视。为了减少“非典”感染率，党校响应区委、区政府关于改善外地进京务工人员住宿条件的号召，为了确保民工的居住条件和卫生条件，5月2日，党校常务副校长主管副校长与工地有关负责人一起，研究学校住宿安全、卫生等问题，并抽调人力、物力，将学校的部分教室和学习室腾空，连夜进行清扫和消毒处理。5月3日，正在区政府2号楼工地施工的150多名民工高高兴兴地搬进了新房。民工们表示，一定要加倍努力，把“非典”造成的损失夺回来，为首都的建设和发展贡献力量。

（杨淑卿）

【学历教育教学与管理研讨会】 12月8日上午，党校举办了学历教育教学与管理研讨会，校委领导、专职教师和培训处班主任参加了会议，市成人教育学院副院长王惠卿等应邀到会。这次研讨会就学历教育的教学管理、学员管理等方面进行了深入的研讨。本次研讨会共收到论文25篇。这是自1984年区党校成为市委党校成人教育学院分院以来召开的第一次学历教育与管理研讨会。

（杨淑卿）

【学历教育综合考评工作】 12月12日,为进一步贯彻市党校校长会议精神,提高党校成人教育的教学质量和教学管理水平,市委党校成人教育学院常务副院长刘树桂带领综合考评小组,对区党校学历教育的办学条件、教学和管理工作进行了综合考评。主管学历教育的副校长向考评组进行了工作汇报;考察组在检查了相关的档案资料、管理材料和教学设备的基础上,对考察情况进行了综合分析,提出了指导性意见。通过综合考评,区党校被评为合格单位。

(杨淑卿)

【科研工作座谈会】 12月14日,区党校召开科研工作座谈会,校委领导和部分教师以及与教学有关的处室参加了会议。这次会议的议题是,分析党校科研工作形势,总结经验并就存在的问题提出进一步加强科研工作的意见。会议指出,要从以下几个方面进一步加强对科研工作的领导:1、各处室要把科研工作纳入日程,做到教学与科研同步进行。2、科研课题要与党校教学专题和各处室工作创新密切结合。3、加强对科研工作的组织与领导。4、完善科研工作的激励机制。5、建立引导教师参与区情调研、教师与主体班学员共同开展科研工作,进一步强化党校教学科研一体化机制。

(杨淑卿)

【主体班教学研讨会】 12月15日,区党校与区委组织部共同召开了主体班教学研讨会,校领导、教务科研处工作人员和全体教师参加。会上,区委组织部副部长崔显修传达了全国干部教育培训工作会议精神;党校副校长李连杰介绍了明年主体班教学的设想;学校专职教师就教学内容和教学方法进行了研讨;教务处班主任从完善教学管理、提高学员综合素质等方面提出了意见、建议。党校常务副校长陶佑在总结发言中强调,党校的主体班教学要有宣武特色,要为宣武区的大局服务,要针对不同对象和不同需求,分层次设计教学布局,满足全区干部教育培训的需要。

(杨淑卿)

【公务员拓展训练】 年内,在科级任职培训班学习培训中,按照教学内容的安排,党校组织学员进行了为期三天的拓展训练。集体项目包括:越障、逃生、独舟求援、盲阵、雷阵;个人项目包括:背摔、攀岩、空中抓杠、断桥等。这种体验式教学,把理论与实践有机地结合起来,让学员在做活动的同时思考问题、解决问题,提炼理论。通过训练,学员们充分认识自我,勇于超越自我,增强了团队意识。

(杨淑卿)

【主体班教学】 年内,在主体班教学中,一是将十六大精神融入教学,组织教师认真研读十六大报告,联系区建设的实际和领导干部学习中的重点、难点、热点问题,开设专题;组织学员结合本单位的工作实际和本人的思想实际,谈学习体会,讲发展思路,使学员对十六大精神有一个较为深入和系统的了解。二是把握区情,突出宣武特色。组织教师通过阅读文件资料、听报告、看光盘、与学员座谈、深入基层调研等形式,多渠道了解区情、社情和党建情况,加深对区改革和实现跨越式发展的基本思路和有关方针政策的理解,并将有关内容充实到教学中。三是加强知识更新和能力培训。在深入了解干部需求的基础上,充实新知识,在《领导科学》和《管理科学》的教学中,突出十六大报告中提出的领导干部应具备的基本能力的内容。

(杨淑卿)

党史资料征集工作

【概况】 中共北京市宣武区委党史资料征集办公室(简称党史办),是中共宣武区委主管党史工作的职能部门。主要职责是:贯彻执行中央、市委及区委关于党史工作的指示精神,规划、组织、协调、指导全区的党史工作;征集、整理、编纂全区的党史资料;研究、编写全区各类党史科研成果;配合有关部门对全区党员、群众进行党史和革命史教育;承担上级部门下达的党史征研任务;完成区委交办的有关工作等。年内,依照《宣武区2001～2005年党史工作规划》要求,承接了编辑大型画册《华彩宣武》的任务;继续进行《北京市宣武区社会主义时期大事记》、《中国共产党北京市宣武区组织史资料》(1987年至2003年)、《宣武区"非典"时期大事记》的编写工作。

地址:宣武区广安门南街68号

电话:83976174

邮编:100054

(李春暖)

【召开《北京宣武百科全书》首发式】 8月20日,在纪念北京建都850周年和宣武区建区50周年之际,区委、区政府召开《北京百科全书·宣武卷》暨《北京宣武百科全书》首发式。《北京百科全书》总编辑委员会常务副主任段柄仁,中共北京市委副秘书长陈启刚,中共北京市委党史研究室副主任陈煦,《中国大百科全书》副总编、著名百科全书学者金常政、《北京百科全书》总编王樵裕以及区委书记唐大生、区长武高山等出席。北京电视台、《北京日报》、《北京晚报》、《晨报》、《京华时报》等数家新闻媒体单位对首发式进行了报道。《北京宣武百科全书》多媒体光盘也于同期完成。

(李春暖)

【画册《华彩宣武》出版】 12月，在纪念北京建都850周年和北平和平解放55周年之际，为迎接中共北京市宣武区第九次代表大会召开，大型画册《华彩宣武》出版。该画册为标准8开，共320面，收录1100幅资料照片并配以相应的文字资料。内容分为"宣南春秋"、"文苑大观"、"革命热土"、"宏图初展"、"改革奋进"、"美好家园"、"时代先锋"、"再谱华章"8个部分。画册还着重反映了新中国诞生后，特别是改革开放以来全区人民在中国共产党的领导下各项事业蓬勃发展的情况。该画册作为纪念品在中共北京市宣武区第九次代表大会上赠发给全体代表，并作为礼品书用于宣武区的对外交往。

（李春暖）

纪检 监察

概 述

中国共产党北京市宣武区纪律检查委员会(简称区纪委)是中国共产党在北京市宣武区的纪律检查机关，主管全区的纪律检查工作；北京市宣武区监察局(简称区监察局)是宣武区政府负责全区行政监察的工作部门。1993年5月，区纪委和区监察局合署办公，实行一套工作机构、两个机关名称的体制，在区委、区政府和市纪委、市监察局双重领导下进行工作。区纪委机关设办公室、宣传教育室、廉洁自律工作室、干部室、行政监察室、信访室、案件检查室、案件审理室。主要职责是对区属党组织和党员遵守党的纪律的情况进行监督、检查，对违纪党组织、党员和干部执行纪律。年内，根据中央纪委二次全会和市纪委三次全会的部署，区纪委坚持以"三个代表"重要思想为指导，围绕优化环境、促进发展的主题，按照重点落实党风廉政建设责任制和标本兼治、综合治理、重在治本、整体推进的思路，在抓巩固、抓深化、抓落实上不断加大工作力度，全区党风廉政建设和反腐败工作取得了新的明显成效。

领导干部廉洁自律工作扎实推进。从区实际出发，针对存在问题，区纪委提出了领导干部廉洁自律七项制度，并协同有关部门建立完善了相关配套制度。在全区组织开展了廉洁自律"回查"活动。全区68个单位在广泛征求群众意见的基础上，先后召开了专题民主生活会。继续认真落实《中国共产党党员领导干部廉洁从政若干准则(试行)》，从严控制党政机关办公楼和培训中心建设项目。

严肃查处违纪违法案件。全年共受理群众来信来访469件次，初查案件线索28件，立案15件，结案12件。挽回直接经济损失140余万元。

深入开展纠正部门和行业不正之风工作。纠正医药购销中的不正之风工作扎实推进。认真开展"乱收费、乱罚款、乱摊派、乱检查、乱培训、乱签责任书"专项治理。区教委、区监察局、区财政局、区审计局、区物价局建立了局际联席会议制度，加强对教育收费工作的检查。继续开展民主评议行风活动。围绕区政府重点工作，积极开展行政监察。

积极开展党风廉政宣传教育工作，深入落实党风廉政建设责任制。召开党风廉政建设宣传教育工作联席会议，制定下发了党风廉政建设宣传教育工作意见，开展了以"优化发展环境，当好人民公仆"为主题的党风廉政建设宣传教育月活动。

以贯彻落实党风廉政建设责任制为重点，进一步加大治本力度。党风廉政建设领导体制和工作机制进一步完善；处级领导干部履行党风廉政建设责任制情况报告制度进一步落实；充分发挥人大代表、政协委员的作用，开展专项调查；党风廉政建设责任制落实情况的巡视检查工作全面展开。

从源头上预防和治理腐败。行政审批制度改革扎实推进，上半年共取消和调整行政审批项目7项。产权交易进入市场的工作取得进展。建设工程招投标市场建设继续推进。财政制度改革稳步深入。进一步完善行政事业单位预算定额和设备配置标准。继续深化收支两条线改革，会计集中核算工作稳步推进。进一步落实国库集中收付制度。政府采购工作不断深化。干部人事制度改革进展顺利。各类公开工作陆续开展。

地址：宣武区广安门南街68号
邮编：100054
电话：83976205

（周 纪）

【召开区纪委第十一次全会】 3月12日，区纪委第十一次全会在区委办公楼B1报告厅举行。会议对2002年全区党风廉政建设和反腐败斗争的各项工作进行了全面回顾，分析了存在的问题和不足，研究提出了2003年党风廉政建设和反腐败工作任务。会议审议通过了区委副书记、区纪委书记韩恩慈代表区纪委常委会所作的工作报告。会议指出，2003年是全面贯彻落实党的十六大精神的第一年,做好反腐倡廉工作对全面实现新一届中央纪委提出的五年工作目标至关重要。会议认为,2003 年党风廉政建设和反腐败工作必须继续以“三个代表”重要思想为指导,紧紧围绕发展这个执政兴国的第一要务,坚持反腐败三项工作格局,坚持标本兼治、综合治理的方针,逐步加大治本力度,深入抓好源头治理工作,坚持党要管党、从严治党,切实解决群众反映强烈的不正之风。抓巩固、抓深入、抓落实、抓提高,努力为区域经济持续、健康发展提供坚强的政治保证。

(周　纪)

【开展危改拆迁执法监察】 3 月,市政府重点工程南中轴路危改拆迁工程启动。区监察局在工程启动之前适时介入工程的前期准备工作,要求拆迁指挥部与拆迁公司签订工程拆迁廉政责任书,并将拆迁政策、法规制度、被拆迁人自然情况等向群众公开,接受群众对拆迁全过程的监督,确保区重点工程成为阳光工程,维护广大群众的利益。4 月,区监察局通过群众举报,先后查处了 3 起房管员利用职务之便弄虚作假,擅自将自建房变更为公房骗取拆迁补偿款的案件,为国家挽回经济损失 16 万余元。

(周　纪)

【开展民主评议行风活动】 4 月 21 日,区监察局制定下发了《关于开展民主评议行风活动的意见》,并组织特邀监察员对区市政管委内设的 6 个部门在依法行政、廉洁从政、政务公开、办事效率以及文明服务 5 个方面开展了行风评议。区政府各职能局、各街道分别确定重点,在基层科队站所开展了民主评议行风活动。

(周　纪)

【出台“非典”期间纪律规定】 5 月 14 日,区纪委、区监察局制定下发了《关于在防治非典型肺炎期间严肃财经纪律的通知》。5 月 26 日,区监察局、区财政局、区民政局、区卫生局联合下发了《关于加强防治非典型肺炎社会捐赠款物管理使用工作的通知》和《关于对防治非典型肺炎期间捐款捐物使用情况进行公示的通知》。5 月底,区监察局会同区审计局对区在防治非典期间接收和使用捐赠款物情况进行了专项审计。区接收的防治“非典”捐款捐物共价值 1202 万余元,均能做到手续合法,拨付和发放捐赠款物账目清楚、公开透明、及时到位,未发现违规问题。

(周　纪)

【开展“六乱”专项清理】 5 月 29 日,区纠风办、区经贸委、区财政局、区审计局、区物价局联合下发了《关于对涉及企业的“乱收费、乱罚款、乱摊派、乱检查、乱培训、乱签责任书”行为开展专项清理工作的通知》。6 月底,区纠风办抽查了辖区内的重点单位,对 4 个单位存在的超标准收费、扩大范围收费等问题分别作出了停收、没收、退款、罚款的处理。区减负办为有效防止出现擅自立项、擅自提高收费标准的现象,在全区选取了 100 家企业开展上门服务。

(周　纪)

【奖励举报有功人员】 6 月 9 日,根据《区纪委、区监察局关于奖励举报有功人员暂行办法》的规定,区纪委、区监察局决定对举报有功人员 X 某给予现金一万元的奖励。在南中轴路危改拆迁中,X 某积极检举天桥房管所职工尹某私自扩大住房面积的问题。根据举报人提供的线索,区纪委、区监察局查处了尹某在担任天桥房管所房管员期间,利用职务便利,采取不正当手段分户、增加住房面积,在拆迁中多得拆迁补偿款 11 万余元的问题。

(周　纪)

【党风廉政建设宣传教育月】 6 月 18 日,区纪委、区委组织部、区委宣传部联合下发了《关于组织开展 2003 年党风廉政建设宣传教育月暨廉洁自律“回查”活动的意见》,决定从 7 月上旬至 8 月上旬集中一个月的时间,以“优化发展环境,当好人民公仆”为主题,在全区开展党风廉政建设宣传教育月。教育月期间主要开展了讲党课、树正气、敲警钟、谈情况四项活动。

(周　纪)

【开展廉洁自律“回查”活动】 7 月上旬至 8 月上旬,根据市纪委、市委组织部、市委宣传部的部署,区纪委在全区组织开展了廉洁自律“回查”活动。活动分为提高认识、征求意见、召开生活会、整改验收四个阶段。为了引起全区各级领导班子、领导干部对此次“回查”活动的重视,区委书记唐大生亲自进行了动员,区级领导班子带头召开了民主生活会。会前,区纪委、区委组织部代表区委广泛征求了全区各单位党政一把手的意见,根据大家的提出的意见,区委制定了整改措施,并进行了反馈。全区 68 个单位共召开征求意见座谈会 120 个,征求意见人数达 1500 余人。在此基础上,各单位、各系统先后召开了民主生活会。9 月,区纪委组成 9 个检查组,对全区各单位召开生活会的情况进行了检查、验收。

(周　纪)

【党风廉政建设专项调查】 8 月 20 日,区纪委邀请 20 位区人大代表、区政协委员,就五年来区党风廉政建设和反腐败工作情况进行了为期一个月的专项调查。调查组通过听取被调查单位情况汇报、召开座谈会、走访基层单位等形式,全面了解了党员、干部对五年来区党风廉政建设和反腐败斗争的状况。在调查的基础上，形成了专项调查报告。

（周 纪）

【制定纪检监察信访举报工作意见】

10月27日，区纪委、区监察局制定了《贯彻落实市纪检监察信访举报工作会议精神，做好我区信访举报工作的意见》（简称《意见》）。《意见》指出，要认真学习胡锦涛总书记对信访工作的重要指示精神，提高在新形势下做好信访举报工作重要性的认识；要认真落实信访工作责任制，建立信访举报工作的领导体制和工作机制；严把初信初访关，提高初信初访一次办结率；建立重要信访和直管干部信访问题集体研究制度，实行责任追究制度；搞好重点防范，做好重点信访人的工作；加大宣传力度，建立健全信访信息网络；建立领导接待日和重要信访接待制度，不断拓宽信访举报工作渠道，为群众反映问题、提出意见及建议提供有利的条件和环境。

（周 纪）

【开展党风廉政建设责任制检查】

11月24日至28日，区贯彻落实党风廉政建设责任制领导小组办公室组织党风廉政监督员，对区委办、区政府办、区外事办、区委宣传部、区检察院、区民政局、区建委、区物价局、区法制办、区委政法委、区计划委、区国土房管局等12个单位贯彻执行党风廉政建设责任制情况进行了检查。检查组主要检查了各单位党政领导班子及其成员履行党风廉政建设责任制"一岗双责"的情况及党风廉政建设工作任务落实情况、落实党风廉政建设责任制"五个到位"以及向基层延伸的情况、本年度党风廉政建设和反腐败工作主要任务完成情况。

（周 纪）

【制定职工住房补贴工作纪律规定】

11月28日，区纪委制定下发了《关于落实机关事业单位职工住房补贴工作的纪律规定》，要求各单位要做好本单位干部职工的住房普查、核实工作，要把职工住房补贴发放政策、补贴办法及职工的住房情况、补贴数额等情况进行张榜公示；各单位不得向职工配偶、子女等所在单位提供、出具不真实的证明材料；参与计发住房补贴的工作人员，不得利用职务工作之便，弄虚作假；不得采取不正当手段擅自变更、涂改职工申报住房补贴的原始资料；对在住房补贴发放工作中出现的违法违纪问题，发现一起，查处一起。

（周 纪）

【召开区纪委第十二次全会】 12月15日，区纪委第十二次全体会议在昌平培训中心召开。会议审议通过了区纪委提交区第九次党代会的工作报告。区纪委委员及机关全体干部参加了会议。

（周 纪）

【制定领导干部廉政谈话暂行办法】

12月27日，区纪委制定了《关于实施领导干部廉政谈话的暂行办法》，规定廉政谈话的对象为区委管理的处级党政领导干部和企事业单位党政领导人员；谈话应坚持实事求是、客观公正、坦诚相待的原则，采取同志式的方式进行。廉政谈话主要是纪委负责人同下级党政主要负责人谈话、任职廉政谈话、提醒谈话和警示谈话。

（周 纪）

【制定廉洁自律七条规定】 年内，区纪委在广泛征求意见的基础上，制定了领导干部廉洁自律七条规定，即：1、重申区委、区政府提出的3条禁令，不准在机关和会议培训期间打麻将，严禁赌博；在会议、培训期间中午不喝白酒，严禁酗酒；领导干部不准个人驾驶公车。2、全区党政群机关各类工作会议要充分利用机关内会议设施举行，原则上不得出区开会；特殊需要在宾馆、饭店召开的会议，要报区委办公室或区政府办公室，由主管区领导审批。3、进一步规范公款出国（境），严格按规定程序办理出国（境）手续，严禁公务持因私护照、走旅游渠道出国（境）。4、严格执行重要事项请示报告制度和领导干部请销假制度。5、区属行政机关、事业单位和区属国有及国有控股企业未纳入公开招投标的中小工程，都必须按照"三重一大"的要求，经过集体讨论决定。未经集体讨论决定，任何人不得擅自决定或指定施工队。各单位党政一把手一律不准在本单位各类工程中推荐、介绍、指定工程队。区级领导未经集体讨论，任何人不得向区属各机关、企事业单位介绍、推荐、指定施工队。6、加强车辆管理，严格执行公务车使用管理规定。严禁领导干部未经批准，用公务车出北京市界。7、党政机关领导干部不准兼任有经营性收入的学会、协会等社团组织的领导职务。各类学会、协会等社团组织在经济上必须与行政机关脱钩。上述要求中，第3、4、5条全区国有及国有控股企业、集体企业党政领导干部要参照执行。

（周 纪）

【查处违反党纪政纪案件】 年内，共受理群众来信来访469件次，办结460件次；初查案件线索28件，立案15件，结案12件；挽回直接经济损失140余万元；复议复查历史案件3件。

（周 纪）

【纠正医药购销不正之风】 年内，所有西药品种和中药清热解毒类药品全部参加了市里组织的集中招标采购，中标药品最高零售价格平均下降了9.6%，让利患者240万元。区属各医院通过在门诊大厅设立电子触摸屏、展板、咨询台，向患者公布中标药品零售价及国家公布的最高零售价，让老百姓能够明明白白就医用药。3月，区物价局、卫生局、监察局、药监局组成联合检查组，对宣武医院等10家辖区医院的血液透析器使用情况、一次性心导管使用情况和药品、医疗服务价格进行了专项检查。通过检查，对重复使用血液透析器、重复收费问题进行了处理；对高于政府定价销售中药饮片等问题处没收违法所得46.7万元，罚款8.5万元。

（周　纪）

【治理中小学乱收费】 年内，区教委、区监察局、区财政局、区审计局、区物价局建立了局际联席会议制度，共同协调解决教育收费中存在的问题，加强对教育收费工作的检查。区物价局对全区各级各类学历学校、幼儿园的规定性收费和代收性收费分别实行了收费许可证、收费卡制度。区教育收费在2002年教育零投诉的基础上，2003年被北京市教委列为教育收费免检单位。

（周　纪）

民主党派

民革宣武区工作委员会

【概况】 中国国民党革命委员会北京市委员会宣武区工作委员会(简称民革区工委)是民革北京市委的派出机构。年内，民革区工委有5个支部，党员168人。党员中，有第十届全国政协委员1人；第十二届区人大代表2人；第十届区政协委员12人(其中副主席1人、常委1人)；特邀监察员、监督员8人。

地址：宣武区自新路24号

电话：63565569

邮编：100054

（王　锦）

【参加社会服务】 3月，区工委选派3名党员参加“各民主党派团体学雷锋义务服务”活动，为群众当场解答有关学生参加高考和儿童防病治病方面的问题。

（王　锦）

【开展多种活动】 4月，区工委组织全体党员参观了中山堂，并在中山像前合影留念。大家表示要继承和发扬孙中山先生的革命精神，为振兴中华和促进祖国统一贡献力量。三八节，区工委妇委会组织女党员进行了体检。10月，组织女党员参观游览了北京雕塑公园。各支部分别组织了参观白塔寺、皇城博物馆、航空博物馆，游览龙庆峡等多项活动。

（王　锦）

【参加抗“非典”斗争】 4月至6月，在“非典”肆虐时期，广大民革党员积极投身于抗“非典”斗争中。区工委召开全体党员大会，4位奋战在抗击“非典”一线的民革党员畅谈了参加抗“非典”斗争的体会和感想，区工委主任代表全体党员向参加抗“非典”斗争的党员赠送了慰问品。各支部分别召开了座谈会，表彰了参加抗“非典”斗争的民革党员，并请他们介绍了参加抗“非典”斗争的情况，畅谈了体会。

（王　锦）

【区工委换届】 7月，民革市委任命了新一届区工委领导班子，圆满完成了区工委换届工作。新一届区工委领导班子由7人组成，平均年龄47.3岁，全部具有大专以上学历，6人具有中高级职称。换届后，新的区工委成立了参政议政工作委员会、信息宣传工作委员会、妇女工作委员会。年内，发展新党员7人。

（王　锦）

【参政议政】 年内，区工委负责人参加区委、区政府、区政协等召开的通报会6次、协商会10次。1月，在区政协十届五次会议上，区工委提出了《关于开发利用宣南文化资源》、《落实奥运带动规划，加快回民医院建设与发展》2件党派提案，另有委员提案21件，其中《关于开发利用宣南文化资源》的区工委提案和《建议利用现居民小区绿地、文化广场，建设宣南文化九大系列雕塑等公共设施》的委员提案获区政协2003年度优秀提案奖。在区十二届人大五次会议上，民革中的人大代表提出议案3件。年内，17人参加“为优化宣武区发展环境陈锦言献良策”活动，3人获纪念奖。2人被区政协评为了解和反映社情民意先进个人。区工委有53件信息被区委统战部采用，被评为2003年度宣武区统战信息一等奖。

（王　锦）

【组织学习】 年内，区工委召开全体党员大会，区工委主任作了学习十六大报告的辅导，各支部分别组织党员学习十六大精神。在党员中开展了“三增强、四热爱”教育活动。区工委将民革的新党章及学习辅导材料下发到各支部，组织党员认真学习。各支部分别召开了学习新党章座谈会。

（王　锦）

【促进祖国统一工作】 年内，区工委参与了民革市委《关于进一步发挥民革优势，做好新时期祖国统一工作的调研报告》的问卷调查工作，有30余名党员填写了调查问卷。一名80多岁的党员被邀请参加民革市委召开的台胞台属联谊会，并且朗诵了自己创作的盼望祖国早日统一的诗歌。许多党员还积极反映有关两岸关系的社情民意，向台湾亲友宣传祖国大陆改革开放的新成就。

（王　锦）

民盟宣武区工作委员会

【概况】 中国民主同盟北京市委员会宣武区工作委员会（简称民盟区工委）是民盟北京市委的派出机构。年内，民盟区工委有18个支部，盟员281人。盟员中，有第十二届市人大代表1人；第十届市政协委员1人；第十二届区人大代表2人（其中常委1人）；第十届区政协委员11人（其中副主席1人、常委1人）；特邀监察员、监督员、陪审员9人。

地址：宣武区自新路24号

电话：63565571

邮编：100054

（刘　苹）

【区工委换届】 3月27日，区工委召开换届大会，民盟市委宣布了关于任命新一届区工委的决定。会上，原主委总结了上届区工委5年的工作并表达了对新一届区工委的希望；新一届主委宣读了给退下来的老同志的致敬信，并向老同志敬献了鲜花。年轻的新委员代表新一届区工委成员表示，决不辜负组织和盟员的重托，一定发扬老同志的优良传统，加强自身建设，切实履行职能，努力做出新成绩。新一届区工委由9人组成。

（刘　苹）

【参加抗“非典”斗争】 4月至6月，在抗“非典”斗争中，区工委始终与一线盟员及家属、18个支部的主委和老盟员保持电话热线联系，了解盟员的健康和工作情况。区工委成员个人捐款1000元为一线同志购买了小型收音机，使他们在隔离区内能够收听广播。区工委两次向全区盟员发出公开信，鼓励大家团结一致，战胜困难。宣武医院和回民医院定为“非典”定点医院时，区工委还向这两家医院的党委寄发了慰问信。有6位盟员参加了抗“非典”一线工作，被民盟市委评为抗“非典”先进个人，其中1人被评为北京市统战系统抗“非典”先进个人。

（刘　苹）

【总结表彰大会】 12月27日，区工委在湖广会馆召开2003年总结表彰大会。民盟市委主委、副主委、区政协主席、区委统战部部长、盟员所在单位领导及全区盟员参加了大会。大会表彰了5个基层支部、33名先进盟员、19名优秀基层干部和2名优秀信息员。会后，由风雷京剧团民盟支部和中国戏曲学院民盟支部联袂演出了《女起解》、《坐宫》、《两将军》等京剧折子戏。

（刘　苹）

【参政议政】 年内，区工委负责人参加区委、区政府、区政协等召开的通报会6次、协商会10次。在区政协十届五次会议上，区工委提交党派提案6件，委员提案23件，其中《加强对青少年进行公民基本道德教育，避免和减少青少年犯罪》的区工委提案和《是否可以考虑将传媒产业作为我区的经济增长点来重点发展》的委员提案获区政协2003年度优秀提案奖。区工委《关于绿化美化亮化宣武，优化自然与人文环境，实现奥运计划》的调研获2003年度宣武区党派团体调研一等奖；《关于宣武区社区建设的几点建议》、《加强医药功能区建设，促进宣武区可持续发展》、《继承古都文脉，弘扬宣南文化，发展宣武经济》获二等奖。全年被统战部采用信息34条，获2003年度宣武区统战信息二等奖；3人获区政协2003年度了解和反映社情民意工作先进个人。区工委发动盟员积极参加区委统战部开展的“为优化宣武区发展环境陈锦言献良策”活动，30名盟员提出建议47件。一位老盟员给区长写信提出有关促进宣武区建设发展的建议，得到区长的重视，委托区政府法制办负责人与这位盟员进行相互沟通，所提建议被评价为“条条见真情，句句显真意”。

（刘　苹）

【自身建设】 年内，区工委领导班子坚持学习制度，每一次区工委开会都有一位委员作学习“十六大”和“三个代表”重要思想的专题发言。6月26日，召开“抗‘非典’，论精神，纪念党的生日”座谈会，6位盟员畅谈了他们参加抗“非典”斗争的体会；民盟市委副主委姚飞在讲话中赞扬了民盟盟员在抗“非典”斗争中与共产党员同心同德、风雨同舟的精神。区工委全体成员参加了区委统战部举办的党派团体暑期学习班和民盟市委举办的市委委员及区工委成员暑期学习班，使新一届区工委成员在思想上有了进一步提高。8月13日至14日，区工委举办了中青年骨干暑期学习班，4位盟员从不同角度谈学习与实践相结合的体会。成立了“盟员之家”，举办了第一届趣味健身运动会，近百位盟员参加。区工委妇委会组织女盟员进行了体检。邀请曾担任区工委工作的老领导、老同志到区工委座谈，听取意见建议。全年为当月过生日的70岁以上的老盟员寄送生日卡80

余张。

(刘　苹)

【社会服务】 年内,区工委坚持开展与椿树街道"结对子"活动,部分成员参加了椿树地区统战人士"三增强"、"四热爱"教育活动座谈会,区工委代表作了"立足本职,以实际行动学习'三个代表'重要思想"的发言。3月1日,区工委选派8位医务、教师盟员参加区委统战部组织的学雷锋义务服务活动。3月6日,区工委同北京健宫医院、区妇联共同举行了"把特殊的爱献给特别需要关爱的姐妹们暨宣武区妇女儿童健康咨询基地签字揭碑"仪式,为下岗女工再就业明星代表赠送免费体检及医疗优惠卡。重阳节,区工委选派医务支部4名盟员参加了宣武区各民主党派为老年人义诊活动。

(刘　苹)

民建宣武区工作委员会

【概况】 中国民主建国会北京市委员会宣武区工作委员会(简称民建区工委)是民建北京市委的派出机构。年内,民建区工委有16个支部、两个小组,会员467人。会员中,有第十二届区人大代表2人(其中常委1人);第十届区政协委员16人(其中常委4人);特邀监察员、监督员6人。

地址:宣武区自新路24号

电话:83540299

邮编:100054

(白丽媛)

【社会服务】 5月6日,在宣武医院被指定为"非典"防治医院之时,美术支部部分会员参加了民建市委主委朱相远率领的民建艺术家慰问团赴医院慰问演出活动,并献上"众志成城"巨幅国画一幅。7月18日,宣武医院特别邀请由民建市委主委朱相远和宣武区工委美术支部成员组成的"民建北京市委携美术家慰问团"参加"宣武医院抗击SARS大捷庆功大会",并分别颁发荣誉证书,表达对民建组织在紧要关头积极支援抗击"非典"一线行动的感谢。会上,宣武区工委美术支部十几名书画家献上了精心创作的100幅书画作品。抗"非典"斗争中,各行各业的民建会员们在坚守岗位的同时,还在本单位捐资捐款支援抗"非典"斗争。区工委坚持开展与大栅栏街道"结对子"活动。11月18日,在大栅栏地区举办了美术讲座,并将书画家当场所作书画作品献给了大栅栏街道。

(白丽媛)

【区工委换届】 7月24日,区工委召开换届大会,民建市委任命了新一届区工委。新一届区工委由13人组成,平均年龄45.5岁,其中女同志5人,具有中高级职称12人。会上,原区工委主任总结了5年来的工作,新一届区工委主任表示要继承老同志的优良传统,努力把区工委的工作提高到一个新水平。区委常委、统战部长王玉兰对民建区工委5年来的工作给予充分肯定,同时对新一届区工委提出了希望。区工委换届后,进一步修改完善了区工委的工作制度、会议制度,成立了经济委员会和信息委员会,加强了参政议政工作。

(白丽媛)

【成思危到区工委视察】 10月21日,全国人大常委会副委员长、民建中央主席成思危到民建宣武区工委视察并座谈,民建市委主委朱相远,副主委王惠文、何平山及区委书记唐大生,副书记王敏荣,区委常委、统战部长王玉兰和民建区工委全体委员、支部主任等参加了座谈会。唐大生介绍了宣武区的区情和发展思路;民建区工委主任介绍了区工委工作情况;3名区工委和支部负责人分别介绍了参政议政、支部活动和个人工作体会。成思危在讲话中希望广大民建会员要"内强素质、外塑形象",把民建建设成为适应新世纪要求的参政党,更好地履行职能,发挥作用。

(白丽媛)

【参政议政】 年内,区工委负责人参加区委、区政府、区政协等召开的通报会6次、协商会10次。在区政协十届五次会议上,提出区工委提案1件、委员提案11件,区工委的提案《关于宣武区投融资对策的研究与建议》被区政协评为2003年度优秀提案,4名会员被评为信息工作先进个人。发动会员参加区委统战部开展的"为优化宣武区发展环境陈锦言献良策"活动,有11名会员的建议受到区领导的重视,其中1名会员的3000字的建议还以附件的形式全文刊登在区委统战部的《建言汇编》上。9月,举办了有30人参加的参政议政研讨班,对如何采写信息进行了研讨。完成调研报告两篇,《关于宣武区两街六区开发建设进程中值得关注的两个问题》和《促进中小企业发展的税收政策调研》分别获得2003年度宣武区党派团体调研一等奖和二等奖。向有关部门反映社情民意等信息40余条。

(白丽媛)

【自身建设】 年内,区工委认真学习贯彻中共十六大精神,召开学习会、座谈会和支部会畅谈学习体会。在抗"非典"斗争中,民建天桥建筑集团公司支部被评为北京市统战系统抗击"非典"先进集体,4名会员被民建中央评为抗击"非典"优秀会员。在市委统战部编写的《五月的凯歌》一书中,《民建天建集团会员掠影》和《引吭高歌英雄曲》两篇文章反映了宣武区民建会员抗击"非典"的事迹。在民建中央开展的"三增强、四热爱"征文活动中,区工委有2篇征文获奖。

(白丽媛)

民进宣武区工作委员会

【概况】 中国民主促进会北京市委员会宣武区工作委员会(简称民进区工委)是民进市委的派出机构。年内,民进区工委有11个支部,会员211人。会员中,有第十二届市人大代表1人;第十二届区人大代表2人(其中常委1人);第十届区政协委员12人(其中副主席1人、常委3人);特邀监察员、监督员、陪审员6人。

地址:宣武区自新路24号

电话:63565563

邮编:100054

(卜希苹)

【社会服务】 3月1日,区工委选派1名会员参加了区委统战部组织的学雷锋义务服务活动。4月,请民进会员、陈氏太极拳第12代传人、宣武区武术协会负责人在陶然亭公园带领大家学习太极拳。组织600名武协会员到天安门广场参加太极拳表演,引导群众相信科学,破除迷信,齐心协力,战胜"非典"。

(卜希苹)

【抗"非典"斗争】 4月至6月,在抗"非典"斗争中,区工委主任和1名特级教师参加了"空中课堂"的教学任务,第十五中学民进会员参加了该校"电话课堂"和"网上可视答疑"的教学工作。教育学院宣武分院支部会员加班加点编写"学生自学守则",对宣武区中小学生在"非典"期间完成学习任务起到了积极作用。第78中学的2名会员积极报名参加志愿者工作,在"五一"休息期间,与该校共产党员一起到中华家园建筑工地"非典"隔离区进行值班警戒。该校党支部特地给中共区委统战部和区工委写来表扬信,赞扬民进会员与中共党支部同心同德抗击"非典"。华普超市公司也给区工委写来表扬信,赞扬退休后在那里工作的1名民进会员不顾危险,放弃休息,奔波于各门店之间慰问一线员工、采访好人好事的事迹。在"非典"疫情严重期间,区工委负责人、各支部主任和原区工委主任等经常与会员保持电话联系,为抗击"非典"做稳定民心的工作。据统计,有2名会员被民进中央评为抗"非典"先进个人,11名会员被民进市委评为抗"非典"先进个人,区工委、第十五中学支部、教育分院支部被民进市委评为抗"非典"先进集体。

(卜希苹)

【参政议政】 年内,区工委负责人参加区委、区政府、区政协召开的通报会6次、协商会10次。在区政协十届五次会议上,区工委提交党派提案4件、委员提案24件,其中区工委的《关于加强对中小学心理健康教育的建议》获区政协2003年优秀提案奖。会员中的1名市人大代表在市人代会上提出12件建议,2名区人大代表在区人代会上提出5件建议。区工委在白纸坊街道的支持下,针对中小学生心理健康存在比较严重的问题开展调研,发放650份调查问卷,全部收回。在分析问卷的基础上,区工委召开了教师、学生、家长座谈会,完成了《关于中小学校心理健康教育工作现状及改进措施》的调研报告,获2003年度宣武区党派团体调研一等奖。区工委组织会员积极参加区委统战部开展的"为优化宣武区发展环境陈锦言献良策"活动,22名会员提出60余条建议,其中8人被评为陈锦言献良策积极分子。组织会员向民进市委提出78条建议,有的被采纳作为建议或提案提交市人大和市政协。在与白纸坊街道工委"结对子"活动中,应邀参加了白纸坊城管监察分队的总结和征求意见活动。

(卜希苹)

【自身建设】 年内,区工委多次召开会议,学习传达全国、北京市和宣武区"两会"精神、民进市委组织宣传工作会议和区委统战部暑期学习班精神。组织会员深入开展增强对"三个代表"重要思想的认识,增强对社会主义优越性的认识,增强中华民族的凝聚力,热爱中国共产党,热爱社会主义,热爱人民,热爱祖国的"三增强、四热爱"教育活动,共召开区工委和各支部的学习会、座谈会15次。回民学校民进会员应邀参加中共党总支纪念中国共产党成立82周年座谈会,并在会上代表回民学校各民主党派成员发言,盛赞党中央、国务院带领全国人民取得抗击"非典"阶段性胜利的伟大成就,表示要自觉接受学校党总支的领导,始终与共产党同心同德、患难与共。区工委还组织80余名会员参观了白云观、王府井天主教堂、广化寺、牛街礼拜寺等参加了民族、宗教政策报告会,使大家开阔了眼界,丰富了知识,对党的民族、宗教政策有了进一步了解。年内,发展新会员8人。

(卜希苹)

农工党宣武区工作委员会

【概况】 中国农工民主党北京市委员会宣武区工作委员会(简称农工党区工委)是农工党北京市委的派出机构。年内,农工党区工委有10个支部,党员229人。党员中,有第十二届市人大代表1人;第十二届区人大代表1人;第十届区政协委员10人(其中常委2人);特邀监察员、监督员4人。
地址:宣武区自新路24号
电话:63565564
邮编:100054

(孙适聪)

【社会服务】 3月1日,区工委参加了由区委统战部组织的各党派团体学雷锋大型义诊活动,党员中的8名医务工作者参加了活动。10月4日,选派10名医务工作者参加了在陶然亭公园举办的重阳敬老日为老年人义诊活动。在与广外街道"结对子"活动中,10月29日,组织部分医务工作者和文艺界演员到广外街道敬老院,为老人们义诊和表演节目。文艺界党员曾多次参加区委统战部、区政协和街道举办的各种讲座、文化活动。

(孙适聪)

【组织建设】 3月27日,区工委召开换届大会,农工党市委任命了新一届区工委领导班子。由7人组成的新一届工委领导班子及时召开工作会议,完善规章制度,落实委员分工,制定计划,修改了有关学习制度、会议制度、财务制度、交通费报销制度。根据农工党市委对基层组织属地化管理的原则和基层组织建设的需要,9月,农工党广安门医院支部及35名党员转入区工委管理,11月增补1名支部主任为区工委副主任。根据农工党市委关于基层组织统一换届的决定,发动支部主任摸清成员现状,做好支部换届的准备工作,使党员数据库更加准确。年内,发展新党员5人。区工委所属10个支部换届改选工作圆满完成。区工委被农工党市委评为2002～2003年度先进集体,25名党员被评为先进党员。

(孙适聪)

【抗"非典"斗争】 6月,农工党宣武区工委召开纪念成立20周年暨抗击"非典"表彰大会,工委总结了在抗击"非典"斗争中,农工党党员同共产党员风雨同舟、患难与共、亲密合作的优良传统及不惧危险、迎难而上的感人事迹,4名党员畅谈了在抗击"非典"战斗中的亲身经历。34名党员受到区工委表彰;29名一线的医务工作者受到农工党市委的表彰;6名党员受到农工党中央的表彰;8名党员的先进事迹编入《生命的誓言》一书;2名党员的先进事迹编入《五月的凯歌》一书。广安门医院被农工党市委评为抗击"非典"先进支部。

(孙适聪)

【思想建设】 年内,农工党区工委组织和引导广大党员深入学习党的十六大文件精神、中国共产党建党82周年纪念文章和"三个代表"重要思想,召开各种学习会、座谈会6次。结合中央领导同志的"七一"讲话,撰写《学习"三个代表"重要思想的体会》。通过在成员中开展"三增强"、"四热爱"教育活动,撰写了《"三增强"、"四热爱"教育活动总结》;为纪念毛泽东主席诞辰110年,撰写了纪念毛泽东诞辰110周年的纪念文章。7月,新一届区工委委员参加了统战部举办的各民主党派暑期学习班。

(孙适聪)

【参政议政】 年内,区工委负责人参加区委、区政府召开的通报会6次、协商会10次。在区政协十届五次会议上,区工委提交党派提案3件、委员提案20件,反映社情民意6件,其中《关于大栅栏地区保护与开发问题》提案被区政协评为一等奖。8月,区工委与区街道办联合召开专题座谈会,听取了全区8个街道办事处主任谈抗击非典斗争中宣武区在处理突发公共卫生事件中存在的问题,并召开了不同层次人员参加的座谈会,写出了《关于加强宣武区公共卫生体系建设,提高突发公共卫生事件处理能力的建议》的调研报告,获2003年度宣武区党派团体调研一等奖。友谊医院感染科主任、区工委副主任秦小平撰写的《关于加强医院感染管理专业建设的建议》在《中华医学全科杂志》上发表。31名党员参加"为优化宣武区发展环境陈锦言献良策"活动,共提出43条建议,其中5人被评为献良策积极分子,26人获鼓励奖。在区政府《政务督办》第20期《关于宣武区各党派团体为优化区域发展环境建言献策的落实情况》中,12名党员的16条建议被有关部门采纳或给予答复。1名党员被区政协评为信息工作先进个人和优秀特约检察员。全年被区委统战部采用信息30条,被评为2003年度宣武区统战信息二等奖。

(孙适聪)

致公党宣武区工作委员会

【概况】 中国致公党北京市委员会宣武区工作委员会(简称致公党区工委)是致公党北京市委的派出机构。年内,致公党区工委有2个支部,党员63人。党员中,有第十届区政协委员7人(其中常委2人);特邀监察员、监督员3人。
地址:宣武区自新路24号
电话:63565570
邮编:100054

(张　岩)

【社会服务】 3月1日,区工委和侨联选派6人参加学雷锋义务服务活动。在与陶然亭街道工委"结对子"活动中,组织医疗专家为陶然亭敬老院的老人义诊,并送去粮食、食用油等慰问品。2名党员参加了重阳节为老年人义诊活动。12月19日,区工委副主任、中宣育会计师事务所有限责任公司董事长与北京联合大学签订了《关于建立北京联合大学奖助学金的协议》，协议期限为5年，每年3万元，每年评定一次，用于资助15名品学兼优的贫困大学生完成他们的4年学业。

（张　岩）

【抗“非典”斗争】 4月至6月，在抗“非典”斗争中，区工委鼓励全体党员通过电话、传真、电子邮件等方式，主动做好海外亲友的工作，不信谣、不传谣，与党中央保持一致。与区侨联一起向致公党员和归侨侨眷赠送“非典”防治知识宣传册400份。区工委主任个人捐款1000元慰问抗“非典”一线医务工作者；区工委和支部负责人等10人捐款1000元，慰问参加抗“非典”一线的致公党员；其他党员在所在社区捐款2000多元。宣武医院的1名致公党员第一批主动请战，进入隔离区参加抢救“非典”患者的工作，连续工作三个星期。该党员的抗“非典”日记经《宣武侨讯》转载后，受到广泛的好评，还被全文刊登在宣武区抗击“非典”展览的大型展板上。在宣武区侨界抗击“非典”总结座谈会上，该党员汇报了自己和战友们为抢救“非典”患者的生命倾注全力的感人故事。该党员的事迹受到致公党中央的表扬，被评为抗击“非典”先进个人，区工委获得致公党中央授予的抗击“非典”先进集体称号。

（张　岩）

【区工委换届】 6月6日，区工委召开换届调整工作会议，致公党市委任命了区工委第二届领导班子。会上，上届区工委主任作了五年工作报告；新、老委员代表分别发言；致公党市委副主委林义和区委常委、统战部长王玉兰在讲话中对区工委五年来的工作给予了充分肯定，向退下来的老同志表示崇高的敬意，同时对新一届区工委提出了希望和要求。新工委领导班子由5人组成，平均年龄45.2岁，均具有中高级职称。

（张　岩）

【参政议政】 年内，区工委负责人参加区委、区政府、区政协召开的通报会6次、协商会10次。在区政协十届五次会议上，区工委提交党派提案2件、委员提案9件，其中区工委提案《关于对牛街民族特色经济区建设方案的建议》和委员提案《关于建设“前门珠宝城”及相关问题的建议》获区政协2003年度优秀提案奖。区工委成立了由多名老同志组成的调研小组，加强调研工作，全年完成《宣武区下岗失业人员再就业情况调研》和《发挥行业协会作用，促进经济发展》两篇调研报告，分获2003年度宣武区党派团体调研一等奖和二等奖。参加区委统战部组织的“为优化宣武区发展环境陈锦言献良策”活动，24人提出38条建议，3人受到表扬。区工委办公室在电话联系的基础上，开通了电子信息平台，区工委委员和信息员全部拥有电子信箱，加强了与区工委委员的联系和信息报送效率，全年被统战部采用信息21条，获2003年度宣武统战信息三等奖。1人获区政协2003年度信息工作先进个人。

（张　岩）

【自身建设】 年内，区工委坚持“支部为根、党员为本、活动为载体、感情为纽带”，修改完善了有关会议制度、财务和文书档案管理制度，组织党员学习“三个代表”重要思想和邓小平统战理论，传达全国、市、区“两会”精神和致公党市委有关文件精神，开展了“三增强四热爱”教育活动。区工委全体委员参加了区委统战部举办的党派暑期学习班。年内，看望慰问了3名老党员，为6名60岁以上的老党员祝寿，发展党员6人。

（张　岩）

九三学社宣武区工作委员会

【概况】 九三学社北京市委员会宣武区工作委员会（简称九三学社区工委）是九三学社北京市委的派出机构。年内，九三学社区工委有5个支社，社员165人。社员中，有第十二届区人大副主任1人；第十届区政协委员8人（其中常委2人）；特邀监察员、监督员3人。

地址：宣武区自新路24号

电话：63582605

邮编：100054

（戴　彤）

【社会服务】 3月1日，区工委选派社员参加区委统战部组织的学雷锋义务服务活动。8月20日，区工委及广安门医院支社对顺义儿童村的儿童进行了义诊和慰问，并为他们捐赠了营养品、衣物、文具及玩具等，为3名儿童成功实施了手术。9月，区工委看望了被资助的平谷2名失学儿童，为她们送去了新学年的学费。10月，区工委选派社员参加重阳节为老年人义诊活动。坚持与天桥街道工委开展“结对子”活动，为社区居民送去了100余份防治“非典”的宣传材料。

（戴　彤）

【抗“非典”斗争】 4月至6月，在抗“非典”斗争中，区工委共有7人战斗在“非典”一线，20余人参加了“非典”的科研或其它工作。区工委响应社市委和区委统战部的号召，及时开展了“三增强”、“四热爱”教育活动，召开座谈会，请参加一线战斗的人员介绍了抗“非典”斗争的情况及自身感受。据统计，社员中有1人被评为全国政协系统防治“非典”先进个人；1人被评为全国防治“非典”先进科技工作者；1人被北京市政府评为防治“非典”先进个人;1个支社被评为北京市统战系统防治“非典”先进集体,5人被评为北京市统战系统防治“非典”先进个人;24人被社市委评为防治“非典”先进个人;1人被评为宣武区防治“非典”先进个人;7人被评为区工委防治“非典”先进个人。

(戴　彤)

【区工委换届】 6月19日,区工委召开新老班子工作交接会议,社市委副主委周建军、秘书长王琳、区委统战部等领导与区工委新老委员出席,社市委宣布了任命新一届区工委领导班子的决定;老主任做了区工委5年工作总结;新主任表示要继承老同志的优良传统,努力把区工委的工作做得更加出色;社市委和区委统战部领导在讲话中充分肯定了区工委5年来的成绩,同时对新一届区工委提出了希望和要求。会后,新一届区工委召开了工作会议,进行了工作分工,讨论了下半年的工作和调研课题。

(戴　彤)

【社员活动】 12月13日,区工委与丰台区工委联合举办“并肩前进”主题联谊会,150余人出席。中共宣武区委常委、统战部部长王玉兰和丰台区委统战部副部长共同向与会社员致新年贺词。联谊会上表演了社员自编自演的文艺节目。

(戴　彤)

【参政议政】 年内,区工委负责人参加区委、区政府、区政协等召开的通报会6次、协商会10次。在政协十届五次会议上,区工委提交党派提案2件、委员个人提案11件,其中《关于加强中小餐馆卫生消毒工作管理问题的建议》的提案被区政协评为2003年度优秀提案。区工委组织社员对宣武区公共卫生服务体系情况进行调研,写出了《实行区域化管理,切实提高传染病防治能力》的调研报告,被区委统战部评为2003年度党派团体调研二等奖。区委统战部采用区工委信息51条,获2003年度宣武统战信息一等奖。在社市委信息工作评比中,区工委获集体三等奖,社员中1人获先进个人三等奖,2人获优秀奖。

(戴　彤)

【自身建设】 年内,区工委组织区工委委员、支社干部学习十六大精神和社中央第八次代表大会精神,请社市委有关领导作学习辅导报告,并积极参加社市委组织的召开各种座谈会、报告会。4月,区工委举办了参政议政培训班,请社市委原副主委讲如何做好参政议政工作。9月,区工委举办了新社章、组织发展学习班,请社市委有关领导为大家作了新社章和组织发展的辅导报告。年内,发展新社员4人。

(戴　彤)

政权　政治协商

北京市宣武区人民代表大会常务委员会

【概况】 北京市宣武区人民代表大会常务委员会(简称区人大常委会)是北京市宣武区人民代表大会的常设机关,由同级人民代表大会选举产生。依据法律规定,在本行政区域内,区人大常委会有审议决定重大事项、任免区国家机关工作人员、对法律实施和对区人民政府、区人民法院、区人民检察院及其工作人员进行监督等项职权。区十二届人大常委会组成人员23人,其中主任1人,副主任5人,委员17人。政法、财经、城建城管、教科文卫四个工作委员会作为工作机构,为区人大常委会依法履行职责提供服务。人大常委会机关设办公室、代表工作室、政法工作室、财经城建工作室、教科文卫工作室5个办事机构,行政编制25人。年内,区人大常委会坚持以经济建设为中心,以加强社会主义民主法制建设为根本任务,按照区十二届人大六次会议决议的要求,认真履行法律赋予的职责。共召开9次常委会会议,听取和审议区人民政府、区人民法院、区人民检察院19项工作报告和代表大会交付的1项议案办理情况,做出7项决议、决定,依法任免区国家机关工作人员29人次。

地址:宣武区广安门南街68号
电话:83976304　63531935
邮编:100054

(刘广富　牛鸿涛)

【区十二届人大六次会议】 1月22日至25日举行,201名区人大代表出席会议。市人大常委会委员梁平,中共宣武区委、区人民政府、区人民法院和区人民检察院的领导及有关部门的负责同志,出席区政协十届五次会议的委员,宣武区选出的市人大代表应邀参加了会议。会议听取和审议了鲁勇区长所作的政府工作报告、区人大常委会主任张恕贤所作的区人大常委会工作报告、于建伟院长所作的区人民法院工作报告、金兆铭检察长所作的区人民检察院工作报告;审查批准了宣武区2002年国民经济、社会发展计划执行情况的报告和2003年国民经济、社会发展计划,宣武区2002年财政预算执行情况的报告和2003年财政预算;通过了关于上述工作报告的6项决议。会议期间,共收到代表10人以上联名提出的议案13件。经大会议案审查委员会审查、大会主席团决定,交区人民政府办理、由区人大常委会审议的1件;作为建议、批评和意见交区有关部门研究办理并负责答复代表的12件。此外,会议还收到代表提出的建议、批评和意见149件,由区人大常委会交区人民政府、区人民法院、区人民检察院办理并答复代表。

(刘广富　牛鸿涛)

【区人大常委会第33次会议】 2月25日召开。会议讨论通过了北京市宣武区人大常委会2003年工作要点;听取了区民政局关于宣武区第五届居民委员会换届选举工作的实施意见。

(刘广富　牛鸿涛)

【区人大常委会第34次会议】 3月6日召开。会议通过了关于接受张恕贤辞去宣武区第十二届人民代表大会常务委员会主任职务请求的决定。

(刘广富　牛鸿涛)

【区人大常委会第35次会议】 4月22日召开。会议听取和审议了区人民政府关于宣武区2002年预算执行和其它财政收支的审计工作报告、2002年财政决算的报告,通过了关于批准2002年财政决算的决定;通过了关于接受鲁勇辞去北京市宣武区区长职务请求的决定,任命武高山为北京市宣武区副区长、代区长;审议决定了其它人事任免事项;副区长王永新通报了全区非典防治工作情况。

(刘广富　牛鸿涛)

【区人大常委会第36次会议】 6月17日召开。会议听取和审议了区人民政府关于贯彻《中华人民共和国行政复议法》情况的报告；听取了区政府关于贯彻实施《北京市市容环境卫生条例》情况的报告和关于防治“非典”工作情况的汇报；通过了关于召开宣武区第十二届人民代表大会第七次会议的决定；审议决定了人事任免事项。

（刘广富　牛鸿涛）

【区十二届人大七次会议】 7月22日至24日召开，189名区人大代表出席会议。会议听取了代区长武高山所作的政府半年主要工作情况报告，并进行评议；选举唐大生为宣武区第十二届人大常委会主任、武高山为宣武区区长。

（刘广富　牛鸿涛）

【区人大常委会第37次会议】 8月19日召开。会议听取了区民政局关于贯彻执行《城市居民最低生活保障条例》及区最低生活保障工作情况的报告和区民政局局长的述职报告并进行了评议；通过了关于宣武区人民代表大会换届选举工作的决定和北京市宣武区选举委员会组成人员名单。

（刘广富　牛鸿涛）

【区人大常委会第38次会议】 9月23日召开。会议听取了区人民政府关于宣武区优化发展环境、促进区域经济发展和实施《区古都风貌保护规划要点》情况的报告；审议决定了人事任免事项。

（刘广富　牛鸿涛）

【区人大常委会第39次会议】 11月18日召开。会议听取和审议了区财政局关于2003年1月至9月财政预算执行情况和部分变更2003年财政预算的报告；听取了区政府关于“充分发挥先农坛东侧绿地经济作用”议案办理情况的报告；通过了关于召开宣武区第十三届人民代表大会第一次会议的决定；通过了关于接受金焱辞去北京市宣武区副区长职务请求的决定；审议决定了其它人事任免事项。

（刘广富　牛鸿涛）

【区人大常委会第40次会议】 11月28日召开。会议通过了关于接受金兆铭辞去宣武区人民检察院检察长职务请求的决定，任命王忠华为宣武区人民检察院副检察长、代理检察长。

（刘广富　牛鸿涛）

【八城区人大常委会主任联席会议】

12月13日，北京市八城区人大常委会主任联席会议在宣武区召开。东城区、西城区、崇文区、石景山区、海淀区、丰台区、朝阳区、宣武区的人大常委会主任出席了会议。会议就各区即将召开的人代会筹备工作和2003年各区人大常委会工作思路进行了交流；就2003年代表换届选举工作面临的新情况、新问题进行了研讨。

（刘广富　牛鸿涛）

【区人大常委会第41次会议】 12月17日召开。会议听取和审议了区人大常委会代表工作室、区政府办公室分别作的关于区十二届人大六次会议代表建议办理情况的报告；通过了区选举委员会办公室关于区十三届人大换届选举工作和区人大常委会代表资格审查委员会关于区十三届人大代表资格审查情况的报告；通过了关于召开宣武区第十三届人民代表大会第一次会议的有关事项；讨论了准备提交区十三届人大一次会议审议的区人大常委会工作报告；审议决定了人事任免事项。

（刘广富　牛鸿涛）

【区人大常委会主任会议】 年内，区人大常委会共召开10次主任会议，安排了11项议题。先后听取了区计划生育委员会关于贯彻实施《中华人民共和国人口与计划生育法》的报告；区劳动和社会保障局关于劳动就业情况的报告；区检察院履行法律监督职能情况的汇报；区司法局关于贯彻执行《人民调解委员会组织条例》和开展法律援助情况的报告；区城管监察大队关于区城管监察大队队伍建设和执法工作的报告；区人大常委会代表工作室关于区十二届人大六次会议代表建议办理情况的汇报等。

（刘广富　牛鸿涛）

【换届选举】 区十三届人民代表大会代表选举工作自9月上旬开始，依据选举法、市选举实施细则的有关规定和北京市人大常委会关于区县人民代表大会换届选举的决定，在中共宣武区委、区人大常委会的领导和区选举委员会的主持下，经过组织准备，普遍宣传和选民登记，提名推荐、协商确定代表候选人和投票选举四个阶段，于12月15日选出了区十三届人民代表大会代表。全区登记选民277991人，参加投票选举的选民263307人，参选率为94.72%。全区89个选区，提出初步代表候选人1485人，共协商确定正式代表候选人323人，其中各政党、各人民团体联合推荐40人，选民十人以上联名推荐283人。依法选举产生区十三届人大代表234人，其中男性154人，占65.81%；女性80人，占34.19%；中共党员155人，占66.24%；35岁以下29人，占12.39%；少数民族31人，占13.25%；大专以上文化程度215人，占91.88%；一线人员135人，占57.7%；继任代表58人，占24.79%。

（刘广富　牛鸿涛）

【法律监督】 年内，区人大常委会先后听取和审议了区人民政府有关部门关于预算法、审计法、行政复议法、人口与计划生育法以及市容环境卫生条例、人民调解委员会组织条例等法律、法规的贯彻实施情况。此外，区人大常委会还参与了全国人大常委会和北京市人大常委会立法征询意见工作，组织代表和有关人员就《北京市养犬管理规定》、《北京市法律援助条例》、《北京市未成年人保护条例》、《北京市实施〈中华人民共和国大气污染防治法〉办法》、《北京市测绘条例》、《北京市实施〈中华人民共和国水法〉办法》等6项法律、法规草案进行座谈讨论，提出修改意见。

（刘广富　牛鸿涛）

【民主评议】 年内，区人大常委会对区民政局贯彻执行《城市居民最低生活保障条例》进行了工作评议；对区法院副院长、区检察院副检察长和区民政局局长进行了述职评议。评议前，政法工作委员会就评议对象开展工作和履行职责的情况，分别与有关部门和单位负责人进行了座谈和个别走访。

（刘广富　牛鸿涛）

【代表工作】 年内，区人大代表参加区人大常委会及其工作委员会组织的视察、检查、评议、座谈等活动共1020人次；编发宣武区人大信息22期，增刊3期；组织代表建议督办员和提建议的代表对区十二届人大六次会议期间代表提出的149件建议进行督办检查；坚持代表列席区人大常委会会议和人大常委会主任、副主任接待代表制度；组织区人大常委会组成人员参加各工作委员会的视察、调查和代表联组的活动。

（刘广富　牛鸿涛）

【来信来访】 年内，区人大常委会共受理、接待人民群众来信来访206人（件）次，其中来访161人次，来信66件。反映的问题涉及区政府有关部门84件次、法院76件次、检察院16件次、公安宣武分局30件次。全部来信来访均批转有关单位和部门处理；对重点、难点问题形成督办意见，要求有关单位和部门认真解决并进行回复。

（刘广富　牛鸿涛）

北京市宣武区人民政府

概　述

北京市宣武区人民政府（简称区政府）是北京市宣武区人民代表大会的执行机关，是宣武区国家行政机关，对本级人民代表大会及其常务委员会和上一级国家行政机关负责并报告工作。主要职责是：执行本级人民代表大会及其常务委员会的决议、上级国家行政机关的决定和命令；规定行政措施，发布决定和命令；领导所属各工作部门和派出机构的工作；执行国民经济和社会发展计划、预算；管理本行政区域内经济、城市建设和管理、教育、文化、卫生、体育等各项事业和行政管理工作等。

年内，区政府坚持“城市建设带动、结构优化升级、科教文化兴区”三大发展战略，积极稳步地推进功能街区建设。大栅栏地区保护、整治和发展规划设计方案已得到市政府批准；琉璃厂文化园区一期工程整体规划设计方案基本确定；国际传媒大道规划建设、招商工作取得实质性进展；广安门办公商务区功能进一步完善；马连道采购中心区建设初具雏形；先农坛周边经济发展功能进一步完善；牛街民族特色经济街正式开街。全年实现生产总值（GDP）201.3亿元，比上年增长8.9%；人均生产总值4470美元，比上年增加343.3美元。财政收入19.5亿元，同口径比上年增长19%；预算支出20.7亿元，同口径比上年增长24.0%。社会消费品零售额69.8亿元，扣除物价因素，实际增长1%。商品销售总值352.9亿元，比上年增长17.2%。

继续深化国有资产管理体制改革。批准翔达公司、金源公司、天桥联社、大栅栏联社、天建集团的改制方案；完成了金座公司、牛街联社、网点处等单位的资产清查；宣开公司、完成了金工公司的资产评估；菜百、张一元、内联升、瑞蚨祥等品牌商业企业加快发展。非公有制经济发展迅速，培育出新月出租汽车、更香茶叶、爱义行汽车装饰等一批特色品牌企业私营企业。

继续加大招商引资力度。全年新批三资企业11家，实际利用外资1140.6万美元，比上年增长68.9%。完成涉外税收1.8亿元，同比增长30.1%；协议引进资金62.5亿元，实际到位资金8.4亿元。组织召开了第四届宣武区经贸洽谈会，参加了第七届厦门投资贸易洽谈会。与国家开发银行签署了120亿元金融合作协议。

进一步优化发展环境。制定了《政府管理创新工作实施意见》；建立了“宣武区企业信用评价公告制度”；坚持领导干部联系重点单位制度；继续完善“一站式”办公和“区域发展环境投诉服务中心”的工作；大力整顿市场经济秩序。废止了与世贸规则不相适应的区政府通告16

件、政府文件47件,行政审批事项减少到229项。全面推行政务公开,加强审计监督和税收征管,完善区街财政体制,加大对就业和社会保障等公益性领域的投入。认真落实促进主导产业发展奖励政策,全区累计减免受非典影响较重的企业税费3110万元。

城市建设稳步推进。全年拆迁居民4221户,拆除危房7万平方米,超额完成市政府下达的拆迁计划。7个重点危改区的36栋回迁楼,已有29栋开工建设。重点工程进展顺利。广内电话局结构封顶,政府综合服务楼正在装修,天桥市民广场建设进入收尾阶段,万明路变电站、北京小学分校开工建设,牛街民族敬老院工程正在抓紧运作。基础设施建设进展顺利。完成了宣武门外大街(西侧)、输入胡同、红居仓储路(局部)等道路工程,开工建设并积极推进了南新华街、广义街、枣林前街(东段)、北纬路、教子胡同、南横街、香炉营、樱桃园二条、煤市街、小马厂等路网加密及危改配套道路工程。全社会固定资产投资95.9亿元,增长5.6%。全年开复工面积581.9万平方米,比上年增长21.8%。竣工面积165.4万平方米。

城市环境明显改善。全面完成南中轴路整治拆迁、过渡性绿化和法源寺周边整治工程的居民拆迁工作,广义街、手帕口南街、中环广场等环境整治工程进展顺利。全年拆除违法建设1.3万平方米,植树3.03万株,铺草8.59万平方米,分别完成年度计划的113%和141%。继续推进垃圾分类收集,建设改造一类公厕20座,完成162台燃煤锅炉改造。加大机动车尾气污染控制,大气污染治理成果得到巩固,空气质量二级及好于二级的天数增加。

科技管理体制不断完善,居民科学素养普遍提高。全区取得北京市首发基金科研立项4个,11个项目获得宣武区科学技术奖,其中二等奖4项,三等奖7项。

教育改革全面推进,教学质量稳步提高。全年共调整学校16所,中考合格率94.7%,高考达到了93.98%的上线率。全区87.4%的小学应届毕业生升入优质初中,84.5%的初中应届毕业生升入优质高中。

进一步加大公共卫生投入。全年医疗卫生支出1.1亿元,比上年增长18.6%,其中防治非典支出2800万元。甲乙类传染病发病率、孕产妇死亡率、婴儿死亡率分别为2.23‰、0、6.96‰。

进一步弘扬宣南文化。成功举办了第三届厂甸庙会、第八届大观园庙会、北京建都纪念阙揭幕仪式、第二届北京宣南文化节等活动。修缮了长椿寺等处古迹;开展了夏日文化广场和优秀电影进社区等活动。

全民健身活动广泛开展。举办了宣武区第六届全民健身体育节。全区新建社区全民健身体育彩票工程40处。中小学生体育锻炼达标率达到95%以上。竞技体育稳步提高。

社会保障体系不断完善。全区参加退休基金统筹、失业保险基金统筹、工伤保险基金统筹和医疗保险基金统筹的人数分别为16.8万人、16.9万人、13.1万人和37.7万人,全面完成市下达计划。为7253户家庭发放了最低生活保障金,累计发放金额达到3800万元。为431户低保家庭办理了医疗救助,实现了应保尽保。

再就业工作成效显著。组织举办"阳光就业行动"洽谈会暨政策咨询等活动,全年安置失业人员19172人,失业人员再就业率为68.9%。城镇登记失业率为1.78%。开发社区就业岗位11361个。

居民收入继续增长。全区在岗职工年人均工资22490元,居民人均可支配收入13170元,人均消费性支出10352元;食品支出比重下降,恩格尔系数为33.3%,比上年下降3.1个百分点。

区政府认真执行区人大及其常委会的决议,充分听取区政协以及各民主党派、工商联和人民团体的意见。认真办理人大代表、政协委员议案、建议和提案,163件建议、221件提案全部按期办复。坚持依法治区,实行执法责任制和执法过错追究制。"四五"普法进展顺利,法律服务体系日益健全。加强和巩固民族团结,区荣获"首都民族团结进步先进集体"称号。

维护稳定工作不断加强。坚持领导信访接待日制度,认真排查、妥善处理人民内部矛盾,广泛开展基层安全创建活动,持续不断进行安全生产大检查,深入开展严打整治斗争,落实社会治安综合治理各项措施,各种刑事案件发案率逐年下降,人民群众安全感进一步增强。

区政府坚决贯彻落实党中央、国务院、北京市关于抗击非典的各项决策和部署,建立、完善领导指挥、组织运行、督促检查和应急反应机制,集中力量抓好群防、群控和医疗救治工作,坚持做到早发现、早报告、早隔离、早治疗。加强对区域卫生资源的整合、组织力度和与驻区中央、市属单位的联系沟通,充分发挥街道和社区作用,确保城市功能的正常运转和全区经济发展、社会稳定。疫情期间,全区累计报告非典病例251例,其中住址或工作单位在区域的为143例。

地址:宣武区广安门南街68号
电话:83976004
邮编:100054

(李学锋)

主要工作和重大活动

【政府常务会议】 年内,共召开16次区政府常务会议。1月8日,第7次区政府常务会议,议题是:关于区

2002年计划生育工作总结和2003年工作计划；学习《北京市城市房屋拆迁管理办法》；关于北京市解决困难群众生产生活问题电视电话会议精神的通报；关于当前工作；关于中央、北京市财政工作会议精神及区贯彻意见。2月12日，第8次区政府常务会议，议题是：关于区政府2003年主要工作任务指标分解责任制的汇报；关于区十二届人大六次会议和政协十届五次会议期间代表、委员对区政府工作提出的意见和建议的汇报；传达北京市标准租私房工作会议的精神及区贯彻意见；关于全区2003年度表彰奖励立项问题；关于区级“人民满意的公务员”、“人民满意公务员的集体”评选工作情况的汇报。3月19日，第9次区政府常务会议，议题是：学习《中华人民共和国政府采购法》；关于宣武区第五届居民委员会换届选举工作进展情况的汇报；关于宣武区开展政府管理创新工作实施意见的汇报。3月26日，第10次区政府常务会议，议题是：关于宣武区2002年度财政决算情况的汇报；关于宣武区2002年度行政奖励工作的汇报；关于宣武区2003年招生考试工作。4月16日，第11次区政府常务会议，议题是：学习《中华人民共和国药品管理法》；关于非典型肺炎防治工作进展情况的汇报；关于奇石博览会有关情况的通报；区政府一季度工作情况通报及一季度工作会议安排。4月23日，第12次区政府常务会议，议题是：武高山代区长对政府工作及政府班子建设提出要求；学习《中华人民共和国保守国家秘密法》；关于调整新文化馆建设项目的汇报；通报、部署区防治非典型肺炎工作；关于区政府办公楼资金问题的汇报。5月28日，第13次区政府常务会议，议题是：关于防汛工作的汇报；关于行政强制执行案件审核程序规定的汇报；关于南中轴路整治工程的汇报；关于行政机关负责人代理行政诉讼和行政复议案件的汇报；关于第五届首都民族团结进步先进单位、先进个人评选工作的汇报；关于贯彻落实市政府《关于防治非典型肺炎疫情期间保持社会稳定促进经济发展的若干政策措施》实施意见的汇报。6月4日，第14次区政府常务会议，议题是：关于标准租私房搬出安置问题实施意见的汇报；关于消夏露天经营场所工作管理意见的汇报；关于大栅栏联社深化改革调整方案的汇报；关于2003年治理教育乱收费工作意见的汇报；关于对涉及企业的乱收费等“六乱”行为开展专项清理工作的汇报；关于申报全国见义勇为先进分子的情况汇报；关于贯彻执行行政复议法情况的汇报。7月2日，第15次区政府常务会议，议题是：关于开展人员密集场所消防安全疏散通道、安全出口专项治理工作实施方案的汇报；关于广内街道建立城市管理电视监控系统的汇报；关于加强宣武区新时期人民调解工作实施意见的汇报；关于调整街道管辖范围的汇报；关于《宣武区公开政府管理信息暂行规定》的汇报；关于宣武区中医医院资产重组改制发展方案的汇报；关于天桥街道办事处办公用房的汇报；关于治理早期人防工程所需经费的汇报；人事任免。7月16日，第16次区政府常务会议，议题是：关于表彰非典防治工作先进集体、先进个人情况的汇报；关于上半年经济形势的分析；关于区政府上半年工作情况的汇报。7月30日，第17次区政府常务会议，议题是：关于宣开公司进一步深化改革实现公司整体转制有关问题的汇报；关于昊都公司调研情况的汇报；关于上斜街等4条道路改扩建工程情况的汇报；关于建立健全民主化科学化决策机制的意见；关于贯彻实施《城市无着的流浪乞讨人员救助管理办法》有关情况的汇报；关于城市居民最低生活保障工作情况的汇报。8月27日，第18次区政府常务会议，议题是：关于翔达公司整体改制实施方案的汇报；关于优化发展环境促进区域经济发展情况的汇报；关于应急指挥体系建设总体方案的汇报。10月16日，第19次区政府常务会议，议题是：关于1季度至3季度经济运行情况的分析；关于争创全国社区残疾人工作示范区情况的汇报；关于粮食供给应急预案的汇报；关于贯彻实施《北京市国家公务员违法行政行为行政处分若干试行规定》的意见；关于宣兴、裕昌国有股份转让有关问题的汇报；关于对金源公司资产评估、处置问题的汇报；关于华美炊事机械厂资产损失核销处理的汇报；关于安排国家开发银行贷款资金的意见。11月5日，第20次区政府常务会议，议题是：关于政府工作报告（讨论稿）的汇报；关于前门月亮湾地区环境综合整治问题的汇报；关于落实编制2004年北京市建设用地年度供应计划的汇报；关于2003年1月至9月财政预算执行情况和部分变更2003年财政预算的汇报；关于区文化馆新馆建设用地调整有关情况的汇报。12月4日，第21次区政府常务会议，议题是：关于《宣武区街道财政转移支付办法》的汇报；关于宣武区2003年财政预算执行情况和2004年财政预算草案的汇报；关于新增编公务车辆购置、办理汽车牌证和黄标车拍卖工作方案的汇报；关于区十二届人大六次会议代表建议、批评和意见办理情况的汇报；关于区政府与区工会联席会议有关情况的汇报。12月10日，第22次区政府常务会议，议题是：学习《中华人民共和国行政许可法》；关于贯彻实施《行政许可法》工作方案的汇报；关于编制宣武区行政区划调整规划工作方案的汇报；关于宣武区2003年国民经济和社会发展计划执行情况与2004年计划草案的报告；关于创通公司2001年至2003年市政道路建设情况的汇报;关于宣武区规划展览方案的汇报。

(李学锋)

【区长办公会议】 年内,共召开21次区长办公会议。1月22日,第149次区长办公会议,议题是:听取春节期间扶贫帮困送温暖情况汇报;传达新一届市政府第一次常务会议精神;关于区教育资源整合方案;关于区属国有企业改革中有关问题的意见;人事任免。2月19日,第150次区长办公会议,议题是:关于《北京宣房楼宇设备公司2003年燃煤锅炉改造方案》的汇报;关于进一步加强环境保护工作的意见;关于2003年区拟办的环保实事;关于《宣武区开展直管公有住房使用权交易试行办法(讨论稿)》有关问题的汇报;关于创建国家卫生区工作有关情况的汇报;关于《宣武区社区商业发展规划》的汇报;关于解决槐柏树小区用电问题的汇报。2月26日,第151次区长办公会议,议题是:关于贯彻落实北京市"一办三局"《关于进一步加强街道乡镇司法所建设的意见》的实施意见;关于区政府综合楼拟安置部门方案的汇报;关于2003年人大代表建议、政协委员提案办理情况的汇报;关于当前安全稳定工作;人事任免。3月5日,第152次区长办公会议,议题是:关于宣武区查处取缔无照经营工作方案的汇报;关于《宣武区人民防空袭方案》编制情况的汇报;关于成立大栅栏投资控股有限责任公司方案的汇报。4月9日,第153次区长办公会议,议题是:学习《北京市宗教事务条例》;关于残疾人专用机动轮椅车更换工作方案的汇报;关于加强预防、控制非典型肺炎工作的汇报。5月14日,第154次区长办公会,议题是:学习《中华人民共和国传染病防治法》、《突发公共卫生事件应急条例》;关于贯彻《北京市自收自支事业单位基本养老保险制度改革暂行办法》实施意见的汇报;关于开展无障碍环境建设先进单位、示范窗口及先进工作者评选工作的汇报;人事任免。5月21日,第155次区长办公会,议题是:关于学生复课、高考组考及区教委非典型肺炎防控工作的汇报;关于天桥联社深化改革方案的汇报;关于天桥建筑集团深化改革方案的汇报;关于金正公司为天桥开发公司担保事宜;关于金正公司接受宣房投公司股票转让事宜;关于国华商场有限责任公司调整资本结构事宜。6月11日,第156次区长办公会,议题是:关于承接中国/联合国人口基金会第五周期项目区实施方案的汇报;关于严肃纪律确保抗击非典型肺炎工作顺利进行有关规定的汇报;关于贯彻执行《北京市市容环境卫生条例》情况的汇报;关于地铁四号线宣武区出资企业确认及出资承诺问题的汇报。7月9日,第157次区长办公会议,议题是:学习《中华人民共和国档案法》;关于做好下一步防控传染性非典型肺炎工作意见的汇报;关于2003年事业单位人事制度改革工作的汇报;关于马连道地区项目开发建设问题的汇报。8月6日,第158次区长办公会议,议题是:关于解决事实收养问题工作实施方案的汇报;关于落实《广渠门北里廉租住房配租方案及有关配租组织管理工作的通知》的实施意见;关于回民医院改造问题的汇报;关于优化行政环境、关于深化政务公开建设诚信政府等两项工作实施意见的汇报。8月20日,第159次区长办公会议,议题是:关于标准租私房搬出安置工作进展情况的汇报;关于国际传媒大道项目参加科博会展览情况的汇报;关于庆祝北京建都850周年、第二届宣南文化节系列活动方案的汇报;关于曹雪芹逝世240周年暨国际学术座谈会活动方案的汇报;关于第四届经贸洽谈会活动方案的汇报;关于宣武区与国家开发银行合作事宜的汇报。9月17日,第160次区长办公会议,议题是:关于《北京市宣武区古都风貌保护规划要点》实施情况的汇报;关于《北京市人口与计划生育条例》有关奖励政策落实意见的汇报;关于本届政府届末述职报告起草工作的汇报;关于人事任免问题。9月24日,第161次区长办公会议,议题是:关于区标准租私房搬出安置工作进展情况的汇报;关于防治非典应急预案的汇报;关于误伐古树及处理情况的汇报;关于推荐区2002年度享受政府特殊津贴人选的意见;关于贯彻执行婚姻登记条例情况的汇报;关于庆祝九九重阳老年节游园活动的汇报。10月22日,第162次区长办公会议,议题是:关于公共卫生应急指挥信息系统建设方案的汇报;关于"充分发挥先农坛东侧绿地经济作用"议案办理情况的报告;关于落实机关事业单位职工住房补贴所需资金测算情况的汇报;关于马连道地区一商集团土地价格有关问题的汇报;关于给予抗击非典一线工作人员奖励有关问题的汇报;关于人事任免问题。11月5日,第163次区长办公会议,议题是:关于人事任免问题。11月12日,第164次区长办公会议,议题是:关于宣武区城市服务管理中心整体改革方案的汇报;关于建设工程项目落实"阳光工程"实施方案的汇报;关于调整部分区领导工作分工的通报。11月26日,第165次区长办公会议,议题是:关于第四届北京厂甸庙会、第九届北京大观园红楼庙会活动方案的汇报;关于2004年重点环境整治项目的汇报;关于给予吴晋宁行政记过处分的汇报。12月4日,第166次区长办公会议,议题是:关于人事任免问题。12月17日,第167次区长办公会议,议题是:关于金源投资管理公司改制方案的汇报;关于2004年绿化工作、市政道路建设工作的汇报。12月24日,第168次区长办公会议,议题是:关于区属企业转制对租用使用区网点处房产处置的汇报;关于划转北京调压器厂房产情况的汇报。12月31日,第169次区长办公会议,议题是:关于人事任免问题;关于区政府反诉北京新中实经济发展有限责任公司合同纠纷案件的汇报。

(李学锋)

【20件实事全面完成】 年初,区政府在广泛征求意见的基础上,确定了2003年区政府在直接关系群众生活方面拟办的20件重要实事计划。经过各责任单位的共同努力,全年除危改拆迁任务因危改区的文物保护和规划条件等客观因素而未完成外,其它各项实事都已按时完成。1、全区开复工面积581.9万平方米,比上年增长21.8%,竣工面积165.4万平方米;累计新开面积85.6万平方米,占年计划的107%,其中住宅面积68.7万平方米,占年计划的130%。全区36栋回迁楼已有29栋开工建设,新安中里、牛街二期、红居、南横街东口、小马厂等危改小区的绝大部分回迁楼都已经开工建设,新安中里3栋回迁楼已办理回迁入住手续,南樱桃园、春风二期正在进行拆迁收尾工作。按照市政府的安排,宣武区搬迁居民1万户的指标调整为3000户,完成4516户。2、完成了翻挑大修平房1400间的任务,雨季检查公房225万平方米、住宅平房68489间,排除各种险情63起,伐除险树294株,修剪摘冒险树154株。确保了连续18年实现"少塌房、不死人"的防汛工作目标。区政府拨款130万元支持"户箱工程"建设,已经按计划完成。3、新增绿地面积8.91万平方米(未含南中轴路7万平方米的过渡绿化),完成年计划的178%;植树3.03万株,铺草8.59万平方米。南中轴路和中环广场周边正在进行绿化施工,法源寺周边绿化目前正在前期拆迁中。4、根据市环境整治工作要求,全年确立了19项市、区环境整治重点项目,其中15项已被列入《北京市2003年环境整治重点项目纲要》,有9项涉及拆迁的整治项目,7项基本完成拆迁工作。共拆迁居民2651户,拆迁单位155个,拆除建筑近12.8万平方米,拆除违法建设1.31万平方米。天桥、广内两个街道通过了市规划委的创建"无违法建设街道"的验收。全年建设了宣武门西大街、宣武门东大街、牛街、虎坊路、白广路、马连道、广安门南街、南菜园街、菜园街等9条自行车规范街,安装不锈钢护栏1000米、免费存车支架1200米、收费标志牌14块、免费标志牌16块、存车棚440平方米。5、全区共有19个小区全部完成垃圾分类任务,并通过市市政管委验收,其中有5个小区实现了厨余垃圾就地处理。新建、改建20座一类公厕任务全部完成。全年购置机扫车5辆、固体融雪剂撒布车1辆、推雪铲2部,道路机扫率达80%。6、全区新开超市、便利店20余家,超额完成全年计划。积极推进早餐工程进社区工作,全年完成80个早餐网点的规划工作,有些网点已经陆续营业。根据市政府要求,加大对再生资源回收网点的检查指导和整顿规范工作。7、积极落实控制大气污染的各项措施和任务,加强对扬尘、机动车尾气、餐饮业油烟污染的治理工作。截至2003年12月25日,全区二级和好于二级的天数达到204天,占监测天数的56.8%。对全区现有的958家油烟污染源单位进行了限期治理,基本完成油烟污染治理任务;全区有59家单位的162台锅炉完成了改造任务,基本完成年初制定的计划。8、万明路变电站已经开工建设,广内电话局已经结构封顶;宣外大街(西侧)已完成地下各种管线施工,西侧辅路、主路路面成型。输入胡同西段供电线杆入地工程完成一半,牛街以东道路已经建成通车。枣林前街(东段)拆迁基本完成;红居仓储路已经建成通车;南新华街开始拆迁;广义街正在拆迁,工程招标工作已经完成;香炉营拆迁工作进入尾声;煤市街、樱桃园二条已经取得立项批复;南横街拆迁工作和部分路段顶管铺设工作正在进行。9、北京小学分校正在加紧建设中。宣武区教育展览馆工程设计方案已经完成,正在进行招投标。继续拓宽小学毕业生升入初中的选择范围,区10所优质中学继续在较大范围内有计划地接收新生入学,进入优质中学就读的新生占小学应届毕业生总数的87.4%。继续扩大优质高中的招生规模,满足群众对教育的需求,进入优质高中就读的学生占高中计划的84.5%。为全区38所小学、13所幼儿园的重点部门安装技防监控设施工作已经完成,共投资60万元,安装203个探头。10、大栅栏地区保护、整治与发展规划设计方案已经市政府批准,目前正在进一步细化交通规划,组织专家论证。成功举办了宣南文化节系列活动。圆满举办第三届北京厂甸庙会、第八届大观园红楼庙会。完成3批、91处保护四合院院落挂牌工作。牛街礼拜寺修缮工程方案及相关开工手续正在办理。完成长椿寺文物的修缮工作。德寿堂药店修缮工程已完成现场勘察和设计变更等。北师大附小红楼的修缮方案已经完成编制工作。天桥市民广场正在建设中,天桥民俗展览馆和宣南文化博物馆的工作正在筹备建设中。11、严格按照现行低保政策,对符合低保条件的困难群众,基本上做到了应保尽保。全年享受低保待遇的家庭7317户、16352人,月支出低保和粮油帮困补助两项资金4130.45万元。组织开展了大型送温暖活动,慰问孤老户、重残户和低收入困难户,共计9000余户,支出资金370余万元。继续落实廉租住房政策,有

281户低保家庭中签，有224户予以配租。先后开展了“扶贫济困送温暖”、“冬衣暖人心募捐月”、“抗击非典奉献爱心”等社会捐助活动。全年共接收捐赠款物合计1266.56万元，接收衣被38.39万件，支援了江西、陕西、内蒙等贫困受灾地区。12、全区8个街道均已完成“建设无障碍示范一条街”工作，并完成了市里下达的20个无障碍环境改造单位的任务。安置了42名残疾人就业，并为308名残疾人提供了免费职业技能培训。13、全区110个社区中，已有105个社区建成“三室、一场、一校”综合服务设施，其余5个社区因整体拆迁已将设施建设列入配套规划，待回迁后按标准落实到位。各社区组织开展丰富多彩的为老服务项目，并且探索了多种形式的自我管理、自我服务模式。民族敬老院工程已具备开工条件。14、牛街社区卫生服务中心改造资金到位，改造方案已完成，将随回民医院整体改造一并进行；各社区中心积极改造示范社区站，各中心自筹资金改造1个示范站，已有2个A级示范站完成改造。15、贯彻全国再就业工作会议精神，加大再就业工作力度，进一步挖掘潜力，拓宽门路，增加投入，落实政策，通过实施“手拉手”就业特困群体扶助工程、阳光就业行动等活动，千方百计扩大再就业渠道。全区累计安置失业人员19172人，失业人员就业率达到68.9%。城镇登记失业率为1.78%。开发社区就业岗位11361个，安置失业人员9351人。16、全年接收退役士兵147人，其中退伍义务兵125人，转业士官6人，复员士官16人，目前已全部妥善安置。随军家属26人已经全部安置，安置率达到100%。全年共走访慰问3500余户(次)优抚对象，向全区烈属、伤残军人每人发放300元春节慰问金，慰问总额达33.7万元。在区民政局登记的优抚对象为151人，进行社区公告54户，审核确定符合条件的23户。对生活困难及有病的优抚对象及时给予临时补助，医疗上将减免标准提高到100%，使优抚对象看病吃药有一定的保障。加大军休社区建设，改造绿地近千米，对第一干休所的活动站进行了修建，新建了老年学校、电化教室、阅览室等老年活动场所，共支出资金10万元，为军休干部创造良好的生活环境。17、积极开展创建文明街道、文明社区、文明单位等各种形式的群众性精神文明创建活动。广外、陶然亭、天桥、牛街街道被评为首都文明街道；新创建首都文明社区8个、区级文明社区10个，11个社区被评为首都绿色社区。继续深入开展文明单位创建和军警民共建活动，有8个单位被评为首都文明单位标兵，51个单位被评为首都文明单位，90个单位被评为宣武区文明单位，17对共建对子被评为宣武区军警民共建先进单位，北京市第十四中学和康乐里小学被评为首都先进少年军校。18、针对案件上升的势头，公安宣武分局及时调整了工作部署，实行新的巡逻体制，加强了6支治安巡逻队伍建设，实行地区、警区、社区三级管理，对街面和社区实行4班3运转办法、保证24小时监控。依法收缴淫秽光盘8000余张、盗版光盘8000余张、非法出版物266本；拘留卖淫嫖娼人员190人。加大了对社会面的清理力度，共收容无理上访、盲目来京人员4846人。19、新增科技创安小区4个，全区科技创安小区已达到50%。继续开展基层安全创建活动，进一步完善“打防控”长效工作机制，安全社区达到了85%以上。继续加强对市级挂账的前门月亮湾、两办信访接待站、马连道茶叶一条街的整治，巩固整治成果。对区级挂账的8个重点地区进行日常监控。全年检查地下空间1386处，重点检查1201处，关停258处，限期整改263处。20、完成了第三批取消和调整行政审批事项工作，取消行政审批事项5项，调整2项。开展了全区行政执法案卷评查工作，抽查案卷优良率达到93%，合格率达到100%。召开了市政府规章文本公民自由索取现场工作会议。印发了《2003年行政执法人员法律基础知识培训考核大纲》。区委、区政府印发了《关于开展政府管理创新工作的实施意见》并进行了任务分解，有关部门正逐项加以落实。建立了宣武区依法行政联席会议制度。制定了《北京市宣武区人民政府关于贯彻实施<北京市国家公务员违法行政行为行政处分若干试行规定>的意见》。组织全区行政执法人员进行了行政法律基础知识考试。召开了宣武区贯彻实施《中华人民共和国行政许可法》动员会议并印发了工作方案。进一步规范和完善“宣武区区域发展投诉中心”的工作制度，沟通政府与投资人的联系。积极推进电子政务和信息化网络建设，完成了电子政务专网一期、二期工程，65个单位接入政务内网，基本建成了覆盖全区的城域网。完成交互式网上行政审批一期工程，于12月8日正式运行。

(李学锋)

【驻区重点单位迎新春联谊会】 1月20日，唐大生、鲁勇、张恕贤、郑文奇等领导参加会议。会上，鲁勇向与会代表介绍了宣武区经济发展、城市建设、政府管理创新等方面的情况，各单位代表感谢区领导对企业的重视和关心。唐大生对驻区重点单位对宣武经济发展所作出的贡献表示感谢，并致以节日的慰问。

(李学锋)

【贾庆林到区视察】 1月29日，中共中央政治局常委贾庆林到牛街视察工作。贾庆林首先代表党中央、国务院向各族群众拜年。他指出，北京市的民族宗教工作做得很扎实,取得了很大的成绩。看到牛街居民群众的居住环境得到了改善,感到十分欣慰和高兴。贾庆林希望北京市和宣武区按照十六大精神和“三个代表”重要思想的要求,认真开展民族宗教宣传教育,树立“三个离不开”思想,自觉维护民族团结,为全国的民族进步事业贡献力量。国务院有关部门和市领导刘淇、李德洙、孟学农、叶小文、龙新民、尤兰田、孙政才、孙安民,中国伊斯兰教协会会长陈广元及区领导唐大生、鲁勇等陪同考察。

(李学锋)

【计划生育责任书签订大会】 2月9日召开,副区长王永新主持大会。区委副书记武高山宣布了被评为北京市计划生育红旗单位和市、区计划生育先进集体及先进个人名单;区长鲁勇与各街道、局、公司及综合治理等25个单位一把手签订了2003年计划生育目标管理责任书和综合治理责任书。市计生委副主任李芸莉和区领导郑文奇等出席大会。

(李学锋)

【区政府全体会议】 2月12日召开,会议由区委常委、常务副区长蒋德忠主持。区长鲁勇就区政府全年工作进行了部署和安排。区委书记唐大生提出5点要求:1、统一思想,始终保持奋进的精神状态;2、明确目标,始终坚持争创一流的工作标准;3、抢抓机遇,始终保持时不我待的工作干劲;4、改革创新,始终坚持科学有效的工作方法;5、求真务实,始终保持艰苦奋斗的优良作风。区领导张恕贤、郑文奇等出席了会议。

(李学锋)

【财政工作会议】 2月18日召开。会议对2002年财政工作进行了总结,对2003年财政工作进行了部署。区委常委、常务副区长蒋德忠在讲话中指出:1、大力发展区域经济,促进财政收入稳定增长;2、坚持依法行政、依法治税,加强税收征管;3、加强管理,优化支出结构,提高资金使用效益;4、深化财政管理改革,强化公共财政意识。区委书记唐大生、区长鲁勇也分别讲了话。

(李学锋)

【经贸工作会议】 2月25日召开。会议总结了2002年经贸工作,对2003年工作进行了安排。区长鲁勇、副区长袁双梅就全区经贸工作提出了要求。唐大生等领导出席了会议。

(李学锋)

【人事人才工作会议】 3月7日召开。会议表彰了三年来在人事工作中做出突出成绩的8家集体和10名个人。区长鲁勇在讲话中强调了人事部门的重点工作:1、激发创新活力,实施政府管理创新。2、着眼于打造区域发展比较优势,加快人才引进的培养步伐;3、着眼于优化区域环境,严格公务员的监督管理。

(李学锋)

【王岐山到区视察】 5月23日,代市长王岐山一行来到第十四中学,询问了教师们的工作和学校的“非典”疫情防控情况,代表市委、市政府向坚守工作岗位的教职员工表示感谢和慰问。市委常委、市教育工委书记朱善璐、副市长范伯元、市政府秘书长刘晓晨及唐大生、武高山等区领导陪同视察。

(李学锋)

【刘淇、王岐山到区调研】 5月31日,市委书记刘淇、代市长王岐山到陶然亭街道米市胡同43号(康有为故居)低洼院视察平房防汛工作,并在43号低洼院听取了代区长武高山关于防汛工作的情况汇报,随后实地察看了该院防汛的措施。刘淇、王岐山对低洼院的防汛措施给予肯定,并强调如果出现险情,一定要采取措施确保居民群众的安全。区领导唐大生等陪同视察。

(李学锋)

【重点项目招商引资签约仪式】 6月9日,宣武区举办2003年重点项目招商引资签约仪式。欧贝德建材超市、宝莲花园等6个重点项目参加了签约仪式,签约金额19.04亿元人民币。市外经委主任李昭,市投资促进局书记孙长泰,区领导唐大生、武高山、郑文奇等出席签约仪式。

(李学锋)

【北京建都纪念阙揭幕仪式】 9月20日,纪念建都850周年—北京建都纪念阙揭幕仪式在滨河公园金中都大安殿遗址举行。市领导刘淇、王岐山、程世娥、强卫、蔡赴朝、尤兰田、吉林、孙政才、王维诚、张茅、韩汝琦、朱相远及区四套班子领导出席。市委书记刘淇和代市长王岐山为北京建都纪念阙揭幕,正式拉开了“纪念北京建都850周年”系列活动的序幕。

(李学锋)

【第二届宣南文化节开幕】 10月1日,纪念北京建都850周年暨第二届北京宣南文化节隆重开幕。市委常委、市委宣传部部长蔡赴朝,副市长刘敬民、张茅,市政协副主席、市文化局局长张和平以及区领导唐大生、武高山、郑文奇等出席了开幕式。

(李学锋)

【翟鸿祥到区调研】 10月14日,市委常委、常务副市长翟鸿祥察看了我区南中轴路环境整治工作、大栅栏历史风貌保护区和国际传媒大道的规划建设进展情况,听取了区长武高山关于区1月至9月工作情况的汇报。区领导唐大生等陪同调研。

(李学锋)

【信息工作】 年内,共编发《宣武情况》普刊203期,增刊21期,刊稿1700余篇。向市政府报送稿件近600余条,其中反映问题、建议类信息200多条,被《昨日市情》采用达263条,采用率达到40%以上;市领导批示信息11条,被评为优秀信息5条,区领导批示21条,直接解决群众关心的热点、难点问题20余件,领导批示办结率100%。

(李学锋)

【议案、建议、提案办理工作】 年内,共办理人大代表议案、建议和政协委员提案461件,其中市人大代表建议24件、政协委员提案15件;区人大代表建议189件,议案2件;区政协建议案3件,委员提案228件。议案、建议、提案内容涉及城市建设、环境整治、文化、教育等方面,办结率100%。

(李学锋)

【值班工作】 年内,共受理便民电话8763件,其中为社会提供各类电话咨询服务5257件,为群众解决问题3506件。完成市便民电话中心交办128件,编写《便民电话要情》摘报15期、月总结12期,区领导批示51人次;接收和转发市、区各类会议通知500余件(次);报送重大情况200件(次);接收各类传真700件(次)。

(李学锋)

法制工作

【概况】 北京市宣武区人民政府法制办公室(简称区法制办)是负责全区法制工作的区政府职能部门,设综合科、行政复议科,行政编制8人,事业编制4人。主要职责是:负责协调、指导、监督全区依法治区、依法行政工作;参与解决全区行政管理、经济建设以及各项改革中的涉法问题;承办区政府行政复议、行政应诉、国家赔偿工作;为区政府重要决策提供法律分析和论证等。年内,区政府法制工作认真落实区委《宣武区依法治区工作纲要(2000～2003年)》和区人大《关于深入开展依法治区的决议》,监督和保障行政机关依法行使职权,确保法律、法规在社会生活中得到全面落实。推进依法治区、依法行政工作,完善工作制度,加强监督检查;继续进行行政审批制度改革,精简行政审批事项;贯彻宣传《中华人民共和国行政许可法》,依法办理行政复议案件,深化行政执法监督,维护公民、法人和其他组织的合法权益;实施政府管理创新工程,提高行政执法队伍素质,为全区改革开放和三个文明建设提供了良好的法制服务。

地址:宣武区广安门南街68号
电话:83976079
邮编:100054

(张春强)

【依法治区工作会议】 4月1日召开。代区长武高山作了题为《以十六大精神为指导,努力开创依法治区工作新局面》的报告;区委书记唐大生提出5点要求:一要抓好基础,立足长远,在法制宣传和基本制度建设上下工夫;二要抓好创新,提高素质,在队伍建设和提高执法水平上下工夫;三要抓好落实,追求实效,在落实责任和坚持依法办事上下工夫;四要齐抓共管,全面推进,在各司其职和全面改善投资环境上下工夫;五要把坚持党的领导、人民当家作主和依法治区有机结合起来。会议宣读了2002年度行政执法先进单位、依法治区工作先进单位和行政执法先进工作者名单,印发了《2003年依法治区工作要点》。

(张春强)

【精简行政审批事项】 4月份,按照市政府要求,区政府进行了第三批行政审批事项的取消和调整工作,共取消行政审批事项5项,调整2项,并在宣武网站上予以公布。

(张春强)

【抗击"非典"】 4月至5月,区法制办对全区35个单位制发的141件与防治"非典"有关的规范性文件进行了合法性审查;印制《传染病防治法》、《突发公共卫生事件应急条例》、《传染病防治法实施办法》、《北京市人民政府关于对非典型肺炎疫情重点区域采取隔离控制措施的通告》文本13000余份,发至全区8个街道13个市政府规章文本自由索取点,供社区群众、驻区企事业单位免费索取。

(张春强)

【规范行政强制执行行为】 6月20日,经第13次区政府常务会议讨论通过,发布了《宣武区人民政府行政强制执行案件审核程序规定》。程序明确了申请人报请区政府批准行政强制执行应当提供的材料、材料应当达到的标准、审核部门审查案件应当遵循的程序、时限以及执行人的执行报告义务。

(张春强)

【行政处罚案卷评查】 7月,区法制办对全区39个行政机关的224宗行政执法案卷进行了评查,案卷优良率为93%,合格率为100%,工商宣武分局等17个部门的25宗行政执法案卷被评为优秀卷。

(张春强)

【规章文本自由索取】 9月,区法制办在广外街道办事处召开了市政府规章文本公民自由索取现场工作会议。全年印制、发放法律、法规、规章和区政府规范性文件41000余份。

（张春强）

【推进依法行政】 10月，区政府建立了宣武区依法行政联席会议制度。依法行政联席会议负责人、召集人、各成员单位组成区涉法问题研究小组，定期举行会议，研究解决行政执法中存在的重点、难点问题，促进行政机关之间的沟通与了解，协调行政执法中出现的矛盾和争议，探索行政执法工作的新思路、新方法。年底，区法制办对全区各行政机关落实依法决策制度、履行行政执法责任制和评议考核制度、规范行政行为、加强行政执法队伍建设、贯彻实施行政复议法情况进行了检查。

（张春强）

【行政法律培训考核】 11月至12月，区法制办组织全区19个行政执法机关（垂直领导部门除外）开展行政法律基础知识培训和考核工作。考核内容涉及宪法、刑法、行政复议法、国家赔偿法、国家公务员暂行条例、WTO的相关知识、公民道德建设实施纲要等基础知识。814名行政执法人员参加了考试，平均成绩94分。

（张春强）

【落实责任追究】 11月，区政府制定了《关于贯彻〈北京市国家公务员违法行政行为行政处分若干试行规定〉的意见》，要求各行政机关对于确认属违法或不当行政行为，且工作人员以及负责人有过错的，必须按管理权限追究相关人员的行政、经济责任；应当追究工作人员责任未予追究的，给予该机关主要负责人通报批评或者相应的行政纪律处分。

（张春强）

【贯彻行政许可法】 12月16日，区政府召开贯彻实施《中华人民共和国行政许可法》动员会议。副区长哈金起作了动员，要求各单位按照《宣武区人民政府关于贯彻实施〈中华人民共和国行政许可法〉工作方案》，做好行政许可法的学习宣传培训工作，完成行政许可事项清理工作，建立健全实施行政许可法的相关制度；区长武高山要求各级领导干部必须带头学习行政许可法，成为遵守和执行行政许可法的模范，致力建设“责任、诚信、公正、阳光、高效”政府。

（张春强）

【政府常务会前学法】 年内，继续坚持区政府常务会前学法制度，先后安排学习了《中华人民共和国传染病防治法》、《突发公共卫生事件应急条例》、《中华人民共和国政府采购法》等7部法律、法规。

（张春强）

【规范性文件审核】 年内，共审核区政府及各部门规范性文件、合同文本草案10件，发布区政府通告4件；完成《北京市养犬登记管理办法》、《北京市户外广告和牌匾管理办法》等市人大常委会法规、市政府规章草案征求意见14件；审核区城市管理监察大队报请区政府批准行政强制拆除违法建设申请28起、区国土资源与房屋管理局报请区政府批准行政强制拆迁申请106起。

（张春强）

【行政复议和行政应诉】 年内，区政府共受理行政复议申请35起。经审查，决定维持行政机关原具体行政行为8起；因适用法律依据错误、程序违法等原因，决定撤销行政机关原具体行政行为8起；因申请人撤回行政复议申请，决定终止行政复议审理19起。代理区政府参加行政诉讼7起，在已审结的案件中，区政府胜诉1起，败诉1起。制定了《宣武区行政机关负责人代理行政诉讼和行政复议案件有关规定》，对行政机关负责人作为委托代理人，参加行政诉讼或者行政复议提出了具体要求。

（张春强）

经济体制改革

【概况】 北京市宣武区经济体制改革办公室（简称区体改办）是区经济体制改革委员会的办事机构，设在区发展计划委员会。主要负责研究提出宣武区经济体制改革的中长期规划、年度计划、配套措施和实施细则；研究、指导、区经济体制改革，协调解决改革方案实施中的问题；跟踪调查区内经济体制改革方案的执行情况，搜集、整理经济体制改革信息，为领导决策提供政策依据等。年内，体改工作以深化企业产权制度改革，推进产业结构调整，优化资源配置，培育主导产业和品牌企业，提升区域经济实力，促进区域经济发展为重点，解放思想，与时俱进，在深化国有企业改革、稳步推进联社整体转制、规范企业改制行为等方面取得了新进展。

地址：宣武区广安门南街68号

电话：83976134

邮编：100054

（孙学慧）

【明确改革重点】 年初，区体改办在认真总结分析以往经济体制改革经验及存在问题的基础上，加强宏观指导，明确改革重点，提出了2003年体改工作要以“三个代表”重要思想为指导，全面贯彻落实党的十六大关于进一步放开搞活国有中小企业的精神，按照区委、区政府关于发展区域经济的总体部署，将企业改革的重点细化为三个层次。第一层次为加快投资管理公司改革，即金源、金座、翔达、金工4家投资管理公司及天桥、大栅栏、牛街3家联社深化产权制度改革,实施整体改制;第二层次为增强品牌企业及老字号企业的市场竞争能实力,即菜百、张一元、内联升、瑞蚨祥等品牌企业及老字号企业,利用市场机制做大做强,进一步增强企业竞争实力;第三层次为完善已改制企业的法人治理结构,即宣开、宣兴、昊都3家建筑公司进一步完善法人治理结构,规范改制行为,建立现代企业制度。

(孙学慧　韩　洁)

【投资管理公司改革】　年初,按照政企分开,品牌带动,产业关联,聚集剥离,法人治理的原则,为进一步剥离投资管理公司的行政管理职能,推进区属投资管理公司的产权制度改革,区制定了《宣武区经贸系统调整改制整体方案》和《关于国有企业改制有关问题的意见》,加快了投资管理公司实业化、实体化的改革步伐。

(孙学慧　韩　洁)

【翔达公司整体改制方案获批准】

10月,翔达投资管理公司(简称翔达公司)整体改制方案经区长办公会、区委常委会原则通过。翔达公司的这次整体改制,以实现产权多元化为目标,通过保留部分国有股、吸收自然人股、职工入股进行资产重组。新公司还将依法设立董事会、股东会、监事会,进一步健全现代企业制度,完善法人治理结构,从而实现有效的管理,增强市场竞争能力,为今后的更大发展创造条件。

(孙学慧　韩　洁)

【校办系统所属企业改制】　11月,校办系统所属的北京飞鹰宾馆、北京飞鹰会议中心、北京市金三星食品公司、北京市华海有色金属加工厂4家企业,按照事企分开,谁投资谁所有的原则,与校办服务中心彻底脱钩,实现了企业改制。

(孙学慧　韩　洁)

【金源公司整体改制方案批复实施】

12月,经区长办公会、区委常委会原则同意,北京金源投资管理公司(简称金源公司)整体改制方案获准实施。金源公司整体改制以建立现代企业制度为目标,以股份制为企业产权改革的实现形式,采取保留部分国有股、吸收自然人股等形式进行。新公司将以市场为导向,集中优势资源,对经营网点重新进行规划,形成以华强综合连锁超市、社区便利店和专业连锁店为主的经营体系,紧紧围绕现有经营特色,抓住机遇,发挥区域品牌效应,不断壮大企业规模,增强市场竞争实力。

(孙学慧　韩　洁)

【增强改制企业市场竞争实力】　年内,为增强改制企业的市场竞争实力,区体改办引导菜百、张一元、内联升、瑞蚨祥、宏宝堂等品牌企业和老字号特色经济,利用市场机制做大做强。邀请专家学者对菜百、张一元等公司的发展战略、市场定位等进行深入研究和论证,指导企业最大限度地开发和挖掘资源优势,不断吸引社会资本,增强市场竞争能力。

(孙学慧)

【联社整体改制】　年内,根据联社集体企业改革的内在要求,按照转变联社职能,撤销行政级别,党、团、工会关系属地化管理的原则,区体改办会同区经贸委等有关部门,深入到天桥联社、大栅栏联社、牛街联社,认真分析联社的现状、存在问题,鼓励联社依靠职代会,充分调动职工的积极性,克服困难,深化联社的产权制度改革。天桥联社、大栅栏联社、牛街联社进一步理清了整体改制的思路,分别拿出了各自的改制方案。天桥联社的整体改制方案、大栅栏联社的深化改革调整方案,已经区长办公会、区委常委会讨论通过,正在按批复精神组织实施。天桥联社通过整体改制,实现了政企分开,取消了行政级别,按照现代企业制度的要求组建了经济实体,成为自主经营、自负盈亏、自我发展、自我完善的法人实体和市场竞争主体。

(孙学慧　韩　洁)

【制定集体资产管理办法】　年内,针对企业改制后集体资产管理面临的新矛盾和新问题,广内联社进行了认真的分析研究,找准突破点。按照集体经济管理条例精神,广内联社召开职工代表大会,选举产生了新一届党支部和职工工会,制定了集体资产管理办法,继续深化了联社机关的改革,规范了已改制企业的行为,维护了改革成果和社会的稳定。

(孙学慧)

【宣开公司整体改制方案获准实施】

年内,宣武区城市建设开发总公司(简称宣开总公司)在前几年对所属企业进行产权制度改革的基础上,按照公司制定的"总体筹划,分步实施,加强协调,循序渐进"原则,进行了整体改制。此次改制进一步明确了金正公司为宣开总公司的国有出资人,除担负社会职能的马西供热厂暂不改制外,其余下属全资子公司都将通过采取吸收法人股、社会自然人股及职工股等形式进行资产重组,实现产权结构多元化。同时建立现代企业制度,完善法人治理结构,以增强市场竞争实力,最终实现国有资本在竞争性行业的有序退出。

(孙学慧)

机构编制

【概况】　北京市宣武区机构编制委

员会办公室(简称区编办)是区机构编制委员会的常设办事机构,在区编委的领导下,负责本区行政管理体制和机构改革以及机构编制日常管理工作,既是区委的工作部门,又是区政府的工作部门,列入区委序列,与区人事局合署办公。年内,区编办在做好机构编制日常管理工作的同时,以推进政府管理体制创新、深化行政管理体制改革为主线,整合事业单位资源,实现行政编制零增长。截至年底,全区党政群机关总计为56个(不含法院、检察院),行政编制1730人,机关事业编制155人,政法专项编制65人,执法专项编制217人;全民所有制事业单位291个(不含法院、检察院所属事业单位),事业单位编制15090人。
地址:宣武区广安门南街68号
电话:83976083
邮编:100054

(杨海燕)

【成立区文化委员会行政执法队】 3月,根据市政府关于加强区县文化领域行政执法工作的意见,宣武区被确定为区县文化领域行政执法工作试点区。8月,在整合文化委执法职能、机构的基础上,组建了宣武区文化委员会行政执法队,主要负责国家法律、法规及规章规定的应由省级(不含省级)以下文化、广播电视、新闻出版(版权)等行政主管部门行使的除大案、要案、跨地区案件以外的行政处罚权和国家法律、法规及规章规定的应由省级(不含省级)以下文物行政主管部门行使的部分行政处罚权。

(杨海燕)

【机构更名及调整级别】 3月,根据市编办《关于调整区县党委和政府督查机构级别的通知》,中共宣武区委办公室督查文书室的级别调整为副处级,更名为中共宣武区委督查室,挂文书科牌子;宣武区人民政府办公室督查联络科的级别调整为副处级,更名为宣武区人民政府督查室,挂联络科牌子。

(杨海燕)

【撤销区房地产交易所】 4月,根据区政府《关于房地产交易所划转问题的会议纪要》精神,区房地产交易所划转到宣房投资管理公司,撤销其事业建制。

(杨海燕)

【撤销区财政局财政性资金管理分局】 4月,鉴于区财政局财政性资金管理分局的职能已不存在,故撤销其建制。

(杨海燕)

【撤销市财政证券事务所宣武分所】 4月,鉴于北京市财政证券事务所宣武分所办理国库券的发行、兑现、转让、代管、咨询等业务已转交工商银行承担,故撤销其建制。

(杨海燕)

【区规划局机关及所属机构人员编制上划】 5月,根据市编办、市财政局等四部门下发的《关于我市规划管理体制调整的有关意见的通知》和市编办下发的《关于上划原宣武区规划局机关及所属机构人员编制的通知》,区规划局机关及所属机构、人员编制上划市规划委实行统一管理。

(杨海燕)

【成立街道残疾人联合会】 年内,根据市编办、市委组织部等五部门联合下发的《关于进一步加强基层残联组织建设的意见》,八个街道分别成立残疾人联合会,主要负责宣传、贯彻残疾人保障法和有关残疾人事业的法规,维护残疾人的合法权益;协助政府研究、制定、实施残疾人事业的法规、政策和计划,发展和管理残疾人事业;团结教育残疾人遵守法律,履行义务,乐观进取,自尊、自信、自强、自立;宣传残疾人事业,密切联系残疾人,沟通政府与残疾人的联系,动员社会理解、尊重、关心、帮助残疾人;开展残疾人康复、教育、劳动就业、社会保障、文化、体育等工作。

(杨海燕)

【机构更名】 8月,宣武区卫生局献血办公室更名为宣武区血液管理办公室。

(杨海燕)

【成立区最低生活保障事务中心】 8月,根据国务院《城市居民最低生活保障条例》和《北京市实施〈城市居民最低生活保障条例〉办法》,成立最低生活保障事务中心,主要负责本区低保政策的咨询服务,低保工作的情况收集、数据统计,低保工作的调研、动态管理以及基层低保工作人员的业务培训。

(杨海燕)

【成立区财政局国库支付中心】 8月,根据《北京市人民政府办公厅关于印发北京市财政国库管理制度改革试点实施方案的通知》要求,成立宣武区财政局国库支付中心,主要负责具体办理财政直接支付和财政授权支付以及非税收入收缴的相关业务,并进行会计核算等具体工作。

(杨海燕)

【8家单位变更隶属关系】 9月,北京风雷京剧团、北京杂技团、北京广安门电影院、北京大观楼大银幕电影院、北京市开明影剧院、北京市宣武区中华电影娱乐宫、北京市万胜剧场和北京市大众剧场八家单位由原隶属于区文化委员会变更为隶属于北京京都文化投资管理公司管理。

(杨海燕)

【撤销开明影剧院】 9月,鉴于北京市开明影剧院已被拆除,故撤销其建制。

(杨海燕)

【撤销区社会文化管理所】 9月,鉴于区社会文化管理所的职能已全部移交区文化委员会行政执法队承担,故撤销其建制。

(杨海燕)

【成立区救助管理咨询站】 9月,根据《城市生活无着的流浪乞讨人员救助管理办法》,成立救助管理咨询站,主要负责辖区内生活无着的流浪乞讨人员的救助管理工作。

(杨海燕)

【成立区法律援助中心】 9月,根据《法律援助条例》和市编办、市司法局等四部门下发的《关于加强区县法律援助工作机构和队伍建设的意见》,成立法律援助中心,主要负责管理辖区内的法律援助工作。

(杨海燕)

人事管理

【概况】 北京市宣武区人事局(简称区人事局)是综合管理全区人事、人才工作的区政府工作部门,设办公室(挂"机关人事科"牌子)、公务员管理科、专业技术人员管理科、人员调配综合科、工资福利与退休科6个职能科室,行政编制26人。局下设人才交流服务中心、干部就近工作服务中心两个全额拨款事业单位。年内,区人事局紧紧围绕全区经济和社会发展的大局,不断深化人事制度改革,全面提高公务员队伍和专业技术人员队伍素质,努力优化行政环境,为促进全区各项事业的发展提供了坚实的人事人才保障。在全市率先完成事业单位聘用合同制改革;启动了区专家信息库工程,盘活区现有人才资源;多种渠道引进急需紧缺人才,加强人才市场建设;不断拓宽服务领域,为社会单位人事管理提供社会化、专业化的服务;积极创新工作机制,推进政府管理创新;加强公务员队伍建设,努力提高公务员的履职能力;落实工资福利与退休服务工作,调动广大职工的积极性;充分发挥职能作用,保障防治非典工作顺利进行,率先启动突发事件即时奖励机制,体现了较强的系统化和制度化的应变能力。

地址:宣武区广安门南街68号
电话:83976085
邮编:100054

(王丽娜)

【党政机关工作人员队伍】 截至年底,本区区级机关工作人员队伍总量为2107人,其中公务员1390人、党群团工作人员717人。其中局级干部28人,处级干部345人,科级干部927人,科级以下工作人员807人。94%的工作人员具有大专以上学历,呈现知识化特点。领导干部队伍日趋年轻化,其中正处级领导干部平均年龄50.2岁,副处级领导干部平均年龄45岁,正科级领导干部平均年龄43岁,副科级领导干部平均年龄36.5岁,年龄阶梯性较为合理。

(王丽娜)

【公务员队伍发展状况】 年内,按照"优化增量,严把进口"的原则,区在严格控制总量的同时,通过录用应届大中专毕业生、接收军转干部、面向社会公开招考等方式引进优秀人才,补充公务员队伍,保持了公务员队伍的活力。截至年底,全区公务员总数为1390人,比2002年增加39人,增长了2.8%。全年录用应届高等学校毕业生30人,由国有企事业调任到公务员队伍4人,安置军转干部14人。

(谌建龙)

【公务员队伍年龄结构状况】 截至年底,全区公务员队伍人员总数为1390人,其中35岁以下456人,占总数的32.8%;36岁至40岁300人,占总数的21.6%;41岁至45岁231人,占总数的16.6%;46岁至50岁243人,占总数的17.5%,比上年降低1个百分点;50岁以上160人,占总数的11.5%。公务员年龄结构呈倒三角形,中青年公务员成为主体。

(谌建龙)

【公务员队伍学历结构状况】 截至年底,全区公务员队伍人员总数为1390人,其中大本以上学历703人,占总数的50.6%,比上年提高6.9个百分点;大专学历581人,占总数的41.8%,比上年下降5.9个百分点;中专及中专以下学历106人,占总数的7.6%,比上年下降1个百分点。具有本科以上学历的公务员比重呈明显上升趋势,而具有大专以下学历的公务员比重则呈明显下降趋势。

(谌建龙)

【国有企业管理和技术人员状况】 截至年底,区属国有企业共有管理人员及专业技术人员1574人,其中专业技术人员1070人。从人员总体情况看,国有企业管理人员和专业技术人员年龄偏大,35岁以下人员仅占总数的17.2%;学历层次偏低,大专及以下学历占总数的86%;高级专业技术人才和高级经营管理者总量较少,占总数的3%。

(谌建龙)

【事业单位管理和技术人员状况】 截至年底,区属事业单位中共有管理人员及专业技术人员8843人,其中专业技术人员8089人。从人员总体情况看,事业单位管理人员和专业技术人员年龄分布合理。学历结构以大学本科及专科为主体，占总数的73.2%。事业单位管理人员和专业技术人员行业分布十分集中，其中从事卫生和教育的人员占总数的92.7%。

（谌建龙）

【公务员培训】 年内，全区加大了对国家公务员的培训力度。全年共举办初任培训1期，54人参训；任职培训1期，23人参训；公共管理专题培训，150余人参训；举办执法人员行为规范培训，150余人参训；举办公务员英语100句培训两期，292人取得合格证书；1304人次参加电子政务培训；试行择优培训，选拔4人参加公共管理专题境外培训。

（段 颖）

【专业技术人员队伍发展状况】 年内，区机关、企事业单位专业技术人员队伍基本保持稳定，人员总量受企事业单位制度改革、改制等因素的影响，略有减少。截至年底，全区专业技术人员总量为10417人，比2002年减少6%。专业技术人员高、中、初级专业技术职务比例为1：3.5：4.8

（谌建龙）

【完成事业单位聘用制改革】 年内，区事业单位聘用制改革进入全面实施阶段。在区人事制度改革领导小组的直接领导下，各单位经过方案制定、签订合同、未聘人员安置等工作环节，全面完成了改革的工作目标任务，截至年底，全区凡是符合具有独立法人资格、使用事业单位编制、执行事业单位工资三个条件的210个全民事业单位已全部实行聘用合同制，占全区应实行聘用制事业单位总数的100%；签订聘用合同的人数达到11139人，占全区应实行聘用制事业单位人数的97.8%。

（李 璐）

【推进政府管理创新】 年内，区政府将市委、市政府提出的“实践‘三个代表’，优化发展环境”的要求与本区实际相结合，在开展“建设高效率政府机关和高素质公务员队伍”大讨论活动的基础上，乘势而上，以“深化政务公开建设诚信政府”为突破，创造性地开展了“优化行政环境，推进政府管理创新”工作。各单位在进一步规范政务公开的基础上，重点建立和完善了政务承诺制、投诉举报制和责任追究制，并明确了对公务员进行责任追究的15种具体不良行为。

（段 颖）

【制定公务员培训规划】 年内，为建设一支高素质的国家公务员队伍，以适应政府的高效能管理，根据宣武区经济社会发展和公务员队伍状况，区制定了《宣武区国家公务员2003～2005年培训规划》，明确了公务员培训工作的指导思想、基本原则、目标任务、措施要求等。

（段 颖）

【制定新录用国家公务员到基层锻炼意见】 年内，为了使新录用的国家公务员尽快了解区情，熟悉环境，进一步树立为基层、为群众服务的意识，为今后有针对性地开展工作打下良好基础，宣武区制发了《宣武区新录用国家公务员到基层锻炼的意见（试行）》。要求2001年以来新录用的国家公务员均需到到街道和居委会进行为期3个月的锻炼，这是宣武区为进一步加强公务员队伍建设而采取的又一新举措。至年底，共有84名新录用的国家公务员到基层进行了锻炼。

（段 颖）

【建立高级专家数据库】 年内，宣武区专家数据库建设工作在充分利用北京市专家数据库现有资源的基础上，结合第一批入选北京市高级专家信息采集工作的开展，专家数据库建设工作也正式启动。宣武区首批进入专家数据库的人员有67人，范围涉及国家级突出贡献专家、享受政府特殊津贴专家、正高级专业技术职务人员、北京市优秀青年知识分子等4类人员。

（李 璐）

【开展办理工作居住证】 年内，为进一步优化首都人才发展环境，加速首都人才战略的实施，吸引并鼓励各类优秀人才来京创业和工作，提高城市综合竞争力，为首都率先基本实现现代化提供人才保证，北京市人事局下发了《关于实施北京市工作居住证制度的若干意见》，自6月30日起施行。区人事局通过宣武政务网及时对社会公布了这一信息，并印发了告知书。至年底，宣武区已成功注册北京市工作居住证申请办理单位194家，为278人办理了北京市工作居住证。

（谌建龙）

【出台抗击“非典”即时奖励办法】年内，在全面抗击“非典”过程中，区人事局充分发挥职能作用，及时研究出台相应措施，在全市率先启动了突发事件即时奖励机制，出台了《对抗击“非典”一线工作人员的奖励办法》，充分发挥表彰奖励的激励和导向作用，为抗击“非典”工作提供了制度保障。

（王丽娜）

民族 宗教 侨务

【概况】 北京市宣武区人民政府民族宗教侨务办公室（简称区民宗侨办）是主管宣武区民族宗教侨务工作的区政府职能部门。年内，区民宗侨办认真贯彻《北京市少数民族权益保障条例》、《北京市宗教事务条例》和《中华人民共和国归侨侨眷权益保护法》及实施办法,执行党的民族宗教侨务政策,积极开展民族宗教侨务工作,促进经济发展,维护民族团结和社会稳定,在全区形成了重视民族宗教侨务工作的良好局面。全年接待外宾12000人次,其中部长以上10余人次。

地址:宣武区广安门南街68号

电话:83976063

邮编:100053

(贾　楠)

【宗教场所年检工作】 3月,在年检过程中,区民宗侨办组织区伊协、3所清真寺及所在的街道办事处有关人员,学习宗教政策和有关文件,在宗教界进行政策法规教育,开展创"五好宗教活动场所"活动;加强区伊斯兰教爱国宗教团体自身建设,进一步充实了区伊协及牛街礼拜寺、后河沿清真寺的领导班子力量,解决好统一领导的问题;将笤帚清真寺正式更名为前门清真寺,区民宗侨办从办公经费中拿出7千元,支持前门清真寺修缮;在区伊斯兰教宗职人员和区伊协常委中统一思想,分层次做好区伊协全体阿訇、寺管会工作人员的思想工作;对牛街礼拜寺寺管会班子进行调整;加强各寺的民主管理,协调好阿訇与寺管会主任的关系;在广大乡佬中做深入细致的具体工作,及时抵制不良倾向。

(贾　楠)

【抗击"非典"工作】 "非典"期间,区民宗侨办把信教群众疏导到露天礼拜,疫情严重时,为群众发放消毒液、拜毯、大小净用的毛巾,对建筑物内外消毒。在市民委建议、市伊协下令停止礼拜活动时,努力做好群众工作,防止矛盾激化,"非典"期间,牛街礼拜寺未发生一例感染事件。与此同时,区民宗侨办高度重视加强回民殡葬管理处防"非典"措施的落实和检查,妥善处理了两起少数民族亡人火化事宜。

(贾　楠)

【民族团结进步事业】 8月,在第五届首都民族团结进步表彰大会上,宣武区共有16个先进单位和个人受到表彰,其中牛街街道办事处连续五届被评为先进集体;中共宣武区委统战部、区民宗侨办对牛街街道办事处进行了奖励,并总结了其开展民族团结进步创建工作的经验;根据市民委的部署,在全区开展了"民族团结宣传教育月"活动;请中央候补委员、国家宗教局局长叶小文在区委理论中心组作《社会主义的宗教论》的主题报告;利用各种载体和媒介在社区居民和青少年中开展民族团结教育活动;制作民族团结教育展板20块,在民族工作重点街道、单位进行巡回展览,印制发放了2000份民族政策宣传材料;配合市民委,举行"第五届首都民族团结进步先进集体、先进个人事迹报告会";与牛街街道、文化委共同举办"宣武区走进民族大家庭夏日文化广场"活动,北京电视台"北京新闻"、"华彩宣武"栏目及《中国民族报》等多家媒体作了相关报道。

(贾　楠)

【护侨工程】 12月4日,由区民宗侨办、区侨联、区司法局牵头,区属21家单位联合举办了"12.4"法制宣传日普法宣传活动。活动期间,共发放《中华人民共和国归侨侨眷权益保护法》500多份、《侨法宣传提纲》近1000份,8名侨界医务人员为近100名群众进行义诊。年内,区民宗侨办共办理团体提案1件、个人提案9件;为1名归侨解决了房产问题;为1名困侨争取到了9万元房产补助;解决涉及归侨侨眷房产和危房改造拆迁中的利益问题8件;接待华侨、华人、归侨、侨眷和港澳同胞的来电、来信、来访共计120多件。

(贾　楠)

【牛街礼拜寺修缮改扩建工程】 年内,牛街礼拜寺文物修缮部分资金列入"人文奥运"计划,由市文物局落实550万元;改扩建工程所需资金通过市财政投资评审中心前期评审,市财政拨款1050万元已落实到位。区民宗侨办经过与国家文物局、市文物局、市规委等10余个部门交涉,已经部分落实了设计方案和审批手续。牛街礼拜寺整体工程方案设计、地勘、测绘工作均已完成。修缮工程、女殿女水房工程、东院男水房翻扩建工程等三部分设计方案已获得国家文物局的批准。

(贾　南)

【宗教场所】 年内,区民宗侨办筹集资金6万余元,维修前门清真寺,解决了大殿漏雨、通风不畅等问题;协调落实了基督教两处房产。

(贾　楠)

【民族经济工作】 年内,区民宗侨办协助区政府做好牛街民族特色一条街的招商引资和商业布局工作。区政府、市民委对牛街民族特色企业分别提供了40万元和140万元的开业支持资金,市民委还对重点清真网点提供了7.8万元的设备改造资金。新建成的牛街清真超市营业面积达2400平方米。牛街清真牛羊肉市场摊位增加到近百个,营业面积达1600平方米;"吐鲁番"等数家有规模的清真饮、副食企业落户牛街民族特色街,受到少数民族群众的欢迎。区民宗侨办加强对网点的规范化管理,对重点清真网点、民族宗教重点单位和8个街道民族工作干部共30人进行了政策培训。全年组织检查清真网点5次,解决了肯德基在牛街开办分店以及新疆天山食府与相邻企业的矛盾;与大厂回族自治县有关领导协调解决了群众关心的牛羊肉注水问题;解决个别清真网点不真等问题;组织了开斋节的民族节日活动,确保清真食品的日常供应和"非典"期间的供应。

（贾　楠）

【民族文化、体育、卫生事业】 年内,区民宗侨办将"穆斯林建设牛街基金会"30万元资金用于支持回民学校、回民小学和回民医院的建设;回民学校被市教委确定为"重点高中示范校";回民小学基础设施建设得到改善,并与西部地区学校开展教学交流;牛街街道出资8.5万元,支持北京市回民小学、六十六中学、宣武三职学校、培智学校等7所学校,开展特色教育工作;回民医院在抗击"非典"中发挥了重大作用,市、区投资3000万元对医院进行改造;区政府投资20万元为殡葬处购置了车辆;牛街办事处投资500万元对回族聚居区进行文化活动设施改建。9月,在第七届全国少数民族传统体育运动会上,区民宗侨办被国家民委、体育局评为全国民族体育先进单位。

（贾　楠）

【伊协和寺管会组织建设】 年内,结合宗教场所年检,区民宗侨办调整了区伊协组织,进一步充实牛街礼拜寺及后河沿清真寺的管委会班子。新派3名回族同志进入区伊协和牛街礼拜寺工作,分别担任区伊协代秘书长和牛街礼拜寺寺管会正、副主任;在寺管会中增加了2名乡佬代表,增加了工作的透明度;注意加强与乡佬的联系和对话,多次与乡佬座谈;对区伊协和寺管会的骨干力量进行了业务培训,完善了管理制度,加强了内部管理。

（贾　楠）

【宣传教育工作】 年内,以引导教育宗教与社会主义社会相适应为主线、以宣传学习两个条例为内容,区民宗侨办采取举办讲座、学习观摩、组织参观和进行培训等多种形式,分层次对教职人员和信教骨干进行爱国主义、民族知识、宗教知识的教育。7月,组织乡老200余人次游览了中华民族园、锦绣大地、城铁轻轨。8月,组织47名少数民族学生、社区干部,赴辽宁参加青少年夏令营活动,成功疏导了在寺内办班问题;组织100余名乡佬,参加宗教与社会主义相适应讲座(中国伊斯兰教协会副会长马云福主讲)。9月初,组织40多名阿訇、乡佬参观了大连、兴城、上海、杭州等城市,有针对性地解决阿訇、乡佬存在的疑虑,沟通思想情感。

（贾　楠）

【落实民族政策】 年内,依照有关政策和规定,区民宗侨办严格进行更改民族成份和清真饮副食生产经营许可证审批工作。共计接待、答复咨询300余人次,更改民族成份80人,办理清真饮副食生产经营许可证审批10件;抓好清真饮副食网点的管理工作,加强网点的规范化管理,在各重要穆斯林节日之前及朝觐期间,组织开展清真网点的联合专项检查。

（贾　楠）

【侨务工作】 年内,区民宗侨办与各街道办事处、街道侨联一起,在社区组织归侨侨眷开展了丰富多彩的活动。在中秋节和国庆节,区民宗侨办组织了电影招待会,有近400名归侨侨眷及其家属参加。10月份,组织了100名归侨秋游怀柔,为一些老归侨举办了祝寿活动。年底,为过好两节,区民宗侨办下发了《关于元旦、春节期间依托社区,开展为归侨侨眷服务工作的意见》;各街道分别以联谊会、茶话会、座谈会、文艺演出等多种形式,组织归侨、侨眷共庆佳节,参加者达500多人;开展对困侨、空巢老人、侨界重点人士走访和节日慰问活动,全年共慰问归侨、侨眷71户。

（贾　楠）

【天主教、基督教工作】 年内,天主教、基督教坚持开展公益活动。每月定期到牛街敬老院打扫卫生,为老人理发,与铁路医院合作到通州贾后疃教堂义诊。区民宗侨办为天主教订阅了报纸。12月22日,宣武区举办了天主教、基督教界迎圣诞联欢会,北京市天主教三自爱国会秘书长刘元龙、常委汪颖、神甫张天禄,北京市基督教三自爱国会常委陈玉珍牧师及区委统战部、区政协、区民族宗教办公室等部门的领导出席并讲话。100余名天主教、基督教信徒参加了联欢活动并表演了文艺节目。

（贾　楠）

【归侨、侨眷身份认证工作】 年内,区民宗侨办共办理各种涉侨身份认证12人,其中认证侨眷身份3人,办理三侨子女中高考身份认证9人。

（贾　楠）

【为侨资企业服务】 年内,区民宗侨办在为侨资企业服务工作中,充分发挥了"协调、服务、指导、管理"的职能。以琉璃厂文化产业园区为引资引智的平台,进一步贯彻"请进来、走出去"战略,努力吸引华裔二、三代和新华侨、新华人以及留学人员来区创业,做好"以侨引外"、"以侨引台"工作;探讨整合宣武区"全侨资源"的工作途径和整合方式,突出新移民代表人士和回国创业者的主体地位;主动加强与相关部门的联系和交流,为侨资企业排忧解难。

（贾　楠）

对外事务

【概况】 北京市宣武区人民政府外事办公室(简称区外办)是负责本区

外事工作的区政府职能部门,行政编制4人。主要职责是:审批重点对外参观单位的设立及调整;审核本区所属单位建立对外友好交流关系;审核本区人员因公出国及赴香港、澳门特别行政区及团组用汇;管理境外记者来本区采访;组织接待来本区访问的党和国家重要外宾及国外对口友好区、民间友好组织等。年内,区外事工作密切配合中央外交战略大局,服务于总体外交,巩固和发展了对外交流关系,展示了宣武形象;加强了外事管理,完善了外事工作的各项规章制度及办事流程。在抗击非典期间,坚守岗位,指导帮助各重点对外参观单位做好外籍文教专家和外国留学生工作,保证无一例感染。新批准1个重点对外参观单位;接待来自不同国家和地区的各类参观团组1782批、11205人次,其中国宾4批、115人次;境外记者70批、104人次;办理因公出国(境)手续108批、280人次,合格率为100%。

地址:宣武区广安门南街68号

电话:83976120

邮编:100054

(吴幼庆)

【组团赴澳大利亚培训】 3月15日,中共宣武区委组织部组织的"宣武区人力资源开发与管理培训班"赴澳大利亚进行了历时3周的集中培训、考察、交流和研讨。培训班考察了澳大利亚在人力资源开发与管理方面的先进理念,了解了人力资源开发与管理的科学方法,特别是"以人为本"的人力开发与管理原则。

(吴幼庆)

【区纪检干部首次出国考察】 3月25日,宣武区监察局首次组织纪检干部赴新加坡进行廉政建设及反贪运作情况的考察和学习。

(吴幼庆)

【民间对外友好交流】 3月30日,由宣武区人民对外友好协会、日本日中交流展协会主办,宣武区少年宫承办的中日青少年暨指导教师书法、绘画展在少年宫举行开幕式,日本代表团一行30余人及本区小学生100余人参加了开幕式并参观了展览。

(吴幼庆)

【境外媒体采访远程教育】 5月9日,抗击非典期间,在市外办的安排下,美联环球、法国图片社、法新社、香港亚洲电视台、香港文汇报社、俄罗斯电视一台、日本东京电视台、富士电视台、东京广播公司、韩国广播公司、荷兰共同日报社、荷兰电视协会等15家境外新闻单位,到北京育才学校采访育才学校利用远程教育网指导学生在家庭学习的情况。

(张同达)

【接待科摩罗联盟代表团】 6月19日,以阿扎利·阿苏马尼总统为首的科摩罗联盟代表团一行20人参观了牛街礼拜寺。

(张同达)

【市民讲外语活动】 7月11日,由宣武区中医医院医师张仲波、牛街春风社区退休教师严仁莉和新世纪小学学生王子琛3人组成的宣武区代表队,在北京电视台参加了18区县第三届"北京市民生活英语电视大赛",三人合作的英语小品"神针"参加了现场表演,并获三等奖。

(张同达)

【回民中学金帆艺术团赴蒙古访问】 7月15日,应蒙古国蒙中友协的邀请,北京回民学校金帆艺术团一行30人赴蒙古乌兰巴托参加蒙古儿童中心成立25周年的庆典活动。团员们各显才艺,充分展示了民族艺术的魅力,为增进两国人民的友谊做出了贡献。

(吴幼庆)

【区友好代表团出访】 8月1日,以区政协主席郑文奇为团长的宣武区赴欧洲考察团一行8人,先后考察了英国与荷兰的企业,实地考察了英国的商贸批发中心、小家电批发市场等,并拜会了英国伦敦巴耐特区政府。通过考察,借鉴发达资本主义国家的经验,结合本区中小企业发展的实际,考察团提出了加快中小企业资本结构调整和改革步伐的建议。

(吴幼庆)

【韩国忠州市友好代表团来访】 8月5日下午,区长武高山、副区长张文华会见了以李始钟市长为团长的韩国忠州市友好代表团一行10人。双方就加强交流与合作、增进两市区友谊取得了共识。

(吴幼庆)

【接待匈牙利共和国总理】 8月29日,匈牙利共和国总理麦杰希·彼得一行65人到北京老舍茶馆观看文艺节目。

(张同达)

【武高山会见雷东多·比奇市希尔市长】 9月17日,区长武高山会见了美国雷东多·比奇市希尔市长。双方一致表示,将在2004年进一步加强两市区在城市建设和管理、教育、卫生及公务员培训等领域的交流与合作,促进两市区的共同发展。

(吴幼庆)

【采访北京建都850周年纪念阙揭幕仪式】 9月20日,北京建都850周年纪念阙揭幕仪式在宣武区举行。美联社、俄罗斯塔斯社、越南通讯社、越南人民报、韩国广播公司、韩国文化广播公司、日本共同社和香港电视台8家境外媒体采访了揭幕式盛况。

(吴幼庆)

【武高山会见包龙图】 10月7日,区长武高山会见了瑞典宜家集团亚太地区主席包龙图先生一行,双方就瑞典宜家集团拟在马连道采购中心区投资建店的相关事宜举行了会谈。

(吴幼庆)

【接待美国客人】 10月30日,由中国市长协会接待的美国华盛顿副市长、欧格斯塔市市长、哥伦比亚大学教授等一行,在区外办主任的陪同下,参观了大栅栏风貌保护规划模型、国际传媒大道规划模型、湖广会馆及朗琴园小区。

(吴幼庆)

【韩国汉城特别市龙山区代表团来访】 11月1日至3日,以朴长圭区厅长为团长的韩国汉城特别市龙山区交流代表团一行23人访问了宣武区,受到区人大常委会、区政府领导的热情接待。

(吴幼庆)

【法国格利博达院士作专题讲座】 11月4日,应宣武区人民政府的邀请,法国著名艺术史和建筑史专家格利博达院士为宣武区各界人士作了一场题为:"古都风貌保护及国际化城市建设的关系"的专题讲座。

(吴幼庆)

【境外媒体关注人大代表选举】 12月2日,英国广播公司、美联社、日本广播协会(NHK)等25家境外媒体到广外街道红莲中里选区,采访了区第十三届人大代表正式候选人与选民见面的活动。

(张同达)

【外事工作会议】 12月16日,宣武区召开外事工作会议。会议总结了2003年外事工作情况,部署了2004年的外事工作计划,并组织与会人员参观了北京燕京啤酒集团和顺义三高科技农业示范区。

(吴幼庆)

【卡察夫总统参观琉璃厂】 12月17日,以卡察夫总统为团长的以色列国代表团一行20人到琉璃厂文化街参观。

(张同达)

2003年宣武区接待国宾一览表

时　间	来访团组	团长身份	人数	访问内容
6月19日	科摩罗联盟	阿扎利·阿苏马尼总统	20人	参观牛街礼拜寺
8月29日	匈牙利共和国	麦杰希·彼得总理	65人	北京老舍茶馆观看节目
12月17日	以色列国	卡察夫总统	20人	参观琉璃厂文化街
12月18日	以色列国	吉拉·卡察夫总统夫人	10人	参观大栅栏商业街

2003年宣武区接待境外记者采访一览表

时　间	通讯社	记者姓名	采访内容
1月22日	德国广播电台驻京记者	柯爱华	琉璃厂地区的规划、改造
3月26日	英国广播公司(BBC)中文部记者	郝曦	宣武区培智中心学校残疾人教育情况
5月9日	美联环球电视新闻、法新社、香港亚洲电视台等15家驻京记者		育才学校的远程教育网抗击非典时期指导学生在家庭学习的情况
6月9日	智利国家电视台		北京育才学校防治非典疫情情况
9月5日	德国电视一台	杜佳	宣武区妇幼保健院母乳喂养问题
9月20日	美联社北京分社、韩国广播公司、日本共同社等8家新闻单位	格瑞·巴克尔等16名记者	北京建都850周年纪念阙揭幕仪式
10月16日	英国《经济学家》周刊	麦杰思	宣武区政务信息公开化开展情况
10月24日	孟中文化经济民众通讯中心顾问、资深记者	沙赫利尔·卡比尔	少数民族和宗教发展情况

续表

11月21日	欧洲新闻图片社	雷宇	牛街礼拜寺斋月期间有关活动
11月26日	法新社北京分社	吴才兴	牛街礼拜寺开斋节活动
12月2日	英国广播公司、美联社等25家驻京记者		广外红莲中里选区区人大代表正式候选人与选民见面情况
12月10日	英国路透社、美联社、日本朝日新闻等13家驻京记者		牛街礼拜寺选区选民投票情况
12月10日	日本广播协会(NHK)		广外红莲中里选区选民投票日活动

2003年宣武区主要外事活动一览表

时　间	国别	代表团名称	人数	活动内容
3月30日	日本	日中交流展协会	30人	中日青少年暨指导教师书法、绘画展
8月5日	韩国	韩国忠州市友好代表团	10人	友好访问
9月17日	美国	美国雷东多·比奇市商务考察团	2人	商务考察
11月1日	韩国	韩国汉城特别市龙山区交流团	23人	友好交流
11月4日	法国	法国著名艺术史建筑史专家格利博达院士	2人	讲课

信访工作

【概况】 中共北京市宣武区委、宣武区人民政府信访办公室(简称区信访办)是负责组织协调全区信访工作、处理信访问题和对人民内部矛盾纠纷进行排查调处的区委、区政府职能部门,行政编制6人。主要职责是:受理来信、接待来访,承办上级机关交办的信访事项;组织实施信访交办、督办工作;组织实施人民内部矛盾排查调处工作;组织实施区领导信访接待日工作;协调解决区域、部门之间的信访问题;对本地区、本系统的信访工作进行业务指导,及时提供信访信息,综合研究信访情况;向信访人宣传有关法律、法规、规章和政策等。区属基层单位信访、排查调处工作由党政主要领导负总责,由1名党政副职分管信访排查调处工作,机构设在党政办公室,设立专、兼职信访工作人员。年内,信访排查调处工作以党的十六大和十六届三中全会精神为指导,认真贯彻落实"三个代表"重要思想,紧紧围绕改革、发展、稳定大局,深入贯彻市委、市政府《关于进一步加强信访排查调处工作,切实维护群众利益的意见》和市信访排查调处工作会议精神,以"三不出"(按责任街道问题不出街道、系统问题不出系统、区内问题不出区)为目标,按照"超前化解、控制越级,努力减少重访、防止激化"要求,开拓创新,以人为本,及时妥善地处理了大量人民内部矛盾,为维护群众利益,促进全区改革、发展和民主政治建设,维护社会稳定发挥了积极作用。全年共受理群众来信、来访3508件次,其中受理群众来信1458件,接待群众来访2050批、4099人次;办理市、区领导批示群众来信195件;区领导44人次参加信访接待日,接待群众185批、372人次;群众越级到市委、市政府集体访7批、124人次,批次同比下降53%;群众到区集体访123批、1300人次,批次同比上升28%。

地址:宣武区广安门南街68号

电话:83976011

邮编:100054

(张平斋)

【信访工作会议】 2月24日,宣武区召开信访、排查调处工作会议。常务副区长蒋德忠主持会议,会议总结了2002年信访、排查调处工作,部署了2003年信访、排查调处任务;表彰了2002年度信访、排查调处工作目标考核优秀单位和先进个人名单。市信访办副主任刘志洪到会讲话;区委副书记武高山就做好2003年信访、排查调处工作提出4点要求:提高认识,增强责任感;完善制度,强化基础工作,提高能力和水平;加大工作力度,妥善处置群体矛盾;全力以赴做好"两会"期间的维护稳定工作。

(张平斋)

【"非典"时期信访工作】 4月至6月,在抗"非典"时期,区信访办按照区委、区政府一手抓防"非典",一手抓人民内部矛盾的化解的要求,采取在接待场所实行严格消毒、测体温、疏导来访群众分散候谈等措施，在确保来访群众和接待人员安全的情况下，坚持特殊时期特事特办、急事急办，保证了信访渠道的畅通。

（张平斋）

【坚持领导接待日制度】 年内，领导信访接待日制度得到切实落实。党政主要领导带头参加接待日，全年领导信访接待日领导到位率100%，无迟到漏岗现象。1月至12月，区领导44人次参加信访接待日，共接待群众185批、372人次。群众向区委、区政府赠送锦旗3面。

（张平斋）

【建立排查调处长效机制】 年内，区人民内部矛盾排查调处工作制度进一步完善、规范。坚持了区、基层两级排查调处制度，区排查办、街道和有关部门坚持了自下而上的每月一次的排查调处制度，对排查出的热点问题层层上报，将问题解决在基层，把人民内部矛盾化解在萌芽状态。区委、区政府对全区排查出的重大问题，实行了定期和随时召开由区党政主要领导和有关单位主要领导参加的区排查调处领导小组（扩大）会议制度，对研究的问题件件包案到领导，责任到单位，限期解决，并实行责任追究。全年共召开排查调处人民内部矛盾领导小组（扩大）会议6次，排查出不稳定因素59件，已解决和基本解决57件，办结率为97%。实现了区委、区政府要求的在市、全国"两会"期间不发生一起越级集体访和到会场、代表驻地上访的目标。

（张平斋）

【坚持三个创新】 年内，区信访办在信访工作中坚持"三个"创新，一是不断探索落实"属地原则"的有效途径，加大了对无上级主管单位、驻区中央、市属单位发生的重大矛盾纠纷的处理工作，将矛盾化解在基层和区内；二是关口前移，为重点工程服务。区市政管委、区房地局、区信访办、区监察局、区司法局等部门派出工作人员和律师到拆迁现场接待群众，就地协调和解决问题，联合答复群众；三是律师参加区领导接待日，引导群众依法反映和解决问题，把群众信访活动纳入法制轨道，减少了涉法缠访现象的发生。

（张平斋）

【基层信访工作】 年内，按照全年信访工作要点和"三不出"（街道问题不出街道、系统问题不出系统、区内问题不出区）的要求，八个街道和主要职能局建立并不断完善了周四上午党政领导信访接待日制度、月排查调处制度。区信访办领导带队检查了8个街道和窗口单位信访领导接待日的落实情况，对坚持好的街道和单位进行通报表扬，对存在问题的单位，与单位主要领导沟通情况，提出改进意见。坚持由区信访办、区建委、区管委共同组织拆迁工作人员、施工单位领导进行化解矛盾纠纷的专题培训和信访办领导到街道对社区居委会主任的辅导培训；总结推广广内街道做好人民内部矛盾纠纷排查调处工作的经验和陶然亭街道做好社区信访排查调处基础工作的经验。

（张平斋）

【信访反映的突出问题】 年内，区信访办共受理群众来信、来访3508件次，其中城市建设、城市整治中的拆迁政策问题、施工扰民问题、建设规划问题、逾期回迁及回迁中发生矛盾纠纷问题等920件次，占信访量的26%；住房困难、小区物业管理和标准租私房问题821件次，占信访量的23%；城市管理中的环境污染、市容卫生问题377件，占信访量的11%；劳资福利、劳动争议和企业改制、事业单位改革问题235件次，占信访量的7%；经济纠纷、民事纠纷问题210件，占信访量的6%。

（张平斋）

档案工作

【概况】 北京市宣武区档案局（简称区档案局）是负责全区档案事业管理的区政府职能部门，主要职责是依法对全区档案工作实施监督和指导。宣武区档案馆为地级国家综合档案馆，是集中管理宣武区档案的文化事业机构，与区档案局合署办公，一个机构、两块牌子。主要职责是：收集、保管对国家和社会具有保存价值的档案资料；开发档案信息资源，为社会提供服务。全局（馆）设办公室、法制教育科、业务指导科、管理科、编研征集科、计算机室、文档管理中心等7个科室。年内，全区共有立档单位69个，专职档案员79人，其中有专业技术职称的32人。室存全部档案875762卷、89284件，资料16195件（册）。至2003年底，馆藏档案89个全宗，125067卷（件），资料9955册。

地址：宣武区广安门南街68号

电话：83976506 63532741

邮编：100054

（马妍薇）

【档案馆搬迁】 年初，宣武区档案馆由教子胡同牛街东里一区迁入广安门南街68号新址，面积由2840平方米增至4280平方米。新档案馆大楼主体分为七层，一层为展览大厅，二层为阅览大厅，三层为办公室，四层为专业用房，五、六层为档案库房。档案馆搬迁工作从2月8日始，历时15个工作日。3月3日，新馆开始向社会开放。

（马妍薇）

【档案工作会议】 3月28日，宣武区档案工作会议在区机关大楼召开。会议总结了2002年工作,部署了2003年主要任务和工作目标;表彰了2002年档案工作定级升级单位和档案目标管理中做出突出贡献人员。市、区领导到会并讲话。

(马妍薇)

【文档管理中心正式启动】 3月,宣武区文档管理中心正式挂牌工作。年内,完成35个部门2001年至2002年档案的接收任务,共接收档案25416件(卷)。为机关各部门提供档案利用服务144人次,提供档案3888件次。

(马妍薇)

【市区领导参观宣武新馆】 7月22日,市档案局局长王芸等领导及各区县档案局(馆)长共49人到宣武区新馆参观指导工作。

(马妍薇)

【调研工作】 8月7日,宣武区文档管理中心试点中期调研会议召开。国家档案局、北京市档案局、中国人民大学的有关领导和专家就“宣武区文档管理中心”课题进行研讨。年内,区档案局(馆)3篇论文在北京市档案学会论文评选中分获二等奖、三等奖和优秀奖。

(马妍薇)

【对外交流】 11月5日,斯洛文尼亚国家档案馆馆长弗拉基米尔·祖默硕士等一行6由国家档案局同志陪同,参观了宣武区档案馆。

(马妍薇)

【档案开发利用工作】 年内,区档案馆共接待利用者4556人次,提供各类档案、资料10386卷(件、册)次;出具档案证明和档案复制件4888件。截至年底,馆藏开放档案总数达到6656卷。

(马妍薇)

【法制宣传工作】 年内,区档案局被宣武区依法治区领导小组纳入“宣武区普法讲师团”;在第157次区长办公会上,档案局局长宣讲了《档案法》;组织参加北京市档案局举办的档案法知识竞赛,全区95个单位、111个社区居委会的3100多人参加答卷。

(马妍薇)

【执法检查工作】 年内,大栅栏街道档案工作目标管理通过市一级评审,至此,全区八个街道档案工作全部达到北京市一级标准;应予复查的22个立档单位和科技事业单位全部通过复查。

(马妍薇)

【规范业务标准】 年内,为实现业务工作规范化管理,区档案馆规范了归档文件整理工作、数码照片档案管理工作;对机关文件材料归档范围和档案保管期限进行调整;起草了区直机关档案工作细则和电子档案管理细则等业务指导性文件;修改完善了《宣武区档案馆工作细则》等制度;重新印发了《宣武区档案馆工作制度汇编》。

(马妍薇)

【档案接收工作】 年内,区档案馆对48个单位的3万余卷档案进行了检查,接收了40个单位各门类档案27912卷(件),其中接收抗击SARS档案1114件。

(马妍薇)

【科研成果获奖】 年内,区档案局承担的“改革文书档案立卷方法,实现文件级管理档案的研究”的科研课题,获宣武区2001～2002年度科技进步三等奖。

(马妍薇)

【爱国主义教育基地工作】 年内,区档案馆举办了讴歌抗击非典精神的“宣武人民抗击SARS纪实”网上图片展;举办了以系统宣传宣南文化为主题的《梨园名人故居》巡回展,参观人数达5000人次。

(马妍薇)

【编研工作】 年内,区档案馆围绕宣南文化主题,继续开展《清代宣南人物事略》、《清代宣南诗词选》、《大栅栏历史资料汇编》等书籍的编辑组织工作。出版《龙树寺与宣南诗社》,共发行2000册。在纪念北京建都850年之际,整理出版了介绍北京建都历史和宣南文化研究情况的论文汇编《兰台参阅(增刊)》作为宣南文化节的赠书;与区委宣传部、区文化委共同出版了《宣南文化》画册。全年编写编研资料近13万字。

(马妍薇)

【“非典”时期档案工作】 在抗击“非典”过程中,区档案馆坚持面向群众开展档案提供利用,48个工作日共接待查档者266人次,查阅档案342卷(册)次,出具证明191份;区档案局与区政府办公室、区卫生局等部门协同部署了“非典”文件材料的归档工作;先后3次与区防治“非典”工作领导小组办公室联合下发文件,对有关人员进行培训,“非典”办和各指挥部的档案顺利进馆;向在“非典”期间坚守岗位的全区档案工作者发出慰问信;以学会的名义慰问了区疾控中心一线工作人员。

(马妍薇)

【信息化建设】 年内,区档案局建立完善了计算机中心、电教培训室、声像技术室,为实现档案信息资源共享提供了硬件基础。局馆通过网站随时发布最新的档案工作标准,通过电子邮件指导并帮助基层单位解决具体业务问题,进行网上执法检查的试点。文档中心管理系统与区机关政务信息化建设同步发展。

与科怡公司合作，研究制作“宣武区文档管理中心管理系统”软件，实现机关办公系统与文档中心系统的无缝链接。

（马妍薇）

地方志工作

【概况】 北京市宣武区地方志编纂委员会办公室（简称区志办），是宣武区地方志编纂委员会的办事机构，隶属宣武区政府直接管理，正式编制4人。主要职责是：制定修志工作规划；组织志书编纂；审定验收志稿；编纂出版年鉴。年内，完成了《北京宣武区志（送审稿）》；召开座谈会、评审会，广泛征求意见；参与《北京志·胡同志》的编纂工作；出版了2003年《北京宣武年鉴》。

地址：宣武区广安门南街68号

电话：83976160

邮编：100054

（邢丛罗）

【赴西柏坡学习考察】 4月3日、4日，区志办组织修志和编纂年鉴的工作人员赴西柏坡进行学习考察，参观了纪念馆和中共中央领导人故居。

（邢丛罗）

【《北京宣武区志（送审稿）》完成】 6月，经过8个多月的修改，四易其稿，《北京宣武区志（送审稿）》完成。在修改过程中，一是对框架结构进行了调整，将民族编、宗教编合并为民族宗教编；文化编、文物编合并为文化文物编；街道编取消，其内容压缩为政府编中的一章；文明新风编取消，其内容作为中国共产党编的一章。同时对编章的排列顺序、各编所属章节的内容进行了适当变动。为突出宣武区的地方特色，加大了专记编的记载内容，取消“封闭妓院”，增加了“宣南会馆”、“宣南士乡”、“琉璃厂文化街”和“京剧的摇篮”四部分内容。二是按照工作分工，由各位副主编对自己所负责编纂的编章进行修改。修改时侧重注意以下几个方面：（1）核对事实，包括事物、事件所涉及的时间、地点、人员、数据，事情发展的来龙去脉等，力求准确、真实；（2）避免重复，减少交叉，对同一事物，尽可能在一处记录；需要多处记载的，有所侧重，避免内容的完全或大部重复；（3）严格把握界限，对超越宣武区界、突破1994年下限的内容一律删除；（4）写法力求规范，符合志体要求。三是进行总纂。在各位副主编修改的基础上，由主编、志办主任进行统稿和总纂，提出意见后，再由各位副主编进行修改，而后再统一进行审核、编纂。《北京宣武区志（送审稿）》由初稿的34编、154章、500节调整为30编、129章、407节，字数由原来的180多万字精简为120多万字。

（邢丛罗）

【《北京宣武区志（送审稿）》自评】 8月11日至15日，在延庆妫川金谷酒店，区志办组织修志人员，对《北京宣武区志（送审稿）》逐编逐章逐节进行了自我审查、自我评议。

（邢丛罗）

【《北京宣武区志（送审稿）》座谈会】 10月14日至30日，区志办集中两周的时间，邀请原区委、区人大常委会、区政府、区政协及区有关部门的离、退休老领导、老同志，分政法、商业、城建城管、文化、民族宗教、教育、党政7个专题召开座谈会，征求对《北京市宣武区志（送审稿）》的修改意见。

（邢丛罗）

【《北京宣武区志（送审稿）》评议会】 11月10日至12日，区志办在门头沟龙泉宾馆召开《北京宣武区志（送审稿）》评议会议，市志办赵庚奇、王昭钺、刘景华、徐学鹏、段育达、姜昆阳、宣志鸿等参加了评议。

（邢丛罗）

【参与编纂《北京志·胡同志》】 12月，根据市地方志办公室关于编纂《北京志·胡同志》的安排，区志办组织5位离退休人员，进行有关胡同资料的搜集整理工作。

（邢丛罗）

【2003年《北京宣武年鉴》出版】 12月，2003年《北京宣武年鉴》出版。年鉴设综述、特载、专文、文件选编、大事记、政治经济和社会各业情况、人物、统计资料、附录9个基本栏目，总字数90余万。

（邢丛罗）

机关后勤服务工作

【概况】 北京市宣武区机关后勤服务中心（简称区机关服务中心）成立于2002年1月，为区政府全额拔款事业单位，主要负责区机关办公大楼的后勤工作，设办公室、综合管理科和车队，正式编制48人。年内，区机关服务中心进一步强化管理制度，提高服务水平，为保证机关正常工作的开展做了大量工作。特别是在抗“非典”期间，实现了机关大楼零感染、无病例的硬指标。机关服务中心获区“抗击‘非典’先进集体”的荣誉称号，4名工作人员被评为市、区级先进个人；负责物业管理机关大楼的项目部被建设部授予“全国物业管理示范大厦”荣誉称号。

地址：宣武区广安门南街68号

电话：83976125

邮编：100054

（刘雪维）

【制度建设】 年初，区机关服务中心重新修订了《机关后勤服务中心制度汇编》，其中有关工作职责8项、59条，有关管理制度8项、53

条。干部职工进一步明确了自己的职责和如何履行职责,提高了执行制度的自觉性和积极性。同时,各个科室根据各自的工作职责,与分管领导签订了工作责任书,使后勤服务逐步实现科学化、规范化管理。

(刘雪维)

【固定资产管理】 从3月开始,区机关服务中心对机关各部门的固定资产重新进行了核对登记,并实现了固定资产电算化管理。初步统计,机关各部门固定资产设备类、家具类2106万元,汽车类1385万元,不动产2.7亿元,合计近3.5亿元。

(刘雪维)

【精神文明建设】 年内,区机关服务中心组织干部职工认真学习《公民道德建设实施纲要》,进行宗旨教育、诚信教育、奉献教育和法纪教育。在抗击"非典"的斗争中,以"万众一心抗'非典',优化环境促发展"为宗旨,依据形势的发展,先后进行了"防恐慌、做贡献"和"防松懈、防麻痹",坚决打赢五月攻坚战的思想发动工作,适时开展了"说陋习、谈危害,从我做起树形象"和"拒绝'非典',做健康文明北京人"的大讨论。为了增强吸引力,寓教于乐,开展了演讲比赛、诗歌朗诵、文体比赛等活动,激发了干部职工立足本职做贡献的积极性,促进了各项任务的完成。区机关服务中心被宣武区精神文明建设委员会授予"创建文明机关先进单位"称号。(刘雪维)

【推行聘用合同制】 年内,为稳步推进事业单位人事制度改革,区机关服务中心完成了聘用合同制的签订工作,30名工作人员与单位签订了聘用合同,占中心人数的77%;7名合同制工人已签订或续签了劳动合同,占中心人数的18%。

(刘雪维)

【送温暖活动】 年内,区政府机关在"扶贫济困送温暖"活动中,向灾区人民捐赠衣被136包、4148件。在向抗击"非典"奉献爱心社会捐助活动中,机关干部捐款36490元,慰问奋战在抗击"非典"一线的工作人员。

(刘雪维)

【医务室工作】 年内,机关医务室完成了区级领导的保健工作和机关干部职工的防病、治病、计划生育及年度体检工作,确保机关无一人感染"非典"。全年就诊人数达1935人次,输液155人次,注射182人次,查血糖103人次,心电图32人次,其它40人次。

(刘雪维)

【文印、收发工作】 年内,文印室完成打印文件51万字,复印25万份,油印182万份,做到了及时、准确,不压、不误、不丢,力求美观清晰;完成了区委八届十四次、十五次会议,区政协十届五次会议、区人大十二届七次会议及整个换届选举期间的文件复印、油印、打印工作。收发室完成了机关大楼内33个部门和院外96个单位的文件交换工作,共收发各种文件17万余件,其中急件2.9万件、平件1.7万件。

(刘雪维)

【车队管理】 年内,机关车队制定了值班制度、维修保养制度、安全责任制度、办公室管理规定、机动车封存、开启规定、驾驶员考核奖惩制度等,保证了区委、区政府部门的用车。全年行程60.9万公里,没有发生重大责任事故。

(刘雪维)

【物业管理】 年内,物业公司进行了ISO9000质量管理体系认证和ISO14000环境管理体系认证工作;进一步修订了工作标准和工作流程以及管理措施、奖罚规定,初步建立了服务承诺和投诉举报制度;编制了《员工手册》,修订了《宣武项目部工作手册》,增加了紧急状况应急处理预案和处理流程,以及重要设备的运行操作规程,使设备的运行、保养、管理和突发事件的处理有章可循,员工行为规范、服务规范、考核管理有法可依;加强了设备和设施的管理,建立了《区机关办公大楼设备台账》,维修工作做到了三巡视、一反馈、一保障,使大楼的设备完好率达到了100%;落实安全生产责任制,全年未发生安全生产责任事故;完成了区委全会、人代会、政协会等重大会议的服务工作,提供会议服务2724次,接待参会人员62747人次,制作横幅151条;"非典"期间,餐厅严把食品卫生关,加强了各个环节的消毒工作,及时调整营养结构,制定了各种应对方案和措施,确保了机关大楼"非典"零指标的实现,荣获市国土房管局授予的"防治非典型肺炎工作先进单位"称号。

(刘雪维)

中国人民政治协商会议北京市宣武区委员会

【概况】 中国人民政治协商会议北京市宣武区委员会(简称区政协)是北京市宣武区的地方政协组织,主要职能是:政治协商、民主监督,组织参加政协的各党派、团体和各族各界人士参政议政。政协宣武区第十届委员会组成于1999年,有委员271人;常务委员会有主席1人,副主席6人,常委41人,设提案、文史资料、经济科技、城市建设和管理、教育文化卫生体育、民族宗教、社会法制、港澳台侨8个专门委员会。区政协机关设办公室、研究室、联络一处、联络二处4个办公机构,工作人员26人。年内,区政协以邓小平理论和"三个代表"重要思想为指导,围绕中心,服务大局,政治协商取得可喜成效;积极探索,求真务实,加大了民主监督的力度;拓展领域,力求实效,提高了参政议政质量;广泛沟通,密切联系,促进了大团结大联合;适应形势,完善制度,加强了自身建设;坚持"高标准、严要求",各项工作取得了新进展。全年共召开主席会议9次,常委会议5次,完成调研2项,形成建议案2件,提出提案268件,编写《参政议政》2期、简报17期,报送社情民意153期,出版《宣武报》政协专刊1期。

地址:宣武区广安门南街68号
电话:83976329 63532010
邮编:100054

(赵光复)

【十届五次会议】 1月21日至24日举行。会议听取并审议了政协宣武区第十届委员会常务委员会工作报告和关于十届四次会议以来提案工作情况的报告;听取并讨论宣武区人民政府工作报告;讨论宣武区2002年国民经济和社会发展计划执行情况和2003年计划的报告、宣武区2002年财政预算执行情况和2003年财政预算的报告、宣武区人民法院工作报告、宣武区人民检察院工作报告;听取政协宣武区第十届委员会常务委员会关于十届五次会议期间提案审查情况的报告;通过会议决议。全会期间,举办了经济和城建、教科文卫体和法制两个专题协商讨论会,中共宣武区委、区政府的主要领导和各职能部门主要负责人到会听取意见、建议。会后,经整理、汇总各类意见76条,交区政府参考。

(赵光复)

【常务委员会会议】 年内,共召开5次常务委员会会议,安排20项议题。1月23日,召开第35次会议,议题是:听取区政协十届五次会议上讨论区政协常务委员会工作报告、区政府工作报告的情况;审议区政协十届五次会议期间提案审查情况的报告;审议通过区政协十届五次会议决议(讨论稿);讨论通过各民主党派、人民团体在区政协十届五次会议闭幕式上发言材料的准备情况及发言人名单。2月19日召开第36次会议,议题是:讨论通过《政协北京市宣武区第十届委员会常务委员会2003年度工作要点》(草案);讨论通过《政协北京市宣武区第十届委员会2003年委员学习计划》(讨论稿)。4月9日召开第37次会议,议题是:审议通过关于刘琪任区政协办公室主任,免去区政协联络二处处长职务,免去区政协社会法制委员会主任职务;唐学海任区政协联络二处处长,任区政协社会法制委员会主任,免去区政协办公室主任职务;汪剑任区政协研究室主任,区政协副秘书长;免去于忠芬区政协办公室副主任职务。听取了区委副书记、区纪委书记韩恩慈,纪委副书记、监察局局长边瑶关于2002年党风廉政建设和反腐败工作情况及2003年工作重点的通报。7月18日召开第38次(扩大)会议,议题是:代区长武高山通报了区政府2003年上半年工作情况;区政府办公室副主任于子强通报区政协十届五次会议以来提案办理情况。11月13日召开第39次会议,议题是:审议并通过《中国人民政治协商会议北京市宣武区第十届委员会常务委员会关于表彰2003年度优秀提案的决定》;审议并原则通过《中国人民政治协商会议北京市宣武区第十届委员会常务委员会工作报告》;审议并原则通过《中国人民政治协商会议北京市宣武区第十届委员会常务委员会关于提案工作情况的报告》。12月22日召开第40次会议,议题是:审议并通过政协机关人事安排情况;审议并通过关于召开政协宣武区第十一届委员会第一次会议的决定(草案)、议程建议(草案)、日程建议(草案);协商并通过政协宣武区第十一届委员会委员建议名单(草案)、政协宣武区第十一届委员会第一次会议主席团成员、秘书长建议名单(草案),副秘书长建议名单(草案),提案审查委员会建议名单(草案),委员分组名单(草案),小组召集人建议名单(草案),大会秘书处组成人员名单(草案),常委会工作报告和常委会关于提案工作情况报告的报告人(草案)。

(赵光复)

【主席会议】 年内,共召开9次主席会议,安排42项议题。2月19日,第41次主席会议,讨论通过《政协北京市宣武区第十届委员会2003

年委员学习计划》。6月2日，第43次主席会议，讨论通过经济科技委员会和民建宣武工委联合提出的《对金源、金座、翔达投资管理公司小企业改制情况的调研》、教文卫体委员会提出的《发展我区社区教育，促进学习化社区建设情况的调研》两份报告的讨论稿。10月20日，第46次主席会议，讨论区政协十届委员会常委会工作报告(征求意见稿)和提案委员会工作报告(征求意见稿)。11月3日，第47次主席会议，通过关于表彰2003年度优秀提案的决定和名单；关于表彰政协十届委员会以来反映社情民意工作先进个人的决定和名单；关于表彰政协十届委员会以来的优秀特邀监督员和人民陪审员的决定和名单。12月22日，第48次主席会议，讨论十一届一次全会的各项准备工作和文件。

(赵光复)

【提案委员会工作】　年内，参加政协的民主党派、人民团体和政协委员共提出提案268件，经审查立案248件，已全部办复。提案者对提案办复结果满意或基本满意的达到98.3%。提案委员会结合政协工作实践，开展提案回头看活动。为加强提案者和办案部门的沟通和了解，开展了对区建委提案办理工作的评议。为充分肯定参加政协的民主党派、人民团体和政协委员运用提案履行职能所做出的突出成绩，经提案委员会建议，政协常务委员会批准，对《关于开发利用宣南文化资源的建议》等9件党派、团体提案，《加大扶持培育高科技产业力度，实现宣武区经济跨越式发展》等20件提案进行表彰。

(赵光复)

【文史资料委员会工作】　年内，文史资料委员会围绕宣南文化的开发、保护、利用开展工作。重点进行了宣武园林文化的史料征集，编辑出版了第十辑文史资料《宣南园林》。组织委员视察文物保护单位，到外地考察学习，提出了进一步加强区文物保护工作的意见和建议。开拓文史工作思路，加强了与其它城区政协的横向联系，相互介绍经验，交流文史资料，参观文保单位。有关纪晓岚故居保护利用的情况在《人民政协报》头版头条登载后，反响较大。

(赵光复)

【经济科技委员会工作】　年内，经济科技委员会从5个方面开展工作。一、围绕区委、区政府的中心工作开展调研。完成了《对金源、金座、翔达投资管理公司小企业改制情况的调研》，并形成区政协常委会建议案，送区委、区政府研究。二、组织委员就热点问题开展视察、考察。视察考察了北京爱义行汽车服务有限公司、千禧园球迷餐厅等非公企业和金源、金座、翔达3家公司改制企业。三、通报区情。举办了国企改革情况、科技工作情况、非公经济发展情况通报会。四、开展学习活动。认真贯彻党的十六大精神，学习了关于推进国有企业改革有关文件及经济、科技方面的法律法规。五、开展联谊活动。

(赵光复)

【城市建设和管理委员会工作】　年内，城市建设和管理委员会围绕城市建设和管理方面的工作，请区建委、区市政管委领导通报2003年重点工作；组织了“优化区域发展环境，促进区经济发展”座谈会，对区招商引资的硬、软环境和进一步解放思想提出了意见和建议；组织委员视察了区国土资源和房屋管理局，参观了3种不同类型的物业管理小区；视察了牛街危房改造二期和新安中里工地现场；视察了区经济适用房建设情况；参观了吴家村污水处理厂；召开了政协委员街道联络组组长联席会议，交流做好联络组工作的体会；举办了政协委员街道联络组秘书学习班；召开了工作总结座谈会。

(赵光复)

【教育文化卫生体育委员会工作】　年内，教育文化卫生体育委员会完成了《关于我区发展社区教育促进学习化社区建设情况》的调研工作，并形成常委会建议案提交区委、区政府研究；召开了“关于发展我区社区教育，促进学习化社区建设”研讨会和“提高认识，转变观念，促进民办教育发展”专题座谈会；视察了北京市未成年人管教所；在迎接中国共产党建党八十二周年前夕，与区委统战部召开庆“七一”抗击“非典”取得阶段性重大胜利座谈会，对战斗在抗击“非典”一线的区政协委员表示慰问；视察了区红十字会和计划生育工作；参观了北京古代建筑博物馆。

(赵光复)

【民族宗教委员会工作】　年内，民族宗教委员会请区民宗侨办的领导通报了2003年区民族宗教工作；视察了牛街民族特色街，并分别听取了区经贸委、牛街街道办事处关于民族特色街的发展建设情况和关于牛街创造“三个一流”工作的情况通报；参观了燕京神学院和雍和宫；与区民宗侨办共同组织了迎圣诞联谊会。

(赵光复)

【社会法制委员会工作】　年内，社会法制委员会重点对区地税局依法履行职能、努力优化发展环境、确保国家税收完成情况进行民主评议。继续做好特邀监督员和人民陪审员工作，与市、区19个执法单位建立联系，有40名政协委员担任了特邀监督员，20名政协委员被区法院聘为人民陪审员；召开了特邀监督员和人民陪审员经验交流会，对优秀特邀监督员和人民陪审员进行了表彰。配合区委、区政府开展了多项检查、评比、验收、议政日等活动。

（赵光复）

【港澳台侨委员会工作】 年内，港澳台侨委员会积极宣传"和平统一、一国两制"的基本方针，为促进祖国统一努力工作。坚持组织委员学习江泽民关于《为促进祖国统一大业的完成而继续奋斗》的报告和钱其琛关于台湾问题的讲话；结合国际形势召开座谈会、情况通报会；协助区政府做好招商引资工作；做好看望委员工作，广交朋友，加强对外交往工作；积极开展联谊活动，坚持每年召开港澳台侨界人士中秋、元宵佳节联谊会。

（赵光复）

【坚持主席、副主席接待委员日制度】 年内，共举办7次活动，主席、副主席分别以不同专题为内容，听取了各界别委员对全区各方面工作的意见、建议。

（赵光复）

【坚持秘书长联席会制度】 年内，坚持每季度召开各党派、人民团体秘书长联席会，就搞好党派提案工作、全区统战工作和政协工作设想、征集大会发言等事项和共同关心的问题进行协商、探讨。

（赵光复）

【慰问防治"非典"一线医护人员】 4月23日，郑文奇主席、陈慧来、喻建平副主席及政协各处室负责人到区卫生局慰问战斗在防治"非典"第一线的医护人员并赠送了慰问金。区卫生局局长、回民医院院长和宣武区中医医院院长分别汇报了防治"非典"工作情况，以及战斗在防治"非典"最前沿的医护人员的先进事迹。

（赵光复）

【大栅栏地区保护与发展规划座谈会】 5月22日，区政协召开了大栅栏地区保护与发展规划专题座谈会。区规划局和区风貌办的领导分别通报了大栅栏地区保护、整治、发展的规划及工作情况，与会专家学者和政协委员认为，大栅栏地区的保护与发展，既要体现古都风貌，又要符合市场经济规律，是一项十分复杂的系统工程。

（赵光复）

【大栅栏商业区发展战略及实施策略座谈会】 6月26日，区政协召开专题座谈会，北京富达尔经济技术咨询有限公司和中国社会科学研究所介绍了大栅栏国粹商业区发展战略及实施策划方案。与会专家学者和政协委员认为大栅栏应建成兼容并蓄、反映中国文化、体现民族特点的独一无二的国际化文化旅游商业区，并提出4条具体意见。

（赵光复）

【编辑《情系宣武》画册】 2003年是十届政协届末之年，8月份区政协编辑完成了《情系宣武》画册及《世纪乐章》邮册。画册汇集了很多珍贵镜头，真实记录了区政协五年的历程，展示了政协委员的动人风采，是政协宣武区第十届委员会的永久纪念。

（赵光复）

【赴台湾进行文化交流】 9月16日至29日，应台湾薪传文化协会的邀请，区政协副主席喻建平、李复来率领宣武区教育学会，赴台湾进行文化交流。

（赵光复）

【召开工作总结表彰会】 11月20日，区政协召开工作总结表彰会，表彰了2003年度优秀提案和"了解反映社情民意工作"的先进单位与先进个人；部分委员就调查研究工作、民主评议工作、街道联络组工作分别作了经验介绍。

（赵光复）

群众团体

宣武区工会

【概况】 北京市宣武区工会(简称区工会),是中国共产党领导下的职工群众自愿结合的群众组织。区工会受中共宣武区委和北京市总工会的双重领导,负责指导全区各行各业的基层工会工作。11月13日,根据《中华人民共和国工会法》的规定,经北京市总工会批准,宣武区工会更名为宣武区总工会。区总工会有所属局、公司、街道和直属基层工会87个,基层工会委员会559个,工会会员总数48783人。年内,全区各级工会组织在区委和市总工会的领导下,紧紧围绕区委、区政府的中心工作,高举"三个代表"重要思想伟大旗帜,深入学习贯彻党的十六大、十六届三中全会和中国工会十四大精神,团结引导广大职工同心同德,奋发进取,万众一心抗非典,齐心协力抓工作,充分发挥了工人阶级的主力军作用,各项工作都取得了新的进展。

地址:宣武区白纸坊东街甲12号
邮编:100054
电话:83537409

(任震宇)

【为困难职工办实事】 1月,区工会与北京医保全新大药房联合开展了向特困职工、困难职工赠送"爱心健康卡"和"小药箱"活动。全区408户特困职工凭"爱心健康卡"在本区的医保全新大药房购药享受7.5折优惠。北京医保全新大药房全年共拿出30万元补贴给特困职工。

(任震宇)

【送温暖活动】 元旦、春节期间,政府、单位行政和工会共筹措慰问款321.5万元,补助困难职工11104人。其中区工会从"送温暖"基金中拨款20余万元,对全区440余名特困职工进行了重点慰问,为他们送去了粮油食品。9月,区工会配合市春风行动办公室,开展了为特困职工子女捐资助学、扶贫济困活动。全区共有10名符合条件的特困职工子女得到了市春风办的13000元就学资助,区工会也从送温暖基金中拿出19000元资助了本年度考取大学的19名特困职工子女。各级工会组织的109支贴心人服务队、978名服务队员,全年为1254名孤老、困难职工做好事、实事1715件次。区工会职介所全年共接待求职人员862人次,帮助407人找到工作岗位。

(任震宇)

【女职工工作】 3月6日,区工会召开了庆"三八"表彰会,50名先进"四自"(自尊、自信、自立、自强)女职工受到表彰;3月8日,区工会、区妇联领导陪同区主要领导到环卫服务中心等单位看望慰问了工作在一线的女职工,为她们送上节日的祝福。5月,区工会开展为特困女职工送健康活动,为35名特困单亲母亲投保了"女职工特殊疾病保险"。年内,成立了由6位"四自"先进女职工代表组成的"宣武区先进女职工事迹宣讲团",到基层开展宣讲活动,弘扬先进女职工的事迹;继续开展了女职工素质教育示范课堂活动,并在部分基层工会开展了流动教育课堂试点工作。

(任震宇)

【推行集体合同工作】 3月,区工会印发了《2003年度进一步推行平等协商和集体合同制度的意见》,邀请区劳动和社会保障局的有关人员,就集体合同相关法律问题对八个街道工会干部进行培训,并汇编集体合同相关法律法规手册,下发各基层工会。陶然亭等街道工会积极推行签订区域性集体合同工作。截至10月底,全区有集体合同建制企业839家,涉及职工31459人,其中非公经济企业277家,职工10916人。

(任震宇)

【防治"非典"工作】 4月,北京暴发"非典"疫情,区工会及时印发了《关于在全区职工中做好"非典"疫情防治工作的通知》和《致全区职工同志们的一封信》,要求全区工会组织在各级党政的统一领导下,高度重视"非典"疫情的防治工作,将其作为工会组织的一项政治责任和一段时间内的主要工作抓紧抓好,切实履行好工会组织的维护职能。全区各级工会采取有效措施,从五个方面开展防治工作:一是成立了抗击"非典"工作领导小组,建立责任制,加强了对抗击"非典"的领导;二是加大宣传力度,利用各种宣传手段,普及防治"非典"知识,提高职工的防范意识,稳定职工情绪;三是采取预防措施,为职工购买发放了防护用品和消毒药品;四是建立了通讯网络,保证信息畅通;五是开展"支前行动",为一线医护人员解除后顾之忧。

(任震宇)

【"非典"期间维护职工合法权益】 在防治"非典"期间,区各级工会组织强化监督职能,维护职工合法权益,促进劳动关系的和谐稳定。区工会为全区907名困难职工发放了防疫用品,开通了维权热线电话,受理职工的咨询和举报,及时纠正在"非典"期间,用人单位以任何借口,单方面解除"非典"患病职工和疑似"非典"职工劳动关系的情况。各街道工会把非公经济企业和使用外来务工人员较多的企业作为监督检查的重点,按有关规定保证职工的合法权益不受侵犯,同时督促和协助企业为职工提供必要的劳动保护条件和有效的防护措施。

(任震宇)

【慰问白衣战士活动】 防治"非典"期间,区工会慰问了回民医院和疾病控制中心的一线医务人员,为他们送去了一万元慰问金和慰问品;协同有关部门,对本区战斗在一线的254位白衣战士进行了普遍家访和慰问;护士节,会同有关部门购买了鲜花、体育用品、电话卡,慰问了回民医院等休整的医务人员。此外,区工会还对清运"非典"垃圾的环卫工人进行了慰问。全区各级工会组织对本系统本单位有家属战斗在防治"非典"一线的168名职工进行了走访慰问。各单位工会还积极组织职工捐款,同心协力支持抗击"非典"战斗。全区各级工会组织发挥贴心人服务队作用,对有"三忧"(孩子看护之忧、老人照顾之忧、生活不便之忧)状况的战斗在一线的医护人员家庭,做到了底数清、情况明,进行了包户服务,帮助他们解除后顾之忧。

(任震宇)

【推行厂务公开工作】 8月,区厂务公开协调领导小组在征求有关部门意见的基础上,制定了《关于在企事业单位改革中进一步加强民主管理工作的意见》,以区委办公室、区政府办公室的文件印发。截至年底,全区已建立民主管理和厂务公开制度的企事业单位有371个,其中非公有制企业67个。区工会采取检查、邀请部分人大代表和政协委员视察等形式,加强对区重点企业民主管理和厂务公开工作的监督、检查和指导力度,帮助各单位找出差距、进一步推动了民主管理厂务公开工作向纵深发展。

(任震宇)

【市政协、市总工会到区调研】 9月,市政协、市总工会有关领导,就《北京市实施〈工会法〉办法》贯彻落实情况,联合到区进行调研。区委书记唐大生、区长武高山等参加了调研活动。区工会主席宋大中就一年来,各级工会组织认真学习宣传贯彻《北京市实施〈工会法〉办法》情况、建立区政府与区工会联席会议以及劳动关系三方协调会议制度,加强民主管理、民主监督,协调、稳定劳动关系,维护职工合法权益等工作进行了汇报。

(任震宇)

【组织开展"一日捐"活动】 9月,区工会在全区范围内继续开展"一日捐"活动。全区21844名职工踊跃参加,共募集资金43.7万元。募集款项分别划入各级工会送温暖基金专用账户,本着专款专用的原则,用于对特困职工的帮扶救助。

(任震宇)

【学习中国工会十四大精神】 10月,区工会召开基层工会主席会议,学习宣传贯彻中国工会十四大精神。会上,中国工会十四大代表、区工会主席宋大中介绍了工会十四大盛况;区工会印发了《关于深入学习宣传贯彻中国工会第十四次全国代表大会精神的通知》;组织了工会十四大精神培训和交流学习体会活动。全区各级工会组织利用板报、专刊、学习园地等宣传手段,把十四大精神贯彻到基层单位和广大职工。同时,各基层工会对修改后的中国工会章程进行了宣传学习。

(任震宇)

【第五届职工乒乓球大赛】 11月,区工会举办了第五届职工乒乓球大赛,全区34个单位代表队的近300名选手参加了比赛活动。牛街街道代表队、教委代表队分获男子团体和女子团体第一名。

(任震宇)

【区政府与区总工会联席会议】 12月10日,区政府与区总工会召开联席会议。会议就建立宣武区职工合理化建议活动征集、协调、督办落实机制达成共识并作出决定。区长武高山、区委副书记王敏荣、区有关委办局的主要领导和区工会主席、副主席、常委参加了会议。武高山区长对召开政府与工会联席会议的形式给予充分肯定,希望工会组织进一步围绕中心,服务大局,保护、调动职工群众积极性,发挥职工群众在宣武区经济建设中的主力军作用,特别是在改制企业中,工会组织要充分发挥作用,维护好职工的合法权益。

(任震宇)

【十一届三次委员(扩大)会议】 12月26日,区总工会召开十一届三次委员(扩大)会议。区总工会副主席作了工作报告。会上,对荣获2003年度“宣武劳动奖状”和“宣武劳动奖章”的集体和个人进行了表彰。区总工会委员、经审会委员,基层工会主席百余人参加会议。

(任震宇)

【新建企业建会工作】 年内,全区新建企业建会637家,发展会员9103人,超额完成了市总工会年初下达的工作任务。全区各级工会组织重点做好发展临时性就业群体和外来务工人员入会工作。环卫服务中心工会积极发展短期合同工入会;陶然亭街道工会在南横街危改工地成立了宣武区首家外地建筑公司工会;广外街道工会积极开展马连道茶叶一条街的建会工作,并取得了进展。

(任震宇)

【征集合理化建议】 年内,全区各级工会广泛发动职工提合理化建议。据不完全统计,1月至11月,全区共征集职工提出的合理化建议2619件,采纳实施1093件;实现技术革新43项、双增双节74项,共创经济效益619.6万元;开展职工技术比赛57场(次)。4月,区总工会组织开展了“我为宣武发展献一计”合理化建议月活动,共收到职工提出的建议1000余条。区总工会就其中涉及全区工作并具有一定代表性的15件建议专题报送区政府,得到了区有关领导的高度重视。在区政府办公室的督办下,建议全部得到落实。

(任震宇)

【协调劳动关系】 年内,全区八个街道全部建立三方协调机制,并做到了坚持定期协商,及时排查解决劳动关系中存在的问题。广内街道积极探索了该机制新的工作领域,三方协商内容已从劳动合同、用工政策、劳资矛盾、维护职工合法权益,逐步外延到优化企业经营环境、安置社区下岗失业人员等。三方协调会议加强了信息沟通,逐渐成为政企之间对话的窗口,协调关系的桥梁,解决问题的枢纽。区总工会法律援助站努力为广大职工提供法律服务和法律援助,共为28名职工提供了各种形式的帮助。全区各级工会充分发挥劳动争议调解组织和劳动法律监督组织的作用,全年共处理涉及劳动报酬、劳动合同、退休待遇等内容的劳动争议案件122件,协调稳定了劳动关系,化解了劳资矛盾,维护了职工的合法权益,

(任震宇)

【调研和信息工作】 年内,区总工会完成了《宣武区部分职工思想状况》和《健全三方协调机制,努力做好工会工作》两项调研课题。全区各级工会围绕涉及职工合法权益的问题开展了调查研究,写出情况反映,为领导决策提供依据。8月份,区工会组织部分单位召开了信息工作研讨会。《宣武工会信息》全年采用基层报送信息226篇,区总工会报送的信息被区委、市总工会采用48篇,各报刊媒体刊载有关区工会工作的报道百余篇。

(任震宇)

【职工保险工作】 年内,全区安康保险储金达到4818.49万元,共投保女职工“四病”(乳腺癌、宫颈癌、宫体癌和卵巢癌)保险6264份。安康保险意外伤害赔付123起,女职工患“四病”赔付13起,累计赔付金额20.25万元。

(任震宇)

共青团宣武区委员会

【概况】 中国共产主义青年团北京市宣武区委员会(简称团区委)受中共宣武区委和共青团北京市委领导,负责全区共青团工作,领导少先队宣武区工作委员会,指导宣武区青年联合会,并承担宣武区未成年人保护委员会办公室和宣武区综治委预防青少年违法犯罪工作领导小组办公室的工作。团区委机关设办公室、组织部、宣传部、统战联络部、权益部5个部室,行政编制11人。全区有派出机构(即团的工作委员会)11个、直属团委13个(含临时团委1个)、直属团总支12个(含临时团总支1个)、直属团支部16个。全区14岁至35岁青年33116人,其中团员16917人。年内,团区委深化青少年思想政治工作,总结青年工作规律;以“综合包户”、“青年文明号”纪念活动为契机,推进品牌工作升级换代,全面提升团组织工作水平和服务能力;应对突发疫情,全力做好抗击非典型性肺炎工作;进一步整合区域资源,推进区域化全面合作,服务青少年成长成才;推动青少年维权活动,不断加大为弱势群体办实事工作力度;加强团的自身

建设,不断提高团组织自我完善和发展的能力。

地点:宣武区白纸坊东街甲 12 号

电话:63522311

邮编:100054

(侯　林)

【基层组织建设】 年内,以《宣武区基层团组织目标量化考核办法》为标准,团区委加大了考核力度,开展了五四红旗团委、优秀主题团日评比活动。评出五四红旗团委 20 个、五四红旗团支部 21 个、优秀团干部 51 名、优秀团员 39 名。43 个团组织被授予"宣武区优秀团组织"称号;46 人被授予"宣武区优秀团干部"称号;133 人被授予"宣武区优秀团员"称号。调整 1 个团工委班子,批准 1 个直属团组织的换届选举结果。继续探索在非公经济组织和进京创业青年中建立团组织工作,新建 13 个团组织。全区各级团组织共向党组织推荐优秀团员作为党的发展对象 122 人,发展 69 人。发挥团组织协管干部的工作职能,协助基层党组织管理团干部队伍,做好经常性思想政治工作。出台《宣武区团建创新项目管理办法(试行)》,指导 4 个团建创新项目开展,推动团的建设创新发展。

(尹世强)

【思想理论建设】 年内,全区各级团组织开展了"优化发展环境,青年争做先锋"主题教育活动,继续深化党的十六大精神和团的十五大精神的学习宣传贯彻落实工作。班子成员利用各种会议,深入驻区单位、基层团组织和社区,为团员青年宣讲党的十六大精神和团的十五大精神 10 余场。五四前夕,出版了《人文宣武现代青年》一书,集中推出一段时期以来宣武共青团理论成果,提炼"励志、修诚、笃学、进步"的宣武青年精神。《宣武青年》充分发挥团的宣传阵地作用,坚持正面引导,把握舆论导向,连续三年被区委评为宣传思想政治工作"四个一"最佳宣传阵地奖。重点加大对优秀青年的宣传力度,宣传青年典型 16 人。

(武　剑)

【青少年维权工作】 年内,团区委与区法院少年庭、教育团工委,联合开展了"模拟法庭进校园"活动。"6.26"国际禁毒日,在街道开展了"社区青少年远离毒品"、在中小学校开展了"珍爱生命、拒绝毒品"的宣传教育活动。举办了"画说未成年人保护大赛"活动,并把评选出的优秀作品选送参加北京市第六届"画说未成年人保护法大赛",3 人获市级小学组三等奖,1 人获市级中学组二等奖,3 人获市级中学组三等奖。继续实施"星光青春保护"计划。8 月 3 日,北京市星光安全健康社区行动在白纸坊街道启动,参与活动的 100 余名青少年接受了自护教育培训。向全区 61 名社区青少年发放"希望之星(1+1)奖学金"32600 元,向 46 名中小学生发放"爱心基金"20900 元,向 11 名高中毕业生发放"学子阳光"助学金 41000 元。

(默京达)

【青少年社区工作】 年内,按照主题鲜明、面向基层、务求实效的原则,开展青少年文明社区创建活动。将"我爱社区、我爱宣武"等一系列主题教育活动纳入评选范围,相继出现了"青年志愿服务"、"绿色环保"、"法制教育"、"文艺社团"等特色鲜明的"青少年文明社区",8 个特色社区获市级"青少年文明社区"称号。以社区调整为契机,进一步加强社区青少年工作者队伍建设。8 月 12 日至 13 日,团区委举办"宣武区社区青少年工作者培训工作会",就青少年文明社区创建、青春自护教育、社区团队组织建设等工作,对全区 112 名社区青少年工作者进行了系统培训。8 月 15 日,团区委召开"宣武区社区青少年工作示范推进会",总结交流了开展社区青少年工作的先进经验。通过专项工作培训、现场示范、交流学习,使新上岗的社区青少年工作者对社区少先队工作有了总体认识,保证工作的长效开展。8 月 22 日,团区委在广外街道社区服务中心举办"宣武区 2003 年社区青少年'大家乐'汇演暨'健康快乐的社区少先队员'暑期生活展演"。8 月 27 日,团区委开展"我做一日大学生"活动,组织 80 名社区青少年到北京科技大学参观,表彰和激励社区优秀少先队员。

(魏沁沁)

【建功成才示范活动】 本年是"青年文明号"创建工作在宣武区开展 10 周年。年内,团区委继续深入开展了青年文明号、青年岗位能手等建功成才示范性活动,引导广大青年技能比武、岗位建功、岗位成才。整合区域内 135 家"青年文明号"资源,向社区居民和驻区企业发放 3 万册《青年文明号连心服务手册》;《北京日报》、《北京青年报》、《宣武报》分别以专刊、专版等方式报道青年文明号在宣武走过的 10 年创业路。菜百、张一元等青年文明号龙头发挥带动作用,积极参与首都百万军民学雷锋大型公益活动日。在非公经济组织建团的基础上,加快推动非公领域青年文明号创建工作。进一步改进和完善青年文明号检查评比机制,深化青年文明号的社会评价体系建设,新评出青年文明号集体 20 个、青年岗位能手 27 人。北京市第六十六中学物理教研组被团市委评为北京市首批"新世纪号",北京更香茶叶有限责任公司荣获全国"青年文明号"称号。

(武　剑)

【青年志愿者活动】 本年是毛泽东主席题写"向雷锋同志学习"40 周

年,也是团区委组织开展“综合包户”二十周年纪念。3月3日,市委宣传部、市文明办、团市委联合在宣武区召开了“弘扬雷锋精神、纪念宣武区‘综合包户’20周年暨天桥街道志愿服务座谈会”,市委副书记强卫参加座谈会并发表讲话。3月4日,团区委联合区委宣传部、区文明办召开“宣武区学雷锋‘综合包户’活动20周年暨青年志愿行动推进大会”,系统总结了“综合包户”20年来区青年志愿服务成果。推出了《“综合包户”20年》宣传画册,出台了《关于进一步推进宣武青年志愿行动的意见》,团区委被评为“北京市学习雷锋志愿服务先进集体”。继续深入开展以学雷锋“综合包户”为龙头的青年志愿者活动,全区青年党员、团员、少先队员继续开展每年一次的“交纳特别团队费”活动。10月10日,团区委与区老干部局共同启动“青春映晚霞”—关爱离休干部青年志愿服务行动,卫生、教育、街道等系统的团组织与首批6名离休老干部以签订协议书的形式长期开展青年志愿服务。

(魏沁沁)

【“区校共建”活动】 年内,团区委通过项目制的运作方式,继续推进“区校共建”工作稳步开展。北京科技大学、中国青年政治学院、北京林业大学、首都医科大学等高校70余名大学生,到区机关、街道、社区开展社会实践,以医疗卫生、环保教育、普法宣传等为主题开展形式多样、丰富多彩的社区青少年活动,给社区青少年带来新知识,丰富了社区文化。天桥街道还把社区少先队员带到北京林业大学,成立了青少年环保志愿服务队,在“区校共建”实践项目的交流与互动方面进行了有益尝试。

(崔 杰)

【未委会工作】 年内,团区委对未委会委员进行了调整。在社区青少年中开展星光青春自护教育、禁毒宣传教育,组织青年志愿者向社区青少年发放《未成年人保护法》手册100余本、《星光未成年人健康手册》400余册。与区法院少年庭、区教育团工委合作,在4所学校开展“模拟法庭进校园”活动,加大预防减少青少年违法犯罪工作力度。12月3日,区未委会联合区综治办、区教委,召开“宣武区中小学校法制校长聘任大会”,出台了《宣武区关于进一步加强中小学校法制校长管理工作的实施意见》,聘请了65名中小学校法制校长,下发了《宣武区中小学校法制校长工作手册》。

(默京达)

【青年联合会工作】 4月3日,区青联召开三届六次全体会议,总结2002年工作,通过2003年工作要点。11月8日,区青联召开四届一次全会,区青联四届委员会共有委员161人,在委员构成上体现了区域化、知识化、年轻化的新特点,区域化委员占56.7%,扩大了青联组织的覆盖面,增强了委员的代表性。12月22日,区青联开展了“金点子行动”,为企业发展献策。

(申 骏)

【非公经济组织建团与团建工作】 年内,团区委继续推行团组织一带一和“青年文明号”一带一的工作模式,进一步加大非公经济领域建团与团建工作力度,在非公经济企业建团组织13个。陶然亭街道以直选的方式成立以进京创业青年为主体的社区团委,开展“进京创业做贡献,第二故乡送温情”活动,服务进京创业青年。9月,团区委被北京市外来人口管理工作领导小组授予北京市流动人口管理工作先进单位,区卫生局团委获进京创业青年教育服务工作先进单位,更香茶叶公司总经理获北京市“十佳进京创业青年”称号,北京爱义行汽车装饰公司团总支获全国五四红旗团支部。

(申 骏)

【双拥活动】 年内,团区委、区青联与驻守天津茶淀的北京武警十二支队,连续四年开展以“首都卫士看北京”为主题的特色双拥活动。7月24日至25日,团区委、区青联组织武警十二支队优秀青年参观北京城,参观了宣武区抗击非典纪实展览,游览了广安大街、大观园、八达岭长城,欣赏了首都夜景,使战士们亲身感受首都的发展和宣武的变化。

(李 京)

【机关建设】 年内,团区委继续以《机关工作督查》简报的形式,加强对各部室月计划完成情况、信息报送情况、领导交办工作完成情况的检查督办,加强对机关各部室及全体干部的工作量化考核工作,全年印发《机关工作督查》12期。出台了《团区委工作制度汇编》,形成了以制度办事、以制度管理的良好局面。抗击“非典”取得阶段性胜利后,机关党支部适时开展了“学习实践‘三个代表’保持先进性”主题教育活动。重视干部的日常教育管理和培养工作,每半月组织一次学习交流会,召开“把握机遇、再求发展”大讨论,开展文明机关创建活动。

(李子祥)

【抗击“非典”工作】 面对“非典”疫情,团区委迅速反应、积极行动,建立战时体制,带领各级团组织和广大团员青年投身抗击“非典”斗争。4月21日,团区委召开常委会,专题研究防治非典型肺炎工作。此后,8次赴一线慰问医护人员,送去价值3万余元的各种慰问品和专项工作经费。区青联下发《致区青联委员、联谊会会员的一封信》,宣传防治“非典”知识,倡议委员积极行动,为一线医护人员奉献爱心。区青联委员为一线医护人员捐赠了价值2万余元的可视电话；到昌平中商培训中心慰问了宣武医院、友谊医院休整的一线医护人员，带去“与你同心”慰问演出。各级团组织对39户一线医护人员家庭开展“综合包户”志愿服务；青年志愿者为36户一线医护人员家属开展“可视电话爱心传递”活动；团区委与进京创业青年共度“五四”青年节，与一线人员子女共度“六一”儿童节；“六一”期间，少先队组织为200个一线医护人员子女送去节日“爱心包”；开通志愿者报名热线，共有196名志愿者通过热线报名参加“与你同心”抗“非典”志愿者活动，6名志愿者参加一线工作，80名志愿者为全区公共场所消毒杀菌。在抗“非典”斗争取得阶段性胜利后，在全区团组织中开展“学习实践‘三个代表’、为团旗增辉”主题教育活动。6月20日，在全市团组织中率先推出“青春的力量、城市的记忆”宣武共青团抗击“非典”纪实展览，召开“让青春在抗击‘非典’中闪光—纪念建党82周年座谈会”。在6月27日召开的宣武区庆祝中国共产党成立八十二周年暨“增三力”达标创优工程、防治非典型肺炎工作表彰大会上，33名青年党员、团干部荣获“宣武区防治非典型肺炎工作优秀共产党员”称号。

（刘继红）

宣武区妇女联合会

【概况】 北京市宣武区妇女联合会（简称区妇联）是在中共宣武区委领导下的各族各界妇女的群众团体组织，是党和政府联系妇女群众的桥梁和纽带，主要职能是代表和维护妇女权益，促进男女平等。区妇联机关共有干部职工15人，内设宣传教育部、组织联络部、妇女儿童工作部、妇女儿童工作委员会办公室、办公室。基层妇女组织有：街道妇联8个，妇代会112个，机关、党派妇委会22个。局处公司女职工委员会是区妇联的团体会员。年内，全区各级妇女组织紧紧围绕区委、区政府的中心工作和市妇联的要求，以社区妇女工作为重点，以提高妇女整体素质为目的，运用各种宣传教育阵地，开展丰富多彩的教育活动。进一步加强基层妇女组织建设，努力提高干部素质，进一步开创了妇女工作的新局面。

地址：宣武区白纸坊东街甲12号
电话：83536480
邮编：100054

（邢淑丽）

【送温暖活动】 元旦、春节期间，区妇联开展了为百户贫困家庭送温暖活动，重点对老妇救会主任、单亲母亲、残疾、下岗、失业、大病等100余户妇女困难群体进行了慰问，送去米、面、油、慰问金和慰问信。

（邢淑丽）

【执委扩大会】 1月8日，区妇联召开十届三次执委（扩大）会议，区妇联执委、专兼职妇女干部70余人参加了会议。区妇联主席作了题为“围绕主题，把握灵魂，不断推进我区妇女事业的创新与发展”的工作报告，总结了2002年全区的妇女工作，部署了2003年的工作任务，区委副书记王敏荣到会并讲话。2月21日召开十届四次执委会，37名执委出席了会议。会议通过了出席北京市第十一次妇女代表大会的14名代表名单；增补、替补妇联执委委员2人，其中增补1人、替补1人；表彰了2002年度基层妇女组织市级先进集体2个、先进个人6人，区级先进集体21个、先进个人9人；区委常委、区计划委主任丁力为妇联执委作了区未来发展规划的报告。8月15日召开十届五次执委（扩大）会议，总结了上半年全区妇女工作，对下半年工作进行部署。12月29日召开十届六次执委（扩大）会议，区妇联主席作了题为“贯彻两会精神，加快我区妇女儿童事业的发展”的工作报告。区委副书记王敏荣出席会议并讲了话。

（邢淑丽　王　慧）

【市妇联领导来区调研】 1月10日，市妇联主席李巧云，党组书记、副主席荣华、副主席尹玲珍、罗晓璐一行11人来区进行调研，参观了白纸坊街道万博苑社区妇代会和广外街道社区服务中心。区有关领导与市妇联领导进行了座谈交流。

（邢淑丽）

【妇女维权工作】 1月28日，区妇联召开了维权工作联席会，总结2002年妇女维权工作，通报了2003年维权工作思路；公安宣武分局、区检察院、区法院、区司法局、区信访办、区街道办的领导，就如何充分发挥维权联席会的作用，做好妇女维权工作进行了交流和探讨。8月29日上午，区妇联召开区街维权网络工作研讨会，广外、广内街道妇联介绍了妇女儿童维权工作站开展工作的经验和存在的问题，交流了各街道维权工作今后的打算。6月24日，区妇联有关领导到公安宣武分局看守所与在押吸毒女进行座谈，向吸毒女宣传有关吸毒的危害，帮助她们改邪归正，尽快回归社会。全年共接待来信来访1474件。

(佟凤华)

【全国巾帼文明示范岗】 年初,区国税局国税一所被全国妇联授予“全国巾帼文明示范岗”荣誉称号,这是继菜百公司黄金珠宝部、张一元茶庄之后第三个荣获全国巾帼文明示范岗荣誉称号的单位。

(高怡文)

【妇女再就业工作】 3月2日,区妇联与区劳动和社会保障局在北京市工人俱乐部举办了“宣武区庆三·八架金桥失业女工招聘洽谈会”专场,8个街道的100名下岗失业的女工参加了开幕仪式,区委副书记王敏荣、副区长张文华到会并讲话。当天组织了118家用工单位,提供2000余个适合女工的工作岗位,2100名失业女工参加了招聘会,900余人与用工单位签订了用工协议。此次活动还设立了求职咨询台、法律咨询台,免费为求职者提供求职策略指导等服务,发放有关宣传材料3000余份。3月4日下午,区妇联在广内街道召开了“树‘四自’精神,转变择业观念,再就业明星进社区与失业女工现场交流会”,邀请全国、市、区10余名再就业明星现身说法,回答了失业女工提出的问题。8月5日至6日,区妇联在机关三楼会议室举办月嫂培训班,区妇幼保健院的医师讲授了新生儿护理、喂养知识,并进行了模拟操作,50余人参加了培训。9月28日,区妇联组织区再就业女明星20余人,到天津市妇联妇女创业服务中心进行参观学习、实地考察。

(佟凤华)

【庆“三八”活动】 3月4日,区妇联会同区人大常委会、区政协,区委组织部、区委统战部,共同举办了“建小康社会,创巾帼新业”宣武区各界妇女第七次议政日活动。区人大女代表、政协女委员、巾帼女杰、部分民主党派、巾帼苑联谊会成员等各界妇女代表40余人参加了议政日活动。副区长袁双梅介绍了宣武区经济发展形势、状况与未来发展方向;7位代表就打造宣南旅游文化、发展非公经济、老年人精神文化生活等方面的问题建言献策;24人现场提交了建议表,提出意见和建议共31件、63条。3月6日,区妇联在北京市健宫医院体检中心,为全国、市、区再就业女明星及部分下岗特困女工40人进行了体检。同时,区妇联与健宫医院达成有关合作项目,在该医院建立了“宣武区儿童健康咨询基地”并挂牌。3月7日,区妇联与区委组织部、区直属机关党委、北京靓诺时装公司联合举办了“新世纪、新宣武、新女性、新形象”靓诺职业女装模特表演。3月8日,区四套班子有关领导带着鲜花和慰问金,慰问了工作在医疗、教育、服务等行业的一线女职工,向节日期间仍坚守工作岗位的宣武区中医医院、晋阳饭庄、牛街清真超市、环卫一队干路保洁、三队公厕保洁班以及公安宣武分局户籍大厅等13个单位的女性表示了节日的祝贺,并与她们进行了亲切交谈。

(王　慧　邢淑丽　高怡文)

【“十五”妇女、儿童规划中期评估】 4月3日上午,在宣武区妇幼保健院召开了区妇女儿童工作会暨实施“十五”妇女、儿童规划示范单位现场会,各委员单位40多人参加会议。会上,总结了上年度实施两个规划的工作情况,下发了两个规划中期评估工作的意见,区卫生局和区妇幼保健院介绍了实施两个规划的具体做法、工作经验及措施,与会领导及各委员单位参观考察了妇幼保健院的医疗设备和妇女、儿童保健网络管理工作。6月2日,在区妇联三楼会议室召开了“十五”妇女、儿童规划中期评估协调会,下发了中期监测评估工作方案(征求意见稿)。在广泛征求委员单位意见的基础上,区妇联经过多次修改,于6月底正式下发了两个规划中期监测评估工作方案,同时成立了中期评估领导小组。7月1日,区妇联对“十五”两个规划中期评估专家指导组成员进行了培训,就两个规划的重点领域、重点指标、专家指导组的任务等进行讲解。7月4日,区妇女儿童工作委员会对“十五”两个规划中期评估监测统计组和监测评估组成员,就妇女、儿童规划监测统计中有关数据的统计口径、计算方式及统计中容易出现错误的环节等进行了辅导培训,就监测评估的内容、方法,草拟撰写评估报告的基本框架等提出了要求。9月17日、19日,区妇女儿童工作委员会邀请部分区人大代表、政协委员,会同“十五”两个规划中期评估专家指导组成员,围绕两个规划中的重点领域,对区卫生局、区劳动和社会保障局,国华商场、德缘烤鸭店(私企)、宣师二附小、马连道幼儿园,白纸坊街道办事处进行了检查,通过听取主管领导汇报,查看基础工作材料,询问相关人员情况等形式,检查了妇女儿童的卫生保健、女职工特殊劳动保护、外来人口中育龄妇女生殖保健等方面的情况,针对工作中存在的主要问题进行了研讨。11月24日,市妇联主席荣华率市评估检查团一行12人来区检查指导工作。副区长王永新汇报了两个规划的实施情况,评估检查团考察了培智教育中心的职业培训部及区妇幼保健院,并同有关人员进行了座谈。市评估检查团对区实施两个规划的情况给予了充分肯定,并就妇女病普查普治、0～3岁儿童早期教育、妇女就业的技能培训等问题进行了探讨,提出希望和要求。

(刘玉洁)

【普法宣传】 4月5日,区妇联在万

寿公园参加了区社会和劳动保障局举办的“阳光就业行动”政策咨询宣传月活动。6月6日、10日、13日、18日、24日，区妇联与司法局普法小分队，分别在椿树、广外、陶然亭、广内街道社区及陶然亭公园，开展了婚姻法、妇女权益保障法等法律、法规的宣传咨询活动，制作宣传展板7块，向群众发放宣传材料9000余份，咨询解答30余人次。12月4日，区妇联与司法局配合，在宣武区大栅栏街道盼盼文化广场，采取法律知识竞猜、文艺演出等形式，开展了全国第三个“12·4”法制宣传日活动，近百名群众参加了法律知识竞猜。

（佟凤华）

【慰问抗击“非典”医护工作者】 抗击“非典”期间，全区各级妇女组织在母亲节、护士节、国际家庭日、“六一”儿童节，采取多种形式慰问一线医护工作者和家属。在“非典”疫情最严重的时刻，区妇联领导班子到回民医院和疾病预防控制中心看望了战斗在一线的医护工作者；在国际护士节之际，为回民医院的医护人员送去了30台电扇；陪同区委领导到昌平对100多名从一线下来整休的人员进行慰问，送去了100多束鲜花；对战斗在卫生战线和环卫战线的巾帼女杰以及妇女之友进行了走访和慰问。

（邢淑丽）

【评选表彰第四届五好文明家庭】 在5月15日国际家庭日之际，区妇联在全区范围内开展了第四届百户五好文明家庭评选表彰活动，评选出学习型、热心社会公益型、环保型等各类五好文明家庭102户，评选表彰了47户抗击“非典”贡献突出家庭；印发《宣武报》第四届五好文明家庭事迹专刊1万份，发到全区各基层单位进行宣传；将各类五好文明家庭的典型事迹编辑成《润物无声》、《万家浇开文明花》等书籍，作为市民学校的宣传培训教材；全区有8户家庭被评为北京市五好文明家庭，2户家庭被评为全国五好文明家庭。

（高怡文）

【庆“六一”活动】 “六一”前夕，区妇联开展了以“你们的成长，我们的牵挂”为主题的庆“六一”系列活动。深入社区、家庭，重点走访慰问抗击“非典”一线的医务工作者子女；到师大附中、第十五中学、第十四中学、白纸坊小学4名同学家中，带去学习和体育用品，向他们表示节日的慰问。5月22日，区妇联在回民小学举行慰问仪式，慰问宣武医院、回民医院医务人员中就读于区小学和学龄前的少年儿童，为210名小学生和80名幼儿园的小朋友送去节日贺卡、学习用品和滑板车、羽毛球拍。5月27日，区妇联将一辆挂有“‘非典’无情人有情，帮困助学进社区”横幅的流动车驶进8个街道社区，资助第六批百名特困生，为贫困家庭的孩子送去了学习、文体用品、助学金及节日贺卡。

（刘玉洁）

【全国妇联领导到菜百调研】 6月20日，全国妇联发展部一行20余人，到区首家荣获“全国巾帼文明示范岗”称号的菜百股份有限公司，对巾帼建功创建活动开展情况进行调研，听取了菜百工会主席、女工委员会主任的工作汇报，实地考察了黄金珠宝部的服务工作，对菜百公司在开展巾帼建功活动中注重结合行业特点，突出“以人为本”，创造购物环境、完善服务措施方面的有益探索给予充分肯定。

（高怡文）

【社区妇女组织建设】 6月底，全区社区妇代会换届选举完成。社区妇代会换届选举与社区居委会换届选举同步进行，全区建立社区妇代会112个，比上届减少130个。

（王　慧）

【妇女干部岗位培训】 7月9日至11日，区妇联在区财会中心举办了基层妇女干部岗位培训班，对90%以上的新任社区妇代会主任进行了马克思主义妇女观、妇联工作主要职能、妇女儿童维权工作、信息调研工作及新时期对妇女干部的素质要求等方面的培训。

（王　慧）

【妇女理论研究工作】 7月25日，区妇联召开北京市妇女理论研究会宣武分会第一次会议，通过了妇女理论研究会分会章程、会长、副会长、秘书长、副秘书长名单并向他们颁发了证书。市妇联研究室主任、市妇女理论研究会副秘书长到会致辞并介绍了北京市妇女理论研究会的有关情况；特邀嘉宾、中华女子学院教授杨静作了题为“当前妇女理论研究的现状和前景探讨”的报告。11月14日，区妇联组织全区局处公司女工委员、民主党派妇委会委员、区街妇联干部、各社区妇代会主任及区妇女理论研究会成员等40余人，进行了2003年度调研、宣传报道工作培训。

（邢淑丽）

【婚姻家庭课堂】 7月26日，区妇联在北京市健宫医院—宣武区妇女儿童健康基地，举办了《婚姻家庭课堂》—女性更年期保健知识讲座。各街道妇联、社区妇代会、机关妇委会、局、处公司等200余名妇女干部参加了讲座。

（佟凤华）

【妇女代表大会】 8月9日至11日，区教育、卫生、公安、街道等战线的12名代表出席了在京西宾馆召开的北京市第十一次妇女代表大会。在此次大会上，区委常委、宣传部长阎满成、副区长王永新被授予北京市第二届“妇女之友”称号。8月22日至26日，区妇联主席出席了全国第九次妇女代表大会。9月16日，区妇联召开区、街、妇代会三级妇女干部会议，传达贯彻全国、北京市妇女代表大会精神，同时下发了区妇联《关于认真学习贯彻中国妇女第九次全国代表大会、北京市第十一次妇女代表大会会议精神的通知》。

（王 慧）

【社区单位手拉手活动】 10月18日，区妇联与区民政局联手，在虎坊桥湖广会馆广场举行了“巾帼志愿者手拉手，共建健康文明新社区”活动启动式。区妇联号召广大志愿者积极响应全国、北京市妇女代表大会发出的“学习新知识、建功新北京、奉献新奥运、创造新生活”的号召，为巩固全国社区建设示范区的成果继续作出努力。此次活动充分利用区域卫生资源优势，借助北京市社区志愿者第10次活动日，组织了中央、市、区卫生系统的医院等13个社区单位的43名志愿者，开展特色门诊咨询达10余种之多。活动设宣传展板30余块，发放各种保健知识材料8000余份，为1100多人进行了老年病防治、更年期、青春期、儿童心理健康和食品保健等方面的宣传咨询。

（王 慧）

【创建“学习型家庭”活动】 年内，为响应十六大提出的“创建学习型社会”的号召，在全区形成争创学习型家庭的氛围，区五好文明家庭创建活动协调领导小组向全区各基层妇女组织下发了《宣武区关于开展创建学习型家庭活动的实施意见》，同时向全区19万户家庭下发了《创建学习型社会，争做学习型家庭》的倡议书。6月5日，在国际环保日之际，针对非典过后人们对生活陋习的重新认识，区妇联在陶然亭街道红土店社区举行了“讲文明、除陋习、学科学、保健康”活动启动式，近百户家庭参加。第四届五好文明家庭的代表宣读了向全区18万户家庭发出的倡议书，陶然亭街道的家庭代表和少年儿童代表也分别发言。启动仪式后，区环保局、区司法局开展了家庭防治“非典”、家庭环保及有关法律、法规的宣传咨询，参加活动的家庭对小区的健身场地、器材等进行了清洁消毒。7月13日，在庆祝申奥成功两周年之际，区妇联、区体育局联合开展了“庆申奥、乐陶然、宣武区百户家庭趣味运动会”，设立了伞球掷远、老幼投篮乐、踩摸石头过河等比赛项目，区妇联和区体育局为30个在比赛中获优胜奖的家庭颁奖。为引导广大家庭认真学习十六大精神，加深对全面建设小康社会奋斗目标的理解，激发知宣武、爱宣武、建宣武的热情，11月，区妇联在牛街社区中心举办了“宣传贯彻十六大，建设文明新家园”家庭知识竞赛活动，来自街道和教委的9户家庭参加了比赛，全区近百个家庭观看比赛。12月，区妇联举办了学习型家庭成果展和书画作品展，收到来自全区家庭的书法、绘画、油画作品104幅。此次活动共评选出一等奖3名，二等奖6名，三等奖9名，同时为参赛的老人和儿童设立了特别奖12个。全区百余户家庭观看了作品展。

（高怡文）

【巾帼建功活动】 年内，区妇联、区工会女职工委员会和区卫生局，在全区卫生系统开展了“弘扬奉献精神，再展巾帼风采”主题教育活动。此项活动分宣传动员、活动实施、总结评比三个阶段，开展了征文演讲、医疗护理质量月、学术研讨、交流和疑难病攻关等活动。区巾帼建功活动领导小组评选表彰了表现突出的十佳医务管理工作者、十佳医生、十佳护士。

（高怡文）

宣武区工商业联合会

【概况】 北京市宣武区工商业联合会(简称区工商联)是中共宣武区委、区政府领导的宣武区工商界组成的人民团体和民间商会组织，是党和政府联系非公有制经济代表人士的桥梁和纽带，是政府管理非公有制经济的助手。区工商联内设办公室、会员工作部、经济开发部，行政编制12人。基层组织有广内、陶然亭、天桥、大栅栏、椿树、白纸坊、牛街、广外8个街道分会和装饰行业分会、餐饮行业分会、马连道茶叶同业会、妇女联谊会。会员总数966户。年内，区工商联及地区分会围绕区委、区政府的中心工作，认真履行统一战线人民团体和民间商会的职能，在广大会员中深入开展了“手拉手”捐资助学和“三增强”、“四热爱”教育活动，坚持一手抓抗击“非典”，一手抓经济发展，为社会主义物质文明、政治文明和精神文明建设，为区域经济的发展做出了新的贡献。

地址：宣武区前孙公园胡同56号

电话：63172903

邮编：100052

（袁敬珍）

【参政议政】 年内，区工商联在对会员企业北京爱义行汽车装饰公司进行深入调研的基础上,形成题为《从爱义行的崛起探讨完善城市功能对边缘产业的需求》的调研报告,建议政府把汽车服务业的发展纳入区域经济的整体规划,培育和引导这一新的行业发挥其满足社会需求、提高生活质量、吸纳社会就业、增加财政收入等多方面的积极作用,争取成为全市的样板,从而推动汽车服务业沿着节能、环保的方向有序和规范地健康发展。此项调研荣获宣武区2003年度优秀调研成果二等奖。

(何小松)

【开展"三增强"、"四热爱"教育活动】 年内,根据市委统战部、市工商联关于在工商联、统一战线成员中开展"三增强"、"四热爱"教育活动的通知精神,区工商联在会员中开展了增强对"三个代表"重要思想的认识、增强对社会主义制度优越性的认识、增强中华民族凝聚力,热爱中国共产党、热爱社会主义、热爱祖国、热爱人民的"三增强"、"四热爱"教育活动。牛街地区分会、椿树地区分会分别召开了学习座谈会,并推荐企业会员参加了市工商联举办的"三增强"、"四热爱"研讨会。

(袁敬珍)

【人大代表、政协委员推荐工作】 年内,在区人大和区政协换届工作中,区工商联非公经济代表人士有5人当选为区人大代表,10人被推荐为区政协委员,其中中共党员4人、民主党派成员2人、研究生学历5人、大专文化8人,平均年龄44岁。

(袁敬珍)

【精神文明建设和"守信"工作】 年内,在开展的创建文明单位和守信活动中,区工商联会员企业北京新月联合汽车有限公司、北京兰格信息咨询有限责任公司和北京利尔得机电成套设备公司被评为首都文明单位,北京万邦包装装潢制品有限公司等13家会员企业分别被评为市工商联和宣武区的文明单位,北京爱义行汽车装饰公司等9家会员企业被评为北京市"守信"单位。

(袁敬珍)

【召开非公经济发展座谈会】 1月7日,宣武区召开贯彻十六大精神、支持非公经济发展座谈会。市委统战部副部长周茂非,市工商联党组副书记、副会长吴杰,区委书记唐大生,区人大常委会主任张恕贤,区长鲁勇,区政协主席郑文奇出席座谈会。副区长、区工商联会长袁双梅汇报了区非公经济发展的过程、现状、前景以及目前存在的困难和问题;新月联合汽车公司董事长刘长青、健峰生物技术有限责任公司总经理孙世东等非公代表人士发了言。

(袁敬珍)

【地区分会培训】 2月25日,区工商联召开地区分会培训会,8个街道分会的会长、秘书长、名誉会长及茶叶同业会、妇女联谊会会长等40余人参加。市工商联调查研究室主任介绍了工商联的历史沿革;市工商联会员处处长讲解了地区分会、同业会职能作用以及如何开展工作;茶叶同业会、大栅栏分会汇报了2002年的活动情况以及2003年的工作想法;区工商联副会长谈了2003年工作思路。

(王铁军)

【"三八"联谊活动】 3月7日,区工商联在北京更香茶叶有限责任公司茶艺馆举行"三八"联谊活动。更香茶艺馆的茶道表演队介绍了有关茶道的知识,并进行了精彩的茶道表演。女企业家们为了响应区工商联"手拉手"捐助贫困生的活动,当场捐出6500元,救助下岗女工和家庭困难品学兼优的学生。

(袁敬珍)

【召开七届三次执委会】 3月21日,区工商联召开七届三次执委会,对2002年工作进行总结,对2003年任务进行部署,明确学习党的十六大会议精神,全面提高非公经济代表人士的政治思想素质,组织开展"手拉手同心奔小康"捐助贫困学生活动和做好为会员服务等8项重点工作。区外经委领导介绍了本区的投资项目和优惠政策,市工商联副会长吴杰讲了话。

(袁敬珍)

【召开"综合包户"签约大会】 3月22日,区工商联大栅栏地区分会召开"民营企业回报社会,手拉手捐助贫困生"综合包户签约大会,有12家民营企业"一对一"资助11名贫困生完成学业。团区委书记、大栅栏街道工委书记、区工商联领导、大栅栏地区分会29家会员企业的代表、部分社区居委会主任和11位受助学生家长参加了大会。

(王铁军)

【举行捐助贫困生启动仪式】 4月4日,区工商联举行"手拉手同心奔小康"暨北京新月联合汽车公司捐助贫困生启动仪式。"手拉手"捐资助学活动是区工商联倡导的光彩事业的新形式,会员企业对宣武区品学兼优的贫困学生进行常年捐助。市工商联党组副书记、副会长吴杰,副区长、区工商联会长袁双梅等有关领导,北京新月联合汽车公司董事长、总经理、被援助的学生及家长代表参加了启动仪式。会上,区工商联党组书记、常务副会长代表工商联向广大非公经济代表人士发出"手拉手同心奔小康"的倡议。新月公司捐资20万元帮助宣武区的贫困生,首批确定了9名被援助的品学兼优的学生。北京爱义行汽车装饰公司捐款10万元、北京信一净化美饰工程有限责任公司捐款5千元。截止到年底,捐助资金已达32万多元,救助学生68人。

(袁敬珍)

【召开非公企业引进人才座谈会】 4月16日召开。部分工商联会员结合本企业发展,就如何引进大学毕业生、研究生,科技型企业如何认定、引进专业技术人才和高级管理人才的档案、户籍管理,非公企业如何吸引人才、留住人才等问题进行座谈。

(王铁军)

【举行抗击"非典"捐赠仪式】 5月15日,"宣武区经贸系统、非公经济企业抗击'非典'捐赠仪式"在马连道茶城举行。市工商联党组书记宁长庆及唐大生、武高山、郑文奇等领导出席。18家工商联会员企业捐赠了27.6万元现金和价值47.5万元的物品。北京新月联合汽车有限公司总经理和北京健峰生物制品有限公司总经理,代表18家会员企业,将捐赠的现金和物品交给代区长武高山,表达非公经济支持党和政府抗击"非典"的斗争和非公经济代表人士致富不忘国家、回报社会的一份爱心。

(袁敬珍)

【获知识竞赛优秀组织奖】 5月26日,区工商联组织会员企业参加了全国工商联主办、中华工商时报社承办的《全国民营企业学习十六大精神知识竞赛》,发放竞赛题260余份,给每个非公执委发送十六大报告单行本40余册,得到知识竞赛主办单位的好评,并荣获北京市唯一优秀组织奖。

(王铁军)

【区领导视察非公企业】 6月4日,区工商联领导陪同区政协主席郑文奇等领导视察了北京爱义行汽车装饰公司、千禧园球迷餐厅两家非公企业。区领导对这两家非公企业老总在"非典"肆虐时善待员工、捐助防治"非典"等做法表示肯定,对他们表现出来的强烈社会责任感表示赞许。

(何小松)

【举办民营企业发展研讨会】 7月15日,区工商联协同市委党校研究生部举办民营企业发展研讨会,邀请美国华纳集团公司董事长周华康博士主讲"中国民营企业与国际接轨的操作策略",就国内中小企业如何同国际市场接轨,扩大企业知名度,逐步走向国际市场及上市公司的运作方法和操作策略作了论述。市委党校研究生部民企业班及部分会员企业40余人参加了研讨会,与会人员就本企业发展和在实际经营中遇到的问题与周华康博士进行了探讨。

(王铁军)

【防治"非典"先进集体和先进个人】

7月30日,在市工商联十一届四次常委会议暨抗击"非典"工作表彰大会上,区工商联被评为北京市工商联系统防治"非典"工作先进集体;北京中融物产有限责任公司、北京健峰生物技术有限公司、北京更香茶叶有限责任公司3家会员企业法人代表荣获先进个人称号;北京新月联合汽车有限公司董事长刘长青荣获市委统战系统防治"非典"工作先进个人。

(袁敬珍)

【召开七届四次执委会】 8月18日,区工商联召开七届四次执委会暨抗"非典"表彰会。会议审议并通过上半年工作总结及下半年工作安排;表决通过了增补副会长、执委名单,调整了6名执委;区质量技术监督局介绍了质量工作及"打假"工作;向新月联合汽车有限公司等37家单位颁发了抗"非典"捐款荣誉证书。据统计,在防治"非典"工作中,区工商联会员捐款捐物合计人民币214.55万元。

(袁敬珍)

【落实原工商业者生活保障工作】

8月,根据市劳动和社会保障局、市委统战部、市财政局、市民政局关于进一步解决部分原工商业者生活困难问题的通知精神,区工商联对已参加基本养老保险和未参加基本养老保险且其基本养老金低于每月819元的原工商业者,补足到每月819元;对无工作单位的原工商业者及已故原工商业者无工作的配偶,经核实后,参照本市城市或农村居民最低生活保障标准全额发给生活困难补助。为了尽快将党和政府的政策落到实处,区工商联在做好宣传的同时,及时办理相关手续。截至年底,已办理原工商业者认证155人、遗孀补助150人。

(王铁军)

【获市质量、纳税、再就业先进单位】

9月,市工商联、市质量技术监督局、市国税局、市地税局和市劳动和社会保障局等5家单位,首次在全市工商联非公有制会员企业中开展"质量、纳税、就业先进企业"评比活动。爱义行公司、更香茶叶公司、小肠陈饭庄3家企业荣获质量先进单位和"双信"单位;新月公司荣获"纳税先进单位";新月公司、信一公司、原杰公司荣获再就业先进单位。市地税局对被评为"纳税先进会员企业",同时认定为"纳税信誉A级企业"。

(王铁军)

【举办首届"北京传统小吃宴"品尝会】 10月30日,大栅栏分会举办首届"北京传统小吃宴"品尝会。由爆肚冯等八家百年老字号共同打造的"北京传统小吃宴",成为让更多的人了解北京历史文化的一个窗口,为北京小吃再现辉煌创造了一个良好开端。市工商联副会长李燕平、副区长兼区工商联会长袁双梅、区工商联和大栅栏街道办事处领导到会并讲话,对私营企业在弘扬老北京传统文化,积极打造区域餐饮特色方面所表现出的社会责任感给予高度评价。参会人员品尝了炒红果、炸回头、爆肚等26种京味小吃,观赏了民俗艺术表演。

(袁敬珍)

【区领导与非公经济代表人士座谈】 11月16日,武高山、蒋德忠、王玉兰、袁双梅等区领导与区工商联副会长、地区分会会长,就认真贯彻十六届三中全会精神,共商区非公经济发展战略规划和发展非公经济进行专题座谈,区有关职能部门的负责人也到会听取意见。

(袁敬珍)

宣武区科学技术协会

【概况】 北京市宣武区科学技术协会(简称区科协),是宣武区科学技术工作者的群众团体,是中国科协和北京市科协的地区组织,主要职责是开展学术交流、科学普及、咨询服务等工作。区科协机关行政编制4人;下属事业单位宣武科技协作中心,编制9人;有广外、广内、白纸坊、牛街、陶然亭、椿树、大栅栏、天桥8个街道科学技术协会和区环保、医学会、劳动、烹饪、计生、成教、理科、园林、商经、青少年辅导员等11个专业学会。年内,区科协发挥自身及区属各学会、协会、研究会和街道科协的优势,广泛开展了多种形式的科学技术普及活动,大力弘扬科学精神,普及科学知识,传播科学思想和科学方法,把科普活动深入到家庭、学校、居委会、社区。全年共组织各类科普活动345项,其中大型科普活动16项、科普知识讲座262次、科技知识竞赛10场、科普报告会10场、科普宣传咨询活动34次、各种展览13个,制作科普展板1000余块,参与活动及受益群众11万人次。

地址:宣武区广安门南街68号

电话:83976272

邮编:100054

(赵顺璧)

【"3.15"绿色消费科普宣传活动】 3月15日,区科协和广内街道科协以"树立绿色消费理念,倡导健康生活方式"为主题,在广内街道西便门东里社区科普活动室共同组织了大型宣传活动,以展板的形式宣传绿色消费理念,以居民自己动手和互动的形式,通过仪器检测蔬菜、水果、米、油、纯棉制品等生活用品,让居民享受科学服务的方便、安全和乐趣。

(赵顺璧)

【抗击"非典"】 4月中下旬,区科协及时组织赶制了110块防治"非典"科普展板,在疫情初期及时在区政府机关和八个街道社区进行展出;组织编印了"摒弃生活陋习、崇尚科学行为"等3本科普宣传小册子。5、6月份,向基层单位和广大群众散发了1万余份防治"非典"和革除陋习的科普挂图和科普宣传书籍;6月7日,利用星期六假休时间,在虎坊桥科普画廊前组织了科普咨询和宣传活动。6月中旬,及时向宣武区委直属机关工委和北京市科协推荐了在防治"非典"斗争中涌现出的先进科技工作者。

(赵顺璧)

【"第五届北京科普之夏活动"启动仪式】 7月15日,区科协在椿树街道椿树园社区举办了"第五届北京科普之夏活动"启动仪式,中国科学技术协会科普部、北京市科学技术协会、首都精神文明管理办公室、宣武区政府、北京市城八区科协的有关领导和椿树街道党政领导及椿树园社区居民300余人参加了启动仪式。宣武区的体育、卫生、环保、食品等方面的专家在现场进行了体能测试、宣传咨询、发放科普资料等活动;八个街道、有关学会的科普志愿者在现场为社区居民开展了志愿服务。

(赵顺璧)

【科普之夏活动】 7月15日至8月底,区科协及区属各协会、学会和街道科协充分发挥各自的优势,利用夏日群众休闲、纳凉的机会,以"崇尚科学文明、摒弃生活陋习"为主题,举办了科普讲座、报告、文化广场活动、文艺演出、科普宣传咨询、征文、演讲、竞赛评比、参观考察、培训、研讨、展览、巡展、科技制作、科普影视放映、读书等大量内容丰富、形式活泼的活动,传播了社区居民十分关心的科学健身、合理膳食、防病治病等科学知识,宣传了"做健康文明北京人"和"六不"、"五勤"的有关知识。

(赵顺璧)

【革除陋习宣传活动】 7月份,配合文明社区活动的开展,区科协制作了"革除陋习、创建新生活"展板100块,分别在8个街道社区展出;牛街街道科协组织地球村环境文化中心的志愿者,进行"积极参与环保,共建美好家园"的宣传,为牛街街道法源寺社区的居民上了一堂关于垃圾分类和回收再利用的环保知识课;区计划生育协会与区妇幼保健院联手,将健康快车开进社区,开进单位,为566名妇女检查、讲课,宣传有关的科普知识,拓宽了计划生育生殖健康服务;广外街道利用8月份的周末,在小红庙社区以"除陋习、树新风"为主题,举办消夏晚会,宣传了讲卫生、讲文明的思想;区青少年辅导员协会为第十五中学及各街道开展了一系列科普宣传和教育活动,丰富了广大青少年和社区居民的生活,传播了科学知识。

(赵顺璧)

【科技周活动】 9月23日至29日,区科协以"科学文明、建设小康"为主题,以展示介绍科技发展的新成就和倡导科学文明生活方式为内容,在全区开展了一系列的科普宣传教育活动。9月26日,天桥街道举办了"社区家庭科普欢乐游"活动,来自各社区的30多个家庭参观了军事博物馆举办的大型科普互动展览,同时还举办了"百人百米长卷绘画活动",宣传公民道德规范,培养学生学科学、爱科学、讲文明、讲健康,以健康文明的精神面貌庆国庆、迎奥运;广外街道举办了"健康大课堂"活动,分5期进行健康讲座,免费为居民做血糖检测,发放各类健康知识书籍;广内街道举办了"气候与疾病健康"讲座;椿树街道举办了百科知识竞赛、花卉养殖技巧、毽球比赛、风筝展示、青春期健康教育讲座等活动,更换了地区的76块科技展板;大栅栏街道以互动式的教学方式组织了一系列的"珍惜健康、讲科学、医疗进社区"健康讲座;陶然亭街道组织了"科普之旅"活动,通过参观世界地热博物馆、蔬菜大棚和海水养殖馆,使参观者体验到科学与生活息息相关。

(赵顺璧)

【陶然亭公园科普游园会】 9月26日,由北京市科协、北京市园林局和宣武区政府共同组织的北京科技周大型标志性活动之一"陶然亭公园科普游园会"在陶然亭公园举行。区科协、区医学会、区环境保护学会、区青少年科技辅导员协会、区青少年科技馆等单位参加了游园会的咨询活动。区医学会为1500名群众提供了服务,开出健康教育处方和发放科普知识宣传资料2万余份;区环保学会向群众发放宣传手册1000多本、宣传单2000多页;区青少年科技辅导员协会、区青少年科技馆把航空模型、航海模型、集成电路示教板、机器人展示、演示搬到了游园现场,展示了航空、航海、计算机、无线电、业余电台、生物、环保、科技英语等十几个学科的科普展板,吸引了大批观众参观。游园活动3天共接待游人6万多人次。

(赵顺璧)

【"爱科月"活动】 10月份,区科协开展了"爱科月"活动,各学校踊跃参加。10月18日,区教委、区科协、区环保局等8家单位在育才中学,以"动手动脑、感受科学"为主题,举办了"宣武区中小学生首届科技博览会",展示了近3年来中小学生科技活动的作品、科技小发明、小制作和参加全国、北京市青少年科技创新活动中的成果,同时还制作展板,介绍了生物科技和知识产权保护方面的知识,开设了"海模展"、"车模展"、"古代航空展"和互动科普活动等内容。在"'索尼探梦—动手作'北京市青少年科技制作大赛"和"北京市青少年科技创新大赛"中,宣武区分别有13件作品和8个项目获奖。在兰州举办的第十八届全国青少年科技创新大赛中,宣武区共获得5个奖项,其中'英特尔'少年英才奖1个、一等奖2个、二等奖1个、三等奖1个。

(赵顺璧)

【基层科普活动】 年内,区环保协会在白纸坊街道建功南里社区,组织北京林业大学与环境学院的大学生环境科普志愿者,利用暑期时间同社区绿色志愿者共同开展保护环境、共创绿色家园的环保宣传活动,向社区居民发放了1000余份宣传材料,展出展板40余块。8月份,广外街道科协为红莲北里社区的150名居民,组织了以"让健康金钥匙握在自己手中"的健康科普知识讲座,采取寓教于乐的授课模式和"走进大自然,体验运动乐趣"的方式,组织群众攀登百泉山,体验运动的快乐,为社区居民上了一堂生动有趣的健康课;椿树街道在椿树园社区新建了一个"社区科普活动室",为社区居民提供了一个新的科普活动场地;白纸坊街道在"科普之夏"启动仪式后,先后组织了"国际水年科普讲座"、"中小学保护野生动物"、"抗SARS知识讲座",社区居民深受教育。

(赵顺璧)

【宣传贯彻落实科普法规】 年内,区科协召开了不同层次、不同形式的学习和座谈会,组织区属各学会、协会、研究会及科技工作者学习《中华人民共和国科学技术普及法》(简称《科普法》);采用张贴宣传挂图、散发法规文本和宣传材料等不同的方式和方法宣传《科普法》;以"科技周"和"科普之夏"活动为重点,以"科教进社区"为主要内容,贯彻落实《科普法》。6月29日,在《科普法》颁布一周年之际,区科协印发宣传材料,在8个街道组织开展宣传和咨询活动。

(赵顺璧)

【科普阵地和设施建设】 年内,区科协在陶然亭街道四平园社区、白纸坊街道万博园社区、牛街街道白广路安装了多画面全自动科普宣传装置；加强对西便门东里社区科普活动室的使用、管理和人员培训工作，为社区居民提供了参加科技活动，体验科学真实、感受科学乐趣的场所；统一制作了5套“多画面全自动科普宣传装置”展板和800块标准型展板，在全区各科普画廊进行交流和巡回展出。

（赵顺璧）

【青少年科普活动】 年内，区青少年科技馆举办了全市性的“制作、组装线操纵特技模型飞机”教师培训班；开展了大规模的教研活动，对校外教研室的领导、教研员及科技馆科普工作者进行培训；与牛街社区合作，开办了社区“科技活动托管班”，丰富了青少年的假期生活；组织了“四驱车获奖者短期培训、竞赛”、“纸飞机模型制作”和“‘WTO’法律知识竞赛”等活动，面向全区青少年开展了多专业的科学技术普及教育活动。8个街道科协定期组织青少年在街道、社区开展科技小制作、科技参观和竞赛等活动，培养青少年的创新意识，活跃社区生活。在寒假期间，椿树街道开展“播种温暖、收获快乐”冬令营活动，组织特困家庭的子女去大兴县绿野素质教育基地参观、学习；广外街道举办了少先队员小干部体验式培训班，并开设电影周活动，开发、培养青少年的审美和动手能力，扩大学生的知识面；牛街街道科协组织科技暑期夏令营活动，向青少年宣传无线电测向、海模、电脑动画制作等知识，开展科学小实验、科学游戏、工艺小制作。

（赵顺璧）

【学术交流】 年内，区属各学会、协会，围绕“如何开展科普进社区”、“如何创建社区科普活动室”、“新北京、新奥运”等主题，开展了论文写作、软课题研究、学术交流研讨和优秀科技论文的征集、评选活动。共征得科技论文20余篇，其中“电子政务专网工程工作报告”、“活血化淤行气法治疗急性脑梗塞的研究”、“古都风貌保护与民俗文化的延续”3篇论文获得了北京市科协的表彰和奖励。

（赵顺璧）

宣武区残疾人联合会

【概况】 北京市宣武区残疾人联合会（简称区残联）是区残疾人的统一组织，是将残疾人自身代表组织、社会福利和事业管理机构融为一体的残疾人事业团体，归区委政法委管理，业务上接受北京市残联指导。主要职责是：代表残疾人共同利益，维护残疾人合法权益；开展各项业务工作，直接为残疾人服务；承担区政府委托的部分行政职能，发展和管理残疾人事业。区残联设办公室、群工部、教育就业指导部，行政编制7人，宣武区残疾人劳动就业服务所（事业单位）为其下属单位。年内，全区安置残疾人就业70人，依法收取残疾人就业保障金510万元，走访、慰问残疾人4085人次；投入资金50万余元，为182名残疾人办理了待业残疾人生活困难补助，为299名残疾人办理了残疾人特困补助，为658名残疾人办理了残疾人证；换发盲人乘车证270个，接待残疾人来信、来访、来电441件次。宣武区被民政部和中国残联评为“全国社区残疾人工作示范区”。

地址：宣武区太平街8号
电话：83155567
邮编：100050

（时瑛梅）

【召开三届五次主席团会议】 3月4日，宣武区残疾人联合会第三届主席团会在宣武残联举行，区残联第三届主席团委员共40余人出席。区残联执行理事长作了题为《以“三个代表”思想为指导，开拓新世纪残疾人工作新局面》的工作报告，区残联主席、副区长哈金起参加会议并讲了话。

（张　曦）

【召开残疾人工作会】 3月5日，区残联召开了2003年度宣武区残疾人工作会，传达了邓朴方在全国残疾人工作会议上的讲话，总结了上一年残疾人工作，部署了新一年工作任务。

（时瑛梅）

【召开第四次代表大会】 3月31日，宣武区残疾人联合会第四次代表大会在广安会议中心举行，169名代表出席了会议。会议回顾了5年来宣武区的残疾人工作，提出了今后5年的任务目标。大会选举产生宣武区残疾人联合会主席、副主席、执行理事长、副理事长，推选出16名残疾人或残疾人亲友担任各残疾人协会主席、副主席。区委副书记、政法委书记武高山在会上讲了话。市残疾人联合会副理事长张文义、区领导郑文奇等领导出席了会议。

（张　曦）

【“十五”残疾人康复工作中期检查】 6月25日至7月1日，根据市残联《关于做好“十五”残疾人康复工作中期检查的通知》精神,区康复办会同有关部门对全区“十五”期间的康复工作进行了检查。通过检查,本区残疾人康复工作呈现出以下特点:顺应城市发展大局,将残疾人康复训练与服务工作纳入社区建设;依托医疗卫生机构完善康复体系,实现社区康复社会化;将精神病康复纳入社区;康复需求调查为实现残疾人“人人享有康复服务”奠定基础。

(陈丽红)

【开展“温馨家园”创建活动】 6月份开始,区残联开展创建“温馨家园”活动。9月,区残联对街道参加创建工作的社区进行检查验收。根据市残联的标准,全区有8个社区达到了要求。

(陈丽红)

【召开“7574爱心助残工程”表彰会】 11月19日,宣武区残疾人工作协调委员会召开“7574爱心助残工程”先进集体、先进个人表彰大会,对全区30个助残先进集体和50个助残先进个人给予表彰。副区长哈金起在会上强调,要把扶残助残工作提高到践行“三个代表”重要思想,坚持“立党为公、执政为民”的高度来认识,时刻关注残疾人生存状况,关心他们的生活,全区上下要形成扶残助残的良好氛围,把扶残助残工作做实。

(陈　璟)

【残疾人康复工作】 年内,为残疾人做白内障手术1000例,免费为15名困难白内障患者植入人工晶体;为12名低视力患者配用助视器;对4名脑瘫儿童开展运动能力、姿式矫治、语言交往、生活能力方面康复训练;为4名肢体残疾者装配小腿假肢;为100名肢残患者进行系统康复训练;为残疾人提供用品用具1549件;精神病防治2761人。

(韩　伟)

【残摩置换工作完成】 年内,为落实市政府《关于第八阶段控制大气污染措施的通告》,全区1504名残疾人车主,由市、区两级政府补贴734万元,更换了残疾人摩托车。

(陈丽红)

【扶残助残走访慰问】 年内,区残联走访慰问残疾人4514人次,慰问金额达55.8万元;为125户特困残疾人家庭捐赠了三元乳业公司发放的“爱心卡”。

(陈　璟)

【残疾人就业】 年内,全区共安置42名残疾人就业,另有21名残疾人在社区实现就业。1918个社会单位落实安置残疾人就业工作或以缴纳残疾人就业保障金作为代偿手段,占应落实单位总数的98%以上。收取残疾人就业保障金510余万元。

(陈　璟)

【残疾人职业技能培训】 年内,全区完成337名残疾人职业技能培训。7名残疾人参加了北京市第二届全国残疾人职业技能比赛,共获5枚奖牌,参加人数和获得的成绩位居北京市第一。宣武区选送的选手刘小霞,代表中国参加在印度举行的第六届国际残疾人职业技能竞赛,获男服制作金奖。

(陈　璟)

【无障碍示范一条街建设】 年内,全区8个街道开展了创建无障碍示范一条街活动。11月26日至28日,区残联组成检查组,对8个街道进行检查验收,并提出整改意见。12月中旬,无障碍示范一条街建设全部完成。

(陈丽红)

宣武区归国华侨联合会

【概况】 北京市宣武区归国华侨联合会(简称区侨联)是接受中共宣武区委领导和市侨联指导的人民团体。年内,区侨联学习贯彻邓小平理论、“三个代表”重要思想、十六大精神和中央书记处对侨联工作的指示,召开了四届二次全委会;维护归侨侨眷合法权益;发动广大侨界人士为宣武区发展建设献计出力;开展全区归侨侨眷基本情况调查;动员侨界人士积极参加抗“非典”斗争;支持各街道侨联开展丰富多彩的活动。截至年底,全区有归侨594人,侨眷5000余人。

地址:宣武区自新路24号
电话:83540298
邮编:100054

(张　岩)

【献爱心送温暖】 新年春节期间,副区长王永新看望了1名住院的归侨;区侨联委员分别慰问归侨侨眷53人,送去慰问金、慰问品等近1万元。

(张　岩)

【交流考察活动】 3月31日至4月5日,区侨联一行6人参加市侨联组织的赴上海学习考察基层侨联活动。8月11日,海外优秀学者为国服务志愿团成员一行39人到宣武区交流考察,区卫生、教育、科技等系统40多个单位的负责人参加了交流会。区长武高山介绍了区域发展概况和招商引资优惠及奖励政策等；市侨联副主席林少迈介绍了志愿团成员为国服务的基本情况；观看了多媒体演示的宣武发展概况；15名志愿团成员分别就自己的科技项目作了介绍；区政府向志愿团成员赠送了2003年宣武区投资建设项目的光盘及宣传册。8月25日至31日，区侨联1名副主席参加了在合肥举行的全国15城市侨联工作会议。9月，区侨联、区侨办接待了巴黎法中友协常务副主席郭凝女士。10月25日至11月1日，区侨联副主席、秘书长各1人随市侨联赴河南郑州，参加第十八届世界客属恳亲大会。11月4日至5日，在区侨联协助下，欧洲科学院院士访问宣武区，与区领导进行了交流，并对区域发展提出了意见和建议。

（张　岩）

【抗“非典”斗争】 在抗“非典”斗争中，区侨联向全区归侨侨眷寄发了慰问信，鼓励大家与党中央保持一致，同心同德战胜“非典”；与致公党区工委一起向致公党员和归侨侨眷赠送“非典”防治知识宣传册400份；组织归侨侨眷参观宣武区抗击“非典”斗争展览；各街道侨联向所在社区捐款共计2万多元；编发《宣武侨讯》抗击“非典”专刊，宣传侨界人士参加抗“非典”斗争的事迹。7月24日，区侨联与区侨办、致公党区工委联合召开宣武区侨界抗击“非典”总结座谈会，通报了区侨界在抗“非典”斗争中所作的工作。区侨联主席、区卫生局局长介绍了全区抗“非典”斗争的情况；区侨联常委、区旅游局副局长作了题为“拿出最好的饭店，接待最可爱的人”的报告，介绍了区旅游系统为医护人员提供后勤保障所作的努力和奉献；1名致公党员汇报了自己主动报名参加“非典”隔离区工作，和战友们为抢救“非典”患者的生命倾注全力的事迹；白纸坊、天桥、广外街道侨联先后汇报了街道侨联为抗击“非典”所作的工作；区侨联向参加抗击“非典”一线工作的2名侨界医务人员赠送了归侨侨眷捐献的800元慰问金。据统计，宣武区侨界有1人被致公党中央评为抗击“非典”先进个人；2人被北京市政府评为抗击“非典”先进个人；1人被评为宣武区抗击“非典”优秀共产党员。

（张　岩）

【归侨、侨眷基本情况调查】 7月4日，根据中共北京市委组织部、统战部、市侨联的要求，中共区委组织部、统战部、区侨办、区侨联联合召开动员大会，就开展归侨侨眷基本情况调查工作进行动员部署，区委、区政府有关部门和各单位人事干部参加。截至8月底，根据各单位统计，宣武区区属单位有归侨95人、侨眷386人。

（张　岩）

【参政议政】 年内，区侨联负责人参加区委、区政府、区政协召开的通报会6次、协商会10次。区侨联《明确街道侨联工作经费的建议》的提案和《关于对我区物业管理质量进行评比检查的建议》的委员提案，分别被区政协评为2003年度党派团体优秀提案和委员优秀提案；《宣武区公众参与城市管理的现状及建议》获2003年度宣武区党派团体调研二等奖。全年被区委统战部采用信息34条，被评为2003年度宣武统战信息二等奖。与致公党区工委一起积极参加区委统战部组织的“为优化宣武区发展环境陈锦言献良策”活动，24人提出38条建议，3人受到表扬。发挥海外联系广泛的优势，为宣武区经济发展服务，引荐香港华人华侨总会名誉会长、中华海外联谊会理事、香港金龙科技集团有限公司董事局主席，与广外街道就投资马连道地区进行了洽谈；引荐美国脊椎矫正学博士，与区外经委洽谈投资建立脊椎健康研究中心事宜，并实地考察了相关地点；促成香港爱国慈善家捐赠6万元，支持宣武区教育事业。

（张　岩）

【维护归侨、侨眷合法权益】 年内，区侨联参加了“12.4”宪法宣传日的侨法宣传活动，发放《中华人民共和国归侨侨眷权益保护法》500多份、《侨法宣传提纲》近1000份，设置宣传展板3块，8名侨界医务人员为近100名群众义诊。12月16日，组织50余名归侨侨眷观看宣武区法制宣传文艺演出。12月18日，组织宣武区宪法宣传月侨界法律知识讲座，邀请区法院民二庭庭长讲解在民事案件中如何取证等有关法律知识，80余名归侨侨眷参加。一年来，区侨联共接待归侨侨眷来信来访60余人次，办结率80%，其中解决涉及房产和拆迁问题8件，帮助解决子女入托问题2件。

（张　岩）

【开展活动】 年内，区侨联组织开展了多种活动。1月，组织归侨侨眷200余人，参加在中山公园音乐堂举办的“宣武明天更美好——宣武区学生艺术团新春音乐会”；9月，组织国庆电影招待会，400余人参加；10月，组织秋游神堂峪，100余人参加；12月，为60岁以上老人祝寿，100余人参加；年末，向归侨侨眷和海外侨胞寄送贺卡400余份。全年出版《宣武侨讯》普刊4期、抗击非典专刊1期；参加市侨联首都新侨乡文化系列活动获表演类、书法类一等奖3个，二等奖2个，三等奖5个，优秀奖和特别奖5个，区侨联获组织奖。

（张　岩）

【街道侨联工作】 年内，区侨联根据各街道侨联的实际，增补街道侨联委员8人。各街道侨联努力为归侨侨眷办实事、办好事,有的组织归侨侨眷参加学习十六大精神知识答题和共建美好家园等活动;有的深入社区,写出了调研报告《创造优良的生活环境》;有的组织归侨侨眷参与社区精神文明建设和环境治理等工作。

(张　岩)

宣武区私营个体经济协会

【概况】 北京市宣武区私营个体经济协会(简称区私个协)由全区私营企业、个体经营者及其从业人员组成,是经社会团体行政主管机关核准注册登记的社会团体法人。协会宗旨是:贯彻执行国家有关促进私营个体经济发展的法律、法规和规章,引导、培育私营个体经济健康发展,团结、教育全区私营企业、个体经营者及其从业人员守法经营,履行"自我教育、自我管理、自我服务"的职责,发挥"服务、教育、宣传、协调、监督"职能作用,促进私营个体经济持续、快速、健康发展,为建设社会主义物质文明和精神文明服务。协会分设宣教部、服务部、维权部、信息部、办公室,下设大栅栏、天桥、广内、广外、牛街5个地区分会。年内,区私个协以促进全区私营个体经济持续、健康、快速发展为目标,切实维护私营企业、个体工商户的合法权益,完善宣武区私营个体经济工作联席会议制度,充分发挥全区各部门的职能作用,积极引导、培育全区私营个体经济稳步健康发展。截至年底,全区个体会员已发展到22034户,比上年增长52.89%;私企会员达到5775户,比上年增长24.66%。

地址:宣武区大栅栏铁树斜街30号

电话:63083637

邮编:100050

(胡艳莲)

【私企代表与区领导共商大计】 1月7日,区委、区人大常委会、区政府、区政协四套班子领导和私营企业代表在广安会议中心召开"贯彻十六大精神,支持非公经济发展"座谈会。北京新月联合汽车公司、北京万帮包装装璜制品有限公司、北京更香茶叶有限公司等40家私营企业负责人出席了座谈会。副区长袁双梅介绍了近几年宣武区私营个体经济发展概况,企业家们就企业发展中遇到的困难和问题,以及如何促进宣武区非公经济发展,和与会领导进行了深入交流。

(胡艳莲)

【发放"优惠医疗卡"】 1月8日,区私个协与北京健宫医院举行"建立优惠医疗关系协议"签字仪式。至此,宣武区私企和个体协会员持"优惠医疗卡",可以在北京健宫医院门诊、住院等诸多方面享有优惠医疗待遇。

(胡艳莲)

【为会员代理年检】 在2002年度企业年检工作中,区私个协免费为会员代理年检。为使企业顺利通过"网上年检",1月10日,区私个协对协会干部、分会秘书和相关人员进行"网上年检"操作培训。

(胡艳莲)

【召开年度工作会】 2月28日,区私个协召开2003年度工作会。27位常务理事、各分会会长及区协会全体干部出席了会议。会上,通报了第一季度协会工作,提交了2003年工作安排意见。与会者经过讨论,确立了2003年工作思路。

(胡艳莲)

【女企业家参政议政】 "三八"前夕,中宣育会计师事务所总经理等3位女企业家,作为非公经济界妇女代表参加区人大常委会、区政协、区委组织部、区委统战部、区妇联共同举办的"建小康社会,创巾帼新业"议政日活动。3位女企业家就如何充分发挥非公经济界广大妇女的积极性、主动性和创造性,为实施宣武区"三大发展战略",加快"两街"、"六区"建设而贡献力量发表了自己的见解。

(胡艳莲)

【再就业政策培训】 4月3日,区私个协与区劳动局、区国税局、区地税局共同举办培训班,就党和国家专为下岗职工再就业制定的优惠政策等有关内容,对部分私营企业和下岗职工150余人进行了培训。

(胡艳莲)

【动员全区会员抗"非典"】 4月下旬,区私个协向各支部党员干部和全区广大会员传达党中央和市、区关于抗"非典"的有关指示和文件精神,动员广大会员积极响应号召,紧急行动起来,全力投入"非典"防治战役。千禧园球迷餐厅、北京爱义行汽车装饰公司率先为宣武区中医医院、回民医院捐款;北京新月联合汽车公司向宣武医院和回民医院提供15辆大轿车,专门用于抗"非典"一线;爱义行汽车装饰公司等私营企业百余名员工申请担当抗"非典"志愿者。全区会员共捐款、捐物价值118.17万元。

(胡艳莲)

【马连道第三届茶叶节开幕】 9月10日,"北京马连道第三届茶叶节"开幕。北京市副市长孙安民、区委、区人大常委会、区政府、区政协有关领导出席了开幕式。

(胡艳莲)

【慰问天安门国旗班】 10月11日,区私个协领导带领由退伍军人组成的马连道茶商分会"军旅小组",慰问了天安门国旗班的战士,与指战员们进行了座谈。

(胡艳莲)

【举办企业会计继续教育培训】 为了更好地为区私营企业提供服务,保证《中华人民共和国会计法》的实施,11月,区私个协与区财政局在私企会员中开展会计继续教育培训,31名私营企业财务人员参加了培训。

(胡艳莲)

【私企会员捐款助学】 12月19日,北京中宣育会计师事务所在北京联合大学举行捐助仪式,向联合大学捐款12万元,帮助12名贫困大学生完成学业。

(胡艳莲)

【私企会员当选"十佳进京创业青年"】 年内,在第四届北京市"十佳(优秀)进京创业青年"评选活动中,更香茶叶公司总经理朱丽俐在30名候选人中脱颖而出,当选为"十佳进京创业青年"。这是宣武区私营企业首次获此殊荣。

(胡艳莲)

政法 军事

政 法

中共北京市宣武区委政法委员会

【概况】 中共北京市宣武区委政法委员会(简称区委政法委)是领导政法工作的区委职能部门,有干部8人。主要负责研究和处理宣武区政法工作中的重大问题,监督和支持政法各部门依法行使职权,指导和督促政法队伍建设。区政法系统包括公安宣武分局、区检察院、区法院、区司法局、安全宣武分局、区民政局、区残联。年内,区委政法委全力维护政治稳定和社会安定,确保了全国"两会"等重大活动、重大节日和敏感期的稳定;对为期两年的严打整治斗争进行了总结表彰;完成了对非典疫情的隔离控制工作;加强了对公正司法、严格执法工作的监督检查;加大人民内部矛盾纠纷排查调处力度,化解影响稳定的不安定因素;在全区政法队伍中开展"执法为民树形象,服务发展做贡献"等活动,加强了政法队伍建设。

地址:宣武区广安门南街68号

电话:83976217

邮编:100054

(何湘晖)

【政法工作会议】 2月14日,召开全区政法工作会议,总结2002年工作,部署2003年任务。区委副书记、政法委书记武高山在讲话中强调:要认清形势,提高认识,切实增强做好政法工作和维护稳定工作的责任感;要服从大局,服务发展,为全区经济建设和改革开放创造良好的社会治安环境;要夯实基础,强化措施,建立完善的维护稳定工作机制;要加强领导,严格管理,加强党对政法工作的领导;要明确责任,坚定信心,全力做好"两会"期间的安全保卫工作。

(何湘晖)

【开展"树形象、做贡献"活动】 3月12日下午,区委政法委员会召开全体会议,对"执法为民树形象,服务发展做贡献"活动进行部署。区成立活动领导小组,由武高山、哈金起任组长,办公室设在区委政法委。整个活动分为四个阶段进行。3月21日至4月4日,区委政法委组织召开街道系统、人大代表、政协委员及企业单位代表座谈会,征求对政法系统的意见和建议,向全区下发1万份征求意见表。政法系统各单位就征求到的意见开展了大讨论活动,制定了整改措施。

(何湘晖)

【部署政法系统防治"非典"工作】 4月24日,区委政法委召开区政法各单位主管领导会议,部署全区政法系统防治"非典"工作。会议强调,一是加强领导,高度重视;二是精心组织,明确责任;三是确保各项防范措施落到实处;四是确保全区社会稳定;五是保持信息和政令畅通。

(何湘晖)

【成立"非典"隔离防控指挥部】 4月30日,区"非典"隔离防控指挥部成立,区委副书记、政法委书记赵长山为总指挥,办公室设在区委政法委。在防治"非典"期间,指挥部精心组织,周密部署,加强重点区域的隔离控制工作。多次召开会议,制定并落实了13处隔离区域的隔离方案和确保隔离区周边社会稳定的方案。政法委领导和干部多次深入一线检查督促工作,五一期间放弃休息,奋战在岗位上,确保了"非典"期间全区社会稳定。

(何湘晖)

【召开"严打"整治总结表彰大会】 8月21日,区委政法委召开全区"严打"整治总结表彰大会。会议由副区长哈金起主持,区委书记、区人大常委会主任唐大生,区长武高山,区委副书记、政法委书记赵长山出席会议,区政法系统中层以上领导,区委、区政府各委、办、局主要领导及社区干部共1000余人参加了会议。会上,对两年来"严打"整治工作进行了总结。两年来,公安宣武分局共破获各类刑事案件4440起,其中破获市公安局挂牌督战的重大案件24起,成功破获了"4.15"抢劫案,"8.27"、"9.11"特大杀人案、特大贩毒案,"3.10"写字楼系列盗窃案等重特大案件;治安重点地区得到有效整治,对全区7处市级挂帐治安重点地区,18处区、街治安重点地区,采取了有效措施进行了重点清理整治,建立完善了长效管理机制;治安防范水平明显提高,加大了科技创安力度,全区已有52个科技创安小区,达到了小区总数的43%;人民群众的安全感进一步增强,2001年4月至2002年4月,全区各类刑事案件发案比上一年下降63%;2002年4月至2003年4月,全区各类刑事案件发案比上一年又下降22.9%。

(何湘晖)

【流浪乞讨人员集中救助】 11月16日至18日,副区长哈金起带领区委政法委、综治办干部,以各街道为单位,由公安、城管、民政、卫生和街道干部组成联合执法队伍,在全区范围内进行了集中救助。共出动人员245人次,机动车49台,告知流浪乞讨人员161人次,实际救助9人。

(何湘晖)

【举行"12.4"法制宣传日活动】 12月4日,在大栅栏街道普法广场举行2003年宪法宣传月活动启动仪式,区委副书记仲兆军,副区长哈金起等领导出席仪式。公安宣武分局、区检察院、区法院、区司法局、大栅栏街道、区地税局、区工商局、区劳动局、区民政局、区房屋土地局、区工会、团区委、区妇联等单位设立了咨询点,现场为群众解疑答惑,发放有关法律法规宣传材料。活动中,还进行了法律知识有奖问答、文体表演、法律法规展板展览等多种形式的宣传活动。有千余名群众参加了活动。

(何湘晖)

【排查调处工作】 年内,宣武区人民内部矛盾纠纷排查调处领导小组先后6次召开会议,分析研究排查全区的不稳定因素和突出问题,共排查出59件不稳定因素,所有问题都已经基本解决。

(何湘晖)

公安工作

【概况】 北京市公安局宣武分局(简称公安宣武分局)是主管公安工作的区政府工作部门,业务上受北京市公安局领导,担负着全区刑侦预审、治安巡逻、户籍、消防及重大活动警卫等项工作,由8个户籍派出所、1个治安派出所及15个职能处室组成。年内,公安宣武分局以"三个代表"重要思想为指导,坚持党委领导,坚持群众路线,坚持政治建警,促进了公安工作和队伍建设的全面发展,维护了全区政治稳定和社会安定。

地址:宣武区梁家园1号

电话:63018603

邮编:100052

(杨启成 芮 波)

【爱民月宣传活动】 1月18日上午,分局组织开展了以"警民携手促防范,巡逻打击保安全"为主题的爱民月宣传活动。活动以庄胜广场为主宣传站,同时在其它地区设立7个分站,公安部三局局长武冬立、市局党委书记刘德、市局局长马振川等领导到庄胜宣传站视察指导。此次宣传活动分局共出动警力110人,设各种展板120余块、横幅12条,向群众发放宣传材料21000余份,解答群众关于110报警、户口办理等问题900余件。

(芮 波 杨亦兵)

【厂甸、红楼庙会安保工作】 2月1日至6日(农历初一至初六),第三届"厂甸文化庙会"和"第八届红楼庙会"分别在南新华街和大观园举行。分局共组织安保力量6816人进行现场执勤,并对活动场所摊位、娱乐设施进行安全检查,确保了各级领导和广大游人的安全。

(芮 波 杨亦兵)

【抗击"非典"】 "非典"期间,针对全区13处隔离区域,分局分别制定了医院、工地和饭店的隔离控制工作方案,明确警力安排、任务分工和工作要求。分局出动警力360人次,协助有关部门对75人实施隔离控制工作。在社区开展"不让非典进我家、不让'非典'进社区"活动,动员组织社区出入口值守力量681人,留观人员监控力量336人,实行封闭式管理小区44个,张贴宣传标语1342条,挂横幅245条,出黑板报331块,发放各种致群众信44627封。抽调现职领导,组建分局处置"非典"警务小分队,实行封闭管理,负责处理涉及"非典"警情。开展以"防盗抢、防爆炸、防火灾、防疫情"为主要内容的安全大检查,妥善处置了两起发生在工地内的不安定苗头。严格收押工作,开辟"过渡监室",进行全面消毒,组织民警进行实战演练,确保了监所的安全。

(杨启成 芮 波)

【慰问一线民警家属】 5月31日,分局在机关大院内举行"庆六一、抗'非典',慰问一线民警家属活动",邀请了32位父母均战斗在抗"非典"一线的小朋友参加。分局领导向他们赠送了图书、玩具等节日礼物,组织参观了北京警察博物馆。

(芮 波 杨亦兵)

【清理信访举报积压件】 8月,分局根据公安部、市局的部署,组织开展了集中清理信访举报积压件的专项工作。3个月的时间完成了所有7起挂帐信访案件的查处工作并予以结案,得到市局领导的肯定。

(芮　波　杨亦兵)

【“立警为公执法为民”辩论赛】 9月28日,分局首届“立警为公、执法为民”辩论赛经过9轮的激烈辩论后,落下帷幕。17支代表队的68名参赛选手,围绕“队伍建设应注重从严治警还是以情待警”的辨题,展开了激烈的辩论。最终,天桥派出所代表队获得第一名,牛街派出所代表队获得第二名,人口管理处和广外派出所代表队并列第三名,广内派出所代表队获得“优秀组织奖”,治安处代表队获得“精神风貌奖”。辩论赛还评选出9位优秀辩手。

(芮　波　杨亦兵)

【“119”防火宣传】 11月9日,分局在市工人俱乐部前设立中心宣传站,在8个户籍派出所、114个社区设立宣传点,大规模开展“119”消防宣传活动。活动中、共制作宣传条幅123件,黑板报380块;在全区380个重点单位张贴宣传标语及图片,向群众发放《消防手册》、《致居民一封信》60000余份。

(芮　波　杨亦兵)

【社区安全防范日宣传活动】 11月20日,分局在崇光百货广场设立主会场,在全区8个地区设立分会场,举办了以“执法为民,服务社区,警民携手,共保安宁”为主题的社区安全防范日宣传活动。此次活动以宣传预防入室盗窃案件为主要内容。活动期间,9个会场共发放宣传材料82343份,设立展板340块、板报120块,挂横幅324条,民警个别走访群众2932户,受宣传群众89235人。

(芮　波　杨亦兵)

【地理信息地名采集录入工作】 年内,结合宣武区的地理特点,分局各派出所集中两个月的时间,对本辖区内建筑物、社区街巷进行实地调查,共采集地名信息68556条,于8月20日全部完成了采集和录入工作。

(芮　波　杨亦兵)

【冬季百日会战】 年内,分局在冬季百日会战中,共破获各类刑事案件715起,刑事拘留465人,治安拘留1753人,在市局百日会战评比中获得城区组第一名。

(芮　波　杨亦兵)

【安全保卫工作】 年内,分局完成了布莱尔访华、“两节”、“两会”、十六届三中全会、厂甸庙会、大观园红楼庙会、开斋节等一系列重大活动的安全保卫任务。特别是“非典”期间,党和国家领导人胡锦涛、温家宝、黄菊以及吴仪、刘淇、陈至立等先后到位于本区的中国病毒研究中心、卫生部疾病防治中心、华北电管局、宣武医院等单位检查“非典”防治工作,慰问一线工作人员。分局精心组织,严密部署,确保了党和国家领导人检查慰问活动的绝对安全。全年共完成各项警卫任务214件,派出执勤警力9350人次,执勤时间20483小时。严密落实了对各类重点人的控制措施,制定了《对全区重点人进行控制的工作方案》;组成监控小组,对全区52名国保重点人、998名法轮功人员在重点时间实行全天候监控,死看死守,全年未发生一起人员失控事件。针对群体上访事件,加强控制,措施前置,全年共处置群体上访82批、764人。

(杨启成　芮　波)

【“严打”斗争】 年内,按照市局深入开展严打的部署,分局保持凌厉攻势。全年共破获刑事案件2463起,其中重大案件862起;抓获各类违法犯罪嫌疑人908人,打掉犯罪团伙41个,涉及团伙成员151人。特别是在夏季治安攻势和冬季百日会战中,分局深化重点地区的治安整治,强化对复杂娱乐场所的管理力度,持续开展对外来人口、出租房屋的清理整顿,加强了旅店业治安防控网络建设,从中抓获卖淫嫖娼人员239人,取缔无照发廊53家,收缴盗版及淫秽光盘90380张、非法书刊342册,抓获网上在逃人员73人。在重拳打击违法犯罪的同时,分局注重办案质量,认真落实执法质量综合考评措施,严把案件审核关。全年共办理各类案件2418件,其中刑事拘留674件,逮捕364件,移送起诉486件,劳动教养313件,收容教育173件,取保候审256件,未发生一起冤、假、错案及其它违法办案问题。

(杨启成　芮　波)

【社会治安防控工作】 年内,分局以巡逻网、社区网、治安网、内保网建设为主要内容,强化对社会治安的积极防控。确定巡逻工作的主业地位,严密社会面控制措施,新警全部下沉到派出所参加巡逻工作。在重大保卫工作和严打整治战役中,抽调机关警力,担负起区内20条重点大街的巡逻防控工作。加强与驻区武警、交警等多种力量的协同配合,提高了社会面的防控水平。开展社区无发案日竞赛活动,实行发案一案一议制度,查找漏洞,积极整改。实行警务办公前移,社区警务工作站建站率达到100%,社区民警每天接待群众不少于5小时离。加强内部单位安全防控网建设,落实各种责任制及工作制度。强化信息工作,针对可能发生的不安定因素和闹事苗头,确定7个内部单位为工作重点,采取了相应的防范措施。开展安全大检查,及时对各类隐患进行监督整改。全年共组织各种形势的安全大检查30余次，参加检查的保卫干部计11280余人次；发现各类问题226起，填写安全检查记录1448份，确保了企事业单位内部的安全。

（杨启成 芮 波）

【提高警务工作科技含量】 年内，分局采用了新型的文件流转模式，提高办公效率。同时还实现了全区地下通道的图像监控，完成了两个派出所指挥中心的建设，进一步扩大了分局图像信息监控范围。

（杨启成 芮 波）

【科技强警、素质强警】 年内，分局以大比武为平台，持续加大对一线民警教育培训的力度。全年共组织800名民警参加各项警务技能培训；分3期组织140名民警参加市局组织的电子政务培训；60名警务技能尖子选手参加市局第二届警务技能大比武；分局代表北京市巡逻系统参加了公安部巡警防暴警三年全员培训检查验收，得到了上级领导的高度评价。着眼2008年奥运安保工作，分局组织了120名民警参加北京市英语口语等级证书考试，并与澳京国际英语学校合作，举办了两期共50人参加的英语口语初级培训班。把“评查促改”与“执法为民树形象，服务发展作贡献”相结合，全面加强派出所队伍建设。共有1人荣获个人二等功，11人荣获个人三等功，5个集体荣获集体三等功，100人获个人嘉奖。

（杨启成 芮 波）

【外来人口登记管理】 年内，广内派出所结合地区外管工作实际，大胆创新，积极探索，创建和推行了外来人口“一网一站”登记管理新模式，取得了初步成效。在街道办事处及有关单位的大力支持下，广内派出所研制开发出计算机《广内地区外管工作登记系统》，建立了广内地区外来人员数据库，实现了派出所与街道办事处和所有社区居委会的站点链接，做到了数据共享。19个社区全部建立由社区居委会书记牵头，社区民警和治保主任参加，协管员具体负责的外管站。实行社区有协管员，楼门有楼长，平房院有院长的责任承包制，方便了群众。实现了对外来人口、出租（出借）房屋的动态管理，突出了重点管理职能，减少了民警的无效劳动。

（芮 波 杨亦兵）

【外来人口出租房屋专项清理】 年内，分局启动“两登记，一检查”专项工程，开展对外地来京务工经商人员、出租房屋的登记检查工作。共登记流动人口12163人，发放临时登记卡52163张，登记出租出借房屋10985间、5917户，其中限期整改、停租65户。

（芮 波 杨亦兵）

【五条禁令有奖征文活动】 年内，分局坚决贯彻执行公安部的五条禁令，开展了五条禁令有奖征文活动。组织获奖单位、获奖民警及家属进行座谈，号召全体民警及家属互相监督，互相带动，共同筑牢遵纪守法的防线。

（芮 波 杨亦兵）

【领导干部届中考核】 年内，分局党委对双向选择及竞争上岗的领导干部进行了届中考核，结合考核情况，对部分现职领导做出了免职、降职、训勉谈话的决定。

（芮 波 杨亦兵）

【物质精神奖励两手抓】 年内，分局认真贯彻以人为本的思想理念，积极落实从优待警，实行物质奖励与精神奖励相结合的办法。筹资80万元，在巡逻系统开展抓现行、压发案大比拼，在社区内开展无发案日竞赛活动，对名列前茅的集体和个人给予多方面的物质奖励，并对在冬季百日会战中表现突出的集体和个人给予了重奖，激发了广大民警的工作积极性。

（芮 波 杨亦兵）

【共青团建设】 年内，分局团委重新对全分局174名团员青年的业务技能、文化水平等情况进行了统计和分析，建立了团员青年登记卡片，开展了“争创青年文明号”、“争创青年岗位”等活动。全年共有6个集体被评为市级青年文明号，2个集体被评为市级优秀青年维权岗，4名个人分别被评为市、区级青年岗位能手。

（芮 波 杨亦兵）

【形象大使进社区】 年内，分局在曾荣获“人民满意公安民警”称号的民警中，评选出8位形象大使，深入社区工作，以此来带动“执法为民树形象，服务发展做贡献”活动的开展。

（芮 波 杨亦兵）

【打击毒品犯罪】 年内，分局根据涉毒犯罪的形势变化，及时转变办案思路，大力加强与毒品输出地警方的协作配合，建立情报共享和联动机制，增强对毒品案件的经营意识，深挖细审，顺藤摸瓜，努力扩大战果。全年共抓获涉毒嫌疑人339人，破获涉毒案件149起；从中破获其它刑事案件43起，强制戒毒265人，劳动教养253人；缴获毒品海洛因6198.84克、冰毒1117.65克。

（芮 波 杨亦兵）

【旅馆业治安防控网络建设】 年内，分局不断完善治安管理防控网络。通过搭建信息管理平台，实现了对全区旅馆的实时监控，并在管理上打破常规，实行了“首先发现负责制”，避免了在逃人员失控的可能性，杜绝了工作中的推诿扯皮和重复劳动。全年共抓获在逃人员73人,破获了一大批刑事案件。

(芮　波　杨亦兵)

【信通专业技术人员业务培训】 年内,分局先后派员参加微软公司新技术培训班和现代存贮技术新理念培训班;专门组织信通处民警在有线无线、计算机网络、图像通信、应用系统四大岗位进行交叉轮训,不断更新知识,提高业务素质,全面提升通信保障能力。

(芮　波　杨亦兵)

【网吧管理】 年内,分局对"网吧"业主和网络安全员及派出所技防干部进行了技防知识培训,并对全区26家"网吧"、18家具有技防施工资质的公司加强管理监督,处罚了两家违规经营"网吧"和3家非法技防施工单位。

(芮　波　杨亦兵)

【警务工作站】 年内,分局已建立社区警务工作站110个,建站率达到100%。社区民警每天在警务工作站接待群众的时间不少于5小时,每周在社区工作时间不少于30小时,解决了群众找民警难的问题,拉近了社区民警与群众的距离。

(芮　波　杨亦兵)

【"千家万户评派出所"活动】 年内,分局开展了"千家万户评派出所"群众调查活动。活动中,共发放《派出所辖区居民评议调查表》10000份、《派出所辖区单位评议调查表》1000份。通过对回收调查表的汇总分析,区各级政府机关、企事业单位、社区团体及社区居民均对分局各派出所、社区民警的工作表示满意。

(芮　波　杨亦兵)

【巡逻工作】 年内,分局贯彻落实市局巡逻工作会议精神,狠抓制度建设,规范巡逻勤务,进一步加强和完善了社会面动态防范网络建设,发挥巡逻工作在预防发案、打击犯罪中的作用。截至11月30日,通过巡逻,共抓获做拘留以上处理的违法犯罪嫌疑人1878人,破获刑事案件658起,破获治安案件1330起。全年全区共接报街头110刑事类警情229件,比上年同期的247件减少18件,下降7.3%。为解决巡逻民警巡逻时间长、劳动强度大、班次不好安排的问题,分局在反复研究的基础上,推行了巡逻民警"蛙跳式"巡逻班次,即一天当中巡逻段巡控时间为9时至21时,两组巡逻民警进行轮班,一组巡逻3小时,回所休息3小时,再巡逻3小时,保证了工作质量及工作效率。

(芮　波　杨亦兵)

【加强与律师行业业务协作】 年内,分局先后出台《宣武分局关于执行市局规范文明执法30项措施工作细则》、《关于公开调解治安案件的有关规定》等多项规定,积极转变执法观念,主动与区司法局交流合作。通过走访、座谈、直接听取意见等形式,加强与律师行业的业务协作。与区属4个律师事务所的13名律师,就维护当事人合法权益、保障律师依法执业等问题进行了深入探讨,并听取了部分律师对分局贯彻落实30项措施情况的意见和建议,共同创造公正、文明的法制环境。

(芮　波　杨亦兵)

【预审、看守部门发挥职能作用】 年内,分局预审、看守部门对在押人员开展了强大的政治攻势,确定重点对象,组织力量攻坚克难,并多次召开从宽、严办政策兑现大会,教育、震慑在押人员,营造严打气氛,敦促在押人员坦白检举,全年共获取犯罪线索477条,从中破获刑事案件291起,抓获犯罪嫌疑人81人。

(芮　波　杨亦兵)

【亲情帮教】 年内,分局看守所不断充实、完善帮教工作,变事务型管理为人性化管理,变枯燥说教为亲情帮教。为在押人员开通了"亲情热线电话",允许认罪伏法、遵守监规、表现较好的已决犯或留所服刑人员,在监所内与亲人通话,既使在押人员的通讯权得到了保证,又发挥了亲情规劝的积极作用。

(芮　波　杨亦兵)

【开展消防安全检查】 年内,分局组成8个检查组,针对9项治理重点,对全区商场、市场开展了地毯式的消防安全检查。共检查单位106个,发现火灾隐患110件;检查住人的地下空间650处,发现问题1595件,解决1126件。

(芮　波　杨亦兵)

【广内地区成立义务消防队】 年内,经广内派出所和广内街道办事处共同努力,广内地区成立了"义务消防队"。"义务消防队"由来自广内地区19个社区的180人组成,队员大部分是从社区内单位的下岗职工和外来人口中挑选出来的人员。经过有关消防法律、法规知识及业务培训,队员统一佩戴印有"义务消防队员"字样的黄袖标和防火安全监督员的胸卡,进行防火工作巡视检查。

(芮　波　杨亦兵)

案例举要

【破获特大绑架杀人案】 2月13日,刑侦支队九队接事主周某(女,37岁,住宣武区)报案称:其子被一身份不名的男子带走,现不知去向。接报案后,支队侦查员立即赶赴现场开展工作。经大量走访调查,在有关部门的配合下,于2月19日将犯罪嫌疑人陈虎(男,29岁,无业,户籍地西城区西直门内大街195号，现住大兴区金惠园小区12—3—102号）、胥山（男，33岁，无业，住海淀区复兴路12号院16楼8—1号）抓获。二人供认了事先准备了绳子、袜子、胶带、被子、汽车等作案工具，于2月13日在万博苑小区北门将刘少杰绑架并杀死，向事主索要赎金80万元的犯罪事实。陈、胥二人被依法逮捕。

（韩富敏　刘惠丽）

【破获敲诈勒索人大代表案】 3月22日，刑侦支队经工作，破获一起市局挂账的敲诈勒索市人大代表案，抓获犯罪嫌疑人2人，收缴赃款人民币15万元。犯罪嫌疑人刘云成（男，43岁，住宣武区）、刘云飞（男，35岁，住宣武区）于1月26日向市人大代表胡某（男，51岁）索要人民币30万元，扬言不给就杀其全家。刘云成、刘云飞分别被法院判处有期徒刑4年零6个月和5年。

（韩富敏　刘惠丽）

【破获杀人碎尸案】 9月23日，宣武区发生了一起特大杀人碎尸案。刑侦支队在市局刑侦总队及有关部门的配合下，经过大量工作，于10月2日将犯罪嫌疑人刘鸿莲（女，41岁，户口所在地宣武区虎坊西里二巷7号，现住丰台区右外东三条4号楼3门601）抓获。刘鸿莲交代了和死者杨志增从1995年认识后，一直保持不正当男女关系。期间，杨多次向刘要钱，引起刘不满。9月22日早8时许，杨志增下班后又到刘鸿莲家要钱，并以刘儿子的安全来要挟刘。刘鸿莲盛怒之下，在杨志增喝的咖啡内加入了安眠药，乘杨志增昏睡时用刀将杨志增杀死，并肢解抛尸。刘被依法逮捕。

（韩富敏　刘惠丽）

【打掉一带有黑恶势力性质犯罪团伙】 10月18日，刑侦支队在冬季严打期间，经过40余天的缜密侦查，打掉一带有黑恶势力性质的犯罪团伙，破获一起因争抢地盘引发的伤害致死案，先后抓获犯罪嫌疑人8人。嫌疑人宿明文（男，29岁，内蒙古自治区包头市青山区人）、赵萌（男，21岁，黑龙江省宾县人）、葛祖光（男，22岁，住北京市通州区五里店51号）、何宇（男，19岁，住北京市通州区新城南街17号）、万梦（男，20岁，住北京市通州区通州镇药材公司2号楼562号）、张玺（男，21岁，黑龙江省宾县人）于2003年8月，在前门旅游车发车点向姜延国（男，31岁，黑龙江省龙江县人）及张书茂（男，40岁，户口在北京市朝阳区六里屯西里2号楼2单元1号，现住宣武区大红巷28号）收取保护费并要求入干股，遭到拒绝后于9月13日6时许，在和平门烤鸭店附近将事主张书茂伤害致死。宿明文等6人被依法逮捕。

（韩富敏　刘惠丽）

【破获虚开增值税发票案】 12月13日，刑侦支队破获本市第一起利用伪造的海关代征增值税专用缴款书，作为进项抵扣凭证虚开增值税发票案，抓获犯罪嫌疑人一人，收缴伪造海关代征增值税专用缴款书5份、北京市增值税专用发票58份。犯罪嫌疑人陈学军（男，31岁，浙江省临海市上盘镇里岙村人）自2003年9月份以来，利用伪造的海关代征增值税专用缴款书作为进项抵扣凭证，以北京宝轩鑫来商贸有限公司和北京欣瑞博雅商贸有限公司的名义，从国税局购领电脑防伪增值税专用发票对外出售，获利40余万元，案件涉税金额9百余万元，给国家造成经济损失100余万元。陈学军被依法逮捕。

（韩富敏　刘惠丽）

检察工作

【概况】 北京市宣武区人民检察院（简称区检察院）是国家的法律监督机关，在辖区内依法独立行使检察权，接受北京市人民检察院（含第一分院）和中共宣武区委的领导，对本级人民代表大会及其常务委员会负责并报告工作，主要承办侦查、审查逮捕、审查起诉等业务，设16个职能部门，行政编制122人。反贪污贿赂局是区检察院的内设机构，主要承担辖区内贪污、贿赂、挪用公款、巨额财产来源不明、境外存款隐瞒不报等经济案件的侦查、预审等职责。年内，区检察院严格履行法律监督和刑事检察职能，加大查办职务犯罪的力度，强化诉讼监督，努力维护司法公正和法制统一。

地址：宣武区广安门外车站西街甲17号

电话：63465026

邮编100055

（李　健）

【批捕工作】 年内，共受理公安机关提请逮捕各类刑事、职务犯罪案件421件、543人；经审查，批准逮捕391件、495人，其中批准逮捕重、特大刑事、职务犯罪嫌疑人85人，不批准逮捕5件、5人，公安机关撤回处理25件、44人。

（李　健）

【起诉工作】 年内，共审查起诉各类案件452件、558人，提起公诉356件、441人，不起诉案件4件、4人，建议公安机关撤诉案件5件、8人，抗诉案件4件、5人，转其它检察院95件、118人。

（李　健）

【经济案件查办工作】 年内，反贪污贿赂局共受理初查线索68件、83人，立案侦查12件、12人，其中贪污案件6件、6人,挪用公款案件6件、6人,查处处级以上领导干部涉嫌犯罪1件、1人,为国家挽回经济损失600余万元。

(李　健)

【控告申诉检察工作】 年内,渎职侵权检察处共收到举报线索5件,立案侦查1件、1人;民事行政检察处受理民事、行政案件54件,审结53件,其中不予立案38件,撤回1件,不受理1件,抗诉11件(已抗诉成功1件),建议抗诉1件,提请抗诉1件,发检察建议2件;控告申诉检察处受理群众举报、申诉、来访咨询213件。

(李　健)

【企业廉政教育】 年内,为加大职务犯罪预防力度,区检察院积极为区内中央直属、市属、区属的金融、税务、工商、医院、教育以及重点国有企业,建立职务犯罪预防网络。上半年,先后为浦发银行宣武支行、区城管大队、北京邮政管理局器材公司、华夏银行北京管理部上廉政教育课。7月份,院领导与职务犯罪预防处干警深入到北京市供电局变电管理处,召集中层干部、公司经理,财务、物资、项目等部门工作人员70多人,作了职务犯罪预防的讲座。向与会人员通报了当前反贪污贿赂斗争的形式和特点,指出国有企业人员犯罪案件增多的现状,分析了职务犯罪产生的根本原因,就如何预防职务犯罪进行了具体的阐述。

(李　健)

【出台《延长羁押期限告知规则》】 年内,为了落实市检察院制定的《北京市检察机关便民维权二十条》,区检察院结合各处室业务特点,制定了《延长羁押期限告知规则》(简称《规则》)。该《规则》规定,在审查批捕和审查起诉工作中,依法决定延长办案期限、决定延长羁押期限或重新计算羁押期限的案件,应当由监所部门或案件承办人,对在押的犯罪嫌疑人及其委托的律师及其他辩护人进行告知。12月17日,区检察院就此项新举措召开记者联席会,就《规则》的出台背景、具体内容进行了介绍并回答了记者的提问。12月24日,区检察院检察官告知犯罪嫌疑人宋某,其涉嫌贪污一案因需要退回侦查机关补充侦查,故对其延长羁押期限一个月,宋某成为首例被告知延长羁押期限的犯罪嫌疑人。在《规则》实施20天的时间里,已有3名犯罪嫌疑人被告知延长羁押期限。区检察院的这一便民举措引起新闻媒体的广泛关注,中央电视台、法制日报影视中心、北京交通广播电台、上海人民广播电台等都在黄金时段进行了介绍;检察日报、北京青年报、北京法制报、北京晨报、京华时报、劳动午报、娱乐信报、宣武报、正义网、首都政法网等都作了报道;高检院领导和一些专家学者也对此做法表示肯定。

(李　健)

【教育活动】 年内,区检察院开展了"执法为民树形象,服务发展做贡献"和"强化法律监督,维护公平正义"的教育活动。为保证教育活动有效开展,区检察院提出了3项要求:一、统一思想,提高认识,深刻领会此次活动的重要意义,增强紧迫感和责任感;二、加强组织领导,提高为民意识,突出服务重点,务求实效;三、加强信息报送和宣传工作。

(李　健)

【3篇文章获检察官协会论文奖】 年内,在2003年北京市检察官协会论文评选中,区检察院干警赵文胜撰写的《浅议民事行政诉讼的法律监督问题》,周冬梅撰写的《浅谈如何强化法律监督》,马剑萍撰写的《控审分离原则与罪名变更》分获一、二、三等奖。

(李　健)

【"十六大"知识擂台赛】 3月21日,区检察院举行"学习十六大精神知识擂台赛",全院五个支部分别选派代表参加竞赛。经过比赛,批捕、民行处联合党支部选派的两位选手获得本次擂台赛的冠军,亚军被办公室、行政处、法警队联合支部和反贪局支部获得,起诉处支部和监所处、研究室联合支部获得第三名。4月,区检察院代表队在区直属机关工委组织的十六大知识竞赛中,获得第三名。

(李　健)

【抗击"非典"】 4月30日,宣武区南菜园中华家园建筑工地突发"非典"疫情。区委、区政府决定将该工地立即隔离,并将其中200余名民工安置在广安门外原北钢工地内进行隔离观察。5月1日起,区检察院每天安排10名干警参加隔离区值勤。5月1日至18日,先后安排12名干警、6部车辆,配合区建委开展了宣武区建设工地的防控"非典"工作。5月13日,区检察院举行了献爱心捐款活动,101名干警为抗击"非典"捐款人民币6900元。

(李　健)

【确定工作思路】 7月7日,根据全市检察长工作座谈会精神,区检察院党组结合本院实际,研究确定了下半年工作总体思路,提出了重点抓好的四项工作:1、紧抓学习贯彻"三个代表"不放松,用"三个代表"重要思想统揽检察工作;2、坚持做到一手抓学习教育,一手抓检察业务,努力使"三项教育"活动收到实效;3、充分履行法律监督职能,牢固树立为民执法,服务发展的观念,做让党和人民放心满意的检察官;4、加强领导班子建设,注重提高队伍整体素质,力争使检察工作年年有进步，时时有发展。

（李 健）

【对新录用人员进行爱国主义教育】 7月，区检察院先后组织新录用的12名大学生参观抗日纪念馆、严打专项整治斗争成果展和宣武区抗击非典大型展览，对新录用人员进行爱国主义、集体主义教育，帮助他们完成角色转换，建立起检察人员的自豪感和责任感。

（李 健）

【赴丰台院学习交流】 7月，为贯彻落实高检院对“强化法律监督，维护公平正义”教育活动的要求，区检察院分批组织到先进单位丰台检察院进行学习交流。丰台检察院领导介绍了该院从1999年开始争创全国模范检察院的历程及经验，各处室与对口处室进行了交流。

（李 健）

【8名检察官被聘为法制校长】 12月3日，宣武区未成年人保护委员会、综合治理办公室和区教育委员会联合召开“宣武区中小学法制校长聘任大会”，区检察院的8名检察官分别被聘任为8所中小学的法制校长。这8名检察官将在今后的两年里，列席学校有关法制教育等方面的会议，参加有关活动，开展青少年法制教育、自护教育，预防青少年违法犯罪，推动社会治安综合治理活动的开展。

（李 健）

【检察官普法日上街宣传】 12月4日，区检察院领导带领政治部、宣传处、控告申诉处、技术处、职务犯罪预防处的检察官，到盼盼文化广场进行“宪法宣传日”的普法宣传活动。为了突出宪法宣传主题，区检察院制作了题为“增强宪法观念、保证宪法正确实施”的展板，并向群众发放宣传材料，介绍检察院控告申诉、批捕、起诉、反贪污贿赂等主要业务部门的职能，以及贪污贿赂案件的立案标准和举报知识，提升群众对检察院的认知度。

（李 健）

案例举要

【两名法官被提起公诉】 大兴法院执行庭审判员乔新胜，助理审判员张金生两被告被本院以贪污、挪用公款、受贿罪提起公诉。乔新胜在承办某建筑公司申请执行偿还工程款一案中，扣押了被执行单位的财产6套别墅和3辆汽车。在负责变卖过程中，乔新胜私自与车贩子张某商定价格，将汽车变卖给张某，得车款20万元人民币，以个人名义全部存入银行。6套别墅由拍卖公司拍卖1套，余下5套变卖给个人，乔新胜从中侵吞执行款3万元，挪用6万元。在发还申请人某建筑公司案款过程中，乔新胜与张金生多次商量要截留部分案款。在发还执行案款中，两人合伙侵吞案款4万余元。

（李 健）

【逮捕绑架学生案犯】 犯罪嫌疑人邱润生，男，34岁，河北省邯郸市某矿区工人。邱润生因工伤与矿方发生矛盾，2003年4月19日携带两根电雷管来京，后又购买了两节一号电池、两瓶丁烷气体，自制成爆炸物。4月21日8时30分，邱润生携带自制爆炸物，来到宣武区广义街小学四年级二班教室，将正在教课的教师推出教室，欲挟制教室内21名小学生为人质，并撩起衣服露出绑在腰间的爆炸物，扬言与学生一起死。学校见状，一边与其周旋，一边掩护学生撤离，并趁机剪断爆炸物的联线，将其制服。宣武检察院以涉嫌绑架罪，批准将犯罪嫌疑人邱润生逮捕。

（李 健）

【逮捕运输毒品特大犯罪嫌疑人】 犯罪嫌疑人栗庆，男，46岁，无业，曾多次被判刑。2003年5月下旬，栗庆携款到云南大理白族自治州，通过雷某，以每克80元购买毒品海洛因2000克后，携带毒品乘火车到四川省攀枝花市，采取托运抗非典所用消毒液内藏毒品的方式，于5月25日将毒品运抵北京，藏匿在丰台区居住地。5月28日，栗庆携带24.63克海洛因，在以每克250元贩卖给吸毒人员时，被公安人员当场抓获。后在其居住地收缴毒品海洛因1976克及精神麻醉药品甲基安非他明药片319片（计31.17）克。2003年6月30日，区检察院以运输毒品、贩卖毒品罪，批准将犯罪嫌疑人栗庆逮捕。

（李 健）

【侯培铎贪污、受贿案】 12月19日，由区检察院反贪局依法侦查终结的原宣武区经济贸易委员会副主任侯培铎，因犯贪污罪、受贿罪，被宣武区人民法院判处有期徒刑5年。侯培铎在担任宣武区商委副主任期间，利用其兼任宣武区商业服务业行业管理处主任的职务便利，用该管理处的转账支票，为自己安装私人住宅电话并报销各项费用。侯培铎在担任宣武区经济贸易委员会副主任期间，利用负责处置行业管理处善后工作的职务便利，用公款为自己购买手机卡，缴纳网卡费、入网费、通话费和报销私人用餐费；私自从行管处报销在非公费医疗指定医院看病的医药费和自行外购药费。侯培铎还在任职期间，收受北京仪光电子加工厂厂长张学斌（已另案处理）贿赂人民币5万元，并为其谋取利益。

（李 健）

审判工作

【概况】 北京市宣武区人民法院(简称区法院)是国家的审判机关,独立行使审判权,审判在法律规定范围内的第一审刑事案件、民事案件、经济案件、行政案件,通过依法审判,严惩一切犯罪分子,解决民事、经济和行政纠纷。年内,区法院以审判工作为中心,以法院改革为动力,以队伍建设为保证,充分发挥审判职能。完善审判机制,严格审限管理,审理了一批有社会影响的新类型案件;积极参与社会综合治理工作,认真开展"执法为民、公正审判、服务发展"及"公正与效率"司法大检查活动;落实司法为民,更新管理观念,创建学习型、服务型法院。全年共受理各类案件9439件,审结9225件(含旧存)。

地址:宣武区南菜园甲35号

电话:83522233

邮编:100054

(彭艳艳)

【审判工作】 年内,区法院共受理各类案件9439件,已审结9225件(含旧存)。其中审结刑事案件370件、民商事案件6006件、行政案件125件;执结各类案件2665件,执行标的额2.59亿元;审结再审、申诉案件59件。

(彭艳艳)

【坚持院长接待日制度】 年内,区法院坚持每周三上午,安排一位院领导接待当事人,并配有专人记录;下午对发现的问题逐一听取涉案承办人的汇报,狠抓督办落实。对于上级法院机关批复的信件,院领导亲自批示,办公室负责督办,涉及庭室认真办理,做到在规定的期限内件件有答复、事事有回音。

(彭艳艳)

【排查调处工作】 年内,区法院组成排查小组,院长担任组长,具体日常工作由院办公室负责并协调。排查小组定期召开会议,统一思想,明确责任,细化任务,层层落实。各部门在审理案件时,发现问题及时汇报,及时采取相应的措施,防止矛盾进一步激化,保证社会的稳定。根据市、区两级政法委和市高院的要求,排查小组在十六大、"两会"、非典期间,共进行了7次排查工作。

(彭艳艳)

【加强外部监督】 年内,为加强外部监督,区法院坚持走访区人大常委会、区政协、区政府、区纪委等单位及特邀廉政监督员,征求意见、建议,通报各项党风廉政活动,邀请他们对法院的审判工作和审判作风进行不定期的暗访。暗访活动结束后,针对发现的问题,及时制订改进措施。全年共发放《文明廉政监督卡》14378张,从回收的当事人意见统计,满意率达100%。此外,共收到表扬信233封、锦旗45面。

(彭艳艳)

【建立执行全程公开制度】 年内,区法院在全市法院系统率先建立了案件执行全程公开制度,随时向当事人告知案件执行情况,充分保障当事人的知情权,同时接受监督,取信于民。其内容主要包括:立案时告知执行风险;立案后告知执行程序;采取强制措施及时告知结果;执行遇阻如实告知原因;裁决重大事项请人民陪审员进行听证等。

(彭艳艳)

【指导社区民调工作】 年内,为了贯彻全国人民调解工作会议精神,加强辖区内人民调解工作的指导,区法院制定了社区人民调解工作计划,协助司法局有计划地对人民调解员进行培训。区法院设专人担任授课培训任务;对人民调解委员会调解后起诉的案件设专门合议庭审判;定期分析经过调解委员会调解后的案件情况,并将发现的问题及时与有关部门和人员沟通;配合司法局,组织人民调解员观摩民事审判,讲解典型案例;有计划旁听人民调解员调解纠纷情况;邀请人民调解员作为人民陪审员,参加合议庭审理案件。

(彭艳艳)

【建立值班法官制度】 年内,区法院实行值班法官制度。在实行两个月后,院党组召开了值班法官座谈会,20余名值班法官参加了座谈,交流了在值班中遇到的问题、处理办法、体会及建议等。党组书记、院长于建伟对值班法官工作给予充分肯定,根据值班法官们的建议,要求进一步健全、完善《宣武区人民法院值班法官规则》,使值班法官工作有章可循;建立值班法官档案,及时发现、表彰在值班法官工作中涌现出来的好人好事。

(彭艳艳)

【制定抽查案件定期座谈研讨制度】 年内,区法院民三庭与审监庭就商事案件质量问题进行了座谈,并共同制定了《一案一议制度》和《抽查案件定期座谈研讨制度》。《一案一议制度》是指每一个发回或改判的案件都由审监庭与民三庭共同商议研讨,后由审监庭就这些案件中出现的问题向民三庭发出整改意见书;《抽查案件定期座谈研讨制度》是指审监庭定期抽查民三庭的案件,对抽查中发现的问题,定期召开座谈会进行研讨,及时解决问题。

(彭艳艳)

【推出为群众办实事新举措】 年内,区法院党组就认真学习落实市高院《关于司法为民为群众办实事的实施意见》制定了具体措施:一、实行首问责任制;二、认真落实值班法官制度；三、设立假日法庭；四、设立优先立案窗口，为残疾人、老年人、孕妇等救助对象服务；五、在当事人休息场所再增设一些桌椅，每天由专人检查供水、纸、笔等情况；六、严格遵守开庭时间及相关规定；七、定期召开研讨会，对法官如何更好的驾驭法庭及法律援助等问题进行研讨。

（彭艳艳）

【出台《民事审判廉政管理制度手册》】 3月20日，区法院结合民事审判工作的特点，根据最高人民法院制定的《法官职业道德基本准则》、《法官守则》以及高级人民法院相关廉政规定，出台了《民事审判廉政工作制度手册》。该手册由前言、民事审判人员廉政建设问题的若干规定(试行)、民事审判管理的若干规定及附录四部分组成。

（彭艳艳）

【邀请陪审员参加执行听证】 3月26日，区法院邀请人民陪审员参加执行听证。这是区法院贯彻市高院执行工作会议推出的一项新举措。执行听证制度指案件受理后，如被执行人或第三人就被执行财产、应履行行为、是否应当变更、追加被执行人等情况提出异议，由该案承办人将案件卷宗移交执行裁判组审查。经审查认为有必要召开听证会的，由执行裁判组指定执行法官和人民陪审员组成合议庭，召开听证会。会后，由合议庭在研究后作出相关裁定。

（彭艳艳）

【抗"非典"工作】 4月18日，区法院成立了预防非典型肺炎领导小组，结合本院实际，出台了《处置"非典"突发情况的预案》。4月28日下午，成立由院领导带队的抗击"非典"突击队，24小时随时待命，做好对宣武医院外围的协助工作。法警队全体干警"五一"期间停休，24小时备勤，全力配合各个岗位的需要。宣武区"中华家园"建筑工地发生了18名民工疑似"非典"被强行隔离事件后，院领导迅速抽调、组织人员，成立"宣武区建筑工地防控'非典'工作组"，进驻"中华家园"工地及区内其它近90所建筑工地高危集中地区，进行排查、监督、封锁。5月13日，院党组组织了部分党员及积极分子，对辖区内一线医护人员家属进行慰问。全院179人干警为担任"非典"防治任务的卫生医护人员捐款17200元。6月27日，在北京市法院纪念建党82周年电视电话会议暨防控"非典"工作先进基层党组织和优秀共产党员表彰会议上，区法院法警大队被评为先进基层党组织，两名干警被评为优秀共产党员。

（彭艳艳）

【举办公司法疑难问题案例研讨会】

7月23日，北京市三级法院与法学专家"公司法疑难问题案例研讨会"在宣武法院召开。出席研讨会的有市高级法院民二庭庭长、副庭长；市第一中级、第二中级法院以及朝阳法院、海淀法院、宣武法院有关庭室负责人，应邀前来的还有中国人民大学法学教授叶林、对外经贸大学法学院教授唐丽子。与会人员围绕原告北京北大方正集团公司诉北京申易通通讯技术有限公司等5被告股东会召集权纠纷案、原告张国建诉被告郑丽茹股东会召集权纠纷案，进行探讨。

（彭艳艳）

【召开人民陪审员总结会】 10月16日，区法院召开1999届人民陪审员工作总结大会，对五年来为审判工作与法制宣传做出积极贡献的人民陪审员们表示感谢并宣布了对12名人民陪审员的表彰决定。1999年以来，人民陪审员克服困难，共参加陪审案件1055次，审结案件603件，对法院的审判工作起到了举足轻重的作用。

（彭艳艳）

【未成年缓刑犯庭后延伸教育】 10月31日，是区法院未成年人案件审判庭判处的缓刑犯董某的18岁生日。为了进行庭后延伸教育，体现"教育、感化、挽救"的方针，未成年人案件审判庭为董举行了生日会。在非典期间，董某的两篇文章获得学校征文一等奖，学校还提出了对董某的减刑建议。11月5日下午，区法院未成年案件审判庭安排专人专车专款，组织13名未成年缓刑犯前往中国科学技术馆观看航天展。

（彭艳艳）

【人大代表旁听民事案件审理】 11月19日下午，区法院在大法庭公开审理了原告周某等4人诉被告北京福源伟业商贸有限公司加工合同纠纷案件，21名区人大代表旁听了此案的公开审理。休庭后，人大代表们进行了座谈，对法官能够按照法官程序，以事实为依据，以法律为准绳，公正审判，依法保护当事人的合法权益表示满意，同时也希望法官进一步加强对诉讼程序方面法律知识的宣传，特别要重视对弱势群体的司法援助。

（彭艳艳）

【审判人员被聘为学校法制校长】

12月3日上午，宣武区中小学校法制校长聘任大会在区教委礼堂召开。区法院20名审判人员被聘为宣武区20所中小学校的法制校长。这20名法制校长将定期进校为学生授课；协助学校做好预防、减少青少年违法犯罪工作，及时做好在校学生的法制教育工作，力争将犯罪现象消灭在萌芽状态；对于释放、缓刑、免刑重新返校的未成年人，指导学校建立专门的档案，帮助他们解决学习、生活中的实际困难,做到无重新犯罪发生。

(彭艳艳)

【青少年教育实践基地挂牌】 12月4日,在全国第三个法制宣传日,区法院正式挂牌成为宣武区青少年教育实践基地。区法院作为区青少年教育实践的基地,将积极参加校园及其周边地区的社会治安综合治理工作,协助学校开展法制教育,为学校开展教育实践活动提供场地和教育材料,定期到校授课,使法制教育达到有计划、有课时、有教材、有师资,真正做到送法到校、普法到人。此次仪式还正式启动了"少年模拟法庭进校园"活动的开展。

(彭艳艳)

案例举要

【国内首例"黑哨"案】 龚建平系首都体育学院教师、国际级足球裁判员。2000年至2001年期间,龚建平在全国足球甲级队A组、B组联赛中,利用担任主裁判员的职务便利,明知他人有让其在比赛中予以关照的请托,先后9次收受参赛方青岛颐中海牛、上海申花、浙江绿城、大连实德、山东鲁能、江苏舜天足球俱乐部给予的财物,共计人民币37万元。区法院经审理认为,根据《中华人民共和国体育法》的有关规定,全国足球甲级队A组、B组联赛作为全国单项体育竞赛,由中国足球协会负责管理。被告人龚建平受中国足球协会指派,在全国足球联赛中执行裁判工作任务,属于《中华人民共和国刑法》第93条第二款规定的"其他依照法律从事公务的人员",应以国家工作人员论。龚建平利用担任裁判员职务之便,接受请托,多次收受他人给予的财物,且数额巨大,构成受贿罪。无论其在比赛中是否公平执法,均不影响对其收受贿赂行为性质的认定。龚建平在被采取强制措施后,主动坦白交代了受贿罪的大部分事实,酌情从轻处罚。故依法以受贿罪判处有期徒刑10年,在案扣押赃款人民币37万元,予以没收。一审宣判后,龚建平不服,提出上诉。北京市第一中级人民法院经审理后,于2003年3月28日依法驳回上诉,维持原判。

(彭艳艳)

【审结首例婚前财产赠与纠纷案】 12月3日,宣武区人民法院对首例因婚前财产约定引发的赠与纠纷进行了公开宣判,依法驳回了原告王玉清要求获得被告赵守增曾在约定中承诺的住房的诉讼请求。经审理查明,原告王玉清与被告赵守增原系恋人关系,同居5年,引发这场官司的赠与公证系王玉清与赵守增当时就双方婚前财产问题达成的协议。协议主要有3点:1、属于王玉清所有的18间平房,作为其婚前财产;2、属于赵守增所有的宣武区某小区两居室住房,赵守增自愿赠给王玉清,也作为王玉清的婚前财产;3、王玉清的婚前财产,在王玉清、赵守增结婚后的夫妻关系存续期间,均不作为夫妻共同财产处理。区法院认为,该协议中3次出现了"婚前财产"、"结婚后"、"夫妻关系存续期间"、"夫妻共同财产"等与婚姻相关的词句,说明该公证协议是以协议双方办理登记结婚手续作为公证实质要件存在的。该公证虽在第四款约定(协议)"经公证后生效",但按照双方公证协议所使用的词句、有关条款及此次公证的目的、婚前财产约定的通常习惯做法,法院推定该份公证的真实意思非单纯赠与行为,而且是以双方婚姻作为实质附加条件的含有赠与行为的婚前财产约定。依照有关法律规定,附条件的民事法律行为在符合所附条件时生效。由于双方当事人至今尚未履行登记结婚手续,致使该协议无法生效并实际履行。故王玉清以涉诉公证系单纯赠与公证,并以此为由要求赵守增履行赠与及过户义务,没有法律依据。据此,区法院作出以上判决。一审宣判后,双方当事人均未提出上诉。

(彭艳艳)

【审结首例公交不作为案】 2002年12月14日晚6点左右,原告韩燕云乘坐被告北京八方达长途巴士客运有限责任公司所属的门头沟分公司931路公共汽车回家。当车行至石景山麻峪附近时,原告因座位与同车的两名男乘客发生纠纷,后被打伤。原告随即请求司售人员不要开门放走打人者,并将车直接开到大峪派出所,但打人者在该车到派出所之前已随人流下了车。事后被告将车直接开到大峪派出所,并随原告一同报了案。当日原告经北京京煤集团总医院诊断为头外伤、腹部闭合伤、腰部软组织挫伤,原告为此付医疗费525.4元。此后,原告就赔偿问题与被告进行了多次磋商未果,遂以被告的不作为违反了相关法律和客运合同为由起诉至区法院,要求被告当面向其赔礼道歉,并赔偿其医疗费、误工损失及营养费。区法院经审理认为,原告持有效车票乘车,与被告形成了客运运输合同;被告作为承运人有义务将原告安全地运送到目的地。由于被告未能及时发现并制止发生在运营过程中的纠纷,导致原告被殴打致伤,故被告应依法对原告承担赔偿责任。但鉴于原告未能出具有关医疗机构的休假证明,故对于原告及亲属的误工损失不予考虑。另因原告伤势较轻,对于原告的营养费用,法院亦不予支持。依照《中华人民共和国合同法》第301条、302条之规定,判决被告北京八方达长途巴士客运有限责任公司一次性赔偿原告韩燕云医疗费用525.4元、驳回原告韩燕云要求被告北京八方达长途巴士客运有限责任公司向其当面赔礼道歉的诉讼请求。一审宣判后，双方当事人均未提出上诉。

（彭艳艳）

司法行政工作

【概况】 北京市宣武区司法局（简称区司法局）是负责宣武区司法行政工作的区政府职能部门，业务上受北京市司法局指导。局设办公室、政工科、法制宣传教育科、基层工作科、公证律师管理科、法制科、法律援助指导科，并设2个办公室即依法治区领导小组法制宣传办公室（设在法宣科）、刑释解教人员安置帮教领导小组办公室（设在基层科），行政编制37人。8个街道司法所及8个法律服务所受区司法局业务指导；区公证处为区司法局下设全民所有制自收自支事业单位；区法律援助中心为区司法局下设全民所有制全额拨款事业单位。年内，区司法局认真实践"三个代表"重要思想，进一步深化"立党为公、执政为民"教育活动，充分发挥司法行政工作的职能作用，以维护首都社会政治稳定为目标，服务大局，开拓创新，重点工作取得了突破性进展，各项工作取得了较好成效。

地址：宣武区自新路24号

电话：63516154

邮编：100054

（赵 越）

【普法工作会议】 1月28日召开，区委常委、依法治区领导小组常务副组长、宣传部长阎满成，副区长、依法治区领导小组副组长哈金起等领导和全区各单位的相关领导、负责人近百人参加了会议。会议向荣获"12.4"法制宣传日知识竞赛活动组织奖的广外及白纸坊街道办事处颁奖；向获得2002年度宣武区法制教育工作创新、调研、法律图书角获奖单位颁发奖杯；对全区2002年普法工作进行总结，对2003年工作进行部署。

（何晓红）

【建立律师、刑侦工作联席会议制度】 2月，为了及时研究、解决律师工作在改革和发展中出现的新情况、新问题，进一步推进基层民主法制建设，区司法局组织本区部分律师，与区公、检、法有关人员召开了座谈会。与会人员围绕刑事侦查阶段律师提前介入、加强公安刑事侦查部门与律师的交流与合作、确保犯罪嫌疑人在刑事侦查阶段的合法权益等热点、难点问题进行讨论；就进一步简化律师会见犯罪嫌疑人的手续办理程序、完善会见制度等问题达成了共识，提出解决办法。为进一步加强沟通与合作，会议一致通过了建立律师工作与刑事侦查工作定期联席会议制度的提议。

（曹淑琴）

【开展防控"非典"法制宣传活动】 "非典"期间，区司法局向区普法联系处级单位和区委、区政府领导、区依法治区领导小组成员、归侨侨眷、建筑工地和流动人员等赠送了1.22万册与防治"非典"相关的法律书籍。宣武区南菜园中华家园工地突发疫情后，区司法局局长亲自带队，迅速为封闭隔离的200名民工送去了近千册防治"非典"法制宣传小册子，稳定形势。宣武区还启动了以外来人员为主要对象的防范"非典"法制教育。

（张 兵）

【完成"非典"亡者善后公证工作】 "非典"期间，根据区委、区政府和市司法局关于妥善处理非典型肺炎亡者善后工作的要求和部署，区司法局非典亡者善后公证工作组提供优质服务，确保了亡者公证工作顺利进行。共办结"非典"亡者善后公证12件，其中授权委托书公证5件、监护公证1件、继承公证6件。所有办结公证事项无一项被当事人提出异议。

（赵 越）

【参加市职业技能岗位练兵】 7至9月，宣武区23名司法助理员参加了全市司法助理员职业技能岗位练兵活动。经过区、市组织的多次演练，23名司法助理员在调解、写作、宣讲、服务、协调方面都得到了不同程度的提高。1名司法助理员获北京市"明星"司法助理员称号，2名司法助理员获北京市司法助理员业务"能手"称号。

（鲁秀云）

【制定人民调解工作实施意见】 8月，区司法局与区人民法院联合起草了《关于进一步加强宣武区人民调解工作的实施意见》，并经区政府常务会、区委书记办公会讨论通过。该意见的实施，结束了宣武区人民调解工作没有固定经费的历史，使人民调解工作朝着规范化、法制化方向又迈进了一步。

（鲁秀云）

【律师介入政府信访工作】 8月27日，区属律师所首次介入了区委、区政府的信访接待工作。律师对群众的涉法信访提供义务法律咨询，并引导群众通过法律途径解决问题，为政府依法行政服务。此外，在前门月亮湾地区拆迁整治中，律师介入拆迁咨询工作，为被拆迁群众义务解答有关拆迁方面的政策、法规及因拆迁产生的家庭纠纷，依法保护被拆迁群众的合法权益。

（曹淑琴）

【法律援助条例宣传月活动】 9月6日，区司法局发出开展法律援助条例宣传月活动的通知，并成立领导小组。宣传月活动期间，组织开展了7场宣传咨询活动，共解答咨询283人次，发放材料1.5万余份。

(胡丽英)

【成立区法律援助中心】 9月22日，经宣武区编委批复，成立宣武区法律援助中心，为区司法局下设全民所有制全额拨款事业单位，编制5人。

(胡丽英)

【社区群众普法活动】 9月，“首座社区普法广场、首个社区法律宣传服务站、首家社区民调庭、首个社区法律图书馆”普法亮点活动在大栅栏街道举行。区有关职能部门及驻大栅栏辖区单位、社区群众、流动人员近2000人参加了普法宣传活动。

(刘 强)

【参加法律援助公益活动座谈会】 9月，由司法部、中央文明办、中央综治办等中央6家单位共同组织的“为实现公平和正义·法律援助在中国”大型公益活动座谈会在北京举行，北京、上海、天津等8省市以及厦门、南昌等中东部地区的28个文明城市的近百名代表应邀出席了会议。会议由中国法律援助基金会会长张秀夫主持，区长武高山参加座谈会并发了言。

(白 洁)

【规范化法律援助机构通过验收】 10月30日，由市司法局周信副局长率队，对宣武区落实市政府办实事项目、建立规范化法律援助机构工作进行全面验收。周信和区委副书记、区政法委书记赵长山为区法律援助中心揭牌。验收组现场验收了区法律援助机构办公室、接待室、牛街街道法律援助工作站，宣布宣武区建立规范化法律援助机构工作达到市司法局的要求，通过验收。

(胡丽英)

【帮教活动进大墙】 11月20日，宣武区刑释解教人员安置帮教工作领导小组赴天河监狱慰问干警，并向宣武籍服刑人员介绍了城区发展变化及刑释解教人员安置帮教工作情况；希望服刑人员变刑期为学期，安心改造，争取早日回归社会。帮教小组还向天河监狱赠送了电脑和慰问品。活动之后，各街道办事处主任对服刑人员进行了面对面的帮教。

(王大颖)

【依法援助服务协作】 11月25日，区司法局与区建委、区劳动和社会保障局，建立联合开展为广大民工提供依法援助服务的协作关系，并联合发出《致广大民工兄弟的一封公开信》。

(胡丽英)

【法制宣传阵地建设】 12月1日，区法制宣传橱窗和社区法律图书角评比活动结束，共有12个单位的19处橱窗、17个社区法律图书角参评。大栅栏街道、广外东街法制宣传橱窗和西河沿社区法律图书角分获橱窗、图书角评比一等奖。

(张 兵)

【举办“张一元杯”法制文艺演出】 在“12.4”法制宣传月活动期间，举办了“张一元杯”法制文艺演出。本次演出既有国家级演员的表演，也有社区居民自编自演的节目。社区群众、武警战士等近500人观看了演出。至此，为期一个月的“12.4”法制宣传月活动结束。

(王东琴)

【成立区普法讲师团】 12月4日，区成立了普法讲师团，聘请包括处级领导干部在内的政治思想过硬、精通本部门所执行的法律法规、有较强宣讲能力的讲师34人。讲师团深入基层单位、社区，为企事业单位职工、社区居民宣讲法制课，以解决宣武区长期以来普法师资缺乏问题，满足广大群众对法律知识的不断需求。

(刘 强)

【法制宣传教育工作】 是年，全区有59.3万普法对象(含流动人员10.8万)，实际接受普法教育的有58.5万人，普及率为98.7%。组织领导干部法律知识学习2700多人次，参加法律知识考试260人次；执法人员参加法制培训3000多人次；企业经营管理人员参加法制培训2000多人次；5万余名流动人员直接接受法制教育。全区举办法制文艺宣传75场次；编发或订购法制宣传材料70种、近30万册。全区重新登记法制报告员185人，法制宣传员2049人；各普法联系单位设立法制机构49个。

(杨振秀)

【人民调解工作】 是年，全区共有司法所8个、司法助理员23人；有各级人民调解组织119个，人民调解员888人。全年共调处各类人民内部矛盾纠纷2580件(其中涉及“非典”各类纠纷79件)，调解成功2545件，调解成功率为98.6%。其中婚姻家庭纠纷1487件，占纠纷总数的57.6%；邻里纠纷978件，占纠纷总数的37.9%。防止自杀1件、1人；防止刑事犯罪8件、36人；防止群体性上访23件、1163人。

(胡秀平)

【基层法律服务工作】 是年，全区共有基层法律服务所8个，法律服务人员83人。全年共调处各类纠纷120件；担任法律顾问29家；代理诉讼案件129件；代理非诉讼案件35件；协办公证12件；鉴证7件；为公民代写法律文书287件；解答法律咨询2500人次；为当事人挽回经济损失104.7万元。

(胡秀平)

站。

(刘来春)

【法律援助指导工作】 是年，全区共有法律援助工作站13个(其中社团5个、街道8个)，法援工作者40人；审核、办理法律援助案件38件，其中民事9件、刑事16件、公证13件；法律援助接待室接待咨询、来访375人次；社团法律援助工作站接待588人次。"148"热线共接待730人次，其中来电449人次，来访281人次。

(胡丽英)

【律师业务】 年内，区司法局所属4个律师事务所共计办理各类案件263件，其中刑事案件81件、民事案件102件、非诉案件52件、经济案件19件、行政诉讼案件9件；担任企事业法律顾问71家。

(曹淑琴)

【公证工作】 年内，区公证处共接待群众来访21040人次，办结各类公证5884件，其中国内民事3232件，经济合同231件，涉外公证2421件。

(赫 欣)

【安置帮教工作】 年内，全区建立领导小组、办公室18个，基层帮教小组807个；有刑释解教人员807人，比上年789人增加2.2%；安置人员586人，比上年增加1%。重新犯罪率继续控制在1%以下。

(王大颖)

【建立法律援助"便捷通道"】 年内，区司法局利用"一卡一册"(即"法律援助便民服务卡"、"法律援助便民手册")，建立法律援助"便捷通道"。"一卡一册"重点介绍了什么是法律援助，其管辖如何确定以及法援的范围、形式、条件，受援人的权利、义务等12项内容。万余份服务卡、服务手册陆续发放到区残联、区老龄委、区妇联等法律援助工作站。

交通管理工作

【概况】 北京市公安局公安交通管理局宣武交通支队(简称区交通支队)是负责宣武区道路交通的管理机关，依法对辖区内的道路交通进行管理。年内，区交通支队在队伍中开展了"执法为民树形象，服务发展做贡献"的专题教育活动，全面树立交通管理的"三个形象"，各项工作取得了良好成绩。

地址：宣武区广外红莲南路33号
电话：68399401
邮编：100055

(马文涛)

【"非典"期间交通管理工作】 "非典"期间，区交通支队全体干警临危不惧，认真做好交通维护工作。在宣武医院改为"非典"专科医院，回民医院改为疑似病人专用医院，东方饭店、北纬饭店、宣武门饭店等被确定为医护人员专休宾馆以后，全体干警以对党和人民高度负责的精神，不怕"非典"疫情的感染，每天加班加点为"非典"病人服务。此间，共加派警力1246人次，出动警车563辆，较好地完成了任务。

(马文涛)

【交通管理工作】 年内，区交通支队按照畅通工程的标准，突出精确整顿，全面治理交通秩序乱点，使路面保持有序的管理形象。狠抓15个规范路口、38条规范大街的整治，发挥巡逻民警、清障民警、巡逻协管员的作用，共清拖各种违章车辆4850辆。精心打造两广路、地铁路两条重点大街，在明确措施、完善标志的前提下狠抓日常管理和集中整顿。为缓解区道路拥堵，支队专门成立了调研组，对全区所有道路进行调研，确定了长椿街、宣武门、太平街、南新华街、陶然亭桥上、牛街、广安门桥中层、手帕口桥7处经常发生拥堵的点段，进行重点整治，科学派勤，加强路口、路段的渠化、优化，动员沿街单位派人管好自己门前的秩序。支队专门成立4个检查组，深入街道进行检查，督促各单位真抓实管，收到良好效果。

(马文涛)

【交通保卫工作】 年内，区交通支队承担了全国人大、政协两会交通保卫工作和国庆54周年的交通维护以及十六届三中全会等一系列交通保卫工作。在既保证社会交通畅通，又保证勤务对象万无一失的标准下，全年支队共派民警加各种勤务673次，出动警力15291人次，出车4996辆次。

(马文涛)

【交通事故】 年内，区交通支队以治理事故黑点为突破口，确保交通事故稳中有降。一是狠抓粉房琉璃街北口人行横道事故黑点的治理工作；二是采取在路口设立交通标志、上隔离护栏等措施，消除开阳桥周边的事故黑点；三是科学安排，昼夜24小时强化巡逻，控制危险点段。全年共吊扣肇事司机驾驶证325人次，吊销4人，罚款12350元，行政拘留35人，追究刑事责任2人。全年共发生交通事故7827起，伤1156人，死亡12人，死亡事故比指标减少8人。

(马文涛)

【交通安全宣传工作】 年内，区交通支队共开展交通安全宣传活动910场次，举办交通安全知识竞赛310场次，举行各种交通文艺演出活动216次，全区18万人次直接受到了教育。共召开3次全区交通安全电视电话会议；副区长金焱、各地区安委会分别与8个街道办事处的主管主任和 80 个社会单位的领导签订了交通安全责任书。在"两会"和国庆期间,各地区安委会又与 800 余家社会单位、47 家外埠驻京单位的领导签订了交通安全责任书,增强社会单位领导的责任意识,形成了层层主管,层层负责的局面。支队还利用新闻媒体扩大宣传面,全年在各类新闻媒体刊登交通安全稿件 950 余条,编印了支队自己创办的《宣武交通周刊》和宣武交通杂志 55000 余份。全年共发生交通安全宣传事故 8 起,死亡 13 人,比宣传指标减少 4.5 人,下降 25.71%。

(马文涛)

【指挥调度工作】 年内,区交通支队加强了指挥调度室的建设,完善了路面二级领导报路况制度,强化了路面岗位管理。针对不同季节,10 次全面调整全区的值勤岗位,使路面上的警力安排更加科学合理;加强了指挥调度室遇有突发事件指挥调度的水平,主动与急救中心、999 急救站、奥顺达公司、公交抢修公司、市政自来水公司等单位取得联系,建立多方联勤制度,遇有交通事故,坏车、冒水、漏电、井盖丢失等问题,及时指挥调度妥善处置。全年共处理伤人事故 126 次,126 名伤者及时得到救助;52 次自来水跑水、井盖丢失、电线漏电事故得到了及时处置。支队充分利用科技手段扩大监控范围和巡控次数,力争在较短的时间内发现路面问题,便于及时派勤。全年共发生各种路面问题 10790 起,其中快速处理事故 7615 起、故障车 450 起、其它 725 起。

(马文涛)

【交通协管工作】 年内,区交通支队充分发挥交通协管员、保安员的管理作用,强化静态交通秩序的管理,集中整顿自行车、行人违章。全年共纠正处罚非机动车、行人违章 239936 起,罚款 1524950 元,使路口的达标率比上年同期明显提高。

(马文涛)

【民警教育培训】 年内,区交通支队加强了民警的培训力度,不断提高民警的业务能力。一是利用业余时间进行办班培训,全年共举办交通事故、法制知识、英语知识、特勤等业务培训班 38 期,培训干警 1380 人次。二是以大比武为契机,狠抓队伍的练兵比武,全年共举办 POS 机、事故、英语、射击等业务比武 21 次。三是通过政治学习,使全体干警的政治素质有了明显提高,是非观念明显增强。同时,支队坚持从严治警,强化教育整顿,提高了民警拒腐防变能力。

(马文涛)

【开展联合执法】 年内,区交通支队强化联合治理,发挥城管大队、区市政管委、工商宣武分局、公安宣武分局的作用,定期对道路上出现的摆摊占路的违章进行整治。一年来共联合整治 81 次,清理无照摊商 3860 起,清理车行道内散发小广告 148 起,非法指路标牌 16 面,其它违章 98845 起,罚款 116800 元。同时还组织集中整顿,强化对三轮车、农用车、大货车、公交车、出租车、两轮摩托车的整顿,纠正各种违章共 15676 起。

(马文涛)

【重点单位教育处罚】 年内,区交通支队对违章率和事故率进行统计分析,确定了重点单位,对重点单位司机进行教育,并加大处罚力度。把 13 家专业运输单位列为重点单位,把 370 家专业运输单位的司机列为重点司机,对这些单位和司机进行了 20 次办班教育,组织 10 个检查组上路检查 6000 名次,排除交通安全隐患 31 个,使这些单位司机的平均违章超标率由上年同期的 42%下降到 8.3%,没有发生一起特大事故和群死群伤事故。全年召开各种会议 280 余场,讲交通安全课 76 场次;举办司机培训班 15 次,培训重点司机 325 人;对 223 个重点单位依照有关规定进行了处罚;向 318 个单位发放警告通知书;在春运期间,集中对客运机动车进行了监控;在百日会战中,对超载超限大货车进行了检查和专题教育。

(马文涛)

【违章处罚】 年内,区交通支队为治理交通秩序乱点,使路面保持有序的管理形象,强化控制,狠刹严重违章。全年共处罚违章 661906 起,教育 69156 起,警告 71219 起,处罚 483928 起,罚款 10071194 元;吊扣驾驶证 1749 个,行政拘留 38 人次,暂扣车辆 18677 辆,暂扣证照 26332 个;查获司机酒后开车 1606 起,非司机开车 22 起,遇停止信号违章 2658 起。

(马文涛)

【私车驾驶员管理】 年内,区交通支队加强对私车驾驶员的管理。私车安委会建立了 3 个精品社区、8 个试点单位,在部分社区和单位进行了推广。全年共登记私人机动车 1500 多辆、私车驾驶员 7000 余人。各地区安委会办公室共开展汽车义务检修保养活动 21 次,开展宣传服务活动 60 余次,发放宣传材料 3 万多份,参与活动的私车驾驶员 12000 余人次。开通社区私车安委会咨询电话 18 部,开通了免费声讯服务台。上述活动的开展,使私车驾驶员的管理教育工作提高到了新水平。

(马文涛)

【确保良好窗口服务形象】 年内,区交通支队通过开展树立窗口服务形象的活动,提高了办公效率和服务水平,群众满意率明显提高,群众的投诉率比上年同期减少 16%。同时，支队注意加强硬件建设，提高服务标准。利用电子大屏幕公布办事程序，完善电子触摸屏的内容；设立了群众来队办事咨询站，为群众提供饮水机、写字台和笔，为老年人准备了老花镜等；公布民警的作息时间，增加了一米线办公，更新了电脑。窗口民警统一规范了文明用语，规范了服务标准，对外公布了各项纪律规定，设立了意见箱。全年宣传窗口办理年审驾驶证 98840 起，换证 29814 起，变更 2900 起；执法站窗口接待群众 5 万多人次。

（马文涛）

社会治安综合治理工作

【概况】 北京市宣武区社会治安综合治理办公室（简称区综治办）是区委领导下的社会治安综合治理委员会的常设办事机构，与区委政法委合署办公，不设内设机构，行政编制 15 人。主要职责是：指导、协调、督促、检查、参与辖区内各个部门的综合治理工作；结合本区实际，制定社会治安综合治理工作规划和实施方案并组织实施。年内，区综治办继续落实社会治安综合治理责任制，逐层签订社会治安综合治理责任书；大力加强基层基础工作，狠抓制度建设；深化社区安全创建活动，深入开展严打斗争和重点整治工作；建立群防群控网络，做好地下空间防控非典工作；大力推进科技创安工作，新增科技创安小区 6 个。

地址：宣武区广安门南街 68 号

电话：83976211

邮编：100054

（张立虹）

【落实综合治理责任制】 年初，区委书记唐大生、代区长武高山、区综治委主任赵长山与 32 个责任单位的一把手签订了责任书。各街道与辖区社会单位和社区居委会签订责任书 1358 份，其中与辖区社会单位签订 1248 份、社区居委会签订 110 份。各地区定期对责任单位进行检查、考核，确保了综合治理责任制的落实。经考核，全区评选出社会治安综合治理标兵单位 12 个、优秀达标单位 20 个。

（张立虹）

【部署地下空间防控“非典”工作】 4 月 28 日至 5 月 9 日，区综治办制定下发了《关于加强地下空间防控“非典”工作的紧急通知》、《关于地下空间防控“非典”工作方案》和《关于开展地下空间非典型肺炎防控专项清理整顿工作实施方案》，对全区地下空间防控“非典“工作进行全面部署。

（张立虹）

【成立地下空间防治“非典“工作组】 5 月 4 日，区成立地下空间防治“非典”工作组，区委副书记赵长山任组长，副区长金焱、哈金起任副组长，办公室设在区综治办。区综治办主任任办公室主任，区人防办、区街道办、区卫生局、区国土房管局主要领导及 8 个街道主管主任为工作组成员。工作组负责对全区地下空间防治“非典”工作进行指导，及时掌握信息情况，监督检查各街道、各单位地下空间防治“非典”工作落实情况。

（张立虹）

【充实地下空间防控“非典”力量】 5 月 7 日，区委抽调 24 名机关干部，配合街道开展地下空间普查。5 月 19 日，各街道成立了由街道主管综治办主任任组长、派出所主管所长任副组长，街道综治办牵头，人防、房管、公安、消防、卫生防疫、工商、劳动等部门人员组成的联合执法工作组，开展对本地区地下空间的清理整顿工作。

（张立虹）

【召开“严打”总结表彰大会】 8 月 21 日，区委在宣武区少年宫召开严打整治斗争总结表彰大会。区政法各单位、社区治安巡逻队、保安公司、社区居委会治保积极分子 600 余人参加了大会。区委书记唐大生、区长武高山出席了会议。会上，对在严打整治斗争中表现突出、成绩显著的 35 个先进集体和 130 名先进工作者予以表彰。

（张立虹）

【社区创安工作】 年内，全区社区安全创建活动深入开展。一是探索社区自管、自治、自防、自控，适应新形势社区治安防范的新模式。推出了白纸坊街道半步桥社区居委会，引导居民自愿筹资、自聘保安、自防自治封闭小区家园安全的经验；二是适应市场良性运行机制，探索社区创安经费可持续发展的新机制。陶然亭街道四平园社区与宣联存车管理处合作，以收取停车费为主要创安经费来源，本着“谁出钱、谁受益”的原则，将服务寓于管理工作之中，将群众反映的车管这一难点问题，与加强小区治安管理、安全创建、为群众办实事相结合，探索社区创安的新路子。两个社区的试点探索形成了成熟的经验，在全区的基层安全创建活动中起到了示范作用。

（张立虹）

【开展社区无案件竞赛活动】 年内，区综治办在 69 个社区中开展无案件竞赛日活动。参赛社区通过悬挂“社区无发案公示牌”的形式，向群众通报本社区的发案情况，接受群众监督。68 个社区实现了无案件的目标，只有 1 个社区发生了案件。全区入室案件与上年同期相比明显减少。

（张立虹）

【科技创安工作】 年内,各街道根据区里的统一部署,采取措施,加大科技创安的工作力度。全区计划新增科技创安小区5个,到12月底,已完成6个小区科技创安设施的安装和使用,科技创安小区已达到43%。区境加油站等重点地区、要害部位,安装科技防范设施达到了100%。

(张立虹)

【出租房屋清理整顿】 年内,区综治办加强了对出租房屋、工地等外来流动人口聚集场所的清理。共清理出租房屋1.2万间,审查外来人员3.2万人。5月份以来,启动"两登记、一检查"专项工程,完善了社区外管站建设,限期整改、停租165户。

(张立虹)

【地下空间安全管理工作】 年内,区综治办进一步完善了地下空间各项管理制度和责任制,做到组织落实、制度落实、管理措施落实、检查责任落实。加大对地下空间的日常管理和安全检查力度,消除了部分治安和安全隐患。全年检查地下空间1386处,重点检查975处,关停258处,限期整改263处。充分发挥地下空间安全管理员队伍的作用,加强信息反馈,发现问题及时解决。未发生重大治安和卫生防疫等安全事故。

(张立虹)

【青少年法制教育】 年内,区综治办充分发挥学校、法制教育基地主渠道作用,加强对青少年的法制教育,提高青少年自我保护意识。重点对39名有严重不良行为的学生进行帮教,全区在校学生违法犯罪率为0.2‰,比上年有所下降。

(张立虹)

【社区治安巡逻队发挥作用】 年内,社区治安巡逻队协助公安机关共抓获拘留处理违法犯罪嫌疑人2062人。经公安机关审查后,从中协助破案1860起,其中大案179起、一般刑事案件695起、治安案件986起。各社区治安巡逻队针对辖区治安情况,对治安乱点坚持经常清理整顿,为维护治安秩序发挥了积极作用。

(张立虹)

【综合治理调研工作】 年内,区委副书记、综治委主任赵长山撰写的题为《发挥综治优势,建立群控网络,全力做好地下空间防控非典工作》的调研文章,被首都综治委评为调研三等奖;牛街街道综治办撰写的《从抗击非典的角度看加强地下空间安全管理的迫切性》,被首都综治委评为调研优秀奖。

(张立虹)

防范和处理邪教工作

【概况】 中共北京市宣武区委防范和处理邪教问题办公室(简称区委610办),原名中共北京市宣武区委处理法轮功问题领导小组办公室、北京市宣武区人民政府防范和处理邪教问题办公室,是防范和处理法轮功等邪教及对社会有害功法问题的区委、区政府工作部门,挂靠区委政法委,行政编制6人。年内,区委610办承担并完成非典期间对区二级以上医院发热门诊的督查工作;组织协调公安、安全等部门开展"天网"、"破冰"两项行动;对已转化法轮功人员实施"阳光"和"巩固"两项工程,整体推进"四无社区"建设,全区达标率为96.4%;根据中央"8.26"会议提出的关于涉法轮功人员"四项政策"的精神,开展对法轮功人员的教育、摸排、深挖、巩固和分类工作;开展反邪教及有害功法等工作调研,加大社会反邪教宣传工作的力度;实现无法轮功人员到天安门广场滋事破坏活动,在重大国事、外事活动、重要会议及重要节假日期间无法轮功人员滋事闹事,无法轮功人员进行有线电视非法插播,无法轮功反宣品案件四项"0"指标。

地址:宣武区广安门南街68号
电话:83976210
邮编:100054

(黄亚如)

【"四无社区"建设】 年初,区委防范和处理法轮功问题领导小组提出了《宣武区"四无社区"创建工作意见》,明确指导思想和在全区95%以上社区实现"四无社区"的工作目标。通过调查研究、创建试点、总结经验、整体推进4个阶段,全区110个社区中有106个达到无法轮功人员滋事、无法轮功人员反复、无法轮功反宣品案件、无法轮功窝点的"四无社区"标准,达标率为96.4%。天桥街道南纬路、广外街道车站西街15号院、牛街街道春风社区建设"四无社区"的工作经验被市委610办推广。

(黄亚如)

【区政协委员视察】 2月20日,区政协常委和政协社会、法制委员会委员40余人,到宣武区法制教育培训中心(即教育转化法轮功人员工作基地)视察区反邪教工作。区委610办通报了区法轮功人员的基本情况、邪教组织危害、斗争的形势、斗争实践与思考等情况,并就同法轮功邪教组织斗争的长期性、复杂性、尖锐性及委员们关心的问题进行解答。委员们参观了区法制教育培训中心和《宣武区同法轮功邪教组织斗争成果展》,收看了区教育转化法轮功人员工作纪实录像,对区同法轮功邪教组织斗争工作给予高度评价,并针对反邪教工作提出意见和建议。

(黄亚如)

【工作表彰会】　3月4日，区委处理法轮功问题领导小组召开同法轮功邪教组织斗争工作会，20个先进集体和120个先进个人受到表彰，区委610办作2002年工作总结及2003年工作部署。区委处理法轮功问题领导小组成员、“四个纳人”成员单位，各街道、派出所主管领导，部分社区的书记、主任及先进集体、先进个人代表200余人参加会议。

（黄亚如）

【市委610办来区调研】　3月5日，市委610办主任刘伟等领导到天桥街道南纬路社区进行“四无社区”创建工作调研，听取了街道及社区工作汇报，视察了南纬路社区同法轮功邪教组织斗争工作基础建设和工作台账。调研组对南纬路社区以居民代表大会及走访共建单位向群众讨招；针对出租房屋、地下空间、社区中小旅馆易藏匿法轮功等不法人员问题，社区与出租房主、承租合租人、中小旅馆签订“四无协议”责任书；用终身教育、终身学习深化社区精神文明教育，抵制封建迷信，全面提升居民素质的做法给与充分肯定，并将其做法在全市“四无社区”创建工作研讨会上加以推广。

（黄亚如）

【区人大代表视察】　3月11日，30余位区人大代表到区法制教育培训中心视察反邪教工作，参观区3年斗争成果展览和崇尚科学反对邪教图片展，收看区教育转化法轮功人员法制学习班纪实录像。区委610办介绍了区处理邪教问题组织领导机构、基本概况、3年来区同法轮功邪教组织斗争情况和当前形势。区人大代表对区反邪教工作提出了意见和建议。

（黄亚如）

【“非典”督察】　4月20日，市委610办召开紧急会，要求区县成立防治“非典”工作督察组。区防治“非典”工作指挥部于当晚召开会议，决定抽调政府办、法制办、监察局、610办共9人组成区防治“非典”督察工作组。督察办公室设在区委610办，任务是对本区7家二级以上医院发热门诊进行督察，落实首诊负责制。期间，督察办公室积极组织协调督察员开展工作，适时加强对疫情、社情、舆情、敌情的搜集、分析、研究判断和趋向预测，为领导工作决策提供依据；组织、协调卫生局等有关部门，理顺区120紧急救助体系，规范发烧门诊，使“非典”督查工作制度化、规范化、流程化。此间，督察工作办公室共上报《“非典”督察情况通报》14期。

（黄亚如）

【警示教育】　“非典”期间，境内外敌对势力和法轮功邪教组织借疫情攻击党和政府，一些法轮功顽固分子公开叫嚣“‘非典’是老天对取缔法轮功的惩罚”、“练法轮功不得非典”，企图掀起破坏活动，使部分已转化法轮功人员思想出现波动。对此，区委610办决定对法轮功人员开展警示教育。要求街道利用非典消杀防范工作，对法轮功人员普遍进行走访、谈话，同时进行打击处理案例宣传教育，加大社会面的震慑力；动员已转化法轮功人员参与社区“非典”防治消杀，以用促控、以控促教、以教促固、以固促稳，确保了“非典”时期的社会安定和政治稳定。

（黄亚如）

【编辑工作手册】　6月，针对街道、社区610工作干部调整，新任人员对同法轮功邪教组织专项斗争工作缺乏了解，区委610办将相关法律法规及政策、基层同“法轮功”邪教组织斗争工作征文等编辑整理成《同法轮功邪教组织斗争工作征文》及《社区干部同法轮功邪教组织斗争工作实用教材》，下发到街道、社区，指导工作实践。《同法轮功邪教组织斗争工作征文》分方法、经验、总结及“四个纳人”4部分，共19篇文章；《社区干部同法轮功邪教组织斗争工作实用教材》包括法律法规及政策、李洪志及邪教组织、社区干部职责、工作方法及任务3部分内容。

（黄亚如）

【开展功法组织调查】　7月，区委610办与区体育局联合开展了对功法组织的调查工作，包括功法种类、组织机构、基本情况、站点分布、负责人情况、联络方式、活动方式及登记、注册情况，目的在于加强精神文明建设，正确引导广大群众科学健身方式，对本区的伪科学及有害功法做到底数清、情况明，为防范和处理有害功法工作打好基础。

（黄亚如）

【防范非法插播演习】　9月30日，区防范和处置突发事件紧急预警工作领导小组在大栅栏、广内、广外等重点地区举行防范法轮功非法插播模拟实战演习。演习在未告知下进行，区委副书记赵长山、副区长哈金起等领导亲临现场指挥。由于预警应急指挥机制调动程序合理、职责单位现场处置明确果断、公安干警出警迅速、街道社区巡逻人员工作认真、歌华公司检修人员排除信号技术到位，插播信号迅速排除，演习达到预期效果，起到了警示防范的作用。参加演习的干部群众达400余人。

（黄亚如）

【拍摄斗争工作纪实】　9月至11月，为反映3年来全区同法轮功斗争的工作情况，区委610办协调有关部门，整理、编辑、拍摄《宣武区同法轮功邪教组织斗争工作纪实》音像资料片。全片分社会监控、教育转化、声讨揭批、打击处理、巩固教育5部分内容,片长52分钟。

(黄亚如)

【领导小组及办公室更名】 11月25日,根据中央610办精神,市编委批准,北京市委处理法轮功问题领导小组更名为北京市委防范和处理邪教问题领导小组、北京市委处理法轮功问题领导小组办公室更名为北京市防范和处理邪教问题领导小组办公室;区委处理法轮功问题领导小组相应更名为区委防范和处理邪教问题领导小组、区委处理法轮功问题领导小组办公室相应更名为区委防范和处理邪教问题领导小组办公室,其职能不变。

(黄亚如)

【教育转化】 年内,根据市委610办"对法轮功练习者发现一个转化一个"的工作要求,区委610办始终坚持开办教育转化学习班。在教育转化工作中,针对法轮功人员痴迷的特点,调整教育转化工作方法,用正面教育、法制教育、座谈交流等方式进行引导,使他们脱离法轮功邪教组织,回归社会。全年共举办教育转化法轮功人员法制学习班3期,进班6人,其中教育转化4人、2人未转化;发动帮教干部26人次。

(黄亚如)

【后续巩固教育】 年内,针对法轮功邪教主李洪志频发经文、散布"十年圆满"、利用"非典"、"4.25""7.20"等敏感日进行蛊惑和煽动等情况,各街道、派出所和社区利用科普宣传、专家讲座、法制教育、形势报告、座谈交流、外出参观、解决就业等形式,开展对已转化法轮功人员的后续巩固教育工作,使其在思想上认清法轮功邪教的本质,摆脱邪教精神束缚,提高法制观念、科学观念和健康生活观念。全年共举办封闭、半封闭、走读式巩固教育学习班243期,学习教育947人次。

(黄亚如)

【"天网"、"破冰"行动】 年内,市委610办和市公安局针对法轮功顽固分子教育转化难、进行地下串联和违法犯罪活动猖獗的情况,开展代号为"破冰"和"天网"两项行动。为配合行动,区委610办开办教育转化攻坚班即"破冰"行动,进行深挖。在8个街道召开分析排查会,进行信息沟通与信息筛选,提供线索,配合公安宣武分局、安全宣武分局等职能部门开展"天网"行动。两项行动共破获案件4起,抓获法轮功犯罪嫌疑人5人。

(黄亚如)

【建立应急预案】 年内,区委处理法轮功问题领导小组办公室制定了《宣武区防范和处置法轮功邪教组织严重破坏活动应急预案》,内容包括法轮功邪教组织严重破坏活动界定标准及表现形式;相应联动的组织指挥机构及应急处置的级别配备,防范和处置原则、方法和要求。

(黄亚如)

【调研工作】 年内,为深化同法轮功邪教组织的斗争,突破发现难、巩固难、转化难,全区各级610系统以问卷调查、走访、视察、座谈等形式,在人大代表、政协委员、共青团、妇联、各部委办局、街道、社区及民主党派、宗教界人士中开展调研。调研内容涉及"四个纳人"、群众性宣传教育、反邪教工作、后续巩固教育等22个主题,共收到调研文章22篇,为全面实施"两项工程"、"两项行动"及"四无社区"创建,提供了决策依据和解决问题的途径。

(黄亚如)

【打击处理案例】 潘某,男,1958年8月生,汉族,籍贯山东,大专文化,工人。户籍在西城,住在宣武。潘某1992年2月开始习练法轮功,是月坛、天宁寺练功站副站长,曾参与1999年法轮功"4·25"围攻中南海、"7·20"天安门请愿活动。取缔法轮功邪教组织后,2001年12月、2002年3月,潘某两次进宣武区教育转化法轮功人员法制学习班。在学习班中,潘某用假转化骗取人们的信任,出班后仍在家练功、窝藏、传递法轮功宣传品。2003年1月至3月间,潘某多次指使本公司员工杨某将法轮功宣传品传递给杨的岳母,使宣传品在法轮功人员中散发,造成极坏影响。2003年4月30日,宣武公安分局依法对潘某传唤和搜查,在其家中搜缴出法轮功宣传材料、光盘、软盘、书籍等宣传品200余份,潘某对上述事实供认不讳。2003年5月27日,潘某因传播、窝藏法轮功宣传品,抗拒国家法律实施,妨害社会管理秩序,被处劳动教养二年。

(黄亚如)

军　事

人民武装

【概况】 北京市宣武区人民武装部(简称区人武部)是区委、区政府的军事工作部门和兵役机关,受北京卫戍区和中共宣武区委、区政府的双重领导,主要负责所在地区的军事工作,下设军事科、政工科和后勤科。年内,区人武部圆满完成了民兵政治教育、民兵整组、军事训练、国防教育、双拥共建和征兵等各项任务。民兵武器装备管理连续34年保持安全无事故、无案件。

地址:宣武区教子胡同14号

电话:63532988

邮编:100053

(王延军)

【民兵整组】 年内,区人武部本着"三便于"、"两适应"和"严格配干,合理编组"的原则,对全区民兵组织的编制、结构和布局进行了组织整顿。经过整组,全区现有民兵8063人,其中基干民兵5562人、普通民兵3037人;民兵营(连)121个,其中基干民兵营(连)76个,市级应急分队500人。对基干民兵、应急分队、专业技术兵实行了微机管理。

(王延军)

【民兵军事训练】 年内,全区民兵军事训练工作克服非典疫情影响,及时调整训练计划,采取分训、补训、精练的方法,确保了年度训练任务的完成。3月底至4月上旬,组织100人的专武干部和区党校进修干部,在预备役高炮五团进行了驻训;8月中旬,组织进行了100人的民兵应急分队集中驻训。全年民兵训练任务1300人,完成训练任务768人。其中民兵干部70人,专业技术分队中导弹18人,侦察10人,通信30人,防化30人,军械修理10人,专业对口分队100人,应急分队500人。经考核验收,合格率100%,优秀率46%,全部达到了训练大纲的要求。民兵武器训练共消耗弹药8520发,无事故问题发生。

(王延军)

【征兵工作】 年内,区人武部认真贯彻兵役法和《北京市征兵工作条例》,较好地完成了年度征兵工作任务。全区共有396名适龄青年上站体检,合格165人;共计输送新兵143人,其中男兵127人,女兵16人。

(王延军)

【民兵政治教育】 年内,区人武部以总政《参训民兵政治教育纲目为依据,采取专人授课、知识竞赛、组织活动等形式,依托"民兵之家"为阵地,重点抓了民兵应急分队、专业技术分队和对口专业分队学习贯彻"三个代表"重要思想。对广大民兵进行了形势战备、职能任务教育;保证了基干民兵四课,普通民兵两课和军事训练中10%的政治教育内容,民兵受教育率达到85%以上;把学习教育中焕发出来的政治热情转化为实际行动,全区广大民兵能够积极履行国防义务,带头为全民建设小康社会作贡献,促进了各项工作任务的完成。

(王延军)

【国防教育】 年内,全区投入近10万余元,征订《中国民兵》190份、《国防》170份、《华北民兵》400份、《中国国防报》190份;成立了由专家、教授、老军人和区领导组成的国防教育宣讲团,组建了10个双拥宣传队和3个战士放映组,8个街道都开设了固定的国防教育宣传阵地;组织了国防教育法宣传活动,共发放宣传材料2万余份;少年军校发展到78所,占全区中小学校总数的93%;8个街道全部成立了少年军校总校,全年共军训学生2万余人。9月1日,区人武部组织开展了少年军校汇报表演。

(王延军)

【双拥共建】 年内,区人武部组织武警和驻区部队官兵参加环境整治活动。3月份,区人武部、牛街民兵和武警七支队到牛街清真寺参加了义务劳动;区人武部包了2家困难户,经常送去米、面、油、水果和学习用具等;协调区委组织部、区人事局、区教委等部门,使全区转业干部安置率、驻区部队干部随军家属工作安置率、干部子女入学率均达到了100%。

(王延军)

【后勤工作】 年内,区人武部严格执行党委集体理财,严格报销制度,规范了贵重物品采购管理,保证了经费的正常运行。非典期间,区人武部集中购买了抗非典中药冲剂,给每位干部、职工打预防针。注重把好采买关,保证干部战士的健康安全。为解决冬天暖气不足的问题,投资50多万进行热力和煤气管道的改造。加强对司机安全管理教育的力度,全年安全行车15万公里无事故。

(王延军)

【武器装备管理】 年内,区人武部民兵武器装备管理正规化建设有新的提高。按照"完善设施、落实制度、纯洁队伍、确保安全"的工作思路,区人武部始终把武器装备的安全作为大事来抓。定期分析民兵武器装备安全管理形势,严格落实科以上领导住库值班制度和武器装备动用规定;对武器库进行了整修,完善了硬件设施;加强库管人员的思想教育、政治审查和业务培训,严格民兵、学生军训和实弹射击中枪支、弹药的管控,实现了连续34年安全无事故。

(王延军)

【营区建设】 年内,区委、区政府投资60余万元,对区人武部办公楼进行了内外装修,更换了办公桌椅,制作了各种展板,在院内种植了灌木和草皮,进一步美化了办公环境。

(王延军)

人民防空

【概况】 北京市宣武区人民防空办公室(简称区人防办),是北京市宣武区国防动员委员会的常设机构,是主管宣武区人民防空工作的区政府职能部门。区人防办下设工程建设管理科、指挥通信地震科、财务秘书科3个职能科室,行政编制14人、工勤编制3人。主要职责是:贯彻实施关于人民防空的方针、政策、法律、法规;拟订本区城市防空重要目标,制订并落实防护措施和抢险抢修预案;组织实施人民防空建设,监督、指导人防设施的维护管理;拟订并组织实施防空袭预案和各项保障方案,会同有关部门组织防空演习、演练;负责防震减灾工作,组织开展人民防空宣传教育等工作。年内,区人防办坚决贯彻"长期准备,重点建设,平战结合"的方针,以第四次全国人防会议精神为指导,积极推进人防工程建设、管理和开发利用,以及指挥通信、专业队建设、准军事化建设、宣传教育等各项工作。全年规划人防工程3处、34647平方米;开发人防工程10处、11861平方米;办理竣工备案认可人防工程30处、57715平方米;加固16240平方米,拆除回填15928平方米。社会投资加固1200平方米,回填5400平方米。保持了人防工程连续20年无消防、治安及工程责任事故。区人防办获全市人防工作综合考评达标先进单位。

地址:宣武区广安门南街68号
电话:83976027
邮编:100054

(王钰红)

【抗击"非典"工作】 。4月15日,区人防办召开各街道人防主任会,对抗击"非典"工作进行了紧急部署。17日,区人防办向全区人防工程使用单位下发了《防控"非典"紧急通知》;对全区居住人员工程进行了普查;成立了防控领导小组,将机关和事业单位干部职工整编为3个应急梯队,建立了工程科、指挥通信科、财务秘书科防控工作责任制;研究制定了人防防控"非典"的多项措施。区、街两级人防组织了不间断的监督检查。共出动1600余人次,检查在用人防地下室260处、施工单位6个、施工工地8个,对139处居住人员工程进行了反复检查;对查出的问题,限期整改23处,责令停业整顿72处。全区在用人防工程和施工民工、施工工地,无一例"非典"发生。

(王钰红)

【人防工程建设】 年内,区人防办努力将应建人防工程项目纳入城市建设规划,全年共规划人防工程建设项目3处、34647平方米。严格按标准对竣工人防工程进行现场核查和认定,全年办理人防工程认可备案30处、57715平方米,其中接管补建工程和公共工程21处、37588平方米,是自"结建"以来竣工人防工程面积最多的一年。

(王钰红)

【人防工程的治理】 年内,区人防办按照年度治理计划,完成了各项治理任务。加固工程16240平方米,拆除回填15928平方米;社会投资加固1200平方米,回填5400平方米。

(王钰红)

【人防工程20年安全无事故】 年内,区人防办强化对人防工程的日常维护管理,认真落实各项防汛、防火措施。坚持"月小查、季大查、重大节日重点查"等经常性的安全检查制度,全年对早期人防工程组织拉网式普查3次,及时发现并处理较大安全隐患16处;对在用人防工程组织拉网式安全检查5次,发现并处理各种安全隐患95处。汛期为区、街购置配备了必要的抢险物资,组建了6支、130多人的防汛抢险队,保持了人防工程连续20年无消防、治安及工程责任事故。

(王钰红)

【使用工程规范化管理】 年内,区人防办先后制定下发了《宣武区人防工程使用管理标准》、《宣武区人防工程使用管理标准有关居住人员工程的补充规定》、《居住人员人防地下室改造装修方案》等文件;在3个单位进行试点,并召开现场会推广经验,逐步使人防工程的使用管理达到严格、规范、统一。

(王钰红)

【工程建设开发利用】 年内,区人防办为帮助利用人防工程开办的企业提高经济效益和社会效益,全年为企业办事、好事约320件。为减轻各人防工程使用单位因非典造成的损失,区人防办及时研究下发了人防工程使用减免的文件,对68个企业的使用费进行了减免。全年共开发人防工程10处、11861平方米,其中公共工程7处、11095平方米,单位工程3处、766平方米。

(王钰红)

【通信警报建设】　年内，区人防办新安装警报器2台，更换大型警报器1台；完成了将财政局警报器迁建的工作。

（王钰红）

【人防专业队建设】　年内，区人防办根据区委、区政府《关于加强人民防空工作意见》，按照“依托民兵建制、强化两防功能、优化组织结构、理顺管理体制、实现整体合一”的思想，继续巩固和扩大“三队整合”成果。认真总结吸取整合经验，与区武装部联合下发了《2003年防空防灾专业队训练计划》，并共同抓了训练计划的落实。

（王钰红）

【指挥通信建设】　年内，区人防办根据市政府的统一部署，从高技术战争的特点和区实际出发，进一步修改完善了《宣武区人民防空袭方案》，编制完成了街道防空袭计划修改框架和相关的14张附表。

（王钰红）

【防震减灾工作】　年内，区人防办进一步修订完善了宣武区抗震救灾应急预案和街道破坏性地震应急人口疏散安置计划；指导区民政局、区卫生局等单位，修改完善了应急医疗救护保障计划和物资保障计划，划分了地震应急疏散地域和位置；对区80米以上已建、拟建的超高层建筑物进行了普查并建立了档案；利用《中华人民共和国防震减灾法》施行5周年纪念活动之机，在全区开展了防震减灾教育活动；落实了各项地震应急准备工作。

（王钰红）

【指挥自动化建设】　年内，区人防办以民防指挥中心指挥自动化系统为重点，加紧做好建设的前期准备和基础性工作。先后完成了指挥中心至市人防光缆、电缆线路的勘测和规划；对中心工程进行了改造装修，完成了网线的布放；请专家、区主管领导和市人防办对建设方案进行了最后把关、论证等；推动街道分指挥中心的建设，牛街分指挥中心逐步完善，广内分指挥中心年底基本建成，其它各街道将分指挥中心建设纳入了工作计划。

（王钰红）

【人民防空知识教育】　年内，区人防办与区教委共同配合，认真落实中学防空知识教育计划，并为各开课学校配发了人防知识教育光盘和挂图，每个学年完成人防知识教学计划的学校已达22所、115个教学班；积极配合有关部门推进国防教育、人防教育“五进”活动，在区委党校落实了处级班人防教学计划。

（王钰红）

【人防行政执法工作】　年内，区人防办注重优化发展环境，进一步健全完善了相关制度，规范了人防行政行为，特别是对行政审批事项进行了进一步梳理，减少了审批事项和审批程序，并通过政府网站向社会公开。在机关内部进行了行政执法培训并进行了闭卷考试。

（王钰红）

【机关建设】　年内，区人防办按照“政治坚定、业务精湛、作风优良、纪律严明、廉政高效”的总要求，在基本完成规范办公秩序、环境整齐划一等工作的基础上，进一步完善了各项规章制度，推进了硬件建设。按学军制度组织了“军事日”活动，进行了平战转换演练和队列训练。

（王钰红）

武警北京总队第七支队

【概况】　中国人民武装警察部队北京市总队第七支队（简称七支队），隶属武警北京市总队第二师领导。防区分布在宣武、崇文、朝阳、丰台、西城、大兴6个区。年内，第七支队党委认真贯彻落实总部、总队、二师党委的指示，围绕“抓班子、抓基础，保中心、保稳定，努力提高部队建设质量”的工作思路，狠抓经常性、基础性工作落实，保证中心任务的完成。

（张奇然）

【完成各项执勤任务】　4月，针对防“非典”的特殊形势，七支队党委严格落实上级制度规定，结合任务实际，下发了特殊时期的执勤方案，增大了安全系数，确保了“非典”时期执勤任务的圆满完成；精心准备，严密组织，分兵把口，完成了以“两节”、“两会”为主的各项值勤任务。

（张奇然）

【班子和干部队伍建设】　年内，七支队党委按照“一个核心，五条标准”的要求，狠抓了自身建设，班子成员“两个水平”有了明显的提高，凝聚力和战斗力不断增强；基层党委班子自建能力逐步增强，“前沿指挥所”作用发挥较为明显。年底，支队1个基层单位被师评为先进大队。坚持用科学的理论武装干部，用正确的用人导向激励干部，用严格的制度约束干部，用真诚的帮助温暖干部，使各级干部都能在本职岗位上尽职尽责，扎实工作，干部队伍思想比较稳定，全年干部自身没有发生问题。

（张奇然）

【思想政治建设】　年内，七支队党委紧紧围绕“做党和人民忠诚卫士”的目标，大力加强思想政治建设。政治教育贴近实际，贴近基层；指令性教育扎实有效；随机性教育形式多样，确保了官兵政治可靠和思想道德纯洁。

（张奇然）

【部队正规化管理】 年内,七支队党委按照从严治警的要求,着力在深化解决"五个重点问题"上下功夫。深入开展优秀带兵干部骨干评选活动,进一步激发了广大干部骨干立足本职、尽职尽责的工作热情;坚持以深化从严治警教育为切入点,贯彻落实机关和基层正规化管理规定。

(张奇然)

【后勤综合保障】 年内,七支队党委紧紧围绕提高服务保障能力,坚持保障中心,服务基层,完成了"两节"、"两会"、抗击"非典"、重大节日以及各项临时勤务的后勤保障任务。

(张奇然)

【西客站中队被评为学雷锋先进集体】 年内,西客站武警中队自觉践行"三个代表"要求,坚持学雷锋、做好事。在西客站设立"文明服务岗",充分发挥"自我教育的舞台、服务人民的哨所、打击罪犯的阵地、展示形象的窗口"的作用;全年为地方群众服务150余万人次,发现爆炸可疑物25起,制止和处置打架斗殴49起,收缴法轮功传单59份,协助抓获票贩子67人;收到感谢信450余封、锦旗10面,《解放军报》、《人民武警报》、《新华每日电讯》、《法制日报》、《人民公安报》等新闻媒体先后报道该中队的先进事迹。3月5日,该中队被武警总部政治部评为学雷锋先进集体。

(张奇然)

【双拥工作】 年内,七支队九中队被中共北京市委员会、北京市人民政府评为"首都民族团结进步先进集体";武警七支队被宣武区评为"双拥工作标兵单位"。

(张奇然)

综合经济管理

计　划

【概况】　北京市宣武区发展计划委员会(简称区计委)是负责提出本区国民经济和社会发展战略、规划、政策、总量平衡、结构调整、宏观调控的区政府职能部门,行政编制 17 人,内设办公室、综合计划科、投资管理科和经济体制改革科 4 个科室。年内,完成了《宣武区 2003 年国民经济和社会发展计划》和《宣武区 2003 年固定资产投资计划》的编制;制定了《关于对区域内重大项目进展情况实施监控的办法(试行)》;按月召开全区经济形势分析会,提出促进区域经济发展的具体措施;管理"一站式"办公大厅,开展"一网式"审批等服务工作;继续落实局、处级领导联系重点单位制度,对联系的组织形式进行改进;研制开发"宣武区固定资产投资项目管理系统"和"宣武区综合经济决策支持系统",提高经济管理工作水平;改版《经济简讯》,指导全区经济工作;稳步推进功能街区建设,国际传媒大道规划建设、招商工作取得实质性进展,大栅栏地区规划设计方案已经市政府批准,琉璃厂文化产业区一期工程的规划设计方案基本确定,广安门办公商务区比较优势逐步突显,先农坛地区招商工作取得新进展。

地址:宣武区广安门南街 68 号

电话:83976153

邮编:100054

(姜桂荣)

【编制国民经济和社会发展计划】年初,区计委起草制定了 2002 年国民经济和社会发展计划执行情况与 2003 年计划草案的报告,经区第十二届人民代表大会第六次会议审议通过。报告从国民经济持续稳定发展、功能区建设步伐加快、城市建设有效推进、区域发展环境不断优化和社会事业全面发展 5 个方面,回顾了 2002 年国民经济和社会发展计划执行情况。提出 2003 年国民经济和社会发展预期目标及主要工作:以城市建设为龙头,加快推进城市现代化步伐;以功能区建设为载体,努力培育新的经济增长带;以结构调整为主线,深化改革、扩大开放;以实现人的全面发展为目标,促进社会全面进步;以促进就业和再就业为重点,努力提高人民生活水平;以适应入世要求为契机,全力推进政府管理创新。

(姜桂荣)

【固定资产投资管理】　年初,区计委编制完成《宣武区 2003 年固定资产投资计划》。全年计划完成固定资产投资 40 亿元,实际完成 61.84 亿元,增长 55%,完成年度计划的 154.6%,其中房地产投资增长 36.8%,拉动投资增长 26.7 个百分点。全年计划开复工面积 230 万平方米,实际完成 235.6 万平方米,完成年度计划的 102.4%,其中新开工面积 85.6 万平方米,完成年度计划的 122.3%;竣工面积 65.5 万平方米,完成年度计划的 100.8%。

(姜桂荣)

【危旧房改造】　年内,全区拆迁居民 4221 户,拆除危房 7 万平方米,超额完成市政府下达的拆迁计划。7 个重点危改区的 36 栋回迁楼,已有 29 栋开工建设,其中新安中里的 3 栋已经竣工交用,383 户居民开始回迁。

(姜桂荣)

【基础设施建设】　年内,完成宣外大街(西侧)、输入胡同、红居仓储路(局部)等道路工程;开工建设并积极推进了南新华街、广义街、枣林前街(东段)、北纬路、教子胡同、南横街、香炉营、樱桃园二条、煤市街、小马厂等路网加密及危改配套道路工程,区域交通网络格局进一步完善。

(姜桂荣)

【功能街区建设】　年内,国际传媒

大道规划建设、招商工作取得实质性进展，重点工程北京移动通信枢纽楼竣工交用，庄胜广场、丽晶酒店初具雏形，国际新闻中心、富卓广场即将开工建设，北京通信大厦已经举行奠基仪式，新闻出版城正式签约。大栅栏地区规划设计方案已经市政府批准，煤市街道路拓宽工程前期准备工作正在积极推进，月亮湾整治工作全面启动。琉璃厂文化产业区一期工程的规划设计方案基本确定，南新华街市政道路拆迁工作有序推进。马连道采购中心区控制性规划调整方案基本完成，举办了第三届茶叶节，北京医药物流中心、新华书店总店图书物流中心正在进行设备安装调试，欧贝德项目建设用地拆迁工作已经完成。广安门办公商务区比较优势逐步突显，知名度进一步扩大。先农坛地区招商工作取得新进展，相关企业签署了土地转让协议，项目规划方案正在制定。牛街民族特色街开街后经营情况良好，世纪天桥商城正在加快建设。

（姜桂荣）

【人民生活水平】 全年居民人均可支配收入达到13170.2元，增长18.7%，剔除价格因素，实际增长18.5%。人均消费性支出10352元，增长10.2%。消费结构发生积极变化，恩格尔系数下降，用于交通通讯、教育等服务性消费支出增长。

（姜桂荣）

【坚持经济形势分析会制度】 年内，区计委以经济形势分析为主线，加强对全区经济的宏观调控。年初，确定了全年经济形势分析会各月、各季分析的重点和专题，制定了全年经济形势分析会计划。全年共组织召开11次全区经济形势分析会，通报、分析经济运行情况。围绕全区经济运行，对假日经济、财政体制改革、固定资产投资、重大项目监控；“非典”对全区经济的影响、北京市经济运行情况、危改和市政建设、企业改革和引进税源等9个专题进行了研究和讨论，对指导和促进区域经济持续健康发展发挥了重要作用。

（姜桂荣）

【《经济简讯》改版】 年内，区计委将《经济简讯》改为《宣武经济信息》，增加了经济观察、政策信息、交流视点、经济常识等栏目。发放范围扩大到区100家重点企业及驻区主要金融机构。全年发刊17期，在“非典”期间，编辑印发了5期《宣武经济信息——“非典”经济专刊》，重点分析了“非典”对全区经济增长、重大项目建设、招商引资、街道经济及重点行业的影响，并提出了相应措施。

（姜桂荣）

【制定重大项目进展监控办法】 年内，区计委制定了《关于对区域内重大项目进展情况实施监控的办法(试行)》，以区政府文件的形式转发。每月对确定的36个重大项目实施监控，对在监控调查中发现的问题，提出解决措施，及时向区领导汇报，并与市、区有关部门协调加以解决，推动了重点项目的审批和建设进度。

（姜桂荣）

【开发固定资产投资项目管理系统】 年内，区计委与国家信息中心北京国信普瑞科技发展有限公司，共同研制开发“宣武区固定资产投资项目管理系统”。该系统集固定资产项目的基础信息数据录入、动态汇总、智能查询等于一体，能及时对区固定资产投资项目实际进展情况做出对比分析，为领导在项目调度、招商引资等方面提供决策支持。目前该系统运行正常。

（姜桂荣）

【落实领导干部联系重点单位制度】 年初，区计委对局处级领导干部联系的重点单位进行了调整，以区委、区政府办公室文件形式下发。要求有关部门和街道将落实联系制度与优化发展环境、提高政府工作效率紧密结合，并对联系的组织形式进行了改进，充分发挥街道办事处的组织协调作用，开通驻区单位与政府联系渠道，切实解决企业提出的问题和困难。

（姜桂荣）

【指导街道经济工作】 年内，区计委把街道作为扩展工作面，达到优化区域环境，推动经济工作取得进展的载体之一，加强对发展街道经济工作的指导。全年组织召开两次街道经济工作会，总结和交流了各街道优化发展环境的做法。6月份，组织了街道经济工作知识培训，介绍财政体制构成、分税制的基本情况，扩充街道经济工作人员的知识面。

（姜桂荣）

【管理“一站式”办公大厅】 年内，为进一步加强对“一站式”办公大厅的管理，区计委制定了《内部管理制度》、出台了《关于对重点企业提供全方位服务的11项承诺》、绘制出《新开办企业办理手续流程图》，为企业提供优质服务。“非典”期间，区计委研究制定并落实了《关于预防非典型肺炎特殊时期加强办公大厅管理的措施》；配合区信息中心，深入16个委、办、局进行调研，对第一批41个审批事项进行“一网式”审批；组织大厅入住部门领导，赴怀柔学习全程办事代理制经验。

（姜桂荣）

【开发综合经济决策支持系统】 年内，区计委与北京信息技术开发公司合作开发研制“宣武区综合经济决策支持系统”，通过数据管理、分析、预测和预警，实现宣武区综合经济数据的动态监测管理、综合经济指标的预测分析和综合经济发展的模拟景气预警。该系统在全区三季度经济形势分析会上进行了演示。年底，该系统研制全面完成。

（姜桂荣）

统　计

【概况】 北京市宣武区统计局（简称区统计局）是主管全区统计工作的区政府职能部门。主要职责是：完成国家、市、区布置的统计调查任务和统计报表工作；宣传、贯彻统计法律法规，检查、监督统计法律法规执行情况；搜集、整理、提供基本统计资料；对本区社会经济发展情况进行统计分析、统计预测和统计监督。区统计局设 4 科、3 队、2 室、1 中心，即综合科、社会科、工交科、法规科、城调队、商调队、执法队、办公室、计算机室、普查中心，行政编制 15 人、机关事业编制 11 人、事业编制 24 人。年内，区统计局加强统计基础工作，完成了市、区各项统计报表及专项统计调查；围绕区委、区政府领导关注的重点问题和统计工作中的难点问题，组织调查攻关，撰写了一批有一定深度的调研报告，为领导决策提供依据。

地址：宣武区广安门南街 68 号

电话：83976053

邮编：100054

（王　宾）

【统计资料开发应用】 年内，区统计局围绕区委、区政府领导关注的重点问题和统计工作中的难点问题，组织调查攻关，撰写了一批有一定深度的调研报告，其中《我区人口形势不容乐观》、《来自各街道的“非典”疫情调查报告》、《五月盘点看“非典”对我区经济的影响》、《走近宣武特色的城市社区》、《探访我区困难家庭》、《拨开“非典”阴霾，期待旅游回暖》、《工业发展须首打科技牌》、《从统计“催报”看依法行政的必要性》和《经济平稳增长，运行质量提高》等调研报告，受到了区委、区政府领导和有关部门的重视，有些成为决策的重要依据。此外，为区委、区政府撰写工作报告；根据区内外有关部门工作需要，提供了大量的统计数据资料；配合区四套班子换届选举，编印了《宣武—与时俱进的五年》一书，用数字说话，反映了五年来全区社会经济发展情况。全年共编印《宣武统计资料》173 期，其中统计分析专刊 68 期、统计信息专刊 105 期；提供统计调查分析报告 68 篇，统计信息动态 350 余条，被市、区报刊采用率近 30%。

（王　宾）

【统计基础工作】 年初，为摸清全区基层单位的基本情况，区统计局结合年报，开展了对基层单位的“六个摸清”的调查活动，并有针对性地开展了督办工作。本年度统计人员上岗培训、继续教育培训、建立统计台账和订阅统计专业刊物等项工作，都达到了历史同期最好水平。全区 2100 多个规模以上单位和规模以下重点企业都建立了原始记录、统计台账和统计管理制度，保证了各种统计报表数字来源有据。上半年，区统计局重新修订了《区属综合部门统计工作考核办法》，制定了《基层单位统计工作考核办法》。为了全面加强对统计数据质量的控制，区统计局开展了统计人员上岗培训、继续教育培训和新增单位培训工作，努力提高统计人员的业务素质；进行了全区基本单位清查工作，加强了对新增单位的统计登记和无主管单位的日常管理，及时调整了基本单位名录库；对重点企业采取了直接培训和直接填报的方式，避免了中间环节造成的误差；继续规范了国民经济核算方法，加强了对各项主要经济指标数据质量的评估；对于在统计指标数据上存在疑义的单位，逐一进行了查询、订正，保证了宏观经济指标统计数据不出现趋势性差错。

（王　宾）

【统计专项调查】 年内，区统计局共开展各种专项调查 34 项，即：投入产出调查、单位人员需求与减员情况调查、物流业调查、“非典”疫情调查、“非典”对企业生产经营影响快速专项调查、工业企业更新改造投资情况调查、停产半停产企业情况调查、重点工业企业订货情况调查、保健品企业调查、企业竞争力调查、房地产开发投资状况调查、软件企业调查、信息产业调查、酒店周入住率跟踪调查、星级以外住宿业调查、文化产业调查、服务业企业抽样调查、部分服务业企业及个体户抽样调查、规模以下商业企业抽样调查、规模以下私营企业抽样调查、城市居民基本情况调查、居民邮政支出调查、城镇居民生活调查、居民观念变迁调查、居民旅游调查、四城区困难家庭调查、群众对市政府职能部门工作情况评价调查、失业及再就业人员状况调查、政府为群众办实事调查、人口变动情况抽样调查、群众安全感调查、失业人员调查、外来人口动态监测调查和基本单位清查。

（王　宾）

【统计工作会议】 3月18日,区政府召开全区统计工作会议。市统计局副局长邹兰春和常务副区长蒋德忠到会并讲话。区统计局长作了题为《抓两头、带中间,大力推进统计改革与建设》的工作报告。

(王 宾)

【统计信息化建设】 年初,区统计局制订了网络信息管理规定,力争把内部网建成统计系统内部工作和信息交流的平台,外部网建成面向社会的统计信息服务和宣传的窗口。年内,对"宣武统计信息网"进行了再次改版。改版后的网站调整了栏目,丰富了内容,增加了网上功能,加快了信息更新频率,加强了对外宣传与沟通。为提高统计信息网络的应用水平,按照全市统一安排,区统计局下半年重点抓了商业和餐饮业统计报表网上直报试点工作。通过参加市局举办的网上直报系统培训、调试网上直报系统服务器,并对基层报表单位进行专门培训和指导,网上直报试点工作如期开展。

(王 宾)

【统计制度改革】 年内,按照"统一管理、分级负责"的原则,区统计局确立了区、街两级统计部门的职责分工,即:各专业规模以上单位由区统计局直管,规模以下单位由街道办事处统计科负责。继续坚持"抓大放小"的原则,即:规模以上单位全面报表,规模以下单位抽样调查或重点调查,并推行了规模以下重点单位统计填报制度。结合宣武区实际,建立了"城建奥运带动计划监测指标体系",对当前区城建奥运带动计划执行情况进行了监测和评价;在做好全区880户居民家庭生活调查的基础上,对原样本单位进行了调整和扩充,样本单位由120户增加到220户,样本范围由6个街道扩展到8个街道。

(王 宾)

【统计法制建设】 年内,结合《统计法》颁布20周年,区统计局开展了统计法律法规的宣传活动。组织全区1380名统计人员参加了《统计法》颁布20周年知识竞赛,荣获全市政府统计系统比赛一等奖;召开了纪念《统计法》颁布20周年研讨会,市、区、街三级统计部门领导参加会议并交流了体会;在《宣武报》上发表了题为《坚持依法统计,不断开拓进取》的纪念文章;编印了《统计法律法规宣传手册(2003年)》和《宣武区统计违法行为典型案例》,在年报培训会上向每个基层单位发放。为了使新增单位尽快纳入统计填报范围,下半年共举办了3期培训班,150多个单位的统计人员参加了培训;组织了两期依法统计培训班,80余个单位的领导和统计人员参加了培训。

(王 宾)

【统计执法工作】 在"非典"非常时期,全区拟检查单位普遍开展了自查自纠活动,区统计局对统计工作态度认真的79个单位发送了《数据质量自查情况反馈通知书》,对170个单位进行了统计执法检查,对485个单位进行了催报,对114个单位发出了《责改通知书》,对统计违法情节较重的19个单位进行了立案查处。

(王 宾)

【统计队伍建设】 年内,结合北京市统计局建局50周年和区统计局建局15周年,区统计局开展了一系列纪念活动,弘扬了爱岗敬业、无私奉献精神,增强了干部的凝聚力;结合"实践'三个代表',优化发展环境"主题教育活动,继续开展了统计人员职业道德规范教育,进一步加强了统计系统的作风建设;为了适应"在地统计"工作需要,继续调整和充实了统计机构,区统计局和各街道办事处统计科人员结构更加优化;进一步加大了统计人员培训力度,组织574名统计人员参加了上岗培训,802名统计人员参加了继续教育培训。

(王 宾)

【建立局长与统计科联系制度】 年内,为协调沟通区、街统计部门之间的工作,加强对街道统计工作的指导,区统计局建立了局长与统计科联系制度,局长、副局长按照分工,定期深入街道检查指导工作。

(王 宾)

【开展"非典"疫情调查】 5月12日至5月27日,根据区领导指示精神,全区以街道为单位,对"非典"疫情进行了一次全面调查。调查工作由区防治"非典"办公室直接领导,区统计局负责组织实施,各街道防治"非典"办公室具体负责调查登记工作。根据调查情况,撰写了题为《来自各街道的"非典"疫情》的调查分析报告。此次调查,对于摸清全区确诊和疑似病人基本情况,以及与病人密切接触人员的隔离情况,对更好地开展疫情分析和研究,进一步做好防治工作,起到了重要的参考作用。

(王 宾)

劳动和社会保障

【概况】 北京市宣武区劳动和社会保障局(简称区劳动保障局)是负责全区劳动和社会保障行政事务的区政府职能部门,主要职责是:贯彻执行劳动法律、法规、政策,对用人单位依法进行监督检查;负责辖区内劳动工资、社会保险、职业介绍、就业安置、职业培训、职业技能鉴定工作;依法处理辖区内劳动争议案件及实施劳动保障、行政执法监察等。全局下设14个部门,包括8个科室、6个事业单位,职工总数181人(其中行政编制33人)。年内,区劳动保障局认真贯彻落实党和政府针对特困群体生产、生活提出的各项优惠政策,把促进辖区内失业人员、特困职工等弱势群体实现再就业作为全局的重心工作来抓;积极推进社会保险制度改革,在全区建立了和谐稳定的劳动关系;预警预报办法和劳动关系三方会议协调制度不断完善,劳动监察、劳动仲裁工作向街道、社区不断延伸,全区劳动关系更加和谐稳定。

地址:宣武区自新路24号

电话:63539966

邮编:100054

(李迎春)

【区职介网开通】 2月5日,网上宣武职介(万图职业网)"交互式职业信息链锁系统"开通,进入试运行。该系统的开通,实现了单位用人、个人求职、单位集体存档立户申请和各项劳动政策的答疑解惑,实现网上适时登陆。全年网站点击率为11000人次,被用人单位和求职人员称为"职业信息银行"。

(李迎春)

【实施"阳光就业行动"】 4月5日,区劳动保障局、区国税局、区地税局、区民政局、区工会、区妇联、团区委、私个协等部门,在万寿公园举行"阳光就业行动"洽谈会暨政策咨询活动。来自本市的111家用人单位现场共提供就业岗位2216个。6500名失业人员前来参加洽谈,3790人进行了报名登记,达成意向1634人,其中"4050"人员1413人,占达成意向总数的86%;发放各种再就业政策宣传材料17000余份,接待咨询人员2300余人。

(李迎春)

【抗"非典"工作】 4月20日,为坚决贯彻落实国务院和市委、市政府非典型肺炎防治工作会议精神,区劳动保障局建立了3条"非典"疫情报告联系网络,并设立专人负责。三条网络是:1. 建立每日外来务工人员情况报告网络;2. 从4月20日起,建立失业人员情况一日一报制度;3. 建立社会培训机构防控"非典"情况网络。区劳动保障局确立了一手抓防治非典型肺炎,一手抓再就业工作的"两手抓"指导思想。4月至5月,区、街劳动保障部门共联系用工单位103个,安置失业人员364人,其中有85人为大龄就业困难人员;开发社区就业岗位128个,安置失业人员113人。

(李迎春)

【就业、再就业工作】 截至年底,全区城镇登记失业率为1.78%,失业人员就业率为68.91%。共有登记失业人员27821人,5227名失业人员办理了《再就业优惠证》;开发社区就业岗位11361个,安置10626人;新发展劳服企业61个,安置4079人;办理自谋职业5228人,退休职业社会化信息采集111407人。

(李迎春)

【社会保险扩面征缴工作】 截至年底,全区养老保险参统单位2662个,共收缴基金8.02亿元,完成市局下达全年必保指标的120.2%、争取指标的115%。失业保险参统单位2901个,共收缴基金7946万元,完成市局下达全年必保指标5679万元的139.9%、争取指标6748万元的117.8%。工伤保险参统单位2324个,共收缴基金1054万元,完成全年指标853万元的123.5%。医疗保险参保单位2407户,完成市下达指标的106.5%,建立补充医疗保险单位1820户。养老、失业、工伤、医疗正常缴费基金收缴率分别为 99.4%、 99.99%、 99.6%、99.1%。全年为11.1万名离、退休人员支付养老金11.2亿元;为184个单位的1795名离休干部代发"四费"养老金321万元;失业保险共计支付基金7992万元;完成了1.05万个单位的单位信息整合任务和28.5万人的个人信息整合任务,对3465人的信息进行了处理。

(李迎春)

【医疗保险】 截至年底,全区共支付门诊手工报销单据57399份,支付6678.1万元;住院统筹单据26224份,支付17960.4万元。区属离休干部统筹基金支付617万元,涉及4088人;市属离休干部统筹基金支付298万元,涉及638人;工伤人员支付150万元,涉及578人。

(李迎春)

【解决企业拖欠职工医疗费】 年内,清理解决企业拖欠职工医药费是市、区政府布置的一项重点工作,区委、区政府先后批转了《关于尽快解决企业拖欠职工医疗费意见的通知》和《关于尽快解决企业拖欠职工医疗费补充意见的通知》两个文件，多次召开了解决企业拖欠职工医疗费工作会议。经与企业、财政的多方努力协调，辖区企业拖欠职工医药费问题已全部解决，总计9495万元。

(李迎春)

【离休干部医疗统筹管理】 根据北京市《关于进一步建立和完善北京市离休干部离休费、医药费保障机制和财政支持机制的意见》的精神，宣武区制定了《离休干部医疗统筹管理暂行办法》，于4月1日正式实施。全区共有142家单位，945名离休干部参加了统筹(其中机关事业单位560人、企业385人)，并重新选择了就诊定点医疗机构。

(李迎春)

【特困人员医疗救助工作】 截至年底，全区已累计医疗救助特困人员39人，救助总金额24.2万元，人均6205元。

(李迎春)

【劳动关系办理】 年内，区劳动保障局共审批职工退休5145人；工伤认定申请受理187件；进行劳动鉴定9次，鉴定人员396人；审核集体合同56份，涉及职工17512人；审批特殊工时6户，涉及职工155人；接到知青病、困退材料101份，办理回京及随迁173人；接到申报知青子女回京材料13份，办理回京13人；接到单调进京材料12份，办理回京及随迁15人；核实知青身份21人。

(李迎春)

【企业劳动保障】 年内，针对一些企业在改组、改制过程中，存在着劳动关系处理不当的作法和倾向，区劳动保障局起草制定了《宣武区国有企业改革有关劳动保障工作的指导意见》，对于企业因改组、改制调整劳动关系、经济补偿、工资分配、社会保险、档案管理等方面，提出有关规范性意见，突出强调企业不得借改制把职工推向社会。

(李迎春)

【建立街道劳动关系协调机制】 年内，区劳动保障局在进一步完善劳动关系三方协调机制和有关例会制度的同时，向各街道全面推动建立协调劳动关系三方会议制度。截至年底，全区8个街道建立了劳动关系三方协调机制，保障了非公经济依法用工，确保各个地区劳动关系的和谐稳定。

(李迎春)

【职业介绍机构】 年内，区职业介绍中心进行初级职业指导16787人，跟踪职业指导1712万人，“一对一”特殊指导、政策指导4220人。举办各类洽谈会57场，2622家用人单位、61811人参会；进行求职登记43017人，达成意向23081人。

(李迎春)

【职业技能培训和技能鉴定】 年内，区职业技能培训中心共培训27979人次，其中举办职业指导培训128期，指导(含“一对五”指导)失业人员9340人，持通知单报名参加职业指导率保持在100%；职业技能培训206个班、11792人次，其中失业人员培训5760人次，外地工培训6847人，在职职工培训6032人次，培训合格率为95%，就业率为61%；组织职业技能鉴定218场，其中理论考试79场、实际操作技能考试138场；参加鉴定工种23个，鉴定合格考生6708人。

(李迎春)

【劳动监察】 年内，区劳动监察大队共检查用人单位2553户，涉及职工19146人；受理群众举报277件，为523名职工追回拖欠工资96.3万元，为136人追缴社会保险费30.77万元，为49名职工清退风险抵押金3.09万元，规范劳动合同2597份；对3365户用人单位进行了劳动保障年检，比上年的1867户递增80.23%，对7户存在违法行为的用人单位进行了立案查处，处罚款2.28余万元。全面完成社会保险扩面征缴任务，共检查用人单位366户，涉及职工8773人；对236户用人单位下达了《责令限期参加社会保险指令书》，涉及职工5753人；194户用人单位为4843名职工办理了社会保险缴费；责令14户办理社会保险登记但未缴费的用人单位，为288名职工缴纳了社会保险费。

(李迎春)

【劳动争议处理】 年内，全区共受理劳动争议案件579件，同比下降了28%，其中比例较大的争议案件为：涉及支付经济补偿金的案件，占总数的43%；涉及支付劳动报酬的案件，占总数的39%。已结案538件，结案率为93%。受理集体争议17件，涉及326人，同比分别下降37%和38%，集体争议的人数占争议总人数的56%。结案情况为：调解解决占48%，通过调解双方自行和解职工撤诉占29%，裁决占20%；企业胜诉占25%，职工胜诉占28%，双方部分胜诉占47%。全年人均办案145件。

(李迎春)

【职业技能培训】 年内，区劳动保障局、区经贸委、区建委、区教委、区人事局5部门联合下发了关于落实北京市“三年百万”职业技能培训的实施方案，并确定了区“三年4.5万”职业技能培训计划的方案：一是加大对失业人员的培训力度；二是开展在职职工“技能振兴行动”；三是实施“青年培训计划”及外来务工人员的培训。截至年底，全区对5760名失业人员、8507名在职职工、3185名外来务工人员进行了培训。

(李迎春)

【实施职业介绍联合体工作模式】 年内,区劳动保障局实施职业介绍"三二一"联合体工作模式。"三二一"联合体主要是建立"三个网络",启动"二个工程",贯穿"一个模式"的职业介绍新思路。6月24日,在白纸坊街道社保所举行的"职业指导室"、"职业素质测评"揭牌仪式,标志着全区职业介绍"三二一"联合体正式运转。对经职业指导后仍不能实现就业的特困人员,实施"社区——街道——职介"逐级分类指导的"链式"操作方法,是全区三级(塔型)职业指导模式的延伸和补充,最终目的是使特困失业人员尽快就业。白纸坊等街道率先开展此项工作,设立了职业指导室、职业素质测评室,建立指导跟踪档案,取得了一定效果。

(李迎春)

【实施"劳动用工规范一条街"工程】 年内,区劳动保障局在全区实施了"劳动用工规范一条街"工程,共发放调查问卷240余份、宣传材料270余份;各街道在企业中共聘请了130余名劳动保障宣传员,发放服务监督卡200余张,设立宣传栏16个。8个街道共有用工单位273户,涉及职工5755人。1397名职工补签了劳动合同,18户企业参加社会保险登记,为450名职工缴纳了社会保险,为1044名外地务工人员补办了《就业证》;98%以上的用工单位制定了企业内部规章制度。

(李迎春)

【推出"阳光就业行动"10项承诺】 年内,宣武区再就业工作领导小组向社会提出"阳光就业行动"10项承诺。即:区、街就业服务机构免费为下岗失业人员提供劳动保障政策咨询、职业指导、职业素质测评、职业介绍服务;下岗失业人员可免费参加区、街举办的各类招聘洽谈会,对接受特殊职业指导后的"4050"就业困难人员,24小时内提供一次就业机会;区、街职业介绍服务机构均设立"4050"职业指导室,开展一对一职业指导,每月对"4050"人员进行家庭走访,随时掌握其家庭及就业状况,实行跟踪就业指导服务;为使"4050"就业困难人员尽快再就业,掌握基本的求职技巧和方法,免费使其参加"成功求职策略"培训;通过提供社区岗位、弹性就业岗位、社区公益性岗位,使95%的"4050"且享受低保的就业困难人员实现就业;加大再就业政策宣传,印制再就业最新政策汇编,免费发给辖区用人单位和失业人员,确保失业人员人手一册;为增强就业的稳定性,对免费参加一次技能培训后实现就业的失业人员,申请参加同工种高一等级培训的,可到再就业定点校,减收50%的培训费(教材费除外),参加培训并免费进行技能鉴定,在辖区实现社区就业的,可再免费享受一次社区服务项目的培训并免费进行技能鉴定;对正在享受最低生活保障且失业6个月以上的失业人员,实现稳定就业满一年的,给予本人1000元的一次性奖励;鼓励用工单位更多地吸纳下岗失业人员,对符合条件且手续齐全的用工单位,自申报之日起5个工作日内,给予相关就业服务企业和税收政策的认定;区、街劳动保障部门设立语音咨询电话或服务热线,提供再就业政策、人事档案寄存、职业指导、职业介绍、创业指导、培训招生、用工招聘、自谋职业政策咨询等服务。

(李迎春)

物价管理

【概况】 北京市宣武区物价局(简称区物价局)是行使价格管理的区政府职能部门,主要职责是:宣传贯彻《中华人民共和国价格法》及相关的法律法规;加强价格监管,规范、查处价格违法行为;"清费、治乱、减负",促进区域经济发展。全局下设办公室、价格管理科、行政收费管理科3个行政职能科室和5个事业编科所,共有编制56人(其中行政编制15人)。年内,区物价局继续加强价格监督管理和检查,办理行政性、事业性收费许可证正副本559个,审核收费项目866项次;注销收费许可证39个,取消39个单位、72个收费项目;对20个机动车停车场、22个物业小区收费、5个非强制培训办班及公园门票价格等进行了审定价、调价;进行市场价格监测,采报价2100个单位次、34980个品种次;对各种涉案物品价格鉴定、评估1009件,评估金额643.75万元;对水、电、热(燃气)、成品油、汽修汽配行业、物业小区、医疗、药品、教育收费、旅游市场和集贸市场共检查2376户次,立案63件,经济制裁金额225.62万元,其中没收违法所得192.24万元,退款20.86万元,罚款12.52万元,上缴区财政入库60.31万元。

地址:宣武区育新街甲2号
电话:63558792
邮编:100054

(张继元)

【价格监督检查】 年内,区物价局

把规范市场价格秩序、促进市场公平竞争、培育市场合格主体放在首要位置,最大限度地保护消费者、经营者的合法权益和促进区域经济发展,实施价格监督检查。全年共检查行政事业单位、企业、个体工商户2376户次;查处价格违法案件63件,经济制裁金额225.62万元。其中没收违法所得192.24万元,罚款12.52万元,退款20.86万元,上缴区财政204.76万元。

(张继元)

【检查假日旅游市场】 年内,按照市假日旅游工作小组"关于做好假日旅游工作的通知"精神,区物价局在"元旦"、"春节"、"五一"、"十一"假日期间,对辖区内公园、旅游景点、宾馆、饭店、餐饮、商场、超市、集贸市场以及电话代办点、火车票代售处、成品油(石油)等从业单位进行价格和明码标价检查。共出动366人次,检查860户次,处理价格违纪案件41件,经济制裁金额1010元。

(张继元)

【受理群众价格投诉、举报】 年内,区价格举报中心认真贯彻国家计委《价格违法行为举报规定》,全年共受理群众价格举报、咨询214件,办结214件,结案率100%;经济制裁5.99万元,其中退款5.55万元,罚款0.44万元。按照《宣武区价格违法案件举报奖励办法》,首次对价格举报人员实施了奖励。

(张继元)

【"非典"期间价格监管】 面对"非典"疫情,区物价局党组及时成立了以局长为组长、副局长为副组长的防治"非典"领导小组,从价格监管、市场监测、监督检查到内部防范,均制定预案,有严格明确的分工,并相应成立3个应急分队,以应付各种突如其来的复杂局面。按照市物价局《关于开展市场价格检查的紧急通知》、《关于加强市场价格管理的通知》精神,区物价局组织力量,及时将市物价局下发的《预防非典型性肺炎"八味方"中药饮片实行最高限价》和《关于对部分市场调节价商品和服务实行最高限价的通知》,及时下发区卫生局、区医药公司系统药品经营单位。同时,物价局也制定了《关于加强对预防"非典"处方药品价格管理的通知》、《关于开展防治非典型肺炎药品和相关商品市场价格专项检查的安排》等文件,加大特殊时期价格监督检查力度。坚持每天对几十家单位的上百个品种的各类数据进行汇总、分析、上报,保证将每天市场上与防治"非典"有关的药品、商品的价格动态、供求状况上报市物价局及区政府相关部门。其中有关集贸市场收费问题的信息,主管区长进行了批示;有关成品油调价后企业、出租车行业和消费者反映的市场动态信息,国家发改委予以了关注。此期间,区物价局共出动检查人员575人次,检查药店、超市、集贸市场等740单位次;监测采报价635个单位次、8440个品种次;办理群众价格举报投诉28件,解答群众有关价格咨询319件次。

(张继元)

【越权定价专项治理】 年内,根据《国家计划委关于在全国开展越权定价行为专项治理的通知》精神和北京市物价局的工作部署,为治理存在的超越法定权限,随意审批、制定价格和收费引发的乱加价、乱收费行为,由区物价局牵头,在全区范围内开展了越权定价专项治理工作。经动员部署、自查自报和重点检查,未发现有越权定价、审批行为。

(张继元)

【清费、治乱、减负】 年内,宣武区清费、治乱、减负办公室按照《北京市清理行政事业性收费项目目录的通知》精神,对全区现行的收费项目进行了清理审核。共取消了39个单位的72项收费,将20个单位的3项收费不列为行政事业性收费(转为经营性收费)。通过清理,全区有一级收费项目55项、二级收费项目123项。区清费、治乱、减负办公室坚持收费监督卡和为企业上门服务制度,为企业解决了18个方面的问题,认定有问题收费161项次、11.96万元;编写了《收费工作指南》一书,印制1000本,向相关企事业单位进行了发放。

(张继元)

【收费许可证管理】 年内,根据北京市物价局关于办理2003年《收费许可证》延期手续的通知精神,区物价局对辖区内市、区属行政性、事业性收费进行了审核。共审核办理《收费许可证》延期手续559个,其中正本185个,副本374个,审核收费项目866项目次;注销收费许可证39个,取消收费项目72个;新办《收费许可证》39个,审批收费项目68项次;对88个单位的260项次收费进行了收费公示审批。

(张继元)

【审定价工作】 年内,区物价局按照价格管理权限,对辖区内20个机动车停车场、22个物业管理小区、5个非强制性培训办班的收费标准进行了审批;对6条规范街非机动车存车收费、大观园春节庙会门票价格及大观园夜场门票价格进行了调整。

(张继元)

【价格服务进社区】 年内,区物价局开始实施价格服务进社区的工作。物价局定期派出干部,利用社区百姓课堂,进行价格法律、法规知识讲座,授课20多次;利用消费者权益日和价格法宣传日，开展价格咨询服务活动，解答、办理群众关心和投诉举报的价格问题；向群众发放“百姓消费明白卡”2000多份，公布与百姓密切相关的重要商品价格和服务收费标准；设立收费公示标牌，公布与群众相关的行政性收费和经营性的收费项目、收费标准、收费范围、计量单位、收费依据、投诉方式等项内容，并公布价格投诉举报电话，设立投诉箱，建立服务联系卡，及时研究和解决社区居民关注和反映的热点、难点问题。

（张继元）

【签订诚信协议】 年内，区物价局与家乐福马连道店、华联超市广安门店、美廉美超市、华强超市第八分店、全特优牛街清真超市签订了《诚信经营协议书》。双方在平等自愿的前提下，规定了各自的权利和义务。按照协议，区物价局实施专人季度上门为企业检查服务一次，宣传辅导相关的法律法规。此举为全市区县第一家。区领导肯定了此项活动是价格主管部门转变工作职能、增强服务意识、检查关口前移的工作方式的创新；是发挥行政部门和商业企业两方面积极性，共同建立市场信用体系诚信机制、规范价格行为的有益尝试；是政府工作创新的一个举措。

（张继元）

【“双信”活动】 年内，根据《宣武区“双信”活动管理办法的规定》，区物价局对辖区内2000年度至2001年度“双信”单位及2002年度至2003年度新申报争创“双信”活动的单位进行了年终检查验收。共检查验收了36家单位，绝大多数单位在90分以上，其中100分4家，90分以上28家，90分以下4家；对4家检查不合格单位撤消其“双信”单位荣誉称号。至年底，全区有“双信”单位32家。

（张继元）

【成立区价格认证中心】 年内，为贯彻《国家计委关于规范价格鉴证机构意见的通知》和北京市《关于加强涉案财产价格鉴定管理的通知》精神，经区编委会研究，撤销宣武区价格事务所，成立宣武区价格认证中心。其主要职责是：受区物价局委托，负责对本区行政机关、司法机关、仲裁机构在实施行政、司法、仲裁行为过程中所涉及的财产价格进行鉴定；对本区实行市场调节的价格进行认证。全年区价格认证中心鉴定各类涉案价格1009件，鉴定金额643.75万元。其中鉴定公安系统案件764件，鉴定金额395.85万元；鉴定法院系统案件27件，鉴定金额245.3万元；鉴定城管系统案件218件，鉴定金额2.6万元。

（张继元）

工商行政管理

【概况】 北京市工商行政管理局宣武分局（简称工商宣武分局），主要负责辖区市场经营主体登记、商标广告管理、打假维权、整顿市场经济秩序等方面的工作。全局下设25个部门，有干部职工263人。年内，宣武区累计有各类市场主体38168户，与上年同比增长43.29%。有形市场54个，日均上市摊位4360个，主要农副产品成交量8824公斤，成交额60807万元，与上年同比分别增长23%、20%。办理2002年度年检验照17249户，其中内资企业9148户，年检率84%；外商投资企业197户，年鉴率82.1%；合伙和独资企业9148户，年检率84%；外商投资企业320户，年检率62%；个体工商户7584户，验照率60%，成批吊销3118起。查处各类经济违法、违章案件429件，罚没款574.69万元。

地址：宣武区南菜园街5号

电话：63567905

邮编：100054

（潘　明）

【制定促进经济发展措施】 2月初，工商宣武分局制订了《北京市工商行政管理局宣武分局促进区域经济发展十一条措施》，以推动全区经济发展。

（潘　明）

【开通食品快速检验车】 2月份，工商宣武分局开通食品快速检测车。截至年底，共对12大类、2907种食品样本进行快速检测，其中蔬菜、饮料、肉食罐头等合格率达到100%，食用油合格率达到99.7%，鲜肉合格率达到98.4%，各类调味品合格率达到70.8%。

（潘　明）

【联合年检】 3月初，工商宣武分局会同区外经委、区国税局、区地税局、区财政局等8个部门，对位于庄胜广场写字楼内的5家企业进行了联合上门年检。

（潘　明）

【规范茶叶购销合同示范文本】 4月中旬，工商宣武分局根据市场茶商的要求，拟订了茶叶购销合同示范文本。

（潘　明）

【规范坐堂行医行为】 4月底，工商宣武分局在全区范围内开展规范坐堂医生行为的专项检查,摸清了坐堂行医单位底数,严格审查了坐堂行医人员的资质情况;对不具备执业许可证,以行医为名,推销药品、虚假宣传的企业进行立案查处。

(潘　明)

【互联网公布电子辖区图】 5月中旬,工商宣武分局在HD315网站公布电子辖区图。用户通过互联网,可以方便、快捷地查询分局辖区地图(地址)、各工商所具体位置和管辖地区、各巡查组管辖成员和范围以及各巡查组人员等情况。

(潘　明)

【制定超市食品安全规范】 6月,为确保食品安全,工商宣武分局制定了《宣武区超市食品安全规范》,主要内容包括:食品索证索票制度;食品备案制度;食品进销货台帐制度;建立食品监管制度等。

(潘　明)

【"非典"期间加强执法】 在抗击"非典"期间,工商宣武分局先后出动执法人员2012人次,查扣伪劣口罩1200余个,消毒液180桶、6765瓶、22.5公斤,带包装消毒液空瓶15664个;查获相关行政违法案件15起。

(潘　明)

【抗"非典"振经济促发展】 6月11日,为了将"非典"期间造成的损失降到最低限度,支持区域经济发展,工商宣武分局制定了《北京市工商局宣武分局抗非典振经济促发展八条措施》。

(潘　明)

【促进"京城茶叶第一街"发展】 6月19日,为促进马连道茶叶一条街的持续发展,根据区委、区政府五年规划建设思路,工商宣武分局立足工商职能,制订了《促进"京城茶叶第一街"经济发展的十项措施》。

(潘　明)

【建立企业秘书(联系人)制度】 7月初,工商宣武分局实施企业秘书(联系人)制度,改善了行政部门与企业的交流方式,优化了发展环境,使约见形式逐步向国际惯例靠拢。

(潘　明)

【食盐专项检查】 7月底,工商宣武分局消保科,对辖区内部分大中型餐饮企业食盐的进货情况进行了专项检查,发现6户企业有购进假盐、销售假酒的现象,共查扣假盐91袋。

(潘　明)

【辖区企业重新分类分级】 9月上旬,工商宣武分局对辖区内企业按行业和地区进行重新分类分级。新的分类分级方式是将辖区企业分为A、B、C三类,每一类又分四级,A类为重点监控行业,B类为重点地区,C类为其它行业。

(潘　明)

【实行电话预约服务制度】 12月,工商宣武分局开始对在辖区登记注册的企业和个人,本着自愿申请的原则到分局申报,经确认后领取电话预约服务卡,凭卡享有电话预约服务;残疾人办理营业执照,在提供电话预约服务的同时,提供上门服务。

(潘　明)

【严查市场隐患】 12月17日,为确保"两节"市场安全、繁荣,工商宣武分局对辖区市场进行了安全大检查,重点检查了市场消防安全、食品安全和治安秩序。

(潘　明)

【签订食品安全承诺书】 12月30日,美廉美超市等10家以经营食品为主的商业企业,与宣武区消协签订了"两节"食品安全企业承诺书,向广大消费者作出郑重承诺,在"两节"期间保证营造舒适安全的消费环境,提供文明周到的服务,做到依法诚信经营。

(潘　明)

【市场主体发展状况】 截至年底,宣武区累计有各类市场主体38168户,与上年同比增长43.29%。其中内资企业12465户,同比增长5.20%;外资企业350户,同比增长14.75%;合伙和独资企业644户,同比增长23.85%;个体工商户24709户,同比增长66.31%。

(潘　明)

【广告经营情况】 截至年底,工商宣武分局办理户外广告登记967件,其中经营性广告126件,共计4112块;自设性户外广告841件;办理临时性广告登记47件,其中印刷品广告23件,年鉴类广告24件。

(潘　明)

【各类市场成交额】 截至年底,区境共有有形市场54个,其中生活消费品市场51个,生产要素市场3个。市场日均上市摊位4360个,主要农副产品成交量8824万公斤,成交额60807万元,与上年同比分别增长23%、20%。

(潘　明)

【受理消费者申诉、举报】 截至年底,工商宣武分局共受理消费投诉916件,为消费者挽回经济损失118.82万元。

(潘　明)

【开展系列宣传活动】 年内,工商宣武分局共举办各类消费咨询、宣传活动近20次,现场接待消费咨询5000余人,发放宣传材料55000余份;在5个街道、12个社区,为2000余人举办专家讲座12次。

（潘 明）

【投诉服务】 年内,工商宣武分局共受理各类咨询投诉举报建议534件,其中投诉12件,涉及环境、医疗、违章建筑等纠纷。

（潘 明）

质量技术监督

【概况】 北京市宣武区质量技术监督局(简称区质监局)为北京市质量技术监督局垂直管理的机构,同时属名北京市宣武区质量技术监督稽查队。局内设办公室、法制科、质量(稽查)科、标准化科、计量科、特种设备监察科6个科室;下设宣武区计量检定测试所、宣武区特种设备检验所、宣武区组织机构代码办公室三个事业单位,在编干部职工65人。主要职责是依法负责本辖区的质量技术监督管理、行政执法工作,以及对辖区内锅炉、压力容器、压力管道和特种设备进行管理监察,领导所属技术机构为质量技术监督工作提供技术保证和技术服务等。年内,区质监局以市局《2003年北京市质量技术监督工作要点》为指导,履行综合管理、行政执法和安全监察职能,以质量为重点,做好优化企业发展环境工作,加大了管理、监督、服务力度。

地址:宣武区自新路24号

电话:63527430

邮编:100054

（刘海英）

【抗击"非典"工作】 "非典"期间,为确保北京市政府指定定点医治"非典"医院(宣武医院)和征用的3家用于医务人员休整的饭店(前门饭店、东方饭店、新北纬饭店),新购进医疗物资的质量及在用特种设备的安全,在局党组领导下,区质监局成立了应急工作领导小组和应急分队,对宣武医院和3家征用饭店的12部电梯、8台锅炉、13台压力容器免费实施了安全技术检验;配合区抗"非典"物资保障办公室,加强了对防"非典"物资的检查,共检查各类商场、超市、药店、小商品市场、小商店等110家企业,主要涉及口罩、橡胶手套、消毒液、药皂、消毒纸巾、体温计、一次性防护隔离服等产品,严把了防"非典"物资质量关。区质监局分别被宣武区、北京市质量技术监督局和国家质量技术监督局评为抗"非典"工作先进集体。

（刘海英）

【专项检查任务】 8、9月份,区质监局开展了对"五类"(大米、面粉、食用植物油、酱油、食醋)食品质量安全市场准入制度的检查,对于未取得《食品安全生产许可证》的产品或未加贴食品质量安全市场准入标识一QS标识的5类食品责令停止销售。此次专项检查涉及商场、超市及居民区中的销售门店。共出动执法人员125人次,检查生产企业3家、销售企业74家,检查大米157个品种、246786公斤,其中有QS标识140种,合格率89.2%;检查食用油197个品种、3830桶,其中有QS标识178种,合格率90.3%;检查酱油277个品种、9569瓶,其中有QS标识238种,合格率86%;检查食醋223个品种、4575瓶其中有QS标识195种,合格率87%。执法检查覆盖全区销售单位的90%以上。

（刘海英）

【综合执法工作】 年内,区质监局共开展行政执法检查1827户次,办理案件279起,罚没款29万元。执法检查涉及食品、调味品、果蔬品、建材、汽配、棉絮制品、计量产品、产品条码等15类产品。重点加强了对月饼、生日蛋糕及旅游用品、日用品的执法检查。中秋节前夕,对区内11家宾馆、饭店加工生产的12种月饼进行抽样,经质检机构检验,合格率为100%;"十一"前夕,检查了4家超市、5家面包房生产、加工的11种生日蛋糕,经现场抽样检验,有6个样品不合格,合格率为45%。全年抽查蔬菜、水果农药残留和重金属含量8次,抽查超市、集贸市场、连锁店、副食店等42个单位的36个品种,合格率为97.3%;对辖区内9家大中型商场、超市销售的粉丝、腐竹、银耳、木耳、墨鱼、虾仁、辣椒等产品进行检查,共检查78个品种,抽样20个,检测合格率为100%;检查12家销售企业,抽样36个,合格率为41.7%;对外埠在宣武区内销售的米、油进行监督抽查,抽查大米15个样品、油17个样品,检验合格率均为100%;对生产、销售茶叶的12家企业的24个品种和马连道茶叶市场11家企业的20个品种进行抽样送检,检测合格率为84%;对辖区内大商场、超市销售的一次性生活用纸、电器等产品进行了执法检查;出动执法人员232人次,对45家企业国家实施强制性安全认证的6类电子产品进行检查,共检查1758台(件),其中1582台(件)合格,合格率为89.9%,对个别企业存在的对"3C"标识使用不规范等问题,及时给予指正。

（刘海英）

【计量监督管理】 年内,区质监局

完成了国务院和北京市质量技术监督局关于“两个专项治理”的任务。全年检查集贸市场50余户次,抽查计量器具1140台,没收不合格的计量器具200余台,集贸市场计量器具的受检率达到90%以上,集贸市场的治理整顿工作通过北京市质量技术监督局的验收;检查了全区9个加油站的36台加油机的83条油枪,加油机的周检率为100%;对27家验光配镜单位进行了检查,抽查计量器具73台,受检率为100%;对3家定量包装商品的生产企业进行计量监督检查,抽查在用计量器具120台,计量器具的配备合格率为99%,周期受检率为100%。对超市进行了35户次计量监督检查,共抽查计量器具388台,受检率为95%;抽查定量包装商品116批次,合格率92%;抽查超市的自包商品51批次,合格率为88%。通过抽查、检查,全区计量器具平均受检率达到95%以上。

(刘海英)

【质量监督管理】 年内,为落实区政府与市政府签订的《质量工作和打假工作责任制书》,宣武区建立了由主管区长负责,区卫生局、区经贸委、区监察局等15个成员单位参加的质量工作和打假工作联席会制度,办公室设在区质监局。10个成员单位分别与区政府签订了《北京市宣武区人民政府质量工作和打假工作责任书》,明确了各职能部门质量工作和打假工作的责任和义务。大力扶植企业发展,建立重点企业定期联系制度,及时协调解决企业提出的问题;重点帮促北京菜市口百货股份有限公司、北京张一元茶叶有限责任公司参加“北京市质量管理先进奖”评选工作,通过与企业的共同努力,两家企业均被授予“2003年北京市质量管理优秀企业”称号;对区内349家生产企业进行了调查,建立了生产企业档案;加强对企业的宣传力度,先后对240家企业发放了强制性认证产品相关知识和国家强制规定的学习资料,接待咨询121人次;先后对大型商场、超市等6家企业的130多名中层负责人培训了强制性认证产品知识及相关法规,并现场解答企业提出的问题。

(刘海英)

【标准化监督管理】 年内,区质监局制定了2003年至2005年企业执行标准采标计划;检查了近300种商品的条码;为59个企业备案了90个标准;为65个企业的134种产品进行了标准登记注册;为企业编写、修改标准52个;将新发布的防“非典”用品的国家标准及时发送给40家企业;指导陶然花园酒店建立了标准体系,并通过北京市标准体系验收。

(刘海英)

【特种设备监察工作】 年内,区质监局加强了特种设备的安全管理和监察,以特种设备使用环节为重点,增强了安全监察的有效性。全年共出动执法人员360人次,签发监察意见通知书61份;开展宣传咨询活动3次,发放宣传材料700余份;在“两节”、“两会”及“五一节”期间,组织安全大检查和专项检查8次,参加区领导带队的检查16次;完成了对区内15家电梯公司和21家锅炉安装单位的资质年审;大力宣传《特种设备安全监察条例》、《北京市电梯安全监察管理办法》,投资8000余元购置法规和宣传资料(画)700多份,并在6月19日的《宣武报》刊登宣传贯彻条例专版;根据北京市质量技术监督局关于更换特种设备安全检验合格标志的通知要求,完成换证1200份;完成了国家局关于“特种设备动态管理”、“气瓶普查”和“工业管道普查”3项试点工作,其中压力管道的普查在全系统第一个完成。全年未发生重大安全事故。

(刘海英)

【组织机构代码工作】 年内,新办理组织机构代码2257份,办理代码证年审6378份,变更代码证2123份,办理代码迁址200份。

(刘海英)

【受理投诉工作】 年内,区质监局共受理来人、来电及北京市质量技术监督局12365举报投诉中心转来的投诉(举报)案件54起,实际解决53起,为消费者挽回经济损失约3万元。

(刘海英)

【计量检定测试工作】 年内,共检测计量器具29945台(件),完成检测收入98万元。

(刘海英)

【特种设备检验工作】 年内,共检验电梯1409台,检验锅炉616台,承压锅炉安装验收及确认313台,压力容器检验200台,阀门校验1409台,水质检测307台,年收入130万元。

(刘海英)

【煤炭质量检查】 年内,区质监局加强了对煤炭质量的检查。年初,贯彻落实北京市人民政府控制大气污染的措施,与煤炭使用单位签订《宣武区生产、销售、使用煤炭质量保证责任书》,明确责任、义务。年内,区质监局对企业生产、销售、使用的煤炭质量进行监督检查。共抽取散煤样品42个,合格率88.1%;型煤样品14个,合格率100%,平均合格率为91.1%。冬季,区质监局检查覆盖全部使用煤炭单位,并抽样检查3次以上,对型煤生产企业每月抽样1次,抽查企业覆盖率达到100%。全区低硫煤检测含硫量合格率为97.6%。

(刘海英)

【优化发展环境工作】 年内，区质监局开展了“实践三个代表，优化发展环境”主题教育活动。成立该活动的领导小组，制定了活动方案，确立了围绕“一个中心”、突出“两个重点”、健全“七项制度”的总体思路。即：紧紧围绕“实践三个代表，优化发展环境”这个中心；以为区内百家纳税大户服务和优化内部服务环境为重点；建立健全《为重点企业提供优质服务工作方案》、《建立重点企业档案制度》、《建立重点企业预提示制度》、《着装、标志佩带管理办法》、《首问负责制办法》、《工作人员仪表、举止规定》、《文明用语规定》。

（刘海英）

【开展宣传咨询活动】 年内，区质监局组织开展了“3·15”和“质量月”大型宣传咨询活动，3月15日和9月6日，在辖区内的繁华地段及8个街道组织宣传咨询活动；在天桥社区居委会的协助下，在天桥危改小区设立咨询服务台，开展“绿色建材进社区”活动，帮助群众了解、掌握建材方面的知识。现场共发放宣传品50余种、5万余份，受理咨询约3000余人次。

（刘海英）

【计量机构认证工作】 12月22日，宣武区计量检测所通过北京市质量技术监督局JJF1069专家组对该所的22项标准的考核验收，取得了法定检验机构资格。

（刘海英）

审　计

【概况】 北京市宣武区审计局（简称区审计局）是负责本区审计工作的区政府职能部门，受本级政府和上级审计机关的双重领导，对本级人民政府和上一级审计机关负责并报告工作，审计业务以上级审计机关领导为主。局机关设人事管理科、财政金融审计科、固定资产投资审计科、经济贸易审计科、行政事业审计科、内部审计指导科、经济责任审计科、综合办公室、计算机中心，共有干部47人。年内，区审计局按照全国和北京市审计工作会议的部署，围绕政府中心工作，深入搞好预算执行审计、固定资产投资审计、重点行政事业单位审计、重点企业审计、专项资金审计和领导干部经济责任审计，加大内部审计指导力度，进一步提高审计质量和工作水平，切实加强“人法技”建设，高起点、高标准、高水平地做好各项工作。全年审计及调查单位107个，查处违规行为金额3707万元，管理不规范金额4752万元；应上交财政金额1101万元，归还原渠道资金8万元，减少财政拨款或补贴1950万元，应自行纠正金额8877万元。

地址：宣武区德源胡同12号

电话：63547142

邮编：100053

（张博威）

【预算执行审计】 年内，区审计局审计了区财政局组织预算执行及其它财政收支情况，区地税系统税收征收管理及财务收支情况，区级预算资金收纳和拨付情况，政府采购、基本建设、教育、公安局及宣传文化发展等5项重点专项资金的管理使用情况。审计财政性资金10亿元，占财政总支出的61%。

（张博威）

【固定资产投资审计】 年内，区审计局完成了对康乐里小学旧楼加层及装修工程项目的竣工结算审计等审计项目14个。查处违规行为金额1765万元，减少财政拨款或补贴1260万元，应自行纠正金额2928万元。

（张博威）

【行政事业审计】 年内，区审计局完成了对宣武公安分局财务收支情况等审计项目21个。查处违规行为金额580万元，管理不规范金额436万元；应上缴财政资金473万元，应自行纠正金额1632万元。

（张博威）

【企业审计】 年内，区审计局完成了对宣武区社会保险基金管理中心社会保险基金缴纳情况的审计等项目24个。查出违规行为金额1326万元，管理不规范金额4308万元；应上缴财政资金628万元，减少财政拨款或补贴690万元，应自行纠正金额4309万元。

（张博威）

【领导干部经济责任审计】 年内，区审计局完成了对区教委原主任、大栅栏联社主任、天桥联社主任、牛街联社主任等4人的任期经济责任审计，查出管理不规范金额199万元。

（张博威）

【防治“非典”资金审计】 7月份，区审计局对防治“非典”专项资金、社会捐赠款物及专项工程分两个阶段进行了审计监督，涉及区“非典”办公室、区卫生局、区民政局、公安宣武分局、区环境卫生服务中心、区建委、街道办事处等20余个单位。截至7月31日,区财政采用预算追加、预算调整两种方式,共安排财政资金2330.38万元,实际支出1964.84万元;接收社会捐赠款物共计1185.43万元,其中捐赠款753.34万元、捐赠物资432.09万元。

(张博威)

【审计调查】 年内,区审计局完成了对清芷园物业管理公司等6家中外合资企业基本养老保险和失业保险情况、区属房地产开发企业8个小区结利情况,以及宣兴房地产开发股份有限公司小红庙南里危改小区建设用地项目等单位的审计调查;对市级生态保护与建设资金使用情况进行了专项调查。审计调查金额5302万元。

(张博威)

【内部审计】 年内,区审计局坚持"发展、提高、创新"的指导思想,把握势头,抓住机遇,贴近中心,高标准操作,审帮促到位;做到结合更好,领域更宽,素质更强,效果更实。主要开展了5项工作:一、召开内审工作总结研讨会;二、召开内部审计工作会;三、开通宣武区内部审计网站;四、认真贯彻审计署第4号令;五、举办内部审计准则培训班。全年区属26个内审单位完成审计项目219个,其中财务收支审计63项、经济效益审计14项、经济责任审计66项、基建审计1项、专项资金审计1项、内控制度评审44项;共查出损失浪费金额103万元,促进增收节支174万元,纠正违纪金额3129万元,提出审计建议被采纳305条,财务决算审签单位18个。

(张博威)

药品监督管理

【概况】 北京市药品监督管理局宣武分局(简称药监宣武分局),是北京市药品监督管理局设在宣武区主管本行政区域内药品监督管理的派出机构,2001年9月正式挂牌成立,主要负责对本行政区域内药品(包括中药材、中药饮片、中成药、化学原料及其制剂、抗生素、诊断药品、放射性药品、麻醉药品、毒性药品、精神药品、医疗器械、卫生材料、药用包装材料等)的研究、生产、流通、使用进行行政监督和技术监督。分局设办公室、安全监管科、市场监督科、医疗器械科、稽查科5个职能科(室)和药检所1个事业编制所,共有编制25人(其中行政编制21人)。截至年底,辖区全部管理相对人构成为:医疗器械经营企业314家、生产企业25家;药品经营企业78家(其中批发18家、零售60家)、生产企业1家;一级以上医疗机构17家、一级以下医疗机构215家。年内,新办医疗器械经营企业66家、生产企业3家,受理医疗器械企业变更133项、药品企业变更29项;接待医疗器械、药品咨询、来访800余人次,群众投诉、举报(包括来信来访)60件,立案17起,结案14起;没收假劣药品、医疗器械货值金额66770.5元,没收违法所得60925.33元,罚款41254.8元。查处案件数与上年相比下降8件,发案率降低32%;涉案总金额由上年的253895元下降至168950.6元,降幅达33%。

地址:宣武区广安门外大街三义东里8号楼

电话:63313879

邮编:100055

(申　梅)

【整治药品市场秩序】 至2003年3月,药监宣武分局在对辖区内药品的专项检查和清查工作中,共现场检查药品生产企业3家、医疗单位28个、药品经营企业56家,出动170余人次,检查覆盖率达70%以上。通过检查和各单位经自查,清理出近300多个品种、价值50万元的劣药。在市局组织的"3.15"特别行动中,集中销毁经营企业上报销毁的过期失效药品280箱,价值40余万元;在整顿期间,药监宣武分局与区卫生局、区卫生监督所、区物价局,共同对辖区内10家一、二、三级医院的6大类医疗器械的使用情况、外联合作门诊、医疗服务价格等进行联合检查;针对避孕器械产品质量抽验合格率低的问题,药监宣武分局出动36人次,对医用橡胶制品—避孕器械进行专项检查,重点检查产品质量,同时对于街头存在的部分成人保健店铺无证经营医疗器械提出限期办证的要求;开展对第二类精神药品经营、使用情况的专项检查,检查范围涵盖全部经营、使用第二类精神药品的7家批发企业和241家医疗机构,并对其中部分有代表性的单位进行现场检查,包括全部7家药品批发企业,34家门诊部、医务室(学校医务室除外),26家个体诊所,6家有坐堂医的药店。

(申　梅)

【普法宣传培训】 3月31日到4月5日,为更好地贯彻执行《医疗器械监督管理条例》,药监宣武分局开展了"医疗器械法制宣传进社区"活动,共接待咨询220人,发放宣传材料380余份。截至12月份底,共对辖区内药品、医疗器械生产、经营企业、医疗机构等单位进行法律法规、GSP等各种内容、形式的培训6次，285人参加培训，覆盖率达到95%以上。

（申　梅）

【抗击“非典”工作】　“非典”期间，药监宣武分局共出动1260人次，对药械产品质量进行专项检查和日常巡查，通过采取灵活多样、有操作性和针对性的监管方式，确保辖区市场流通的药械产品质量。发挥现有较为成熟的监管网络优势，累计收集市场供应信息6000余条，上报报表300余份，准确、全面地反映本地区事态发展进程和存在的问题，为上级决策提供信息支持；利用会议、巡查、发文、电话等各种方式，向辖区相关单位反复强调有关预防“非典”用药的不良反应监测、搜集、上报工作的重要性和操作规程，共收集不良反应报表32份。此外，药监宣武分局与区红十字会共同向企业发放《“非典”预防一百问》光盘等宣传材料，在慰问企业的同时，直接向群众宣传合理用药知识，最大限度地减少群众盲目用药、乱用药问题的发生。“非典”期间，辖区共销售27.8万副口罩、4.3万支体温计、9723套隔离服、125万吨消毒水，没有发生重大质量问题。

（申　梅）

【医疗器械、药品企业年检】　9月底以前，药监宣武分局提前完成了辖区内医疗器械生产企业2003年度年检工作。为减轻企业负担、提高工作效率，除6家生产企业进行年检现场检查外，对上半年已进行日常监督现场检查的企业，豁免年检现场检查。

（申　梅）

【推进GSP工作进程】　年内，全区有13家批发企业和25家零售企业通过GSP认证，分别占同类企业总数的72%和42%。药监宣武分局克服“非典”给认证工作带来的影响，坚持“不延长时限、不降低标准、不特殊照顾”的“三不”原则，在认证中心的统一部署下，为认证企业提供全方位的指导、支持和服务，并做好相关的信息传递、人员培训等认证的前期准备工作。此外，药监宣武分局还针对企业的不同情况，采取相应的帮、促措施，加大培训力度，规范各项记录的填写，给予现场指导，组织观摩，确保辖区内的企业按计划顺利通过认证。

（申　梅）

【优化发展环境】　年内，药监宣武分局通过各种形式，采取切实措施，把优化发展环境、促进辖区经济发展落到实处。按照市药监局提出的“五办理一加强”的工作要求，各业务科室制定一系列相关工作程序、工作制度，保证各项工作的法定化、制度化、公开化、可操作化，并在权限许可的范围内简化相关手续，在严格遵守审批规则和要求的同时，灵活掌握审批的精神实质而不拘泥于形式。据初步统计，全年医疗器械和药品审批事项除即时办理事项在24小时内办结外，其余在严格保证审批质量的前提下平均提前一周办结。此外，分局认真开展针对“乱收费、乱罚款、乱摊派、乱检查、乱培训、乱签责任书”等六乱行为的自查、自纠工作；积极推行政务公开、公正、透明，把全部审批事项的办事程序、所需提交的申办材料等内容，以制版上墙的形式对外公布；专门印刷有关的一次性告知材料发放给每位前来咨询办事的人员；利用互联网为媒介，构筑政府与百姓、管理者与管理相对人之间的双向、动态、时时交流与沟通的全新模式。

（申　梅）

【特殊药品监管及不良反应监测】　年内，根据国家和市局的有关管理办法，药监宣武分局分别制定了特殊药品自查报表、不良反应监测报表等表格，通过定期报表、不定期抽查等形式，强化各单位管理意识，发挥自我监督、层层管理、简化程序、提高效率的作用。各医院的特殊药品监管工作更趋规范，不良反应监测工作大有起色，报表数量大幅度增长。全年共上报报表416份，与上年同期相比翻一番，无零报表。

（申　梅）

【药品抽验】　年内，药监宣武分局抽验药品684件，其中化学药品199件、中成药285件、中药饮片121件、抗生素43件、生化药9件、“非典”专项重点抽验27件。经检验，5件药品不符合规定，不合格率为1%，抽验一次性无菌医疗器械及一次性卫生材料23批次、安全套3批次、电子仪器1批次。在抽检的同时，对辖区内114家单位进行监督检查，其中医疗机构21家、药品零售企业37家、药品批发企业16家、医疗器械企业40家，出动检查人员295人次。分局药检所全年共计完成药品检验任务605件，其中抽验任务582件，不合格2件，不合格率为0.34%，较上年同期下降0.6个百分点。

（申　梅）

烟草专卖

【概况】 北京市宣武区烟草专卖局(公司)是在北京市烟草专卖局(公司)与北京市宣武区政府双重领导下的内资企业，主要负责宣武区的烟草专卖行政管理工作；依照有关法规规定，在宣武区实行卷烟的垄断经营，承担卷烟市场的三级批发业务。区烟草专卖局(公司)内设办公室(法制科)、政保科、访销信息中心、稽查中心、仓储配送中心、结算中心 7 个科室；下设东经路、骡马市、南菜园 3 个卷烟专营店。年内，共销售卷烟 20775 箱，同比增长 5.9%；实现销售收入 18183 万元，同比增长 20%；利润 1052 万元，同比增长 24.2%；毛利率达到 12.25%，同比增长 4.6 个百分点。

地点：宣武区南菜园街甲 1 号

电话：63530966

邮编：100054

(韩　沫)

【卷烟零售户协会工作】 1月 15 日，宣武区烟草专卖局(公司)组织召开了零售户协会成立大会，通过了协会组织机构人选名单、章程等议程，宣武区卷烟零售户协会正式成立。2 月底，协会召开了第一次常务理事会及理事会，决定在协会会员店内统一摆放宣武区卷烟零售户协会标牌，统一使用“中南海”标签，店内设置名优烟展柜，并在辖区市场内全面开展地产烟促销活动，按照一定比例发放促销品。5 月以来，受“非典”因素影响，辖区卷烟零售户同比减少 600 多户。面对销售渠道不畅、访销配送受限等严重困难，区烟草专卖局(公司)及时采取了应对措施，一方面积极组织适销对路的商品，调整货源和库存结构；另一方面对封闭的隔离地区和限制区，进行电话访销、电话约定取货地点的方式送货，保证了市场卷烟的正常供应。为弥补“非典”给会员造成的经济损失，协会还在政策允许的范围内，适当下调了个别卷烟三级批发价格，让利于会员，发挥了卷烟零售户协会“繁荣市场、平抑市场、自管自律”的作用。

(韩　沫)

【网络建设】 5 月 1 日，宣武区烟草专卖局(公司)按照北京市烟草专卖局(公司)网建工作的总体部署及“全面访销、集中配送、统一规划、两级核算”的网建新模式的要求，全面开展电话访销业务。开通了 800 部购烟免费电话，印制了电话访销服务宗旨、投诉热线号码等服务手册千余份，发放到辖区零售户手中。截至年底，实现入网销售率 97%，市场占有率 98%，电话订货户数达到 1777 户(全区持证零售户总数量 1777 户)，访销成功率 99%，零售户满意率 75%；人均卷烟销量 9.1 条，名优卷烟销量达到总销量的 49.8%，高档中南海上柜率 100%，中南海系列上柜率 100%，全面完成网建联动量化指标。

(韩　沫)

【抗击“非典”工作】 在抗击“非典”斗争中，宣武区烟草专卖局(公司)认真贯彻落实北京市委、市政府和北京市烟草专卖局(公司)关于“非典”防治的一系列重大决策和部署，成立了非典型肺炎防治小组，层层落实责任，相继出台了《关于下发非典型肺炎的防治工作通知》等文件和规章制度；提出了防治“非典”工作应急预案；投入资金 13979 元，为职工购买了体温计、口罩等消毒防护用品，购置紫外线消毒灯，改造冷荤操作间，进行水路改造分开水池等，确保切断传染源。通过努力，全局(公司)没有发生一例“非典”确诊病例和疑似病例。

(韩　沫)

【专卖执法检查】 年内，宣武区烟草专卖局(公司)共开展执法检查 320 次，出动执法人员 6148 人次；查获违法卷烟 15588 条，罚没款 61120.23 元，在市局对宣武辖区进行的每季度集中抽测检查中均取得优良成绩。组织了对辖区内卷烟市场的自查与验收活动，辖区卷烟零售户持证经营率达到 98%，卷烟市场净化率达到 98%，无经营走私、假冒、非渠道进货卷烟行为的卷烟零售户分别占总户数的 99%、99% 和 96%。

(韩　沫)

【查处分离制度】 年内，宣武区烟草专卖局(公司)继续全面推行“查处分离”制度，对市场检查管理员、案件审理管理员进行了专门岗位培训。全年适用普通程序立案 38 起，适用简易程序立案 2 起，合计结案 40 起，结案率为 100%。

(韩　沫)

【案卷抽查】 年内，宣武区烟草专卖局(公司)在参加市烟草专卖局专卖(法制)处举行的 2003 年季度案卷评查过程中，被抽查的案卷均取得了较为理想的成绩；在参加由市局、区政府组织的案卷评查中，案卷全部被评为“优秀卷”。

(韩　沫)

【户籍化管理】 年内，户籍化管理员持卡稽查率达到 100%。全区零售户持卡经营率为 100%，持证经营率为 98%；市场净化率为 98%，市场占有率为98%，实现了烟草专卖许可证管理工作向合理布局方向提升、户籍化管理工作向客户关系管理方向提升的工作目标。在规定期限内完成了年检工作，年检率为100%，年检通过率为74.45%。

（韩　沫）

【接受专项检查】 年内，宣武区烟草专卖局（公司）先后接受了市局（公司）指定的事务所对上年度全部会计业务的审计检查；市局（公司）组织的进货渠道情况的检查；北京市统计局组织的统计执法检查；北京市社保局对保险基金交纳情况的检查等，均顺利通过。

（韩　沫）

【安全教育】 年内，宣武区烟草专卖局（公司）开辟专栏进行防火教育；编写下发《安全知识宣传提纲》和预防“非典”常识；组织消防、安全知识答卷；开展礼让斑马线活动等。通过采取签订《安全责任书》，严格执行《派车单》、《出车登记单》填写和安全日检查制度，抓好交通秩序、防火防盗、安定稳定3项整顿治理，杜绝了安全隐患。

（韩　沫）

【许可证管理】 截至年底，宣武区有烟草专卖许可证1777个（含特种烟草专卖零售许可证80个），其中大型商场17个（含特种烟草专卖零售许可证13个），占0.98%；便民商店1304个（含特种烟草专卖零售许可证26个），占73.05%；饮食、娱乐店铺125个（含特种烟草专卖零售许可证26个），占7.2%；宾馆、旅店75个（含特种烟草专卖零售许可证5个），占4.3%；市场内烟摊19个，占1.1%；商贸公司157个（含特种烟草专卖零售许可证6个），占9.1%。

（韩　沫）

财政 税务 金融

财 政

财政管理

【概况】 北京市宣武区财政局(简称区财政局)是负责全区财政收支、财税政策、会计管理和财政、财务监督的区政府职能部门。全局设有15个行政科室、3个事业单位,现有人员84人。年内,区财政工作紧紧围绕全区发展目标和战略,坚持与时俱进、服从大局,努力克服"非典"疫情给区域经济发展带来的不利影响,依法组织财政收入,深化财政管理改革。全年实现财政收入194971万元,比上年增长19%,完成年度预算的110.8%;全年财政支出206531万元,比上年增长24%,保障了抗击非典、政权建设、社会保障等支出需要,为全区经济和社会各项事业的健康发展做出了积极努力。

地址:宣武区长椿街甲24号

电话:83154208

邮编:100053

(王金波)

【组织财政收入】 年内,区财政局加强了对驻区企业的服务工作,将审批、审核和核准等行政审批事项由15项精简为6项;适应市区所得税分享体制的变化,制定了组织收入目标责任制;加强了与国税、地税等部门的沟通协调,完善税源监控机制,改进和强化征管措施,提高税收收入的入库率。

(王金波)

【非税收入管理】 年内,区财政局将法院诉讼费和残疾人就业保障金纳入预算管理,对学校收费实行直接缴入财政专户,强化国有资产经营收益和"非转经"占用费的征缴工作,确保政府收入应收尽收。

(王金波)

【街道财政体制管理】 年内,区财政局制定了《宣武区街道财政转移支付管理办法》,调动街道发展区域经济和组织财政收入的积极性。8个街道全年完成财政收入81142万元,比上年增长15%。

(王金波)

【防治"非典"资金应急保障】 "非典"期间,区财政局及时制发了《宣武区财政局预防"非典"专项预算追加及拨款暂行办法》、《关于妥善安排资金做好预防"非典"防治经费保障工作的紧急通知》、《宣武区公共财政应急机制》等办法,本着特事特办、急事急办的原则,最大限度地简化资金审批手续;加强与银行间的沟通协调,确保防治"非典"资金在第一时间拨付到位;开通政府采购绿色通道,以最快的速度全力做好防治"非典"资金和物资的应急保障工作。同时,区财政局认真落实市政府关于抗击"非典"期间保持社会稳定、促进经济发展的有关税费减免政策,组织区地税局、区卫生局、区环保局等14个单位和部门召开专题会议,逐条研究落实意见,实行责任到人。全年累计办理各类税费减免3110万元。加大对公共卫生应急体系的资金投入,拨付医疗卫生及抗击"非典"经费13520万元,其中2800万元用于支持抗击"非典"斗争。

(王金波)

【增收节支】 年内,区财政局针对"非典"疫情造成的不利影响,提出集中力量加强增收节支工作的具体措施,严格控制差旅、会议、考察等一般性支出,确保政权建设、社会保障和教育科学等重点支出。

(王金波)

【支持重点事业发展】 年内,全区安排教育经费24208万元,比上年增长11.9%,达到了"三个增长"的法定增长比例,确保了区域内教育适度超前发展;加大对社会保障的投入力度,认真做好"低保"和"两个确保"工作,累计拨付社会保障资金33018万元,保证了离退休经费支出和低收入群体的基本生活;累计拨付资金17080万元,确保了政府机构的正常运转;按照市、区政府关于"科技强警、从优待警"的要求,安排公检法司经费12843万元,为维护社会稳定提供了必要的资金支持。

(王金波)

【筹措资金】 年内,区争取到市拨专项资金及转移支付资金72301万元,为区道路建设、危房改造以及重点事业的发展提供资金支持;落实土地出让金返还优惠政策,全年争取到土地出让金返还18551万元,为广安大街道路工程归还贷款及支付利息提供了资金保障。

(王金波)

【预算管理】 年内,区财政局完善行政事业单位预算定额和设备配置标准,细化预算编制,提高预算编制质量。制定了《宣武区专项资金管理办法》,规范项目支出预算管理,完善专项资金3年滚动支出项目库,增强项目预算管理的科学性和计划性。初步建立了综合预算管理体系,将预算内资金、预算外资金和专用基金全部纳入指标管理系统,提高预算管理的调控能力。

(王金波)

【国库集中支付制度改革】 年内,组建了宣武区国库集中支付中心,制定财政性资金直接支付、国库统一发放工资资金拨付等管理办法,规范资金拨付程序。加大政府采购等资金直拨力度,试行专项业务经费、房租、项目设计费以及工程项目资金直接支付到收款人的改革,对全区37个行政单位全面实行人员工资由国库统一发放。全年办理国库直接支付资金30000万元,进一步提高了财政资金的使用效益。

(王金波)

【政府采购工作】 年内,将行政事业单位定点印刷等项目纳入政府采购,政府采购范围和规模进一步扩大。在邀请区监察局、区审计局及专家评委对政府采购各环节进行全过程监督的基础上,引入社会监督机制,发挥新闻媒体和社会公众监督的作用,确保政府采购项目的质量。全年开展公开招标等政府采购34次,政府采购金额14031万元。

(王金波)

【"金财工程"建设】 年内,根据市财政局关于"金财工程"的统一部署,区财政局制定了"金财工程"实施规划。加强财政与各预算单位计算机信息化联网的研究工作,对全区财务软件进行调查了解,研究提出统一行政事业单位财务会计软件的初步方案;整合财政预算管理软件,规范预算指标拨款审核程序,着手将部门预算、工资统发及离退休人员管理等业务软件衔接起来,构建预算编制、预算指标、预算拨款相互连接、相互制约体系。

(王金波)

【财政法制建设】 年内,区财政局修订了《财政监督检查操作规程》,制定了《宣武区财政局行政处罚听证程序规定》、《宣武区财政局负责人代理行政诉讼和行政复议案件的办法》,依法规范财政监督检查工作和财政处罚执法程序,提高依法理财和依法行政水平;编发了《财务会计、财政业务服务指南》和《财政统发工资宣传手册》,明确财政预决算、政府采购、财政行政审批、实施行政处罚等工作程序,为相关单位了解财政财务政策和有关规定提供便捷服务。

(王金波)

【财政监督检查】 年内,区财政局对会计法规执行情况、会计信息质量、专项资金使用情况、会计工作"二五"规划执行情况、"收支两条线"以及行政事业单位收费等情况进行了检查。共查补应交财政收入95万元,核减财政专项资金4.7万元,对2个单位违反会计法的行为给予罚款的行政处罚,维护了会计法规的严肃性。

(王金波)

国有资产管理

【概况】 北京市宣武区国有资产的管理职能,主要由设置在区财政局内的宣武区公有资产管理委员会办公室承担。随着国有企业改制的日益深入和现代企业制度的逐步建立,区财政局不断调整管理职能,创新监管方式,进一步探索在新形势下维护国有资产权益的管理之路。

(王金波)

【国有资产管理体制改革】 年内,针对区国有资产规模、结构、运营状况等,依照政资分开、政企分开、两权分离和国有资产所有者职能集中、统一、效能,管事、管人与管资产相结合的原则,区财政局提出了构建国有资产管理体制的实施方案,研究理顺国有资产所有者、运营机构和投资实体的性质、职能和相互间的产权关系,为区政府决策提供依据。

(王金波)

【国有资产经营收益收缴工作】 本着收益监控与服务并举的原则,全年收缴国有资产经营收益416万元。

(王金波)

【企业效绩评价工作】 年内,区财政局首次开展了对金座公司等7个国有资产运营公司及其权属85户独立核算企业财务决算合并报表的工作,对全区157户国有及国有控股企业效绩进行基本评价，如实反映国有产权状况及资本运营能力。

（王金波）

【推动国有产权交易进入市场】 年内，区财政局在对区国有资产产权交易情况进行调查了解的基础上，提出了推进和规范国有产权交易市场化的建议。全年有4户企业国有资产交易进入市场，交易金额达8524万元。

（王金波）

税　务

国家税务

【概况】 北京市宣武区国家税务局（简称区国税局）隶属于北京市国家税务局，主要负责宣武区内按规定由国家税务局征收的中央税收、中央与地方共享税收和部分地方税收的征收管理工作。全局设24个部门，其中科室11个(5个综合科室、6个业务科室)，征收、管理、稽查基层单位13个，有干部职工343人。年内，按照国家税务总局和北京市国家税务局的要求，区国税局努力克服“非典”疫情给税收工作带来的不利影响，以组织收入为中心，以推行中国税收征管信息系统（简称CTAIS)为重点，扎实做好基础工作，积极推进依法治税，从严治队，切实提高税收工作整体水平，较好地完成了各项税收任务。全年共组织各项税收收入518410万元(其中增值税220992万元、消费税1652万元、营业税2067万元、企业所得税275564万元、涉外所得税1568万元、中央级城建税68万元、利息个人所得税16321万元、代征收入178万元)，比上年同期增加13674万元，增长2.7%；组织区级税收收入74470万元，比上年同期增加13645万元，增长22.4%。

地址：宣武区四平园7号楼
电话：63544760
邮编：100052

（王建国）

【重新划定重点税源企业】 1月1日起，根据国家税务总局文件精神，区国税局根据上年重点税源企业税收收入的变化情况，重新划定了重点税源企业。其中一类重点户企业共30户，为2002年“两税”入库在500万元(含)以上，企业所得税入库1000万元以上的企业；二类重点户企业44户，为2002年“两税”入库在150万元(含)至500万元以下的企业；三类重点户企业共51户，为2002年“两税”入库在70万元以上至150万元以下的企业。上述125户重点企业在2002年共入库各项税收收入454377万元，占2002年全局入库税收收入的90.02%。在日常管理中，区国税局对影响全局收入的一类企业加强监控，跟踪到位，建立企业管理档案，将日常发生的事项，包括变更情况、影响税源变化的因素以及政策执行中的问题，及时登记，做好税源的预测分析；对二类企业坚持进行实地核查，深入到企业的销售和生产部门，随时掌握税源变动的早期信息，定期召开重点税源企业税企沟通会，为重点税源企业提供快速便捷的服务；对三类企业加强扶持，涵养税源，完善申报后的管理。

（王建国）

【区领导慰问国税干部】 1月16日，宣武区区长鲁勇、常务副区长蒋德忠到区国税局慰问国税干部，对区国税局在过去一年中所取得的成绩给予充分肯定；鼓励国税干部在新的一年里，继续以组织收入为中心，再接再厉，团结奋进，为宣武区经济的发展做出新的更大贡献。

（王建国）

【部署2003年税收工作任务】 1月24日，区国税局迅速落实市国税系统税收工作会议精神，根据2003年税收工作形势制定具体落实措施：一是结合税收工作实际，将学习贯彻党的十六大精神落在实处；二是继续以加强和改进作风建设为突破口，不断提高队伍整体素质；三是进一步贯彻“加强征管、堵塞漏洞、惩治腐败、清缴欠税”的方针，采取有力措施，确保完成全年税收任务；四是做好税收基础工作，把各项征管措施落在实处；五是加大执法力度，整顿和规范税收秩序；六是以深入贯彻新征管法及其实施细则为契机，推进依法治税；七是大力推进税收征管信息化建设；八是深入开展党风廉政教育，增强勤政为民、廉洁从政的意识；九是运用科学考核机制，落实各项管理制度；十是完善综合服务职能，为税收一线服务。

（王建国）

【落实税收收入计划指标】 2月18日，区国税局依照市局下达的2003年度税收收入指标，拟定了税收收入计划分配方案，将55.6亿元计划全额下达给基层征收管理单位。根据实施专业化征收、管理相结合的原则，由申报征收、管理单位共同承担主要税种收入任务，将涉外所得税、企业所得税、营业税、中央城建税、代征收入以及利息个人所得税按税种全额下达给专业管理所，以便监督管理。

（王建国）

【贯彻下岗失业人员再就业优惠政策】 年初，区国税局积极行动，全面部署，及时将市国家税务局《关于下岗失业人员再就业有关税收政策问题的通知》进行公告，使纳税人全面了解和领会政策实质；通过税法咨询专线向纳税人宣传讲解，答疑解惑；开展相关调查，掌握企业情况，实行跟踪服务；完善减免税审核审批工作流程，开辟“再就业减免税审批绿色通道”；建立专项“安置下岗失业人员减免税台账”，提高管理水平；加强与劳动保障部门的沟通协作，完善信息和资料的交换制度，提供执行政策的依据和保证。4月5日，为贯彻落实市政府关于“下岗失业人员再就业阳光工程”，按照区委、区政府的部署，区国税局、区劳动和社会保障局、区地税局等部门，在宣武区万寿公园举办了“下岗失业人员再就业”优惠政策咨询活动，向纳税人解答相关涉税问题，提供政策帮助。

（王建国）

【追缴首例法院判决入库税款】 3月，区国税局将首例法院判决入库的税款追缴入库。2002年1月，北京市人民检察院第一分院对区国税局所辖的北京某服装公司以及被告人陈某等4人，以犯有虚开增值税专用发票罪向北京市第一中级人民法院提起公诉。经审理，北京市第一中级人民法院于2002年3月分别对4名被告人判处5年至14年不等的有期徒刑，同时对被告单位判处罚金30万元，在案扣押的款项予以没收上缴国库。被告人不服该判决，上诉至北京市高级人民法院。北京市高级人民法院经审理做出终审判决，对其中个别被告人的刑期有所改判，同时将“在案扣押的款项予以没收上缴国库”的判决改判为“在案扣押的款项折抵税款，由北京市宣武区国家税务局上缴国库”。判决生效后，北京市高级人民法院于2002年9月将该案判决书送达区国税局，区国税局于3月将折抵的税款46万余元解缴入库。

（王建国）

【应用中国税收征管信息系统】 3月至10月，根据市国税局的总体部署，区国税局作为首批上线单位，成功地推行了中国税收征管信息系统(CTAIS)。全局300余人奋战200余天进行模板的采集和录入，10月8日正式上线运行。全区9000余户企业、1500余户个体户全部按新系统模式的要求办理各种涉税事宜，实现了征管信息化历史性的突破。

（王建国）

【开展税收宣传月活动】 4月，区国税局开展了以“依法诚信纳税，共建小康社会”为主题的税收宣传月活动。在办税服务厅内设立咨询服务台，悬挂宣传口号、横幅，发放宣传材料；利用大屏幕开辟CTAIS宣传专栏，向纳税人宣传加快信息化建设，推行CTAIS的目的、实施步骤和意义，取得纳税人的理解和支持；宣传为纳税人服务的8项承诺，为纳税人提供优质、高效的涉税服务。区国税局干部还为十五中学高一年级600余名学生上税收知识课，使中学生对税收知识有了一定的认识。

（王建国）

【预防传染性非典型肺炎】 4月18日，区国税局召开会议，传达市、区政府关于加强预防传染性非典型肺炎工作的通知精神，要求全局干部职工高度重视，做好疫情监测工作，有效控制疫情扩散蔓延。成立了防疫工作领导小组，制定了预防办法及应对突发情况的处理预案；做好办税服务大厅、个体税收管理所会议室、食堂等人员聚集场所的消毒通风；为全局干部职工及临时工作人员免费发放预防药品，宣传讲解预防知识。通过采取各种行之有效的措施，全局未发生一例“非典”病例和疑似病例。与此同时，区国税局抓好日常各项税收工作，对办理变更、注销税务登记的企业，采取电话预约分散办理，避免人员过于集中和多环节接触；设立临时办事专台，对当时能办理的涉税事项随受理、随报送、随审批，立等可取；增加增值税专用发票和普通发票的发售量，减少购领次数；为减少纳税人的滞留时间，只收取纳税申报资料，暂不输入微机，事后消毒补录。在个体集贸税收管理中，区国税局认真贯彻落实市工商局等6个部门联合下发的有关减免税的文件精神，对全区专营和兼营蔬菜批发与零售业务的个体工商户以及各类集贸市场的摊商，免征5月至9月的增值税、城建税、个人所得税和教育费附加。抗击“非典”期间，全局有10名党员干部奔赴已发生“非典”病例被隔离的宣武区中华家园工地，与公安干警一起昼夜执勤，维护现场秩序。

（王建国）

【推出优化税收环境新举措】 7月17日、22日，区国税局特邀部分企业代表，就优化税收环境、提高服务质量、依法诚信纳税等进行交流探讨。企业代表对区国税局近年来的工作给予充分肯定，同时指出了在认证时限、政策贯彻、稽查入户等方面存在的不足。针对纳税人提出的各类服务需求，区国税局积极落实改进措施，明确了优化税收环境第一阶段的主要内容。在办税服务大厅开通绿色通道，急事急办，特事特办，提供延时、即时和上门服务；对一些涉税事宜实行预约制，缩短纳税人的办税时间；对审批和发售发票、一般纳税人认定和年审、企业税务登记和变更、减免税、重点税源企业上报资料等事宜，能简化的简化，能合并的合并；承诺新办税务登记、变更税务登记等常规性事宜的办理限定在最长5个工作日,最快立等可取;将新办企业税务登记和一般纳税人资格的实地审核合二为一,实现一次下户两种审核的并联;实现一般纳税人年审、填表、审核的一次完成,让企业真正感到办事的快捷和方便;改变旧的管理模式,走出去送政策、送服务,零距离与企业接触,切实为纳税人排扰解难。

(王建国)

【开展纳税企业信用等级评定】 8月18日,区国税局、区地税局在广安会议中心,对首批获A级纳税信用的30家企业颁发了资质证书和牌匾,宣武区委、区人大常委会、区政协的主要领导和市国税、市地税局的领导参加了颁证仪式。由国税局、地税局联手共同评定纳税信用等级在全市尚属首例。两局在借鉴和吸收其它单位经验的基础上,积极探索,大胆创新,使纳税信用等级评定工作取得了新的突破。

(王建国)

【推进"一窗式"申报】 8月份,区国税局在技术力量、窗口设置全面到位的基础上,正式启用"一窗式"申报,做到抄报税和纳税申报"一窗"受理。此举使窗口人员在提高服务质量,优化税收环境中实现了业务技能由单一型向全面型、服务内容由常规型向特色型、服务行为由约束型向自律型、服务方式由表面化向人性化的四个转变。

(王建国)

【推行电子申报方式】 9月初,根据市国税局《关于实施电子申报的若干意见》的通知精神,区国税局成立了以主管局长为主要负责人的领导小组,制定了《关于落实电子申报办法的具体工作安排》,按照"宣传到位、分步实施、稳步推进"的工作原则,全面落实此项工作。一是对第一批实行电子申报的1140户企业分7期进行电子申报知识培训,宣传推行电子申报的意义,明确新申报办法的报表填报要求;二是向纳税人免费发放《致纳税人的一封信》和《网上报税系统操作指南》光盘等宣传材料;三是在办税大厅设立临时咨询服务窗口,为纳税人提供面对面帮助;四是对实施电子申报的纳税人做好数据备份工作,确保纳税人在使用新申报软件前将旧数据顺利导入新申报系统,保证申报数据的完整;五是迅速搭建网上报税环境,安装专用电子申报设备,连接宽带上网,开通登录电子申报税务端服务器专线;六是对重点税源户,由相关科所征管人员会同软件开发公司技术人员上门服务,进行一对一现场指导。经过全局上下的共同努力,全区共有1300余户实行了网上报税,形成了以电子申报为主、IC卡申报和银行网点申报为辅的多元申报方式新格局。

(王建国)

【加强小规模纳税人管理】 年内,区国税局通过对小规模纳税企业的评估检查和征收率的核定,加强对小规模纳税人的管理。加大稽查力度,特别加强对以商业零售为主的小规模企业自制小票的核定;扩大征收率的核定范围,对经营中既有加工又有销售的小规模纳税人,每年采取企业申报自查,税务机关核查审批的方法,重新核定征收率;加强税收政策宣传,强化企业纳税意识,在日常管理中及时宣传有关税收政策,提高会计人员的财务核算水平,引导企业合法经营,依法纳税;加强内部管理,协调各部门之间的分工协作,各征管、稽查部门在日常工作中发现企业经营地址、电话等信息资料发生变更的,及时督促企业到征收大厅变更信息资料,以保证信息资料的准确性。

(王建国)

【完成2002年度税收资料汇编】 年内,为了全面反映几年来税收经营成果,便于各级领导和有关部门参考查阅,区国税局完成了2002年度税收资料汇编工作。新的资料汇编在保持历年原有税收资料汇编特色的基础上,新增加了1995年至2002年主要税收指标发展情况,税收与经济相关指标分析,重点企业税收入库和税负3年变化状况,以及企业欠税情况等指标,力求从多角度、多侧面地反映区税收计划、税收政策执行情况,区域经济与税收发展的关系,为各级领导制定政策提供依据。

(王建国)

【开展税务稽查】 年内,根据国家税务总局、市国税局的工作部署,区国税局以整顿和规范税收工作秩序、优化税收环境为重点,严厉打击涉税犯罪活动。在全区开展了各类税收专项检查和税务稽查工作,对税收违法犯罪案件给予坚决曝光。至12月31日,共查补各类税款1026.4万元,加收滞纳金57.2万元,罚款90.1万元。

(王建国)

地方税务

【概况】 北京市宣武区地方税务局(简称区地税局)受北京市地方税务局和宣武区人民政府双重领导,在宣武区行政区域内行使地方税收管辖权。主要职责是贯彻执行国家的各项经济、税收政策,组织管辖权内地方税收收入,维护和规范税收秩序。局机关内设14个职能科室、1个机关后勤服务中心,下设9个税务所,其中包括大栅栏税务所、天桥税务所、牛街税务所、广安门税务所4个地区税务所和1个纳税服务所、3个稽查税务所、1个涉外税务所。

截至年末，全区共有缴纳地方税的在册税务登记户14272户。2003年是市地税系统确定的“纳税服务年”，全局上下团结拼搏，开拓创新，追求卓越，圆满完成了年初确定的55项重点工作任务，取得了抗击“非典”和组织税收收入的双胜利。

地址：宣武区德泉胡同10号
电话：63522723
邮编：100053

（张 涛）

【在册税务登记户】 截至年末，全区共有缴纳地方税的在册税务登记户14272户，其中国有企业1301户，集体企业1403户，股份合作企业223户，联营企业48户，有限责任公司1244户，股份有限公司66户，私营企业7139户，外商投资企业179户，港澳台商投资企业110户，个体工商户1629户，其它经济类型930户。

（张 涛）

【税收收入完成情况】 年内，区地税局认真贯彻落实依法治税、应收尽收的方针，用税收经济观指导组织收入工作，确保了市、区两级收入任务的圆满完成。一是年初科学制定了组织收入计划，将计划指标及时进行分解，并完善了组织收入工作的考核和奖惩办法。二是利用自行开发的“税源监控数据处理分析系统”，对收入任务完成情况进行科学的预测和分析。特别是在“非典”期间，收入分析预测工作落实到了行业、企业、重点户，摸清了主要减收因素，从而提前作出工作安排，把“非典”疫情对区域税收造成的影响降至最低点。三是加大税收征管力度，特别是加大清理欠税工作力度，认真落实清理欠税办法，将欠税企业分为本年欠税、往年欠税、3年以内欠税、空壳企业呆账、未执行税款等5种情况，逐户对欠税企业欠税形成的时间、税种、税款金额进行调查摸底，分类制定清欠计划，保证了税款的应收尽收。四是充分发挥税务检查的震慑作用，积极开展函告和约谈工作，在维护纳税人合法权益的同时，促进了税款的应收尽收，确保了全年税收收入任务的圆满完成。全年累计完成各项收入282745万元，其中税收收入完成270063万元，比上年同期的235461万元增收34602万元，增长14.7%，完成市局年初下达的税收计划任务269000万元的100.4%，完成市局追加计划任务270000万元的100.02%；区级收入完成114841万元，比上年同期104708万元增收10133万元，增长9.68%，完成年初区级计划任务106500万元的107.83%。

（张 涛）

【优化税收环境】 2003年是北京地税的“纳税服务年”。区地税局按照“实践三个代表，优化发展环境”和市局开展的“向纳税人致敬，为纳税人服务”主题教育活动的要求，不断更新纳税服务理念，开拓纳税服务新途径。一是为了优化宣武区的税收环境，上半年制定并实施了“优税150工程”。3月份，启动了“助弱税收援助计划”。在北京市残联举行了“爱心船舶驶向您”主题宣传活动；与北京市残疾人联合会签订了“服务承诺协议书”，在市残联设立税法宣传站，定期为残疾人宣讲税法，上门为残疾人办理减免税手续。全年共为55名残疾人办理了减免税申请，使99位残疾人享受到了税收优惠。9月份，与区劳动保障局联合为下岗职工进行了再就业税收优惠政策辅导，并上街进行宣传，主动为下岗职工提供税收援助。区地税局被评为区“7574爱心助残工程先进集体”。二是全面推行“一窗式”和“一门式”服务。制定并实施了《“一窗式”服务工作方案》，按照新的工作流程重新确定了纳税服务所和税源监控所的工作职责。在全区8个街道全面推行“一门式”办公，由各税源监控所定期派1名至2名税务干部到街道办事处指定的办公大厅，为社区居民提供涉税服务、税法宣传和纳税辅导。三是深化政务公开，落实服务承诺。为贯彻市区两级关于推行政务公开的精神，区地税局制定了《宣武区地税局优化发展环境，推行政务公开实施意见》，完善与规范了政务公开制度、服务承诺制度、投诉举报制度、税收执法过错责任追究制度。同时在局内设立了首席信息官，落实市局制定的八大类30项服务承诺。四是结合区域民族特点，开创特色纳税服务。邀请市民委、区政府和牛街办事处的领导以及礼拜寺的阿訇，举办了民族宗教政策专场报告会。积极支持参与民族团结工作，向宣武区伊斯兰教协会捐赠了3台电脑。

（张 涛）

【税收宣传】 3月，区地税局开展了以援助弱势群体为主题的“爱心船舶驶向您”宣传活动；8月，结合纳税信誉等级评定工作，举行了A级企业颁证仪式；9月，举行了“全国首枚税务纪念封赠送仪式”；11月，举行了“网上自助申报站启动仪式”，策划制作了《宣南文化》邮册。

（张 涛）

【抗击“非典”工作】 “非典”期间，区地税局成立了预防“非典”领导小组，下设防治“非典”工作督查组；建立了防治“非典”领导网、防控网、信息网、督查网；制定并执行消毒、值班、疫情汇报等多项制度；建成了信息反馈网，以编发通报、知识传递、信息发送的形式，做好上情下达、情况沟通工作。纳税服务所7名党团员主动请缨到一线工作，5名党团员参加了对“非典”疑似病人的隔离站岗队。全局干部3次向战斗在防治“非典”一线的医护人员捐款。为了减少非典对经济的影响，帮助企业走出困境,将“非典”期间有关优惠政策编辑成《“非典”时期税收优惠政策宣传提纲》,向全局干部和纳税人发放、邮寄、网上送达,保证了抗击“非典”斗争和税收工作的双赢。

(张　涛)

【网上办公】 下半年,区地税局提出了“网上办公、全程服务”的工作思路,对各项税务工作的流程进行再造,探索新的工作方式和模式。变纳税人的“动”为税务机关的“动”,寓管理于服务之中,努力实现税务机关和纳税人的互通、互联、互动,不断提高税收征管和服务水平,力争达到4个80%的目标,即网上申报率、新办企业网上税务登记率、网上售票率、网上贴率均要达到和确保80%。

(张　涛)

【推广税源监控数据处理分析系统】 年内,区地税局在全局推广使用了自行开发的税源监控数据处理分析系统。以此系统为支撑,全局形成了以计会科为中枢,以业务科为纽带,以地区所重点户为终端的立体式税源监控分析体系,对区域税源增减收综合分析的计划预测与实际收入比率控制在3%以内,提高了税源分析和监控水平。

(张　涛)

【开发建设资讯网】 年内,区地税局建成了集动态信息、程序应用、数据共享和电子刊物于一体的综合资源专用数据平台,开设了“本局近期工作动态”、“税收完成进度”、“规章制度”、“电子期刊”、“网上培训题库”、“信息与调研”、“决策参考”等多个栏目,解决了信息大量占用电子信箱,严重影响计算机运行速度等问题,为全局各部门提供了一个共享应用数据平台,实现了局域信息资源的集约利用,在很大程度上提高了办公、办事效率。

(张　涛)

【设立网上自助申报站】 9月,区地税局针对辖区纳税人不具备上网条件比较多的实际问题,为了给纳税人提高更加优质、便捷、高效的网上服务,在8个街道办事处、4个税务所设立了14个“网上自助申报站”,由税务干部进行现场辅导,使纳税人能够快速登陆北京地税网站,准确完成网上申报。采取此措施后,区地税局网上申报率已达到80%以上。

(张　涛)

【税务检查】 年内,区地税局加强税务检查,保证税款的应收尽收。坚持“未经评估,不得检查”的原则,切实维护纳税人的合法权益;积极开展税务检查约谈、函告工作,帮助纳税人准确理解和掌握税法。全年共对498户企业进行了检查,其中有问题的491户;实施约谈253户,查补税款5301.24万元,滞纳金592.56万元,罚款49.27万元,合计5943.52万元,完成了全年5400万元的税务检查任务。

(张　涛)

【发票改革】 年内,区地税局深化发票改革,促进税收增长。在实行二次开奖、简化兑奖程序的基础上,摸索税控机数据有效利用的方式和手段;制定了发票管理销售办法,探索采取电话预约、网上预约、送票上门等销售发票的新途径,最大限度地方便纳税人。

(张　涛)

【干部队伍建设】 年内,区地税局注意加强班子建设。对班子成员重新进行了分工,进一步规范了党组会、局长办公会制度,对重大人事任免、涉及全局的重大事项、大额资金使用等重大问题,坚持民主集中制的原则。加强党团组织建设,开展了“实践三个代表,优化发展环境”主题教育活动。组队参加了区学习十六大知识竞赛,取得了第一名。以更新知识、提高素质、塑造形象为目标,利用远程教育系统等形式,对干部进行多种类型的素质教育培训,全面提升干部的综合素质。对12名中层干部进行了岗位轮换,按照任免程序,选拔任用了17名中层干部,免去了7名中层干部的职务,建立了能上能下、优胜劣汰的用人机制。

(张　涛)

【后勤保障】 年内,区地税局完成了对局旧办公楼、大栅栏税务所、广安门税务所的改造任务;结合市政道路改造,对申报厅门前道路进行了改造;完善了车辆管理制度,重视加强交通安全教育,连续5年被评为“北京市交通安全工作先进单位”;按照市局和区政府的要求,制定了应对各种突发社会公共事件发生的应急预案。

(张　涛)

【先进表彰】 年内,区地税局先后被评为北京市“首都文明标兵单位”、“交通安全先进单位”、“计划生育先进单位”;被北京市地方税务局评为“北京市地税系统先进单位”、“党风廉政建设先进单位”、“信息、调研工作先进单位”;被中共宣武区委评为“2003年度思想政治工作优秀单位”。

(张　涛)

金 融

（杨 光）

工商银行宣武支行

【概况】 中国工商银行北京市宣武支行(简称工行宣武支行),隶属于中国工商银行北京市分行。支行内设机构19个,下设31个营业网点,共有职工663人。经营范围包括:办理人民币存款、贷款、结算业务;办理票据贴现、代理发行、代理兑付;销售买卖政府债券;代理收付款项及中国人民银行批准的业务范围内授权的业务。年内,支行以提高资产质量和经营效益、强化内部管理、严格控制风险为工作重点,采取多种措施,积极应对日益激烈的竞争格局,取得了明显成效。至年末,全行本外币资产总额363亿元,实现账面利润4.3亿元。
地址:宣武区广外南滨河路3号
电话:63480658
邮编:100055

（杨 光）

【各项业务稳步增长】 年内,工行宣武支行各项业务稳步增长,人民币对公存款突破200亿元、储蓄存款突破100亿元;新增网上银行交易额1316亿元;办理个人住房抵押贷款194笔、3777万元;各项消费贷款新增1942户、22,885万元。

（杨 光）

【贷款结构进一步优化】 年内,工行宣武支行人民币贷款余额较年初增加43亿元,外币贷款余额较年初增加2.8亿美元,优质客户贷款所占比例大幅上升,AA级以上客户的贷款余额占全部贷款总额的81%,信贷结构进一步优化。

【实施核算一体化改革】 年内,根据工商银行总行及分行关于实施核算一体化、网点综合化的改革部署,本着核算集中管理的原则,工行宣武支行对营业网点的会计核算管理实行了改革,将个人金融业务的核算并入结算部门。分两批对10个符合条件的营业网点实施了综合化改革,同一网点由过去只对个人或只对机构的单向服务转变为机构和个人业务都可办理;对内则打破了过去会计业务和储蓄业务自成系统分别管理的格局,以及支行→分理处→储蓄所的管理模式,业务管理统一对口结算部门;对不具备综合网点条件的单一办理个人业务的储蓄网点,上收储蓄部门直接管理。

（杨 光）

【升格网点挂牌】 年内,由分理处升格为支行的菜市口、琉璃厂、陶然亭、樱桃园4个网点正式对外挂牌,仍隶属工行宣武支行管理。

（杨 光）

【应对“非典”影响】 “非典”期间,为防止“非典”对业务带来不利影响,工行宣武支行采取了多种措施:一是网点采取消毒、员工加强预防,坚持对外营业;二是制定了抗击“非典”应急方案,加班加点确保财政资金拨付;三是负责收款的员工,坚持到宣武医院等区内6家医院上门收款;四是针对不宜面对面直接营销的实际情况,以“电话营销、感情营销、重点营销、电子产品营销”的方式,捕捉特殊时期的市场商机,为客户提供有效的金融服务,确保了业务的正常开展。

（杨 光）

【推出个人外汇可终止理财产品】 10月18日,工商银行北京市分行率先推出“汇财通——个人外汇可终止理财产品”,工行宣武支行所属的范家胡同、菜市口、右安门北街和支行理财厅等4个指定网点对外发售,不到一周即提前售罄。

（杨 光）

【“全功能银行系统”投产】 9月至11月22日,“全功能银行系统”在工行宣武支行成功投产运行。“全功能银行系统”是中国工商银行总行在以综合业务系统为核心的第二代业务系统基础上,适应商业银行发展趋势而开发的集业务处理、经营管理、分析决策于一体的第三代综合性全功能业务系统。其突出特点是系统整合开放,信息高度共享,立足产品创新,强化内部控制。

（杨光）

工商银行珠市口支行

【概况】 中国工商银行北京市珠市口支行(简称珠市口支行)隶属中国工商银行北京市分行。支行下设14个科室、2个中心、一个营业室、1个网点支行、3个分理处、17个储蓄网点,在职职工391人。经营范围主要有:办理人民币存款、贷款、结算业务;办理票据贴现业务;代理发行金融债券;代理发行、兑付、销售、买卖政府债券;代理收付款及保险业务;办理外汇存款、外汇贷款、外币兑换、国际结算、结汇、售汇业务;通过上级行办理代客外汇买卖,代理国外信用卡付款业务。年内,全行资产总额达到145亿元,比上年增加15亿元;实现本外币利润17308万元,比上年增加5728万元。
地点:崇文区粉厂胡同甲17号

电话:67019088
邮编:100062

(高凤彩)

【出版建行十五周年画册】 1月,为纪念珠市口支行建行15周年,支行出版了《留给未来的回忆》大型画册。15年的发展,支行成为拥有18家营业网点,总资产达到130亿元,年实现利润1.2亿元的集公司业务、零售业务、国际业务为一体,各项业务全面发展的商业银行分支机构。

(高凤彩)

【抗击"非典"】 面对"非典"疫情,全行员工坚持科学防治,恪尽职守,在高温天气下戴着厚厚的口罩,坚持工作;坚持到友谊医院等单位上门收款,用科学方法和坚定的信念战胜"非典"。

(高凤彩)

【制定发展规划】 年内,为保持可持续发展,支行党委组织制定了《2003年至2006年支行发展规划》,勾画出支行未来几年的发展蓝图。

(高凤彩)

【网上业务营销】 年内,由分行领导牵头,支行开始营销国家邮政局网上银行业务。为国家邮政局安装了网上银行业务系统,实现了国家邮政局对6个省市下属单位通过网上银行进行资金划拨。

(高凤彩)

【支持大栅栏地区危改项目】 大栅栏地区改造工程是市级重点工程,总建筑面积约80万平方米,预计总投资130亿元。支行在大栅栏改造办公室成立之初就主动营销,为企业提供全方位的金融服务。大栅栏投资有限公司在珠市口支行开立了基本账户。

(高凤彩)

【房地产贷款业务】 年内,支行大力开拓房地产贷款业务,每个贷款项目,行长、主管行长都亲自参加营销。全年共营销了华展国际公寓二期、嘉润园、华糖大厦等8个房地产项目,发放贷款6亿元。

(高凤彩)

【个人消费贷款业务】 年内,支行个人消费贷款业务比上年增加13000万元,特别是汽车消费贷款余额比去年大幅增加,与两家汽车经销商签约。为了有效防范贷款风险,支行增加了个人客户经理人数,加强培训;建立逾期催收、贷后检查制度,以保证业务稳步健康发展。

(高凤彩)

【加强内控管理】 年内,支行将内控管理领导小组和风险管理委员会进行整合,成立内控风险管理委员会和内控监察科;调整支行密码领导小组、案件审理工作领导小组、反腐败抓源头工作领导小组,成立支行保密工作委员会;完成支行行长转授权工作,维护全行统一的法人体制。

(高凤彩)

【西河沿分理处升格为网点支行】 为了加快工商银行北京市分行经营管理模式与机制的改革,推进分行扁平化管理,分行决定筹建一批"网点支行"。珠市口支行西河沿分理处升格为网点支行,并于12月31日正式挂牌。

(高凤彩)

【开展金融产品进社区活动】 年内,为提高金融新品牌、新产品的知名度,支行开展了金融产品进社区活动。根据不同层次社区,为客户讲解网上银行知识,弥补传统网点布局带来的缺陷。

(高凤彩)

【开展"思、议、提"活动】 年初,支行响应分行的号召,在全行员工中开展"思改革、议发展、提建议"的活动,号召员工为全行工作献计献策。支行全体员工参加了活动,共提各类建议220条。

(高凤彩)

【开展创建"三名"工程】 年内,支行开展创建"名品、名店、明星"的三名工程,并开展评选"优秀客户经理"、"服务明星"等活动,以此全面提升支行的社会服务形象。

(高凤彩)

建设银行宣武支行

【概况】 中国建设银行北京宣武支行(简称建行宣武支行)隶属于中国建设银行北京市分行。支行下设2个升格支行,1个分理处,14个储蓄所(柜),有职工392人。开办的主要业务有:办理人民币存款、贷款、结算业务;办理票据贴现;代理发行金融债券;代理发行、代理兑付、销售政府债券;代理收付款项;办理外汇存款、外汇汇款、外汇贷款、外币兑换;国际结算、结汇、售汇;通过上级行办理代客外汇买卖等。年内,支行通过采取多种措施,推进了各项业务的稳步发展,实现了存款的快速增长,取得了不良攻坚战的阶段性成果。
地址:宣武区广安门内大街314号
电话:63268357
邮编:100053

(刘丽华)

【抗击"非典"】 4月,支行出纳部一名职工被确诊为"非典"患者住院。同日,根据宣武区疾病防治中心的要求,支行出纳部与其有密切接触的8名职工也相继回家进行隔离观察,抗击"非典"成为当时的紧迫任务。在分行党委的领导下，支行党委一手抓“非典”防治，一手抓业务发展，取得了“非典”防治和业务发展的双丰收。被评为北京市金融系统防“非典”先进集体。

（刘丽华）

【不良攻坚战取得阶段性成果】 年内，在总行降低不良攻坚战中，宣武支行充分发挥政策效用，围绕“现金回收、呆账核销、抵债资产处置"3条战线开展工作。现有不良贷款全部集中实行专业化管理，开展了责任认定及事实呆账认定工作。全年降低不良贷款18491万元。

（刘丽华）

【DCC系统上线】 DCC项目是建设银行北京分行2003年会计核算工作中的一项大工程。宣武支行全力以赴，克服了时间紧、任务重、人员分散等困难，历时134天，培训195人次，完成了从数据清理补录、模拟测试，到切换上线等各环节的缜密工作和各阶段的任务，确保了DCC系统的顺利上线。

（刘丽华）

【人事与激励约束机制改革】 年内，宣武支行积极、稳妥地推进了各项人事与激励约束机制的改革，完成了317名员工的内部等级初始化和住房分配货币化等项工作；推进了支行后勤社会化改革，确保了人事与激励约束机制改革的顺利进行和支行业务的健康发展。

（刘丽华）

农业银行宣武支行

【概况】 中国农业银行北京市宣武区支行（简称农行宣武支行）是经中国银行业监督管理委员会批准、中国农业银行总行下设的二级分支机构，隶属于中国农业银行北京分行。主营人民币存款、贷款和结算业务；办理票据贴现；代理发行金融债券；代理发行、代理兑付、销售政府债券；代理收付款项；办理外汇存款、外汇贷款、外汇汇款、外币兑换、结汇、售汇、国际结算；通过上级行办理代客外汇买卖；代理国外信用卡付款以及总行在经中国银行业监督管理委员会批准的业务范围内授权的其它业务。农行宣武支行共有基层营业网点10个，其中包括7个分理处、1个营业部、2个储蓄所，支行机关下设10部、1室，全行在岗干部职工239人。年内，农行宣武支行根据中国农业银行北京分行提出的工作要求，狠抓业务经营，积极拓展市场，完善服务功能，加强内部管理，年末全口径各项存款余额392087万元，各项贷款余额301986万元，全年实现实际利润10624万元，完成了农行北京分行交给的各项工作任务。

地址：宣武区宣武门西大街28号院10号门

电话：63601629　　63602266

邮编：100053

（肖东英）

【银行卡业务实现跨越式发展】 1月18日，是北京银行卡应用发展联席会议确定的银行卡宣传活动高潮日，农行宣武支行于当日举办大型银行卡宣传活动，并以此为契机，出台完善考核奖励办法，在全行开展银行卡业务营销竞赛，营销重点放在综合理财卡、电卡、纳税协查卡等农行卡业务的主打产品上。农行宣武支行全年共计新发卡35920张，完成年度计划的133％；卡存款余额比年初增长13586万元，完成年度计划的302％；卡消费额比上年同期增长3634万元，完成年度计划的158％。

（肖东英）

【开办个人实盘外汇买卖】 10月，农行宣武支行个人实盘外汇买卖业务对外正式挂牌。通过认真研究客户需求，积极培育客户市场，该项业务呈现蓬勃的发展态势。截止到12月31日，农行宣武支行共开立个人实盘外汇买卖专户39户，币种包括美元、英镑、欧元和港币，存款合计11万美元。

（张玉岐）

【开展中间业务】 年内，农行宣武支行代理销售泰康人寿、太平人寿“分红型”保险业务。全年保费总收入2037万元，是上年保费收入的2.96倍；代征机动车车船使用税16466笔，代征税金额314万元，同比多征1010笔，多征金额28万元；开立银行承兑汇票比上年增加59笔，金额增加88829.04万元；销售凭证式国债29113万元。

（肖东英）

【代收自来水费、污水费】 农行宣武支行作为农行北京分行系统代收自来水费、污水费业务的主办行。自7月份业务开办以来，农行宣武支行与北京市自来水公司通力合作，安排好业务交接等代收业务各方面事宜。截止到12月31日，农行宣武支行共计代收自来水费52334笔，金额706万元；代收污水费51783笔，金额180万元；业务总计104117笔，金额886万元。

（董　哲）

【代收养路费】 年内，农行北京分行与北京市路政局合作，独家代收养路费。农行宣武支行在做好柜台代收工作的同时，每天到东城、宣武、丰台、南城4家养路费征集所上门收款。12月5日至12月31日，共计上门收款9387万元，柜台代收109.53万元，合计代收9496.53万元。

（张玉岐）

【辖属分理处升格为直属支行】 年内,农行北京分行加快扁平化管理进程,将部分分理处升格为分行直属支行。经过近一年时间的筹备,12月26日,农行宣武支行骡马市分理处更名为骡马市支行,对外正式挂牌成立;年末,农行宣武支行完成与骡马市支行的业务划转工作。

(董 哲)

【跻身“经营利润百强”行列】 截至年底,农行宣武支行实际利润再次突破亿元大关,实现经营利润连续两年过亿元,增幅超过20%。在中国农业银行支行级经营单位“经营利润百强”评比中,居第61位。

(肖东英)

【信贷结构优化】 截至年底,农行宣武支行各项贷款余额净增103129万元,其中AA级以上企业贷款比年初增加61550万元,A级以下企业贷款比年初下降11277万元;贴现余额全年净增29938万元,是年初的67.3倍;全年累计清收、保全贷款本息6168.58万元,信贷资产质量进一步提高。

(董 哲)

【个人消费信贷业务】 截至年底,农行宣武支行个人消费贷款余额比年初净增23579万元,其中个人住房按揭贷款余额比年初净增13084万元,完成农行北京分行下达指导性计划的187%;个人汽车消费贷款余额比年初净增10490万元,完成农行北京分行下达指导性计划的154%。

(肖东英)

中国银行宣武支行

【概况】 中国银行北京市宣武区支行(简称中行宣武支行)是全民所有制的国有商业银行,隶属于中国银行北京市分行。经营范围包括:办理人民币存款、贷款、结算业务;办理票据贴现;代理发行金融债券;代理发行、代理兑付、承销政府债券;买卖政府债券;代理收付款项;办理外汇存款、外汇汇款、外币兑换;国际结算,结汇、售汇;通过上级行办理代客外汇买卖等。年内,支行坚持可持续发展经营方针,建立良好公司治理机制,落实以效益为目标的各项业务超常规发展战略,努力克服“非典”疫情带来的负面影响,各项工作特别是业务发展取得跨越式业绩,经营指标呈现高效益、快增长、低风险特点,综合管理跃升新的档次。年末实现营业利润近亿元,为历年最高水平;人民币存款余额净增超过10亿元;不良资产为零,继续保持分行最低记录。

地址:宣武区南新华街1号

电话:63184810

邮编:100052

(王祥起)

【确定全年发展思路】 年初,支行领导班子研究确定全年业务发展思路:第一、按照总分行党委工作部署,在壮大资金实力的同时,努力发展资产业务,提高盈利水平;第二、结合支行实际,走差别发展道路,形成具有自身特色的业务发展模式;第三、严格管理,控制风险,保证各项业务合规发展。

(王祥起)

【业务全面提升】 年内,支行零售业务整体完成良好,特别是消费信贷发展迅速,存款和消费信贷等综合考核在分行位居前列;资产业务起步晚、进展快,其中票据贴现从无到有、从小到大,直贴业务在分行名列前茅;代销基金业务中有3支在分行位列第一,代理保险业务位居分行前列,外汇买卖在分行大赛中排名第一,国际结算业务也在分行排名居前。年末,支行资产总额比上年增加17亿元,实有资产增长11.51%。

(王祥起)

【业务发展与风险控制】 年内,支行所辖复兴门、西罗园、宣武门和莲花河分理处升格为经营性支行,万寿路储蓄所升格为分理处。重新调整预算指标并与分理处签订目标责任书,扎实开展“大干100天,争先创优促发展劳动竞赛”。期间,支行利润月均增长率达到16%。与此同时,支行开展了降低业务差错活动,采取设专职风险督察岗、制订业务差错处理办法、执行业务人员轮换制度等11项全方位防范措施,收到明显效果,业务差错率降至分行最低水平。对于公司贷款和授信业务,也加大了风险防范力度。

(王祥起)

【内设机构整合】 年内,支行将原有12个科室整合为4部1室,部门和科级干部分别减少58%和39%,实现了“减三、精二、充实一”的改革目标。新的部门负责人一律竞聘上岗。通过机构整合,干部员工的忧患意识和危机意识普遍增强,工作效率明显提高;内控机制进一步完善,风险控制能力得到加强;市场营销意识明显提高,业务综合竞争力有效增强。支行高度重视做好整合中落聘干部的思想工作,使之思想稳定,保证各项业务平稳衔接、平稳过渡,实现了机构整合“软着陆”。

(王祥起)

【员工综合素质培训】 年内,支行为提高员工的综合素质,共开展了47次业务培训活动,如储蓄、信贷、信用卡、ATM、反洗钱、反假币培训以及防抢劫实际演练等,共有1385人次参加。支行尤其重视对新产品学习掌握,按季度对员工进行技能测评。

(王祥起)

【加大文明优质服务力度】 年内，支行安排专人，每月对所有网点逐一进行调研性服务检查，发现问题与柜台员工进行分析座谈。这种平等的谈心方式，改变了检查与被检查带来的消极因素，激励柜员主动为客户提供文明优质服务。

（王祥起）

【抗击“非典”】 “非典”期间，支行在第一时间制订了《防“非典”工作措施》和《疫情紧急处置方案》，及时采购发放各种防治物品；执行疫情零报告制度，对发烧员工进行跟踪了解直至排除疑似；改善食堂伙食、增加营养食品供应；对“白衣天使”进驻的两处网点所在地实施隔离措施，无一人患“非典”。

（王祥起）

【企业内部建设】 年内，支行实行职能机构开放式办公，提高了办事效率，增强了办公透明度；全面整顿了劳动纪律、工作纪律及考勤制度，加快落实现代企业管理制度；开展丰富多彩的文体活动，提高支行凝聚力。面对各种灾情，全行员工向灾区人民捐款2万余元、衣被526件。

（王祥起）

保险股份有限公司宣武支公司

【概况】 中国人民保险公司于2003年7月19日正式改制为国有股份制商业保险企业，更名为中国人民财产保险股份有限公司，原中国人民保险公司北京市宣武支公司亦更名为中国人民财产保险股份有限公司北京市宣武支公司（简称人保宣武支公司）。改制后，人保宣武支公司取消原有科室，下设11个营业部，1个业务部，1个综合部，有正式职工77人，仍主要经营各类财产保险和多类短期责任、人身意外保险。年内，人保宣武支公司以“严格，规范，谨慎，诚信，创新”的金融系统10字行风和北京保险行业“诚信为本，客户至上；合规经营，服务取胜”的文明服务公约规范企业自身行为，实践“尊重客户，以诚相待，让客户满意是我们最大的追求”的服务理念，开拓创新，优化服务，增强市场竞争意识和能力，坚持把效益作为检验企业经营好坏的标准，把业绩作为检验员工贡献大小的标准，努力提高管理、业务、服务水平。实现了改制所要求的机构、经营、考核等方面的改造；取得了抗击“非典”的胜利；通过了北京市金融系统“创建文明行业规范化服务达标”验收；超额完成了全年各项业务指标；经营管理业绩在全国人保系统同级公司中名列前茅。支公司被评为中国人民保险公司系统的“经营管理先进单位”，被宣武区人民政府授予“精神文明单位”，支公司党支部被评为“中国人民保险公司先进基层党组织”。

地址：宣武区菜市口南大街平原里20号楼

电话：83526161

邮编：100052

（顾惠潼）

【机动车辆保险业务】 年初，中国人民保险公司在全国同行业率先推出了新的机动车辆保险条款，对保险标的、被保险人做了更加细化的分类，兼顾了保险企业的风险避让和被保险人的意向、利益，并且降费幅度较大。该保险业务一经推出，就受到市场的广泛欢迎。人保宣武支公司在推行新条款的同时，针对北京市车险市场的复杂局面，不断加大对机动车辆保险的市场调查，加大承保、理赔力度，并采取了几项有效措施：一是严格保前验车，明确验车责任，确保承保质量。二是搞好保前、保后服务，严格履行面向社会承诺的24小时免费拖车救援服务；推荐修理，垫付费用；万元以下赔付立等可取；限时赔付，逾期责罚；500元以下交通事故现场赔付等8项规定，300元以下机动车事故车辆免费修理等，以良好的服务和信誉促进了业务的发展。三是调整业务结构，加大效益险种的展业承保力度，筛弃质量低下的业务。四是提高理赔质量，堵塞漏洞，杜绝违规赔款等。五是加大宣传力度，扩大承保范围。年内，机动车辆保险继续保持了支公司的支柱险种地位，取得了较好的经济效益。

（顾惠潼）

【企业财产保险业务】 年内，为巩固和扩大企业财产保险业务规模，人保宣武支公司坚持以市场为导向，有针对性地制定经营策略，把握市场信息，疏通展业渠道，建立激励机制，强化服务职能，提高服务质量，积极向客户提供风险评估服务，普遍对客户进行防灾、防损检查，降低了保险事故的发生率。

（顾惠潼）

【家庭财产保险业务】 年内，人保宣武支公司注重发挥自身优势，积极探索和发展个人分散型财产保险市场，在推出“金锁”、“金牛”等家庭财产保险业务的同时，又全面推出了个人抵押贷款购房保险业务，取得了良好的经济效益和社会效益。

（顾惠潼）

【货物运输保险业务】 年内，人保宣武支公司承保了国内海上货物运输、国内航空货物运输、国内铁路货物运输等保险业务。

（顾惠潼）

【责任险、意外险业务】 年内，人保宣武支公司积极开展多种短期（一年期）责任险、意外险业务，加大了新险种开发和宣传力度,提高了售后服务质量和经济效益。

（顾惠潼）

【内部管理】 年内,人保宣武支公司按照股份制企业的管理体制实施经营考核,对精神文明建设和业务任务指标加大考核力度,对投保、理赔等业务流程,不断加以完善和充实,使之科学化、制度化;提高计算机综合业务处理应用水平,使服务工作的效率和质量得到明显提高;对保户实行“星级管理,星级服务”的举措,在全面提高服务水平的基础上,为进一步密切与老保户、大保户及保险代理的关系,制定一些特殊的政策、规定,促进了业务发展;加强对保险代理网点的管理,制定了代办业务管理规则,对代理人进行有关业务培训,坚持持证上岗,使承保质量显著提高。

（顾惠潼）

【客户服务】 年内,为方便客户,人保宣武支公司在菜市口、广安门开设了两处营业部,办理各种财产保险业务及责任险业务。设有95518保险专线电话,为客户提供24小时电话服务。服务内容包括保险咨询、预约保险,受理各类出险报案及各种保险投诉。

（顾惠潼）

工业　商业　对外经济贸易

工业商业管理

【概况】 北京市宣武区经济贸易委员会(简称经贸委),是负责对本行政区域内商业、工业企业经济运行进行指导、协调、监督、服务的区政府职能部门。主要职责是:负责全区商业、工业经济运行目标、发展战略、中长期规划的编制及运行情况的监测、分析、调整;对本区经贸行业各种经济成分的企业进行指导服务;负责辖区餐饮业、服务行业的行业管理等。区经贸委机关设党委办公室、行政办公室、行业指导科、发展规划科、安全生产管理监察科5个职能科室,行政编制27人。年内,经贸行业实现稳步发展,企业经济效益不断提高;功能街区建设有效推进,重点项目进展顺利,品牌培育初见成效;加大资源整合力度,产业结构调整取得新突破;加大企业改革力度,各项改革实现新突破;加强宏观调控,宏观管理成效显著;落实办实事工程,各项工作进展顺利;安全生产监管力度加强,安全生产成效显著;党建工作成效显著,党组织政治核心作用继续加强;广大干部职工共同奋斗,夺取了抗击“非典”的重大胜利。全年实现社会消费品零售总额70亿元,实现商业批发零售业增加值26.6亿元,对GDP的贡献率达到13.6%;工业实现增加值52.5亿元,对GDP的贡献率达到26.9%;建设大型零售设施1个,面积4.6万平方米;新发展银行卡特约商户1110个;新建全市第一家清真超市牛街清真超市,年销售额达到3000多万元;连锁总店达到16个,所属连锁门店总数252个,营业面积12万平方米,从业人员7682人,实现销售额10.9亿元;审批市场10个,经营面积2.8万平方米,摊位1441个;积极引进迪亚折扣店、冠军超市、7－11便利店等外商企业。全年经贸系统国有及国有参控股企业实现销售及服务收入16.8亿元,同比增长26.9%;实现利润5093万元,同比增长11.1%,其中金座、金源、翔达、金工4家投资管理公司和莱百、张一元6家企业累计实现销售及服务收入15.5亿元。

地址:宣武区广安门南街68号

电话:83976036

邮编:100054

(郭庆山)

【牛街民族特色街开街】 1月20日,区举行牛街民族特色街开街仪式。市民委主任李宝群、市商委副主任李顺利、区委书记唐大生、区长鲁勇等领导出席了开街仪式,副区长袁双梅在开街仪式上致辞。牛街民族特色街集民族文化、民族商业、民族交流和社区服务为一体,商业网点面积2万平方米。开街仪式上,市商委与市民委现场颁发了“支持清真超市建设资金”50万元,用于牛街清真超市的建设。开街以来,人民日报、光明日报、北京晚报、新华社、北京电视台新闻部等37家媒体陆续对牛街民族特色商业街进行了报导。

(郭庆山)

【经贸工作会议】 2月25日召开。区经贸委主任作了题为《开拓进取、奋发有为、努力开创宣武区经贸工作新局面》的工作报告。区四套班子领导,区有关部门和各街道办事处主管领导,区经贸系统各公司、联社党政领导班子成员,区域大型商贸企业负责人,区重点工业企业、科技企业及非公经济企业负责人参加了会议。

(郭庆山)

【安全资格证年审】 3月25日至27日,区经贸委对辖区内100多家建筑施工企业安全资格认可证进行年审。期间,请专家对安全生产法进行了讲解辅导;区经贸委安全科在总结了近两年安全生产工作基础上提出本年工作要点,布置了安全生产检查和安全月活动。

(郭庆山)

【安全生产和防治"非典"检查】 4月15日至17日,区委书记唐大生、常务副区长蒋德忠、副区长张文华、金焱、王永新分别带队,对辖区内机关、大栅栏商业街、医院、影剧院、商场、公共娱乐场所、中小学校、建筑工地等进行了安全生产和防治"非典"工作综合大检查。区政府办、区经贸委、公安宣武分局消防处、治安处等部门参加了检查。

(郭庆山)

【落实责任制会议】 4月22日,区经贸系统召开落实责任制、做好"非典"预防和安全生产工作会议。副区长王永新、袁双梅出席了会议,经贸系统企业党委书记、总经理和直属单位负责人参加了会议。会上,副区长王永新通报了全市和全区预防非典型肺炎工作情况,并就经贸系统工作提出要求。

(郭庆山)

【防控"非典"领导小组成立】 4月26日,区经贸委按照区委、区政府的工作部署,在总结前一阶段预防"非典"、稳定市场的基础上,成立区经贸委防控"非典"领导小组。领导小组下设社会稳定、疫情监控、信息和商品供应3个专项工作小组。

(郭庆山)

【举行捐赠仪式】 5月15日,区经贸系统企业和非公经济企业,在马连道茶城广场为宣武区抗击"非典"一线的医务人员举行捐赠仪式。市工商联党组书记、常务副会长宁长庆,区委书记唐大生,代区长武高山等领导,以及区经贸系统企业、非公经济企业和马连道茶城的负责人出席了捐赠仪式。金源公司总经理阴建玲、菜百公司董事长赵志良代表经贸系统企业,向宣武区捐赠人民币61万元及价值19.1万元的物品;新月公司总经理刘长江、健峰生物科技公司总经理孙世东代表非公经济企业,向宣武区捐赠人民币28万元。唐大生、武高山分别接受捐赠。

(郭庆山)

【消除"非典"影响】 "非典"过后,为消除"非典"给经济发展带来的影响,区经贸委认真贯彻落实市政府《关于防治非典型肺炎期间保持社会稳定促进经济发展的若干政策措施》文件精神,为辖区内承租国有房产的国有、集体、股份制及个体私营企业出具减免房屋租金认定通知97件,涉及69户企业,共减免租金288.4万元。按照市商委通知精神,大力推进餐饮企业自救,批准138户餐饮企业开办夜市,适度延长夜市经营周期,帮助企业尽快摆脱"非典"影响。全区3个多月夜市经营收入达到1000多万元。积极筹划"爱我宣武,共铸繁荣"系列商业文化活动,组织崇光百货、家乐福、菜百、张一元、翔达火锅城等商家推出商业促销活动。

(郭庆山)

【"安全月"主题教育活动】 5月,围绕"实施安全生产法,人人事事保安全"的活动主题,区经贸委组织全区各系统、各行业积极开展"安全月"活动。本着重实际求实效的原则,在全区各主要街道、施工场所、各企事业单位组织开展安全生产检查、宣传、培训等工作。各建筑施工现场开展以安全生产法为主的安全自查活动;陶然亭街道通过组织民工观看安全生产电影的方式,对700多名民工进行安全生产教育;区煤炭公司开办安全月专刊,创办宣传报,组织职工进行安全生产法知识答卷;北京印钞厂举办了职业安全健康管理培训班,并在全厂开展安全生产自查;区政府机关通过张贴宣传画、宣传橱窗、展板等形式进行宣传。据统计,全区各单位共组织开展安全生产检查400余次。

(郭庆山)

【市场经济秩序整顿】 6月24日,区经贸委召开整顿和规范市场经济秩序领导小组全体成员会议,就全区整顿和规范市场经济秩序工作作出具体部署。年内,区经贸委与有关部门配合,开展食品打假、肉菜放心、加油站规范的专项整治。审批市场10个,经营面积2.8万平方米,摊位1441个;制定菜市场设施建设和管理标准,对菜市场进行规范管理;淘汰不规范的初级市场,拆除不合格的加油站;对全区111家美容美发店、900多家餐馆、70家旅店进行规范整顿,规范服务标准,促进行业升级。

(郭庆山)

【"爱我北京,共铸繁荣"活动】 6月27日,全市商业企业为庆祝抗击"非典"斗争取得的阶段性胜利,举办了"爱我北京,共铸繁荣"系列商业文化活动。为配合全市活动,区重点企业将营业时间延长到凌晨,推出了以商业促销、大众休闲消夏夜市和文娱表演活动。国家商务部副部长张志刚、副市长孙安民、市商委主任梁伟参加了崇光百货的庆祝活动。

(郭庆山)

【半年经贸工作会议】 7月31日至8月1日,区经贸委在市工商局培训中心(昌平),召开"非典"之后的上半年经贸工作会议,贯彻落实区委、区政府上半年工作会议精神,总结经验,分析形势,共谋措施,加快发展,确保全年经贸工作任务的全面完成。

(郭庆山)

【北京第三届茶业节】 9月10日至10月7日,北京市商业委员会、宣武区政府主办的北京第三届茶业节在"马连道京城茶叶第一街"举行。茶业节主题为"以茶产业带动区域发展，以区域发展促进茶产业升级”。北京第三届茶业节突出了茶产业发展与区域经济发展的互动，实现了茶叶生产者、经营者和消费者的有机联系，搭建了一个沟通和交流的平台。

（郭庆山）

【“中兴杯”第二届大观园奇石博览会】 9月18日，由区经贸委和大观园奇石市场共同主办的“中兴杯”第二届大观园奇石博览会开幕。奇石博览会旨在为北京与全国各地爱石、藏石、赏石的石友搭建一个石文化交流的平台；为经营者与消费者架起一座奇石交易的桥梁；为首都城市建设提供一个美化环境、装点园林的场所。原民政部部长崔乃夫、原铁道部部长酆炳军、原市委常委欧阳文安、副区长袁双梅等领导以及著名赏石家侯康乙先生和韩国著名赏石家李知恩女士及收藏家、收藏协会、新闻记者近700人参加了开幕式。

（郭庆山）

【推进经贸系统标准租私房工作】 12月5日，为推进经贸系统标准租私房工作，区经贸委在前一阶段指导企业做好调查摸底工作的基础上，针对企业目前进入实际操作阶段后，遇到的有关程序运作、政策把握、资金困难等一系列问题，邀请区国土房管局物业管理科，就解决标准租资金来源、补贴测算依据、贷款、担保、还款、评估等有关政策进行了讲解和专场答疑。

（郭庆山）

【稳定粮油市场工作会议】 12月12日，根据本市粮食市场出现的价格波动情况和市政府关于加强对粮食市场监测的有关会议精神，区政府及时召开会议，传达了市粮食局会议精神，通报了近期区粮油市场波动情况，并对下一步粮油市场供应工作进行了安排。会议要求在总结前一阶段对粮油市场进行日监测情况的基础上，进一步加大监测力度，确保全区粮油市场的稳定。区粮食供给应急预案领导小组成员出席了会议。

（郭庆山）

【产业结构调整】 年内，区经贸委按照北京工业、流通业发展规划，引导企业加快结构调整，推动了区域经济发展。低温设备厂、起重机械设备厂实现顺利搬迁。加快发展连锁经营、物流配送等新型商业组织形式，进一步壮大超市、便利店、专业店。辖区连锁总店达到16个，所属连锁门店总数252个，营业面积12万平方米，从业人员7682人，实现销售额10.9亿元。张一元茶叶公司发展迅速，连锁店总数达到51家，实现销售收入2亿元。华强连锁超市达到14家，实现销售收入1.1亿元。更香茶叶连锁店达到32家，实现销售收入8400万元。家乐福销售收入稳步增长，达到4.2亿元。崇光百货销售收入继续攀升，达到14.5亿元。菜百品牌进一步提升，正式成为上海黄金交易所108家会员单位，在试运行中作成第一单交易，成为回收“贺岁羊年”金条的第一家。

（郭庆山）

【企业改革】 年内，区经贸委系统企业改革全面推进。翔达公司、金源公司的整体改制方案已经批复并开始实施；金工公司的改制方案基本形成；金座公司已经完成清产核资，改制方案初步形成；广外、天桥、大栅栏联社完成整体转制工作；牛街联社、大碗茶公司完成清产核资，改制方案正在形成过程中。

（郭庆山）

【招商引资】 年内，区经贸委参加各类招商项目推介会，加快引进沃尔玛、欧贝德、迪亚折扣店、冠军超市、7—11便利店等外商企业；为牛街商业街争取各项扶持资金320万元。

（郭庆山）

【拆迁工作】 年内，区经贸委配合有关部门，做好南中轴路、月亮湾等拆迁工作，40多处网点、上百家企业、1600多名职工得到妥善安置和补偿。

（郭庆山）

【“刷卡消费无障碍”工程】 年内，全区共完成银行卡签约1110户，超额20.5%完成市里下达的913户任务。大栅栏商业街99%的商户已安装银行POS机，被北京市首批命名为“刷卡消费无障碍示范街区”。

（郭庆山）

【再生资源】 年内，区经贸委加大对再生资源网点的检查指导工作。针对群众集中反映的污染环境严重的15个废品收购站召开协调会，对不符合要求、不规范的网点进行限期停业整顿。

（郭庆山）

【社区商业】 年内，全区新开超市、便利店20余家，其中牛街清真超市是全市第一家经营清真食品的超市；配合市商务局认真做好引进知名连锁企业进社区工作，物美、快客、双汇、天福、红黄蓝等知名超市、便利店陆续在区开业。

（郭庆山）

【早餐工程】 年内，区经贸委与区饮食协会通过组织检查，评选出30家经营早餐的规范企业并进行培训。牵头组织千喜鹤集团选70个早餐经营点，确定牛街街道办事处10个自营网点。11月19日，区经贸委、区饮食行业协会共同召开了早餐经营示范店、规范店表彰大会。

全区30家卫生达标、品种丰富、规范经营的早餐经营企业在大会上受到表彰。

(郭庆山)

【大栅栏研究课题通过专家评审】 年内,区经贸委受区风貌保护领导小组的委托,通过邀标的方式,选择并委托北京富达尔经济技术咨询公司和中国社会科学院经济研究所两家单位,共同承担大栅栏国粹商业区发展战略及实施策略课题的研究。2月19日,召开"大栅栏国粹商业区发展战略研究与策划"专家评审会,邀请北京市商委委员阎立刚,中国人民大学教授、博士生导师黄国雄,中国社科院研究员、博士生导师郭东乐,北京师范大学教授、博士生导师唐任伍,首旅集团首席研究员李庚,中商联经济研究中心研究员于淑华等组成评审专家组,对该项目进行评审。经过4个多月的研究,7月3日,"大栅栏国粹商业区发展战略及实施策略"研究报告通过专家评审。

(郭庆山)

【特种作业人员培训】 年内,区经贸委培训考核特种作业人员2000多人,其中电工659人,电梯司机341人,电器焊工218人,其他特种作业人员700多人;组织培训考核危险品管理人员22人,组织建筑施工单位约570人参加了安全资格考试培训。

(郭庆山)

工　业

金工投资管理公司

【概况】 北京市金工投资管理公司(简称金工公司)于1999年12月成立,负责对原市属两批划转企业的国有资产经营、开发、投资、管理和优化配置;收缴国有资产收益,从事资本管理和运营。公司有职工21739人,其中在职职工5191人、离退休职工16548人;占地面积310767平方米,建筑面积288858平方米,自有产权221028平方米;公司内设经理办公室、企业管理部、资源开发部、财务审计部、人事部、党委办公室、工会等个部、室,有员工18人。公司成立以来,经过3年多的运作,整体经营状况明显改善。一批划转企业初步实现了3年扭亏的整体目标,正在进行整体改制;二批8家划转企业各项调整措施已经启动,并收到了初步成效;公司所属企业北京第三纺织机械有限公司加强质量管理,开发出50余种技术含量高、附加值大的新产品,达到ISO9002和汽车行业QS9000贯标认证,获得了进军国际市场的通行证;科通电子继电器总厂13种新产品设计定型并通过了国家信息产业部军工电子局的验收;卫生材料厂完成了企业与河南羚锐的重组,生产经营形势保持良好的发展势头。年内,公司共完成收入22453万元。上缴税金2289万元,上缴统筹金2971万元,报销职工医药费1698万元,支付减员费用1596万元,减员分流1314人。一批划转企业实现利润53.2万元,同比增长369.14%;二批减亏1729.24万元。

地址:宣武区育新街甲22号

电话:63558831

邮编:100054

(杨　红)

【送温暖活动】 元旦、春节期间,公司党委发出通知,要求下属企业开展送温暖活动。各企业共走访慰问困难职工52户、特困职工74户、困难劳模3户、离退休困难职工220户,送去慰问金、慰问品约15万元。

(杨　红)

【电炉厂安装矽钢片连续退火炉】 4月中旬,北京电炉厂成功地为张家港市变压器厂安装了一台矽钢片连续退火炉。矽钢片连续退火炉是一种用于电冰箱、彩电、空调和IT产业微型变压器上铁芯矽钢片退火用的大型连续热处理生产线,长度26米,功率360KW,炉内有保护气氛,售价230万元。

(杨　红)

【卫生材料厂口罩、脱脂棉生产】 在抗击"非典"的斗争中,北京卫生材料厂与河南羚锐制药厂重组后以"以优质原料、优良工艺"获得市药监局检验批准口罩和脱脂棉生产批准文号。4月23日,口罩和脱脂棉上马生产。4月29日,美国全国广播公司北京记者站主任埃力克先生一行专门到卫生材料厂进行采访,对其口罩的生产环境和产品质量表示满意,并拍摄了生产全过程。

(杨　红)

【低温设备厂为抗击"非典"做贡献】 4月28日至30日,北京低温设备厂在保证质量的前提下,仅用两天时间就完成平时两周的生产任务,为建设中的小汤山医院生产安装了11台(尸体)冷藏柜。

(杨　红)

【电器有限公司产品获ISO9001体系认证】 6月,北京电器有限公司研制生产的CCX52(MF3)密集型绝缘型木锨，通过了北京市质量技术监督局的监测验收，获得ISO9001体系认证。该产品广泛用于供电、机械、印刷、纺织、建筑和采矿行业。

（杨　红）

【三纺机再获国际质量管理认证】 7月4日，北京第三纺织机械有限公司再次获得气弹簧、汽车专用轴承和纺织专件上罗拉轴承、棉纺粗纱牵伸下罗拉的2000版ISO9001标准认证和气弹簧、汽车专用轴连轴承的QS9000认证。这是三纺机公司产品继1998年获得企业质量管理认证和2002年通过美国三大汽车公司QS9000认证后获得的又一项国际权威认证，标志着企业质量管理体系发生质的飞跃，具备了向客户提供满意服务和符合国际标准产品的实力。

（杨　红）

【电器有限公司获3C证书】 10月，北京电器有限公司生产的低压母线槽和低压成套装置，获得了中国质量认证中心颁发的产品"3C"认证证书。连同是年8月该企业获得的JS系列时间继电器"3C"认证，北京电器有限公司已经完成了全部申请产品的获证。

（杨　红）

【科通厂通过质量管理体系审核】 10月，科通电子继电器总厂顺利通过了国家认证机构对该企业GJB9000A—2001质量管理体系的审核。在此之前，科通厂的质量管理体系是根据ISO9002标准建立的。随着产品的升级换代和国际市场对产品科技含量的需求加大，科通厂开始执行GJB9000A—2001标准。新标准文件既涵盖了ISO900—2000的优点，又添了新的内容，主要体现在设计开发过程、顾客满意度测量和相关的财务活动等方面。

（杨　红）

【第一次党代会召开】 11月18日、19日，中国共产党北京市金工投资管理公司第一次代表大会在广安会议中心召开。大会应到代表125人，实到121人。区委副书记王敏荣，区委常委、组织部部长杨素荣等出席了会议并讲了话。会议听取了公司党委作的题为《全面贯彻"三个代表"重要思想，加快改革和发展步伐，努力开创党的建设工作的新局面》的工作报告；审议了《纪检工作报告》和《党费收缴使用及管理情况报告》；通过了《中国共产党北京市金工投资管理公司代表大会常任制工作办法》；选举产生了公司新一届党委委员、纪委委员和出席区经贸委党代会的代表。

（杨　红）

【天平物华医疗仪器有限责任公司成立】 11月26日，北京医用天平物华医疗仪器有限责任公司正式宣告成立。公司前身是北京医用天平厂，已有43年历史，主要生产架盘药物天平及配套砝码、医用乳胶手套烘干粉机和医用针头清洗机等医用器械产品，并开发了以计算机技术为主要手段的高精电子天平及其它称重产品。

（杨　红）

【科通厂产品伴"神州"五号】 年内，北京科通电子继电器总厂研制生产的主导产品固体继电器，成功地应用在"神州"五号载人飞船的火箭系统、逃逸系统和返回舱，为中国首次载人航天飞行的圆满成功做出贡献。

（杨　红）

【大华陶瓷厂生产技术创新】 年内，大华陶瓷厂为了使企业从单一产品发展成多元化产品，增强市场竞争力，自行设计制作了卧式金属化氢气炉，并完善了相应的配套工艺，同时加强组织技术培训，严格操作规程，使陶瓷管壳金属化的生产能力达到年产3.5万件、产值700万元的生产水平。

（杨　红）

商业　服务业

金源投资管理公司

【概况】 北京金源投资管理公司（简称金源公司）系1999年8月31日由原宣武区副食菜蔬总公司、粮油总公司、固业物资总公司合并重组，由北京市宣武区公有资产管理委员会（简称区公资委）授权，代表区政府和受委托的集体企业行使出资者权利的公有资本经营公司。组建之初，有基层企业40家，经整合改制，至2003年末，基层企业减至5家，在册职工1142人，机关部室由组建时的10个缩减为5个，即：行政办公室、财会审计部、劳资保卫部、经营开发部、党务工作部。金源公司以从事粮油、副菜连锁零售为主要业态，所属经营网点186家，建筑面积99000多平方米，其中一条综合连锁——华强超市，五条专业连锁——全特优蔬菜、五谷主食厨房、精诚再生资源回收、牛街清真超市和正兴德茶叶。年内，金源公司以打造品牌、突出特色、抢占市场、科学管理、加速发展为目标,在市场竞争加剧以及遭遇'非典"的特殊条件下,全年实现营业收入1.99亿元,比上年的1.83亿元增加1600万元,增长8.7%;实现综合利润440.5万元,超额4.3%完成年计划,比上年增加62.1万元,上升16.4%。在超额完成经济指标的同时,企业经营、管理、改革及精神文明建设等各个方面也在上年的基础上取得了全面进步。

地址:宣武区白纸坊西街44号
电话:63541432
邮编:100054

(付淑梅)

【华强超市八店迁址】 1月16日,华强超市八店迁入新址。新址位于菜市口枫桦豪景地下一层,经营面积2000多平方米,分为自选、主食、豆制、大肉、水产、速冻、糕点、名酒、医药等区域,经营品种包括主副食品、日百日杂、包装食品、服装鞋帽、日配生鲜等约7000多种。

(付淑梅)

【牛街清真超市开业】 1月17日上午,北京市第一家清真超市——牛街清真超市在牛街北口西侧1号商业楼开业。该超市经营面积2000多平方米,分为地上地下两层,其中地下一层为自选区,经营日配生鲜、酒饮副食、休闲食品、主食熟食、生鲜牛羊肉以及无公害蔬菜、水果、日用杂品等;地上一层为家居用品和传统小吃区,主要经营保洁护肤、卫生洗涤用品及民俗用品,传统小吃区汇集了多家老字号风味食品,并设有50个餐位供顾客就餐。牛街清真超市作为北京市首家清真商品专营超市,以清纯至真、顾客至上、诚实守信为宗旨,秉承发展民族清真特色、创建穆斯林放心购物场所的经营理念,竭诚为各民族的穆斯林朋友提供优质、放心和常年实惠的商品和服务。

(付淑梅)

【正兴德茶庄落户牛街】 1月17日,正兴德茶庄一店由骡马市大街临29号迁址牛街北口西测1号商业楼并于上午9时开业。作为具有百年历史的清真老字号茶庄,除经营传统清真茶叶外,还在店内开设了茶艺馆,馆内设有茗香、茗品、茗仕3个雅间和12个散座,备有绿茶、花茶、乌龙茶、保健茶以及红茶、黑茶、黄茶等20几种茶品,供消费者品茗、休闲、叙旧、洽谈,还可为消费者提供茶艺表演等特色服务。

(付淑梅)

【贾庆林视察正兴德茶庄和清真超市】 1月29日上午,中共中央政治局常委贾庆林在市委书记刘淇等陪同下,先后到正兴德茶庄和牛街清真超市视察。在正兴德茶庄,贾庆林仔细询问了茶叶的产地、质量、销售等情况,并向茶庄职工握手问候。在牛街清真超市,贾庆林察看了食品自选区、日用品区和传统小吃区,与正在购物的顾客亲切交谈。当了解到超市经营7000多种清真特色商品时,贾庆林叮嘱要保持清真特色,服务穆斯林群众。

(付淑梅)

【经济工作会议】 2月13日至14日,金源公司在怀柔碧湖宾馆召开2003年经济工作会议,公司党政领导、部室负责人及所属基层企业党政正职出席会议。公司董事长于培德主持会议,总经理阴建玲在总结2002年工作的基础上,安排部署了2003年的工作任务。会议确定2003年公司工作的总体思路是"一个遵循、四个落实、三个坚持、一个实现",即:遵循与时俱进、开拓创新原则;落实发展有新思路、改革有新突破、开放有新局面、工作有新举措的要求;坚持体制改革与机制改革并重、建立现代企业制度、经营创新与结构创新并举、提高经济增长质量和效益、规范管理与激励机制并行;实现速度、结构、质量、效益相统一。确定的五项重点工作是:1、认清形势,抓紧机遇,扫除障碍,加快发展;2、以建立现代企业制度为目标,进一步深化改革,实施体制改革,实现机制创新;3、以提高经济增长质量和效益为目的,调整经营结构,实现经营机制创新;4、以增强企业竞争力为核心,完善激励机制,不断规范管理,提升管理水平;5、以促进各项工作全面进步为方向,加强精神文明建设。

(付淑梅)

【"3.15"宣传活动】 3月15日上午,在牛街清真超市门前,摆有各种宣传材料和数十种商品的咨询台吸引了众多的消费者,牛街办事处、牛街工商所、宣武烟草专卖局以及7家企业现场解答顾客咨询。华强经贸公司所属一店、六店也举行了宣传活动。此次活动共发放宣传材料5000份,接待咨询近百人。

(付淑梅)

【服务标兵挂牌上岗】 4月1日起,金源公司为表彰近年来在历届劳动竞赛活动中涌现的优质服务先进个人的先进事迹,不断提高服务水平,塑造良好的企业形象,实行服务标兵挂牌上岗。首批挂牌上岗的服务标兵共10人。

(付淑梅)

【永安茶庄暨永安茶苑新张】 4月18日,永安茶庄暨永安茶苑重新开张。永安茶庄系一家有着70年历史的老字号茶庄,始建于20世纪30年代的宣武区西珠市口大街7号。2001年,宣武区两广路拓宽,茶庄被拆除。为弘扬老字号国饮,满足新老客户的需求,茶庄选址西珠市口大街27号。新建茶庄营业面积250

余平方米，分为茶庄和茶苑两部分。前厅茶庄70平方米，右侧摆有各种红绿花茶约100个品种，左侧陈列着各种茶具供顾客选购。通过前厅，便进入永安茶苑。苑内小桥流水、古树山石、木亭古筝、吧台茶座以及茶艺台。茶苑的尽头设有4间茶室，室内一应的古典家具及古字古画，供应各种花茶、绿茶、红茶、黄茶、黑茶、白茶以及乌龙茶、保健茶等20余个品种，并提供茶艺表演。

（付淑梅）

【正兴德、永安茶庄第二届绿茶节】 4月18日上午，以正兴德茶庄牛街分号和永安茶庄珠市口总店作为主会场，举行第二届绿茶节的开幕仪式，会场除设有宣传展板外，还设置了茶叶展台和咨询台，由茶叶界专家现场品评。本届绿茶节以"健康食品、绿色消费"为主题，推出绿茶近百种。绿茶节至5月4日结束，期间还举办了多种优惠让利酬宾活动。

（付淑梅）

【非典型肺炎防控工作】 为做好"非典"时期的供应工作和防控工作，金源公司成立了由党政一把手任组长的领导小组，制定了紧急预案。在市场供应方面，增加人力、运力，加大生活必需品和日用品库存，确保群众需要；加班加点，延长营业时间，方便顾客购买；在"非典"防控方面，坚持每天对营业办公场所、重点部位、工具用具、运输器械等进行消毒和员工体温测试制度，确保了购物环境放心安全，维护了消费者利益和职工的身体健康。"非典"期间，公司一线职工无一人感染。金源公司被评为首都防治非典型肺炎工作先进集体；华强经贸公司、全特优细菜中心等单位被评为区经贸系统先进单位；10人荣获宣武区和区经贸系统先进个人称号。

（付淑梅）

【牛街清真消夏夜市】 6月28日晚6时半，牛街清真超市消夏夜市正式营业，这是市、区政府在"非典"之后为发展经济、恢复正常的生活秩序推出的一项新举措，也是牛街清真超市为回族群众服务的具体行动。夜市共设20张餐桌，可同时接纳近百人就餐。

（付淑梅）

【正兴德、永安茶庄第二届新茉莉花茶节】 8月30日上午，正兴德、永安茶庄第二届新茉莉花茶节在牛街正兴德茶庄门前举行开幕仪式，中国茶叶协会、北京茶叶协会、茶叶质检站以及宣武区政府、区伊斯兰教协会、牛街办事处、牛街礼拜寺等各界领导、专家莅临现场。本届花茶节围绕"健康食品、美味人生"的主题，推出了一系列宣传酬宾活动。开幕式当天，除设有展扳、举办茶叶咨询、茶艺表演、新品推介、品尝外，还邀请茶叶专家举办了有关传统美食文化、饮茶特色和优质茶叶鉴别等系列讲座。茶叶节从8月30日起至9月16日结束，期间推出了上百种新上市的名优茉莉花茶，并在中秋佳节来临之际，开展了为牛街敬老院免费送茶和邀请敬老院老人到茶庄品茶等活动。

（付淑梅）

【清真超市、正兴德茶庄欢庆开斋节】 11月26日是回族群众传统的开斋节，牛街清真超市悬挂起由汉、英、阿3种文字书写的横幅，并在门前设立节日商品摊位。为表达超市员工对回族同胞的节日问候，自10月27日进人斋月后，超市先后走访了3个清真寺，送去了乜贴、茶叶、糕点、大枣等食品。为尊重回族群众的习俗，超市规定了斋月实行"三禁"，即禁在卖场放水杯、禁在超市门口吸烟、禁在营业时间饮酒。正兴德茶庄除有多种酬宾活动外，还设有品茶台，并邀请专家解答顾客疑难问题，茶庄还为牛街地区的孤寡老人、军烈属、礼拜寺阿訇送去茶叶以表关爱。

（付淑梅）

【一届六次职代会】 12月15日上午，金源公司在广安会议中心召开一届六次职代会，公司机关及所属企业的59名正式代表、3名列席代表出席会议。会议听取、审议了《公司整体改制实施方案》、《出资认购办法实施细则》和《职工安置与分流办法实施细则》，表决通过了关于上述3个文件和一届六次职代会决议。会议号召公司广大干部职工以党的十六大精神为指针，进一步转变观念，提高认识，增强改革的紧迫感和主人翁意识，积极参与公司整体改制，为全面完成改制的各项任务、为公司今后的长远发展做出新的贡献。

（付淑梅）

【食品放心工程及市场准入检查】 年内，金源公司落实市商委等七部委关于实施食品放心工程和区技术监督局关于实施食品生产许可证和市场准入标志的精神，成立了专项检查组，在坚持日常检查的同时，全年进行了6次重点检查。检查内容包括米、面、油、酱油、食醋、生熟肉、糕点、豆制品和市场准入标志等。华强超市一店、二店、六店、八店、牛街清真超市被评为北京市营造放心消费环境卫生达标示范单位。

（付淑梅）

【假日营销活动】 年内，公司以"喜庆、热烈、祥和、营造传统商业氛围；时尚、浓郁、放心、享受现代消费生活"和"热烈、温馨、时尚、营造浪漫金秋市场；安全、放心、健康、尽情享受美好生活"为主题，策划了元旦、春节和中秋、国庆假日市场营销活动。各单位除围绕假日消费推出了一系列让利酬宾活动外，还结合东西方传统习俗，开展了圣诞节、腊八节、元宵节、立春、教师节、重阳节和具有民族特色的古尔邦节、穆斯林元旦等多种节日营销活动以及店庆活动等，自创热点，增加卖点。为扩大销售，方便购物，营造节日氛围，公司所属超市、门店对环境进行了装饰和美化，并设立多处节日大棚，增加服务项目，延长营业时间，完善服务功能，销售收入较上年均有不同程度的增长。

（付淑梅）

【机关建设】 年内，金源公司对机关机构设置及人员进行了精简。此次精简以精干高效为原则，以公开、公正、公平、透明为宗旨，采取群众投票与部室聘任相结合的方式，经过大会动员、意向选择、无记名投票、领导班子集体验票等程序，于11月1日正式运行。精简后，部室由99年组建时的10个减为5个，即：党务工作部、行政办公室、财会审计部、经营开发部、劳资保卫部，人员压缩近半。

（付淑梅）

金座投资管理公司

【概况】 公司有未改制企业(含空壳企业)12家，参股、控股企业8家；在职职工989人，离休、退休人员1786人；公司所属国有企业，集体企业，参股、控股企业资产总额35831万元；可经营房屋面积32,787平方米。

地址：宣武区盆儿胡同60号

电话：63522526

邮编：100054

（祁德鑫）

【63家“老字号”商标注册】 1月16日，公司根据区经贸委经营“老字号”无形资产的授权并投资12.06万元，委托北京市中北商标专利事务所，对全区63家曾在历史上经营过的“老字号”进行商标注册。63家“老字号”涉及餐饮业、绸布皮货业、服装鞋帽业、百货业、药业、糕点食品业、烟酒茶叶业、钟表眼镜业、金银首饰业、珠宝玉器业等13种行业。

（祁德鑫）

【“瑞翔天禧”市场开业】 3月，由金座公司与湖北阿路谱科技有限公司共同投资兴建(公司占总股本45%，阿路谱占总股本55%)的“瑞翔天禧”市场全部竣工。市场共3层，可经营面积2,800平方米。新建筑门面保留了有百年历史的“瑞蚨祥鸿记”字号和用中英文镌刻的商业广告用语。4月2日，市场正式开业。

（祁德鑫）

【金安普生药房拓展经营】 3月15日，公司所属北京金安普生医药有限责任公司在白广路17号又开办一家“平价普生大药房”。11月15日，西单科技广场的“西单普生大药房”迁址到“西西友谊商城”，经营面积扩大300平方米。金安普生公司全年经济效益比上年同期提高了97.9%。

（祁德鑫）

【做好抗“非典”药品供应工作】 “非典”期间，公司系统6家药品经营企业和17家药品零售商店，在贯彻市区有关预防“非典”会议精神和落实药品供应工作中，严格执行药品价格政策，制定并采取5项措施：一、成立防“非典”领导小组，确定主要领导抓药品供应工作；二、主动采取措施，积极组织货源，做到疫情信息灵敏、药品补充及时、保证市场供应；三、加强药品采购验收和质量管理，严防购人假冒伪劣药品；四、严格执行药品价格政策，稳定市场药品价格；五、开展药品数量、单价、质量等自检。信海康医药公司销售自制“八味方”中药冲剂；鹤年堂药品经营公司昼夜加工中药冲剂，快速调进杜帮隔离服和艾美体温计，为全面战胜“非典”服务。

（祁德鑫）

【“非典”期间经济效益】 “非典”期间，公司所属部分专业药店和百货商场被确定为疫情定点商店。在“非典”高发期内，商店及时向市场供应各种消毒液、洗涤灵、药皂、口罩、一次性手套及各类中成药、免疫针剂、隔离服、体温计等大量用品，公司的经济效益显著增长。截止到6月底，公司共完成商品销售23807.4万元，比上年同期增长121.82%。

（祁德鑫）

【武高山到公司调研】 8月7日，区长武高山、副区长袁双梅到公司进行调研。武高山对公司组建以来，尤其是抗“非典”期间的工作给予肯定，并对公司今后的改革与发展提出5点要求：一、领导班子要树立高度使命感，承担起提高职工生活水平的重任；二、对公司在改革与发展中出现的问题要逐一解决；三、公司在改革工作中要从转变观念、调整结构、探索新的业态和加强管理4个方面下工夫；四、面对客观现实要振奋精神、坚定信心、增强战胜困难的勇气；五、政府部门为企业发展创造良好的外部环境，企业要发挥自身优势，开拓更广阔的发展空间。

（祁德鑫）

【德寿堂列为市级文物保护单位】 12月11日，根据《中华人民共和国文物保护法》的有关规定，经北京市市长办公会研究通过，公司直属企业德寿堂药店作为近现代重要史迹及代表性建筑，列入北京市第七批市级文物保护单位名单。

（祁德鑫）

【公司所属改制企业关系转出】 年内,公司所属33家企业在改革工作中先后转制,成立股份制企业和有限责任公司。根据区委、区政府的要求,8月26日,公司将33家企业的党组织关系、工会关系等转交企业所在属地的街道工委。其中转出党支部33个、共产党员330人、共青团员11人。

(祁德鑫)

【药品经营企业通过GSP认证】 年内,公司所属参股、控股药品经营企业北京信海康、北京金鑫然、北京菜市口3家医药有限责任公司,分别在6月、10月、12月通过了由北京市药品经营质量管理规范认证中心和北京市药品监督管理局的现场认证(GSP认证),获得北京市区药品经营批发、零售资格。

(祁德鑫)

【企业职工素质教育】 年内,公司对所属药品经营企业的专业技术培训、专业技术职务评审和药品经营质量管理规范认证工作全年做出计划,并定期聘请专家进行业务指导。12月4日,经北京市药品监督管理局专业技术评审委员会评审,4人取得中药师任职资格,18人取得中药士任职资格,6人取得药士任职资格。药品行业执业任职比例达到57%,超过国家对药品行业执业任职比例30%的规定。

(祁德鑫)

金正资产投资经营公司

【概况】 北京市金正资产投资经营公司(简称金正公司)是经北京市宣武区人民政府批准,于1998年8月正式成立的国有独资公司,负责宣武区国有资产产权经营管理、国有资产优化配置;收缴国有资产权益、国有产权转让收入、国有资产投资;对企业提供贷款担保、咨询服务。公司注册资金56000万元,权属企业17家,参股企业10家。公司设有二部二室,有员工15人。年内,金正公司为促进区属国有企业改革进程,提高国有资本的运营能力,优化资本结构,促使产权清晰,加大了企业改革的力度,加强资产运作,合理处置资产。全面完成了两个企业的改制、3家企业国有股权的划转、1家不良资产的处置,国有资产保值增值率达到106%,上缴国有资产收益406万元,实现投资17230万元,担保额度突破了2000万元。

地址:宣武区育新街甲2号

电话:63558823

邮编:100054

(杨杰华)

【企业改革】 12月,金正公司积极推进权属企业改革进程,北京市鑫宣市政工程公司、北京鼎新仓储有限公司的整体改制工作已全部完成。

(杨杰华)

【加强资本运作】 12月,金正公司完成了北京调压器厂房产运作工作。针对调压器厂的经营状况,作出了《关于收购北京调压器厂房产的可行性报告》。经区政府批准,实施了具体的运作方案,解决了调压器厂的遗留问题,确保了国有资产有效增值。

(杨杰华)

【加强资产运作】 12月6日,金正公司与北京市福聚商贸有限责任公司本着互惠、互利、互让的原则,签署了位于通洲区觅子店金三角工贸城内宣武区培训中心的房屋租赁协议书。

(杨杰华)

【完成股权划转工作】 年内,金正公司完成了菜百公司、张一元公司、光大股份公司的国有股权划转工作。

(杨杰华)

【完成国有资产收益收缴】 年内,金正公司资本运作效益显著,完成国有资产保值增值率106%,上缴国有资产经营收益406万元。

(杨杰华)

【运作担保基金】 年内,金正公司担保金额累计2020万元(其中金正光彩1360万元,担保基金660万元),扶持了区中小企业的发展,解决了企业融资难的问题。

(杨杰华)

【提供贷款担保】 年内,金正公司为北京天桥投资开发公司、北京陶然房地产开发公司、北京天桥建筑集团有限公司、天枫房地产公司4家企业,提供了共85500万元的贷款担保,确保了四大重点工程的顺利进行。

(杨杰华)

【开展投资工作】 年内,金正公司完成了两项投资:一是对北京地铁四号线的投资,全部投资额为1.77亿元,占其总股本的3%;二是对北京大栅栏投资有限责任公司的投资,全部投资额为2000万元,占其总股本的67%。

(杨杰华)

翔达投资管理公司

【概况】 北京翔达投资管理公司(简称翔达公司)组建于1999年10月,是宣武区经贸系统以投资、监管、服务为主要职能的全民所有制企业。公司内设总经理办公室、财务审计部、人事保卫部、基建开发部、党务工作部5个部室和行业管理办公室、人才培训中心两个自收自支部门。主要经营范围包括:餐饮业、旅店业、浴池业、美发美容业、照相业、商品零售业及文化旅游业等。年末,职工总数1756人,其中在职职工1443人,临时工313人,离、退休人员2297人。所属独立核算单位10个、经营网点82个,建筑面积近6.10万平方米;在建酒店工程1处,建筑面积3.89万平方米。全年累计完成营业收入5283.22万元,按可比口径计算,实现利润133.34万元,总额达3.34亿元。

地址:宣武区白广路10号

电话:63521731

邮编:100053

(陈宇光)

【全面落实资产经营责任制】 年初,翔达公司根据所属单位的经营规模、资产状况等不同情况,重新制定了经营效绩考核办法;召开专门会议,由公司党委书记、总经理分别与各所属单位的书记、经理签订了资产经营目标责任书,进一步明确了工作目标和岗位职责,加大了奖罚力度。

(陈宇光)

【扶贫解困送温暖】 春节前夕,翔达公司组织开展了扶贫解困送温暖活动,走访慰问下岗职工、特困职工和劳动模范1074人,发放慰问金(慰问品)近17万元。

(陈宇光)

【举办迎春书画展】 1月10日至2月25日,位于宣武区琉璃厂文化街内的翔达宏宝堂画店举办了迎春名家书画展,欧阳中石、刘炳森、沈鹏等12位中国当代著名书画家的作品参加了展览。

(陈宇光)

【翔达牛街火锅城开业】 1月17日,翔达公司所属全资企业翔达牛街火锅城正式营业。为了充分发挥牛街民族特色经济街区的区位优势,培育新的经济增长点,翔达公司投资300多万元,在牛街北口东侧开办了一家可同时接待400多人就餐的火锅城。

(陈宇光)

【落实安全生产责任制】 1月23日,翔达公司为全面落实安全责任制,分别与各所属单位签订了《安全生产责任书》;建立了公司、企业、门店(班组)三级安全生产组织网络,按照"谁主管,谁负责"的原则,进一步完善了安全生产岗位职责;结合行业特点和不同时期,开展安全生产教育活动和经常性与重点时期相结合的安全生产检查,确保了安全生产万无一失。

(陈宇光)

【经济工作会议】 2月18日至19日,翔达公司在北京韩村河会议中心召开2003年经济工作会议。会议总结了2002年工作情况,提出了2003年工作总体思路,确立了以公司整体改制为突破口,抓经济,促发展的工作方针。

(陈宇光)

【致全系统党员的公开信】 4月23日,翔达公司党委发出《致全系统共产党员的一封公开信》。号召全系统共产党员在思想上、行动上与党中央保持一致,在防控"非典"的斗争中自觉发挥共产党员的先锋模范作用,维护企业安全和社会稳定,为争取防控"非典"斗争的全面胜利作出贡献。

(陈宇光)

【全面完成资产评估】 4月,翔达公司委托金正元资产评估有限公司对全部经营性资产进行了评估,其评估结果报经宣武区财政局核准。截至3月31日(评估基准日),翔达公司全部经营性资产为2.06亿元,负债0.90亿元,净资产1.16亿元,完成了整体改制前的资产界定和评估工作,为制定《公司整体改制实施方案》提供了有效的依据。

(陈宇光)

【为医务人员捐款】 5月15日,在区经贸委举行的全区经贸系统为宣武区抗击"非典"一线医务人员捐款仪式上,翔达公司捐款10万元人民币和200箱饮料。

(陈宇光)

【向社会承诺活动】 5月24日上午,翔达公司为全面贯彻落实市委、市政府关于"一手抓防控'非典',一手抓经济建设"的方针,在晋阳饭庄门前广场举行了"翔达公司向社会承诺创造安全卫生消费环境活动"。区委、区政府主要领导及北京电视台、北京日报等10多家新闻单位应邀参加。

(陈宇光)

【企业划转】 6月3日,为贯彻落实《宣武区经贸系统调整改制整体方案》,翔达公司原所属翔达宏宝堂画店整建制移交给京都文化投资管理公司。

(陈宇光)

【庆祝建党82周年】 7月1日,公司召开党员大会,纪念建党82周年。会议总结了开展"抗'非典'、夺损失,迎七一、创佳绩"主题教育活动情况;表彰了"增'三力'达标创优工程"先进党支部和优秀共产党员。先进党支部和优秀共产党员代表在会上介绍了工作经验和先进事迹。

(陈宇光)

【宣传计生条例】 9月11日,翔达公司召开宣传贯彻《北京市人口与计划生育条例》(简称条例)动员大会。会议宣传了条例,对主要条款进行讲解；提出宣传贯彻条例要坚持党、政一把手亲自抓，负总责，做到“思想认识到位，领会精神到位，宣传教育到位，职责落实到位”。所属单位党、政、工及计生干部50多人参加了会议。

（陈宇光）

【假日经济】 “十一”黄金周期间，翔达公司所属晋阳饭庄共接待顾客9600多人次，平均日营业收入近10万元，比上年同期增加了两成，凸显假日经济的新亮点。晋阳饭庄凭借纪晓岚故居的文化氛围和社会知名度，吸引了大批文艺界知名人士经常惠顾。

（陈宇光）

【批准整体改制】 10月28日，宣武区经济体制改革办公室批准翔达公司整体改制方案，翔达公司按照批复的要求，改制为由国有参股和自然人出资相结合的有限责任公司。

（陈宇光）

【纪晓岚塑像落成】 11月初，在纪晓岚故居对外开放一周年之际，翔达公司出资制作了一尊纪晓岚汉白玉塑像矗立在其故居展室中央。

（陈宇光）

【改制工作研讨会】 11月18日至19日，翔达公司在北京碧溪饭店召开改制工作研讨会。会议对《翔达公司整体改制实施方案》、《出资认购办法实施细则》和《职工安置分流办法实施细则》等相关文件进行了充分的研讨，进一步统一了思想，提高了认识，明确了翔达公司整体改制的目标和工作思路。

（陈宇光）

【二届二次职代会】 12月2日至3日，翔达公司在公司会议室召开第二届职工代表大会第二次会议。会议围绕“深化改革，促进发展”的主题，审议通过了《公司整体改制实施方案》等一系列配套办法，标志着公司整体改制工作正式启动。

（陈宇光）

煤炭公司

【概况】 北京市宣武煤炭公司（简称煤炭公司）为国有企业，担负着区内4.6万户居民用煤和1万户居民液化石油气的供应。公司下设两个煤厂和11个煤炭供应门市部及一个液化石油气代销站，并有北京京广方园厨房设备有限责任公司、北京方园京广厨房设备有限责任公司、北京南城机电设备有限责任公司、北京京华佳园物业管理有限责任公司4家控股企业，共有职工286人。年内，公司销售蜂窝煤47167吨，比上年减少5651吨；销售液化石油气46846瓶，比上年减少46513瓶（因本年减少1个代销站）；主副营及其它收入6149万元，比上年增加560万元；上缴管理费150万元，比上年增加30万元；实现利润100万元，超额完成年度计划指标。公司除保证民用煤供应外，还开办了多种经营项目，经营厨房设备、制冷设备、五金机电等20余类上万种商品，开办了永安路菜市场、天宁寺综合市场、颐寿轩敬老院，年内又开发建设了金泰开阳大厦。公司被评为北京市煤炭系统“文明单位”、三个门市部被评为“金泰恒业”杯文明窗口。

地址：宣武区德源胡同8号
电话：63548097
邮编：100053

（张　育）

【实行全员安全责任保证金制度】 年初，为落实安全工作责任制，公司实行了全员安全责任保证金制度，并制定了《关于实行全员安全责任保证金制度的实施办法》。全体员工均缴纳不同数额的安全保证金，年底按照各单位、部门和岗位安全工作情况，给予奖励和处罚，进一步明确了员工的安全责任，增强了安全意识，实现了公司全年安全指标。

（张　育）

【开展为职工送温暖活动】 春节前夕，公司开展为困难职工送温暖活动，党政工领导亲自到离退休职工、患病职工及家庭生活困难的职工家中，走访慰问职工80人，送去慰问品和慰问金共计26152元。

（张　育）

【金泰开阳大厦工程开工】 3月31日，由公司自主开发建设的金泰开阳大厦正式开工建设。工程建筑面积14300平方米，地上五层，地下一层，由房山城建集团有限责任公司承建。大厦位于右安门内大街东侧，计划投资6000万元，拟建成高档写字楼。为搞好金泰开阳大厦建成后的经营，7月，公司成立了金泰开阳大厦物业管理中心，对大厦的经营进行了策划包装、广告宣传；开展了市场调查，写出了可行性报告，对大厦的经营做了预测；走出去学习兄弟单位的管理经验，为大厦的经营做了充分的准备。

（张　育）

【制定预防“非典”疫情应急预案】 4月，在抗击“非典”斗争中，公司制定了预防“非典”的应急预案，确定了公司预防“非典”的重点部位，疫情发生时应采取的具体措施及责任部门和责任人，应急程序、步骤及方法，有效地预防了“非典”疫情，保证了公司的安全。

（张　育）

【为抗击“非典”一线运送物品】 4月27日至5月5日，公司所属京广公司和方园公司的职工，在疫情最严重的9天里，放弃“五一”假期休息,积极支援抗击“非典”一线,为小汤山“非典”专科医院、人民医院、宣武医院等医疗单位送去各种医疗消毒设备、厨房设备等,共计价值94万余元。

(张　育)

【冬煤预储】 9月5日至11月5日,全区开展了冬煤预储工作。共预储冬煤27290吨,比上年同期增加2145吨,预储户数达到43174户,占全区供煤户的92.17%。在此期间,公司员工全力以赴保证了在11月5日前将冬煤全部送到居民家中。

(张　育)

【民用煤价格放开】 9月8日起,经北京市物价局批准,民用煤销售价格放开,实行市场调节。煤炭公司采取相应措施,积极做好民用煤的生产、储存和销售工作,保证供应,提高质量,改善服务工作。

(张　育)

【开展民用煤供应创“双优”活动】 12月2日,代市长王岐山对民用煤质量问题作了批示,公司召开紧急会议传达贯彻市领导的指示精神,发动职工提高民用煤质量,改进服务工作。从12月10日起,公司开展了争创民用煤质量优、供应服务优的创“双优”活动,在保持蜂窝煤质量“双达标”的同时,做到服务问题无投诉,保证冬煤供应工作的圆满完成。

(张　育)

【集团领导视察民用煤供应工作】 12月,北京市京煤集团党委书记、董事长倪文驹、总经理于新华和总工程师张可到南横西街门市部、三庙门市部检查民用煤供应情况,并深入居民家中了解居民对民用煤供应的反映。

(张　育)

【连续11年获“守信单位”称号】 年内,公司控股单位京广方园厨房设备有限责任公司,连续11年获北京市工商管理局颁发的“守信单位”称号。

(张　育)

【职工培训】 年内,公司继续加强对职工的转岗培训。全年共支出15920元,对部分职工进行了物业管理、低压电工、空调制冷、电脑制图及烹调、锅炉工等专业技术培训。

(张　育)

【光明里综合楼拆除】 年内,在南中轴路开发过程中,公司从全市建设的大局出发,服从政府提出的“谁的孩子谁抱走”的政策,拆除了新建的位于先农坛街22号的光明里综合楼,直接经济损失500余万元。

(张　育)

恒达公司

【概况】 北京市恒达投资管理公司(简称恒达公司),系北京市供销合作社系统城镇集体所有制企业。恒达公司设有3个职能部、室,所属有7个独立核算企业;在职职工157人,离退休职工306人;主要经营炊事机械、不锈钢制品、土产建材、土产杂品等。年内,南中轴路和南横西街的扩路拆迁,又拆除了所属的3个较大型经营网点,严重影响了销售和利润。由于全体干部和职工的积极工作,主要经济指标仍超过了年初的计划目标。全年完成商品销售3407.2万元,比上年增长1.24%;实现利润21.4万元,比上年增长57.1万元,实现了扭亏为盈的目标。

地址:宣武区盆儿胡同62号院旁门
电话:63522045
邮编:100054

(焦立江)

菜市口百货股份有限公司

【概况】 北京菜市口百货股份有限公司(简称菜百公司)由北京菜市口百货商场于2000年5月1日改制而成。公司设经理办公室、营销策划部、市场开发部、财务部、人力资源部、质量管理部、现场管理部、物业部、保卫部和计算机中心。菜百新世纪商场为菜百公司的经营实体,以黄金珠宝饰品为特色经营,营业面积8800平方米,员工462人。年内,公司销售66581万元,其中销售黄金珠宝饰品53800万元,创下了全国单独门店销量第一,并连续14年在北京市同行业中销量第一;连续14年被北京市工商局评为“重合同,守信用"单位;连续10年获“首都文明单位标兵”。2003年,公司被首都精神文明委授予“全国精神文明建设工作先进单位”;被全国总工会授予“全国模范职工之家”;被北京市质量技术监督局授予“北京市质量管理优秀企业”;被北京市教育委员会授予“建立现代企业教育制度创建学习型企业先进单位”等荣誉称号。

地址:宣武区广内大街306号
电话:83520468
邮编:100053

(杨文兰)

【月销售首次突破亿元】 1月,公司销售完成1.1亿元,突破了月销售的历史最高纪录。

(杨文兰)

【参加德国慕尼黑珠宝展会】 2月23日,菜百公司副总经理赴德国慕尼黑参加“2003德国慕尼黑国际钟表、珠宝首饰及技术展览会”。在展览会上的“中国日”,代表中国黄金珠宝首饰零售业作了主题发言。

（杨文兰）

【公司召开董事会和股东会】 3月18日，菜百公司召开2003年董事会和股东会，审议通过了《2002年工作报告》、《2002年财务决算报告》、《2002年红利分配方案》、《2002年监事会工作报告》、《2003年财务预算报告》。

（杨文兰）

【干部职工竞聘上岗】 4月12日，菜百公司召开干部职工聘任大会，本着"公平、公正、公开"的原则，继续推行干部职工竞聘上岗制。年内，共有16个商品部、10个部门、380人竞聘到相应的工作岗位。其中21人次参加了干部岗位竞聘答辩，3名员工走上领导岗位。

（杨文兰）

【结构调整专项管理评审会议】 7月24日，菜百公司召开专项管理评审会议，就二层经营结构的整体调整进行了评审。针对二层家电类商品经营销售下降的情况，结合公司黄金珠宝类商品销售良好并呈上升的趋势，决定利用目前的经营品牌、社会知名度，抓住机遇，不断丰富"菜百首饰"的内涵；对二层进行调整，以经营珠宝、钻石、翡翠饰品为主，设立珠宝饰品经营的"万元店"、"首饰精品店"、"高档礼品店"等，同时尝试黄、铂金的交易。

（杨文兰）

【开设直营连锁店】 8月26日，菜百公司召开专项管理评审会议，就在王府井东安集团东安市场内开设"菜百首饰"东安店进行了评审。决定利用公司的经营优势和品牌优势，将企业做大做强，在北京及周边地区的零售市场打出"菜百首饰"的品牌，赢得更大的市场空间，提升企业的知名度，扩大市场占有率，不断寻找新的经济增长点，使企业在日趋激烈的竞争中发展、壮大。10月1日，菜百公司在王府井集团东安市场开设的"菜百首饰"东安店正式营业。

（杨文兰）

【场庆3周年服务促销活动】 8月20日至9月14日，菜百新世纪商场举行了为期24天的3周年场庆服务促销活动。活动期间，实现销售收入5094万元，比上年同期增加19.94%。活动的主要内容有：购物返礼券、抽奖、积分卡回报等。同时，菜百公司再次把场庆经费4万元捐赠给北京市希望工程。

（杨文兰）

【离退休职工重阳节游园会】 9月26日，菜百公司在陶然亭公园举行了2003年度重阳节游园会，260名离、退休干部职工参加了游园活动，公司党政工团负责人出席了游园会。会后，公司向每位离退休人员赠送了纪念品。

（杨文兰）

【获"全国百货行业优秀企业"称号】 10月18日，菜百公司被中国百货商业协会认定为"全国百货行业优秀企业"；公司黄金珠宝首饰部售货员王健楠、李莉分别被授予"全国百货行业明星售货员"。

（杨文兰）

【公司被授予"中国商业名牌企业"】 10月20日，菜百公司被中国商业联合会授予"中国商业名牌企业"；黄金珠宝首饰售后服务中心主任申俊峰被授予"全国商业服务明星"。

（杨文兰）

【集体协商决定工资增长方案】 11月7日，菜百公司召开2003年集体协商决定工资会议。与会的企业方代表和工会方代表共同讨论通过了《2003年度工资增长方案》。

（杨文兰）

【市领导视察菜百】 11月28日，北京市副市长陆昊、北京市商务局局长李昭在区长武高山、副区长袁双梅等领导陪同下，到菜百公司视察，并参观了即将在全国首发、北京独家发售的"猴年贺岁"金条展柜。

（杨文兰）

【独家销售"猴年贺岁"金条】 11月29日，菜百公司独家销售由中国金币总公司发行、上海金币投资有限公司总承销的农历甲申"猴年贺岁"金条。菜百公司作为全国首发、北京地区独家经销并同时进行回购。此次发行的"猴年贺岁"金条成色为99.99%纯金，有500克、200克、100克和50克4种规格及850克的套装，另外还特意推出了重量为1公斤的"猴年贺岁"金条50根，具有权威发行、专业生产、物超所值、宜礼宜藏和变现简单等5大特点。顾客购买踊跃，其中购买的最高金额达到10万元。当天总量为83公斤的金条全部售出。

（杨文兰）

【年度管理评审会议】 12月11日，依据ISO9000标准，菜百公司召开了年度管理评审会议。管理者代表、各部门负责人分别就质量体系运行等情况进行了报告，并提出了3个方面的改进建议：在人员培训、专业人才的开发和利用上加大力度；为确保质量体系运行得到控制，继续完善、修改体系文件；利用企业现有优势，提升"菜百首饰"品牌的知名度及市场占有率。

（杨文兰）

【创建学习型企业】 12月13日，由北京经济管理干部学院副院长李永涛任组长的9人审核组，在公司五楼会议室召开"菜百公司创建学习型企业评估工作会”。公司作了创建学习型企业评估自检报告;专家评审组分别召开了中层干部、职工座谈会;审核组等人还到一层营业大厅、教室、办公区进行参观。评审组对公司的创建活动给予了肯定。

(杨文兰)

【职工技术练兵比赛】 12月17日,为期3天的菜百公司职工技术练兵比赛结束。比赛项目有:商品知识介绍、编织中国结、礼品包装、计算机操作等17项。

(杨文兰)

【获“全国模范职工之家”称号】 12月22日,市总工会常务副主席李树发、区工会主席宋大中等领导,到公司举行“全国模范职工之家”授牌仪式,菜百公司总经理、工会主席和公司工会委员、部分职工代表参加了授牌仪式。

(杨文兰)

【黄金珠宝销售额突破5亿元】 截至12月31日,菜百公司年销售6.6亿元,其中黄金珠宝销售首次突破5亿元大关,成为全国单独门店销量第一的企业,连续14年在北京市同行中销售黄金珠宝第一。

(杨文兰)

白广路百货商场

【概况】 北京市宣武白广路百货商场为区单列企业,隶属于北京京都文化投资管理公司,是一家以突出特色经营,集零售、批发于一体的区域性百货商场,营业面积2700平方米,职工86人。商场设家电商品部、黄金珠宝部、针纺服装部、鞋帽部、安全保卫部、财务部和经理办公室。主要经营家用电器、黄金珠宝饰品、日用百货、针纺织品、五金交电、服装鞋帽等20大类、2万余种商品。年内,白广路商场面对日益激烈的市场竞争形势和不利于企业发展的地理环境,以改革促发展,以开拓创新为经营理念,继续实施特色经营战略,培育新的经济增长点,促进了企业发展。全年实现销售收入1100万元,实现利税156万元。白广路商场继被北京市工商局、北京市技术监督局授予“北京市无假冒商标示范商场”、“北京市购物放心单位”后,再次被评为“物价、计量信得过单位”、“重合同守信用单位”。

地址:宣武区白广路大街11号

电话:63548435

邮编:100053

(赵建辉)

【新开百米纺织厅】 1月,商场新辟出二楼西侧200平方米作为纺织品营业厅,专门经营纯毛、化纤、真丝等各类纺织面料。年内,举办了4次“纺织品面料优惠月”特惠活动,期间,相继推出免费加工床罩、窗帘、枕套及购面料免费加工裤子的无偿服务活动。

(赵建辉)

【经济工作专题会】 2月20日,白广路商场在商场五楼会议室召开了年度经济专题会,各商品部经理、主任参加了会议。会议总结了2002年度经济工作,部署了2003年工作安排;确定了以改革促发展,以创新求发展,继续坚持和发展特色经营的经营思路和营销策略。

(赵建辉)

【黄金珠宝购物节】 4月26日至5月7日,白广路商场举办了第二届黄金珠宝快乐购物节。购物节以“真诚回报消费者”为主题,向广大消费者推介高品质、低价位且具有现代时尚的国内、国际知名品牌钻戒、珠宝、铂金、黄金、K金及翡翠饰品;还推出了黄金饰品以旧换新,免收加工费,免费为顾客清洗饰品,知名专家到场宣传珠宝知识,免费鉴定珠宝玉石的活动。购物节期间,实现销售收入200万元。

(赵建辉)

【抗“非典”保经营】 4月至7月,在抗“非典”期间,为确保企业的正常经营秩序,保障消费者和职工的健康,根据当时疫情的发展变化,白广路商场制定了防“非典”紧急预案和一系列相关工作制度。为保证制度到位,明确了领导干部逐级岗位责任制,把防“非典”的各项工作落实在经营活动之中。商场充分发挥经营优势,组织购进抗“非典”用品,设立专柜方便群众购买。在抓抗“非典”的同时,积极抓经营、抓营销,开展多种形式的促销活动,扩大商品销售,最大限度地将“非典”对经营的影响值降至最低点。商场未发生疫情,无一人感染“非典”。

(赵建辉)

【捐赠物品抗“非典”】 5月,在北京发生“非典”疫情期间,白广路商场向工作在抗击“非典”一线的医务人员捐赠矿泉水150箱、鲜奶150箱,价值近万元。

(赵建辉)

【深化改革】 9月14日,白广路商场第十六次经理办公会、白广路有限责任公司第十二次董事会决定,为进一步深化改革,拟撤销母体,退出国有股,解决1994年组建公司时遗留的历史问题。此项工作报经京都投资管理公司同意,于9月17日至12月10日,由相关部门按照法定程序,依法对白广路商场进行了清产核资、审计、评估,完成了相关准备工作。

(赵建辉)

国华商场有限责任公司

【概况】 北京国华商场有限责任公

司(简称国华商场),成立于1980年7月,其前身是北京市宣武区国华商场。1994年,国华商场被北京市经济体制改革委员会确定为现代企业制度试点企业;1995年2月,成立了“北京国华商场有限责任公司”,隶属于宣武区经贸委和宣武区京都文华投资管理公司。公司集营业、办公、仓储为一体,建筑面积10589平方米,注册资本1250万元;下设业务企划部、人力资源部、财务部、行政保卫部、党总支委员会、共青团支部、工会、现场服务办公室、计算机中心和经理办公室;主要经营日用百货、服装鞋帽、化妆洗涤、五金家电、针棉织品、文体用品、办公用品、食品超市、黄金铂金、珠宝翠钻等几十大类、六万余品种。公司以铂金首饰为龙头,铸造“京城铂金第一家”,推动首饰水平整体上升。年内,完成销售收入1.19亿元,实现利润506万元。公司被评为全国“守合同重信用”企业,再次荣获“首都精神文明单位”、“北京市购物放心单位”、“无假冒商标商场”、“区属重点优秀企业”等荣誉称号。

地址:宣武门西大街18号楼

电话:63022531

邮编:10053

(许恒宽)

【抗击“非典”】 在抗击“非典”的日子里,国华商场在党总支的领导下,正常营业,保证供应。商场投入2万余元,用于员工防护和清洁环境,为员工和顾客提供安全清洁的工作和购物环境。4月22、23日,两天内组织消毒用品2000箱、食盐7.5吨、方便面1800箱、大米1.6吨、牛奶1300箱,满足市场供应,维护社会秩序,稳定百姓情绪,平抑市场物价。为疫区医院、隔离疗养区快速安装热水器,为宣武医院和小汤山医院的白衣战士捐献慰问金2万元和价值1万元的饮料。商场党总支被评为“宣武区先进党支部”。

(许恒宽)

【调整股本结构】 年内,公司顺利完成了减持总股本,调整股本结构的改革方案,缩减了国有股的持股比例,公司总股本由1250万元缩减至800万元。在保证国有资产完整的前提下,通过产权的流动和重组,最大限度地兼顾企业和职工的利益。权威机构对公司及母体资产进行了评估及彻底清算,结果表明,资产总量和资产质量都得到了更进一步的扩大优化,股东的资产得到了保值增值。

(许恒宽)

【树品牌首饰特色经营】 年内,国华商场继续以铸造“京城铂金第一家”为经营定位,并围绕其定位开展活动。从商品、服务、促销等多方面加大管理和宣传力度,突出经营特色;先后增设“至尊克拉钻饰”专柜、“获奖产品展示”专柜、“国际时尚彩金”专柜,扩大名牌饰品,增加花色品种,完善售后服务,延伸服务内容;“以旧换新”的内容更加灵活和便利,深受广大消费者的欢迎和信赖,形成铂金珠宝首饰百花齐放的特色。

(许恒宽)

【促销突出关爱与品位】 年内,国华商场在广告宣传上突出以人为本、文化经商,探求首饰文化内涵与促销的结合点,集中体现关爱消费者的主题。全年广告支出121万元,围绕十大主题,更换广告词15次。“非典”过后的第四届铂金文化节,邀请著名书画家现场挥毫作画的文化主题、“健康夏日行”的关爱主题、“俏佳人”欧洲彩金流行款的时尚主题、“铂黄金饰随意换”的便利主题,吸引了众多消费者。

(许恒宽)

【全员持证上岗】 年内,国华商场在员工有序流动的基础上,继续保证员工的整体技能服务水平,全体员工取得劳动和社会保障部核发的职业资格证书,经营黄金珠宝首饰的营业员全部取得专业首饰技能资格证书。在岗营业员均能全面、专业地为顾客提供优质的服务,为铸造“京城铂金第一家”充实更深层次的内容。

(许恒宽)

【深入社区服务】 年内,国华商场成立了志愿者社区便民服务队,全年为16个社区和社区单位提供上门服务25次。为社区“空巢”老年人提供代购送货服务;发放宣传彩页12期,宣传食品标签和食品卫生,引导健康消费。特别是“非典”期间,商场便民服务队把供应紧张的防护消毒用品送到居民家门口;场庆期间,特价商品让社区居民真切感受到了实惠。

(许恒宽)

【评为守合同重信用企业】 年内,公司被国家工商行政管理局授予全国“守合同重信用”称号;国华商场连续14年被北京市工商行政管理局评为“重合同守信用”单位。

(许恒宽)

张一元茶叶有限责任公司

【概况】 北京张一元茶叶有限责任公司(简称张一元公司),其前身张一元茶庄是京城著名的老字号,始建于清光绪二十六年(1900年),创始人张昌翼,店名取自“一元复始,万象更新”之意。1984年,张一元商标正式注册;1992年,成立北京市张一元茶叶公司;1993年,张一元被国内贸易部命名为“中华老字号”;1994年,公司在福建建立生产基地,生产的茉莉花茶以其汤清、味浓、入口芳香、回味无穷的特色,享誉京城;1999年,公司按照现代企业制度的要求,转制为北京张一元茶叶有限责任公司,原隶属于金源公司;2003年1月,公司从金源公司划出,隶属区经济贸易委员会。公司内设党支部办公室、经理办公室、人力资源保卫部、经营开发部、质管服务部、生产业务部、财会审计部、信息管理中心等8个部室;有连锁店51个,其中直营茶庄12个、茶楼2个,另设饮料销售中心、茶叶批发配送中心等,在职职工154人。公司经营高、中、低档绿茶、红茶、青茶、黑茶、黄茶、白茶及花茶、保健茶等300余种,同时经营茶饮料、包装食品、茶具等。1999年,公司被北京市质量技术监督局授予"购物放心单位"荣誉称号;2001年,被中央宣传部等六部委授予全国"百城万店无假货示范店"荣誉称号,为全国茶行中首家获此殊荣者;2002年4月,被北京市工商行政管理局评为"北京市著名商标";2002年9月,张一元茶叶被北京市质量技术监督局评为"北京名牌产品",同时被北京市商委评为"北京市名优特许经营品牌"。

年内,公司实现销售额19789万元,比上年同期的17000万元增长16.4%;实现利润1201万元,比上年同期的1033万元上升16.3%。
地址:宣武区万明路18号
电话:63046426
邮编:100050

(于凤云)

【成立张一元饮品有限责任公司】 1月22日,张一元饮品有限责任公司正式挂牌成立并投入生产。公司位于通州区台湖镇,总投资2000万元,占地40亩,拥有4800平方米的现代化厂房及先进的生产设备和产品研发中心、检测中心,以严格的质量管理体系和领先的技术工艺保证了产品的质量。产品包括茶饮料、果汁饮料、饮用水等三大类,预计年生产能力一百万吨。公司组建了饮料销售中心,迅速进行了市场开发,饮料产品进驻北京300余家超市、零售店和外埠300家超市、零售店;建立了桶装水的销售网络,销售覆盖到城八区;参加了数次全国范围的展销会。

(于凤云)

【召开一届五次股东代表和股东(职工)大会】 2月9日至10日,张一元公司分别召开了一届五次股东代表大会、全体股东(职工)大会。会议审议通过了《2002年工作总结及2003年工作计划》、《2002年业务活动经费支出情况》、《企业规章制度》及《职工奖惩办法》;确定了全年公司的总体发展战略:以做强、做大"中国茶——张一元"品牌战略为核心,以深化改革为动力,突出抓好四项工作,逐步向集科研、生产、流通、服务于一身,融产、供、销、科工贸为一体的产业化公司发展,实现张一元的新跨越。

(于凤云)

【春节供应迎来开门红】 春节期间,公司供应有三大特点:一是零售额达到2028.6万元,同比上升26.4%;二是总店日销售额突破88万元,再创全国单店日销售额纪录;三是礼品茶生产突破1.9万盒,满足了市民送礼的需要。2月19日,公司召开春节供应工作总结会。

(于凤云)

【连续五年获首都文明单位标兵称号】 3月,公司再次被评为首都文明单位标兵,这是自1999年以来,公司连续5年获此称号。公司坚持开展创建文明单位标兵活动,加强对职工的培训,引导职工从岗位做起,提高服务工作中的文明礼仪水平,服务工作不断创新。张一元茶庄坚持开展代客邮寄服务17年;开展免费送茶上门工程;党团员捐资助学,帮助大栅栏地区特困生刘佳完成学业;与三家残疾、贫困户签订扶贫帮困协议等。

(于凤云)

【张一元第五届绿茶节】 4月19日上午,张一元第五届绿茶节在大栅栏总店开幕,市商委副主任李顺利、区政协主席郑文奇、副区长袁双梅及市茶业协会等有关领导参加了开幕式。本届绿茶节至5月7日结束。节日期间,举办了茶艺表演、现场炒茶演示、茶叶咨询等活动,推出了100多种新绿茶。

(于凤云)

【抗击"非典"献爱心】 5月10日,为了支援抗击"非典",公司为医护人员捐赠价值10万元的绿茶;为隔离工地送去绿茶饮料400箱、大遮阳伞350把;公司员工包括聘用人员、实习生135人,捐款20990元,慰问战斗在抗击"非典"一线的医护人员。

(于凤云)

【通过质量管理体系认证】 6月9日,公司通过了ISO9001:2000版质量管理体系认证审核。7月,北京方圆委认证中心正式向公司颁发了证书。

(于凤云)

【张一元第四届茶文化节】 8月22日上午,张一元第四届茶文化节在大栅栏张一元总店开幕,中国茶叶流通协会会长梅峰、北京市茶业协会会长段葆兰和区有关部门负责人到会祝贺。本届茶文化节的主题是:"茗品天成,健康相伴,相约茶友会,欢聚张一元"。文化节期间,举办了茶文化讲座、茶知识问答、茶艺表演、有奖猜谜、免费品茶等活动,成立了张一元茶友会。文化节历时10天结束。

(于凤云)

【获市质量管理优秀企业称号】 9月,公司被北京市质量技术监督授予"北京市质量管理优秀企业"称号。公司严把茶叶质量关,专门成立了质量监督审评办公室。自1995年起,张一元茶叶在国家质量监督部门的历次抽查中,一直保持了全部合格的业绩。

(于凤云)

【实施信息管理系统】 9月,公司组建了信息管理中心,主抓ERP平台搭建工作,实施信息管理系统的开发。10月中旬,公司举行了包括用友、奇正、清软等6家软件公司参加的招标会,最后选定清软公司为公司提供软件及相关培训。

(于凤云)

【慰问牛街敬老院】 9月5日上午,中秋节前夕,公司党政工团领导前往牛街敬老院,为老人们送去了节日的祝福,并为每位老人送去月饼、茶叶,受到老人们的热烈欢迎。

(于凤云)

【假日经济】 9月20日至10月7日,公司开展了"迎国庆,话健康,同享张一元茶"的国庆节促销活动,实现销售总额725.39万元,比上年同期的613.31万元上升18.28%。

(于凤云)

【举办第二届职工业务技能大赛】 10月30日,公司工会举办的第二届职工业务技能大赛在东方饭店举行,来自12个直营店、20个加盟店的37名选手参加了比赛。比赛项目包括称包茶叶、茶叶知识笔试、识别茶叶。比赛决出综合奖3名、优秀奖3名、单项奖(称包传统包)3名、优秀组织奖2名。

(于凤云)

【公司被评为"中国商业名牌"】 11月14日,张一元公司被中国商业联合会授予"中国商业名牌企业"、"中国商业服务名牌"称号;张一元翠微茶庄经理王静被授予"全国商业服务明星"称号。

(于凤云)

【连锁经营快速发展】 年内,公司连锁店总数达到51家。本着积极开发、稳步发展、保质保量的原则,全年新开店23家,其中直营店3家、加盟店20家,比上年的10家增长了1.3倍,加盟店经济效益增长了1倍多。

(于凤云)

网点规划建设管理处

【概况】 北京市宣武区网点规划建设管理处(简称区网点处)隶属于区经济贸易委员会,属自收自支的全民事业单位。主要职责是:组织实施全区商业服务业网点发展规划;负责旧城改造商业网点拆迁协调、服务;负责新建居住区配套商业服务业用房的规划和管理;区属自行建设的大中型商业设施开发建设的组织与实施;编制年度商业服务业翻扩建项目和装修改造项目计划等。网点处设基建科、规划科和办公室3个工作机构,有工作人员24人。下属单位有:区商业网点经济开发公司、北京天虹市场经营服务中心、北京鑫鼎房地产开发有限公司。年内,区网点处继续做好新建小区商业网点配套工作;在抗击"非典"疫情期间,成立了领导小组,对网点处出租的房屋,进行严格管理;为配合翔达公司改制,对涉及到的8处房产进行调查;完成了经贸委系统的防汛工作;探索网点处改革方案,为下一步改革做好前期准备。

地址:宣武区白纸坊东街25号

电话:63529274

邮编:100054

(续建仁)

【抗"非典"工作】 "非典"期间,区网点处规划科的工作人员,到出租网点发放《关于贯彻落实商业企业防"非典"检查工作的通知》及《做好排水管网防治"非典"工作的通知》,对各出租网点定时进行抗"非典"、防疫情措施及设施落实情况进行检查;配合部分出租网点所在的社区、居委会,对使用地下室的商业用房,签订预防"非典"疫情责任书,并督促出租网点的外地来京务工人员到社区医院检查身体。网点处下属的天虹市场经营服务中心及时成立防"非典"领导小组,制定市场防"非典"措施,免费向各摊位发放体温计,坚持每天检查各摊位从业人员的身体情况,并落实下属市场对各摊位的设施费减免政策。

(王迎宾)

【配合解决房产问题】 年内,为了支持翔达公司的转制工作,区网点处对翔达公司使用的网点处配套的8处网点,逐一进行现场调查,了解情况,整理材料,并与翔达公司沟通信息,将调查结果整理成文,向区经贸委汇报。

(王迎宾)

【签订小区商业配套协议书】 年内,区网点处与北京润博房地产开发有限公司签订了朗琴园小区的商业配套协议书。协议中明确规定,开发商必须按文件要求拿出一定的底层面积,作为配套便民商业设施使用。

(王迎宾)

大碗茶商贸集团公司

【概况】 北京市大碗茶商贸集团公司(简称大碗茶公司)成立于1979年,系区属集体企业,有职工190

人。经营项目包括服装、百货、工艺品、餐饮、茶座、演出等。公司下设党办、业务科、财务科、劳资科、行政科、公司办公室;分支企业包括北京老舍茶馆、北京大碗茶商场、北京震云阁工艺品公司、北京前门大碗茶商城、北京前门大碗茶戏楼有限责任公司、深圳震云阁工艺品有限责任公司等7家集体和股份制企业。年内,公司继续实施“增销降耗,开源节流”的经营方针,探索企业改制新途径。调整产业结构,改善企业经营外部环境,加强财务管理和监督,加大文化产业资金投入,增强名牌经营意识,规范市场经营秩序,提高经营项目档次和服务品位,全年实现销售收入707万元,上缴税金35万元。

地址:宣武区前门西大街3号

电话:63021741　63022969－802

邮编:100051

(王　捷)

【斯洛伐克总统作客茶馆】 1月7日,斯洛伐克总统鲁道夫舒斯特偕夫人,在北京老舍茶馆观看了一台具有京味传统文化艺术特色的演出。

(王　捷)

【资质认证】 1月10日,大碗茶酒家通过北京市商业委员会考核认证,成为具有国家一级酒家资质的企业。

(王　捷)

【学雷锋联姻共建20周年】 1月27日,由中国雷锋精神研究会主办、北京老舍茶馆协办的“纪念雷锋精神研究会成立35周年学雷锋报告会、表彰会暨中国雷锋精神研究会与北京大碗茶商贸公司联姻共建20周年”活动在北京老舍茶馆举行。会议总结了中国雷锋精神研究会成立35年来的发展历程,并为学雷锋之家和学雷锋积极分子、立功人员命名单位代表颁发了荣誉证书。原中央组织部部长、中国雷锋精神研究会名誉会长张全景,原海军副政委、中国雷锋精神研究会副会长冷宽中将,雷锋生前战友乔鞍山等出席并为受表彰人员颁奖。

(王　捷)

【“老二分”浮雕落成】 1月27日,原中央组织部部长、中国雷锋精神研究会名誉会长张全景和刘智、李素丽,与尹盛喜总经理一同为老舍茶馆门前落成的“老二分”紫铜浮雕揭幕。新落成的浮雕占地4平方米,高3.8米。浮雕画面从另一个侧面,折射出了当年北京前门地区热闹的商业文化氛围。

(王　捷)

【楹联活动】 1月29日,北京老舍茶馆与北京楹联学会,在店内共同举办“迎春做嵌名联”活动。活动期间,来到茶馆的每一位客人都获赠一副春联和一个福字,消费满200元的客人还会得到一副由专家为其拟做的嵌名联。在为期10天的活动中,老舍茶馆共发放7000多副春联和福字。

(王　捷)

【文化交流】 2月9日,首次来华巡演的美国TONY甲壳虫乐队在老舍茶馆,与中国艺术家表演的川剧“变脸”、民乐演奏“五音连弹”等民族艺术同台竞技。在2个多小时的活动中,200多位中外观众不仅看到了东西方文化的一次碰撞,更多的是感受到了一种交融。

(王　捷)

【两岸交流】 4月4日至14日,北京老舍茶馆总经理参加了由北京市人民政府台湾事务办公室组织的京味文化之旅赴台文化交流活动。在为期10天的活动中,老舍茶馆先后到基隆、新竹、台北、鹿港等地进行展演活动,带去的精彩演出和浓浓的京味气息,为当地人士留下了深刻印象。由于语言相同,文化相近,使得彼此间的交流氛围格外融洽和谐。

(王　捷)

【慰问医务人员】 4月29日,为了向奋斗在抗击“非典”第一线的广大医务工作者表示崇高的敬意和节日的祝福,北京老舍茶馆将价值3万元的大佛龙井茶转交给北京佑安医院,并赠送一面写有向抗击“非典”的医务人员致敬的锦旗。

(王　捷)

【公司创始人病逝】 6月30日零点48分,全国五一劳动奖章获得者,北京市劳动模范,中国雷锋精神研究会副会长,原北京市第八、九届人大代表,北京市宣武区第十二届人大代表,北京市大碗茶商贸集团公司总经理兼党支部书记、北京老舍茶馆创始人尹盛喜因病医治无效,在京不幸逝世,享年66岁。7月6日上午10时,尹盛喜追悼会在北京八宝山革命公墓第一告别室举行,北京市原人大常委会副主任段炳仁、区领导唐大生、武高山、王敏荣、杨素荣、袁双梅等与社会各界友好近千人参加了告别仪式。贾春旺、龙新民等中央和北京市领导以及李锡铭、张健民、郭献瑞等,先后打电话到单位对尹盛喜的逝世表示哀悼,对家属表示慰问。

(王　捷)

【贵宾欣赏中国艺术】 7月14日,塞尔维亚和黑山共和国总理久卡诺维奇先生来到北京老舍茶馆,与中外观众一起欣赏了一台具有北京地方特色的文艺演出。演出结束后,久卡诺维奇先生在贵宾留言簿上写到:“这是我第一次来华访问,中国经济的飞速发展、社会的进步和热情友好的人民,给我和我的夫人以及代表团成员留下了深刻的印象。老舍茶馆的演出非常精彩，具有浓厚的文化氛围，使我领略到了中国的传统文化，并且看到了中国的未来”。

（王　捷）

【民主选举总经理】　8月8日，北京大碗茶商贸公司在北京老舍茶馆召开第二届第五次职工代表大会，选举公司新任总经理。此次职代会是根据《北京市城镇集体所有制企业厂长(经理)民主选举暂行办法》的规定举行，是宣武区集体企业中第一家以职工民主选举的形式选举企业负责人。

（王　捷）

【匈牙利总理品京味】　8月29日，匈牙利总理迈杰希来到北京老舍茶馆，与中外观众一起欣赏了一台具有北京地方特色的文艺演出。演出结束后，迈杰希先生在贵宾留言簿上写到：“真是特别，谢谢”。

（王　捷）

【茶事活动】　9月9日，北京老舍茶馆举办首都茶界人士共同品茗话中秋活动。中国茶叶流通协会、华侨茶叶发展研究基金会、吴觉农茶学思想研究会、中华茶人联谊会等社团组织的负责人及茶叶企业界代表共计60余人出席。中国茶叶流通协会梅峰会长与老舍茶馆总经理共同主持本次活动。

（王　捷）

【促销活动】　年内，为挽回“非典”造成的影响损失，老舍茶馆先后参加了4次文化促销活动：8月1日，应邀参加首届王府井国际美食节；8月25日，参加首届中国日照茶博览暨茶文化旅游节；9月23日，参加北京朝阳国际茶文化节；10月1日参加第十六届八大处重阳游山会暨第二届中国国际茶文化节。在文化促销活动中，企业发放了8000余份宣传册，展示了茶艺、茶道、茶食、茶餐等主打产品。

（王　捷）

【民族茶艺落户茶馆】　10月3日，作为进入老舍茶馆的第一支少数民族茶艺表演队—云南龙生茶艺表演队，为茶馆宾客分别表演了具有民族气息的彝族和拉祜族茶艺。此次民族茶艺落户茶馆，目的是让中外宾客能从茶馆感受到更多的民族文化艺术魅力。

（王　捷）

【纪念言菊朋从艺80周年活动】　10月20日，北京大碗茶戏楼言派票房与魏喜奎艺术发展基金会，在老舍茶馆共同策划主办“言菊朋‘下海’从艺80周年”活动。刘勉宗、姜珂等老、中、青言派传人相继表演了言派代表作《让徐州》、《卧龙吊孝》、《朱痕记》，与程派演员合作表演的《贺后骂殿》、《武家坡》、《二进宫》等剧目。奚派传人欧阳中石先生为本次活动写来贺词。原北京市老领导张百发、言菊朋孙女言胜利、梅兰芳先生的琴师姜风山等与来自社会各界的300余人参加了本次活动。

（王　捷）

【巴哈马首相夫人赏戏】　11月1日，巴哈马首相夫人克里斯蒂女士来到北京老舍茶馆，与中外宾客一同品茗赏戏。演出结束后，克里斯蒂夫人在贵宾簿上留言：“多么美好的时光”。

（王　捷）

工艺美术品公司

【概况】　北京宣武区工艺美术品公司，隶属于北京宣武区经济贸易委员会，为具有独立法人资格的全民所有制商业企业。下属企业北京清秘阁公司是集体所有制商业企业，主要经营工艺美术品、文房四宝、字画、瓷器等。年内，公司根据当前市场竞争的变化，转变经营方向，将内销为主变为外销为主，开发了具有琉璃厂特色、较高档的“文房四宝盒”；举办了各种档次的，不同形式的书画笔会。

地址：宣武区西琉璃厂52号
电话：63043849
邮编：100052

（刘　平）

【迎春画展】　1月25日，公司在河北廊坊明珠大厦举办“迎新春书画鉴赏”笔会，安俊喜、王文祥、刘建华、苏万顺、王炳尧等书画家出席。2月1日至6日春节庙会期间，公司举办了书画现场展卖会，获得较好的经济效益，同时丰富了庙会活动。

（刘　平）

【四届三次职工大会】　3月27日，公司召开了第四届第三次职工大会，讨论通过了《行政工作报告》、《业务招待费使用情况》，《关于企业补充医疗保险试行办法》；组织学习了《宣武区政府办公室转发区体改办关于区属企业改制有关问题意见的通知》、《市企业民主管理及职工代表大会办法的通知》，并对企业领导进行了民主评议。

（刘　平）

【研制型产品】　5月20日，在抗“非典”期间，公司研制出琉璃厂珍品“文房四宝盒”新产品；8月3日，研制出琉璃厂“玉石料印章盒”一套新产品；首批为区政协制作了300多套“纪念印章盒”。

（刘　平）

【四届四次职工大会】　7月16日，公司召开了第四届第四次职工大会，讨论通过了公司《行政工作报告》、《上半年业务招待费使用情况》

及《关于调整职工基本工资意见》、《承包协议书》等文件。

(刘 平)

【举办书画展览】 7月5日,公司在河北饭店举办"庆祝抗'非典'取得重大胜利"当代名人书画笔会;9月7日,在河北廊坊市德源电器城举行"迎国庆名人书画笔会",廊坊市副市长等参加,书画家赵洪俊、王炳尧、苏民范、黄慕尧等前来泼墨挥毫表演;10月2日,和江南大夫地餐饮集团共同合作,在大观园凹晶溪馆举办了"走向2008首届中国当代名家笔会暨庆祝宣武区第二届文化艺术节现场书画展买"活动,著名书画家王复羊、孙菊生、雷正民、佟伟、苏民范、邹德忠等现场作画;12月10日,在北京清秘阁公司二楼,举办纪念毛泽东诞辰110周年当代名家书画笔会,前来参加的著名书画家孙菊生、何镜涵、黄正襄、孙轶青、马啸啸等16人挥毫书写毛泽东诗词名句,表达了对伟大领袖的缅怀和敬爱;12月28日,由北京江南大夫地和北京清秘阁公司,在"红府家宴"共同举办了"翰墨丹青迎新年暨纪念毛泽东诞辰110周年中国当代名家书画笔会",全国政协副主席、全国工商联主席黄孟复前来参加,著名书画家文怀沙(94岁)、孙菊生(91岁)、黄均(90岁)、徐柏涛(88岁)、阿老(84岁)、雷正民、苏民范、王文祥、王绍华、王志远、妙虚法师、孙大宏等一起共度盛会、热情挥毫,表达对老一代无产阶级革命家毛泽东的缅怀和对新世纪充满期望。

(刘 平)

新月联合汽车有限公司

【概况】 北京新月联合汽车有限公司(简称新月公司)是集出租汽车客运、汽车租赁、省际旅游汽车客运、汽车修理维护、汽车救援及宾馆服务为一体的大型综合性企业。公司注册资本金13130万元,拥有各种运营车辆7000余部,其中豪华空调大客车400余部,员工近9000人。公司下设人力资源部、安全服务部、车管部、财务部、办公室、法律事务室、旅游客运公司和16个出租客运分公司,另有汽车修理公司、汽车救援公司、白沙宾馆、新鼓楼宾馆等全资企业。公司总资产19亿元,年营业收入3亿元。

地址:朝阳区王四营乡马房寺368号

电话:67366666

邮编:100023

(董向京)

【抗击"非典"】 "非典"期间,新月公司制定了完整的防控方案,建立了24小时值班和信息报告制度,率先对车辆进行了全面消毒、更换座套,为全体职工发放预防药品;对司机实行了优惠政策,做出了大幅度减负驾驶员任务的决定,一直延续到11月;无偿提供16部大轿车接送宣武、回民两家定点医院医务人员3962车次、110936人次,安全行使2.6万余公里。公司被中国出租协会评为抗击"非典"先进单位,总经理被评为先进个人。

(董向京)

【拓宽经营范围】 年内,新月公司先后并购了白沙宾馆、新鼓楼宾馆并开始营业,进一步拓宽了经营范围。

(董向京)

庄胜崇光百货商场

【概况】 北京庄胜崇光百货商场(简称崇光百货)为北京庄胜房地产开发有限公司的全资附属机构,集购物、娱乐、饮食、休闲于一体,营业面积8.4万平方米,并拥有地下停车场1200余个停车位。崇光百货贯彻"顾客至上"的精神,多次被评为"北京市无假冒商标商品商场"、"北京市十大消费者满意商场"。年内,实现销售收入14.2亿元,为北京市单店零售第一。

地点:宣外大街8号庄胜广场

电话:63103388

邮编:100052

(王治国)

【抗击"非典"】 4、5月间,"非典"疫情给零售行业造成了重创。在防止疫情蔓延的同时,商场担负了保证物资供应顺畅的职责,确保了正常开业和运营,无一例"非典"疑似和确诊病例报告。

(王治国)

【赞助第53届世界小姐选美活动】 11月23日,崇光百货作为第53届世界小姐活动的定点场所之一,参与了此次世界小姐选美的相关活动。

(王治国)

【经营创新】 年内,商场通过"庄胜崇光中银信贷消费卡",使信贷消费真正摆脱繁琐的审批手续和使用限制,为广大消费者所认同。商场借鉴日式百货店的"店外经销"的运营方式,开拓百货店的运营范围。商场还实行了"返券促销"方式。

(王治国)

对外经济贸易

【概况】 北京市宣武区对外经济贸易委员会(简称区外经委)是综合管理全区对外经济贸易合作的区政府职能部门,下设综合管理科、投资促进科2个职能科室和宣武区招商投资服务中心一个事业单位,全委干部职工12人。主要职责是:负责审批在辖区内兴办限额以下非限制性外商投资项目的合同、章程及审批合同、章程的变更;对批准设立、变更的外商投资企业代发、代换批准证书;负责审批权限以外的外商投资项目合同、章程的初审并申报,以及企业申请外经贸进出口经营权的初审;组织、协调重大涉外经贸活动;对本区企业、事业单位人员出境开展经贸活动的申请进行初审、上报;批准或初审企业、事业单位邀请外商来华从事商务活动的申请;负责本辖区的外商投资促进工作,组织、指导企业、事业单位开展境内外招商引资活动;组织协调政府有关部门对辖区内外商投资企业联合年检,督促、检查外资入资情况并负责利用外资的统计、分析工作;负责对辖区内外商投资企业的管理,受理外商投资企业投诉,协调解决外商投资企业矛盾纠纷;协调指导宣武区招商投资服务中心的工作;开展横向经济联合,加强与国内各省市的经济协作,搞好对口帮扶工作。年内,宣武区新批外商投资企业20家,同比增长11%;协议引资总计62.474亿元人民币(其中协议引进境内资金59.04亿元人民币、引进外资4143.53万美元),实际到位资金8.4亿元人民币(其中境内资金到位6.61亿元人民币、外资入资2165万美元);外商投资企业上缴各项税收实现1.8160亿元人民币,同比增长30.1%;全年完成引资项目30个,同比增长67%。

地址:宣武区南菜园街2号

电话:63543202

邮编:100054

(施　伟)

【外商投资企业联合年检工作】 年内,年检通过企业133家,年检通过率达100%。在133家外商投资企业中,有合资企业75家、合作企业16家、独资企业42家。为进一步改善宣武区的投资环境,真正转变政府职能,深化行政改革,营造高效、公开、公正的行政环境,由区外经委牵头,区经贸委、区财政局、工商宣武分局、区国税局、区地税局及区人事局、交通宣武支队共同组成的上门服务工作组一行18人,对辖区23家注册资本在1000万美元以上的外商企业实行了上门年检,并就5个专题进行了现场办公。年检高峰,正值"非典"期间,对于前来年检的企业,区外经委采取特定地点进行接待,让每家企业按时顺利完成年检工作。

(施　伟)

【为外商投资企业提供优质服务】 年内,区外经曾多次会同工商宣武分局、区税务局、区财政局、区人事局、区劳动局等部门,采用多种方式为企业解决实际问题。为进驻企业寻找注册场所,尽快办理各种证照;为40家企业办理了百余项变更;协同人事局,为6家外商投资企业20人办理了《北京市工作居住证》;批准宣武区所属企事业单位邀请外商来华从事商务活动申请20余家。

(施　伟)

【开展网上招商】 "非典"期间,为使"非典"疫情对业务工作的影响降到最低程度,区外经委积极采取措施,对招商工作紧抓不放,努力拓展引资渠道。发挥区招商引资网的优势,将宣武区最新的投资环境优势和房地产、办医、办学等项目内容,通过招商引资网及时发布,与投资商网上进行洽谈和交流;采取电话、电子邮件等联系方式,解决了与外商的洽谈困难。

(施　伟)

【组织重点项目签约仪式】 6月9日,区外经委在广安会议中心举办了"2003年宣武区重点项目招商引资签约仪式",签约项目6个,签约金额19.04亿元人民币。

(施　伟)

【举办第四届宣武经贸洽谈会】 10月,区政府举办了以"人文宣武、现代经济"为主题,以"文化搭台、经济唱戏"为主旨的"第四届宣武经贸洽谈会"。期间,开展了展览、参观、论坛、对口说明和签约仪式等5大板块的系列活动。9月底至10月底,举办了"宣武形象及重点项目图片展",通过大量生动翔实的文字和图片,展示了宣武区日益完善的区域发展环境和引人关注的重点功能区项目,起到了烘托气氛、推介项目、展示形象的目的。10月10日,组织了"今日宣武"记者参观活动,来自中央和北京30多家各主要媒体的40余位记者参加了此次活动。记者们了解了宣武区重点功能区的建设规划,参观了国际传媒大道、马连道采购中心区等重点功能区和家乐福等重点企业,从新的视角宣传了宣武区良好的投资环境和发展前景。10月16日、17日,举办了"历史文化名城城区保护与发展论坛",来自国家有关部委的领导,上海、西安、苏州、开封等历史文化名城的专家、学者,就历史文化名城城区保护与发展的经验和做法进行了交流，区长武高山发表了题为“让宣南文化福泽后人”的演讲。精选的10家主流媒体均对论坛作了详尽报道，其中《北京日报》以整版的篇幅刊登了本次论坛的议题、观点和相关内容。10月27日，举办了“宣武区重点项目对口说明会”，重点推出了国际传媒大道和马连道采购中心区等成片开发的房地产项目，同时进行了科技项目、合作办学和合作办医等各类项目的招商，来自全国各省市的开发商、投资商及驻京机构代表100余人参加了此次对口说明会。宣武区各有关重点项目单位负责人直接介绍各自规划建设情况，推介各相关功能区的重点项目。10月28日，在大观园酒店举行了项目签约仪式，北京市商务局、北京市建设委员会和宣武区的有关领导出席签约仪式。在本届经贸洽谈会筹备和举办期间，有关合作方共达成10个项目的合同和协议，引资金额总计46.7亿元人民币，其中中融国际商城、马连道1号院改造项目等4个重点房地产项目正式签约，合同总金额为40亿元人民币。

（施　伟）

城市建设

管　理

规划管理

【概况】 按照北京市规划委员会《关于调整市区(县)两级规划管理体制的工作安排》,3月3日,原北京市宣武区规划局更名为北京市规划委员会宣武分局(简称市规划委宣武分局),为北京市规划委员会的派出机构,下设办公室、规划科、规划审批管理科、监督检查科4个职能科室,行政编制17人;所属有宣武规划信息服务中心、宣武区建筑设计所、宣武区建筑勘察所3个全民所有制事业单位。市规划委宣武分局的主要职能是:负责城市规划建设问题的研究,参与研究本区经济和社会发展规划,协调城市规划与近期和年度建设计划的衔接问题;负责组织本区分区规划、控制性详细规划及主要地区城市设计的编制和修订工作;依法组织规划实施,负责各类建设项目的规划管理工作;负责组织各项规划实施情况的检查,对违反规划管理法律、法规的行为进行查处;负责本区的地名规划和地名命名、变更,规划地理信息系统建设和管理工作;负责规划档案、测量标志的管理工作,承办市规划委及区委、区政府交办的其它事项。年内,市规划委宣武分局积极适应规划体制改革和机制创新,结合实施《宣武区城市建设奥运带动计划》和《宣武区古都风貌保护规划要点》,参与修订编制《北京城市近期建设规划》、《北京市绿地系统规划》、《宣武区教育资源调整规划》等工作,缓解了规划相对滞后的矛盾,对城市建设事业的发展产生了积极的指导作用。

地址:宣武区广安门北街14号
电话:63012308
邮编:100053

(董熙平)

【蓟城纪念柱和金中都纪念阙竣工】 年初,蓟城纪念柱扩建工程竣工。1月28日,副市长张茅为蓟城纪念柱揭幕;9月20日,金中都纪念阙揭幕仪式在滨河公园举行,市委书记刘淇、代市长王岐山及区委、区政府领导出席了金中都纪念阙揭幕仪式。庆祝北京建都850周年活动由此拉开序幕。

(董熙平)

【大栅栏规划设计方案经市政府通过】 年初,在充分调研的基础上,区邀请规划、建筑、文物、商业、旅游、经济等方面的知名专家、学者,对大栅栏地区的保护、整治与发展进行专题研讨。首次采用国际招标的方式征集历史文化保护区的规划方案。此次规划体现了政府主导、专家论证、公众参与、科学规划的开放式规划理念。经过专家评议和面向社会公开展示,市规划委宣武分局进行了方案的汇总综合,于5月上报市政府。6月,市长办公会原则通过《北京市大栅栏地区保护整治与发展规划》。12月8日,前门月亮湾整治拆迁工作启动,标志着大栅栏地区的规划建设正式开始。

(董熙平)

【区城市规划与地理信息系统通过验收】 11月22日,历经两年半时间的开发建设,《宣武区城市规划与基础地理信息系统》通过了中国科学院、北京大学等单位组成的专家组的技术评审与验收。专家组认为,该系统完全达到了预期的系统建设目标,是一个实用的业务化运行系统,并在一些关键技术研发方面取得了有特色的成果,对促进数字城市建设有示范与应用价值。专家组同意该项目通过验收,并建议开展后续工作,加强各部门之间的资源整合、信息共享与综合利用,将此系统建成"数字宣武"的空间信息基础平台。

(董熙平)

【琉璃厂文化产业园区建设】 年内,璃厂文化产业园区一期工程取得了项目建设书及规划意见书,南新华街道路拓宽改造工程已经启动。琉璃厂文化产业园区的规划经过专家充分论证和市政府的原则同意后,将按照风貌保护、危旧房改造和功能区建设三结合的原则进行分期建设。

(董熙平)

【国际传媒大道建设】 年内,市规划委和区政府联合组织了国际传媒大道的城市设计国际招标,美国、澳大利亚、德国和中国等5家知名设计单位参与了设计。6月20日召开了专家评审会,与会专家就每个设计方案充分发表自己的意见和建议。此次方案征集,有力地提升了国际传媒大道的规划设计水平。12月7日,传媒大道第一个项目、目前国内最大通信楼————北京移动通信菜市口通信枢纽楼正式建成并投入使用;北京通信大厦建设用地拆迁工作已经完成即将开工建设;国际新闻中心项目拆迁已近尾声;国家新闻出版总署办公大楼选址已确定落户国际传媒大道;富卓花园广场等一批项目正抓紧筹建。

(董熙平)

【马连道都市采购中心区控规调整】 年内,市规划委宣武分局在完成对马连道地区功能定位、土地权属及土地开发程度、交通状况、商业业态等方面调查研究的基础上,在市有关部门的支持配合下,对地区的规划新建住宅项目进行了有效控制,同时委托市规划院编制了该地区控制性详细规划调整方案。目前,控规调整和交通影响分析工作已经基本完成,为把马连道地区逐步建设成为南城经济发展新的助推器和区重要的特色商业功能区奠定了良好的基础。

(董熙平)

【规划审批工作】 年内,按照市规划委统一部署,为做到行政审批的公开化、规范化和效能化,市规划委宣武分局建立了“一图”(通过“一图”,将规划公开);“一书”(通过“一书”,规范审批行为);“一网”(通过“一网”,实现高效率)的工作程序,实现了市规划委确定的“阳光规划”目标,为规划公开奠定了基础。菜市口西片取得了规划意见书,三统碑片核发了建设用地规划许可证,大吉片、广安片规划方案正在调整,天桥南区公建项目规划方案召开了专家论证会。全年共完成各类审批项目414件,其中核发规划意见书55项、装修工程规划许可证37项、临时建设工程规划证46项、建设工程规划许可证220项。

(董熙平)

【规划监督检查工作】 年内,市规划委宣武分局配合有关部门,完成了先农坛和法源寺周边环境的调查摸底与整治;与天桥、广内办事处协调制定了“创建无违法建设办事处”工作方案;在查处违法建设的同时,加大对在建工程的规划监督力度。全年共完成施工验线50项、1103739平方米;竣工验收50项、910280平方米。

(董熙平)

【市规划展览馆宣武展区布展完成】 年内,市规划委宣武分局承担了市规划展览馆宣武展区的布展工作。市规划委宣武分局借鉴其它城市规划展览的先进经验,组织专门力量对宣武展区的布展工作进行筹划,展览方案经区委、区政府讨论通过,布展工作已于年底前完成。

(董熙平)

建设管理

【概况】 北京市宣武区建设委员会(简称区建委)是负责本区建设行政管理的区政府职能部门,主要职责是:依法监督管理建设行业、建筑市场和房地产开发市场;负责制定和落实本区建筑工程年度开复工和竣工计划、区管建设项目的报建和开工审核;负责属地内工程建设质量、房地产开发和建筑行业、建筑市场、工程建设招投标、城市综合开发、危旧房改造等工作的监督管理。区建委内设办公室(党委办公室与其合署办公,挂“纪委、监察科”牌子)、工程科、企业科、危旧房改造办公室、质量管理科5个职能科室,行政编制24人。年内,全区完成开复工面积235.6万平方米,新开工面积85.6万平方米,竣工面积65.5万平方米;各项重点工程按计划进行,市政建设取得新进展。区建委与区国土房管局联合下发了《宣武区房屋拆迁招投标管理办法》,进一步规范了拆迁行为。

地址:宣武区右安门大街26号(旁门)

电话:63518407

邮编:100054

(刘莹娜)

【城建工作会议】 2月27日召开。区委、区人大常委会、区政府、区政协及市建委危改处的领导出席了会议,各有关委、办、局的领导及区属开发、建筑企业经理,驻区开发、建设项目经理和监理公司的负责人参加了会议。副区长金焱作了题为《解放思想、与时俱进、开创宣武区城建工作新局面》的报告,总结了2002年工作中的成绩和不足,明确了2003年宣武区城市建设的主要任务。区长鲁勇就2003年的城建工作提出了要求。

(刘莹娜)

【危改政策调整】 4月中旬,北京市危旧房改造工作办公室召开会议,向东城、西城、崇文和宣武区4城区传达了市委、市政府有关北京市危旧房改造工作的最新精神：为加强古都风貌保护，保留现存四合院；市政府对现有危改政策进行调整，要求二环路内的危改项目暂时停止拆除行为，并再一次深入进行四合院的普查工作。全区的危改目标由原拆迁居民10000户、拆除危房13.72万平方米核减为拆迁居民3000户、拆除危房5.88万平方米；原危改目标责任书中的二环内项目菜市口西、腊竹、大吉、大栅栏和先农坛一期调出目标责任书，只留二环外的三统碑危改区。

（张东燕）

【牛街二期危改回迁楼建设指挥部成立】 5月，为确保牛街二期危改回迁工作顺利进行，区政府成立了由主管区长任组长、牛街街道办事处、区建委、区房地局、区规划局、区法制办、公安宣武分局、区城管大队、区信访办及房开公司为成员单位的牛街二期危改回迁楼建设指挥部，下设总调度组、工程组、前期工作组、居民工作组、拆迁工作组、法制安全组和财务保障组7个小组。为了保证工作效率，指挥部建立每日调度制度、责任分工制度、资金使用制度和工作奖惩制度。5月21日，副区长金焱在建委主持召开成立牛街二期危改回迁楼建设指挥部的专题会议。

（张东燕）

【城建系统抗击“非典”献爱心】 5月23日，区建委在广安会议中心举行城建系统抗击“非典”献爱心捐赠仪式，区四套班子领导出席仪式。参加仪式的还有来自抗击“非典”一线的医务工作者代表，区委、区政府各委、办、局、街道办事处的领导，以及部分区属、驻区开发、建设单位的代表。宣武区建筑行业协会的负责人代表全区32个开发、建设单位，向区政府捐赠108万元。区委书记唐大生接受了捐赠，与会领导向捐赠企业代表颁发了荣誉证书。

（刘莹娜）

【建筑工地防控“非典”达标创优活动】 为了在工地管理中启动良好的运行管理机制，巩固防控成果，区建委在全区建筑工地开展了“防控‘非典’规范管理”达标创优活动，全面提高了全区工地文明程度，共有2批、19个工地获得了优秀称号。区财政拨出30万元专款，购买了电视机、热水器及文体用品等奖品，对达标和优秀工地进行了奖励。

（刘莹娜）

【区政协领导视察危改回迁工地】 7月15日，区政协城建城管委员会对将要回迁的新安中里危改小区和牛街二期危改小区的回迁楼工地进行了视察，对回迁楼建设工地的现场管理、工程质量等方面工作予以肯定，鼓励建设单位努力工作，全力推进回迁楼建设，保证危改小区的居民早日回迁。

（张东燕）

【南新华街拓宽工程拆迁竞标】 7月23日，区建委召开南新华街拓宽工程拆迁评标会。南新华街市政道路拓宽工程是《宣武区公开选用房屋拆迁单位办法》试行后的第一项工程。评选委员会按照《公开选用拆迁单位条件书》规定的评选方法、标准和程序，坚持公开、公平、公正和诚实信用的原则，对竞标单位进行了综合评定，最后评定了两家入选单位。建设单位北京京都瑞华房地产开发有限公司依照程序，向中选的北京顺城拆迁服务有限公司和北京博瑞星拆迁服务有限责任公司发送了《拆迁单位公开选用中选通知书》，并签订了《委托拆迁协议》。

（张东燕）

【新安中里危改小区居民回迁】 9月28日，新安中里危改小区举行回迁仪式。区委书记唐大生、区长武高山以及相关委、办、局、街道办事处的领导出席了回迁仪式。回迁居民曹润芳代表383名回迁居民发言，区领导向10位喜迁新居的居民发放了新居钥匙。

（张东燕）

【地铁4号线拆迁工作】 地铁4号线是2003年市政府加快城市轨道建设的重点工程，途经宣外大街和菜市口大街，设有两个地铁站口。本次地铁4号线拆迁主要拆除地铁站口所在位置的居民，涉及陶然亭和广内两个街道办事处近100户居民，由创通公司作为拆迁人。拆迁工作从11月24日开始，截至12月28日24点，已经有87%的居民签订了拆迁安置补偿协议。

（张东燕）

【牛街二期危改回迁日期公示】 经过牛街二期危改回迁指挥部各成员单位的努力，牛街二期回迁楼及市政配套设施建设工作进展顺利。为使办理回迁手续的居民做到心中有数，10月28日，区建委和牛街办事处按照指挥部的决定，提前向回迁居民代表通报了目前工程进展情况及回迁工作安排，并在牛街社区张榜公示。居民对此反应良好，确保了社会稳定。

（张东燕）

【三统碑危改小区拆迁启动】 12月15日，三统碑危改小区张贴拆迁公告，小区拆迁正式启动。整个危改小区拆迁分期进行，此次拆迁居民612户，拆迁公告期为30天。

（张东燕）

【危改拆迁工作超额完成】 截止12月底，全区累计拆除房屋14.98万平方米，拆除危房8.00万平方米，启动了先农坛一期和三统碑危改小区。根据调整后的危改工作目标，已经超额完成年度危改拆迁任务。

(张东燕)

【拆迁行政强制执行工作】 年内，为保证拆迁工作依法进行，推进项目建设工作，区建委受区政府委托，进行拆迁行政强制执行工作。经区国土资源和房屋管理局申请，区政府批准对76户拆迁居民进行行政强制执行，其中33户居民在下发行政强制执行公告和决定之前即签订了拆迁安置补偿协议，自行搬离了现场；31户居民在接到行政强制执行决定后的限期搬离期限内，签订了拆迁安置补偿协议；对12户居民进行了行政强制执行。

(张东燕)

【危改小区招投标工作】 年内，完成了小马厂北片危改小区一期1、2、3号楼，红居危改小区南区住宅楼，南横街东口危改小区S3、S4、S5、S6、S7、S9、N9、N12、N13、N14、N15号楼危改项目招投标工程的各项登记备案手续，总计建筑面积396384.43平方米。所有这些危改工程全部都在施工合同所约定的开工时间按时开工。

(王海书)

【经济适用房招投标工作】 年内，完成了马家堡33、36、37、42号和42N住宅楼，以及莲花晴园B型住宅楼总计面积为129529平方米经济适用住房工程的招投标工作。

(王海书)

【基本建设规模指标超额完成】 年内，全区共完成开复工面积235.6万平方米，同比增长2.8%，其中住宅面积157.7万平方米，同比增长7.7%；新开工面积85.6万平方米，同比增加16.1%，其中住宅面积68.7万平方米，同比增长5.2%；竣工面积65.5万平方米，同比减少11%，其中住宅面积49.1万平方米，同比减少3.6%。

(刘亚鹏)

【危改回迁小区建设】 全区7个危改回迁小区36栋危改回迁楼，已有31栋开工建设，其中牛街二期12栋、新安中里5栋、南横街东口8栋、小马厂1栋、红居5栋。

(刘亚鹏)

【重点工程建设】 年内，万明路变电站工程已经具备开工条件；广内电话局进入装修阶段；北京移动枢纽楼已经基本完工；中国网通大厦工程正在办理开工手续；富卓广场沃尔玛项目具备开工条件；牛街民族敬老院选址已经确定，正在办理前期手续；北京小学分校教学楼、宿舍楼、地下车库都已开工建设；天桥市民广场土建工程已基本完工。

(刘亚鹏)

建筑行业管理

【概况】 北京市宣武区建筑行业管理处(简称行管处)，与区建委合署办公。行管处下设招投标办公室、施工现场管理科、区建设工程质量监督站3个科室。主要负责对全区各类建筑行业的指导、服务和监督管理，包括全区建设工程质量的监督管理、工程质量事故的调查处理和工程质量投诉的处理工作；辖区施工现场的安全生产、劳务用工的监督检查；参与重大安全事故的调查处理；辖区建筑市场的指导和服务。年内，区属建筑企业完成建安产值110852万元，开复工面积56.7万平方米，竣工面积18.2万平方米；全年监督工程225项、298万平方米，新注册工程93项、168万平方米，竣工验收及备案49项、82万平方米，竣工工程合格率达到100%。；加强对拖欠工程款和民工工资的清欠力度，处理、解决劳务纠纷25起，涉及金额2085万元；对本区94家建筑业企业、72家开发企业进行了资质年审，查处和纠正了一批违规事件和企业，建立了企业信用档案，进一步规范了本区城建市场秩序。

(刘莹娜)

【清理拖欠劳务费】 新年、春节前，区建委针对劳务费纠纷问题，专门编制应急预案，组织召开区属建筑企业负责人参加以“做好劳务费结算、兑付工作，保稳定、保安全”为专题的工作会，并对企业进行劳务费兑付调查。共处理、解决劳务纠纷25起，涉及金额2085万元。

(郭庆光)

【确保“两会”顺利召开】 2月，为了确保全国人大、政协“两会”顺利召开，区建委提前制定了“两会”保稳定工作方案，成立保稳定领导小组，建立信息网络系统；下发专项通知，对全区所有工地进行安全排查，出动175人次，下发整改通知单32份，对问题较多的工地加大复检力度。

(郭庆光)

【施工现场安全管理大会】 3月21日，区建委在区政府B1报告厅召开2003年度宣武区施工现场安全管理大会。大会总结了2002年度建委安全管理工作，提出了2003年工作目标和要求；对评选出的14名优秀项目经理进行颁奖。

(郭庆光)

【建设工程质量工作会】 4月2日，区建委在区机关办公楼B1报告厅召开了2003年建设工程质量工作会，副区长金焱、市质量监督站领导出席会议。区质量监督站站长作了题为《依法监督、开拓创新、全面提高本区建设工程质量水平》的报告，总结了2002年全区建设工程质量工作的情况，明确了2003年质量工作要点；表彰了获得“2002年宣武区优质工程奖”的13项工程；天建集团介绍了获鲁班奖的经验。

（刘莹娜）

【施工现场抗击“非典”】 自4月15日抗击“非典”斗争开始后，区建委召开施工现场负责人大会，宣传预防“非典”的重要意义和消毒知识。区建委领导带队检查工地86个，摸清全区外施人员底数20846人；督办工地进行消毒，消毒面积87922平方米，使用消毒剂1263.5公斤。

（郭庆光）

【施工队伍调配流动】 5月15日至6月21日，根据市建委《关于在防控“非典”疫情期间外地施工队伍调配流动的通知》要求，区建委共受理施工队伍流动申请272件，涉及5812人。在审批过程中，区建委根据实际两次调整审批条件，为“抗‘非典’、谋发展”起到了积极作用，受到市建委领导的肯定。

（郭庆光）

【施工现场防汛工作】 6月，根据市建委和宣武区防汛指挥部的要求，区建委制定了防汛预案，向全区施工现场下发了防汛通知，与工地签订防汛责任书144份，落实了10个工地为防汛物资的储备单位，8个工地组织了抢险队，一旦出现汛情，由区防汛指挥部统一调动。

（郭庆光）

【安全生产大检查】 6月5日起，区建委对属地内的工地开展了“安全生产月”大检查，发现安全隐患74处，下发整改通知18份，对存在严重安全隐患的施工现场提出了警告，并要求限期改正。7月31日至8月3日，区建委再次对属地内的工地组织了拉网式安全大检查，共检查工地127个，在施工程102个，停工25个，市政工程2个，下发检查单68份。8月4日至8月11日，区建委对普查中的问题进行复查，真正做到抓重点、抓落实、反复查、查反复。

（郭庆光）

【检查夜间施工现场】 在6、7月份中、高考期间，区建委对属地内的工地进行了夜间施工抽查。共抽查10个工地，其中2个停工，个别工地有哨声，其余工地能够认真落实减少噪音的措施，保证了高考期间安静的夜间环境。

（郭庆光）

【安全生产工作紧急会】 7月30日、9月12日和10月14日，针对严峻的安全形势，区建委3次召开全区建筑工地安全生产工作紧急会，工地的甲、乙双方和监理方参加了大会。会上，分别传达了市建委安全会议精神，布置了防控“非典”工作的报告制度，通报批评了安全事故单位，并与98家项目经理签订了第四季度责任书。

（郭庆光）

【事业单位人事制度改革】 从7月底开始，根据区事业单位人事制度改革的总体要求，区建委对本系统所属事业单位进行改革。成立了事业单位改革领导小组和改革工作小组；以《北京市事业单位聘用合同制试行办法》为指导，按照“科学设岗、按岗聘任、竞争上岗、以岗定薪”的思路，进行了以聘用合同制和岗位聘任制为主要内容的一系列工作。结合实际，先后出台了《建委所属事业单位人事制度改革方案》、《建委所属事业单位岗位聘任办法》、《事业单位竞聘岗位及岗位设置》、科级职位答辩、全员测评和综合素质考试办法，经全体职工大会和改革工作小组讨论同意并付诸实施。通过改革和调整，建委事业单位人员的年龄和文化结构得到优化，改革前平均年龄48.3岁，改革后平均年龄42.7岁；大专以上文化程度的比例由53%提高到68%，提高15个百分点。

（刘莹娜）

【建筑企业资质年检】 8月8日至10月15日，根据市建委《关于2003年北京市建筑企业资质年检工作的通知》规定，区建委对区属建筑企业进行资质年检，重点考核2002年企业生产经营管理状况、新增业绩和专业技术人员变动情况。本次参检企业85家，其中合格企业77家，占总数的91%；基本合格企业6家，占总数的7%；不合格(吊销资质)企业2家，占总数的2%。升级企业3家，增项企业6家。年检结果已在北京建设网上公布。

（张　瑾）

【项目经理资质年检】 11月19日至12月30日，根据市建委的要求，区建委对78家区属施工企业的443名项目经理进行资质复查，其中一级项目经理48人，二级项目经理151人，三级项目经理244人。至2007年底，项目经理资质证书仍然有效。

（张　瑾）

【治理扬尘控制大气污染】 年内，为确保全市大气质量二级以上天气达到预定目标，区建委与144个工地签订了责任书，与城管大队联合对施工现场扬尘治理进行了拉网式检查。检查工地110个，对96个工地进行了打分，其中90分以上58个，80分至89分14个，60分至79分16个，60分以下9个。区建委对不达标的9个工地下发了检查单，并进行了复查。编发治理扬尘报告20份。

（郭庆光）

【新批建筑企业】 年内，共新批建筑企业10家，均为企业三级，主要为装修、拆除企业。新批企业已经纳入行业管理。截至12月底，全区共有建筑企业90家。

(张 瑾)

【起重机械设备租赁维修企业资质年检】 年内,完成起重机械设备租赁维修企业资质年检,5家企业全部合格。

(张 瑾)

【项目经理资质审批】 年内,针对新办建筑企业项目经理持证人员匮乏的状况,区建委受理、审批三级项目经理81人。

(张 瑾)

【建筑企业生产经营情况】 年内,区属建筑企业完成建安产值117079万元,开复工面积566648平方米,竣工面积181523平方米,被拖欠工程款29965万元,利税5928万元。与2002年同期相比,产值增长12.8%,利税增长41%。

(张 瑾)

【工程款清欠工作】 年内,根据市建委《关于解决建设领域拖欠工程款和拖欠农民工工资问题的通知》和《关于印发〈关于加强建设工程款支付监督管理的若干规定〉的通知》精神,区建委成立清理拖欠工程款工作领导小组,办公室设在企业科,负责对本区自行立项和区政府投资建设项目拖欠款的清理工作。工作小组对区属85家建筑企业进行摸底调查,其中11家企业的91个工程项目被拖欠,总额为10025.8万元;涉及区政府投资项目5项,欠款金额总计5190.2万元。

(张 瑾)

【劳务费纠纷教育】 年内,根据市劳动局和市建委合发文件的精神,区建委与区劳动和社会保障局、区司法局共同起草了《致广大民工兄弟的一封公开信》。建委施工科将600封公开信发到全区120个工地,向农民工宣传如何通过合法渠道解决劳务费纠纷问题。此举得到了广大民工的欢迎,信发出后接到了许多咨询电话。

(郭庆光)

【评选优秀项目经理】 年内,区建委继续在全区施工现场开展"优秀项目经理"评选活动。经申请报名、现场检查、打分评定,评出17名优秀项目经理,推动了项目经理责任制的落实。

(刘静雯)

【安全事故情况】 年内,全区建筑工地共发生死亡事故6起。5月26日,延庆建雄集团301项目部万和世家工地发生机械伤害,死亡1人;8月27日,北京电力建设公司相来家园1号楼工地发生车辆伤害,死亡1人;9月10日,北京燕佳建筑工程有限公司中环广场工地发生高空坠落,死亡1人;9月20日,房建八公司牛街危改二期16号楼工地发生高空坠落,死亡1人;9月30日,中国新兴保信建设总公司四公司B3B5工地发生触电事故,死亡1人;11月8日,北京正辰建筑工程总队南横东危改N13楼工地发生高空坠落,死亡1人。

(刘静雯)

【优质工程评选揭晓】 年内,宣武区2002年度优质工程评选揭晓。被评为优质工程的有:莱市口东片危改区一期工程,江苏南通三建集团公司施工;马连道住宅小区C、D座,中国新兴建设开发总公司施工;中鑫花园3号、4号楼工程,北京中铁建设有限公司施工;中鑫花园1号、2号楼工程,江苏省建筑安装工程股份有限公司施工;广外医院住宅楼,北京昊都建筑工程有限责任公司施工;宣武区交通指挥中心办公楼,北京昊都建筑工程有限责任公司施工;北京市140中学实验楼,北京昊都建筑工程有限责任公司施工;牛街危改小区东片1号沿街商业楼Ⅰ—Ⅱ段,安徽三建集团公司施工;牛街危改西片沿街1号商业及回民小学,北京市华都建筑总公司施工;开阳里三区8号楼,北京天桥建筑集团有限公司施工;北京制版厂住宅楼及业务用房工程,北京天桥建筑集团有限公司施工;北京粮油食品工业公司住宅楼1号楼,北京天桥建筑集团有限公司施工;天桥危改小区A3、A4、A5号楼,北京天桥建筑集团有限公司施工。

(刘莹娜)

房地产开发与建筑业

城建综合开发总公司

【概况】 北京市宣武区城市建设综合开发总公司(简称宣开总公司)是从事房地产开发、经营业务的国有企业,具有中华人民共和国建设部评定的房地产开发资质一级,银行资信AAA级、国家档案管理二级,是中国房地产综合效益百强企业之一。公司现有干部职工409人,下设15个职能科室和5个下属单位,已形成以房地产开发为主、物业管理、建筑业共同发展的现代化综合型国有企业。年内,公司开复工面积518141平方米,比上年度增加10.9%;竣工面积241550平方米,比上年度增加167.1%;综合经营收入 52537.68 万元，比上年度提高 47%；实现利润 2410.22 万元，比上年度提高 51%；上缴税费 6622.7 万元，比上年度提高 209%；贷款总额 12600 万元，比上年度下降 2.36%（以上统计包含裕昌、裕泰达、升华电梯等公司的上缴税费、利润、经营收入等数据）。

地址：宣武区骡马市大街 272 号

电话：63532142

邮编：100052

（高孝良）

【团结一心抗“非典”】 4 月初，宣开总公司成立了防控“非典”领导小组；为职工和家属购买了 9000 多付预防“非典”的中药；为办公室、一线工地和职工购买了 2000 多斤消毒液，每天对楼道、办公室、居民小区进行消毒。4 月 29 日，总公司、裕昌公司、裕泰达公司捐款 50 万元，干部、职工捐款 12535 元，慰问抗击“非典”一线医护人员。总公司选派了 9 名同志和 6 辆汽车，支援区建委检查工地抗“非典”工作。由于措施得力，确保了 500 多职工及家属、4000 多民工、10000 多户小区居民的平安，总公司被评为“宣武区防治非典型肺炎工作先进单位”。

（高孝良）

【改革工作】 年内，宣开总公司关于进一步深化改革、实现公司整体转制有关问题的请示及方案，经区体改办、区长办公会、区常委会原则通过，并由区体改办给予批复。在总公司第四届二次改革、改制专题职代会上，代表们一致通过了《关于企业改制工作中人员流动有关待遇的实施办法》、《宣开总公司机关和下属企业岗位竞聘组织实施办法》及《工资节余分配使用方案的说明》等文件。

（高孝良）

【城内锅炉改造情况】 年内，为成功举办奥运，防止大气污染，宣开总公司综合业务部与物业公司密切配合，对城内燃煤锅炉进行了改造。南运巷锅炉房按计划接通了“二热”热源，自新路锅炉房改造为燃天然气锅炉，骡马市锅炉房改造为燃油锅炉。城内燃煤锅炉房全部改造完毕，住户室温全部达到供暖标准。

（高孝良）

【城内工程收尾工作】 年内，南线里小区 1 号、2 号楼接通了天然气，做好了 3 号楼通气准备；白菜湾小区除 6 号、8 号楼外，其余住户全部接通了天然气；椿树馆小学北侧砌起了围墙，实现了规划，清除了多年的垃圾，场地进行了绿化，美化了附近居民的居住环境，改善了小学的周边环境。

（高孝良）

房开置业股份有限公司

【概况】 北京房开置业股份有限公司（简称房开公司）原系北京市宣武区房地产经营开发公司，成立于 1993 年，2001 年经市体改委、工商局批准为北京房开置业股份有限公司。注册资金 5000 万元，一级资质房地产开发企业，并通过 ISO9001 国际质量管理体系认证。主要经营房地产开发、商品房销售、城市危旧房改造和开发建设等。公司自成立至今，先后开发建设了 13 个危改区，占地 162 公顷，规划建筑面积 318 万平方米，年开复工面积达 100 万平方米左右。主要开发项目有：双槐树危改区、建功北里危改区、平原里危改区、椿树危改区、法源寺危改区一期工程、牛街东危改区、牛街西危改区、腊竹危改区，完成开发建设面积 206 万平方米，解决了近 26000 户拆迁居民的住房问题，其中平原里危改工程和牛街一期危改工程获建国五十周年重大建设荣誉证书和奖杯。同时完成了广安门大街、两广路、菜市口南大街、菜园街、白纸坊街、盆儿胡同、南横街等城市道路代征地的拆迁工作；开发建设了西华经典、似海怡家、信恒大厦、祥和家苑、置业家苑、牛街商业等具有主题韵味的精品商品房项目。2003 年，开复工总面积 56 万平方米，新开工 10 万平方米，竣工 13 万平方米；完成总投资 4.74 亿元，其中商品房投资 9600 万元、牛街一期投资 2800 多万元、牛街二期投资 3.5 亿元；总收入 2.7 亿元，上缴税费 3000 万元。

地址：宣武区广安门内大街 210 号西华经典二层

电话：63577515/9

邮编：100053

（张顺凤　乔　茜）

【牛街二期危改回迁楼建设小组成立】 1 月 17 日，区建委组织召开牛街二期危改回迁楼工作会议，正式成立了牛街二期危改回迁楼建设小组，建委主任任组长。

（乔　茜）

【唐大生到房开公司调研】 4 月 15 日，区委书记唐大生到房开公司进行现场调研。房开公司总经理就牛街二期 12 栋回迁楼的开工建设情况向区领导作了全面汇报。唐大生充分肯定了房开公司在危改建设中取得的成绩，指出要把老百姓的利益放在首位，在施工任务重、时间紧的情况下，要出精品，要打品牌。

（乔　茜）

【金焱到牛街危改现场办公】 4 月 14 日、16 日，副区长金焱两次带领建委、牛街办事处等部门领导，到牛街二期敬老院及回迁楼施工现场办公，听取了房开公司关于牛街二期工程进度安排的汇报，察看了工程进度及施工管理情况。

(乔　茜)

【落实"非典"防治措施】 5月8日,房开公司响应区政府紧急会议精神,全面落实各项"非典"防治措施。成立"非典"防治工作领导小组,由总经理任组长,下设专职监察员,全面检查落实各项工作。通过与各施工单位签订安全管理工作责任书和切实有效的管理,牛街二期施工工地未发生一起"非典"疑似或确诊病例,确保了二期危改工程建设顺利进行。

(乔　茜)

【金焱到房开公司调研】 5月13日,副区长金焱到房开公司进行调研。在听取了房开公司领导的工作汇报后,他指出,牛街危改是关系民族团结和政府信誉的政治大事,现在正值回迁楼建设的关键时期,房开公司要在做好"非典"防治工作的同时,全力以赴抓好牛街二期的回迁楼建设,使施工进度不受影响。

(乔　茜)

【抗"非典"加快回迁楼建设】 5月16日,房开公司组织牛街二期施工单位,召开"团结一心抗'非典',全面加快回迁楼建设"动员会。通过动员,各施工单位决心"万众一心抗'非典',迎难而上谋发展,齐心协力搞危改,迎难而上保回迁"。

(乔　茜)

【牛街二期危改回迁楼建设指挥部成立】 5月21日,副区长金焱在区建委主持召开成立"牛街二期危改回迁楼建设指挥部"专题会议。指挥部由牛街街道办事处、区建委、区房地局、区规划局、区法制办、公安宣武分局、区城管大队、区信访办及房开公司的有关领导组成,金焱任总指挥。指挥部下设总调度组、工程组、前期工作组、居民工作组、拆迁工作组、法制安全组和财务保障组,建立了每日调度、责任分工、资金使用和工作奖惩制度。

(乔　茜)

【武高山到房开公司调研】 5月29日上午,代区长武高山到房开公司现场调研。房开公司总经理就牛街二期回迁楼的建设情况作了详尽汇报。武高山充分肯定了牛街危改的成果。

(乔　茜)

【区领导到牛街危改施工现场视察】 6月19日上午,区委书记唐大生、代区长武高山等领导一行到牛街施工现场视察回迁楼建设情况,并给全体施工人员送去了慰问品。牛街二期危改拆迁居民4000户,规划建筑面积42万平方米,市政代征地4.6公顷,回迁楼建筑面积21万平方米,同步市政配套、商业、道路、绿地等,资金需求量5.5亿元。在牛街西10号楼施工工地,房开公司总经理汇报了二期回迁楼的建设情况。唐大生指出,二期回迁楼建设在"非典"时期没停工,大家坚守在建设的第一线,精神可嘉。要坚定信心、全力以赴,确保回迁楼建设进度,确保大多数老百姓能按时回迁。

(乔　茜)

【慰问牛街二期危改工程建设者】 7月4日上午,房开公司全体领导和工程部人员,到牛街二期危改回迁楼施工现场进行慰问,对干部和工人们表示衷心的感谢,要求大家要全力以赴奋战8个月,按工期要求高质量地完成牛街危改工程建设。

(乔　茜)

【安全施工】 8月2日,房开公司总经理针对当前施工中的安全管理问题,提出了5条措施,即提高思想认识;制定整改措施;限时解决问题;统一管理、统一调度、统一指挥;保障安全施工;强调牛街二期危改工程规模大,施工单位多,工期紧,任务重,各施工单位要提高认识,警钟长鸣,确保牛街危改安全施工。

(乔　茜)

【置业家苑开工】 8月19日,房开公司与北京电信实业集团斯博房地产公司合作开发的置业家园(牛街东18号、19号楼)在施工现场举行了开工典礼。房开公司与斯博房地产合作开发置业家园,旨在进一步加快牛街危改的整体步伐,繁荣地区经济;加大危改资金筹措,加快牛街二期12栋危改回迁楼建设及整个牛街危改区各项配套工程的完善。

(乔　茜)

天桥投资开发公司

【概况】 北京市天桥投资开发公司(简称天开公司)是宣武区所属国有房地产开发企业,资质三级,主要从事天桥地区房地产及基础设施建设。天开公司共有全资子公司两个(北京天宝伟业物业管理有限责任公司、北京天桥文化发展有限责任公司)、合资公司一个(北京天桥文化房地产有限责任公司)。年内,开复工总面积64016平方米,其中住宅34405平方米。

地址:宣武区东经路42号

电话:63031735

邮编:100050

(刘文生　白文莉)

【职工大会】 3月29日、30日,天开公司在韩村河会议中心召开全体职工大会,就天桥危改3年来的行政和党务及工会工作进行了总结,并对下一步的工作进行了部署;通过了《公司经营方向多元化调整的实施细则》和对有突出贡献的员工予以奖励的决定。

(刘文生　白文莉)

【盛德正华更名】 4月，天开公司子公司盛德正华科贸公司更名为天桥文化发展有限公司。

（刘文生　白文莉）

【天桥危改小区评为市级优秀】 9月，天桥危改小区通过了市国土资源和房屋管理局的验收，被评为市级优秀管理居住小区。

（刘文生　白文莉）

【天畅轩精品店开业】 9月29日，天桥文化发展有限责任公司天畅轩精品店开业。该精品店主要经营高档礼品瓷和高档日用品瓷器。

（刘文生　白文莉）

【正阳天下楼盘开盘】 11月16日，天开公司投资开发的正阳天下商住楼举行开盘仪式。正阳天下楼盘位于南纬路，多层框架结构，总建筑面积48450平方米。这是天开公司首次尝试由代理公司对外销售商品楼。

（刘文生　白文莉）

【天畅轩饭庄开业】 12月28日，天开公司下属企业——天桥书茶社暨天畅轩饭庄开业。该饭庄位于天桥市场斜街北端与永安路相交处，是天桥危改区配套项目，以经营茶楼、粤菜为主。

（刘文生　白文莉）

天枫房地产开发公司

【概况】 北京市天枫房地产开发公司（简称天枫公司）成立于1999年11月，为区属国营企业，主要负责菜市口大街沿线占地面积66.07公顷、规划建筑面积201.77万平方米危改区的开发。公司设6个部门、4个业务技术部门、2个管理职能部室。年内，天枫公司开发建设的枫桦豪景二期住宅楼于9月30日竣工，10月18日入住。

地址：宣武区广内大街6号

电话：83556601

邮编：100053

（徐　玲）

庄胜房地产开发有限公司

【概况】 北京庄胜房地产开发有限公司（简称庄胜公司）作为香港庄胜（集团）有限公司的全资附属机构，成立于1992年，为北京市最早的外资房地产公司之一，主要开发项目为位于宣外大街东侧的“庄胜城”项目。庄胜城为北京庄胜房地产开发有限公司对宣武门外大街东侧占地面积25公顷的旧城区进行搬迁后开发的新型综合社区，包括庄胜广场和庄胜二期两部分组成，总建筑面积超过100万平方米。除旧城改造、房地产开发之外，庄胜公司还延伸到零售百货、酒店餐饮、贸易、传播等多个产业。

地点：宣外大街6号庄胜广场

电话：63102288

邮编：100054

（王治国）

【庄胜二期东区项目销售】 1月、4月，庄胜公司组织销售部门分别赴浙江温州、山西太原等地，进行专题推介和销售，反映良好。

（王治国）

【丽晶购物中心营业执照批准】 6月11日，北京市主管部门正式批准了北京庄胜丽晶购物中心的营业申请。北京庄胜丽晶购物中心位于庄胜广场南裙楼，面积达4万平方米，为汇聚国际顶级时尚品牌的超豪华购物中心。庄胜丽晶购物中心与庄胜崇光百货商场将在定位和客户群等方面互相呼应，构建北京市新兴的商业中心。

（王治国）

【参与“健康文明北京人”活动】 6月，庄胜公司及下属北京荣华堂文化艺术品商场，参与了北京市文化发展基金会牵头组织的“健康北京人”活动，并宣传了庄胜集团、荣华堂文化艺术品商场，赢得了业内人士的关注和支持。

（王治国）

【参加北京科技产业博览会】 9月，庄胜公司作为在建项目庄胜广场写字楼、丽晶酒店以及宣西工程项目的投资开发商，参加了为期4天的北京科技产业博览会。

（王治国）

【获评优秀楼盘】 12月，在搜狐网、焦点房地产网、北京晚报楼宇周刊联办的评比中，庄胜二期荣获“2003年度北京楼盘销售排行榜优秀楼盘”。

（王治国）

天桥建筑集团有限公司

【概况】 北京天桥建筑集团有限公司是以工业与民用建筑、装饰装修施工为主，并从事房地产开发、古建、市政工程施工、设备安装、拍卖、商贸等多种经营的国家一级建筑施工企业，是中国建筑业协会直属会员企业、全国建筑业500强企业、ISO9001:2000质量管理体系认证单位，连续13年获“重合同，守信誉”单位称号，信用等级“AAA级”。公司具有雄厚的经济实力和施工能力，曾两次获建筑工程“鲁班奖”，12次获北京市长城杯奖，工程优良品率始终保持在80%以上，是“首都文明单位”和“首都精神文明标兵单位”。公司下属7个土建施工分公司、3个直属项目经理部、5个专业分公司、1个二级资质实验室;拥有全资子公司北京市天工房地产开发有限责任公司、北京茂屋房地产开发公司和一个拍卖公司,资产总额6亿元人民币。公司有各类专业技术人员382人,其中中、高级职称132人,教授级高级工程师职称3人,持有一级项目经理资质15人;有大、中型施工机械设备600余台,年综合施工能力100万平方米,近年来年产值始终保持在4.5亿元人民币左右的水平。年内,开复工面积45万平方米,完成产值3.7亿元,实现利润558万元,上缴税金1695万元。
地址:宣武区白纸坊西街22号
电话:83552607
邮编:100054

(梁京海)

【公司并购仪式】 9月2日,北京国泰恒生投资(集团)有限公司并购北京天桥建筑集团有限公司仪式在北京广安会议中心举行。

(梁京海)

【3个项目评为文明安全工地】 年内,由天桥建筑集团有限公司承建的宣祥家园项目部、宣武区对外综合服务楼和北京小学工地被评为市级"文明安全工地"。公司全年无安全事故。

(梁京海)

陶然建筑有限公司

【概况】 北京陶然建筑有限公司(简称陶建公司),是房屋建筑工程施工总承包、建筑装修装饰工程专业承包、市政公用工程施工总承包企业。公司具有北京陶然房地产开发有限责任公司、北京市陶然建筑装饰工程有限责任公司、北京泰然拆迁有限责任公司、北京陶然康宁物业管理有限责任公司4个投资控股企业和北京新业电信工程有限责任公司、北京长城汽车驾驶学校、北京印痕楼治印社3个投资参股企业。公司自1997年12月通过ISO9002质量体系认证以来,先后获得施工现场管理先进企业、用户满意企业、重合同守信用单位、北京知名企业、首都文明单位等几十项荣誉称号。公司坚持走科技兴企之路,近5年竣工工程一次交验合格率达100%,参评工程获奖率达85%以上,创群体长城杯、结构长城杯、竣工长城杯和北京市优质工程几十项,创出众多市级文明安全工地。公司坚持"精心施工,创优质工程,持续改进,让顾客满意"的质量方针,秉承"团结、求实、拼搏、开拓"的企业精神,坚持以顾客为关注焦点,推进用户满意战略,强化服务意识,健全服务体系,提高企业管理水平。7月,公司通过质量、环境和职业健康安全"三标一体"审核认证。
地址:宣武区天宁寺前街2号C座
电话:63263613
邮编:100055

(冯明利)

【获"守信企业"称号】 年内,陶建公司又获北京市工商行政管理局颁发的"守信企业"荣誉称号。陶建公司重视商业信誉和信用管理,在生产经营活动中遵纪守法,经营信用、质量信用优良,多年无经营性亏损。连续五年荣获"重合同守信用单位",

(冯明利)

【通过"三标一体"审核认证】 7月18日,经过中安质环认证中心评审,陶建公司通过ISO9001:2000质量管理体系、ISO14001:1996环境管理体系、GB/T28001-2001职业健康安全管理体系标准认证,成为"三标一体"整合认证企业。

(冯明利)

【抗"非典"工作】 "非典"期间,按照市、区政府的要求,区部分医院改造为专门收治"非典"疑似患者医院。4月30日,公司员工24小时连续作战,完成了宣武医院部分病房的改造工程。5月8日,公司在规定时间内完成了回民医院病房的改造任务,为取得抗击"非典"斗争的胜利做出了突出的贡献。公司被市、区建委评为抗"非典"先进集体和先进党组织。

(冯明利)

【境外建设项目】 7月,陶建公司第九项目部圆满完成了马来西亚什锦大电厂烟囱的建设任务。2002月6日,陶建公司第九项目部第一次走出国门,承接马来西亚什锦大电厂烟囱工程。全班人马精心施工,确保了施工工期和施工质量,受到业主的高度赞赏,并获得了马来西亚政府授予的优秀工程奖牌。

(冯明利)

【樱桃园危改小区动工】 11月28日,由公司开发建设的樱桃园危改小区2号楼工程开工。樱桃园危改小区包括1号、2号、3号楼工程,用地范围东至第四幼儿园及邮电宿舍以西;西至首师大培训中心及樱桃园西里住宅楼以东;南至樱桃三条以北;北至樱桃二条及樱桃园西里住宅楼以南。规划总面积60166平方米,已开工建设2号楼,面积11318平方米。

(冯明利)

【连续14年无安全生产事故】 年内,陶建公司重视安全生产工作,各项目部把安全工作作为首要任务来抓。公司一项目部承建的双桥双惠小区及八项目部承建的樱桃园危改小区工程,都确保了安全生产无事故。公司连续14年无安全生产事故。

(冯明利)

鑫宣市政工程公司

【概况】 北京市鑫宣市政工程公司(简称鑫宣公司),系具有独立法人资格的全资国有企业,注册资本金2000万元。主要承揽单项合同额不超过企业注册资本金5倍的城市道路工程;单跨跨度40米以内桥梁工程;断面20平方米及以下的隧道工程及公共广场工程、污水处理工程、给、排水管道工程、燃气工程、热力工程等;同时担负着区属道路的养护、翻建改造任务。公司实行总经理负责制,下设总工程师、总会计师和总经济师。职能部室有:综合办公室、人力资源部、财务部、经营部、工程部和市场部;下属有道路养护部、园林绿化中心、机械运营部以及5个工程项目经理部。年内,完成区属道路养护642条、96万平方米、承揽翻建代办工程5条,年施工产值4180万元,再次顺利通过"市政公用工程施工总承包二级"资质审核。

地址:宣武区培育胡同甲7号

电话:63546948

邮编:100052

(周　慧　徐　参)

【绿化工程】 年内,鑫宣公司下属美林轩园林绿化中心共承揽到包括北京市重点项目南中轴路绿化工程(部分)在内的5项园林绿化和居民小区景观工程,施工总面积达到8000平方米,完成绿化工作量110万元。车站东街绿化工程被评为市级花园式小区。

(周　慧　徐　参)

【通过质量管理体系认证】 1月6日,鑫宣公司获得埃尔维质量认证中心颁发的ISO9001:2000版《质量管理体系认证证书》,进一步提高了企业在市场竞争中的准入资质和整体实力。

(周　慧　徐　参)

【抢建"非典"专用化粪池】 在抗击"非典"斗争中,鑫宣公司党政领导带头,在荣丰2008疫区南侧连续奋战三天三夜,抢建了一座专业队伍需近十天才能完成的化粪池,并投入了正常使用。同时,清运疫区垃圾30余吨。

(周　慧　徐　参)

【股份制改造启动】 年初,鑫宣公司启动了企业股份制改造工作,职工均表明了出资意向。根据公司法的要求,最终确定了28名股东。企业股份制的实行,不仅解决了职工身份的转变问题,还为企业今后发展打下了基础。

(周　慧　徐　参)

【道路养护】 年内,鑫宣公司完成了对莲花胡同、新安南里、里仁东街等11条道路的整体翻建工程施工。为宣武区在城八区道路养护评比中获得第一名作出了贡献。

(周　慧　徐　参)

创通基础设施建设投资公司

【概况】 北京市创通基础设施建设投资公司(简称创通公司)为全民所有制企业,主要业务经营范围为宣武区行政区域内的市政基础设施改造及投资管理、信息咨询等。公司设办公室、资金管理部、前期规划部、拆迁部、工程部,有员工14人。年内,创通公司根据区政府确定的宣武区基础设施建设折子工程项目,按计划完成了输入胡同、北马连道、广安胡同、宣外大街西侧道路改扩建工程,建设完成金中都纪念阙。

地址:宣武区广安门内大街133号

电话:83159092

邮编:100053

(沙克勤)

【金中都纪念阙工程】 由创通公司负责建设、北京紫光绿化工程公司施工的金中都纪念阙工程,坐落在宣武区滨河公园内金中都大安殿遗址上,位于白纸坊立交桥以北,与2003年1月份重建的蓟城纪念柱遥相辉映。纪念阙整体造型由一个斗拱和四条分别朝向东南西北四个方向的青铜坐龙构成,阙身高12米。地面采用花岗岩石材铺装,占地面积约760平方米。纪念阙正面朝南,"金宫殿故址"5个蓝色大字镌刻其上,在其东面是著名历史地理学家侯仁之先生撰写的《北京建都记》碑文,西边是宣武区政府特别设立的建阙说明,在纪念阙正前方的花岗岩地面上,雕刻着金中都大安殿遗址的布局图。工程总投资200万元,于2003年7月23日开工建设,2003年9月15日竣工。2003年9月20日上午9时,市领导刘淇、王岐山为北京建都纪念阙揭幕。

(沙克勤)

【北马连道道路工程】 由创通公司负责建设、北京创达工程建设公司施工的北马连道道路工程,全长680米,红线宽25米,同步敷设地下污水管线、DN400天然气管线各680米,路面竣工面积17000平方米。工程总投资1000万元,于2002年10月30日开工,2003年11月30日建成通车。

(沙克勤)

【输入胡同道路工程】 由北京市创通基础设施建设投资公司负责建设、北京中宣市政工程公司施工的输入胡同道路改扩建工程,全长780米,红线宽25米,同步敷设地下雨水管线、污水管线、自来水管线各780米,路面竣工面积19500平方米。工程总投资1700万元,于2002年11月20日开工,2003年12月31日建成通车。

(沙克勤)

【广安胡同道路工程】 由创通公司负责建设、北京城乡建设集团施工的广安胡同道路改扩建工程,全长350米,红线宽25米,同步敷设地下雨水管线350米、污水管线450米、热力管线200米,路面竣工面积8750平方米。工程总投资6500万元,于2003年2月1日开工,2003年12月31日建成通车。

(沙克勤)

【宣外大街道路工程】 由创通公司负责建设、北京城建三公司施工的宣外大街道路工程,是继2001年12月28日建成通车的东侧工程的续建项目,道路全长1045米,红线宽70米,同步敷设地下雨水管线、污水管线、自来水管线各1045米,路面竣工面积73150平方米。工程总投资7000万元,于2003年5月1日开工,2003年12月31日建成通车。

(沙克勤)

昊都建筑工程有限责任公司

【概况】 北京昊都建筑工程有限责任公司(简称昊都公司)为区属国有企业,主要经营工业与民用建设项目、地基与基础工程的施工,设备租赁,建筑材料的技术开发,锅炉安装及热力、防水管线工程的施工等。公司下设5个处室、10个经理部、3个分公司,正式职工156人。年内,公司狠抓经营管理,根据生产和经营实际,有针对性地开展质量和安全检查,确保了在施工程,特别是“非典”时期的质量和安全。全年新开项目2个,工程开复工面积48700平方米,工作量完成237万元;进行了公司机构改革;在区政府的协调下,追讨部分工程欠款并偿还了部分农工的劳务费。

地址:宣武区白广路17号

电话:63560316

邮编:100053

(杨惠娟)

【新开项目】 年内,昊都公司以“广泛调动全员积极性,提高企业整体素质,增强竞争能力,自己解放自己”为宗旨,在激烈的市场竞争中,积极寻找活源,先后在北京双新新村1号综合楼和北京市朝阳区京城雅居住宅小区会所工程中投标、中标,并开工建设。

(杨惠娟)

【公司改革】 6月,昊都公司协助区资产调查小组,完成了《关于昊都公司资产状况的调整报告》;在区政府及有关部门的指导帮助下,调整了公司领导班子,完成了机关处室的合并、人员选聘和分流。10月。公司召开职工代表大会,讨论通过公司深化改革总体思路和人员分流实施细则。在公司改革中,涉及人员分流195人,占分流前公司总人数的53.1%。根据区政府《关于深化昊都公司改革工作的会议纪要》精神,公司正在进一步完善内部机制,提高企业资产经营能力和管理档次,使企业尽快走出低谷。

(杨惠娟)

城市管理

市政管理

【概况】 北京市宣武区市政管理委员会(简称区市政管委)是主管本区城市市政基础设施、环境卫生、城市市容环境综合整治以及绿化工作的区政府职能部门,内设市政管理科、绿化管理科、市容管理科、环卫管理科、城市环境综合整治科、防汛供暖科、办公室7个职能科室,行政编制26人;下属有宣武区节约用水办公室和宣武区市政监察所两个事业单位。区市政管委的主要职责是:制订本区市政、市容、环卫、绿化、防汛、供暖等事业的中、长期规划和年度计划并组织实施;负责拟订本区城市环境综合整治计划并组织实施;负责协调、指导、督促、检查各街道和相关部门的城市环境综合整治工作;对区节水办公室进行业务指导,制订年度用水计划和日常用水管理;指导区市政监察所对占用、掘动道路进行监察管理等。年内,城市管理工作紧紧围绕"十五"期间宣武区经济和社会发展的战略目标,以年初制定的各项工作计划为目标,排除"非典"带来的不利影响,较好地完成了各项任务。共拆迁居民2651户,拆迁单位155个,拆除建筑近12.8万平方米;植树9143株,新建了广安门南街北段、手帕口北街两块万米大绿地和南中轴路过渡性绿化及天桥等部分危改小区绿地,绿化养护工作在城八区评比中再次获得第三名;翻修莲花胡同、新安南里等11条道路;结合纪念北京建都850周年,建设了金中都纪念阙夜景照明工程;完成20座一类公厕的建设改造工作和80座粪井的清掏任务;连续18年实现了直管公房"少塌房,不死人"的工作目标;全年共节水79万立方米。

地址:宣武区黑窑厂街20号

电话:63529495

邮编:100052

(李　建)

【城市管理工作会】 2月25日下午,宣武区2003年城市管理暨环境整治动员大会在区政府B1报告厅举行,区委书记唐大生、区长鲁勇及有关部门负责人参加了会议。会上,副区长金焱做了《创新思路、稳步推进,努力把城市管理工作提高到一个新水平》的工作报告,对2002年城市管理工作进行了总结,对2003年的城市管理工作,特别是对重点环境整治工作进行了动员和部署。

(李　建)

【抗击"非典"工作】 4月,为了抗击突如其来的"非典"疫情,区市政管委研究制定了《关于城管系统预防"非典"工作实施方案》,成立了宣武区城市管理系统预防"非典"工作协调督查小组。市政管委全体人员周末和"五一"停休,全力以赴投入到抗击"非典"工作中。为了处理垃圾、水、电等问题,成立了3支应急队伍,一是由宣武区环境卫生服务中心组织24名人员,抽调11辆运输车和2辆铲车,组成环境保障应急分队,由宣武区市政管委统一调度,24小时待班,及时解决突出的垃圾、渣土、粪便突发问题和群众反映的环境热点、难点问题。二是由宣房房屋经营公司组织50人,成立市政污水管线应急抢修分队,负责处理解决"非典"期间的水、电和上、下污水管线堵塞问题。三是由北京市鑫宣市政工程公司组织30名人员,成立应急抢修预备队。5月3日上午,区市政管委主持召开了由8个街道办事处环卫所负责人参加的工作会议,对抗击"非典"期间的环境卫生工作进行了全面部署。同日,区市政管委分别与拆迁公司、拆除公司签订了《预防"非典"工作责任书》,保证拆迁人员的健康、安全。5月10日,区市政管委向媒体公布了区环境卫生监督热线电话,共接到市民电话1200多个,下达督办单101件,解决各类问题1170件,电话转办669件,办复率为98%。根据市市政管委的统一要求,区市政管委

制定了《宣武区封闭居民楼垃圾道,实行生活垃圾分类收集和密闭贮运的工作方案》,共封闭1222栋、4569个楼房垃圾道

(李 建)

【道路翻修】 年内,完成了宣武区莲花胡同、新安南里、车站东街、里仁街东段、南新华斜街、槐柏树街、东经路(南段)、莲花河西岸、鸭子桥南里二支、琉璃厂东街、龙爪槐胡同、广安门小区门前等的道路翻修工作;按照北京市控制大气污染第8阶段工作要求,对小马厂西里3000多平方米、红莲路南口近1000平方米、广安门北街东侧1888多平方米、右内西街2445平方米、西便门内2979平方米、广安门南街北段5000多平方米更换或铺设了方砖。

(王顺利)

【道路养护】 年内,对全区500余条道路(962868.22平方米,含步道36832.80平方米)进行了日常养护。

(王顺利)

【南中轴路危改整治工程】 年内,开展了南中轴路危改整治工程。整治范围南起永内西街,北至南纬路,西起先农坛东坛墙,东至永内大街。共拆迁居民2003户、单位113个,拆除建筑9.15万平方米。拆迁整治后,完成过渡性绿化建设7万平方米。

(张 莹)

【广义街环境整治工程】 年内,开展了广义街环境整治工程。整治范围南起核桃园东街,北至槐柏树前街,西起公汽三场东墙外,东至03部队招待所楼前。共拆迁居民61户,拆除建筑3680平方米;拆迁单位13个,拆除建筑3480平方米。

(张 莹)

【法源寺周边环境整治工程】 年内,开展了法源寺周边环境整治工程。整治范围北起法源寺后街,南至南横西街,西起伊斯兰协会,东至西砖、七井胡同。共拆迁居民123户,拆除建筑1887.15平方米。工程还需拆迁单位6个,拆除正式建筑16147.47平方米、临时建筑420.4平方米;拆迁单位2个,拆除建筑60平方米。

(张 莹)

【手帕口南街环境整治工程】 年内,开展了手帕口南街环境整治工程。整治范围北起手帕口桥南侧,南至手帕口南街36号楼北侧,西起手帕口南街,东至铁路边。共拆迁居民户154户,拆迁单位2个,拆除建筑8200平方米、非正式建筑2733平方米。

(张 莹)

【中环广场周边环境整治工程】 年内,开展了中环广场周边环境整治工程。整治范围为广安门南街(北段)。共拆迁居民27户,拆除建筑470平方米;拆迁单位18个,拆除建筑11230平方米。完成绿化建设10000平方米。

(张 莹)

【夜景照明建设】 年内,亮化工作按照高标准设计、高质量建设和高水平管理的原则,建设了二环路沿线的19栋高大建筑和永内西街、先农坛南坛墙、中环广场周边、菜园街及牛街的夜景照明工程;结合纪念北京建都850周年,设计建设了别具特色的"金中都纪念阙"夜景照明工程。

(王丽菊)

【亮化工程养护】 年内,对长椿苑、滨河公园等多处的夜景照明设施进行了全面修护,重新铺设了照明线路,更换了照明灯具;对近年来投资建设的广安门桥区、滨河南北园等12处夜景照明工程的管理进行了公开招投标,选定了两家单位为夜景照明的管理单位,承担全区夜景照明工程的开闭管理和日常维护工作,确保夜景照明设施运行良好。

(王丽菊)

【绿化工作】 年内,全区植树2.27万株、竹20.25万株、色块9.38万株0.55万平方米、绿篱1.99万株0.2万延长米,铺草坪11.24万平方米,栽摆花卉293万株(盆)。新建了广安门南街北段、手帕口北街两块万米大绿地和南中轴路过渡性绿化及天桥等部分危改小区绿地,共计13.23公顷,其中新建绿地8.91公顷。宣武区人均公共绿地面积由2002年的2.2平方米上升到2.23平方米,人均绿地面积由6.32平方米上升到了6.37平方米。绿化养护工作在城八区评比中再次获得第三名。

(牛 英)

园林绿化

【概况】 北京市宣武区园林市政管理局(简称区园林局)是宣武区园林绿化的业务主管部门,属全民所有制事业单位。内设园林科、设计室、主任工程师室、第三产业办公室等9个管理科室;下属有宣武区绿化队、宣武区绿化二队、宣武艺园管理处、万寿公园管理处、滨河公园管理处5个基层单位;附属具有二级企业施

工资质的北京紫光园林绿化工程公司、参股亚林旅游服务公司，局设计室以北京宣美园林绿化设计所名义独立对外承接设计业务。全局实行全员聘任制，聘任职工326人、临时工16人，其中干部74人、专业技术管理人员56人。年内，完成了南中轴路（宣武段）一期、广安门南街、西黄线—手帕口桥北、天桥危改小区二期绿化工程，莲花河东岸绿地南延和61路公共汽车白纸坊总站、广电部宿舍绿地改造工程；种植各种乔灌木1.3万株、绿篱1.2万株、色带6.1万株，铺种草坪11.26万平方米，栽植草花和宿根花卉21.6万株；完成绿化面积5.43万平方米（南中轴路一期绿化面积不计）、绿地改造面积3.01万平方米，总工程额1128万元，其中节水设施施工263.5万元；区属公园实现规范化达标管理，全年接待游客151.6万人次；加强绿地养护管理，在城八区绿化养护检查评比中，再次获得总分第三名，获北京市园林杯绿化养护奖；完善"公园管理人"管理体制，加强园林绿化科研投入，获北京市"园林杯"园林科技奖。局管绿地78.91万平方米、街头绿地11.51万平方米、道路绿化长度53.57千米、绿化面积44.50万平方米；局管树木11.96万株、古树名木16株、竹子656株、色块58.21万株、宿根花卉1.89万株、绿篱8.43万株、草坪24.63万平方米。

地址：宣武区白纸坊东街甲29号
电话：63517899
邮编：100054

（李秀朋）

【广电部绿地改造工程】 广电部宿舍位于广安门立交桥东北侧，楼前绿地改造工程系为配合西厢绿地改造提高而做。绿化改造面积1500平方米，铲除原植早熟禾草坪1000平方米，整理运出渣土100立方米，安装高栏杆22延长米，新植丹麦草草坪1000平方米。改造工程由宣武区绿化队负责施工，3月14日开工，3月24日竣工。

（李小菊）

【61路公共汽车白纸坊总站绿地改造工程】 白纸坊西街（61路公共汽车总站）绿地位于宣武区白纸坊西街西口北侧。铲除原植早熟禾草坪1500平方米，新植丹麦草1500平方米；平整清理绿地运出渣土160立方米，回填壤土15立方米。改造工程由宣武区绿化队负责，3月25日开工，3月30日竣工。

（李小菊）

【莲花河东岸绿化工程】 莲花河东岸拆迁还绿工程位于宣武区广安门外莲花河东岸原绿地南延部分。清运渣土768立方米，回填素土936立方米；新建绿地2020平方米，栽植乔木21株、灌木746株、月季300株、色带63平方米756株；栽种野牛草1590平方米，砌筑挡土墙205延长米，设置花岗岩路凳8个，铺装道路、广场430平方米，埋设喷灌设备470延长米。该工程使莲花河东岸北起广安门外大街、南至红莲南路一段绿化用地全部连通。工程由北京宣美园林绿化设计所设计，宣武区绿化二队施工，3月中旬开工，4月上旬竣工，工程造价20万元。

（窦建国）

【西黄线—手帕口桥北绿化工程】 铁路西黄线（北京西站至黄村段）绿化工程系改善进京旅客"第一印象"的京九铁路进京路线两侧绿化工程。手帕口桥北绿地位于宣武区广安门外大街手帕口铁路桥东侧，绿化面积6100平方米，安装喷灌水管线1300延长米，清运渣土224立方米；栽植树木3554株，其中雪松、油松、蜀桧等常绿乔木44株，银杏、栾树、西府海棠等落叶乔木177株，丝兰10株，石榴、碧桃等153株，大叶黄杨、金叶女贞色带257平方米2990株，早园竹30平方米180株；铺种高羊茅草坪4034平方米，栽植摆放花卉80平方米4170株；沿铁路安装高护网栏杆176延长米，砌筑挡土墙356延长米，安装道牙485延长米，砌花池28平方米；铺装道路、广场1153平方米，建休闲平台小品一座61.5平方米、木亭一座36平方米；设置座椅12个、果皮箱4个、绿化警示标牌15个。该工程与2002年施工的铁路西侧绿地合为1.1万平方米的集中绿地，定名为"绿音景园"，彻底改变了"京九线"铁路进京路段（宣武区段）两侧的脏乱状况。工程由宣武园林局设计，宣武区绿化队负责施工，4月7日开工，4月19日竣工，工程造价75万元。

（李小菊）

【槐柏树街绿地改造工程】 槐柏树街绿地位于宣武区槐柏树街东口北侧，面积300平方米，已建多年。工程挖除原植灌木5株，铺种丹麦草300平方米；栽植云杉1株、黄刺玫2株、大叶黄杨球4球80株；运出渣土34方，砌筑挡土墙5延长米。工程由宣武区绿化队负责改造，6月9日开工，7月27日竣工。

（李小菊）

【天桥危改小区二期绿化工程】 天桥危改小区二期绿化面积9545平方米，栽植乔木165株、灌木440株、月季400株、色带2330平方米37280株、宿根花卉550平方米4700株；铺种草坪4480平方米、铺装道路广场1450平方米、砌筑道牙1062米、安装座凳48个。工程由北京汇宇城建设计中心设计，宣武艺园管理处负责施工，3月7日开工，7月30日竣工，工程造价75万元。

（陈　莹）

【金中都纪念阙矗立滨河公园】 为纪念北京城建都850周年，宣武区政府于滨河公园内原金中都皇城大安殿遗址处建立“北京建都纪念阙”。纪念阙高12米,占地约760平方米。阙顶部为斗拱造型,4根方柱下方设4个青铜兽造型,分为东南西北朝向,系根据1990年修建二环路时出土的原大安殿的一种叫“辟邪”的兽形青铜饰物扩制。基座上镌刻历史地理学家侯仁之撰写的《北京建都记》,地面上镂刻金中都城址平面图及与元明清时北京城位置的对照图。工程由中央美术学院当代艺术中心和宣武区建筑勘察设计所设计,北京紫光园林绿化工程公司承包,滨河公园管理处施工,7月22日开工,9月20日竣工,投资220万元。

(李朝红)

【国庆花卉布置】 “十一”前夕,为庆祝建国54周年,烘托节日气氛,宣武区在街口设置“绿波流音”、“欢庆”、“京韵风俗”花坛3座;在南中轴路(宣武段)新建绿地布置花坛、花堆、花带;在广安门南街绿地摆放花堆、花球、花钵;在区属公园、公共绿地等处摆放简易花坛、花带和大型观赏植物,使用各种花卉19万余盆(株)。“绿波流音”花坛位于广安门南街荣宁园小区前,由宣武区园林局组织设计,滨河公园管理处制作摆放。花坛以使用“涌跳泉”和雾喷技术构成的水景为中心,由1.8万盆菊花、矮牵牛、凤仙、海棠、彩叶草等组成色带背景,跃动的断续水柱组合成“水曲线”由迷雾衬托。“京韵风俗”花坛位于虎坊桥路口湖广会馆前文化广场上,由宣武区园林局组织设计,万寿公园管理处制作摆放。花坛为一把巨型中国传统折扇造型,与广场上原置的大型戏剧脸谱造型相呼应,周围由铁树、蕉藕、散尾葵和鸡冠花、串红、萱草、红黄小菊和天冬草等围聚,用花1.2万盆。脸谱、折扇的组合在湖广会馆的背景衬托下,散发着浓厚的宣南文化的气息。“欢庆”花坛位于广安门桥区北侧路西,由宣武艺园管理处制作摆放。5000多盆鲜花组成四个巨大的花柱,象征欣欣向荣的发展趋势。南中轴路(宣武段)按市园林局设计方案摆放花坛和花堆色带,由宣武区南中轴绿化工程部组织施工,14万余盆串红、菊花、矮牵牛、凤仙、海棠等组成8组舒畅大气的多彩图案,一只巨大的宫灯和若干花球与鲜红、亮黄的色带烘托出热烈的节日气氛。在宣武艺园、万寿公园、滨河公园及手帕口北街、长椿苑等公共绿地处摆放简易花坛、花带,配以大型观赏植物。在广安门南街绿地摆放花钵20个、花球10个,使用各色花卉、花球、花钵,用花万余盆。

(李秀朋)

【万寿公园舞场易地改造工程】 市控环境监测站宣武区万寿西宫站位于万寿公园内。为使该站周边有较好的小环境,9月下旬至10月中旬,公园管理处将站旁露天舞场890平方米改为草坪,将公园西部草坪处另辟720平方米进行铺装,建为活动广场,继续为游客提供方便。

(李　屹)

【广安门南街绿化工程】 宣武区广安门南街绿化工程位于广安门以南、护城河东侧,被列为宣武区政府“为民办实事”工程,在2002年拆迁建绿后,2003年继续向北延伸。拆除沿街建筑及逾期临建、违建7007.5平方米,开辟绿地面积10618平方米,运出渣土939立方米,回填土方6660立方米;铺种草坪5326平方米,栽植苗木1352株,栽种色块6948株丛、宿根花卉36平方米900株丛;砌筑挡土墙1257延长米,铺装广场775平方米,接通中水管线1669延长米,报装水井1座,安装护栏100延长米。新建绿地与2002年所建绿地相衔接,形成绿化风格一致的景观。该工程获得“首都绿化美化优质工程奖”。工程由北京易景道景观设计有限公司设计,北京滨河公园管理处负责施工,4月上旬开工,9月26日竣工,工程造价151万元。

(李朝红)

【南中轴路(宣武段)一期绿化工程】 南中轴路一期绿化工程指北京城中轴线的永定门内大街段,北起北纬路路口,南至永定门桥,长约1580米,宣武段绿化工程位于该大街西侧。区政府组织力量拆迁居民住宅、拆除沿街商业临建2003户计12万多平方米,腾出绿化面积73913平方米;清运废弃渣土12万立方米,回填壤土7.8万立方米,施有机肥4000立方米,安装绿地喷灌设备1500延长米,报装水井4个;栽植常绿乔木305株,修剪保留大乔木24株,铺种植草坪70000平方米;布置花坛8个、花钵50个,使用矮牵牛、荷兰菊、串红等143608盆;铺装人行步道44206平方米,设置果皮箱10个、草坪牌30个、座凳80个。工程由宣武区南中轴绿化工程部组织施工,7月8日开工,9月30日竣工,工程造价220万元。

(陈　莹)

【宣武艺园开办插花展、菊花展】 10月1日至10日,宣武艺园管理处利用国庆节长假休息期间,在园内盆景园举办插花展,展出插花100余盆;11月1日至25日,在盆景园举办菊花展,展出各色菊花150盆。两次花展均免费供游人参观,共接待游人6500余人次。

(陈　莹)

【园林职工紧急抗雪灾】 11月6日,夜间突降早冬大雪。因先雨后雪使雪的附着力增加,尚未枯黄的树冠枝杈难以承受落雪重量,宣武区千余株行道树倒伏折枝,严重堵塞城市交通；数十户居民院内树倒砸房，危及群众生命财产。区园林局紧急启动《抢险应急工作流程图》预案，各基层单位冒雪迅速出动100余名抢险人员，动用十余辆机动车，连夜挑打着雪树杈、清除断裂枝干、抢运枝叶垃圾、排除雪灾造成的交通阻塞。通过3昼夜连续突击抢险，共排除危险树木800余株，全区交通秩序恢复正常。由于抢险措施得力、队伍出动及时，宣武区树木损害量最少，市园林局对此给予特别表扬。

（李秀朋）

【第二届“金剪子”职工技能比赛】 12月16日，宣武区园林局举行第二届“金剪子”职工技能比赛，局属基层单位各派3人组队代表本单位参赛。通过移树修剪打包定时操作比赛，宣武区绿化队获总分第一名。

（李秀朋）

土地 房屋

国土资源和房屋管理

【概况】 北京市宣武区国土资源和房屋管理局（简称区国土房管局）是负责对全区土地和房屋实施行政管理和住房制度改革工作的区政府职能部门。区国土房管局组织机构分行政机关、派出机构和局属事业单位3部分。局机关设办公室、人事科、国土管理科、房屋土地权属管理科、市场管理科、物业管理科、拆迁管理科、房改管理科、执法监督科9个职能科室；局派出机构8个地区管理所为全额拨款事业单位；局属事业单位有：宣武区房地产登记发证事务所、宣武区房地产测绘所、宣武区房屋安全鉴定站和北京市土地整理储备中心宣武区分中心。年内，房地产行政管理继续以加强作风建设、推进管理创新为切入点，依法强化行政监管，治理整顿土地市场、拆迁市场秩序；着力解决廉租住房、标准租私房、物业管理服务等涉及群众切身利益的热点、难点问题；转变政府职能，简化审批手续，努力创新管理体制和工作机制。推进解决标准租私房工作进入具体实施阶段，解决和搬出标准租私房1511户；正式启用房地产服务大厅，实行“一站式”服务；开展全区治理整顿拆迁市场秩序工作，推进拆迁“阳光工程”；积极协调各有关单位，争取政策解难题，使居民多年产权证遗留问题得到解决；廉租住房管理体系初步形成，住房制度改革进一步推进，区机关事业单位职工住房补贴工作平稳启动。

地址：宣武区果子巷77号
电话：63537789
邮编：100052

（王建华）

【召开2003年工作会议】 2月28日，区国土房管局召开2003年工作会议，确定2003年工作的总体思路是：正确处理管理与服务的关系，突出三方面重点，即以加强内部考核管理工作为重点，建立健全各项规章制度，内部管理制度要有所创新；以建立区局与地区管理所二级管理体制，形成“二级管理、三级网络”为重点，管理机制要有所突破；以加强拆迁指导工作为重点，拆迁行业监督管理要有新举措。为保证全年任务的完成，一是加大考核力度，完善内部管理机制；二是建立起全局二级管理体制；三是发挥区土地整理储备分中心的作用，促进区域经济发展；四是强化依法行政，转变工作作风。

（王建华）

【召开先农坛拆迁政策宣讲会】 3月14日，为确保先农坛市重点环境整治工程顺利进行，区房改办、区市政管委联合召开先农坛市政拆迁政策宣讲会，讲解了在拆迁工作中按照房改政策出售公有住房的办理程序；产权单位、拆迁公司在售房工作中的职责，以及应履行的手续。

（王利群）

【争取政策解决历史遗留问题】 为尽快解决居民产权证问题，区房改办就开发单位的原因、导致购买商品房后参加房改购房的职工不能领取房改房产权证的问题向市房改办申请政策。5月27日，市房改办、市国土房管局给予联合批复。这一批复不仅解决了购房单位购买宣武区商品房职工办理房改房产权证问题，对全市类似问题也有积极推动作用。

（王利群）

【召开物业规范化活动表彰会】 7月15日，宣武区物业管理规范化服务活动暨防治非典型肺炎工作总结表彰大会在北京市总工会职工大学学术报告厅召开。市国土房管局有关领导，区人大常委会、区政府、区政协有关领导及规范化服务活动的13家成员单位的负责人出席了大会，各物业公司总经理和工作人员、获奖单位代表和获奖员工参加了大会。会议全面总结了物业管理规范化服务活动和防治非典型肺炎工作，评选出宣武区首届物业管理优秀集体和优秀员工各10名；防治非典型肺炎工作先进单位12个、先进个人7人。

(张 靖)

【廉租住房实物配租工作】 8月12日、13日,区国土房管局召开了宣武区落实广渠门北里廉租房实物配租工作培训会。作为市政府确定的六十件实事之一的广渠门北里廉租住房,主要是为解决人均住房面积在10平方米以下的优抚对象家庭的住房困难。会上,明确了区国土房管局、区民政局、区财政局等部门的工作职责,成立了由民政、房管部门组成的地区住房核查工作小组,做到了人员到岗,联络渠道畅通,措施到位。年内,在市廉租管理部门组织的第一次广渠门北里廉租房摇号配租活动中,宣武区第一批有70户符合资格,在67户申请家庭参加摇号中有60户中签,中签率为90%。

(陈 晶)

【召开第一届职工代表大会】 8月21日,区国土房管局召开第一届职工代表大会,全局民主选举的46名代表出席。经过民主表决,会议通过了局聘用合同制工作具体实施方案和内部退休管理办法等7个相关细则。

(姚中敏)

【召开解决标准租私房工作会】 10月17日,区国土房管局在区政府B1报告厅召开了"宣武区解决标准租私房工作会议"。宣武区推进解决标准租私房问题领导小组、督查小组成员、各街道办事处、有职工承租标准租私房的区属行政、事业、企业单位及区内项目开发建设单位的负责人参加了大会。按照《宣武区推进解决标准租私房问题工作方案》,会议具体布置了标准租私房搬出安置工作。金焱副区长与街道办事处和区属单位领导签订了《落实解决标准租私房责任书》。

(王建华)

【召开住房补贴工作会】 11月21日,区政府在B1报告厅召开了宣武区落实机关事业单位住房补贴工作会议。这次会议的召开,标志着落实机关事业单位住房补贴工作正式启动。会上,讲解了机关事业单位发放住房补贴工作要点,对开展住房补贴发放工作进行了动员,要求各单位成立相应的领导小组、签订责任书、落实负责制,并做好政策宣传工作。区长武高山代表区政府分别与区教委、区卫生局、白纸坊街道办事处等单位代表签订了《落实机关事业单位职工住房补贴工作责任书》。

(王利群)

【编制2004年建设用地供应计划】 11月24日,按照北京市土地整理储备中心转发北京市发展计划委员会《关于编制2004年北京市建设用地年度供应计划的通知》的精神,宣武区土地储备中心编制完成宣武区2004年及后两年土地供应计划,为土地储备工作的顺利开展奠定了良好的基础。

(郭泓廷)

【治理整顿土地市场秩序】 年内,区国土房管局在全区范围内开展了治理整顿土地市场秩序工作。协助市局完成了闲置土地及划拨土地转让情况的调查核实,涉及开发企业、自管房单位共67家、113宗地,其中协助市局划拨处调查核实划拨城镇建设用地转让项目63个,协助市局出让处调查核实闲置土地项目34个;检查了自1999年以来土地管理依法行政审批项目16个,其中准备开工1个,正在施工或已经竣工15个;完成了13个项目空置商品房的调查工作,空置率为7%。

(刘 晶)

【国有土地使用备案】 年内,区国土房管局办理国有土地使用权建档备案68件,用地面积918924.73平方米,其中办理国有土地使用权协议出让备案58件,用地面积447921.02平方米;办理划拨用地备案10件,用地面积471003.71平方米(主要为市局危改划拨用地和市政道路用地)。

(刘 晶)

【土地管理】 年内,区国土房管局办理划拨用地1宗,为北京小学建设用地,占地2714平方米;完成菜市口地铁站涉及两个出站口(菜市口的东南角和西北角)的临时用地审批,总占地面积6121平方米;办理建设用地项目核勘22宗,用地面积431097.74平方米;完成全区因企业改革涉及用地性质审核21件,用地面积65451.65平方米。

(刘 晶)

【整理土地数据库空间数据】 年内,为配合北京市用地情况专项调研,区国土房管局在认真整理统计1992年至2002年区政府审批划拨用地各种数据的基础上,完成建立土地数据库空间数据统计整理工作,对33宗10亩以下划拨建设用地的各种批文、数据、图表等空间位置信息资料进行拍摄,共拍摄数据照片195张。

(刘 晶)

【地籍调查】 年内,区国土房管局完成地籍调查348个街坊、10047宗地;进行公告6302宗地,绘制1:500比例尺地籍图474幅。累计完成地籍调查及测绘面积19.03平方公里。

(虞融炬)

【权属管理】 年内,区国土房管局完成房屋所有权登记发证10580件,198.69万平方米,其中房改售房发证7816件,54.37万平方米;公产登记发证231件,127.45万平方米;私产登记发证2533件,16.87万平方米;土地使用权发证125宗,71.36万平方米;房地产抵押登记375件,建筑面积62.94万平方米。

(虞融炬)

【房地产交易市场管理】 年内,区国土房管局完成了对31家房地产经纪机构的资质审核,对45家企业进行了年审,37家企业合格;办理商品房预售项目备案16起,预售面积588727平方米;商品房预售合同备案登记5560起,备案面积533134平方米;办理房屋买卖过户1919起,过户面积235045平方米。

(单清华)

【物业管理】 年内,区国土房管局编制了《宣武区物业管理工作指导文件汇编》;完成了19家物业企业的资审,对105家企业进行了年审,其中在外区注册的企业有35家;注销了4家企业物业资质合格证书;组建了2家物业管理委员会,收缴公共维修基金7900万元。在物业管理行业达标创优工作中,成鑫物业、江河物业达到了《北京市居住小区物业管理服务基本要求》标准;中国北京劳动力市场大厦、康乐里小区、太平里武警小区、恒昌花园、小马厂电信住宅小区、牛街民族团结小区、天桥危改小区在达标的基础上,获"北京市优秀居住小区(大厦)"称号;区政府办公楼获"全国物业管理示范大厦"称号,成为全市第一家获全国优秀物业项目的区级政府办公楼。

(张 靖)

【物业管理规范化服务活动】 年内,区国土房管局在全区范围内开展了"我为社区服好务,我为首都添光彩"的物业管理规范化服务活动。整个活动分为动员阶段,开展规范化服务活动阶段,推荐评比优秀员工、集体阶段,总结表彰阶段,宣传学习阶段。结合宣武区实际情况,开展形式多样的规范化服务活动,树立了首都物业管理行业的新形象、新面貌。宣武区中兴物业法源寺项目部、鲁能物业椿树园项目部获北京市物业管理"十佳"优秀集体荣誉称号;评选出宣武区首届物业管理优秀员工和优秀集体各10名;区国土房管局获优秀组织奖。

(张 靖)

【房屋租赁管理】 年内,区国土房管局共办理房屋租赁许可证149件,37700平方米,其中住宅用房94件、办公用房29件、商业用房25件、其它用房1件。

(莎其拉)

【标准租私房工作】 年内,区国土房管局根据《北京市人民政府批转市国土房管局关于解决本市按照标准租金出租私有房屋问题的若干意见的通知》、《市国土房管局关于印发〈关于推进本市标准租私房工作中有关搬出安置意见〉的通知》等文件精神,结合宣武区实际情况,制定了《关于推进宣武区解决标准租私房工作方案》,印发了《宣武区推进解决标准租私房工作实施细则》。宣武区共有标准租私房3456户,截至年底,共解决搬出1511户,其中市属责任范围37户,区属责任范围1474户(历史文化保护区范围解决393户)。

(张慧生)

【房屋安全检查】 年内,区国土房管局开展了2003年度城镇房屋安全和设备检查工作。经汇总,全区有自住私房8065户、24583间。区城镇标准租私房建筑面积6.48万平方米,实查5.92万平方米,其中基本完好房0.24万平方米,一般破损房4.53万平方米,严重破损房1.11万平方米,危险房0.04万平方米;单位自管房589.83万平方米,实查558.44万平方米,其中完好房257.3万平方米,基本完好房269.17万平方米,一般破损房31.3万平方米,严重破损房0.62万平方米,危险房0.055万平方米;物业管理房712.04万平方米,实查707.48万平方米,其中完好房575.30万平方米,基本完好房125.77万平方米,一般破损房5.68万平方米,严重破损房0.73万平方米。

(马 骥)

【执法监督】 年内,区国土房管局共办理诉讼案件121件,与上年相比增加49%,其中涉及拆迁裁决88件,权属发证19件;要求履行法定职责13件,另有公房租赁1件;完成现行法律法规统计、汇总工作,开展了行政执法人员行政法律基础知识培训和考核。

(陈培元)

【拆迁管理】 年内,全区共动迁26片、3709户,拆迁各类房屋187285.57平方米。截至年底,已有3435户居民签订拆迁补偿安置协议,占总户数的92.6%。为保证拆迁工作顺利进行,区国土房管局加大调解和裁决力度,全年共立案839起,调解330户,裁决477户。为实现拆迁过程中的"阳光工程",实行了拆迁项目招投标制度。

(高志庆)

【重点工程拆迁】 年内,区国土房管局采取每天召开调度会的形式加强拆迁工作的前期指导,确保宣外大街、南中轴路环境整治等市重点工程项目按期开工建设。同时,举全局之力投入到重点工程裁决工作中,加大房改危改区的裁决力度,牛街二期、红居、小马厂房改危改区裁决工作已全部完成。

(高志庆)

【房改管理】 年内,区房改办核准、备案驻区机关、事业、企业单位房改售房5733套、343144.06平方米;核准、备案集资购房(建房)83套、8850.74平方米;办理南磨房康居房产权手续15套、1229.78平方米;办理拆迁范围内出售公有住宅平房、简易楼房和筒子楼2294.5间,36587.28平方米。

(王利群)

【办理住房特困户产权证】 1992年住房制度改革初期,宣武区根据市政府房改政策,对区属人均居住面积在两平方米以下的住房困难户,采取“国家拿一点、单位拿一点、个人拿一点”的原则,解决了部分居民的住房困难。但自进住十余年来,购房特困户未能领取房屋产权证。年内,宣武区房改办在没有相关档案资料的情况下,走访相关部门,并与产权单位北京天鸿房地产开发公司和丰台区房改办多次沟通,圆满解决了两户当年两平米以下住房特困户取得产权证这一历史遗留问题。

(王利群)

【办理危改购房产权证】 年内,宣武区房改办为尽快解决椿树园危改小区购房居民回迁多年未能领取产权证的问题,根据宣武区政府《关于解决椿树园小区居民房屋产权问题的会议纪要》精神,在富卓房地产开发公司落实了修缮责任和维修资金后,为椿树园危改小区回迁居民办理了房改售房核准手续,1670户回迁居民领到产权证。区房改办与有关开发公司配合,协商解决历史遗留的法源寺、南线里危改区回迁居民领不到房产证问题,完成了法源寺537户、南线里347户回迁购房居民的售房核准手续。

(王利群)

【廉租住房管理工作】 自2001年11月北京市实施廉租住房政策以来,经过全市组织的6次公开摇号配租和3次直接配租活动,宣武区有358户家庭获得了配租资格,有225户家庭领取了廉租住房租金补贴。全区每月发放租金补贴14.46万元,全年共发放租金补贴173.52万元。已配租家庭的人均住房面积由3.23平方米提高到11.95平方米。在领取租金补贴的廉租家庭中,有21户由于人口变动、遇有拆迁等原因办理了退出廉租资格手续,有57户办理了租金补贴变更手续。区廉租住房管理部门对全区154户已领取租金补贴的廉租家庭租赁的住房情况进行了实地核查。

(陈　晶)

【拆迁地区廉租住房工作】 2002年底,北京市出台了拆迁地区廉租家庭可存储拆迁补偿款申请廉租住房租金配租和租金补贴还贷购房政策。截至年底,全区拆迁地区共有21户廉租家庭存储了拆迁补偿款,享受廉租住房租金配租政策,共计存款141.7万元;有13户通过市廉租办的登记,享受租金补贴还贷购房政策,其中有11户外迁家庭,共上缴拆迁补偿款84.1万元,有8户已提取首付款,签订了购房协议;另有樱桃园拆迁片1户执行购买回迁房,已开始还贷。

(陈　晶)

【房屋安全鉴定】 年内,区国土房管局完成房屋安全鉴定186处,建筑面积8067平方米,其中安全房屋7750平方米、局部危险房屋288平方米、危险房屋29平方米。

(芦玉华)

【房地产测绘】 年内,区国土房管局共完成辖区内各单位产房屋所有权发证测绘223处、1271486.27平方米;私产房屋所有权发证测绘2315户、58964.05平方米;整栋楼房测绘73栋、1379413.27平方米;房改售房测绘4585户、商品房测绘673户;土地使用权发证测绘81处、386712.94平方米。

(李淑芳)

【完成人员录用工作】 截至年底,区国土房管局共录用新人49人,涉及计算机、房地产、土地、法律、行政管理等各类专业人才。

(姚中敏)

【实行聘用合同制】 年内,区国土房管局所属12家事业单位、124名干部职工与单位签订了聘用合同和聘任合同,其中固定制职工109人、劳动合同制职工15人;1人提前离岗,1人内退。

(姚中敏)

【房地产交易所机构撤销】 年内,根据区编委2003年4月16日《关于撤销区房地产交易所的批复》(宣编【2003】 8号),北京市宣武区房地产交易所被撤销,其20名编制由机构编制部门收回。

(姚中敏)

【信访工作】 年内,区国土房管局共接到初次信访178件、重要信访76件,其中来人初访1088人次、重访175人次。信访内容主要集中在标准租私房、拆迁、产权、落实私房及历史遗留问题等方面。出具信访答复意见和办理报告63件。全年办理区委、区政府领导批件57件,市国土房管局批件3件,受理人大代表建议、政协委员提案11件,均全部办结。

(成立奇)

宣房投资管理公司

【概况】 北京宣房投资管理公司是由原宣武区房屋土地管理局部分事业单位转制成立的国有资产运营机构,下辖北京宣房房屋经营公司、北京宣房楼宇设备公司、北京宣房城市建设拆迁有限责任公司、北京宣房鑫兴商贸有限公司、北京宣房物业管理有限公司、北京大厚房地产开发有限责任公司、北京市红义物业管理公司、北京市正阳经济贸易公司、北京市宣武区宣房建筑工程处、北京市宣武区房地产交易所10个全资、控股子公司,在职员工1469人。年内,宣房投资管理公司按照"上下团结、齐心协力,抓好主业、提高效益,加强开发、带动发展,开拓物业、提升水平,深化改革、规范管理"的工作思路,以调整为基础,以发展为主线,以改革为动力,围绕区委、区政府交办的任务开展工作,完成了辖区直管公房管理、防汛、锅炉供暖、电梯运行、危旧房改造、物业管理等项任务。管理直管公房204.06万平方米;直管锅炉30处、61台,供热面积210万平方米;直管电梯49部,高压水泵17处;承担危旧房改造开发项目两个,11万平方米;管理区政府广安会议中心、丰台区富卓园小区、辖区老旧小区、托代管小区物业17个,面积84万平方米。

地址:宣武区右安门内大街15号
电话:63523001
邮编:100054

(唐晓峰　周　乾)

【参加南中轴路拆迁】 3月下旬,宣房投资管理公司所属北京宣房城市拆迁有限责任公司,承接了北京市政府环境整治重点工程——南中轴路拆迁任务。他们克服时间紧、任务重、"非典"疫情影响等困难,及时制定拆迁计划,积极采取防范措施,组织员工进行入户调查、动员,与被拆迁人签订协议,在6月30日市政府规定的时日前完成了拆迁任务。此项工程共拆迁居民557户,单位59个,面积28880平方米。

(唐晓峰　周　乾)

【接管区房地产交易所】 4月,根据区政府《关于房地产交易所划转问题的会议纪要》精神,宣房投资管理公司接管了由宣武区国土资源和房屋管理局划转过来的宣武区房地产交易所。按照"财随人走、尊重历史"的原则,原交易所的5名职工、部分资产和所有债权、债务,一次性划转到宣房投资管理公司。划转后的宣武区房地产交易所隶属宣房投资管理公司,为国有独资企业。

(唐晓峰　周　乾)

【成立生产经营指挥部】 在防控"非典"的非常时期,为全面抓好宣房投资管理公司及其子公司的日常生产经营管理工作,公司成立北京宣房投资管理公司生产经营指挥部,下设办公室和防汛、锅炉改造两个分指挥部。生产经营指挥部对公司董事会负责,履行经理办公会职责,实行总指挥负责制,在防控"非典"工作期间全面主持公司的日常工作,带领公司本部、各子公司,完成全年各项工作任务和经济指标。

(唐晓峰　周　乾)

【防控"非典"】 4月18日,宣房投资管理公司成立了防控"非典"工作领导小组,组织带领公司、子公司员工做好"非典"疫情的防控工作。公司与各子公司、房屋经营公司分公司签订了安全防控责任书,逐级建立了防控领导组织和检查、监督机构,及时通报信息。公司针对各子公司担负的直管公房修缮、防汛、电梯运行、北京市南中轴路拆迁、新安中里、槐柏树危改开发施工等项工作任务,先后制定下发了6项、53条工作规范和防控措施,保证了员工的安全。全公司1469名在职员工、2000余名离退休员工及其家属没有1人感染"非典"疫病,公司本部10个子公司、5个分公司办公地点和两处建筑工地没有发生疫情。

(唐晓峰　周　乾)

【组建宣武医院后勤保障队伍】 4月27日中午,宣房投资管理公司授领了区政府下达的紧急调集200名员工,担负北京市"非典"患者定点收治医院——首都医科大学宣武附属医院的后勤保障工作。公司党委于当日下午召开了公司所有党委委员和下属企业党(总)支部书记、经理参加的党委紧急扩大会议,进行部署动员。要求广大党员、干部、职工积极响应区政府的号召,踊跃报名参加宣武医院后勤保障队伍。截止到4月28日下午,共有798名员工报名参战。公司党委最后确定为201人。4月29日下午3点30分,公司接到宣武医院通知,工作任务由后勤保障改为进入"非典"患者病房做清洁工作,所需人员由200人减少为100人。公司党委一面向区委、区政府进行汇报,一面再次召开紧急会议进行动员,要求党员、干部带头,重新组织报名。截止到4月30日下午4点30分,共有143名员工自愿报名。当日下午3点,公司再次接到宣武医院通知,要求第一批50名清洁工于5月2日上午9点到宣武医院进行集中培训。公司党委经过认真研究,确定了第一批先期进驻者名单,并通知每个人做好准备。

(唐晓峰　周　乾)

【完成防控"非典"专项任务】 "非典"疫情暴发期间,宣房投资管理公司以辖区人民群众生命为重,坚决落实区委、区政府下达的防控任务,先后检查清理直管公房地下室98处、10116平方米;改造骡马市大街175号至213号、枣林前街2号、莲花河东里51号下水道349.40米,封堵垃圾道口1210个,受益居民21736户。

(唐晓峰　周　乾)

【组建"非典"疫区抢修抢险队】 5

月15日,为有效控制“非典”感染率,及时完成“非典”疫区居民房屋、水电、电梯等维修任务,保证人民群众的正常生活,宣房投资管理公司抽调10名员工,组建了抗击“非典”疫情抢修抢险突击队,配备了专用工具,配发了防护用品,安排单独居所,24小时集结待命,随时处置疫区内的紧急情况。5月17日,公司专门邀请宣武区卫生疾病防控中心大夫进行了防护知识培训。5月19日,疫情抢修突击队接到宣武区市政管理委员会下达的封堵宣武区东南园1号楼地下室疫区垃圾道口的紧急任务。公司董事长等领导亲临现场坐阵指挥,施工队员们按照规定穿戴好防护服装,依据抢修程序精心组织施工。经过两天的紧张工作,封堵垃圾道口12个,安装防盗门1扇,圆满完成了任务。

(唐晓峰　周　乾)

【新安中里危改小区居民回迁】 9月28日,宣房投资管理公司所属北京大厚房地产开发有限责任公司开发建设的新安中里危旧房改造小区举行了首批回迁居民入住仪式。区委书记唐大生、区长武高山、副区长金焱等领导到会祝贺。第一批383户回迁居民从区领导手中接过了新居钥匙。新安中里危改小区是宣武区为民办实事的重点工程,2001年7月18日开始拆迁,总占地3万平方米,规划建筑面积11万平方米,住宅面积7.4万平方米,共拆迁、安置回迁居民727户。

(唐晓峰　周　乾)

【公房租金收入超额完成】 年内,宣房投资管理公司经营管理辖区直管公房204.06万建筑平方米。公司所属北京宣房房屋经营公司积极开展工作,深入承租户中收取房屋租金,全年租金收入实现2818万元,超出年定收计划232万元、8.97个百分点,占年应收租金2832.73万元的99.48%,比上年提高了1.1个百分点。

(唐晓峰　周　乾)

【电梯、高压水泵安全运行】 年内,宣房投资管理公司所属北京宣房楼宇设备公司加大了对辖区直管电梯、楼房高压水泵等设备的维修管理和养护力度,保证了所管辖的49部电梯、17处高压泵组安全运行。在每年一次的北京市国土资源和房屋管理局组织的电梯安全检查中,区49部电梯全部达标。为了保证居民用水的安全和卫生,宣房楼宇设备公司对17处楼房高压水泵的所有水箱进行了加盖上锁,消除了安全隐患。

(唐晓峰　周　乾)

【物业管理工作】 年内,宣房投资管理公司所属北京宣房房屋经营公司、北京市红义物业管理公司、北京宣房物业管理有限公司,在管理好里仁街、鸭子桥北里、建功北里、双槐里、法源寺西里等老旧小区物业、广外马连道小区托代管物业、宣武区人民政府广安会议中心酒店物业的基础上,新接管了丰台区富卓园等4个面积共计18.6万平方米的商品房物业小区,使公司所管理物业小区达到了17个,面积84万平方米。

(唐晓峰　周　乾)

【落实社会服务承诺】 年内,宣房投资管理公司继续开展服务承诺活动,将公开向辖区居民承诺的房屋、水、电维修,锅炉供暖,电梯运行5项服务内容推向深入,对辖区军烈属、人民教师、孤寡老人等特殊人群定期上门提供服务。全年共维修水、电23240处,其中上下水15854处、电7386处;入户维修暖气1410次,外管线抢修19处;电梯故障急修2357次;楼房高层供水设备故障急修50次,保证了辖区广大居民群众的日常生活。全年共收到锦旗70面、表扬信1198封。

(唐晓峰　周　乾)

住房公积金管理

【概况】 2003年1月1日,北京市住房资金管理中心正式挂牌后,将全市原80家分中心(其中区属18家,局级系统单位62家)合并组建为27个管理部。原宣武区分中心及市煤炭总公司分中心、市供销合作总社分中心、市粮食局分中心、市监狱管理局分中心、市饮食服务总公司分中心、北京第二商业局分中心、全聚德集团分中心共8家合并为宣武第一管理部。主要职责是:编制执行住房公积金的归集、使用计划,负责记载职工住房公积金的缴存、提取、使用;负责住房公积金的保值和归还以及单位住房基金、公共维修基金的政策管理等。年末,宣武第一管理部归集住房公积金汇交单位1297个,职工117414人,住房公积金余额10.9亿元,986个单位交存单位住房基金和住房维修基金5.57亿元。

地址:宣武区骡马市大街14号

电话:63517081　63550071

邮编:100052

(刘　毅)

【职工个人购房贷款】 年内,宣武第一管理部共为职工个人发放住房公积金住房委托贷款1472笔,金额2.44亿元,支持职工购房面积10万平方米。

(刘　毅)

【标准租私房政策性贷款】 根据市政府有关解决标准租私房的政策标准,宣武区共有标准租私房户2649户,需要区里相关部门共同解决的1749户。在区财政局、区房地局、区民政局及街道办事处的共同努力下，到年底已解决 397 户，由宣武第一管理部发放贷款 8000 万元。

（刘 毅）

【发放廉租住房补贴】 截至年末，宣武第一管理部累计为 1212 户次发放了廉租住房补贴 93.5 万，有 64 户脱离了发放廉租住房补贴的范围，少发放 4.6 万元。

（刘 毅）

城市环境

市容卫生

【概况】 北京市宣武区环境卫生服务中心(简称区环卫服务中心)是区政府直属全额拨款事业单位，承担着全区主要大街的保洁、生活垃圾转运、公厕建设与管理，化粪池的清掏与抽运、大件垃圾与渣土垃圾的清运及应急保障任务。中心设党委办公室、行政办公室、业务基建科、劳动人事科、计划财务科、工会(与团委合署办公)6 个职能科室；下属有环境卫生一队、环境卫生二队、环境卫生三队、环境卫生四队、环境卫生汽车队、环卫业务管理站 6 个基层单位，有干部职工 1085 人。年内，区环卫服务中心在环卫设施建设与管理、专业服务和应急保障方面都取得了较好的成绩。全年清运生活垃圾 21 万吨、渣土 3.1 万吨，抽运粪便 16.1 万吨；全区 48 条干路、256 万平方米路面保持干净整洁；干路保洁机扫率达到 80%，道路喷雾洒水降尘率保持 100%。在市区进行的 9 次市容卫生检查中均取得较好成绩。

地址：宣武区黑窑厂街 20 号

电话：63532702

邮编：100052

（刘建岭）

【扫雪铲冰】 年初，区环卫服务中心完成 6 次扫雪铲冰工作。雪后，机关和各队职工及时清扫全区大街、过街天桥、车站和路牙，保障过往行人的安全；采取机械推雪板、固体融雪撒布机和洒融雪剂车相结合的方式，对全区 48 条大街和立交桥、过街桥、地下通道口融雪铲冰，共撒融雪剂 240 吨，保证了快慢行道不结冰，道路畅通。

（刘建岭）

【春节环卫保障】 为使广大群众过一个欢乐祥和的春节，区环卫服务中心精心组织，加强领导，层层落实责任，成立应急小分队，对重点大街和地区增加保洁人员，延长保洁时间。在大观园和厂甸庙会设置大型垃圾分类桶 88 个、折叠式果皮箱 100 个；每日有 100 余人参加保洁，出动华林压缩车和三轮车清运垃圾；白天定点收运、巡回保洁，晚上突击保洁转运到密闭式清洁站，清运垃圾 155.5 吨；为方便游玩人员，对庙会周围的 25 座公厕制作了 21 个指示牌；公厕由专人负责保洁，巡回检查，为群众创造了清新整洁的节日环境。

（刘建岭）

【公厕建设协调会】 2 月 27 日、28 日，区环卫服务中心召开 2003 年度公厕建设协调会。会议总结了 2002 年公厕建设情况，通报了 2003 年拟新建、改建一类公厕 20 座的规划情况。市市政管委、区市政管委、区规划局及 8 个街道办事处的有关领导和中心领导、业务人员参加会议。

（刘建岭）

【实施中水喷雾降尘冲刷作业】 3 月 15 日至 11 月 15 日，为控制干路扬尘污染，提高空气质量，区环卫服务中心根据不同季节和道路状况，对道路白天实施喷雾降尘、夜间实施中水冲刷作业，控制扬尘污染。

（刘建岭）

【抗“非典”应急保障】 4 月份，面对“非典”疫情，区环卫服务中心坚决落实区委、区政府抗“非典”工作部署，迅速成立防控“非典”领导小组，加强组织领导，明确任务分工，层层落实责任。印发了《宣武区环境卫生服务中心防控“非典”工作组成员名单》、《宣武区环境卫生服务中心防控“非典”工作领导责任区》；快速组建了“非典”垃圾清运突击队、环境整治应急保障突击队和环卫设施消毒突击队。中心和各队领导靠前指挥，深入一线检查指导，加大检查监督力度，及时发现、解决问题。投入 18.2 万元购买消毒防护工具、消毒剂、口罩、手套、体温计等，及时发给职工；消毒分队坚持每天 3 次对公厕和密闭式清洁站、果皮箱进行消毒；投入 10 万元，给 340 名短期合同工发放生活补贴；与街道和“非典”定点医院等单位密切配合，克服时间紧、任务重、条件差等困难，在隔离区突击安装环保生态公厕 14 座；在北钢新建“非典”化粪池 1 座，清运各街道积存渣土和无主垃圾 1200 吨；圆满完成全区 8 个街道办事处隔离家庭，回民医院等 4 家“非典”医院，新北纬饭店等 3 座医护人员休息饭店，中华家园等 3 处施工人员隔离区近 20 个单位的“非典”垃圾、泔水清运、粪便抽运与处理，700 余座公厕、35 座密闭式清洁站和粪井突发溢冒任务；清运“非典”垃圾 140 吨，“非典”泔水 135 车，“非典"定点医院等30家社会单位粪便300余吨;环卫设施日常消毒喷洒各类消毒剂5900公斤,确保职工零感染。新北纬饭店赠送区环卫服务中心写有"众志成城谱同心,携手并肩抗'非典'"锦旗一面。

(刘建岭)

【区工会慰问环卫职工】 7月29日上午,宣武区总工会一行5人到环卫一队,对夏季高温期间坚守岗位的环卫职工进行慰问,感谢大家在"非典"时期以及在炎热的夏季发扬时传祥精神,克服困难,为宣武区人民创造干净、清洁的市容环境。

(刘建岭)

【"绿袋子行动"】 8月30日上午,区环卫服务中心与区文明办、区市政管委、区房地局、区环保局及北京地球村环境文化中心,联合推出的"建设绿色社区实施垃圾分类暨绿袋子行动"在椿树园小区正式启动。至年底,"绿袋子行动"在11个小区实施,共发放绿袋子63万个,清运厨余垃圾41.65吨。

(刘建岭)

【市爱委会检查卫生】 9月25日上午,市市政管委、市爱委会等部门组成的联合检查团6个组检查本区卫生城的创建工作。市容环境卫生组检查8条大街、8条胡同、1座密闭式清洁站、8座公共厕所及沿途大街小巷的市容环境卫生。

(刘建岭)

【建都850周年保障】 为给参加金中都纪念阙揭幕仪式的人员创造一个良好的卫生环境,区环卫服务中心精心组织,在纪念阙西侧设置轻体厕所2座,道路增加果皮箱10个,同时增加保洁人员,加大机械清扫力度,确保环境卫生整洁。

(刘建岭)

【宣南文化节环卫保障】 为使宣南文化节主办场地大观园、陶然亭公园周围环境卫生整洁,区环卫服务中心层层落实责任,分兵把口,责任到人,加强保洁,及时清运垃圾,厕所专人保洁,为游人创造了清新整洁的环境。

(刘建岭)

【国庆环卫工作】 为使广大市民在祥和洁净的气氛中过好国庆节7天假期,区环卫服务中心周密安排,精心组织,加强节日期间的值班检查监督。各专业队对重点地区和大街加大人力、物力投入,使干路清扫、公厕保洁、垃圾清运、公厕维修、粪便抽运工作保持良好状态。

(刘建岭)

【承担天安门广场保洁任务】 "十一"黄金周期间,区环卫服务中心承担天安门广场西南部的保洁任务。中心领导在一线指挥,选责任心强和应变能力强的职工组成保洁队伍,采取机械清扫为主,人工拣脏为辅的保洁方式,日平均作业时间16小时。保洁队克服游人多、污染量大、时间长等困难,为来京游客和市民创造了优美整洁的出行环境。

(刘建岭)

【高科技生态公厕亮相】 10月17日,高科技生态公厕在区境亮相。该公厕采用北京大漠科技创业有限公司高科技泡沫封堵技术,具有节水、环保、粪便免清运、无二次污染、工作效率高、智能化自动控制、不需与市政排污管网相连、适合人流量大地区使用等特点,是区公厕提高科技含量、环保节水的新尝试。

(刘建岭)

【开斋节保障】 为确保穆斯林群众欢度开斋节和牛街清真寺举行庆祝活动有一个良好的卫生环境,区环卫服务中心针对开斋节天气寒冷降雪、人员多、道路窄、及易摔伤等情况,早做安排,精心组织,及时撒融雪剂、清除积雪,出动大型机扫车和小扫车,增加保洁人员加强保洁,保证了道路畅通和卫生整洁。

(刘建岭)

【完成新建改建一类公厕】 年内,为解决群众上厕难,改善厕所卫生环境,适应建设小康社会和承办奥运会的要求,区环卫服务中心周密部署,克服选址难、民扰、资金少等困难,加大公厕改造速度,新建、改建一类公厕20座。工程于4日4日开工,11月底全部竣工通过验收投入使用。新建、改建后的公厕采用红外线技术和环保建材,设置了老人、残疾人专用厕间、洗手盆、烘手器、婴儿座等,达到了新一类公厕标准。

(刘建岭)

【集装箱进社区】 年内,为解决居民和单位装修渣土无处堆放、刮风扬尘污染环境的难题,区环卫服务中心配合社区环境整治,加大集装箱进社区清运装修渣土不落地的宣传力度;在广外信德园等19个物业小区发放宣传材料、公开服务电话、设置渣土集装箱,共清运装修渣土2000多吨,受到广大居民和物业公司的好评,配合了社区环境建设。

(刘建岭)

【高压清洗小广告】 年内,为清除马路"牛皮癣"影响市容环境这一顽症,维护良好的市容环境,区环卫服务中心加大高压清洗小广告车的作业力度,共清除马路两侧电线杆、便道、过街桥等处各种小广告7000余条。

(刘建岭)

【一类公厕管理】 年内,为方便市民出行和广大游客游玩,区环卫服务中心规范管理,完善作业质量检查标准。职工先培训后上岗,统一着装,挂牌服务,全区78座一类公厕实现全天候服务；加强监督检查，保洁质量标准上墙，坚持日常消毒，公布监督电话，主动接受群众监督；克服取消收费后如厕人多、设施损坏严重等给公厕管理带来的诸多困难，完善管理，为群众创造良好的如厕环境。

（刘建岭）

【垃圾分类】 年内，区环卫服务中心克服环卫改革后无管理职能、工作开展难度大等矛盾，与区市政管委和街道办事处紧密配合，充分发挥专业队作用，为机关、社会单位和居民提供上门收运、兑换再生纸、书本等服务项目；采取在社区设立宣传站、发放宣传资料、对垃圾分类人员进行培训等多种形式，指导物业小区垃圾分类工作，19 个垃圾分类物业小区（大厦）通过市市政管委的验收；在全区 535 个社会单位和有条件的 35 个小区、22 座密闭式清洁站实行垃圾分类，设置分类桶 1603 个，年回收可利用物 1916 吨，兑换办公用纸 2249 包、本册 9651 本、卫生纸 886 提、环保铅笔 1761 只，稳步推进了垃圾的减量化和资源化进程。

（刘建岭）

【环卫服务承诺】 年内，为促进创建全国卫生城区的开展和推进创建文明行业活动，提高服务水平，区环卫服务中心向全区居民做出郑重承诺，广泛接受社会监督。一是干路清扫作业整洁及时，每日清晨六时半（冬季七时半）前完成清扫工作，巡回保洁期间，脏物在路面停留时间不超过 45 分钟；二是垃圾日产日清，密闭式清洁站按规定时间开放，垃圾及时清运，车走站净；三是粪便抽运及时，做到粪井不满不溢；四是三类公厕日常保洁做到两冲、两扫（气温过低除外），一类公厕随用随保洁，接到公厕设施损坏电话后保证 24 小时内修复。

（刘建岭）

【接受社会监督】 年内，为促进环卫服务上台阶，创建全国文明卫生城区，区环卫服务中心主动接受社会监督，推出 6 项措施：一是将服务承诺内容和监督电话钉在保洁车、密闭式清洁站和公厕墙上；二是定期向服务单位和居民发放服务调查问卷，了解情况，改进工作；三是向社会单位和环卫设施附近居委会发放服务承诺卡；四是将服务内容、办事程序、服务质量标准上墙，方便办事人员，干部职工挂牌上岗；五是聘请部分街道居委会主任为规范化服务监督员；六是中心和基层各队成立规范化服务领导小组，加强监督检查，建立考核台账，及时总结经验。

（刘建岭）

【“一日捐”活动】 年内，区环卫服务中心干部职工响应区工会号召，踊跃为困难职工捐款。中心 684 名在岗正式职工共捐款 23404 元。

（刘建岭）

【人事制度和分配制度改革】 年内，为适应环卫事业改革发展的需要，调动职工工作积极性、主动性和创造性，解决干多干少一个样的问题，推进人事和分配制度改革，区环卫服务中心制定了《宣武区环境卫生服务中心岗位工资制暂行办法》和《宣武区环境卫生服务中心绩效考核和工资计发办法》。完善聘用合同制，职工双向选择、竞争上岗；实行以岗定薪、以劳取酬的分配制度改革；坚持向一线倾斜，兼顾病残职工利益。改革先在二队进行试点。

（刘建岭）

【合同工管理】 年内，为适应环卫职工队伍的变化和环卫事业的发展需要，区环卫服务中心针对日益增多的本市及外埠短期合同工，加强思想政治教育工作，对短期合同工实施岗前安全、业务和规范化服务技能培训，发展短期合同工加入工会组织，参加养老、失业等社会保险。

（刘建岭）

环境保护

【概况】 北京市宣武区环境保护局（简称区环保局）是主管本区环境保护工作的区政府职能部门，业务上受北京市环境保护局领导。局机关内设办公室、法制综合科、开发监理科、监察管理科 4 个职能科室，行政编制 18 人；下设监察队、监测站 2 个事业编制科室，事业编制 18 人。区环保局的主要职责是：贯彻执行环境保护政策、法律，拟订本区环境保护规划和计划，并组织实施；落实本区内基本建设项目、技术改造项目和区域开发项目环保审批及环保设施验收；监督管理本区内废水、废气、工业固体废弃物、噪声、振动、恶臭、电磁波辐射、放射性物质、有毒化学品等污染防治工作；对违反环保法规的行为进行现场监督、检查和处罚等。年内，区环保局坚持环境影响评价和“三同时”审批制度，严格执行建设项目“分类管理”的环保审验程序和相关法律法规，全年办理“三同时”审批新建项目 406 个，审批合格 354 个，对其中 45 个项目进行了环境影响评价审批。在落实市政府控制大气污染的各项措施中，继续推进燃煤锅炉改用清洁能源、餐饮业油烟治理，控制煤烟型污染；进一步加强对各种施工工地的管理和执法检查力度，控制扬尘污染；加强对机动车尾气的巡查与检测，控制机动车污染；巩固前八个阶段治理成果，严防、严查“反弹”；积极组织协调各有关部门落实区政府 2003 年环保实事；加强环境质量和各种污染源的监测，报出环境质量常规监测数据 3850 个、污染源监测数据5730个;依法征收排污费39.4万余元(其中区属单位10.6万余元,中央、市属单位28.8万余元)。
地址:宣武区白纸坊崇效胡同7号
电话:63529465
邮编:100053

(杨允兴)

【签订控制大气污染责任书】 4月17日,区政府召开《宣武区落实北京市控制大气污染第九阶段措施动员会》。会上,区环保局局长总结了控制大气污染第八阶段工作,部署了第九阶段工作任务和目标;副区长金焱讲话并与48个部门单位的负责人签订了第九阶段责任书。

(杨允兴)

【抗击非典型肺炎】 在抗击"非典"期间,区环保局沉着应对复杂局面,及时成立了抗击"非典"领导小组,制定了《加大"非典"医院废水监管力度工作方案》、《"非典"防治工作应对预案》,明确了职责任务。组织全体党员和干部群众,全力投入抗"非典"斗争。为防止非典型性肺炎疫病的扩散和传播,防止二次污染,切断传播途径,迅速开展了对全区17家医院的调查摸底工作,及时向驻区各医疗单位印发了《关于在防治"非典"期间加强医院废水和医疗废物处理处置的紧急通知》,要求各医院,特别是收治"非典"病人的医院,必须严格按照有关规定,切实做好医疗废水、医疗废物的处理处置工作,遇有变化及时报告。加强了对重点医院(宣武医院、回民医院、友谊医院、广外医院、健宫医院)基本情况和医疗废水处理设施的调查,及时掌握各医院在医疗废水处理时使用消毒剂的种类、日投药量、废水排污量、接触时间、余氯量等以及废水处理设施的各项技术数据和换算关系,为监控医疗废水的处理工作奠定基础。主管局长带领监测站站长两次深入到回民医院,现场查看医疗废水处理设施情况,针对该院"呼吸楼"不具备医疗废水的处理能力,及时提出了必须停止"呼吸楼"收治"非典"病人的建议,该建议被院方采纳,切断了"非典"病毒通过医疗废水进行传播的途径。筹资为回民医院污水处理站安装了"美国WT在线总余氯分析仪",并达到稳定运行状态,确保了医疗废水经过严格消毒后安全排放。局抽调人员成立了非典型性肺炎办公室,进一步加强对宣武医院等5家医院的污水处理设施运行情况的跟踪监管,每日收集汇总各医院上报的医疗废水处理监测数据,并按时上报区非典型性肺炎办公室、区卫生局和区市政管委,自5月7日至6月底,共上报数据822个。按照国家环保总局《SARS病毒污染的污水和废弃物应急技术处理处置技术方案》的要求,对发生疫情的"中华家园"设在北钢的隔离区化粪池建设情况进行了现场监督检查,提出了消毒剂配制方案和防渗、防漏、防腐的各项要求。做好本局全体人员的防护工作,及时配备了防护装备、注射了胸腺肽,同时成立了对外接待办公室,加强了办公楼和院内的消毒和进出人员的体温检测,杜绝在机关内部出现"非典"疫情。区环保局被区政府评为"区防治'非典'先进单位"。

(杨允兴)

【排污申报登记和收费】 7月1日起,国家新的《排污费征收使用管理条例》开始实施。依照有关程序,区环保局完成了对37家工业企业、4家重点污染源和50家第三产业单位的申报登记、复核工作,并依据新的收费条例,对其中应当征收排污费的单位开征了排污费。

(杨允兴)

【控制煤烟型污染】 年内,全区完成了162台(共计672蒸吨/小时)燃煤锅炉改用清洁能源工作,减少燃煤量5.32万吨。削减二氧化硫排放量638.4吨、削减烟尘排放399吨;对辖区内106台燃煤、燃油、燃气锅炉的烟尘、黑度排放情况和176台燃煤锅炉二氧化硫排放情况进行了监测,促使污染源排放稳定达标。为巩固前八个阶段的治理成果,共出动6901人次,查"反弹"473家,取缔小煤炉196个,警告30家,处罚1家;查"三堆"34处,有问题3处,均给予口头警告,限期整改;查处禁烧12处;与牛街、广外工商所及城管大队联合执法,共同处理无照经营烧烤13家;与区有关部门对大栅栏地区进行了联合执法检查,共没收小型燃煤炉87个,取缔烧烤摊位25个,查处无照及超范围经营烧烤8家,并在该地区成立了综合整治领导小组,制定了常态控制方案。

(杨允兴)

【控制扬尘污染】 年内,区环保局加强了对施工(拆迁)工地扬尘污染的监管力度。组织召开了3次区扬尘办工作会议,并进行联合检查,共检查建筑工地35家次、拆迁工地10家次。"非典"期间,在不适宜召开大型会议的情况下,组织力量,向工地甲乙双方制发《扬尘控制自律通知书》并转发市扬尘办《污染控制通知书》,督促各施工(拆迁)工地按要求制定并落实控制扬尘污染的各项措施。为加强对施工(拆迁)工地的日常管理,在全区招聘了32名环保协管员,经业务培训和现场指导后,派驻到全区各施工(拆迁)工地。加强对环保协管员的管理,组织召开了3次座谈会,制定了7项自律规定。每周召开协管员组长汇报会,对他们在施工现场监督、管理和检查的情况及时给予协调和指导。全局共出动7263人次,检查施工工地5986家次,检查拆迁工地452家次;对拆迁后裸露地面处理不完善和扬尘控制工作不得力的工地提出了口头警告并限期整改，并将7家较差的单位移交到区城管监察大队进行处理。

（杨允兴）

【控制机动车尾气污染】 年内，区环保局加强对机动车尾气的检查，对辖区主要道路机动车进行了定点监督检查。共查机动车7156辆，其中769辆无尾气排放合格标志，103辆排放超标，合格率为98.4%；加强夜间对工程车、货运车、农用车尾气排放情况的检查，共夜查机动车6425辆，其中548辆无尾气排放合格标志，219辆排放超标，合格率为96.3%；对所有排放不合格的车辆均发给限期治理通知书，经环保部门复检合格后，方可上路行驶；加强对黄标车限行情况的检查，在广安门桥东至珠市口西路段及二环路（宣武段）设置了"高排放车专项管理服务站"，检查违规行驶车505辆；协助区残联开展了更换环保型残摩车的工作，经核查辖区共有需更新换代的残摩车1200余辆。

（杨允兴）

【环境宣传教育】 年内，区环保局加大环保宣传力度，推进环保法制和环保理念的全民教育。印制了《追求绿色时尚，共创绿色家园》环保科普宣传手册，向全区120个社区居委会、学校等发放5000多册；购买200套宣传画和200份中国环境报"六．五"世界环境日特刊，向社区、学校、机关等进行广泛宣传；深入社区、建筑工地，宣传"控制工地扬尘从我做起"、"减少噪声文明施工"，制作了10块宣传展板，在社区、工地巡回展出，向公众宣传大气、水、噪声等法律、法规及标准，鼓励公众监督举报环境违法行为；在爱科学月和科技博览会活动中，向学生和群众演示了监测仪器的使用，讲解了噪声的计量方法和噪声对人体的危害，并让学生自己动手监测了水溶液的酸碱度；加大信息报道力度，在市环保局《环保工作》上稿28篇，在《宣武报》和《宣武信息》上稿21篇，编辑《环保简讯》28期、《政务督办简讯》27期；在8个街道创建了10个"环境保护模范社区"，建立健全了组织机构和各项制度，广泛开展节水、节电、垃圾分类、绿地养护、防治扬尘污染与噪声污染、监督举报破坏环境行为以及评选绿色家庭等活动。

（杨允兴）

【完成2003年环保实事】 年内，区政府制定的环保实事全部完成：一、完成了162台20吨/时以下燃煤锅炉的改造任务；二、落实了北京印钞厂中水回用工程，实现日处理工业废水2000余吨，其中400吨/日废水达到中水回用标准；三、完成了全区958家餐饮业的油烟治理任务；四、招聘了32名环保监督员，强化施工工地规范化管理，落实扬尘污染控制措施；五、检测各类机动车15741辆，加大机动车尾气污染控制；六、新建垃圾分类收集小区16个，扩大垃圾分类收集范围；七、新建、改建一类公厕20座，购置机扫车2辆，道路机扫率达80%；八、完成了绿化面积13.23公顷，其中新增绿化面积8.91公顷；九、新建先农坛东侧、法源寺周边等2处大型集中绿地，完成了先农坛东侧等大型集中绿地3处；十、完成危改区搬迁4416户，拆除民用煤炉4416个。

（杨允兴）

【环境综合整治定量考核】 年内，在2003年北京市区县环境综合整治目标考核中，宣武区考核结果为：1、环境质量方面：降尘量为8.3吨/平方公里？月，比上年下降了14.43%；区域环境噪声平均值为54.8分贝，与上年相同；交通干线噪声平均值为68.7分贝，比上年下降0.1分贝，基本持平。2、污染控制方面：烟尘控制区覆盖率为100%，烟尘控制区清洁能源使用率为96.89%，比上年提高33.53%；工业废水排放达标率为100%，工业烟尘排放达标率为100%，工业二氧化硫排放达标率为100%，炉、窑烟尘浓度达标率为100%，炉、窑、灶烟气黑度达标率为100%。3、环境建设方面：清洁能源使用率为97.05%，比上年提高了22.86%；生活垃圾密闭清洁式储运率为100%；区绿化覆盖率为23.89%，比上年增长0.84%。4、环境管理方面：环境保护投资指数为11.85%，比上年增长120.67%；污染防治设施运行率为100%。此外，由于从2003年起万寿西宫空气质量自动监测子站已正式运行，在环境质量方面给宣武区新添了3项考核指标：可吸入颗粒物年平均值，本年度为0.145毫克/立方米；二氧化硫年平均值，本年度为0.101毫克/立方米；二氧化氮年平均值，本年度为0.084毫克/立方米。

（杨允兴）

【水环境调查】 年内，按照北京市环保局的统一部署，区环保局开展了对辖区内水污染源及围绕"两河一湖"（莲花河、护城河、陶然亭湖）地面水环境的调查，并按要求完成了调查摸底和数据填报，为全市污水处理厂的建设提供了基础资料。

（杨允兴）

【水源防护区隐患调查】 年内，为保护水源四厂的水源，根据国家环保总局《关于防止发生重大水污染事件的紧急通知》精神，区环保局完成了广安门外水源防护区内存在污染隐患单位的调查登记工作，并对有隐患单位进行了52家次检查，对其中6家单位提出了整改意见。

（杨允兴）

【污水处理设施督查】 年内，区环保局加强了对全区现有的10套工业污水处理设施的日常监督检查工作,确保了污水处理设施的正常运行和达标排放。

(杨允兴)

【噪声达标区管理】 年内,区环保局加强了对噪声达标区噪声源的管理工作,共出动270人次,对噪声源进行了监督检查,共检查310处次;对发现的噪声污染问题责令限期整改,确保了达标排放。

(杨允兴)

【空气质量自动监测站】 北京市环境保护局于2002年在万寿西宫建立了空气质量自动监测站,同年8月起开始试运行,2003年1月1日起正式运行。它是全市空气质量自动监测系统中的一个子站,也是城近郊区中的一个市控点。从2003年1月1日起,其监测结果的数据代表宣武区的空气质量状况,同时也作为北京市政府考察宣武区政府环境保护工作的指标之一。万寿西宫子站监测结果表明:年内,宣武区空气质量二级以及好于二级的天数全年累计达206天,占全年天数的56.4%。

(杨允兴)

【事业单位人事制度改革】 年内,根据区人事局关于事业单位人事制度改革的部署,依照《北京市事业单位聘用合同制施行办法》和宣武区有关文件精神,宣武区环境监测站开展了全员推行聘用合同制的工作,分别签订了聘用合同书和聘任合同书,改革了人事管理制度,明确了各岗位的职责,转变了工作作风,推进了监测站的自身建设。

(杨允兴)

【开展行政管理创新活动】 年内,为进一步规范行政行为,区环保局按照区政府《关于政府管理创新工作的实施意见》,制定并实施了以下6个方面的具体措施:1、制作管理人员"工作联系卡",公布管理人员所在科室、姓名、电话、工作范围以及局机关的电子邮箱,专供管理人员执行公务时发放,随时接受管理相对人的询问与监督。2、在办公大厅设置"资料索取栏",公布依法行政的法律法规、环境质量标准、环境监测收费、排污收费标准和违反环境管理的行政处罚规定。3、发放"问卷调查表",每半年征求一次管理相对人的意见,评议内容包括"工作态度、依法程度、办事效率、工作能力、廉政情况"等5个方面。4、在各管理科室上墙公布"工作流程图",一次性告知办事程序,为管理相对人办理各项环保手续提供方便。5、利用宣武政务网和电子触摸屏,公布排污收费项目、行政审批程序性规定、廉政规定、环境标准、执法程序、工作职责和环保工作的最新动态。6、将1998年以来局制订并实施的60项规章制度汇编成册,供全体干部、职工在工作中贯彻执行。

(杨允兴)

【电子政务】 年内,区环保局建立了局域网,开设了局内公告、信息发布、环保简讯、环境规划、计划总结、规章制度和支部生活等栏目,并运用了办公自动化系统,实现了局内及各科之间的信息互通、资源共享,提高了办事效率,促进了电子政务的开展。

(杨允兴)

【信访提案工作】 年内,区环保局受理群众来信、来访和"12369"热线共计472件,其中反映噪声污染问题的230件、油烟污染问题的169件、扬尘污染问题的18件、燃煤冒烟问题的25件、异味污染问题的23件、污水污染问题的5件、热污染问题的1件、非法使用泡沫餐盒问题的1件;已处理完472件,处理率为100%。为保证信访处理的质量,共发放延伸督办件24件,全部在要求的时限内完成。办理人大代表建议6件、政协委员提案4件,全部按时办理完毕。

(杨允兴)

管理监察

【概况】 北京市宣武区城市管理监察大队(简称区城管大队),在本行政区域内综合行使市容环境卫生、工商行政、城市规划、公安交通、市政管理、公用事业、城市节水、停车管理、城市绿化、环境保护、施工工地、城市河湖、非法出租汽车运营、非法三轮车运营以及非法导游的全部或部分行政执法工作。大队机关设办公室、政工科、法制科、督查科和直属队,8个分队分布8个街道,行政编制200人。年内,城管大队按照"巩固发展、争先创新、强化基础、完善机制"的工作思路,努力探索城市管理长效机制,积极推进城管在社区工作,大力普及社会公示教育,全面推动行政执法责任制考核,按时保质地完成了各项工作任务。共实施行政处罚38000余起,罚款145万元;拆除违法建设近9000平方米,收缴各类非法小广告40余万张。城管大队获"北京市城管系统先进集体"、"北京市法制宣传教育先进集体"、"宣武区严打整治先进集体"、"宣武区思想政治工作先进单位"等称号;社会单位赠送锦旗37面。

地址:宣武区南菜园街72号

电话:63557984

邮编:100054

(李云鹏)

【抗击"非典"】 "非典"期间,社会上出现了盲目抢购风,造成市场部分商品紧缺。大队接到区委、区政府的命令后,召开紧急会议,精心组织,加强了对重点地段、繁华地区、大型超市的巡查；在一些群众购物较为集中的地区，城管队员协助商店疏导人群；对一些不法商贩借机哄抬物价、出售假冒伪劣产品，趁机敛财的行为，连续开展了专项整治活动；联合公安、工商等有关部门，严查街头售药和劣质口罩，没收各种假药300余包，查获伪劣口罩2000余个。5月初，中华家园工地爆发“非典”疫情。为配合区预防“非典”指挥部做好隔离工作，大队成立了40人的“非典”应急突击队，领导24小时带班，随时预防突发事件。全体队员放弃休息，昼夜在重点部位实施监控，圆满地完成了区委、区政府交办的隔离监控任务。

（李云鹏）

【打击非法捕捞】 “非典”期间，护城河周边出现了许多非法垂钓者，大队组织全体队员连续两周对南二环护城河（宣武段）进行整治。监察员对非法垂钓者进行耐心宣传、教育和疏导，对不听劝阻者及时立案处理。期间，批评教育非法捕捞、钓鱼者600余人次，立案查处40余起，没收各种渔具64件（套）、绝户网7张，放生鱼1000余尾。

（李云鹏）

【整治竞赛活动】 6月至9月，大队开展了“抗‘非典’、抓‘两严’、创‘五好’、迎国庆”的竞赛活动（简称“一二五一”）。“两严”是指严格环境标准，严惩违规行为。“五好”即落实履职责任制问题少，效果好；严格执法超水平，绩效好；群众举报解决行动快，常态好；公示教育，举报少，评价好；队伍建设严守′八不准′，形象好。此次竞赛活动在于高质量履行城管职能，促进区域经济发展；高素质建设城管队伍，实现执政为民、勤政为民的宗旨；高水平为人民群众生活提供（文明、清洁、有序）良好社会环境。在竞赛活动期间，实施行政处罚16000余起，制作简易程序案卷15000余起、一般程序案卷996起，收缴各种非法小广告100余万张，罚款88万元。一般程序案卷比上年同期增加了297起，提高42%；简易程序案卷比上年同期增加5131起，提高了51%；处罚金额比上年同期的29万提高了2.03倍。期间，接到锦旗12面、表扬信33封。

（李云鹏）

【完成市区重点整治工程】 南中轴路环境整治工程是市政府重点整治工程，时间紧、任务重、标准高、要求严。大队全力以赴，集中力量，仅用20多天的时间，30余间、600余平方米的违法建设全部拆除，彻底清除了永安路西大街、天桥南大街位于中轴路西侧，无照经营、店外经营、违章占道等非法摊点。

（李云鹏）

【施工扰民管理】 年内，为减少和杜绝施工扰民，大队组织全区60余家施工单位召开了“施工现场管理法规宣传会”，向施工单位宣传了相关法律法规，签订了《施工工地自律书》。整治期间，检查施工工地174个（次），对于轻微违反施工管理规定的21个单位进行了批评教育和警示，责令限期改正；对于严重违反法律法规的工地，从严从重处罚。广外地区和椿树地区的两个施工工地多次扰民，依据法规，按高限分别对其实施了行政处罚。高考期间，为给考生创造一个良好的学习和休息环境，大队要求每个分队每天留守4名队员，接到扰民举报后，白天15分钟、夜间30分钟内赶到现场处理问题。对群众举报做到件件有核实、事事有解决、项项有结果，协助政府维护社会稳定。

（李云鹏）

【“革除陋习树新风”活动】 年内，为落实中央文明委开展的“革除陋习树新风，从我做起讲文明”活动，大队先后在大栅栏商业区、虎坊路、牛街等地开展了“预防‘非典’从小事做起”和“远离‘非典’，告别不文明行为"的宣传活动，发放宣传品5000余份；在主要大街、车站、旅游景点进行巡查监控，严查随地吐痰；对群众反映较为强烈的垃圾暴露问题，采取挂消账的办法，督促、检查相关单位及时清运；先后清理了南菜园人行便道工程垃圾、米市胡同居民生活垃圾、广外朗琴园等地的各类垃圾700余吨。

（李云鹏）

【取缔露天烧烤】 年内，为落实市政府第九阶段大气整治工作任务，大队进行了“蓝天一号”和“蓝天二号”整治行动，先后出动执法人员200余人次，对全区夜间露天烧烤进行专项整治。依法取缔街头烧烤60余处，没收各类烧烤工具40余个，销毁未经卫生部门检疫的羊肉串500余千克，专项罚款2500余元。

（李云鹏）

【城管进社区】 城管进社区是市政府向市民承诺的60件实事之一。年内，按照“一区一员”的要求和区委、区政府下发的《关于加强社区建设的工作意见》，大队制定了《城管进社区的工作方案》和《城管监察进社区工作的实施细则》，提出了城管进社区当好监察员、宣传员、协调员和服务员的工作要求，形成了“大队包面、分队包片、班组包块、个人包社区”的工作格局；提出了城管社区工作准则，先后制定了社区定期巡查、工作岗位责任、群众监督评议、社区工作培训以及队长现场办公等制度，实行了“五个公开”、“三条纪律”和“三项制度”。“五个公开”即热线电话公开、到岗时间公开、执法程序公开、职能权限公开、接报承诺公开（白天15分钟，夜间30分钟）。“三条纪律”一是不准以权谋私，吃拿卡要;二是不准推托群众要求解决的问题;三是不准处理问题没有回音。"三项制度"即月社区联席会制度、半年工作反馈制度和年终监察员述职制度。开展了城管办社区、社区评城管活动,对社区不满意的城管队员,大队按照效能监察规定予以处理。为使城管进社区工作接受社会的全面监督,在全区112个社区重新制作更换了《城管政务公示牌》,发放了《城管社区联系手册》。为扩大社区管理队伍,依据市执法局、劳动局、民政局和社会保障局的有关精神,大队招聘了70名社区城管协管员,协助城管做好社区工作。

(李云鹏)

【队伍建设】 年内,大队招收新队员40名,对49名队员进行了岗位轮换,配齐了8个分队的指导员;出台了《城管队员"八不准"》、《行政执法责任制综合考核办法》、《中层干部管理办法》等各种规章制度21项;为争取社会监督,聘请了20位由人大代表、政协委员、无党派人士和社会单位组成的城管监督员队伍。

(李云鹏)

节水　防汛　供暖

节水工作

【概况】 北京市宣武区人民政府节约用水办公室(简称区节水办)是在区市政管委领导下的具有行政职能的事业单位,编制14人。主要负责全区月用水3000千吨以下单位的计划用水管理工作;新、改、扩建项目"三同时"的审批;汽车清洗站节水设施审批;节水型小区、节水型单位的创建;节水器具的推广应用;节水宣传等工作。年内,区节水办制定了2003年节水工作计划,完成了两项重点节水技术措施改造项目及两项区级节水技术措施改造项目;立项"三同时"审批手续33个,审批26个,验收26个;按节水目标管理考核内容,完成了全年节水量的工作任务,共节水79万立方米。

地址:宣武区黑窑厂街20号

电话:63558841

邮编:100052

(林　霞)

【"非典"期间节水工作】 "非典"期间,根据市有关精神,区内所有使用中水的单位停止使用中水,减少传染的渠道。在此期间,区节水办共收取加价款8.38万元,接待100多人次;根据工作人员暂时不便下户的现状,组织工作人员开展节水工作的研讨,思考和总结节水工作的经验教训。

(林　霞)

【创建节水型单位】 10月17日、18日,区节水办在西城区干部培训中心召开创建工作会,对创建节水型单位、小区人员进行再培训。年内,全区共创建市级节水型单位15个、小区32个;创建区级节水型单位19个、区级节水型小区5个、节水达标单位150个,超额完成了目标管理考核责任书中的创建任务。

(林　霞)

【节水计划统计管理】 年内,区节水办共发放计划用水指标2815份,调整指标500余户,其中内调300余户,增加用水111户,计划用水指标1089.2万立方米。批准临时用水指标单位130户,指标量25.26万立方米;施工用水单位25户,指标量26万立方米。征收超计划加价水费90余万元,解决超计划加价862户。全年未出现同一单位超计划用水加价4次(含)的情况。

(林　霞)

【节水技措管理】 年内,区节水办换装节水型器具21000多套、冷却塔5台,审批洗车站点7个。加强节水技术措施资金的投入,年投入资金10万元,约占当年收取加价款的10%。共有22个单位进行了水量平衡测试及合理用水分析工作。

(林　霞)

【雨水、中水利用工程】 年内,区节水办开展多种形式的雨水、中水综合利用工程。建成了大观园雨水、中水综合利用工程和北京小学马连道分校中水回用工程(施工中),其中大观园雨水、中水综合利用工程年节水量45000立方米,节约水费20多万元。北京小学马连道分校中水处理工程启用后,年将节约用水22000吨,节约经费10万元。

(林　霞)

【用水调查】 年内,区节水办采取抽样调查的方法,对全区20万户居民家庭用水器具进行调查,摸清了底数。对全区22家洗车站点、40家洗浴业进行用水调查,并对调查结果进行了统计、分析,摸清了管户现状。

(林　霞)

【器具改造】 年内,全区共有两项区级重点器具改造项目,其中宣武区环境卫生服务中心将办公楼内小便器更换为免冲水式小便器，全年可节水 8000 立方米，节约资金 36000 元；北京市物资贸易学校改造大小便冲洗阀，年节水 18000 立方米，节约水费 8 万余元。

（林　霞）

【绿化微喷】 年内，全区共完成 21 个绿化喷灌节水技改项目，工程总投资 1057.49 万元（包括前期拆迁、草坪、表井、喷灌管线设备、人工等费用），节水绿化喷灌面积 162902 平方米，其中地埋升降式喷灌 54143 平方米，其它喷灌形式 108759 平方米；年节水量 5.4 万立方米，产生经济效益节约水费约 24 万元。

（林　霞）

【节水宣传】 年内，节水宣传周期间，区节水办派车将节水宣传画、节水宣传彩页发至各街道，由街道节水员向社会单位发放，进行节水宣传；组织工作人员和街道系统节水员 20 多人，考察了北京人生命延续之水的源头——南水北调中线工程的开端丹江口水库；开展"节约用水警句格言"征集评选工作，共计 80 多个单位、1 万多人参加，被宣武区精神文明委员会评为最佳精神文明创建活动。大栅栏办事处组织了以展示"节约用水警句格言"为主的书法笔会；椿树办事处组织了"动员你我他、节水靠大家"的千人签名活动和"珍惜水资源、请你进一言"为主题的社区活动；陶然亭办事处组织了"探寻水源、保护北京一盆净水"活动；牛街办事处组织辖区单位主管节水工作的人员，参观了水源九厂和高碑店污水处理厂；白纸坊办事处以"珍惜未来之水"为主题、以中小学生为对象开展讲故事活动；广外办事处组织莲花河沿岸受益居民，参观了吴家村污水处理工程。通过节水网站开展交流工作，全年投稿 24 篇，被采用 13 篇，其中有两篇分别获得城市节水办颁发的一等奖和优秀奖，区节水办获得组织奖；利用《宣武报》进行节水宣传，全年共发表文章 14 篇；全区设立固定节水宣传栏或广告牌共计 30 余处。

（林　霞）

防汛工作

【开展危房抢修】 6 月 6 日至 7 月 26 日，宣武区房管部门对全区达到翻修标准的 2 万间危房进行普查，重点解决房屋拒查户、拒修户、锁门户的安全检查；对原在拆迁范围内，因政策变化未拆的危房，进行山墙翻修、附檩、附柁等加固措施；对 6 月 8 日晚大雨过后的 2000 间漏雨房屋进行了修补；对 66 处低洼院、267 处防汛重点观察房和 100 处积水院的下水道进行了改造、疏通；对第四类严重危险房屋制定了翻挑大修计划，保证危房安全度汛。

（邵连生）

【制定区防汛预案】 6 月 26 日，宣武区防汛办公室制定了《宣武区防汛救灾应急预案》，内容包括大汛前期准备和汛期救灾应急反应两个阶段的工作原则和要求，按一般性破坏和严重性破坏两个防汛救灾级别，明确全区防汛单位在应急反应工作中的职责。

（邵连生）

【举行防汛演习】 7 月 23 日下午 18 时 20 分，宣武区防汛指挥部下达了防汛演习命令，宣房投资公司、宣武区建设委员会等 13 支抢险队、约 300 余名抢险人员迅速到达指定现场。副区长、区防汛常务副总指挥金焱、区市政管委主任、防汛办公室主任一同检阅了各防汛抢险队伍，并对防汛抢险工作提出了要求。

（邵连生）

【完成翻建房屋工作】 9 月 25 日，宣房投资公司完成大栅栏西河沿 126 号联片翻建工作。至此，1400 间直管公房翻挑大修任务全部完成。

（邵连生）

【直管公房安全度汛】 年内，为保证辖区直管公房安全度汛，宣房投资管理公司生产经营指挥部针对"非典"疫情对房屋安全普查和修缮加固带来的影响，及时调整部署，安排所属宣房房屋经营公司于 6 月 6 日至 7 月 26 日，开展了为期 50 天的直管公房防汛抢修大会战。会战期间，共复查房屋 25262 间，翻建平房 894 间，挑顶 433 间，木结构加固 1524 间，附檩 3737 根，屋面维修 22529 间，改装修 64 间，墙体整修 435 间，新做顶棚 152 间、地面 89 间；综合维修中式楼 9 栋、76 间，楼房 12 栋，楼房屋面大修 28 栋、中度维修 100 栋，挑顶 1 栋，加固 1 栋，做防水 12 栋，楼房上下水更新 12 栋。为坚决完成"非典"特殊时期的防汛任务，公司层层成立了防汛领导组织指挥机构，明确了防汛责任区域和责任人，以及现场指挥人员和出现场的时间，组建了 5 支、88 人"非典"疫区特殊抢险队和 21 支、330 人的正常汛情抢险队，准备了防护服装和各种物资。广大员工发扬房管行业"雨声就是命令"的光荣传统，严格落实领导带班、日常值班、雨天出巡、雨后查漏等项制度，对重点部位、重点问题列表上墙，发现一个解决一个，确保了万无一失，连续 18 年实现了北京市政府提出的"少塌房、不死人、安全度汛"的防汛目标。

（唐晓峰　周　乾）

供暖工作

【确保居民住宅供暖】 年内，宣武区共有居民住宅供暖面积 790 万平方米、供暖企业（单位）119 个、供暖锅炉房227处。在供暖工作中,供暖管理部门与各供暖企业(单位)共同围绕北京市政府关于供暖工作“三个100%”的工作要求(即:保证按时点火率100%,保证居民室内温度16℃以上100%,保证安全运行100%),认真落实北京市大气治理第九阶段工作部署,完成了40个供暖企业(单位)、61处居民住宅燃煤锅炉房改造燃气、燃油锅炉的任务。为确保11月15日正式供暖,区供暖办公室先后召开了36次协调会,解决北京市筑博物资公司、北京铁建集团有限公司等14家供暖单位的供暖问题;现场协调因锅炉改造施工工期紧张引发的各类问题10余次、40余件。

(邵连生)

【完成燃煤锅炉改造和冬季供暖任务】 年内,宣房投资管理公司所属北京宣房楼宇设备公司共管理直管锅炉30处、61台,供热面积210万平方米。根据北京市人民政府下达的对20吨以下燃煤锅炉进行环保改造的任务,公司会同宣房楼宇设备公司及早动手,联系相关单位、部门编制锅炉改造方案,申请筹措资金,送审改造资料,上报新型锅炉采购参数,接收锅炉设备,落实施工队伍。9月10日,公司召开了煤改气(油)锅炉改造专项工程誓师会,提出了开展班组劳动竞赛,大干50天,赶在冬季供暖日前完成改造任务的目标。公司上下发扬“辛苦我一人,温暖千万家”的奉献精神,放弃节假日、公休日,加班加点进行工作,终于在11月15日北京市规定的正式供暖日前完成了改造任务。该项改造工程,区政府共投入资金4300余万元,改造锅炉房22处,拆除燃煤锅炉41台,新装燃气、燃油锅炉50台,涉及供暖面积105万平方米。与此同时,宣房楼宇设备公司还加大了对未改造锅炉设备的维修养护力度,保证了所有直管锅炉按时点火送暖,室温不低于16度。公司连续9年被评为北京市住宅锅炉供暖先进单位。此外,宣房楼宇设备公司加强了对供暖费的收缴工作,共收缴供暖费2473万元,占应收费4830.08万元的51.2%。

(唐晓峰　周　乾)

科技 教育

科 技

【概况】 北京市宣武区科学技术委员会(简称区科委)是负责全区科技工作的区政府职能部门,行政编制6人。主要职责是:制订本区科技进步战略;编制本区科技发展规划;负责本区科学技术普及、科技企业认定、科技类民办非企业单位的核准和科技外事科技奖励、工程系列职称评定;对科技资源配置、科技经费、知识产权、技术市场进行管理等。年内,区科委围绕宣武区经济建设和社会发展的重点工作,深入实践,进一步推进单位内部的各项改革;主动出击,不断把科技进步工作深入到各个领域;注重实效,以社区为重点继续开展科普工作;加强服务,为科技企业、科技人才在宣武区发展创业营造良好的氛围。

地址:宣武区广安门南街68号

电话:83976272

邮编:100054

(赵顺璧)

【民营科技管理】 年内,区科委坚持实行民营科技企业家季谈会制度,加强与企业的沟通,及时了解企业发展情况,向企业传达相关政策;组织成立了宣武区民营科技实业家协会,加强企业间的交流与协作;进一步贯彻落实扶持科技企业的优惠政策,加强服务,鼓励和扶持高新技术企业的发展。全年新批高新技术企业14家,高新技术企业年底达39家,发展较好的民营科技型企业达100多家,企业技工贸总收入突破3亿元(上述指标在北京市四个城区排名第二)。

(赵顺璧)

【科学技术奖励】 年内,宣武区科学技术奖励评审委员会办公室按照《宣武区科学技术奖励办法》的有关规定,对受理的66项2001年至2002年度申请科学技术奖励项目,进行了严格、客观、公平、公正的评审。评审后,对推荐获宣武区科学技术奖的37个项目(其中一等奖2项、二等奖10项、三等奖25项)进行了公示。公示后,对被推荐获奖的37个项目进行了表彰和奖励。

(赵顺璧)

【知识产权保护工作】 年内,区科委加强了知识产权保护知识的宣传和普及工作。举办了全区范围内的知识产权讲座,《中国知识产权报》在头版专门进行了报道;对5家无假冒专利商场进行了认定挂牌;鼓励专利实施,扶持企业发展,为华美炊事机械厂申请专利实施资金10万元;加强专利行政执法队伍建设,选派3名专业人员参加北京市知识产权局的培训学习,取得了专利行政执法证。

(赵顺璧)

【科技创业孵育体系建设】 年内,宣武区科技创业孵育体系建设工作进一步以"统一管理,分散孵育"为基本指导思想,拓展孵育服务功能,加强了孵育项目的认定和管理,对具有较高科技含量的科技成果、新产品等给予重点扶持,使这些企业在现有基础上得以提高,成为区可持续发展的经济增长点。至年底,"宣武区科技创业孵育体系建设"已对16个项目进行了孵育,孵育体系框架已见雏形,重点项目进展顺利。区科委对两年来科技创业孵育体系建设工作进行分析和总结,撰写了工作报告,进一步明确了发展方向。

(赵顺璧)

【技术合同登记工作】 年内,北京市技术合同登记处宣武工作站共登记技术合同1949份,合同金额10.34亿元,技术交易额8亿元,技术交易1155次。

(赵顺璧)

【科技立项】 年内,区科委围绕全区重点工作,与各有关单位密切合作,了解科技工作的需求,以科技立项为载体,以科技进步为手段,通过多种方式对区域建设和发展的重点和难点问题，提供技术、信息、人才、政策等资源的服务和支持。全年确定科技立项53项，申报市级科技立项9项，获批准5项，共获市科技三项费支持297万元；组织申报国家级重点新产品计划3项，获批准1项；组织申报市科技进步奖3项。

(赵顺璧)

【科技成果】 年内，全区共完成科技成果65项(见附表)。

(赵顺璧)

2003年宣武区科技成果一览表

项目名称	完成单位
YW系列智能温控阀	北京昱创伟业温控消防新技术公司
BYM1塑料外壳式智能断路器	北京第一低压电器有限公司
JG系列三相交流固体继电器	北京市科通电子继电器总厂
JG－26M密封直流固体继电器	北京市科通电子继电器总厂
径轴向两用磁场注塑成型机	北京凤记兴塑胶机械有限公司
北京科技大学	单翼迷宫式节水滴灌带生产线
北京凤记兴塑胶机械有限公司	汽车用轴连轴承新产品开发
北京第三纺织机械厂	汽车用气弹簧
北京第三纺织机械厂	安全阀全性能试验装置
北京八达高技贸公司	教师继续教育工程—三位一体网络教材
北京圣约达电子技术有限公司	新型模块化发电机性能综合测试系统
星光电子产品中间试验厂	新无色荧光油墨在线检测装置
北京印钞厂	酿造调味品制造数据平台开发及应用
北京市食品酿造研究所	广内街道电子政务工程
广内街道办事处	虚拟城市系统
宣武区规划局	北京市公安局宣武分局图像监控网
北京市公安局宣武分局科技信息通信处	清华同方股份公司
JL－SM800单组份光敏液态阻焊剂	北京佳隆泰科技发展有限公司
YL－A型分离吸附式油烟净化器	北京劳安科环保工程中心
“克醛”一家居空气净化剂	北京市粮食科学研究所
环保型高效吸声体	北京市劳保所科技发展公司
生物自净生态公厕	宣武区环境卫生服务中心
密闭式环保垃圾压缩储存设备推广应用研究	宣武区环境卫生服务中心
用昆虫性信息素诱捕木蠹蛾不同方法的防治效果观察	宣武区园林局
北京地区三种常见草种的栽培养护对比及发挥野牛草优势的养护管理综合措施	宣武区园林局
北京市青少年棒球选材测试	评价标准研究

续表 1

宣武区体育科学研究所	北京市摔跤选材测试评价标准研究
宣武区体育科学研究所	改革文书档案立卷方法实现文件级管理档案的研究
宣武区档案馆	宣武区企业退休人员社会化管理服务调查研究
宣武区劳动和社会保障局	首都经贸大学
宣武区劳动学会	“避孕方法知情选择项目”课题研究及普及推广
宣武区计生委	“公园管理人"负责制管理办法
宣武区园林局	新药安全性评价技术平台的建设与应用
北京协和建昊医药技术开发公司	传统布鞋精品化改造
北京内联升鞋业有限公司	钢筋统筹法下料研究及工程应用
北京陶然建筑有限公司	“生殖健康”技术指导中心建设及应用
宣武区计生协会	西便门社区科普活动室建设
广内街道科协宣武区科技协作中心	DP－801 单片机系统开发与应用
宣武区青少年科技馆	北京科技周“绿色进万家”标志性科普游园活动
宣武区科委	宣武区科协
科普读物“社区卫生科普知识”的编辑和应用	宣武区医学会
中学生走进国家重点实验室	北京市第十五中学
社区精神卫生预康工程	宣武区精神病防治所
宣武区社区卫生服务站经营现状调研报告	宣武区卫生局
开痹合剂治疗脾虚湿热性慢性萎缩性胃炎的实验研究	北京市回民医院
偏瘫康复颗粒治疗缺血性中风的疗效观察与实验研究	宣武区中医医院
科普读物“社区卫生科普知识”的编辑和应用	宣武区医学会
动脉硬化性闭塞症的临床及实验研究	宣武区中医医院
止血散治疗出血性疾病的研究	宣武区椿树医院
北京市娱乐业和餐饮业食用冰块的卫生状况调查及干预	宣武区卫生局卫生监督所
新婚妇女风疹抗体水平分析及免疫效果评价	宣武区疾病预防控制中心
牛街社区老年人伤害种类、主要危险因素调查结果分析	北京市回民医院
北京市宣武区 1976～2000 年乳腺癌死亡分析	宣武区疾病预防控制中心
活血化痰行气法治疗急性脑血管病与一氧化氮的相关研究	宣武区中医医院
降脂袋泡茶结合饮食、运动指导对高脂血症的联合干预作用	宣武区中医医院
脉通灵合剂的扩大应用与临床研究	宣武区中医医院
中西医结合保胆取石，防石复发	宣武区广内医院

续表 2

北京宣武区 1995～2000 年医疗单位法定传染病漏报调查分析	宣武区疾病预防控制中心
首次发现肺炎克雷伯可引起出血性腹泻	宣武区疾病预防控制中心
宣武区 6 月龄儿童麻疹疫苗的血清学效果及人体反应观察	宣武区疾病预防控制中心
宣武区 1993～2000 年糖尿病死亡分析及趋势预测	宣武区疾病预防控制中心
异丙酚配伍卡孕栓用于无痛人工流产的临床病例分析	北京市回民医院
DNA—酶免疫检测	北京市回民医院
鼻内窥镜下微波治疗过敏性鼻炎的临床研究	北京市回民医院
39 例出生缺陷儿随访结果分析	宣武区妇幼保健院
宣武区 0—5 岁儿童听力筛查	宣武区妇幼保健院
围绝经期妇女抑郁症状及相关因素的现状调查	宣武区妇幼保健院
白纸坊社区老年人跌倒情况调查	宣武区白纸坊医院

教　　育

概　　述

北京市宣武区教育委员会 1997 年由原宣武区教育局和宣武区成人教育局合并组成，统一领导全区的学前教育、基础教育(含特殊教育)、校外教育、职业教育和成人教育。设置中共北京市宣武区教育工作委员会(简称区委教工委)、北京市宣武区教育委员会(简称区教委)，区委教工委与区教委合署办公。区委教工委是负责全区教育系统党的建设、思想政治工作和干部管理工作的区委派出机构；区教委是负责全区教育事业的区政府职能部门。区委教工委设工委办公室、教育纪工委、组织部、宣传部、工会、团委、少工委、机关党总支等工作部门；区教委职能科室有办公室、人事科、保卫科、计财科、审计科、学前教育科、小学教育科、中学与职业教育科、校外教育科、成人教育科、体育卫生科、政策法规科等。两委行政编制 110 人。

年内，区教委继续实施《宣武区 1999～2003 年教育事业发展规划纲要》，各项改革顺利实施。全区中小学、幼儿园和其它教育机构全部实行了全员聘用合同制；建立了第一家民办幼儿园和 3 个 0～3 岁早期教育实验基地，为形成多形式、多层次的办园格局积累了经验；招生考试制度改革稳步推进，中考由北京市统一命题，初级中学招生仍以电脑派位为主，全区 87.4％的小学应届毕业生升入优质初中，84.5％的初中应届毕业生升入优质高中。

三大工程有序推进。教育资源调整重组工作取得突破性进展，对 16 所学校进行了调整，全区中学调整到 24 所，小学调整到 38 所，职业高中调整到 3 所。全年累计投资 5301.4 万元，用于学校硬件建设与改造。回民学校被评为北京市普通高中示范校，槐柏幼儿园被评为市级示范幼儿园。继续推进新世纪名师工程，全面启动“十五”继续教育计划。先后组织 1000 余名中小学教师参加基础教育新课程培训，选派英语教师赴境外培训，对特教干部、幼儿园园长和教师进行系统培训。召开名师徒弟出师大会、于洪武办学思想与实践研讨会，举办中学校长论坛。

新世纪素质教育工程成效显著。全区初中一年级进入国家基础教育课程教材改革实验，教科研工作紧密结合实际，德育工作得到加强。召开中小学德育工作研讨会，制发了《宣武区关于进一步加强中小学校法制校长管理工作的实施意见(试行)》，举办法制教育讲座、聘请中小学法制校长、建立青少年教育实践基地。推动青春健康教育工作，继续为初三、高三毕业生进行心理咨询服务，教学质量稳步提高。全区中考合格率 94.7％，高考上线率 93.98％；高三体育会考及格率 100％，初三体育中考全区平均分

27.66分(满分为30分),中小学健康促进校的覆盖面达到100%。举办了第21届中小学生爱科学月、首届科技博览会第7届中小学生艺术节。

教育现代化、信息化建设有了新进展,继续推进课程改革、学分制实践和课堂教学探究。宣武一职、二职接受了市教委国家级重点职业高中复评专家组的复评验收工作;"非典"期间,率先在宣武教育信息网上开通"宣武在线课堂"。全区有46所中小学、幼儿园能够进行网络教学,其中23所中小学和3所幼儿园建起了校园网;"校长远程教育基地"在宣武信息中心正式挂牌。

社区教育、成人教育、社会力量办学工作取得新进展。6个街道成立了社区分院,广内街道成为第二批进行学前教育社区化的试点区域;菜百公司被正式命名为"北京市创建学习型企业先进单位"。共审批了5所社会力量办学单位。对142个单位进行了年检,停办了4所年检不合格的单位。

依法行政进一步落实。全区符合条件的适龄儿童(含残疾儿童)入学率达到100%,小学辍学率0.06‰,初中辍学率0.12‰,初中毕业巩固率达到100%,高中阶段"人户分离"现象得到有效控制。加强对捐资助学款项的管理,对全系统103个单位的春、秋季收费工作进行全面检查,被北京市治理教育乱收费局际联席会议办公室评为"免检区县"。组建会计核算中心,对35家基层单位实行统一核算。成立两委安全督查小组,深入到40余所中小学及幼儿园进行安全督查,建立安全督查台帐,并与基层单位签订了保稳定综合治理责任书。制定全系统《突发事件应急处理办法》,在中小学推行学生安全员制度。对全系统92个基层单位、12家校办直属企业的安全保卫工作进行了检查验收,开展了冬季"百日会战"专项治理整顿。校园周边环境整治工作稳步推进,停办地下旅馆13家,清理校内住户39户,清退无照或证照不全以及安全隐患较大的出租、出借单位73家,合计清出227人。

地址:宣武区姚家井三巷34号
电话:63580567
邮编:100054

(潘 军)

主要工作和活动

【继续教育工作】 1月13日,宣武区召开"十五"时期教师继续教育工作会,全面部署继续教育工作,下发了《宣武区教师"十五"继续教育管理细则》、《宣武区"十五"期间教师继续教育校本培训实施细则》及《宣武区基础教育新课程师资培训工作的补充意见》等文件。"十五"期间,宣武区继续教育的目标是:在"九五"教师队伍建设的基础上,进一步更新教师的教育思想观念;进一步提高教师的政治素质、业务素质、教育教学能力、教育科研能力和自我发展能力;进一步加强骨干教师队伍的选拔与培养,做好新教师的职初培训;通过继续教育,促进教师专业化进程。

(李 辉)

【共建北京师范大学附属中学】 4月2日,宣武区人民政府与北京师范大学正式签属共建师大附中协议,教育部、北京师范大学、中共宣武区委、区政府及市区教委有关领导出席了签约仪式。3年来,为调整布局和资源整合,宣武区累计投入1.5亿元,新建校舍4万多平方米。此次结合危改和实施奥运带动战略,打破区属教育与区域教育的限制,将北京市和平门中学并入师大附中,由宣武区政府与北京师范大学共建师大附中。原和平门中学校舍、场地、教学设备和设施等固定资产提供给师大附中办学使用,使用期限20年;原和平门中学的在职教职工,由师大附中根据国家政策规定和本校的规章制度统一管理;北京师大附中所招收的初中学生,原则上70%应来自宣武区。

(李 辉)

【获"全国幼儿教育先进区"称号】 5月26日,宣武区被教育部授予"全国幼儿教育先进区"。在此次表彰的100个幼儿教育先进县(市、区)中,北京市共有3个区县获此殊荣。在宣武区的31所托幼园所中,有13所达到了一级一类的办园水平,2所达到一级二类的办园水平,2所幼儿园被认定为北京市市级示范园,3所幼儿园被认定为区级示范园,4所幼儿园被命名为市级早期教育实验基地。在科研方面,有2位教师获得北京市第二届基础教育教学成果奖,4个课题被批准为北京市"十五"规划立项课题。

(李 辉)

【社区教育】 年内,街道社区教育有了新发展。保证适龄儿童接受九年制义务教育,共资助429名特困生就学,资助经费9.8998万元;倡导社区为学校办实事,8个街道为教育办实事65件,投入经费23.06万元;各街道社区分院和市民学校大力开展居民素质教育,开展青少年校外教育、市民法律法规培训、老年教育、下岗人员再就业培训、外来务工经商人员培训、普及英语培训等活动,很多街道举办了计算机、市民家政、军地两用人才培训和党校培训等。据8个街道统计,全年街道社区共举办培训11513次,33.9万多人次参加了培训。

(汤 毅)

【治理教育乱收费】 6月,宣武区成立治理教育乱收费工作联席会议(常设机构),由区教委、区监察局、区财政局、区审计局、区物价局等有关部门参加，负责对收费工作进行检查、监督。将收费工作纳入党风廉政建设责任制管理，实行一票否决；严格按照高中择校“限分数、限人数、限钱数”的“三限”政策；禁止中小学利用课余时间和节假日组织学生集体补课并收取费用。对于违反收费规定和“收支两条线”管理规定的行为，按照“一停、二退、三没、四罚、五处分、六追究、七通报”的办法严肃处理。10月，宣武区被北京市治理教育乱收费局际联席会议办公室评为“免检区县”。

（李　辉）

【回民学校被认定为市级高中示范校】 6月17日，北京市回民学校被认定为“北京市示范性普通高中”，这是宣武区继师大附中、十五中学之后被认定的第3所示范性普通高中。回民学校始建于1949年，原名国立回民学院，前身是成达师范、西北中学，地处宣武区牛街地区，是一所具有民族特色的学校。

（李　辉）

【召开庆祝建党82周年表彰大会】 6月26日，区委教工委与区教委召开庆祝建党82周年表彰大会，对在“增三力达标创优工程”和防治非典型肺炎工作中取得优异成绩的63个先进基层党组织、11个模范党支部书记、17名优秀党支部书记和321名优秀共产党员进行表彰。会议号召全系统各基层党组织和广大党员要以先进为榜样，认真学习邓小平理论和“三个代表”重要思想，深入贯彻党的十六大精神，自觉成为贯彻“三个代表”重要思想的组织者、推动者和实践者；继续加强基层党组织建设和党员队伍建设，努力创造一流的工作业绩，为打造宣武教育强区和实现宣武教育现代化而努力奋斗。会议要求：1、继续抓好防控“非典”工作不放松；2、继续抓好教育教学工作不放松，把“非典”造成的各项损失降到最小程度；3、在全系统兴起学习贯彻“三个代表”重要思想的新高潮。

（李　辉）

【举办领导干部培训班】 8月22日至25日，宣武区教育系统举办了领导干部学习贯彻“三个代表”重要思想培训班，200余名书记、校长和机关科部长参加了培训。培训结合教育系统的实际，采取自学理论、专题辅导、经验交流和分组讨论等形式进行。培训内容涉及“三个代表”重要思想、加强基层党组织建设、促进教育教学改革、推进学校民主管理、加强中小学德育工作等方面。

（李　辉）

【启动初一年级课程改革实验】 9月1日，全区初中一年级新生开始进行国家基础教育课程改革实验，共有22所中学、16个班的3946名学生参加实验。为保障课程改革实验的顺利进行，区教委成立了课程改革实验领导小组并建立了完善的工作机构；研究制定了新课程实验规划，确定了总体工作方案，组织和协调各方面力量进行了教材的选用；开展了不同层次的教师培训，并将培训纳入“十五”教师继续教育内容，所有课时计入继教学分。各实验学科除政治外，均采用了新版教材。经教材审定小组研究，除数学学科采用华东师范大学出版社的新版教材外，其它学科均采用了人民教育出版社的教材。

（李　辉）

【召开教师节表彰大会】 9月5日，宣武区召开教师节表彰大会。有关区领导及教育系统干部、教师400余人参加了大会。会议表彰了153名先进教师、102名先进教育工作者、13个师德先进群体和13名师德先进个人；号召全区教育工作者以他们为榜样，认真实践“三个代表”重要思想，全面贯彻党的教育方针，以高度的责任感和使命感，积极投身教育改革实践，培养出更多的具有创新精神和实践能力的社会主义事业建设者和接班人。

（李　辉）

【举办推广普通话宣传周活动】 9月14日至20日，宣武区举办第六届推广普通话宣传周活动。活动采用以大型宣传活动为中心、各街道宣传为重点的形式展开，通过发放宣传手册、宣传画报，进行展板展示、开展群众娱乐活动等形式，向市民进行推广普通话的宣传，并组织了《国家通用语言文字法》的宣讲及如何规范用字的咨询。活动中，共发放《北京市实施＜中华人民共和国国家通用语言文字法＞若干规定》宣传手册2000余本、宣传画报200余张和印有“请说普通话，请写规范字”口号的手提袋800个。

（李　辉）

【举办中小学生科技博览会】 10月18日、19日，区首届中小学生科技博览会在育才学校举行，全区6000余名学生参与了活动。本次博览会是第二十一届爱科学月活动的重要内容，以“动手、动脑、体验科学”为主题，通过科技作品展示、演示与互动，让学生充分发挥想象力，感受科学的神奇与奥妙，亲身体验在玩中学习、在学习中探索、在探索中发现、在发现中创造。活动中，展示了中小学生3年来的科技作品，并开展了机器人实验、小模型制作、天文观测等科普互动活动。

（李　辉）

【召开办学思想与实践研讨会】 10月21日，区委教工委、区教委在回民学校召开于洪武办学思想与实践研讨会。教育部基教司高中教育处、区领导、国务院学位委员会学科评议组成员、中央民族大学原校长哈经雄教授及外省市部分校长、全区各中小学校长及区委教工委、区教委主要领导等300余人参加了会议。于洪武向与会者介绍了“特色、主体、人和”的办学理念，专家对其办学思想进行了点评。与会者还参观了回民学校的图书馆、网络中心、学生宿舍，观看了学生的民乐表演，旁听了初一年级和高一年级的课，观摩了学校的综合实践活动，并就于洪武办学思想进行了专题和分组讨论。于洪武先后担任过广安中学、八十八中学、一三六中学、宣武区职教中心学校、回民学校等5所学校的校长，任职时间长达30余年，自1993年至今在回民学校工作，确定了民族特色的办学战略思想、学生主体的办学育人思想、人和为根的办学管理思想。

（李 辉）

【教育资源调整】 年内，宣武区共调整学校16所，完成了天宁寺小学与小马厂小学、师大附中与和平门中学、梁家园中学与43中学、181中学与回民学校、51中学与140中学、南丰小学与三义里小学、粉房小学与福州馆小学、里仁街小学与宣师一附小的合并工作。至此，全区中学从1999年的38所调整到24所（不包括3所职业高中），小学从58所调整到38所，职业高中从10所调整到3所，财贸干校、职工中专并入职业高中，提前实现了区规划提出的目标。

（李 辉）

【整治校园周边环境】 年内，区教委、区综治办、区市政管委、公安宣武分局、工商宣武分局、区城管大队、区卫生局、区环卫局和8个街道办事处密切配合，对校内外环境进行了综合治理和整顿。累计拆除违章建筑2800平方米，新增绿化面积1850平方米，清理校内出租房屋58家，清理垃圾1800吨，疏导交通拥堵路段3个，增设交通标志2处。通过整治，师大附中、育才学校、回民学校、华夏女中、15中、63中、66中西校址、北京小学、三义里小学、椿树馆小学、红莲小学、三教寺幼儿园、三义里一幼等单位成为花园式学校（幼儿园）。

（李 辉）

基础教育

【概况】 年内，全区有小学37所、教学班641个；招生2327人，毕业3822人，在校生20685人（含借读生3646人）；教职工2340人，其中专任教师1769人；小学入学率100%，巩固率100%，毕业及格率99.9%。中学27所，其中初中校9所（含民办公助学校2所），高中校2所，完全中学13所（含民办公助学校2所），一贯制学校1所，教学班721个（初中418个、高中303个）；招生8720人（初中3927人、高中4793人），毕业9483人（初中6349人，高中3134人），在校生28261人（初中15137人、高中19124人）；初中入学率100%，巩固率100%，毕业及格率100%；高中入学率87.9%，毕业及格率90.83%，应届高考录取率88.34%；教职工3393人，其中专任教师2186人。特教学校1所、21个班，招生12人，毕业5人，在校生216人；教职工62人，其中专任教师52人；残疾儿童入学率100%，巩固率100%。校外教育单位4个、教职工125人，其中专任教师71人。中小学教师学历合格率97.77%，其中小学教师合格率100%，初中教师合格率97.49%，高中教师合格率93.95%。中小学教师具有高级技术职务588人，其中小学教师12人，初、高中教师500人。全年教育经费投入65363.8万元，其中财政拨款43803.8万元，自筹21560万元。

（李 辉）

【开通“当代女生教育网”】 3月8日，“当代女生教育网”在北京市华夏女子中学开通。这是国内第一个专门研究女生教育的网页，由陶行知研究会女学生教育专业委员会、北京华夏女子教育研究所、北京市华夏女子中学主办。网页由会员校（38）所、女生研究（论文44篇）、科研动态（文章8篇）、专家论坛（论文13篇）、中国女校（35）所、国外女校（32）所、有关法规（34个）、左邻右舍（31个网站）、留言簿（女生教育论坛）等8个栏目构成。该网页以绿色为底色，象征生命、和平、环保；字框中配以莲花，取高洁、清丽之意；主页左上角以“女生”二字构成一只翩翩起舞的凤凰，表达“望女成凤”之意。

（李 辉）

【制发中小学生自主学习辅导材料】 “非典”时期，宣武区先后编写了《宣武区中学生自主学习指要》、《宣武区小学生自主学习读本》（第一集、第二集），每年级一册，每册九单元，内容涵盖语文、数学、英语、户外活动等方面，指导学生自主学习。学校通过邮寄的方式将辅导材料送达学生手中，学生也可到宣武教育信息网和育才网校进行浏览和下载。

（李 辉）

【防控“非典”确保高三生安全复课】 5月22日，全区高三年级学生复课。区教委提出防控“非典”的规定不松口，各项管理措施的落实不松劲，责任意识和精神状态不松懈的总体要求。加强对校内出租出借单位防“非典”工作的管理、检查和监督；严格控制人员流动；严格监控返校师生的健康；认真搞好环境卫生，降低授课教室的人群密度；小班式教学，寄宿制学校采取封闭式管理；利用电化和网络教学手段，采取多种辅导方式;下发致高三学生家长的一封信,争取家庭与学校的配合,共同做好防控工作,确保学生安全复课。

(李　辉)

【开展主题教育活动】　5月25日始,区教委在全区中小学中开展"珍惜健康、拒绝'非典'、崇尚科学、遵守公德、自强自立"主题教育活动。活动以爱国主义教育为核心,向中小学生进行爱国主义、集体主义、社会主义教育,引导学生树立正确的世界观、人生观、价值观。活动形式是通过开展"六个一"活动,即读一本好书,学会一个自主学习的好方法,坚持一个锻炼身体的好项目,养成一个卫生好习惯,写一封给一线医务人员的慰问信,学会一项家务劳动。组织学生学习科学知识,培养良好卫生习惯,克服困难,树立信心;引导学生勤奋学习、自强自立、积极探索自主学习的好方法。

(李　辉)

【开通"宣武在线课堂"】　5月26日,"宣武在线课堂"在宣武教育信息网上(xwedu.com)开通,在线直播初三语文、数学、英语3门学科、27位教师的辅导课。总收视率达到7851人次,其中单节最高收视数达到1521人次。45位教研员参加网上答疑,学生参与网上答疑的有54558人次,网上回复总数达22187人次。同时,对全区师生开放邮件系统,以师生互发邮件形式实现网上交互式学习环境。区教委还将"宣武在线课堂"内容录制成光盘,供不能网上浏览的学生使用。

(李　辉)

【举行高考模拟演练】　5月30日,宣武区在北京市第63中学组织高考模拟演练。演练由区教委、公安宣武分局、区卫生局等部门参加,从考生进入考点大门开始,包括体温测试,检查《准考证》、《健康状况登记卡》,疏导考生停车、存包,进入考场的过程,体温测试不合格考生的处理程序及考场内出现"非典"、"疑似"病人后其他考生的转移等程序。此次演练被录制成光盘发放到全区各考点,用于示范和指导各考点校正确处理高考过程中出现突发、偶发事件。

(李　辉)

【"非典"期间保障高考工作】　为做好特殊时期的高考工作,宣武区教委、公安宣武分局、区卫生局等部门通力合作,制订《关于做好2003年高考复习考试及非典性肺炎防控工作意见》、《宣武区2003年普通高校招生考试考务工作方案》、高考期间防治"非典"工作规程、工作预案等一系列文件,部署防疫工作;调整考点,减少密度,增加隔离考点和备用考点;组织医务人员负责各考点的卫生防疫工作,并对校医、消毒员进行专业培训;对考场进行严格消毒;调配医疗流动车和病人运送车,供高考期间出现异常情况时调用;开通高考专用车,接送考生;配备考场设备,高度防范;为考生营造宽松、和谐的气氛,帮助考生缓解压力;在63中举行高考全程模拟演练,并制作成光盘,指导、示范各考点正确处理突发、偶发事件;在各考点设置督查员和联络员,指导、检查各考点考务、防疫等工作。

(李　辉)

【举办青春期教育家长培训班】　9月20日至10月11日,宣武区举办第四期青春期教育家长培训班,聘请中国社科院研究员、著名青春期教育专家陈一筠,中国少年报主任编辑吴若梅,同仁医院心理门诊主任医师洪宝瑟等讲授了中学生青春期教育知识,并进行了现场咨询。培训前下发了"致家长的一封信",向家长讲解培训的目的、意义,并全面了解家长对此项工作的需求。全区1万多名初一、高一学生的家长免费接受学生青春期、性健康及心理健康教育的培训。青春期教育家长培训班自2000年开始,每年一次,累计34000余人次接受了培训。

(李　辉)

【召开宣武区第二次少代会】　10月11日、12日,宣武区召开中国少年先锋队第二次代表大会。会上,全体代表听取并审议了第三届少工委的工作报告;表彰了"宣武区第二届十佳少先队大队辅导员"和282个优秀少先队集体;开展了以"畅想2008"为主题的"小主人论坛";选举产生了宣武区第四届少先队工作委员会和第五届少先队联合会。首届少代会于1997年召开。至年底,共有26名大队辅导员被评为"宣武区优秀少先队大队辅导员",12名辅导员获"北京市优秀少先队辅导员"称号,2人获北京市"五四奖章",1人被评为"全国优秀辅导员";4000余名少先队员获"区级红领巾奖章",300余名少先队员获"市级红领巾奖章",31名少先队员获"'十佳'少先队员"称号,29名少先队员获"少先队员标兵"称号。

(李　辉)

【小学课程改革】　1月7日,区召开首届小学课程改革研讨会,对课改工作进行总结,就如何转变学生的学习方式进行研讨。2002年9月,宣武区小学一年级开始进行课改实验,40所学校、103班、3100名学生参加。9月24～28日,召开小学实施国家基础教育课程改革实验第二届研讨会教学干部专题研讨会,为教师搭设学习、交流平台,促进课程改革和教师发展,转变学生学习方式。研讨会期间,38所学校语文、数学、英语、美术等多个学科的52位教师上了53节公开课,2300余人次参加观摩。

(李 辉)

【召开中小学德育工作研讨会】 10月,宣武区召开中小学德育工作研讨会,区领导及各校主管德育工作的校长、政教主任及工会主席、团队干部代表140余人出席了会议。经过研讨,与会人员就进一步做好中小学德育工作形成共识,并提出了5条意见:一、进一步增强抓好德育工作的责任感和任命感。二、扎扎实实抓好养成教育,认真落实《中小学生日常行为规范》和《中小学生守则》,把培养和养成学生良好的行为习惯、自觉履行基本道德规范作为学校德育工作的重中之重。三、大力加强法制教育,不断增强广大干部、教师"依法治校"、"依法执教"、"廉洁从教"的意识,建立学校、家庭、社会三结合的教育网络。四、不断加强师德建设和德育队伍建设,党政工团密切配合,坚定"育人为本"的基本信念,确立"爱岗敬业奉献"的职业道德观。五、进一步健全德育工作的领导体制和工作机制。

(李 辉)

【建立中小学校长远程教育培训基地】 11月5日,"宣武区校长远程教育培训基地"在现代教育技术信息中心正式成立。培训基地以千兆宽带网为载体,对校长进行远程教育技术培训,提供远程信息交流和咨询。在宣武教育信息网上开设"校长园地"专题,下设"名校长风采"、"校长论坛"、"校长远程教育"、"办学经验"等栏目,为校长转变观念及校长间进行信息、经验交流提供了平台。

(李 辉)

【信息技术培训工作】 年内,宣武区信息中心对教师开展了信息技术应用技能的培训。共组织继续教育培训班12个,培训345人次,总计480课时;举办9个Intel(r)未来教育培训班,257人参加。还举办了由32名教师参加的网页制作培训班和36名教师参加的电脑动画制作培训班、19名新任电教岗位的教师接受了培训。对小学教学干部33人、人事干部53人进行了计算机办公系统软件的培训;对幼儿园教师88人进行了计算机应用水平A级的培训。

(李 辉)

【教育干部培训基地验收】 11月26日,北京市教委干部培训基地评估验收小组对宣武区教育领导干部培训基地建设情况进行评估验收。领导小组由市教工委、教委、北京市普职成教干部培训领导小组组成。验收组听取了宣武区的自评报告,观看了专题片《干部成长的摇篮》,查看了干训资料,召开了相关人员座谈会,并检查了干训教学设施。年内,干训基地共举办中小学校长任职资格培训班、小学教学副校长提高培训班、基层支部书记提高培训班、中小学校长研修班、中学德育干部提高培训班、教育系统保卫干部提高培训班、共性培训专题讲座以及现代教育技术培训班等7个,培训干部701人次。此外,还举办了小学少先队大队辅导员培训班、教育系统党员培训班、第十四期入党积极分子培训班,共培训2477人。

(李 辉)

【聘任中小学法制校长】 12月3日,宣武区召开"宣武区中小学校法制校长聘任大会",重新为各校聘任了65名法制校长。法制校长由区政法部门副处级以上领导干部担任,法制辅导员由公安干警担任。法制校长、法制辅导员定期参加学校的法制教育工作联席会,为干部、教师进行普法讲座,提高依法保护未成年人的意识。

(李 辉)

【举办首届中学教学校长论坛】 12月26日、27日,宣武区举办了首届中学教学校长论坛。此次论坛的主题是:课程改革与学校教学管理机制的创新;开展校本教研的途径与方法。论坛分15中、43中、66中、回民学校4片进行,全区参加初中课程改革实验学校的教学校长均参加了此次论坛。论坛采取演讲、质疑、演讲人答辩、相互交流以及研讨的互动方式进行。在分片论坛的基础上,4个教学研讨片共推荐8位教学校长参加了全区论坛。论坛活动期间,204中、14中分校、师大附中、15中分校还分别推出了课程改革数学、生物、英语、语文4节研究课。

(李 辉)

学前教育

【概况】 年内,全区有托幼园31所,其中市立园13所,社会办园18所,收托幼儿4191人;教职工825人,其中专任教师397人。

(李 辉)

【举办幼儿家庭教育讲座】 10月26日,区教委和北京市幸福时光幼教研究中心,联合举办了以"家园配合,共育幼儿"为主题的全区幼儿家长家庭教育讲座,邀请北京市特级教师、幼儿教育专家李玉英老师给家长们讲课,受到了与会300多名家长的欢迎。

(陈蕾倩)

【召开第五届"走进童心世界"研讨会】 10月30日,区教委在三义里第一幼儿园,组织召开了第五届"走进童心世界"研讨会,全区90余名园长、教师观摩了优秀青年教师杨东红老师组织开展的活动。

(陈蕾倩)

【幼儿园教育教学改革】 11月25日至12月9日,区教委组织全区园长、教师,开展了回民、四幼、槐柏、实验4所示范幼儿园的园本课程实践研讨活动。通过观摩教育教学活动、听取园长汇报以及园长、教师之间的交流,增强了研究的意识,提高了科研的水平,推进了幼儿园教育教学改革工作。

(陈蕾倩)

【幼儿教师继续教育】 12月3日,区教委召开了幼儿教师"十五"继续教育启动大会,有18名小学二年级教师及4名小学高级教师参加了首轮培训。

(陈蕾倩)

【槐柏幼儿园被认定为市级示范幼儿园】 12月23日,宣武区槐柏幼儿园被市教委认定为市级示范幼儿园。槐柏幼儿园是一级一类园,园所建筑面积2001平方米,共有专任教师16人,幼儿215人。该园多年来坚持开展"幼儿创造教育研究",重视培养幼儿探究兴趣与方法,挖掘培养幼儿的创造力,形成了创造性课程体系。其研究成果在第四届全国游戏与玩具研讨会上作大会发言,论文多次获全国中小学创造教育研讨会论文评选二等奖,并出版了《萌发幼儿的创造力》一书。

(李　辉)

【第三批市级示范幼儿园挂牌】 12月30日,市教委举行示范幼儿园、早教实验基地挂牌仪式。会上,为宣武区槐柏幼儿园颁发第三批市级示范幼儿园的铜牌;为北京市政府机关幼儿园、虎坊路幼儿园颁发了北京市早期教育实验基地的铜牌。

(陈蕾倩)

职业教育

【概况】 年内,宣武区有中等职业学校3所,其中宣武区第一职业学校、第二职业学校为国家级重点学校,宣武区第三职业学校为市级重点校。3所职业学校占地面积88431平方米,建筑面积84928平方米;

175个教学班,在校生5889人,开设近30专业(工种);教职工735人,其中专任教师420人,高级教师108人;全年教育投入5943万元,其中财政拨款4559万元,自筹1484万元。

(刘钟仁)

【重点中等职业学校复评】 10月10日,宣武一职、宣武二职接受了国家级重点中等职业学校复评专家组的验收,被认定为合格校。

(刘钟仁)

【出版《班主任工作经验汇编》】 10月,区教委出版《班主任工作点滴经验汇编》。该书共选编论文、总结和案例26篇,大部分是中等职业教育学校班主任老师教育实践、探索和研究的点滴经验。

(刘兰英)

【出版《教学基本功汇编》】 10月,区教委出版《教学五项基本功评比资料汇编》。该汇编收集了职高青年教师在全区青年教师基本功大赛中的参赛成果,有平时教案、参赛教案、论文和书法作品等。

(刘兰英)

【开展青年教师培训示范课活动】 10月中旬至11月中旬,宣武区职教中心组织全区职教系统青年教师参加示范课听课活动,由宣武区三职12名骨干教师做数学、语文、英语、计算机、中药、中药化学、美术、体育、声乐、幼儿心理等学科的示范课、研究课。宣武区三所职教校同学科教师也参加了听课活动,总听课人次为500多人次。

(张来成)

【计算器使用比赛获奖】 11月份,区教委组织职教校参加市职所主办的北京市中等职业学校"快灵通"杯学生计算器使用比赛活动,区共有1300多人报名参加比赛,其中获市一等奖1人,二等奖11人,三等奖99人。

(张来成)

【职教校发展规划研讨会】 12月14日,区教委在昌平九华山庄召开了区职业学校发展规划研讨会。会上,3所职教校校长汇报了各自学校的发展规划,与会者针对学校规划进行了研讨,区教委有关负责人就如何推进职业教育,构建可持续发展等问题,对职业教育提出了要求。

(刘钟仁)

【教育、教学经验交流会】 12月15日,区教委在昌平九华山庄召开职教教育、教学经验交流会。会上,3所职教校主管教育、教学的副校长分别汇报了各自学校的教育、教学经验;区教委有关负责人就如何加强职业教育,提高教育教学质量提出了要求。

(刘钟仁)

【举办职教校阶段成果汇报会】 12月份,区教委中职科、宣武职教中心联合举办了职业技术教育学校阶段成果汇报会;在宣武二职召开了"弹性学制与学分制改革工作"阶段成果汇报会;在宣武三职召开了"课堂教学质效探究会";在宣武一职召开了"探索职教课程体系改革,推动学校整体发展"工作汇报会。

(刘钟仁)

【职业技能训练课检查】 12月18日、19日、24日,区教委中职科、区职教中心联合对宣武区职业高中技能训练课进行了检查。通过看教学大纲、教学计划、技能标准材料,了解学校技能课管理材料是否齐全和学校对技能训练课的重视程度；通过听1节到2节技能训练课，了解学校技能训练课进展情况。3天中，检查组分别听了宣武二职的丝网印刷教学训练课、单门直冷式电冰箱压缩机绕组检测及电路测量训练课，宣武三职的中药专业皮类中药饮片的识别课、中药炮制学的加敷料炒法——麸炒、沙炒操作训练课和中药调剂学的审方和调配课；观摩了宣武一职的饭店服务专业、烹饪专业技能训练展示活动。

（张来成）

成人教育

【概况】 年内，全区共有各级各类成人教育学校142所，其中成人高等学校2所，开设28个专业，在校生4613人，招生1617人，毕业877人，教职工99人（专任教师45人）；各类企业职工学校4所，教职工28人（专任教师12人），全年培训5884人次；社会力量办学136所，教职工2239人（专任教师764人，兼任教师1475人），全年培训141824人次。

（汤　毅）

【召开"创建学习型社区"座谈会】 2月24日，宣武区社区教育办公室召开了《创建学习型街道评选条件》和《创建学习型居委会评选条件》座谈会。部分街道文教科科长和居委会主任等20余人，就上述两个《评选条件》的讨论稿进行了讨论，一致认为符合基层的实际，可操作性强，有特色。

（高晓宁）

【召开成教学会理事会】 3月6日，宣武区成人教育学会召开成教学会理事会，参加会议30余人。会上，总结了2002年工作并通过了2002年学会论文评选情况，获一等奖4人、二等奖12人、3等奖7人。

（汤　毅）

【收退费管理办法出台】 3月18日，宣武区出台社会力量办学教育机构收退费管理办法。办法规定：一、教育机构须按照教育行政部门和其它有关部门核准的收费项目和收费标准进行收费，并使用税务局统一印制的税务票据。二、学生入学后因故要求退学退费的，须向教育机构提交书面申请，出具收费票据。三、教育机构的收、退费工作均纳入财务统一管理，教育机构办理学生退费须开具正式凭据。此外，办法还针对学生在学习的不同期间内要求退费的情况作出了具体规定。

（李　辉）

【年检工作】 3月19日，宣武教委成教社管科召开社会力量办学校长（主任）会议，总结2002年年检工作。截止到2002年底，宣武区共有社会力量办学学校142所，其中两所新批学校免检，年检合格学校116所；18所学校由于亏损、有投诉、未招生等原因缓检，限期整改；停办4所，两所未办年检手续。会上下发了《关于加强社会力量办学管理的通知》和《宣武区社会力量办学教育机构收退费管理办法（试行）的通知》。

（樊立华）

【举办社区教育讲座】 4月21日，宣武区社区教育办公室、宣武区成人教育学会、宣武社区学院共同举办了"全面小康社会与全民终身学习型制度建设"讲座，8个街道文教科干部、居委会主任、社区学院分院教师参加了讲座。

（高晓宁）

【开通"广内社区教育网"】 8月11日，"广内社区教育网"正式开通。广内社区教育网以提高社区成员的综合素质和生活质量为宗旨，开办了社区教育新闻、社区分院、学习型社区、终身教育等栏目，从不同角度宣传社区教育理念，激发社区成员学习意识，完善社区教育体系，指导市民生活，满足了市民教育的需求。截至12月，点击率30300次。广内社区教育网网址：www.xwgn.gov.cn

（张志怀）

【《天桥社区教育资料汇编》编辑完成】 10月，《天桥社区教育资料汇编》编辑完成。该书102000字，分为天桥社区教育情况综述、规划构想、规章制度、经验材料、调研报告和大事记6个部分。

（赵兴力）

【召开社区教育工作现场会】 12月2日，宣武区在天桥街道召开"社区教育现场会"，就社区教育工作交流经验。天桥街道、工委介绍了在开展社区教育中如何发挥主导作用的经验；育才学校介绍了"学校教育社区化与社区建设教育化"的教育思路及"学校教育与社区教育的一体化建设"的情况；天桥分院从组织结构办学环节、开课情况等方面作了汇报；南纬路居委会汇报了创建学习化社区的工作情况。副区长王永新参加了会议并在会上作了关于"开展社区教育，促进宣武学习型城区建设"的发言。与会人员参观了社区教育图片和档案资料展览，北京市成人教育学会会长贺向东对此次会议进行了点评。

（李　辉　高晓宁）

【评剧《许敬英》获区首届宣传思想工作奖】 年内，由天桥老艺人评剧团创编的现代评剧《咱老百姓—许敬英》，获宣武区首届宣传思想工作"创新奖"。该戏以宣传发生在天桥地区的学雷锋典型许静英女士为原型，用寓教于乐的形式再现了生活在社区中的好人好事。

(赵兴力)

【成立宣武社区学院街道分院】 年内,白纸坊、广内、椿树、陶然亭、大栅栏5个街道陆续成立宣武社区学院分院,开设课程,开展活动。至此,全区已有7个街道建立了宣武社区学院分院。

(高晓宁)

【教育资源向社区开放】 年内,区内各级各类学校向社区开放操场41个,利用320场次,参加活动达10642人次;开放教室84间,利用644间次;开放图书馆12个,借阅3060人次;开放计算机260台,有1550人次参加学习;人力资源支持515人次。

(汤 毅)

高等教育

【概况】 北京宣武红旗业余大学(简称红旗业大)成立于1958年,隶属于宣武区教委,主要承担成人高等学历教育(大学专科及专升本科),以及对各类专业技术人员实施继续教育。年内,红旗业大有大专在校生877人,毕业375人;市委党校红旗大学分院在校生1090人,招生422人,毕业160人;北京理工大学继续教育学院红大教学站在校生150人,招生72人,毕业135人;高等教育职业技术类自学考试招生249人,培训1982人。学校有教职工160人,其中专任教师63人(中级以上技术职务50人)、兼职教师33人;开设计算机应用技术、实用美术和会计等10个专业;有专业画室8间,计算机房6个,计算机200余台,语音室3个,影室、暗房各一个;占地面积32837平方米,建筑面积35997平方米,图书馆藏书6万余册。全年教育经费投入1002万元,其中财政拨款456万元,自筹546万元。

地址:宣武区右安门大街79号

电话:63543784

邮编:100054

(杜 敏)

【"风展红旗书画社"成立】 4月,红旗业大"风展红旗书画社"由艺术系实用美术专业2001级学生发起成立。组织该社的目的是:切磋绘画技艺、交流对艺术的感悟,提高创作能力;用手中的画笔、相机以及一切可以表达对祖国美好希望的艺术形式,展现伟大祖国的新面貌。

(杜 敏)

【红旗业大校园网建立】 5月,红旗业大校园网建立。校园网分为信息共享、办公管理和电子教学3大部分内容,实现了各种最新信息、包括校内信息和其它信息的共享,内容涉及科研、学术、软件、经济、政治等各个领域。通过校园网络,实现了全校统一管理电脑化,提高了学校的管理水平。

(姜小欣)

【组织抗"非典"前线保障服务队】 4月,"非典"疫情发生后,学校立即采取相应措施进行防控,制定预案,监测师生体温,并抽调人员参加宣武区"抗'非典'前线保障队",圆满完成了上级交给的任务。

(姜小欣)

【"非典"期间开展网上教学】 5月,由于"非典"疫情的影响,红旗业大暂停集中性教学活动。为了不影响学生学习,学校坚持一手抓抗击"非典"、一手抓教学的方针,迅速开展网上教学。各系教师将教学内容、布置的作业发送到网上,并按规定时间在网上进行教学辅导和答疑。通过网上教学,使学生在不能到校的情况下,也能按教学计划进行系统的学习,从而降低了疫情对教学工作的负面影响,基本保证了教学和管理工作的连续性。

(姜小欣)

【设置高考"特殊考场"】 6月7日、8日,全国高等教育入学考试如期举行。鉴于流行性非典型性肺炎尚未得到控制,学校被宣武区考试中心确定为"特殊考场",为在考试过程中出现"非典"症状的考生提供考试场所。学校对所有参与人员进行了防"非典"知识培训,提供防护用品;制定了严格的消毒措施和消毒程序,并提前对所有考场进行消毒。为减少交叉感染,每个考场只安排6个座位。

(杜 敏)

【开展社区专职工作者岗位培训】 7月,根据《北京市社区专职工作者岗位培训方案》和《宣武区社区专职工作者管理办法》的规定,在红旗业大开展了社区专职工作者岗位培训。培训的主要内容是:学习邓小平理论及"三个代表"重要思想、社区建设理论,社区工作相关法律、社区居委会工作实务、计算机基础知识和操作。目的在于使社区工作者了解社区工作的基本原理,掌握社区工作的方法和技能,提高自身的综合素质,使社区工作者逐步走向专业化、职业化、规范化。

(姜小欣)

【举办"我的红旗、我的风格"展会】 10月18日,"我的红旗,我的风格"展会在宣武红旗业余大学校内开幕。展会由学校的学生社团"风展红旗书画社"发起主办,展出的作品有油画、国画、素描、速写、摄影等作品,还有建筑雕塑作品,展示了学生在红旗业大两年来的学习成果。

(姜小欣)

【召开第五届教代会】 11月28日,

红旗业大第五届教职工代表大会召开。教代会代表共有27人,代表着全校100名教职工。大会的主要议题是:审议学校的管理体制改革方案。提交大会的文件有《关于深化校内人事制度改革的意见》、《校内结构工资实施方案》、《关于部门主任、系部主任聘任实施方案》、《关于实行聘用合同制的实施办法》、《对开拓办学部门的奖励办法》、《关于教职工考核实施办法》、《关于实行聘用合同制中未聘人员安置办法》、《机构岗位设置方案》。在讨论中,代表们热烈发言,对上述文件提出了修改意见。

(杜 敏)

【人事制度改革】 12月,红旗业大完成了人事制度改革,全体职工与学校由隶属关系转变为聘用关系。人事制度改革与校内管理体制改革相配套,同时进行,这也是第四次校内管理体制改革。其程序是:符合条件的教职工与学校签订聘用合同,确立了劳动关系;由学校公布岗位职数、岗位职责、任职资格、任期目标,经过竞职演说、群众评议,确定部门主任;部门主任根据每人所报的意向,与主管校长商量确定拟聘人选;最后,由学校法人授权进行聘任。

(杜 敏)

教育督导

【概况】 北京市宣武区人民政府教育督导室(简称督导室),负责对区内的幼儿园、小学、中学、职业高中、成人教育等各类学校(园)的办学方向、管理水平和教育质量进行监督、检查、评估、指导;对区有关委、办、局、街道办事处履行教育法律、法规的执法责任和实施素质教育目标责任制的落实情况进行监督检查;对区有关行政部门领导和管理教育工作的情况实施督导;对教育工作中的重大问题进行调查研究,提出意见和建议。年内,督导室综合督导了10所学校(园);随访督导、督导复查了4个单位;进行了部分家长对中小学教育评价的调研及督政工作的调研;完成了全国教育科学"十五"规划国家课题子课题的研究工作;制定了《宣武区街道办事处社区教育工作评价方案》;开展了中学、小学、幼儿园制定发展性指标、区属委、办、局、街道办事处教育执法自查、素质教育自评等工作。

地址:宣武区姚家井34号

电话:63580567

邮编:100054

(邢 安)

【推进学校发展性指标制定工作】 年初,督导室就新颁布的《三个评价方案》中新增的发展性指标的内容,多次召开督学专题研讨会,就如何理解发展性指标和如何指导学校制定发展性指标进行深入的研究和探讨,并出台了《发展性评价二级指标的主要内容提示》。1月、2月,督导室分别召开中、小学校长会、幼儿园园长会,就新颁布的评价方案中的发展性指标的制定进行专题辅导;3月,责任督学分别下校,了解学校发展性指标的制定情况,并予以指导;4月,督导室召开部分学校(43中、62中、14中、回民中学、宣武区外国语实验学校、徐悲鸿中学)发展性评价指标体系制定工作的座谈会,交流工作体会;6月,督导室召开督学全体会和分组会,对各校上报的发展性指标分别进行研究,形成指导意见;7月,责任督学分别下校,对各校的发展性指标进行回复,提出督导室的意见;9月,各校将重新修订的发展性指标经教代会审议通过,正式出台并报督导室及区教委中教科、小教科、学前教育科备案。

(邢 安)

【对中小学教育评价进行调研】 3月,督导室结合市教育督导室的调研工作,对4所小学(育才学校小学部、炭儿胡同小学、新世纪实验小学、陶然亭小学)、两所初中校(134中、204中)和1所完中校的高中部(回民学校)的700名学生家长进行了问卷调查,并撰写了《关于我区部分家长对中小学教育评价的调研报告》。报告从中小学教育政策、教育教学质量和学校管理3个方面进行了分析,并向上级决策部门提出了8条建议。

(邢 安)

【教育执法自查】 6月至8月,根据北京市人大常委会教科文卫体办公室、北京市人民政府教育督导室《关于2003年教育执法检查工作意见的通知》精神,区开展了教育执法自查工作。6月中旬,鉴于"非典"疫情的特殊情况,按照市政府的指示精神,区部署了全区的教育执法检查工作。督导室继续承担自查工作办公室的职责,制订并下发了《北京市宣武区人民政府关于2003年教育执法检查工作计划》,同时下发了《王永新副区长关于2003年教育执法检查工作的讲话》。7月至8月,各区属委办局、各街道办事处依据市《教育执法检查工作意见》和《宣武区实施素质教育目标责任制》的要求,进行了认真的自查。8月底,《宣武区人民政府2003年教育执法自查报告》上报市政府。在自查报告中,主要汇报了区教育经费的使用情况。2002年,区教育经费支出41055万元,同期财政支出总额为166454万元,教育经费支出占财政支出总额的24.7%,较上年提高0.1个百分点,确保了教育经费占财政支出总额比例逐年提高;区财政经常性收入120187万元,比上年增长12.6%;教育事业费拨款21633万元,比上年增长13.05%,教育经费增长高于财政经常性收入增长;教育事业生均经费支出 3344 元,比上年增加 293 元,增长 9.6%,其中教育事业费生均公用经费支出 678 元,比上年增加 82 元,增长 13.7%;教师年人均工资收入 27420 元,比上年 24284 元增长 12.9%,行政机关公务员年人均工资收入 26964 元,教师年人均工资收入高于机关公务员年人均工资收入。落实了市普通教育事业公用经费新定额标准。

(邢　安)

【随访督导】 9月5日、16日,为贯彻《北京市教育督导规定》,落实《宣武区实施素质教育目标责任制》及教育执法检查通知精神,督导室会同区教委成教社管科,分别对广外街道办事处、陶然亭街道办事处进行了随访督导。期间,听取了广外街道办事处、陶然亭街道办事处的工作汇报;与文教科、综治办等十几个相关科室进行了座谈,并查阅了有关资料;走访了红莲中里社区居委会和龙泉社区居委会。在大量收集信息的基础上,经过认真分析,将督导评价意见上报区政府,抄送街道办事处。

(邢　安)

【综合督导】 年内,督导室以实施素质教育为重点,本着"一帮二导"的工作原则及合作式、协商式的工作方法,指导学校制定发展性指标,并依据北京市新颁布的评价方案,对 134 中、62 中、华夏女中、78 中、新世纪实验小学、育才小学部、炭儿胡同小学、椿树馆小学、红莲小学、宣武实验幼儿园 10 所中小学、幼儿园进行了综合督导。期间,听取了校(园)长的自评汇报,察看了校园环境与设施,查阅了档案资料;共听课 801 节,参加班会 180 节,个别访谈干部、教师 411 人;对干部教职工和部分学生、家长进行了问卷调查,召开了部分学生、家长座谈会;与部分学校的领导班子成员共同探讨了学校发展规划和发展性指标。在与实验幼儿园交流、研究发展性指标时,特意聘请了市督学师其鹄、北京教科研早教所刘力博士等专家进行了点评。在大量收集信息的基础上,经过认真分析,形成了 10 所学校(园)的综合督导评价意见反馈给学校,督导情况在全区中小学书记、校长会上进行通报,督导报告上报区政府。

(邢　安)

【学校督导工作安排制度化】 年内,10 所接受综合督导的学校(园)高度重视督导工作,并在实践中形成了一套有序的工作方法。学校领导班子接到督导通知后,立即成立自评领导小组,制定自评工作计划,进行分类动员,组织培训,分解指标,整理档案,进行各部门自评,出台自评分报告和总报告,自评报告通过教代会审议通过。绝大多数学校提出比较鲜明简洁的口号,如:"借督导评价东风,定学校宏伟蓝图,抓教育教学质量,走特色办学之路";"以评促改,以评促建,以评促发展",明确了迎接督导工作的指导思想。有的学校在接受督导后,及时召开会议进行总结、表彰和奖励。有的学校根据督导活动期间的点滴反馈,在尚未接到督导反馈意见之前,已主动进行反思,先行分析工作中存在的差距并进行整改。

(邢　安)

【国家课题子课题结题】 年内,督导室完成了全国教育科学"十五"规划国家课题子课题"建立有利于实施素质教育外部环境的教育督导制度"的研究工作。在两年的时间里,通过文献研究法、调查法、经验总结法、行动研究法等,督导室对政府有关职能部门、各街道办事处履行素质教育责任的运行机制进行了认真的研究分析,调整、修订了已试行两年的《宣武区政府有关职能部门实施素质教育评价方案》;根据社区教育工作在实施素质教育外部环境中的特殊位置,以及当前迅速发展的趋势,对社区教育的评价指标体系进行了专门的、细致的讨论和研究,制定了《宣武区街道办事处社区教育工作评价方案》;建立了实施素质教育先进单位表彰奖励制度。在以上研究成果的基础上,年底完成了结题报告。

(邢　安)

【编辑《督导手册》】 年内,为更好地贯彻执行《北京市教育督导规定》和新颁布的《三个评价方案(修订·试行)》,使教育督导工作更加规范化、制度化、科学化,督导室根据近年来综合督导、专项督导、教育执法检查中遇到的重点、难点问题和学校管理的实际需要,编辑了《督导手册》并下发到每所学校。《督导手册》分上下两卷,九个部分,从督导的视角,遵循科学、实用、方便的原则,将有关的法律法规文件汇编成册,既作为校长依法办学的基本法律依据,也作为学校接受教育督导检查、严格自评程序的指导用书。

(邢　安)

文化 旅游 卫生 体育

文　　化

文化管理

【概况】 北京市宣武区文化委员会(简称区文化委)是主管全区文化、文物工作的区政府职能部门。主要职能是:管理全区文化、文物事业的建设;制定文化、文物发展规划、年度计划并组织实施;依法对文化、文物市场进行管理、监督、检查等,同时承担宣武区"扫黄打非"办公室职能。全委设8个职能科室、2个所,行政编制33人。9月22日,撤销社会文化管理所,成立行政执法队,行政编制17人。年内,区举办了第三届北京厂甸庙会、北京建都纪念阙揭幕仪式、纪念北京建都850周年暨第二届宣南文化节系列活动、第二届"法源寺丁香诗会"、中秋赏月诗会和第二届"金菊诗会",策划并举办了"陶然杯"地书邀请赛和"椿树杯"社区京剧票友邀请赛;完成了区图书馆的装修和改造,扩建电子阅览室,建立图书馆网站,实现了数据联通,参加了"全国公共图书馆评估定级"工作,开展了区内文化设施和文化队伍的调研。全区有6个街道社区文化广场,1个区级文化馆,1个区级图书馆,4个街道图书馆,4家电影院,13个市、区属营业性演出场所,7个博物馆,4个区属协会,6个部、市属专业艺术院团,3个区属专业艺术院团,181支业余文艺团队。

地址:宣武区广安门南街42号

电话:83540677

邮编:100054

(吉凤萍)

【春节系列慰问演出】 1月27日至29日,区举办了"宣武区新春团拜会"、"双拥文艺专场慰问演出"、"新春电影招待会"和"新春联欢会"。

(吉凤萍)

【第三届北京厂甸庙会】 2月1日至6日,区政府、市文化局、市旅游局、市文物局、市新闻出版局共同举办了"第三届北京厂甸庙会"。庙会期间,共组织18项主题活动、96台民俗文艺节目和30场民间花会表演,接待游客240万人次。

(吉凤萍)

【群众文化工作会议】 3月26日至27日,区委宣传部、区街道办、区文化委共同组织了由区教委、区老干部局、公安宣武分局及各街道主管领导、宣传部长、文教科长等文化干部参加的群众文化工作会议。

(吉凤萍)

【"陶然杯"地书邀请赛】 4月2日,由北京市群众艺术馆、宣武区文化委员会、陶然亭街道办事处共同举办的北京市首届"陶然杯"地书邀请赛在陶然亭公园举行,80名爱好者参与了行、草、隶、篆的地书角逐。

(吉凤萍)

【第二届"丁香诗会"】 4月11日,由北京市作家协会、宣武区文化委员会、牛街街道办事处在法源寺共同举办了第二届"丁香诗会",60余位诗人、学者和300余名爱好者参加了诗会活动。

(吉凤萍)

【抗"非典"文艺作品】 5月7日,区文化委向全区发出了《宣武区征集防治"非典"各种文艺作品的通知》,共征集各类作品近百篇(幅),刊发了《生命的赞歌》文艺专集,收录各种文艺作品82篇(幅)。6月6日,区文化馆在全市第一个刊发了《宣武区文化馆抗击"非典"文艺作品选集》,共44篇(幅),被首都博物馆收藏。宣武区16篇(幅)文艺作品,收录到市文化局社会文化处、市群众艺术馆编辑的《历史的记忆,难忘的春天——北京抗击"非典"群众文艺作品集》中。

(吉凤萍)

【抗"非典"慰问演出】 "5.12"护士节,区文化委在全市第一个以区县名义,组织文艺团体到昌平中商培训中心慰问医务人员。先后组织7场文艺演出,慰问800余名医护人员。区文化委和文化馆工作人员,首次自编自演了一台表彰抗击"非典"先进的文艺节目。6月13日,在牛街枫桦豪景文化广场,放映了北京市抗"非典"以来的首场露天电影。6月24日,"非典双解除"的当晚,在牛街枫桦豪景文化广场,第一个举办了"庆祝北京'双解除'文艺晚会";大栅栏、天桥等街道也在文化广场举办了庆祝抗击"非典"胜利的文艺专场演出。6月27日,在广安体育馆举行了"庆'七一'抗'非典'表彰会"文艺专场演出。

(吉凤萍)

【纪念申奥成功两周年】 7月13日,由区委、区政府主办,区文化委、区体育局、陶然亭公园管理处承办的"纪念申奥成功两周年'乐陶然'全民健身日"专题演出,在陶然亭公园举行。

(吉凤萍)

【庆"八一"双拥文艺晚会】 7月25日,区文明办、区民政局、区文化委在牛街枫桦豪景文化广场共同组织庆"八一"双拥文艺晚会,慰问驻区武警七支队和十五支队的官兵。

(吉凤萍)

【举办中秋赏月诗会】 9月11日,区文化馆和陶然亭公园管理处共同举办了《中秋赏月诗会》,著名学者、诗人150余人参加了活动。

(吉凤萍)

【群众舞蹈大赛获奖】 9月中旬,北京市文化局举办"五月的鲜花"群众舞蹈大赛,广外街道新编舞蹈《春之花》获舞台舞二等奖;牛街街道金桥民族艺术团创作舞蹈《喜乐年华》获广场舞三等奖;区文化馆创编、十四中分校担任表演的舞蹈《呼唤》、北京小学的独舞《扇韵》获舞台舞三等奖。

(吉凤萍)

【市广电局收回部分审批权】 自9月17日起,市广播电视局收回2002年下放的部分审批权,恢复对境外卫星电视接收和设立企事业有线广播电视站的审核、审批工作。

(吉凤萍)

【"椿树杯"社区京剧票友邀请赛】 9月20日、21日,北京市群众艺术馆、宣武区文化委员会、椿树街道办事处共同举办了北京首届"椿树杯"社区京剧票友邀请赛,来自8个城区的32名票友参加了比赛。

(吉凤萍)

【组建行政执法队】 根据市机构编制委员会办公室有关文件精神,区文化委承担组建行政执法队的试点工作。9月22日,区文化委撤销社会文化管理所,成立行政执法队。

(吉凤萍)

【第二届北京宣南文化节】 10月1日至6日,区举办了北京建都850周年暨第二届北京宣南文化节。期间,组织各类演出68场,接待游客12万人次。在陶然亭公园分会场举办的"金菊诗会",有50余位诗人参加了活动。

(吉凤萍)

【北京厂甸庙会获精品奖】 11月中下旬,北京市文化局社会文化处组织部分专家、评委,对全市各区县报送的"精品群众文化活动"进行了评选,《北京厂甸庙会》获得"精品群众文化活动"奖。此项评比活动,每三年评选一次。

(吉凤萍)

【"北京新秧歌"大赛获奖】 年内,北京新秧歌得到广泛普及。市文化局、市老龄工作委员会分别于1月23日、24日和12月26日、27日,在广安体育馆举办了首届和第二届"北京新秧歌"大赛。首届大赛中,椿树街道、广外街道及白纸坊街道、天桥街道分获一等奖和组织奖;第二届大赛中,椿树街道、广外街道分获一、二等奖,牛街街道和广内街道获三等奖。

(吉凤萍)

【秧歌队员进行赴法排练】 年内,区文化委从两届市级秧歌大赛获奖队伍中选派40名队员,加紧排练,准备于春节期间赴法国,参加中法文化年、北京文化周的《北京风情舞动巴黎》秧歌表演。

(吉凤萍)

【文化调研活动】 年内,区文化委完成了区内文化设施和文化队伍的调研。编制了《宣武区文化设施建设现状及规划》、《宣武区文化设施文艺团体一览表》、《宣武区各街道、各单位业余文艺团队情况统计》、《宣武区各街道文教科文化干部情况统计》、《宣武区各街道社区服务中心(文化站)文化干部情况统计》、《宣武区文化设施、文艺团体一览表》。

(吉凤萍)

【"扫黄""打非"】 年内,区文化委出动行政执法人员1672人次、执法车辆650车次;收缴盗版光盘20余万张、电子软件2万余张、淫秽光盘1万余张、非法出版物10万余册。

(吉凤萍)

京都文化投资管理公司

【概况】 北京京都文化投资管理公

司(简称京都公司)是经中共宣武区委、区政府批准,由区公有资产管理委员会授权资产经营的国有独资公司,2000年11月3日正式成立。主要职能是:通过整合区域范围内的文化、旅游、商贸业的优势资产,着重发展具有鲜明特色的文化旅游业,开发琉璃厂文化产业区。公司所属及控股参股的企事业单位有:国华商场有限责任公司、白广路商场有限责任公司、宣武区工艺美术公司、宏宝堂画店、湖广会馆、大观园、北京风雷京剧团、北京杂技团、北京皮影剧团、群声说唱团、河北梆子剧团、中华电影娱乐宫、广安门电影院、大观楼电影院和京南文化艺术公司。截至年底,公司总资产16258万元,负债总额3864万元,所有者权益12394万元,其中实收资本3492万元、收入总额2471万元、成本费用总额2732万元。

地址:宣武区大安澜营胡同31号
电话:83158964
邮编:100050

(王占友)

【琉璃厂文化产业区南段拆迁工程】 9月底,京都公司在完成了琉璃厂文化产业区一期工程方案设计的基础上,开始对南新华街南段两侧建筑物进行拆迁。截止年底,完成了工程量的50%。

(王占友)

【剧团、影院单位人事制度改革】 9月,京都公司在大观楼等4家影院和北京杂技团等两家剧团推进了以完善劳动关系为主的人事制度改革,实行了全员聘用制。撤销了开明电影院的行政编制,有157人与单位签订了聘用合同,162人协商解除了工作关系。

(王占友)

文物管理

【概况】 宣武区现有国家级、市级、区级和区级暂保四级重点文物保护单位68项,其中国家级4项、市级26项(德寿堂药店、纪晓岚故居由区级升为市级;京华印书局由区级暂保升为市级)、区级13项(一项拟原地重建、两项异地迁建)、区级暂保25项;注册文物项目104项(主要分布于琉璃厂和大栅栏一带),保护院落91处,另有4个历史风貌保护街区。区内文物概括为8类内容:法源寺、牛街礼拜寺、天宁寺塔、先农坛等重要的古代寺、塔、坛;会馆、戏楼、四合院等反映北京、特别是宣南地方特色的民间建筑;名人故居:包括康有为、邵漂萍、纪晓岚、鲁迅及杨椒山祠等;梨园建筑:包括尚小云故居、余叔岩故居、梅兰芳祖居等;近代代表性建筑:包括劝业场、瑞蚨祥旧址门面等;革命纪念建筑:包括孙中山、李大钊、毛泽东活动过的湖广会馆、陶然亭慈悲庵和原北京师范大学旧址等;城市遗址:如金中都太液池遗址;传统风貌保护街区,如东、西琉璃厂、大栅栏和法源寺传统风貌保护街区。年内,如期完成了市级重点文物保护单位长椿寺的修缮工程;正式启动了德寿堂药店的修缮工程;报审牛街礼拜寺修缮方案;编制正乙祠火神庙、京华印书局、北师大红楼的修缮方案;委托设计盐业银行、交通银行两项维护工程;完成3批(91处)保护院落(四合院)的调查和挂牌工作;启动了大栅栏文物古迹历史文化的调研课题。

(吉凤萍)

【遵义市市长参观琉璃厂】 1月8日,贵州省遵义市市长一行10余人到琉璃厂,对荣宝斋、松堂斋和文化遗产书店进行调研,贵州电视台进行了跟踪报道。

(吉凤萍)

【南新华街拆出古城砖】 3月23日,在南新华街拓宽改造工程中,在师大附中院墙及临街房拆除施工现场,拆出20余米古城砖砌筑的墙体(城砖约500块),砖上刻有"宝祥窑细停泥城砖"的字样。部分城砖留存宣武区作为资料,其余转交明城墙遗址工程。

(吉凤萍)

【菜园街危改出土汉代陶器】 7月12日,菜园街危改小区工地在距地表5米至6米深处发现窑藏陶器,共出土东汉末年残损陶瓶2件、残损陶罐2件、陶碗1件,全部送至区文化委保管。

(吉凤萍)

【输入胡同发现清代石门柱】 7月15日,在宣武区输入胡同污水道路工程施工现场,发现一件清代青白石门柱。石门柱宽0.4米,高1.5米,雕有龙草图案。现保存在长椿寺内。

(吉凤萍)

【房山区政协来区调研】 7月22日,房山区政协一行20余人来到宣武区,就文化、旅游综合开发进行工作调研。区政协领导陪同参观了先农坛古建筑群。

(吉凤萍)

【城八区人大主任来区调研】 9月12日,原北京市人大常委会秘书长刘正民率城八区人大常委会主任到宣武区,以文化、文物、旅游综合开发为主题进行工作调研。区人大常委会领导陪同参观了清真寺和先农坛两个国家级文物保护单位。

(吉凤萍)

【区县纪委书记来区调研】 9月18日下午,北京市各区、县纪委书记30余人在宣武区纪委领导陪同下,参观了国家级文物保护单位先农坛和法源寺。

(吉凤萍)

【中外专家学者参观纪念阙】 9月20日，古建专家杜仙洲、文物历史学家苏天钧、市社科院吴建雍等20多位著名专家和日、英、法、美、瑞士等国家的学者10余人，到宣武区滨河公园金中都大安殿遗址，参观了北京建都850周年纪念阙。

(吉凤萍)

【德寿堂药店修缮工程招标会】 9月23日，德寿堂药店修缮工程招标会在北京市文物局召开。参加招标会的有：北京市古代建筑研究所的专家；招标会顾问王世仁、故宫博物院古建部王时伟、中国文物研究所高洪莉等；市审计局、市文物局对招标会进行了监督。北京市房修二古代建筑工程有限公司中标。

(吉凤萍)

【纪念文物保护法实施一周年】 10月28日，区文化委在虎坊桥路口开展《中华人民共和国文物保护法》(修订版)颁布实施一周年宣传活动，发放了《中华人民共和国文物保护法》、《文物保护法知识问答》等宣传资料1600余册。

(吉凤萍)

【调研活动】 10月28日，全国群众艺术馆科学管理与改革研究班组织来自上海、新疆、四川、内蒙等15个省、自治区、直辖市的群众艺术馆、文化馆的领导到宣武区调研。区文化委主任就群众文化的科学管理与改革中的问题作了汇报，并陪同参观了先农坛、湖广会馆和长椿寺。

(吉凤萍)

【全国政协考察纪晓岚故居】 11月5日，全国政协名人故居考察团一行20人，由全国政协文史资料委员会副主任、国务院原副秘书长刘济民带队，考察了纪晓岚故居。

(吉凤萍)

【视察旧城改造和风貌保护】 11月14日，全国人大北京代表团，到宣武区视察旧城改造和古都风貌保护工作。副市长刘敬民，区委书记、区人大常委会主任唐大生，区长武高山等陪同视察。副区长金焱向人大代表汇报了区旧城改造和古都风貌保护工作。代表团随后视察了牛街和长椿寺。

(吉凤萍)

【大栅栏历史文化调研】 11月20日，区文化委在广安会议中心召开大栅栏历史文化调研期中工作会议，邀请北京市社科院和宣武区的专家，就本次调研成果——《大栅栏历史文化综览》编撰中的有关问题进行了磋商和研究。

(吉凤萍)

【保护院落挂牌工作结束】 8月7日至11月18日，区文化委分三批进行了保护院落挂牌工作，共挂牌91处。

(吉凤萍)

【长椿寺主体修缮工程完工】 11月28日，长椿寺主体修缮工程完工。修缮面积2800平方米，投资800余万元。

(吉凤萍)

旅　游

旅游管理

【概况】 北京市宣武区旅游局(简称区旅游局)是负责管理本辖区内旅游企业的区政府职能部门。主要职责是：负责编制区域内旅游发展中长期规划和年度计划并组织实施；组织辖区内旅游企业对外宣传促销及区内大型旅游活动；依法对辖区内旅游市场进行管理；负责辖区内一、二星级饭店的评定工作，旅游涉外定点餐馆、商店的审核和旅游景点质量等级评定及行业管理工作。年内，组织辖区内旅游企业参加旅游促销并利用黄金周开展各种旅游促销活动；与有关部门共同举办第三届北京厂甸庙会、北京建都纪念阙揭幕仪式、纪念北京建都850周年暨第二届宣南文化节系列活动等；规范旅游市场，加强行业指导；旅游景区(点)质量等级评定、旅游景区(点)厕所改造、旅游定点企业年检工作和饭店星级初审、评定工作，定点餐馆、商店的评定工作，旅游企业的安全保卫工作都有了新进展。旅游演出市场初具规模，湖广会馆、万胜剧场、梨园剧场等文艺演出场所，分别推出京剧、杂技等专场演出，在北京形成了一定的影响。为了给抗“非典”一线医务人员提供休息场所，区政府成立了由区旅游局牵头，21个相关部门组成的宣武区医护人员休整保障指挥部，先后接待医护人员1667人次，实现了医护人员和接待服务人员“零感染"。在北京市旅游系统纪念建党84周年大会上，区旅游局作了抗击“非典”先进事迹介绍。

(吉凤萍)

【春节旅游黄金周】 春节前，为了

让“黄金周”成为“安全周”、“秩序周”，各职能部门在主管区长的带领下，对饭店、商店、超市等重点地区进行了重点检查。共出动检查人员14160余人次，查出问题920余件，处罚金额51150余元；完成假日旅游收入1.2亿元，接待人数624万人次，旅游接待人次和旅游收入有较大幅度的上升，实现了“安全、秩序、质量、效益四统一”的目标，取得了显著的“黄金”效益。

（王冬娃 吉凤萍）

【开展学雷锋公益活动】 3月，区旅游局以“旅游从业人员学雷锋，优化环境做贡献”为主题，在全区旅游行业开展了学雷锋大型公益活动。组织旅游咨询服务中心宣武站、前门饭店、湖广会馆、老舍茶馆等企事业单位在虎坊桥工人俱乐部前设宣传站，开展宣传活动。此次公益活动参加人数3200余人次，发放宣传品8400余份，清理卫生死角190余处，为850余人次提供了义务咨询，开展为困难群体献爱心、慰问英烈家属、慰问各界劳模、赠送图书、综合包户、青年志愿者、共青团小分队等公益活动19项。

（王冬娃 吉凤萍）

【“新北京、新形象、新感觉"一日游】 年初，由市旅游局、北京电视台与北京晚报联合主办的“新北京、新形象、新感觉”一日游活动，围绕环境的主题，让市民亲身感受到北京发展环境的变化。纪晓岚故居、先农坛、两广大街、清芷园、长椿苑等旅游景观分属其中名人足迹篇、文物保护篇、城市建设篇、人居生活篇等。通过体现社会综合环境的“一日游”活动，宣传和展示了宣武区的旅游资源，推动了旅游业的发展。

（王冬娃 吉凤萍）

【防控“非典”工作】 4月22日至24日，区旅游局对辖区内33家旅游企业进行了防控“非典”的安全检查。要求各旅游企业实行顾客首接询问、住宿客人体温测量、卫生消毒、信息报送、员工健康登记、外出登记等措施并形成制度。5月7日，区旅游局制定并向辖区内星级宾馆、饭店下发了《关于落实地下空间防治“非典”工作方案的通知》和《致暂住在地下空间员工的一封信》；与辖区内31家星级宾馆、饭店签订了地下空间防治“非典”安全管理责任书，并对地下空间的使用状况进行了调查。

（王冬娃 吉凤萍）

【挽回“非典”损失促进旅游】 “非典”期间，坚持营业的12家星级宾馆和12家星级餐馆的接待人数、营业收入同比分别下降了94%和83%、82%和87.6%；4家景区点接待人数、营业收入分别减少50%和87%；4家旅游定点演出场所全部停业。为挽回损失、重振旅游，6月中旬，区旅游局与辖区内的14家宾馆（饭店）、18家餐馆、4家旅游区（点）签订了《健康文明旅游公约》。《公约》包括管理机构、员工管理、环境卫生、消毒工作、餐饮服务、设备管理等方面的内容。

（王冬娃 吉凤萍）

【落实银行卡应用发展】 7月，为贯彻落实市政府《北京市银行卡应用发展实施规划纲要》，加快银行卡联网通用工作，区旅游局制定了银行卡调查表，对辖区内31家宾馆、饭店，28家星级餐馆，13家旅游定点商店和5家旅游景点的商业网点受理银行卡工作进行了统计、调查。确定了已安装POS机和没有安装POS机的单位，并制定计划，对还没有安装POS机的旅游企业实行免费安装。

（王冬娃 吉凤萍）

【旅游行业质量打假】 7月，为落实北京市政府《关于贯彻国务院质量振兴纲要（1996～2010年）的实施办法》和《关于进一步加强产品质量工作若干问题的决定》，区旅游局决定在行业内部开展旅游行业质量打假工作。成立质量工作和打假工作领导小组，制定2003年9月1日至2005年10月31日质量工作和打假工作目标。通过此次活动，提高宣武区旅游行业的产品质量水平、服务水平，推动区旅游行业质量工作和打假工作再上一个新台阶。

（王冬娃 吉凤萍）

【旅游企业专项治理】 6月，区政府决定在全区范围内开展人员密集场所消防安全疏散通道、安全出口专项治理工作。为将这次专项治理工作落到实处，6月至10月，区旅游局在全区宾馆、饭店、星级餐馆、定点商店等旅游企业人员密集场所，开展消防安全疏散通道、安全出口专项治理工作，成立领导小组，并制定专项治理工作实施方案。

（王冬娃 吉凤萍）

【“百日安全竞赛"】 8月1日至11月10日，市旅游局、市公安局联合开展了第八届旅游星级饭店“百日安全竞赛”活动。新北纬饭店、苏源锦江大厦和国电中兴酒店获先进集体奖。

（王冬娃 吉凤萍）

【夏季卫生检查】 8月6日至8日，为落实市政府、市旅游局关于做好夏季食品卫生工作的要求，为旅游业的恢复和发展创造良好环境，区旅游局对辖区内的13家旅游企业进行了食品卫生检查，以确保夏天不发生重大疫情和食品中毒事件，确保社会稳定和人民群众的卫生健康。检查内容包括：夜市出摊手续、夜市卫生许可证、员工健康证、冷藏设备卫生情况、食品卫生情况、用餐环境、明火、明电安全情况等。

(王冬娃　吉凤萍)

【"根除陋习、健康游园"宣传月】 8月30日,由区旅游局、区爱卫会、区园林局共同组织的"根除陋习、健康游园"宣传月活动在陶然亭公园拉开帷幕。活动中,北京市旅游咨询服务中心宣武站通过展板宣传,提供旅游咨询服务,发放预防"非典"宣传品、宣武区旅游指南等10余种、3200余份宣传材料,宣传、倡导健康文明旅游。

(王冬娃　吉凤萍)

【"十一"旅游黄金周】 "十一"前夕,按照国务院提出的关于做好黄金周接待工作的八字方针:"健康、安全、秩序、质量",市、区领导分别带队检查了宣武区旅游企业的安全生产工作。9月27日,市旅游局、市园林局组成的假日旅游景区(点)扩容组检查了大观园公园;9月28日,副区长哈金起带领相关部门执法人员,抽查了前门饭店的安全生产情况;9月30日,区旅游局会同各有关部门,对陶然亭公园、大观园公园两家景区(点)进行了安全检查。"十一"假日期间,区70家旅游企业完成假日旅游收入9196.89万元,接待199.1万人次。区假日办未收到一例游客投诉,区属旅游企业未发生一起安全事故。

(王冬娃　吉凤萍)

【敬老游园活动】 10月4日"九九"重阳节,由市老龄工作委员会、区委、区政府共同主办的北京市健康老人风采展示暨"九九"敬老游园会在陶然亭公园拉开帷幕。全国老龄办副主任、中国老龄协会副会长赵宝华,北京市副市长孙安民,市政府副秘书长、市老龄委副主任卢全,市老龄协会常务副会长白恩良,宣武区区长武高山等领导出席开幕式。

(王冬娃　吉凤萍)

【金秋醉宣南游园活动】 10月18日,由区政府、市旅游局、市文化局、市文物局共同主办的第六届北京国际旅游文化节暨第二届宣南文化节陶然亭公园金秋醉宣南游园活动拉开帷幕。北京市的文艺团体与来自美国、希腊、四川、贵州等中外文艺演出团体同台演出;金菊诗会、美酒狂欢、旅游展示、集邮展览等系列活动,展示古都风貌,弘扬宣南文化,体现人文奥运,促进了北京与各地区的文化交流。

(王冬娃　吉凤萍)

【"迎奥运展风采"英语竞赛】 11月5日,由区委宣传部、区外办、区旅游局共同举办的宣武区饭店业"迎奥运、展风采"广运杯英语竞赛在广运饭店举行决赛。本次竞赛共有辖区内13家三星级以上饭店参赛,广运饭店获得本次英语竞赛的一等奖,苏源锦江大厦、潇湘大厦获得二等奖、前门建国饭店、北京大观园酒店、深圳大厦获得三等奖。本次竞赛同时产生了个人一、二、三等奖、个人最佳表现奖、个人最佳风度奖、集体最佳组织奖和集体优秀组织奖等奖项。

(王冬娃　吉凤萍)

【旅游咨询服务】 年内,旅游咨询服务中心(宣武站)共接待7395人次(其中4月29日至7月13日因非典停业),直接来访国内外总人数5708人次,其中国外游客406人次,电话咨询1687人次。接待人数同比减少19%,其中国外游客减少84%,电话咨询减少46%。造成咨询游客减少的原因,主要是受到"非典"的影响。"非典"过后,前来咨询的中外游客不断增加。咨询中心突出了旅游服务的专业性,在完成旅游咨询的日常接待及其它服务工作的同时,发挥了宣武咨询站的旅游窗口作用。

(王冬娃　吉凤萍)

【旅游企业年审】 年内,按照市旅游局关于开展2002年度北京地区旅游企业年审星级饭店复核的通知要求,区旅游局对区内57家旅游企业进行了年审星级饭店的复核。其中定点商店24家、饭店16家、餐馆16家符合定点资格要求,同意通过年审并报市旅游局审批。另外一家定点商店因根据整体改造要求进行拆除,故取消定点旅游企业资格,收回旅游定点单位标志,并报市旅游局。

(王冬娃　吉凤萍)

【星级评定工作】 年内,区旅游局共完成17家饭店、餐馆、商店的星级评定和定点工作。辖区内星级饭店由原有的35家增加到40家,其中三星级以上饭店19家;定点商由从原有的26家增加到29家;星级餐馆由原有的22家增加到30家,其中五星级2家、四星级4家、三星级10家、二星级10家、一星级4家。

(王冬娃　吉凤萍)

【景区星级厕所建设】 年内,区完成了3座二星级厕所的建设和改造,其中大观园1座、长椿寺2座,总投资75.1万元。至此,全区共完成16座星级厕所的建设和改造,其中四星级5座、三星级3座、二星级8座。陶然亭公园5座达四星级标准、1座达三星级标准;老舍茶馆1座达三星级标准;古建博物馆1座达三星级标准;大观园公园4座达二星级标准;湖广会馆2座达二星级标准;长椿寺2座达二星级标准。

(王冬娃　吉凤萍)

【"最佳安全旅游区(点)"竞赛】 年内,市旅游局在全市范围内开展了"最佳安全旅游区(点)"的竞赛活动。陶然亭公园被评为"最佳安全旅游区(点)"竞赛先进集体。

(王冬娃　吉凤萍)

【第十届"首都旅游紫禁杯"评比】 年内,在全市旅游行业开展的第十届"首都旅游紫禁杯"评比表彰活动中,苏源锦江大厦获最佳集体奖;新北纬饭店、深圳大厦、陶然亭公园、湘君府餐饮有限责任公司和荣宝斋获先进集体奖;新时代大酒店获旅游饭店最佳总机话务奖;陶然亭公园获旅游区(点)最佳秩序奖;前门饭店梨园剧场获最佳旅游晚间活动奖;陶然花园酒店畅然轩、和平门全聚德烤鸭店、晋阳饭庄获旅游行业最佳风味餐奖。

(王冬娃 吉凤萍)

大观园

【概况】 北京大观园管理委员会、北京大观园红楼文化艺术博物馆(简称大观园管委会)为全民自收自支事业单位,具有园林、旅游管理综合功能。年内,大观园管委会举办了第八届大观园红楼庙会和第八届"大观园中秋之夜"晚会;推出了北京大观园之夜"梦幻红楼"大型综合水景表演;举办了4次"大观园红学论坛"。大观园获"北京市精品公园"称号

地址:宣武区南菜园街12号

电话:63544994

邮编:100054

(周 颖)

【第八届大观园红楼庙会】 2月1日(农历正月初一)至2月6日(正月初六),由宣武区委、区政府主办、大观园管委会承办了第八届大观园红楼庙会。庙会保留了大观园的文化活动精品——元妃省亲古装游行并又有创新,分别邀请来自荷兰、德国、白俄罗斯、哈萨克斯坦4个国家的姑娘客串元妃。园内外共接待群众50余万人次,是历届庙会最红火的一届。公安、消防、工商、交通、防疫、环卫、城管等部门积极配合,保证了庙会各方面工作的顺利进行。

(周 颖)

【大观园之夜"梦幻红楼"】 4月15日至19日,大观园管委会推出了北京大观园之夜"梦幻红楼"大型综合水景表演。由于受"非典"的影响,表演一度中断。7月25日表演重新开始,至10月15日结束,共进行表演90场,接待游客10000多人次。

(周 颖)

【大观园绿化喷灌工程】 "非典"疫情期间,园管委会组织全园职工共同投入雨水、中水、湖水综合利用工程的劳动。在保证正常开园的基础上分片包干,挖沟开渠、硬化湖底、敷设管线、筛土种草、移花种树。5月12日至8月下旬,在100天的时间里,共敷设管线840米、钢管800米、支线3090米;安装各种阀门开关78处、喷嘴喷头515处;37个雨水井有24个改造成雨水入湖收集井;300平方米的湖岸、水渠漫波和400平方米的渠底进行了硬化处理;翻地、植草近2000平米,新栽月季200株。随着中水管线遍布全园,覆盖灌溉绿地面积61000平方米,14个卫生间的冲厕用水改为中水,长期困扰全园的景点墩布冲洗、花草树木干渴饥饿旱涝不均问题一并得到解决,顺利通过了市、区有关部门的检查验收。

(周 颖)

【第八届大观园中秋之夜】 9月10日至12日(农历八月十四至八月十六)每晚19:00至21:30,由区委、区政府主办、北京大观园承办的第八届大观园中秋之夜在北京大观园举办。活动主题为仙境、水景、欢聚。宾客们围坐在近百张圆桌上,边欣赏以中秋团圆和红楼梦为主题的曲艺、杂技、京剧、歌舞等精品节目,边品尝月饼、干果、桂花酒等特色茶点,并观看了"大观园之夜"梦幻红楼大型综合水景。4天的时间共接待2000余人次。

(周 颖)

【获"北京市精品公园"称号】 9月至10月,由北京市园林局、旅游局、公安局、精神文明办公室及各方专家组成的评委会,经过初评、总评,包括大观园在内的12家公园获北京市"精品公园"称号。

(周 颖)

【第二届宣南文化艺术节活动】 国庆黄金周期间,大观园成为宣武区纪念北京建都850周年、宣南文化艺术节的主会场,组织了参加北京建都800周年纪念阙落成、文艺演出等一系列文化活动。蔡赴朝、刘敬民、张茅等市领导及王铁成、葛存壮、李文华、石维坚等表演艺术家参加了活动。艺术节中,在大观园南门广场和大观楼舞台举办了两台文艺节目,园内外共设摊位87个。6天时间共接待游客约25000余人次。

(周 颖)

【承办纪念曹雪芹逝世240周年活动】 经国家文化部批准,由中国艺术研究院、北京对外文化交流协会、北京市人民政府新闻办公室、北京市宣武区人民政府、中国红楼梦学会等5家单位,联合举办伟大文学家曹雪芹逝世240周年的纪念活动。大观园作为承办单位之一,参与了主要的具体筹备工作。10月14日上午,"纪念曹雪芹逝世240周年大会"在北京大观园酒店举办,参加大会的有市委常委、宣传部长蔡赴朝、中共宣武区委书记唐大生、宣武区区长武高山等领导和各地红学会代表、各新闻媒体100余人。会上,唐大生代表主办方致词;著名红学家、中国红楼梦学会会长冯其庸、市委宣传部长蔡赴朝作了重要发

言。大会还向《红楼梦》的翻译们颁发了证书和雕有曹雪芹头像的奖杯。晚上,与会代表参观了“北京大观园之夜”的大型综合水景。15日上午,代表们参观了大观园及园中的“红楼文化艺术展”。

(周　颖)

【大观园红学论坛】 年内,共组织4场“大观园红学论坛”:2月18日,红学家周雷—论《红楼梦》影视改编的得失;3月8日,红学家周汝昌论曹雪芹著《红楼梦》为何以女儿为主题;8月16日,中国艺术研究院前常务副院长文学评论家、红学家李希凡论《红楼梦》与中国文化;11月15日,中国社会科学院文学研究所研究员、中国红楼梦学会副会长刘世德论《红楼梦》后四十回作者是谁。4场论坛听众达500余人次。

(周　颖)

【《红楼梦》拍摄20年活动】 12月7日,为纪念36集电视连续剧《红楼梦》拍摄20周年和大观园建园20周年,北京大观园和中央电视台《艺术人生》栏目组、大观园酒店联合推出“红楼再聚首,重游大观园”活动。导演王扶林、制片人戴临风、监制任大惠、副监制胡文彬、宝玉、黛玉、凤姐的扮演者欧阳奋强、陈晓旭、邓婕等电视剧的主要工作人员和绝大部分演员,以及全国几十家新闻媒体和近千名观众参加了这次活动。电视剧演职员们重游大观园,并品尝了具有浓厚文化氛围的“红楼宴”。

(周　颖)

卫　生

卫生管理

【概况】 北京市宣武区卫生局(简称区卫生局)是负责本区卫生工作的区政府职能部门。主要职责是:制定并组织实施全区卫生事业改革与发展规划,并依法检查、监督;统筹规划、协调本区卫生资源配置;负责医疗卫生全行业的管理;依法组织全区无偿献血工作,负责采血、用血的管理;负责辖区内医师资格认定、注册、变更和执业护士资质的审核;负责本区卫生技术人才的引进;开展爱国卫生工作;组织调度全区卫生技术力量,对重大突发疫情、病情实施紧急处置;预防和控制疫情、病情的发生、蔓延,组织全区的重大抢救工作及指导区红十字会秘书处等工作。区卫生局设党务类、政务类、业务类科室。业务类包括疾病控制与卫生监督科、医政科(挂“社区卫生服务管理办公室”牌子)、宣武区血液管理办公室、法制科、爱国卫生运动委员会办公室。全局行政编制47人。年内,宣武区共有各级医疗机构213个,其中医院18个,门诊部12个,诊所、卫生保健所、医务室183个;另有区卫生局卫生监督所和区疾病预防控制中心、宣武区卫生学校和宣武区卫生技术经济服务开发中心;213个医疗机构进行了营利性与非营利性医疗机构的分类登记管理(营利性机构57个、非营利性机构156个)。区卫生技术人员7141人(含中央、市属医院),其中执业医生2701人、注册护士2608人、医技人员1832人。有床位3903张,平均每千人口卫生技术人员数13.1人、医生数4.9人、护理人员数4.8人、床位数7.2张。年出生1218人,其中男性597人,女性621人,出生率2.21‰;死亡2459人,其中男性1251人,女性1208人,死亡率4.47‰。人口自然增长率－2.26‰。死因顺位(前10位)依次为:心血管系统疾病、肿瘤、脑血管系统疾病、呼吸系统疾病、内分泌营养代谢、损伤和中毒、消化系统疾病、泌尿生殖系统疾病、传染病、其它疾病。

地址:宣武区天宁寺前街南里14号楼

电话:63391719

邮编:100055

(肖锦秀)

【体制改革】 年内,区卫生局积极探索医院产权制度改革,完成天桥医院委托经营,实现产权和经营权分离;合理布局,增设新医疗机构9所;推行卫生系统后勤服务社会化改革,出台了《后勤服务社会化改革方案》和《后勤服务社会化人员分流方案》;深化人事制度改革,在系统11个卫生事业单位中实行行政一把手竞聘上岗。

(李英俊)

【精神文明创建活动】 年内,区卫生局在全系统大力弘扬抗击“非典”精神。举办了抗击“非典”先进事迹报告会,开展了“我身边的抗击‘非典’英雄”征文演讲比赛,参与组织了抗击“非典”大型展览,编写了《守望生命》一书,印制了《医线战事》画册。广内医院、椿树医院分别编印了《激情奉献的春天》、《抗击“非典”纪实》;回民医院开展了“优秀病历、处方”检查大评比;大栅栏天桥医院强化了职工“医院是我家,建设靠大家”的意识;宣武区中医医院开展了“奉献在岗位,满意在社区”和“我为医院发展进一言”活动;广外医院组织80名职工参加了首都卫生系统"天使杯"院歌比赛。本年度是卫生局实施4项服务承诺的第三年。年初，组织基层单位对实施承诺活动进行了经验交流和研讨，达成了"承诺内容要有所创新、有所突破"的共识；结合规范化服务优质医院的标准，拓宽了服务内容，将"检验报告单出具中文名称和正常值"纳入到新的4项服务承诺中。为方便百姓，区卫生局对各医院印制的健康处方进行收集整理，编印了社区市民健康处方手册。区疾控中心、监督所及京新医药公司结合工作实际，向社会公布、推出本单位的4项服务承诺。卫生局机关主动向驻区重点企业提供优质服务，10名处级领导干部分别与32家重点企业负责人建立了联系，构建起两种信息沟通渠道，主动向管理相对人提供4项服务，制定了5项措施规范行政行为。

（代　蕊）

【医学教育】 年内，区医学会承担市级继续教育项目和区级继续医学教育项目48个，2600人次参加了区级项目的学习；举办防治SARS知识培训骨干班2次，240多人参加培训，8000多名卫生人员参加了市卫生局防治SARS知识考试。经市卫生局统一考试，有22人取得全科医师岗位培训合格证书，39人取得社区护士岗位培训合格证书、31人取得防保医师岗位培训合格证书，持证上岗率平均达到51%。两名护士参加了市卫生局与澳大利亚皇家理工大学联合举办的北京市社区护士高级培训班，已结业。

（默增如）

【计划财务】 年内，区卫生局系统收入29219万元，其中财政拨款5410万元（正常经费3346万元、专项经费779万元、追加"非典"期间专项经费1285万元），业务收入23809万元。全年支出27647万元，收支相抵亏损492万元，扣除回民医院受"非典"影响，全年收支相抵亏损677万元外，全系统收支相抵后结余185万元（含财政拨入正常经费）。全年固定资产总值15586万元，同比增长14%。

（杨宗嵩）

【法制工作】 年内，区卫生局建立了内部审查与备案制度，出台了《宣武区卫生局关于涉法事项合法性审查与备案程序的规定》；建立了综合执法监督体系，将医政、妇幼、献血等日常监督执法职能下放到监督所，卫生监督所成立监督三科承担上述职能，从原来侧重公共卫生监督，扩展到涵盖卫生的全方位执法监督；完成了部分许可项目网上互动审批试点工作，卫生许可证（含食品、公共卫生、生活饮用水）网上互动审批程序投入使用。

（王小燕）

【基本建设】 年内，陶然亭姚家井社区卫生服务站总投资35万元进行了装修改造，添置了心电图机、理疗设备等办公设备。白纸坊胡同社区卫生服务站和医院保健科因危改搬迁新址，占地面积305.53平方米，总投资130万元（其中市计划委拨装修费20万元，市卫生局妇幼处拨款5万元用于设备更新，原面积98平方米产权置换20万元，购买新增面积207.53平方米需资金75万元，添置设备15万元）。广外医院预防保健科装修改造，占地面积250平方米，装修及设备总投资30万元。"非典"期间，回民医院用自有资金22万元改造发热门诊，面积340平方米；区财政拨款74万元，作为收治"非典"疑似病人定点医院改造，改造病房面积11000平方米。

（肖锦秀）

爱国卫生工作

【创建国家卫生区】 3月，为落实市政府"2006年前八城区全部达到国家卫生区标准"的要求，宣武区成立了创建国家卫生区工作领导小组，起草了《宣武区创建国家卫生区工作实施方案》，提出"2004年底达到国家卫生区标准，并通过北京市的验收，2005年上半年申请通过国家验收"的工作目标。一是抓创卫工作的实施，8个街道和相关委办局全部制定了创建实施方案；二是抓创卫的宣传和培训工作，区举办创建国家卫生区培训班34次、大型宣传活动3次，制作宣传板1234块、宣传横幅165条，发放宣传品1.5万份。

（董桂兰）

【公共场所消毒工作】 "非典"期间，为预防"非典"疫情，全区共开展了5次大规模的公共场所消毒工作，参加消毒的人数达10.51万人次，使用消毒药品51.58吨，消毒面积4895.35万平方米。对收治"非典"病人医院的周边和医护人员住的宾馆进行消毒，免费提供消毒药品和器械价值12万余元。4月，组织8个街道举办了"让健康人免受'非典'感染，让感染者早日康复"的大型宣传咨询活动，接待咨询群众4.42万人次，制作防治"非典"宣传板1007块，挂横幅119条，为群众发放预防"非典"知识读本70000册，价值11400元。

（董桂兰）

【除四害工作】 年内，区开展了大规模的除"四害"工作8次，组织大型鼠监测3次，蟑监测2次，蚊蝇监测4次，共计监测1252个单位；为各街道免费发放灭鼠药4吨，灭蟑药2吨，灭蚊、蝇药1000公斤，价值5.5万元。

（董桂兰）

【禁烟控烟工作】 年内,全区抽查公共场所禁烟单位1155个,合格率达98%;组织8个街道1504名居民开展"吸烟有害健康"有奖知识竞赛,牛街办事处代表获得第一名;继续在全区开展"无烟学校"和"无烟单位"活动,12个申请"无烟学校"的学校通过区爱卫会的验收,并颁发"无吸烟学校"牌;在全区中小学开展了"吸烟有害健康"演讲比赛,评出优秀讲稿26篇。

(董桂兰)

【环境卫生】 年内,全区共组织开展了48个"周末卫生日"、12个"城市清洁日"、2个"爱国卫生月"活动,参加活动21.73万人次。清洗广告、车站牌1396块;美化主要大街312条、绿地64.86万平方米;清理垃圾、卫生死角1650处、白色污染1303.2公斤;清除堆物堆料11707.9吨、残标广告9673条;整治清理居民小区、大院3671个,解决处理脏乱窝点41个;发放宣传材料39000多份。

(董桂兰)

【争先创优工作】 年内,全区评出市级卫生红旗单位12个,先进社区12个,先进单位95个,先进个人71人;评出区级先进单位94个,先进个人98人。

(董桂兰)

医疗工作

【概况】 年内,诊疗4149335人次,门诊3701017人次,急诊301466人次,急诊留观47357人次,住院50306人次,出院50213人次;病床使用率76.59%,治愈率55.08%,好转率36.82%,病死率4.21%,累计设家床9858张。

(刘　虹)

【卫生下乡对口支援工作】 一季度,区卫生局选派广安门中医研究院、友谊医院、宣武医院、滨河医院、健宫医院、回民医院、宣武区中医医院、宣武区精神病院等到延庆地区开展义诊活动,共派出医务人员72名。开展了专家会诊、查房、咨询;捐赠医疗设备、器械价值61336元、书籍300余册;向当地群众发放健康宣传材料,开设健康教育课堂。

(刘　虹)

【医疗市场整顿工作】 年内,共查封无照诊所3家。区卫生局、区纠风办、公安宣武分局、药品监督管理局宣武分局等单位联合检查了53家医疗机构执业情况,对各级医疗机构出现的超范围违规行医问题,如擅自开展性病治疗项目进行了通报批评,并责令停止性病治疗;对开展一次性心导管和血液透析项目的医院,进行了一次性心导管和血液透析器使用和管理情况的检查,未发现重复使用情况。

(刘　虹)

【执业注册工作】 年内,完成医师执业注册1267人、执业医师资格考试报名152人、护士执业注册工作116人,进行医师执业变更注册19人;新批医疗机构9家,其中门诊部4家、诊所4家、医务室1家;变更71家,校验132家,注销67家。

(刘　虹)

【药品招标】 年内,进行了两次抗微生物类、消化系统类、调节内分泌功能类药品招标采购和部分医用耗材集中招标采购,系统内8家医院和白云路医院、华京医院都参加了8城区的招标,并按规定与厂家及宣武区京新医药公司分别签订了购买合同及配送合同。全年共采购600个品种及规格的药品,采购金额累计2700万元,平均降价幅度10%,让利于患者280万元。各医院使用中标药品率达到了98%。

(刘　虹)

【卫生统计工作】 年内,完成了卫生部组织开展的卫生机构人力资源和医疗设备调查,输机近9000余张。

(刘　虹)

【SARS医疗救治工作】 为抗击SARS疫情,区卫生局及时制定了有关文件和应对措施。出台了《宣武区SARS诊疗专家组职责》、《宣武区SARS疾病专家会诊规定及流程》、《医疗机构SARS疾病诊疗流程》、《宣武区SARS主检医师职责》、《各级医院发热病人就诊流程》、《宣武区SARS疾病诊断质量监控流程》、《回民医院住院病人转运流程》、《宣武区SARS疑似、确诊、留观病人转往回民医院的规定》、《宣武区SARS专用车转运病人的规定》、《宣武区发热病人就诊派车流程》、《宣武区SARS病人出院后的管理流程》等;成立宣武区急救车调度指挥部,指派4辆专用救护车,配备专门人员,保证24小时随叫随到,解决了辖区内发热病人就诊和SARS病人转运问题。"非典"期间,共出车276车次,运送发热和SARS病人280多人次。

(刘　虹)

【医院感染管理工作】 "非典"期间,区卫生局组织成立了辖区"非典"院内感染管理委员会,加强对各级各类医疗机构防止院内感染的管理。"非典"后期,结合宣武区疫情发展趋于稳定的形势,及时采取措施。将原有设发烧门诊的7家医院减少至3家;对不设发烧门诊的医院加强管理,组织相关检查人员;对各社区卫生服务中心(站)进行全面督查、指导;对发热筛查台(室)、急诊留观室等重点科室以及医用废弃物的处理进行严格管理;公示通过检查的医疗机构。“非典”期间,全区未发生一例院内、站内感染,保障了居民正常就诊。

(刘 虹)

【科研工作】 年内,卫生系统共有11个项目获得宣武区科学技术奖,其中二等奖4项、三等奖7项。区卫生局、区科委联合对申报的15项科研成果颁发了“宣武区科学技术优秀奖”;区卫生局与区医学会联合出版了《宣武区SARS医疗卫生科技论文集》,共收集论文84篇。深入开展社区卫生软科学研究,两项研究成果在《中国全科医学》杂志发表。各社区卫生服务机构积极与三级医院联合开展社区科研合作,8家社区卫生中心与天坛医院的合作项目、7家社区卫生中心与友谊医院的社区合作项目,均获得北京市首发基金立项。

(刘 虹)

社区卫生

【概况】 年内,各社区卫生服务组织充分体现“六位一体”的主要功能。新签家庭健康合同644份;社区站诊疗91170人次,转诊221人次;建家庭病床219张,治疗28256人次,检验15290人次;预防保健服务65158人次,慢病管理76785人次,健康教育培训17482人次;发放宣传材料80824份,出宣传板报4420块,电视、电台报道41次,报刊报道15次;接待来访950人次,收到表扬信410封、锦旗7面。推进卫生进社区工作,实施了社区“健康服务工程”,继续向65岁以上居民实行四免服务,老年体检、老年健康档案管理工作完成近80%。

(蒋景春)

【社区站建设】 年初,为促进社区站的规范管理,提高服务质量,全区社区卫生服务站实行分级管理,制定社区站甲乙丙三个级别标准。经过公开招标、区卫生局实地审核,陶然亭社区中心姚家井站、白纸坊社区中心白纸坊胡同站达到标准。每站建设资金到位20万元,年底完成改造。

(蒋景春)

【示范社区项目】 2月,启动了牛街、陶然亭街道两个北京市生活方式疾病综合防治示范社区。在区政府的支持下,卫生、体育、教育、街道等相关单位密切配合、积极沟通,完善了项目组织机构,细化了工作方案,组织了监测调查员培训,完成了社区资源调查。3月中旬,完成20个岗哨单位的监测任务,并完成了社区诊断报告。7月初,北京市项目办质控反馈结果显示,在全市20个示范社区中,牛街社区所作的社区诊断在全市综合排名第三,陶然亭社区监测数据质量全市排名第四。

(蒋景春)

【社区卫生抗击SARS工作】 “非典”期间,各社区卫生服务中心与工地负责人密切配合,根据宣武区建设工地的实际情况,实施建设工地民工就地诊疗、就地监测制度,同时做好对发热病人的监测,保证对各建设工地24小时出诊和监控。5月7日开始,全区组织社区发热排查小分队,统一配备6辆社区医疗流动车,公布24小时热线电话,流调、消毒人员也随即进入发热排查小分队,流调关口前移,进行流行病学前期调查,同时负责对经排查后送入发热门诊的病人进行追访,完善了社区发热病人排查机制。“非典”期间,共接待热线咨询1505人,入户排查发热患者473人,其中送发热门诊109人,收治入院12人,出动车次488次,消毒229处。保护了社区健康人群及普通发热患者,也保障了“非典”患者得到及时救治。

(蒋景春)

卫生防疫

【概况】 年内,区各项卫生防病指标均未超过控制指标,在严防“非典”疫情反复及高致病性禽流感疫情防控工作的同时,加强了其它重点传染病的预防和控制工作,以控制霍乱、流行性出血热流行,严防鼠疫传入,预防肝炎、艾滋病、麻疹等传染病传播。全年区境共报告甲乙类传染病1175例(含传染性非典型肺炎),发病率为217.32/10万,比上年同期下降35.55%,其中病毒性肝炎、痢疾、结核病分别下降36.62%、46.66%、46.90%;丙类传染病发病率均呈不同程度的下降。

(李冬梅)

【传染病管理】 年内,传染病访视率达到100%。对辖区医疗单位疫情报告工作进行检查,未发现传染病漏报情况。肠道门诊就诊人数7428人次;消毒隔离监督检查328户次,覆盖率100%;对医院、各类人群、医疗用品、外环境监测共计35209件。

(李冬梅)

【计划免疫】 年内,计划免疫的“四苗”全程接种率99%以上,建卡率100%,及时率、合格率全部达到指标要求。脊髓灰质炎疫苗接种率100%,白百破接种率100%,卡介苗接种率99.31%,麻疹接种率100%。在外地来京务工人员中开展了针对性免疫预防,麻疹疫苗接种1.7万余人,流脑接种1.3万余人。在北京市计划免疫联合检查评比中,宣武区获得第一名。

(李冬梅)

【结核病防治】 年内,新登病人数

297人(其中本市181人、外地116人),新生儿卡介苗接种2101人,接种率99.5%;12周阳转率98.1%。

(李冬梅)

【性病防治】 年内,共收到性病疫情卡片2399例,比上年同期上升10.71%,其中淋病上升29.27%,非淋菌性尿道炎上升16.53%,尖锐湿疣上升1.74%,梅毒下降40.56%。

(李冬梅)

【精神病防治】 年内,共管理精神病人1929人,建立家庭病床21张,其中疾病期病人254人、慢性病人1326人、波动期病人2人、缓解期病人347人。

(李冬梅)

公共卫生

【概况】 年内,围绕抗击"非典"疫情,开展各项工作。逐步建立突发公共卫生事件应急处理机制,逐渐完善疾病预防控制体系、卫生监督执法体系、应急医疗救治体系、公共卫生信息体系。

(李冬梅)

【食品卫生监督】 年内,以整顿和规范市场经济秩序、打击假冒伪劣食品、培养良好生活习惯、共抗"非典"为重点,继续加大对营养餐送餐企业、中小学托幼机构、大中型餐饮业等重点单位的监管力度。监督食品生产经营单位和个人19548户次,合格18771户次;新审批发放卫生许可证1829个;对存在违法行为的320户食品生产经营单位、个人实施行政处罚,罚款人民币443237元;发生食物中毒5起,中毒41人,食物中毒发生率7.55/10万(市控指标为12/10万),食物中毒死亡率为零。

(李冬梅)

【公共场所卫生】 年内,监督公共场所2432户次,合格2322户次,合格率95.48%;新审批发证233个;监测件数11532项件,合格9406项件,合格率81.56%;对违法经营的17户单位、个人进行行政处罚,罚款人民币5650元。

(李冬梅)

【生活饮用水卫生】 年内,监督生活饮用水511户次,合格454户次,合格率88.85%;新审批发证25个;监测件数179件,合格173件,合格率96.65%;对违法经营的9户单位进行行政处罚,罚款人民币35000元。

(李冬梅)

【职业卫生】 年内,对辖区内在册的114户有毒有害作业单位监督219户次,监督覆盖率192.1%;行政处罚27户次,其中警告26户次,罚款1户,处罚金额1000元;开展了职业卫生专项整治工作。

(李冬梅)

【学校卫生】 年内,对22所学校、48个班的卫生工作进行物质环境监测,开展学生常见病防治工作,对监测点学校的8868名学生进行体检。

(李冬梅)

【健康教育】 年内,区11所学校通过市级健康促进学校验收,19所学校通过区级健康促进学校验收。

(李冬梅)

妇幼保健

【概况】 年内,以贯彻落实"一法两纲"为中心,从依法规范妇女、儿童卫生保健服务工作着手,以降低婴儿、孕产妇死亡率为目标,开展"十五时期妇女、儿童发展规划"中期评估,不断改善妇女、儿童医疗保健就医环境,承接联合国人口基金生殖健康/计划生育第五周期项目,努力提高区妇女儿童健康水平。

(李冬梅)

【妇女保健】 年内,全区有孕妇776人,孕产妇系统管理率99.1%,住院分娩率100%,孕产妇建册率100%,早孕检查率99.74%;高危孕产妇管理率100%,孕产妇死亡0;组织医务人员培训讲座13期,培训769人次;举办孕妇学校讲课193期,参加972人次;放映录像授课201期,参加1094人次;发放健康教育材料4899份。

(李冬梅)

【儿童保健】 年内,全区0至6岁儿童6843人,系统管理率100%,管理合格率97.78%。5岁以下儿童中度营养不良患病率0.12%;3至6岁以上儿童口腔保健覆盖率89.44%;4至6岁以上儿童视力普查率85.34%。全区分娩总数777(户口在本区),围产儿死亡率6.41‰,婴儿死亡率6.44%,5岁以下儿童死亡率9.01%,4个月内母乳喂养率87.6%。新生儿疾病筛查2082例,筛查率98.25%。听力筛查403例,筛查率100%;出生缺陷监测2134例,监测率100%;出生缺陷17例,出生缺陷发生率7.96%。组织医务人员培训8次,培训230人次;举办健康教育讲座106期,参加1901人次。托幼机构保健医持证上岗率100%。

(李冬梅)

【计划生育】 年内,对全区16所从事计划生育技术服务的医疗保健机构和105名计划生育技术服务人员进行资质复验。全年开展计划生育手术15201例,其中放置宫内节育器911例,取出宫内节育器2516例,人工流产5422例,药物流产5925

例。节育手术并发症发生率1.3/万，婚前医学检查率63.4%，婚前卫生指导率100%。

（李冬梅）

血液管理工作

【概况】 宣武区血液管理办公室设在区卫生局，依法组织全区无偿献血工作，负责采血、用血的管理。年内，坚持“以宣传为先导，逐步强化自愿，逐步淡化指标，积极稳妥推进”的原则，尽快实现医疗临床用血来源于自愿无偿献血的宏伟目标。辖区内共评出市级无偿献血单位185个、先进个人88人；评出区级无偿献血单位185个；中医研究院广安医院等5家医院被评为市级医疗用血先进单位。

（高 进）

【“非典”期间采血工作】 “非典”期间，为保证非常时期的采血工作，区血液管理办公室及时调整了献血安排，下发了《宣武区卫生局关于“非典”时期确保急诊抢救用血的紧急通知》。献血办公室由专人值班，调整车辆外出进行“非典”宣传工作，慰问街头坚持采血的医务人员；组织动员辖区内康复出院的“非典”患者自愿参加捐献血浆活动。

（高 进）

【计划献血】 年内，在计划用血任务分配上，采取了全区各单位以自愿上报献血人数为主，结合单位人数及参考以往献血人数为辅的原则，将市政府下达的4246袋献血指标分配给各单位。共完成计划献血4317袋，其中区属单位完成计划1620袋，市属单位完成计划1947袋，中央驻区单位完成计划760袋；大专院校完成计划44袋。

（高 进）

【街头献血】 年内，各采血单位提出了延长街头采血工作时间、提高服务质量的要求。全年采血共计20081袋，其中通州前门肯德基街头采血点16419袋，阜外医院采血点673袋，血液中心马连道采血点2201袋，庄胜广场采血点577袋，厂甸庙会采血点138袋。街头献血满足临床用血136%，总采血量满足临床用血165.2%。

（高 进）

【医疗用血】 全年理疗用血14766袋，其中全血用量204袋，下降38.3%；成分血14562袋，占用血总量的98.6%；自体输血5847袋，占用血总量的39.6%。

（高 进）

体　　育

【概况】 北京市宣武区体育局（简称区体育局）是主管全区体育工作的区政府职能部门。主要职责是：拟订本区体育工作发展规划并组织实施；负责辖区体育执法工作；组织实施全民健身计划纲要；指导群众体育活动开展；统筹规划竞技运动项目布局；指导、监督学校体育工作等。区体育局内设党委办公室、行政办公室、群众体育科、竞赛训练科、综合计划科5个职能科室，行政编职22人；下属有体育运动学校、少年儿童业余体育学校、宣武体育场、青年湖体育场、宣武体育宫、广安体育馆6个单位。年内，区体育局坚持两手抓，采取有力措施，精心组织，奋力实干，取得了抗击“非典”的胜利，进行了事业单位人事制度改革，完成了竞技训练、群众体育、体育设施建设、体育执法、体育产业等各项工作任务

地址：宣武区登莱胡同26号

电话：63548239　83546050

邮编：100053

（张育林）

【全民健身工程】 “非典”期间，为确保宣武区社区居民健身的安全，区体育局对全区8个街道的全民健身工程进行了安全检查及消毒工作；及时转发市体育局《关于因地制宜、积极开展小型多样健身活动的通知》，以增强体质抗击“非典”；向工作在抗击“非典”一线的医务人员和8个街道社区分别捐赠了2万元的健身器材。

（章 奕）

【游泳减溺工作】 6月16日，区减溺工作领导小组召开了宣武区减溺工作会议，对全区游泳减溺重点工作进行布置，就游泳场馆的设备、水质、通风、体温测试、建立隔离室、游泳人数控制、责任制的落实及责任追究等问题提出了具体要求。6月18日至21日，区体育局、公安宣武分局、区卫生局对全区11所游泳场馆进行联合检查。区全年未发生溺亡事故，完成了区里不突破零的指标。

（章 奕）

【国民体质监测工作】 7月，为了给2005年全国普测做准备，区体育局购进了两套京海智能体质测试仪，装备区体质监测中心牛街测试站和陶然亭测试站。区监测中心还配备了人体成分分析仪，并对中心和两站的测试人员进行了培训。全年共

测试438人,完成了《宣武区机关工作人员(部分)测试调研报告》。

(章 奕)

【第六届全民健身体育节】 8月19日,区第六届全民健身体育节在宣武体育场举行开幕式。体育节历时一个月。区体育局与区街道办、区直机关党委、妇联、共青团、工会、教委等部门密切配合,在8个街道办事处的支持下,以街道社区为主要阵地,开展了丰富多彩的体育健身活动。举办了宣武区老年运动会、社区乒乓球赛等8项全区大型体育竞赛;积极推广系列工间创编操的培训和选拔赛工作。各街道社区、企事业单位举办较大型活动365项次,项目包括秧歌、踢毽、乒乓球、羽毛球、足球等,参加体育活动达24万多人次,占全区总人口的46%。8个街道社区各建固定宣传橱窗2处,并定期更换内容;在主要街道社区赛场、居民区张贴标语2742条,悬挂横幅438幅,发放宣传材料3万多份。

(章 奕)

【承办北京市工间创编操比赛】 9月18日,区体育局承办了北京市第四届体育节工间系列创编操的比赛,并积极组队参加该项赛事。比赛期间,区获得搏击操和大众健身操两个第二名,女子健身操第四名,区体育局获得优秀组织奖。

(章 奕)

【健康科普游园会】 9月26日至28日,由北京市人民政府主办,北京市科委、北京市体育局等单位联合举办的"关爱生命,健康生活"——健康科普游园会在陶然亭公园举行。区体育局在陶然亭公园开辟了"快乐健身广场",向游人展示科学健身项目,普及科学健身方法,提供体育健身咨询。

(章 奕)

【社会体育指导员培训及裁判员】 年内,区体育局举办了两期社会体育指导员培训班。第一期为国民体质测定员培训班,培训13人,其中10人为陶然亭医院医务人员,3人为社区工作人员;第二期为太极拳社会体育指导员培训班,参加培训126人。新批一级裁判14人(跆拳道1人、柔道3人、排球1人、射击1人、无线电测向2人、棒球1人、自行车5人);新批二级裁判10人(车模1人、围棋1人、桌球1人、篮球5人);新批三级裁判39人(围棋1人、足球24人、篮球14人)。

(章 奕)

【群众体育】 年内,区体育局以北京市开展"体育六进社区"为中心任务,充分利用已建成的体育组织网络,加强体育的属地管理,构建多元化服务体系,鼓励和支持各类体协开展活动,积极推进全民健身工作的开展。区重新组合的111个街道社区居委会全部建立了社区体育组织,促进了社区体育工作的开展。

(章 奕)

【竞技体育】 年内,区体校队员在北京市锦标赛中获得11个第一名,9个第二名,11个第三名。垒球、手球是宣武区的优势项目,垒球获得北京市比赛第一名,手球男女队均获全国比赛第四名。羽毛球项目是区体育局新设项目,从7月份正式开始训练。将原在清河农场训练的队员转入宣师二附小,在体校集中食宿、训练,现有手球、垒球、摔跤、举重、柔道等项目队员共60人;在六十三中初一年级设立了体育班,解决了学生入学的问题,保证了体校训练的时间,便于体校管理。向市级运动队输送运动员17人。

(章 奕)

【学校体育】 年内,全区共有51304名中小学生体育达标,及格率为97.16%,优秀率为29.09%。除因受"非典"疫情影响,足球未能比赛外,其它项目均按竞赛计划完成。在中小学生篮球、乒乓球、游泳、跳绳、长跑及中小学田径运动会等项比赛中,共有180多支代表队的6000余名运动员参赛。全区各学校举办了小型多样的竞赛活动,参加活动达64000人次。组队参加市传统校篮球、足球、田径、棒球等比赛,师大附中获女高篮球第二名,育才学校获棒球第二名,六十六中获乒乓球女高团体第一名、男初团体第二名;在市教委、市体育局组织的"金帆杯"比赛中,回民学校获足球第五名,师大附中获男、女高中篮球第四名;在"振兴中华杯"球类比赛中,师大附中获女篮第四名,回民学校获足球第五名。较好地完成了小学升初中体育特长生的安置工作,有85名体育特长生进入对口中学。区中学传统校运动员输送到专业队2名、运动学校2名、业余体校41名、体育大学3名、大专院校18名。全区田径、足球、游泳、棒垒、乒乓等221名运动员达到等级运动员标准(一级1人、二级220人)。青少年体育俱乐部有新的发展,区有综合、单项青少年体育俱乐部9个。

(章 奕)

【场馆建设】 年内,区体育局完成了宣武体育场的改造工程;体校羽毛球馆、摔跤馆、柔道馆的铺地板工程;西看台、跆拳道馆防水工程;垒球场翻新植草工程。安装了54台空调,布设了专用管线,改建了体校食堂等。

(章 奕)

【体育执法】 年内,区体育局深入贯彻落实体育法,加大体育执法力度。在"非典"期间,与区卫生局、公安宣武分局、工商宣武分局,对全区的体育项目经营单位、游泳场馆进行了联合执法检查，及时采取防控措施，确保了辖区未出现在健身场所进行健身活动而传染发生“非典”。对辖区体育经营单位进行年审，完成换发新版《北京市体育运动项目经营资质证书》的工作，进行了清理整顿非法黑保安专项执法检查工作。利用“乐陶然”申奥成功两周年活动和历时一个月的全民健身体育节，进行体育法规的宣传；利用体育六进社区的机会，对各街道体育骨干进行体育法规的培训。组织体育局执法人员学习有关法律法规，提高法律意识、依法办事能力和服务水平。积极参加市体育局组织的相关活动，与丰台区、崇文区体育局的执法人员，到区体育项目经营单位进行体育执法现场观摩、交流活动；参加奥林匹克常识及体育法律、法规知识竞赛；参加体育法规培训等。

（章　奕）

【体育科研】　年内，区体育局完成了《应用智能型综合测试系统开展宣武区成年人体质监测及健身指导》和《宣武区居民体育消费调研》两个科研课题，其中《应用智能型综合测试系统开展宣武区成年人体质监测及健身指导》在宣武区科委立项，被列为宣武区科技创业孵育项目之一。为了解宣武区居民体育消费的情况，区体育局对8个街道及个别单位进行了居民体育消费的调研，发出调查问卷4000多份，从居民对健身意识、科学健身知识、方法、体育消费意识等方面进行汇总分析，写出课题报告。“非典”过后，区体育局组织多次健身咨询测试活动，编写健康知识宣传材料6份，为群众义务测试咨询上千人次，对在册宣武体校学生重新进行了基本情况的登记。

（章　奕）

【体育社团】　年内，区体育总会完成全区12项群体竞赛活动及承办、组队参加北京市的各项体育活动。年初，举办宣武区围棋段级位赛，参赛选手近200人；“非典”过后，组队参加北京市社会体育管理中心举办的为期3天的“多威杯”北京市登山大会；8月份，与区老龄委共同举办宣武区老年人运动会，2000多名老年同志参加了比赛；与牛街街道办事处、北京棋院共同举办北京市第十四届“民族团结杯”棋类比赛，500多名棋类爱好者参加；先后举办了宣武区“五洲杯”职工钓鱼比赛、“安利杯”职工足球比赛、宣武区机关干部保龄球比赛；在宣武区第六届全民健身体育节期间，举办了宣武区家庭羽毛球比赛，8个街道社区、100余名运动员参加了比赛；组队参加了北京市体育节群体竞赛活动（除汽车越野赛和挑战大众体育记录外）；区信鸽协会883羽信鸽参加了市竞翔活动；区保龄球协会选派10余名选手参加市保龄球比赛，取得女子组第二名；组队参加体育市舞蹈公开赛，获得常青组第三名、甲A摩登组第四名、职业摩登组第六名；在北京市“生命之光”运动会上，获大会颁发的优秀组织奖；在市航模比赛中，获遥控飞机撞气球、二级遥控特技飞机亚军。在参加市各种竞赛活动中，区体育局共组派参赛运动员近300名。此外。区体育总会协助中央、市属单位，承办和举办了中国兵器工业第五研究院田径趣味运动会、北方工业公司职工运动会、工商银行宣武支行广播操比赛、工商银行牡丹卡中心职工运动会等多项体育竞赛活动，为北京市监狱管理局举办了足球、篮球裁判员培训班。

（章　奕）

社会生活

民政工作

【概况】 北京市宣武区民政局(简称区民政局)是负责宣武区有关社会行政事务工作的区政府职能部门。主要承担基层政权建设、优抚社救、社区服务、城镇居民最低生活保障、军队离退休干部服务管理、复退军人接收安置、社团登记管理、婚姻登记管理、殡葬管理、社会福利生产、社会福利彩票发行、地退人员服务管理、接收捐赠、老龄工作、区划管理、见义勇为确认等工作。8月1日成立了宣武区救助咨询管理站;11月3日,宣武区低保事务管理中心正式挂牌成立,新增的两个部门均为全额拨款事业单位。截至年底,全局共有8个行政科室、9个事业单位。年内,区民政工作以"三个代表"重要思想为指导,以推动民政事业发展为目标,开拓进取,迎难而上,宣武区获得"北京市民政工作先进区"荣誉称号;社区建设、双拥等19项工作获得市局单项先进。

地址:宣武区自新路24号
电话:63529474
邮编:100054

(孙　红)

【社区建设】 年内,区民政局贯彻北京市第四次城管工作会议精神,落实政府职能转变,推进政府管理创新。按照区委、区政府下发的《关于开展政府管理创新工作的实施意见》,进一步明确街道事权,建立起激励制约机制和转移支付制度;强化街道监督考核权,重申街道对区政府各部门派出机构统一协调和监督的职能;加快政府职能转变步伐,理清区、街、社区关系,落实"一区一警"、"一区一员",推进基层行政执法进社区;加强社区自治组织建设,落实社区自治组织的自治权、依法协管权、对政府工作部门的监督权,提高社区自我管理能力。全面落实"星光计划"建设任务,全区110个社区中,已有105个社区建成"三室、一场、一校"综合服务设施,其余5个社区因整体拆迁,已将设施建设列入配套规划。各社区利用"三室、一场、一校",组织开展丰富多彩的为老服务项目,并且探索了多种形式的自我管理、自我服务模式。

(孙　红)

【社区服务】 年内,区民政局加强社区志愿者服务。组织开展了"北京市第十次社区服务志愿者活动日"活动,全区参加志愿服务的总人数达10493人;新登记注册志愿者总人数2184人、参加活动的志愿服务队392支、服务公益性设施379个、服务社区困难群体家庭1759户。

(孙　红)

【基层政权建设】 年内,区民政局强化基层民主,依法开展第五届社区居委会换届选举工作。按照全市统一部署,组织开展了公开招聘社区专职工作者工作,通过笔试、面试、政审、体检、试岗、民主选举等程序,123人被聘任。为了加强对社区专职工作者的管理,出台了《宣武区社区专职工作者管理办法》。依法开展了居委会换届选举工作,制定了《宣武区第五届居委会换届选举实施意见》。全区112个社区居委会,除先农坛等5个社区因拆迁等原因不参加换届选举外,共有107个居委会进行了换届选举,退离社区干部687人。在选举方式上,采取社区代表选举的103个、户代表直选的3个、选民选举的1个。组织了5期、327名社区专职工作者参加的培训班,265名社区专职工作者取得了《社区专职工作者执业资格证书》。加强社区工作者队伍建设,规范工作委员会职责,进一步提高了民主决策,民主管理,民主监督的能力和水平。

(孙　红)

【社会救济】 年内,区民政局继续贯彻落实《北京市人民政府印发市民政局关于完善城市居民最低生活保障制度若干意见的通知》和《北京市民政局关于印发〈关于完善城市居民最低生活保障制度若干意见实施细则〉的通知》精神，进一步完善城市社会救助体系。在低保工作中，实现了"应保尽保、全面覆盖、规范管理、热情服务"的工作目标。全区享受最低生活保障金的总户数为7516户、16724人，年支出低保金4542.6万元。组织开展了大型送温暖活动，向孤老户、重残户和低收入困难户共计9000余户送去价值370余万元的慰问款物。落实医疗救助政策，全年为符合条件的431人报销医疗费1065123.59元。继续落实廉租住房政策，有362户低保家庭中签，225户实现配租。

（孙　红）

【救助咨询管理】 8月1日，依据国务院《城市生活无着的流浪乞讨人员救助管理办法》的精神，宣武区成立了救助咨询管理站。全年集中开展了5次救助工作，接待求助287人次，实际救助98人。

（孙　红）

【接收捐赠】 年内，区民政局积极开展接收捐赠工作，先后组织开展了"扶贫济困送温暖"、"冬衣暖人心募捐月"、"抗击'非典'奉献爱心"等社会捐助活动。全年共接收捐赠款物合计1266.557万元（其中"抗非"募捐1202.957万元、大型募捐33.85万元、日常接收4.54万元）；接收衣被38.39万件，支援了江西、陕西、内蒙古等贫困受灾地区。救助本区特困人员125人次，累计发放救助款7.17万元。

（孙　红）

【双拥工作】 年内，区民政局深入开展创建"全国双拥模范区"活动。组织了形式多样的纪念延安双拥运动60周年活动，在全区进一步营造双拥氛围；坚持走访慰问驻区部队，慰问款物价值合计150余万元；开展双拥宣传，利用国防教育展板、双拥画廊、国防教育读本、双拥共建画册等对居民进行国防教育宣传；在宣武报举办双拥专刊，扩大国防教育影响力；充分发挥双拥文艺演出队、电影放映队的作用。建立永久性双拥宣传阵地，完善了虎坊路军民共建示范街、白广路国防教育样板街、广外湾子双拥共建特色街、珠市口双拥精品街等宣传设施。全区共制作双拥展板700余块、宣传橱窗500余块，悬挂标语3000余条，投入宣传资金60余万元，参与各项双拥活动的军民达15万人次。深入开展"结军亲"活动，组织了"兵妈妈军营探亲"特色活动。

（孙　红）

【优待抚恤】 年内，区民政局开展了"我与功臣是近邻，我为功臣献爱心"群众性拥军优属活动。全年走访慰问了3500余户次优抚对象，向全区烈属、伤残军人每人发放了300元春节慰问金，慰问总额达33.7万元。努力为优抚对象解决住房困难，与房管部门协调，组织了优抚对象廉租房工作。在有关单位的配合下，全区有67户参加了北京市优抚对象廉租住房的摇号，有60户中签。在社会就业形势日趋严峻的情况下，安置随军家属30人，安排随军子女入学10人。

（孙　红）

【接收安置复员退伍军人】 年内，区民政局共接收退伍军人147人，其中义务兵125人、转业士官6人、复员士官16人。根据各用工单位的不同特点，先后组织了11场小型分配会；采取多种方式，妥善安置退役士兵，有63人选择自谋职业，33人选择自主择业。

（孙　红）

【军队离退休干部管理】 年内，区民政局落实军休干部"两个待遇"，组织军休干部开展丰富多彩的文体活动，改善干休所环境，建设文明军休社区。

（孙　红）

【老龄事业】 年内，区民政局贯彻落实全国老年工作会议精神，宣传《中华人民共和国老年人权益保障法》，维护老年人的合法权益，采取多种形式关心和丰富老年人的生活。开展敬老优待服务工作，为103975名老年人办理了老年证；制定了《宣武区帮扶空巢家庭老人实施意见》，动员社会力量关心帮助空巢老人，解决老人们的生活困难，促进帮扶工作深入开展；组织健康老人评选活动，共评出健康老人520人，其中7人获得"北京市健康老人之星"荣誉称号；开展"九九重阳节游园会"、"宣武区第三届老年人运动会"、"宣武区第三届老龄杯象棋、麻将牌比赛"和老年机灵圈培训班和老年书画展等，丰富老年人的文化生活。

（孙　红）

【婚姻服务管理】 年内，区民政局进一步加强婚姻登记窗口单位的文明执法。执行新《婚姻登记条例》和《关于解决我市公民事实收养有关问题的意见》，开展婚姻服务管理工作。全年办理结婚登记3631对，办理离婚登记782对，办理《夫妻关系证明书》221件，办理《解除夫妻关系证明书》22件，受理收养登记14件，接待各类咨询当事人4000余人次，执法合格率达到100%。

（孙　红）

【民间组织管理】 年内，区民政局落实民间组织双重管理体制，加强社会团体党组织建设，开展民间组织清理整顿。批准成立社团2个，批准成立民非单位19家，为44个社团和 44 个民非单位办理了年检。与公安宣武分局配合,打击非法民间组织的违反犯罪活动,维护社会稳定。

(孙 红)

【见义勇为权益保护】 年内,区民政局贯彻执行《北京市见义勇为人员奖励和保护条例》及其实施办法,开展法规宣传和见义勇为积极分子先进事迹宣传,对见义勇为人员生活状况进行了调查,组织见义勇为人员外出休养。11 月 23 日,在第八次全国见义勇为表彰大会上,由本区申报的北京鹏程出租汽车司机臧广义被授予"全国见义勇为先进分子"称号。

(孙 红)

【殡葬行业管理】 年内,区民政局加强殡葬执法和检查力度。规范殡葬服务网点的管理,将 25 个网点中的 15 个网点更名为区殡葬服务中心的分店。开展"四局一队"联合执法 13 次,没收封建迷信用品冥币 170 公斤,没收非法销售寿衣 40 套,销毁非法殡葬网点的灯箱和标牌 14 个。开展殡葬业务培训,加大执法力度,区火化率达 100%(穆斯林除外)。4 月 5 日,区集中开展了殡葬工作法制宣传活动,共出动 290 多人,制作板报、横幅 150 多块,发放宣传材料及便民服务卡 1600 余份,3000 多人进行了殡葬方面的咨询。

(孙 红)

【"地退"管理】 年内,区民政局坚持做好节日期间的慰问工作,为"地退"人员送去价值 11 万元的慰问款物,落实"地退"人员待遇,组织 100 名地退人员参加了"百名老人游京城"的活动,丰富了地退人员的生活。

(孙 红)

【行政区划】 年内,区民政局按照北京市人民政府和市民政局的要求,结合本区实际情况,调整了部分街道办事处的管辖范围,进一步明确了各街道办事处的管理职责。开展边界及界桩联检,加强了与相邻区的边界沟通与协调。在市测绘院的配合下,完成了行政区划图的绘制工作。

(孙 红)

【社会福利事业】 年内,区民政局贯彻落实《养老服务机构服务质量标准》和《养老服务机构院内感染控制规范》,进一步提高养老服务机构服务质量,规范养老服务市场,加快养老设施建设。不断拓展服务项目,社区单位、家庭与在敬老院休养的老人结成对子,不定期地为老人提供生活服务,组织社区志愿者为老人提供娱乐、聊天服务。老年护理院依托自己的医疗优势,充分发挥自己的特长,为长期卧床和有心理障碍的老人开展心理咨询。牛街民族敬老院为回族老人提供全方位的民族特色服务。各敬老院为老人提供的基本服务项目在 10 个以上,老年护理院能基本上满足《养老服务机构服务质量标准》的要求,可达到 19 个。通过对入院老人的调查,服务满意率在 90%以上。

(孙 红)

【社会福利生产】 年内,全区福利企业累计实现销售收入 4200 万元,实现利税 450 万元。为福利企业提供全方位服务,办理机动车养路费免征工作,减免金额共计 31438 元。会同税务部门,完成了福利企业的年检工作。通过多方联系,对 6 家濒临倒闭的福利企业进行改造,使这些企业起死回生,当年实现销售收入 2363.75 万元。关心残疾职工的生活,为 186 名残疾职工上了基本医疗保险。春节期间,为残疾职工送去慰问品,使他们感受到党和政府的关怀。

(孙 红)

【福利彩票销售】 年内,全区建立电脑福利彩票投注站 103 个,共销售电脑福利彩票 6258 万元,创出福利彩票销售的最好成绩。完成了 100 万元即开型福利彩票的销售任务。

(孙 红)

【民政信息】 年内,区民政局编发《宣武民政信息》68 期、《社区建设工作通讯》54 期、《双拥简报》15 期、《民间组织管理》7 期、《宣武老龄》15 期、《老兵报》12 期;各新闻单位刊播宣武区民政新闻稿件 440 篇,其中部、市级报纸采用 163 篇,各新闻单位刊登民政局干部撰写的稿件 71 篇。

(孙 红)

计划生育

【概况】 北京市宣武区计划生育委员会(简称区计生委)是负责宣武区人口与计划生育工作的区政府职能部门,主要职责是:控制区域内人口数量,提高出生人口素质,开展以避孕方法知情选择为主要内容的计划生育优质服务等。区计生委内设综合管理科、宣传教育科两个职能科室,行政编制 11 人。1986 年以来,区计划生育工作连续 15 年被评为北京市计划生育红旗单位。1991 年起,全区人口自然增长率 12 年实现负增长，人口再生产类型进入低出生、低死亡、低自然增长的良性循环阶段。年内，区计生委深入宣传贯彻《中华人民共和国人口与计划生育法》和《北京市人口与计划生育条例》，严格依法行政，深化优质服务。承接了中国/联合国人口基金第五周期生殖健康/计划生育项目，促进了全区人口与计划生育工作整体水平的提高；全面完成了市政府下达的人口与计划生育工作指标。按计划生育年度统计，本年户籍人口出生1414人，计划生育率99.01%，人口出生率2.57‰，人口自然增长率－2.11‰，人口出生性别比正常。
地址：宣武区广安门南街68号
电话：83976044
邮编：100054

（宫新华）

【签订计划生育责任书】 2月9日，区委、区政府召开2003年计划生育责任书签订大会，区计生委主任作计划生育工作报告；区长鲁勇与各街道、局、公司及综合治理部门等25个单位一把手签订2003年计划生育目标管理责任书；区委书记唐大生对各单位进行2002年工作奖励兑现。会议邀请北京市计生委副主任李芸莉到会，并以“困难在转变，出路在创新”为题，介绍了人口与计划生育工作的新形势、新特点，同时对区人口计生工作提出了要求。

（宫新华）

【计划生育协会工作】 2月25日，区计生协会会长王永新主持召开了协会五届五次常务理事会。会议确定了本年度的工作重点：加强协会基础建设，开展“我为协会尽责任，我为国策做贡献”的争先创优活动；进一步推进青春健康项目工作；服务群众，探索开展妇女健康检查防治系列服务的新方式。年内，区计生协会新发展会员单位30余个。区计生协统一印制了《团体会员单位证书》，发给团体会员单位，增强了团体会员单位的协会意识，使协会工作的管理和服务更趋于规范化。

（宫新华）

【避孕方法知情选择项目工作】 2月26日、27日，区计生委分别召开计划生育干部、服务提供者、育龄群众避孕方法知情选择项目效果评估座谈会。按照访谈提纲的题目，组织与会人员在相互平等、合作的气氛中，就避孕方法知情选择概念的理解、项目的实施、工作经验和存在问题、建议等进行了交流。在此基础上，区计生委完成了“避孕方法知情选择”项目工作总结及效果评估访谈分析报告。10月中旬，区计生委召开了项目专题研讨会和总结会，总结了项目开展以来创造的一些经验、做法，编印了《避孕方法知情选择项目资料汇编》。

（宫新华）

【社会性别视角与计划生育优质服务项目工作】 3月4日，中国人口信息中心副研究员郭大平到区指导社会性别视角与计划生育优质服务项目工作。针对800人问卷调查的情况，郭大平提出工作意见。

（宫新华）

【抗击“非典”工作】 4月至5月，在“非典”期间，全区计生系统共向151842人发放宣传品37种、252985份；配备避孕药具自取架190个、药具15000余盒；人口学校开办讲座24场，1600余人听课；投入经费79115元，组织宣传活动147次，10618人参加；开通咨询电话104部，接听计生咨询3369个；对1532个特困独生子女家庭进行慰问，为2760名育龄妇女送温暖；为944个“非典”一线医护家庭办实事，投入经费321650元；全区计生干部捐款两万元，慰问战斗在抗击“非典”一线的医务人员。

（宫新华）

【民主评议行业作风】 5月至6月，区计生委根据市计生委《关于在全市计划生育系统开展民主评议行业作风》的通知精神，研究制定了《宣武区关于在全区计划生育系统开展民主评议行业作风工作的实施方案》，明确了指导思想，成立了领导小组，提出了工作要求。各街道计生办也都结合实际，制定了具体的实施计划。在加大宣传的基础上，区计生委注重在调查问卷和座谈方面扩宽参与面，共发出1700多张调查问卷；召开24场座谈会，广泛听取人大代表、政协委员、计生专兼职干部、社区代表、辖区单位代表、育龄群众、流动人口的意见，参加人数325人。从问卷分析看，对区计生行风建设情况总体评价的满意度97%；对8个街道的总体评价满意度平均达到93%以上。对基层反映的问题，区计生委认真组织自查，分析制定了整改措施。

（宫新华）

【世界人口日活动】 7月11日第14个“世界人口日”，国家人口计生委在广外红莲社区文化广场，举行以“青少年的性健康、生殖健康和权利”为主题的纪念活动。国家人口计生委主任张维庆、联合国人口基金等国际组织的驻华代表，在市计生委党组书记、主任邓行舟、区委书记唐大生、区长武高山陪同下，视察了区青少年青春健康中心。张维庆为中心题词：“青春健康、心灵驿站”。

（宫新华）

【人口与计划生育条例动员培训会】 8月22日，区委宣传部、区计生委、区法制办联合召开学习宣传贯彻《北京市人口与计划生育条例》动员培训大会。街道、局、公司和区属单位党政领导，综合治理部门主管领导，宣传、司法及计生干部200人参加了大会；市计生委、区人大常委会、区政府、区委宣传部的领导出席了会议。区计生委主任宣读了区委宣传部、区计生委、区法制办联合制发的《关于学习宣传贯彻＜北京市人口与计划生育条例＞的意见》；市计生委副主任李芸莉就《北京市人口与计划生育条例》对与会人员进行了培训。

（宫新华）

【国际交流与交往】 8月24日，区计生协会参加了中国计生协/帕斯青春健康国际合作项目中期总结暨战略计划研讨会。会上，苗世荣老师作了《青春健康项目——一个造福人类的教育活动》的发言。12月2日至12月11日，区计生委主任随北京市计生委赴英国考察生殖健康与爱滋病预防工作。年内，区计生委先后接待了联合国人口基金、福特基金会官员、印度尼西亚议会、孟加拉国等8批国际人口学、社会学专家、学者、议员对宣武区计划生育优质服务工作的参观考察、评估指导，与计生干部、技术人员和群众进行座谈，了解区人口与计划生育工作和群众的参与度、满意度。

（宫新华）

【落实独生子女家庭奖励政策】 9月1日，新修改的《北京市人口与计划生育条例》实施，对独生子女家庭增加了新的奖励政策。为进一步维护领取《独生子女父母光荣证》夫妻的根本利益，区计生委作了大量艰苦细致的工作。年内，各街道对无业人员发放独生子女父母奖励费5880人，对个人在职介、人才存档人员发放独生子女父母奖励费4938人，一次性奖励122人，金额122000元；区属各机关事业单位一次性奖励2498人，金额249.8万元；全区独生子女意外伤残或死亡的，区政府给予其父母经济帮助20人，金额10万元。街道及单位计划生育手术报销124例，金额44000余元。

（宫新华）

【第五周期项目基线调查】 9月14日至16日，区计生委按照国家计生委项目要求，开展了第五周期项目基线调查。期间，先后对天桥、广外、大栅栏3个街道、12个社区的240名育龄妇女家庭，及区生殖健康技术指导中心、区妇幼保健院、社区卫生站等卫生机构实施情况进行了调查。

（宫新华）

【居民健康意外伤害入户调查】 10月25日至11月7日，区计生委开展了北京市居民健康意外伤害入户调查。调查涉及白纸坊街道、广外街道和天桥街道的1440个家庭、5000人。调查将为政府及儿童基金会提供有关儿童意外损伤发生率、死亡率、残疾率及流行特征和危害因素资料，同时获得有关妇女的类似资料，为今后儿童意外伤害干预项目提供基线资料。

（宫新华）

【青春健康项目工作】 10月27日，应副区长王永新邀请，18位家长参加了青春期性健康教育座谈会。会上，王永新与家长们就青春期性健康教育中避孕知识课堂进行了前期探讨，与会家长表示支持将避孕科学知识交给孩子们，并希望适时适度适量开展教育。年内，在56个社区居委会开展参与式和互动式“青春健康项目—社会技能培训”，有2760人接受培训，其中小学、初中、高中学生2100人，社会未婚青年380人，流动人口未婚青年280人。在14个团体会员单位开展“青春健康项目—社会技能培训”，有1329名未婚青年接受培训，其中流动人口未婚青年465人。在全区70%的初中、高中、职高校中，开展了“青春健康”互动式培训。在建行宣武支行举办“青春健康项目—生活技能培训”。培训以“性与性行为”、“价值观与决定”和“生殖与避孕”为主题，来自宣武医院、建行宣武支行和皇城老妈宣武店的90余名未婚青年参加了活动。区教委新闻中心对活动进行了全程录像，并制作成教学片。

（宫新华）

【世界艾滋病日活动】 12月1日，是第十六个“世界艾滋病日”，也是“首都预防艾滋病科普宣传进社区”活动正式启动的日子。国家人口计生委、北京市人口计生委和宣武区人民政府联合在白纸坊街道平原里小区，开展以“相互关爱，共享生命”为主题的“首都预防艾滋病科普宣传进社区”活动启动仪式。仪式结束后，有关领导为区计生委、区卫生局在区妇幼保健院开设的“少男少女生殖健康关爱门诊”举行挂牌仪式，并开展了宣传和咨询活动。

（宫新华）

【计划生育优质服务研讨会】 12月16日，北京市人口计生委在宣武区召开计划生育优质服务研讨会。区计生委在大会上作了《优质服务结硕果，开拓创新再登攀》的综合性经验发言，并播放了介绍宣武区开展人口与计划生育优质服务工作的资料片，介绍了宣武区以“计生卫生相联手，优质服务在社区”的形式，依托社区卫生服务站，为育龄群众做好优生优育和生殖保健服务的情况。

（宫新华）

【贯彻人口与计划生育法】 年内，区计生委采取群众喜闻乐见、行之有效的形式，向广大群众宣传、普及“一法三规”知识。全区各街道、各单位在元旦、春节“两节”期间，采取多种形式开展丰富多采的宣传活动。全区展出人口法宣传展板750块、黑板报480块、挂图2300张，开展各种咨询服务活动154场。8月中旬和11月初，区人大常委会主任会议、教科文卫系统的区人大代表、区政协领导及部分政协委员，分别就人口与计划生育法实施一年来的宣传、贯彻情况进行了检查。相继召开了区计生委、各街道主管主任工作汇报会和经贸系统、建委系统计生干部座谈会，了解区计生系统依法行政、维护公民合法权益、解决重点问题及干部队伍建设等方面工作情况和实际效果；对贯彻执行人口法情况给予充分肯定，并提出了具体要求。

（宫新华）

【落实事实收养及随父入户政策】 年内，北京市关于解决事实收养问题的政策出台后，区计生委先后与民政、公安等5部门共同下发文件。按照有关要求，区计生委及各街道计生办对符合收养条件的育龄夫妇婚育情况进行认真核实，及时出具相关证明，对16人先生育后收养的人员依法进行从轻处罚后给予办理入户手续。9月5日，市计生委《关于新生儿户口登记和随父迁移中办理计划生育手续有关问题的通知》下发后，区计生委与公安宣武分局户证中心多次研究实施意见，为200余名群众解决女方为外省市户籍、要求子女随父入户的问题。

（宫新华）

【承接中国/联合国人口基金项目】 年内，经市计生委、市卫生局的推荐，联合国人口基金会项目官员及国家人口计生委、国家卫生部专家组考察评估，确定宣武区为北京市唯一的中国/联合国人口基金第五周期生殖健康/计划生育项目的实施单位。6月，区政府制定了关于承接中国/联合国人口基金第五周期生殖健康/计划生育项目工作方案，同时成立了项目工作领导小组。8月6日，召开了承接中国/联合国人口基金第五周期生殖健康/计划生育项目启动大会，国家卫生部、市计生委、市卫生局等有关领导及项目专家出席了大会。9月，国家人口计生委项目专家组和联合国人口基金驻华代表处官员、联合国人口基金项目执行机构玛丽斯特普等国际组织官员分别到区进行工作考察，并就项目工作文本方案的落实及工作重点提出了建设性意见。

（宫新华）

【项目工作】 年内，宣武区被中国计生协确定为预防艾滋病知识宣传项目和青少年生殖健康项目区。项目为期3年，是开展第五周期项目的重要组成部分。按照有关要求，结合开展的第五周期项目、青春健康项目以及计生协实际工作，区计生协制定了项目文本。

（宫新华）

【计生卫生联手工作】 本年是宣武区开展计划生育优质服务的第六年。为进一步深化“计生卫生相联手，优质服务在社区”的工作机制，6月，区计生委出台了《宣武区社区卫生服务站计划生育工作以奖代补考核评估办法》，进一步强化了联席会制度、季度报表制度、信息交流制度和检查评估制度；将社区卫生服务站计划生育各项职责和规范进行考核分解，并对计划生育服务设施、工作规范、制度落实、生殖健康宣传培训、咨询访视服务、特色工作等方面提出了具体要求，根据检查评估结果，实行“费随事转，以奖代补”。7月中旬和11月，区卫生局与区计生委联合，对社区卫生站的各项工作指标落实情况进行了检查，并根据检查结果分别予以奖励兑现。

（宫新华）

消费保护

【概况】 北京市宣武区消费者协会（简称区消协）是在北京市工商行政管理局宣武分局领导下，经宣武区社团管理办公室登记注册，对商品和服务进行社会监督，保护消费者合法权益的社会团体组织。主要职责是：向消费者提供消费信息和咨询服务；参与有关行政部门对商品和服务的监督检查；就有关消费者合法权益的问题，向有关行政部门反映、查询，提出建议；受理消费者的投诉并对投诉事项进行调查、调解；对损害消费者合法权益的行为，通过大众传播媒介予以揭露批评等。区消协实行理事会制度，理事会下设常设机构和地区分会。常设机构设有组织宣传部、消费指导部、投诉部和办公室，人员编制18人。按照行政区划，以工商所为依托，建有5个地区消费者协会分会。

地址：宣武区南菜园街5号

电话：63523427　63525336

邮编：100054

（石　毅）

【开展“四百”活动】 在以“规范市场经济秩序、营造放心消费环境”为主题的专家讲座活动中，区消协参与了市消协组织的“四百”活动，即在全市范围内，请百名专家，到百个社区，开设百个课堂，举办百次讲座。自3月10日至3月17日，区消协先后邀请医药卫生、防病保健、美容化妆、金银饰品、科学用盐、金融保险等方面的专家,在全区5个街道、12个社区,为2000余人举办了12次讲座,受到广大消费者的普遍欢迎。

(石 毅)

【"3·15"宣传活动】 3月15日国际消费者权益日,区消协举办了以"规范市场经济秩序、营造放心消费环境"为主题的"3.15"宣传咨询活动。活动设立1个主会场和7个分会场。活动期间,举行了"2002年度消费维权先进单位"颁奖仪式。工商宣武分局、区技术监督局、区物价局、区交通运输管理处、工商廉政特约监督员,以及27个名优企业参加了宣传咨询活动,分别就各自的职能、业务范围和相关知识进行宣传、咨询和解答,现场接待消费者咨询。

(石 毅)

【调整理事会理事】 7月15日,区消协召开第三届理事会第四次会议,对理事会、常务理事会和监事会的成员进行了调整。调整后,理事会共有理事37人,其中常务理事12人(含会长1人、常务副会长兼秘书长1人、副会长3人),理事25人。

(石 毅)

【推进健康食品进社区】 7月份,区消协组织了"繁荣经济促发展、放心消费进我家"活动。活动共有18家北京市名优企业参加,先后在5个社区内举办,不仅给社区消费者送去健康食品,还送去了科学的消费观念,受到群众的普遍欢迎。《人民日报》刊载了在椿树园社区举办活动时的新闻图片。

(石 毅)

【纪念《消法》"八个一"活动】 10月至11月,在《消费者权益保护法》(简称《消法》)颁布10周年之际,区消协在全区范围内开展了"八个一"活动。"八个一"即:举行了一次"北京市宣武区消费者权益保护联络站"授牌仪式;在宣师附小给1700名小学生上了一堂《消法》知识课;搞了一次纪念《消法》颁布10周年进社区活动;召开了一次"《消法》与我"主题座谈会;进行了关于10年《消法》修改意见的调研;进行了一次集中的媒体宣传;开展了一次街头宣传咨询活动;举办了一次"消费志愿者"社区宣传活动。

(石 毅)

【组织消费调查活动】 年内,区消协组织了"北京消费者关注的十大消费热点问题调查"、"汽车消费调查问卷"、"金牌居住区"等各类消费调查5次,发放问卷近3000份。通过检查、问卷调查、实地考察和评定,推荐了11个商业零售企业、13个餐饮业和5个美容美发业共29家企业,参加了全市"营造放心消费环境卫生达标示范单位"的评选,全部通过了活动领导小组的审查而当选。

(石 毅)

【受理消费者投诉】 年内,区消协共接待消费者来访、咨询4051人次;受理投诉260件,已解决258件,待解决2件,办结率99.2%,为消费者挽回经济损失31.31万元,其中因欺诈双倍赔偿2件、赔偿金额3100元,

(石 毅)

【发布消费警示】 年内,区消协在调解的258个案例中,筛选出包括《1200元天价粽子》、《多用锅不多用,厂家退货没商量》、《预约风险谁承担,不能商家说了算》等10篇典型案例,涉及食品安全、人身安全、商品质量、合同违约等几个方面的问题。发布了《慎购优惠卡》和《电器维修防陷阱》2条消费警示,提醒消费者在消费时警惕遭遇各类消费陷阱。

(石 毅)

地址:宣武区天宁寺前街14号
电话:63392964
邮编:100055

(王秀丽)

红十字会

【概况】 北京市宣武区红十字会(简称区红会)是中国红十字会的地方组织,是从事人道主义工作的社会救助团体,依法取得社会团体法人资格,独立自主地开展工作。按行政区域划分,下设8个街道红十字会和1个学校工委,有基层会员组织149个,其中团体会员单位18个,企事业单位64个,中小学校、职高67个。会员40333人,其中成人会员31386人、青少年会员8947人。年内,区红会完成了区红十字会六届理事会第五次会议制定的各项工作以及政府、上级红十字会临时交办的任务,获北京市红十字会系统"先进集体"称号。

【六届五次理事会】 2月19日,宣武区红十字会六届理事会第五次会议召开,会长王永新及近30名理事出席了会议。大会审议通过了区红会2002年的工作总结及更换、增补部分理事的报告。王永新在谈到2003年工作时强调指出:1、各位理事要加强对红十字会法等法律法规的学习,把红十字会工作摆在应有

的位置，围绕宗旨开展工作；2、针对2008年奥运会，在社区居民及驻区单位职工中进行救护培训；3、在开展活动时要注重教育性，突出人的本性；4、做好区红十字会的换届改选工作，使各项工作在原有的基础上有所提高。

（王秀丽）

【人道主义救助】 新年、春节期间，区红会出资近10万元，对全区100户特困家庭和105名特困学生进行帮扶。为特困家庭购买了粮油等过节物品；为因患重病造成生活困难的人员送去了救助金；为特困学生准备了衣物、学习用品及助学金；向区残联捐资2万元，用于解决残疾人子女就学困难等问题。

（王秀丽）

【为灾区募捐】 6月，淮河流域遭受特大洪水袭击，区红会在接到市红会关于积极开展接受救灾救助社会捐赠工作的通知后，及时召开各街道红十字会紧急会议，传达、部署了募捐工作。截止到8月底，区红会向市红会上交捐款377857.44元，荣获募捐工作“先进集体奖”。

（王秀丽）

【完成抗击“非典”各项任务】 “非典”时期，区红会相继收到市红十字会转赠的药品、消毒液、高级防护服、超软型防护眼罩、3M口罩、体温表、白沙糖、保温杯、保健口服液等物资，价值近50余万元。在接收、转赠物品时，区红会严格执行中国红十字总会关于接受和处分防治“非典”社会捐赠款物的原则，认真履行接收、转赠程序，健全了收单、验货、填写分配计划表、转赠签名等系列手续，上述物品都按捐赠者的意愿如期处理完毕。为让社区群众及时了解预防“非典”的知识，区红会及时将上级红十字会编辑的抗击“非典”科普宣传材料5期共25000份、科普宣传光盘3版共1820张，及卫生科普知识宣传板60块及时发放到社区。为做好“非典”反弹的预防工作，向全区低保家庭发放了内含体温计、感冒药等物品的“爱心包”。对友谊医院、宣武医院、广安门中医研究院、区疾病控制中心、回民医院、宣武卫生局及公安宣武分局的医务人员和公安干警进行慰问，送去慰问款近30万元。协助政府做好“非典”善后处理工作，并完成对亡者家属、康复者的慰问，及时将香港工商界捐赠的“关怀‘非典’受难者基金”和美国摩根大通银行的捐赠款送到亡者家属和康复者手中。

（王秀丽）

【接待区政协委员视察】 9月12日，区政协委员对区红会工作进行了视察。区红会常务副会长向各位委员汇报了宣武区贯彻《中华人民共和国红十字会法》的情况，同时向委员们提出了目前红十字工作需要解决的问题。会后，各位委员来到椿树街道红十字会，参观了红十字活动室，了解活动开展情况。

（王秀丽）

【接待区人大代表视察】 10月30日，部分区人大代表对区红会工作进行了视察。代表们听取了区红会常务副会长关于宣武区贯彻《中华人民共和国红十字会法》情况的汇报，对区红会多年来在社区开展的“扶危助困”、“爱心助学”、“敬老助残”、“群众性救护培训”等活动给予了高度评价。会后，代表们参观了天桥红十字活动中心和天桥小区红十字活动室，询问了活动开展情况。

（王秀丽）

【建会50周年纪念活动】 2003年是《中华人民共和国红十字会法》颁布10周年、宣武区红十字会建会50周年。在此期间，区红会创办了两期《宣武报》红十字专刊；印制了《宣武区红十字会建会50周年》画册；举办了全区3万人参加的知识竞赛活动；开展了优秀红十字志愿者、优秀红十字青少年、先进红十字工作者及先进红十字集体的评选活动；并于9月23日召开了《中华人民共和国红十字会法》颁布10周年暨宣武区红十字会成立50周年纪念大会。

（王秀丽）

【争创红十字社区服务示范区活动】 10月23日，市红十字会对区争创“社区红十字服务示范区”工作进行了检查、验收。区红会向检查组汇报了全区“红十字关爱在社区”活动开展情况；广内、椿树街道红十字会会长分别介绍了本街道开展红十字服务的情况；检查组参观了两个街道的社区红十字活动室并查看了各项档案资料。市红十字会领导对区红字会工作给予了充分肯定和高度评价，并被推荐参加“全国红十字社区服务示范区”的评选。

（王秀丽）

【对外交流】 9月18日，受上级红十字会的委托，区红会接待了韩国汉城红十字会同仁的参观访问。来宾们听取了区红会及广内街道红十字会的工作介绍，参观了街道社区服务中心和社区红十字活动室。

（王秀丽）

【友好往来】 8月14日，区红会接待了吉林省松源市红十字会代表团的来访，向来宾们介绍了开展社区红十字服务的情况，放映了基层红十字会活动光盘；双方就“红十字服务在社区”的目前工作及发展前景等问题进行了探讨。

（王秀丽）

【红十字青少年工作】 年内，白纸坊小学、北线阁小学及回民小学在开展争创第八批“北京市红十字学校”活动中,接受并通过了市红十字会的验收,全区已有13所学校被命名为“北京市红十字学校”。外国语实验中学的“国防教育中的战地救护训练”活动,获市红十字会十佳红十字青少年活动;北京六十六中学的“校园因我而精彩”红十字一日活动、北京小学的“关爱生命与健康”走进培智学校交流联谊活动,获市红十字会优秀红十字青少年活动;宣外大街小学的“奔向2008—我是奥运后备军”文体汇演活动、红莲小学的“爱护动物”主题教育活动,也得到了市红十字会的表彰。付双育等6名同学获得了市红十字会“百名优秀红十字青少年”称号。北京小学、宣师一附小参加了中、日、韩三国红十字青少年礼品交换活动。

(王秀丽)

【宣传与传播】 年内,区红会积极开展红十字法规及会务知识的宣传和传播工作。举办了两期会务知识及人道法学习班,在各类报刊上稿百余篇,红十字报刊订阅工作稳中有升,区红会被评为中国红十字会总会报刊工作“先进单位”。

(王秀丽)

【志愿服务活动】 3月1日,在纪念毛泽东主席“向雷锋同志学习”题词发表40周年之际,区红会全体工作人员及部分志愿工作者参加了在虎坊桥举办的“首都百万军民学雷锋大型活动日”,开展了“自救互救知识”宣传、“红十字助老卡”登记、医疗咨询等活动。10月18日是北京市第十次社区志愿者活动日,全区有3000名红十字会员和志愿者参加了为民服务活动。

(王秀丽)

居民生活状况

【人均可支配收入】 年内,全区居民人均可支配收入13170元,同比增长18.7%,扣除物价因素,实际增长18.5%。从收入的构成看,工薪收入9767元,同比实际增长19%,占可支配收入的74%,仍是居民家庭收入构成的主体;养老金或离退休金3071元,同比实际增长11.6%;财产性收入(包括股息与红利收入和利息收入等)114元,同比实际增长44倍。

(杨　玉)

【消费性支出】 年内,全区居民人均消费性支出10352元,同比增长10.2%,实际增长10%。居民消费水平进一步提高,消费结构出现新的变化,交通通讯、医疗保健和文化娱乐支出成为居民家庭新的消费热点,而用于居住、杂项商品及服务等消费呈下降趋势。

(杨　玉)

【食品支出】 年内,全区居民人均食品支出3452元,同比增长1.06%。食品支出占消费性支出比重(恩格尔系数)为33.3%,与上年相比,下降了3.1个百分点。受SARS和物价上涨的影响,居民食品消费特点是:粮油类、蔬菜类、糖烟饮料类和糕点奶及奶制品支出小幅上升,分别增长4.1%、5.5%、16.3%和13.4%;肉禽蛋水产品类、干鲜瓜果类和在外饮食分别下降1.9%、2.0%和7.5%。

(杨　玉)

【衣着支出】 年内,全区居民人均用于购买衣着支出932元,同比增长16%。

(杨　玉)

【家庭设备用品支出】 年内,全区居民人均家庭设备用品支出646元,同比增长34.7%。居民家庭出现购买家用电器新的高潮。

(杨　玉)

【医疗保健支出】 年内,全区居民人均用于医疗保健支出942元,同比增长9.9%,其中人均药品费支出509元,同比增长11.2%;医疗费支出307元,同比增长1.8%;滋补保健品支出79元,同比增长28%。

(杨　玉)

【交通通讯支出】 年内,全区居民人均交通通讯支出1037元,同比增长11.5%;移动电话普及率显著提高,每百户拥有量达到143部,比上年增加38部,电信费也随之增长41%;人均交通费用支出219元,同比下降12.7%。

(杨　玉)

【教育文化娱乐支出】 年内,全区居民人均教育支出749.4元,同比增长10.8%,其中成人教育费支出83.54元,同比增长29.4%;文化娱乐用品支出616.07元,同比增长27.5%;文化娱乐服务支出426.5元,同比增长0.9%。

(杨　玉)

【人均居住支出】 年内,全区居民人均居住支出898元,同比下降0.63%,主要原因是2002年居民回迁较多,进行住房装修基本告一段落,使居住支出下降。另外,人均水、电、燃料支出增长16.7%。

(杨　玉)

【人均非消费性支出】 年内，全区居民人均非消费性支出2629元，同比增长1倍，其中购买商品房支出1037元，上年为0，为纯增长；转移性支出（包括交纳的个人所得税、捐赠支出、赡养支出、各种非储蓄性保险支出等）710元，同比增长10.7%；社会保障支出882元，同比增长35.2%；居民人均存入储蓄款2151元，同比增长1.3倍。

（杨 玉）

【人均住房使用面积】 年内，全区居民平均家庭人口为2.99人/户，其中有收入者人数2.45人/户，比上年增长2%；就业人口数1.77人/户，同比增长5.4%。人均住房使用面积12.39平方米，比上年增加1.4平方米，增长12.2%，其中租赁公房占42.5%，比上年下降6.3个百分点；租赁私房占2.5%，同比下降5.8个百分点；房改私房占45.8%，同比增长12.1个百分点。

（杨 玉）

街　　道

街道工作办公室

【概况】 中共北京市宣武区委、北京市宣武区政府街道工作办公室(简称区街道办)是负责本区街道工作的区委、区政府职能部门。主要职责是:指导、检查、综合协调街道工委、办事处的工作;研究、解决街道社区建设中的困难和问题;协助区委组织部对街道处级干部进行考察,对街道、社区党建工作进行指导等。全区划分为大栅栏、天桥、陶然亭、椿树、白纸坊、牛街、广安门内和广安门外8个街道。各街道设工委和办事处,对辖区内社区建设、城市管理、社区服务、社区卫生、社会治安综合治理、精神文明建设、经济发展等工作具有管理、监督、检查、协调、服务的职能,对地区性、社会性、群众性的工作负全面责任。街道工委作为区委的派出机关,根据区委的授权,对辖区政治、经济、行政工作和社会组织实行政治领导;街道办事处是区政府的派出机关,代表区政府对街道辖区依法行使行政管理职权。年内,按照区委、区政府确定的全年工作思路,区街道办深入贯彻党的十六大精神及市历次城市管理工作会议精神,坚持以经济建设为中心,解放思想,勇于开拓,积极探索,大胆实践,深化街道城市管理体制改革、理顺条块关系,强化街道综合管理职能,完善"两级政府、三级管理"体制,形成了街道统一领导、部门协作有力的新格局,在强化城市管理、加强社区建设、维护社会稳定等方面做了大量工作。

地址:宣武区广安门南街68号

电话:83976065

邮编:100054

(赵　巍)

【指导社区居委会换届选举】 年初,在社区居委会换届选举工作中,区街道办与区民政局配合,首先在大栅栏、椿树两个街道进行试点。3月5日,大栅栏、椿树街道居委会换届工作全部完成后,分别召开了工委副书记、组织部长和主管主任、民政科长会议,介绍、推广试点单位的经验。经过规模调整后的社区居委会共有112个,除先农坛等5个社区因拆迁等原因没有参加外,其它107个居委会进行了换届选举。新一届社区居委会成员共657人,其中主任107人、副主任137人、委员413人。参加选举的原2000年社区事业干部和2003年面向社会公开招考的社区专职工作者中,当选主任88人,当选副主任及委员122人,另有59人当选社区党组织专职书记或副书记,落选2人。广外街道3个社区、白纸坊街道1个社区实行了直接选举。

(赵　巍)

【社区建设工作】 年初,区街道办广泛征求了社区建设领导小组各成员单位的意见,经过反复修改,明确了社区建设的目标任务。4月1日,召开了2003年社区建设领导小组扩大会,对2003年的主要工作进行部署,下发了各成员单位的任务分解书,区委书记唐大生要求社区建设领导小组成员单位要认真履行职责,加强协调配合,全面完成各项工作任务。而后,社区办多次召开会议,总结社区建设中的经验,解决存在的问题,推广印发了广外街道社区建设的有关经验材料。9月27日、10月25日,市委副书记杜德印、市委书记刘淇先后到广外街道进行社区建设工作的调研。10月份,区街道办组织街道领导到石景山区鲁谷社区进行参观学习。

(赵　巍)

【制定社区专职工作者管理办法】 年初,在认真调研、充分论证的基础上,区街道办下发了《宣武区社区专职工作者管理办法》,将社区党委书记、专职副书记列入专职工作者之中;除按市要求,为每位专职工作者上"失业、医疗、养老"三项保险之外,又增加了"补充医疗保险"和"工伤险”。

（赵　巍）

【抗击“非典”工作】　“非典”期间，区街道办坚持主动靠前、积极工作的原则，发挥了指导、协调、监督的职能作用。组织完成了广外医院、宣武医院、广安门中医医院、宣武中医医院、友谊医院、健宫医院和回民医院部分地区的隔离工作；督促各街道主管主任和医院领导，商议具体的隔离方案；深入现场，了解隔离工作进展情况，及时协调解决出现的各种问题。参加了“非典”防控方案、措施的研究、制定工作；协调区卫生局解决了防护服的问题。下发了《关于“非典”时期做好清扫保洁员有关工作的通知》，要求街道采取措施，确保保洁员队伍的稳定和保洁员的健康安全；下发了《关于合理调配人力，搞好防控“非典”工作的通知》，要求各街道合理调配干部，保存足够实力；总结各街道监控密切接触者的经验，下发了《关于印发监控“非典”密切接触者的工作规程的通知》，转发了广外街道管理委员会《关于加强地区防控非典型肺炎工作的通知》、《广外街道对外来务工人员、流动人口中隔离对象的处理办法》和《大栅栏街道监控“非典”密切接触者工作流程》，进一步健全了“非典”防控的指挥和组织网络；下发了《关于加强和规范“非典”时期街道消杀工作的意见》，进一步加强和规范了街道的消杀工作；转发了《北京市市政管理委员会关于“非典”隔离区内居民、单位应采取预防性消毒措施的紧急通知》及《北京市防火安全委员会关于加强过氧乙酸消毒剂安全生产使用管理的通知》，确保消杀工作安全。为了在短时间内尽快提高各街道的防控水平，区街道办创建了《非典专刊》，共刊出40期，专门总结各街道一些行之有效的防控措施，供各街道借鉴。此外，为了向全区人民宣传各街道抗击“非典”的感人事迹，在《宣武报》开辟街道抗击“非典”工作专刊，并编纂了《难忘2003，宣武区街道系统抗击“非典”纪实》一书。

（赵　巍）

【编辑《社区建设简明读本》】　年内，为了宣传社区建设的初步成果，扩大社区建设的影响力，促进下一步工作更好地开展，区街道办与北京市社科院一起总结了社区建设的有关经验材料，编辑出版了《社区建设简明读本》，被列为北京市社区专职工作者培训教材。

（赵　巍）

【调研工作】　年内，为了更好地贯彻落实市第四次城管工作会议精神，扎实推进社区“一区一警”工作，区街道办对牛街地区10个社区居委会和广内19个社区居委会的“一区一警”工作落实情况进行了调研，形成了《关于推进一区一警工作情况的调研报告》。专题召开了推进社区建设、落实“一区一警”工作会议，总结交流了牛街派出所的经验，对深化“一区一警”工作提出了具体意见。对全区社区民主建设情况进行了全面调查，完成了《关于基层民主建设的调查与思考》的调查报告。

（赵　巍）

【印发《政务公开进社区便民手册》】　年内，区街道办对政府相关部门转变职能、实行“政务公开进社区”工作的开展情况进行了调查，对“政务公开进社区”条款及以何种方式在社区公开进行了具体研究，编辑印发了《政务公开进社区便民手册》12000册。

（赵　巍）

【整理街道重点与特色工作】　年内，为了使区领导全面掌握了解各街道全年的工作情况，区街道办将各街道的工作计划进行了梳理，分别整理出各街道全年的重点工作和特色工作，为领导更好地指导街道工作提供服务。

（赵　巍）

【规范街道政务公开内容】　年内，为了使街道系统政务公开工作相互统一、协调和规范，区街道办对各街道政务公开的内容进行了进一步的调整和梳理，将八个街道公开的科室名称、公开项目、工作流程、办结时限等进行了统一。以直接为企业服务和与人民群众切身利益密切相关的事项为重点，共确定了近80项对外公开的政务项目。

（赵　巍）

大栅栏街道

【概况】　大栅栏街道位于宣武区东北部。7月，区政府对部分街道办事处管辖范围进行了重新调整。调整后的大栅栏街道占地面积1.27平方公里，东起前门大街，西至南新华街中心线，南起虎坊桥路口与珠市口大街中心线交会处，北至前门西大街。辖区共有114条街巷、11个社区居委会；户籍人口23156户、57603人，其中男28550人、女29053人；新出生111人，死亡242人，自然增长率为－2.3‰；暂住人口8331人，人口密度每平方公里45357人；驻街单位726个，其中中央单位17个、市属单位62个、区属单位84个、其它单位563个;商业饮食网点206个、旅店服务业169个、个体工商户729户;中小学幼儿园8所,医院1所,社区服务中心1个,社区卫生服务站3个,门诊部1个,对外开放参观住户23家。前门西大街、珠市口西大街是两条主要大街,前门箭楼西侧路、大栅栏商业步行街、东琉璃厂文化街、珠宝市街为重点商业街。同仁堂药店、瑞蚨祥绸布店、谦祥益丝绸店、马聚源帽店、内联升鞋店、步瀛斋鞋店、六必居酱菜园、张一元茶庄、丰泽园饭庄、晋阳饭庄等多处百年老字号商铺,正乙祠、广德楼戏院等历史文化名园和纪晓岚、谭鑫培、梅巧玲等名人故居均分布在大栅栏地区。年内,街道工委、办事处坚持以法治街,加强普法教育和宣传工作,面完成了区政府下达的21项工作任务,在反邪教和"7574"助残工程中取得了突出成绩,被评为2003年度市级先进单位。

地址:宣武区大力胡同5号
电话:63036944
邮码:100051

(沈华珍)

【社区居委会换届选举】 1月14日,作为宣武区的试点街道,在区民政局、社区办、区街道办等有关部门的指导下,开展了第三届社区居委会的换届选举工作。参加换届选举的社区居委会共11个,473名代表参加选举,在108名候选人中,有73人当选。新当选的社区居委会成员平均年龄42.7岁,比上届降低了2岁;全部具有高中以上文化程度,比上届提高了47.1个百分点;党员、团员38人,占52%。在换届选举工作中,街道出资20万元,开展了"六个一"春风系列活动,即:组织一次外出疗养、召开一次答谢会、给予一次性奖励、发一份纪念品、各社区召开一次座谈会、奖励一个月工资等,保证了换届选举工作于2月28日圆满完成。

(沈华珍)

【成立志愿者协会分会】 2月,成立了"宣武区志愿者协会大栅栏街道分会",建立了大栅栏社区绿缘综合服务中心、大栅栏社区星光文化艺术团两支志愿者协会常设队伍,有计划、有组织地开展各类便民服务和公益性活动。

(沈华珍)

【社区党建】 2月8日至3月4日,社区党组织换届选举进行。街道新一届社区党组织共11个,其中党总支10个、党支部1个;51名委员平均年龄49.8岁,比上届平均年龄下降了4岁,书记的平均年龄44岁;高中以上文化程度36人,比上届高出13.6%。社区党组织在抗击"非典"工作中发挥了政治核心和战斗堡垒作用,700余名党员重新认岗、领责、办实事。9月15日,街道工委在大安澜营社区召开了大栅栏街道完善社区党建基础材料现场会,将社区党建基础工作分为9大项、21个方面。7月8日至10日,街道工委对11个社区的党组织和居委会换届选举以来的工作情况进行了考察,两套班子综合评价好的占街道社区总数的36%,比较好的占社区总数的45%,一般的占社区总数的18%。

(沈华珍)

【纪念"综合包户"活动开展20年】 3月4日下午,大栅栏街道纪念综合包户20周年暨精神文明建设表彰动员大会在广德楼召开。此次会议是在毛泽东主席提出"向雷锋同志学习"题词40周年和大栅栏街道开展学雷锋"综合包户"活动20周年纪念之际召开的。大会总结了20年来学雷锋"综合包户"工作和2002年精神文明建设工作;对"综合包户"和精神文明建设"百颗星"(先进集体36个、先进个人64名)进行了表彰;向驻街道单位和广大居民提出新的倡议,现场与4对"综合包户"对子签订了新的"综合包户"协议。

(沈华珍)

【环卫所财务移交社区管理】 4月1日起,根据政事分开的要求,街道将环卫所的财务移交给社区管理。环卫所账目独立原审核程序不变,办事处在环卫所账号上一次注入启动资金406255.77元。环卫所负责收缴单位清洁费和居民清洁费、垃圾处理费,并将清洁费账单和垃圾处理费账单交转社区财务,所收单位、居民清洁费专用于环卫工作。

(沈华珍)

【防控"非典"工作】 4月9日,街道成立了防控"非典"工作领导小组,统一领导指挥地区防控工作,主要进行防控"非典"疫情的宣传、防病知识教育;建立预防、治疗、控制机制;部署预防、监测工作;制定防治"非典"工作方案。期间,发动各社区运用宣传手段,号召地区居民共同抗击"非典",发放有关宣传材料10万余份、科学防病小手册1万份、张贴宣传画5500套,出版报、专栏230块,发放防治"非典"小药方1500份;聘请区疾控中心专业人员,为地区200个单位、450余人讲解了有关防治"非典"的知识。通过设立咨询热线,发动群众参与社区防控工作,共接到和落实疫情60件;通过设立信息通报栏,使社区及时了解疫情,并向社区公布最新疫情动态10期。街道先期拿出30万元作为"非典"防控专项资金,用于物资保障,使发现诊治、隔离工作有序化运作。为鼓励在一线战斗的医务人员,街道拿出1万元奖励大栅栏天桥医院医务人员,并为医务人员购买牛奶、饮料。"非典"期间,大栅栏地区共出现"非典"确诊病例4例,治愈出院3例，死亡1例；实现无“非典”社区9个；分散隔离密切接触者39人，观察点21处。5月12日至13日，对和东街5号楼3门至5门实行48小时医学观察，封闭隔离1处，涉及31户、85人。

（沈华珍）

【举办普法宣传活动】 9月9日上午，区司法局、大栅栏街道在北京市第一座普法广场——大栅栏街道普法广场举办了首场大型群众普法活动。活动的主题是：营造法制环境，建设法制社区。国家司法部法宣司、北京市司法局、区委、区人大常委会、区政府、区政协，区委政法委、宣传部、文明办，区司法局、区法制办、区街道办，及辖区单位、社区居民、外来务工人员共1000多人参加了普法宣传活动。在普法广场上，70块宣传展板宣传了大栅栏18年来的普法工作。活动期间，工商、税务、公安、城管、计生、消协等20多个单位和部门相互配合，将法律咨询活动融入便民服务之中；社区群众亲身参与法律法规知识有奖竞答、群众文艺表演展示等活动；在社区法律图书馆里，社区居民们有的在网上查阅自己所需要的资料，有的翻阅最新的法律图书，有的用刚学的法律分析身边发生的大事小事，居委会还向居民赠发了借书卡；在大栅栏百顺社区举行了法律宣传服务站揭牌仪式，同时举办的社区法律援助课堂，为法律援助主要群体提供现场法律服务；在大栅栏街道社区服务中心，宣武区第一个社区民调厅正式成立；为确保依法调节民事纠纷，街道请来区法院民庭的工作人员，对20余名首批社区民事司法调解员进行法律知识培训。

（沈华珍）

【修建残疾人专用浴室】 9月10日，街道投资13000余元，在延寿街社区残疾人活动中心修建的残疾人专用浴室正式投入使用，基本解决了地区残疾人洗澡难的问题。10月10日，市残协副理事长吕争鸣、副区长哈金起为残疾人浴室揭牌，北京电视台、北京晚报、宣武报等新闻媒体对残疾人专用浴室进行了多次报道。

（沈华珍）

【开展全民健身活动】 9月，大栅栏街道举办全民健身体育节，开展群众性体育活动。在大栅栏盼盼文化广场，举行了大栅栏第六届全民健身体育节开幕式，地区11个社区居委会挑选出的200名健身秧歌队队员，分别进行了第2套巨能健身秧歌的8种不同风格的表演。体育节期间，11个社区居委会自愿组合、联片，划分为3片，分别开展社区运动会，进行了跳绳、拖球、家庭接力、投沙包、慢骑自行车、踢毽、拔河等项目的比赛，以及太极拳、激灵圈、红稠舞、抖空竹等项目的表演。参加各片运动会的地区居民达到3000余人。

（沈华珍）

【社区网站】 10月，街道完成了社区网站的整合和完善工作，注册了顶级域名；以中心网站为根基，注重社区中心的功能介绍和政务与服务项目的公开，搭载了信息查询、96156热线服务、社区居委会信息系统、中心内部办公系统等主要功能，为将最新的服务信息传送给居民提供了一条快捷的通道，也为各级领导和相关部门了解社区服务工作进展情况提供了重要依据。加快政务公开步伐，以社区中心为协调，将红头文件领取工作延伸到社区，使居民在社区就可领取或查阅政府新出台的文件文本。经过整合、指导和尝试，据不完全统计，全年便民工作为辖区居民提供了1200件服务，受益3000多人次，解决求助率97%，满意率达95%。

（沈华珍）

【成立社区教育分院】 11月，宣武区社区教育学院大栅栏分院成立。分院以“不断满足地区内社区居民日益增长的多重教育需求和不断提升社区居民的精神文化品位”为办学宗旨，以“开放、求实、便捷、创新”的理念为建院校训，实行多方位、开放式的教学体制。课程设置以社区居民教育需求调查为依据，设有多种社区居民喜闻乐见的教学课程，内容涵盖了政治思想教育、普法教育、书法绘画、民俗工艺、食文化传播、手工编织、舞蹈、戏剧曲艺、专项就业技能培训等方面。大栅栏社区教育学院的建立，标志着街道创建学习型社区的建设已步入了正规化发展的轨道。

（沈华珍）

【劳动和社会保障所工作】 截至12月底，地区再就业率为74.88%，失业率为1.83%。全年挖掘用工单位212家，举办招聘会15场，参加区招聘会5场；接听咨询电话8000余个，接待咨询4137人；达成用工意向3952人次，推荐成功1342人，签订各类用工协议1016份，进行技能培训414人次。在区劳动保障部门的指导下，建立了11个社区居委会劳动社会保障工作站，调整了社区保障工作委员会及社保工作网络，制定了工作职责和要求。举行了铁树社区居委会劳动保障工作站揭牌仪式，《北京市就业报》、《信报》、《宣武报》等新闻媒体均进行了报道。

（沈华珍）

【社区文化】 年内，由办事处和企业共同投资20万元对文化广场进行打造，搭建了永久性舞台，安装了宣传灯箱及体育健身器材14件。在盼盼文化广场，以“颂歌献给党、夺取双胜利”慰问演出形式，启动了大栅栏社区夏日文化广场活动。全年共举办4场专项演出，同时举办了消夏电影晚会。进一步加强社区图书馆建设。1月10日,西河沿社区图书馆在全区4家社区图书馆中率先举行开馆仪式,配备了256余册新书,成立了法制图书角。

(沈华珍)

【区域经济】 年内,按照"发展区域经济与规划进展相结合"的指导方针,《大栅栏经济导刊》继续发挥宣传、服务、引导功能。在规划讯息、政府服务、文化集萃、特色商店、企业推介、政策导读、调查研究7个主要版面中,集中展现了大栅栏地区发展区域经济的面貌,满足了重点企业和1600多个在地经营单位对规划、经济发展动态信息的需求,共发出刊物4000余册。根据年初税户分析,确定了全年30个重点税户名单。组织50余家重点企业及工商联分会成员单位参观了地区规划沙盘;以"规划与发展"为主题,联合区风貌办、工商联分会,筹备、举办了地区"知名企业、老字号沙龙",50多个单位参加座谈,部分单位对规划方案和企业关注的实际问题提出了具有较高水平的建议。全年街道协税护税任务为5755万元,实际完成税收6160万元,超计划7%。

(沈华珍)

【工商联分会工作】 年内,地区工商联分会全面落实年初制定的"四个一"工作计划。以工委、办事处主办,工商联分会和区个私协会承办的形式,创办了具有民营企业特色的《大栅栏经济导刊》特刊——《CHINATOWN大栅栏》,扩大了区域经济的宣传窗口,为地区民营经济参与街道各项事业提供了舞台;根据区工商联和街道的工作要求,分会单位在全区率先开展了"手拉手"捐资助学综合包户活动,11个非公企业对来自7个社区居委会的10名贫困家庭的品学兼优的中小学在校生,给予学费、学习用品等捐助;结合地区规划,举办以规划发展为主题的地区"知名企业、老字号沙龙",联合8家老字号餐饮企业,在老舍茶馆推出首届"老北京传统小吃宴"品尝会,指导身处困境的小吃传人们,增强文化产业意识,探索联手开发北京传统小吃市场的新路;根据民营企业发展的需求,组织7个单位赴河北雄县两家企业参观考察。

(沈华珍)

【失业人员管理】 年内,街道共举办求职培训班26期,533名失业人员参加培训。为失业人员组织扩面征缴政策专场咨询13场,接待咨询600人次,为150名失业人员续缴了保险。加强失业人员动态管理,建立与再就业工作的紧密联系。地区共有失业人员档案4321份,办理招工调档手续865人,转入"三险"库210人,进入双赢达劳务派遣组织12人,办理求职登记2816人次;实现自谋职业923人、弹性就业21人、自由职业210人。

(沈华珍)

【外来人口管理】 年内,根据地区外管工作的实际情况,对《大栅栏街道外来人口管理办法》进行进一步的修改和完善。在11个社区设置了外来人口协管员,在派出所外管办的领导下,对社区外来人口办理暂住证进行初审,并负责对社区外来人口进行日常管理。"非典"期间,制定了《大栅栏街道防控"非典"期间加强重张开业单位及外地返京、来京务工人员管理的工作预案》,对出租房屋和社会单位的防控工作进行了整顿和规范。9月3日,西河沿社区召开了外管站自管小组成立大会,选出了15名分会小组长,在自我管理、自我服务方面进行尝试。

(沈华珍)

【福利彩票发行】 年内,社区福利彩票发行中心开始正式对外营业,成为全区第一家社区级的发行中心。该中心负责销售三种电脑福利彩票和两种即开型福利彩票,并且担负着向周边三处即开型福利彩票销售点发放彩票的职能。中心安置困难人员就业7人次。

(沈华珍)

【防火工作】 年内,围绕消防进社区,街道进一步完善了社区消防组织,整合地区资源。将消防工作的重心下移到社区,重新调整了4个义务消防站和11个社区义务消防队的人员组成,由社区民警和居委会的治保主任共同对社区的消防工作进行指导,解决了"看得见的管不了,管得了的看不见"的问题。在消防中队建立了社区消防培训基地,11个社区居委会的主任成为教育基地的首批学员,接受消防法规和技能的培训。各社区依托培训基地开展了各具特色的消防教育活动,组织青少年开展消防知识实战演练;组织外来务工人员听消防讲座;对地区商家进行消防培训等,地区全年接受消防培训、教育的人员累计达3000多人次。组织11个社区对辖区内的木质楼进行统计,建立了社区木质楼管理数据库,收录了地区262座木质楼的位置、面积、居住人数等详细资料。1月至10月,地区发生火灾14起,火灾起数与上年同期持平;火灾损失375万元,比上年同期损失减少49515元,下降75.1%。火灾中无一人员伤亡。

(沈华珍)

【双拥工作】 年内,街道投资50万元建成双拥文化活动广场。在开展"爱心献功臣"活动中,以街道为核心,城管分队、工商所、税务所、武警七支队等社会单位,充分发挥"一助一"结对子综合保护服务网功能,统一制定了服务卡,定期到烈军属、革命伤残军人、孤老户等18户优抚对象家中开展服务活动,为优抚对象排忧解难。

(沈华珍)

【星光计划】 年内,街道对施家、廊坊二条、大栅栏西街社区进行资源整合,完成了这三个社区“星光计划”的创建工作,并于10月30日,通过了市老龄协会、市社区中心、以及区职能部门的验收。街道11个社区居委会全部实现了“星光计划”。各社区结合自身的优势,确定社区工作特色,充实和扩大社区服务项目和内容,解决群众的热点、难点问题,使社区居民在从“星光计划”中受益的同时,也激发了参与社区公益劳动和志愿者服务活动的热情,增强了居民的认同感,为社区建设搭建了平台

(沈华珍)

天桥街道

【概况】 天桥街道位于宣武区东南部,东起前门大街,西至虎坊路大街,北起珠市口西大街南侧,南以永定门护城河为界,面积2.07平方公里。辖区有77条胡同、9个社区居委会;户籍人口20595户、56944人,其中男28297人、女28647人;年出生135人,死亡249人,自然增长率－2.0‰;暂住人口11679人,人口密度每平方公里27509人;少数民族14个,以回、满为主,人口2542人,约占总人口的6%;驻地单位535个,其中中央单位56个、市属单位117个、区属单位42个、无主管企业322个;有中小学6所、医院2所。年内,天桥街道以贯彻党的十六大精神、实践“三个代表”重要思想为核心,以执政为民为基点,重点开展了优化发展环境、社区防控“非典”、服务重点工程、低保与再就业、社区民主建设五个系列的工作。在工作中,注意正确处理发展、稳定、创新三者之间的关系,在经济发展的基础上创造条件大力推进社区建设;坚持整体推进与重点突破相结合,带动街道整体工作的发展;坚持以人为本,重视群众的切身利益,为街道建设赢得了广泛而深厚的群众基础,全面完成了各项工作任务,获全国学雷锋先进集体、全国社区志愿者先进单位、首都文明街道等荣誉称号。

地址:宣武区北纬路9号
电话:83136601
邮编:100050

(申云龙)

【防控“非典”工作】 “非典”时期,街道树立迎难而上、敢打必胜的信念,做到了临危不乱、沉着应对、主动出击。党政一把手亲自抓、负总责,把防控“非典”做为压倒一切的中心工作抓紧抓好。构建了“指挥畅通、运转高效”的组织体系和“任务到组、责任到人”的责任体系,成立了防控“非典”办公室,下设7个专项工作组,组建了6支应急分队,处置防控工作中的突发事件。为加强对社区防控工作的领导,组建了9个督查组进行指导。各社区组建了防控网络,1749名社区志愿者和积极分子加入到防控工作中,实行街巡、院守、户拒。各社区居委会设立了防毒消杀员、卫生保洁员、疫情监督员、防控宣传员等,深入开展宣传工作。共设立宣传阵地101个,悬挂横幅85条,张贴宣传画1147张,发放各种宣传材料20100份,组织宣传活动57场次,逐户发放防控联系卡15000张。千方百计做好隔离工作,为隔离人员买菜、送饭、进行电话谈心;累计组织4788人、9000余班次,防毒消杀601500平方米,对全地区712个污水口每天消毒一次;对脏乱点进行突击清理,对辖区内楼房垃圾道进行封闭,消灭传染源;加大重点部位、重点人群的防控,对全地区151处地下空间进行严格检查,对“五小”单位逐一进行清查,对外来人员进行登记、测量体温,对建筑工地加强宣传,对先农坛整治拆迁区实行不间断监控;建立起全方位的信息报送机制,设立4个信息报送分网,确保信息报送及时、准确、全面。

(胡亮全)

【社区党建】 年内,街道工委指导8个社区党组织完成了换届选举工作,成立了7个社区党委、1个社区党支部,接收了太平街社区党委。换届后的社区党委(支部)书记的平均年龄比上届下降1.7岁。接收了5个转制企业的党组织,成立1个非公经济党组织,非公经济党组织增加到9个。在“增‘三力’达标创优”工作中,开展了“爱民月、‘三力’杯、党员先进性教育”活动,获得区“先进党工委”和抗击“非典”先进党组织荣誉称号。“七一”前夕,对27个先进集体、172名先进个人进行了表彰。召开了街道党员代表大会,选举产生了街道出席区九次党代表大会代表13人。有5人被党组织吸收为中共预备党员。强化社区党委、党支部、党小组、楼门院四级组织的功能;完善党员教育管理和党员监督、履行义务机制;开展社区无职党员设岗定责活动,充分发挥社区党员的先锋模范作用。

(邓淑慧)

【学雷锋活动】 年内,街道利用纪念学雷锋活动开展40周年的契机,在系统总结学雷锋活动历史经验的基础上,结合十六大确定的任务,提出了"学雷锋精神、树道德风范、创文明社区、建小康家园"的新口号,将学雷锋志愿服务活动推向与公民道德建设和小康社会建设紧密结合的新阶段。3月份,集中组织了"五个一"学雷锋系列活动。一是学雷锋志愿服务集体采访活动,全国、市、区20余家新闻单位采访、报道了街道涌现出的学雷锋先进集体和个人代表;二是召开学雷锋活动总结暨再动员大会,表彰了新时期街道在学雷锋、公民道德建设、精神文明创建、社区共建中涌现出的23家先进集体和100名先进个人;三是编撰一本先进人物事迹教材,作为市民文明学校的教材之一,宣传学雷锋先进人物的事迹;四是召开纪念"综合包户"20周年暨天桥街道志愿服务座谈会,系统研讨街道开展学雷锋"综合包户"所走过的历程及今后的发展方向;五是开展虎坊路便民服务一条街活动,将学雷锋活动推向一个新的高潮。

(张春晔)

【双拥共建】 年内,街道投资近10万元,进行双拥宣传和慰问部队活动;投资2万元,更换了虎坊路百米双拥宣传长廊,在两广大街制作了永久性大型双拥宣传标牌;投资1万元,制作大幅双拥宣传横幅20条、双拥展板20块,开展双拥宣传;邀请北京国防大学教授,针对国内外形势的发展变化,为辖区军民举办国防知识讲座,增强军民的国防观念;开展智力拥军,依托宣武区社区学院天桥分院,为战士们开设计算机、音乐等5门课程,15名战士参加了学习培训。

(刘欣)

【志愿者队伍建设】 年内,街道重新制定了《志愿者队伍管理制度》和《加强志愿者队伍建设的管理办法》。在志愿者服务中,继续开展了"创品牌、树信誉、优质服务进社区"活动,将原来的38支志愿者服务队划分为"社会公益型、专业技术型、文化艺术型、综合服务型"。其中4支区品牌服务队、12支街道品牌服务队都能做到有求必应、上门服务。16名便民服务志愿者与10家商业单位签订了协议书,为其提供满意的服务。

(仵延伦)

【政务公开】 年内,按照区《关于深化政务公开建设诚信政府的实施意见》要求,街道成立了推行政务公开领导小组,制定了《天桥街道关于深化政务公开建设诚信政府的实施意见》。为严肃行政纪律,制定了《天桥办事处政务公开制度》、《天桥街道办事处政务公开责任追究制度》、《天桥街道办事处政务公开投诉举报制度》3项制度。为将管理和服务主动置于人民群众的监督之下,各科室本着方便群众、有利于监督的原则,将直接为企业服务、直接与群众切身利益密切相关的事项进行重新调整,按照统一格式登记备案。工委、办事处、事业单位72项服务内容,采取网上公布的形式正式对外公开。

(叶立红)

【公务员队伍建设】 年内,街道将文明服务标准制成警示牌,将《北京市国家公务员行为规范》通过局域网进行宣传,提高公务员的自律意识,自觉接受群众监督;加强机关工作人员的日常考核,实行填写《月考核登记表》制度;认真落实日常检查制度,组织考核小组,不定期抽查机关工作人员出勤、佩带胸卡上岗、接听电话使用文明用语等情况,及时将检查结果在机关公示栏中进行公示;在开展的"首问责任制"落实情况、工作人员服务态度、工作能力和文明服务等方面的问卷调查,满意率达98.1%。

(叶立红)

【社区建设】 年内,街道对社区规模进行了调整,将所辖14个社区整合为8个;居委会成员由103人减少到63人,平均年龄降低到44.8岁,党员比例由35%提高到60.3%,大专以上文化程度由21.6%增加到49.2%。落实"星光计划",挖掘社区资源,通过自筹自建、新建配建、单位共建、租赁等多种方式,高标准落实了南纬路、储子营、南纬路2号院、天桥小区、永安路5个社区的星光计划;改善居委会办公用房,居委会面积由原来的895平方米增加到1842平方米,使"星光计划"和居委会办公用房双达标。以抓典型示范为手段,创建了南纬路学习化社区、禄长街双拥共建特色社区。8月份,街道管辖范围重新调整,原陶然亭街道太平街社区划归天桥街道管理。

(刘　欣)

【社区教育】 年内,各社区成立了读书会、市民英语班、电脑学习班等学习化组织。创建学习化机关,印发了《天桥街道关于创建学习型机关的意见》,制定了6项实施办法。以社区分院为载体,开发了《博物馆与自我学习》等4个品牌课程。委托分院举办了"低保人员创业研修班",对880多人次就业年龄段的低保人员进行分期培训;北京人民广播电台《时代杂志》主持人进人课堂进行听课采访,并且制作了广播节目。社区教育资源共享工作有了新的突破,育才学校为分院盖了5间教室,供教学使用。举办了天桥社区教育回顾展,编辑了《天桥社区教育资料汇编》,召开了宣武区社区教育现场会。

(安　然)

【社区医疗卫生】 年内,街道调整充实了社区医疗卫生组织机构,加强了组织管理。坚持每月进行一次健康教育培训,每季度举办一次健康教育大型活动;建立社区红十字活动室,组织红十字志愿者 50 多人,开展卫生健康医疗服务活动,开展自救互救、备灾救灾培训工作;按时完成义务献血工作。

(安 然)

【社区文体工作】 年内,街道以"五月鲜花"歌咏活动和全民健身体育节为主线,举办文艺汇演、电影晚会等50多场。5月份,把在抗击"非典"中涌现出的好人好事创作成歌曲、诗歌、小品,在社区中演出。天桥老艺人评剧团继创编了《咱老百姓许静英》之后,又创编了《咱老百姓李金明》,在宣南文化节期间进行演出;排练传统戏《刘巧儿》、《秦香莲》,在厂甸庙会演出;春节期间送戏下乡,探索群众文化活动市场化运作的新路子。9月13日,街道在北京市育才学校召开了第五届天桥社区运动会,辖区单位、学校、居民1000多人参加;9个社区居委会也分别举办了丰富多彩的体育比赛活动。

(安 然)

【司法行政工作】 年内,街道在各社区积极开展法制宣传、民事调解和安置帮教工作。积极宣传婚姻家庭、法律援助等与群众生活密切相关的法律、法规,开办了法律宣传系列讲座,全年共宣讲法律、法规 552 场次,受教育3万余人次;坚持每月对普法宣传员队伍进行培训,增强业务能力;坚持调解主任例会制度,提高调处技能;积极开展法律服务进家庭活动,代理民事诉讼案件 23 件、非诉讼案件 9 件,代写法律文书 37 份,解答群众咨询 641 人次。

(包 奕)

【街道财政】 年内,街道以打基础、重服务、促管理、增收节支为中心,定期召开地区经济形势分析会,走访纳税大户,制定了领导干部与纳税户联系制度,做好招商引资工作,增强了街道的经济实力,超额 16% 完成了全年的财政税收任务,成为全区 8 个街道中增长幅度最大的街道。为提高预算管理水平,保障社会保障、优抚社救、城市建设等项事业发展的资金投入,全年支出最低生活保障金 643 万元,累计 25508 人;新办公楼建设资金投入 224 万元;发放先农坛拆迁费 52087.6 万元。为提高社区财政自我管理能力,在坚持"费随事转、专款专用、统一管理、不超范围、不超预算支出"原则的基础上,制定了《天桥街道社区居委会固定资产管理办法》,扩大了社区居委会对工作经费的支配权。

(王世红)

【统计工作】 年内,街道负责 437 个单位的统计监督管理,共收审各种统计年报表 805 份、定期报表 1058 份。建立准规模单位长效管理机制,从培训、管理、检查、服务 4 个方面,对 78 个准规模单位实行重点管理。成立统计调查队,先后开展 7 项专项调查,其中:人口变动情况抽样调查,走访居民 219 户;城市居民家庭生活一次性调查,走访居民 100 户;餐饮业经营户基本情况调查,走访单位 369 家;基本单位清查,核实单位 526 个。结合统计法颁布二十周年,开展统计普法宣传,组织辖区 290 个单位、485 人参加了北京市统计"四五"普法试题答卷,77 个单位、81 人参加了学习统计法知识竞赛答卷。4月中旬至9月底,对辖区内 10 家准规模单位进行了统计指导、执法检查;开展统计服务,对基本单位普查库进行动态维护,在机关局域网上实现信息资源共享。

(田江华)

【再就业联动工程】 年内,街道以"党建带共建,共建促就业"为主线,形成以劳动科、社保所和社区服务中心 3 个职能部门协调配合的再就业联动机制。社区居委会设立了再就业指导站,明确福利主任负责,同时配备劳动保障协管员,协助再就业主任开展工作;社会单位与社区中心劳务派遣组织合作,开发、置换岗位;以社区服务中心为主体,成立了"北京天地新园劳动力派遣服务中心";召开低保再就业专题工作会议,组织低保失业人员学习;组建低保工作站,推行社区公益劳动自管方式,实现对低保失业人员再就业的有效安置;编印了《写给天桥大龄失业人员》宣传册,安装了"职业素质测评"软件,建立了职业测评室。全年共安置失业人员 2158 人,其中正式办理招工转档手续 1271 人,社区安置弹性就业 681 人,解决低保失业人员就业 206 人;劳务派遣安置 117 人,其中安置"4050"人员 37 人。

(李爱勤)

【社会保障】 年内,街道加强对失业人员的动态管理。通过签订《失业管理与就业服务协议》,落实失业人员每月汇报制度;深入社区居委会举办劳动政策宣讲会,使失业人员更好地了解政策、掌握政策、运用政策;对就业困难人员实行有针对性的职业指导。全年失业人员存档数 3932 份,进行失业登记 1975 人,城镇登记失业率 1.89%,就业率 68.86%。街道将居民最低生活保障作为重点工作,全年共发放低保金、民政救济金、重残救济金 25555 人次、6873927 元。扩面征缴工作千方百计寻找新的工作视角,挖掘最大潜力,全年共完成扩征额 211.86 万元,是 2002 年的 4.36 倍。

(魏贤武)

【退休人员社会化管理】 年内,对退休人员形成了街道、社区、互助小组三级服务管理网,并提出了"平稳过渡、协调关系、重点突出、循序渐进"的工作思路,使退休社会化管理工作稳步开展。全年街道管理社会化退休人员 551 人,共发放退休保障金 4668534.50 元。

(魏贤武)

【优抚社救】 年内,街道开展了大型送温暖活动,走访慰问民政对象 300 余户。为江西贫困地区募集捐款 75209.18 元、衣物 15432 件;"非典"时期,重点走访低保、重残、空巢老人等弱势群体,接受抗击"非典"捐款 104328.51 元;为 131 名民政地退、6 名军工、11 名无军籍人员进行了 1 次生活补贴调标、2 次工资调标;为 37 名伤残军人发放伤残补助金 18670 元,调标增补 3520 元;为 31 名义务兵家属发放家属补贴 66960 元;为 46 户低保家庭实施廉租房配租,每月配租资金 25625 元;落实低保人员医疗救助工作,受理医疗救助 27 人,救助资金累计支出 95560.22 元;对辖区有突发性重大疾病和困难的家庭实施临时救助,共救助 19 人,救助资金累计支出 10000 元;在广渠门廉租住房的配租管理工作中,做到底数摸清、宣传到位、确保落实,10 户符合条件的优抚家庭参加了廉租房配租摇号。

(刘　欣)

【低保管理】 年内,街道按照"宣传到位、注重调查、措施合理、严肃公正"的要求,加大低保管理工作力度。对各类低保人员进行调查摸底,将 883 名年龄在 18 岁至 50 岁有劳动能力的低保人员作为核审重点;通过在社区发放调查表的形式,依靠群众力量,对有劳动能力的低保人员进行监督;制定、修订了《低保办理程序》、《申请低保人员须知》、《低保协议书》和《低保人员参加社会公益劳动管理制度》,制作了公益劳动出勤卡,明确了有劳动能力低保无业人员每天坚持 2 小时、每月不低于 40 小时的公益活动;重视对低保人员的思想教育,依托天桥教育分院,举办低保人员创业研修班,从法律法规、低保政策、劳动就业等方面,对 400 余名低保人员进行培训。年末,地区共有低保户 875 户、2045 人,比上年分别下降了 0.6 和 0.7 个百分点。

(刘　欣)

【民兵整组与训练】 年内,结合辖区实际,本着广挖兵员、实事求是、拓宽整组渠道、扩大整组范围的思路,街道进行了民兵整组。辖区共有民兵 612 人、7 个民兵组织、51 个战斗班。由于部分企事业单位改制、外迁,撤销民兵组织 2 个,撤销专武干部 2 人,调整 4 人。组建了 50 人的医疗救护专业分队和 30 人的应急分队;30 名基干民兵参加了训练;利用多种形式普及和开展国防教育,民兵的教育面达到 90%以上。

(田振文)

【兵役登记和新兵征集】 年内,街道进行了辖区内国防潜力调查,256 名适龄青年进行了兵役登记,123 人进行了兵役核对;预征对象 31 人,缓征对象 228 人,免征对象 4 人,不得服兵役人员 2 人;征集新兵 16 人,其中男兵 14 人,女兵 2 人。

(田振文)

【人民防空工作】 年内,街道制定了落实防护措施和抢修抢险预案,监督、指导人防设施的维修管理,开展人民防空的宣传教育工作。通过对人防工事的检查,共发现及处理险情 10 起,加固、深挖工事 1900 平方米,回填早期工事 6 处、3120 平方米;查处违反人民防空条例事件 5 起,收取人防赔付工程款 60 万元,全部用于人防工程的补救和维修。

(田振文)

【社会治安综合治理】 年初,街道与辖区中央、市属单位、社区居委会签订了社会治安综合治理责任书 61 份;组织公安、工商、城管等部门,对留学路、天桥小区等重点地区的无照经营商户进行联合执法检查,查处无照经营 47 家,处罚 9 万余元,北京电视台对此进行了全面报导。在防控"非典"时期,对地区 151 处地下空间进行了调查核实,同时发放、安装地下空间标示牌;组织文教卫生、医院等部门,对 9 个社区、323 处"五小"单位防"非典"工作进行检查。全年未发生一起集体上访事件,治安案件与上年持平,街头案件、火灾、交通等指标都比上年有所下降。

(苏　玲)

【城管监察】 年内,街道围绕弘扬城市管理主旋律,按照抓脏乱、创十无;抓特色、创精品;抓履职、创规范;抓考核、建立长效管理机制的工作思路,突出重点、强化基础工作。加强内部责任制考核,不断完善分队内部各项制度;按时完成南中轴路整治拆迁工作中 14 户、600 多平方米的拆违任务;营造法制环境,注重宣传与执法的结合;围绕市城管局和区城管监察大队开展的"子夜行动"、"蓝天行动"等一系列整治活动,加大对重点大街、重点地区及脏乱点的检查力度;制作、下发社会单位"三包联系手册"500 份,把"三包"责任制纳入日常管理;全力抗击"非典",处理群众举报 68 件。全年共查处各类违法行为 5368 起,罚款 187854 元;查处非法印制、张贴、散发小广告 28 起,查抄小广告窝点 15 处,收缴各种小广告近 3 万张。

(宋丽娟)

【防汛工作】 汛前,街道成立了天桥地区防汛指挥部及其办公室,组建了抢险应急分队，制定了应急方案和流程图；对危旧房屋、低洼院落、古老树木、易发险情的早期人防工事进行了全面检查。期间，召开辖区有关部门协调会4次，重新修订预案，做到了分工明确、责任到人，确保了汛期安全。

（田振文）

【先农坛地区整治拆迁】 先农坛拆迁地区占地12公顷，房屋建筑面积11万余平方米，拆迁共2003户，动迁人口达6000余人、单位113个。先农坛地区困难群体较为集中，其中低保护197户，残疾人94户，下岗失业人员487人，“两劳”人员22人。自3月5日进驻拆迁现场后，有关部门张贴公告和宣传标语，发放《致先农坛拆迁地区居民一封信》2000余份。在拆迁工作中，既严格按政策办事，又尽可能考虑拆迁户的利益，共为弱势群体发放困难补助856户、2088.6万元。6月17日，拆迁工作提前完成。

（樊金和）

【计划生育工作】 年内，街道共办理《生育服务证》127个、《独生子女父母光荣证》126个，查验外来人口《婚育证明》1339个，组织外来人口已婚育龄妇女169人进行了孕情检查；认真落实计划生育奖励政策，完成了对24位独生子女父母1000元奖励费的发放；健全计划生育协会组织，地区共有基层计生协会68个、会员6308人；举办生殖健康/计划生育培训讲座16次，近千名群众受益；开办育龄群众需求特色门诊，与宣武中医医院联手，为200多名育龄妇女进行了妇科体检；多渠道发放避孕药具，在全地区9处安装了自动售套机，为9个社区全部配置了药具架；街道实现了计划生育率98.7%的目标。

（丁小莹）

【工会工作】 年内，街道工会召开了第四次代表大会，选举产生第四届工会委员会和经费审查委员会。地区新建工会36家，发展会员690人；接收转制企业工会5家，接收会员373人。在百分考核中，街道工会被评为区优秀工会。

（陈 楠）

【共青团工作】 年内，街道团委完成了《雷锋精神、天桥之魂》一书的编撰工作，并以此项工作为切入点，系统总结了天桥地区各级团组织多年来开展“综合包户”活动的基本经验和主要做法。以纪念“青年文明号”工作开展10周年为契机，发挥“青年文明号”集体的示范作用，展示地区内“青年文明号”和“青年岗位能手”的整体风采。天桥街道办事处办公室、东经路消防中队获本年度区级“青年文明号”称号，4人获区级“青年岗位能手”称号，虎坊路社区和香厂路社区分别获得市、区级“青少年文明社区”荣誉称号。8月24日，街道团委与北京林业大学共同举办了“天桥街道社区青少年环保科普志愿服务队”成立仪式，弘扬科普知识，促进了“街校共建”工作。

（武 萍）

【妇联工作】 年内，街道妇联完成了社区妇代会换届选举工作。8个社区妇代会共选出妇代会干部40人，其中主任8人、副主任8人、委员24人。新一届社区妇代会工作人员整体素质和党员比例明显提高，体现了年轻化、知识化的特点。街道妇联被评为宣武区妇联系统2001年至2003年度维权工作先进集体。

（侯红梅）

【残联工作】 年内，街道将创建社区“温馨家园”和无障碍一条街作为工作重点，加大社区残协建设；结合社区居委会换届，指导各社区对残协组织进行调整，实现了人员、责任、设施三落实；加强社区康复网络建设，充实社区康复指导站和居委会社区康复站，购置了2万余元的文体用品和康复器材，向残疾人提供多种康复服务；在香厂路、禄长街头条、储子营3个社区创建“温馨家园”，形成扶残助残氛围；认真落实区政府“为民办实事”、“折子工程”中涉及的无障碍建设工作，把珠市口西大街南侧建成“天桥街道无障碍示范一条街”；收缴217个单位残疾人就业保障金38.7万元，安置残疾人就业2人，扶持残疾人社区就业3人。

（刘 欣）

【老龄工作】 年内，街道以“老年人健康”为主题，认真落实“六个老有”。成立了各类社区老年文艺队，丰富老年人晚年生活；落实空巢老人帮扶措施，为22户安装了救助门铃，为17名特困老人发放了慰问金共计9900元；组织289名老年人进行了体检，办理老年优待证434个；对地区老年人口进行了摸底调查，60岁以上老年人共4763户、10541人，其中男性4763人，女性5778人，占地区总人口的18.5%。

（刘 欣）

【人大代表选举工作】 根据区选举委员会的统一安排，从9月上旬到12月中旬，街道进行了第十三届区人大代表的选举工作。地区划分为9个选区，共登记选民31047人。12月10日，参加投票选举28938人，参选率达93.21%，依照法律程序，选出第十三届区人大代表24人。

（胡亮全）

椿树街道

【概况】 椿树街道位于宣武区东北部,东起南新华街中心线与大栅栏街道交界;西至宣武门外大街中心线与广安门内街道相邻;南起骡马市大街中心线与陶然亭街道接壤;北至宣武门东大街中心线与西城区隔路相望,区域面积 1.09 平方公里。辖区有 53 条胡同、7 个社区居委会;户籍人口 17333 户、43731 人,其中男性 21715 人,女性 22016 人;新出生 99 人,死亡 217 人,自然增长率-2.7‰;暂住人口 3972 人,人口密度每平方公里 40120 人;有 22 个民族,汉族占人口总数的 99.6%;有 566 个社会单位,其中产业单位 125 个、区属单位 75 个、法人单位 366 个;法人单位中,有中央单位 28 个、市属单位 33 个、街属单位 6 个、无主管单位 264 个、注册在外区的单位 35 个。街道工委设 5 个部门,办事处设 12 个科室,行政编制 81 个,控编 76 个,工勤人员 4 人;办事处下设社会保障所、法律事务所、环卫所、社区服务中心、绿化站 5 个事业编制单位,事业编制 39 人,实有 27 人。年内,椿树街道继续开展"增三力"达标创优工作,进一步加强党的组织建设、思想建设、作风建设,充分发挥党组织的领导核心作用;进一步落实党风廉政建设责任制,转变工作作风,为群众排忧解难;围绕庄胜二期及其它危旧房屋改造和城市开发建设工程的启动,做好社会稳定工作;全面完成第五届社区居委会换届选举和第十三届区人大代表的选举工作,实现了各项工作有所创新,有所提高。街道先后荣获全国建会工作先进集体、首都防治非典型肺炎工作先进集体、北京市同法轮功邪教组织斗争先进集体、北京市统计法制工作先进集体、北京市计划生育工作先进集体、北京市献血工作先进集体、北京市红十字系统先进集体、北京市爱国卫生先进单位。

地址:宣武区椿树园 11 号楼甲 1 号

电话:63403585

邮编:100052

(汪海洋)

【居委会换届选举】 年初,椿树街道作为宣武区第五届居委会换届选举试点街道之一,遵照"公开、公正、公平"的原则,严格按照选举法规,经过宣传动员、组织实施、总结验收三个阶段的工作,圆满完成换届选举工作。经居民代表投票选举,7 个社区产生了新一届居委会班子,37 人当选为居委会主任、副主任、委员,实现了"两高一低"(文化程度提高,党员比例提高、年龄降低)要求。

(王 萌)

【椿树秧歌】 1 月 25 日,在人民大会堂举行的中共中央迎新春团拜会专场演出活动中,椿树秧歌队为中央领导展示了新秧歌的风采。"非典"过后,椿树秧歌队还参加了中央电视台《我们一同走过》节目的录制。1 月 23 日和 12 月 26 日,椿树秧歌队分别获得了北京市文化局颁发的北京市第一届、第二届新秧歌大赛一等奖。

(秦 丽)

【社区党委选举工作】 1 月至 3 月,椿树街道完成了社区党组织选举工作。按照《党章》的有关规定,各社区党组织经过认真酝酿、召开党员大会,采用差额选举的方式,投票选举产生了 7 个社区党委,共选出委员 35 人。在新当选的委员中,男性 7 人,占 20%;女性 28 人,占 80%。大学学历 2 人,占 6%;大专学历 14 人,占 40%;高中学历 14 人,占 40%;初中学历 5 人,占 14%。30 岁以下 2 人,占 6%;31 岁至 40 岁 6 人,占 17%;41 岁至 50 岁 8 人,占 23%;50 岁以上 19 人,占 54%。在选举工作中,党员参与率为 86%。

(孙 宁)

【安置残疾人就业】 3 月至 4 月,椿树街道残联对辖区注册的 275 个单位进行摸底调查,其中 3 人以下单位 42 个、非独立单位 28 个、够比例单位 63 个、关停并转拆单位 73 个。全年 69 个单位缴纳残疾人就业保障金 408,956 元,安置 10 名特困残疾人就业,其中 3 个单位既安置残疾人就业又缴纳了保障金,两个单位经申请减交了就业保障金。

(冯志华)

【抗击"非典"工作】 4 月,"非典"期间,椿树街道工委、办事处迅速行动,成立领导小组,加强对防控工作的领导。建立以社区防控为重点、以社区社会单位为依托的层层防控体系,从组织领导、工作机制、疫情防控、信息报送和舆论宣传等方面展开同"非典"疫情的斗争。在工作中,形成了隔离监控、疫情报告、整体联动、服务保障、安全防护五个工作体系;突出了四个方面的重点:一是以做好外来人口防控工作为重点,促进外来人口管理的规范性;二是以整治为重点,加强地下空间的长效管理;三是以社区党建和社区建设为重点,推动社区自治;四是以环境卫生工作为重点,促进地区精神文明建设。在疫情期间,地区共发现"非典"确诊病例 3 例,"非典"疑似病例 3 例,密切接触者 16 人。

(刘 强)

【封闭垃圾道工作】 5月，按照市、区市政管委的有关精神，街道进行了封闭楼房垃圾道工作。辖区需要封闭垃圾道楼房共12栋，涉及3个产权单位。为确保封闭工作落实到位，街道制定了任务完成时间表，截至5月25日，顺利完成了封闭任务。12栋楼房共封闭垃圾道46处，封闭垃圾口284个，设置分类垃圾桶127只、普通垃圾桶5只，设置电池回收桶20只。

（祝丽荣）

【庆“六一”活动】 “六一”国际儿童节期间，正是抗击“非典”进入攻坚的阶段。街道妇联根据社区自身特点，以“让儿童拥有一个健康的环境”为主题，组织了一系列不同形式的小型、安全、分散、多样的庆祝活动，使孩子们掌握了更多的科学防“非典”知识，懂得了健康才有真正快乐的道理。七个社区妇代会的主任在“六一”节到来之际，还走访看望了17名战斗在一线的白衣战士的子女，并组织他们与社区中的其他孩子一起欢度儿童节。椿树地区的两所幼儿园在“六一”期间，也向200多名孩子的家长发出了慰问信，转达了老师对孩子们的节日慰问和祝福。

（来丽春）

【环卫所完成聘用制度改革】 下半年，环卫所按照区政府的布置，完成了事业单位人事制度的改革。通过改革，每名职工都找到了适合自己的岗位，建立了以岗位管理为重点的竞争激励机制，优化了用人环境。

（张浩然）

【第五届北京科普之夏仪式启动】 7月15日，市科协在椿树园社区主办了第五届北京“科普之夏”启动仪式，中国科协科普部副部长王慧梅，北京市科协党组书记、常务副主席田小平，首都文明办常建军，宣武区副区长王永新，北京市8个城区科协的领导，椿树街道的有关领导以及社区居民近500人出席和参加启动仪式。活动期间，区体育、卫生、环保等方面的专家在现场进行体能测试、开展宣传咨询、发放科普资料；8个街道、有关学会的科普志愿者也来到现场，为社区居民进行志愿服务。

（张 峥）

【开展民主评议行风活动】 7月中旬至11月，为了进一步促进政府部门增强服务意识，转变工作作风，围绕优化区域发展环境，推进政府管理创新工作，椿树街道开展了民主评议行风活动。街道的16个科室都列为被评议对象，以问卷调查的形式，从依法行政、廉洁从政、政务公开、办事效率、文明服务5个方面进行评议。调查范围有辖区单位、学校、社区居民、机关部分离退休人员等。共发出调查问卷120张，收回问卷112张，收回率达到93%。监察科把行风评议结果及时反馈给主管主任，按照谁主管，谁负责的原则，要求有关科室针对群众提出的问题，一经查证核实，立即整改；一时难以解决的问题，要落实责任，限期解决；不属于办事处管辖范围的问题，责成有关部门给予协调，帮助解决。城建科、城管分队、社保所、环卫所等科室，根据群众提出的意见和建议，制定了17条整改措施。通过行风评议活动，促使窗口科室进一步改变工作作风，杜绝“生、冷、硬、推、拖”等不良作风，提高了服务水平和办事效率，得到人民群众的认可。

（徐 丽）

【社区教育分院成立】 8月5日，为贯彻十六大精神，落实科技兴街的战略，推进街道社区教育的发展，宣武区社区教育学院椿树分院在宣武区少年美术馆成立。

（秦 丽）

【组织“社区腾飞中华毽”活动】 8月16日，“社区腾飞中华毽”大型群众健身活动暨体育节开幕式在椿树园社区举行。以打破上海大世界吉尼斯纪录的毽球高手陈国祥为队长的椿树花毽队与北京市毽绳协会、宣武区体育局联合开展了“中华毽社区行”的推广活动。

（秦 丽）

【“绿袋子行动”启动】 8月30日，由区文明办和北京地球村环境文化中心联合开展的“宣武区创建绿色社区，实施垃圾分类暨‘绿袋子行动’”启动仪式在椿树园社区举行。首都文明办副主任赵津芳，区委副书记赵长山，区委常委、宣传部部长阎满成参加了启动仪式。此项活动旨在倡导社区居民从我做起，积极投身绿色社区建设，进一步推广垃圾分类暨“绿袋子行动”的开展。北京地球村环境文化中心的廖晓义女士在启动仪式上，要求居民利用“绿袋子”密封处理垃圾，养成统一处理厨余垃圾的好习惯，防止垃圾滋生蚊蝇和病菌，传播疾病，造成对环境和其它再生资源的污染。“绿袋子行动”在11个试点社区运行3个月后，逐步在全区、全市进行推广。

（张 峥）

【举办京剧票友邀请赛】 9月21日，由椿树街道举办的首届北京市社区京剧票友邀请赛在湖广会馆举行，来自北京市城八区的34名选手参加了最后的角逐。他们中年龄最大的80岁，最小的只有10岁。

（秦 丽）

【区人大代表选举工作】 12月，宣武区选举委员会椿树分会完成了第十三届区人民代表大会代表的选举工作。地区登记选民17660人，16952人参加投票，投票率为95.99%。分会所辖7个选区选举一次成功,20名候选人当选为宣武区第十三届人民代表大会代表。

(杨雪涛)

【低保管理工作】 截至年底,街道共有社救对象25户、低保家庭590户、1329人。认真贯彻《城市居民最低生活保障条例》,做到严格把关、按政策办事。为把"应保尽保、确保覆盖、管理规范、服务热情"十六字落到实处,建立了来访制度,对来访居民群众做到耐心接待、细致解说。加大低保管理力度,将低保家庭情况录入微机,进行分类整理,实现一户一档、动态管理。通过入户调查、核算收入,撤消、核减了29户、63人的低保,核减低保金额12373元。

(徐 丽)

【老龄工作】 截至年底,地区共有60岁以上老人8970人,占地区总人口数的18%,其中60岁至69岁老人3709人,70岁至89岁老人5047人,90岁至99岁老人210人,百岁以上老人4人。全年共办理老年证279份。动员辖区14个单位与"空巢"老人结成帮对子,提供家政、送医送药、三餐的派送、嘘寒问暖等服务。为12户老人安装了求助门铃,慰问80岁以上高龄特困老人15位,送去慰问金9000元,为360名老年人进行体检。结合老年人的特点,组织了秧歌舞蹈队、说唱器乐队、拳操气功队、手工制作组、书画篆刻会等55个群团组织,在宣武区第三届老年人运动会上,有35人获得名次。

(洪 霁)

【宣东社区改造】 年内,为了改造宣东社区环境,办事处制定了改造硬件、完善软件两手抓的工作方案,以首都文明社区标准为基础,提出了"绿色社区,人文管理"的创建理念。在改造中,更新夜景照明灯129座,改造老旧车棚340平方米,新建便民存车处210平方米,更新树种710株,改造绿化草皮200平方米,封闭垃圾道156个,设立分类垃圾桶174个。为了增加便民措施,在小区内道路铺装的同时,设立了7处无障碍坡道、2个阅报栏、1个便民餐网点,方便了群众的文化和生活,为社区居民创造了一个良好的生活环境。

(王玉章)

【关注男性生殖健康】 年内,椿树街道计生办三进庄胜广场工地,为外来务工人员举办了一系列以男性生殖健康为主题的大型讲座、展览、送健康宣传等活动。7月中旬,举办了以"男性生殖健康、性、艾滋病"为主题的展览,展出20块图文并茂的展板,让民工全面了解艾滋病的危害、传播途径及预防办法。11月17日,组织600余名民工聆听男性生殖健康知识讲座,发放男性健康宣传品,做到人手一册。元旦前夕,计生办再进庄胜广场工地,为即将回家的民工送去健康宣传年货,200多名民工领到2004年《家庭历书》、预防艾滋病宣传品、避孕工具。

(董 超)

【电子政务工作】 年内,为适应北京市现代化发展需要,更好地为居民服务,根据区政府政务信息化的要求,街道结合实际,对辖区电政务子进行统一规划部署,建立街道协同办公平台。3月初,投资50余万元,内部布线132个点,建立网控室,联通各科室70台终端,搭建机关办公局域网。网络内核包括公文处理、信息交流,实现资源共享。10月底,完成了安装调试和人员培训。实现了日常工作网络化、信息化、无纸化办公,提高了工作效率、节约了资源。在方便群众的同时,为保证机关内部安全,街道还投资5万元,添置8个探头、1个监控工作站等网络监控设备,实现了公共办公区24小时全天候监控。街道社区中心、社保所、城管分队、环卫所、绿化站及7个社区居委会通过拨号远程登录办公平台,既保证了相互间的信息交流及时快捷,又提高了各部门的工作效率,减轻了工作强度。街道社区中心利用网络建立了网上报税服务站,为辖区单位网上报税提供方便,将管理和服务结合在一起,受到纳税人的好评。

(阎 清)

【人民调解工作】 年内,通过社区居委会换届选举,重新产生了新一届人民调解委员会。在47名人民调解员中,高中以上文化程度40人,占85%,比上一届高出30个百分点;平均年龄47.3岁,比上一届平均年龄下降4.3岁。全年调解人民内部矛盾137件,其中调解成功128件,成功率为93.4%。(邻里纠纷91件、家庭赡养纠纷10件、婚姻纠纷11件、继承纠纷2件、债务纠纷1件、生产经营纠纷1件、赔偿纠纷1件、其它纠纷20件)。街道调解委员会在处理因企业施工造成居民受伤的赔偿纠纷中,采取了积极稳妥的措施,促成了宣武区第一份具有民事合同性质的人民调解协议书的诞生。

(孙 玮)

【政务公开】 年内,根据区政府《关于深化政务公开建设诚信政府实施意见》的精神,街道结合推行电子政务的实际情况,在原政务公开内容的基础上,将公开项目、服务时间、服务标准、工作流程、工作依据、办结时限、责任人、联系电话等内容重新整理完善,并在网上对外公布,公开项目由原来的17项增至77项。全年共有447人浏览查询过资料。

(孟令涛)

【社会治安综合治理】 年内,地区综治委与辖区各单位签订了综合治理工作责任书，不断完善社会治安联组网络。认真做好重要会议、重大节日和第三届厂甸庙会的安全保卫工作，发放安全宣传材料600份，对456个重点单位进行联合检查42次。为改变崇光百货商场门前的治安状况，街道出资30余万元，在商场周边安装14个电子监控探头，实施24小时治安监控，并成立商场治安巡逻队，使该地区治安状况明显好转。在抗击“非典”期间，对地区67处地下空间，尤其是7处住人的地下空间进行了拉网式的反复检查，关停13处，疏散329人。加强外来人口管理，与用工单位签订《防控“非典”加强外来人口管理责任书》，清查企事业单位636家、出租房489户、外来经商务工人员4465人，并把调查情况全部输入计算机进行管理。为落实国务院颁发的《城市生活无着的流浪乞讨人员的救助管理办法》，街道综治、民政、城管、派出所等部门共出动288人次，先后16次对辖区4条重点大街、宣武门及和平门地铁出入口、骡马市大街地下通道等部位进行夜查，清理盲目来京者36人，清理无照摊商63人。与上年相比，地区刑事案件下降23.3%，重、特大案件下降17.9%，未发生重大消防、交通、安全生产事故和恶性群体性事件。

（刘　颉）

【街道工会工作】　年内，街道工会围绕“三个最大限度”（最大限度地把广大职工组织到工会中来；最大限度地调动和发挥广大职工的积极性；最大限度地维护广大职工的合法权益），开拓创新、积极转变工作方法，努力发挥工会作用，在为属地职工服务方面进行探索与实践。为使工会组织真正成为职工之家，明确了工会的工作目标，力争建成“三园”式工会（团结互助的家园，学习知识的校园，美好生活的乐园）。充分利用椿树社区职工学校，围绕街道的中心工作，先后开展了“手拉手献爱心”、交流学习“三个代表”心得体会、“爱生活”手工制作展、女性健康知识讲座、计算机知识普及及英语、“乒乓球、羽毛球及保龄球”比赛等活动，丰富了职工的业余文化生活，培育了企业文化。在建造团结互助的家园中，开展“一日捐”活动，共收到捐款39554.6元。街道工会被全国总工会评为2003年度全国建会工作先进集体。

（王　平）

【街道家长学校】　年内，椿树街道家长学校为保持全国妇联授予的“全国优秀（示范）家长学校”荣誉称号，除下大力量继续开展好学前教育，办好姥姥、奶奶班外，又提出了新的办学宗旨，即：密切配合学校，广泛发动社会、家庭，积极倡导和实施“素质教育工程”；坚持以活动带教育，扩大校外教育对家庭、对社会的影响。此外，学校注重实效，找准校外教育工作的切入点，组织学员到敬老院为老人搞卫生、进行演出，培养了家长及学生们爱我家园，建我家园的主人翁责任感，弘扬了尊老、敬老的中华美德，发挥了家长学校在社区工作中的重要作用。

（来丽春）

【劳动监察】　年内，街道劳动科以香炉营头条38家企业为推广单位，组织实施了“劳动用工规范一条街”工程。从治本入手，整体上规范用工秩序，优化劳动用工环境，完善社会保险制度，以此影响和带动辖区的规范用工工作。

（王红江）

【再就业及社会保障】　年内，街道加强对失业人员的管理和服务。全年办理求职证1239个，领取证679个，再就业优惠证431个。累计组织“成功求职策略”培训班25期，培训学员445人，免费咨询4900多人次，职业指导420多人次，职业素质测评82人次，职业介绍服务630多人次。组织联系111家用工单位，召开各类招聘会8次，提供700个用工岗位，共有523人进行求职登记，失业人员328人次走上工作岗位。为203名持《优惠证》的“4050”困难人员提供再就业机会，15人安排在社区公益性岗位，21人在社区就业，6人实现弹性就业。为489名退休人员和919名自谋职业人员办理医疗保险手册，保证退休金足额按时发放和医药费报销，发放退休金100567.69元，报销689414.71元。

（王红江）

【双拥工作】　年内，以争创“全国双拥模范区”为契机，加大对双拥工作的宣传和投入力度。根据新时期双拥工作的要求，重新制作双拥工作展板，制作横幅10条；深入开展双拥工作宣传，形成以街道为载体，辐射居民小区和社区单位的双拥宣传体系；以椿树园社区与武警十中队共建对子为试点，带动地区6个社区同时与武警十中队结成共建对子，推动双拥工作进社区。“春节”、“八一”前夕，投入2万元慰问武警七支队十中队，除送去慰问品、电视、日常用品外，还为部队刚成立的文艺宣传队送去电子琴、手风琴等，丰富了战士的业余生活。组织开展了“椿树街道军民联欢会”和“军民共建文明小区”等活动。

（徐　丽）

【送温暖活动】　年内，街道办事处出资近20万元，在“春节”、“五一”、“国庆节”开展大型送温暖活动，共慰问低保家庭、困难家庭2000余户；出资3万元，慰问义务积极分子、社区居委会主任和外勤民警。

（徐　丽）

陶然亭街道

【概况】 陶然亭街道位于宣武区南侧中段，东起太平街、虎坊路中心线，与天桥街道办事处为邻；西至菜市口大街中心线，与牛街、白纸坊街道办事处毗邻；南以护城河为界，与崇文区永定门外街道办事处、丰台区西罗园街道办事处隔河相望；北至虎坊桥路口，沿广安大街向西与菜市口大街交汇处中心点以南，同椿树街道办事处相接。辖区面积2.14平方公里。辖区有75条胡同、8个社区居委会；户籍人口24141户、64098人，其中男31807人，女32291人；出生134人，死亡304人，自然增长率－2.6‰；暂住人口7890人，人口密度每平方公里29952人；驻地有中央单位21个、市属单位86个、区属单位157个；大学1所、中学3所、小学6所、幼儿园2所。街道工委设7个科室，行政编制20人；街道办事处设13个科室，行政编制56人；下属有社保所、环卫所、社区服务中心、绿化站4个事业单位。年内，街道继续大力实施“以危改为龙头”、“以建设为手段”的发展战略，围绕人民群众的根本利益，解放思想，深化改革，真抓实干，努力实现区域经济的新发展、社区建设的新提高、群众生活质量的新变化。全年完成税收8869万元，比上年同期增长12.9%。街道先后荣获“全国老年人体育工作先进单位”、“全国示范青少年法律学校”荣誉称号。

地址：宣武区南横东街79号

电话：63533972

邮编：100052

（宋晓彤）

【社区党建】 年内，街道工委全面总结了实施区委“增三力达标创优工程”5年来的工作情况。“七一”前夕，对5个基层党组织、8支社区党员志愿者队伍、5名优秀党支部书记、49名优秀共产党员、97名社区党员志愿者进行表彰。在防治“非典”工作中，街道工委充分发挥基层党组织的作用，带领广大党员和积极分子全力投入到防治非典型肺炎的工作中，以党组织的战斗堡垒作用和党员的先锋模范作用赢得了群众的认可。街道工委对6个先进党组织和56名优秀共产党员进行了表彰。

（宋晓彤）

【党员教育管理】 年内，街道工委在基层党组织和全体共产党员中开展了“学习实践三个代表，保持党的先进性”、“平常时期看的出来，关键时刻站的出来”等主题教育活动，先后以报告会、组织参观学习、开展知识问答等形式，掀起学习“三个代表”重要思想的新高潮，进一步统一了广大党员的思想认识。

（宋晓彤）

【精神文明建设】 年内，街道开展了以“革除陋习讲文明，从我做起树新风”为主题的教育活动，动员全体居民“居陶然、爱陶然、革除陋习、共建家园”。先后成立了4支红领巾志愿者行动队和36支红领巾小队，开展了系列文明社区创建活动；组织辖区青少年自创漫画，以“坚决消灭卫生死角、纠正随地乱吐的恶习、禁止胡乱涂写”为内容，劝阻不文明行为，倡导珍惜美好环境；举办了第二届家庭文化节，组建了“三八”妇女志愿者服务队，开展了“创建学习型家庭”大型宣传教育活动，树立了一批学习型家庭的典型。在社区居民中进行以中华传统美德教育为主要内容的国学教育活动。通过进行集中宣讲、文艺演出，开辟宣传专栏等形式，开展系列教育；组织青少年深入到社区各楼门院，开展“小小楼门长”社会实践活动；组织2万名社区群众，参加“喜看家乡新变化，陶然社区一日游”活动，形成家庭—楼门(院)—街巷—社区文明带动的“滚雪球”式效应，营造了社区精神文明的良好氛围。

（宋晓彤）

【落实党风廉政建设责任制】 年内，街道处、科级领导逐级签订了《党风廉政建设行风建设责任书》，各部门针对易出现问题的工作环节，制定配套制度，强化管理。纪工委、监察科定期督促落实，加强检查。在党风廉政建设宣传教育月中，通过“优化发展环境，当好人民公仆”主题党课教育活动，强化了机关工作人员的服务意识；领导班子通过“廉洁自律回查活动”，进一步增强了廉洁从政、执政为民的意识。畅通民主监督渠道，设立意见箱，公布举报投诉电话和电子邮箱。行风评议活动中，社会单位和社区居民对各部门的满意度普遍提高。

（宋晓彤）

【社区服务】 年内，地区社区中心成立了家政服务、理发、家电维修等7支队伍，对2600余人的社区志愿者队伍进行了重新登记造册，建立了志愿者档案，明确了队员的服务宗旨、权利、义务和活动要求。服务队实行弹性工作制，依托便民热线和“96156”服务网络，为居民提供24小时方便、快捷的服务，为优抚对象、空巢老人、残疾人提供无偿服务。信息采集量在全区名列第二。全年接到服务定单225件，办结率100%；接到社区便民热线电话3604个，办结率96%。

（宋晓彤）

【社会保障】 年内，地区社会保障部门全力打造五个平台：一是打造低保救助平台。对980多户、2100多人全部实现应保尽保，保证低保金的按期足额发放，全年发放低保金547万余元，为59位低保人员进行医疗救助98816元。二是打造残疾群体救助平台。实行了“助残到人”，开展了教育助残、爱心献花蕾、法律助残、就业助残、爱心助残等系列活动，让残疾人享受到社会救助。三是打造困难家庭独生子女的救助平台。在全地区开展“谱爱心曲、圆学子梦”帮扶结对活动和向独生子女特困户资助学费活动，共资助37400元。四是打造优抚对象帮扶平台。开展了低保户与空巢老人结成帮扶对子活动，定期到空巢老人家中走访，给以照顾，此项活动中央电视台做了专题报道。社区服务热线已接听、解答、解决了1277件居民提出的各类问题和需求。五是打造失业人员就业保障平台。以社区就业为依托，引导社区公益性就业组织积极开展便民服务、车辆看管、治安巡逻、再生资源回收等就业安置项目。全年安置特困失业人员51人；累计办理《求职证》2060个、《失业保险金领取证》1206个，发放《再就业优惠证》557个；举办“成功求职策略培训班”28期，培训577人，“一对一”特殊指导1032人；全年有2162名失业人员实现了就业，城镇登记失业率为1.96%，城镇登记失业人员就业率为68.1%；开展了失业人员定岗培训试点工作。

（宋晓彤）

【居委会换届选举】 年内，街道第五届社区居委会选举工作全部完成。当选的51名社区居委会成员平均年龄为40.76岁，比上届降低了近9岁；全部实现高中以上文化学历，其中大专以上学历16人，占总数的31%；中共党员27人、共青团员3人，占总数的59%。

（宋晓彤）

【老龄工作】 年内，街道8个社区以资源共享、共建的方式，全面落实社区为老年人服务的功能。建立了“三室、一场、一校”（即卫生保健室、文化活动室、日间照料室；老年人室外活动场所；老年学校），为老年人开展各项体育活动提供便利条件。先后组建由老年人参加的柔力球、机灵圈、拍打秧歌、罐舞等多支健身队伍，举办以“科学健身、有益健康、抵御‘非典’”为主题的社区老年人运动会；组织“健康老人享受阳光”军民消夏游、“百岁老人相聚健康宫殿”、老人“九九”登高等活动，调动老年人参与体育活动的热情，展示地区老年人的风采和风貌。

（宋晓彤）

【政务环境建设】 年内，街道工委、办事处为全面提升机关干部、社区专职工作者的素质，进一步规范公务员行政行为，对机关全体工作人员和社区专职工作者进行了专题讲座、培训；向辖区单位、居委会、居民分别发放了评议街道、科室和个人的调查表；新建“一站式”社区保障中心、坚持社区组织一周七天工作制、机关窗口部门全日办公制、城管分队社区责任制等制度，营造热情、主动、周到的服务环境，提高了居民群众的满意度。

（宋晓彤）

【区域经济】 年内，街道坚持进一步优化区域投资环境，发展特色产业。以广吸税源和培育发展中介服务组织为重点，建立地区中央、市属单位通信网络平台，及时捕捉信息；发展行业自律组织，发挥行业协会在区域经济中的作用；拓宽引进企业的通道，与有关部门联手，通过采取网上申报、邮寄纳税资料等措施，开辟引进企业税源的“绿色通道”，为纳税人提供“一条龙”服务，营造良好的经济发展环境。年内，共引进21家企业在地区注册。

（宋晓彤）

【社区文体】 年内，街道以打造“陶然”品牌为重点，开展了系列群众性文化、体育活动。以“弘扬民俗传统风韵，唱响时代主旋律”为主题的北京首届“陶然杯”地书邀请赛，吸引了4个城区、5个公园的65名地书习练者参加；成功举办陶然亭地区第六届体育节、第七届文化艺术节，开展了夏日文化广场活动；成立了陶然艺术团、宣武区社区学院陶然亭分院，新建了居民健身乐园；开展了“陶然杯”奥林匹克知识进社区、象棋比赛等活动，丰富了地区居民的文化体育生活。

（宋晓彤）

【城管责任制】 年内，街道将城管责任制中的“五无”标准更新为无非法小广告、无乱贴乱画、无占路经营、无非法经商、无乱堆乱放、无占道垃圾、无大件废弃物、无环境脏乱、无白色垃圾、无车辆乱停、乱靠等“十无”标准，不间断地进行市容、市貌的集中整治。对64条胡同、街巷进行了4次暗查、8次明查；分4组进行日常巡查，完成巡查36次；定期对8个社区居委会进行考核，并与社区干部管理奖励挂钩；完善“城管责任制热线问题督办单”，设立社区居委会及办事处双层责任制度，对居民承诺3天内答复热线问题。全年受理解决城管举报热线电话110件，保证地区环境常态管理水平的不断提高。

（宋晓彤）

【老旧小区改造】 年内，街道投资150万元，完成了姚家井小区5067.5平方米、高家寨小区3310平方米的绿化升级改造工程，建造仿古姊妹凉亭1组、健身广场4处，新修存车棚3个。改造后,包括红土店小区、黑窑厂小区、四平园小区在内的5个老旧小区均被评为首都文明社区和绿化养护一级小区。

(宋晓彤)

【解决四平园小区路灯问题】 四平园小区自1994年居民入住之日起,由于种种原因,小区里始终没有路灯,给居民的生活带来诸多不便,居民意见较大。在区领导的协调下,经过各方的不懈努力,1月20日,62盏白帜灯排列在9栋楼宇之间,小区的路灯全部亮起来。这是办事处为群众办的又一件实事。

(宋晓彤)

【社会治安】 年内,街道实现了一居一区,即每个居委会建立一个小区,实行封闭或半封闭管理;一区一警,即每个社区设立一名稳定的管片民警,建立了8个社区警务站,覆盖率达100%;一区一队,即每个社区建立一支党员、积极分子治安巡逻队;一区一册,即每个社区都有一本治安基本情况登记册;一区一栏,即建立法制宣传栏,定期进行法制教育;一区百员,即明确各楼(门院)长为信息联络员,负责反映各种不稳定信息。发挥街道、社区党组织“四个纳入”的长效机制,8个社区全部实现了“四无社区”;4个社区新增21个楼宇对讲系统,受益居民达324户;安全居委会的覆盖率保持在95%以上,无发案居委会达到50%以上。

(宋晓彤)

【共青团工作】 年内,新兴里社区成立了宣武区首家社区团委。组织大学生志愿者、社区辅导员、青少年法制宣传队3支队伍,通过开展高校“模拟法庭”进社区、“法制天下说唱”等系列活动,对青少年进行法律教育。街道荣获全国示范“青少年法律学校”荣誉称号。

(宋晓彤)

【区人大代表选举工作】 年内,宣武区第十三届人大代表选举工作在地区8个选区全面展开。经过宣传发动、选民登记、推荐协商代表候选人、投票选举四个阶段的工作,8个选区一次选举成功。23606名选民参加了投票,投票率为94.53%,选出区十三届人大代表24人。

(宋晓彤)

【抗击“非典”疫情】 “非典”疫情暴发后,地区防控“非典”工作领导机构迅速建立,形成了“四位一体”的预防监控网络,启动了宣传教育信息、疫情报告协调、社区居民防控、中央市属单位防控、消杀灭毒保洁、工地地下空间防控、后勤服务保障七大系统。在中央、市属单位搭建了防“非典”工作网络平台;在社区居民中建立了“横向到边、纵向到底”的防控天网,2196名社区积极分子迅速投入到防控斗争的第一线。街道先后向社区居民、辖区单位、学生家长、入党积极分子、密切接触者等,印发了公开信10封,发放、张贴、悬挂、书写各类宣传品37种、7.76万张;在全地区设立了20个消毒网络,不间断地为辖区64条街巷胡同、1364个居民院、109栋楼房和3154名空巢老人、残疾人、优抚对象等家庭进行消毒,累计消毒面积310万平方米,使用药液8.5吨。

(宋晓彤)

【工会工作】 年内,地区新建非公企业工会13家,发展会员2000余人。在南东危改工地成立了宣武区首家外地建筑公司工会;举办辖区非公经济企业集体劳动合同签字仪式,13家非公企业经营者的职工代表签字,478名企业职工的合法权益得到保障,其中决大多数为农民工;举办了餐饮业烹饪技术大赛,地区内10个有影响的餐饮企业参加了比赛,20名厨师同场竞技;举办了“陶然杯”划船比赛、南东危改工地钢筋绑扎劳动竞赛;在部分企业中开展了“我为企业发展进一言”活动。

(宋晓彤)

【信访工作】 年内,街道继续坚持每月的矛盾排查调处情况月报制度,实行《矛盾排查处理问题承办单》办法。每月将基层解决不了的矛盾在街道矛盾排查例会上,由各职能部门按照“分级负责,归口办理”的原则,层层分解、逐一落实,以最快速度把问题化解在基层。通过矛盾排查,全年查出问题182件,其中社区自行解决147件,办事处有关部门协调解决35件;全年接待群众来信来访210件次,办结率98%。逐步实现了信访工作由信访部门独家办理向综合办理的转变、由事后信访向事前监控信访的转变。

(宋晓彤)

【法律服务】 年内,地区建立了由法律服务所、律师事务所、法律服务志愿者、社区法律服务工作者、公证处组成的“五位一体”的法律服务网络,面向全地区的弱势困难群众,提供法律服务。开设咨询热线,开展“法律咨询服务”接待日活动,全年共接待居民192人次,解决纠纷189起。

(宋晓彤)

广安门内街道

【概况】　广安门内街道(简称广内街道)位于宣武区中部偏北,东以宣武区外大街西侧与椿树街道相邻;西以广安门护城河为界与广外街道相接;南以广安门内大街与牛街街道相依;北以西便门护城河、宣武门西大街为界,分别与西城区月坛北路和二路龙街道接壤。东西最长处2130米,南北最宽处1200米,面积2.43平方公里。辖区内有街巷79条,19个社区居委会;户籍总数为33041户、人口89237人,其中男44075人、女45162人;新生人口246人,死亡389人,自然增长率为－1、6‰;暂住人口7494人,人口密度为每平方公里36723人;驻地单位912个,其中中央、市属单位276个;有中小学学校14所、医院5所。广内街道工委设办公室、组织部、宣传部(与精神文明办合署办公)、纪工委4个部门及街工会、团工委、妇联3个群团组织,行政编制21人;办事处设12个科室,行政编制67人。年内,广内街道认真贯彻党的十六大提出的"发展要有新思路、改革要有新突破、开放要有新局面、各项工作要有新举措"的精神,在确保完成区委、区政府下达的各项工作任务的基础上,机关全体工作人员坚持以改革创新为动力,以发展为第一要务,以优化环境为主线,一手抓抗"非典"工作,一手抓各项工作的开展,较好地完成了各项工作任务,区域经济呈持续健康发展态势。全年税收完成11408万元,财政收入3124万元;为25399人次发放低保金516万元;安置失业人员2530人,再就业率达到68.2%,城镇登记失业率为1.6%。

地址:宣武区感化胡同3号院12号楼。

电话:83172780

邮编:100053

(肖淑珍)

【启动联合执法检查模式】　3月,由街道综治办牵头,组织公安、防火、工商、城管、卫生监督等部门,以及街道劳动、计生、城建等科室,重点对地区的餐饮服务业、地下空间进行了联合执法检查,减轻了企业应对部门多头检查的负担,为企业经营创造了良好环境氛围。全年共检查12家单位。

(肖淑珍)

【电子政务信息化建设】　4月,按照《宣武区人民政府广安门内街道办事处电子政务信息平台建设规划》,广内街道网站正式开通,实现了科室间、社区居委会、地区管委会成员单位之间的网络连接,做到了信息资源共享,为领导干部实现远程移动办公提供了方便。依托广内街道网站,建立了宣武区首家街道级党建网站。在"非典"疫情暴发之初,研发了SARS监控系统,构建起街道直达社区并可相互传递信息的网络。社区居委会通过社区管理信息软件,建立了居民户籍基础数据库,为加强对外来人口的管理及人大换届选举工作提供了有力支持。

(肖淑珍)

【召开首例小额担保贷款现场会】　8月13日,北京市劳动和社会保障局在广内街道召开全市首例小额担保贷款现场会。街道失业人员昝士其获全市首批小额贷款10万元,用于自主创业。

(肖淑珍)

【人大代表选举工作】　9月中旬至12月中旬,根据宣武区选举委员会的工作部署,经历了准备工作,普遍宣传和选民登记,提名推荐、协商确定代表候选人,投票选举四个阶段,街道全面完成了区人大代表的选举工作。参加选举的单位318个、社区居委会19个,共有选民43609人。按照《选举实施细则》有关规定,地区划分为16个选区,全部为混合选区。区选举委员会确定地区应选代表名额38人(其中党派联合推荐5人)。12月10日,16个选区的40383名选民参加了投票选举,投票人数占选民总数的92.6%;选举出宣武区第十三届人民代表大会代表38人,其中男性27人,占71%;女性11人,占28%;中共党员25人,占66%;35岁以下4人,占11%;少数民族4人,占11%;大专以上学历28人,占73.7%;上届代表继任9人,占23.7%。

(肖淑珍)

【干部队伍建设】　年内,街道开展了"探索改进和加强我街道科级非领导职务选拔、任用的有效途径"、"对选拔任用干部工作监督机制的探讨"的调研;选拔任用了2名科级实职干部、13名副主任科员;聘请培训顾问,对机关干部和部分社区专职工作者进行了创新基本理论知识和创新能力的学习、培训;组织干部286人次参加电子政务、英语百句和项目管理(PMP)培训;深化《科室定点联系基层制度》,在抗击"非典"、社区居委会换届、人大代表选举工作中,分别派干部到基层锻炼。

(肖淑珍)

【构建街道党建工作新格局】　年内,街道工委以广安东里、小六条、宣西3个社区党组织为试点,通过建立社区代表大会常设机构,实行党组织领导,社区居委会主办,中介组织运作,社区居民、单位参与,政府有关部门指导服务的组织体系和议行分社的工作运行机制,推动了社区民主、自治化进程,进一步巩固了党在社区建设中的领导地位。党建工作由单纯抓党组织建设向社区组织建设延伸;由抓街居党员教育向社区居民党员延伸;由重点抓党务工作问题向解决居民生活和社区发展中的实际问题延伸。

(肖淑珍)

【优化政务环境】 年内,围绕“优化发展环境,当好人民公仆”的主题,街道开展了党风廉政建设宣传教育月和领导班子“回查”活动;将涉及各科室工作职责、办事制度和程序共69项内容,通过广内网站向社会公开,接受百姓监督,方便群众办事;在机关办公楼大厅内设立首问责任服务台,设专人值守,为群众提供便捷服务;修订完善了《广内街道关于进一步加强督查工作的意见》、《广内街道建设工程招投标程序(试行)》、《广内街道建设工程管理办法(试行)》等有关的制度,进一步理顺了管理程序,规范了行政行为,优化了政务环境。

(肖淑珍)

【区域经济】 年内,街道共召开了9次经济工作研讨会,会同工商、税务等部门共同研究发展广内地区经济工作的思路和办法。围绕“为纳税人服务”,制定了《广内街道评定重点企业暂行办法》、《广内街道重点企业“绿色通道”服务承诺》;完善领导干部联系重点单位制度,规范联系流程和联系方式,为重点单位协调解决了周边环境等问题;建立基层信息网,及时了解地区企业变动情况;努力克服“非典”带来的负面影响,圆满完成了全年的财政税收任务。

(肖淑珍)

【网络电视监控系统建成】 年内,街道投资150万元,在辖区主要街巷及重点单位安装32个探头,采用光缆将视频信号传送到街道监控中心、派出所监控中心,并通过网络传送到街道领导及相关职能科室,同时通过光缆,传输到区政府及公安宣武分局,对辖区的治安及城管工作进行高效监控。

(肖淑珍)

【城市管理工作】 年内,街道采取集中整治和日常巡查相结合的方法,对槐柏树小区周边、宣西22号楼后进行了多次集中整治;坚持依法行政,对403个单位的“门前三包”工作进行了验证复查;积极开展城管进社区工作,“一区一员”得以落实。“非典”期间,街道出资10万元,购置400个垃圾桶,对地区163栋居民楼的871条垃圾道进行了封堵;集中力量突出抓好地下空间管理、建筑工地的疫情防控工作。地区创建市级节水型单位、小区5个;完成了报国寺、丹通大厦、博瑞琪大厦夜景照明工程;对西便门西里小区、范家胡同东口、槐柏树街东北口3420平方米绿地进行了改造;完成了槐北、三庙、感化、长东小区的绿地补植工作;对25000多平方米的绿地养护实行市场化运作,提高了地区的绿化养护管理水平;配合区环保局,在广内地区180个餐饮单位中开展除油烟装置整改活动。地区广信嘉园、天泽园两家单位被评为北京市花园式单位;天泽园、计委小区、康乐里小区、广信嘉园被评为市级优秀垃圾分类物业小区。为确保市级重点工程宣外大街市政道路工程能够按期顺利通车,办事处专门成立了宣外大街整治小组,仅用了10天的时间,就拆除违法建筑1间、5.28平方米;撤销占路摊商8处、50平方米;处理历史遗留问题9处。办事处还协助区有关部门,完成了区重点工程广义街道路拓宽前期拆违工作,共拆迁居民58户、经营用房13处。经区验收,广内街道被评为无违章街道。

(肖淑珍)

【社会治安综合治理】 年内,街道加强群防群治工作,成立了由低保人员、共产党员组成的69支、3019人参加的社区特色义务巡逻队。搞好刑释解教人员的安置帮教工作;按照市、区民政部门统一部署,对街头流浪乞讨人员进行社会救助18次;开展“四无社区”的创建工作,对地区“法轮功”人员及55个光接点进行严密监控,确保了四项“零”指标任务的完成。坚持每月召开信访排查分析会、领导干部接待日和领导“包案”制度,修订完善了《广内街道关于进一步加强信访排查调处工作的意见》,初步形成了信访排查调处工作上下联动的工作格局。全年共受理群众来信、来访426件次,办结率达100%。成立了地区义务消防队,与公安宣武分局消防处、广内派出所共同组织19个社区的义务消防队员,进行了一次大规模的防火逃生自救演习;全面落实“一区一警”工作,对报国寺、槐北、核桃园3个社区警务站进行了统一装修;加大“压发案”工作力度,维护了地区的稳定。

(肖淑珍)

【社区换届选举工作】 年内,街道工委以创新的理念,不断探索街道社区党建工作的新路子。以完善社区党组织体系为突破口,以党总支建制、设置社区专职党务工作者为主要模式,规范各项工作程序,做实、做细社区党组织换届选举的各项工作。配齐、配强了社区党组织班子,选举后社区党组织班子平均年龄53.2岁,比上届降低了7.3岁,高中、中专以上学历的委员占76%。社区党组织建立后,依法进行了社区居委会的换届选举工作。新当选的121名社区居委会成员,文化程度在高中以上的占68.6%，比上届提高了9.6%；平均年龄48岁，比上届下降2岁。社区党组织、社区自治组织结构进一步得到优化。

（肖淑珍）

【整合社区资源】 年内，通过整合置换，增加了核桃园等4个社区居委会办公用房面积，大街东、小六条、西便门东里3个社区居委会办公、服务用房集中一处，分别达到200平方米以上；完善社区卫生服务设施，扩建长西、西便门东里社区卫生站，方便了周边居民就医，长西卫生站成为全区的社区卫生示范站；街道19个社区全部实现了星光计划，提升了居委会的整体形象；广泛开展"一居一特"创建活动，通过引入ISO9001质量管理体系，提升了"96156"服务信息网站的质量与效益。全年社区服务中心服务项目达到5类、13项，加盟企业36个；接待服务咨询3300多人次，提供服务1645次。

（肖淑珍）

【社区建设】 年内，街道正式开通了广内街道市民学校文明网站，实现了市民学校教育课再现播放；评出街道级学习型家庭90户、区级五好文明家庭10户、区级五好文明家庭标兵1户；建立了地区妇女儿童维权工作站，开通了维权服务热线；以"综合包户"为龙头的青年志愿者服务，被团中央选为北京市唯一重点联系单位，10月份被评为北京市社区志愿者服务先进单位；街道社区教育分院2月份正式挂牌成立，并依托广内网站建立了广内社区教育网；为273名特困生办理了各种形式的补助，为5名特困学生提供了学习经费；在社区新安装体育器械3套，举办了广内"乐凯杯"足球赛。

（肖淑珍）

【再就业工作】 年内，街道认真贯彻全国和北京市再就业工作会议精神，调整充实了再就业工作领导小组力量；在广内网站开辟"网上再就业专栏"和"综合查询系统"，将社会保障应用系统延伸到社区，逐步形成街居信息共享的再就业网络体系；制定了《广内街道招用社区工作协管员暂行办法》；开发"四保一站一看一员"社区就业岗位，积极推行小额贷款，街道劳务派遣组织、社区公益性就业组织、自谋职业和弹性就业等就业岗位开发安置能力进一步增强。全年开发社区就业岗位1626个，安置失业人员1626人，其中安置"4050"特困人员628人，完成区再就业工作任务的162.6%；城镇登记失业率为1.6%，失业人员就业率为66.46%。

（肖淑珍）

【优抚社救工作】 年内，街道低保工作做到了应保尽保，地区1019户、2279名困难群众享受到最低生活保障待遇；创建无障碍街——长椿街，方便残疾人出行；积极宣传劳动和社会保障政策法规，街道养老、失业、医疗三项社会保险基金扩面征缴完成282万元，完成区下达指标187.4%；在19个社区设立了劳动保障年检站，收取地区289个单位残疾人保障金78万元，安置11名残疾人就业，"扶贫济困送温暖"活动取得良好效果。

（肖淑珍）

牛街街道

【概况】 牛街街道位于宣武区中部，东起菜市口大街，西至广安门南街，南起南横西街、枣林前街，北至广安门内大街，面积1.44平方公里。辖区有胡同35条、9个社区居委会；户籍人口18134户、49490人，其中男性24912人、女性24578人；出生107人，死亡218人，自然增长率－2.2‰；暂住人口9486人，人口密度每平方公里34368人；居住着22个少数民族，其中回族人口10964人，占辖区总人口22%；驻地单位474个，其中中央、市属单位139个，有中小学9所。年内，街道以邓小平理论和"三个代表"重要思想为指导，以学习宣传贯彻党的十六大精神为主线，将创建一流民族团结社区、一流社区居住环境、一流社区服务环境、一流工作者队伍、一流民族特色街作为努力方向，解放思想、求实创新、抢抓机遇，实现了社会稳定、民族团结、社会和经济协调发展、各项事业相互促进的良性循环。街道第5次被北京市评为民族团结进步先进单位，成为自1984年开展该项表彰活动以来500多家先进单位中唯一的"五连冠"。全年实现财政收入14750万元，比上年增长1825万元。

地址：宣武区牛街8号
电话：63533407
邮编：100053

（孙　颖）

【牛街民族特色街开街】 1月20日上午，牛街民族特色街开街。民族特色街全长600米，宽40米，以民族文化、民族商业、民族交流和社区服务为一体。新增加的商业设施主要为满足回族群众和社区居民生活的需求，其中牛街清真超市是北京市第一家大型清真超市。入驻牛街的还有市清真食品公司、月盛斋、清华斋等老字号企业和年糕钱等10余家回族民间作坊,具有民族特色的百年老字号正兴德茶庄、聚宝源涮羊肉等也在此开业;注册资金达120亿元的"中国电力投资集团公司"和注册资金100万元的"北京明思富达广告有限公司"也被引入牛街。

(孙　颖)

【贾庆林视察牛街】 1月29日上午,中共中央政治局常委贾庆林第10次到牛街进行调研。贾庆林视察了牛街清真超市、正兴德茶庄,走访慰问了牛街回族困难户88岁的李惠英老人及牛街一期危改回迁居民康宝光一家,并与牛街居民代表进行了座谈。

(孙　颖)

【学雷锋相聚牛街主题活动】 3月5日,在学习雷锋高潮日当天,街道开展了"当代雷锋相聚牛街"的主题活动,杨秀奇、许国富等首都青年劳模参加了活动。

(孙　颖)

【抗"非典"工作】 面对"非典"疫情,街道高度重视,广泛动员社区一切力量,实行群防群控。街道结合民族团结进步创建活动,在社区中开展了"温馨社区(无疫情社区)"、"关爱社区(控制疫情发展社区)"创建活动。社区党员、红十字会员、低保户等社区志愿者自发组织起来,积极参加社区消杀、环境保洁及社区巡逻等工作;广泛开展除陋习、讲文明宣传活动,社区少先队员自觉担任义务宣传员;社区单位主动与社区联手,帮助清理卫生死角;社区居民自愿为"非典"一线医务人员献爱心,共捐款32万余元,仅牛街东里社区居民就捐款2万余元;街道共计投入30余万元,购买防控用具、慰问医务人员及家属;综合执法部门全天候深入社区、工地、地下空间,对134处地下空间进行地毯式检查,在其中41处有人员居住的地下空间建立了隔离室;指导辖区13个物业公司、21个工地进行科学消杀;对全地区进行消杀25次,每次消杀面积均在31万平方米以上。

(孙　颖)

【民族团结进步工作】 7月18日,街道召开第七届民族团结表彰大会,对在民族团结进步工作中做出突出贡献的52个先进集体、24个先进楼门院及88名先进个人予以表彰。围绕表彰大会,街道开展了"五个一"活动,即:编写《走进新牛街》一书,对牛街多年来的发展变化和民族团结事迹进行回顾;制作一套大型图片展板,通过新旧对比,多角度展示牛街的变化;出版一期牛街民族团结进步工作专刊,扩大宣传辐射面;拍摄一部《走进新牛街》的专题片,扩大牛街的社会影响力和知名度;修改补充民族团结进步工作意见。年内,牛街街道再次被北京市评为民族团结进步先进单位,成为自1984年开展该项表彰活动以来500多家先进单位中唯一的"五连冠"。

(孙　颖)

【人大代表选举工作】 在9月至12月进行的区人大换届选举工作中,牛街地区共划分为10个选区,登记选民26940人;25804名选民参加投票,参选率为95.78%;提出初步代表候选人106人,经过充分酝酿讨论协商,确定正式代表候选人34人;经过投票选举,选出区十三届人大代表24人。

(孙　颖)

【刘淇参加人大代表候选人协商会】 11月25日下午,中共中央政治局委员、北京市委书记刘淇参加了牛街礼拜寺选区选民联组酝酿协商区人大代表候选人会议。刘淇强调,要认真实践"三个代表"重要思想,全面贯彻落实党的十六大和十六届三中全会精神,保证人民群众充分行使当家作主的民主权利,选出真正代表广大人民群众利益的人大代表,使区县人大代表换届选举工作顺利进行。市领导赵家骐、孙政才、范远谋和区领导唐大生、王敏荣等也参加了会议。

(孙　颖)

【学习十六大再掀高潮】 年内,街道工委以各种形式,广泛动员和组织干部、党员,群众,掀起学习十六大精神的高潮,相继开展了"十六大"精神博士生讲师团进社区,"十六大"光盘首发式,大学生宣传团进社区,"十六大"、区情、民族宗教知识的家庭竞赛及"十六大"进军营等活动。全年共举办辅导报告56场,听众达10000余人次,学习覆盖面达90%以上。

(孙　颖)

【社区党建】 年内,在全地区开展了以"学习实践'三个代表',保持党员先进性"为主题的"七个一"系列教育活动,即设立一个意见箱、开通一部党员先进性教育热线、参加一次爱心捐助活动、举办一次"我为社区建设进一言"意见征询活动、组织一次"生命的新航程"征文活动及心得体会交流会、召开一次高质量的民主生活会、召开一次表彰大会;组织举办了大型庆"七一"、"颂歌献给党——抗击"非典"民族情暨第二届春之声社区艺术节慰问演出";对在党员先进性主题教育活动和社区两个创建活动中的12个党组织、96名共产党员、10个社区、37个社区单位和127名个人进行表彰。

(孙　颖)

【城市环境治理】 年内,街道投资520余万元、用时100天,对牛街东里、西里两个回迁小区进行了综合整治，铺设沥青路面4000平方米，新建、改建绿地11960平方米，安装路灯照明98处；在牛街东里小区建成了集聚会、休闲、娱乐、演出为一体，以春夏秋冬四季景色为特点，占地5500平方米的社区文化广场和400平方米的儿童乐园；协助完成法源寺风貌保护区内123户居民的拆迁工作，拆除面积2万平方米；拆除白广路头条过期临建550平方米，硬化路面350平方米；完成了广安门办公商务区内南滨河路逾期临建、遗留违建3750平方米的拆除工作，并在该处建成近万米的街心绿地。

（孙 颖）

【社区文体活动】 年内，街道共主办、承办千人以上大型文化活动9场。针对立体宣传（文艺演出、报告会等）给人印象深刻，平面宣传（图书、画册、展板）便于经常性组织的特点，在开展一系列文体活动和报告讲座的基础上，组织社区中小学生中开展“小手牵大手”系列活动，征集儿童书法漫画作品，并汇编成《革除陋习讲文明，从我做起树新风》漫画册；先后举办了“十六大”精神家庭知识竞赛、“我为小康做点什么”主题讨论征文与演讲、“我为牛街民族团结进步工作进一言”、“春之声”社区艺术节、社区运动会、夏日广场、民族团结杯棋类赛、庆祝北京双解除大型慰问演出等系列活动，进一步增进了社区居民之间的了解、沟通和民族团结意识。

（孙 颖）

【双拥共建工作】 年内，街道组织武警战士与回族敬老院的老人联欢，安排新入伍的战士同老人们一起参观宋庆龄故居，游览北海公园等；组织辖区单位和居民到军营开展各种慰问活动。军地双方优势互补，共驻共建，推动和促进了地区精神文明建设水平的提高。

（孙 颖）

【再就业工作】 年内，街道一是建立了“六位一体”的再就业联动机制，进一步规范社区就业组织，将社区公益性就业组织转入社区服务中心。二是借助牛街开街之势，动员沿街单位吸纳下岗职工85人；在南线阁社区举办“阳光就业行动”进社区活动，实现用人单位与失业人员零距离接触，300余人次与用工单位达成就业意向，32人当场找到了工作，招募劳动保障协管员9人。三是不断开发、完善社区售菜、再生资源回收、早点工程、便民连锁店等项目，100多名失业人员实现了再就业。北京市在牛街召开了“四进社区”现场会，推广安置再就业的经验。

（孙 颖）

【救助弱势保障工作】 年内，街道一是加大享受“低保”待遇的社会监督力度，对于不符合政策的11户、24人及时取消“低保“福利，并实现领取低保金社会性发放。二是为800余户特困家庭送温暖，全年折合现金50余万元。三是收缴残疾人按比例就业费115万元，7名残疾人实现就业，为1名弱听儿童免费配置助听器。

（孙 颖）

【民族教育事业】 年内，街道将2003年定为学习年，开展了“忆五四、话成才”系列活动、“学习三个代表争做青年先锋”活动及创建“青年文明号”活动，进行了“青年岗位之星”的表彰。在回民小学设立“平安律师法律援助站”；在地区单位中开展了社会性别视角与计划生育优质服务和“青春期”健康教育调研工作；将支持民族教育发展写入《民族团结进步工作意见》，并设立特色教育资金；制定了资助贫困生标准，对考取重点大学的学生及考取大学的贫困学生给予1000元至5000元不等的一次性奖励；为辖区7所中小学捐赠14万元，帮助学校改善办学条件；为6名考入大学的贫困生进行了资助，帮助15名特困生申请希望工程奖学金6900元。

（孙 颖）

【社区换届选举】 年内，街道完成了社区的换届选举工作，10个社区居委会共成立9个党委、1个党总支。新当选的62人平均年龄43.7岁，党、团员所占比例、年龄结构、文化层次均优于上一届，其中党员40人，少数民族19人，大专以上学历29人。

（孙 颖）

【街道政务服务大厅成立】 年内，结合牛街民族特色街的建设，街道投资170余万元成立街道政务服务大厅，将工商、税务、防疫等7个执法部门引入大厅，设立了全市首家网上纳税申报站，从形式和工作内容上真正实现了政事分离。建立了人大代表、政协委员接待站，聘请10名义务监督员，加强对行政工作的监督力度。政务大厅服务达50余项，基本涵盖社区单位、社区居民的生产、生活需要，形成了街道对外服务的窗口。

（孙 颖）

白纸坊街道

【概况】 白纸坊街道位于宣武区西南部，东起菜市口大街南下路西侧，西至西护城河，南起南护城河，北至南横西街、枣林前街南侧，面积3.11平方公里。辖区有76条胡同、18个社区居委会；户籍人口31822户、90966人，其中男45933人、女45033人；新生179人，死亡417人，自然增长率为一2.6‰；暂住人口6130人，人口密度为每平方公里29250人；驻地单位957个，其中中央、市属单位200个；有大中小学校15所、托幼园所4个、医院6所。街道工委、办事处设18个科室，行政编制83人。年内，白纸坊街道以邓小平理论和“三个代表”重要思想为指导，认真学习贯彻“十六大”精神，党的建设进一步加强，社区建设有序开展，社会治安综合治理成效显著，城市管理再上新台阶，社会保障与再就业工作进一步完善，区域经济稳步增长，文教卫体等各项工作又有新提高，圆满完成了全年的工作任务。

地址：宣武区新安中里4号

电话：63518450

邮编：100054

（马鸣扬）

【双拥工作】 元旦、春节期间，街道召开了一个大型军民联欢会，并慰问了驻地区七中队和清河全体官兵，给战士们送去了日用品和节日慰问品，表演了节目，社区居委会的主任们还给武警战士包了“连心饺子”。年内，街道还组织地区新兵家属到军营看望入伍子女；安排处级领导看望结军亲对象。“八一”期间，看望了清河农场干警和武警十二支队官兵；双拥领导小组成员和社区居委会主任慰问驻街武警七中队官兵；布置了白广路双拥宣传一条街，利用标语、横幅、板报等形式进行宣传。街道开展了评选双拥先进楼门(院)活动，共评出10个双拥先进楼门，并在自新路社区举行挂牌仪式。

（马鸣扬）

【慰问低保户和残疾人】 春节期间，街道共慰问地区低保户2072人，共发放补助金414400元；慰问清河低保户212人，共发放补助金42400元。上半年，给街道社救户报销医药费共计33429.41元。节日期间，老龄委、社区居委会分别对地区4位百岁老人、150位90岁以上老人、30位80岁特困老人及“空巢”老人、离退老积极分子、孤老户进行走访了慰问活动。

（马鸣扬）

【助残工作】 年初，街道建立了残疾人每人一份档案的管理制度，区残联在其它7个街道进行了推广；召开了“2003年残疾人按比例就业工作表彰、动员会”和第四届残疾人代表大会。年内，收缴残疾人按比例就业保障金888226.89元(245个单位)，新安置残疾人7人就业，超额完成了区残联下达的安置5人的指标；社区就业安置残疾人3人，完成了区残联下达的安置2人的指标。选举了新一届残联成员；完成了中央残联、市残联对自新路和双槐里社区残协工作的验收；进行了重残人的调查和社区残协的调整；组织18个社区居委会参加了殡葬一条街板报宣传工作。12月，组织残疾人进行了残疾人摩托车的认定和车辆置换工作。

（马鸣扬）

【计划生育工作】 年初，街道与辖区的52个中央市区属单位签订了计划生育目标管理责任书。投入经费3万余元，制作《人口与计划生育法》宣传展板30余块。春节期间，这些展板被摆进了大观园庙会，还在大厚房地产新安中里工地、园林局万寿西宫公园、双槐里社区居委会等地进行巡回展出。与一建公司开展计划生育防控“非典”宣传一条街活动；与司法局联手在中华家园工地进行抚爱宣传，送去《人生》、《婚育》、《人口报》、《男性健康》等杂志；在每个市场设置专栏，宣传计生政策，传播优生优育知识，购置避孕药具自取架24个；与白纸坊妇幼保健院联合成立了白纸坊地区生殖健康指导中心，每周两天提供免费咨询服务；与恩威药业和长青公司达成协议，为辖区单位、社区居民和外来人口进行健康知识讲座；在“8、24”宣传高潮日活动中，开展了宣传展板进公园、宣传材料进社区、宣传讲解进工地活动；对地区外来育龄妇女的孕检环境进行改造，添置了新床、新被、新床单，配备了饮水机，准备了计生知识宣传材料和避孕工具；对外来人口的《婚育证》进行检查，共计检查197次、5721人次。

（马鸣扬）

【社区教育工作】 年初，召开了白纸坊地区社区教育委员会工作会议，调整了委员会成员名单，总结了2002年工作，制定了2003年方案。3月底，白纸坊地区成立了社区教育分院，聘请辖区内63名有教学经验的老师为分院的兼职教师。年内，为新当选的居委会干部举办了两期电脑基础知识培训班；结合居民健康教育需求，先后举办了“三高”(高血压、高血脂、高血糖)预防、糖尿病预防、中老年人心脑血管疾病预防等健康知识讲座；在社区举办了第二十五届科技、手工艺品展览，开展了第二十届爱家乡文史知识竞赛。坚持开展“我们从小爱消防”活动，让中小学生参与消防演习，书写消防板报，听消防故事，参加消防座谈，观看消防表演；组织小学生到农村“感受大自然生活”；继续推进高雅艺术进社区活动，与中国歌舞团、鑫融剧院联手，在平原里、万博苑等社区，为中小学生举办中国民乐欣赏会，参加学生达2880人；开展了“这些大事我知道”和十六大知识进家庭读书知识竞赛活动，参加活动的家庭达上千户。

（马鸣扬）

【社区服务】 3月1日，为纪念毛泽东主席“向雷锋同志学习”题词发表40周年，街道组织机关工作人员参加了一条街公益活动，摆摊设点为群众提供服务。同时还参加了宣武区组织的公益活动一条街主会场活动，社区服务志愿者品牌服务队——“白纸坊精神卫生预康服务队”现场进行了精神卫生咨询活动。3月5日，组织15名社区服务志愿者，参加了96156热线网络“学雷锋入户为残疾人上门服务”活动，为残疾人打扫卫生，维修电器。年中，发动18个社区居委会、8个社区工作站的1597名社区服务志愿者，参加了“北京市第十次社区服务志愿者活动日”；便民服务热线保证24小时畅通，共接求助电话2285次。

（马鸣扬）

【节水工作】 3月22日，地区150人参加了世界水日报告会。期间，对辖区中小学生进行“尊敬水”的教育活动；发动辖区学校、单位、社区居委会，以宣传“兴科技节水，创绿色奥运”为主题，开展节约用水警句格言的征集和评选活动，共征集水警句格言115条。创建节水型小区和单位，为小区、单位提供了宣传材料及创建样板；与社区居委会一起入户检查，记录居民用水量，规范节水档案。全年完成计划用水指标164户。

（马鸣扬）

【防控“非典”工作】 4月中旬至6月中旬“非典”期间，街道协调辖区医院、工商、税务、卫生防疫等部门组成检查组，对辖区单位、地下空间、施工工地、经营场所和外来人员防控“非典”措施的落实情况进行了全面、细致的检查。共检查单位572个，其中中央、市属单位131个；检查外来人口用工单位181个，涉及外来务工人员1935人；对52处集体居住的地下空间场所进行重点检查，出动检查人员278人次，累计检查550处（次），对问题严重的单位发放了《限时整改通知书》；对不在册的小工地和五小经营场所，累计检查1011个（次）。街道加强了社区的防控工作，从机关抽调25名干部，分成4片，对18个社区的防控“非典”工作进行督促、检查和指导。各社区建立了以社区党组织为龙头、社区居委会为主体、志愿者队伍和楼门院长为骨干的社区“非典”防控组织体系；建立了党委书记、居委会主任包片、委员包段、楼门院长包各自所在楼门院的组织网络；成立了群防群治、卫生消杀、生活服务和信息反馈等工作组；制定了社区党政班子责任分工、社区防“非典”工作联席会、社区宣传教育和疫情公示、信息收集反馈、社区消杀等9项防控工作制度，并上墙公开。在防控“非典”过程中，18个社区根据各自的实际，积极开展不让“非典”进社区，创无“非典”社区竞赛活动，坚持每天对1915个楼门院、7297个重点部位（下水道、雨水口、垃圾道）进行消杀。有的社区通过宣传橱窗、板报等形式做好对居民的宣传工作；有的社区还建立了非常时期的门卫制度，对进出小区的人员和车辆进行登记；有的社区由积极分子组成巡逻小分队，进行看门护院。

（马鸣扬）

【青少年健康活动】 7月11日，街道在樱桃园十字路口，开展了“十亿青少年——拥有健康、信息和服务的权利”主题活动，设置板报、幸福工程展板43块、宣传橱窗28个，张贴主题标语40多条，发放《青少年性健康》知识手册、《艾滋病科普知识问答》、《青少年健康项目册》等宣传材料近2000余份。

（马鸣扬）

【星光安全健康社区行动】 8月3日上午，为提高未成年人的自我保护意识，预防未成年人犯罪和避免遭受犯罪的侵害，保护未成年人的健康成长，街道启动了北京市星光安全健康社区活动。活动中，向社区青少年赠送了《星光未成年人安全健康手册》，并由北京市青少年法律与心理咨询中心为青少年举办了自护讲座。

（马鸣扬）

【人大代表选举工作】 12月10日，宣武区选举委员会白纸坊分会组织选民投票选举第十三届区人大代表。地区共设投票站16个、流动票箱30个。白纸坊分会共有选民51930人，参加投票49110人，投票率为94.6%。依法选举产生区十三届人大代表40人。

（马鸣扬）

【精神文明建设】 年内，街道工委以学习、宣传、贯彻十六大精神为重点，开展了十六大精神进社区主题教育活动；举办了十六大精神报告会、“这些大事我知道”读书知识竞赛、党课系列讲座、不文明行为及改进措施征集、“革陋习树新风”黑板报比赛和“我为全面建设小康做什么”征文等系列活动；开展了《公民道德建设实施纲要》,"改陋习、树新风、抗'非典'、讲卫生"宣传教育和"今昔对比奔小康"大讨论等活动。在中华家园工地市民学校,向民工讲解劳动保障法相关知识;在平原里社区,举办了庆祝2008奥运会会徽向世界发布——中国民乐欣赏会,开展了迎国庆革命歌曲大家唱活动;组织居民参加第二届宣南文化节,并通过《白纸坊讯》、宣传橱窗、黑板报等宣传阵地,进行积极有效的舆论引导。

(马鸣扬)

【社区党建】 年内,街道工委先后制定了《社区规模调整中的纪律规定》、《社区财务、固定资产管理办法》、《白纸坊街道关于新版发票使用规定》、《落实党风廉政行风建设记录本制度》、《居委会选举过程中的纪律要求》等制度;举办了社区党委(支部)的有关规定、议事规则、与社区居委会关系等方面的培训;开展了"如何当好社区书记"的征文活动。为加强社区党组织的规范化管理,街道工委印制了《社区党建制度汇编》,建立了社区党委与居委会联席工作会等专项工作制度。"七一"期间,街道工委对"增三力达标创优"工程进行了总结评比,评选出区、街级先进党支部27个,区、街级优秀党支部书记30人,区、街级优秀共产党员158人;23个基层党组织被评为抗"非典"斗争先进基层党组织,42人被评为抗"非典"斗争优秀共产党员,49人被评为抗"非典"优秀社区专职工作者。

(马鸣扬)

【社会治安综合治理】 年内,街道制定地区各类安全保卫方案7个、突发事件处置预案19个;召开由社区居委会、社会单位参加的各类大型动员会议12个;组织"警民携手促防范,巡逻打击保安全"等大型宣传活动4次,发放宣传材料1万余份,还制作了20块集治安防范、防火、防抢、防骗、防盗、防爆为内容的展板,以图文并茂的形式在18个社区内进行巡回展出;组织协调公安、工商、防火、城管等相关执法部门815人次,对工地、地下空间场所、地区重点经营场所和社会单位等500余处(次)进行联合检查。共查出各类不安全隐患和火灾隐患611个,整改率达到95%以上。在重要节日和重要会议期间,全地区1863个楼门院,95%以上落实了看护力量,形成近3000人的看门护院队伍,组成18个治安巡逻小分队,在社区开展了"100名红袖标"上街保安全活动。组织社区民警和社区居委会,检查地区外来人口出租户540户、1742人,对487户进行了防火安全检查,与房主或个人签订协议书690份。

(马鸣扬)

【科技创安工程】 年内,围绕建设科技创安5个精品示范点和在5个新的居民小区开展科技创安工作,街道分别召开了"科技创安精品示范点"物业单位创安研讨会、地区部分综治委成员单位创建安全文明单位研讨会、18个社区居委会社区创安工作座谈会、110个社会单位创建安全文明单位座谈会。万博苑社区在科技创安的基础上,实行了小区"一卡通",进一步完善了小区的规范化管理;新安中里社区居委会重新改建了社区巡逻队,巡逻队员全部由35名身体素质好、年轻的低保人员组成。社区居委会进一步加强了对社会治安防范基础材料的规范管理,实行了社会治安月报和安全消防隐患漏洞举报制度。为了适应社区调整后的新情况,街道对地区"610"工作的重点人和有线电视光接点的监控重新进行了部署,帮助社区居委会重新规范了基础档案。地区累计实现科技创安的居民小区达到33个,占封闭小区和半封闭小区的55.9%,占辖区所有小区的36.6%,投资总额达1576.2万元。

(马鸣扬)

【人防工作】 年内,街道加强了对人防工程的管理,对地区人防工程进行了全面检查并建立了档案。经过调查,白纸坊地区有人防工程主干线5400平方米,人防地下室共65处、34324平方米,早期人防工事12000平方米。对早期人防工事进行分类,对存在严重隐患的公社楼等2926平方米早期工事进行回填处理。为确保地区防汛安全和人防工程防汛,及时制定了地区防汛方案,准备防汛物资,组织防汛人员。期间,街道与辖区9个施工工地签订了防汛物资使用责任书,遇有大汛及时调用水泥等物资,做到有备无患;建立了值班检查制度,遇有中到大雨保证24小时值班,保持联络畅通;根据市、区人防办的要求,对辖区使用人防工程的16个单位和个人更换了人防工程使用证。

(马鸣扬)

【民兵工作】 年内,完成了民兵整组任务,组建了民兵团,地区共有民兵1234人;加强民兵的教育训练,组织78名专业技术兵进行实弹射击训练;编印了10000份宣传材料,向577名适龄青年发出兵役登记通知书,有457名青年进行登记;结合国防教育日和征兵工作,利用设站等不同方式开展宣传活动,向过往群众发放宣传品达6000多份。19名适龄青年入伍。

(马鸣扬)

【社区体育活动】 年内,地区树立了樱桃园文体广场、鑫融剧院、白纸坊文体协会艺术合唱团、白纸坊文体协会篮球队、社区新秧歌队5个"社区文化示范点"。年初,自编自创的易拉罐操被列入新北京、新秧歌之一,并得到了普及推广。地区秧歌队在人民大会堂,参加了由国务院、文化部和北京市政府举办的首都春节晚会的演出，参加了宣武区第六届体育节和第二届老年运动会的开幕式，还在中央文明办及国家卫生部牵头组织的“相约健康之行”启动仪式上进行了表演。体育节期间，街道文体协会举办了社区易拉罐秧歌比赛、社区拔河比赛和社区托球比赛，还参加了市区组织的各项比赛活动；利用里仁街东口和文化广场北侧的两处宣传橱窗进行体育知识的宣传，制作了5块宣传展板，带动18个社区居委会向社区居民宣传体育知识。在第三届老年运动会上，组织80多位老人参加了10个项目的比赛，获得了北京市第六届老年人健身表演优秀奖。期间，还举办了地区首届“老龄杯”门球比赛活动。

（马鸣扬）

【敬老工作】 年内，地区组织20名老年人参加了“夕阳红爷奶动脑筋”活动；完成了18个社区、63名健康老人评选及健康老人之星评选工作；组织老人参加“银屏连着我和你”节目的录制和宣武区第三届老年运动会；评选出63位健康老人和1位健康之星，15户家庭被评为“敬老先进模范家庭百颗星”；对800余位老年人进行了体检。

（马鸣扬）

【星光计划】 年内，街道在6个社区居委会建成“星光计划”服务设施，建立了“三室、一场、一校”。平原里社区与140中学达成出租地下室的协议；北京印钞厂为新安南里社区居委会重新修整了300平方米的市民学校和文化活动室；清芷园社区开发商把小区1号楼C座106室、近160平方米给居委会做办公用房。

（马鸣扬）

【阳光就业行动】 年内，街道组织社区居委会主任参加了“阳光就业行动”政策讲座，组织18名劳动保障协管员参加了失业人员动态服务管理、低保就业、职业指导、退休人员社会化等工作的业务培训，使劳动政策宣传队伍不断扩大。

（马鸣扬）

【就业困难群体扶助工作】 年内，街道开展了“手拉手”就业困难群体扶助工作，组织召开了社区居委会“4050”再就业援助动员会，建立了再就业援助措施与方案，建立了再就业援助个人台账。

（马鸣扬）

【环保工作】 年内，街道共出动1300余人次，对属地内18个各类建筑工地的扬尘进行监控，对辖区43个单位及餐饮业茶浴炉和小煤炉的使用情况和30个燃煤锅炉污染情况进行检查，督促辖区内餐饮业安装了油烟净化装置。积极创建环保示范小区。“六五”世界环境日，组织社区物业、居委会在5个居民小区设立了宣传站，发放宣传材料1500余份。

（马鸣扬）

【绿化工作】 年内，街道对樱桃园路口绿地进行了改造，在保留原有乔木的基础上，新增大叶黄杨、金叶女贞色块、黄杨篱等植物，同时对草坪进行更新，重新进行甬路铺装。为提高绿地整体景观效果，在人员集中的街头文化广场安装了旱地喷泉，夜景照明，辖区标志牌等。对辖区主要小区绿地浇灌现状进行全面的了解、核实，对建功北里、双槐树、新里仁街、白纸坊东街等4个小区、27块绿地（共计16578平方米）进行节水型技术改造试点，养护绿地用水量比上年同期节约三分之一。

（马鸣扬）

【消杀“四害”工作】 年内，在辖区开展了以春季灭鼠、夏季灭蚊蝇、秋季灭蟑为重点的爱国卫生工作及加强疾病预防、倡导健康行为活动，免费给社区居委会和工地发放溴敌隆鼠药、敌敌畏等灭鼠杀虫药剂。全年完成鼠密度监测4次、蟑螂密度监测9次、蝇密度监测5次。

（马鸣扬）

【清洁日活动】 年内，地区开展了以“百万军民学雷锋，优化环境做贡献”为主题的公益日活动和“创造健康人居环境，干干净净迎接国庆”城市清洁日活动。共出动4万人次，清理街巷360条、绿地3万平方米、蚊蝇孳生地2020处、白色污染70公斤，清除堆物堆料和垃圾124吨、小广告1800处。

（马鸣扬）

广安门外街道

【概况】 广安门外街道（简称广外街道）位于宣武区西部，东以西护城河为界；西沿马连道北路、湾子街至太平里，与丰台为邻；南起广安门南滨河路向西沿鸭子桥、广安门火车站专用线莲花河故道与太平里相接，与丰台区相连；北以北京西客站、莲花池东路为界，与海淀区、西城区毗连，区域面积5.49平方公里。辖区有67条街巷、29个社区居委会；户籍人口33878户，91913人，其中男性48132人，女性43781人；

新出生207人,死亡599人,自然增长率－4.3‰;暂住人口5843人,人口密度每平方公里16742人;驻区法人单位1955个,学校14所,托幼园所3所,敬老院1所,医院1所;地下空间设施332处,集贸市场15个,万米以上建筑工地27个;按照楼房坐落分布自然形成88个居住小区(其中老旧小区59个),其中市级文明小区10个,区级文明小区28个;莲花河由西向南斜穿地区中央,境内流长2570米;西护城河从地区东侧流过,境内流长2640米;天宁寺塔、金中都太液池分别为全国和北京市文物保护单位。年内,街道认真贯彻落实党的十六大精神,开拓创新,求真务实,较好地完成了全年工作任务,在城市建设和管理、政府管理创新、推进民主自治、完善基层管理体制、发展区域经济方面有了新的进展,取得了明显成效。

地址:宣武区广安门外大街189号

电话:63318222

邮编:100055

(陈　红)

【西黄线铁路沿线环境整治】 1月7日至10日,街道与区市政管委、监察大队一道,对天宁寺前街电建公司平房宿舍及五荣居酒家成片违章建筑房屋进行整治拆迁,共拆除70户(其中强拆36户)、3400平方米的违章建筑房屋,为西黄线第二阶段拆违工作打下良好基础。

(陈　红)

【美国专家考察计生工作】 1月9日,美国福特基金会特邀美国社会学、人口学专家到广外街道,对避孕方法知情选择项目的开展情况进行考察,深入到社区居委会,详细询问避孕方法知情选择开展的方法、服务内容、男性参与的情况及工作成效等方面的问题。国家计生委有关领导和区计生委项目负责人陪同考察。

(陈　红)

【送温暖活动】 春节前夕,街道工委、办事处对46名建国前参加工作的老党员、离退休老干部,30户统战人士,204户失业人员,1869名低保人员,248户优抚对象及武警十五支队、消防七支队官兵进行慰问,共送去慰问金55.9万元。

(陈　红)

【计算机局域网开通】 1月,街道机关局域网将各科室计算机互联,以资源共享、信息互通为宗旨,工作达到快捷、高效。作为广外街道电子政务工程的重要组成部分,机关计算机局域网的开通,大大推进了机关办公自动化的进程。

(陈　红)

【获“人民满意的公务员集体”称号】 2月19日,在北京市召开的北京市“人民满意的公务员”、“人民满意的公务员集体”表彰大会上,广外街道办事处被北京市人民政府授予“人民满意的公务员集体”荣誉称号。

(陈　红)

【全国人大代表与群众座谈】 3月9日上午,全国人大代表罗益锋、刘冰,在全国人大代表、区委书记唐大生的陪同下,利用会务休息的时间,来到车站西街15号院社区居委会,与居委会主任和社区群众,就教育、医疗、就业、环境、老龄等群众关心的问题进行了座谈。

(陈　红)

【获“全国城市体育先进社区”称号】 3月12日,根据《中国体育报》报道,广外街道办事处被国家体育总局评为“全国城市体育先进社区”。

(陈　红)

【国家计生委考察计生工作】 3月19日,国家计生委“第五周期计划生育优质服务项目”考察组到广外街道考察计生工作,听取了街道关于近年来开展计划生育优质服务活动情况汇报,并实地考察了街道计划生育宣传服务中心,考察了医务人员的计划生育专业知识和服务技能。考察组对街道计划生育优质服务工作给予充分肯定。

(陈　红)

【中央文明办领导到广外调研】 3月28日,中央文明办专职副主任翟卫华,到广外街道就精神文明建设工作进行调研,听取了广外街道《营造环境、培育主体、深入推动群众性精神文明创建活动蓬勃发展》的汇报,与车站西街十五号院的居民进行了座谈,参观了街道社区服务中心。翟卫华对广外街道群众性精神文明创建活动给予了“与时俱进,服务群众”的评价。市文明办主任张慧光及区委有关领导陪同调研。

(陈　红)

【共建社会科学实践基地签字仪式】 4月4日,在广外街道社区服务中心,举行了“北京市社会科学院与宣武区广外街道共建社会科学实践基地签字仪式”,社科院朱明德院长和街道工委书记分别致词,并在共建社会科学实践基地协议书上签字。广外街道成为全市街道系统首家社会科学实践基地。

(陈　红)

【理论培训班开学】 4月12日上午,在清华大学紫光国际交流中心,广外街道委托清华大学公共管理学院举办的公共管理高级理论培训班举行开学典礼。此次培训是清华大学公共管理学院首次面向北京市街道办事处的培训,同时也是广外街道为优化政务环境、提高公务员队伍素质、推进政府管理创新的重要举措。广外街道机关干部40余人参加了培训。

（陈 红）

【抗击“非典”工作】 “非典”时期，街道工委、办事处快速决策，靠前指挥，实施了强有力的领导。成立了抗击“非典”领导小组，组建了7个专项工作组；29个社区建立了以党组织书记为总负责人的防控领导小组，组成了2000多人参加的抗“非典”志愿者队伍。由街道牵头，整合地区管理资源，实施综合执法检查，明确了地区性工作任务和职责，形成了工委统一领导、党政齐抓共管、责任分工明确、组织协调有力、政令畅通的领导机制和工作机制。地区未发现一例因防控不当造成的交叉感染，保障了11万人民群众的健康和安全。党员干部在抗击“非典”中树立了良好形象，街道工委被评为北京市先进基层党组织；街道办事处被评为北京市先进集体；48名党员、14名干部受到市、区、街表彰。

（陈 红）

【市人大常委会领导视察马连道茶城】 6月28日，市人大常委会主任于均波等领导来到马连道茶城，听取了区委、区政府领导关于茶城情况的介绍。于均波与茶商亲切交谈，了解他们在“非典”期间的防控及销售情况，并叮嘱茶商一定要本着对消费者负责的态度，严把茶叶的卫生关。区、街有关领导一起陪同视察。

（陈 红）

【“世界人口日”活动】 7月11日上午，街道在红莲广场举办了主题为“青少年的性健康、生殖健康和权利”的宣传活动，国家计生委主任张维庆将“青春期性教育丛书”送到青少年手中。此次宣传活动，旨在思考解决各种人口问题的措施，提高广大干部、群众对人口问题的认识。中国计生协会常务副会长杨魁孚、北京市计生委主任邓行舟、市政府副秘书长张建东及区委、区政府领导，联合国人口基金会、儿童基金会，世界卫生组织、福特基金的驻华代表参加了宣传活动。

（陈 红）

【南手帕口整治拆迁工作】 7月17日上午，广外街道办事处会同城管监察、公安、交通等部门，对手帕口南街最后一家搬迁户实施了强拆。至此，手帕口南街145户居民全部搬迁，西黄线南手帕口一期整治拆迁工作全部完成。

（陈 红）

【美籍华人到广外座谈社区建设】 9月9日，美籍华人刘汉民一行，就社区建设工作到广外街道进行座谈。双方就社区发展、社区成果、社区文化方面的工作进行了交流，同时对社区工作者的培训、健康教育知识讲座等方面的具体合作意向达成初步共识。刘汉民一行还到宣武一职中学进行了具体项目的实验交流。

（陈 红）

【北京第三届茶业节】 9月10日，以“以茶产业带动区域发展，以区域发展促进茶产业升级”为主题的“北京第三届茶业节”在京城茶叶第一街——马连道开幕。本届茶业节历时一个月，邀请了茶界专家、学者，就弘扬祖国茶文化、推动茶产业发展、促进京城茶经济和区域经济发展等问题进行研讨。北京市副市长孙安民到会祝贺，区委、区政府有关领导出席开幕式。

（陈 红）

【“相约健康社区行”巡讲活动】 9月14日，以“学习科学、拥有健康、享受生活”为主题的“全国相约健康社区行卫生进社区健康专家巡讲活动”在红莲广场举行。中国疾病预防控制中心流行病首席专家曾光，就如何预防SARS进行了深入浅出的讲座。中央文明办专职副主任翟卫华，卫生部副部长王隆德，中国科协书记处书记宋南平，副市长牛有成，市有关部门和区委、区政府领导以及全国11名卫生方面的专家、教授到会并讲话，还为社区赠送了健康教育挂图和居民健康书籍。

（陈 红）

【联合国人口基金会考察计生工作】 9月18日，联合国人口基金会官员一行3人，到广外街道考察“第五周期生殖健康/计划生育”项目进展情况，就育龄群众避孕节育知情选择权利是否能够得到保障、青少年性教育、政府对育龄群众提供生殖健康教育和技术服务等问题，与社区居民进行了两个多小时的交谈。

（陈 红）

【杜德印到广外调研】 9月27日上午，市委副书记杜德印到广外街道调研城市基层管理工作。在听取宣武区和广外街道的社区建设情况汇报后，杜德印指出，广外街道大胆实践和探索，取得了社区建设制度和机制上的突破，包括城市管理体制方面的创新，积累了新的经验，比较配套，效果非常好。就今后如何搞好城市基层管理工作，杜德印提出了4点意见：一是一切工作的基点和落脚点要从人民群众的利益出发，建立创新体制；二是创新体制即入手点，要从转变政府职能出发，发挥社区优势，更好地履行职能；三是要进一步解决政府管理缺位、越位、错位的问题；四是各部门要严明责任，建立机制，把转变政府职能作为切入点，创新体制、机制。区委、区政府有关领导一同参加了调研。

（陈 红）

【人大代表选举工作】 9月至12月，根据区选举委员会的统一部署，广外分会组织选民参加了第十三届区人大代表的选举工作。地区共有选民54932人,12月10日参加投票52276人,投票率为95.2%。依法选举产生区十三届人大代表40人。

(陈　红)

【刘淇到广外调研】 10月25日,中共中央政治局委员、北京市委书记刘淇,就基层社会管理工作到广外街道调研,市委常委、市委秘书长孙政才,市委常委、常务副市长翟鸿祥和区领导陪同调研。刘淇等察看了马连道茶城、广外街道社区服务中心和车站西街十五号院,听取了宣武区2002年重点工作和广外街道的工作汇报,充分肯定了区委、区政府和广外街道在转变政府职能、推进社区建设方面做出的积极探索和取得的经验,指出搞好社区建设的根本目的,就是要按照"三个代表"重要思想的要求和党的十六大精神,实现好、维护好、发展好人民群众的利益,这是社区建设的指导思想,也是检验社区建设搞得好不好的标准。要按照十六届三中全会的精神,加快转变政府职能,深化行政管理体制的改革和创新,加强社区建设,围绕"自我管理、自我服务"的原则,进一步完善基层群众性自治组织,真正做到让人民满意。

(陈　红)

【陆昊到马连道茶城调研】 11月28日上午,副市长陆昊到广外马连道茶城进行调研。陆昊对茶城近几年取得的成绩表示肯定,希望要继续做好特色功能街区的建设,不断把企业做强、做大,争创知名品牌。

(陈　红)

【残疾人活动中心投入使用】 年内,街道投资30余万元,为残疾人修建的占地300平方米的活动中心投入使用。活动中心设有娱乐、心理咨询、康复训练、残疾人浴室等服务项目。

(陈　红)

【区域经济】 年内,街道加强了与工商、税务部门的协作,采取措施优化区域环境,努力排除"非典"造成的影响。坚持区域经济形势分析制度,编写了10篇区域经济统计及经济运行情况分析材料;与有关部门协作,协调解决影响区域经济发展的症结,引导企业走规模效益的路子,地区经济产业结构呈现出以房地产业、烟草业、建筑业、金融业为主的4种产业并举的发展态势。实施了政府管理创新10条措施,建立了公共服务体制,完善了为企业服务的绿色通道制度,制定了依法行政和规范执法的条款等;完善落实领导干部联系重点单位制度,召开了局处级领导、驻街重点单位负责人联席会,局处级领导上门走访,帮助企业解决经营中的实际困难;编印了《宣武区广外区域经济服务指南》,将街道各有关部门的工作职责、行政审批项目、审批要求、办事程序、办事依据、办事条件、办结时限、收费标准、工作地址及联系电话等内容向社会公布;推出了《房地产项目咨讯》、《写字楼项目咨讯》和《马连道采购中心区咨讯》,为新入驻单位提供经济方面的信息。全年共有13家企业税务登记落户广外,纳税1465万元;工商新增注册单位638家,已办理税务登记481家;全年街道财政税收1.6亿元,完成全年税收计划的103%;财政收入达4381万元,比上年同期增长15%。

(陈　红)

【马连道采购中心区建设】 年内,街道本着"边调整控规,边推进项目"的工作思路,基本完成了马连道采购中心区控制性详规的调整。成立了马连道采购中心区的评估小组,对马连道采购中心区的土地、市政、交通进行了评估;与中国茶叶流通协会联合完成了筹建中国国际茶叶拍卖中心(中国茶叶大厦)的可行性调研工作。北京医药配送中心、新华书店总店图书物流中心、德国欧倍德建材家居市场等一批项目相继落户马连道。

(陈　红)

【城市管理】 年内,街道以市、区级重点整治项目为重点,配套实施了绿化、美化、净化、亮化工程。制定并实施了《广外街道2003年～2007年城市建设和管理规划》。对南、北手帕口街、红居东街、三统碑等处进行了拆违整治,共拆除违法建设50多处、2800多平方米,对部分路段进行了改造铺装。对手帕口北街等8条重点大街的绿地、施工工地周边环境进行了为期1个月的拉网式专项整治,清除了白色垃圾,取缔无照经营39起,清理小广告3万余处和400余块非法广告牌,收缴各类非法小广告13.9万张,改善绿地环境5000余平方米。清理整顿了红莲南里、马连道中里的环境卫生,共清运垃圾、渣土2340余吨。协助西黄线工程做好拆迁工作,7月底,145户居民全部搬迁。绿化改造白菜湾小区,绿化面积11250平方米,绿化率达28.39%;种植各类树木356株、宿根花卉820墩、绿篱320延长米,铺种草坪8690平方米;修建了大型自行车棚。完成了红莲中里16号楼院的绿化整治,在天宁寺东里和莲花河东岸修建了健身广场,落实了南滨河路4处夜景照明工程。对14个居民小区和莲花河绿化带进行了养护管理,补植各类苗木花卉7188株,补种草坪4500平方米。组织社区和社会单位开展"清除卫生死角行动日"等活动12次,参加人数近8万余人,共治理白色污染700余处,清除小广告8千条,清运大件垃圾600余吨。对386栋居民楼的1538个垃圾道进行封闭,垃圾实行分类收集和密闭贮运。地区创建首都花园式单位6个,白菜湾小区被北京市评为精品小区。

（陈　红）

【社会治安综合治理】　年内,建立了由街道牵头"四位一体"的管理防控工作机制。各社区建立了社会管理综合治理联席会制度,形成了协调配合、执法规范、高效运转的工作格局和长效管理机制。制定了《广外街道预防和处置突发性、群体性事件工作预案(试行)》,成立了应急队伍,明确了工作任务,建立了责任制,实施了治安问题督办制度。以流动人口、地下空间、地上集中居住场所、疏散通道安全出口、商贸市场为重点,加强对流动人口和出租、出借房屋的核查登记,所有社区均实现了流动人口的动态管理。加大对"法轮功"邪教组织的监控力度,实现了"零"指标。地区综治委组织公安、工商等职能部门,对地区建筑工地、服务娱乐场所及"六小"门店、老旧平房区进行了安全生产大检查。开展消防安全专项治理,组织有关部门共检查地区单位197家,下达整改通知书132份。矛盾排查调处工作形成了有效机制,全年共接待、处理矛盾纠纷653起,制止群体性上访29起,调处成功率97%。积极推进科技创安工作,有13栋楼、18个门安装了楼宇对讲系统和电子监控系统,1988户居民受益。地区安全达标社区达到23个,占全部社区的80%;无发案社区19个,占全部社区的66%。

（陈　红）

【社区民主自治建设】　年内,新型的社区组织体系建立。社区党组织为领导核心层,社区居民代表大会为决策层,社区常务委员会为常设议事层,社区居委会为执行层。完善了《宣武区广外街道社区自治章程》,制订了《宣武区广外街道社区听证会暂行办法》和社区居民代表会议章程,选举产生了社区居民代表会议代表168人。通过笔试、面试、考察,公开招考社区专职工作者64人,全部按照合法程序选入居委会;经过北京市的统一考试,75人取得北京市社区专职工作者执业资格证书;招考城管协管员和劳动保障协管员40人。加强社区硬件建设,除了4个危改区外,其余25个社区的办公用房和活动用房面积全部达标。所有社区全部实现了电子化管理,12万名居民的基本情况全部输机。推进居务公开,社区居委会职责、服务项目、承诺事项、办事程序等全部向居民公开。

（陈　红）

【社区服务事业】　年内,地区共安置失业人员1333人,再就业率达66.3%,城镇登记失业率为1.83%。举办成功求职培训班25期,565名学员参加,379名失业人员实现再就业。1123人参加社会保险,收缴保险基金392.19万元。街道投资30余万元,为残疾人建立了300平方米的活动中心,开设了娱乐、心理咨询、康复训练等服务项目。地区378个社会单位落实了残疾人按比例就业工作,安置10名残疾人上岗就业,收缴残疾人就业保障金86万元,超额完成全年计划任务。对地区1918户、3238名空巢老人实施了"一助一"志愿者服务。成立了广外地区法律援助工作站,为地区弱势群体提供法律援助。开展为贫困地区和灾区募捐活动,共募集捐款28万元、衣被7万余件。为924户、1992名低保人员发放最低生活保障金516万元,实现了应保尽保。节日期间投入59.8万元,为地区2267户、5700人发放慰问金和慰问品。

（陈　红）

【社区志愿者队伍建设】　年内,社区服务中心成立了志愿者招募组织,建立了社区志愿者个人档案,完善了注册制度。按照先立项、后培训、再服务的思路,开展志愿活动,提高了服务水平,保证了服务质量。红莲中里、车站西街15号院两名志愿者和第二热电厂,分获北京市先进志愿服务者明星和北京市志愿者先进单位称号;红莲中里社区一名志愿者获全国社区建设先进工作者称号。

（陈　红）

【社区换届选举工作】　年内,地区所有社区依法完成了换届选举工作,1185名社区居民代表选举产生了187名社区居委会成员,同时选举产生了社区常务委员会。二热、华电、车站西街十五号院3个社区进行了直选试点,社区居民参加直选的投票率为91%。

（陈　红）

【精神文明建设】　年内,地区精神文明建设形成了街道党、政一把手负总责、有关方面负责人齐抓共管的领导机制。制发了《2003年创建文明社区的工作意见》、《2003年创建首都文明社区任务分解》,确定了未来三年创建文明社区的工作目标;组织社区开展文明社区的创建活动,开展了"除陋习、整环境、讲文明、树新风"达标创优竞赛,8200名居民群众参加了捡拾白色垃极、清除小广告、清扫绿地等公益活动,解决重点问题35处。精神文明建设不断取得新成果,表彰了一批精神文明建设先进集体和个人。

（陈　红）

【社区卫生工作】　年内,街道组织社区广泛开展婚育新风进万家、普及生殖健康保健知识教育等活动。共组织各种宣传活动百余场次,发放各种宣传材料5万余份;举办健康知识讲座10场次,讲授流感的预防、糖尿病的防治、怎样辨别"非典"症状及其防控措施等知识,增强人们的防病健身意识。

(陈 红)

【社区教育】 年内,围绕建设学习型社区,街道实施了“广外社区教育分院项目申请制办学的方案”,组建了地区社区教育联合体,为形成“教育超市”奠定了基础。地区老年大学开设了英语、绘画、摄影、书法6个班,近百名学员参加学习。召开了地区第十一届“三优”表彰及第九届资助特困生大会,共表彰优秀教师、优秀学生和好家长159人。对18名品学兼优的特困学生,每人给予300元的资助。

(陈 红)

【社区文体活动】 年内,街道举办了第七届全民健身体育节,600余人参加了3大类、10余个比赛项目。新安装健身器材10套、120件,更换14件。广泛开展社区群众文体活动,广外街道名歌之声合唱团获全国老年风采电视大赛铜奖;广外街道舞蹈队获北京市第二届群众舞台舞比赛二等奖;地区健身秧歌队代表宣武区参加了北京市新秧歌大赛,取得了第一名的好成绩。

(陈 红)

【社区党建】 年内,街道开展了以“贯彻十六大精神,建设文明社区”为主题的系列宣传教育活动。在红莲广场举办了宣传十六大精神、弘扬雷锋精神公益宣传活动,发放宣传材料4900余份;市民学校组织十六大专题授课60课时,受教育人数达2万人;提出了成立社区协调工作委员会的方案,并在五个社区进行了试点;“增三力”达标创优工作取得明显成效,规范了党组织的思想建设、组织建设和制度建设,形成了一整套门类齐全、内容规范、便于操作的规章制度;围绕社区实际和居民需求,组织党员开展多种形式的活动,以党员为主体的240多支志愿者服务队在社区发挥了不可替代的作用;实施了党员分类管理措施,建立了党员参加活动登记制度等党员管理办法;加强对流动党员的管理,成立新经济组织的党组织;制发了《关于加强新经济组织和社会组织党建工作的意见》,理顺了转制企业、非公经济组织党组织的关系。

(陈 红)

【干部队伍建设】 年内,街道认真落实干部培训三年规划。37名干部参加了委托宣武区行政学院举办的为期一年的培训班,基本完成了8门课程的学习;委托清华大学公共管理学院举办了高级培训班,请专家、教授授课,46名科以上干部利用16个休息日,完成了16门课程的学习。

(陈 红)

人 物

领导干部名单

中共宣武区委员会

区委书记

唐大生(满族)

区委副书记

鲁 勇(3月辞) 张恕贤(回族,2月辞)

王敏荣(女) 赵长山(11月免) 武高山

韩恩慈(回族) 仲兆军(11月任)

区委常委

蒋德忠 阎满成(11月免) 谢全林

丁 力(女) 杨素荣(女) 赵印春

王玉兰(女)

区委委员(按姓氏笔划排列)

丁 力(女) 于建伟 于得祥(回族)

王玉兰(女) 王永新 王敏荣(女)

王瑞珠(女) 仲兆军 杨广枝

杨素荣(女) 宋大中 张文华

张恕贤(回族,2月辞) 武高山

金兆铭 郑文奇(回族) 单彩芝(女)

赵长山(11月免) 赵印春 姜良栋

唐大生(满族) 阎满成(11月免)

蒋德忠 韩恩慈(回族) 喻建平

鲁 勇(3月辞) 谢全林

候补委员(按得票多少排列)

吴甲龙 张炳田(女) 汪 剑(女) 陆惠民

中共宣武区委工作机构主要负责人

政法委员会书记

武高山(4月免)赵长山(4月任)

常务副书记

李 铁

党校校长

王敏荣(女,5月任)

常务副校长

陶 佑

办公室主任

赵印春

组织部部长

杨素荣(女)

宣传部部长

阎满成(11月免)

丁 力(女,11月任)

统一战线工作部部长

王玉兰(女)

直属机关工作委员会书记

赵印春

常务副书记

文家齐(11月免)

邢贵斌(女,11月任)

精神文明建设委员会办公室主任

王 燕(女)

台湾工作办公室(区政府台湾事务办公室)主任

杨树林(4月任,11月免)

刘 琪(11月任)

研究室主任

汪 剑(女,2月免)

牛建华(女,7月任)

老干部局局长

陈德森

保密委员会办公室(区国家保密局)局长

王 成(2月任)

党史资料征集办公室主任

李德平

社会治安综合治理委员会办公室主任

杜黎彬(回族,10月免)

李 铁(10月任)

处理法轮功问题领导小组办公室(区政府防范和处理邪教问题办公室)主任

李 铁(11月免)

王宝玉(11月任)

机构编制委员会办公室主任

郑　然

专职副主任

赵秉惠(女)

宣武区人民代表大会常务委员会

主　任

张恕贤(回族,3月辞)

唐大生(满族,7月任)

副主任

兰玉昆　赵进兴　栗　琦(女)

赵洪光(回族)　杨月欣(女)

委　员(按姓名笔划排列)

王永义　王秋鲜(女)　王瑞武　邢丛罗(女)

刘德华　苏升国　李仲毅　李　跃　何贤景

宋大中　张守信　陈万久　陈　汶(女)

庞茂芳　单彩芝(女)　赵志良

宣武区人大常委会工作机构主要负责人

办公室主任

邢贵斌(女,11月免)

陆惠民(11月任)

财经城建工作室主任

王砚池

教科文卫工作室主任

王永义(11月免)

刘　燕(女,11月任)

政法工作室主任

宋秀山(11月免)

文家齐(11月任)

代表工作室主任

郑维忠

宣武区人民政府区长、副区长

区　长

鲁　勇(3月辞)

武高山(4月代,7月任)

副区长

蒋德忠　张文华　金　焱(11月免)

哈金起(回族)　王永新　袁双梅(女)

宣武区人民政府工作机构主要负责人

办公室主任

周开让

发展计划委员会主任

丁　力(女,11月免)

王　佐(11月任)

经济体制改革办公室主任

王　佐

经济贸易委员会党委书记、主任

王　佐

科学技术委员会主任

王国建

监察局局长

边　瑶(12月免)

王申恒(12月任)

财政局局长

王瑞珠(女)

人事局局长

郑　然

劳动和社会保障局局长

吴甲龙

建设委员会主任

赵金花(女)

市政管理委员会主任

刘金水

国土资源和房屋管理局局长

张宏生

对外经济贸易委员会主任

税　勇

计划生育委员会主任

李　晶(女)

审计局局长

梁　诒(回族)

环境保护局局长

蔡求源

统计局局长

史象逵

民族宗教侨务办公室主任

杨文伯(回族)

外事办公室主任

乔燕骅

教育工作委员会书记

曹寿延(10月免)
郑 然(10月任)
主任
高子忠

教育督导室主任
王永新
常务副主任
唐贺光

文化委员会主任
许立仁

旅游局局长
许立仁

卫生局党委书记
马新云(回族,4月任)
局 长
郑添工

体育局党委书记
马新云(回族,4月免)
王建一(11月任)
局 长
马新云(回族,4月免)
包 川(12月任)

民政局局长
张炳田(女)

司法局局长
王宝玉(10月免)
张洪刚(12月任)

法制办公室代主任
果玉成(2月任)

街道工作办公室主任
贺道容(女)

信访办公室主任
耿惠芳(女)

人民防空办公室主任
管玉文

物价局局长
周即星

城管监察大队大队长
李洪祥

档案局(馆)局(馆)长
周永欣(女)

地方志办公室主任
邢丛罗(女)

园林局党委书记
朱荣春(女,10月免)
王都伟(10月任)
局 长
王都伟

环境卫生服务中心党委书记
白永进
主 任
白永进

城建监事会主席
杨同发

经贸监事会主席
贾恒浮(女,11月免)
宋秀山(11月任)

商业网点管理处支部书记
罗焕英(女)
主 任
张援朝

机关后勤服务中心主任
唐晓宾

历史风貌保护住房开发办公室主任
李海东(1月任)

红旗业大总支书记
蒋澄澄
校 长
米淑兰(女)

中国人民政治协商会议
宣武区委员会

主 席
郑文奇

副主席
陈慧来(女,满族) 王玉兰(女) 喻建平

曹云健
李复来 王汉长

秘书长
张汝来

常务委员(以姓氏笔划为序)
卜希萃(女) 马丽珍(女,回族) 王 旭
王国建 王振宇 王培发 王维良
王 燕(女) 牛崇桓 尹国芳(回族)
卢忠义 刘志鹏 刘界成 孙尚恩
李振琦 李 铮(女,回族) 李 漪(女)
严宝山 肖彩云(女) 辛燕琴(女)
迟淑敏(女) 林 岷(女) 杨月欣(女)
杨守一 杨海森 郑忠仁 胡玉泉(女,蒙古族)
赵素华(女) 侯凤玲(女) 姜守垣
姜 鸥(女) 宦金生 姚淑治(女) 郭春明

唐学海　阎永旺　蒋凤华(女)　彭克伟
董春花(女)　韩继昌　戴洪强

宣武区政协工作机构主要负责人

办公室主任
唐学海(2月免,11月任)
刘　琪(2月任,11月免)
联络一处处长
阎永旺
联络二处处长
刘　琪(2月免)
唐学海(2月任,11月免)
王际民(11月任)
研究室主任
汪　剑(女,2月任)

宣武区纪律检查委员会

书　记
韩恩慈(回族)
副书记
边　瑶(11月免)　李　燕(女,11月免)
王申恒(11月任)　谷守元(11月任)
李　莉(女,11月任)
常务委员
马立恒　刘忠玉
委　员(按姓氏笔划排列)
于国兴　马立恒　王申恒　王博琴(女)
田俊生　边　瑶　任兆敏(女)　刘金水
孙丽文　杜　霞(女)　李　燕(女)　李茂福
李俊芳(女)　杨秉兰(女)　陈佐家　金宗寿
周雪风　周慧芳(女)　陶　佑　黄　庆
符宝山　梁　诒　董邦俊(女)　温巨东

宣武区政法系统主要负责人

人民武装部党委第一书记
唐大生
政委
谢全林(11月免)
苗爱民(11月任)
部长
马海泉
公安宣武分局局长
姜良栋
政委
宋永智
副分局长
袁塞路　申　林　刘群立
程永平　战玉贵　吴大征
政治处主任
贾启强
纪委书记
于万斌(4月免)
周天林(4月任)
人民检察院检察长
金兆铭(12月辞)
代检察长
王忠华(12月任)
纪检组长
陈宗纲
副检察长
田俊生(兼反贪局局长,2月免反贪局局长)
许　伟(兼反贪局局长,2月任)
汪长青(2月任)
王继广(2月免)
人民法院院长
于建伟
纪检组长
张美欣(9月免)
韩星桥(9月任)
副院长
李瑞祥　张晓琨　张美欣(9月任)
公安交通管理局宣武交通支队队长
于真昕
武警第七支队支队长
王俊岭
政委
张思剑

宣武区民主党派主要负责人

民革宣武区工委主任委员
曹云健(7月届满)
张建华(7月任)
民盟宣武区工委主任委员
陈　汶(女,3月届满)
李复来(3月任)

民建宣武区工委主任委员
杨守一(7月届满)
李仲毅(7月任)
民进宣武区工委主任委员
何贤景
农工党宣武区工委主任委员
高增敏(女,3月届满)
刘　迎(女,回族,3月任)
致公党宣武区工委主任委员
姚淑治(女,6月届满)
李永忠(6月任)
九三学社宣武区工委主任委员
胡玉泉(女,蒙古族,6月届满)
杨月欣(女,6月任)

宣武区群众团体主要负责人

区工会主席
宋大中
团区委书记
白　杰(满族)
区妇女联合会主席
李春英(女)
区工商联会长
袁双梅(女)
常务副会长
王　健
区侨联主席
郑添工
区科协主席
王国建
区残疾人联合会执行理事长
冯兰英(女)

宣武区街道工委、办事处主要负责人

大栅栏街道工作委员会书记
赵玉山
大栅栏街道办事处主任
宋　伟
天桥街道工作委员会书记
雷秀兰(女)
天桥街道办事处主任
杨树林(4月免)
曹立宏(4月任)
椿树街道工作委员会书记
单彩芝(女)
椿树街道办事处主任
周雪风
陶然亭街道工作委员会书记
赵洪文
陶然亭街道办事处主任
杨慕兰(女)
广安门内街道工作委员会书记
申晓岩(满族)
广安门内街道办事处主任
杨　川
广安门外街道工作委员会书记
杜灵欣
广安门外街道办事处主任
王　旭
牛街街道工作委员会书记
陆惠民(10月免)
杜黎彬(回族,10月任)
牛街街道办事处主任
范　宝(回族)
白纸坊街道工作委员会书记
唐苏强
白纸坊街道办事处主任
张金同(女)

宣武区经贸系统企业主要负责人

京都文化投资管理公司党委书记
杨有成
董事长
张文华
总经理
杨有成
金源投资管理公司党委书记
于培德
董事长
于培德(10月免)
阴建玲(女,10月任)
总经理
阴建玲(女,10月免)
时文生(10月任)
金座投资管理公司党委书记
蔡向阳(10月免)

祖淑娟(女,10月任)

董事长

蔡向阳(10月免)

薛国强(10月任)

总经理

白新民(10月免)

代总经理

薛国强(10月任)

金工投资管理公司党委书记

袁海旺

董事长

袁海旺

总经理

袁海旺

金正资产投资经营公司经理

张　涛

翔达投资管理公司书记

任兆敏(女)

董事长

任兆敏(女)

总经理

孙　勇

北京市恒达投资管理公司经理

仵延顺

宣武区城建系统企业主要负责人

城市建设综合开发总公司经理

刘群生

天桥投资开发公司经理

李　岩(满族)

天桥建筑集团公司党委书记

石　杨(女,4月退)

郑旭光(4月任)

总经理

胡振敏

宣房投资管理公司党委书记

秦乃津

董事长

秦乃津

总经理

沙永智(回族)

房开置业股份有限公司经理

梅国良

宣兴房地产开发建设有限责任公司经理

史志广

大栅栏投资控股公司董事长

申献国(6月任)

总经理

张　东(6月任)

宣武区集体经济系统企业主要负责人

大栅栏工商实业总公司党委书记

李金荣

经理

薛国强(10月免)

广安工贸企业总公司经理

尚宏亮(副职主持工作)

城南民族实业公司总经理

郭劭武

天桥工商联合总公司党委书记

姚志伟

经理

姚志伟

长城工商股份有限公司党委书记

弓爱明(女)

经理

段恒庆

大碗茶贸易集团公司经理

尹盛喜(6月去世)

尹智君(8月任)

陶然建筑集团总经理

林玉琇

天叶房地产开发公司经理

辛建国

天枫房地产开发公司经理

蔡建华

鑫宣市政工程公司经理

张雁林

白广路商场经理

张　力(女)

菜市口商场经理

赵志良

国华商场经理

邹淑珍(女)

张一元茶叶有限责任公司经理

王秀兰(女)

大观园管委会党总支书记

张法明

主任

林　宽

工艺美术品公司经理

贾志仁

垂直管理单位主要负责人

工商行政管理局宣武分局局长

张风平

宣武区质量技术监督局局长

钱希杰

药品监督管理局宣武分局局长

陈子平

宣武区烟草专卖局局长

杨　捷

宣武区国税局局长

陈力雨

宣武区地税局局长

吕兴渭

驻区部分单位主要负责人

工商银行宣武支行行长

果志刚

工商银行珠市口支行行长

高　平

建设银行宣武支行行长

张　斌

农业银行宣武支行行长

张志名

中国银行宣武支行行长

刘家本

保险公司宣武支公司经理

冯建新

新月联合汽车有限公司党委书记

袁　顺

经理

刘长青

庄胜房地产开发有限公司董事长

周建和

庄胜崇光百货商场总经理

杨　健

中共代表大会代表

中国共产党北京市第九次代表大会代表

王秀兰(女)　王敏荣(女)　王　静(回族,女)　刘吉铎
刘敬民　杨素荣(女)　范远谋　武高山　单彩芝(女)
唐大生(满族)　韩恩慈(回族)　阎满成　鲁　勇

人大代表

第十届全国人民代表大会代表

唐大生(满族)

北京市第十二届人民代表大会代表

杜德印　安家盛　李　昭　梁　平　林抚生
蔡德军　齐　清　(蒙古族)　王银成
苏建军　曾　芳(女)　范进卯
张立芳(蒙古族,女)　张澍田(回族)
张恕贤(回族)　鲁　勇　王敏荣(女)
李春英(女)　杜灵欣　薛天利(回族)
阴建玲(女)　赵志良　刘　迎(回族,女)
韩英英(女)　李　跃　松　岩(满族)
范远谋　刘敬民　王　火　李保群　马士华
沈安东　李坤成　朱金兴　赵爱兵　李燕京(女)
魏　健(回族)　马丽霞(女)　唐大生(满族)
马新云(回族)　范　宝(回族)　曹秀东(女)
吴维刚　胡振敏　何贤景　静　云(满族,女)
王秋鲜(女)　弓爱清(女)　王秀兰(女)　宋大中
孔　勇

宣武区第十三届人民代表大会代表

大栅栏街道

胡克迅　王守一　王　荣　尹智君(女)
刘志英(女)　李自文　霍文斌(女)
杨冠军(回族)　赵玉山　薛　东
丁慈秀(回族,女)　李　忠　温桂华(女)
周俊珊(女)　姜　光(女)　李　敏(女)
贾文静(女)　王永新　吴　义　李晓惠(女)
宋　伟　薛凯旋(女)　万　军(女)　申献国

椿树街道

白　杰(满族)　吴双宝　周雪风　齐小兵
姜良栋　铁燕英(回族,女)　刘士和(满族)
刘彦琴(女)　栗　琦(女)　孙　云
孙世荣(女)　阎　科　叶望春　付　卫
李志明　王丽君(女)　孙　莘(女)
单彩芝(女)　石静慧(女)　刘文亭

广安门内街道

刘德华　初　静(女)　姜在　杨世名
黄一品　田桂英(女)　冯蓉芳(女)　巩生林
杨　川　董书岐　马莉萍(女)　刘子荣
武军舰　沈志强　韩长增　王　岚(女)
石　沙(女)　王建华(蒙古族)　张瑞生
张新卿(女)　孙秀明　赵春英(女)
韩恩慈(回族)　王振义　石卫平　李　庶
尹瑞芳　邹淑珍(女)　王连生　吴秋利
李志库　李　佳(女)　何景瑞　王　澎
申晓岩(满族)　王俊芳(女)　文家齐　曲建国

广安门外街道

王　华　韩　波(女)　王平生　杨红通
陈军平(女)　杜灵欣　陈明法　姚　毅
张经伦　张　俊　王　谨(女)　田俊生
李文英(女)　杨伟忠　郑维忠　王　旭
明慧玲(女)　孔庆省(女)　唐大生(满族)
黄国义　张　华　济永林(满族)　曾德芬(女)
王银成　刘鸿胜　何公起　王克斌
刘一芳(满族,女)　陈子平　万金丽(女)
朱丽俐(女)　李　军　马　艳(回族,女)
成秉亮　陈　虎　王宜进　王砚池　张　喜
孔繁芝(满族,女)　张克军

牛街街道

王　瑾　张洪诰　陆惠民　从恩霖(回族)
向　学　武高山　张长征(回族)　范　宝(回族)
薛天利(回族)　米君兰(回族,女)　赵志良
董胜利　管　伟(女)　王新立　邓小娟(女)
彭向阳(女)　沈凤仪　顾　浩　王宏瑞
刘　威　李启慧(回族,女)　许子莲(女)
杜黎彬(回族)　马海泉

白纸坊街道

王都伟　王　雄　李东升　田玉海
赵　钢　郭积燕(女)　王　咏(女)
白　泊　张秀廷　王君敏(女)　刘先萍(女)
张雪清(回族)　刘　冰(女)李绍辉
张金同(女)　王学军(女)　赵印春　夏沁芳(女)
于建伟　韦和春(壮族,女)　周开让　孙吉来
阴建玲(女)　唐苏强　丁　众　朱　岩
杨　帆　白　洁(女)　吴甲龙　赵小青(女)
丁兆琳(女)　杨　英(女)　赵金花(女)
张兴荣　张秀敏(女)　祝　贺　吕国兴
朱建华　刘竹增　李春颖

陶然亭街道

刘长江　刘　燕(女)　汪卫春　许文波
郑　然　赵洪文　李仁全(回族)　袁海旺
桂起华(满族)　杨素荣(女)　张鸿滨
钱宝亮(回族)　王　燕(女)　李书彬
胡　平(女)　乔文会　杨慕兰(女)
焦建华(女)　何贤景　董国华　潘希同
王　立(女)　张可文　金　华

天桥街道

刘　玮　李　岩(满族)　曹立宏　王敏荣(女)
张铁成　郭　燕(女)　朱宝康　李金明
关家麟(满族)　杨月欣(女)　高占伟　李仲毅
李建设　陈绍宗　陈国杰　郭秀健(女)　王建宗
刘学清　雷秀兰(女)　肖　云(女)　吴尊友
胡海波　王德修　郑　虹(女)

政协委员

中国人民政治协商会议
北京市第十届委员会
委员(宣武区推荐)

李复来　王振华(女)　陈立群　许立仁
刘长青　袁双梅(女)　王汉长　王　静(回族,女)
王玉兰(女)　杨广枝　郑文奇(回族)

中国人民政治协商会议
北京市宣武区
第十一届委员会委员

中共宣武区委

王　毅　王　燕(女)　王玉兰(女)　牛建华(女)

刘 琪 李 铁 李连杰 张文华 常卫国
喻建平

民革宣武区工委

王彩华(女) 李连民(满族) 吴宇汀(女)
张 红(女) 张建华

民盟宣武区工委

工 琨(回族,女) 王子荣 邓 桦(女) 司春林
刘 苹(女) 李复来 邹兰芬(女)

民建宣武区工委

甘学培(女) 付广军 白丽媛(女) 李 铁
李振琦 杨海森 宋桂英(女) 茹小斌

民进宣武区工委

刘志鹏 论茂伟 赵晓霞(女) 唐勇明
戴洪强 苍玉清(回族,女) 隋丽丽(女)

农工党宣武区工委

刘 迎(回族,女) 孙 侠 吴丽荣(女) 张培彤
姜 欧(女) 秦小平 高 赛

致公党宣武区工委

刘学增 李永忠 柴黎平 徐 军(女) 靳家鹏

九三学社宣武区工委

杨新科 胡金玲(回族,女) 曹健荣(女)
曹淑琴(女) 谢苗荣

无党派人士

王汉长 沈晓中 范 毅 贾庆昌 曹惠彬

共青团宣武区委员会

于小嫚(女) 艾 丽(满族,女) 田 华(女)
曹 煜(女) 寇 杰

宣武区工会

王培发 刘 彬(女) 李德英(女) 张彦君
张德武 何大林(满族) 徐永铎 郭文瑞
梁英杰 彭兴利 崔素娥(女) 阎京琦(女)

宣武区妇女联合会

尹淑华(女) 孙 静(女) 孙秀凤(女)
李 晶(女) 杨 秋(女) 来丽春(女)
汪 阳(女) 陈叔平(女) 胡 浩(满族,女)
高玉丽(女) 葛长荣(女) 蔡 芳(女)

宣武区青年联合会

李燕生 杨 斌 杨守歧 何中栋
黄丽京(回族,女)

宣武区工商业联合会

王 云(女) 王 健 王振宇 王继东
邢爱义 回铁勇 孙世东 张炳慧(女)
陈秀芳(女) 赵淑珍(女) 徐忠东
高镇权

宣武区科学技术协会

王善杰 张志芸(女) 张春荣(女) 周国良
赵 锟 赵顺璧 黄建玲(女) 崔 斌

台胞台属

全 力(满族,女) 李五一(女) 张 岩(女)
姜 武 陆蓓蓓(女) 秦 燕(女)

宣武区归国华侨联合会

汪 恒 祖淑燕(女) 郑添工 林晓明 韩志彤

文化艺术界

王虎鸣 刘玉婉(女) 任 力 吕民强
李金龙 杨维民 张士元 赵玉贵
程茂全 雷振芳 霍建庆

科学技术界

丁 辉 王国建 石 岩 李建辉
韩 扬 陈慧来(满族,女) 周天华
贾 强

经济界

于培德 马宝红(女) 王鸿春 傅培元
冯振基 王 红(女) 王小梅(女)
任兆敏(女) 刘家博 杨有成 关 宁(满族)
叶新年 李玉峰 李发广 杨德晔 宋 毅
张李平(女) 张晋民 姚志伟 贾志仁
陈 颐(女) 徐 枫 常 鹏 梁 枫
薛国强

教育界

王幼平(女) 孔祥旭 邢冬方 李博阁
宋耀河 成 皓(女) 安桂香(女)
杨丽华(女) 袁志勇 高 岷 荣培云(女)
秦淑芳(女) 翁乃彤(女) 黄中军 高绍俭
童 薇 (女)颜凤岭 薛亚明

体育界

马建国 王建一 田子贺 李双喜
徐建中

医药卫生界

王 莉(女) 冯文华 李 康(女)
李 静(满族,女) 吴永宁 何永洁(女)
赵 冰(女) 施小华(女)
郭文明 鲁 英 郭薇薇(女) 韩素霞(女)
霍 凤(女) 穆 静(回族,女)

少数民族

石丽芝(回族,女) 刘雪妹(回族,女)
杨文伯(回族) 刘群立(回族)
许海静(朝鲜族,女) 肖 枫(回族)
其丽美格(蒙古族,女) 哈平(回族,女)
施立钢(彝族) 魏家经(土家族)

宗教界

广 如 尹国芳(回族) 刘元龙 孙尚恩
韦春杰(回族) 杨志波(回族) 陈玉珍(女)

街道界

田　静(哈尼族,女)　杜　霞(女)　杨国训

赵　兵　宋淑琴(女)　范明芳(女)　周惠伟(女)

黄　庆贺道容(女)　钱艳仪(回族,女)　夏志文

城建界

孔建军　朱和平(女)　刘俊德　李洪祥

刘　速(回族,女)　刘界成　李　红(女)

秦乃津

特别邀请人士

于得祥(回族)　王世仁　王申恒　王际民

孙怀新　李凤翔　李熙宗　杨　鸣　张汝来

陈德森　汪　剑(女)　金　焱　赵长山

唐学海　曹云健　庾　华(土家族,女)

崔显修　阎永旺　曹寿延

部级先进集体和先进个人

先进集体

全国教育监察工作先进集体

宣武区纪委教育工作委员会

全国人口和计划生育系统防治非典型肺炎工作先进集体

宣武区计划生育委员会

全国投入产出调查先进集体

宣武区统计局

全国民族体育先进集体

宣武区民族宗教侨务办公室

全国青年文明号

宣武区国家税务局

全国质量监督检验检疫系统抗击非典先进集体

宣武区质量技术监督局

全国优秀公安基层单位

公安宣武分局刑侦支队技术队

全国军队离休退休干部服务管理工作先进单位

宣武区军队离休退休干部安置办公室

全国示范"青少年法律学校"

宣武区陶然亭街道社区青少年法律学校

全国新建企业工会组建工作先进单位

宣武区椿树街道工会

全国"百城万店创品牌"活动先进企业

菜市口百货股份有限公司

全国模范职工之家

菜市口百货股份有限公司工会委员会

全国守合同重信用企业

国华商场有限责任公司

北京天桥建筑集团有限公司

全国商业行业顾客满意企业

张一元茶叶有限责任公司

全国商业服务业抗击非典先进单位

张一元茶叶有限责任公司

中国商业名牌企业

张一元茶叶有限责任公司

中国商业服务名牌

张一元茶叶有限责任公司

全国计划生育协会先进集体

天桥街道香厂路社区居委会

全国抗击非典工作先进集体

宣武区卫生监督所

全国医院感染管理抗击非典先进集体

北京回民医院

北京回民医院 SARS 指挥中心

全国"三八"红旗集体

北京回民医院

菜市口百货股份有限公司

全国社区志愿者先进单位

天桥街道

先进个人

全国卫生系统抗击非典先进个人

刘　迎　张力新　王　莉

全国人口和计划生育法制建设先进个人

李　晶

全国人口和计划生育系统防治非典型肺炎工作先进工作者

徐　翊

全国防治非典型肺炎工作优秀共产党员

赵宝民

全国刑释解教人员安置帮教工作先进个人

王　旭

全国"不让毒品进我家活动"先进工作者

姜　光

全国军队离休退休干部服务管理工作先进个人

何　军

全国"绿色学校园丁奖"

焦春玲

全国投入产出调查先进个人

黄居全　李　昕　杜　萍　韩　娟

全国质量监督检验检疫系统抗击非典先进个人

左庆玲

全国公安信息运行管理质量年工作先进个人

张国昕

全国五一劳动奖章

李友京

全国三八红旗手

王秀兰

全国计划生育协会先进工作者

沈 平

全国计划生育协会先进志愿者

王永新 苗世荣 刘宝华 胡乃让

全国城镇妇女"巾帼建功"标兵

张增讨

市级(含系统)先进集体和先进个人

先进集体

首都劳动奖状

北京内联升鞋业有限公司自产布鞋组

第五届民族团结进步先进单位

牛街街道办事处

公安宣武分局牛街派出所

北京回民医院

北京房开置业股份公司

宣武区回民小学

牛街街道民族敬老院

首都文明单位标兵

北京菜市口百货股份有限公司

北京市公安局宣武分局牛街派出所

北京天桥建筑有限责任公司

北京市宣武区财政局

北京市宣武区环境卫生服务中心

北京张一元茶叶有限责任公司

北京市第十四中学

北京市宣武区地方税务局

北京市宣武区审计局

首都文明单位

北京市全特优细菜中心牛街清真超市

北京翔达投资管理公司吐鲁番餐厅

北京翔达投资管理公司晋阳饭庄

北京庄胜崇光百货商场

北京家乐福商业有限公司马连道店

北京金安普生医药有限责任公司

北京市宣武隆源五金商店

北京第三纺织机械有限公司

北京市华强经贸公司第九连锁店

北京更香茶叶有限责任公司

北京市宣武炊事食品机械有限公司

北京陶然建筑有限公司

北京市宣武区城市建设综合开发总公司

北京市宣武区市政管理委员会

北京市宣武区城市管理监察大队

北京市宣武艺园管理处

公安局宣武分局人口管理处户证办理中心

宣武区人民检察院

宣武区人民法院

宣武区司法局

宣武区民政局

宣武区残疾人联合会

宣武区社会文化管理所

北京大观园管理委员会

北京国华商场有限责任公司

宣武区广安门电影院

北京师范大学附属中学

北京市第六十六中学

北京市宣武区第一职业学校

宣武区陶然亭小学

宣武区半步桥小学

宣武区回民小学

宣武区教委中小学卫生保健所

宣武区广义街小学

北京小学

北京市回民学校

北京市回民医院

宣武区陶然亭医院

宣武区中医医院

北京市工商行政管理局宣武分局

宣武区国家税务局

宣武区总工会

宣武区妇女联合会

共青团北京市宣武区委员会

中共宣武区委党校

宣武区质量技术监督局

宣武区物价局

宣武区劳动和社会保障局

宣武区私营个体经济协会

北京利尔德机电成套设备公司

北京兰格咨询有限责任公司

首都文明街道

宣武区广外街道

宣武区陶然亭街道

宣武区天桥街道

宣武区牛街街道

首都文明社区

牛街街道南线阁社区

白纸坊街道清芷园社区

广内街道康乐里社区

天桥街道天桥小区社区

天桥街道虎坊路社区

椿树街道宣武门东大街社区

陶然亭街道龙泉社区

广外街道天宁寺西里华电小区

广外街道车站西街17号院社区

广外街道红莲中里社区

广外街道天宁寺二热社区

广内街道长椿街社区

广内街道西便门东里社区

广内街道西便门西里社区

白纸坊街道万博苑社区

陶然亭街道新兴里社区

陶然亭街道黑窑厂社区

牛街街道春风社区

牛街街道法源寺社区

椿树街道椿树园社区

首都绿色社区

白纸坊街道建功南里社区

白纸坊街道万博苑社区

陶然亭街道红土店社区

牛街街道牛街东里社区

椿树街道宣武门东大街社区

广内街道康乐里社区

广内街道西便门西里社区

天桥街道虎坊路社区

大栅栏街道前门西大街社区

广外街道车站西街15号院社区

广外街道天宁寺西里华电社区

首都先进少年军校

北京第十四中学少年军校(武警指挥学院共建)

宣武区康乐里小学少年军校(武警七支队二中队共建)

首都文明景区

陶然亭公园

北京大观园

北京古代建筑博物馆

首都文明市民学校优秀校

宣武区广外街道文明市民学校中心校

宣武区大栅栏街道石头社区市民学校

北京市计划生育红旗单位

宣武区卫生局

北京市计划生育先进集体

广外街道

天桥街道

广内街道

白纸坊街道

牛街街道

陶然亭街道

大栅栏街道

椿树街道

宣武区教育委员会

公安宣武分局

宣武区民政局

宣武区翔达投资管理公司

宣武区劳动和社会保障局

宣武区财政局

宣武区人事局

宣武区妇幼保健院

北京市防治非典型肺炎工作先进基层党组织

北京市回民医院党支部

宣武区广安门外街道党工委

宣武区广安门内街道大街东社区党总支

北京市公安宣武分局党委

宣武区环境卫生服务中心党委

北京天桥建筑集团公司党委

首都防治非典工作先进单位

大栅栏街道办事处

天桥街道办事处

椿树街道办事处

陶然亭街道办事处

广内街道办事处

牛街街道办事处

白纸坊街道办事处

广外街道办事处

宣武区环卫服务中心

宣武区教育委员会

北京陶然建筑有限公司

北京天桥建筑有限公司

北京金源投资管理公司

北京新月联合汽车有限公司

北京东方饭店有限公司

北京新北纬饭店有限责任公司
北京越秀大饭店
宣武区直属机关工作委员会
北京中商昌平培训中心
宣武区防治非典型肺炎工作领导小组办公室
首都医科大学宣武医院
首都医科大学宣武医院内科
首都医科大学友谊医院急诊科
首都医科大学友谊医院抗击非典第一批医疗队
中国中医研究院广安门医院医疗队
北京市健宫医院
北京市滨河医院抗非典办公室
北京市回民医院
北京市回民医院防治非典指挥部
宣武区中医医院护理部
宣武区广外医院办公室
宣武区妇幼保健院保健科
宣武区广内医院保健科
宣武区椿树医院保健科
宣武区陶然亭医院防保科
宣武区大栅栏天桥医院保健科
宣武区疾病预防控制中心
宣武区卫生局卫生监督所
宣武区卫生局机关
宣武区医疗救治与流调指挥部

北京市爱国卫生先进单位

白纸坊街道办事处
国华商场有限责任公司
白纸坊社区服务中心
安利日用品有限责任公司北京分公司
经济日报社
北京印钞厂
弘棉大厦
国信赛威斯物业信息大厦项目受理处
北京一建公司
北京顺嘉丰餐厅
宣武区白纸坊医院
宣武区城市监察大队广内分队
北京第四幼儿园
宣武区康乐里小学
宣武区三教寺幼儿园
国务院国有资产监督管理委员会
宣武区师范第一附属小学
解放军总装备部后勤部华北办事处
北京大观园酒店
广内街道康乐里社区
崇效寺社区居委会
广内街道长椿街社区居委会
自新路社区居委会
广内街道大街东里社区居委会
广内街道办事处
宣武区椿树医院
首都医科大学宣武医院
北京庄胜崇光百货商场
广安门宾馆有限责任公司
北京越秀大饭店
中国集邮总公司
宣武房屋经营公司一分部
宣武区椿树街道办事处
北京六必居酱园
椿树街道四川营居委会
北京融工宾馆
椿树街道宣东居委会
宣武区大天医院
椿树街道梁家园居委会
北京和平门全聚德烤鸭店
北京先农坛体育运动技术学校
牛街街道办事处
宣武区天桥街道办事处
国家水利部机关
中国疾病预防控制中心
中民大厦
北京古代建筑博物馆
新世纪菜市口百货商场
北京前门饭店
中国北方工业公司
北京友谊医院
北京回民小学
北京邮政速递局
北京残疾人活动中心
光明日报社
攀钢宾馆
中央芭蕾舞团
中国华北电力集团总公司
中国病毒预防控制所
宣武区师范第二附属小学
宣武区陶然亭医院
国家民族事务委员会招待所
中国戏曲学院附属中等学校
北京通信公司三区电话局广外局
北京工会职工大学
北京苏源锦江大厦

陶然亭街道新兴里社区居委会
北京中房恒通物业公司朗琴园小区
宣武区国家税务局
广外红莲中里社区居委会
北京第十五中学分校
北京工业设计研究院
陶然亭街道办事处
北京百万庄园房地产开发有限责任公司
北京税务局涉外税收管理分局
陶然亭街道红土店社区居委会
北京银达物业管理有限公司
宣武区大栅栏街道办事处
北京安华物业公司广安门物业部
北京武警总队第七支队
华北电管局二热社区居委会
北京深圳大厦
北京长江国际俱乐部有限公司
宣武区城管大队广外分队
北京回民中学
宣武区白纸坊小学
北京房修一物业公司太平里物业管理处武警宿舍
北京育才学校
北京中工物业管理有限公司机械大厦
宣武区教育委员会
北京十四中分校
北京小学
宣武区爱国卫生运动委员会办公室

北京市爱国卫生先进社区

牛街街道南线阁社区居委会
白纸坊街道建功南里社区居委会
广内街道核桃园社区居委会
广外街道车站西街15号院社区居委会
椿树街道红线社区居委会
广外街道天宁寺西里华电社区居委会
天桥街道禄长街头条19号院社区居委会
天桥街道天桥小区社区居委会
陶然亭街道龙泉胡同社区居委会
大栅栏西街社区居委会
陶然亭街道黑窑厂社区居委会
牛街东里社区居委会

北京市党政系统机要密码工作先进单位

宣武区委机要室

北京市人防办综合考评达标先进单位

宣武区人防办公室

北京市人口和计划生育系统防治非典型肺炎工作先进集体

广内街道计划生育办公室

北京市信访、排查调处工作目标考核优秀单位

宣武区信访办公室

北京市信访宣传工作先进单位

宣武区信访办公室

北京市安全生产先进集体

北京金源投资管理公司

北京市"安康杯"竞赛优胜单位

北京金源投资管理公司

北京市人民满意的政法单位标兵

公安宣武分局牛街派出所

北京市人民满意的政法单位

公安宣武分局牛街派出所
宣武区人民法院民三庭
北京市法院系统集体二等功
宣武区人民法院法警大队

北京市法院系统先进基层党组织

宣武区人民法院法警大队

北京市法院系统先进集体

宣武区人民法院刑事审判庭

北京市"严打"整治斗争先进集体

公安宣武分局刑侦支队重案组
宣武区社会治安综合治理委员会办公室
白纸坊街道社会治安综合治理委员会办公室
天桥街道虎坊路社区居民委员会
陶然亭街道黑窑厂社区居民委员会

北京市先进治保会标兵

白纸坊双槐里社区治保会
椿树椿树园社区治保会

北京市先进治保会

手帕口北街社区治保会
车站西街17号院社区治保会
红居街社区治保会
三义东里社区治保会
马连道中里社区治保会
红莲北里社区治保会
红居南街社区治保会
椿树馆社区治保会
青年湖社区治保会
广外大街东社区治保会
湾子街社区治保会
马连道社区治保会
西便门东里社区治保会
康乐里社区治保会
西便门内社区治保会

校场小六条社区治保会
长椿街社区治保会
老墙根社区治保会
槐北社区治保会
槐南社区治保会
枫华社区治保会
南线阁社区治保会
牛街东里社区治保会
钢院社区治保会
牛街联社治保会
新安南里社区治保会
平原里社区治保会
自新路社区治保会
右内后身社区治保会
菜园街社区治保会
建功北里社区治保会
右内西街社区治保会
黑窑厂社区治保会
福州馆社区治保会
红土店社区治保会
北京市供电局宣武营业站治保会
琉璃厂社区治保会
红线社区治保会
铁门社区治保会
香厂路社区治保会
南纬路2号院社区治保会
禄长条社区治保会
天桥小区社区治保会
大安澜营社区治保会
延寿街社区治保会
铁树社区治保会
三井社区治保会

北京市商业名牌企业

张一元茶叶有限责任公司

北京市商业服务名牌

张一元茶叶有限责任公司

北京市诚信服务质量放心企业

张一元茶叶有限责任公司

北京市质量管理优秀企业

张一元茶叶有限责任公司

北京市劳动鉴定工作先进单位

宣武区劳动鉴定委员会

北京市人民满意的劳动争议仲裁委员会

宣武区劳动争议仲裁委员会

北京市劳动仲裁系统先进单位

宣武区劳动争议仲裁委员会

北京市劳动保障监察工作先进单位

宣武区劳动监察大队

首都绿化美化花园式单位

育才学校
白菜湾居住小区
朗琴园居住小区
枫桦豪景居住小区
红莲北里居住小区
马连道北里居住小区
广安门车站东街13号院
公交总公司天泽园宿舍
中国人民银行康乐里宿舍
陶然湖景居住小区

首都绿化美化先进单位

陶然亭办事处
牛街办事处
宣武艺园管理处

首都绿化美化优质工程奖

广安门南街绿化工程

北京市园林杯绿化养护奖

宣武区园林局

北京市园林杯园林科技奖

宣武区园林局

北京市文物市场优秀管理单位

宣武区文化委员会文物科

北京市党委系统信息工作先进单位

宣武区委办公室

北京市党委系统督查工作先进单位

宣武区委办公室

北京市党委系统机要密码工作先进单位

宣武区委机要室

北京市农村初级卫生保健支农工作先进集体

宣武区疾病控制中心

北京市抗击非典支前行动先进集体

宣武区卫生局工会

北京市“三八”红旗集体

北京回民医院
宣武区第一职业学校外语教研组

北京市防治非典工作先进基层党组织

北京回民医院党支部

首都民族团结进步先进单位

北京回民医院

北京市卫生统计工作先进集体

广外医院

北京市进京创业青年教育服务工作先进单位

宣武区卫生局团委

北京市空间质量评价先进集体

广外医院检验科

北京市基层卫生保健先进科室

广外医院保健科

北京市防火先进集体

广外医院

北京市档案工作先进集体

宣武区疾病预防控制中心

北京市同法轮功邪教组织斗争先进集体

大栅栏街道

陶然亭街道

天桥街道

椿树街道防范和处理邪教问题办公室

公安宣武分局国保支队

宣武区政府防范和处理邪教问题办公室

北京市统计法制工作先进集体

椿树街道统计科

北京市第一届新秧歌大赛一等奖

椿树街道秧歌队

北京市第二届新秧歌大赛一等奖

椿树街道秧歌队

北京市第二届新秧歌大赛组织奖

宣武区文化委员会

北京市安置帮教工作先进集体

宣武区司法局

北京市一级司法所

天桥街道司法所

北京市优秀司法所

广外街道司法所

北京市调解工作先进集体

椿树街道椿树园社区

北京市社区志愿者先进单位

天桥街道志愿者协会

广内街道社区青年志愿者服务队

北京铁路公安处治安队

椿树街道宣武门外东大街社区居民委员会

北京市健宫医院志愿者服务队

总参谋部管理局第三招待所客房部

白纸坊街道团工委青年志愿者服务队

北京市第二热电厂

北京市红十字会系统先进集体

广安门内街道红十字会

椿树街道红十字会

三义里小学红十字会

宣武区外国语实验学校红十字会

北京友谊医院红十字会

北京市开展救灾募捐工作先进集体

宣武区红十字会

先进个人

首都劳动奖章

李友京　王莉研　何德强　王宏瑞

北京市三八红旗奖章

冯兰英　刘　鸽

第五届首都民族团结进步先进个人

刘　迎　杨文伯　范　宝　王辛卯　平国栋
王　静　薛天利　陈连生　钱德才

首都绿化美化先进个人

宋　伟　张金同　商志刚　杨慕兰　邢印良
李　锐　李宝顺　王　旭　施翠玲　夏志文
张雁林　陆惠民　霍成轩　熊永山　曹立宏
龙红艳　洪树成　冯宝亭　高俊宏　武晓明
王俊生　冯振华　杨惠忠　周春林　高兴春
吴欣萍　张宗禹　杨文学　张　莹　阎朝晖
牛　英　吴　伟

首都文明市民学校先进工作者

李　捷　阎　涛　张　弘　黄孔岩　张春晔
魏占增　付俊荣　回　娟

北京市计划生育先进个人

王永新　郑文奇　赵进兴　王　旭　苏玉英
张建省　赵美丽　陈竹荣　刘瑞英　曹志玲
邱季南　高瑞珍　冯文霞　张春香　赵　军
刘琳琳　李　薇　姚大冬　王　蓉　王玉坤
马红燕　刘玉红　宋　伟　杨淑萍　曹莲芬
刘亚军　王玉秋　黄　娜　周洪庆　沈　平
夏英英　陈金禄　邱　萍　倪丽芳　孟志芳
张山树　孙冰岩　吴素洁　张宗禹　迟淑敏
李春英　翁乃彤　苗和平　刘建国　辛云平
王凤英

首都防治"非典"工作先进个人

王培发　黄立新　申建东　刘忠玉　王　成
尹玉茹　税　勇　董　清　顾兰涛　陈连生
尹文正　杜黎彬　李　铁　郑添工　耿　兵
陈银芝　祖淑燕　王　燕　沈怡宏　刘群生
秦乃津　周开让　王　佐　李　程　陈振海
房利轩　李童水　于尊花　韩世和　刘子真
蓝佩玉　曹希久　李　健　江浩远　韦春杰
穆东棋　韩继昌　吴国通　何贤景　朱冀花
张力新　赵国棉　赵宝民　沈俊敏　吴勇伟
王红军　李玉萍　焦丽敏　柴东平　张安平
纪宪辉　辛彩林　郝宗义　刘宝越　赵　敏

孙洪琴 车伶俐 万 滨 易 娜 张 凝
姜 鸥 姜 武 张建民 郭 源 王均贵
藏燕妮 东玉兰 李储健 刘金榜 刘 动
裴素英 吴跃利 孙秀明 刘 红 王 晨
侯启春 张 楠 杨维军 杜亚萍 毕春红
张 华 李维莉 张艳玲 吴宝华 苏 旗
李艳如 戴淑华 何永洁 李冬梅 李健光
贾建国 吴宇彤 赵 伟 王建平 齐向东
陈 宏 乔 福 王雅菁 高 洁 宋洪珍
史淑萍 程培华 高永红 侯丽敏 韦春莉
刘 婷 袁秀珍 丹金秀 高晓飞 魏 娜
马淑凤 张祝红 孙春丽 许 爽 赵 霞
徐 艳 李 南 孙淑春 花 蕾 李淑迦
许金森 王永新 张海平 魏嘉平 王力红
王玉琴 吉训明 李 林 褚晓明 刘佑琴
赵 军 张京利 刘玉来 侯志勇 满玉萍
杜晓曦 杨立平 曾乃光 王香平 宿英英
李 耘 杨 强 张连国 赵松林 魏 兵
钱玉英 杜建新 李京宏 孙长怡 杨 磊
韩素霞 舒 淳 徐 捷 史 森 秦 臻
刘润生 田 锋 高亚红 宋洁菊 王嫦月
王宝恩 梁晓梅 葛志成 李 浩 赵 梅
金春燕 王兆琴 韩建丽 冯 捷 刘登贤
李洪涛 邢 有 周宝利 冀 琨 谢苗荣
张福奎 梁金锐 焦蕴敏 毕铭华 张洁冰
杜 娟 任迎春 韩晓茜 张澍田 高东寰
齐文生 李光熙 王永春 苏 浩 张素秋
田爱红 阎 桐 白 杨 李国勤 赵 冰
付亚龙 杨桂琴 刘 丽 张军苓 吕 燕
李 莉

北京防治非典型肺炎工作优秀共产党员

赵宝民 周秀生 长丽荣 王 岩 李荫林
张建梅 李书彬 卢红彬 岳丽生 王建国

北京市爱国卫生先进工作者

王永新 王景明 杨素贤 李国动 夏 清
吴金泉 熊永山 贺道容 安学军 刘 权
商志刚 孙媛娟 霍成轩 华景术 姜云平
龙红艳 高晓春 栗广平 马振亭 牟东祺
李书彬 王翠芳 马泽民 牛瑞华 王贺军
赵增善 韩济昌 高金生 单彩芝 王建民
乔茂德 王京文 于 孝 李广隆 杨文学
周雪风 樊金和 朱瑞堂 杨秀明 寇志东
李继珊 王万金 吴晋宁 王 静 马泉龙
孙淑兰 单繁宇 刘爱宝 裴军武 吉文斌
邢印良 殷 达 张家鸿 高桂兰 邵丽芝
董桂兰 胡胜利 李军华 宋 伟 夏英杰
贺红枫 李月珠 杨世昌 祝利荣 张爱琴
朱俊芳 宋彬嵩 杨 英 李建刚 阴 红
洪树成

北京市国防动员工作先进个人

管玉文

北京市人口和计划生育系统防治非典型肺炎先进工作者

张建省 王金兰 周淑贤 王玉秋 沈 平

北京市安全生产先进个人

宣大祥

北京市经济技术创新标兵

崔秀智 车 红 常崇信

北京市粮食系统先进信息工作者

赵秀英

北京市粮食系统优秀市场监测信息员

曹为民

北京市档案工作先进个人

李 红 李福君 姜秀芬

北京市"严打"整治斗争先进工作者

王殿权 田壮志 付德林 冯 涛 杜黎彬
江建太 雷秀兰 周雪风 范 宝 杨 川
果玉春 刘子真 张革忠 房利轩

北京市人民满意的政法干警

刘 绪 马宝山 杨振秀

北京市法院系统优秀共产党员

温同奇 张 森

北京市法院系统先进法官

郭秋阳 汪 琦 温同奇 李 江

北京市法院系统个人二等功

赵 刚

北京市同法轮功邪教组织斗争先进个人

申晓岩 刘琦琳 张长林 伯云龙 刘子真
宁金茂 李宝珍 韩宏德 王树梁 邵学力
王俊燕 杨维民 孙 静 拿 云 李 铁
郭 玲

北京市先进治保积极分子标兵

佟建明

北京市先进治保积极分子

刘会敏 成秉亮 毛宝华 曹 蕾 徐艳玲
张秀英 王忠清 杨印富 阎 庆 朱秀丽
张锦芝 王绿原 张春荣 王文义 邢旭新
姜桂荣 史文霞 孙美蓉 吴吉翠 顾世旬
谢彦卿 张富安 沈 京 吕桂荣 李顺华
王世芬 宋淑珍 赵志强 陈 晓 张 坤
郑铁成 纪玉环 陈德丽 王孝勤 刘志东
胡宝英 阎书琴 苏达龙 宋元清 马淑珍

崔淑英　周素华　郭新忠　李秀清　王　英
王鸿娟　谢兴华　陶小静　孙玉良　申广群
崔国强　侯玉良　李桂芳　经秀琴　郭建英
回　娟　范桂文　杨　洁　张　族　魏玉珍
尹　方　高石昌　沈如岩　谷　岭　黄　兴
阎昆哲　杨勤亮　张俊玲　杨保安　刘秀芬
于回红　祝　贺　周建荣　刘保谦　宋满元
李淑萍　曹　颖　赵振宇　许妍玲　白小清
韩雅飞　李渡忠　李秀娟　孔庆南　郭永祥
周兴龙　杜永刚　张玉娟　杨莲臻　魏占增
曲　超　贺玉仁　何培忠　郭亚杰　王京文
张广庆　杨惠琴　张兰云　白云英　郝桂敏
孟佩娥　马新存　周国庆　苏秀芬　李云霜
刘淑杰　李国荣　曹淑清　武翠兰　刘万荣
冯宝琴　刘桂香　任朝霖　李　月　范晓婷
王金梅　马光荣　朱秀华　张　利　王　争
张立华　魏淑英　周惠伟　刘永清

第十届首都旅游紫禁杯先进个人

祖淑燕

北京市群众文化明星

杨海森

北京市"扫黄""打非"工作先进个人

王兴民

北京市党委系统信息工作先进个人

刘景梅　周兆鹏

北京市党委系统督查工作先进个人

李英俊　谭建华

北京市志愿者之星

刘尚志　袁国华　王　则　赵文山　赵桂云
路克庆　黄惠琴　贾玉玲　邓宝章　郭　晶
高景晖　王艾新　石国勇　马永革　张韵珊
张继然

北京市劳动和社会保障统计工作先进个人

章　红

北京市安置帮教工作先进个人

王　萍　梅　宇

北京市调解工作先进个人

甄秀红　王淑芳　何培忠

北京市进京创业青年之友

海　峰

区级先进集体和先进个人

先进集体

贡献突出单位(46个)

北京大唐发电股份有限公司
中国印钞造币总公司
北京市建设工程专业劳务发包承包交易中心
华北电网有限公司
北京市商业银行股份有限公司
北京印钞厂
中国建设银行北京城市建设开发专业支行
北京中房长远房地产开发有限责任公司
中国建设银行北京市分行
中国烟草进出口(集团)公司
中国太平洋财产保险股份有限公司北京分公司
北京房开置业股份有限公司
华北电力集团财务有限责任公司
北京宣武区城市建设综合开发总公司
北京科林房地产开发有限公司
北京世纪鸿房地产开发有限责任公司
中国工商银行北京市宣武支行
北京城建二建设工程有限公司
中国集邮总公司
北京裕昌置业股份有限公司
中国烟叶生产购销公司
北京庄胜房地产开发有限公司
中国烟草交易中心
北京市建工一建工程建设有限公司
中国地图出版社
中国卷烟销售公司
中国烟草机械集团有限公司
北京港中旅大厦有限公司
北京市南区邮电局
中国建设银行北京市宣武支行
天桥建筑集团有限责任公司
北京广安华实投资管理公司
经济日报社
中国烟草物资公司
华能北京热电有限公司
中国农业银行北京市宣武支行
中国人民保险股份有限公司公司北京市宣武区支公司
北京广华轩房地产股份有限责任公司
北京金马四方房地产开发有限公司
北京嘉里锦华房地产开发有限公司
菜市口百货股份有限公司

中冶集团北京钢铁设计研究总院
北京王致和食品集团有限公司
北京中烟华玉商厦有限公司
北京供电工程公司
中国人民保险股份有限公司

十佳文明单位

菜市口百货股份有限公司
公安宣武分局牛街派出所
天桥建筑集团有限责任公司
宣武区财政局
张一元茶叶有限责任公司
宣武区环境卫生服务中心
北京市第十四中学
宣武区地方税务局
宣武区审计局
宣武区民政局

社会治安综合治理标兵单位

大栅栏街道
天桥街道
椿树街道
陶然亭街道
白纸坊街道
牛街街道
广安门内街道
广安门外街道
公安宣武分局
宣武区文化委员会
宣武区国土资源和房屋管理局
宣武区城市管理监察大队

社区建设先进单位

大栅栏街道
天桥街道
椿树街道
陶然亭街道
白纸坊街道
牛街街道
广安门内街道
广安门外街道
大栅栏街道铁树斜街社区居委会
天桥街道天桥小区社区居委会
椿树街道宣东社区居委会
陶然亭街道黑窑厂社区居委会
白纸坊街道建功南里社区居委会
牛街街道南线阁社区居委会
广安门内街道三庙社区居委会
广安门外街道车站西街 15 号院社区居委会

宣武劳动奖状

金源公司全特优细菜中心牛街清真超市
北京市公安局宣武分局治安调解中心
宣武区环卫服务中心汽车队小车运输班
北京无线电仪器厂出口产品部生产组
北京育才学校中学部体育教研组
宣武区广外医院

宣武区文明单位

北京市宣武区经济贸易委员会
北京市宣武区厂甸市场管理处
北京鹤年堂医药有限责任公司
北京市锦旗套垫厂
北京市宣武菜市口文化用品有限公司
北京清华池浴池
北京博兴饭店
北京白鹭美容美发店
北京市华强经贸公司第一连锁店
北京市华强经贸公司第二连锁店
北京正阳商城
北京老舍茶馆
北京市老知青饭庄
北京市牛街富民清真牛羊肉市场
北京马连道茶城
北京内联升鞋业有限公司
北京瑞蚨祥绸布店有限责任公司
北京市科通电子继电器总厂
北京无线电仪器厂
北京裕昌置业股份有限公司
北京燕京汽车厂
北京市天桥投资开发公司
北京裕泰达房地产开发有限公司
北京市宣房楼宇设备公司
宣武区建设工程质量监督站
宣房开置业股份有限公司
北京市创通基础设施建设投资公司
中国农业银行北京市宣武区支行
中国建设银行北京市宣武区支行
中国人民财产保险股份有限公司北京市宣武区支公司
中国银行北京市宣武区支行
北京市商业银行右安门支行
中国工商银行北京市宣武支行广安门储蓄所
中国工商银行北京市宣武支行范家胡同储蓄所
中国工商银行北京市宣武支行天宁寺储蓄所
宣武区市政设施监察管理所
宣武区国土资源和房屋管理局机关

宣武区人民政府节约用水办公室
宣武区城市管理监察大队大栅栏分队
宣武区环境保护局
宣武区环境卫生三队
宣武区环境卫生汽车队
北京市鑫宣市政工程公司
北京市公安局宣武分局治安调解中心
北京市公安局宣武分局天桥派出所
北京市公安局监所管理处
宣武区人民检察院控告申诉处
宣武区人民法院审查监督庭
宣武区司法局法律宣传科
宣武区民政局军队离退休干部休养所
北京市公安交通管理局宣武交通支队
北京市第四十三中学
北京市第二零四中学
宣武区外语实验学校
宣武区第三职业学校
北京广播电视大学宣武分校
北京市第十四中分校
北京市第一三一中学
北京市宣武区招生考试中心
北京育才学校
北京市第十五中学分校
北京华夏女子中学
北京第一实验小学
宣武师范附属第二小学
宣武区北线阁小学
宣武区三义里小学
宣武区炭儿胡同小学
宣武区宣外大街小学
宣武区福州馆小学
宣武区培智中心学校
宣武区香厂路小学
宣武区白纸坊小学
宣武区南菜园小学
宣武区红莲小学
宣武区教委机关
宣武区椿树医院
宣武区广内医院
北京市宣武京新医药公司
宣武区卫生局卫生监督所
宣武区妇幼保健院
宣武区广外医院
宣武区文化委员会机关
宣武区文化馆
北京杂技团
北京风雷京剧团
北京大观楼大银幕电影院
宣武区中华电影娱乐宫
北京湖广会馆大戏楼
北京白广路百货有限责任公司
北京翔达宏宝堂画店
宣武区体育局
北京宣武体育宫
北京广安体育馆
北京市宣武区烟草专卖局
北京市宣武区药品监督管理局
北京新月联合汽车有限公司
北京丽晶皇城老妈饮食有限公司
北京万邦包装装潢制品有限责任公司
北京金之源服饰有限责任公司
北京红莲浒记餐饮有限责任公司
北京原杰电子有限责任公司
北京健峰生物技术有限责任公司
北京千禧园球迷餐厅
宣武区爱义行汽车装饰公司
大栅栏前程宾馆
北京中哲银纸张有限公司
北京天桥老好吃鸡架城
北京金郭林家常菜食品有限公司第一分店
都市风影印中心
北京茶汤李饮食有限公司
宣武区人民武装部

宣武区创建文明行业先进单位

宣武区环境卫生服务中心
宣武区卫生局
北京宣房投资管理公司
北京市宣武区国家税务局
北京市宣武区地方税务局
北京市公安局宣武分局
北京市工商行政管理局宣武分局
宣武区劳动和社会保障局
宣武区园林局

宣武区创建文明机关先进单位

宣武区人大常委会机关
宣武区纪律检查委员会、区监察局机关
宣武区政府办公室
中共宣武区委办公室
中共宣武区委组织部
宣武区人事局
宣武区法制办公室

宣武区政府机关后勤服务中心
宣武区政协机关
宣武区计划生育委员会
宣武区信访办公室
宣武区统计局
宣武区发展计划委员会
中共宣武区委统战部
中共宣武区委政法委(综治办、610办)

宣武区文明社区

广外街道天宁寺北里社区
广内街道宣西社区
白纸坊街道建功北里社区
天桥街道香厂路社区
天桥街道南纬路社区
大栅栏街道三井社区

宣武区共建文明社区先进单位

房修一物业管理有限公司太平里物业管理处
北京市天华物业管理公司
北京宏丰行物业管理有限责任公司
北京市蓟城物业管理经营公司第二管理处
北京乐凯图片社
北汽集团离退休人员管理部
北京燕赵宾馆
北京枫景物业管理有限公司
牛街清真超市
北京清芷园物业管理有限公司
北京印钞厂
北京市第四十三中学
北京市电子技术发展公司房管科
北京天宝伟业物业管理有限责任公司
北京市育才学校
北京市邮政速递局
宣武区地方税务局大栅栏椿树税务所

军(警)民共建先进单位

大栅栏街道办事处
　武警七支队
大栅栏铁树社区居委会
　大栅栏地区消防中队
北京市第一三一中学
　武警十五支队三中队
广外街道湾子街社区居委会
　武警总部太平里家属院
广外街道莲花河社区居委会
　北京西客站消防中队
天桥街道禄长街头条社区居委会
　东经路消防中队
天桥街道永安路社区居委会
　武警七支队警通中队
天桥街道虎坊路社区居委会
　武警七支队警通连
陶然亭公园
　武警七支队五中队
北京健宫医院
　武警七支队五中队
椿树街道椿树园社区居委会
　武警七支队五中队
北京市宣武区外国语实验学校
　中央警卫团、武警七支队七中队
白纸坊街道办事处
　武警七支队七中队
宣武区广义街小学
　武警七支队十二中队
广内街道报国寺社区居
　总装备部后勤部华北办事处
牛街街道办事处
　武警七支队
牛街民族敬老院
　总参第三招待所
牛街街道牛街东里社区居委会
　宣武区人民武装部

文明市民学校优秀校

陶然亭街道新兴里社区市民学校分校
椿树街道宣东大街社区市民学校分校
大栅栏街道三井社区市民学校分校
广内街道宣武门西大街社区市民学校分校
牛街街道春风社区市民学校分校
白纸坊街道市民学校中心校
天桥街道南纬路社区市民学校分校
广外街道红居街社区市民学校分校

精神文明建设最佳活动

牛街街道
　“当代雷锋相聚牛街,军民共建民族团结”活动
广内街道
　公民道德建设“五个一”系列活动
天桥街道
　“五不四无”活动
大栅栏街道
　“营造法制环境,建设法制社区”系列活动
广外街道
　“除陋习,整环境,讲文明,树新风”达标创优竞赛活动
椿树街道

椿树园社区环境议事会活动

白纸坊街道

"革陋习,树新风,办实事,解民忧"活动

陶然亭街道

争做社区文明小市民活动

区建委

建筑工地防控"非典"规范管理达标创优活动

区法院

"以案讲法进社区"活动

公安宣武分局

"执法为民树形象,服务发展做贡献"活动

区环保局

创建"环境保护模范社区"活动

区国土房管局

"我为社区服好务,我为首都添光彩"物业管理规范化服务活动

北京翔达投资管理公司

"向社会承诺,创造安全消费新环境"活动

区城管大队

"抗非典,抓两严,创五好,迎国庆"竞赛活动

区市政管委

节约用水警句格言征集评选活动

区机关工委

学习贯彻党的十六大精神知识竞赛活动

团区委

社区建队与队建活动

区总工会

开展"支前"行动,为一线白医战士解"三忧"活动

区妇联

"文明的宣武,学习的家庭"主题活动

区地　局

人民满意的公务员中英文演讲活动

区财政局

"学习贯彻三个代表,优化发展环境"主题教育活动

区科协

陶然亭公园科普游园会活动

先进党委(工委)

广外街道工委

天桥街道工委

椿树街道工委

区委教工委

区直机关工委

金工投资管理公司党委

翔达投资管理公司党委

红旗党支部

张一元茶叶有限责任公司党支部

菜市口百货股份有限公司党总支

公安宣武分局牛街派出所党支部

大栅栏街道大安澜营社区党总支

育才学校党总支

回民医院党总支

广外街道红莲中里社区党委

陶然亭街道红土店社区党委

牛街街道南线阁社区党委

天桥街道先农坛街社区党总支

先进党支部

大栅栏街道百顺社区党总支

大栅栏城管分队党支部

大栅栏街道西河沿街社区党总支

天桥街道香厂路社区仁民路党支部

天桥城管分队党支部

椿树街道办事处机关第二党支部

椿树街道宣东大街社区党委

椿树街道四川营社区党委

陶然亭街道办事处机关党支部

陶然亭街道黑窑厂社区党委

陶然亭街道机关离休、处退干部党支部

牛街街道牛街东里社区党委

翌鑫盛世物业有限责任公司党支部

牛街街道春风社区党总支

广内街道三庙社区党总支

广内街道西便门西里社区党总支

广内街道校场小六条社区党总支

丽晶皇城老妈饮食有限公司党支部

广内街道广安东里社区党总支

广外街道红居南街社区党委

广外街道车站西街17号院社区第一党支部

广外街道车站西街15号院社区党支部

广外街道小马厂社区第二党支部

广外街道手帕口南街社区党委

广外街道手帕口北街社区党委

广外街道机关离休干部党支部

广外街道红莲北里社区党委

白纸坊街道右内西街社区党委

白纸坊街道新安中里社区党委

白纸坊街道建功东里社区党委

白纸坊街道泸州酒家党支部

白纸坊街道自新路社区党委

白纸坊街道南樱桃园社区第一党支部

白纸坊街道建功南里社区党总支

白纸坊街道双槐里社区党委

白纸坊街道崇效寺社区党委
白纸坊街道工委机关党支部
北京市第一四〇中学党支部
北京市第二〇四中学党支部
回民学校党总支
区第一职业学校党总支
红旗业余大学党总支
广义街小学党支部
半步桥小学党支部
北线阁小学党支部
陶然亭小学党支部
北京小学党支部
区委教工委机关党总支
区少儿业余体校党支部
大栅栏天桥医院党支部
区审计局机关党支部
区财政局机关党总支
区委、区政府信访办机关党支部
广安门税务所党支部
区法院法警大队党支部
区纪委机关党支部
区人大机关党支部
区委组织部机关党支部
区人事局机关党支部
牛街工商所党支部
区委党校教研室党支部
区社会保险基金管理中心党支部
区国税局稽查四所党支部
区检察院反贪污贿赂局机关党支部
区委政法委机关党支部
公安宣武分局看守所党支部
公安宣武分局巡察支队党总支
私企个体协会大栅栏分会党支部
军离退离休干部第一党支部
环卫服务中心一队党支部
绿化队党支部
陶然亭建筑有限公司党总支
天桥建筑集团有限公司十分公司党支部
房开置业股份有限公司党支部
燕京汽车厂后勤党支部
正阳经济贸易公司党支部
第三纺织机械有限公司党总支
一得阁工贸中心党总支
华星表业有限责任公司党总支
电炉厂党支部
腾远工贸有限责任公司第一党支部
低温设备厂党支部
李福寿笔业有限责任公司党支部
商标印刷厂科室管理党支部
国华商场有限责任公司党总支
谦祥益丝绸有限责任公司党支部
天硕源商贸有限责任公司党支部
全特优细菜中心党支部
晋阳饭庄党支部
清华池浴池党支部
网点规划建设管理处党支部
新月联合汽车有限公司党总支
锦旗套垫厂党支部
菜市口文化用品有限公司党支部

宣武区防治非典型肺炎工作先进基层党组织

大栅栏街道工委
大栅栏街道前门西大街社区党总支
大栅栏街道大安澜营社区党总支
天桥街道工委
天桥街道禄头条社区党总支
天桥街道南纬路二号院社区党支部
椿树街道工委
椿树街道椿树园社区党委
椿树街道宣东大街社区党委
陶然亭街道工委
陶然亭街道办事处机关党支部
陶然亭街道龙泉社区党委
牛街街道工委
牛街街道枫桦社区党委
牛街街道牛街西里社区党委
广内街道工委
广内街道大街东社区党总支
广内街道上斜街社区党总支
广外街道工委
广外街道红莲中里社区党委
广外街道湾子街社区党总支
白纸坊街道工委
白纸坊街道半步桥社区党委
白纸坊街道建功南里社区党委
区委教工委
育才学校党总支
北京小学党支部
区卫生局党委
回民医院党总支
广外医院党总支
妇幼保健院党支部
卫生监督所党支部

疾病预防控制中心党支部
大栅栏天桥医院党支部
区直机关工委
区劳动保障局机关第二党支部
区工商分局执法检查队党支部
区文化委机关党支部
公安宣武分局党委
公安宣武分局广外派出所党支部
公安宣武分局刑侦支队党总支
公安宣武分局保安公司党支部
公安宣武分局天桥派出所党支部
区环卫服务中心党委
环卫服务中心三队党支部
天桥建筑集团有限公司党委
陶然建筑有限公司党总支
宣房投资管理公司党委
金源投资管理公司党委
翔达投资管理公司党委
鹤年堂医药有限责任公司党支部

宣武区人民满意的公务员集体

宣武区信访办公室

先进个人

在三个文明建设中做出突出成绩的党政机关领导干部

郑添工 冯兰英 曹寿延 耿惠芳 雷秀兰 文家齐 税 勇 许立仁 张炳田 于尊华 于国兴 郭 新

文明标兵十杰

孙丽丽 刘俊谦 穆 静 李玉华 史占清 赵 刚 王宪云 延 斌 张平斋 吴国通

宣武劳动奖章

刘 鸽 张宝贵 王 安 张力新 夏延龙 赵玉贵 霍蕴娟 甄 珍 李春利 张建国 张宗禹 何少雄 徐佩月 刘界成 赵 钢 冯雪玲 李建光 隋丽丽 孙秀明 刘士和

共建文明社区先进个人

袁云清 李学宁 尹 利 马 刚 尹宝珠 宋德贵 宋群莉 巩燕君 田玉斌 陈俊良 张淑清 夏晓阳 莫文俊 韩俊军 吴继明 李 华 李淑英 郭玉林

军(警)民共建先进个人

张 芸 郑乃文 董 凯 岳 弛 张 弛 李 京 胡海波 樊盛荣 申云龙 王同生 韩金忠 张爱琴 张 军 张德武 杜文胜 孙文建 郭桂馨 朱海峰 王俊岭 王长友 刘建华 张彦君 于汪洋 李 岩 张 意 陈 虹 高永红 胡 敏

文明市民学校优秀工作者

孙丽莉 张 峥 班 谦 郭亚杰 孙晓箫 严仁丽 贾德凤 黄 书 郑一大 周慧岩 宫迎捷 童艾培 王 风 郭德瑞 李连元 苏慎余

文明标兵

贾云凯 苏洪聚 张立君 王秀兰 滑 静 贾秀萍 马 静 陈彩霞 赵惠洁 孙丽丽 申 军 刘凤霞 尹承裕 罗 炜 尹智君 刘俊谦 王淑霞 贾永俊 杨立英 穆 静 刘士和 张 楠 藏燕妮 杨海滔 陆之琳 续平安 李 健 王文婷 赵德春 石卓哲 赵泉山 宿 敏 张 淼 郭玉兰 孙世荣 任桂莲 康 君 李雪梅 朱丽燕 王 伟 董 皙 邢庆国 王 李渡中 王艾新 苏蕴华 陈振海 李玉华 黄金芝 李秀温 高连仲 陶 卫 丁燕燕 高筱平 杜 霞 李 锐 葛根学 马文浩 李童水 邓宝璋 王贺君 史占清 钱德才 张立昌 李世信 秦金华 黄志贵 于继京 高俊宏 孙世友 袁晓荣 张雁林 王兰英 延 斌 王秀英 孙红芝 张长复 邵连生 文家齐 肖 飒 王志伟 黄立新 程瑞琦 潘建辉 赵 静 张平斋 陈怀洪 王东东 陆 原 王燕民 刘 莹 金 庆 赵永福 杨振秀 赵文胜 赵 刚 牛惠平 阴慧云 冯兰英 阎建华 耿秀清 林玉琇 沈怡宏 王宪云 于真昕 张春利

模范党务工作者

杜灵欣 于国兴 李 燕 文家齐 任兆敏 赵洪文 谷秀平 陆惠民 陈则云 董雅荣

模范共产党员

李金明 冯兰英 马淑品 王秀兰 杨慕兰 刘吉铎 李茹兰 戴淑贞 张成斌 赵志良 刘尚志 董恒吉 王 蓉 苏木雅 葛德凤

优秀党支部书记

戴凤兰 宋彦增 李淑英 张马玲 张贵荣 周桂兰 曹莲芬 卓金叶 李高霞 张淑霞 王春杰 张玉兰 回 娟 张长征 常桂茹 任淑铃 赵春英 范连弟 张东春 成秉亮 李秀温 史文霞 崔克敏 果玉春 张振国 韩志香 方家振 杨慧钟 姚英健 蒋瑞兰 李九三 耿淑华 姚佳宏 高桂兰 于洪武 李幻贞 胡春平 于文雪 陈连琴 朱景济

阎爱琳 张沪生 赵金华 任 伟 许 奇
赵丽华 宋永福 李剑波 张 砺 张 卫
孙泽国 张化文 安友林 于国庆 薛长才
李 俊 栗 力 居舒宴 邢 春 王 安
李春芳 郝淑苓 李希刚 张荫宽 张宇经
许志全 肖明炬 常玲瑛 赵爱荣 来月霞
胡红峰 贾志仁 秦志慧 孙秀凤

优秀党务工作者

杨国训 孙凤霞 李英哲 莫文俊 黄 庆
张景泉 龚建军 史占清 赵 兵 桑惠清
张宗常 唐苏强 尹宝珠 刘 燕 高绍俭
温元菊 周英芳 张燕军 马新云 马治国
杜 平 李 锐 阎素华 丁 军 李永强
刘战国 周 杰 石 毅 李兰平 李文惠
李 洁 刘云芳 安启发 谢国艳 袁海旺
孟庆悦 王凯生 姚志伟 李丽英 袁 顺

优秀共产党员

宋 伟 梁桂岭 魏金雁 孟志礼 凌本经
张大萍 王 静 申云龙 邓淑慧 贾姗轶
李 军 胡天顺 鞠茂惠 杜士听 王 平
姜宝茹 常兰珍 郭静萱 李会兰 苏 莉
张 军 黄 洪 赵焕荣 张玉琴 李玉兰
刘清林 刘秀平 任金娥 卜义长 张灵敏
常崇禹 刘世兆 赵志芳 钟国勤 白福庆
李瑞敏 侯宝生 张凤莲 贾胜辉 谢桂荣
陈俊根 洪茂林 连增元 付加璇 陈德丽
赵继明 艾九博 王道昆 杨淑敏 王维昌
孙凤英 刘琦琳 寇志东 祁玉英 王晓花
鲁春华 张胜雪 刘万存 李红锋 陈昭谦
张书田 张更银 辛秀梅 庞瑞莲 魏华芳
赵武元 王荣爱 王文敏 魏葆红 李 红
王启明 孟昭生 苑秀芳 沈 彤 萧延洁
杜淑英 钱崇艳 蒋凤兰 陈锦华 张金秀
王玉华 刘淑娥 杨宝安 李家新 孙卫东
牛俊玲 杨蕊苓 陈俊良 吕军生 韩平花
贾秀蓉 桂秀英 于 洵 侯明华 杨 兰
于敬华 李 涛 尹亚化 向东方 赵廷涛
王莲元 刘宝芬 陶 佑 张宗禹 吕兴渭
钱希杰 许立仁 刘来春 梁 诒 吴甲龙
王晓东 赵永福 王学章 唐学海 贾印林
张 剑 满全心 郑幸昌 任 杰 隆 军
马 杰 阎鸿芳 姚大兴 刘建路 赵玉秀
尹日升 杨 会 霍大顺 徐正榕 于嘉利
曲玉杰 高海洪 黄树民 沙克勤 赵 钢
谭淑英 刘希茂 吴双宝 潘立军 陈 虎
杨有成 赵玉贵 邹积林 马爱麟 马淑敏
阴建玲 张维杰 张 涛

防治非典型肺炎工作优秀共产党员

张建梅 李 程 王桂兰 栗广平 楼吟建
王 风 魏淑英 王京文 唐士贵 王 争
杨福莉 吴志强 王成邦 张东英 陈振海
龙红艳 张汝建 胡永霞 董恒吉 杜士听
张马玲 刘桂香 周桂兰 孙德明 常雅芹
高筱平 巩燕君 张树英 张亚玲 其丽美格
姜宝茹 胡金钟 王玉璋 李子华 高金元
来丽春 杜 霞 房利轩 邢印良 张学海
何培忠 黄 洪 张惠玲 段宝明 王淑英
亢亚平 阎东平 张 信 李荫林 于尊花
王瑞华 张兰香 夏淑芳 回 娟 郭兰溪
张长征 陈秋兰 王长友 毛明生 范连弟
王 洁 赵春英 刘淑英 张春玲 洪茂林
杨绍珍 刘瑞敏 王道昆 李文兵 赵继明
崔淑英 刘子真 宁金茂 单繁宇 郭 淼
王希福 高连众 韩美丽 罗京生 王彦科
夏敬兰 李秀温 宋红艳 成秉亮 张宗常
赵文平 王美珍 韩世和 魏葆红 李宝珍
张 雷 阎树春 薛智锦 孟昭生 王 旗
于海清 王合营 周承宗 魏 平 姜桂凤
南新田 韩济昌 郭玉兰 张浩君 李秀芬
王立新 李淑芬 杨淑香 牟东祺 贾志新
于文雪 米君兰 王 燕 孙世荣 周晓凌
钱家骏 赵宝民 高卫红 王 岩 周秀生
张力新 刘金榜 长丽荣 李储健 翟秀梅
李冬梅 李春玲 李维莉 柴东平 沈俊敏
王 莉 郑 凯 郭健平 唐美红 王双琴
吴宝华 李健光 孙惠香 陈燕秋 何永洁
刘 虹 付连伟 郭利芳 李淑兰 戴 蕊
孙洪琴 王洪祺 赵红亮 赵国棉 郑 苓
沃树华 房金瑞 刘建军 王连成 杨保江
吴赫彤 孙 静 陈 斌 耿华丽 李洪江
张 凝 马德林 王素华 张惠玲 赵文盛
安学军 祖淑燕 尹玉茹 张秀梅 潘建辉
周 海 周凤斌 申建东 阎素华 刘 鑫
马国友 于 铭 顾兰涛 郭小宁 张立虹
李永强 许荫英 王云鹤 吕彦丽 王兴民
卢红彬 李洪明 王 士 郭京平 张树奇
董志法 杨保立 张 越 刘洪宾 王 强
盛民强 于海生 李书彬 张春静 周 军
彭小虎 赵际忠 段玉琴 孙建生 戴淑贞
吴续海 王建国 沈怡宏 林玉琇 马锋杰
刘静雯 王京江 回铁勇 薛北汉 徐新民
任兆力 钱维畅 谢天麟 岳丽生 张维杰

平国栋　曹希玖　陈　刚　李　健　王越华
董鸣华　王　瑾　王文婷　时文生　刘新惠
刘振华　赵玉贵　陈玉秋　江浩远　王丽萍

获高级职称人员

教育系统高级职称

赵　雯　高爱群　肖铁建　于　鹰　魏晓莉
杜成建　刘　坤　吕　静　李玉春　魏亚君
魏玉忠　蒋春霖　白淑敏　张　义　陶　利
徐建亭　李力生　张成斌　马建华　张桂玲
穆郁洁　杨宝珍　咸世强　姜　磊　秦志荣
冯建华　杨春茂　石克明　宗国琴　谷玉敏
庞桂英　王　军　张燕玲　李　蓓　王琼娜
刘　丽　苍玉清　孙银生　王　毅　范冬梅
贾彩军　张英姿　王洪国　陈亚芳　邹桂舫
袁　成　戴根琴　满　炜　昝士明　刘　庆
孙立华　古燕芹　杨济英　张　慧　邱京莲

主任医师

赵京春　穆爱琳　王雪京

副主任医师

白霞凤　周小萍　康丽山　刘淑岭　冯金玉
白　蕊　王　惠　郭小青　梁跃华　侯钦云

逝世人物

金雅如　中共北京市宣武区委原副书记、宣武区原常务副区长。男，回族，中共党员，河北省河间县人。1920年10月出生；1938年3月参加革命工作，同年加入中国共产党；1938年3月至1938年5月，在河北省抗日游击队回民教导队当战士；1938年6月至1939年4月，在冀中军区回民教导纵队任警卫员、二大队五中队副排长、政治部除奸科干事；1939年5月至1942年6月，任冀中军区回民支队政治部除奸干事、二大队特派员；1942年7月至1944年3月，任冀鲁豫军区三分区回民支队政治部除奸干事、一大队特派员；1944年4月至1946年6月，任陕甘宁边区教一旅回民支队二大队四中队指导员、政治处除奸股股长；1946年7月至1949年1月，任冀中军区回民支队政治处特派员、政治处副主任兼总书记、政治处组织股股长；1949年2月至1950年5月，任中共北平市第十一区工委组织股股长、北平市人民政府回民工作委员会委员兼秘书主任；1950年6月至1953年底，任中共北京市第八区委员会常委、北京市第八区人民政府区长；1954年至1961年3月，任中共北京市宣武区委副书记、常委，宣武区副区长；1961年秋至1963年底，任北京机床二厂党委副书记；1964年1月至1966年5月，任宣武区常务副区长；文化大革命中受到冲击；恢复工作后，任中共北京市宣武区委常委、宣武区革命委员会副主任；1980年离休；2003年6月18日14时15分因病医治无效在京逝世，享年84岁。

尹盛喜　北京市大碗茶商贸集团公司党支部书记兼总经理。男，汉族，中共党员，高中文化，山东肥城人。1938年10月生；1977年10月加入中国共产党；1959年9月参加工作，在宣武区美术合作社当工人；1963年5月任宣武区美术合作社副主任；1968年12月调宣武区大栅栏街道办事处工作；1976年6月，响应市委、市政府“安置待业青年，发展集体经济”的号召，带领20余名待业青年，创建了北京大碗茶青年茶社；1981年组建北京大栅栏贸易货栈（后更名为北京市大栅栏贸易公司），又发展为北京市大碗茶商贸集团公司，任党支部书记兼总经理；1982年，与中国雷锋精神研究会实行联姻共建，先后担任第二、三、四届常务副会长；1983年，创建北京震云阁工艺品深圳分公司；1987年，在海南创建三亚分公司；1988年创办改革开放后京城第一家茶馆——老舍茶馆；是年，组建中国美术家丝绸之路考察团，率领60多位美术家赴西北进行考察；2001年，组建北京市大碗茶戏楼有限责任公司。1981年、1985年两次被评为北京市劳动模范；1982年、1987年当选为北京市第八、第九届人大代表；1988年被市总工会授予首都劳动奖章，被全国总工会授予全国五一劳动奖章，获“全国优秀经营者”称号。2003年6月30日0时48分，因病在京逝世，享年66岁。

王企贤　（曾用名王溯雍）北京第一实验小学离休特级教师。男，1906年3月出生，汉族，大学文化。1949年2月参加工作；1956年被评为特级教师；1959年加入中国共产党；1979年加入中国民主促进会，曾担任民进中央委员会和民进市委副主任委员；1998年

9月离休。先后被评为市、区先进教育工作者、模范教育工作者、全国文教系统先进工作者、北京市劳动模范；曾出席全国群英大会，先后受到毛泽东、刘少奇、邓小平等国家领导人的接见。2003年11月4日20时40分因病医治无效，在北京友谊医院去世，享年97岁。

统计资料

行　政　区　划

表 1

地　区	土地面积（平方公里）	户籍人口（人）	居委会（个）	胡　同（条）
总　计	19.04	543982	110	576
大栅栏	1.27	57603	11	114
天　桥	2.07	56944	9	77
椿　树	1.09	43731	7	53
陶然亭	2.14	64098	8	75
广安门内	2.43	89237	19	79
牛　街	1.44	49490	9	35
白纸坊	3.11	90966	18	76
广安门外	5.49	91913	29	67

(zhk)

注:土地面积为规划局实际勘测数据。

宣武区国民经济主要指标

表 2

项　　目	单 位	2003 年	2002 年	2003 年比 2002 年增长(±)%
综　合				
地区生产总值	亿元	201.3	184.9	8.9
第二产业	亿元	58.5	66.2	－11.6
第三产业	亿元	142.8	118.6	20.4
财　政				
财政收入	万元	194970	163828	19.0
＃税收收入	万元	185250	156100	18.7
财政支出	万元	206531	166534	24.0
人口和劳动力				
总人口	人	604807	659006	－8.2
户籍人口	人	543982	542813	0.2
人口自然增长率	‰	－2.6	－1.66	
从业人员年末数	人	265597	262027	1.4
年末职工数	人	242078	239555	1.1
从业人员工资				
工资总额	万元	573341	500603	14.5
平均工资	元	22490	20076	12.0
固定资产投资				
全社会固定资产投资	万元	959372	908220	5.6
固定资产投资	万元	260082	210102	23.8
＃基本建设投资	万元	202336	131753	53.6
更新改造投资	万元	57746	78349	－26.3
房地产开发投资	万元	699290	698118	0.2
工　业				
全部工业总产值(不变价)	万元	446776.6	729658.9	－38.8
＃轻工业总产值	万元	202310.1	204077	－0.9
重工业总产值	万元	244466.5	525581.9	－53.5
独立核算企业全员劳动生产率	元/人	156396	141904	10.2
利税总额	万元	188608.9	159112.8	18.5
商　业				
社会消费品零售额	万元	697703	701118	－0.5
按类别分：				
吃的商品	万元	162176	164239	－1.3
穿的商品	万元	111093	103646	7.2
用的商品	万元	413128	418189	－1.2

(zhk)

宣武区国民经济主要指标(续)

项　　目	单　位	2003 年	2002 年	2003 年比 2002 年增长(±)%
烧的商品	万元	11306	15044	－24.8
外经、外贸				
单位数	个	114	104	9.6
直接出口销售收入	万美元	987	702	40.6
利润总额	万元	－2944	2822.3	
教　育				
学校数	个	67	73	－8.2
小　学	个	37	40	－7.5
普通中学	个	27	30	－10.0
中等专业教育	个	3	3	0.0
在校学生	人	51189	54890	－6.7
小　学	人	17039	18709	－8.9
初级中等学校	人	15137	18183	－16.8
高级中等学校	人	13124	11776	11.4
中等专业教育	人	5889	6222	－5.4
幼儿园、托儿所个数	个	31	33	－6.1
在园幼儿数	人	4502	4976	－9.5
文　化				
影剧院	个	6	6	0.0
公共图书馆	个	1	1	0.0
公共图书馆藏书	万册	27.2	26.1	4.2
卫　生				
卫生机构数	个	236	274	－13.9
床位数	张	4043	3992	1.3
平均每千人拥有床位数	张	7.4	7.4	0.0
城市公用				
城市绿化覆盖率	%	23.23	23.69	
人民生活和物价				
城镇居民人均可支配收入	元	13166.04	11092.5	18.7
城镇居民人均消费支出	元	10352.49	9393.62	10.2
恩格尔系数	%	33.4	36.4	
商品零售价格指数	%	98.2	98.4	
居民消费价格指数	%	100.2	98.2	

(zhk)

工业企业单位数和工业总产值、销售产值

表 3　　　　单位：千元

项　　目	企业单位数（个）	亏损企业数	工业总产值 1990年不变价	工业总产值 现价	新产品价值	工业销售产值	全部从业人员平均人数（人）
总　计	**280**	**108**	**4467766**	**8984412**	**89391**	**9006404**	**31764**
按登记注册类型分：							
内资合计	237	85	3425295	7262086	53330	7167794	27260
＃国有企业	52	15	2540698	6208824	3084	6096646	16285
集体企业	52	25	100618	103104	0	108299	2273
股份合作企业	28	9	40269	47492	138	49930	748
联营企业	4	3	19450	16193	1163	14585	497
有限责任公司	40	8	529258	684380	48740	756003	5844
股份有限公司	7	3	22726	31502	0	31197	676
私营企业	54	22	172276	170591	205	111134	937
港澳台商投资	14	9	178618	151173	0	154376	461
外商投资	29	14	863853	1571153	36061	1684234	4043
按轻重工业分：							
轻工业	154	71	2023101	2583848	1905	2610399	13194
重工业	126	37	2444665	6400564	87486	6396005	18570

大中型工业企业按销售收入排序前十名

表 4

名 次	单 位 名 称
1	中国华北电力集团公司(在京单位)
2	北京大唐发电股份有限公司
3	北京印钞厂
4	北京纳贝斯克食品有限公司
5	北京王致和食品集团有限公司
6	北京华盾塑料有限责任公司
7	北京邮票厂
8	北京中融安全印务公司
9	北京蒙诺汽车减震器有限公司
10	经济日报印刷厂

(gjk)

大中型工业企业按利税总额排序前十名

表 5

名 次	单 位 名 称
1	中国华北电力集团公司(在京单位)
2	北京大唐发电股份有限公司
3	北京印钞厂
4	北京纳贝斯克食品有限公司
5	北京中融安全印务公司
6	经济日报印刷厂
7	北京王致和食品集团有限公司
8	北京邮票厂
9	北京蒙诺汽车减震器有限公司
10	北京利丰雅高长城印刷有限公司

(gjk)

独立核算建筑施工企业基本情况

表 6

项　目	企业单位数（个）	年末从业人员（人）	年末自有机械设备		
			净值(万元)	总台数(台)	总功率(千瓦)
总　计	**141**	**25743**	**55701**	**8315**	**128060**
按经济类型分					
内资企业合计	136	25451	55677	8239	126146
# 国有企业	19	12210	42089	3405	52404
集体企业	24	2226	2961	482	5787
股份合作	6	287	811	285	10259
国有联营	1	25	0	0	0
集体联营	1	29	1	13	32
国有独资	2	1451	1137	428	15656
有限责任公司	46	7156	5935	2709	36007
股份有限公司	3	179	135	15	782
私营企业	34	1888	2608	902	5219
港澳台商投资合计	2	219	19	30	1870
外商投资合计	3	73	5	46	44
按行业类别分					
土木工程	56	21530	48948	5860	95937
线路、管道和设备安装	33	2169	3492	1048	23774
建筑物的装修装饰业	52	2044	3261	1407	8349
按企业资质等级分					
特级	1	6942	36000	1800	14480
一级	12	8790	9581	3159	72702
二级	33	4400	6872	1545	21770
三级	67	4642	2594	1378	12673
其他	28	969	654	433	6435

(gjk)

固定资产投资额

表 7　　　　单位:万元

项　　目	合　计	#基本建设	#更新改造
本年完成投资额	**260082**	**202336**	**57746**
一、按构成分	260082	202336	57746
建筑工程	80737	70305	10432
安装工程	5971	999	4972
设备工器具购置	25327	8531	16796
其他	148047	122501	25546
二、按用途分			
工业、建筑业用	54353	20088	34265
商业、运输邮电业用	5239	3967	1272
住宅	10298	10298	0
其他	1889	1667	222
三、按建设性质分	260082	202336	57746
新建	12612	12612	0
改建和扩建	211923	179559	32364
单纯建造生活设施	8365	8365	0
迁建	26871	1800	25071
单纯购置设备	311	0	311
四、按建设项目规模分			
基本建设小型项目	202336	202336	57746
更新改造限额以上项目	43409	0	43409
更新改造限额以下项目	14337	0	14337
五、按登记注册类型分			
国有企业	258699	202226	56473
股份有限公司	1393	110	1283
港澳台商合资经营	0	0	0

(gjk)

房地产开发企业主要经济指标

表 8　　　　单位:万元

项　　目	资产总计	经营收入	税金及附加	利润总额
总　计	**40241151**	**4682165**	**251574**	**－117058**
一、按登记注册类型分				
内资企业	30358267	4349769	234545	58343
＃ 国有企业	11533013	782370	32229	－13498
集体企业	225331	50	3	－1649
有限责任公司	9366679	1983059	111934	118801
股份有限公司	3476966	499312	27402	25242
私营有限责任	5756278	1084978	62968	－70553
私营股份有限	0	0	0	0
港澳台商合资经营	597194	43917	2233	－6074
港澳台商合作经营	1355091	202083	10104	－13009
港澳台商独资	7804545	89393	4692	－149703
外商投资	126054	0	0	－6615
二、按资质等级分				
一　级	4352567	880501	49375	33206
二　级	1799918	400955	22053	578
三　级	4266480	913096	41454	74727
暂　定	29822186	2490610	138692	－225569

(gjk)

房地产开发企业开发情况

表 9　　单位:万元、平方米

项　　目	合　计	#国有企业	#三资企业
一、计划总投资	**2220702**	**318110**	**495876**
二、自开始建设至本年度累计完成投资	**1353425**	**237072**	**300241**
三、本年完成投资合计	**699290**	**106169**	**87223**
# 商品房建设投资	410959	77890	36729
土地开发投资	1099	60	80
土地购置费	129479	11148	13639
四、本年完成投资按用途分			
# 住　宅	520059	77253	78250
办公楼	38967	2174	10
商业营业用房	57379	9422	1887
其　他	82885	17320	7076
五、本年土地开发			
完成开发土地面积	217066	26628	34089
待开发土地面积	353836	9230	167911
购置土地面积	492999	40670	34089
六、房屋建筑施工和竣工面积			
施工面积	5271183	968582	916652
# 住　宅	3662666	715235	568658
竣工面积	1424738	382624	173436
# 住 宅	1000316	277938	86152
七、商品房屋销售情况			
销售面积	981980	235426	143576
# 住 宅	847553	212035	57623
销售额	561723	126838	63216
# 住 宅	492645	103808	38946
八、空置面积			
# 住 宅	362562	98063	31113

(gjk)

社会消费品零售额

表10　　单位:万元

项　　目	零售额
社会消费品零售额	**697703**
按用途分	
吃的商品	162176
穿的商品	111093
用的商品	413128
烧的商品	11306
按行业分	
批发零售贸易业	601386
餐饮业	40758
其他	55559
按销售对象分	
对居民的商品零售额	543301
对社会集团商品零售额	154402
按登记注册类型分	
国有	186011
集体	178710
股份合作	7015
联营	3259
国有独资公司	—
其他有限责任公司	119626
股份有限公司	96016
私营	59462
其他内资	47505
与港澳台商合资经营	99

（sdd）

大中型贸易企业商品购、销、存总值

表 11　　单位:万元

项　目	商品购进总额	从生产者购进	＃农副产品	市外购进	从批发零售贸易业购进	＃市外购进	进口额	其他购进
总　计	**3446566**	**1926290**	**14246**	**1246113**	**535817**	**193904**	**982862**	**1597**
按行业分								
批发	2913299	1583120	622	1102419	375199	169786	954977	3
零售	533267	343170	13624	143694	160618	24118	27885	1594
按登记注册类型分								
国有	2304160	1188840	2220	936868	234603	101641	879028	1689
集体	181566	149906	0	161	31649	4413	0	11
股份合作	3687	2114	0	135	1573	1	0	0
国有联营	2027	657	0	593	1620	0	0	－250
集体联营	4067	3672	0	2668	395	0	0	0
国有与集体联营	4168	4168	0	4168	0	0	0	0
国有独资公司	58281	0	0	0	18777	2799	39504	0
其他有限责任公司	721555	492090	10332	246366	173464	71941	56001	0
股份有限公司	64770	50777	583	39859	13993	5680	0	0
私营有限责任公司	92537	24445	1111	8158	59616	7429	8329	147
私营股份有限公司	1207	1207	0	1207	0	0	0	0
与港澳台商合资经营	2484	2484	0	0	0	0	0	0
港澳台商独资	6057	5930	0	5930	127	0	0	0

大中型贸易企业商品购、销、存总值(续)

单位:万元

项　目	商品销售总额	对生产经营单位销售	#生产资料销售	市外销售	对批发零售贸易业批发	#市外批发	出口额	对居民的商品零售额	对集团的商品零售额	年末库存
总　计	**3529330**	**1325479**	**270**	**1048662**	**1262592**	**711707**	**400892**	**416110**	**124257**	**426721**
按行业分										
批发	2960211	1320719	270	1048362	1196870	710927	398043	10760	33819	363604
零售	569119	4760	0	300	65722	780	2849	405350	90438	63117
按登记注册类型分										
国有	2268849	962466	0	842263	897211	611006	240573	111421	57178	322793
集体	183199	4026	0	0	15271	1580	0	152953	10949	6568
股份合作	4494	7	0	7	2015	178	386	1084	1002	433
国有联营	2225	0	0	0	0	0	0	1196	1029	293
集体联营	4100	0	0	0	4005	0	0	0	95	369
国有与集体联营	1981	1620	0	0	0	0	0	0	361	2784
国有独资公司	66350	0	0	0	66350	41528	0	0	0	534
其他有限责任公司	811679	332153	0	205471	220682	43822	159933	69569	29342	63268
股份有限公司	78254	6059	270	30	4766	78	0	63720	3709	11114
私营有限责任公司	97824	12794	0	891	49357	13387	0	15081	20592	16725
私营股份有限公司	1086	0	0	0	0	0	0	1086	0	716
与港澳台商合资经营	2657	0	0	0	2657	0	0	0	0	59
港澳台商独资	6632	6354	0	0	278	128	0	0	0	1065

大中型贸易企业商品分类销售、库存

表 12　　　　单位:万元

项　　目	商品销售总额			年末库存
		批发	零售	
类值合计	**3529330**	**2988963**	**540367**	**426721**
食品、饮料、烟酒类	740592	668593	71999	21698
#肉禽蛋类	7498	3064	4434	25
其他食品类	165045	126438	38607	10619
饮料类	28883	14043	14840	2333
烟酒类	539166	525048	14118	8721
服装鞋帽、针、纺织品类	109420	14093	95327	3643
#服装类	63833	350	63483	542
鞋帽类	20015	924	19091	1240
针、纺织品类	25572	12819	12753	1861
化妆品类	20682	3402	17280	1381
金银珠宝类	65549	485	65064	9923
日用品类	38628	8978	29650	4602
#洗涤用品类	7730	3680	4050	845
儿童玩具类	1519	0	1519	20
五金、电料类	1893	441	1452	391
体育、娱乐用品类	12462	9298	3164	692
书报杂志类	21139	3473	17666	6645
电子出版物及音像制品类	8420	5939	2481	2570
家用电器和音像器材类	29422	9369	20053	5516
中西药品类	151055	91234	59821	10119
#西药类	107349	70348	37001	6076
中草药及中成药类	43078	20589	22489	4008
文化办公用品类	49395	39231	10164	10579
家具类	3141	0	3141	516
通讯器材类	9722	1101	8621	653
煤炭及制品类	60549	59099	1450	493
木材及制品类	2484	2484	0	692
石油及制品类	54119	44262	9857	1337
化工材料及制品类	477407	477406	1	29547
#化肥类	18475	18475	0	9853
金属材料类	382442	382225	217	34450
建筑及装潢材料类	10195	10122	73	1502
机电产品及设备类	789013	673253	115760	232258
#农机类	2221	2221	0	1226
汽车类	172354	59566	112788	17378
其他类	491601	484475	7126	47514

贸易业、饮食业法人机构及人员

表 13

类　　别	贸易业			饮食业	
	法人机构(个)	零售(个)	人员(人)	法人机构(人)	人员(人)
合　计	**1734**	**982**	**34942**	**208**	**5715**
按登记注册类型分					
内资合计	1731	982	34868	205	5651
国有	244	117	10680	32	553
集　体	239	154	4644	40	476
股份合作制	177	130	1770	32	407
联　营	13	7	260	1	61
国有独资公司	7	0	745	1	31
其他有限责任公司	269	138	7440	13	563
股份有限公司	52	25	1520	7	1662
私　营	730	411	7809	79	1898
港澳台商投资	1		66	3	64
外商投资	2		8		

(sdd)

个体工商户基本情况

表 14

行　业	户　数(户)		从业人数(人)		资本金(万元)	
	2003 年	2002 年	2003 年	2002 年	2003 年	2002 年
总　　计	**24709**	**14857**	**34832**	**22464**	**14683**	**12692**
交通运输仓储业	816	812	816	812	1321	1288
商　　业	20886	11602	29737	18135	272	8515
服务业	2520	1958	3781	3023	3053	2618
制造业	487	485	498	494	10037	270

(数据来源:工商局)

贸易企业零售额前十名

表 15

名 次	单 位 名 称
1	北京庄胜崇光百货商场
2	中国北方车辆公司
2	北京菜市口百货股份有限公司
4	北京乐怡商贸发展有限公司
5	中汽顺达汽车贸易有限责任公司
6	中国书店
7	北京市合力华通汽车销售服务有限责任公司
8	北京市华强经贸公司
9	北京国华商场有限责任公司
10	北京庄胜崇光珍宝超市

(sdd)

餐饮企业营业收入前十名

表 16

名 次	单 位 名 称
1	北京全聚德烤鸭股份有限公司
2	北京湘君府餐饮有限责任公司
3	北京市宣武晋阳饭庄
4	北京御香苑饮食有限责任公司
5	北京长江国际俱乐部有限公司
6	北京丽晶皇城老妈饮食有限公司
7	北京虎坊桥谭鱼头餐饮有限公司
8	北京宝山商务酒店
9	北京市翔达饮食开发公司翔达吐鲁番餐厅
10	北京毛家菜馆

(sdd)

集贸市场情况

表 17

项　　目	计量单位	2003 年	2002 年
年末农贸市场数	个	45	48
年末摊位容量	个	5944	6903
年末市场出租摊位数	个	3988	5407
成交总额	万元	47566	50856
＃食品、饮料、烟酒类	万元	34483	36014
服装鞋帽、针纺织品类	万元	2083	2334
其他类	万元	11000	12508
农副产品成交总量	百公斤	789577	800100
＃ 粮食	百公斤	40517	47164
食用植物油	百公斤	13278	15649
猪肉	百公斤	38017	44416
牛肉	百公斤	20790	19138
羊肉	百公斤	19879	18497
家禽	百公斤	7034	7405
鲜蛋	百公斤	20457	18074
鲜菜	百公斤	381099	439539
鲜瓜果	百公斤	224815	167433
水产品	百公斤	23691	22785

(sdd)

外 资 企 业

表 18

项　　目	单 位	合 计	按				行
			制造业	建筑业	住宿和餐饮业	房地产业	水利、环境和公共设施管理
单位数	个	114	50	7	9	15	1
从业人员平均人数	人	9779	2799	273	2714	1265	5
销售(营业)收入	万 元	297276.9	93793.9	11680.2	30541	40321.6	58.7
# 直接出口销售收入	万美元	987	928.4	0	0	0	0
利润总额	万 元	－2944	358.2	263.5	－11600.8	－14542.5	0.5
实交税金及附加费	万 元	35373.5	8362.7	407.5	2919.5	7921.6	5.7
# 企业所得税	万 元	9882.3	457.5	57.9	0	1603.4	1.3
可供分配利润	万 元	1960.5	434.5	99.9	0	669.4	0.4
# 外方	万 元	372.1	144.2	68.4	0	1.8	0.4
资产总额	万 元	1534857.2	105657.2	7274.8	206431.7	1007912.3	16.7
固定资产净值	万 元	295294.9	34717	250.3	151947.9	24262.7	4.6
# 无形资产	万 元	33296.6	5727.3	0	26421.3	260.1	0

(gjk)

主 要 指 标

业 划 分

卫生、社会保障和社会福利业	交通运输、仓储和邮政业	科学研究、技术服务和地质	电力、燃气及水的生产和供应	信息传输、计算机服务和软件	批发和零售	租赁和商务服务业	文化、体育和娱乐业
1	3	2	1	8	2	14	1
20	151	112	1846	125	12	300	157
48	2321	3486.3	92164	13463.6	1021.3	6945.6	1431.7
0	0	0	0	58.6	0	0	0
−44	515.7	371.3	22686	−800.2	−437	2072	−1786.7
0	215.1	617	14035	342.9	29.4	382.6	134.5
0	85	71.9	7486	8.7	0	110.6	0
0	123.8	45.8	0	195	0	391.7	0
0	0	36.6	0	63.8	0	56.9	0
94	22477.3	22807.2	95343	5670.8	28546.4	25931.9	6693.9
84	1457.1	438.4	81008	454.7	1.8	393.9	274.5
0	0	0	0	494.4	384	9.5	0

(gjk)

地方财政收入

表 19

项　　目	绝对数(万元)		增幅(%)	构成(%)	
	2003 年	2002 年		2003 年	2002 年
总　计	**194970**	**163828**	**19.0**	**100.0**	**100.0**
一般预算收入	**193781**	**163617**	**18.4**	**99.4**	**99.9**
一、共享税收	**172621**	**143529**	**20.3**	**88.5**	**87.6**
1、增值税	28292	25208	12.2	14.5	15.4
2、营业税	74561	62781	18.8	38.2	38.3
3、城市维护建设税	10707	8991	19.1	5.5	5.5
4、城镇土地使用税	1135	1173	−3.2	0.6	0.7
5、土地增值税	267	169	58.0	0.1	0.1
6、教育费附加收入	5274	4530	16.4	2.7	2.8
7、企业所得税	52385	40677	28.8	26.9	24.8
二、固定税收	**17903**	**17101**	**4.7**	**9.2**	**10.4**
1、房产税	13854	13636	1.6	7.1	8.3
2、印花税	2934	2395	22.5	1.5	1.5
3、车船使用和牌照税	1115	1070	4.2	0.6	0.7
三、分级收入	**3257**	**2987**	**9.0**	**1.7**	**1.8**
1、国有资产经营收益					
2、行政性收费	2073	1518	36.6	1.1	0.9
3、罚没收入	858	834	2.9	0.4	0.5
4、专项收入	14	25	−44.0	0.0	0.0
5、场地使用费收入	125	186	−32.8	0.1	0.1
5、其他收入	187	424	−55.9	0.1	0.3
基金预算收入	**1189**	**211**	**463.5**	**0.6**	**0.1**

(zhk)

地方财政支出

表 20

项目	绝对数（万元）		增幅（%）	构成（%）	
	2003 年	2002 年		2003 年	2002 年
总　计	**206531**	**166534**	**24.0**	**100.0**	**100.0**
一般预算支出合计	**205821**	**166454**	**23.7**	**99.7**	**100.0**
1.基本建设支出	36269	24284	49.4	17.6	14.6
2.企业挖潜改造资金	2502	1637	52.8	1.2	1.0
3.科技三项费用	623	981	−36.5	0.3	0.6
4.工交部门事业费	209	179	16.8	0.1	0.1
5.流通部门事业费					
6.文体广播事业费	2354	2363	−0.4	1.1	1.4
7.教育事业费	24208	21633	11.9	11.7	13.0
8.科学事业费	104	136	−23.5	0.1	0.1
9.卫生经费	12005	927729.4	5.8	5.6	
10.其他部门事业费	1916	2034	−5.8	0.9	1.2
11.抚恤和社会救济费	9990	8312	20.2	4.8	5.0
12.行政事业单位离退休费	20334	17127	18.7	9.8	10.3
13.社会保障补助支出	2603	1126	131.2	1.3	0.7
14.行政管理费	17080	17305	−1.3	8.3	10.4
15.公检法司支出	12843	12158	5.6	6.2	7.3
16.城市维护费	14641	14805	−1.1	7.1	8.9
17.政策性补贴支出	1244	−2054	−160.6	0.6	−1.2
18.专项支出	6090	7234	−15.8	2.9	4.3
其中：教育费附加	6065	7202	−15.8	2.9	4.3
19.其他支出	40806	27917	46.2	19.8	16.8
基金预算支出合计	**710**	**80**	**787.5**	**0.3**	**0.0**

(zhk)

金融机构存、贷款

表 21　　单位:万元

项　　目	2003 年余额	2002 年余额	同比增减额(+、-)
存款合计	**14665150.0**	**11762813.0**	**2902337.0**
#居民储蓄存款余额	2871800.0	2414202.0	457598.0
企业存款	8421179.0	7313550.0	1107629.0
农业存款	7191.0	5724.0	1467.0
贷款合计	**6455011.0**	**5104647.0**	**1350364.0**
#短期贷款	2576416.0	2050472.0	525944.0
中期流动资金贷款	230471.0	282285.0	-51814.0
中长期贷款	3030222.0	2253851.0	776371.0

(zhk)

中、小学校学生概况

表 22

项　　目	单　位	合　计	教育部门和集体办	其他部门办
一、中　学				
1.学校数	所	27	26	1
2.班　数	个	721	659	62
初　中	个	418	407	11
高　中	个	303	252	51
3.毕业生数	人	9483	9006	477
初　中	人	6349	6264	85
高　中	人	3134	2742	392
4.招生数	人	8720	7646	1074
初　中	人	3927	3673	254
高　中	人	4793	3973	820
5.在校学生数	人	28261	25590	2671
初　中	人	15137	14668	469
高　中	人	13124	10922	2202
二、小　学				
1.学校数	所	37	37	
2.班　数	个	641	641	
3.毕业生数	人	3822	3822	
4.招生数	人	2327	2327	
5.在校学生数	人	17039	17039	

(数据来源:区教委)

中、小学校教职工概况

表23　　　　单位:人

项　　目	合 计	女 性	教育部门和集体办	其他部门办
一、中　学				
教职工数	3393	2287	3184	209
1.专任教师	2186	1573	2031	2
初　中	1276	960		
#高级教师	229	154		
高　中	910	613		
#高级教师	271	149		
2.行政人员	529	329	240	21
3.工勤人员	285	134	254	31
4.校办工厂、职工	132	70	132	
5.教辅人员	261	181	240	21
另附:				
代课教师	140	88	140	
临时工				
兼任教师	68	40	68	
二、小　学				
教职工数	2340	2028	2340	
1.专任教师	1769	1575	1769	
2.行政人员	415	340	415	
3.工勤人员	96	64	96	
4.校办工厂、职工	9	5	9	
5.教辅人员	51	44	51	
另附:				
代课教师	13	12	13	
临时工				
兼任教师	6	5	6	

(数据来源:区教委)

幼儿园、学前班基本情况

表 24

项　目	单位	总　计	教育部门和集体办	社会力量办	其他部门办
一、园所数	所	31	21	1	9
二、班数	个	191	132	10	49
其中：学前班	个	55	43	1	11
三、在园幼儿数	人	4502	3294	222	986
其中：学前班	人	1480	1186	27	267
四、教职工数	人	825	562	51	212
1.园 长	人	50	33	3	14
2.教 师	人	397	269	27	101
3.保健员	人	38	27	2	9
4.其 他	人	340	233	19	88

(数据来源:区教委)

职业学校在校生、毕业生、招生人数

表 25　　单位:人

专　业	在校生数	毕业生数	招生人数
合计	4091	1649	814
外事会计	72	72	
金融会计	110	70	
计算机与财务管理	71	71	
财会	86		
金融保险	197	110	
涉外财务与文秘	133	69	
工商管理	56	26	
国际贸易	64	65	40
国际金融			
电子商务	186		
房地产	21		
商务会计与营销			
公关英语	31	31	
实用英语			
商务英语	147	70	
旅游服务英语	176	49	65
饭店服务与管理	226	70	105
会计	209	70	
中餐烹饪	120	54	35
体育服务与管理			
外事公关文秘			
保龄球	0	18	
技术编辑	170	47	

(数据来源:区教委)

职业学校在校生、毕业生、招生人数(续)

单位:人

专业	在校生数	毕业生数	招生人数
综合(实验班)	56	371	
印刷	126	86	
广告	196	47	
机电	177	56	
金融	20	36	
中药	306	28	75
药剂			
计算机	572	182	97
幼教	195	52	54
音乐	63	42	20
工艺美术	46	12	
财会	0		
保健按摩	15	30	
经济管理	20	22	
文秘	106	25	35
出版发行	51	30	
医学生物技术	67	26	

(数据来源:区教委)

医疗卫生机构基本情况

表 26

项目	单位	2003 年	2002 年
一、卫生事业机构	个	**236**	**274**
#医院	个	18	19
门诊部	个	12	10
诊所、卫生保健站、医务室	个	186	242
疗养院、所	个		
卫生防疫站	个	1	
妇幼保健所、站	个	1	1
专科防疫所、站	个	1	
二、床位	张	**4043**	**3992**
#医院	张	3943	3992
门诊部	张		
疗养院、所	张		
平均每千人拥有医院床位	张	7.2	7.4
三、卫生技术人员	人	**7141**	**7321**
# 执业医生	人	2701	2815
注册护士	人	2608	2616
平均每千人拥有医生	人	5.0	5.2
平均每千人拥有护士	人	4.8	4.8

(数据来源:卫生局)

城镇建设用地

表 27　　　　单位:平方公里

项　　目	实际用地		各类用地占合计的%	
	2003 年	2002 年	2003 年	2002 年
合　　计	**19.04**	**19.04**	**100.00**	**100.00**
商业服务业用地	1.43	1.42	7.51	7.46
工业用地	1.16	1.16	6.09	6.09
仓储用地	0.53	0.53	2.78	2.78
交通用地	0.28	0.28	1.47	1.47
市政公用设施及绿化用地	2.12	2.03	11.13	10.66
文化教育用地	0.43	0.43	2.26	2.26
住宅用地	7.79	7.94	40.92	41.7
行政办公用地	0.69	0.68	3.62	3.57
道路用地	3.52	3.46	18.49	18.17
医疗卫生用地	0.22	0.22	1.16	1.16
文体设施用地	0.48	0.48	2.52	2.52
其他用地	0.39	0.41	2.05	2.16

(数据来源:规划局)

区管道路实有情况

表 28

项　　目	条数(条)		长度(米)		面积(平方米)	
	2003 年	2002 年	2003 年	2002 年	2003 年	2002 年
一、按路面等级分	**526**	**456**	**158503.90**	**102103.89**	**921666.40**	**459240.70**
1. 高级路面小计	86	26	55224.35	8485.34	476879.64	70184.94
沥青砼路	84	24	54795.35	8056.34	474362.64	67667.94
沥青石屑、砾石路	2	2	429.00	429.00	2517.00	2517.00
2. 次高级路面小计	74	76	19290.60	19503.60	117761.56	118245.56
碎石路沥青表面处理						
郊区沥青石屑路	74	76	19290.60	19503.60	117761.56	118245.56
3. 低级路面小计	366	354	83988.95	74114.95	327025.20	270810.20
二、按路面宽度分	**526**	**456**	**158503.90**	**102103.89**	**921666.40**	**459240.70**
12 － 21 米	22	7	21169.31	1945.80	240017.00	29008.00
7 － 12 米	24	22	14130.80	5751.00	124152.69	48696.23
3.5－ 7 米	277	223	85219.49	54032.19	461340.96	266783.35
2.5－3.5 米	147	150	29508.40	32108.90	94011.60	96106.58
2.5 米 以下	56	54	8475.90	8266.00	2144.15	18646.54

(数据来源:市政管委)

统管房屋基本情况

表 29

房管所	房屋总数(万平方米)	房屋分类(万平方米)			产权分类(万平方米)		房屋租金(万元)	
		平房	正规楼房	简易楼房	公产	其它	应收	实收
总计	**204.06**	**99.84**	**84.06**	**20.16**	**203.27**	**0.79**	**2810.27**	**2795.64**
第一分公司	52.02	44.52	4.74	2.76	51.46	0.56	829.16	829.16
第二分公司	48.77	28.97	13.81	5.99	48.60	0.17	713.22	712.02
第三分公司	30.55	8.89	17.99	3.67	30.52	0.03	491.47	486.31
第四分公司	72.72	17.46	47.52	7.74	72.69	0.03	776.42	768.15

注:第一分公司包括大栅栏、椿树街道;第二分公司包括陶然亭、天桥街道;第三分公司包括白纸坊、牛街街道;第四分公司包括广内、广外街道。

(数据来源:房地局)

城市园林绿化

表 30

项目	单位	2003年	2002年
年末公共绿地面积	万平方米	121.23	119.61
城市绿化覆盖率	%	23.23	23.69
道路绿化总长度	公里	90.71	91.03
年末实有树木	万株	63.1	60.76
# 本年新植	万株	3.03	6.03
年末实有草坪	万平方米	130.04	125.31
# 本年新植	万平方米	8.59	23.02
人均绿地面积	平方米	6.36	6.11
人均公共绿地面积	平方米	2.23	2.06

(数据来源:绿化办)

环境保护工作情况

表 31

项　　目	单　位	2003 年	2002 年
一、主要污染源调整压缩情况			
外　迁	个	1	1
二、污染源限期治理情况			
烟控区污染源限期治理数	个	1120	304
＃已完成治理达标数	个	1084	304
噪声达标区污染源限期治理数	个	8	13
＃已完成治理达标数	个	8	13
三、废水污染源治理情况			
废水处理设备数	台	9	10
废水处理设备正常运转率	%	100	100
四、锅炉及除尘设备情况			
≥0.7MW 锅炉数	台	418	430
＃烟尘浓度排放达标数	台	418	430
烟尘浓度排放达标率	%	100	100
更新锅炉数	台	162	118
更新除尘设备数	台	0	0
茶浴炉数	台	339	346
＃烟气黑度达标数	台	339	346
烟气黑度达标率	%	100	100
更新茶浴炉数	台	0	0
工业窑炉数	台	0	0
＃治理改造达标数	台	0	0
五、噪声污染源情况			
检测声源数	个	113	289
超标声源数	个	1	3
达标声源数	个	112	286

（数据来源：环保局）

环境保护工作情况(续)

项　　目	单 位	2003 年	2002 年
厂界噪声达标率	%	99.10	98.96
六、依法征收排污费情况			
排污费收入总计	万元	39.37	90.16
超标排污费	万元	20.41	42.90
#废　气	万元	2.35	6.87
废　水	万元	17.22	30.15
噪　声	万元	0.84	5.88
提高征收标准收费	万元	2.63	5.47
加倍收费	万元	6.90	22.51
滞纳金	万元	0	0
二氧化硫排污费	万元	9.43	19.28

(数据来源:环保局)

城市环境卫生

表 32

项　　目	单 位	2003 年	2002 年
一、工作量			
清扫干路	条	48	48
清扫街道面积	万平方米	256	254
清运垃圾	万吨	21	28
清运粪便	万吨	12	15.9
清运渣土	万吨	3.1	
翻改公厕	座	20	20
维修公厕	座次	9818	6514
二、环卫设施			
果皮箱	个	1115	1122
公共厕所	座	673	736
密闭式集装箱垃	座	40	42

(数据来源:环卫局)

国民经济各行业专业技术人员

表 33　　单位:人

项　目	专业技术人员	每百人拥有专业技术人员
总　计	**55998**	**23**
农林牧鱼业	3	60
制造业	3641	21
电力、燃气及水的生产和供应业	1136	11
建筑业	10308	22
交通运输、仓储及邮电业	811	10
# 交通运输业	438	6
邮政业	39	78
信息传输、计算机服务和软件业	896	28
批发和零售业	5770	27
# 批发业	3782	39
零售业	1988	16
住宿和餐饮业	1713	14
# 住宿业	1314	17
餐饮业	399	8
金融业	91	79
房地产业	2643	28
租赁和商务服务业	4782	23
# 租赁业	49	15

国民经济各行业专业技术人员(续)

单位:人

项　　目	专业技术人员	每百人拥有专业技术人员
商务服务业	4733	23
科学研究、技术服务和地质勘查业	4049	76
水利、环境和公共设施管理业	251	9
# 水利管理业	41	64
环境管理业	48	3
公共设施管理业	162	15
居民服务和其他服务业	784	19
# 居民服务业	232	9
教育	6504	77
卫生、社会保障和社会福利业	7321	81
# 卫生	7105	85
社会保障业	149	75
社会福利业	67	14
文化体育和娱乐业	3345	55
# 新闻出版业	2021	63
广播、电视、电影和音像业	261	66
文化艺术业	818	64
体育	165	22
公共管理和社会组织	1950	20

劳 动 工

表 34

项　　目	单位数	年末人数（人）	女　性	在岗职工	不在岗职工
总　计	3804	282034	83412	242078	16437
一、按单位类别分:					
企业单位合计	**3348**	**241833**	**61926**	**207143**	**14913**
事业单位合计	384	29657	17570	25388	1471
行政机关合计	72	10544	3916	9547	53
其它	0	0	0	0	0
二、按登记注册类型分:					
内资企业	3693	272711	79456	234389	16116
＃ 国有企业	970	122570	41470	104197	11157
集体企业	555	18772	5626	15548	1564
股份合作企业	318	15514	2033	13744	220
联营企业	23	11796	449	11640	69
有限责任公司	626	56982	13948	47043	2490
股份有限公司	98	24213	8969	23224	296
私营企业	1097	22727	6900	18869	319
其他企业	6	137	61	124	1
港澳台商投资	51	4005	1749	3274	128
外商投资	60	5318	2207	4415	193
三、按行业分					
农林牧鱼业	1	5	0	5	0
制造业	331	23684	9579	17683	4175
电力、燃气及水的生产和供应业	3	9984	2969	9934	6
建筑业	198	97726	3567	92930	2179
交通运输、仓储及邮电业	78	10865	1620	8322	1572
＃ 交通运输业	71	9014	977	7289	757
邮政业	2	55	22	50	5
信息传输、计算机服务和软件业	45	3432	1275	3190	145
批发和零售业	1191	29519	12969	21693	3040
＃ 批发业	509	13430	4908	9600	1954
零售业	682	16089	8061	12093	1086
住宿和餐饮业	395	15103	7478	12413	1050

资情况

年平均人数（人）	在岗职工	不在岗职工	全年劳动报酬(生活费)总额（千元）	在岗职工	不在岗职工	在岗职工年平均工资（元）	不在岗职工年平均工资（元）
271983	**232523**	**17055**	**5856835**	**5370080**	**123424**	**23095**	**7237**
232315	197752	15563	4550768	4127080	104462	20870	6712
29276	25363	1429	937139	884596	17280	34877	12093
10392	9408	63	368928	358405	1682	38096	26692
0	0	0	0	0	0	0	0
262617	224807	16750	5594039	5142875	121244	22877	7238
114758	96541	11392	3404125	3192768	90164	33072	7915
18379	14667	1825	243385	214817	7791	14646	4269
13351	12089	214	147695	137682	789	11389	3688
11209	11042	81	145715	144194	283	13059	3491
60348	50831	2635	1045386	906761	18195	17839	6905
23250	22252	265	330905	318883	2428	14331	9163
21193	17269	337	275151	226188	1589	13098	4714
129	116	1	1677	1583	5	13643	4597
3985	3247	167	100681	80437	1059	24773	6342
5381	4469	138	162115	146768	1121	32841	8122
8	8	0	100	100	0	12541	0
25161	18948	4368	483235	427336	22304	22553	5106
10185	10129	6	505230	504742	36	49831	6075
88095	83280	2262	1288047	1233638	15852	14813	7008
11101	8509	1483	124037	103835	11306	12203	7624
9188	7390	693	92001	77965	5176	10550	7469
55	50	5	2607	2607	0	52136	0
3468	3209	146	89168	86355	689	26910	4716
29859	22261	3194	704834	616579	24181	27698	7571
13809	9868	1996	442601	395980	16513	40128	8273
6050	12393	1198	262232	220600	7668	17800	6401
14830	12089	1194	222647	197043	7358	16299	6162

劳 动 工 资

项 目	单位数	年末人数(人)	女 性	在岗职工	不在岗职工
# 住宿业	252	9706	5008	7544	898
餐饮业	143	5397	2470	4869	152
金融业	6	140	58	115	0
房地产业	202	12002	4413	9323	204
租赁和商务服务业	547	25399	12574	21128	1949
# 租赁业	14	354	124	319	11
商务服务业	533	25045	12450	20809	1938
科学研究、技术服务和地质勘查业	144	7444	2688	5321	225
水利、环境和公共设施管理业	35	3076	1340	2713	150
# 水利管理业	4	79	26	64	1
环境管理业	17	1623	669	1532	24
公共设施管理业	14	1374	645	1117	125
居民服务和其他服务业	191	5384	2187	4125	439
# 居民服务业	123	3537	1568	2553	413
教育	171	10702	7447	8408	758
卫生、社会保障和社会福利业	49	9714	6627	9016	239
# 卫生	28	8978	6216	8343	230
社会保障业	4	221	132	199	0
社会福利业	17	515	279	474	9
文化体育和娱乐业	122	7043	2756	6066	233
# 新闻出版业	38	3471	1391	3229	23
广播、电视、电影和音像业	5	421	144	393	0
文化艺术业	44	1686	628	1274	208
体育	14	827	343	761	24
公共管理和社会组织	95	10812	3865	9693	50
四、按街道分:					
#大栅栏街道	455	14553	7146	9912	2947
天桥街道	415	27949	15546	23066	1786
椿树街道	284	12558	5653	10488	898
陶然亭街道	301	20923	5424	16717	992
广内街道	525	49704	10956	44560	2061
牛街街道	408	33771	12132	30188	1351
白纸坊街道	555	45238	12420	38301	3046
广外街道	759	60083	12037	53376	3127
外区县	102	17255	2098	15470	229

情况（续）

年平均人数（人）	在岗职工	不在岗职工	全年劳动报酬（生活费）总额（千元）	在岗职工	不在岗职工	在岗职工年平均工资（元）	不在岗职工年平均工资（元）
9710	7418	1055	139029	118123	6185	15924	5863
5120	4671	139	83618	78920	1173	16896	8436
140	110	0	12846	11518	0	104708	0
11928	9481	290	267819	220417	3158	23248	10891
23559	19119	2038	514232	447333	14374	23397	7053
368	337	6	5207	4682	51	13893	8460
23191	18782	2032	509025	442651	14323	23568	7049
7303	5257	230	221444	177615	1903	33786	8274
3489	3156	109	67742	64365	1536	20394	14092
75	61	1	3564	3288	5	53898	5272
1986	1895	24	33239	32322	221	17056	9210
1428	1200	84	30940	28755	1310	23963	15592
5209	3971	424	84605	73540	4005	18519	9446
3485	2490	398	42654	34425	3838	13825	9643
10297	8425	741	293231	265702	10850	31537	14643
9674	8987	231	365138	354263	1955	39419	8462
8952	8338	222	349597	339319	1799	40695	8103
211	188	0	6288	6124	0	32575	0
511	461	9	9253	8820	156	19131	17307
7125	6149	283	240371	225814	2372	36724	8381
3499	3252	25	151165	146387	468	45014	18723
450	413	0	16618	16243	60	39329	60000
1710	1282	228	32428	27429	1511	21396	6629
832	768	28	24256	23569	326	30689	11650
10552	9435	56	372108	359885	1545	38144	27598
14953	10292	3150	230350	198701	16080	19306	5105
25095	20834	1758	535676	488116	11578	23429	6586
12943	10844	919	327524	293014	8565	27021	9320
24827	21077	915	359036	320745	6559	15218	7169
40355	35115	2069	952299	890160	16626	25350	8036
34011	30209	1417	1142739	1084890	9955	35913	7025
46225	38894	3439	998880	902685	26212	23209	7622
57130	50249	3173	1016729	926821	26319	18445	8295
16444	15009	215	293602	264946	1531	17653	7119

社会优抚、救济情况

表 35

项 目	人 数(人)		抚恤、补助救济金额(元)	
	2003 年	2002 年	2003 年	2002 年
烈属牺牲病故军人家属抚恤	35	43	337300	364400
革命伤残人员抚恤	534578	310800	294700	
复退军人生活补助	169	182	1499700	1276700
城镇最低生活保障户	16724	13748	45426023	22280800
精减退职老职工救济	68	74	381900	361600
临时救济困难户	25907	13027	5329900	2676400
离退休人员	1424	1401	23950500	32347100
离 休	182	161	5757900	7223500

(数据来源:民政局)

社会保险基金统筹情况

表 36

项 目	退休(养老)基金统筹			失业保险基金统筹		
	单位数(个)	人数(人)	提取金额(万元)	单位数(个)	人数(人)	提取金额(万元)
合 计	**2662**	**167577**	**80210**	**2901**	**169000**	**7946**
按经济类型划分						
国有经济	395	44437	23389	450	60341	2634
集体经济	313	8719	2187	339	17582	419
其他经济	1954	114421	54634	2112	91077	4893
按隶属关系划分						
# 中央单位	130	11741	7712	199	26724	1864
市属单位	648	65806	33618	620	63666	3217
区属单位	1191	32756	10794	819	35897	2396
其他单位	693	57274	28086	1263	42713	469

(数据来源:劳动局)

1980—2003 年北京城市价格指数

表 37　　　　单位：%

年　度	居民消费价格指数	商品零售价格指数
1980	106.0	106.7
1981	101.3	101.4
1982	101.8	102
1983	100.5	100.6
1984	102.2	102.1
1985	117.6	118.6
1986	106.8	106.7
1987	108.6	108.7
1988	120.4	121.9
1989	117.2	118.5
1990	105.4	104.1
1991	111.9	108.5
1992	109.9	108.3
1993	119	116.9
1994	124.9	117.9
1995	117.3	112.6
1996	111.6	107.3
1997	105.3	103.8
1998	102.4	98.3
1999	100.6	98.8
2000	103.5	98.9
2001	103.1	98.8
2002	98.2	98.4
2003	100.2	98.2

（cdd）

2003 年北京市城市价格指数

表 38　　　　单位：%

月　份	居民消费价格指数		商品零售价格指数	
	本　月	累　计	本　月	累　计
一　月	100.8	100.8	98.3	98.3
二　月	100.9	100.8	98.8	98.3
三　月	100.6	100.8	98.7	98.4
四　月	101.1	100.8	98.9	98.6
五　月	101.1	100.9	98.8	98.6
六　月	99.2	100.6	97.2	98.4
七　月	98.7	100.3	97.0	98.2
八　月	99.6	100.3	97.6	98.1
九　月	99.7	100.2	97.7	98.1
十　月	100.2	100.2	98.4	98.1
十一月	100.5	100.2	98.7	98.2
十二月	100.4	100.2	99.0	98.2

(cdd)

总人口数及户数

表 39

街　道	人口总计	户　籍　人　口						暂住人口(人)
		户　数(户)			人　数(人)			
		合　计	家庭户	集体户	合　计	家庭户	集体户	
全区合计	**604807**	**202109**	**201969**	**140**	**543982**	**535189**	**8793**	**60825**
非农业户小计	**604787**	**202100**	**201960**	**140**	**543982**	**535189**	**8793**	**60825**
大栅栏街道	65934	23156	23153	3	57603	57575	28	8331
天桥街道	68623	20595	20565	30	56944	54811	2133	11679
椿树街道	47703	17333	17324	9	43731	43255	476	3972
陶然亭街道	71988	24141	24119	22	64098	62839	1259	7890
广内街道	96731	33041	32993	48	89237	87319	1918	7494
牛街街道	58976	18134	18134		49490	49490		9486
白纸坊街道	97096	31822	31804	18	90966	89004	1962	6130
广外街道	97736	33878	33868	10	91893	90876	1017	5843
农业户小计	**20**	**9**	**9**		**20**	**20**		
广外街道	20	9	9		20	20		

(数据来源:公安局)

附 录

中共北京市宣武区委主要文件目录

中共北京市宣武区委文件

宣发[2003]1号 关于表彰宣武区第二届思想政治工作优秀单位、优秀思想政治工作者的决定

宣发[2003]2号 关于做好新时期拥军优抚工作努力创建全国双拥模范区的决定

宣发[2003]3号 关于印发唐大生同志在区委八届十四次全体(扩大)会议上的报告的通知

宣发[2003]4号 关于开展政府管理创新工作的实施意见

宣发[2003]5号 关于印发韩恩慈同志在北京市宣武区党风廉政建设工作会议上的报告的通知

宣发[2003]6号 致全区各级党组织和共产党员的一封信

宣发[2003]7号 关于中华家园工地"非典"疫情集中传播问题的情况通报

宣发[2003]8号 关于书记、副书记分工调整的通知

宣发[2003]9号 关于贯彻北京市委、北京市人民政府《关于进一步做好下岗失业人员再就业工作的通知》的意见

宣发[2003]10号 关于表彰"增三力达标创优工程"先进基层党组织、优秀个人和防治非典型肺炎工作先进基层、党组织、优秀共产党员的决定

宣发[2003]11号 关于在全区兴起学习贯彻"三个代表"重要思想新高潮的实施意见

宣发[2003]12号 关于印发唐大生同志在区委八届十五次全体(扩大)会议上的报告的通知

宣发[2003]13号 中共北京市宣武区第八届委员会第十六次全体会议关于召开中国共产党北京市宣武区第九次代表大会的决议

宣发[2003]14号 中共北京市宣武区委关于召开中国共产党北京市宣武区第九次代表大会代表选举工作的通知

宣发[2003]15号 关于学习贯彻党的十六届三中全会精神的意见

中共北京市宣武区委办公室文件

宣办发[2003]1号 转发区委区政府研究室关于做好2003年全区调研工作的通知

宣办发[2003]2号 转发区第五届居委会换届领导小组《关于宣武区第五届居民委员会换届选举工作的实施意见》的通知

宣办发[2003]3号 关于转发《区委组织部、区经贸委、区建委、区财政局、区人事局、区劳动和社会保障局、区卫生局、区委老干部局关于宣武区离休干部医疗统筹管理暂行办法》的通知

宣办发[2003]4号 关于转发《区委组织部、区经贸委、区建委、区财政局、区劳动和社会保障局、区委老干部局关于进一步加强企业离休干部工作的意见》的通知

宣办发[2003]5号 关于转发区经济改革办公室《宣武区经贸系统调整改制整体方案》的通知

宣办发[2003]6号 关于成立区环境整治重点工程领导小组和调整区国有资产管理委员会等机构组成人员的通知

宣办发[2003]7号 关于对在2002年度信息工作中做出优异成绩的单位和信息员予以表扬的通知

宣办发[2003]8号 关于转发区社区建设领导小组办公室《宣武区社区专职工作者管理办法(试行)》的通知

宣办发[2003]9号 关于印发《2003年区委常委会议题安排计划》的通知

宣办发[2003]10号 关于做好全国"两会"期间安全保卫工作的通知

宣办发[2003]11号 关于转发区依法治区领导小组《宣武区2003年依法治区工作要点》的通知

宣办发[2003]12号 关于印发《关于设立新闻发言人

规范新闻发布会制度的意见》的通知

宣办发[2003]13 号　关于转发《中共北京市宣武区委政法委关于宣武区 2003 年政法工作的意见》的通知

宣办发[2003]14 号　关于对全区处级领导干部进行届末考察的通知

宣办发[2003]15 号　关于转发《中共北京市委统战部关于转发<中央统战部关于加强县(市)统一战线工作意见>的通知》的通知

宣办发[2003]16 号　关于全区行政事业单位实行定点会议的通知

宣办发[2003]17 号　关于全区性会议和领导集体活动实行集体乘车制度的通知

宣办发[2003]18 号　关于印发《宣武区 2003 年党风廉政建设和反腐败工作主要任务》的通知

宣办发[2003]19 号　关于全区各单位近期加强值班工作的通知

宣办发[2003]20 号　关于以支部为单位组织学习传达《众志成城、抗击"非典"——关于做好北京防治非典型肺炎工作的宣传提纲》的通知

宣办发[2003]21 号　关于进一步完善宣武区防治"非典"工作组织领导机构的通知

宣办发[2003]22 号　关于转发区防控"非典"工作指挥部关于进一步加强社区"非典"防控与防治工作两个实施意见的通知

宣办发[2003]23 号　关于进一步加强非典型肺炎防控工作的通知

宣办发[2003]24 号　关于转发《区委组织部关于在抗击非典型肺炎斗争中开展"学习实践'三个代表'保持先进性"主题教育活动的实施意见》的通知

宣办发[2003]25 号　关于进一步加强与驻区重点单位联系的通知

宣办发[2003]26 号　关于转发《北京市老干部工作领导责任制》的通知

宣办发[2003]27 号　转发区委宣传部等 12 家单位关于在全区开展"革除陋习讲文明,从我做起树新风"全民清洁卫生活动的通知

宣办发[2003]28 号　关于印发《<北京宣武>网站信息发布审核办法(试行)》的通知

宣办发[2003]29 号　关于转发《中共北京市委办公厅、北京市人民政府办公厅关于做好下一步防控传染性非典型肺炎工作意见》的通知

宣办发[2003]30 号　关于转发区依法治区领导小组《宣武区领导干部学法用法制度建设若干规定》的通知

宣办发[2003]31 号　关于开展宣武区防治非典型肺炎工作先进集体、先进个人评选表彰工作的通知

宣办发[2003]32 号　关于转发《宣武区人民法院、宣武区司法局关于加强宣武区新时期人民调解工作的实施意见》的通知

宣办发[2003]33 号　关于转发《区老干部工作领导小组关于评选表彰老干部和老干部工作先进集体、先进个人的通知》的通知

宣办发[2003]34 号　关于举办宣武区庆祝北京建都 850 周年、第二届宣南文化节暨宣武经贸洽谈会的系列活动的通知

宣办发[2003]35 号　关于在换届考察和选举期间减少领导干部离京外出的通知

宣办发[2003]36 号　关于加强国庆节期间安全稳定工作的通知

宣办发[2003]37 号　关于转发《宣武区厂务公开协调领导小组关于在企事业单位改革中进一步加强民主管理工作的意见》的通知

宣办发[2003]38 号　关于成立宣武区预防职务犯罪网络领导小组的通知

宣办发[2003]39 号　关于开展宣武区创建全国双拥模范区先进单位和先进个人评比表彰工作的通知

宣办发[2003]40 号　关于做好 20004 年元旦春节期间有关工作的通知

宣办发[2003]41 号　转发中共北京市委外事工作领导小组办公室等机构关于严格控制因公出访组团的通知

宣办发[2003]42 号　关于贯彻落实中纪发[2001]6 号文件有关问题的通知

北京市宣武区人民政府主要文件目录

北京市宣武区人民政府文件

宣政发[2003]1 号　北京市宣武区人民政府关于印发 2003 年计划生育工作要点的通知

宣政发[2003]2 号　北京市宣武区人民政府关于印发宣武区行政审批事项目录的通知

宣政发[2003]3 号　北京市宣武区人民政府印发 2003 年在直接关系群众生活方面拟办重要实事计划的通知

宣政发[2003]4 号　北京市宣武区人民政府印发关于宣武区城市建设奥运带动计划的通知

宣政发[2003]5 号　北京市宣武区人民政府印发鲁勇区长在区第十二届人民代表大会第六次会议上所作的政府工作报告的通知

宣政发[2003]6 号　北京市宣武区人民政府关于印发区政府 2003 年主要工作任务指标分解责任制的通知

宣政发[2003]7 号　北京市宣武区人民政府关于下达 2003 年度 6 种非正常死亡事故控制指标的通知

宣政发[2003]8 号　北京市宣武区人民政府转发市政府关于印发北京市第三批取消和调整行政审批事项目录文件的通知

宣政发[2003]9 号　北京市宣武区人民政府贯彻落实市政府关于防治非典型肺炎疫情期间保持社会稳定促进经济发展若干政策措施的实施意见

宣政发[2003]10 号　北京市宣武区人民政府关于印发第三批取消和调整行政审批事项目录的通知

宣政发[2003]11 号　北京市宣武区人民政府关于建立健全民主化科学化决策机制的意见

宣政发[2003]12 号　北京市宣武区人民政府关于 2003 年冬季征兵工作的通知

宣政发[2003]13 号　北京市宣武区人民政府关于贯彻实施《北京市国家公务员违法行政行为行政处分若干试行规定》的意见

宣政发[2003]14 号　北京市宣武区人民政府印发关于贯彻实施《中华人民共和国行政许可法》工作方案的通知

北京市宣武区人民政府办公室文件

宣政办发[2003]1 号　北京市宣武区人民政府办公室关于印发 2002 年区政府在直接关系群众生活方面拟办重要实事计划完成情况的通知

宣政办发[2003]2 号　北京市宣武区人民政府办公室转发区综治办关于春节期间加强禁放烟花爆竹工作意见的通知

宣政办发[2003]3 号　北京市宣武区人民政府办公室关于举办 2003 年厂甸庙会和大观园庙会的通知

宣政办发[2003]4 号　北京市宣武区人民政府办公室转发区劳动和社会保障局关于尽快解决企业拖欠职工医疗费意见的通知

宣政办发[2003]5 号　北京市宣武区人民政府办公室关于调整领导同志工作分工的通知

宣政办发[2003]6 号　北京市宣武区人民政府办公室关于印发区政府 2002 年主要工作任务指标分解责任制完成情况的通知

宣政办发[2003]7 号　北京市宣武区人民政府办公室转发区信息化办公室关于宣武区 2003 年信息化建设实施意见的通知

宣政办发[2003]8 号　北京市宣武区人民政府办公室转发区体改办关于区属企业改制有关问题意见的通知

宣政办发[2003]9 号　北京市宣武区人民政府办公室关于表彰 2001—2002 年度建议、提案办理工作先进单位、先进个人的通知

宣政办发[2003]10 号　北京市宣武区人民政府办公室转发区环保局关于进一步加强宣武区环境保护工作意见的通知

宣政办发[2003]14 号　北京市宣武区人民政府办公室转发区劳动和社会保障局关于《宣武区离休干部医疗统筹工作实施意见》的通知

宣政办发[2003]15 号　北京市宣武区人民政府办公室转发市政府办公厅关于印发北京市国家公务员违法行政行为行政处分若干试行规定文件的通知

宣政办发[2003]16 号　北京市宣武区人民政府办公室转发区计委关于对区域内重大项目进展情况实行监控办法(试行)的通知

宣政办发[2003]17 号　北京市宣武区人民政府办公室关于印发宣武区查处取缔无照经营工作方案的通知

宣政办发[2003]18 号　北京市宣武区人民政府办公室转发区司法局关于进一步加强街道司法所建设意见的通知

宣政办发[2003]19 号　北京市宣武区人民政府办公室转发区劳动和社会保障局关于进一步做好依法规范劳动关系保障劳动者合法权益工作意见的通知

宣政办发[2003]20 号　北京市宣武区人民政府办公室转发区残联关于《宣武区残疾人专用机动轮椅车更换工作方案》的通知

宣政办发[2003]21 号　北京市宣武区人民政府办公室关于调整宣武区发展区域经济工作领导小组等议事协调机构的通知

宣政办发[2003]22 号　北京市宣武区人民政府办公室关于印发宣武区创建国家卫生区工作实施方案的通知

宣政办发[2003]23 号　北京市宣武区人民政府办公室关于成立宣武区银行卡应用发展领导小组的通知

宣政办发[2003]24 号　北京市宣武区人民政府办公室转发区防汛指挥部关于 2003 年防汛工作意见的通知

宣政办发[2003]25 号　北京市宣武区人民政府办公室转发北京防控非典型肺炎工作组关于印发《北京非典型肺炎密切接触者隔离防护的具体规定》文件的通知

宣政办发[2003]26 号　北京市宣武区人民政府办公室转发区劳动和社会保障局关于尽快解决企业拖欠职工医药费补充意见的通知

宣政办发[2003]27号　北京市宣武区人民政府办公室关于加强防治非典型肺炎社会捐赠款物管理使用工作的通知

宣政办发[2003]28号　北京市宣武区人民政府办公室转发区劳动和社会保障局等单位关于宣武区自收自支事业单位基本养老保险制度改革工作实施意见的通知

宣政办发[2003]29号　北京市宣武区人民政府办公室关于行政机关负责人代理行政讼诉和行政复议案件的通知

宣政办发[2003]30号　北京市宣武区人民政府办公室印发关于宣武区银行卡应用发展工作方案的通知

宣政办发[2003]31号　北京市宣武区人民政府办公室关于印发政府管理创新主要工作任务分解责任的通知

宣政办发[2003]32号　北京市宣武区人民政府办公室关于印发宣武区交互式网上行政审批工作实施方案的通知

宣政办发[2003]33号　北京市宣武区人民政府办公室关于印发宣武区开展人员密集场所消防安全疏散通道安全出口专项治理工作实施方案的通知

宣政办发[2003]34号　北京市宣武区人民政府办公室转发市政府办公厅转发全国防治非典型肺炎指挥部关于科学规范非典型肺炎防治措施有关文件的通知

宣政办发[2003]35号　北京市宣武区人民政府办公室转发市政府办公厅关于印发北京市事业单位聘用合同制试行办法文件的通知

宣政办发[2003]36号　北京市宣武区人民政府办公室关于设立治理教育乱收费局际联席会议的通知

宣政办发[2003]37号　北京市宣武区人民政府办公室转发市政府办公厅转发市卫生局等部门和单位关于进一步加强本市残疾人康复工作意见文件的通知

宣政办发[2003]38号　北京市宣武区人民政府办公室关于部分调整街道办事处管辖范围有关事项的通知

宣政办发[2003]39号　北京市宣武区人民政府办公室印发关于宣武区实施中国/联合国人口基金第五周期生殖健康/计划生育项目工作方案的通知

宣政办发[2003]40号　北京市宣武区人民政府办公室转发区推行政务公开制度指导小组关于深化政务公开建设诚信政府实施意见的通知

宣政办发[2003]41号　北京市宣武区人民政府办公室转发区人事局关于优化行政环境实施意见的通知

宣政办发[2003]42号　北京市宣武区人民政府办公室关于实施食品药品放心工程的通知

宣政办发[2003]43号　北京市宣武区人民政府办公室关于调整宣武区交通安全委员会组成人员的通知

宣政办发[2003]44号　北京市宣武区人民政府办公室转发区劳动和社会保障局关于宣武区2003年社会保险扩面征缴工作实施意见的通知

宣政办发[2003]45号　北京市宣武区人民政府办公室转发区法制办关于建立宣武区依法行政联席会议制度意见的通知

宣政办发[2003]46号　北京市宣武区人民政府办公室关于加强我区网上办公系统管理工作的通知

宣政办发[2003]47号　北京市宣武区人民政府办公室转发区国土房管局关于推进宣武区解决标准租私房工作方案的通知

宣政办发[2003]48号　北京市宣武区人民政府办公室转发区市政管委关于宣武区今冬明春扫雪铲冰工作方案的通知

宣政办发[2003]49号　北京市宣武区人民政府办公室转发区质量技术监督局关于在全区开展压力管道专项普查工作意见的通知

宣政办发[2003]50号　北京市宣武区人民政府办公室转发区质监局关于在全区开展建材市场专项整治工作方案的通知

宣政办发[2003]51号　北京市宣武区人民政府办公室转发市知识产权局、市工商局、市版权局关于进一步提高知识产权意识规范知识产权行为的意见的通知

宣政办发[2003]52号　北京市宣武区人民政府办公室转发市政府办公厅转发国务院办公厅转发人事部财政部关于2003年7月1日调整机关事业单位工作人员工资标准和增加离退休人员离退休费三个实施方案文件的通知

宣政办发[2003]53号　北京市宣武区人民政府办公室关于进一步解决建筑企业拖欠农民工工资问题的通知

宣政办发[2003]54号　北京市宣武区人民政府办公室转发区综治办关于元旦春节期间加强禁放烟花爆竹工作意见的通知

宣政办发[2003]55号　北京市宣武区人民政府办公室关于举办2004年厂甸庙会和大观园庙会的通知

驻区主要单位名录

驻区主要中央单位

名 称	行业类别	地 址	电 话
中国人民财产保险股份有限公司	服务业	宣武门东河沿街69号	63156688
中国电力投资集团公司	工业	宣武区广安门内大街338号	51968800
中国印钞造币总公司	服务业	西城区西外大街甲143号	88016206
中国华北电力集团公司	工业	宣武区广安门内大街482号	83581244
中国烟草物资公司	商业	宣武区广外大街9号	63601471
中国烟叶生产购销公司	商业	宣武区广外大街9号	63605152
中国机械设备进出口总公司	商业	宣武区广安门外大街178号	63474506
中国北方工业公司	商业	宣武区广安门南街甲12号	63529988
中国烟草机械集团有限责任公司	商业	宣武区广外大街9号	63605224
中国北方车辆公司	商业	宣武区广安门南街甲12号	67579237
北京印钞厂	工业	宣武区白纸坊街23号	63543344
北京大唐发电股份有限公司	工业	宣武区广安门内大街482号	83581233
中国集邮总公司	商业	宣武区宣东大街2号	63022717
中国水利电力物资有限公司	商业	宣武区白广路北口综合楼	63414427
中国卷烟销售公司	商业	宣武区广外大街9号	63605055
中设工程机械进出口有限责任公司	商业	宣武区广外大街178号	63447608
中设国际工程有限责任公司	商业	宣武区广外大街178号	63479209
中能燃料配送有限公司	商业	宣武区白广路二条1号	63415662
中国金币总公司	商业	宣武区宣外大街6号庄胜广场北楼	63101577
中设国际贸易有限责任公司	商业	宣武区广外大街178号	63452245
中国铁路物资总公司	商业	宣武区南滨河路乙25号	51873231
中国电工设备总公司	服务业	宣武区莲花河胡同1号	63264477
高新国际贸易有限公司	商业	宣武区广外南滨河路1号	63280639
中国万宝工程公司	建筑业	宣武区广安门南街甲12号	63529988
中国建筑第二工程局	建筑业	宣武区广安门南街42号	83525480
中国北方工业北京公司	商业	宣武区广安门南街甲12号	63529988
北京供电工程公司	建筑业	宣武区右内西街2号	63126161
中国电力技术进出口公司	服务业	宣武区白广路二条1号	64015511
中国印刷物资总公司	商业	宣武区广外马连道16号	63442905
中北通用化工有限责任公司	商业	宣武区广安门南街甲12号	63529988
华北电力集团财务有限责任公司	服务业	宣武区广内大街482号	83582008
中国地图出版社	行政事业	宣武区白纸坊西街3号	63528471
中冶集团北京钢铁设计研究总院	服务业	宣武区白广路4号	63520645
中国建筑二局装饰公司	建筑业	宣武区广安门南街42号	83525461
铁道通信信息有限责任公司北京分公司	交通运输业	宣武区广安门外大街248号	51836079

中国通用机械工程总公司	服务业	宣武区太平街甲2号	83132288
北京邮票厂	工业	宣武区右内大街8号	63524455
润华农水实业开发公司	商业	宣武区南线阁10号	63449784
经济日报社	行政事业	宣武区白纸坊东街2号	63559988
北京中融安全印务公司	工业	宣武区白纸坊西街10号	63569471
北京市宣武烟草公司	商业	宣武区南菜园街甲1号	63530954
北京京铁多元经贸发展中心	服务业	海淀区复兴路6号	51826477
北京华北电力实业总公司	工业	宣武区枣林前街32号	83583416
中国有色金属进出口北京公司	商业	宣武区感化胡同3号	63180590
中盐北京市盐业公司	商业	宣武区天宁东里21号楼	63458383
北京华能产业开发总公司	商业	宣武区广安门南街2号	63542244
中钞实业有限公司	商业	宣武区庄胜广场中央写字楼	63101166
北方运动器材有限责任公司	商业	宣武区广安门南街甲12号	63529988
北京协和医学科学技术开发公司	商业	宣武区南纬路2号	85610222
经济日报印刷厂	工业	宣武区白纸坊东街2号	63559988

驻区主要市属单位

名　称	行业类别	地　址	电　话
北京化学工业集团有限责任公司	工业	宣武区槐柏树街2号	63022806
北京市第一建筑工程公司	建筑业	宣武区右内大街75号	63524831
北京市燕谷粮油购销公司	商业	宣武区广内长椿街甲18号院	63041782
北京城乡建设集团有限责任公司	建筑业	丰台区草桥东路8号院	87888866
北京市恒物金属材料有限公司	商业	宣武区北滨河路甲1号	63403937
北京市大成房地产开发总公司	房地产业	宣武区宣武门西大街28号院	63602741
北京市公路桥梁建设公司	建筑业	宣武区广内大街317号	63032255
北京一商美洁商业有限公司	商业	宣武区广外马连道路11号	63281177
北京市农业机械公司	商业	宣武区广外红居南街1号	63260787
北京纳贝斯克食品有限公司	工业	宣武区南线阁60号	63541188
北京广安恒业粮食购销中心	商业	宣武区广安门内大街316号	63515472
北京王致和食品集团公司	工业	宣武区枣林前街19号	63522160
北京城乡一建设工程有限责任公司	建筑业	海淀区新街口外大街5号	62021117
北京粮食集团有限责任公司	商业	宣武区广安门内大街316号	63532379
北京二商集团有限责任公司	商业	宣武区槐柏树街2号	63011383
北京市物资总公司	商业	宣武区槐柏树街2号	63021291
北京市建筑材料供应公司	商业	宣武区西便门西里10号	83139922
北京市恒物汽车经营公司	商业	宣武区红居十巷	84049714
中国书店	商业	宣武区琉璃厂东街115号	63175608
北京华盾塑料有限责任公司	工业	丰台区黄土岗马家楼119号	83721930
北京路兴物资有限责任公司	商业	宣武区槐柏树后街23号	63532878
北京怀远时代科贸有限公司	商业	宣武区槐柏树街二号	63178644
北京建工一建工程建设有限公司	建筑业	宣武区右安门内大街75号	63524831
北京天岳恒房屋经营管理有限公司	服务业	宣武区前门西大街2号楼	63044905
北京同仁堂连锁药店	商业	宣武区珠市口西大街23号	63021657

北京长迪建筑装饰工程有限公司	建筑业	宣武区南新华街 18 号	63049347
北京蒙诺汽车减振器有限公司	工业	宣武区广外鸭子桥 25 号	63273331
北京城乡昊都建设有限公司	建筑业	宣武区广安门外南街 57 号	63441074
北京市粮食公司	商业	宣武区崇效胡同 7 号	67212889
北京北贸医药有限公司	商业	宣武区校场口小九条 13 号	63041769
北京光亚市政公司	建筑业	宣武区姚家井二巷 19 号	67543821
北京市运输公司	交通运输业	宣武区广外南街 47 号	63428152
北京团兴劳动与社会保险服务有限公司	服务业	宣武区永内西街北里 5 号	83171649
北京恺建建筑工程有限公司	建筑业	宣武区广外天宁寺东里甲 1 号	63266731
北京首都旅游国际酒店集团有限公司前门饭店	服务业	宣武区永安路 175 号	63016688
义利一纳贝斯克饼干食品有限公司	工业	宣武区南线阁 60 号	63541188
中国北京全聚德集团有限责任公司	商业	宣武区西河沿街 217 号	63048992
北京渔阳汽车出租公司	交通运输业	丰台区丰台镇西鸿大庄路 89 号	63741666
北京中都兴物资公司	商业	宣武区广安门内大街 473 号	63161098
北京市北灯汽车灯具有限公司	工业	宣武区陶然亭路 12 号	63521902
北京利丰雅高长城印刷有限公司	工业	宣武区永内西街甲 2 号	83101108
北京市物资储运总公司	商业	宣武区马连道路甲 15 号	63490290
北京市宣武区振兴教育书店	商业	宣武区红莲北里 17 号楼	63390346
北京市通广经济技术开发公司	商业	宣武区广安门外南街乙 47 号	63272040
北京市管通市政安装中心	建筑业	宣武区里仁街 4 号	61294842
北京新北纬饭店有限责任公司	服务业	宣武区西经路 11 号	63012266
北京市自来水集团来水亭物资有限公司	商业	宣武区广外马莲道路 12 号	63262857
北京市文物公司	商业	宣武区琉璃厂东街 64 号	63171113
北京汽车工业控股有限责任公司	工业	宣武区南纬路 31 号	63043411
北京祥龙物流有限公司交通	运输业	宣武区广义街 10 号	87716253

驻区主要宾馆饭店

名 称	地 址	电 话
深圳大厦有限公司	宣武区广安门外大街 1 号	63447948
北京港中旅大厦有限公司	宣武区广安门内大街 338 号	63578888
北京吉利大厦发展有限公司	宣武区东经路 42 号	85620772
北京首都旅游国际酒店集团有限公司前门饭店	宣武区永安路 175 号	63016688
北京大观园游览中心有限公司	宣武区南菜园 88 号	63538899
北京新北纬饭店有限责任公司	宣武区西经路 11 号	63012266
北京苏源大厦有限责任公司	宣武区广安门外大街 3 号	63404605
北京越秀大饭店	宣武区宣武门东大街 24 号	63014499
北京长江国际俱乐部有限公司	宣武区天宁寺前街 1 号	63489889
北京诺林大酒店有限责任公司	宣武区枣林前街 145 号	63547540
北京市丰泽园饭店	宣武区珠市口西大街 83 号	63186688
北京陶然花园酒店	宣武区太平街 19 号	63548540
北京潇湘大厦	宣武区北纬路 42 号	83161188
北京东方饭店有限公司	宣武区万明路 11 号	63014466

北京普明大厦	宣武区广内大街 308 号	83583118
北京安华景苑饭店有限责任公司	宣武区马连道路乙 9 号	63271115
北京广安宾馆有限责任公司	宣武区广安门内大街 321 号	83157520
北京气象宾馆	宣武区马连道南街 12 号	63266688
北京天池宾馆有限公司	宣武区广安门外南滨河路 87 号	63272255
北京燕赵宾馆	宣武区白广路 10 号	63511133
北京中邮苑宾馆	宣武区右安门内大街 17 号	63522377
北京云天酒店有限公司	宣武区白广路二条甲 3 号	63553377
北京虹口宾馆	宣武区广安门南街 24 号	63542383
北京市远东饭店	宣武区铁树斜街 90 号	63018811
北京博兴饭店	宣武区煤市街 133 号	63015769
北京国电中兴酒店有限公司	宣武区南新华街甲 1 号	63022731
北京万隆酒店	宣武区广外鸭子桥 6 号	63262211
北京飞龙阁饭店	宣武区白纸坊西街 10 号	63517766
北京国轻宾馆	宣武区右安门内大街 59 号	63521947
北京弘棉商务大厦	宣武区右安门内大街 65 号	63522266
北京千禧云华饭店有限公司	宣武区马连道路 16 号	63498811
北京中彩酒店有限公司	宣武区广安门南街 48 号	63567733
北京轻联富润饭店管理有限公司	宣武区铁门胡同 35 号	63018943
北京开明宾馆	宣武区仁民路甲 11 号	83101319
北京新电京联宾馆有限责任公司	宣武区广安门内南线阁街 35 号	83516655
国家民族事务委员会招待所	宣武区教子胡同 70 号	63576688
北京京昆招待所	宣武区香炉营头条 33 号院 1 号楼	83152299
北京电力培训中心招待所	宣武区白广路 13 号	63543355
北京前门新新宾馆	宣武区西河沿街 24 号廊房头条 17 号	63032660
北京新宝乐如家客栈	宣武区粮食店 61 号	63173366
北京海诚酒店有限责任公司	宣武区南运巷 11 号	63580316
北京龙电宾馆	宣武区白广路甲 6 号	63549911
北京市紫金万寿宫酒店有限公司	宣武区白纸坊东街 29 号	63556688
北京前新饭店	宣武区廊房头条 45 号	63032331
北京儒福宾馆	宣武区儒福里 40 号	63526631
北京上河元酒店有限公司	宣武区南线阁 58 号	83512195
北京京塑宾馆有限公司	宣武区廊房头条 20 号	63036328
北京五联大众旅馆有限公司	宣武区西河沿 67 号	63030798
北京市三元广安宾馆	宣武区广安门新居东里 4 号	63493402
北京市金良服务中心	宣武区长椿街甲 18 号	63012683

区属社会团体

名　称	业务主管单位	法人代表	地　址
宣武区集邮协会	文化文物局	张林侠	宣武区东琉璃厂 29 号
宣武区作家协会	文化文物局	李金龙	宣武区东琉璃厂 29 号
宣武区京昆艺术发展促进协会	文化文物局	刘群生	宣武区板章胡同 9 号
宣武区书法家协会	文化文物局	李文新	宣武区南菜园街 12 号

宣武区饮食行业协会	经贸委	孙　勇	宣武区板章胡同9号
宣武区服务行业协会	经贸委	朱　斌	宣武区板章胡同9号
宣武区商业经济学会	经贸委	王鸿义	宣武区西便门东里12号
宣武区老教育工作者协会	教委	王基伟	宣武区梁家园胡同4号
宣武区理科学会	教委	万　福	宣武区广内大街171号
宣武区教育学会	教委	王守愚	宣武区广内大街171号
宣武区成人教育协会	教委	李培恒	宣武区广内大街171号
宣武区陶然亭住宅合作社	建委	谢建存	宣武区黑窑厂西里7楼
宣武区广外住宅合作社	建委	王孚清	宣武区马连道中里2－5－4'
宣武区建筑行业学会	建委	蔡钟林	宣武区右内大街26号旁门
宣武区房地产业协会	国土房管局	冯志高	宣武区果子巷77号
宣武区劳动学会	劳动局	吴甲龙	宣武区北大吉巷12号
宣武区社区家政服务就业管理协会	劳动局	马捍国	宣武区北大吉巷12号
宣武区烹饪学会	科委	孙　勇	宣武区太平街5号
宣武区青少年科技辅导员协会	科委	韩玉书	宣武区南横西街119号
宣武区园林学会	科委	李松涛	宣武区盆儿胡同甲12号
宣武区医药卫生学会	卫生局	何永洁	宣武区天宁寺前街南里14号
宣武区环境保护学会	环保局	蔡求源	宣武区北半截胡同甲13号
宣武区体育总会	体育局	马新云	宣武区登莱胡同26号
宣武区伊斯兰教协会	民宗办	薛天利	宣武区牛街88号
宣武区档案学会	档案局	陈　杨	宣武区麻刀胡同甲14号
宣武区消费者协会	计委	赵兰洁	宣武区南菜园街5号
宣武区工商行政管理学会	计委	张风平	宣武区南菜园街5号
宣武区个体这劳动者协会	工商局	孟宪春	宣武区南菜园街5号
宣武区私营企业协会	工商局	赵秋华	宣武区南菜园街5号
宣武区党的建设研究会	组织部	王敏荣	宣武区南菜园街49号
宣武区计划生育协会	计生委	王永新	宣武区白纸坊东街甲25号
宣武区思想政治工作研究会	宣传部	张恕贤	宣武区广安门南街68号
宣武区人民对外友好协会	外事办	赵久合	宣武区广安门南街68号
宣武海外联谊会	统战部	王玉兰	宣武区广安门南街68号
宣武区三胞妇女联谊会	统战部	单彩芝	宣武区白纸坊东街甲12号
宣武海外同胞亲友联谊会	侨办	李　铮	宣武区广安门南街68号
宣武区质量技术监督协会	技监局	张宗芳	宣武区自新路24号
北京宣武慈善协会	民政局	马国有	宣武区崇效胡同18号
宣武区志愿者协会	民政局	迟淑敏	宣武区红莲北里10号
宣武区白纸坊街道文体工作协会	街道办	韩世和	宣武区新安中里4号
宣武区医疗器械协会	药监局	陈子平	宣武区广外三义东里8号
宣武区统计学会	统计局	王　宾	宣武区广安门南街68号
宣武区卷烟零售户协会	烟草专卖局	杨　捷	宣武区南菜园街甲1号

区域律师事务所

名　　称	地　　址
北京市中合律师事务所	宣武区广安门南街36号天缘公寓B座1104室

北京市百度律师事务所	崇文区龙谭路乙3号伟园大厦606室
北京市江山律师事务所	宣武区陶然亭路53号
北京市金石律师事务所	宣武区南菜园街49号

区域教育机构名录

幼儿园

名　称	地　址
实验幼儿园	宣武区南新华街15号
和平门幼儿园	宣武区上斜街66号
烂缦幼儿园	宣武区烂缦胡同101号
回民幼儿园	宣武区枣林前街14号
虎坊路幼儿园	宣武区虎坊路14号楼旁门1号
三义里第一幼儿园	宣武区三义里东里9号
三义里第二幼儿园	宣武区三义里西里7—2号
马连道幼儿园	宣武区红莲中里10号
三教寺幼儿园	宣武区白纸坊东街6号
第四幼儿园	宣武区白纸坊南樱桃三条7号
西便门幼儿园	宣武区西便门东里甲1号
长椿街幼儿园	宣武区槐柏树街7号
槐柏幼儿园	宣武区槐柏树街南里10号
大安澜营幼儿园	宣武区大安澜营胡同13号
北京铁路工程总公司幼儿园	宣武区广外车站东街甲5号
第二热电厂幼儿园	宣武区天宁寺东里二热宿舍
邮局里仁街幼儿园	宣武区宏建北里13号
樱桃园幼儿园	宣武区右内大街53号
市府机关幼儿园	宣武区长椿里2号
华北电管局幼儿园	宣武区枣林前街32号
预防医学院幼儿园	宣武区南纬路29号
陶然幼儿园	宣武区黑窑厂西里甲11号院
陶然亭新欣幼儿园	宣武区米市胡同94号
东夹道幼儿园	宣武区前孙公园东夹道4号
北京汽车摩托车配件厂幼儿园	宣武区南纬路35号
北京印钞厂幼儿园	宣武区白纸坊甲23号
大栅栏三眼井幼儿园	宣武区三眼井胡同43号
四川营幼儿园	宣武区四川营胡同1号
西柳树井幼儿园	宣武区珠市口大街111号
南菜园幼儿园	宣武区南菜园五层公寓楼2号
北京市清河教育中心幼儿园	京山线茶淀清河农场

小　学

名　称	地　址
炭儿胡同小学	宣武区炭儿胡同 11 号
煤市街小学	宣武区煤市街甘井胡同 18 号
棕树小学	宣武区棕树斜街 26 号
西河沿小学	宣武区和平门外东街甲 1 号
后孙公园小学	宣武区后孙公园胡同 3 号
宣外大街小学	宣武区宣外大街 137 号
第一实验小学	宣武区南新华街 17 号
琉璃厂小学	宣武区琉璃巷 3 号
陶然亭小学	宣武区龙泉胡同 5 号
中横街小学	宣武区中兵马街 16 号
培智中心学校	宣武区米市胡同 67 号
太平街小学	宣武区太平街西巷 6 号
福州馆小学	宣武区福州馆 3 号
新世纪实验小学	宣武区南纬路 2 号
香厂路小学	宣武区香厂路 31 号
菜市口胡同小学	宣武区菜市口胡同 78 号
回民小学	宣武区牛街西里 5 号
宣师二附小	宣武区登莱胡同 29 号
宣师一附小	宣武区右安门大街 26 号
右安门二小	宣武区右安门大街 67 号
半步桥小学	宣武区白纸坊东街 27 号
南菜园小学	宣武区菜园街 28 号
白纸坊小学	宣武区白广路乙 27 号
北京小学	宣武区槐柏树街 9 号
上斜街小学	宣武区上斜街 37 号
康乐里小学	宣武区储库营 2 号
老墙根三小	宣武区新桥胡同 1 号
广义街小学	宣武区广义街 2 号
北线阁小学	宣武区北线阁 12 号
西便门小学	宣武区西便门东里 11 号楼
广外一小	宣武区广外红居南街 2 号
天宁寺小学	宣武区天宁寺前街 35 号
青年湖小学	宣武区鸭子桥北里 13 号楼
椿树馆小学	宣武区广外南街 43 号
三义里小学	宣武区三义里 4 号
红莲小学	宣武区红莲中里 14 号

中　学

名　称	地　址
第十四中学	宣武区下斜街 40 号
第十五中学	宣武区育新街 2 号

第四十三中学	宣武区后孙公园37号
第六十二中学	宣武区太平街西巷5号
第六十三中学	宣武区白广路31号
第六十六中学	宣武区枣林前街111号
第七十八中学	宣武区里仁街10号
第一三四中学	宣武区南线阁56号
第一三八中学	宣武区右安门大街61号
第一四零中学	宣武区大川淀胡同24号
第一四六中学	宣武区三义里5号
第二零四中学	宣武区上斜街36号
前门西街中学	宣武区和平门外东街甲5号
北京师大附中	宣武区南新华街2号
北纬路中学	宣武区北纬路46号
育才学校	宣武区东经路21号
广安中学	宣武区枣林斜街55号
回民学校	宣武区广安门内大街甲223号
宣武区外语实验学校	宣武区南菜园街35号
第一职业高中	宣武区西便门内大街69号
第二职业高中	宣武区宣武门外大街203号
第三职业高中	宣武区南菜园街13号
十四中分校	宣武区老墙根甲65号
十五中分校	宣武区龙泉胡同11号
华夏女子中学	宣武区红莲中里12号
徐悲鸿中学	宣武区永安路寿长街1号

高等院校

名　称	地　址
北京教育学院宣武分院	宣武区永定门西街甲1号
北京教育学院宣武分院二部	宣武区广内大街171号
宣武红旗业余大学	宣武区右安门内大街79号
北京广播电视大学宣武分校	宣武区菜园街13号
中国伊斯兰教经学院	宣武区南横街103号
北京市伊斯兰教经学院	宣武区天桥福长街四条2号
中国佛教学院	宣武区法源寺前街5号

校外活动场所

名　称	地　址
宣武区少年宫	宣武区陶然亭路51号
宣武区青少年科技馆	宣武区南横西街119号
宣武区少年美术馆	宣武区梁家园4号
广外少年之家	宣武区椿树园小区4号楼

区域医疗机构名录

中央、市属医院

名　称	地　址	电　话
中国中医研究院广安门医院	宣武区广安门内北线阁5号	63013311
首都医科大学附属北京友谊医院	宣武区永安路95号	63014411
首都医科大学附属宣武医院	宣武区长椿街45号	63013355

区属医院

名　称	地　址	电　话
北京市宣武区中医医院	宣武区万明路8号	63033840
北京市回民医院	宣武区右内大街11号	63537220
北京市宣武区广外医院	宣武区广外三义里甲2号	63479998
北京市宣武区陶然亭医院	宣武区南横街103号	63538160
北京市宣武区椿树医院	宣武区西琉璃厂63号	63152921
北京市宣武区大栅栏天桥医院	宣武区煤市街152号	63034250
北京市宣武区广内医院	宣武区校场五条49号	63037685
北京市宣武区白纸坊医院	宣武区平渊里19号	63577260
北京市宣武区妇幼保健院	宣武区平渊里19号	63577260
北京市宣武区精神病医院	宣武区新安北里二巷20号	63523343
北京市健宫医院	宣武区自新路儒福里6号	63532731
北京市滨河医院	宣武区右安门东街50号	63528240
北京印钞厂医院	宣武区白纸坊西街3号	63543344
北京市市政二公司白云路医院	宣武区广外小马厂西里1号	63261857
中国医促会北京宣武华京医院	宣武区红土店南里9号	63521972
北京宣武流动医院	宣武区广安门外大街甲2号	63289619
清河医院		0266－7988838

门诊部

名　称	地　址	电　话
首都医科大学附属北京口腔医院宣武门诊部	宣武区宣外大街椿树园一层12A	67113355
首都医科大学宣武医院广安门口腔门诊部	宣武区枣林前街119号	63563397
北京市先农坛体育场门诊部	宣武区先农坛体育场内	63017744
中国北方工业公司门诊部	宣武区广安门南街甲12号	63542764
五洲工程设计研究院门诊部	宣武区西便门大街85号	63176622
北京一建公司综合门诊部	宣武区右安门大街75号	63522595
北京奥仕华冠口腔技术研究所宣武口腔门诊部	宣武区南新华街18号	63179567
北京宣武锡安南城中医门诊部	宣武区延寿寺街50号	63032777

北京庄华骨病专科门诊部	宣武区三庙街孔雀胡同5号	63018622
北京同仁堂医馆	宣武区大栅栏24号	63045792
北京银建中医门诊部	宣武区西便门内大街56号	63178448
北京大观园畅海中医门诊部	宣武区南菜园2号	83455055
北京金鑫医药有限责任公司城中医门诊部	宣武区虎坊路大街14号	63159670
宣武区疾控中心门诊部	宣武区长椿街34号	63011309

区域文化设施名录

全国重点文物保护单位

名　称	地　址
天宁寺塔	宣武区天宁寺前街2号
牛街礼拜寺	宣武区牛街88号
先农坛	宣武区东经路21号
法源寺	宣武区法源寺前街5号

市级文物保护单位

名　称	地　址
三圣庵	宣武区黑窑厂胡同14号
正乙祠	宣武区西河沿218号
长椿寺	宣武区长椿街7、9、11号
劝业场	宣武区廊房头条17号
祥义号绸布店	宣武区大栅栏街1号
瑞蚨祥绸布店	宣武区大栅栏街5号
谦祥益绸布店	宣武区珠宝市5号
盐业银行旧址	宣武区前门西河沿7号
交通银行旧址	宣武区前门西河沿9号
陶然亭慈悲庵	宣武区陶然亭公园内
云绘楼清音阁	宣武区陶然亭公园内
报国寺及顾亭林祠	宣武区报国寺前街1号
杨椒山祠	宣武区宣外大街12号
康有为故居	宣武区米市胡同43号
湖广会馆	宣武区虎坊路3号
安徽会馆	宣武区后孙公园25号
《京报》馆	宣武区魏染胡同30、32号
湖南会馆	宣武区烂缦胡同101号
朱彝尊故居	宣武区海柏胡同16号
金中都太液池	宣武区广外南街77号
中山会馆	宣武区珠朝街5号
第十旅馆	宣武区粮食店街73号
财政部印刷厂	宣武区白纸坊南街23号

纪晓岚故居	宣武区珠市口西大街241号
德寿堂药店	宣武区珠市口西大街75号
京华印书局	宣武区虎坊桥路口

区级文物保护单位

名　称	地　址
粤东新馆	宣武区南横西街11号
宝应寺	宣武区登莱胡同29号
谭嗣同故居	宣武区北半截胡同41号
林白水故居(拟原地复建)	
尚小云故居(异地迁建)	
余叔岩故居(异地迁建)	
东南园四合院	宣武区东南园胡同49号
北师大旧址	宣武区南新华街15号
北师大附小旧址	宣武区南新华街20号
荀慧生故居	宣武区山西街甲13号
崇效寺藏经阁	宣武区崇效胡同9号
绍兴会馆	宣武区南半截胡同7号
沈家本故居	宣武区金井胡同1号

文化广场

名　称	地　址
虎坊路文化广场	宣武区虎坊路技术交流馆门前
红莲文化广场	宣武区广外红莲小区内
盼盼文化广场	宣武区珠市口大街晋阳饭庄东侧
牛街东里民族文化广场	宣武区牛街东里社区
白纸坊文化广场	宣武区樱桃园路口
枫桦豪景文化广场	宣武区牛街枫桦豪景楼前

文化馆

名　称	地　址
宣武区文化馆	宣武区琉璃厂东街29号

图书馆

名　称	地　址
宣武区图书馆	宣武区教子胡同8号
广内街道图书馆	宣武区感化胡同3号院12号楼
牛街街道图书馆	宣武区牛街东里社区2号楼地下室
白纸坊街道图书馆	宣武区半步桥街13号
大栅栏街道图书馆	宣武区西河沿135号

电影院

名 称	地 址
中华电影娱乐宫	宣武区天桥市场85号
广安门电影院	宣武区白广路8号
大观楼电影院	宣武区大栅栏街36号
全景电影院	宣武区大栅栏19号

市、区属营业性演出场所

名 称	地 址
天桥剧场	宣武区北纬路30号
北京市工人俱乐部	宣武区虎坊路7号
广德楼戏园	宣武区大栅栏街39号
湖广会馆	宣武区虎坊路3号
万胜剧场	宣武区天桥市场95号
正乙祠戏楼	宣武区和平门西河沿218号
梨园剧场	宣武区永安路175号
天桥乐茶园	宣武区天桥市场113号
老舍茶馆	宣武区前门西大街3号楼
宣武区少年宫	宣武区自新路51号
鑫融剧场	宣武区白纸坊街16号
大观园戏楼	宣武区南菜园街12号
中国戏曲学院附中小剧院	宣武区陶然亭路39号

博物馆

名 称	地 址
北京古代建筑博物馆	宣武区东经路21号
中国佛教图书文物馆	宣武区法源寺前街7号
北京红楼文化艺术博物馆	宣武区南菜园街12号
古陶文明博物馆	宣武区右安门内西街12号
慈悲庵	宣武区太平街19号
北京戏曲博物馆	宣武区虎坊路3号
松堂斋	宣武区琉璃厂东街14号

歌舞厅

名 称	地 址
北京大观园游览中心歌舞厅	宣武区南菜园街88号
北京港中旅大厦金童玉女娱乐分公司	宣武区广安门内街338号
深圳大厦歌舞厅	宣武区广安门外街1号
北京苏源锦江大厦歌舞厅	宣武区广安门外街3号
北京丰泽园饭店夜总会	宣武区珠市口西大街83号
北京诺林大酒店歌舞厅	宣武区菜园北里29号

北京中民大厦名门圣会歌舞娱乐厅	宣武区白广路7号
北京潇湘大厦歌舞厅	宣武区北纬路42号
北京安华景苑饭店歌舞厅	宣武区马连道路9号

旅游景区(点)

名　称	地　址
陶然亭公园	宣武区太平街19号
大观园	宣武区南菜园街12号
先农坛	宣武区东经路21号
纪晓岚故居	宣武区珠市口西大街241号
法源寺	宣武区法源寺街7号
报国寺	宣武区报国寺1号
牛街礼拜寺	宣武区牛街88号

街道社区居委会

大栅栏街道

名　称	地　址	电　话
大安澜营社区居委会	大安澜营23号	63046944
百顺社区居委会	百顺胡同8号	63046852
铁树斜街社区居委会	樱桃斜街12号	63189405
大栅西街社区居委会	燕家胡同39号	63035293
前门西河沿街社区居委会	西河沿街135号	63035293
延寿街社区居委会	延寿街21号	63173441
廊房二条社区居委会	廊房二条44号	63036417
石头社区居委会	石头胡同29号	63185425
三井社区居委会	耀武胡同11号	63187071
施家社区居委会	甘井胡同19号	63033698
前门西大街社区居委会	前门西大街6－3－113号	63021510

天桥街道

名　称	地　址	电　话
储子营社区居委会	灵佑胡同4号	63030256
香厂路社区居委会	香仁胡同甲36号	63013397
永安路社区居委会	齐胜巷22号	63010185
虎坊路社区居委会	虎坊路12楼北	63030614
天桥小区社区居委会	东经路6号院内	63011798
禄长街头条社区居委会	禄长街头条19号院内	63173108
南纬路社区居委会	东经路21号	63189408
南纬路2号院社区居委会	南纬路2号院内	83153309

太平街社区居委会	太平街甲4号	63185042

椿树街道

名　称	地　址	电　话
梁家园社区居委会	前孙公园56号	63016209
四川营社区居委会	棉花上六条16号	63176453
椿树园社区居委会	椿树园4号楼	63101533
铁门社区居委会	铁门胡同60号	63187028
宣东大街社区居委会	宣武门外东里2－2－101	63035268
琉璃厂西街社区居委会	万源夹道丙7号	63016102
红线社区居委会	红线胡同26号	63014831

陶然亭街道

名　称	地　址	电　话
米市胡同社区居委会	米市胡同86号	63533045
果子巷社区居委会	迎新街100号	83529675
粉房琉璃街社区居委会	粉房胡同81号	63547426
福州馆社区居委会	高家寨10－3－203号	63512618
新兴里社区居委会	双柳树胡同甲12号	63530324
龙泉社区居委会	龙泉胡同5号	63513678
黑窑厂社区居委会	黑窑厂西里2—4号楼中间平房	63522371
红土店社区居委会	红土店6—1－001号	63522520

广安门内街道

名　称	地　址	电　话
长椿街西社区居委会	长椿街西里18号楼	63173194
长椿里社区居委会	长椿街8号楼34号	63012797
长椿街社区居委会	感化胡同3号院平房	63173441
槐柏树北街社区居委会	槐北甲2号楼	63173669
西便门东里社区居委会	西便门东里东平房1号	63181958
西便门西里社区居委会	西便门西里1－102号	63174273
西便门内大街社区居委会	西便门大街79号院平房	83171674
核桃园社区居委会	广义街10号院3号楼4门	63183795
报国寺社区居委会	胜利巷18号	63012861
槐柏树南社区居委会	槐柏树南里9－2－002号	63176082
校场社区居委会	校场三条32号	63173359
上斜街社区居委会	达智桥45号	63012997
校场小六条社区居委会	权盛里东平房	63186215
宣西社区居委会	宣武门西大街4－103号	63021249
三庙社区居委会	长椿街东里24号楼前	63021921
老墙根社区居委会	老墙根街59号旁门	63173447
长椿街社区居委会	感化胡同3号院内平房	63173441
大街东社区居委会	广安门大街223号楼	63187057

康乐里社区居委会	康乐里一号楼地下室	83103462

牛街街道

名 称	地 址	电 话
枫桦社区居委会	西砖胡同 34 号	63510467
法源寺社区居委会	法源寺西里 5 号楼 1 门 D01、D03 室	63515146
牛街东里社区居委会	牛街东里 7 号楼 108 室	83517034
春风社区居委会	春风小区 7 号楼旁	63557354
牛街西里社区居委会	牛街西里 3 号楼旁	63560300
钢院社区居委会	白广路 6 号	83559272
白广路社区居委会	白广路 2 条 4 号院	63510468
南线阁社区居委会	南线阁 4 号楼	63572165
菜园北里社区居委会	枣林前街 147 号楼旁	63579245

白纸坊街道

名 称	地 址	电 话
平原里社区居委会	平原里小区 12－5－1	63532629
双槐里社区居委会	双槐里小区 6 号楼南侧	63536244
右北大街社区居委会	右内大街辛 10 号楼地下室	63522463
樱桃园社区居委会	右内大街甲 23 号	63525141
菜园街社区居委会	菜园东里 3 号楼东门 106	63541270
崇效寺社区居委会	白纸坊中禾巷 2 号	63541481
建功北里社区居委会	南菜园 19 号楼院内	63543139
建功南里社区居委会	建功南里 6－104	63513647
新安中里社区居委会	新安中里 3 三巷 19 号	63539592
新安南里社区居委会	新安南里 4－1－1	63522544
右内后身社区居委会	右安西里 1 号	63527942
右内西街社区居委会	右内西街 10 号院 17 号楼南侧	63524831－355
自新路社区居委会	信建里宿舍 6 号平房	63522617
光源里社区居委会	宏建北 19 号	63537643
半步桥社区居委会	半步桥街 19 号	63526774
万博苑社区居委会	万博苑小区 5 号楼地下室	83531534
里仁街社区居委会	里仁街 6 号院 2－1－11	63532851
清芷园社区居委会	清芷园小区警卫室	83503528

广安门外街道

名 称	地 址	电 话
鸭子桥社区居委会	鸭子桥路 18 号 1 门地下室	63466445
青年湖社区居委会	鸭子桥北里 14 号楼 3 单元 102 室	63467479
椿树馆社区居委会	车站东街 15 号院 2－1－102	51824944
白菜湾社区居委会	广外南街 8－3－102	63491022
车站东街社区居委会	广外南街 3－1－102	63263193
大街东社区居委会	广外大街 6668 号楼北侧平台	63260794

手帕口南街社区居委会	手帕口南街40号院西街平房	63440436
大街西社区居委会	红居东街甲13号	63462705
红居街社区居委会	红居一巷3号	63260387
红居南街社区居委会	小红庙3号楼旁平房	63466764
小红庙社区居委会	小红庙1号楼8门101号	63463823
车西15号院社区居委会	车站西街15号院西侧平房	63263017
车西17号院社区居委会	车站西街17号院8－3地下室	63445219
车站西街社区居委会	车站西街1号楼旁平房	63490519
红莲北里社区居委会	红莲北里5号楼3门101室	63461081
红莲中里社区居委会	红莲中里2号楼103室	63264398
红莲南里社区居委会	红莲南里12号楼2－101室	63261498
三义东里社区居委会	马连道中里二区2号楼西侧平房	63479822
三义里社区居委会	三义里4号楼东门101室	63463322
马连道中里社区居委会	马连道中里一区2号楼1门121号	63262737
马连道社区居委会	马连道北里4－2－213地下室	63463845
湾子街社区居委会	湾子街3号楼6门102室	63490520
莲花河社区居委会	莲花河东里20号	63467407
小马厂社区居委会	小马厂四巷甲25号	63467792
手帕口北街社区居委会	手帕口北街9号	63461330
天宁寺二热社区居委会	天宁寺东里二热宿舍西侧平房	63262230
天宁寺西里华电社区居委会	天宁寺西里1号楼1门1号	83584667
天宁寺北里社区居委会	天宁寺前街北里5－1－103室	63477044
天宁寺南里社区居委会	天宁寺前街南里12号楼东侧平房	63477025